O Ciclo de Leituras da **Torah** na **Sinagoga**

COLEÇÃO JUDAÍSMO E CRISTIANISMO

I. O Ciclo de Leituras da Torah na Sinagoga – Pe. Fernando Gross
II. Jesus fala com Israel – Rabino Philippe Haddad (*no prelo*)

Pe. Fernando Gross

O Ciclo de Leituras da Torah na Sinagoga

Uma Herança comum
"para conhecer melhor as tradições paternas" (Gl 1,14)

Aprendendo com as tradições rabínicas de Israel

2ª edição

CCEJ

Edições Fons Sapientiae

Diretor Geral: Jair Canizela

Diretor Editorial: Vítor Tavares

Capa e diagramação: Telma Custódio

Edições *Fons Sapientiae* é um selo da
Distribuidora Loyola de Livros
Rua Lopes Coutinho, 74 – Belenzinho
03054-010 São Paulo – SP
T 55 11 3322 0100
F 55 11 4097 6487

Todos os direitos reservados. Nenhuma parte desta obra pode ser reproduzida ou transmitida por qualquer forma e/ou quaisquer meios (eletrônico ou mecânico, incluindo fotocópia e gravação) ou arquivada em qualquer sistema ou banco de dados sem permissão escrita da Edições.

ISBN: 978-85-63042-03-3

© Copyright 2014: Pe. Fernando Gross

© Copyright 2015: 2ª edição - Distribuidora Loyola

Coleção
"Judaísmo e Cristianismo"

O Centro Cristão de Estudos Judaicos – CCEJ (www.sioncentrodeestudos. org), mantido pelos Religiosos de Nossa Senhora de Sion, com a colaboração de associados cristãos e judeus, no espírito suscitado pela Declaração da Igreja Católica *Nostra Aetate* e suas ulteriores aplicações e desenvolvimentos, apresenta a coleção intitulada "Judaísmo e Cristianismo". O objetivo desta coleção, ao publicar textos originais e traduções, é cultivar o conhecimento mútuo entre judeus e cristãos. Queremos, com isso, valorizar o enraizamento judaico das Sagradas Escrituras e o diálogo entre judeus e cristãos, a partir do "patrimônio espiritual comum". Que esta coleção possa produzir cada vez mais frutos. Nisto consiste a vocação e o carisma de Sion, na Igreja, à serviço do Povo de Deus.

Através desta Coleção "Judaísmo e Cristianismo", o CCEJ, juntamente com a Distribuidora Loyola/Edições *Fons Sapientiae*, apresentará pouco a pouco o pensamento e ação de alguns autores que contribuem para a difusão da Tradição de Israel e da Igreja.

São João Paulo II confirmou o ensinamento dos Bispos da Alemanha quando afirmou que "quem se encontra com Jesus Cristo encontra-se com o Judaísmo" e o mestre judeu Chalom Ben Horin dizia que "a fé de Jesus nos une e a fé em Jesus nos separa".

Que esta coleção "Judaísmo e Cristianismo", graças, sobretudo ao "e", possa de fato significar e transmitir o "patrimônio comum", pela mútua estima, escuta da Palavra viva e diálogo fraterno.

Pe. Ms. Manoel Ferreira de Miranda Neto, NDS
(Diretor Geral do CCEJ)

Jair Canizela
(Diretor Geral da Distribuidora Loyola)

Judaísmo e Cristianismo: Aumentar os Laços de Estima e Amizade

> *"O ensino católico e a catequese em relação aos judeus e ao judaísmo, nos diferentes níveis de formação religiosa, na catequese dada às crianças e aos adolescentes, deve apresentar os judeus e o judaísmo, não somente de maneira honesta e objetiva, sem nenhum preconceito e sem ofender a ninguém, mas também, e mais ainda, com uma viva consciência da **herança comum a judeus e cristãos**".*

(Papa João Paulo II, em discurso aos delegados das conferências episcopais e a outros peritos, reunidos em Roma, para estudar as relações entre a Igreja e o Judaísmo – 06 de março de 1982)

A Deus, que com Amor Eterno por todos nós, se Revela, Entra na nossa História, Caminha conosco e nos Salva.

Aos meus avós judeus, Israel e Stela, que saindo da Polônia em 1931, por causa do anti-semitismo, imigraram para o Brasil. Viveram a sua fé judaica, convidando padres para almoçar em sua casa e conversar sobre a Bíblia.

Ao meu pai querido judeu, Fichel, e a minha querida mãe cristã Cleuse, que me deram à vida, e por amor me apresentaram a Fé cristã e o Messias esperado por Israel, o judeu Jesus.

À minha família, querida Katia, Celso e Beatriz e aos meus parentes judeus e cristãos, que sempre convivemos muito bem, com amizade e estima sinceras.

Aos Salesianos e Beneditinos, gratidão pela formação e exemplos de fé.

À Diocese de Santos na pessoa do meu bispo D. Jacyr Francisco Braido.

À Paróquia de Santos, Nossa Senhora do Rosário de Pompéia onde aprendo sempre a servir a Deus como sacerdote católico e a todos os paroquianos.

Aos amigos Américo, Maria Silvina, Priscila Mendes, Gilberto e Maria da Penha Baccarelli e muitos outros.

Aos irmãos da Congregação de Nossa Senhora de Sion, na pessoa do Ir. Elio Passeto, bendito carisma na Igreja de manter acesa a Luz da Torah, a interpretação judaica das Escrituras, e o amor ao Povo Santo Judeu.

Aos igualmente queridos irmãos mais velhos, os judeus, aos católicos e pessoas de boa vontade.

Sumário

Apresentação 9
Prefácio 11
Uma interpretação judaica no Evangelho de Lc 24, 25-27 15
01 – Gn 1,1-6,8: BERESHIT בראשית 47
02 – Gn 6,9-11,32: NOACH – נח 65
03 – Gn 12,1 – 17,27: LECH LEHA לך לך 83
04 – Gn 18,1 – 22,24: VAYERÁ - וירא 99
05 – Gn 23,1 – 25,18: CHAYÊ SARA - חיי שרה 117
06 – Gn 25,19-28,9: TOLEDOT תולדות 131
07 – Gn 28,10-32,3: VAYETSÊ - ויצא 145
08 – Gn 32,4-36,43: VAYISHLACH - וישלח 164
09 – Gn 37,1 – 40,23: VAYÊSHEV – וישב 184
10 – Gn 41,1 – 44,17: MIKETS - מקץ 198
11 – CHANUCA - חנוכה 210
12 – Gn 44,18 – 47,27: VAYGASH – ויגש 215
13 – Gn 47,28 – 50,26 - VAYECHI - ויחי 224
14 – Ex 1,1 – 6,1 - SHEMOT – שמות 248
15 – Ex 6,2 – 9,35 - VAERÁ - וארא 269
16 – Ex 10,1 – 13,16 - BÔ – בא 281
17 – Ex 13,17 – 17, 16 - BESHALACH - בשלח 297
18 – Ex 18,1 – 20, 26; JETRO – יתרו 313
19 – Ex 21,1 – 24,18 - MISHPATIM - מישפטים 348
20 – Ex 25,1 – 27,19 - TERUMÁ – תרומה 376
21 – Ex 27,20 – 30,10: TETSAVÊ – תצוה 398
22 – Zachor - זכור – *Especial Maftir* 415
23 – PURIM - פורים 419
24 – Ex 30,11 – 34,35: KI TISSÁ – כי תשא 423
25 – Ex 35,1 – 38,20: VAYAKHEL – ויקהל 447
26 – Ex 38,21 – 40,38: PECUDÊ – פקודי 453
27 – Lv 1,1 – 5,26: VAYICRA – ויקרא 464
28 – Lv 6,1 – 8,36: TSAV – צו 482
29 – Êxodo 12,1-20 e 13,8: PESSACH – PÁSCOA – פסח 493

30 – Lv 23,15-16: SEFIRAT HAÔMER – ספירת העומר - Ascensão Espiritual 512
31 – Lv 9,1 – 11,47: SHEMINI - שמיני 519
32 – Lv 12,1 – 13,59 - TAZRIA - תזריע 531
33 – Lv 14,1 – 15,33: METSORA - מצורע 531
34 – Lv 16,1 – 18,30: ACHARÊ MOT - אחרי מות 546
35 – Lv 19,1 – 20,27: KEDOSHIM - קדושים 555
36 – Lv 21,1 – 24,23 : EMOR - אמור 573
37 – Lv 25,1 – 26,2: BEHAR - בהר 584
38 – Lv 26,3 – 27,34: BECHUCOTAY - בחקותי 584
39 – Nm 1,1 – 4,20: BAMIDBAR (no Deserto) - במדבר 614
40 – A FESTA DE SHAVUOT - שבועות A FESTA DO DOM DA TORAH –
    YOM MATTAN TORAH 637
41 – MEGUILAT RUTE - רות – O DESEJO QUE MUDOU A HISTÓRIA........................ 637
42 – Nm 4,21 – 7,89: NASSÔ - נשא 643
43 – Nm 8,1 – 12,16: BEHAALOTECHÁ - בהעלותך 661
44 – Nm 13,1 – 15,41: SHELACH LECHÁ - שלח לך 682
45 – Nm 16,1 – 18,32: KÔRACH - קרח 705
46 – Nm 19,1 – 22,1; CHUKKAT - חקת 731
47 – Nm 22,2 – 25,9: BALAC – בלק 758
48 – Nm 25,10 – 30,1: PINECHÁS – Finéias - פנחס 791
49 – Nm 30,2 – 32,42: MATOT - מטות 814
50 – Nm 33,1 – 36,13: MASSEI - מסעי 814
51 – Dt 1,1 – 3,22: DEVARIM - דברים 836
52 – Dt 3,23 – 7,11 – OUVE, ISRAEL! - VAETCHANAN – ואתחנן 852
53 – Dt 7,12 – 11,25: ÊKEV – עקב 870
54 – Dt 11,26 – 16,17: REÊH – ראה 892
55 – Dt 16,18 – 21,9: SHOFETIM – שופטים 910
56 – Dt 21,10 – 25,19: KI TETSÊ - כי תצא 931
57 – Dt 26,1 – 29,8: KI TAVÔ – כי תבוא 949
58 – Dt 29,9 – 30,20: NITSAVIM - נצבים 966
60 – Dt 31,1-30: VAYÊLECH – וילך 966
59 – 10 DIAS DE ARREPENDIMENTO ANTES DO YOM KIPPOUR
    – O DIA DO PERDÃO - ASSERET YEMÊ TESHUVA – עשרת ימי תשובה 985
61 – Dt 32,1 – 52: HAAZINU – האזינו 992
62 – A Festa dos Tabernáculos ou das Tendas: SUCOT – סכות 1005
63 – Dt 33,1 – 34,12: VEZOT HABERACHÁ – וזאת הברכה 1016
Perspectivas de diálogo e crescimento... 1037
Dicionário de termos e correspondência de nomes em Hebraico para o Português 1043

Apresentação

Em 24 de junho de 2013 o Papa Francisco recebeu uma delegação de Judeus no Vaticano para a continuidade do Diálogo entre Judeus e Cristãos e afirmou: "nenhum cristão pode ser anti-semita"!

O interesse desta obra se insere dentro do movimento da Igreja desde o Vaticano II em seu Documento Conciliar "Nostra Aetate" de aprofundar as raízes santas do Povo de Israel e da Igreja. Uma Pastoral da Palavra de Deus bem conhecida sempre ajudará numa verdadeira Evangelização! É importante ter essa familiaridade com a Sagrada Escritura, como Maria, filha de Sião, filha do povo judeu: "Maria fala e pensa com a Palavra de Deus; a Palavra de Deus se faz a sua palavra e sua palavra nasce da Palavra de Deus. Assim se revela que seus pensamentos estão em sintonia com os pensamentos de Deus, que seu querer é um querer junto com Deus" (Cf. Documento de Aparecida n° 271 e Deus Caritas est, n° 41).

Estes comentários bíblicos feitos pelo autor segundo a leitura feita na Sinagoga durante o seu ano litúrgico nos ajudarão a conhecer melhor os pensamentos dessa Palavra Santa de Deus, sua importância e os Seus Planos de amor e de paz para toda a humanidade.

A Teologia da Continuidade das Sagradas Escrituras revelada nestas páginas nos ajudem todos a uma fecunda Evangelização Cristã e a aumentar mais as características do ser discípulos de Jesus, sempre mais "amantes da Palavra de Deus" (Documento de Aparecida, n° 292), para produzir sempre bons frutos na Vinha do SENHOR, e sermos capazes de um sincero e verdadeiro diálogo com os irmãos judeus e entre nós cristãos, em favor do bem de toda a Humanidade!

Obrigado ao autor, que com seu estudo possibilita a todos os cristãos um material rico de aprofundamento bíblico baseado na tradição escrita e oral dos irmãos judeus e das orientações da Igreja desde o Vaticano II aos dias atuais, bem como o ensinamento dos últimos Papas, confirmando o caminho da estima mútua e amizade no diálogo com o Judaísmo e o imenso patrimônio comum presente no Pentateuco e em todas as Sagradas Escrituras.

+ Dom Jacyr Francisco Braido
Bispo Diocesano de Santos, SP, Brasil

Prefácio

> *"Este mandamento que hoje eu te ordeno não está além de tuas forças e nem tampouco fora de teu alcance... Ao contrário, ele está muito próximo de ti, ele está em tua boca e no teu coração, afim de que possas pô-lo em prática"* (Dt 30, 11-14).

É para mim uma grande satisfação fazer o prefácio deste estudo que o Pe. Fernando põe à disposição do público. Primeiramente, é um trabalho sério, vasto, que abrange uma gama enorme de significados concernentes à compreensão judaica da tradição bíblica e pode iluminar a tradição cristã; segundo, é inovador no sentido de que não temos muita coisa ou quase nada sobre esse material em língua portuguesa e gostaria de ainda acrescentar que é um trabalho fundamentalmente de Igreja e para a Igreja.

Seu trabalho é fruto de um período de experiência intensa em Israel em contato direto com as fontes da tradição bíblica, a partir da Terra que viu a Palavra de Deus nascer e se desenvolver no seio do povo que fez, por primeiro, a experiência desta Palavra. O texto apresentado é enriquecido de uma completa introdução dos ensinamentos da Igreja na sua relação com o Judaísmo, seguida depois com as Parashiot, os comentários das leituras semanais da Escritura feitas na Sinagoga.

O texto apresentado é ambicioso, mas a motivação e a responsabilidade são ainda maiores. Em certo sentido é um caminho novo trilhado e por isso foi-se fazendo conforme se avançava na caminhada. Sou testemunha do esforço feito pelo Pe. Fernando, de horas a fio de leituras e de estudo, mas também da vibração e da alegria partilhadas pelas descobertas que aconteciam, na medida em que o trabalho avançava. Ele saboreava a Palavra enquanto escrevia e era tomado por ela enquanto a saboreava.

Inicialmente é um trabalho de Igreja que corresponde aos seus ensinamentos na busca de conhecer seu próprio mistério, como afirma a Declaração Nostra Aetate do Concílio Vaticano II no seu nº 4. A Igreja tem para com o povo judeu uma relação intrínseca, é a partir de seu interior. No seu discurso na sinagoga de Colônia, aos 19 agosto de 2005, o Papa Bento XVI reafirmou um ensinamento confirmado por seu sucessor: "Dado as raízes judaicas do cristianismo, meu venerado predecessor, confirmando um julgamento dos Bispos Alemães, afirma: "Quem se encontra com Jesus Cristo se encontra com o Judaísmo". Não é mais uma afirmação local, da conferência episcopal, mas ela foi assumida por dois Papas. O que nos autoriza a dizer que esta afirmação não é mais uma teologia, mas é a afirmação de que a relação com o judaísmo e seu reconhecimento são um ensinamento da Igreja. É parte também do ensinamento da Igreja que o contexto do Novo Testamento, é judaico: Jesus é judeu, Maria é judia, os Apóstolos são Judeus e parte importante da Igreja primitiva é judia, contudo isto somente não basta, dizem ainda os documentos da Igreja: o Israel de Deus não terminou com a destruição do Segundo Templo pelos Romanos no ano 70. O judaísmo que a Igreja fala é o de Abraão, dos Profetas, de Jesus Cristo e do Israel de hoje.

O povo judeu atravessou a história e segundo São Paulo a adoção filial, a glória, as alianças, a legislação, o culto, as promessas, os dons, a vocação, a ele pertencem (cf. Rm 9, 4-5; 11, 1ss. 29), portanto, o contato com o judaísmo e sua Tradição nestes dois mil anos até nossos dias, é de uma grande ajuda para a compreensão de nossa própria fé. O Cardeal Koch Kurt retomando os ensinamentos de São Paulo faz uma afirmação profunda que reflete o mistério da fé cristã e sua relação com o judaísmo: "Judeus e cristãos são, precisamente em suas diferenças, o povo de Deus, capazes de enriquecer um ao outro na amizade recíproca" (Cardeal Koch Kurt, 16 de maio de 2012, Roma, Universidade Pontifícia São Tomás de Aquino). Os dois formam o único povo Deus. É preciso e necessário desenvolver a teologia desta afirmação da Igreja e que já está afirmada em São Paulo.

Movido por este espírito o Pe. Fernando desenvolveu este trabalho a partir da frequentação da tradição judaica, apresentando um apanhado geral de uma prática importante da Tradição judaica que é a leitura semanal das Escrituras e de seu comentário. O material disposto está recheado da compreensão judaica das Escrituras, do passado e do presente. Esta riqueza de diversidade na interpretação, que não significa, de forma alguma, falta de coesão da Palavra de Deus, certifica a abertura da comunidade ao Espírito de Deus que se revela através de Sua Palavra. A Revelação de Deus, através de sua Palavra, não é estática, ela compreende as diferenças e as mudanças da realidade, da mesma forma a compreensão e a interpretação seguem esta mesma dinâmica.

A Bíblia é lida na Sinagoga por porções (sessões) a cada sábado; esta leitura se dá de forma contínua. O ciclo total da leitura é anual, cobrindo assim 54 porções, chamadas *parashiot* que corresponde desde o início do livro de Gênesis e se conclui com o final do livro de Deuteronômio. No último dia de conclusão da leitura, que é o dia da celebração da *alegria da Torah (Simhat Torah),* termina-se o livro do Deuteronômio e inicia-se, novamente, os primeiros capítulos do livro do Gênesis. Ademais, toda leitura sabática da Torah é acompanhada da *Haftará* que é a leitura de um profeta. Com isso no término do ano litúrgico, lê-se todo o Pentateuco e parte importante dos livros que compõem a Bíblia, dado que a liturgia judaica é composta de salmos e outros livros sapienciais e as festas judaicas, às vezes, são organizadas a partir da leitura de um livro inteiro da Bíblia como é o caso da festa de Purim, onde se lê todo o livro de Ester.

Como se poderá notar, a distribuição das Parashiot (sessões, porções semanais da Torah) não segue a disposição dos capítulos do livro e dos números dos versículos da Bíblia, a saber, é um sistema de divisão da leitura da Escritura que antecede os Massoretas (eruditos judeus, sucessores dos escribas que atuaram basicamente entre os séculos VII ao X). Com os Massoretas a Bíblia será organizada por capítulos e versículos, porém antes não estava disposta desta forma.

A Parashá é nomeada, normalmente, segundo a palavra ou personagem que dá abertura à leitura. Como, por exemplo, a primeira Parasha que é Gn 1,1-6,8 seu nome é 'no começo' e a segunda Gn 6, 9-11,32 se chama 'Noé' e assim por diante.

Esta forma contínua judaica de ler as Escrituras, como está bem disposta no trabalho do Pe. Fernando, ensina que a Palavra de Deus forma uma totalidade que se completa no ciclo do ano e ao mesmo tempo, mostra que a leitura não está subordinada a escolha de temas ou passagens de maneira dispersa, mas ela respeita o texto como foi acolhido ao longo da história pelo povo.

Esta prática mantém aguçada o aprendizado que se faz pelo estudo, discussão em comunidade. A Palavra de Deus é ilimitada e inesgotável, como é ilimitada a busca da pessoa de fé. Por isso a interpretação nunca pretende tudo explicar. A dinâmica da busca contínua e da interpretação inesgotável se encontram no exercício da leitura e da compreensão da Palavra de Deus e esta prática em comunidade é o espaço, por excelência, da revelação desta mesma Palavra.

"Ben Bag Bag dizia : Vira e revira (a Torah), pois tudo nela se encontra; contempla-a, envelhece e consome-te nela, mas nunca te afastes dela, pois não tens porção melhor" (Mishná, Pirkei Avôt, 5,22).

Este ensinamento talmúdico reflete bem a consciência judaica em relação às Escrituras, na sua dimensão plena: escrita e oral que envolve toda a vida do indivíduo e da comunidade. Por isso o ciclo anual representa o lugar pleno da existência humana e a leitura completa das Escrituras, acompanhada da sua oralidade que a interpreta, ao longo do ano, não deixa espaço vazio da Palavra de Deus na vida da comunidade, 'tudo nela se encontra'.

Por um lado a comunidade é o lugar da manifestação da plenitude da Palavra que se dá através da frequentação da leitura contínua desde seu inicio até o final, desde Abraão até aos nossos dias, por outro lado esta mesma Palavra nutre a vida da comunidade na vivência de Deus e na busca da aplicação prática de sua vontade.

Na verdade as Parashiot representam um passeio por toda a revelação de Deus na vida do povo com todas as vicissitudes que esta oferece, mas também são a experiência da manifestação de Deus que intervém, de maneira concreta, na história em todos os momentos e circunstâncias da existência.

Este trabalho do Pe. Fernando introduz de forma feliz à leitura, aos comentários, as fontes diversas e a evolução da Tradição de Israel, assim como ele fornece uma correspondência com citações do Novo Testamento, mostrando assim o que a Igreja ensina ser o patrimônio comum entre judeus e cristãos, o único povo de Deus.

Sou grato ao Pe. Fernando por oferecer, através destas páginas, a possibilidade de partilhar seu esforço na descoberta da profundidade da Palavra de Deus na escuta da Tradição de Israel e de Jesus. Que este trabalho seja um veículo que nos conduza a uma maior relação amorosa da Palavra de Deus e que possamos dizer com os discípulos de Emaús: *"Não ardia o nosso coração quando ele nos falava pelo caminho, quando nos explicava as Escrituras?"* (Lc 24,32).

Ir. Elio Passeto, nds -
Religioso de Nossa Senhora de Sion
Jerusalém

INTRODUÇÃO
Uma interpretação judaica no Evangelho de Lc 24, 25-27

Começando pelo Papa Leão Magno, interpretando a Sagrada Escritura

"Caríssimos filhos, os dias entre a ressurreição e a ascensão do Senhor não foram passados na ociosidade. Pelo contrário, neles se confirmaram grandes sacramentos, grandes mistérios foram neles revelados. No decurso destes dias foi afastado o medo da morte cruel e proclamada a imortalidade não apenas da alma, mas também do corpo. Nestes dias, mediante o sopro do Senhor, todos os apóstolos receberam o Espírito Santo; nestes dias foi confiado ao apóstolo Pedro, mais que a todos os outros, o cuidado do rebanho do Senhor, depois de ter recebido as chaves do reino.

Durante esses dias, o Senhor juntou-se, como um terceiro companheiro, a dois discípulos em viagem, e para dissipar as sombras de nossas dúvidas repreendeu a lentidão de espírito desses homens cheios de medo e pavor. Seus corações, por ele iluminados, receberam a chama da fé; e à medida que *o Senhor ia lhes explicando as Escrituras*, foram se convertendo de indecisos que eram em ardorosos. E mais: ao partir o pão, quando estavam sentados com ele à mesa, abriram-se-lhes os olhos. Abriram-se os olhos dos dois discípulos, como os dos nossos primeiros pais".[1]

Este estudo bíblico foi feito a partir de cursos realizados junto aos Irmãos da Congregação Nossa Senhora de Sion, em especial gratidão ao Irmão Elio Passeto, NDS, e junto ao Institut Albert Decourtray, em Jerusalém, na pessoa do seu diretor, P. Michel Remaud, sacerdote católico, que promove cursos com professores judeus e cristãos sobre as Sagradas Escrituras e sobre o Diálogo entre judeus e cristãos.

---

[1] Dos Sermões de São Leão Magno, papa. *Sermo 1de Ascensione*, PL 54,395-396 - Séc. V.

O objetivo principal deste estudo do Ciclo de Leituras da Torah na Sinagoga é de ser mais um instrumento e incentivo para conhecer melhor o grande **Patrimônio Espiritual Comum aos cristãos e aos judeus.** E, por isso, o título: *"Para aumentar os laços de estima e amizade entre judeus e cristãos".*

Os desafios são grandes, assim como é imenso o oceano de sabedoria presente na Tradição do Judaísmo. Conhecer melhor a interpretação judaica das Escrituras ajudará ao Cristianismo a compreender melhor a sua própria identidade, crescer melhor a partir das raízes santas do Judaísmo, e não como uma experiência nascida do nada, sem história, ao sabor dos ventos. A Igreja nasceu vinda do judaísmo e com a chegada de tantas outras pessoas das nações pagãs.

Aprofundar e conhecer melhor as tradições paternas que Paulo de Tarso tanto amou e nelas cresceu (cf. Gl 1,14) ajudará mais ainda o anúncio de *"Daquele que quis de dois povos formar em si mesmo um só homem novo, estabelecendo a paz e reconciliando os dois com Deus, em um só corpo, mediante a cruz, na qual matou a inimizade. Veio para anunciar a paz: paz para vós que estáveis longe e paz para os que estavam perto. É por ele que todos nós, judeus e pagãos, temos acesso a Deus num só Espírito".*[2]

Este estudo Bíblico sobre o Ciclo das Leituras da Torah (O Pentateuco, os cinco primeiros livros da Bíblia) tem como objetivo aprender com os irmãos judeus a aprofundar, a estudar, a viver melhor a alegria que vem da Torah, a e assim viver melhor a nossa fé cristã, consciente que participamos de um imenso patrimônio comum com o Povo de Israel, amado, e escolhido para ser responsável pela humanidade e lhe ensinar o caminho da Aliança com Deus, através da Bíblia.

Apresentação das três partes desse estudo bíblico

1) Conhecer a História do Diálogo Judaico-cristão após a 2ª Guerra Mundial até os dias de hoje.

A Igreja e o seu Ensinamento sobre os Judeus no Concílio Vaticano II – Textos fundamentais a serem conhecidos para um correto e frutuoso conhecimento sobre a importância do diálogo entre judeus e cristãos e a ação pastoral dos Papas desse período até os dias atuais, confirmando esse ensinamento eclesial.

---

[2] Cf. Ef 2,14-18.

2) Conscientizar-se do Patrimônio Espiritual Comum

Através do estudo das Porções Semanais da Palavra de Deus (Parashot – plural de cada Parasha em hebraico) lidas na Sinagoga no ciclo de um ano entrar em contato com a grande Tradição Oral de Israel a partir da literatura rabínica, dos sábios de Israel, os comentários a respeito da Torah Escrita, e ilustrada também através de uma seleção de Midrashim (plural de Midrash).

3) Aprofundar alguns exemplos de concordância bíblica segundo um procedimento judaico de estudar a Bíblia – Harizá ou Colar.

Através de alguns versículos bíblicos estimular a uma Teologia da Continuidade das Escrituras Sagradas, demonstrando a Unidade da Revelação na Bíblia.

Entremos portanto, com humildade, descalçando as sandálias como o Grande Amigo de Deus, Moisés, neste terreno santo das Escrituras Sagradas, e na Tradição de Israel, onde Deus Se revela.[3]

"O dever do judeu", disse Eliel Wiesel, "não é fazer deste mundo um mundo mais judaico. O dever do judeu é fazer deste mundo um mundo mais humano". Assim também o objetivo deste estudo é recuperar melhor um caminho comum vivido na tradição e na herança de fé dos Patriarcas, das Alianças, das promessas de Deus reveladas, e cumpridas no tempo da Sua Salvação.

Por causa das traduções bíblicas ao longo do tempo, incluímos também um pequeno **Índice das palavras no original em Hebraico** e a tradução em que consta na maior parte das Bílbias Católicas e Cristãs.

1) Conhecer a História do Diálogo Judaico-cristão após a 2ª Guerra Mundial até os dias de hoje.

Qual é o Ensinamento da Igreja sobre os Judeus após o Concílio Vaticano II (1962-1965)? Quais são os textos fundamentais a serem conhecidos para um correto e frutuoso conhecimento e diálogo entre judeus e cristãos.[4]

---

[3] Cf. Ex 3,5.
[4] Os principais pontos aqui apresentados são fruto do Guia para o diálogo Católico-Judaico no Brasil, *Estudos da CNBB – 46 – 1986 e do Discurso do* Cardeal Kurt Koch, Presidente do Pontifício Conselho para a Promoção da Unidade dos Cristãos e presidente da Comissão da Santa Sé para as Relações Religiosas com o Judaísmo (Palestra realizada em 16 de maio de 2012, na Pontifícia Universidade de São Tomás de Aquino - Angelicum - em cooperação com o Centro João Paulo II para o Diálogo Inter religioso, liderada pelo Rabino Jack Bemporad.

Após o silêncio do mundo e do assassinato em massa de mais de 6 milhões de judeus da Europa, durante a segunda Guerra Mundial (1939 a 1945), assassinato planejado e executado pelos nazistas com perfeição industrial, um exame de consciência foi e ainda tem sido feito sobre as reais causas para que um cenário bárbaro desse tipo tenha sido possível no Ocidente cristão.

Logo após o fim da Segunda Guerra Mundial (1945), o lado cristão abordou o fenômeno do anti-semitismo na Conferência Internacional sobre a Emergência do anti-semitismo, que teve lugar de 30 de julho a 05 de agosto de 1947, em Seelisberg, na Suiça. Cerca de 65 pessoas, judeus e cristãos de várias denominações, reuniram-se para uma ampla discussão sobre como o anti-semitismo pode ser arrancado em suas raízes.

A *Conferência de Seelisberg* teve como objetivo estabelecer uma nova base para o diálogo entre judeus e cristãos e aumentar a compreensão mútua. Para acompanhar o desenvolvimento da posição que se cristalizou dentro da Igreja nos anos após a guerra, dois homens tiveram papel marcante na condenação do anti-semitismo pela Igreja:

Um deles é judeu – Jules Isaac (1877-1963), historiadior francês, foi o fundador do grupo chamado "Amitié Judeo-chretienne" (Amizade Judaico-Cristã), que se tornaria o modelo de muitas organizações desse tipo. Jules Isaac tomou parte ativa no encontro de *Seelisberg*, fornecendo bases históricas que levariam à revisão da atitude da Igreja para com o judaísmo.

O outro é católico, *Augustin Bea* (1881-1968), alemão nascido em Baden, que um dia iria tornar-se o reitor do Pontifício Instituto Bíblico e depois cardeal de Roma. Foi editor do periódico *Bíblica* (1930-1950), além de pertencer a uma dezena de organismos internacionais e um biblista de renome.

Após a guerra, baseando-se em seus estudos bíblicos e teológicos desafiou a imagem convencional do judeu e do judaísmo e lutou para que fosse corrigida a interpretação que coloca a culpa da crucificação sobre os judeus. O cristianismo se posicionou por meio do Vaticano e do Conselho Mundial de Igrejas, condenando o anti-semitismo.

Baseados nos estudos bíblicos deste século chegou-se a uma primeira formulação em 1947, em Paris, do programa de retificação do ensino cristão a respeito do anti-semitismo. São os chamados **10 Pontos de Seelisberg**, fruto de um verdeiro diálogo judeu-cristão:

1. Deve ser relembrado que um só e mesmo Deus nos fala no Antigo e no Novo Testamento.

2. *Não se pode esquecer que Jesus nasceu de mãe judia, pertencia à família de Davi e ao povo de Israel, e que seu amor eterno abrange o seu povo e o mundo inteiro.*

3. *Recorde-se ainda que os primeiros discípulos, os Apóstolos, e os primeiros mártires eram judeus.*

4. *Tenha-se presente que o principal mandamento do cristianismo, o amor de Deus e do próximo, anunciado no Antigo Testamento e confirmado por Jesus, obriga igualmente, cristãos e judeus, em todas as relações humanas.*

5. *Deve-se evitar diminuir o judaísmo bíblico e pós-bíblico para exaltar o cristianismo.*

6. *Não se deve empregar a palavra "judeu" para designar exclusivamente os inimigos de Jesus, e as palavras "inimigos de Jesus" para designar o povo judeu em seu conjunto.*

7. *Não se deve apresentar a Paixão de Jesus, como se todos os judeus, ou somente os judeus, tivessem incorrido na odiosidade da crucificação. Não foram todos os judeus que pediram a morte de Jesus, nem foram somente judeus que se responsabilizaram por ela. A Cruz, que salva a humanidade, revela que Cristo morreu pelos pecados de todos. Pais e mestres cristãos deveriam ser alertados a respeito de sua grande responsabilidade na maneira de narrar os sofrimentos de Jesus. Se o fazem de uma forma superficial, correm o risco de fomentar aversões no coração das crianças ou dos ouvintes. Numa mente simples, movida de um ardente amor compassivo pelo Salvador crucificado, o horror natural dos perseguidores de Jesus pode facilmente tornar-se, por motivos psicológicos, ódio indiscriminado pelo judeu de todos os tempos, inclusive nos nossos dias.*

8. *Não se devem evocar as condenações bíblicas e o grito da multidão enraivecida: "Que seu sangue caia sobre nós e sobre nossos filhos" (Mt 27,25) sem relembrar que esse grito não anulou as palavras de nosso Senhor, de conseqüências incomparavelmente maiores: "Pai, perdoa-lhes; eles não sabem o que fazem" (Lc 23,24).*

9. *É preciso evitar qualquer tentativa de mostrar os judeus como um povo reprovado, amaldiçoado e votado a um sofrimento perpétuo.*

10. *Deve ser mencionado que os primeiros membros da Igreja eram judeus.*

Os que se reuniram em Seelisberg não podiam ainda imaginar que, com o correr dos anos, o Vaticano tomaria uma posição oficial frente ao anti-semitismo. Baseada nos eventos da Segunda Guerra Mundial, nos estudos históricos, bíblicos e teológicos, a Igreja preparou-se para um pronunciamento oficial.

A Declaração do Concílio Vaticano II "Nostra Aetate":
SIM com nossas raízes judaicas, NÃO ao anti-semitismo (Cardeal Kurt Koch)

No lado católico, a declaração do Concílio Vaticano II sobre a relação da Igreja com as religiões não cristãs, *"Nostra Aetate"* pode ser considerado o início de um diálogo sistemático com os judeus. Ainda hoje, ele é considerado o "documento" e "Carta Magna" do diálogo com a Igreja Católica Romana judaísmo. Vejamos o seu conteúdo, no artigo n° 04 da Declaração Conciliar Nostra Aetate de 28 de outubro de 1965:

A religião judaica

4. "Sondando o mistério da Igreja, este sagrado Concílio recorda o vínculo com que o povo do Novo Testamento está espiritualmente ligado à descendência de Abraão.

Com efeito, a Igreja de Cristo reconhece que os primórdios da sua fé e eleição já se encontram, segundo o mistério divino da salvação, nos patriarcas, em Moisés e nos profetas. Professa que todos os cristãos, filhos de Abraão segundo a fé, estão incluídos na vocação deste patriarca e que a salvação da Igreja foi misticamente prefigurada no êxodo do povo escolhido da terra da escravidão. A Igreja não pode, por isso, esquecer que foi por meio desse povo, com o qual Deus se dignou, na sua inefável misericórdia, estabelecer a antiga Aliança, que ela recebeu a revelação do Antigo Testamento e se alimenta da raiz da oliveira mansa, na qual foram enxertados os ramos da oliveira brava, os gentios.

Com efeito, a Igreja acredita que Cristo, nossa paz, reconciliou pela cruz os judeus e os gentios, de ambos fazendo um só, em Si mesmo.

Também tem sempre diante dos olhos as palavras do Apóstolo Paulo a respeito dos seus compatriotas: «deles é a adoção filial e a glória, a aliança e a legislação, o culto e as promessas; deles os patriarcas, e deles nasceu, segundo a carne, Cristo» (Rm 9, 4-5), filho da Virgem Maria. Recorda ainda a Igreja que os Apóstolos, fundamentos e colunas da Igreja, nasceram do povo judaico, bem como muitos daqueles primeiros discípulos, que anunciaram ao mundo o Evangelho de Cristo.

Segundo o testemunho da Sagrada Escritura, Jerusalém não conheceu o tempo em que foi visitada; e os judeus, em grande parte, não receberam o Evangelho; antes, não poucos se opuseram à sua difusão. No entanto, segundo o Apóstolo, os judeus continuam ainda, por causa dos patriarcas, a ser muito amados de Deus, cujos dons e vocação não conhecem arrependimento. Com os profetas e o mesmo Apóstolo, a Igreja espera por aquele dia, só de Deus conhecido, em que todos os povos invocarão a Deus com uma só voz e «o servirão debaixo dum mesmo jugo» (Sf 3,9).

Sendo assim tão grande o patrimônio espiritual comum aos cristãos e aos judeus, este sagrado Concílio quer fomentar e recomendar entre eles o mútuo conhecimento e estima, os quais se alcançarão, sobretudo por meio dos estudos bíblicos e teológicos e com os diálogos fraternos.

Ainda que as autoridades dos judeus e os seus sequazes urgiram a condenação de Cristo à morte não se pode, todavia, imputar indistintamente a todos os judeus que então viviam, nem aos judeus do nosso tempo, o que na Sua paixão se perpetrou. E embora a Igreja seja o novo Povo de Deus, nem por isso os judeus devem ser apresentados como reprovados por Deus e malditos, como se tal coisa se concluísse da Sagrada Escritura. Procurem todos, por isso, evitar que, tanto na catequese como na pregação da palavra de Deus, se ensine seja o que for que não esteja conforme com a verdade evangélica e com o espírito de Cristo.

Além disso, a Igreja, que reprova quaisquer perseguições contra quaisquer homens, lembrada do seu comum patrimônio com os judeus, e levada não por razões políticas, mas pela religiosa caridade evangélica, deplora todos os ódios, perseguições e manifestações de anti-semitismo, seja qual for o tempo em que isso sucedeu e seja quem for a pessoa que isso promoveu contra os judeus.

De resto, como a Igreja sempre ensinou e ensina, Cristo sofreu, voluntariamente e com imenso amor, a Sua paixão e morte, pelos pecados de todos os homens, para que todos alcancem a salvação. O dever da Igreja, ao pregar é, portanto, anunciar a cruz de Cristo como sinal do amor universal de Deus e como fonte de toda a graça".

Hoje, na Cúria Romana, existe um Conselho Pontifício para o Diálogo Inter-religioso e no âmbito do Conselho para a Promoção da Unidade dos Cristãos, uma Comissão para as Relações Religiosas com o Judaísmo. Embora a Comissão Especial instituída pelo Papa Paulo VI em 22 de outubro de 1974, esteja ligada em um nível funcional ao Conselho Pontifício para a Promoção da Unidade dos Cristãos, é estruturalmente independente e responsável de acompanhar e promover o diálogo religioso com o judaísmo.

No primeiro ano de sua fundação, 1 de Dezembro de 1974, a Comissão publicou o seu primeiro documento oficial com o título *"Orientações e sugestões para a implementação da Declaração conciliar Nostra Aetate"*.

A preocupação principal deste trabalho é a de expressar a alta estima do judaísmo para o cristianismo, enfatizar a grande importância para a Igreja do diálogo com os judeus.

Procurou-se enfocar a natureza específica do diálogo com o judaísmo, refere-se à relação entre a liturgia cristã e liturgia judaica, a aproximação novas oportunidades os campos de ensino, educação e formação, e, finalmente, são feitas sugestões para a ação social comum.

Onze anos depois, em 24 de junho de 1985, a Comissão foi capaz de apresentar um segundo documento, intitulado *"Notas sobre a correta apresentação dos judeus e do Judaísmo na pregação e na catequese na Igreja Católica"*. Este documento tem um maior e forte foco no campo da Teologia e da Exegese, na medida em que reflete sobre a relação entre o Antigo e o Novo Testamento, demonstra as raízes judaicas da fé cristã, observa as semelhanças na liturgia, especialmente nas grandes festas do ano litúrgico. Este trabalho enfoca como o judaísmo é tratado como assunto da pregação e da catequese na Igreja Católica. De particular interesse é o fato de que este documento refere-se também o estado de Israel, e suas opções políticas, eles devem ser considerados em uma perspectiva que não é em si religioso, mas refere-se aos princípios do direito internacional.

Durante sua visita à Sinagoga de Roma em 13 de Abril de 1986, o Papa João Paulo II expressa nestas palavras claras e impressionantes: "A religião judaica não é 'extrínseca', mas de alguma forma ela é 'inerente' a nossa religião, portanto, temos uma relação com os judeus, que nós não temos com qualquer outra religião. Vocês são nossos irmãos muito amados e, em certo sentido, pode-se dizer nossos irmãos mais velhos".

O terceiro documento e final da Comissão para as Relações Religiosas com os Judeus, foi apresentado ao público em 16 de março de 1998. Ele lida com o Holocausto, sob o título: *"Nós recordamos: uma reflexão sobre o Shoah"*.

O impulso principal para este texto veio do lado judaico. Ele realiza um julgamento duro considerando o saldo de 2000 anos de relações entre judeus e cristãos como bastante negativo, recorda a atitude dos cristãos frente ao anti-

-semitismo do nacional-socialismo alemão e se concentra no dever da responsabilidade dos cristãos para lembrar a catástrofe humana, sem precedentes na História, com a Shoah (literalmente Extermínio, Catástrofe).

Em uma carta, no início desta declaração, o Papa João Paulo II expressou a esperança de que este documento "realmente ajude a curar as feridas causadas por equívocos e injustiças do passado. Ele pôde permitir que a memória desempenhe o seu papel legítimo na construção de um futuro em que nunca mais a injustiça inominável do Holocausto possa ser possível novamente".

Na série de documentos do Vaticano foi publicado pela Pontifícia Comissão Bíblica, 24 de maio de 2001, um texto volumoso que trata explicitamente do diálogo católico-judaico: "*O povo judeu e suas Sagradas Escrituras na Bíblia cristã*".

Este documento procura mostrar o rico tesouro de temas comuns no diáologo entre judeus e cristãos, que têm o seu fundamento nas Escrituras Sagradas do judaísmo e do cristianismo.

No prefácio, o prefeito da Congregação para a Doutrina da Fé, o então cardeal Josef Ratzinger, defende "um novo respeito para a interpretação judaica do Antigo Testamento. O documento afirma duas coisas. Em primeiro lugar, que "a leitura judaica da Bíblia é possível, e que está em continuidade com as Escrituras Sagradas dos judeus do período do Segundo Templo, uma leitura análoga à leitura cristã, que foi desenvolvida em paralelo"(Cf. N° 22).

Em segundo lugar, acrescenta que os cristãos podem aprender muito com exegese judaica praticada por mais de 2000 anos, e, em troca, os cristãos podem esperar que os judeus também se beneficiem da investigação cristã da exegese (ibid.)."

O próprio Papa Bento XVI anos mais tarde ao visitar a Sinagoga de Roma faz uma brilhante síntese dos reais motivos de toda espécie de discriminação contra os judeus e contra a humanidade: "O passar do tempo nos permite reconhecer no século vinte uma época realmente trágica para a humanidade: guerras sangrentas que semearam destruição, morte e dor como nunca acontecera; ideologias terríveis que tiveram em sua raiz a idolatria do homem, da raça, do estado e que levaram uma vez mais o irmão a matar outro irmão. O drama singular e transtornador da Shoah representa, de certo modo, o vértice de um caminho de ódio que nasce quando o homem esquece o seu Criador e coloca a si mesmo como o centro do universo".[5]

---

[5] Cf. Discurso do Papa Bento XVI em visita à Sinagoga de Roma no dia 17 de janeiro de 2010.

E o próprio Cardeal Kurt Koch faz um balanço atual da Declaração *"Nostra Aetate"*: "A declaração permanece no seu empenho e no esforço essencial para o diálogo judaico-católico, e depois de 47 anos, podemos dizer com gratidão, que esta redefinição teológica da relação com o judaísmo trouxe bons frutos. Parece que, com relação ao conteúdo, os Padres do Concílio na época, consideraram quase tudo, pois tem sido importante na história deste diálogo. Do lado judeu, a Declaração sempre foi apontada como positiva, particularmente na sua posição inequívoca contra todas as formas de anti-semitismo. É sobre esta base, não menos importante, que os judeus mantêm a esperança e certeza de que eles têm na Igreja Católica, um aliado confiável na luta contra o anti-semitismo".

Nas últimas décadas, o princípio fundamental do respeito para o judaísmo, expressa em *"Nostra Aetate"* permitiu que grupos que inicialmente se consideravam mutuamente com algum ceticismo, gradualmente se tornassem parceiros de confiança ou mesmo bons amigos, capazes de lidar com crises juntos e superar os conflitos de uma forma positiva.

Apresentamos a seguir alguns principais pensamentos e gestos históricos em favor do Diálogo entre judeus e cristão feitos pelos últimos três Papas: **João Paulo II (1978-2005); Bento XVI (2005-20013) e Francisco (2013-)**.

Papa João Paulo II e os Judeus

O Papa João Paulo II, no último dia de sua peregrinação a Israel foi ao Kotel (Muro das Lamentações), colocando, entre suas pedras milenares, a seguinte mensagem: "Deus de nossos pais, escolheste Abraão e seus descendentes para levar Teu nome às nações. Estamos profundamente tristes com o comportamento daqueles que, ao longo da História, fizeram sofrer esses Teus filhos..." (26/03/2000).

Foi ele o primeiro Pontífice a expressar o direito dos judeus de voltar à sua terra natal e, em 1993, promoveu o reatamento das relações diplomáticas entre Israel e a Santa Sé. O Pontífice disse: "Vim a Yad Vashem (nome do Museu em Israel) para render homenagem aos milhões de judeus que, privados de tudo e especialmente de sua dignidade humana, foram assassinados durante o Holocausto. Não há palavras fortes o suficiente para deplorar a terrível tragédia que foi a Shoá (literalmente – a Catástrofe). Asseguro ao povo judeu que a Igreja Católica está profundamente entristecida com o ódio, atos de perseguição e demonstrações de anti-semitismo dirigidos contra os judeus por cristãos, em qualquer tempo e em qualquer lugar".

Em 12 de março de 2000, o Papa Beato João Paulo II, pediu perdão em nome da Igreja Católica pela perseguição aos judeus durante os séculos anteriores e por dois mil anos de pecados cometidos em nome da instituição.

Quando um Papa foi pela primeira vez à Sinagoga de Roma

"Um evento histórico que mudou tudo. Foi um gesto simbólico muito importante". Assim o Rabino da Comunidade judaica de Roma, Riccardo di Segni, comentou o 27° aniversário da primeira visita de um Papa à Sinagoga de Roma.

A histórica visita do Papa João Paulo II à Sinagoga de Roma, foi realizada em 13 de abril de 1986. O então Rabino, Elio Toaff, aguardava Karol Wojtyla na entrada da Sinagoga. Se abraçaram duas vezes, quando então o Papa chamou os judeus de 'irmãos'. "Eu estava ali", disse De Segni.

Mas o primeiro gesto 'revolucionário' com relação aos judeus foi dado pelo Papa Roncalli, antes ainda do Concílio Vaticano II. O ex-Rabino de Roma, Elio Toaf, escreveu na sua biografia: "Recordo quando em 1959 João XXIII fez parar na Av. Lungotevere o cortejo pontifício para abençoar os judeus que, como era sábado, saíam da Sinagoga. Foi um gesto que provocou entusiasmo em todos os presentes que circundavam seu automóvel, para aplaudi-lo e saudá-lo. Era a primeira vez que um Papa abençoava os judeus", escreveu Toaff.

Alguns pensamentos centrais do discurso do Papa João Paulo II nesta visita à Sinagoga de Roma:

"Houve na verdade muitas situações históricas do passado, diferente dos tempos atuais, que foram amadurecendo ao longo dos séculos para a convivência boa e saudável da vida social, civil e religiosa no mundo, sempre alcançada com muita dificuldade, ou ainda em processo lento e doloroso para muitos países chegarem a tal nível de convivência.

A Igreja hoje reconhece, como no Decreto conhecido *Nostra Aetate*, número 04, dos documentos conciliares do Vaticano II, a indignação e o lamento contra o ódio, perseguições, manifestações de anti-semitismo dirigidos contra os judeus em qualquer tempo e por qualquer pessoa.

O povo judeu tem sua origem a partir de Abraão, que é o pai da nossa fé como expressou São Paulo de Tarso. Com o povo judeu a Igreja Católica tem vínculos de um patrimônio espiritual comum imenso. Portanto, temos uma relação com os judeus que não temos com qualquer outra religião.

Aos judeus não pode ser atribuída nenhuma culpa ancestral ou coletiva ao que foi feito na Paixão de Jesus. Não indiscriminadamente aos judeus daquela época, não para aqueles que vieram depois e não aos judeus de hoje. Deus julgará a cada um conforme as suas obras, aos judeus e aos cristãos (Cf. Rm 2,6).

A Igreja declara não ser justo dizer que os judeus são repudiados ou amaldiçoados a partir de nenhuma conclusão a partir das Sagradas Escrituras ou a partir do Novo Testamento, já que a própria carta de São Paulo aos Romanos (Rm 11,28-29) e Constituição Dogmática Lumen Gentium (n° 6) afirmam que "os judeus são amados por Deus que os chamou com uma vocação irrevogável.

Essas afirmações são baseadas nas relações atuais entre os judeus e cristãos, pela ação pastoral dos últimos Papas, reafirmadas e proclamadas na Igreja o seu valor permanente. Estamos num caminho longo para que isso cada vez mais aconteça em cada nível de mentalidade, educação e comunicação.

O próprio Jesus, filho do povo judeu, de onde nasceu também a Virgem Maria, os apóstolos e a maioria dos membros da primeira comunidade cristã eram também judeus. O diálogo será sempre mais forte e sincero no respeito das convicções pessoais de ambos os lados, mas tendo sempre como base os elementos fundamentais da Revelação que temos em comum, como a 'grande herança espiritual'. Devemos trabalhar sempre juntos para que a paz completa (Shalom) reine neste país e nos continentes do mundo inteiro".

Em 12 de março de 2000, o Papa Beato João Paulo II, pediu perdão em nome da Igreja Católica pela perseguição aos judeus durante os séculos anteriores e por dois mil anos de pecados cometidos em nome da instituição.

Papa Bento XVI e os Judeus:

Para a comunidade judaica, uma das realizações mais importantes de Bento XVI tem sido a de isentar os judeus da responsabilidade pela morte de Jesus. Em um livro seu publicado em 2011, "Jesus de Nazaré", o Papa escreveu que "a aristocracia do templo" em Jerusalém e as "massas" - e não "o povo judeu como um todo" - foram os responsáveis pela crucificação de Cristo.

O Congresso Judaico Mundial, disse em um comunicado que o Papa Bento XVI "elevou as relações entre católicos e judeus a um nível sem precedentes". "Nenhum papa antes dele visitou tantas sinagogas. Ele reuniu-se com representantes da comunidade judaica, sempre que viajava ao exterior. Nenhum papa antes dele tinha realizado tanto esforço para melhorar as relações com os judeus, em diversos níveis", saudou o texto.

A seguir, algumas idéias principais do profundo conteúdo teológico e bíblico do discurso que o Papa Bento XVI dirigiu à comunidade judaica de Roma, durante sua visita à Grande Sinagoga[6]:

"Agradeço a Deus por nos ter dado a graça de nos encontrarmos tornando mais firmes os laços que nos unem e para continuar a percorrer o caminho da reconciliação e da fraternidade. 24 anos atrás veio como cristão e como Papa pela primeira vez o venerável João Paulo II que quis oferecer uma contribuição decisiva à consolidação das boas relações entre as nossas comunidades, para superar toda incompreensão e prejuízo.

Esta minha visita se insere no caminho traçado, para confirmá-lo e reforçá-lo. Com sentimentos de viva cordialidade me encontro em meio a vocês para manifestar minha estima e afeto que o Bispo e a Igreja de Roma, assim como a inteira Igreja Católica, nutrem por esta Comunidade e com as Comunidades judaicas espalhadas pelo mundo.

A doutrina do Concílio Vaticano II representou para os católicos um ponto decisivo de referência constante na atitude e nas relações com o povo judeu, abrindo uma nova e significativa etapa. O evento conciliar deu um impulso decisivo ao compromisso de percorrer um caminho irrevogável de diálogo, de fraternidade e de amizade, caminho que se aprofundou e desenvolveu nestes quarenta anos com passos e gestos importantes e significativos.

Também eu, nestes anos de pontificado, quis demonstrar minha proximidade e meu afeto ao povo da Aliança. Conservo bem vivos em meu coração todos os momentos da peregrinação que tive a alegria de realizar na Terra Santa, em maio do ano passado, como ainda os vários encontros com Comunidades e Organizações judaicas, em particular os das sinagogas de Colônia e de Nova Iorque.

Além disso, a Igreja não deixou de condenar as faltas de seus filhos e filhas, pedindo perdão por tudo que pode favorecer de algum modo as chagas do anti-semitismo e do anti-judaísmo (cfr. Comissão para as Relações Religiosas com o Judaísmo, Nós Recordamos: uma reflexão sobre a Shoah, 16 de março de 1998). Possam essas chagas sararem definitivamente!

Volta sempre à memória a oração de pesar no Muro do Templo de Jerusalém do papa João Paulo II, em 26 de março de 2000, que soa verdadeira

---

[6] Cf. Discurso do Papa Bento XVI na Sinagoga de Roma, em 17 de Janeiro de 2010.

e sincera no profundo de nosso coração: "Deus de nossos pais, tu escolheste Abraão e a sua descendência para que teu Nome seja levado aos povos: estamos profundamente aflitos pelo comportamento dos que, no curso da história, lhes fizeram sofrer, eles que são teus filhos, e pedindo-Te perdão por isto, queremos comprometer-nos a viver uma fraternidade autêntica com o povo da Aliança".

A nossa proximidade e fraternidade espiritual acham na Sagrada Bíblia – em hebraico *Sifre Qodesh* ou "Livros da Santidade" – o fundamento mais sólido e perene, no qual nos colocamos constantemente diante de nossas raízes comuns, à história e ao rico patrimônio espiritual que partilhamos. É perscrutando o seu próprio mistério que a Igreja, Povo de Deus da Nova Aliança, descobre a sua profunda ligação com os judeus, escolhidos pelo Senhor primeiramente entre todos para acolher sua palavra.[7]

Numerosas podem ser as implicações que derivam da comum herança que vem da Lei e dos Profetas. Gostaria de recordar algumas: primeiramente, a solidariedade que liga a Igreja e o povo judeu "pela própria identidade" espiritual e que oferece aos cristãos a oportunidade de promover "um renovado respeito pela interpretação hebraica do Antigo Testamento" (cfr. Pontifica Comissão Bíblica, O povo judeu e suas Sagradas Escrituras na Bíblia cristã, 2001, pp. 12 e 55); a centralidade do Decálogo como mensagem ética comum de valor perene para Israel, a Igreja, os que não crêem e a humanidade inteira; o compromisso por preparar e realizar o Reino do Altíssimo no "cuidado da criação" confiado por Deus ao homem para que a cultive e mantenha responsavelmente (cfr. Gn 2,15).

Em particular o Decálogo – as "Dez Palavras" ou Dez Mandamentos (cf. Ex 20, 1-17; Dt 5, 1-21) – que provém da Torah de Moisés, constitui a chama da ética, da esperança e do diálogo, estrela polar da fé e da moral do povo de Deus, e ilumina e guia também o caminho dos cristãos.

Ele constitui um farol e uma norma de vida na justiça e no amor, um "grande código" ético para toda a humanidade. As "Dez Palavras" jogam luz sobre o bem e sobre o mal, sobre o verdadeiro e o falso, sobre o justo e o injusto, também segundo os critérios da consciência reta de cada pessoa humana. Jesus muitas vezes o repetiu várias vezes, sublinhando que é necessário um compromisso operoso sobre o caminho dos Mandamentos: "Se queres entrar na vida, observa os Mandamentos" (Mt 19,17).

---

[7] Cf. Catecismo da Igreja Católica, § 839.

Nesta perspectiva, são vários os campos de colaboração e de testemunho. Gostaria de recordar três particularmente importantes para o nosso tempo.

As "Dez Palavras" pedem para recordar o único Senhor, contra a tentação de se construir outros ídolos, de se fazer bois de ouro. Em nosso mundo muitos não conhecem Deus ou o consideram supérfluo, sem importância para a vida; foram fabricados assim outros e novos deuses diante dos quais os homens se inclinam. Despertar em nossa sociedade a abertura da dimensão transcendente, testemunhar o único Deus é um serviço precioso que Judeus e Cristãos podem oferecer juntos.

As "Dez Palavras" pedem respeito, a proteção da vida contra injustiça e exploração, reconhecendo o valor de toda pessoa humana, criada segundo a imagem e semelhança de Deus. Quantas vezes, em toda parte da terra, próxima ou distante, são ainda violados a dignidade, a liberdade, os direitos do ser humano! Testemunhar juntos o valor supremo da vida contra todo egoísmo, é oferecer uma importante contribuição ao mundo no qual reine a justiça e a paz, o "shalom" desejado pelos legisladores, pelos profetas e pelos sábios de Israel.

"As "Dez Palavras" pedem para conservar e promover a santidade da família, onde o "sim" pessoal e recíproco, fiel e definitivo do homem e da mulher, abre o espaço para o futuro, para a autêntica humanidade de cada um, e se abre, ao mesmo tempo, ao dom de uma nova vida.

Testemunhar que a família continua sendo a célula essencial da sociedade e o contexto de base onde se aprende e se exercita as virtudes humanas é um precioso serviço a ser oferecido para a construção de um mundo que tenha um rosto mais humano.

Como ensina Moisés na oração do Shemá – Ouve, Israel – (cf. Dt 6,5; Lv 19, 34) e Jesus confirma no Evangelho (cf. Mc 12, 19-31) todos os mandamentos se resumem no amor de Deus e na misericórdia para com o próximo. Tais regras empenham os judeus e os cristãos a se exercitarem, em nosso tempo, numa generosidade especial para com próximo, com as mulheres, com as crianças, com os estrangeiros, com os doentes, com os fracos, com os necessitados. Na tradição hebraica existe um admirável tratado chamado "Dito dos Pais de Israel": "Simão o Justo costumava dizer: O mundo se fundamenta sobre três coisas: a Torah, o culto e os atos de misericórdia" (Abot 1,2).

Com o exercício da justiça e da misericórdia, Judeus e Cristãos são chamados a anunciar e a testemunhar o Reino do Altíssimo que vem, e pelo qual rezamos e trabalhamos cada dia com esperança.

Neste sentido podemos dar passos juntos, conscientes das diferenças que existem entre nós, mas também do fato que conseguiremos unir nossos corações e nossas mãos para responder à chamada do Senhor, sua luz se fará mais próxima para iluminar todos os povos da terra.

Os passos realizados nestes quarenta anos da Comissão Internacional católico-judaica e, nos anos mais recentes, pela Comissão Mista da Santa Sé e do Grande Rabinato de Israel, são um sinal da vontade comum de continuar um diálogo aberto e sincero".

Papa Francisco (Cardeal Jorge Bergoglio) e os Judeus

Sob sua liderança em Buenos Aires, o Cardeal Jorge Bergoglio fez importantes caminhadas em sustentar positivas relações entre católicos e judeus seguindo os papados transformadores do Papa João Paulo II e Papa Bento XVI – pontífices que lançaram a reconciliação histórica entre a Igreja Católica e povo Judeu. O Cardeal Bergoglio sustentou um íntimo relacionamento com a comunidade Judaica na Argentina. Ele celebrou várias festas Judaicas com a comunidade Judaica Argentina.

O arcebispo de Buenos Aires e primaz da Argentina, cardeal Jorge Mario Bergoglio, participou em 08 de agosto de 2007 na sinagoga Benei Tikvá Slijot, de um ofício religioso com motivo do Ano Novo judaico (Rosh Hashaná), e explicou que «hoje, aqui nesta sinagoga, tomamos novamente consciência de ser povo a caminho e nos colocamos na presença de Deus. É um ato de andar para olhá-lo e de nos deixarmos olhar por Ele, para examinar nosso coração em Sua presença e perguntar se caminhamos bem. Também eu o faço, como caminhante, junto aos senhores, meus irmãos mais velhos».

Após utilizar várias vezes as palavras «fidelidade» e «ternura» para referir-se a «esse Senhor que é misericordioso e paciente», disse que «hoje seguramente encontraremos coisas que lamentamos e situações nas quais não caminhamos em Sua presença. O que se pede a nós é lealdade para reconhecer isso, mas principalmente que não nos escondamos na obscuridade da culpa e que coloquemos tudo sob o olhar de Deus fiel. E isso o fazemos com coragem e confiança, sabendo que Sua fidelidade implica infinita ternura, conscientes de que é Ele quem nos convida a nos aproximarmos para derramar essa fidelidade-ternura em abundante misericórdia».

Em 2010, durante uma comemoração do atentado contra uma Sinagoga de Buenos Aires em 1994, o Cardeal Bergoglio chamou-a de "uma casa de solidariedade" e acrescentou que "Deus os abençoe e os ajude a cumprir seu trabalho", o que demonstrou sua dedicação e apoio em erguer-se contra o extremismo.

Em 2010, juntamente com o Rabino Argentino Abraham Skorka, publicou o livro "No Céu e na Terra" dirigindo assuntos de diálogo religioso. A sensibilidade do novo Papa aos Judeus emerge de seu trabalho em seus comentários sobre a aproximação da Igreja ao povo Judeu desde o Vaticano II, o Holocausto e o conflito Árabe-Israelense.

O Papa Francisco e os Judeus

Em um de seus primeiros atos como pontífice, o papa Francisco mandou em 14 de março uma mensagem à comunidade judaica de Roma, dizendo que espera ser capaz de contribuir para promover boas relações entre católicos e judeus.

O novo papa convidou o Rabino-chefe de Roma, Sr. Riccardo Di Segni, para sua missa inaugural no Vaticano: "No dia da minha eleição como Bispo de Roma e Pastor Universal da Igreja Católica, envio minhas cordiais saudações, anunciando-lhe que a solene abertura do meu pontificado será na terça-feira, 19 de março", começa a mensagem papal: *"Confiando na proteção do Altíssimo, espero vivamente poder contribuir para o progresso que as relações entre judeus e católicos conheceram a partir do Concílio Vaticano II, num espírito de renovada colaboração e a serviço de um mundo que possa estar cada vez mais em harmonia com a vontade do Criador".*

A carta do papa chegou à sede da Comunidade Judaica de Roma poucas horas depois da saudação que o mesmo Rabino-Chefe Riccardo Di Segni, havia desejado um bom pontificado a Jorge Bergoglio, conforme informou o site católico romano Zenit: *"Expresso os melhores desejos a Jorge Mario Bergoglio eleito Papa Francisco. Que possa guiar com força e com sabedoria a Igreja Católica nos próximos anos. As relações da Igreja com a Comunidade Judaica de Roma e o diálogo com o judaísmo deram passos importantes. A esperança é que se possa continuar o caminho no sinal da continuidade e das boas relações".*[8]

Entrevistado pela Rádio Vaticano, Di Segni afirmou: "Partilhamos os sentimentos de nossos irmãos cristãos que agora têm um novo pontífice,

---

[8] Cf. www.zenit.org

ao qual desejamos força e sabedoria para desempenhar essa grande tarefa, por longos anos. Não conhecemos diretamente o Papa. Ele vem de uma terra distante para nós, mas das primeiras informações parece-me que foi um cardeal muito atento à relação de respeito com outras religiões e particular com o judaísmo. Então, isso nos dá a esperança de que tudo o que foi semeado de bom no passado, dê bons frutos. Acredito que existem premissas importantes".

2) Conscientizar-se do Patrimônio Espiritual Comum

Através do estudo das Porções Semanais da Palavra de Deus (Parashot – plural de cada Parasha em hebraico) lidas na Sinagoga no ciclo de um ano entrar em contato com a grande Tradição Oral de Israel a partir da literatura rabínica, dos sábios de Israel, os comentários a respeito da Torah Escrita, e ilustrada também através de uma seleção de Midrashim (plural de Midrash).

Irmão Pierre Lenhardt, no seu livro "A Escuta de Israel, na Igreja", ilumina a importância desse conhecimento melhor das fontes da literatura rabínica, da literatura e Tradições judaicas pois estas nos ajudarão a crescermos na real "identidade cristã que tem necessidade de se referir à identidade judaica, enquanto a identidade judaica não depende da identidade cristã". [9]

Isso é comprovado quando o próprio Apóstolo Paulo de Tarso afirma aos cristãos vindo das nações pagãs: "Se a raiz é santa, os ramos também são santos. (...) Toma consciência de que não és tu que sustentas a raiz, mas é a raiz que te sustenta".[10]

A Antiga Aliança não foi jamais revogada[11]

A Igreja ensina que "a Antiga Aliança não foi jamais revogada, anulada. Ela recusa aquilo que foi chamada de 'a Teologia da Substituição' e suas inumeráveis formulações que ela inspirou no decorrer dos séculos".[12]

---

[9] Pierre Lenhardt. *À l'Écoute d'Israel, en Église (Tomo II)*. Paris, 2009. *Éditions Parole et Silence*. P: 5.
[10] Cf. Rm 11, 16.18.
[11] Papa João Paulo II, em 17 de novembro de 1980, citado na *Comissão pelas Relações Religiosas com o Judaísmo*. Notas para uma correta apresentação judaica e do judaísmo na pregação e na catequese da Igreja Católica. 24 de junho de 1985.
[12] Cf. Guia para o diálogo Católico-Judaico no Brasil, *Estudos da CNBB – 46 – 1986*. P: 6.

A Raiz Santa: A importância da Torah (Escrita e Oral) para a Vida da Igreja

A Torah transmitida a Moisés e recebida por Israel é recebida pela Igreja. Esta Torah que vem dos judeus, constitui o patrimônio comum no qual a Igreja recomenda pesquisar e estudar os seus elementos fundamentais.

"Embora a *Torah* se dirija principalmente aos filhos de Israel, ela contém diretrizes para todos os homens, de todos os credos. As leis rituais, relacionadas com a prática religiosa, constituem apenas uma parcela dos seus preceitos. Os mandamentos da *Torah*, suas regras e estatutos, abrangem todos os aspectos da vida e do comportamento humano, especialmente a ética e a moralidade. São leis "vivas" constantemente reinterpretadas e atualizadas em função do mundo contemporâneo. A *Torah* é a constituição do povo judeu. É o alicerce da fé judaica. É o que torna o judeu verdadeiramente judeu".[13]

Jesus era judeu, nascido de mãe judia. Mais ainda, ele se considerava um judeu fiel às suas origens. Seus ensinamentos derivam das leis e das tradições judaicas com as quais ele se criou, e que ele jamais negou. Jesus era chamado de "Rabino" e freqüentava o Templo de Jerusalém, junto com seus discípulos.

A grande maioria dos católicos não tem consciência destes fatos, pois as divergências posteriores entre Igreja e Sinagoga resultaram num processo de esquecimento das origens judaicas do cristianismo.[14]

A Igreja de Cristo está enraizada na vida e no pensamento do Povo de Israel. Ela se sustenta nos ensinamentos judaicos dos patriarcas e profetas, reis e sacerdotes, escribas e rabinos. Jesus é o elo através do qual toda a cristandade passa a ser incluída como descendente de Abraão, e portanto co-herdeira, juntamente com os judeus, do seu grandioso legado espiritual.[15]

Jesus lê e explica as Escrituras, a Lei de Moisés, os Profetas e os Salmos (Cf. Lc 4,16; 24,44)

Judeus e cristãos têm em comum o TaNaK (**Torah** – O Pentateuco: Genesis, Êxodo, Levítico, Números e Deuteronômio – **Ne<u>b</u>iím**: Os Profetas – **Ketu<u>b</u>im** – Os Escritos, Salmos, Provérvios e outros escritos), parte da Bíblia comumente chamada de Antigo Testamento. Seu valor é próprio e perpétuo e

---

[13] Cf. Ibidem.P: 10
[14] Cf. Ibid. P: 16.
[15] Cf. Ibid. P: 17.

contém a Revelação do Deus de Abraão, de Isaac e de Jacó que é o Deus de Jesus Cristo, dos Apóstolos e da Igreja.

A Igreja primitiva só tinha esta Escritura Sagrada. O Novo Testamento veio em seguida. Por isso, o Antigo Testamento não pode ser considerado em oposição ao Novo Testamento.

A Bíblia toda é Revelação que convida ao Amor a Deus e ao próximo.

"Ouve ó Israel: o Senhor nosso Deus é o único Senhor" (Dt 6,4; Mc 12,29)

A proclamação da unicidade de Deus é a fé originária de Israel. Jesus, em seus diálogos teológicos no evangelho, a indica como o primeiro de todos os mandamentos. O povo judeu vive desta verdade, a testemunha e a proclama todo dia com a sua existência.[16]

A Catequese e os ensinamentos da Igreja sobre os Judeus

A catequese foi sempre considerada pela Igreja como uma de suas tarefas prioritárias. Através da catequese, a Igreja transmite de modo orgânico os princípios da fé, sua tradição e a prática que deve acompanhar esta fé. Por isso, a catequese é também o meio privilegiado de preservar idéias e práticas tornando-as cada vez mais conformes com o evangelho.

A catequese é fonte de vida, partilha e comunicação das experiências de Deus, feita pelos homens e pelo povo de Deus através dos tempos que encontramos na Escritura e na Tradição. Não é um simples saber ou conhecimento do Novo Testamento. Trata-se da experiência, visão e espírito bíblico do Deus que se revela na história e que se dá a conhecer. A transmissão desta experiência de Deus na história coloca-nos diante do povo de Israel. Ela se faz através das Escrituras e do próprio povo judeu que nos deu Jesus Cristo.

Raízes e herança judaicas

As primeiras comunidades judeu-cristãs se formaram através de Jesus e de seu povo. Delas recebemos um patrimônio pelo qual nos tornamos responsáveis.

O Novo Testamento está profundamente marcado por suas relações com o Antigo Testamento. Um dos princípios orientadores da catequese é lembrar

---

[16] Cf. Ibid. P: 18.

que o Antigo Testamento é primeiramente Escritura judaica, comum a judeus e cristãos.

Jesus, Maria e os primeiros discípulos eram judeus. Foram os primeiros a aceitar Jesus como Messias. Jesus nasceu, viveu e morreu como judeu.

O judaísmo no tempo de Jesus não era uma unidade homogênea, mas bastante complexa. O conhecimento dessa complexidade evitará a perpetuação de diversos preconceitos, estereótipos de espírito antijudaico. Perceber as divergências religiosas entre saduceus, zelotas, essênios, fariseus.

Aprofundar sobretudo o conhecimento do fariseu a partir da tradição judaica, e não somente da apresentação que se faz no Novo Testamento surgido num contexto polêmico. Descobrir a importância dos mestres judeus no tempo de Jesus, o seu respeito pela Escritura. A busca e a interpretação das mesmas Escrituras.

Conhecer o **Midrash** e sua utilização pelos mestres, a tradição oral e o método pedagógico próprio do ensino nas sinagogas. Situar Jesus Mestre no contexto dos mestres de seu tempo, para melhor descobrir sua pedagogia e assim melhor transmitir sua mensagem.

Ressaltam-se a importância da sinagoga e seu lugar na vida judaica desde o tempo de Jesus, a liturgia sinagogal e as festas judaicas vividas por Jesus e pelo povo judeu hoje, o sábado e a santificação do tempo, as raízes da liturgia cristã radicadas na liturgia judaica. O judaísmo não terminou em 70 com a destruição do Templo! Foi o que pensaram os cristãos durante séculos. Os cristãos de hoje testemunham e convivem junto ao povo judeu e com o Estado de Israel.[17]

Tradição oral – Torah oral

A *Torah* é o centro de onde tudo se irradia e para o qual toda a vida judaica converge. Consciente de tudo o que ela significa, o povo judeu desenvolveu uma verdadeira veneração pela *Torah*.

A *Torah* é doutrina, ensinamento, instrução, direção e também lei. É doutrina essencialmente voltada para a prática, é Revelação enquanto expressão da vontade divina a ser realizada e obedecida, caminho de justiça, de santidade, de verdade que leva à vida. Ao lado da Escritura, a *Torah* Escrita, temos a *Torah* Oral que tem a mesma autoridade. Foi codificada aos poucos pela literatura rabínica.

---

[17] Cf. Ibid. P: 41.

De acordo com a posição tradicional judaica, se a *Torah* Escrita data diretamente de Moisés e contém uma revelação recebida no Sinai, a mesma coisa se afirma da *Torah* Oral. Sua função é dupla: de um lado ela completa, de outro ela interpreta e aplica a *Torah* Escrita. O problema da aplicação da *Torah* Escrita não cessa de se colocar em todas as épocas.

A tradição oral – tradição interpretativa – foi transmitida pelos mestres oralmente desde o exílio. Essas interpretações foram recolhidas por escrito, durante os séculos II a VIII d.C., dando nascimento às obras que conhecemos como *Talmud* e *Midrash*.

O *Talmud* inclui dois diferentes elementos: a *Halakáh* (lei) e a *Hagadáh* (narração). A *Halakáh* reúne os estatutos da Tradição Oral, enriquecidos pelas discussões das escolas da Palestina e da Babilônia, para alcançar as fórmulas definitivas da Lei. A *Hagadáh*, partindo também do texto bíblico, ensina por meio de lendas, alegorias, reflexões de moral e reminiscências históricas.

A palavra *Talmud* referia-se, no princípio, somente à *Guemará*; posteriormente o nome veio a ser aplicado a ambos: *Mishnáh* e *Guemará* e têm a seguinte relação entre si: a primeira é o texto e a segunda o comentário. O *Talmud* consiste de sessenta e três livros legais, éticos e históricos escritos pelos antigos rabis.

O modo de interpretar e fazer *"midrash"* era comum aos tempos de Jesus. Através de parábolas, pequenas histórias, fatos, citação da Escritura, explicava-se o que Deus e a vontade divina esperavam e convocavam o povo a realizar. Nos Evangelhos, vamos encontrar inúmeras parábolas de *midrash* hagádico e também comentários haláhicos.[18]

Parashá – Porção Semanal da Palavra de Deus lida na Sinagoga

O Ciclo de Leituras da Torah aos Sábados (Shabat):

Um ciclo continuado de leituras da Torah é previsto pela literatura rabínica. Outras indicações falam que na Babilônia havia um ciclo anual de leitura enquanto que na Terra de Israel havia um ciclo de leituras a cada três anos. Em alguns momentos havia ciclos diferentes, não homogêneos, variando de um lugar para outro.

---

[18] Cf. Ibid. P: 42.

Em Israel essas porções de trechos da Torah eram chamadas de *Seder* enquanto na Babilônia eram conhecidos como *Parashá*. Este conhecido ciclo da Babilônia dividiu a Torah (o Pentateuco) em 54 perícopes (pequenos trechos de unidades bíblicas). [19]

Dentro de cada parashá sempre apresentaremos também a indicação da Leitura dos Profetas: a chamada *Haftará, ou Conclusão,* que já é atestada no Novo Testamento.[20]

A Haftará são as leituras dos livros proféticos e recitados na Sinagoga após a leitura da Torah durante o ofício da Manhã, no Shabat, nos Dias Festivos e mesmo nos ofícios vespertinos em Dias de Jejum.

Algumas passagens do Talmud dão a entender que essas leituras dos livros dos Profetas eram já lidas bem antes da destruição do Segundo Templo. Outros especialistas da História da Liturgia afirmam que o início da leitura da *Haftará* se deu por causa das perseguições anti-judaicas decretadas por Antíoco Epífanes em 165 a. C. que proibiu o estudo e a leitura pública da Torah (do Pentateuco).

Os sábios de Israel decidiram então "substituir" cada seção conhecida da Torah por uma passagem dos Profetas cujo tema seria relacionado ao do trecho bíblico agora proibido. [21]

O Midrash – Os Midrashim – A Tradição e a Torah Oral

O **Midrash** – Se analisarmos a origem do verbo hebraico **darash**, que significa procurar, perguntar, indagar... começamos a nos aproximar da sua correta compreensão. No próprio livro das Crônicas (cf. 2Cr 13,22) lemos: *"As demais atividades de Abias, o que fez e o que disse, está tudo escrito no **Midrash** (comentário) do profeta Ado"*.

Também lemos na Bíblia em outra passagem (cf. 2Cr 24,27): *"Os filhos de Joás, os vultosos tributos por ele arrecadados, a restauração na Casa de Deus, tudo isto está registrado no comentário (**Midrash**) do Livro dos Reis. Seu filho Amasias tornou-se rei em seu lugar"*.

Strack e Stemberger em seu livro clássico sobre a Introdução ao Talmud e ao Midrash apontam como a primeira atestação da Casa de Estudo (bet ha-

---

[19] Cf. H.L. STRACK e G. STEMBERGER. *Introduction au Talmud et au Midrash*. Paris, 1986. Cerf. "Les Midrashim", p: 282.
[20] Cf. Lc 4,17 e At 13,15
[21] Cf. Dictionaire Encyclopédique du Judaïsme. Paris, 1996. Cerf. P: 408.

-*midrash)* indicada no livro de Sirácida ou Eclesiástico – Cf. Eclo 51, 31(23): *"Aproximai-vos de mim, ó ignorantes e reuni-vos na Casa da Instrução".*[22]

O **Midrash** se oferece como a procura e o estudo, se revela tanto na sua teoria como naquilo que o completa: a sua ação, ou seja, na prática daquilo que se procurou (e se encontrou) no estudo do texto bíblico.

A importância ou especificidade do **Midrash** é que ele é um tipo de literatura, seja oral (transmitida de geração em geração), seja escrita, e sempre está diretamente relacionado com um texto canônico que tem a autoridade de uma palavra revelada por Deus.

Mais do que uma exegese especializada e objetiva o **Midrash** é entendido também como uma atividade religiosa que procura iluminar e demonstrar que existe uma unidade indestrutível entre Israel e a Bíblia. E isso comporta uma atualidade e validade permanentes.

Quase todos os **Midrashim** (plural de **Midrash**) nasceram na Terra de Israel. Podem se apresentar em tipos de *Midrash* mais relacionados às leis judaicas, as *Halakhot* (*Midrashim halakhicos*) ou relacionados às narrações – *Hagadá*, referentes à textos bíblicos (*Midrashim agádicos*). E podem ser compreendidos também noutro grupo: os *Midrashim exegéticos ou homiléticos*, quanto à sua interpretação.

Outra importante definição relaciona o **Midrash** como interpretação, "como o comentário rabínico da Bíblia feito com o objetivo de explicitar diversos pontos jurídicos ou favorecer um ensinamento moral recorrendo aos diversos gêneros literários: textos, parábolas e histórias".[23]

Esta realidade do estudo do texto bíblico e o seu ensinamento é assim comprovado no Povo de Israel, conforme se lê no livro de Esdras:

"pois ele (Esdras) se aplicara de todo o coração ao estudo (no original hebraico "drash") e à prática da Lei do SENHOR e se propusera ensinar aos israelitas as leis e os costumes".[24]

Harizá – Colar – para estimular uma 'Teologia da Continuidade' bíblica

No final das parashot - plural de parashá (porções semanais da Torah que são lidas, meditadas e estudadas cada semana nas Sinagogas, apresentamos

---

[22] Cf. Ibid. P: 274.
[23] Cf. Dictionaire Encyclopédique du Judaïsme. Paris, 1996. Cerf. P: 672.
[24] Cf. Esd 7,10.

um pequeno estudo bíblico conhecido pela literatura rabínica como **Harizá**, ou traduzido como *"Colar"* de versículos bíblicos.

São esses versículos bíblicos agrupados para exemplificar a concordância bíblica segundo a literatura judaica de estudar a Bíblia – e também são úteis para estimular uma Teologia da Continuidade, uma demonstração da Unidade da Revelação na Bíblia.

Propomos essa **Harizá** sempre a partir da introdução ao tema proposto e estudado pela Parasha da semana e a partir dos seus principais conteúdos apresentados por uma pequena seleção de Midrashim.

Busca-se com esse método de estudar a Bílbia manifestar que "toda a Torah" é um ensinamento seguro e importante que a comunidade deve escutar e colocar em prática. "Toda a Torah" não significa somente a Torah escrita (Pentateuco, Profetas e Escritos), mas toda a Torah Oral. Neste sentido é belo o ensinamento do mestre Hillel que, 30 ou 40 anos antes de Jesus Cristo, definiu "toda a Torah" por sua Regra de Ouro: "Aquilo que te é detestável não o faças ao teu próximo; aqui está toda a Torah, o resto nada mais é que o seu comentário. Vá e estuda! [25]

Pierre Lenhardt explica que "esta Torah Oral é anterior à Torah Escrita, a gera e a recebe, a transmite e a interpreta. A Torah Oral engloba a Torah Escrita e permanece sempre maior que a exegese que fez desta Torah Escrita. A Escritura está dentro da Tradição".[26]

A finalidade destes "colares" da exegese bíblica sobre as parashot estudadas é de mostrar a ressonância cristã dentro desse imenso patrimônio comum entre judeus e cristãos. Procurou-se com a "Harizá" dispor juntos alguns versículos bíblicos de modo que sejam pertinentes ao tema estudado e convincente no objetivo da Teologia de uma continuidade nas Escrituras Sagradas. Afinal, "o sentido, a luz profunda de cada palavra da Escritura reflete sobre cada outra palavra da Escritura", como por exemplo no fundamental texto lido na noite da celebração da libertação da escravidão do Egito, no Seder Pascal Judaico, quando se lê Dt 26,5-9:

"E tomando novamente a palavra, dirás: 'Meu pai era um arameu errante, que desceu ao Egito com um punhado de gente e ali viveu como estrangeiro. Mas ele tornou-se um povo grande, forte e numeroso. Então os egípcios nos maltrataram e oprimiram, impondo-nos uma dura escravidão. Clamamos

---

[25] Cf. Shabbat 31a.
[26] Pierre Lenhardt. *À l'Écoute d'Israel, en Église (Tomo II)*. Paris, 2009. Éditions Parole et Silence. P: 159.

então ao SENHOR, Deus de nossos pais, e o SENHOR ouviu nossa voz e viu nossa opressão, nossa fadiga e nossa angústia; o SENHOR nos tirou do Egito com mão forte e braço estendido, no meio de grande pavor, com sinais e prodígios, e nos introduziu neste lugar, dando-nos esta terra, terra onde corre leite e mel'".

Para os cristãos, o Messias (Cristo) Jesus sempre será Aquele que realizou as Escrituras de seu povo judeu e por isso procuramos "estender" o colar da exegese, da "Harizá" com os versículos bíblicos igualmente dos Evangelhos e dos Escritos do Novo Testamento.

Mas a preocupação maior não é o de "adaptar" o patrimônio da literatura judaica sobre a Torah ao cristianismo. A fé cristã é coerente com a Palavra de Deus que herdamos do judaísmo, todo o Novo Testamento nasceu e viveu dentro de um contexto judeu.

A fé cristã portanto, só tem a se enriquecer com o estudo dessas fontes judaicas desta literatura judaica e ensinamentos sobre a Palavra de Deus revelada e transmitida através de tantos homens e mulheres de fé em Deus. Nossa fé cristã está ligada e bem articulada em Jesus Cristo ao Único Deus, ao judaísmo e às suas tradições paternas manifestadas nas suas fontes orais e escritas.

Procuremos não tentar "adaptar" ou "amoldar" o judaísmo ao que esperamos dele. Procuremos escutar simplesmente as fontes bíblicas falarem por si mesmas, ouvir como Deus se revela na Torah, nos cinco livros, em cada vocação, em cada homem e em cada mulher de fé que procuram ouvir a Palavra de Deus que Se revela à humanidade sonhada e criada pelo próprio Deus, educada por Ele através de tantas gerações e séculos.

Procuremos igualmente ouvir, conhecer, estudar, atualizar as iniciativas divinas, a justiça e a bondade de Deus, a determinação divina em caminhar *com* o Seu povo, para sempre, numa Aliança que será sempre irrevogável, impossível de ser anulada.

P. Hartman fala de uma "alegria da Torah". E esse também é o objetivo deste trabalho. Muitos de nós cristãos crescemos com o ensino e a compreensão de uma Torah que seja um peso, um fardo impossível de ser vivido.

As porções semanais do Pentateuco lidas na Sinagoga procuram tornar sempre viva a memória e a ação constante de Deus como um "Professor" que a cada sábado, a cada dia nos ensina novamente a lição a ser aprendida. Termina-se o ciclo de leituras no Deuteronômio e no mesmo dia (Shabbat) começa-se novamente o mesmo trecho do Ciclo das Leituras da Torah a ser lido no livro do Gênesis. E isso é motivo de grande alegria! Com todos os rolos da Sinagoga em procissão com cantos em meio ao povo de fé!

Um Deus que na Bíblia ao doar a sua Torah "considera as imperfeições humanas, ou melhor dizendo, onde a Torah irá sempre refletir essa dialética tensão entre a aspiração divina e a humana imperfeição".[27]

Por isso a Torah, cheia dessa "pedagogia" divina vem em auxílio de nossa inclinação humana egoísta e esquecida das ações memoráveis e fortes de Deus para nos salvar.

Sempre é útil lembrar o belo Midrash que conta como Moisés, quando subiu ao Monte Sinai, percebeu que os anjos tinham ido antes falar com o Santo, Bendito Ele seja: "Soberano do Universo! O que teria a fazer um filho nascido de mulher aqui entre nós? E o Eterno respondeu: Ele veio para receber a Torah.

"O sagrado tesouro, que esteve guardado por Vós por novecentas e setenta e quatro gerações antes do mundo ser criado, e agora Vós quereis dar a Torah para a carne e o sangue! O que é o ser humano para que Vós o considere tanto assim? Ó SENHOR, nosso Deus. Quão grande é o seu Nome em toda a terra! Vós que colocastes a Tua Glória (a Torah) sobre os céus!"

E Deus, bendito seja, disse a Moisés: "Vá até os anjos e responda para eles, pois não querem que a Torah saia dos céus!". Moisés então falou perante Deus: "Soberano do Universo! A Torah, que o SENHOR me dá, o que está escrito nela?" "Eu Sou o SENHOR Deus que te tirei da terra do Egito". E Moisés disse aos anjos: "Vocês foram até o Egito? Vocês foram escravizados pelo Faraó? Por que então a Torah deveria estar com vocês? Vocês habitam entre povos que se dedicam à adoração de ídolos?

Novamente o que está escrito na Torah? 'Guardai o dia do Sábado, para santificá-lo'. Vocês realizam trabalho, para que necessitem descansar? Novamente o que está nela escrito? 'Não usarei o Santo Nome de Deus em vão'. Por acaso isso ocorre entre vocês?

Novamente o que nela está escrito? 'Honrar pai e mãe'. Vocês têm pais ou mães? Novamente, o que nela está escrito? 'Não matarás. Não cometerás adultério. Você não deve roubar'. Existe ciúme entre vocês? O tentador do mal vive entre vocês? Imediatamente então os anjos concordaram que a Torah fosse doada pelo Eterno Deus aos homens".[28]

---

[27] P. HARTMAN, *A Heart of many rooms*. Woodstock (Vermont) 1999, p:40-41.
[28] Cf. Shabbat 88b.

Todos nós precisamos dessa Bendita Palavra de Deus para nos ajudar a sermos melhores! Deus se dirigiu com a Sua Palavra e continua a fazê-lo para uma comunidade de filhos nas suas imperfeitas e humanas condições. "Deus ao doar a Torah deseja comunicar às pessoas a Sua Alegria e Amor como uma resposta a nossa humanidade. Deus amou a Casa de Israel e por isso lhe deu a Torah".[29] E o povo muito se alegrou com esse presente. Existe uma alegria nessa aceitação da Palavra de Deus na sua vida, existe uma alegria em cumprir os preceitos da Bíblia! E procura-se manifestar o amor humano de fé a esse Deus em praticar os mandamentos com alegria.

Portanto, procuremos ouvir melhor a Palavra de Deus, conhecer melhor a Torah, alegrarmo-nos com esse estudo semanal da Palavra de Deus, um trecho por semana, e sobretudo procurar deixar-se perguntar pelo texto bíblico, formular mais e mais perguntas a partir da leitura bíblica, como por exemplo:

O que é mais importante na minha vida? O que eu mais desejo na vida? Qual o objetivo mais importante sobre a vida? Como entendo os meus problemas diante do texto bíblico estudado? Por que as pessoas cometem erros, e eu também? Que perguntas posso fazer diante do texto que me ajudam a entendê-lo? Quem são as pessoas que aparecem no texto proposto? Por quê? Quais outras perguntas posso fazer a partir da "porção" da Palavra de Deus que me é oferecida? Quais são as minhas respostas diante do texto?

Apresentamos a seguir um pouco desta riquíssima Tradição Oral do Judaísmo, 63 Parashot, porções semanais da Torah que correspondem aos 54 trechos do Ciclo Anual lido atualmente nas Sinagogas e mais os trechos bíblicos lidos nos Dias Festivos e em momentos especiais da liturgia judaica. Os Dias Festivos estão presentes dentro do ciclo contínuo das Parashot (plural de Parasha), trechos bíblicos da Torah (O Pentateuco) lidos nas Sinagogas:

1° LIVRO DA TORAH: GÊNESIS (BERESHIT, EM HEBRAICO)

Nome da Parashá (porção semanal da Torah)	Texto Bíblico	Haftará (Leitura dos Profetas relacionada ao tema proposto)	Harizá (Colar) Tema
01. BERESHIT	Gn 1,1 – 6,8	Is 42,5 – 43,11	*Criação*
02. NOACH	Gn 6,9 – 11,32	Is 54,1 – 55,5	*Dilúvio*
03. LECH LEHA	Gn 12,1 – 17,27	Is 40,27 – 41,16	*Recompensa*
04. VAYERÁ	Gn 18,1 – 22,24	2Rs 4,1 – 37	*Isaac*

---

[29] Hartman. Idem. P: 45.

05. CHAYÊ SARÁ	Gn 23,1 – 25,18	1Rs 1,1 – 31	*Abraão*
06. TOLEDOT	Gn 25,19 – 28,9	Ml 1,1 – 2,7	*Jacó*
07. VAYETSÊ	Gn 28,10 – 32,3	Os 12,13 – 14,10	*Poço*
08. VAYISHLACH	Gn 32,4 – 36,43	Os 11,7 – 12,12	
09. VAYÊSHEV	Gn 37,1 – 40,23	Am 2,6 – 3,8	*Tamar e José*
10. MIKETS	Gn 41,1 – 44,17	1Rs 3,15 – 4,1	*Faraó*
11. CHANUCA	1Mc 4,36 – 59	Zc 2,14 – 4,7	-
12. VAYIGASH	Gn 44,18 – 47,27	Ez 37,15 – 28	*Trigo*
13. VAYECHI	Gn 47,28 – 50,26	1Rs 2,1 – 12	*12 Tribos*

2° LIVRO DA TORAH: ÊXODO (SHEMOT, EM HEBRAICO)

Nome da Parashá (porção semanal da Torah)	Texto Bíblico	Haftará (Leitura dos Profetas relacionada ao tema proposto)	Harizá (Colar) Tema
14. SHEMOT	Ex 1,1 – 6,1	Is 27,6 – 28,13; 29,22 – 23	Faraó
15. VAERÁ	Ex 6,2 – 9,35	Ez 28,25 – 29,21	As pragas
16. BÔ	Ex 10,1 – 13,16	Jr 46,13 – 28	Gafanhotos e Trevas
17. BESHALACH	Ex 13,17 – 17,16	Jz 4,4 – 5,31	Coluna de fogo e de nuvem, Mar Vermelho e o Maná
18. YITRÔ	Ex 18,1 – 20,26	Is 6,1 – 7,6; 9,5 – 6	A Voz
19. MISHPATIM	Ex 21,1 – 24,18	**Jr 34,8 - 22;** 33,25 – 26	Estatutos, Preceitos e Leis, Escravos,
20. TERUMÁ	Ex 25,1 – 27,19	1 Rs 5,26 – 6,13	A Arca
21. TETSAVÊ	Ex 27,20 – 30,10	Ez 43,10 – 27	Vestes
22. ZACHOR	Dt 25, 17 – 19	1Sm 15, 2 – 34	
23. PURIM	Ex 17,8 – 16	Rolo de Ester	Banquete
24. KI TISSÁ	Ex 30,11 – 34,35	1 Rs 18,1 – 39	Ídolos
25. VAYAKHEL	Ex 35,1 – 38,20	1Rs 7,40 – 50	Shabat
26. PECUDÊ	Ex 38,21 – 40,38	1Rs 7,51 – 8,21	A Tenda do Encontro

3° LIVRO DA TORAH: LEVÍTICO (VAYQRA, EM HEBRAICO)

Nome da Parashá (porção semanal da Torah)	Texto Bíblico	Haftará (Leitura dos Profetas relacionada ao tema proposto)	Harizá (Colar) Tema
27. VAYICRÁ	Lv 1,1 – 5,26	Is 43,21 – 44,23	Sacrifícios
28. TSAV	Lv 6,1 – 8,36	Jr 7,21 – 8,3; 9,22 – 23	Fogo

29.PÊSSACH	Ex 12,1 – 20 e 13,8 – A Festa da Liberdade	Js 5,2 – 6,1	-//-
30.SEFIRAT HAÔMER	Lv 23,15 – 16	Ez 37,1 – 14	-//-
31.SHEMINI	Lv 9,1 – 11,47	2Sm 6,1 – 7,17	Silêncio, Puro e Impuro
32.TAZRIA	Lv 12,1 – 13,59	2Rs 4,42 – 5,19	Purificação
33.METSORÁ	Lv 14,1 – 15,33	2Rs 7,3 – 20	Lepra
34.ACHARÊ MOT	Lv 16,1 – 18,30	Ez 22,1 – 19	Perdão
35.KEDOSHIM	Lv 19,1 – 20,27	Ez 20,2 – 20	Santidade
36.EMOR	Lv 21,1 – 24,23	Ez 44,15 – 31	Festa
37.BEHAR	Lv 25,1 – 26,2	Jr 32,6 – 27	Descanso
38.BECHUCOTAY	Lv 26,3 – 27,34	Jr 16,19 – 17,14	Descanso

4° LIVRO DA TORAH: NÚMEROS (BAMIDBAR, EM HEBRAICO)

Nome da Parashá (porção semanal da Torah)	Texto Bíblico	Haftará (Leitura dos Profetas relacionada ao tema proposto)	Harizá (Colar) Tema
39.BAMIDBAR	Nm 1,1 – 4,20	Os 2,1 – 22	As Tribos
40.SHAVUOT	Ex 19,1 – 20,23; Nm 28,26 – 31	Ez 1,1 – 28; 3,12	-//-
41.MEGUILAT RUTE	O Livro de Rute	- // -	
42.NASSÔ	Nm 4,21 – 7,89	Jz 13,2 – 25	Adultério
43.BEHAALOTECHÁ	Nm 8,1 – 12,16	Zc 2,14 – 4,7	Deserto
44.SHELACH LECHÁ	Nm 13,1 – 15,41	Js 2,1 – 24	Franjas
45.CÔRACH	Nm 16,1 – 18,32	1Sm 11,14 –12,22	Sacerdócio
46.CHUCAT	Nm 19,1 – 22,1	Jz 11,1 – 33	Serpente
47.BALAC	Nm 22,2 – 25,9	Mq 5,6 – 6,8	Bênçãos
48.PINECHÁS	Nm 25,10 – 30,1	1Rs 18,46 – 19,21	Zelo
49.MATOT	Nm 30,2 – 32,42	Jr 1,1 – 2,3	Herança
50-MASS'Ê	Nm 33,1 – 36,13	Jr 2,4 – 28; 3,4	Herança

5° LIVRO DA TORAH: DEUTERONÔMIO (DEVARIM, EM HEBRAICO)

Nome da Parashá (porção semanal da Torah)	Texto Bíblico	Haftará (Leitura dos Profetas relacionada ao tema proposto)	Harizá (Colar) Tema
51. DEVARIM	Dt 1,1 – 3,22	Is 1,1 – 27	Gerações
52. VAETCHANAN	Dt 3,23 – 7,11	Is 40,1 – 26	Ouvir
53. ÊKEV	Dt 7,12 – 11,25	Is 49,14 – 51,3	Coração

54. REÊ	Dt 11,26 – 16,17	Is 54,11 – 55,5	*Esmolas*
55. SHOFETIM	Dt 16,18 – 21,9	Is 51.12 – 52,12	*Não tenhas medo*
56. KI TETSÊ	Dt 21,10 – 25,19	Is 54,1 – 10	*Os animais*
57. KI TAVÔ	Dt 26,1 – 29,8	Is 60,1 – 22	*Primícias*
58. NITSAVIM	Dt 29,9 – 30,20	Is 61,10 – 63,9	*A Palavra de Deus*
59.ASSERET YEMÊ TESHUVÁ			*Converter*
60. VAYÊLECH	Dt 31,1 – 30	Is 55,6 – 56,8	*A Palavra de Deus*
61. HAAZINU	Dt 32,1 – 52	2Sm 22,1 – 51	Rocha
62. SUCOT	Lv 22,26 – 23,44 Festa das Tendas	Zc 14,1-21	
63. VEZOT HABERACHÁ	Dt 33,1 – 34,12	Js 1,1 – 18	Moisés

Parashá: Porção Semanal da Torah (O Pentateuco: Gênesis, Êxodo, Levítico, Números e Deuteronômio).

Novas idéias e conceitos a cada semana para viver a Palavra de Deus

A Torá está dividida em 54 porções, cada qual chamada de "parashá", com uma porção do texto bíblico do Pentateuco (Os cinco primeiros livros da Bíblia Sagrada) a cada semana na Sinagoga, na manhã do Shabat. Ocasionalmente, há semanas com porções duplas.

Existem numerosos livros disponíveis que apresentam alguns pensamentos relevantes sobre a parashá semanal. Ler um ou dois parágrafos em voz alta é uma boa maneira de animar a conversa, ou apenas leia primeiro para si mesmo e depois apresente as idéias informalmente aos membros do grupo de reflexão e estudo, ou com a sua família.

Alguns Sites Judaicos são muito interessantes e nos ajudam a entender o sentido da Parashá. Nossa gratidão a tantos sites que procuram esclarecer, informar e ilustrar a parashá para crianças, jovens e adultos. Vale a pena conferir os seguintes sites, livros e Editoras:

Editora Sefer, livros judaicos: http://www.sefer.com.br/

Dentre eles, minha gratidão pelo excelente livro ***Nos caminhos da Eternidade I – do Rabino Isaac Dichi – Editora Mekor Haim.***
- http://www.g-dcast.com/ - (em inglês) - Excelente proposta semanal com pequenos vídeos (possibilidade de legendas em espanhol)
- http://www.projetoahavatisrael.com/Parasha/Parasha_Arquivo.htm - Arquivos das Parashot

- http://biblestudio.com/p.htm (em inglês)
- https://www.facebook.com/federacaosp?sk=timeline - Facebook – Federação Israelita São Paulo: com o objetivo de fortalecer o judaísmo, preservando a continuidade dos valores e tradições judaicas
- http://www.cip.org.br/ - Congregação Israelita Paulista - CIP
- http://www.aishlatino.com/ Site em espanhol com vídeos, artigos e textos em diferentes níveis de compreensão (básico, intermediário e avançado sobre os estudos da Torá e as Parashot – também existem desenhos para crianças sobre os textos bíblicos de cada Parasha)
- http://www.tali-virtualmidrash.org.il/Index.aspx - site em inglês sobre arte bíblica e os midrashim.
- http://www.morasha.com.br/main_hp.asp - Revista Judaica Morashá (em português)
- http://www.pt.chabad.org/ (em português)
- http://www.cejc-madrid.org – Centro de Estudos Judeo-Cristianos (em espanhol)
- www.sion.org.br – Congregação Religiosa Nossa Senhora de Sion – Carisma na Igreja para o diálogo com os judeus
- http://www.youtube.com/embed/tLgdb6r0MQ4?rel=0: Propaganda de Israel: Para ver e acreditar

Maiores contatos sobre judaísmo e cristianismo:

- Irmão Elio Passeto, Congregação Nossa Senhora de Sion – Jerusalém, Israel: eliop@netvision.net.il
- Pe. Fernando Gross, sacerdote católico da Diocese de Santos – SP: grossfernando@gmail.com

01 – Gn 1,1-6,8: BERESHIT בראשית
(Leitura corresponde no Profeta Is 42,5 – 43,11)

- A Sagrada Bíblia começa com a letra "bêt" (segunda letra do alfabeto hebraico, composto por 22 letras). "Bereshit bará Elohim". No início Deus criou...
- No Midrash Rabá (capítulo 1 parágrafo 14) os sábios de Israel perguntam por que o mundo foi criado com a letra bêt. Bet é o início também da palavra *berachá,* que quer dizer bênção.
- Ascensão e *berachá* são dois termos que caminham juntos.
- Quando alguém tem sucesso – ascensão – costuma-se dizer que ele teve *berachá.*
- A Torah começa com a letra *bêt* para nos ensinar, que sua finalidade é auxiliar o homem para que ele tenha progresso em todos os campos, principalmente no espiritual.
- No salmo 84,8 diz que os que estudam a Bíblia avançam de uma ascensão a outra, com um vigor sempre crescente, estão portanto, ocupados o tempo todo em elevar-se.
- Os grandes sábios da Bíblia são sempre chamados de discípulos de sábios. Mesmo um sábio que estudou Torah durante todos os anos de sua vida e atingiu o apogeu dos conhecimentos, continua sendo chamado de **talmid – discípulo**, pois o verdadeiro sábio é aquele que durante toda a sua vida se considera **talmid.**
- Somente assim continuará sua escalada para a aquisição de mais conhecimentos e de mais valores.
- Sobre o versículo do livro de Cohêlet (Eclesiastes 5,9): "Aquele que gosta do dinheiro não se satisfará com ele" – os sábios de Israel dizem que o mesmo se dá com aquele que ama a Torá, que ama a Bíblia. Nunca ficará satisfeito com um pouco estudo da Bíblia; sua tendência é sempre querer conhecê-la melhor.
- Isso acontece porque o ser humano foi criado com uma natureza que anseia pela Bíblia. Seus valores espirituais e esta aspiração não têm limites. Quanto mais se aproximar dela, mais sua natureza exigirá dele um empenho maior.

- Existe, porém, o perigo de inversão de valores, caso a pessoa não se direcione de maneira apropriada. Essa tendência acaba influenciando toda a sua vida. Em vez de se satisfazer com os bens materiais e usá-los somente para aquilo que seu corpo pede e necessita, corre o risco de nunca ficar satisfeito com esses bens e sua ambição de conquista não ter limites.
- Os sábios de Israel afirmam: "Quem é o verdadeiro rico? Aquele que se contenta com seu quinhão".
- Nesta porção semanal da Palavra de Deus (parashat) ocorreu o primeiro pecado, quando o primeiro homem comeu do fruto chamado pela Bíblia de "o fruto da árvore do conhecimento" (único fruto que o Todo-Poderoso proibiu Adão de comer).
- O instinto mau (Yêtser Hará) após este pecado passou a engrandecer tudo aquilo que é material aos nossos olhos, fazendo com que imaginemos ser extraordinário o proveito que teremos disso.
- Na totalidade dos casos, porém, há uma decepção, maior ou menor, pois no momento de saborear e sentir o verdadeiro prazer, a imaginação do indivíduo já está muito influenciada. Ele chegou a pensar que o proveito seria incalculável (como um microscópio que nos dá a impressão de estarmos frente a algo grande, quando na realidade é muito pequeno).
- Esta ilusão provoca uma grande decepção no ser humano, como diz o profeta Isaías: "Os jovens se esforçam e se cansam, tropeçam, e os que tem fé em Deus terão as suas forças revigoradas" (Is 40,30-31).
- Isso, no entanto, não acontece no âmbito espiritual. O indivíduo sente neste caso, a verdadeira satisfação. Suas necessidades espirituais são preenchidas de maneira realista, incentivando-o para que tenha suas forças revigoradas no enfrentar o dia-a-dia.
- Assim todos os seus trabalhos se elevam do material para o espiritual, pois suas atitudes estão envoltas de fé, de caridade e de respeito ao próximo. Todos os seus atos são dirigidos pelas leis e mandamentos da Bíblia, a ética bíblica, preservando, desta forma, sua integridade física e espiritual.

1 – Bereshit – Seleções de Midrash a partir do texto bíblico: Gn 1,1-6,8

As letras competem por uma preciosa oportunidade

As letras do Alef Bet estavam reunidas em volta de Deus, com muita expectativa e alvoroço. Uma feliz letra seria escolhida em breve para iniciar a primeira palavra sagrada da Torá, o mais precioso tesouro do mundo. Qual seria ela? Cada uma esperava que Deus a escolhesse entre todas as outras e juntas clamavam por sua atenção.

"Por favor, Deus, comece a Torá comigo!" gritavam todas juntas.

A letra Tav moveu-se para frente. "Deus", gritou ela. "Sou a maior de todas as letras! Sou Tav, a primeira letra da amada palavra Torá! Sei que cada letra do Alef Bet corresponde a um número; meu valor equivale a quatrocentos, o número mais alto de todos: 1! Não concordas que devo ser o começo da Torá?".

"Acho que não", respondeu Deus, "porque um dia te usarei como um mau sinal. Muitos anos mais tarde, quando destruirei o Templo Sagrado usarei a ti Tav, para marcar os judeus que merecem morrer".

"Nesta época", continuou Deus, "ordenarei ao Anjo da Morte para voar sobre Jerusalém e escolher os judeus que são Tsadikim (justos). Na testa de cada Justo ele marcará a letra Tav com tinta invisível".

"O Tav significará a palavra hebraica "tu viverás" e às pessoas assim marcadas será permitido viver a salvo de seus inimigos".

"Então ordenarei ao Anjo da Morte, 'Separa as pessoas que são perversas. Marque em cada testa delas a letra Tav, não com tinta, mas com sangue. O Tav sangrento significará a palavra hebraica "tu morrerás" e as pessoas perversas assim marcados serão destruídos por seus inimigos".

Você vê agora, Tav, porque não quero usá-la para começar a Torá: porque, um dia, você servirá como sinal nas pessoas que devem morrer".

Ao ouvir isto, Tav saiu profundamente desapontada.

A letra Shin veio para frente esperançosa. Ela se inclinou e pediu em voz alta:

"Por favor, Deus, usa a mim como a primeira letra de sua Torá! Depois de Tav sou o número mais alto do Alfabeto, igual a trezentos. Eu sou até o começo de um de seus nomes sagrados, Shadai".

"Absolutamente não," respondeu Deus, "pois, apesar de ser verdade que és importante, inicias os nomes de coisas tão odiosas como shav, que quer dizer "falsidade" e sheker, que quer dizer "mentira". Odeio mentiras e falsidades. Construí Meu mundo sobre a verdade". Shin saiu abatida.

Isto não desencorajou Reish de se aproximar do trono de Deus. Ele sentiu que tinha um argumento convincente. "Tem piedade de mim, Deus" pediu ela, "e honra–me com o início de sua Torá. És conhecido como um Deus Misericordioso e sou a primeira letra da palavra Rashum, que significa 'misericordioso'. Também devo lembrar que sou o começo da palavra refuá, 'curar'...".

A voz de Reish parecia embaraçada, pois sentiu que Deus ia recusar seu pedido.

Seus temores foram confirmados, pois Deus explicou: "No futuro, o Grande Moisés conduzirá os judeus através do deserto. Alguns judeus ingratos não irão aceitá-lo como líder. Em seus corações irão resmungar: 'Nós preferimos servir ídolos no Egito a servir Deus como homens livres no deserto'. Eles vão gritar, 'Vamos nos revoltar contra Moisés, escolher outro líder e voltar para o Egito'".

Deus perguntou: "Estás consciente, Resh que és a primeira letra da palavra Rosh (líder) a ser clamada pelos judeus rebeldes?" "Para piorar as coisas" continuou Deus, " és o começo da palavra Rá, que significa 'maldade' e Rashá, uma pessoa perversa". Reish compreendeu que não seria aceita e concordou com relutância. Mais do que depressa, a letra Kuf agarrou a oportunidade:

"Que tal eu?" falou. "Sou uma letra maravilhosa. Quando os judeus forem rezar, irão me usar para começar a recitar a Kedushá. Irão proclamar, 'Cadosh, cadosh, cadosh (Santo, Santo, Santo), sagrado é o nosso Deus'".

"No entanto," persistiu Deus, "não podes ser a primeira letra da Torá. És o começo da palavra Kelalá, 'maldição'. Não quero que as pessoas perversas digam, "Quando Deus fez o mundo, Ele o amaldiçoou, por isso começou a Torá com um Kuf".

Uma a uma, todas as outras letras se aproximaram do trono de Deus, tentando tomar para si a glória de se tornar o começo da Torá. Elas persuadiam, imploravam, pediam e argumentavam, mas inutilmente. Deus rejeitou todas elas.

Finalmente, ficaram apenas duas letras, Alef e Bet. Estas duas esperaram, ficando mais tensas a cada momento. Bet estava tão nervosa que, após a longa espera, o pequeno ponto dentro dela estremecia, como uma batida de coração.

"Por favor, Deus," exclamou meio excitada, meio soluçando, "eu gostaria tanto de ser a primeira letra da Torá! Sou o começo de muitas coisas boas. Seus filhos, os judeus, dizem seus louvores nas preces: "Baruch Deus – louvado seja Deus; e 'Louvado seja o nome de Deus para sempre'; e 'Louvado seja Deus para sempre, amem, amem.' Todos estes louvores começam com um Bet!". Desta vez, Deus concordou.

"Sim, respondeu Ele. "Começarei a Torá contigo. Bet é o começo de Berachá, bênção. Quero que todo o povo da Terra saiba que o amo e o abençôo. Por isso, a Torá vai começar com um Bet, com a palavra Bereshit".

Ao ouvir que Bet foi escolhida, Alef se afastou em silêncio.

"Dividam-se em duas! Uma das metades ficará no alto e a outra afunde na Terra e Eu fixarei o firmamento no meio".

Deus chamou o firmamento Céu. Ele manteve água nas nuvens em forma de vapor para mandar mais tarde em forma de chuva, a fim de que as plantas na Terra pudessem crescer.

Terceiro dia: Deus criou a terra seca, a grama, as árvores e todas as espécies de plantas.

No terceiro dia, a água ainda cobria toda a Terra. Não havia um único ponto seco. Deus ordenou ao anjo do mar:

"Reúna toda a água em alguns lugares para que o restante se torne seco".

O anjo do mar perguntou: "Onde porei toda a água que sobrar? Dificilmente haverá lugar suficiente na Terra para tanta água!"

Deus então juntou toda a água da Terra e a derramou nos oceanos, lagos e rios. O restante da Terra se tornou seca.

A água, porém, ficou tão aborrecida por estar aprisionada que ameaçou transbordar e cobrir tudo outra vez.

"Fique onde a deixei!", ordenou Deus. Não inunde a terra seca! Deus pegou um pouco de argila, escreveu sobre ela Seu grande Nome de quarenta e duas letras e jogou-a no fundo d'água. Enquanto a argila estiver lá embaixo, nas profundezas da água, esta não inundará a terra. (Antes do Dilúvio, Deus a removeu). Então Deus ordenou:

"Que a relva cubra a terra seca!"

Imediatamente, a relva começou a brotar da terra. Além da grama para os animais, Deus criou todos os tipos de grãos, vegetais e ervas comestíveis. Ele também ordenou à terra que produzisse uma grande variedade de flores, para dar prazer à visão e ao olfato; além de todos os tipos de folhas e arbustos.

Estes maravilhosos exemplos das obras de Deus podem ser admirados nos jardins e campos, nas florestas e montanhas e todas elas foram produzidas por Deus no terceiro dia da Criação. Então Deus ordenou:

"Que árvores frutíferas cresçam na terra!"

Imediatamente, emergiram milhares de tipos de árvores; macieiras, pereiras e laranjeiras, ameixeiras, pessegueiros e o que se pudesse imaginar, cada uma com frutas deliciosas, de cores e formas diferentes.

As ordens do rei foram recebidas com um silêncio terrível. Os construtores reais baixaram suas cabeças e não conseguiam falar.

"Majestade," propôs tremendo um trabalhador, 'é noite agora e no escuro da floresta mal podemos enxergar qualquer coisa'!

"Luzes", vociferou o rei. "Os trabalhadores precisam de luz! Luzes, imediatamente!"

Ouviu-se desesperada correria de pés, enquanto todos procuravam os eletricistas reais. Finalmente, eles descobriram um eletricista em meio aos trabalhadores da construção, mas, em voz baixa, ele confessou que não havia trazido consigo nem fios elétricos e nem interruptores.

"Vocês não têm velas nem fósforos, ao menos?" grunhiu o rei. "Acendam tochas!"

Mas o vento da floresta estava soprando tão forte que era impossível acender uma chama.

Atrapalhado e zangado, o rei foi forçado a anunciar que a construção seria adiada. Ele não tinha meios de criar a luz que era necessária para começar a construção do palácio.

A chave para a parábola

Deus criou a luz bem no início:

Mas como Deus é diferente de um rei humano! O rei humano pode se enfurecer, bradar e bater os pés, mas sem fósforos, luz elétrica ou alguma outra espécie de luz conhecida, ele não pode criar a luz.

Deus, porém, criou a luz do nada, pronunciando somente três palavras: "Que haja luz!" E, de repente, saída do nada, a luz apareceu do meio da escuridão.

Deus decidiu, "Que haja sempre luz durante o dia, para que as pessoas enxerguem e possam fazer seu trabalho. Todas as noites Eu trarei a escuridão para que as pessoas possam descansar".

Depois, Deus criou o Céu e a Terra. Deus não precisou colocar suportes embaixo do globo para segurá-lo. Ele o suspendeu no espaço.

Segundo dia: Deus fixa o firmamento.

A Terra que Deus criou no primeiro dia estava coberta de água, que estava amontoada sobre o chão a grande altura. Não havia firmamento. No segundo dia, porém, Deus ordenou para as águas:

mente, o açougueiro virá e irá me pedir perdão. Seremos novamente amigos'. Mas a véspera de Yom Kipur chegou e não havia sinal do açougueiro".

"Não é suficiente esperar que o açougueiro venha até mim para fazer as pazes", pensou Rav. "Se eu realmente desejo paz, tenho que ir atrás dela. Se o açougueiro não vem a mim, irei a ele".

Apesar da briga ter sido, de fato, culpa do açougueiro, Rav estava pronto para se humilhar diante dele e pedir-lhe perdão. Quando Rav chegou, viu o açougueiro brandindo um enorme machado com o qual cortava fora as cabeças dos animais. O açougueiro levantou os olhos de seu trabalho e percebeu Rav.

Zangado, ele gritou: "É você, Abba? Vá para casa, não quero nada com você.

Imediatamente, Deus, castigou o açougueiro por se recusar a fazer as pazes e ofender o Rav.

Quando o açougueiro ergueu seu machado para dar o próximo golpe, o ferro se soltou do cabo de madeira e bateu na própria cabeça do açougueiro, matando-o.

É um preceito ser o primeiro a fazer as pazes e se desviar do seu caminho para fazer isso, como diz o versículo nos Salmos. Isto quer dizer que devemos buscar a paz e não ficar esperando por ela: "Evita o mal e faze o bem, busca a paz sem desistir" (Sl 34,15).

Os seis dias da Criação e o Shabat

O primeiro dia: Deus criou a Luz, o Céu e a Terra.

No primeiro dia da Criação, Deus criou a Luz antes de tudo.
Ele o fez do mesmo modo que um rei faz ao construir seu palácio.

Uma parábola

O rei que não pôde criar a luz:
A noite toda, o rei e sua companhia marcharam através da floresta. Os soldados da escolta real sussurravam excitados entre si. Quando vão chegar lá? Como será? Durante meses – não, anos – o rei planejou construir o mais suntuoso palácio do mundo. Agora, finalmente, a construção seria iniciada e o rei pessoalmente os estava conduzindo para o lugar que havia escolhido para esta obra.

De repente, os sussurros pararam, porque o rei se deteve. Ele apontou para uma enorme clareira e comandou: "Agora! Vamos começar a construção!"

"Alef", chamou Deus, "não queres pedir por ti também?"

Alef suspirou: "Sou uma letra tão sem importância," disse com humildade. "Todas as outras letras do Alfabeto merecem muito mais do que eu. Bet é igual a dois, Guímel a três, Dalet a quatro — mas sou apenas um pequeno número, igual ao número um".

"Ao contrário, Alef," exclamou Deus. "Alef, és o rei de todas as letras! És um e Eu também sou Um, e a Torá é uma".

A Criação do Céu e da Terra e a importância da Paz!

"Portanto, quando Eu der a Torá no Monte Sinai, não vou começar com nenhuma outra a não ser por ti. Estarás no começo dos Dez Mandamentos: "Eu sou Deus".

Quando Deus estava para criar o mundo, o Céu suplicou: "Deus, primeiro cria todas as coisas relativas a mim – o firmamento, o sol, a lua e as estrelas".

A Terra insistiu: "Deus, deixa-me ser a primeira! Cria as plantas, os animais e as pessoas que viverão na Terra".

Esta discussão egoísta não agradou a Deus, pois Ele deseja que todos vivam em paz e harmonia. Por isso respondeu:

"Vou deixá–los se revezar, Céu e Terra, para ver a criação realizada. No primeiro dia, farei o Céu e a Terra. No segundo dia, darei a vez para o Céu, farei o firmamento. No terceiro dia, a Terra terá a sua vez, reunirei as águas e cobrirei o chão com grama. No quarto dia, o Céu terá outra vez a chance e Eu colocarei nele o sol, a lua e as estrelas. No quinto dia, será novamente a vez da Terra, encherei os oceanos com peixes e criaturas do mar. O sexto dia, porém, será dividido entre o Céu e a Terra. Criarei Adão dos dois, da Terra e do Céu: seu corpo será feito do pó da Terra, mas a sua Alma, virá de Mim, do Céu".

Quem é o primeiro a fazer a Paz?

Nossos sábios sempre se esforçaram de todas as maneiras possíveis para viver em paz com todos.

Há uma história que ilustra esta afirmação: "Certa vez, um açougueiro começou uma briga com Rabino Abba, conhecido como Rav, o grande estudioso da Torá. Rav estava ansioso para fazer as pazes com o açougueiro e decidiu esperar os dias que antecedem Yom Kipur (O Dia do Perdão). 'Esta é uma ocasião na qual as pessoas fazem as pazes umas com as outras. Certa-

Quarto dia: Deus suspende o Sol, a Lua e as estrelas no firmamento.

No quarto dia, Deus colocou o sol, a lua e as estrelas no firmamento. Existem sete Céus, um sobre o outro. Deus pôs o Sol no Segundo Céu e não no mais baixo, pois queimaria o mundo inteiro com seu intenso calor.

O Midrash explica: A lua é punida por reclamar.

Quando Deus criou o Sol e a Lua, Ele fez os dois exatamente do mesmo tamanho. A Lua disse para Deus:

"Sempre que criastes um par, fizestes um maior que o outro. Fizestes dois mundos – este mundo e o mundo vindouro. Dos dois, o mundo futuro é o maior. Criastes o Céu e a Terra, o Céu é maior, por ser Tua morada. De fogo e água, a água é mais forte, porque extingue o fogo. Só o Sol e eu, a Lua, fizestes do mesmo tamanho. Um de nós tem que ser maior".

"Ahá!" exclamou Deus. "Sei qual é seu verdadeiro propósito, Lua! Você gostaria que a fizesse maior e o Sol se tornasse o menor. Mas por ter se queixado, Eu a farei menor".

"O meu castigo será tão grande, só porque me ter reclamado?" perguntou a Lua.

"Bem," respondeu Deus, "no futuro, quando o Messias chegar, Eu farei a sua luz mais forte, tão forte como a luz do Sol agora".

"Serei então igual ao Sol?"

"Não," respondeu Deus, "porque então o Sol brilhará sete vezes mais do que agora".

Quinto dia: Deus criou os peixes e os pássaros.

No quinto dia, Deus encheu as águas com milhares de espécies de peixes e criaturas marinhas. Ele também criou os pássaros que voam no firmamento.

Sexto dia: Deus cria os animais e o homem.

No sexto dia, Deus fez todos os animais, grandes e pequenos. Ele pôs sobre a Terra elefantes, ursos, leões, tigres, panteras, vacas, carneiros, cachorros, gatos bem como camundongos, ratos, doninhas, esquilos e tantas outras espécies de animais. Não se pode esquecer dos insetos. Pode-se conhecer apenas alguns poucos insetos, como moscas, pernilongos, formigas, aranhas, baratas e, naturalmente, zangões e gafanhotos, mas na realidade existem milhões!

Mesmo o corpo dos menores insetos foi feito por Deus para funcionar como um mecanismo complexo. Ao serem estudadas as partes do corpo de um inseto, começa-se a entender um pouco sobre a fantástica sabedoria de Deus.

Finalmente, Deus formou a maior de suas Criações: o homem.

Uma história: Ninguém pode se comparar ao Criador

O imperador romano, Adriano, voltou da Terra de Israel, após tomar parte na destruição do Segundo Templo Sagrado.

"Vocês vêem," gabou-se ele para os romanos," eu lutei contra o Deus dos judeus. Destruí Sua terra, queimei Sua casa e escravizei Seu povo, os judeus. Por isso, agora também sou um deus. Obedeçam-me e sirvam-me!"

Três de seus mais sábios ministros estavam presentes. O primeiro se levantou respeitosamente e disse:

"Oh, Imperador! Como você pode dizer que venceu Deus se você ainda está em Seu palácio? Deixe o Seu palácio e o declararemos deus. O céu e a terra são o palácio de Deus. Se você pode sair do céu e da terra, nós o serviremos!"

O segundo ministro respondeu à arrogância de Adriano:

"Desejo fazer um pequeno pedido," anunciou. "Se você realizar, nós o serviremos. Este é o meu pedido. Uma forte tempestade se levantou e não nos deixa aportar. Sou um homem infeliz, porque todo o meu dinheiro estará perdido. Só faça o navio aportar e eu, certamente, irei servi-lo como a um deus!"

"Muito bem," respondeu Adriano. "Mandarei toda a minha frota para ajudá-lo. Os marinheiros jogarão cabos e puxarão seu navio para a costa".

"Por que você dá ordens tão complicadas?" perguntou o ministro. "Mande apenas um vento para trazer meu navio para a costa".

"Eu não sei como comandar o vento," disse Adriano.

"Então, como você nos pede para servi-lo?" disse o ministro. "Deus criou o vento e o governa. Como você pode pretender ser um deus?"

O terceiro ministro disse para Adriano:

"Nós o serviremos se você ordenar ao mar que se retire, para que a terra seca apareça e as pessoas possam se instalar nela".

"Isto é impossível para mim," admitiu Adriano.

"Mas quando Deus criou o mar," disse o ministro intencionalmente, "Ele foi capaz de dar ordens e dizer–lhe como fluir. Como então você se compara a Deus?"

Adriano ficou furioso com seus ministros. Foi para casa e se queixou para sua mulher que seus ministros se recusavam a servi–lo. Sua mulher era muito esperta e disse:

"Faça só uma pequena coisa e você será considerado deus".

"O que devo fazer?" perguntou-lhe Adriano.

"Devolva sua alma a Deus," disse ela.

"Você perdeu o juízo?" perguntou-lhe ele. "Se minha alma deixar meu corpo, não estarei mais vivo!"

"Como você pode querer ser um deus?" perguntou sua mulher. "Nem ao menos consegue comandar sua própria vida e quer fazer de conta que governa o céu e a terra?! Vamos servir melhor a Deus que criou o céu e a terra, fez as plantas e os animais e criou todas as pessoas e as mantêm vivas".

Sétimo dia: O Shabat e o desfile dos Anjos.

No sétimo dia, Deus sentou-Se em Seu trono e ordenou a todos os anjos que marchassem a sua frente, num grande desfile.

Primeiro, o anjo a quem Ele tinha nomeado para se encarregar dos oceanos passou marchando feliz, seguido do anjo encarregado dos rios.

Depois, marchou o anjo nomeado para cuidar das montanhas; o anjo das águas profundas; o anjo da relva; o anjo do inferno; o anjo do Gan Eden (paraíso); o anjo dos insetos e répteis; o anjo dos animais selvagens; o anjo dos gafanhotos e, finalmente, o anjo encarregado de todos os outros anjos.

Todos os anjos dançaram em santidade e alegria. Encheram os céus com felicidade! Louvaram Deus e gritavam: "A glória de Deus durará para sempre!" Também cantavam: "Que Deus se regozije com a maravilhosa Criação que Ele fez!"

Então Deus acenou para o anjo encarregado do Shabat e sentou-o no trono de honra. Todos os anjos dançaram ao seu redor e cantaram, "Hoje é o santo Shabat para Deus!"

Depois que Deus criou Adão, Ele o ergueu e deixou-o ver como era grande a felicidade do Shabat no Céu. O dia do Shabat era como uma grande festa de celebração, porque Deus havia terminado Sua obra. Quando Adão viu os anjos cantando e dançando, compreendeu como é santo o dia de Shabat e a felicidade que ele poderia trazer para as pessoas na Terra.

O Midrash explica: Shabat recebe um sócio eterno.

Depois que Deus fez o Shabat, o Shabat exclamou: "Estou tão triste e solitário. Sou o único dia que não tem sócio. Domingo vai junto com a Segunda; Terça é vizinha da Quarta; Quinta tem Sexta. Mas eu não tenho ninguém que esteja junto comigo, porque sou o último dia da semana!"

Deus respondeu: "Não se preocupe, Shabat. Um povo inteiro será seu amigo. O povo judeu terá o privilégio de mantê–lo santificado. Por isso você, Shabat e o povo judeu irão sempre pertencer um ao outro!"

O Midrash explica: Todas as criações louvam Deus.

Você sabia que todas as criações cantam louvores a Deus? Elas Lhe agradecem por tê-las feito tão perfeitas e porque Ele designou tarefas no mundo a cada uma. As árvores louvam a Deus com os graciosos movimentos do balanço de seus galhos. A água canta para Ele com o barulho das ondas e o poderoso rugir da rebentação. Os animais O louvam com seus variados chamados e sons. O Sol e a Lua O louvam com seu brilho sobre o mundo. Isto é o que diz o Sl 148: "Louvem Deus, da terra; as cobras grandes e todas as criaturas que vivem nas profundezas; fogo e granizo; neve e neblina; o vendaval que cumpre as ordens de Deus; montanhas e todos os morros; árvores frutíferas e todos os cedros; bestas selvagens e todo o gado; animais rastejantes e pássaros alados".

Mas quem deveria louvar Deus mais do que todos?

Certamente nós, que devemos lembrar que tudo no mundo foi criado para a humanidade e que fomos criados para servir a Deus.

Como Deus criou Adão e Eva no Sexto dia

Deus criou cada ser em apenas alguns segundos. Adão foi uma exceção. Deus se ocupou com sua Criação por muitas horas. (Ele fez isso para nos mostrar como Adão era importante).

Durante a primeira hora Deus juntou pó de toda a Terra.

Durante a segunda hora Deus misturou o pó com a água e amassou–o até formar uma substância parecida com massa.

Durante a terceira hora Deus formou o corpo de Adão, seus braços e pernas.

Durante a quarta hora Deus soprou a Neshamá (alma) no corpo de Adão. O corpo de Adão era de terra, mas sua alma era um sopro Divino. É por isso que cada pessoa é capaz de se tornar um grande Justo, porque nossas almas são fonte de santidade, do próprio Deus.

Durante a quinta hora, Adão se levantou.

Durante a sexta hora, Deus trouxe todos os animais perante Adão. Com a sabedoria que Deus lhe deu, Adão pôde dar a cada animal o nome apropriado pelo qual deveria ser chamado.

Durante a sétima hora, Deus falou: "Não é bom que Adão fique só. Vou lhe dar uma esposa para ajudá-lo!" Deus provocou em Adão um sono profundo. De um dos ossos que retirou do corpo de Adão, criou a mulher, Eva. Deus fez Eva de uma parte de Adão para que este gostasse de sua esposa tanto quanto dele mesmo. Durante a sexta hora, Deus deu a Adão uma ordem.

Adão e Eva no Gan Eden (Paraíso)

Deus colocou Adão e Eva no Gan Eden, o jardim mais encantador da Terra. Todas as árvores preenchiam o ar com frutas doces e perfumadas de todas as espécies. Adão e Eva só tinham que estender a mão para pegar uma das deliciosas frutas ou beber água do rio cintilante e límpido que corria através do Gan Eden.

Deus ordenou a Adão para cumprir certos preceitos. Sempre que ele cumpria estes preceitos, as plantas do Gan Eden cresciam. Deus mandou um anjo para o Gan Eden. O anjo escreveu um livro para Adão que continha muitos segredos de Deus. Adão estudou este livro.

Ambos, Adão e Eva eram pessoas santas e puras, onde o mal e a má inclinação não existiam. Eles estavam sempre pensando e fazendo o bem

Deus põe Adão e Eva à prova

Deus ordenou a Adão:

"Vocês podem comer as frutas de todas as árvores do Gan Eden, exceto de uma: Não comam da árvore do centro do jardim! No dia em que vocês comerem o seu fruto, vocês merecerão a morte. Se vocês não o comerem viverão para sempre".

Deus deu à serpente o entendimento e o poder de falar. Naquele tempo, a serpente tinha pernas e andava ereta. Ela se chegou a Eva e perguntou-lhe astutamente:

"Deus realmente lhes disse para não comerem nenhuma fruta do Gan Eden?"

"Não, Ele não o fez," respondeu Eva. "Deus nos deixa comer as frutas de todas as árvores, exceto daquela no centro do jardim. Deus nos proibiu de comer daquela árvore para nosso próprio bem. Se comermos dela ou a tocarmos, mereceremos a morte".

"Sua boba!" retrucou a serpente. "Esta não é a verdadeira razão. A verdadeira razão é que Deus sabe que tão logo vocês comam do seu fruto, vocês ficarão muito inteligentes, iguais aos anjos. Vocês então conhecerão todos os segredos de Deus!"

Ao contrário das palavras da serpente, Deus preveniu Adão e Eva para não comerem daquela árvore para protegê-los contra o mal. Mas a astuta serpente distorceu tudo, e foi convincente. Eva acreditou em suas palavras.

Olhou para a árvore. Seus frutos pareciam lindos e eram muito perfumados. Como podia ser que comer desta árvore causasse a morte? Talvez a serpente estivesse certa – comendo dos frutos, ela e Adão se tornariam tão sábios quanto os anjos.

A serpente reparou que Eva estava em dúvida como agir. Rapidamente, ela a empurrou para a árvore. "Veja, você a tocou!" exclamou a serpente. "Aconteceu alguma coisa a você? Assim como você não morreu tocando nela, você não morrerá comendo dela. Ao contrário, você se tornará igual ao próprio Deus". Se você esperar e não comer isso agora, Deus criará outro que mandará em vocês. Olhe, qualquer coisa que for criada depois, mandará no que foi criado antes.

Eva convence Adão também a comer o fruto da árvore proibida e ambos são castigados.

O Castigo Divino

Quando eles ouviram a voz de Deus, ficaram muito assustados. Deus perguntou a Adão:

"Adão, você comeu da árvore proibida?"

Ao invés de responder, "Agi errado, e me arrependo sinceramente" Adão respondeu: "Isto foi culpa da mulher que me destes, Deus. Ela me deu dessa fruta. Ela me fez pecar!"

Deus se virou para Eva e disse:

"Como você pôde fazer uma coisa tão terrível? Você trouxe a morte sobre você e Adão!"

"Foi culpa da serpente," chorou Eva. "Ela me contou mentiras e discutiu comigo!"

"Não culpe aos outros ao invés de admitir a própria culpa," disse Deus. "Vocês são culpados e serão castigados. Quanto a você, serpente perversa, cortarei suas pernas para que tenha de rastejar sobre seu corpo. Você comerá pó por toda a vida e carregará veneno em sua boca. Todos os humanos serão seus inimigos. Se eles pecarem, você os morderá. Mas se eles seguirem os Meus mandamentos, eles conseguirão pisar sobre sua cabeça e matá-la".

Deus amaldiçoou a serpente, fazendo os homens serem seus inimigos. Os homens pisarão em sua cabeça para esmagá-la.

Deus Castiga Adão e Eva

Deus disse a Eva:

"Se você não tivesse pecado, você e Adão viveriam para sempre. Agora, vocês devem morrer! Além disso, Eva, você sofrerá dores quando der à luz a filhos e será difícil criá-los".

Disse Deus para Adão:

"Por não ter guardado Meu mandamento nem por uma hora, irei castigá-lo. Se não fosse pelo seu pecado, você poderia viver no Gan Eden para sempre. Agora terá de sair. No Gan Eden toda sua comida vinha pronta, agora você terá de semear, plantar, ceifar, colher e preparar seu alimento. Se você for mantido muito ocupado, terá menos tempo para pecar!"

Adão e Eva deixam o Paraíso

Deus conduziu Adão e Eva para fora do Gan Eden. Primeiro, Deus pôs Adão num lugar escuro da Terra. Não havia luz alguma naquele lugar e Adão estava profundamente assustado. Tudo o que conseguia enxergar era a lâmina de uma espada girando a sua volta, sem parar. Adão fez Teshuvá (conversão e arrependimento). Estava arrependido por ter escutado a Eva.

Para se purificar, Adão imergiu nas águas do rio Guisom. Deus teve pena dele o e colocou num lugar melhor, chamado Adamá. Mais tarde, quando o filho de Adão, Sete nasceu, Deus colocou-o em Tevel, o melhor lugar do mundo.

A briga de Caim e Abel

Adão tinha dois filhos, Caim e Abel. Os dois eram diferentes. O filho mais velho, Caim, era orgulhoso e egoísta. Abel, porém, era humilde. Adão disse a seus filhos: "É conveniente que vocês ofereçam um sacrifício a Deus no altar que eu construí".

Caim era agricultor e colhia lindas frutas em toda as estações. Mas decidiu guardar as melhores para si. Caim comeu até que ficou satisfeito e então ofereceu para Deus as sobras. Ele nem mesmo ofereceu para Deus as frutas das árvores, mas apenas frutos da terra. O irmão mais novo, Abel, era pastor. Ele matava suas melhores e mais gordas ovelhas e colocava-as no altar.

Deus viu que Abel O honrava com o melhor que tinha, enquanto o orgulhoso Caim trazia um sacrifício miserável. E porque Ele estava satisfeito com o sacrifício de Abel, Deus mandou um fogo do Céu que devorou o sacrifício de Abel e não o de Caim.

Caim ficou com ciúmes e com vergonha, porque Deus aceitou o sacrifício do irmão mais novo e não o seu. Deus viu o embaraço de Caim e falou-lhe, encorajando-o.

"Você pode melhorar se quiser," disse Ele. "Você não trouxe um sacrifício digno, mas pode aprimorar-se no futuro e tornar-se maior do que seu irmão Abel".

Mas, ao invés de fazer Teshuvá (conversão e arrependimento), Caim não quis escutar.

Quando Caim e Abel estavam juntos no campo, Caim começou a discutir com o irmão.

"Não é justo," queixou-se ele. "Deus aceitou seu sacrifício e não aceitou o meu".

"Deus é sempre justo," respondeu Abel. "Ele aceitou a minha oferenda porque Ele gostou do modo como o ofereci. Ele recompensa os justos e castiga os malvados".

"Você está errado," respondeu Caim.

Enquanto continuavam discutindo, Caim ficou irado, ergueu uma pedra e acertou na cabeça de Abel, matando-o.

Como Abel era um justo, sua alma voou direto para o Paraíso e Deus lhe deu as maiores recompensas.

Caim queimou o corpo de Abel; depois, pegou todas as ovelhas do irmão e trouxe-as para sua própria tenda.

Deus perguntou a Caim: "Onde está teu irmão Abel?"

"Eu guardo os campos", respondeu Caim, "devo guardar também meu irmão para saber onde ele está?".

Caim pensava que Deus sabia apenas o que se passava lá no alto e que não estava a par de tudo o que se passava na Terra. Deus falou:

"Eis que o sangue de seu irmão clama por Mim".

"Como podes saber?", falou Caim.

"Tolo, Eu sei tudo," respondeu Deus, "e vou castigá-lo. De agora em diante, quando você cultivar a terra, ela só produzirá uma pequena quantidade de grãos. Além disso, não poderá viver em paz em um lugar fixo; irá perambular de um país a outro".

Quando Caim ouviu as palavras de Deus, admitiu:

"Realmente, pequei muito. Tenho medo que enquanto perambular pela terra sem abrigo os animais me matarão".

"Vou protegê-lo," assegurou Deus, pondo em sua testa Meu Nome. Quando os animais a virem, ficarão com medo e não o atacarão".

Os descendentes de Caim foram maus; não sobrou nenhum, todos morreram mais tarde no Dilúvio. Adão teve um terceiro filho, Sete, e dele descendeu o justo Noé.

Perguntas ajudam no entendimento,

- Quem são as pessoas que aparecem no texto proposto? Por quê?
- Quais outras perguntas posso fazer a partir da "porção" da Palavra de Deus oferecida?
- Quais são as minhas respostas diante do texto?

Correspondência bíblica entre os Testamentos:

Criação:

Gn 2,3: "Deus abençoou o sétimo dia e o santificou, pois nesse dia Deus repousou de toda a obra da Criação".

Tb 8,5: "Ela levantou-se, e começaram a orar e a suplicar ao SENHOR, para que lhes fosse concedida a saúde. Esta foi a sua oração: Tu és bendito, Deus de nossos pais, e é bendito o teu Nome pelos séculos dos séculos. Bendigam-te os céus e toda a tua Criação, por todos os séculos".

Jt 9,12: "Sim, sim, ó Deus de meu pai e Deus da herança de Israel, dominador dos céus e da terra, Criador das águas, Rei de toda a tua Criação, ouve a minha súplica!".

Sb 16,24: "Assim a Criação, servindo a Ti, seu Criador, redobra suas forças para atormentar os injustos e se abranda em benefício dos que confiam em Ti".

Br 6,50: "Não passando, pois de objetos de madeira, dourados ou prateados, fiquem todos sabendo que são de mentira. Fique claro para todos, povos e reis, que não são deuses, mas criação do engenho humano, e que nenhuma ação divina neles existe".

Mt 13,35: "para se cumprir o que foi dito pelo profeta: Abrirei a boca para falar em parábolas; vou proclamar coisas escondidas desde a Criação do mundo".

Mt 25,34: "Então o Rei dirá aos que estiverem à sua direita: Vinde, benditos de meu Pai! Recebei em herança o Reino que meu Pai vos preparou desde a Criação do mundo!".

Mc 10,6: "No entanto, desde o princípio da Criação Deus os fez homem e mulher".

Lc 11,50: "por isso se pedirá conta a esta geração do sangue de todos os profetas derramado desde a Criação do mundo".

Jo 17,24: "Pai, quero que estejam comigo aqueles que me deste, para que contemplem a minha glória, a glória que tu me deste, porque me amaste antes da Criação do mundo".

Rm 8,19: "De fato, toda a Criação espera ansiosamente a revelação dos filhos de Deus".

Cl 1,15: "Ele é a imagem do Deus invisível, o primogênito de toda a Criação".

1Pd 1,20: "Conhecido de antemão antes da Criação do mundo, ele foi, neste final dos tempos, manifestado em favor de vós".

02 – Gn 6,9-11,32: NOACH – נח
(Leitura corresponde dos Profetas: Is 54,1 – 55,5)

- Descanso – Tranquilidade e Serenidade
- A porção semanal da Palavra de Deus anterior terminou com o versículo: E Noé encontrou graças aos olhos do Todo-Poderoso.
- Muitas são as razões pelas quais Noé encontrou graças aos olhos do Criador. O próprio significado do nome Noé – Noâch quer dizer sereno. Ele encontrou graças aos olhos do Todo-poderoso justamente porque era sereno, tranquilo.
- Analisemos então o conceito de "menuchá" – descanso, tranquilidade, serenidade.
- No final da Criação a Toráh nos relata: "Foram completados os Céus e a Terra, e todos os seus exércitos (componentes); Com o sétimo dia Deus terminou... O Todo-Poderoso conclui a Criação com o Shabat.
- O exegeta e comentador Rashi explica que Deus percebeu que faltava a menuchá (descanso) que veio com o Shabat.
- Em princípio podemos pensar que o termo *menuchá* refere-se ao descanso físico, porém os Sábios de Israel entendem que *menuchá* é o descanso espiritual – o *Shabat* é um descanso espiritual, por meio do conhecimento da sabedoria atinge-se o descanso, que é a tranquilidade e a serenidade.
- Por meio do estudo da Bíblia a nossa alma ganha seu alimento e fica preenchido o seu vazio interior, proporcionando-nos a tranquilidade necessária para enfrentarmos os inúmeros compromissos materiais e espirituais da vida.
- Noé realmente necessitava de muita serenidade, pois a construção da arca levou 120 anos. Depois disso, houve toda a preocupação de abastecer a arca com provisões para uma estadia de doze meses dentro dela, a preocupação de selecionar os animais a serem levados, e posteriormente, durante todo o período dentro da arca, o trabalho de, ele próprio, alimentá-los.
- Noé é descrito como "noâch" não porque era passivo ou porque descansava sempre, já que trabalho não lhe faltava. Mas porque ele possuía a

serenidade e a tranquilidade espirituais que todo indivíduo necessita em seu dia-a-dia.
- Esta serenidade pode ser alcançada por intermédio do estudo da Bíblia, da prática dos mandamentos e da confiança (fé e segurança) no Todo-Poderoso.
- Como diz o Rei Davi no Salmo 23 – Deus me guia com tranquilidade... e mesmo em momentos de perigo não temo o mal, pois o Todo-Poderoso me acompanha.
- A serenidade é, portanto, algo que pertence ao espírito, e quando lhe são supridas as necessidades, poderá transmitir ao indivíduo a tranquilidade necessária.

2 – Noé – Seleções de Midrash a partir do texto bíblico: Bereshit (Gênesis) 6,9-11,32

Um Justo em sua época

Durante as dez gerações que se seguiram a Adão e Eva, a Terra foi povoada. Mas, infelizmente, as pessoas começaram a idolatrar os astros julgando que fossem deuses, reis soberanos do universo. Rezavam para o Sol e para a Lua, para imagens de madeira ou pedra e cada vez mais surgia uma infinidade de outros objetos a serem adorados e glorificados. Foi então que Deus irou-se.

Deus, o verdadeiro Criador do Universo, poderia ter castigado imediatamente os pecadores, mas não o fez. Aguardou, pois tinha esperança de que as pessoas se arrependessem de praticar a idolatria e servissem somente a um Deus único, reconhecendo Sua grandeza.

Porém, as pessoas não melhoravam; ao contrário, cada geração pensava em maneiras de obter novos ídolos e novas maneiras de servi-los. As pessoas que viveram na décima geração após Adão desceram a um nível mais baixo ainda; além de servir aos ídolos, seu comportamento imoral os rebaixou de tal modo que agiam como animais, e não como seres humanos criados à semelhança do Criador.

Praticavam atos imorais, matavam e roubavam uns aos outros, não se importando com a vida nem com a propriedade alheia. Praticavam estes atos abertamente em público, pois não fazia diferença alguma, já que ao serem julgados em um Tribunal, o próprio juiz e testemunhas - por serem igualmente inescrupulosos - nem se davam ao trabalho de punir os culpados.

Uma pessoa mais forte fazia questão de oprimir o mais fraco. Se houvesse alguém querendo desposar uma moça, surgia um homem mais forte declarando que ela lhe pertencia e casaria com ela antes.

Só havia duas pessoas que praticavam a justiça aos olhos de Deus: Noé e sua mulher Naama. Eles souberam ensinar seus três filhos a serem igualmente justos. Quando Noé viu que todos os vizinhos eram perversos, raciocinou: "Se permanecer próximo a eles, também me tornarei perverso pelo convívio".

Por este motivo, Noé decidiu morar num local conhecido apenas por ele e sua família. Passava o tempo estudando os livros sagrados. Possuía o livro que os anjos tinham escrito para Adão e outro livro sagrado que recebera de seu bisavô, Henoc. Através destes livros, Noé aprendeu como rezar e servir a Deus. Enquanto Noé se elevava e crescia em santidade, o mundo lá fora se tornava cada vez mais depravado, chegando a um nível que não merecia mais existir. Foi então que Deus revelou a Noé:

"Até agora, fui paciente. Esperei que esta gente perversa melhorasse sua conduta, mas é inútil. Estão sempre pensando em cometer atos piores. Mesmo à noite, enquanto estão deitados em suas camas, fazem novos planos para praticar maldades no dia seguinte. Portanto, vou destruí-los, junto com os animais, pássaros, árvores, a relva e até mesmo o solo. Mas você, Noé, e sua família, serão poupados".

Por que o dilúvio como castigo?

Deus disse a Noé: "Hei de cobrir o mundo com uma terrível inundação. Tudo que se encontra abaixo do firmamento será destruído".

Deus poderia ter destruído o mundo enviando, ao invés do dilúvio, uma peste, animais selvagens, um incêndio ou ainda qualquer outra força destrutiva.

Por que, entre tantas outras formas de destruição, Ele escolheu justamente as águas?

Uma das respostas é explicada através da seguinte parábola:

O rei e as pessoas mudas

O rei estava de bom humor. Anunciou a seu ministro:

"Desejo alegrar algumas pessoas desafortunadas. Convide ao meu palácio um grupo de pessoas pobres e mudas. Trate-as generosamente! Dê-lhes comida requintada e vista-as lindamente".

O grupo de pessoas mudas foi convidado e todos passaram um tempo muito agradável. Jamais sonharam haver no mundo coisas tão prazerosas. Sua gratidão para com o rei não tinha limites. As infelizes criaturas não podiam falar, mas quando o rei passava, todos se levantavam e se curvavam, acenando com as mãos e mostravam a ele, na linguagem dos sinais, o quanto apreciavam o que estava fazendo por elas. Todas as manhãs, ao se levantarem, louvavam o rei na linguagem dos sinais.

O rei estava satisfeito por eles o honrarem deste modo. Estava tão contente que chamou o ministro e deu-lhe algumas instruções:

"Este grupo de pessoas mudas desfrutou de uma longa e agradável estadia em meu palácio. Despeça-os agora e convide em seu lugar um grupo de mendigos que falam. Eles louvarão meus atos nobres com palavras e não apenas com gestos e sentir-me-ei ainda mais honrado".

Então, um grupo de pessoas pobres e falantes foi convidado ao palácio e tratado com deleites que nunca haviam experimentado. Os mendigos estavam tão ocupados em divertir-se que esqueceram do rei a quem deviam sua boa sorte. Nenhum deles pronunciou uma palavra sequer de agradecimento e, quando o rei passava por eles, ignoravam-no completamente. Logo, os mendigos esperavam suas comodidades com naturalidade e exigiam prazeres como se lhes coubesse por direito. Certo dia, decidiram se apoderar do palácio e depor o rei. Enfurecido, este chamou o ministro:

"Expulse estes mendigos de meu palácio," ordenou ele. "Faria melhor convidando novamente os mudos; eles não podiam expressar sua gratidão com palavras, mas me honravam da melhor maneira possível. Estas pessoas falantes, porém, que poderiam me trazer tanta glória com o poder da fala, revoltam-se contra mim!"

A ordem do rei foi cumprida.

A chave para a parábola

Quando Deus criou o mundo, encheu-o com água. A água não podia louvá-Lo com palavras, mas fazia rolar suas ondas ruidosamente em alto e bom som, proclamando: "Como Deus é poderoso!"

Deus então disse: "Se até a água canta Meus louvores, imagine o que farão os seres humanos que podem pensar e falar!"

Então o Criador removeu a água para os oceanos. Na terra seca, criou seres humanos dotados de inteligência. Porém, ao invés de louvar a Deus, revoltaram-se contra Ele, cometendo pecados. Ao invés de usar o cérebro e o poder da fala para objetivos positivos, tramavam atos maus, difamaram, insultaram e foram injustos uns para com os outros. Todas as gerações depois de Adão foram igualmente perversas. Deus observou seus atos tornarem-se cada vez piores e disse:"Vou livrar-Me desta gente e trazer de volta a água que estava na terra no início da Criação. A água não pode pensar e nem falar, mas louva-Me, enquanto que as pessoas Me enfurecem com seus atos maus!".

Por esta razão, Deus trouxe o dilúvio a Terra, eliminando os perversos.

Noé constrói a Arca

Deus havia falado para Noé sobre um poderoso dilúvio universal. Mas também assegurou a Noé que ele e sua família estariam a salvo. Onde eles achariam um local seguro, que não pudesse ser invadido e destruído pelas águas? Noé ouviu a resposta através desta ordem que veio de Deus:

"Construa para você uma arca de madeira. Ela flutuará sobre as águas".

Nesta arca especial, Noé e sua família sobreviveriam à terrível inundação e estariam protegidos. Ela foi construída por Noé seguindo todas as instruções recebidas por Deus:

"Construa a arca com trezentos amot (cerca de 180 metros) de comprimento, cinqüenta amot (cerca de 30 metros) de largura e trinta amot (18 metros) de altura. Deve ter três andares e conter trezentos compartimentos diferentes (segundo a opinião de alguns dos Sábios de Israel, 900 compartimentos). Ponha uma janela para entrar claridade e construa o telhado inclinado para que a água escorra. Depois que estiver pronta, passe piche por dentro e por fora para evitar que a água entre por suas fendas".

Podemos imaginar a dificuldade na época para construir-se um barco nestas proporções. Noé era completamente desprovido de instrumentos como serra elétrica ou brocas para desempenhar esta missão; construiu a arca manualmente. Levou cento e vinte anos para que terminasse sua obra.

Era precisamente o que Deus queria: dar a oportunidade para que os habitantes da terra se arrependessem de seus atos e fizessem teshuvá (conversão e arrependimento), retornassem ao bom caminho. Ele esperava que, durante estes cento e vinte anos, a notícia de que Noé estava construindo uma arca se espalhasse pelo mundo inteiro para que desta forma fosse despertado o temor e arrependimento e apressasse as pessoas a corrigir suas falhas.

De fato, chegou aos ouvidos das pessoas a notícia de que um grande barco estava sendo construído por um homem.

"Por que você está construindo este barco? - perguntavam a Noé.

"Estou construindo," explicava Noé, "para me salvar do enorme dilúvio que Deus enviará sobre a terra. Ele exterminará todos vocês por causa de seus pecados".

As pessoas levaram a sério as palavras de Noé? Nem um pouco. Suas vozes ribombavam com risos enquanto zombavam das palavras de Noé.

"Quem se importa?" gritavam eles. "Somos tão fortes, que não temamos um dilúvio. Podemos subir nas árvores e nos telhados. Mesmo se as águas lá chegarem, seremos mais altos do que a inundação, porque somos gigantes".

De fato, as pessoas que viviam naquela época eram enormes.

Nossos Sábios explicam:

Porque as pessoas no tempo de Noé não temiam uma inundação

Dois Sábios, Rabi Chiya e Rabi Judá, estavam passando por altas montanhas, entre as quais acharam ossos gigantescos.

"Estes ossos são restos mortais da geração dilúvio," disseram eles. "Vamos medi-los". Cada osso era tão comprido que tinham que dar três passos para ir de um extremo ao outro!

"Agora compreendemos porque os contemporâneos de Noé não tinham medo do dilúvio!" - exclamaram. "Eram verdadeiros gigantes! Acreditavam que nenhuma inundação pudesse ser tão grande a ponto de afogá-los, e achavam que evitariam que os poços profundos vertessem água apenas pisando sobre eles. Não é de admirar que tivessem certeza de sobreviver à maior das inundações".

Deus ordena a Noé para trazer os animais e sua família para Arca

O som das marteladas espalhava-se no ar, o que não era motivo de alegria para Noé, que sentia o fim da civilização aproximar-se a cada tábua colocada. Os avisos de Noé eram sempre recebidos com risadas e palavras duras. Apesar disto, ele obedecia às ordens do Criador e continuou construindo até que o último prego estivesse no lugar.

Ao ficar pronta a arca, apesar de Deus sentir-se satisfeito por Noé ter cumprido Sua ordem, estava infeliz por ter de destruir Sua criação. Disse então:

"Estou muito triste por ser forçado a destruir o mundo maravilhoso que criei em sete dias". E ordenou a Noé: "Traga para a arca um macho e uma fêmea de cada animal não-casher e sete pares de cada espécie casher. Traga também suprimento de comida para um ano, para você e os animais".

Sete dias depois, a 17 de Cheshvan (mês do calendário judaico) de 1656, começou a chover. Deus ordenou a Noé e sua família: "Entrem na arca".

Noé, sua mulher Naama e seus filhos Sem, Cam e Jafé, com suas esposas, entraram na arca.

A chuva era cada vez mais forte. Os oceanos, rios, lagos e riachos transbordaram até que a terra ficou inundada. Fontes quentes brotaram das profundezas da terra, partindo a crosta e jorrando água fervendo.

A água começou a subir cada vez mais alto. As pessoas compreenderam que as advertências de Noé eram verdadeiras; subiram nos telhados e nas copas das árvores, mas as águas aumentavam cada vez mais. Muitos dos gigantes correram para escalar as montanhas. Mas as águas subiam mais e mais até que cobriram o topo das montanhas mais altas.

Algumas pessoas gritaram: "Vamos fugir para a arca para nos salvar!"

Mas, milagrosamente, Deus fez com que seus pés ficassem presos na água. Embora tentassem se mover para frente, não conseguiam sair do mesmo lugar.

Alguns dos homens perversos gritavam: "Vamos virar a arca! Por que Noé tem que se salvar?"

Mas, quando se aproximaram da arca, tiveram uma visão assustadora: leões surgiram rugindo ao redor da arca, prontos para devorar quem se aproximasse. Deus milagrosamente protegeu Noé e sua família.

A chuva destruiu todos os seres vivos, homens e animais fora da arca. (Os peixes foram uma exceção, pois permaneceram vivos).

Noé e sua família cuidam dos animais na arca

Não vamos pensar nem por um minuto que Noé e sua família viviam confortavelmente e bem acomodados na arca enquanto o resto do mundo sofria lá fora. Eles tinham que alimentar milhares de animais que levavam na arca.

Tão logo Noé adormecia, exausto após um dia de trabalho duro cuidando dos animais, era acordado por um grito estridente ou o rugido de um animal faminto. Num instante, Noé arrastava-se cansado para fora da cama e começava a trabalhar, pois sabia que os animais dependiam dele para obter comida.

Seus filhos - Sem, Cam e Jafé - também passavam a noite acordados, os olhos vermelhos e cansados por falta de sono, pois também sentiam a grande responsabilidade de cuidar constantemente dos animais. Noite após noite, Noé e sua família se privavam do sono reparador para atender aos chamados dos animais. Durante o dia também não era possível ter algumas horas de sossego, pois os zurros, latidos, rugidos e gorjeios não tinham fim.

Noé e sua família também sofriam com o cheiro dos animais, que era forte e desagradável; entrava por suas narinas, irritando a garganta.

Além disso, ouviam o terrível estrondo das ondas furiosas do lado de fora da janela. Estavam assustados e tinham o coração paralisado de medo. Rezavam incessantemente, suplicando a Deus que os protegesse.

Por trabalharem tão intensamente com os animais e rezarem o tempo todo, Noé e seus filhos se tornaram justos ainda maiores. Agora realmente mereciam ser salvos.

Deus não permitiu que nenhum animal selvagem da arca fizesse mal a Noé ou à sua família. Todos os animais selvagens da arca se portavam como se fossem mansos. Muitas vezes, Noé pisava em cobras ou escorpiões, mas nunca foi picado. Apenas uma vez, Noé estava atrasado com a comida do leão e este lhe deu uma forte patada na perna e Noé saiu sangrando e mancando.

Noé envia o corvo e a pomba

Após quarenta dias, a chuva parou. A terra, porém, ainda estava inundada e a água ainda cobria os picos das altas montanhas. Passaram-se mais cento e dez dias para a água começar a baixar. A arca deixou de flutuar e parou sobre as montanhas de Ararat.

A água continuou a baixar até que os topos das montanhas puderam novamente ser vistos. Quarenta dias depois, Noé abriu uma janela da arca. Enviou um corvo para examinar se a água tinha baixado completamente. Talvez houvesse novamente grama ou folhas para alimentar os animais. Mas o corvo não se distanciava da arca, pois a terra ainda estava inundada. Voava em círculos ao redor da arca e Noé compreendeu que o chão ainda estava cheio d'água.

Esperou mais sete dias e mandou uma pomba. Se ela encontrasse um ponto seco para pousar, Noé saberia que a água finalmente havia desaparecido da superfície da terra. Mas o chão estava molhado demais para a pomba pousar e a ave regressou à arca. Noé estendeu a mão fora da janela para apanhá-la.

Sete dias depois, mandou a pomba pela segunda vez. Noé esperava que a terra estivesse seca. As horas se passaram e não havia sinal da pomba. Estaria o chão tão seco que ela havia encontrado um local para construir um ninho? Será que não mais voltaria para a arca? Perto do anoitecer, Noé foi saudado por uma visão encorajadora: a pomba estava voltando para a arca com uma folha fresca de oliveira em seu bico.

Noé esperou mais uma semana e enviou a pomba pela terceira vez. Desta feita, a terra estava suficientemente seca para a pomba nela se fixar permanentemente e a ave não voltou mais para a arca. Noé sabia agora que a terra era novamente habitável.

Mais de um ano depois que Noé entrou na arca, a 27 de Cheshvan de 1657, Deus ordenou a Noé e a sua família: "Saiam da arca!"

Noé e sua família voltam para a terra

Quando Noé e sua família saíram da arca, Noé construiu um altar. Ele pensou, "Por que Deus me ordenou que trouxesse sete pares de animais casher para dentro da arca e não apenas um par? Com certeza queria que eu oferecesse os restantes em sacrifício para agradecer-Lhe por ter salvado a mim e a minha família do dilúvio e dos animais selvagens da arca". Os sacrifícios de Noé agradaram a Deus.

Quando Noé e sua família voltaram para a terra firme, não havia árvore, grama ou pessoa alguma. Noé e sua família eram os únicos seres humanos sobre uma terra que parecia um enorme deserto. Estavam assustados e tristes. Seriam capazes de construir um mundo novo?

Deus apareceu para Noé e sua família e os abençoou, prometendo: "Não temam! Hei de multiplicar vocês, e novamente haverá muitas famílias sobre a Terra. Não tenham receio de que os animais selvagens irão atacá-los porque são muito poucos. Irei protegê-los".

Deus permitiu a Noé e a todos os homens comer a carne de animais. Até aquela época, só era permitido às pessoas comerem vegetais.

O sinal do arco-íris

Noé pediu a Deus para que nunca mais mandasse outro dilúvio. O Criador prometeu-lhe: "Nunca mais mandarei outra inundação que destrua o mundo inteiro.

"Como sinal de minha promessa, vou lhes mostrar o seguinte: De tempos em tempos, Meu arco-íris aparecerá nas nuvens. Este será um sinal de que me lembro da promessa de não trazer outra inundação".

Por isso, sempre que vemos um arco-íris, pronunciamos a bênção: "Abençoado és Tu, Deus, nosso Deus, Rei do Universo, que se lembras da promessa (de não destruir o mundo através de um dilúvio) e que és fiel ao Teu acordo e mantém Tua palavra".

Noé fica bêbado

Depois que Noé saiu da arca, sentiu ser sua responsabilidade cultivar a terra deixada estéril pelo dilúvio.

Em primeiro lugar, Noé plantou uma parreira. Quando as uvas ficaram maduras, espremeu-as e experimentou o vinho. Mas Noé cometeu um erro: bebeu demais.

Noé ficou bêbado e deitou no chão de sua tenda. Canaã entrou e viu o estado de Noé. Correu para fora e contou, rindo, para seu pai, Cam:

"Você sabia que o vovô está deitado no chão, bêbado? E está todo descoberto?"

O filho de Noé, Cam, também riu e foi informar seus dois irmãos. Assim que Sem ouviu isso, disse: "Vamos cobrir nosso pai".

Trouxe uma coberta e pediu que seu irmão Jafé o ajudasse a levar Noé para a tenda. Os dois viraram os rostos para não verem seu pai descoberto.

Quando Noé acordou da bebedeira, amaldiçoou Cam e abençoou Sem e Jafé, que souberam honrar a seu pai.

Todos podemos errar algumas vezes, mesmo um pai. Porém, um filho deve honrar os pais e se portar sempre com respeito perante eles.

Os descendentes de Noé

Os três filhos de Noé - Sem, Cam e Jafé - tiveram filhos e muitos netos. Sem foi ancestral de Abraão, antepassado do povo judeu.

A torre de Babel

Somente trezentos anos se passaram após o dilúvio quando as pessoas perversas decidiram novamente se revoltar contra Deus.

O líder daquela geração era o rei Nimrod, monarca poderoso e forte. Em sua arrogância, afirmava ser um deus, porque queria dominar o mundo inteiro. Por isso, persuadiu as pessoas a não obedecer o Criador. Nimrod sugeriu:

"Vamos construir uma cidade na qual viveremos todos juntos. No meio da cidade, ergueremos uma torre bem alta. Se Deus mandar outro dilúvio, subiremos nela para ficarmos a salvo".

A idéia foi recebida com muito entusiasmo. Algumas pessoas levaram a idéia até um pouco mais além, incitando:

"Vamos pôr um ídolo no topo da torre. Colocaremos uma espada em sua mão como sinal de que ele está lutando contra Deus".

As pessoas uniram-se e juntas começaram a construir uma torre que levaria um ano para chegar ao topo.

Deus falou aos setenta anjos que ficam à Sua frente para servi-Lo:

"Desceremos e anularemos todos os seus planos! Vou dividir este povo fazendo com que falem línguas diferentes".

Até então, todos os habitantes da Terra falavam hebraico.

Deus desceu com Seus setenta anjos. Cada anjo fez com que um grupo de pessoas falasse uma língua diferente.

A confusão que se formou foi incrível! Um homem disse a outro: "Dê-me um tijolo".

Ao invés disso, o outro pegou um martelo e bateu em sua cabeça. Um mal entendido levava a outro e logo reinava uma enorme confusão.

Os anjos espalharam as pessoas pelo mundo inteiro. Esta geração é chamada de Geração da Dispersão, porque foram dispersos por Deus.

Por que não foi destruída esta geração perversa como foi exterminada a geração do dilúvio?

As pessoas que construíram a Torre de Babel agiram em paz e com amizade entre si; não havia discórdia entre eles como na geração do dilúvio. Isto era tão importante para Deus que, apesar de elas terem se revoltado contra Ele, não as destruiu.

A história a seguir mostra-nos a importância da paz e da amizade:

Uma história: Alexandre, o Grande, e o povo altruísta.

O poderoso imperador Alexandre, O Grande, viajou por muitos países. Certa vez visitou um reino longínquo atrás das escuras montanhas da África.

O rei daquele país deu as boas-vindas a Alexandre e ofereceu-lhe um lindo presente: pães de ouro sobre bandejas de ouro.

"Não vim aqui para ver teus tesouros," disse-lhe Alexandre.
"Então por que viestes?" - indagou-lhe o rei.
"Queria ver como julgas as pessoas no teu país," respondeu Alexandre.
"Ouvi dizer que teu julgamento é justo e bom".
Enquanto conversavam, chegaram duas pessoas para serem julgadas pelo rei.
O primeiro homem estava tão transtornado que mal podia conter sua aflição.
"Comprei um campo deste homem," falou nervoso, "e nele encontrei um tesouro. Quero devolver-lhe o tesouro. Comprei somente o campo e não o tesouro. Não quero ficar com o que não me pertence!"
O outro homem, porém, se ateve a sua posição com firmeza.
"Vendi o campo com tudo o que contém," insistiu ele. "O tesouro é teu e não vou ficar com ele".
Os dois homens continuaram a discutir. Cada um insistia que o tesouro pertencia ao outro. Alexandre estava espantado:
"Como julgas este caso?" - perguntou, incrédulo para o rei.
O rei virou-se para o primeiro homem e perguntou:
"Tens um filho?"
"Sim," respondeu o homem.
"Tens uma filha?", perguntou para o segundo homem.
"Tenho," respondeu o segundo homem.
"Decido o seguinte," disse-lhes o rei. "Casem o filho dele com a filha do outro e dêem o tesouro para o jovem casal".
Alexandre ficou surpreso com esta decisão.
"Por que estás tão surpreso?" - perguntou-lhe o rei. "Não julguei bem? Como terias decidido em teu país?"
Alexandre respondeu:
"Provavelmente teriam prendido os dois homens e o tesouro seria confiscado pelo governo".
"As pessoas em teu país são tão ávidas por dinheiro?" - perguntou o rei, chocado. "O sol brilha em teu país e a chuva cai?"
"Certamente," respondeu Alexandre.
"Bem," concluiu o rei, "Deus não lhe dá sol e chuva pelo mérito das pessoas. Pessoas que brigam entre si e cobiçam as posses dos outros não merecem nem o sol, nem a chuva. Deus tem misericórdia dos animais e é só por mérito deles que cuida de seus país".

Abraão protesta contra a idolatria

Dez gerações depois de Noé nasceu Abrão.

Novamente, todas as pessoas no mundo adoravam ídolos. Serviam ao sol, à lua e a muitas espécies de ídolos.

O pai de Abrão, Taré, era um homem muito ocupado. Por isso, pediu ao tio de Abrão, Nacor, que cuidasse do menino.

A casa de Nacor, assim como a de todos, estava cheia de imagens; algumas de prata, ouro e cobre e outras de madeira. Nacor ensinou a Abrão:

"Curve-se perante os deuses, Abrão, pois eles são muito poderosos. Se não servi-los corretamente, irão castigá-lo".

"Como são poderosos?" - perguntou o menino. "Não podem falar nem se mover!"

"Cada um deles governa outra parte do mundo, Abrão", lhe explicou Nacor. "Nimrod, nosso rei, é um deus. É mais poderoso que todos os outros deuses".

"Como uma pessoa pode ser um deus, tio?", perguntou Abrão.

"Fica quieto, menino, não deves falar assim". - respondeu Nacor. "Se Nimrod te ouvir, vai se vingar. Ouça o que lhe digo".

O pequeno Abrão não estava satisfeito. Ninguém respondia satisfatoriamente a suas perguntas. Quem havia criado o mundo? Quem o havia feito e a todas as pessoas que o rodeavam?

Talvez o sol fosse um deus, pensou, pois era tão poderoso, iluminava o mundo e fazia crescer as plantas. Porém, Abrão observou que o sol apenas nascia e se punha todos os dias seguindo um padrão pré-estabelecido. Não tinha a capacidade de criar outros seres. Seria a lua, então, um deus? Não, tanto o sol como a lua agiam como servos que obedecem a ordens de terceiros.

Porém a quem obedeciam? Abrão tinha apenas três anos quando descobriu, por si mesmo, a resposta. Compreendeu que o sol, a lua, o vento, a chuva, e toda a natureza seguem as ordens de Deus. Ele é o Criador Todo-Poderoso. Pode não ser visível, porém, Abrão entendeu que o mundo é dirigido por Ele.

Abrão disse, então, a seu tio Nacor e ao pai Taré que não se curvaria perante os deuses. Somente perante Deus. Insistiu que eles também deveriam deixar de se prostrar aos deuses. Mas não lhe deram atenção.

Quando Abrão cresceu, seu pai Taré deu-lhe um saco cheio de ídolos e lhe disse: "Vá e venda-os no mercado".

Abrão levou consigo um martelo. Quando um cliente se aproximava e lhe pedia um ídolo, Abrão batia na cabeça do ídolo com o martelo.

"Você quer ficar com este?" - perguntava para o cliente.

Em seguida, dava um golpe na cabeça do próximo: "Ou prefere este?" - perguntava.

Quando as pessoas viram como os ídolos permaneciam imóveis mesmo quando eram golpeados na cabeça, desistiam da compra.

Outra vez, Abrão levou um saco cheio de ídolos para o mercado. Chegando lá despejou todo seu conteúdo. Em seguida, destruiu os ídolos na frente de todos.

Certa vez Taré viajou. Abrão pediu para sua mãe: "Por favor, sacrifique uma ovelha e prepare uma comida saborosa. Quero oferecê-la aos deuses do meu pai para que se sintam agradecidos".

A mãe preparou uma comida deliciosa e Abrão colocou-a na frente dos deuses.

"Comam", lhes disse. Mas nenhum dos deuses provou a comida.

Abrão riu: "Talvez não gostem deste prato", disse aos deuses, "ou pensam que não lhes trouxe comida suficiente. Amanhã lhes servirei algo melhor".

No dia seguinte disse à mãe: "Os deuses não gostaram da comida de ontem. Por favor prepare uma refeição mais farta e melhor hoje!"

Sua mãe assim o fez. Abrão pôs uma comida farta e deliciosa perante os deuses.

"Tomem", disse-lhes.

Sentou-se próximo aos deuses para observar se comiam, e assim ficou o dia todo. Nenhum dos ídolos se mexeu.

Nesta noite Abrão estava furioso". Ai do meu pai e toda esta geração", exclamou. "Servem ídolos que não podem caminhar, nem se mexer, nem escutar, nem enxergar ou cheirar".

Abrão pegou o machado de seu pai, e destruiu todos os ídolos, com exceção do maior.

Neste momento, Taré regressava de sua viagem, escutou os golpes do machado e o barulho de madeira e metal sendo destruídos.

"O que será isto?", exclamou. "Parece vir da sala do templo".

Correu para dentro. Abrão acabava de terminar sua obra de destruição. Deixara apenas o ídolo maior, e havia colocado o machado em seus braços.

"Por que destruíste meus deuses?", gritou Taré.

"Não fui eu", respondeu Abrão. "Brigaram pela comida que lhes dei e o maior deles pegou o machado e quebrou os demais".

"Mentiroso!", replicou Taré. "Não podem quebrar uns aos outros! Nem sequer podem se mover!".
"Pai", disse Abrão. "Então por que os serve? Por que deposita sua confiança nestes ídolos? Podem te salvar do perigo? Podem ouvir suas preces?"
"Estás cometendo um grave erro em adorar estas imagens. Tu e todos os outros se esqueceram de Deus, o verdadeiro e único Criador do Céu e da Terra. Nossos antepassados também se esqueceram Dele e por isso Deus mandou o dilúvio. Por que então você O deixa novamente aborrecido?"
Rapidamente, Abrão pegou o machado, despedaçou o último e maior ídolo e saiu correndo da casa. Taré estava furioso. Ele era um súdito leal do rei e a conduta de Abrão não podia ser ignorada. Taré foi ao palácio do Rei Nimrod e disse ao rei:
"Deves julgar meu filho por se revoltar contra os deuses".

Abraão é posto na prisão

Nimrod mandou seus soldados prenderem Abrão e trazê-lo ao palácio.
Nimrod perguntou a Abrão, com severidade: "Por que você quebrou os ídolos do seu pai?"
"Não fui eu," respondeu Abrão. "O maior quebrou os demais".
"Vamos", repreendeu Nimrod. "Você realmente pensa que vou acreditar em tais histórias? Sei que os deuses não podem se quebrar uns aos outros; eles não se mexem".
Abrão censurou Nimrod na frente de todos seus servos:
"Então por que os adora? Por que não serve a Deus que governa o mundo, que te criou, que vai fazê-lo morrer e que pode ressuscitá-lo? Ai de ti, rei perverso e bobo! Deverias mostrar o caminho certo para todos. Em vez disso, tu e teus servos fazem com que as pessoas pequem".
"Não sabes que por causa de pecados como os seus, Deus mandou o dilúvio para nossos antepassados? Se continuares servindo aos deuses, tu e todos que te seguirem também morrerão em vergonha e desgraça. Deus irá castigá-los".
"Chega!" - gritou Nimrod. "Para a prisão com ele!" Abrão foi lançado na prisão e mantido lá por dez anos.

Abrão é jogado numa fornalha

Depois de dez anos difíceis, Abrão foi novamente trazido à presença de Nimrod, que ainda esperava convencê-lo a se curvar aos ídolos.

"Agora vais te prostrar aos deuses?" - perguntou o rei para Abrão.
"Só me curvo perante o Criador do Mundo," respondeu Abrão.
"Eu sou o criador!" - afirmou Nimrod com orgulho.
"Podes ordenar ao sol para nascer a oeste e se pôr a leste?" - perguntou-lhe Abrão. "Então acreditarei que você é o Criador". Nimrod se virou para os sábios e para os príncipes a sua volta.
"Que castigo merece este homem?" - ele perguntou. "Julguem-no".
Todos responderam: "O homem que despreza o rei e seus deuses deve ser queimado".
Para tal, foi preparada uma enorme fornalha na cidade de Kasdim. Com grande júbilo, os oficiais do rei a esquentaram durante três dias e três noites.
A notícia espalhou-se rapidamente. Chegou gente de todas as partes do mundo a Kasdim para presenciar o grande acontecimento. Frente a uma grande multidão de espectadores, Abrão foi agarrado e jogado nas chamas.
Deus falou para os anjos: "Abrão foi fiel a Mim. Eu Mesmo vou salvá-lo".
O Criador então ordenou que as chamas não causassem mal algum a Abrão, mas que apenas devorassem as cordas que o amarravam.
Para a multidão que observava o acontecimento, tudo parecia correr conforme o planejado. As chamas da fornalha subiam ao céu. Era um fim apropriado para um traidor, murmurava o povo; logo, nada sobraria dele.
A multidão se dispersou, mas os servos de Nimrod ficaram perto da fornalha até que as chamas terminassem seu trabalho. De repente, soltaram uma exclamação de surpresa. Os olhos se arregalaram de terror. Os queixos caíram de espanto. Pois Abrão estava milagrosamente vivo dentro da fornalha, caminhando lá dentro! As chamas haviam queimado apenas as cordas que o amarravam, mas não chamuscaram suas roupas ou o corpo.
Agitados, os servos correram para informar o milagre ao Rei Nimrod. No começo, Nimrod não acreditou no que estava ouvindo, mas quando os servos confirmaram a notícia, Nimrod foi pessoalmente olhar dentro da fornalha.
Era verdade! Abrão estava andando dentro dela como se passeasse num jardim!
"Saia, Abrão," chamou Nimrod, com voz trêmula. "Prometo que não farei nenhum mal a você". Abrão saiu da fornalha são e salvo.
Tremendo, Nimrod e seus servos se inclinaram para Abrão. Estavam convencidos de que ele deveria ser um deus!
"Foi Deus, o Criador do mundo quem me salvou!" - explicou-lhes Abrão. "Curvem-se perante Ele!".

Arã, o irmão mais moço de Abrão, estava indeciso se deveria ouvir Abrão e crer em Deus ou seguir o Rei Nimrod e se curvar perante os ídolos. Mas, quando Arã viu Abrão sair vivo do fogo, anunciou confiante: "Eu também creio em Deus!".

Os oficiais do Rei Nimrod agarraram Arã e o jogaram nas chamas. Mas ele não mereceu o grande milagre de ser salvo como o justo Abrão.

Taré, Abrão e suas famílias mudam-se para Harã

Apesar de Abrão ter sido salvo diante dos olhos de Nimrod, Taré percebeu que o perigo ainda não havia passado. O perverso Nimrod poderia decidir matar Abrão outra vez. E quem poderia saber se Deus realizaria outro milagre?

"Vamos deixar esta terra," aconselhou Taré a Abrão. "Iremos para a terra de Canaã onde Nimrod não governa".

Por que Taré, de repente, achava que seu filho Abrão deveria se pôr a salvo do Rei Nimrod? Não havia sido o próprio Taré que pediu ao rei que castigasse Abrão porque não ter acreditado nos ídolos?

Mas, após presenciar o grande milagre que aconteceu a Abrão, Taré mudou de idéia. Começou a acreditar que Deus era o Mestre do Mundo. Muitos anos depois, antes de morrer, Taré abandonou definitivamente a adoração aos ídolos e fez completa teshuvá (conversão e arrependimento).

Abrão concordou com a sugestão do pai de se mudar para a terra de Canaã.

Taré, Abrão e suas famílias partiram para Canaã. No caminho, passaram por um lugar chamado Harã. Têrach viu que lá estariam a salvo, pois aquele lugar estava fora dos domínios de Nimrod. Por isso Taré decidiu: "Vamos ficar aqui"!

Perguntas ajudam no entendimento (isto poderia ser repetido a cada porção): Quem são as pessoas que aparecem no texto proposto? Por quê? Quais outras perguntas posso fazer a partir da "porção" da Palavra de Deus oferecida? Quais são as minhas respostas diante do texto?

Correspondência Bíblica:

Dilúvio:

Gn 9,11: "Estabeleço convosco a minha Aliança: não acontecerá novamente que toda a carne seja exterminada pelas águas de um dilúvio. Não haverá mais dilúvio para devastar a terra".

Eclo 40,10: "Para os iníquos foram criadas todas essas coisas, e por causa deles é que veio o dilúvio".

Is 54,9: "Como nos tempos de Noé, agora faço a mesma coisa: A ele jurei que nunca mais derramaria dilúvio sobre a terra, da mesma forma agora eu juro que nunca mais terei raiva de ti, que nunca mais vou castigar-te".

Mt 24,38: "Nos dias antes do dilúvio, todos comiam e bebiam, homens e mulheres casavam-se, até o dia em que Noé entrou na arca".

Lc 17,27: "Comiam, bebiam, homens e mulheres casavam-se, até ao dia em que Noé entrou na arca. Então chegou o dilúvio e fez morrer a todos".

Mc 10,6: "No entanto, desde o princípio da Criação Deus os fez homem e mulher".

2Pd 2,5: "Também não poupou o mundo antigo, quando enviou o dilúvio sobre o mundo dos ímpios e preservou somente oito pessoas, entre as quais Noé, pregoeiro da justiça".

03 – Gn 12,1 – 17,27: LECH LEHA לך לך
Is 40,27 – 41,16

- A importância do meio-ambiente onde vivemos.
- Gn 24,1: E Deus abençoou Abraão em tudo.
- O Midrash Rabá (57,1) diz que esta bênção se refere ao fato de Deus não ter voltado a testar, provar Abraão novamente. A tradição judaica ensina que Abraão foi testado pelo Todo-Poderoso dez vezes e saiu-se bem em todos os testes que lhe foram impostos, principalmente no último, quando Abraão foi levar seu filho Isaac à Akeda (literalmente amarração, para o sacrifício), depois de tantos anos de ansiedade para ter um filho.
- Esta, entretanto, não foi a única prova por que Abraão passou. Como ensinou o grande mestre e filósofo judeu Maimônides (1135-1204), Abraão teve de suportar dez provas:
1 - teve de peregrinar como um estrangeiro desde a sua chamada;
2 - a fome que encontrou em Canaã, depois da promessa de que Deus a partir dele faria uma grande Nação;
3 - a violação de direitos humanos elementares quando os egípcios levaram Sara para o faraó;
4 - a luta contra quatro reis conquistadores;
5 - a tomada de Agar como esposa, depois que perdeu toda a esperança de ter um filho com Sara;
6 - a circuncisão em idade avançada por ordem divina;
7 - a atrocidade perpetrada por Abimeleque, que prendeu Sara;
8 - a despedida de Agar;
9 - a separação de Ismael e
10 - o sacrifício de Isaac
- É evidente que se Abraão fosse testado novamente pelo Criador, iria se sair da melhor forma, pois sua crença, fé e dedicação ao Todo-Poderoso não tinham limites ou barreiras,
- Apesar disso, do ponto de vista dos sábios de Israel, o fato de Abraão não ser novamente submetido à prova, foi considerado uma *berachá* – uma bênção.

- Por outro nado nesta *parashá* (porção semanal da Palavra de Deus) vemos que Ló, o sobrinho e cunhado de Abraão, estava disposto a abandonar a companhia de Abraão e unir-se às pessoas de Sodoma, as quais a Torah denomina: "os habitantes de Sodoma eram perversos e pecavam gravemente contra o SENHOR" (Gn 13,13).
- Em que situação colocou-se Ló? A quem se uniu e quais difíceis testes teve de enfrentar, a ponto de nossos sábios associarem a ele o seguinte versículo dos Provérbios: *"Aquele que acompanha os sábios acrescenta sabedoria e aquele que lidera os tolos passa a fazer o mal com eles"*? (cf. Pr 13,20).
- Enquanto Ló estava em companhia de Abraão tudo caminhava bem, e no momento que dispensou esta companhia, passou de uma situação nobre e honrada para a situação de vexame e desonra.
- E com isso podemos aprender como é importante o meio-ambiente em que cada um de nós vive, para mantermos uma situação espiritual estável, com possibilidade de crescimento ainda maior.
- Duvidar, justamente porque os motivos são materiais e os interesses pessoais, que muitas vezes cegam o indivíduo – já é uma decadência.
- Ambições materiais levaram Ló a se separar de Abraão, pois percebeu que o Jordão era rico em água para poder abastecer seu rebanho.
- Ao afastar-se dos sábios da Torah, a inclinação do ser humano é afastar-se também do Criador e de seus mandamentos.
- A partir disso procurará então a convencer-se e conformar-se de que sua situação espiritual não é tão ruim assim, porque as pessoas que o rodeiam não são piores do que ele...
- Porém, se estivesse em um ambiente onde se estuda, se procura viver a Torah, a Palavra de Deus, em companhia dos sábios e estudiosos, estaria sempre atento quanto ao seu nível espiritual e a sua elevação, pois "aquele que acompanha os sábios acrescenta sabedoria".
- Esta porção semanal da Palavra de Deus comprova que ao afastar-se dos sábios da Bíblia, a pessoa afasta-se também de Deus, conforme diz o texto bíblico: *"E Ló escolheu o oriente"* (Gn 13,11).
- A explicação deste trecho segundo o grande comentarista bíblico e do Talmud, Rabi Shlomo Yitzhaki, conhecido como Rashi (1040 – 1105) é que assim manifestou-se Ló: "Não me interessa Abraão, nem o seu Deus!" Ou seja: Ló se afastava de Abraão, um grande sábio, e consequentemente se afastaria também de Deus.

- Mesmo que o indivíduo planeje separar-se de um ambiente sadio apenas por algum tempo, o simples fato de desligar-se deste meio já é considerado uma decadência. Isso deixa no indivíduo uma nódoa, mancha negativa, cuja recuperação se torna difícil.
- Para demonstrar a importância do meio em que vivemos, os sábios de Israel ensinam a partir de um tratado chamado *Pirkê Avot: Ditos dos Pais*, um acontecimento que se passou com Rabi Yossef *ben* Kismá.
- Certa vez, Rabi Yossef *ben* Kismá encontrou uma pessoa no caminho que o saudou, dizendo Shalom e lhe perguntou de onde ele era. Rabi Yossef respondeu que vinha de uma grande cidade de sábios e escrivãos. Essa pessoa então o convidou para morar em sua cidade, oferecendo-lhe muitas riquezas. Rabi Yossef respondeu-lhe, que mesmo que lhe fossem dadas todas as riquezas do mundo, somente moraria em lugares onde houvesse a Terá, (o Pentateuco), porque após o falecimento não são as pedras preciosas, o ouro e a prata que nos acompanham, mas somente a Bíblia e seus mandamentos.

3 – Lech Lecha – Seleções de Midrash a partir do texto bíblico: Bereshit (Gênesis) 12,1-17,27

Deus ordena a Abraão para viajar para Terra de Canaã

Enquanto Abraão e sua mulher Sara moraram em Harã, ensinaram aos outros sobre Deus. Abraão educou os homens, e Sara as mulheres, para acreditarem no único Deus que criou o Céu e a Terra.

Deus viu que não havia nenhum justo igual a Abraão. Por isso Ele decidiu fazer de Abraão o pai de uma nação sagrada, o povo de Israel.

Ele disse para Abraão, "Não é correto para você viver nesta terra ímpia, junto com seu pai e sua família que veneram ídolos. Saia daí e vá para a terra que Eu vou lhe mostrar".

Por que Deus não contou a Abraão o nome da terra para a qual Ele queria que Abraão fosse - Canaã (que é um outro nome para a Terra de Israel)?

Deus estava testando Abraão. Será que ele ouviria Deus e iria para um lugar que nem sequer conhecia?

Deus também não queria que o pai de Abraão, Taré, fosse junto com ele. Taré poderia estar interessado em se estabelecer na Terra de Israel junto com o filho. Mas como Abraão não sabia para onde estava se dirigindo, disse a seu pai: "Deus pode me ordenar viajar até o fim do mundo!". Quando Taré ouviu isso, preferiu ficar em Harã.

Abraão disse a sua mulher, Sara, "Não vamos nos atrasar nem um dia. Partiremos imediatamente".

Abraão levou junto seu sobrinho Ló, irmão de Sara, que era órfão, e tinha sido criado por eles. Muitas das pessoas a quem Abraão e Sara tinham ensinado a acreditar em Deus também decidiram acompanhá-los em sua jornada. Deus enviou nuvens na frente de Abraão e sua família para lhes indicar o caminho pelo qual Ele queria que seguissem.

Abraão viaja de Canaã até o Egito

Pouco depois que Abraão, Sara e sua família chegaram a Canaã, a chuva parou de cair. As plantas deixaram de crescer. Logo não havia mais frutas, vegetais, nem grãos. As pessoas ficaram cada vez mais famintas. Deus provocou essa situação para submeter Abraão a um novo teste.

Será que ele agora iria se queixar: "Não é justo! Primeiro Deus me mandou para Canaã e agora não tenho nada para comer aqui!"?

Mas Abraão nunca se queixou. Estava convencido de que tudo que Deus faz tem uma boa razão.

Abraão disse para Sara, "Vamos para o Egito. O Egito possui muita comida. Mesmo que não chova, o rio Nilo irriga a terra". Mas alguma coisa estava incomodando Abraão. Ele disse, "Não me sinto bem em ir ao Egito. Geralmente, nós é que convidamos as pessoas para casa, e lhes oferecemos uma refeição. Quando querem nos agradecer explicamos que é Deus quem alimenta a todos. Assim transmitimos ensinamentos às pessoas. Mas o Egito é um país muito rico. As pessoas não necessitarão da nossa comida. Tenho medo de que não vamos poder ensinar a outros sobre Deus". Contudo, Abraão não tinha outra escolha a não ser ir para o Egito.

Quando Abraão, Sara e Ló se aproximaram da fronteira do Egito, Abraão disse: "Os egípcios são pessoas perversas. Quando vêem uma mulher casada bonita, matam o marido e ficam com a mulher.

"Sara, por favor, diga a todos que você é minha irmã. Então não me matarão. Isso não é uma mentira, porque você é neta do meu pai e uma neta é considerada uma filha".

Como precaução adicional, Abraão escondeu Sara numa caixa grande. Esperava que ela não fosse descoberta.

Mas os oficiais reais da alfândega abriram a caixa e acharam Sara. Mandaram a seguinte mensagem ao Rei Faraó. "Chegou aqui uma mulher bonita junto com o irmão".

Faraó mandou seus soldados para trazer Sara para sua corte. Faraó disse para Sara: "Você tem que se tornar minha mulher". Ao "irmão" de Sara, Abraão, Faraó deu muitos presentes para que ele concordasse que Faraó ficasse com Sara. Sara disse para Faraó, "Sou uma mulher casada! Você não pode me segurar no palácio. Devolva-me para Abraão". Mas Faraó não lhe deu ouvidos.

Sara estava amedrontada e rezou a Deus para que a ajudasse. Deus mandou um anjo para cuidar de Sara e protegê-la. Cada vez que Sara ordenava ao anjo: "Golpeie Faraó", o anjo castigava Faraó.

Faraó foi atacado com dez pragas diferentes. Deus também puniu a família de Faraó com pragas. (Da mesma forma, Deus puniria mais tarde o Faraó que afligiu os israelitas com dez pragas.)

Faraó sofreu terrivelmente com as pragas. Percebeu, então que Sara era uma mulher muito justa e íntegra, que estava sob a proteção de Deus.

Enviou uma mensagem para Abraão: "É tudo culpa sua! Porque não me disseste que esta mulher é casada com você? Agora a pegue e deixe este país imediatamente, antes que outra pessoa tente fazer-lhe mal".

Faraó estava tão assombrado pela grandeza de Abraão e Sara que mandou com eles, sua filha, a princesa Hagar, para servir Sara e aprender o seu modo de vida.

Faraó deu para Abraão e Sara presentes valiosos. Mandou também soldados para acompanhá-los de volta à fronteira do Egito.

Isso era inédito! Os egípcios mal podiam acreditar. O seu rei efetivamente havia libertado uma mulher que queria para si e não matou o marido! Isso nunca tinha acontecido antes. Agora todos compreenderam que Abraão era um grande justo e Sara uma mulher justa. Deus os protegeu. Ninguém, nem mesmo um rei podia fazer-lhes mal.

Deus fez com que todo esse episódio ocorresse para que Abraão e Sara ficassem famosos como amigos especiais de Deus.

A viagem de Abraão e Sara ao Egito também fez com que Hagar se unisse a eles.

Abraão se separa de Ló

Abraão era um homem muito rico porque Deus o abençoou. Tinha muitos bois e ovelhas, ouro e prata.

O sobrinho de Abraão, Ló, que viajou com ele, também tinha grandes riquezas, não porque fosse um justo, mas porque estava junto com o justo Abraão.

Então surgiu uma briga entre os pastores de Abraão e os pastores de Ló. Abraão costumava ordenar a seus pastores, "Nunca deixem meus animais entrar nos campos de outros. Se meus animais pastarem nesses campos, estarei roubando o pasto de outras pessoas. Mesmo que Deus tenha prometido que toda Terra de Canaã pertencerá um dia aos meus filhos, ainda não é minha".

Os pastores de Abraão punham focinheiras nos animais cada vez que passavam diante dos campos que não lhe pertenciam. Ordenaram aos pastores de Ló que fizessem o mesmo. Mas estes não puseram focinheiras nos seus animais. Afirmavam, "Em breve, a terra vai pertencer a Ló, visto que Abraão não tem filho". E assim eles permitiam que os animais de Ló comessem nos campos de outras pessoas. Os pastores de Abraão insistiam em argumentar com eles que estavam errados, e os pastores de Ló, por sua vez, os contradiziam.

Abraão disse a Ló, "Não é bom que briguemos. As pessoas vão dizer, 'Abraão e Ló são parentes e não vivem em paz'. Por isso é melhor nos separarmos. Você pode escolher se quer se estabelecer ao sul ou ao norte da terra. Se você for para o norte, irei para o sul, e se você for para o sul, irei para o norte. Não precisa se preocupar de que estarei muito longe para ajudar, se precisar de mim. Vou estar perto o suficiente para vir em seu auxílio".

Ló decidiu se estabelecer na cidade de Sodoma. Sodoma e as quatro cidades vizinhas estavam localizadas às margens de rios; seu solo estava por isso bem irrigado. E havia ali ótimas terras de pasto para o gado de Ló.

A decisão de Ló foi um erro, porque os habitantes de Sodoma eram os piores de toda Terra de Canaã. Eram ladrões e assassinos. Naqueles tempos, o pior insulto que você podia fazer a alguém era chamá-lo de sodomita!

Ló cometeu dois erros:
1. Separou-se do justo Abraão.
2. Estabeleceu-se entre perversos.

Ló deixou de ver o mau caráter dos sodomitas porque esperava enriquecer em Sodoma. Mas no final ele saiu arruinado, como veremos na próxima porção da Torah.

O que podemos aprender de Ló?

Os Sábios de Israel nos dizem: (Ética dos Pais 1:7) "Afaste-se de um mau vizinho e não se associe com um perverso". Somos aconselhados a nos unir a amigos que nos incentivam a ser bons e praticar o bem. E precisamos nos afastar daqueles que nos influenciam a agir erradamente.

Abraão vence uma guerra contra quatro reis

Era a época de Páscoa e Abraão estava ocupado assando pães. (Apesar da Torah ter sido dada só depois da época de Abraão, ele mantinha todos os preceitos da Torah). De repente ele viu um gigante aproximando-se de sua tenda.

Era Og, o único gigante que ainda estava vivo desde antes do dilúvio.

Og contou a Abraão: "Venho direto do campo de batalha. Deixe-me relatar o que aconteceu. O rei de Sodoma e outros quatro reis se revoltaram contra o poderoso Rei Codorlaomor, depois de o terem servido por doze anos. Codorlaomor chamou outros três reis para ajudá-lo na guerra contra os cinco reis rebeldes. Codorlaomor e seus três aliados ganharam a guerra. Capturaram todo o povo de Sodoma como prisioneiros e o seu sobrinho Ló se encontra entre eles. Em seguida, Codorlaomor e suas tropas marcharam para o norte".

O gigante Og pensou, "Quero que Abraão tente salvar seu sobrinho Ló dos quatro reis. Os quatro reis certamente vão matar Abraão na batalha. Então pegarei para mim sua mulher, Sara".

Abraão pensou, "Ló está em apuros. Vou preparar uma enorme soma de dinheiro. Talvez eu possa resgatá-lo. Se não, lutarei para libertá-lo".

Abraão reuniu seus alunos e servos. Juntos eram trezentos e dezoito pessoas.

Ele anunciou, "Estou indo para ajudar Ló, que está em cativeiro. Quem não tem medo, que me siga".

Abraão tinha três alunos que eram príncipes emoritas - Aner, Escol e Mambré. Eles se ofereceram, "Nós vamos proteger seus bens enquanto você está fora".

Os quatro reis já tinham viajado para o norte, até a Síria, mas Deus milagrosamente encurtou o caminho para Abraão e seus homens.

O exército de Codorlaomor era imenso, milhares e milhares de soldados. Abraão não se atreveria a atacá-los, mas quando olhou para cima, viu a Shechiná (Presença da Divindade) e as Hostes Celestiais ao seu lado, pronto para ajudá-lo.

Com a ajuda de Deus, Abraão, seu servo Eliezer e o restante de seus homens, obtiveram uma vitória milagrosa sobre os quatro poderosos reis e seus exércitos.

Abraão libertou Ló e todos os prisioneiros.
Entre os reis inimigos a quem Abraão matou estava também Nimrod, que tinha jogado Abraão no forno.

Sem, também chamado Malki Tsêdec, dá as boas vindas a Abraão. Abraão se recusa a pegar qualquer objeto dos despojos da guerra

O filho de Noé, Sem, ainda vivia. Era um justo que sempre serviu a Deus. Ele se mudou para Jerusalém e lá, regularmente, oferecia sacrifícios a Deus.

Era conhecido como "Malki Tsêdec" (Melquisedeque), que quer dizer "rei justo" e também quer dizer "rei da cidade da justiça".

Melquisedeque ficou sabendo a respeito da milagrosa vitória de Abraão sobre os quatro reis. E quando Abraão voltava da guerra e se aproximava de Jerusalém, Melquisedeque saiu para receber Abraão e louvar a Deus. Trazia consigo pão e vinho para alimentar os homens cansados e famintos.

O rei de Sodoma também saiu ao encontro de Abraão. Disse para Abraão, "Todo nosso dinheiro que você recuperou dos inimigos pertence a você. Por favor, devolva-me apenas os prisioneiros que você libertou!"

Abraão ergueu sua mão para Deus e exclamou, "Juro que não tocarei em nenhuma parte do despojo desta guerra! Deus prometeu me abençoar com riquezas e já cumpriu Sua promessa. Possuo muito gado, ouro e prata. Se eu pegar seu dinheiro, você pensará "Eu enriqueci Abraão". Um décimo do dinheiro dei para Melquisedeque que é o sacerdote de Deus.

Outro décimo darei aos homens que me ajudaram e também para Aner, Escol e Mambré, que cuidaram dos meus pertences. Para mim não quero nada dos seus haveres, nem mesmo um fio ou cordão de sapato".

O Midrash explica: Deus recompensa Abraão

Deus disse, "Abraão, todos os despojos da guerra na verdade pertenciam a você. Mas você está satisfeito com o que já tem. Hei de recompensá-lo. Você disse, "Não quero nada nem um fio ou um cordão de sapato". Como recompensa, darei aos seus descendentes o preceito de tsitsit (franja), que tem quatro [duplos] fios em cada canto. Por suas palavras, "Nem um cordão de sapato", vou recompensá-los com o preceito de *chalitsá*, pela qual a mulher tem que abrir o cordão do sapato do seu cunhado".

Vemos que Abraão não perdeu nada quando recusou o dinheiro que o rei de Sodoma lhe ofereceu. Deus recompensou seus descendentes com dois preceitos. Além disso, mais tarde, Deus conferiu a Abraão grandes bênçãos.

Deus promete a Abraão descendentes tão numerosos quanto as estrelas

Depois de ganhar a guerra contra os quatro reis, Abraão estava preocupado, "Talvez os amigos desses poderosos reis vão se unir contra mim e me atacar".

Mas Deus lhe assegurou, "Abraão, mesmo que todos seus inimigos se unam contra você, Eu irei protegê-lo".

Abraão também se preocupou pelo seguinte, "Talvez já tenha usado toda a recompensa que me estava reservada para o mundo vindouro, porque Deus realizou para mim milagres tão grandes".

Deus lhe assegurou, "Ainda tens uma grande recompensa no mundo futuro".

Abraão então rezou, "Deus, foste tão bondoso em fazer milagres para mim durante a guerra. Sei que me reservaste ainda mais bênçãos. Mas, para que me servem? Não tenho um filho que possa continuar a ensinar as pessoas sobre Ti depois que eu morrer. Em vez disso, meu servo Eliezer ficará como líder".

"Não temas", Deus consolou a Abraão. "Terás um filho".

Deus conduziu Abraão para fora da tenda.

"Olhe para o firmamento," ordenou Ele.

Abraão viu uma grande estrela brilhar no firmamento.

"Esta estrela representa você," disse-lhe Deus. "Você é como uma grande estrela que ilumina o mundo. Agora olhe de novo!"

Abraão viu duas estrelas. "Estas duas estrelas são você e seu filho," disse-lhe Deus.

Então Abraão viu aparecer três estrelas. "Elas representam você, seu filho e seu neto," disse Deus.

Quando Abraão olhou de novo para o firmamento, havia lá doze estrelas. "Haverá doze tribos," explicou-lhe Deus.

De repente havia setenta estrelas. "Você terá setenta descendentes indo para o Egito," predisse Deus. Logo, todo o firmamento se cobriu de estrelas de um extremo ao outro.

"Tão numerosos serão os seus descendentes!" Prometeu Deus para Abraão. "Serão demais para poder contar".

Deus promete a Abraão que seus filhos herdarão Canaã

Deus também prometeu a Abraão, "Seus filhos herdarão a Terra de Canaã (Terra de Israel)!"

"Por favor Deus," pediu Abraão, "Dê-me um sinal de que isto se concretizará realmente".

Deus respondeu, "Farei um acordo contigo como sinal".

Naqueles tempos as pessoas selavam um pacto, cortando animais em pedaços e andando entre eles. (Esse era uma maneira de dizer, "Se eu não cumprir a minha parte do acordo, mereço ser cortado em pedaços como estes animais".)

Deus ordenou a Abraão, "Pegue três bezerros, três cabras, três carneiros, um pombo e uma pomba". Abraão assim o fez. Então ele cortou os animais em dois, exceto os pássaros que Deus lhe disse para não cortar.

Abraão arrumou os pedaços em duas filas. Quando eles foram estendidos, poderosas aves de rapina se precipitaram do céu para baixo para devorá-los.

Abraão os enxotou.

Esse foi um sinal: No futuro, os idólatras - que são comparados a aves de rapina - tentarão destruir os descendentes de Abraão, o povo judeu. Mas Deus salvará os judeus pelo mérito de seu antepassado Abraão.

Então Deus fez Abraão cair num sono profundo e lhe mandou um sonho profético.

Abraão sentiu um grande temor e uma escuridão o envolveu. Isso era um sinal de que os seus descendentes, os judeus, passariam por dificuldades.

Deus predisse a Abraão, "Saiba que os seus descendentes não virão para Terra de Israel imediatamente. Primeiro, vou exilá-los em terras estranhas por muitos anos. Tornar-se-ão escravos [no Egito] e serão afligidos. Então, castigarei aqueles que os oprimiram [Deus aludiu às muitas pragas que mandaria contra o Egito], e os judeus partirão com uma grande fortuna. Finalmente, voltarão a Canaã. Expulsarão de Canaã as nações que ali viviam e herdarão a terra".

Enquanto Abraão sonhava tudo isso, o sol se pôs. Deus fez descer uma espessa escuridão. Abraão viu um forno fumegante e uma chama ardente passar entre os pedaços dos animais. O forno fumegante e a chama ardente eram os mensageiros de Deus.

Quando eles passaram entre os pedaços era como se Deus, Ele Mesmo, estivesse andando entre eles e, desta maneira, selava um acordo com Abraão.

O forno fumegante também era um sinal de que todas as nações que fossem afligir os judeus seriam atiradas por Deus em um forno ardente no Guehinom (inferno).

Assim, Deus fez um pacto com Abraão prometendo-lhe que seus filhos herdariam a Terra de Israel. Esse acordo é conhecido como o Acordo entre os Pedaços (dos animais).

Abraão casa com Hagar que dá à luz Ismael

Sara não teve filhos em todos os anos do seu casamento com Abraão. Ela disse, então, para Abraão, "Case com minha criada Hagar. Talvez Deus tenha piedade de mim porque deixei você casar com outra mulher, e então Ele me dará um filho".

Hagar não foi sempre uma serva. Ela era, na verdade, uma princesa egípcia. Mas quando seu pai Faraó viu os grandes milagres que Deus realizou para Abraão e Sara, disse: "É melhor para minha filha ser uma serva desses grandes justos que ser princesa no Egito".

Quando Hagar servia a Sara, esta lhe ensinou como servir a Deus.

Abraão sabia que Sara falou com inspiração Divina. Respondeu-lhe, "Vou te ouvir e casar com Hagar".

Depois que Hagar casou com Abraão e esperava um filho dele, ficou orgulhosa. Quando Hagar falava com os outros, insultava Sara zombando dela, "Sara não é na realidade uma mulher justa! Se assim fosse, porque Deus não lhe deu filhos?"

Sara puniu Hagar por palavras tão arrogantes. Fez Hagar trabalhar pesado.

Por isso Hagar fugiu para longe de Sara, em direção ao deserto. Mas Deus mandou um anjo para ordenar a Hagar, "Volte para Sara e a obedeça! Deus ouviu que você está infeliz e vai lhe dar um filho. Chame-o Ismael. Ele vai ser um homem selvagem que viverá no deserto, e será o pai de uma grande nação".

Hagar agradeceu a Deus, "Abençoado Sejas, Deus, que viu minha desventura". E voltou para a tenda de Abraão. Ela deu à luz um filho, a quem Abraão chamou Ismael. Ele se tornou o antepassado de todas as nações árabes.

Deus ordena Abraão sobre a circuncisão

Quando Abrão tinha noventa e nove anos, Deus lhe disse, "Abrão, Eu quero que você tenha uma circuncisão, isso vai ser um sinal no seu corpo de que você Me serve".

"De agora em diante, seus descendentes, os judeus, vão fazer a circuncisão nos seus filhos quando seus filhos tiverem oito dias".

Qual é a diferença entre o preceito da circuncisão e os outros preceitos?

Outros preceitos, tais como tsitsit ou tefilin, são cumpridos em determinadas ocasiões. Mas o preceito de circuncisão permanece com a pessoa dia e noite e por toda a vida; nunca pode renunciar a ela.

Deus anunciou a Abrão, "Você não será mais chamado de Abrão mas sim, Abraão. Abraão quer dizer que você é o pai de Aram, o lugar onde nasceu. Agora Eu o transformo em Abraão, que quer dizer o pai de muitas nações.

"O nome de Sarai também será mudado. De agora em diante ela será chamada Sara, que significa rainha sobre o mundo todo. Assim como você é um rei sobre o mundo, assim ela é uma rainha sobre o mundo. Apesar dela ser muito idosa para conceber, dará a luz um filho quando tiver o seu novo nome, Sara".

Abraão irrompeu num riso de felicidade quando ouviu as boas notícias.

Deus falou para Abraão, "Chamará seu filho de Isaac porque você riu e se alegrou. Todos também rirão e se alegrarão com o seu nascimento".

Abraão não demorou em cumprir o preceito. No mesmo dia em que Deus falou com ele, fez a circuncisão nele mesmo. Nesse mesmo dia, também fez a circuncisão em Ismael e nos trezentos e dezoito membros da sua casa. Essa foi uma tarefa monumental para executar em um dia, Deus deu a Abraão forças para realizá-la.

Uma história: Como o pai de Rabi Judá Hanassi estava disposto a sacrificar sua vida pelo preceito da circuncisão

Certa vez o governo Romano decretou, "Nenhum pai judeu pode fazer a circuncisão em seu filho".

Naquele tempo nasceu um menininho na Terra de Israel. Foi chamado Judá. Seu pai era um dos líderes do povo judeu.

O pai disse, "Deus nos ordenou a fazer o preceito da circuncisão. O cruel imperador romano nos ordenou o contrário. A quem hei de obedecer, a

Deus ou ao imperador? Eu não desobedecerei à ordem de Deus por causa do imperador"!

Oito dias depois do nascimento do seu menino, o pai circuncidou-o secretamente.

Mas o segredo não foi guardado por todos. Algumas pessoas o passaram ao governador da cidade.

Ele chamou o pai de Judá e o repreendeu severamente, "Ouvi falar que você circuncidou seu filho. Como ousa desobedecer a ordem do imperador?"

O pai de Judá respondeu, "Faço o que Deus nos ordena"!

O governador disse, "Sei que você é um homem importante, um líder do povo judeu. Porém, nem mesmo você pode desobedecer ao imperador. Será castigado".

"Qual será meu castigo?" - perguntou o pai de Judá.

"Essa decisão não compete a mim", respondeu o governador. "Viajarei até o imperador em Roma e lhe comunicarei seu comportamento. Você, sua mulher e seu filhinho também deverão ir para serem julgados".

Com os corações pesados os pais de Judá se puseram a caminho com o bebê. Eles rezaram a Deus para que o imperador poupasse suas vidas.

Na noite antes de chegarem a Roma, alojaram-se numa hospedaria não judia. A mulher do hospedeiro acabara de dar a luz. Ela iniciou uma conversa com a mãe de Judá.

"Porque você não está feliz com o seu novo bebê?" - perguntou-lhe ela. "Vejo que suspira e tem o semblante triste o tempo todo!"

"Temos muito medo", explicou a mãe de Judá. "O imperador pode nos matar porque circuncidamos nosso bebê apesar de sua proibição".

A mulher do hospedeiro era uma mulher muito boa. Fez um sinal para a mãe de Judá acompanhá-la até um aposento onde ninguém podia ouvi-las. Lá ela sussurrou para ela, "Vamos trocar os bebês. Pode mostrar o meu para o imperador. O meu bebê não é circuncidado". A mãe de Judá concordou e levou o bebê não judeu para o palácio. Quando o bebê ficou com fome no caminho, a mãe de Judá o amamentou.

O governador estava no palácio do imperador. Ele explicou ao imperador, "Aqui está o judeu que desobedeceu tuas ordens, Majestade! Circuncidou seu filho". O imperador ficou furioso. "Entregue a criança aos meus servos", ordenou. O bebê foi examinado, porém para a grande surpresa de todos, não tinha circuncisão! O governador que havia acusado os pais de Judá quase desmaiou.

"Juro que este menino estava circuncidado, Majestade!", exclamou. "Deve ser um milagre. O Deus dos judeus faz milagres por eles quando rezam!" O imperador estava muito irado com o governador, que o havia exposto ao ridículo perante toda corte. "Cortarei sua cabeça por dizer mentiras!", gritou. "E em relação aos judeus, deixá-los-ei circuncidar seus filhos se assim desejam! Meu decreto está abolido".

Cheios de gratidão a Deus, os pais de Judá saíram do palácio.

Na hospedaria, trocaram os bebês com a esposa do hospedeiro. Esta disse à mãe de Judá: "Quero que nossos filhos sejam amigos quando crescerem, pois Deus realizou um milagre através do meu filho".

Quando cresceu, Judá se tornou o santo Rabi Judá Hanassi, presidente do Sinédrio (Corte Suprema), e compilador da Mishná.

E o filho do hospedeiro? Por ter sido alimentado com o leite da mãe de Rabi Judá, Deus lhe concedeu grandeza neste mundo e no mundo vindouro. Mais tarde, veio a ser o imperador romano Antônio, um bom amigo de Rabi Judá e protetor dos judeus.

Da mesma forma que o pai de Rabi Judá agiu, muitos judeus nas gerações posteriores arriscaram a vida para fazer circuncisão nos seus filhos.

Na época dos Asmoneus (dos Macabeus, quando ocorreu o milagre de Chanucá) os gregos proibiram o preceito da circuncisão. Matavam as mães cujos filhos eram circuncidados. Mesmo assim, muitos pais judeus continuaram a circuncidar seus filhos. Nos tempos atuais, a circuncisão era proibida na União Soviética, e realizada secretamente. O povo judeu esteve e está sempre disposto a arriscar a vida para cumprir os preceitos de Deus.

Perguntas ajudam no entendimento:

Quem são as pessoas que aparecem no texto proposto? Por quê?

Quais outras perguntas posso fazer a partir da "porção" da Palavra de Deus oferecida? Quais são as minhas respostas diante do texto? (a partir desta parashá aconselhamos a fazer sempre essas e outras perguntas a partir do texto bíblico)

Correspondência Bíblica:

A Criação:

Gn 15,1: "Depois desses acontecimentos, o SENHOR falou a Abrão numa visão, dizendo: Não temas, Abrão! Eu sou teu escudo protetor; tua recompensa será muito grande".

Nm 24,11: "Já que é assim, vai-te embora para tua casa! Eu pretendia recompensar-te bem, mas o SENHOR privou-te da recompensa".

Dt 32,35: "A Mim pertence a vingança e a recompensa, no tempo em que seus pés resvalarem. Pois o dia da ruína se aproxima, e já está perto o que os espera".

Rt 2,12: "Que o SENHOR te pague pelo que fizeste, que seja integral a recompensa que hás de receber do SENHOR, sob cujas asas vieste a te abrigar".

Jó 34,11: "Ele retribui a cada um segundo a sua obra e de acordo com os caminhos de cada um Ele recompensa".

Sl 58,12: "Dirão: Sim, existe recompensa para o justo; existe um Deus que governa a terra!".

Pr 13,13: "Quem despreza a palavra, se condena, quem respeita o preceito, recebe a recompensa".

Sb 5,15: "Os justos, ao contrário, viverão eternamente: no SENHOR está sua recompensa e por eles vela o Altíssimo".

Is 61,8: "Pois Eu sou o SENHOR, que gosto do direito e detesto o roubo e a injustiça, e dou-lhes a recompensa com toda fidelidade, faço com eles uma Aliança eterna".

Jr 51,56: "Sim, chegou a destruição à Babilônia, os guerreiros foram presos, os arcos, quebrados, porque o SENHOR é o Deus da recompensa, faz cada qual pagar bem pago".

Mt 5,12: "Alegrai-vos e exultai, porque grande é a vossa recompensa nos céus. Pois foi deste modo que perseguiram os profetas que vieram antes de vós".

Mc 9,41: "Quem vos der um copo de água para beber porque sois de Cristo, não ficará sem receber a sua recompensa".

Lc 6,35: "Amai os vossos inimigos, fazei o bem e prestai ajuda sem esperar coisa alguma em troca. Então, a vossa recompensa será grande. Sereis filhos do Altíssimo, porque Ele é bondoso também para com os ingratos e maus".

Lc 14,14: "Então, serás feliz, pois estes não têm como te retribuir! Receberás a recompensa na ressurreição dos justos".

Cl 3,24: "sabendo que é o SENHOR que vos recompensará, fazendo-vos seus herdeiros. Ao Cristo e Senhor é que estais servindo".

2Ts 1,7: "e que vós, os atribulados, recebais como recompensa o descanso conosco. Isto vai acontecer, quando se revelar o Senhor Jesus vindo do céu com os anjos do seu poder".

Hb 11,6: "Ora, sem a fé é impossível agradar a Deus, pois quem dele se aproxima deve crer que Ele existe e recompensa os que o procuram".

2Pd 2,15: "Deixaram o caminho reto, para se transviarem pelo caminho de Balaão de Bosor, que se deixou levar por uma recompensa iníqua".

2Jo 1,8: "Tomai cuidado, se não quereis perder o fruto do vosso trabalho, mas sim, receber a plena recompensa".

Ap 22,12: "Eis que venho em breve, trazendo comigo a minha recompensa, para retribuir a cada um segundo as suas obras".

04 – Gn 18,1 – 22,24: VAYERÁ - וירא
2Rs 4,1 – 37

- Esta *parachá* inicia contando que o Eterno apareceu a Abraão quando ele estava sentado à entrada de sua tenda. Embora o sol estivesse a pino, Abraão estava à espera de hóspedes, uma vez que eram rotineiras as visitas à sua tenda.
- O comentarista bíblico Rashi diz que este era o terceiro dia após o Circuncisão (circuncisão) de Abraão e o Todo-Poderoso veio visitar o convalescente e perguntar sobre seu estado de saúde.
- Abraão cumpriu o preceito da Circuncisão (circuncisão) aos 99 anos e teve o mérito que o Criador viesse visitá-lo no terceiro dia, que é o mais doloroso, após a cirurgia. Vejamos então a importância deste preceito.
- Abraão mesmo com 99 anos cumpriu este preceito sem vacilar e com muita satisfação. A partir de então Deus ordenou que aos oito dias de vida se fizesse a circuncisão em todo recém-nascido.
- Um ano depois, Abraão cumpriu este mandamento com seu filho Isaac.
- Quando o Criador ordenou este mandamento a Abraão lhe disse: "Siga os Meus caminhos e seja perfeito, e constituirei minha Aliança entre você e Eu" (Gn 17,1-2).
- Rashi comenta: "Siga os Meus caminhos" por intermédio da circuncisão e "seja perfeito", porque, todo o tempo em que este mandamento não tiver sido realizado, você estará sendo considerado imperfeito.
- Um livro chamado Sêfer Hachinu revela sobre este preceito que o Eterno queria que o próprio judeu se completasse; por isso não o criou circuncidado.
- Assim como o judeu deve completar-se fisicamente mediante o Circuncisão, tem a obrigação de preocupar-se em completar-se e aperfeiçoar-se espiritualmente durante toda a vida, por intermédio de atitudes fundamentadas na Bíblia e nos preceitos.
- O grande filósofo e sábio conhecido como Rambam (Moisés Maimônides – 1135 – 1204), lembrando a importância da circuncisão lembra que Moisés quase perdeu sua vida por tardar a realização da circuncisão em seu filho, ainda que o referido atraso foi em razão de força maior.

- Moisés estava a caminho do Egito, enviado pelo Criador, para salvar os Filhos de Israel da escravidão, tirar-lhes do Egito e entregar-lhes a Torah. O motivo da demora foi porque Moisés procurava uma hospedagem no caminho para poder realizar a circuncisão (cf. Ex 4,24-25). Em todas as gerações o Povo de Israel cumpriu este *preceito* com muita dedicação. Em muitas ocasiões, os pais até se expuseram a perigos iminentes para perpetuar o preceito.
- Ao longo da história do povo judeu, os outros povos fizeram de tudo para impedi-los de cumprir este preceito. Nada porém foi capaz de superar o desejo em todas as gerações, para que este *preceito* fosse cumprido.
- De onde provém esta força sobrenatural que acompanha o povo judeu há tantos séculos?
- O *Talmud* diz que isso decorre do fato dos antepassados judeus terem recebido este preceito com grande satisfação. Assim concederam força para as gerações futuras cumprirem este preceito em qualquer circunstância, sem levar em consideração as consequências que isso poderia ocasionar.
- Conforme consta nos versículos Gn 17,10-11: *"Esta é Minha Aliança que devereis observar, Aliança entre Mim e vós e tua descendência futura"* – o preceito da Circuncisão é o sinal do vínculo que existe entre o Povo de Israel e Deus.
- Por isso os sábios de Israel, de modo tão firme, disseram em outro livro chamado *Pirkê Avot (Os Ditos dos Pais -3,11): Aquele que não tiver feito Circuncisão, não terá quinhão no mundo futuro.*
- Cumprindo esse preceito da Circuncisão, atrai-se bênçãos elevadas e infinitas sobre a criança.
- A contar da Data do Nascimento de Jesus, o Natal, 25 de Dezembro, comemora-se no Oitavo dia, 1° de Janeiro, o dia da Circuncisão do Menino Jesus, o Dia Mundial da Paz.

4 – Vayerá – Seleções de Midrash a partir do texto bíblico: Gn 18,1 – 22,24

Deus aparece para Abraão e lhe envia três Anjos

Sabe o que Abraão costumava fazer todos os dias na hora do almoço?

Sentava-se à entrada de sua tenda e ali aguardava. Abraão pensava: "Se ao menos um viajante passasse... Queria convidá-lo para uma refeição"!

O maior prazer de Abraão na vida era oferecer uma refeição para alguém faminto; pois era bondoso para todos. Quando seus convidados terminavam de comer, Abraão ensinava-lhes a agradecer a Deus. Contava tudo sobre Deus, que criou o mundo e que cuida dele a cada instante.

Era o terceiro dia após a circuncisão de Abraão. Estava fraco, convalescendo e com dor. Apesar disso, antes da hora da refeição, sentou-se à frente de sua tenda, como de costume.

Era um dia extremamente quente, de modo que os caminhos estavam desertos. Abraão estava desapontado: "Parece que hoje não poderei alimentar ninguém," pensou tristemente.

Deus viu como Abraão estava infeliz. Deus disse: "Enviarei para Abraão três anjos, que terão a aparência de homens, para que possa convidá-los. Também hei de aparecer perante Abraão. Quero visitá-lo, porque está convalescendo da circuncisão".

Deus pessoalmente visitou Abraão para ensinar-nos como é importante visitar os doentes.

Uma história: A importância de visitar os doentes

Uma vez, um dos alunos de Rabi Akiva ficou gravemente doente. Todos os Sábios estavam ocupados, estudando e ensinando Torah. Nenhum deles teve tempo para visitar o doente.

Quando Rabi Akiva ficou sabendo que um de seus alunos estava de cama, doente e completamente sozinho, largou todo seu importante trabalho, seus estudos e aulas. "Vou visitá-lo", disse ele.

Quando entrou no quarto do doente, Rabi Akiva notou que o chão estava cheio de pó.

"Varram"! - ordenou aos alunos. Quando o quarto ficou limpo, o aluno doente se sentiu bem melhor, e agradeceu a Rabi Akiva.

A proprietária da casa viu que o famoso Rabi Akiva viera visitar o aluno que era seu inquilino. "Deve ser um discípulo importante"! - pensou.

Imediatamente, trouxe-lhe uma sopa nutritiva e começou a cuidar bem dele. Em pouco tempo, o aluno, que tinha estado à beira da morte, se recuperou.

"Agora vocês podem ver como é grande a preceito de visitar os doentes"! - ensinou Rabi Akiva aos seus alunos. "Em primeiro lugar, ao visitarmos uma pessoa doente, vemos o que ela necessita para poder ajudá-la. Mais ainda, um visitante que vê um homem doente e fraco deitado na cama, reza: 'Por favor, Deus, faça-o melhorar!' Desta maneira ajuda-o a ficar curado.

"Um visitante também anima a pessoa doente, e assim ela pára de pensar em suas dores e sofrimentos. De certa forma, o visitante leva embora uma parte da doença".

Abraão serve aos Anjos. Eles predizem que Sara terá um filho.

Quando Abraão notou três homens caminhando na estrada, encheu-se de alegria. Apesar de suas dores, levantou-se e correu ao seu encontro.

Abraão curvou-se perante eles. "Por favor, não passem sem entrar na minha tenda", implorou. "Pedirei para alguém trazer água, para que vocês possam lavar o pó de seus pés. Então, poderão comer um pouco de pão, agradecer a Deus, e continuar seu caminho". Os anjos concordaram. Um deles, Rafael, foi mandado por Deus para curar Abraão. Tão logo este anjo aproximou-se de Abraão, as dores que sentia por causa da circuncisão desapareceram! Abraão ordenou aos servos que trouxessem água.

"Depois de lavarem os pés", disse aos anjos, "venham descansar sob a minha árvore. A refeição logo ficará pronta".

Nossos Sábios explicam: A árvore maravilhosa de Abraão

Abraão tinha uma árvore especial. Ela testava todos os convidados. Se a pessoa que se sentava debaixo dela tivesse um coração puro, a árvore estendia seus ramos e proporcionava-lhe uma sombra deliciosa e refrescante.

Mas a árvore não estendia os ramos sobre uma pessoa perversa, cujo coração estivesse profundamente ligado à idolatria. Abraão convidava todos seus hóspedes a sentar-se sob a árvore. Se a árvore desse sombra ao convidado, Abraão sabia que era uma boa pessoa. Então conversava com ele durante muitas horas, e não o deixava sair da tenda antes de convencê-lo a servir a Deus.

Abraão serve seus convidados

Abraão correu para dentro da tenda e informou alegremente à Sara, "Chegaram visitas! Rápido, asse pães para a refeição"! (De acordo com algumas opiniões de nossos Sábios, os anjos chegaram à casa de Abraão na véspera de Pêssach de manhã bem cedo, quando ainda era permitido assar pão. Existe uma opinião diferente, de que os anjos chegaram durante Pêssach, e Abraão ordenou a Sara para assar matsot, pão ázimo).

Enquanto isso, Abraão correu para matar três tenros bezerros. Dificilmente, os três visitantes iriam comer carne de três bezerros inteiros. Isso seria demais para eles! Mas Abraão não fazia economia quando se tratava de servir seus hóspedes.

Queria que cada convidado saboreasse a parte mais deliciosa do bezerro - a língua. Por isso, matou três animais, para poder servir a cada convidado uma língua inteira.

Abraão chamou seu filho Ismael. "Apresse-se para preparar a carne". Abraão não queria que as visitas esperassem demais pela refeição. Os três anjos receberam uma refeição deliciosa. Primeiro saborearam creme e leite, e mais tarde, foi servida a língua tenra com mostarda.

Um dos anjos prediz que Sara terá um filho

Quando os anjos terminaram a refeição, perguntaram a Abraão: "Onde está Sara"?

"Está na tenda", respondeu Abraão. Sara era uma mulher recatada. Não saía para se mostrar perante estranhos, mas permanecia dentro da tenda.

Um dos anjos anunciou: "Tenho uma mensagem para Sara. No próximo ano, nesta época, Sara terá um filho! Voltarei para celebrar com vocês a circuncisão de seu filho".

Sara ouviu a mensagem, de dentro da tenda. Não sabia que o homem que falava era um anjo; parecia um viajante comum. Ela riu consigo mesma. "Abraão e eu somos velhos," pensou. "Como ainda poderemos ter filhos?"

Deus ficou aborrecido por Sara ter rido. Deus falou para Abraão: "Existe algum milagre que seja difícil demais para Deus realizar? No próximo ano, em Pêssach, Sara terá um filho".

Os três anjos se levantaram. Um deles voltou para o céu, e os outros dois dirigiram-se a pé para a cidade de Sodoma.

A cidade de Sodoma

As Leis Cruéis de Sodoma

Deus disse: "Destruirei a cidade de Sodoma e suas cidades vizinhas – Gomorra, Admá, Zebolim. Estão cheias de pessoas perversas".

Os cidadãos de Sodoma e das outras cidades eram orgulhosos e egoístas. Suas leis cruéis demonstravam como eram perversos. Eis aqui algumas de suas leis:

- É proibido alimentar um pobre.
- Os moradores de Sodoma tinham outro costume mesquinho: Quando um pobre chegava a Sodoma, cada cidadão costumava dar-lhe uma moeda, na qual estava gravado o nome do dono. O pobre pegava as moedas com alegria, mas ninguém lhe vendia comida por estas moedas. Assim, o pobre homem morria de fome. Então todos recuperavam suas moedas de volta. Esta era a única "caridade" permitida pelas leis de Sodoma.
- Ninguém pode convidar um desconhecido para sua casa.
- Qualquer desconhecido que passe por Sodoma será maltratado e roubado.

Os habitantes de Sodoma viviam felizes com essas leis horríveis! "Queremos cuidar do nosso dinheiro. Se nós convidarmos hóspedes ou dermos de comer aos pobres, perderemos nosso dinheiro", diziam.

Certa vez, duas moças de Sodoma foram ao poço tirar água.

"Porque você está tão pálida?" - perguntou uma para a outra. A outra sussurrou bem baixo, para que ninguém mais pudesse ouvir: "Não temos comida em casa! Vamos todos morrer".

Quando a amiga ouviu isso, ficou com pena. Correu para casa e encheu um jarro com farinha. Trocaram os jarros, assim uma recebeu o jarro com farinha e a outra levou para casa um jarro com água.

Mas alguém as observou. Informou aos juízes de Sodoma sobre a ação bondosa da moça. E o que fizeram esses juízes? Mataram a moça piedosa, por haver violado as "leis de Sodoma".

O povo de Sodoma costumava roubar seus próprios ricos, da seguinte maneira: levavam o rico para a parede de um pardieiro. Todos se juntavam e derrubavam a parede sobre ele, deste modo ele ficava soterrado sobre os escombros e morria. Depois, dividiam o dinheiro entre si.

Se um homem batia em outro e o fazia sangrar, o juiz decidia que a pessoa ferida devia pagar honorários médicos ao atacante, por prestar o serviço chamado "sangria" que os médicos costumavam executar.

Abraão Reza por Sodoma

Deus disse a Abraão: "As almas das pobres pessoas que morreram de fome em Sodoma e das pessoas que foram roubadas clamam por mim para que Eu castigue esta cidade de malvados. Descerei junto com meus anjos para ver se o povo de Sodoma merece ou não ser destruído".

Abraão tinha pena de todas as pessoas. Tinha esperanças de poder salvar até mesmo esses perversos.

Rezou, "Deus, o Senhor é o Juiz do mundo inteiro. Se destruir o povo de Sodoma, todos se alegarão: 'Deus é um Deus que mata as pessoas'. Por favor não seja rigoroso no Seu julgamento! Certamente também há pessoas boas em Sodoma. Pretende destruí-las junto com os perversos?"!

Deus respondeu: "Todos os habitantes de Sodoma e das outras quatro cidades são perversos".

Abraão implorou: "Talvez haja apenas cinqüenta justos entre eles. Não poderias, Deus, perdoar todo o povo de Sodoma, por causa da retidão dos cinqüenta bons que vivem lá?"

Deus respondeu: "Se lá houvesse cinqüenta justos, salvaria todo povo de Sodoma e das outras quatro cidades, em consideração a eles, mas não há"!

Abraão voltou a suplicar: "Mas talvez haja quarenta e cinco pessoas boas! Não seriam elas suficientes para salvar todas?"

Deus respondeu: "Sim, mas também não há quarenta e cinco pessoas justas"!

Abraão exclamou: "Então talvez haja quarenta justos"!

Deus respondeu: "Não há sequer nem quarenta pessoas boas em Sodoma e nas outras cidades"!

Abraão não desistiu. Continuou rezando para que Deus salvasse as cidades perversas por causa de alguns justos que viviam ali. Finalmente, ouviu de Deus que não havia nem mesmo dez pessoas boas em Sodoma e suas cidades vizinhas. Abraão então parou de rezar, porque compreendeu que "Deus é um Juiz justo". Está destruindo cidades porque todos seus cidadãos são perversos.

Os anjos que Deus enviou para destruir Sodoma e salvar Ló estavam aguardando, para ouvir se Abraão seria ou não capaz de salvar Sodoma com suas orações. Quando Abraão parou de tentar, prosseguiram viagem, para destruir as cidades depravadas.

Ló convida os Anjos para sua casa

Os dois anjos chegaram a Sodoma ao anoitecer. Tinham aparência de homens.

Ló reparou neles na rua, e pediu, "Venham passar a noite em minha casa! Mas cheguem secretamente, por um desvio, porque se as pessoas daqui descobrirem que tenho hóspedes, me matarão. Não passem a noite na rua"!

"Deixe-nos ficar na rua," responderam os anjos. "É muito perigoso para você nos convidar para entrar"!

Mas Ló insistiu. Aprendera com Abraão a ser hospitaleiro. Finalmente, os anjos concordaram em ir para sua casa.

Ló assou pães para seus convidados. Depois, disse à sua mulher: "Por favor, dê sal aos nossos convidados para que temperem a comida".

A mulher de Ló estava muito zangada por seu marido ter trazido convidados à sua casa. Pensou: "Basta que lhes dê comida, não precisam de sal para deixá-la saborosa. Podem muito bem passar sem sal"!

A mulher de Ló queria que suas vizinhas soubessem que Ló havia convidado pessoas, mas tinha medo de seu marido. Então, usou o sal como desculpa. Disse para Ló, "Vou pedir sal emprestado"!

Foi de uma vizinha a outra dizendo: "Temos hóspedes. Você nos emprestaria um pouco de sal para pôr em sua comida?"

Isso era justamente o que o povo de Sodoma precisava ouvir! Todos correram para a casa de Ló, e cercaram-na por todos os lados.

"Entregue-nos seus hóspedes, Ló"! - gritavam eles. "Queremos fazer com eles o que fazemos com todos os forasteiros"!

Ló apareceu na porta da casa. "Por favor, meus irmãos," implorou para as pessoas: "Não façam mal a meus hóspedes! Em vez disso, vou lhes dar as minhas duas filhas solteiras"!

"Não, queremos seus hóspedes"! - responderam os moradores de Sodoma.

"Se não os entregar para nós, arrombaremos a porta e entraremos à força"!

Os anjos fizeram Ló entrar na casa e fecharam a porta. Então, castigaram todas pessoas ao redor da casa com cegueira. De repente, o povo de Sodoma não conseguia mais achar a porta. Ainda assim, não desistiram de sua busca. Eram tão perversos que continuaram procurando a porta, mesmo cegos! Não desistiram até que caíram de cansaço.

Deus destrói Sodoma

Os anjos revelaram a Ló: "Em breve, Deus vai destruir esta cidade perversa! Pegue sua família e fuja"!

Ló começou a juntar seu dinheiro e seus bens para levá-los consigo. Os anjos o avisaram: "Não há tempo para isso! Se demorar, também morrerá"!

Mas Ló não queria deixar seus haveres para trás. Quando os anjos viram que ele estava se demorando, pegaram-no, com a mulher e as duas filhas solteiras pela mão, e os levaram às pressas para fora da cidade.

Os anjos advertiram: "Não parem! Continuem andando, e jamais olhem para trás"!

Porque não era permitido a Ló e sua família olhar para trás? Ló não era tão justo que merecesse ser salvo. Deus o salvou, e à sua família, somente pelo mérito de Abraão. Como Ló e sua família mereciam ser castigados, não lhes era permitido ver o castigo dos outros.

Logo que Ló e sua família estavam fora da cidade, começou a cair uma chuva do céu. Quando esta alcançou Sodoma e as cidades vizinhas, transformou-se em piche e fogo. O fogo destruiu tudo. Ninguém conseguiu escapar. Quando as pessoas começavam a correr, seus pés ficavam atolados no piche.

A mulher de Ló tinha curiosidade para ver o que tinha acontecido com sua casa e voltou-se para trás. Imediatamente, transformou-se numa estátua de sal. Podemos adivinhar porque Deus a transformou em sal? Esse foi o castigo que ela mereceu por sua maldade, quando fingiu pedir emprestado sal para seus hóspedes.

No sul da Terra de Israel, ainda podemos ver a região onde Sodoma foi destruída. Lá não há nenhuma vegetação. A água do Mar Morto é tão cheia de sal que não se pode afundar nela. Os Sábios de Israel estabeleceram bênçãos especiais que se diz quando se vê o pilar de sal em que era a mulher de Ló foi transformada.

Ló e suas filhas

O anjo disse a Ló: "Fuja para a montanha onde vive Abraão". Mas Ló temia voltar à vizinhança de Abraão, pensando: "Quando vivia entre o devasso povo de Sodoma, Deus comparou-me a este, julgando-me relativamente justo, e por isso salvou-me. Porém se mudar-me para as vizinhanças de Abraão, o justo, serei considerado perverso, se comparado a ele".

Sendo assim, Ló rogou a Deus para que poupasse a cidade de Segor, a fim de que pudesse para lá escapar. "Segor tem menos pecados que Sodoma," argumentou, "uma vez que foi povoada mais recentemente". Deus concedeu-lhe o pedido e, em sua consideração, não destruiu a cidade de Segor. Ló foi assim recompensado por ter-se desviado de seu caminho para convidar os anjos, e por ter se colocado em perigo por causa dos anjos. Em troca, agora Deus o favoreceu, salvando Segor.

O anjo ordenou a Ló: "Apresse-se e fuja para Segor, pois não posso destruir Sodoma antes que você chegue lá"! Ló e suas filhas apressaram-se para

Segor, porém não permaneceram. Ló temia estabelecer-se naquela cidade, porque ficava muito perto de Sodoma. Em vez disso, mudou-se com as filhas para uma caverna nas montanhas, desconsiderando, assim, as palavras do anjo que lhe ordenou refugiar-se em Segor. Como conseqüência, sucedeu-se a vergonhosa história dos eventos ocorridos na caverna.

Duas grandes mulheres estavam destinadas a descender das filhas de Ló: Rute, a mulher moabita que viria a ser a ancestral da dinastia de David e, em última análise, do Messias; e Naama, a mulher amonita que se casaria com o rei Salomão, e tornar-se-ia mãe do rei Roboão.

As filhas de Ló puderam sobreviver à aniquilação em consideração às duas preciosas almas - Rut e Naamá - que mais tarde delas viriam nascer.

Ambas as filhas de Ló eram justas e virtuosas, e aprenderam a amar a Deus na casa de Abraão.

Após testemunharem a destruição de quatro grandes cidades, e a terra engolir todos os habitantes de Segor (apesar de não ter sido destruída, como Sodoma), as filhas de Ló ficaram com a impressão de que um segundo Dilúvio havia varrido a terra, deixando-as como únicas sobreviventes.

"Nosso pai está velho," disse a irmã mais velha para a mais nova, "e poderá morrer. A não ser que um filho varão lhe nasça em breve, a raça humana perecerá! As filhas de Ló agiram por amor ao Céu. Encontraram vinho na caverna, o qual Deus preparara especialmente para essa finalidade, pois queria que ambas as nações, Amon e Moab, viessem a existir.

Permitiram que o pai se embriagasse, e seduziram-no. A primeira deu o exemplo, e a mais jovem seguiu-o.

Ao contrário das filhas, Ló sabia, através dos anjos, que a destruição afetaria apenas determinado número de cidades, e não o mundo inteiro. Mais ainda, apesar de estar embriagado e não ter consciência do que fazia na primeira noite, pela manhã percebeu, e soube o que acontecera. Não obstante, permitiu-se embriagar-se novamente, sabendo perfeitamente quais seriam as conseqüências. Ambas engravidaram e deram à luz filhos varões.

A mais velha era tão desavergonhada e impudente que deu ao filho um nome que indica claramente sua ignominiosa paternidade. O nome Moab vem de "Me'av", "do pai". A mais nova, contudo, deu a seu filho o nome de Amon, que significa "filho de meu povo", desta forma, ocultando pudicamente seu pai.

Foi recompensada na época de Moisés, quando Deus ordenou que o povo judeu não incitasse guerra contra Amon

Abimeleque, o Rei dos filisteus leva Sara para seu Palácio

Depois que Sodoma foi destruída, Abraão decidiu sair daquela vizinhança. Pensou: "Ali não vai mais haver viajantes a quem eu possa oferecer refeições em minha tenda, e a quem eu possa transmitir ensinamentos".

Abraão e Sara viajaram para a terra dos filisteus. Apesar dos filisteus não serem tão maus como os egípcios, Abraão preveniu Sara: "É melhor dizer a todos que somos irmãos".

O rei Abimeleque ouviu falar de Sara. Ordenou aos soldados que a trouxessem ao seu palácio.

Sara rezou à Deus para enviar um anjo para protegê-la. Deus mandou uma praga para o rei Abimeleque e sua família.

Naquela noite, Deus apareceu em sonho ao rei Abimeleque, e o advertiu "Hei de puni-lo com morte, porque trouxeste Sara para o seu palácio. Ela é uma mulher casada"!

Abimeleque defendeu-se: "O que fiz de errado? Sou um justo. Tanto, Abraão como Sara disseram-me que são irmãos. Se me castigar com a morte, Abraão também merece morrer! A culpa é dele".

Deus repreendeu Abimeleque: "É verdade que não sabias que Sara era casada. Porém, não tinha o direito de trazê-la à força para o palácio. Isso foi um sequestro e mereces a morte por isso. Devolve-a para o marido, do contrário morrerás"!

O rei Abimeleque retornou Sara para Abraão. Perguntou: "Não sabias que somos pessoas boas e bem educadas? Por que, em vez de contar-me a verdade, fingiste que Sara era sua irmã?"

Abraão respondeu: "Pode ser que seus cidadãos agem como pessoas boas, mas vi que eles não têm temor a Deus. Pessoas que não temem a Deus são capazes de matar para tomar minha mulher".

O rei Abimeleque deu presentes caros a Abraão para apaziguá-lo.

Abraão rezou a Deus: "Cure Abimeleque e sua família da praga". Deus aceitou a oração de Abraão e curou Abimeleque.

Abraão é Hospitaleiro com Todos

Abraão mudou-se para Beer Shêva, ao sul da Terra de Israel.

Lá plantou um lindo pomar, repleto de frutas deliciosas como figos, uvas e romãs.

Quando os viajantes passavam, Abraão os convidava para sentarem-se. Perguntava-lhes: "O que você gostaria de comer?" Cada viajante pedia a comida que desejava. Abraão servia a cada hóspede, mas não cobrava nada pela comida e ou serviço que prestava.

Na época de chuva, Abraão oferecia alojamento, onde passantes podiam ficar sem pagar.

Quando um indivíduo havia comido e bebido, Abraão dizia, "Agora, recite uma bênção de agradecimento"!

"O que devo dizer?" - perguntava o convidado. Abraão ensinava: "Diga: 'Abençoado seja Deus, Rei do universo, cuja comida comemos'"!

Desta maneira, Abraão fez o Nome de Deus conhecido no mundo todo.

Milhares e milhares de pessoas começaram a acreditar em Deus e rezar para Ele.

O nascimento de Isaac

Sara deu a luz a um menino na Páscoa, um ano depois que os anjos visitaram a tenda de Abraão. Sara tinha noventa anos e Abraão cem anos quando seu filho veio ao mundo. Era um grande milagre que eles tivessem um filho na velhice.

Abraão e Sara disseram: "Todas as pessoas que ouvirem que tivemos um filho se alegrarão". Deram o nome de Isaac ao recém-nascido.

Quando Isaac completou oito dias, Abraão lhe fez a milá (circuncisão).

Sara amamentou Isaac até os dois anos de idade. Quando o desmamou, Abraão deu uma festa.

Algumas pessoas diziam: "Abraão e Sara nunca tiveram um bebê. São velhos demais. Devem ter levado um bebê estranho para casa e contado a todos que era seu próprio filho"!

Por isso, Abraão instruiu Sara: "Amamente os bebês de todas as mulheres que vierem para a festa! Assim verão que Deus transformou você numa jovem mulher e Isaac é nosso verdadeiro filho"!

Sara amamentou todos os bebês que foram levados a ela. Agora, todos acreditaram que Deus realizara um maravilhoso milagre para Abraão e Sara.

Abraão manda embora Ismael e Hagar

O pequeno Isaac cresceu junto com seu meio-irmão mais velho, Ismael, filho de Hagar.

Isaac prestava atenção a tudo que Abraão lhe ensinava. Mas Ismael zombava do que Abraão lhe ensinava. Trazia ídolos para casa e os cultuava. Abraão não percebeu isso, mas Sara sim.

Um dia Sara observou uma briga entre Ismael e Isaac. Ismael se vangloriou: "Sou o primogênito. Terei uma porção dobrada dos bens de Abraão". Isaac respondeu: "Mas, eu é que sou o filho de Sara. Mereço herdar tudo o que Abraão possui".

Ismael e Isaac correram juntos para o campo. Ismael sacou seu arco e flecha e disparou contra Isaac.

Quando Sara o repreendeu, retrucou: "Estava apenas brincando".

Sara falou a Abraão: "Não é bom que Isaac e Ismael permaneçam juntos. Ismael não se comporta como seu filho, mas como filho de uma mulher egípcia! Sua mãe, Hagar, deve ter-lhe ensinado a cultuar ídolos. Mande Ismael embora junto com ela"!

Abraão ficou muito perturbado. Quem tomaria conta de Ismael longe de casa? Talvez Ismael ficasse até pior, longe de sua influência.

Mas Deus disse a Abraão: "Sara tem razão. Ouça tudo o que ela lhe diz. Mande Hagar e Ismael embora. Somente Isaac se tornará o patriarca de uma nação sagrada, não Ismael. Não se preocupe com ele; Eu o protegerei mesmo estando longe de sua casa".

Na manhã seguinte, bem cedo, Abraão fez como Deus havia lhe ordenado. Deu pão e um frasco de água para Hagar e pôs Ismael sobre seus ombros, porque Ismael estava com febre. Abraão os mandou embora.

Hagar e Ismael vagaram pelo deserto. A febre queimava em Ismael e este tinha tanta sede que logo bebeu toda a água que a mãe havia levado.

Hagar tinha medo de que seu filho morresse de sede, porque não sobrara água no frasco.

Colocou-o sob um dos arbustos que cresciam no deserto, depois afastou-se e começou a chorar.

Hagar rezou a Deus e assim também o fez o doente Ismael. Deus aceitou a oração do menino doente. Um anjo falou do céu: "Hagar, não temas! Deus está protegendo teu filho. Ele viverá e se tornará o pai de uma grande nação"!

De repente, Hagar viu um poço com água, no meio do deserto. Havia aparecido milagrosamente. Beberam de sua água e Hagar encheu o frasco.

Hagar e Ismael estabeleceram-se no deserto de Paran. Ismael tornou-se arqueiro.

Abraão está pronto para sacrificar seu filho no Monte de Moriá

Deus chamou: "Abraão, Abraão"!

"Estou disposto a fazer qualquer coisa que me peças," respondeu Abraão.

"Pegue seu filho Isaac," disse Deus, "e vá para a terra de Moriá. Lá deverás ofertá-lo como sacrifício numa das montanhas que eu lhe mostrarei"!

Podemos imaginar como Abraão deve ter ficado chocado!

Todo pai ama seu filho. Abraão sentia um carinho especial por Isaac, porque havia esperado por um filho até a idade de cem anos. E não tinha outro filho para tomar o lugar de Isaac.

Abraão também se lembrou da promessa de Deus que Isaac teria tantos descendentes quanto as estrelas do céu. Agora essa promessa não se cumpriria.

Mas Abraão não fez perguntas a Deus. Pensou: "Qualquer coisa que Deus me pede farei sem questionar".

Abraão não sabia como contar para Sara que Deus queria que Isaac fosse sacrificado. Ela ficaria tão triste, partiria o seu coração.

Portanto, disse a Sara: "Nosso filho cresceu. É tempo de ele estudar Torah. Amanhã vou levá-lo para a Yeshivá (Casa de Estudo da Torah) de Sem".

"Faça como você diz," respondeu Sara. "Mas, por favor, não o deixe lá por muito tempo, pois não posso aguentar a separação. Cuide bem dele no caminho".

Sara preparou bonitas roupas para Isaac utilizando os trajes que o Rei Abimeleque lhe havia dado. Ela também preparou provisões para a viagem.

Pela manhã bem cedo, Abraão selou pessoalmente seu burro. Ordenou ao filho Ismael, que estava então de visita na casa de Abraão, e ao seu servo Eliêzer, que os acompanhassem.

Abraão rachou lenha (para tê-la pronta para o sacrifício) e colocou-a sobre o burro. Chamou Isaac, e partiram juntos.

Durante a jornada, Satã, o anjo que tenta persuadir as pessoas a não obedecer a Deus, apareceu a Abraão e Isaac.

Primeiro Satã se apresentou a Abraão como um homem velho. Falou um pouco com Abraão, até que este lhe contou aonde estava indo, e por quê.

Depois, perguntou, "Você não está sendo tolo por ir matar um filho que nasceu em sua velhice? Não é possível que Deus lhe tenha ordenado fazer isso. Ele não lhe daria uma ordem tão cruel"!

Mas Abraão compreendeu que essas eram idéias e argumentos de Satã.

"Deixe-me em paz"! - gritou, e o anjo desapareceu.

Satã então apareceu a Isaac como um rapaz jovem e bonito.

"Você sabe para onde seu velho e tolo pai o está levando?" - perguntou.
"Para o sacrifício! Morrerás jovem"!
"Pai"! - Isaac chamou Abraão. "Você ouviu o que esse rapaz estava me dizendo?"
"Tome cuidado com ele", Abraão preveniu a Isaac. "Não lhe dê ouvidos! Satã, o anjo do mal, que quer que desobedeçamos o preceito de Deus"! Abraão gritou de novo com Satã, e este se foi.

Satã tentou de outro modo. Transformou-se num grande rio, bloqueando o caminho. Abraão e Isaac avançaram rio adentro até que a água alcançou seus pescoços e aí ficaram com medo.

Então Abraão compreendeu que tudo aquilo era um teste para eles. "Aqui nunca houve rio algum," disse para Isaac. "Isso é obra de Satã".

"Deus, tire Satã de nosso caminho", implorou Abraão. "Estamos tentando cumprir a Sua ordem". Satã foi embora e o rio voltou a ser terra seca.

Depois de caminhar por três dias Abraão avistou a montanha sobre a qual a nuvem da Shechiná (Presença da Divindade) pairava, e assim soube para qual montanha dirigir-se com o seu filho.

Abraão disse a Ismael e Eliêzer: "Fiquem aqui aos pés da montanha. Eu e Isaac subiremos, prostrar-nos-emos perante Deus e voltaremos para onde vocês estão".

Abraão, sem saber, havia dito a verdade! Tanto ele como Isaac realmente voltariam da montanha!

Abraão pôs a lenha da fogueira nos ombros de Isaac, e juntos subiram a montanha.

Isaac perguntou-se. Havia uma faca e fogo, mas nenhum animal para o sacrifício! Havia suspeitado da verdade antes, mas agora tinha quase certeza.

"Pai," perguntou Isaac, tremendo, "vejo o fogo e a madeira, mas onde está o animal para o sacrifício?"

"Já que você me pergunta", respondeu Abraão, "vou lhe contar. Deus escolheu você para o sacrifício, meu filho". "Eu vou me deixar sacrificar de bom grado," disse Isaac sem hesitar. "Mas me dói pensar no sofrimento da minha mãe quando souber de minha morte".

Quando chegaram ao local assinalado, Abraão construiu um altar e dispôs a madeira sobre ele. Depois Abraão colocou Isaac sobre o altar por cima da madeira.

Isaac pediu a ele para amarrar suas mãos e pés firmes para não empurrar ou chutar e com isso, estragar o sacrifício. Lágrimas escorreram dos olhos de

Abraão, enquanto estendia sua mão empunhando a faca para matar seu filho. Mas em seu coração estava feliz por obedecer a Deus.

No céu, Deus ordenou ao anjo Miguel: "Rápido, diga para Abraão parar"! "Abraão, Abraão," chamou o anjo Miguel. "Não mate seu filho"!

Abraão sentiu um súbito desapontamento. "Vim até aqui, ergui o altar e preparei o sacrifício, tudo em vão?" - perguntou ele. "Permita-me fazer um pequeno corte nele com minha faca, para mostrar que estava disposto a sacrificá-lo". "Não o machuque"! - ordenou o anjo.

Abraão rezou a Deus: "Por que então me ordenaste oferecer meu filho em sacrifício?" Deus respondeu, "Somente ordenei, 'leve-o para o monte de Moriá', porque queria comprovar se você me obedeceria. Passaste no teste. Mostrei a todos povos do mundo que justo você é"!

Abraão sentiu um vazio. Viera especialmente para oferecer um sacrifício; e de repente, não tinha nenhum para ofertar a Deus.

Então, Deus fez aparecer um carneiro, a uma pequena distância de Abraão. Seus chifres estavam enredados nos arbustos. Abraão o pegou e o sacrificou sobre o altar. Ele suplicou a Deus: "Por favor, Deus, aceite este sacrifício como se tivesse sacrificado meu filho"!

Abraão profetizou: "Sobre esta montanha, onde atei Isaac, um dia será construído o Templo Sagrado. Aqui a Shechiná será revelada ao povo judeu. Como eu estava disposto a sacrificar Isaac, Deus aceitará as orações e sacrifícios do Povo de Israel". Deus sempre recorda o grande mérito do sacrifício de Isaac.

É quase inacreditável que um homem que teve um filho único em sua velhice, e a quem Deus muitas vezes prometera que teria muitos descendentes deste filho, estivesse disposto a sacrificá-lo para Deus, sem queixas ou perguntas.

Especialmente em Rosh Hashaná (Ano Novo Judaico), o dia em que Deus julga o povo judeu, existe uma oração que diz:

"Deus, por causa do sacrifício de Isaac, julgue todos os judeus com misericórdia. Assim como Abraão atou seu filho ao altar e subjugou a sua piedade para cumprir Tua vontade, assim Deus, sê misericordioso para conosco mesmo se nós O encolerizamos"!

Por que tocamos shofar, um chifre de carneiro, em Rosh Hashaná? Para que Deus tenha misericórdia de nós, pelo mérito de Abraão que estava disposto a sacrificar seu único filho.

Correspondência bíblica

Isaac:

Gn 17,17: Sara, esposa de Abraão, tinha noventa anos no nascimento do seu filho.

Gn 23,1: Sara morre na idade de cento e vinte e sete anos, após o episódio da Alkeda (ligadura, amarração) de Isaac.

Gn 21,4: "Abraão circuncidou o filho Isaac no oitavo dia, como Deus lhe havia ordenado".

Gn 35,28: "Isaac viveu cento e oitenta anos".

Gn 49,31: "Lá foram sepultados Abraão e sua mulher Sara, Isaac e sua mulher Rebeca e foi lá que sepultei Lia. (trata-se do campo com a gruta comprados dos heteus" - v.32)

Ex 2,4: "Deus ouviu os seus lamentos e lembrou-se da Aliança com Abraão, Isaac e Jacó".

Dt 30,20: "amando ao SENHOR teu Deus, obedecendo à sua Voz e apegando-te a Ele – pois Ele é tua vida e prolonga os teus dias -, a fim de que habites na terra que o SENHOR jurou dar a teus pais, Abraão, Isaac e Jacó"

Dn 3,5: "Não retires de nós o teu amor, por causa de Abraão, o teu querido, por causa de Isaac, o teu servo, por causa de Israel, o teu escolhido".

Mt 1,2: "Abraão gerou Isaac, Isaac gerou Jacó, Jacó gerou Judá e seus irmãos".

Mt 8,11: "Ora, eu vos digo: muitos virão do oriente e do ocidente e tomarão lugar à mesa no Reino dos Céus, junto com Abraão, Isaac e Jacó".

Mc 12,26: Quanto à ressurreição dos mortos, não lestes, no livro de Moisés, na passagem da sarça ardente, como Deus lhe falou: 'Eu Sou o Deus de Abraão, o Deus de Isaac e o Deus de Jacó'"!

Lc 3, 34: "filho de Jacó, filho de Isaac, filho de Abraão, filho de Taré, filho de Nacor".

At 7,8: "Deu-lhe então a Aliança assinalada pela circuncisão. Assim nasceu Isaac, ao qual circuncidou oito dias depois do nascimento; e assim fez Isaac com Jacó, e Jacó com os doze patriarcas".

Rm 9,7: "nem é por serem descendentes de Abraão que todos são seus filhos; mas é em Isaac que terá começo a tua descendência".

Gl 4,28: "E vós, irmãos, como Isaac, sois filhos da promessa".

Hb 11, 17: "Pela fé, Abraão, posto à prova, ofereceu Isaac em sacrifício; ele, o depositário da promessa, sacrificava o seu filho único".

Tg 2,21: "Se o nosso pai Abraão foi declarado justo, será que não foi por causa de suas ações, a ponto de oferecer seu filho Isaac sobre o altar?"

Oito dias depois do Natal (25 de dezembro) dá-se a Berit Milá ao Menino, quando lhe é dado o nome de Jesus – 1º de Janeiro – Dia da Circuncisão do Menino Jesus – Dia mundial da Paz. Shalom!

05 – Gn 23,1 – 25,18: CHAYÊ SARA - חיי שרה
1Rs 1,1 – 31

- Os valores espirituais são eternos.
- A Torah descreve a morte de Sara, esposa de Abraão com 127 anos, em apenas dois versículos.
- O sepultamento, entretanto, está descrito em detalhes, desde o episódio da transação do terreno entre Abraão e os heteus, o povo que vendeu o terreno da sepultura a Abraão, até o valor pago por Abraão a Efron.
- A partir disso podemos ver a importância que a Torah dá para o sepultamento. O mesmo ocorre adiantem quando Jacó insiste com o seu filho José que o enterre junto ao seu pai (Isaac) e ao seu avô (Abraão).
- Esta preocupação existe para nos mostrar a importância da alma e sua eternidade, pois o principal em uma pessoa é o seu espírito. Aprendemos também a real importância da alma quando Abraão lamentou a morte de Sara e chorou por ela,
- Sobre isso a Torah escreve: "E veio Abraão para lamentar a morte de Sara e chorar por ela". Neste versículo, a letra *caf* da palavra *livcotá* está escrita na Torah com letra menor הִתְכַבְלוֹ. O motivo disso é para nos ensinar que o choro de Abraão não foi demasiado, pois Sara já estava com idade avançada.
- Então qual a importância se Abraão chorou mais ou menos? Para nos ensinar que apenas ocorreu a morte do corpo, que é efêmero, mas não da alma – que é eterna. Caso Sara tivesse morrido jovem, talvez ainda não tivesse terminado sua missão aqui na Terra. Seria justificada, então uma lamentação maior.
- Porém como Sara era uma mulher justa e teve vida longa, com certeza já tinha cumprido todos os deveres predeterminados para sua alma (que eram o motivo de ela ter sido enviada para este mundo) e não se justificava uma lamentação maior.
- O mesmo aprendemos quando Raquel, a querida esposa de Jacó, morreu e foi sepultada em Belém, no caminho de Hebron. Jacó não chorou por sua morte em si, mas por algo de maior importância. O verdadeiro

motivo da tristeza de Jacó foi por ela não ter sido enterrada junto a ele na Capela de Machpelá. Nesse lugar estavam sepultados Adão e Eva, Abraão e Sara, Isaac e Rebeca e seriam enterrados no futuro Jacó e Lea.
- O ser humano é composto de corpo e alma, o corpo é efêmero, mas a alma é eterna, pois ela pertence aos mundos elevados. A alma é enviada para este mundo como auxílio ao corpo, para que este possa estudar a Torah e cumprir seus preceitos (mitsvot). Quando o ser humano aprimora e desenvolve sua alma, está preparando-a para a eternidade.
- A finalidade, portanto da criação do ser humano não é para este mundo, mas para o mundo futuro. Nossa situação neste mundo é apenas um meio para a situação do mundo futuro.
- Como disseram os sábios de Israel no *Pirkê Avot:* - Este mundo é apenas um corredor perante o mundo vindouro, *prepara-te no corredor para adentrar no palácio.*
- Depois de descrever os acontecimentos relacionados com a morte de Sara, a Torah nos conta que Abraão pediu ao seu servo de confiança, Eliezer, que fosse buscar uma mulher da casa de sua família, para casar-se com seu filho Isaac.
- Abraão achava que as mulheres locais de Canaã não eram adequadas para o seu filho Isaac, uma vez que a partir dele sairia sua descendência (Jacó e seus 12 filhos) que originaria o Povo de Israel.
- E todo o capítulo 24 do Genesis nos mostra essa narração. Dois detalhes merecem nossa atenção: "Talvez não queira a mulher seguir-me para esta terra" (Gn 24,5). Eliezer tinha uma filha jovem e pensou que esta talvez pudesse ser a esperada esposa para Isaac. Ele não estava sendo imparcial em suas palavras. Eliezer só percebeu que estava sendo parcial com Abraão, depois que viu quem era a mulher destinada a Isaac e como o Todo-Poderoso tinha conduzido os acontecimentos de forma que ele chegasse à mulher escolhida.

5 – Chayê Sara – Seleções de Midrash a partir de Gn 23,1 – 25,18

A Morte de Sara

Depois da Akedá (sacrifício de Isaac), Abraão voltou para sua tenda em Beer Shêva, mas não encontrou lá sua esposa Sara.

"Onde está Sara?" - perguntou aos seus servos. Estes o informaram: "Sara viajou para Hebron".

Abraão foi em busca dela. Quando chegou a Hebron, ficou sabendo da triste notícia: sua mulher havia falecido.

O Midrash Explica: Como Sara Faleceu

O anjo mau, Satã, apareceu perante Sara depois que Abraão havia partido rumo ao monte Moriá junto com Isaac, para oferecê-lo como sacrifício.

Satã tinha o aspecto de um homem comum. Suas roupas estavam empoeiradas como as de um viajante que anda pelas estradas. Contou a Sara:

"Encontrei-me com seu marido, Abraão, e não imagina o que estava fazendo. Construiu um altar e pôs seu filho Isaac sobre ele. Isaac chorava implorando por piedade, mas Abraão se recusou a atender às comoventes súplicas de Isaac. Amarrou as mãos e os pés do filho e o matou".

Sara começou a chorar. Pôs cinzas sobre a cabeça. "Meu filho Isaac!" - exclamou ela. "Quem dera tivesse morrido em seu lugar. Mas sinto-me reconfortada e consolada porque sei que foi cumprida a palavra de Deus. Deus é justo em tudo que faz. Mesmo que meus olhos derramem lágrimas, meu coração está feliz por Abraão ter obedecido à ordem de Deus".

Sara desmaiou de emoção, mas logo depois se sentiu melhor. Disse às servas:

"Viajarei a Hebron para descobrir alguma coisa mais sobre o que ocorreu com Isaac!"

No caminho, Sara perguntava a todos que encontrava:

"Vocês viram Abraão e Isaac?" Mas ninguém soube lhe dizer nada.

Quando Sara chegou a Hebron, Satã voltou a apareceu-lhe outra vez. Disse-lhe: "Antes, menti a você. A verdade é que, apesar de Abraão ter amarrado seu filho Isaac sobre o altar, não o matou no final".

Sara sentiu-se dominada por tanta felicidade com esta notícia maravilhosa que não pôde suportá-la. O coração parou de bater e ela morreu.

Abraão guarda luto por Sara

Sara tinha cento e vinte e sete anos quando morreu. Viveu cada um de seus anos com integridade, aceitando todos os decretos de Deus com alegria. Mesmo aos cem anos de idade, era livre de pecados como alguém de vinte anos (que pode ser considerado livre de pecados porque com esta idade ainda não está sujeito à punição celeste).

Abraão lamentou muito sua morte. Com profundo pesar, exclamou: "Todos devem chorar a morte desta grande mulher justa, porque Deus abençoou todas as pessoas por seu mérito".

Sara serviu a Deus durante toda sua vida. Constantemente preparava comida para hóspedes e também os ensinava a crer em Deus.

Durante toda sua vida, a nuvem da Shechiná (Presença Divina) pairava sempre sobre sua tenda. Deus abençoava sua massa de modo que sempre tinha pão em abundância; as velas que acendia na véspera do Shabat permaneciam acesas até a véspera do Shabat seguinte. Agora que ela não está mais aqui, tudo isto cessou.

Sara foi a primeira das quatro matriarcas, fundadoras da nação judaica. Foi uma das sete profetisas conhecidas.

As sete profetisas foram:

Sara; Miriam (irmã de Moisés); Débora (a juíza); Ana (mãe do profeta Samuel); Abigail (esposa do rei David); Hulda (que profetizava para as mulheres na época em que Jeremias profetizava para os homens); a Rainha Ester.

Sara era tão grande que Deus falava diretamente com ela; enquanto que com outras profetisas Ele falou apenas através de mensageiros. Ela foi uma justa de tal envergadura que até os anjos estavam sob seu comando. Quando ordenou ao anjo: "Golpeie", este afligiu o Faraó e toda sua casa com pragas.

Quando o rei Salomão compôs a canção Êshet Cháyil (sobre a mulher virtuosa), fez isso em honra a Sara (cf. Pr 31). Todos os versos da canção, do primeiro ao último, referem-se a ela, uma vez que cumpriu toda a Torah, do começo ao fim.

Abraão compra a gruta de Machpelá

Abraão conhecia o local onde desejava sepultar Sara. Havia uma gruta, perto de Hebron, onde Adão e Eva estavam enterrados. Era um lugar sagrado, chamado "Gruta de Machpelá".

Abraão se propôs a comprar a gruta de seu proprietário, que se chamava Efron. Primeiro, porém, queria pedir permissão à tribo de Efron, os heteus:

"Por favor, deixe-me comprar um pedaço da propriedade para uma sepultura," pediu a eles.

Os membros da tribo dos heteus responderam: "És um homem famoso, um príncipe de Deus. Daremos a ti qualquer propriedade onde desejas sepultar teus mortos".

Abraão curvou-se para agradecer a Deus. Pediu aos membros da tribo: "Por favor, peçam ao proprietário da Gruta de Machpelá, Efron, que a venda para mim". Quando Efron ouviu que Abraão queria comprar sua gruta, foi pessoalmente falar com ele.

"Meu senhor," disse para Abraão. "Não quero dinheiro algum pelo campo onde está a gruta. Dou-a para você de graça".

"Não," protestou Abraão, "prefiro comprá-la".

Abraão sabia que Efron não falava a sério quando prometia dar-lhe a gruta de presente. Efron era um homem avarento e, em seu coração, realmente queria dinheiro em troca da gruta.

Portanto, Abraão insistiu: "Apenas diga-me o preço e o pagarei".

"Bem, se você insiste, direi o preço". replicou Efron. "É uma quantia muito pequena - apenas quatrocentos shecalim de prata".

Na verdade, não era em absoluto uma quantia pequena - era um preço muito, muito alto. O avarento Efron cobrava de Abraão um preço exorbitante, apesar de, a princípio, ter prometido dar a gruta de graça.

Abraão, porém, não regateou com Efron. Queria pagar pelo lugar sagrado o preço integral para que ninguém mais tarde afirmasse que a Gruta de Machpelá, na realidade, não lhe pertencia.

Abraão pagou a Efron quatrocentos shecalim. Depois, sepultou Sara. Mais tarde, quando Abraão morreu, também foi enterrado na Gruta de Machpelá. Há três lugares chave pelos quais nossos antepassados pagaram a não-judeus em dinheiro, para assegurar-se de que seriam legítimos donos das propriedades e com isso não poderiam ser acusados, mais tarde, de ter se apropriado destes ilegalmente:

A Gruta de Machpelá, cuja transação é registrada pela Torah.

O local do Templo Sagrado, em Jerusalém foi comprado pelo Rei David de Aravna, do povo de Yevussi.

O lugar de sepultamento de José em Shechem (Nablus) foi adquirido por seu pai Jacó.

O Midrash explica: como a gruta de Machpelá recebeu este nome?

Você sabe o significado do nome "Gruta de Machpelá"?

Quer dizer "A Gruta dos Duplos". (A palavra "Machpelá" tem a mesma origem de "caful" que significa "duplo"). O que era "duplo" nesta gruta?

Há muitas explicações. Abaixo encontramos algumas delas:

1. Havia um "segundo pavimento" sobre a gruta, sendo assim, realmente, uma gruta dupla (porém somente o andar de baixo servia como local de sepultamento).

2. Não só Sara foi sepultada nesta gruta como também seu marido Abraão, mais tarde, quando faleceu. Isaac e sua mulher Rebeca também seriam sepultados lá, e assim o foram Jacó e uma de suas esposas, Léa. Outro casal havia sido enterrado na Gruta de Machpelá, muito antes: o primeiro homem, Adão (Adão) e sua esposa, Eva.

Como os sepultados na Gruta eram casais ou "duplos", a Torah a chama de Machpelá, significando "A Gruta dos Duplos".

Após a morte de Isaac, a Gruta de Machpelá passou à posse de seus filhos, Jacó e Esaú. Havia sobrado lugar para só mais um casal. A questão era se Esaú com uma de duas mulheres ou Jacó com uma de suas mulheres seriam sepultados ali.

Jacó perguntou a Esaú: "Que preferes: uma pilha de dinheiro de nosso pai Isaac ou um lugar na Gruta Machpelá?"

Esaú pensou: "Por que hei de perder tanto dinheiro para ganhar um lugar de sepultamento? Por enquanto, ficarei com o dinheiro, mais tarde arranjarei um lugar de sepultura de graça".

Esaú aceitou o dinheiro de Jacó e, com isso, perdeu o direito à Gruta de Machpelá para sempre. Mas como veremos depois (na Parashat Vaychi) Esaú quis, apesar de tudo, ser sepultado na Gruta de Machpelá.

3. Quando Deus quis sepultar Adão, o corpo deste não entrava na gruta. Adão media cem amot de altura. Deus teve que dobrar o corpo de Adão para que coubesse na gruta. Esta era chamada de "Machpelá / Dupla" porque Deus dobrou o corpo de Adão. Apesar de a gruta ser pequena, Deus queria que Adão fosse sepultado lá por ser um lugar sagrado.

Atualmente conhecemos a localização exata da Gruta de Machpelá. Fica na cidade de Hebron, em Israel. Os judeus rezam lá para Deus e Ele ouve suas orações em mérito de nossos antepassados que ali jazem.

Como surgiram os sinais de velhice

Apesar de Abraão ser idoso, tinha a aparência jovem. Até a época de Abraão, as pessoas não tinham sinais exteriores de envelhecimento. Aparentavam ser jovens até a morte. Isaac era muito parecido com o pai, e não se conseguia identificá-los com facilidade. Abraão disse a Deus: "Mestre do

Universo! Se Isaac e eu entrarmos juntos num local, as pessoas não saberão a quem prestar honras. Se o Senhor alterasse a aparência de um homem em idade avançada, as pessoas saberiam a quem honrar".

"Muito bem," replicou Deus. "Pediste algo bom. Serás o primeiro a ver seu pedido atendido!" Apareceram, então, sinais de envelhecimento em Abraão.

Abraão pede a Eliezer para achar uma esposa para Isaac

Em sua velhice, Abraão tinha tudo o que podia desejar, com uma exceção: seu filho Isaac não estava casado.

Abraão chamou seu fiel servo Eliezer e disse-lhe:

"Meu filho Isaac precisa de uma esposa. Confio a você a tarefa de encontrar-lhe uma. Porém, não escolha uma das moças dos cananitas, porque todos eles foram amaldiçoados por Noé (como foi mencionado na Parashat Nôach)".

"Em vez disso, vá até minha família em Harã e procure lá uma boa e digna esposa para Isaac. Apesar dos membros da minha família adorarem ídolos, sei que são bondosos e sinceros. Por isso, uma moça de minha família terá, para começar, bons traços de caráter. Ela poderá aprender a servir a Deus e transmitir a seus filhos".

Eliezer partiu para Harã. Abraão deu-lhe uma carta em que dizia que tudo que possuía pertencia a seu filho Isaac. Se Eliezer mostrasse a carta para os parentes da moça, eles, com certeza, permitiriam que casasse com Isaac.

Eliezer chegou a Harã antes do fim do dia. Isto foi um milagre. Normalmente, a viagem para Harã levava muitos dias. Deus fê-lo chegar lá rapidamente para ajudar Isaac a casar-se sem demora.

Eliezer põe Rebeca à Prova, ao Lado do Poço

Ao anoitecer, Eliezer chegou ao poço que havia na entrada da cidade de Harã.

Diariamente, os habitantes de Harã enviavam suas filhas ao poço para lhes trazerem água e, por isso, Eliezer sabia que lá encontraria todas as moças de Harã.

Eliezer rezou a Deus: "Por favor, ajude-me a encontrar a moça adequada para Isaac! Isaac necessita de uma esposa hospitaleira, que receba cordialmente os numerosos hóspedes que sempre vêm à nossa casa, que seja rápida em servi-los e tenha paciência com eles. Isaac também precisa de uma esposa justa e compreensiva".

"Hei de testar uma das moças que estão chegando para tirar água do poço. Vou pedir-lhe para me dar água. Se me responder: 'Beba e também darei água a seus camelos', saberei que é bondosa e hospitaleira. Interpretarei isto como um sinal de que Tu, Deus, a escolheste como esposa de Isaac. (Mas se disser: 'Por que devo extrair água para ti?' 'Podes tirar água do poço por si mesmo!' ou 'Pede a uma das outras moças,' então ela não é a esposa generosa e amável que estou procurando)."

Deus aceitou a oração de Eliezer. Fez com que Rebeca viesse ao poço. Ela jamais saía para tirar água do poço. Era de nobre linhagem e seu pai, Batuel, governava a região. Geralmente Rebeca enviava criadas para estas tarefas. Agora, porém, os anjos de Deus dirigiram Rebeca ao poço, a fim de conduzi-la a seu destino como esposa de Isaac.

Eliezer observou a maneira pela qual todas as moças tiravam água. E então reparou que uma delas não precisava abaixar seu balde para dentro do poço. Ocorria um milagre e a água subia até ela. Eliezer pensou: "Esta moça deve ser uma justa, se Deus faz este milagre por ela!" Correu até ela e pediu--lhe: "Por favor, dê-me alguns goles d'água do seu jarro".

Rebeca passa no teste

Rebeca respondeu para Eliezer respeitosamente: "Beba, meu senhor".

Quando Eliezer terminou de beber, ela acrescentou: "Agora também darei a seus camelos toda a água que necessitam".

Eliezer viu que esta era uma moça excepcionalmente bondosa e hospitaleira. Ela se ofereceu para dar água a dez camelos - uma difícil tarefa! Correu para o poço e encheu seu jarro repetidas vezes para ajudar um homem que lhe era estranho.

A excepcional bondade de Rebeca pode ser melhor entendida se considerarmos a enorme quantidade de água que se dispôs a trazer: não apenas um jarro de água para cada camelo - o que ocasionaria que voltasse ao poço dez vezes para encher a ânfora - mas água o suficiente para que os camelos ficassem saciados.

Camelos bebem enormes quantidades de água de uma vez, armazenando-a em seu estômago por vários dias. Rebeca cumpriu a vasta empreitada com agilidade e rapidez, sem se incomodar com o fato de Eliezer não levantar um dedo para ajudar uma menina pequena, e ainda manter-se de lado ociosamente, enquanto ela trabalhava sozinha.

Eliezer ficou esperando porque queria descobrir mais uma coisa: será que no final a moça pediria dinheiro pelo seu grande trabalho?

Porém, Rebeca não tinha tais intenções. Quando terminou de dar de beber aos camelos, preparou-se para partir.

Rapidamente, Eliezer ofereceu-lhe presentes caros. Estava convencido de que Deus havia enviado a moça certa. Eliezer deu à futura noiva de Isaac um aro de ouro com um diamante que pesava meio-shêkel, e dois braceletes dourados, cada um pesando dez shecalim.

Estes presentes eram uma profecia sobre o futuro. Demonstravam que Rebeca se tornaria a mãe do povo judeu. O diamante de meio-shêkel indicava que cada judeu contribuiria ao Templo Sagrado com meio-shêkel por ano. Os dois braceletes, que os judeus receberiam duas tábuas, e o peso de dez shecalim indicava que sobre essas tábuas os Dez Mandamentos seriam gravados.

Eliezer perguntou a Rebeca: "Você é filha de quem? Há lugar para mim na casa de seu pai?"

Rebeca respondeu: "Sou filha de Batuel. (Batuel era sobrinho de Abraão). Temos lugar em casa para que durmas e também comida para teus camelos".

Eliezer agradeceu a Deus: "Obrigado, Deus, por ter me conduzido à moça certa da família de Abraão".

Eliezer na casa de Batuel

Rebeca correu para casa para contar à mãe sobre o homem desconhecido da família de Abraão que precisava de um lugar para dormir e que havia lhe dado esses presentes.

Rebeca tinha um irmão maldoso, Labão. Quando viu a irmã usando um aro de ouro e pulseiras, pensou: "Se esse homem deu presentes tão valiosos para Rebeca em troca de um pouco d'água, o que não me daria se o convidasse a entrar".

Labão correu até Eliezer e disse: "Bem-vindo à nossa casa! Temos lugar suficiente para ti. Também tirei os ídolos da casa!"

Labão sabia que nenhum membro da casa de Abraão entraria em um local onde houvesse imagens de ídolos.

A família de Labão serviu a Eliezer uma refeição. Mas quando ele sentou-se à mesa, não começou a comer de imediato. Disse:

"Primeiro, quero explicar porque estou aqui.

"Meu senhor, Abraão, é muito rico. Tem um filho excelente, Isaac. Qualquer moça de Canaã se sentiria feliz em casar-se com ele. Mas meu senhor deseja que se case somente com uma moça de sua própria família. Por isso me enviou aqui".

Eliezer contou-lhes como conheceu Rebeca perto do poço e terminou perguntando: "Concordam em dar Rebeca como esposa para Isaac?"

"Estamos de acordo, porque vemos que Deus fez tudo isto acontecer," respondeu Labão, irmão de Rebeca.

O pai de Labão, Batuel, também estava presente. Batuel deveria ter respondido antes. Porém Labão não honrava seu pai, e por isso respondeu antes dele.

Batuel era um homem mau. Pôs diante de Eliezer um prato de comida envenenada. Queria que Eliezer morresse para ficar com o ouro e objetos preciosos que este trouxera.

Mas enquanto Eliezer falava, um anjo trocou as porções de Eliezer e Batuel, e assim, este comeu a comida envenenada. Batuel morreu nesta mesma noite.

Eliezer leva Rebeca para Isaac

Na manhã seguinte, ambos, Labão e sua mãe, disseram a Eliezer: "Queremos que Rebeca fique em nossa casa mais um ano antes de partir".

Mas Eliezer respondeu: "Não, quero que ela venha comigo agora mesmo!"

Perguntaram, então para Rebeca: "Queres ir com este homem?"

"Sim, quero ir," respondeu. Estava feliz em deixar o irmão malvado e a casa repleta de ídolos e casar-se com o justo Isaac.

Quando Rebeca e Eliezer chegaram às vizinhanças de Abraão em Canaã, Isaac estava justamente voltando da reza de Minchá (oração da tarde). Ele sempre rezava num certo campo onde havia silêncio e podia concentrar-se.

Nossos patriarcas instituíram as três preces diárias:

Abraão - a oração matutina, Shacharit.

Isaac - a oração da tarde, Minchá.

Jacó - a oração noturna, Arvit.

Rebeca ergueu os olhos e viu um homem que parecia um justo. Havia um anjo sobre ele que o protegia. Rebeca desceu do camelo e cobriu seu rosto com um véu.

"Quem é este homem?" - perguntou a Eliezer.

"É meu senhor, Isaac" - respondeu Eliezer.

Eliezer relatou a Abraão e Isaac como Deus o ajudara a encontrar uma esposa para Isaac. Isaac levou Rebeca para a tenda de Sara. Percebeu, então, que ela era uma mulher justa, como fora sua mãe Sara. Pois, novamente, a luz ardia da véspera de um Shabat até o seguinte, a massa era abençoada de modo que sempre havia o suficiente, e a nuvem de Deus pairava sobre a tenda, tal como acontecia durante a vida de Sara. Isaac estava feliz por ter encontrado uma esposa digna.

O Midrash explica: Por que Sara mereceu esses milagres

Sara era meticulosa na observância dos três preceitos dados especificamente às mulheres: acender as velas do Shabat, separar a chalá da massa, e cumprir as leis relacionadas à pureza familiar. Em troca, Deus a recompensou com três bênçãos:

Por ser cuidadosa em tirar a chalá (um pequeno pedaço de massa, do tamanho de um ovo que era dada aos sacerdotes na época do Templo), sua massa foi abençoada.

Como recompensa por cumprir o preceito de acendimento das velas, suas luzes ardiam da véspera de um Shabat até o próximo.

Por seguir as leis sobre a Pureza Familiar, a nuvem da Shechiná pairava sobre sua tenda, pois o estado de pureza atrai a Presença Divina.

Todos os três sinais reapareceram para Rebeca porque ela cumpria esses preceitos com a mesma dedicação de Sara.

Abraão casa-se novamente com Hagar

Enquanto Eliezer estava em sua jornada, Isaac também viajara. Fora buscar Hagar, para que se casasse novamente com seu pai. Isaac pensou: "Meu pai está preocupado com meu casamento, enquanto ele próprio não tem uma esposa!"

Assim como Abraão cumpriu a ordem de Deus separando-se de Hagar e mandando-a embora, também assim o fez, casando-se novamente com ela, sob o comando de Deus.

A Torah relata que Abraão desposou uma mulher de nome Ketura, mas na verdade, casara-se novamente com Hagar. Se Ketura era a mesma pessoa que Hagar, por que a Torah atribui-lhe um nome diferente?

Após ter deixado a casa de Abraão, Hagar voltou à idolatria da casa de seu pai. Mais tarde, porém, fez plena e sincera teshuvá, mudando completamente sua personalidade. Deus, então, deu-lhe outro nome, "Ketura". Este novo nome foi escolhido por indicar seus atos positivos:

Ela segregou-se, e absteve de relacionar-se com outros homens durante todos os anos em que esteve separada de Abraão (keter = isolou-se).

Deus ordenou a Abraão que tomasse novamente Hagar como esposa porque sabia que ela merecia unir-se a Abraão.

A morte de Abraão

Abraão morreu quando já era um ancião que tinha tudo o que podia desejar. Viu, inclusive, seu filho Ismael fazer teshuvá (conversão e arrependimento) antes de morrer.

Isaac e Ismael sepultaram-no na Gruta de Machpelá, ao lado de Sara. Deus recompensou Ismael, por ter vindo do deserto, especialmente para prestar as últimas honras em respeito a seu pai. Em retribuição, Deus honrou-o, enumerando os filhos de Ismael, nos últimos versículos desta parashá.

Os Louvores a Abraão

Quando Abraão faleceu, todos os grandes povos dentre as nações enlutaram-se. "Ai do mundo, que perdeu seu líder, e ai do navio que perdeu seu capitão!"

Durante sua vida Abraão rezara por mulheres estéreis, e estas engravidaram; pelos doentes, e ficaram curados. Até navios navegando no longínquo oceano foram salvos, pelo mérito de Abraão.

Apesar de o mundo inteiro negar a existência de Deus, conseguiu ser o único em sua crença, e afirmar a Onipotência de Deus. Por causa disso foi chamado de Abraão "Ha'ivri" (o hebreu), significando o homem que permanece de um lado (ever = lado), enquanto o mundo inteiro une forças contra ele.

Quando Abraão morreu, Deus louvou-o da seguinte maneira: "Abraão era um justo tão grande que, se não fosse por ele, Eu não teria criado o Céu e a Terra".

Por dois mil anos após a Criação do Mundo, Deus estava aborrecido com as pessoas que adoravam ídolos. Quando Abraão nasceu, Deus se alegrou, pois Abraão ensinou a dezenas de milhares de pessoas a servirem a Deus.

Abraão sabia como curar doentes com diversos tipos de remédios. Acima de tudo, curava aqueles cuja "mente estava doente," os que não acreditavam em Deus. Ele os ensinava a acreditar no Criador.

Abraão foi posto à prova por Deus dez vezes e superou todas elas. Compreendeu e seguiu a Torah muito antes da Outorga da Torah, ensinando-a a seus filhos.

Não houve um dia sequer, em toda a sua vida, em que não realizou um ato de santificação do Nome Divino.

Correspondência Bíblica

Abraão:

Gn 14,17: "Já não te chamarás Abrão: Abraão será teu nome, porque farei de ti o pai de uma multidão de nações".

Nm 32,11: "Nenhum dos homens que saíram do Egito com mais de vinte anos verá a terra que prometi a Abraão, Isaac e Jacó, a eles e seus descendentes depois deles".

Dt 29,12: para estabelecer-te hoje como seu povo e Ele ser o teu Deus, segundo sua promessa, que jurou a teus pais, a Abraão, Isaac e Jacó".

1Mc 2,52: "Acaso Abraão não foi fiel na prova e, por isso, considerado justo?"

Sl 105,42: "Pois lembrou-se de sua Palavra Santa, dada a Abraão, seu servo".

Is 41,8: "Tu, porém, Israel, és o meu servo, foste tu, Jacó, a quem escolhi, descendência de Abraão, meu amigo!".

Mt 22,32: "Eu sou o Deus de Abraão, o Deus de Isaac e o Deus de Jacó? Ele é Deus não de mortos, mas de vivos".

Lc 13,28: "E ali haverá choro e ranger de dentes, quando virdes Abraão, Isaac e Jacó, junto com todos os profetas, no Reino de Deus, enquanto vós mesmos sereis lançados fora".

Lc 20,37: "Que os mortos ressuscitam, também foi mostrado por Moisés, na passagem da sarça ardente, quando chama o Senhor de 'Deus de Abraão, Deus de Isaac e Deus de Jacó'".

At 3,13: "O Deus de Abraão, de Isaac e de Jacó, o Deus de nossos pais, glorificou o seu servo Jesus, que vós entregastes e rejeitastes diante de Pilatos, que estava decidido a soltá-lo".

At 7,32: "Eu sou o Deus de teus pais, o Deus de Abraão, de Isaac e de Jacó". Moisés tremia de medo e não ousava olhar".

06 – Gn 25,19-28,9: TOLEDOT תולדות
Ml 1,1 – 2,7

- TORAH, O SUSTENTO DA ALMA: A Torah diz que o patriarca Jacó é um homem íntegro (estudioso), frequentador dos lugares onde se estuda a Torah.
- Antes de ir à casa de seu tio Labão estudou a Torah por 14 anos na *Casa de Estudos da Bíblia* que havia sido construída por dois personagens importantes da época: Sem (filho de Noé) e Éber (bisneto de Noé).
- O ser humano é constituído de corpo e alma. Uma das necessidades básicas do corpo do ser humano é a alimentação, que constitui o seu sustento. O sintoma da fome é o alerta do corpo para esta necessidade primária.
- A alma, da mesma forma que o corpo, necessita de "alimentação". A fome espiritual se manifesta por um vazio interior e deve ser sanada com a quantidade necessária de sustento espiritual, mas muitas vezes existe o perigo de preencher este vazio sem levar em consideração a qualidade do sustento espiritual. Posso preencher o tempo com uma leitura inadequada ou outra atividade que ocupe o tempo apenas na quantidade e não na qualidade.
- A fome espiritual vai trazendo consequências, sintomas com o decorrer do tempo. Deslizes no comportamento, angústia, depressão e o desespero de não mais encontrar o sentido da vida.
- O único "alimento" capaz de preencher os requisitos da alma para sua subsistência e seu desenvolvimento natural e sadio é o estudo da Bíblia e a Tradição oral, tradição escrita, comentários, leis para bem viver o que nos pede a Bíblia.
- Como nos diz o Profeta Isaías: *"Oh! Todos vós que estais com sede, vinde buscar água! Para que gastar dinheiro com coisas que não alimentam?... Atenção, vinde procurar-me, ouvi-me e tereis vida nova, farei convosco uma aliança definitiva..." (Is 55,1-3)*. O profeta compara a Bíblia com a água, o vinho e o leite.
- Assim como o mundo necessita de água, uma substância de primeira necessidade, a humanidade necessita de sabedoria, assim também a alma

necessita do estudo da Bíblia e da sua prática no dia a dia. Da mesma forma que o vinho alegra os corações, o estudo da Bíblia alegra os que a estudam. Assim como o leite é o alimento básico do recém-nascido e da criança para o seu bom desenvolvimento físico, assim também o estudo da Bíblia é fundamental para o progresso e o desenvolvimento da alma.

- O profeta Amós também nos lembra: "Dias virão, diz Deus, quando enviarei a fome e a sede. Não será uma fome em busca de pão, nem sede pela água, mas sim, a necessidade de ouvir as palavras do Eterno" (Am 8,11).
- "Esta é a história de Isaac, filho de Abraão. Abraão gerou Isaac". (Gn 25, 19)
- Redundância ? Ditado tal pai, tal filho ? Os dois primeiros patriarcas... Mas se vale para Abraão e Isaac o mesmo não vale para Isaac e seu filho Esaú...
- Esaú passou anos fingindo ser um homem com fé e praticante. Enquanto Jacó era um homem íntegro vivendo sob sua tenda (Gn 25,27).
- Mas Isaac não era ingênuo. Isaac conhecia Esaú melhor que qualquer um. Ele bem sabia que se Esaú percebesse que o pai o conhecia realmente como ele era, então ele se perderia para sempre, perderia qualquer contato com a família e a possibilidade de vê-lo voltar ao caminho correto.
- Rabbi Hillel neste espírito se expressa no Pirket Avot: "Sejam um dos discípulos de Abraão, amando e buscando a paz, amando as criaturas e aproximá-los da Torah" (1,12).
- Rabbi Ovadia de Bartenoura fez lembrar a ocasião em que Abraão percebeu que um homem tinha cometido uma falta, ele se aproximou dele com amizade e este homem pensou: "Se Abraão soubesse todo o mal que eu fiz, ele nunca teria me dirigido a palavra". E foi assim que, cheio de remorsos, ele reencontrou o bom caminho.
- Esaú estava consciente em parte da amplidão dos seus maus procedimentos. E de outro lado ele não queria perder a afeição que seu pai lhe tinha. E foi assim que Issac permitiu deixar-se "enganar" para evitar que as faltas cometidas por Esaú não fossem descobertas e ele perderia de vez a possibilidade da sua recuperação.
- Foi assim que o Profeta Miquéias disse: "Tu testemunharás a verdade a Jacó, a benevolência a Abraão, que tens jurado a nossos pais desde as tempos mais antigos" (Mq 7,20).
- Também é certo que Isaac amava Jacó profundamente e de todo o seu coração, amava por sua integridade assim como pelo seu empenho à meditação e ao estudo.

- Quanto à mãe, diz claramente o texto: "Rebeca amava Jacó" (Gn 25,28). Esperança desiludida de ver o outro filho Esaú afastar-se do mau caminho.
- Esaú no entanto havia já prometido com inveja e ódio após as bênçãos proferidas por Isaac a Jacó: "No momento em que se aproximar a morte de meu pai, eu farei perecer Jacó meu irmão" (Gn 27,41).
- Rebeca inspirada por Deus desses sentimentos de Esaú pede a Jacó que se refugie na casa de seu irmão Labão, em Harã (Gn 27, 42-43).
- Assim, do ódio e da inveja nasceram para Jacó, o início da realização da promessa que Deus fez antes a Abraão: "Eu multiplicarei tua posteridade como as estrelas do céu e como a areia das prais do mar" (Gn 22,18) e a Issac portanto nesta porção semanal da Palavra: "Cumprindo o juramento que eu fiz a teu pai, Abraão, Eu multilpicarei a tua descendência como as estrelas do céu" (Gn 26,4).
- Juramento que veremos realizado na próxima porção semanal *Vayétsé*, no sonho da escada onde Deus lhe diz: "Eu sou o Eterno, o Deus de Abraão e de Isaac, tua posteridade será como o pó da terra, tu te estenderás a leste,ao oeste, ao norte e ao sul" (Gn 28,14).
- Na oração da noite (Arvit), na oração da manhã (Shaharit) e na oração da tarde (Mincha) o povo judeu rende homenagem aos três patriarcas: "Bendito sejas Tu Eterno Deus de nossos pais". Que seus méritos recaiam sobre nós e nos protejam.

Toledot - Seleções de Midrash a partir do texto bíblico: Gn 25,19 – 28,9

Os gêmeos diferentes

Ter um filho! Um filho a quem eles pudessem ensinar e educar para se tornar um verdadeiro servo de Deus! Este era o maior anseio e a prece de Isaac e Rebeca durante muitos longos anos.

Rebeca estava casada com Isaac há vinte anos, porém ainda não tinham filhos. Visitaram, então, o monte de Moriá, o mesmo local onde Abraão elevou Isaac sobre o altar.

Ambos, Isaac e Rebeca, oraram. Isaac rezou: "Deus, faça com que os filhos que me darás nasçam desta virtuosa mulher!". Rebeca rezou: "Deus, faça com que os filhos que me concederás sejam deste justo!". A oração de Isaac foi aceita, e Rebeca engravidou. Agora, finalmente, Rebeca teria um filho.

Durante a gravidez, Rebeca tinha dores de tal intensidade que pensava que certamente iria morrer. Sentia como se duas forças travassem batalha em seu útero, tentando matar uma a outra. Ao passar por uma casa de estudos ou de orações, sentia movimentos internos naquela direção. Ao passar por um templo de idolatria, havia outro movimento, desta vez nesta direção.

(Apesar de Jacó e Esaú estarem no útero de Rebeca, e ainda não possuírem mentes próprias, suas inclinações naturais já se manifestavam, mesmo antes do nascimento).

Confusa, Rebeca perguntou a outras mulheres: "Vocês já sentiram algo parecido quando estavam grávidas?". "Não", responderam.

Por isso, foi consultar Sem, filho de Noé, um profeta de Deus e lhe perguntou: "Podes me dizer por que sofro dores tão fortes?"

O profeta respondeu em nome de Deus:

"Não temas!", explicou ele. "Estás carregando gêmeos em teu ventre. Eles lutam entre si. Um dia, o mais velho servirá ao mais novo, mas não quer servi-lo. Por isso, brigam dentro de ti".

Quando os gêmeos nasceram, eram completamente diferentes. A cabeça e o corpo do gêmeo mais velho eram tão peludos que parecia vestir um casaco. Sua pele também tinha uma forte coloração avermelhada.

Chamaram-no Esaú, significando "o pronto", pois nascera com cabelos e pelagem completamente desenvolvidos, como de um adulto. (O nome Esaú deriva de 'assui', feito).

O bebê mais novo, porém, tinha a pele lisa. Foi chamado de Jacó. Jacó vem da palavra 'ekev', calcanhar. Assim que Esaú nasceu, tentou evitar que Jacó viesse ao mundo, destruindo o útero de sua mãe. Jacó, porém, segurou firmemente nos calcanhares de Esaú, surgindo depois dele.

Esaú recebeu seu nome dos pais, mas Jacó ganhou este nome diretamente de Deus.

Quando completaram oito dias, seu pai, Isaac, fez a milá (circuncisão) em Jacó, mas teve medo de fazê-la em Esaú.

"A pele de Esaú está muito vermelha," preocupou-se Isaac. "Esperarei até ficar mais velho e o sangue sair da superfície da pele. Talvez seja perigoso fazer a milá nele agora".

Esaú cresceu, mas sua pele continuou vermelha. Isaac então compreendeu que essa era a cor natural de Esaú. Decidiu pois, fazer-lhe a milá no dia do Bar-preceito. Mas quando Esaú completou treze anos, recusou-se e disse: "Não permitirei que ninguém me faça a milá".

Os Gêmeos Crescem

Até completarem treze anos, a diferença entre Jacó e Esaú não era aparente.

Ambos foram ensinados pelo pai, Isaac, e seu avô Abraão. Quando cresceram, o pai também os mandou estudar na Casa de Estudos da Bíblia de Sem e Éber. Essa Casa de Estudos da Bíblia havia sido fundada pelo justo Sem, filho de Noé. Junto com seu bisneto Éber, transmitia aos alunos o conhecimento de Torah que Adão aprendeu com o anjo de Deus no Jardim do Eden.

Ao atingirem a idade de treze anos, tornou-se evidente que tinham estabelecido diferentes objetivos na vida.

Os arbustos de murta e espinhos crescem lado a lado. Enquanto ainda não se desenvolveram e são tenros, parecem ser de espécies idênticas. Mas uma vez que crescem e amadurecem, a diferença entre eles torna-se patente. Um produz ramos que exalam um doce aroma, o outro, espinhos.

O gêmeo menor, Jacó, desfrutava do estudo da Torah. Passava o dia todo dedicado aos estudos e esforçava-se para cumprir os ensinamentos de seus pais e mestres.

Esaú, no entanto, não estava interessado em aprender. Quando ficou mais velho, escapava da Casa de Estudos da Bíblia, perambulando pelos campos e florestas e caçando animais.

Ele não apenas capturava animais, mas também enganava as pessoas com sua língua afiada e loquaz.

Esaú fazia acreditar que cumpria os preceitos, quando, na realidade, era perverso e se comportava como tal.

Ele tomava, porém, bastante cuidado em esconder do pai, Isaac, quem realmente era. Quando seu pai lhe perguntava, "Onde esteve hoje?". Ele simplesmente mentia: "Estudei Torah na Casa de Estudo", era sua resposta desonesta.

Uma das artimanhas de Esaú era perguntar ao seu pai questões muito detalhadas acerca da observância dos preceitos.

"Pai, tenho um problema," declarava. "Qual é?" perguntava-lhe Isaac.

"Como se separa o dízimo do sal ou da palha?"

Com esta pergunta, Esaú queria demonstrar falsamente que cumpria os preceitos num nível muito mais elevado do que o exigido, pois não é necessário separar o dízimo de sal ou palha.

Muitas vezes, quando um hóspede deixava a casa de Abraão e Isaac, Esaú o seguia. Quando se encontrava a sós com o hóspede nas montanhas ou nos bosques, matava-o e roubava seu dinheiro.

Havia um só preceito que Esaú observava cuidadosamente: honrar seu pai. Todos os dias, quando ia para o campo caçar, trazia para casa carnes deliciosas para seu pai, Isaac. O próprio Esaú sempre servia pessoalmente a carne a seu pai. Antes de entrar no quarto do pai, tirava as roupas de caça e vestia suas melhores roupas, como se fosse servir a um rei.

Há uma coisa boa que podemos aprender do perverso Esaú: o quanto devemos honrar nossos pais.

Por que Isaac amava Esaú?

Isaac foi mal conduzido até certo ponto pelas pretensões e falsidades de Esaú, e também porque Esaú oferecia a seu pai a saborosa carne dos animais que caçava. Não obstante, Isaac percebeu que os feitos de Esaú ficavam além dos padrões requeridos. Ainda assim, demonstrava-lhe amor. Quais eram seus motivos para ser tão afeiçoado a Esaú?

Isaac temia ser duro com ele, pensando: "Se seus atos não são como deveriam ser, apesar de ter-lhe devotado afeição, quão piores e mais depravados seriam se eu o tivesse totalmente rejeitado e lhe demonstrado ódio!". Assim, com amor e carinho, Isaac esperava atrair Esaú para o serviço a Deus.

Ademais, Isaac previu que Esaú teria um descendente honrado, o profeta Abdias, que era um edomita convertido, e portanto, amou-o, em função do futuro.

Rebeca, por outro lado, amava apenas Jacó, porque conhecia a profecia que Sem lhe transmitira antes do nascimento dos gêmeos; que apenas o mais jovem seria digno e valoroso.

Esáu vende seus direitos de Primogênito para Jacó

Todos souberam da triste notícia. Abraão havia falecido. Isaac sentou-se enlutado por seu pai. Jacó foi pessoalmente à cozinha para preparar lentilhas, uma vez que se costuma servir lentilhas aos enlutados. Havia apenas uma pessoa na casa que não fora afetada pela tragédia daquele dia: Esaú, que desaparecera pelos campos, como de costume.

Neste dia, Esaú cometera o pecado de tomar uma moça que estava comprometida a outra pessoa. Também matou Nimrod. Aconteceu como se segue:

Esaú estava caçando no campo, quando, à distância, percebeu os soldados do rei Nimrod rodeando-o. Nimrod vestia os preciosos trajes que Deus fez para Adão. Esaú desejou imediatamente essas vestimentas. Aguardou até que os soldados de Nimrod deixaram o rei, protegido por apenas dois homens. Aproximou-se sorrateiramente de Nimrod, atacando-o pelas costas e decapitando-o. Os dois guardas retaliaram, porém Esaú também os matou.

Esaú roubou os preciosos trajes de Nimrod e voltou para casa, exausto por causa da matança. Estava preocupado com os descendentes de Nimrod, que poderiam vingar a morte do pai e assassiná-lo.

Quando Esaú entrou, encontrou Jacó na cozinha. Esaú provocou-o: "Por que você se dá ao trabalho de preparar esse prato tão elaborado? Há uma imensa variedade de deliciosos alimentos que podem ser consumidos sem requerer tanto preparo: peixes, insetos e besouros, porco, e assim por diante!"

"Você com certeza já escutou que nosso avô Abraão faleceu, e nosso pai Isaac está de luto". Retrucou Jacó. "Por isso estou cozinhando lentilhas, o alimento dos enlutados, para dar a nosso pai".

"O quê? O velho Abraão já foi arrancado deste mundo excitante? Não viveu centenas de anos?" - debochou Esaú. "Ele se foi para sempre, para jamais se levantar!"

"Estou morrendo de fome! Alcance-me rápido estas lentilhas para comer, quero devorar tudo isto".

"Espere," respondeu Jacó. "Primeiro você tem que concordar em me dar algo em troca. Você é o filho mais velho e por isso tem o privilégio de servir como sacerdote por nossa família".

Antes da Outorga da Torah, o primogênito de cada família era como um sacerdote. Isto significa que ele tinha o privilégio de oferecer sacrifícios pela família e era honrado como sacerdote. Porém, a idéia de que o perverso Esaú, que cometia tantos atos de maldade, estivesse encarregado do serviço de Deus como representante da família, preocupava a Jacó.

"Certamente, não é adequado que ele sirva como sacerdote", pensava Jacó.

"Esaú," chamou ele. "Quero servir como sacerdote em seu lugar. Venda-me seu direito de primogenitura, o direito de ser sacerdote, e lhe darei a comida que tanto deseja".

"Concordo," foi a resposta imediata de Esaú. "Agora, despeje a comida direto na minha garganta!", exigiu Esaú.

Jacó alimentou o irmão com pão e a sopa de lentilha vermelha que estava cozinhando.

Então Jacó disse: "Sabe por que eu queria atuar como primogênito em seu lugar? Porque você é um assassino e um malvado. Por que você não pode se sentar em paz na tenda e estudar como seu pai e seu avô. Então poderá continuar a trazer os sacrifícios, como todos os primogênitos".

"Não me interessa servir a Deus," riu Esaú. "Pode ficar com o direito de primogênito, se assim deseja. A Torah que você tanto estuda e os preceitos que cumpre com tanto cuidado, para mim não têm utilidade. Prefiro uma boa comida e boa diversão".

Esaú continuou a caçoar de Jacó. Em seguida, voltou para o campo, continuando suas más ações.

Isaac e Rebeca viajam para a terra dos Filisteus

Pouco depois, a fome assolou a terra de Canaã. A comida era escassa. Isaac pensou em viajar para o Egito, como seu pai Abraão fizera noutra época de fome. Deus, porém, ordenou que agisse diferente.

"Nasceste aqui, nesta santa terra de Israel," disse Deus. Não a deixe, fique aqui! Vou protegê-lo e abençoá-lo".

Isaac obedeceu. Permaneceu na cidade de Guerar, na terra de filisteus (que fazia parte da terra de Israel).

Os filisteus repararam que Rebeca era uma mulher muito bonita e perguntaram para Isaac: "Quem é esta mulher que está com você?"

Isaac percebeu o motivo da pergunta: "Se eu disser a eles, 'É minha mulher', pensou Isaac, os filisteus podem me matar para ficarem com ela". Por isso respondeu: "É minha irmã".

O rei Abimeleq também ouviu falar de Rebeca. Teria gostado de levá-la para o palácio, mas lembrou-se de como Deus ficara irado com o último rei Abimeleq, castigando-o por raptar Sara. Talvez Rebeca fosse realmente casada com Isaac e Deus o castigasse também por levá-la a seu palácio.

Por isso, o Rei Abimeleq observou Isaac e Rebeca por um longo tempo para descobrir se agiam como marido e mulher. Chegou a conclusão que eram, na verdade, casados, e então o Rei Abimeleq chamou Isaac a seu palácio.

"Rebeca é tua mulher!" - acusou-o ele. "Por que mentiste? Quase ordenei a meus guardas para trazê-la a meu palácio".

Isaac explicou suas razões para Abimeleq. "Se tivesse lhe dito a verdade," disse ele, "poderia ter perdido a vida. Em seu país, as pessoas matam o marido se querem ficar com a mulher".

O rei Abimeleq prometeu: "De agora em diante, estarão sob minha proteção".

Imediatamente, foi emitida uma proclamação real: "De agora em diante todo aquele que ousar tocar em Isaac ou sua esposa, será condenado à morte".

Agora todos compreenderam que Isaac e Rebeca eram justos especiais.

Que outros estrangeiros já haviam recebidos a proteção do rei?

Deste modo, Deus tornou Isaac famoso no mundo inteiro.

Todos ouviram também falar de Isaac porque ele se tornou fabulosamente rico na terra dos filisteus. Como isto aconteceu?

Durante o tempo em que Isaac viveu com os filisteus, semeou campos. Quando chegou o tempo da colheita, colheu a safra e a mediu. Logo, separou um décimo e o destinou aos pobres. Por ter distribuído maasser (um décimo dos seus ganhos) entre os pobres, Deus recompensou-o com riquezas.

Na próxima vez em que semeou, colheu cem vezes mais do que havia plantado.

Os Servos do Rei Abimeleq enchem os poços que Isaac escava

Quando os servos do Rei Abimeleq viram como Isaac ficara rico, sentiram inveja.

Maldosamente, entupiram todos os poços que pertenciam a Isaac. Estes poços haviam sido cavados pelo pai de Isaac, Abraão. Isaac ordenou aos servos: "Limpem meus poços de toda terra e sujeira com que os servos de Abimeleq os encheram".

O Rei Abimeleq se deu conta que a inveja de seus servos poderia lhe trazer problemas. "Vá embora," ordenou ele a Isaac. "Você ficou muito mais rico que nós".

Isaac obedeceu, saindo da vizinhança da corte do rei, apesar de permanecer na terra dos filisteus.

Assim que havia se estabelecido, ordenou aos servos:

"Cavem a terra. Talvez achemos novos poços de água".

Os servos cavaram fundo e encontraram um manancial. Assim que souberam disso, os servos de Abimeleq afirmaram:

"Na realidade, este poço pertence a nós, porque Isaac achou-o em nossa terra". Eles expulsaram os servos de Isaac para longe do poço e o tomaram para si. Mas algo estranho aconteceu!

Quando os servos do Rei Abimeleq tentaram extrair água do poço, não saía água. O poço havia secado.

Então, os servos de Abimeleq devolveram o poço aos servos de Isaac. Assim que Isaac recuperou a posse, este novamente se encheu de água.

Isaac chamou este poço de Essec, que significa "luta", referindo-se ao fato de os servos de Abimeleq terem lutado por este poço.

Isaac ordenou aos servos: "Cavem novamente". Desta vez, acharam um segundo poço e novamente os servos de Abimeleq o tiraram dos servos de Isaac. Mais uma vez Deus os puniu e, quando tentaram tirar água do poço, este permaneceu seco. Quando os servos de Abimeleq viram isso, devolveram o controle do poço a Isaac.

Isaac chamou este poço de Sitna. Sitna quer dizer "distúrbio", porque os servos de Abimeleq o haviam perturbado, tirando-lhe a posse do poço.

Isaac então ordenou aos servos que voltassem a cavar e estes encontraram um terceiro poço. Desta vez, os servos de Abimeleq não tentaram tirar-lhe o poço. Haviam aprendido a lição!

Isaac chamou este poço de Rechovot, que significa "espaço amplo" ou "alívio", pois, desta vez, os servos de Abimeleq pararam de discutir com ele; finalmente, encontrou paz e alívio das contendas.

O que simbolizam os Três Poços

Tudo o que aconteceu aos nossos antepassados, Abraão, Isaac e Jacó, foi um sinal de que algo similar aconteceria mais tarde a seus filhos, o povo judeu.

Cada poço que Isaac cavava simbolizava um Templo Sagrado, (pois, assim como a água de um poço dá vida, a Shechiná (Presença da Divindade) deu vida para o mundo.

1. O primeiro poço, Essec, representa o primeiro Templo Sagrado, que as nações atacaram e finalmente destruíram.
2. O segundo poço, Sitna, simboliza o segundo Templo Sagrado. Durante a época do segundo Templo Sagrado, as nações não judias tinham ódio dos judeus. Este sentimento os levou a destruir o Templo Sagrado.
3. O terceiro poço, Rechovot, simboliza o terceiro Templo Sagrado. Quando Deus nos enviar o Messias, haverá paz no mundo e então Ele construirá o terceiro Templo Sagrado.

A bênção do Primogênito

Em sua velhice, Isaac ficou cego. Por que Deus fez com que o justo Isaac ficasse cego? Uma razão é que Deus não concordou com o plano de Isaac de dar a bênção do primogênito a seu filho mais velho Esaú. Portanto, Deus fez com que Isaac ficasse cego, para que Jacó pudesse entrar sem ser reconhecido pelo pai. Ele então receberia a bênção de primogênito que merecia.

Isaac temia estar próximo da morte. Chamou o filho mais velho, Esaú, e lhe disse:

"Desejo abençoá-lo antes de morrer. Vá aos campos e cace um animal. Mate-o como ordena a Torah. Prepare-me uma boa refeição. Então merecerás a bênção por ter honrado seu pai".

Rebeca ouviu as palavras de Isaac. Chamou seu filho mais novo, Jacó, e lhe disse:

"Seu pai quer abençoar seu irmão mais velho, Esaú. Mas sei por uma profecia que a bênção cabe a você, porque Esaú não a merece".

"Agora, vá até seu pai e obtenha a bênção antes que seu irmão volte. Prepararei a carne de dois cabritinhos novos (esta carne tem um sabor igual a de animal de caça). Seu pai está cego. Pensará que você é Esaú e irá abençoá-lo".

Jacó estava com medo.

"O que acontecerá se meu pai tocar minha pele?" - perguntou à mãe. "Sentirá que minha pele é lisa, e não cabeluda como a de Esaú. Sei que Esaú é mau e não merece a bênção, mas não quero que meu pai me amaldiçoe quando descobrir que o enganei".

Rebeca respondeu: "Ordeno que você me ouça porque sei através de profecia, que nenhum mal lhe acontecerá. Cobrirei seu corpo com pêlo de cabra para que pareça cabeludo".

Jacó começou a chorar. Rebeca tentou acalmá-lo, dizendo:

"Jacó, deves ir e obter a bênção, mesmo que te seja difícil. Um dia, serás o patriarca de uma nação sagrada, o povo judeu. Vai por consideração a eles, para que eles sejam abençoados".

Para certificar-se de que Isaac ficaria convencido de que se tratava de Esaú, Rebeca deu a Jacó um dos trajes de Esaú que guardava para ele. "Vista esta roupa. Ela tem o cheiro do campo" disse para Jacó. "Seu pai então acreditará que você é Esaú".

O maravilhoso traje de caça de Esaú

A roupa que Rebeca deu a Jacó era extraordinária e maravilhosa. Era feita de pele de cobra. Sobre ela, estavam pintados todos os animais do mundo de forma tão realista que estes pareciam vivos. Quando este traje era usado por um caçador, os animais sentiam-se atraídos pelo seu correspondente animal pintado na roupa. Inevitavelmente, os animais se aproximavam das figuras até chegarem bem perto da pessoa que usava a roupa, e se mostravam tão mansos que esta podia facilmente capturá-los. Este maravilhoso traje de caça havia sido foi feito por Deus para Adão. Mais tarde, caiu nas mãos do rei Nimrod. Esaú matou Nimrod e ficou com a roupa para si.

Esaú somente vestia esta roupa quando ia para os campos caçar, mas quando não a estava usando, deixava-a aos cuidados de sua mãe, Rebeca. Neste dia, Esaú não vestiu este traje porque seu pai havia lhe ordenado que fosse caçar com suas armas, e não com a roupa.

Jacó é abençoado pelo pai e parte rumo a Harã

Rebeca cobriu também o pescoço liso de Jacó com pele de cabra para que parecesse tão cabeludo quanto Esaú. Deu a Jacó os dois cabritos que havia preparado e Jacó entrou no aposento do pai tremendo e assustado.

"Quem é você, meu filho?" - perguntou-lhe Isaac. Como era cego, não tinha certeza sobre quem havia entrado no aposento.

"Sou Esaú, seu primogênito," respondeu Jacó.

Isaac ficou confuso. A voz soava como a de Jacó e não como a de Esaú. Além disso, este filho falava cortesmente e usava o nome de Deus, enquanto Esaú usava linguagem rude. Como então podia ser Esaú?

"Chegue mais perto. Aproxime-se, quero tocá-lo!" ordenou Isaac.

Isaac tocou a pele de Jacó. Era cabeluda como a de Esaú, pois estava coberta com o pelo do cabrito que a mãe havia posto.

Isto convenceu Isaac de que era realmente Esaú que estava diante dele. Comeu a comida que Jacó trouxera e logo em seguida o abençoou.

Isaac abençoou Jacó com as seguintes palavras:

"Que Deus te dê o melhor orvalho que cai do céu e as melhores fontes da terra para regar teus campos. Que te dê muito cereal e vinho".

"As outras nações te servirão e serás o senhor sobre teus irmãos. Quem te amaldiçoar, será amaldiçoado e quem te abençoar, será abençoado".

Esaú Regressou

Jacó estava pronto para deixar o aposento quando percebeu Esaú se aproximando. Esaú não devia encontrá-lo! Rapidamente, Jacó se escondeu atrás da porta; quando Esaú entrou, ele saiu.

"Aqui estou com o animal que cacei para ti," anunciou Esaú para o pai.

"Como pode ser?" perguntou Isaac tremendo. "Alguém esteve aqui, serviu-me comida e o abençoei. Certamente, Deus é que fez com que isso acontecesse, e esta pessoa deve ser aquela que realmente merece a bênção".

Esaú começou a vociferar, desapontado.

"Foi Jacó, tenho certeza," exclamou. "ele enganou-me duas vezes! Primeiro, apoderou-se da minha primogenitura e agora ficou com minha bênção".

Isaac respondeu: "Se você concordou em dar a Jacó o direito de primogênito, a bênção, então, pertence realmente a ele, Jacó".

Esaú suplicou ao pai para abençoá-lo também. Isaac respondeu: "Abençoar-te-ei também, mas não posso fazer-te senhor de seu irmão. Já dei a Jacó esta bênção".

Por isso, Isaac abençoou Esaú assim: "Você terá sucesso quando for para a guerra, mas não poderá vencer seu irmão. Só se os descendentes de seu irmão Jacó transgredirem a Torah, seus descendentes poderão governar sobre eles".

Jacó Parte Rumo a Harã

Esaú odiava Jacó com toda a alma por ter tirado "sua" bênção. Estava determinado a matar o irmão. Rebeca, preveniu-o: "Não fique aqui! Vá embora até que a raiva de Esaú passe".

Os pais de Jacó ordenaram-lhe:

"Viaje para a cidade de Harã, até Labão (irmão de Rebeca, tio de Jacó). Procure uma boa esposa das filhas de Labão".

Rebeca pensou: "Quando Jacó voltar com a esposa, Esaú se reconciliará novamente com ele". Qual a sua opinião a respeito? Rebeca estava certa?

Correspondência Bíblica

Jacó:

Gn 25, 26: "Depois saiu o irmão, segurando com a mão o calcanhar de Esaú, e foi chamado Jacó. Isaac tinha setenta anos quando eles nasceram".

Ex 3,6: "E acrescentou: Eu sou o Deus de teu pai, o Deus de Abraão, o Deus de Isaac, o Deu de Jacó. Moisés cobriu o rosto, pois temia olhar para Deus".

Lv 26,42: "Então eu me lembrarei de minha aliança com Jacó, de minha aliança com Isaac e de minha aliança com Abraão; eu me lembrarei também dos pais".

Nm 24,5: "Como são belas as tuas tendas, ó Jacó, e as tuas moradas, ó Israel!".

Dt 33,4: "Moisés deu-nos uma Lei, uma herança à assembléia de Jacó".

Js 24,4: "Dei-lhe Isaac, ao qual dei Jacó e Esaú. A Esaú dei em propriedade a montanha de Seir, ao passo que Jacó e seus filhos desceram para o Egito".

Sl 14,7: "Venha de Sião a salvação de Israel! Quando o SENHOR mudar a sorte do seu povo, exultará Jacó e Israel se alegrará".

Is 2,5: "Casa de Jacó, vamos caminhar à luz do SENHOR!".

Jr 30,18: "Assim diz o SENHOR: Agora mudo o destino das tendas de Jacó, terei compaixão da sua morada; uma cidade será edificada em cima do montão de ruínas e no lugar apropriado ficará o palácio".

Ab 1,18: "A casa de Jacó será fogo, a casa de José uma faísca e a casa de Esaú será estopa. Vão incendiar e acabar com ela. Não haverá sobreviventes da casa de Esaú, foi o SENHOR quem falou!".

Mt 8,11: "Ora, eu vos digo: muitos virão do oriente e do ocidente e tomarão lugar à mesa no Reino dos Céus, junto com Abraão, Isaac e Jacó".

Lc 20,37: "Que os mortos ressuscitam, também foi mostrado a Moisés, na passagem da sarça ardente, quando chama o SENHOR de Deus de Abraão, Deus de Isaac e Deus de Jacó".

Jo 4,6: "Havia ali a fonte de Jacó. Jesus, cansado da viagem, sentou-se junto à fonte. Era por volta do meio-dia".

Jo 4,12: "Serás maior que nosso pai Jacó, que nos deu este poço, do qual bebeu ele mesmo, como também seus filhos e seus animais?".

At 7,12: "Como Jacó ouvisse que no Egito havia cereais, mandou uma primeira vez os nossos pais para lá".

Rm 11,26: "E então todo Israel será salvo, como está escrito: De Sião virá o libertador; ele removerá as impiedades do meio de Jacó".

Hb 11,21: "Pela fé, Jacó, prestes a morrer, abençoou cada um dos filhos de José e, apoiando-se na extremidade do cajado, prostrou-se em adoração".

07 – Gn 28,10-32,3: VAYETSÊ - ויצא
Os 12,13 – 14,10

- A Escada de Jacó (Gn 28,12).
- Na casa de Labão, Jacó trabalha sete anos pelo amor de Raquel, que se passam como dias, tanto a amava (Gn 29, 20), mas recebe Lea e trabalha mais sete anos por Raquel novamente.
- Os filhos de Jacó:
  - de Lea: **Ruben** (raa beonyi) (Gn 29,32), **Simeão** (de Shemá, escutar) (Gn 29, 33), **Levi** (lâva, atribuir) (Gn 29,34); **Judá**, (de hôda, dar graças) (Gn 29,35); **Issachar**, "o Senhor me recompensou" – sekhari e por fim **Zabulon**, "meu marido fará de mim sua companhia, pois eu lhe dei seis filhos – em hebraico, yisbelêni" (Gn 30,20). E mais uma filha: **Dina** (Gn 30,21).
  - de sua serva Zilpa, **Gad** (sem dúvida) (Gn 30,3); e mais outro de Zilpa: nasceu para minha felicidade, em hebraico ochri, de onde achêr – **Aser** (Gn 30,13).
- De Raquel: "Deus apagou minha humilhação "âsaf", em hebraico Yosef: **José** (Gn 30,24).
- Através de sua serva Bilha, **Dan** (o Senhor me julgou) (Gn 30,6); **Neftali** (é uma luta contra minha irmã e eu triunfei, em hebraico luta: naftoulé) (Gn 30,8).
- Raquel levou consigo os ídolos dos deuses de seu pai, sem o conhecimento de Jacó (Gn 31,32).
- **A ESCADA DO JUSTO:** No seu caminho para o exílio, Jacó percorreu o caminho inverso de seu avô Abraão. Jacó se detém num lugar altamente simbólico, um lugar de predileção para a oração e a meditação: o Monte Moriah, o lugar onde será construído, mais tarde, o Templo de Salomão.
- O midrash nos ensina que ele pegou em pedras que colocou sob sua cabeça para dormir, as pedras do altar onde antes seu pai deveria ser imolado anos atrás. É neste excepcional lugar que Deus escolheu Se revelar num sonho a Jacó, na continuidade de Suas revelações a Isaac e a Abraão.
- O momento e o lugar são muito importantes e significativos: Jacó deixa sua terra natal, a Terra Prometida, para um exílio longo e difícil e par-

ticularmente incerto. Angustiado, esgotado, faminto e aí adormece na sombra das suas reflexões.
- A noite cai antecipadamente para fazê-lo dormir nesse lugar. Por quê? Porque foi nesse lugar que Isaac deu a prova última do dom de si mesmo e Abraaão a demonstração de seu amor absoluto pelo Deus Único. Os limites do possível estão sempre estabelecidos nas profundezas do nosso ser, justificando a escolha de Deus de fazer dos Patriarcas os pilares da descendência de Israel.
- Jacó devia parar precisamente ali como seus ilustres pais, a fim de buscar as forças necessárias para enfrentar o exílio que começou.
- Esta prestação de contas com sua história foi preparada, nos ensinam os Sábios, por quatorze anos de estudo depois de Sem e Ever, seus antepassados, para forjar nele as armas que ajudariam no seu novo caminho do exílio, longe da tenda (proteção) da Torah onde ele estudava com perfeição, ao lado de seu pai.
- Estas forças espirituais, ele buscará nesta revelação de Deus, através de seu sonho histórico, lá onde Abrão e Isaac demonstraram ao mundo até pode ir à abnegação de si por Deus e a força de ultrapassar Suas provações.
- O sonho que ele viu considera o movimento no espaço. Os anjos que sobem e descem animam esta escada imóvel por natureza. Ela tem a finalidade, portanto de ligar o alto até o baixo, sobe-se uma escada para chegar a um nível superior, desce-se para reencontrar o andar inferior de onde se subiu. Os pés da escada estão sempre fixos e estáveis sobre a terra para que ele sirva sempre antes para a subida: é este certamente o movimento de ascensão e descida que está descrito no versículo.
- Subir no sentido mais profundo do ser (ontológico)
- De fato este movimento também deve acontecer não no sentido psíquico, onde estão os anjos, mas no plano existencial da vida, a escada pode nos ajudar a subir do menos importante ao mais importante, e inversamente.
- Subir não significa na linguagem bíblica subir de um ponto geográfico mais baixo para outro mais alto, mas progredir de um grau de santidade menor em direção a um nível superior e também em outro sentido descer igualmente.
- Deus faz subir Israel da miséria do Egito; Moisés faz subir os ossos de José com ele para fora do Egito. Deus desce sobre o Monte Sinai para se revelar ao Seu Povo. O Maharal de Praga insiste bem, *nos poços do Exílio*, sobre esta noção importante e de santidade.

- Subir em direção a Israel, não se vai para Israel. Os peregrinos indo para Jerusalém podem ou não ir também em direção à teoria das santidades graduais, como nos círculos concêntricos, que é lembrada na *Michna Kélim* (cap. 1, mich 6 a 9). O epicentro desses círculos é o lugar da santidade no mais alto degrau.
- Rachi explica que Deus dobrou e condensou toda a terra de Israel sobre Jacó para lhe mostrar a concentração da santidade sob esta rocha. Deus lhe revela assim que Ele lhe doa em herança esta terra toda inteira, de um valor espiritual único que inclui o posicionamento do Templo, exatamente ali onde ele se encontra.
- O essencial do sonho não está tanto na visão, mas na Palavra escutada, Deus acompanhará Jacó no seu exílio e lhe trará de volta, sobre esta terra que Ele prometeu a Abraão e a Isaac.
- A mensagem é bastante clara: Jacó deverá voltar e reivindicar sua herança que não pertencerá a nenhum outro. Ele deverá, portanto contentar-se no seu exílio e abandonar-se naquele que lhe fez a promessa.
- É aqui então que esta famosa escada revela todo o seu significado. Até então Jacó tinha subido os degraus da espiritualidade protegido na Casa paterna e na escola de Sem e Ever. De agora em diante, ele deverá descer sobre esta escada de valores para confrontar-se com outra escola: aquela da vida no exílio, da idolatria e da trapaça com Labão.
- Só existe um só Abraão. Esta terra sobre a qual ele adormece foi elevada e consagrada no seu mais alto grau por Abraão que a percorreu e por Isaac que a cultivou. Sua terceira dimensão, aquela do valor espiritual concretizada pelo cumprimento dos mandamentos divinos (preceitos), será conferida por Jacó, na condição que ele retorne do seu longo exílio, são e salvo, íntegro como no momento onde ele a deixou.
- Resumindo, Deus lhe preparou o exílio, que parece indispensável, como uma passagem obrigatória na vida do Justo, para ele mesmo como para sua descendência.
- É importante lembrar que todos os seus filhos e sua filha nasceram no exílio, exceto Benjamin, e que ele verá novamente, enriquecido e mais forte do que antes, fortalecidos desta experiência que prefigura os diferentes exílios que viverá sua descendência.
- Diz-se que o justo não está jamais seguro desse caminho, que ele sempre duvida das suas capacidades, de seu valor. É este desconhecido que angustia Jacó na noite da sua fuga para o exílio e Deus lhe assegura sua Providência protetora.

- Mas não esqueçamos que existiu somente um Abraão. Nós estamos mais próximos dos seus filhos, da real natureza humana, feita de dúvidas e certezas, de decepções e entusiasmos.
- Uma pessoa justa, mesmo se duvida do caminho é capaz de nele permanecer em todas as circunstâncias, confrontando o bem como o mal. É aquele que é capaz de subir sobre esta escada até o topo, mas também de descê-la para reencontrar o mundo e transcendê-lo.
- Por fim, esta escada não é uma visão exterior a Jacó, ela está nele, ele a encarnou. Deus nada fez mais que revelá-la a ele. A história demonstrará que Deus nos ajuda a enfrentar o perigo e a vida. Esta qualidade nós recebemos como herança de nosso ancestral Jacó.

7 – Vayetsê – Seleções de Midrash a partir do texto bíblico: Gn 8,10 – 32,3

Jacó viaja para Harã

Jacó havia recebido instruções de seus pais para viajar a Harã para a casa de Labão em busca de uma esposa. Decidiu ir primeiro à Casa de estudos da Bíblia de Éber estudar Torá. Jacó permaneceu na Casa de estudos da Bíblia durante catorze anos e estudou com tanto afinco que permanecia desperto toda a noite estudando.

Finalmente, Jacó viajou para Harã. Tinha quase chegado a Harã, quando se lembrou de um assunto importante: "Passei pelo monte de Moriá! Pela sagrada montanha onde meu avô Abraão amarrou meu pai, Isaac, ao altar e onde ambos costumavam rezar. E não me detive ali"!

"Perdi a grande oportunidade de rezar num local sagrado onde é mais fácil para uma pessoa orar com todo seu coração e onde Deus aceita prontamente suas preces".

Jacó não era preguiçoso. Decidiu, pois, fazer todo o longo percurso de volta para rezar sobre o monte de Moriá. Como recompensa pelo seu esforço, Deus milagrosamente moveu o monte de Moriá em direção a Jacó, tornando-lhe mais curto o caminho.

Os Sábios de Israel nos contam: Deus milagrosamente encurta o caminho

Como lemos na Parashá Chayê Sara, o servo de Abraão, Eliezer, viajou para Harã em busca de uma esposa para Isaac. Eliezer chegou a Harã no mesmo dia em que partiu da Terra de Israel, apesar da viagem de Israel a

Harã geralmente durar vários dias. Deus encurtou sua viagem para ajudá-lo a encontrar mais rápido uma esposa para Isaac.

E, como acabamos de explicar, Jacó viajou de volta ao monte de Moriá e Deus ajudou-o a chegar lá rapidamente.

Por que Deus realiza um milagre encurtando o caminho? Porque o justo não se mostra preguiçoso e é o primeiro a empreender o esforço.

Um judeu deve esforçar-se em prol de um objetivo elevado - tornar-se grande no estudo de Torá e no cumprimento dos preceitos. O principal é se esforçar ao máximo. Deus vê quando uma pessoa se empenha seriamente e a ajuda a alcançar o seu propósito.

Jacó adormece no Monte de Moriá

Quando Jacó chegou ao monte de Moriá, rezou naquele local, e quis partir após terminar a reza, pois o dia ainda estava claro, e poderia continuar viagem.

Quando estava prestes a partir, a luz do sol desapareceu subitamente, envolvendo-o na escuridão, de maneira que não poderia seguir viagem.

Deus queria revelar-se a Jacó num sonho profético. Para isso, fez com que o sol se pusesse mais cedo, a fim de detê-lo para pernoitar no monte de Moriá.

Jacó, então se preparou para dormir: como não tinha acomodações no monte de Moriá, teria de passar a noite no campo. Juntou doze pedras e as colocou em torno de sua cabeça para afastar animais selvagens. Uma das pedras colocou sob a sua cabeça como travesseiro. Então adormeceu.

É um fato extraordinário que Jacó adormeceu tendo o campo como cama, e uma pedra como travesseiro. Apesar dos perigos da jornada, Jacó dormiu pacificamente, por causa de sua grande e inabalável fé em Deus. Sua devoção a Deus era tão profunda que sua precária situação não o perturbava.

Sem saber, Jacó usara as dozes pedras do altar construído por Abraão quando levou Isaac para o monte de Moriá.

Enquanto Jacó dormia, cada pedra pedia: "Quero que o justo Jacó descanse sua cabeça sobre mim!".

Milagrosamente, as pedras foram se aproximando para mais perto da cabeça de Jacó de tal modo que se fundiram numa só pedra.

Desta maneira, Deus deu a entender a Jacó que seus doze filhos iriam, juntos, fundar uma nação sagrada, o povo judeu.

O Sonho Profético da Escada de Jacó

Naquela noite, Deus revelou-se a Jacó num sonho profético. Sua intenção era fortalecer Jacó, assegurando-lhe que a ajuda Divina estaria sempre com ele nos acontecimentos futuros de sua vida.

Jacó viu no sonho uma longa escada apoiada no chão, cujo topo se estendia céu adentro. Havia anjos - os anjos de Israel que haviam cuidado de Jacó até o momento - que subiam a escada, voltando para o céu. Em seu lugar, outros anjos desciam a escada. Estes eram anjos que vieram acompanhar Jacó fora de Israel e protegê-lo na casa de Labão. Logo depois, o Próprio Deus apareceu a Jacó em sonho e prometeu-lhe:

"Irei protegê-lo pelo seu caminho e na casa de Labão até você retornar em segurança para Terra de Israel".

Jacó teve também uma visão na qual Deus dobra a terra toda de Israel e coloca-a sob sua cabeça, tal como se alguém dobrasse um mapa. Sua cabeça agora repousava sobre a terra, em sua totalidade. Isto simbolizava que a posse de Israel será concedida a Jacó, e que seus descendentes vão conquistá-la facilmente.

Quando Jacó acordou, exclamou: "Se soubesse que este era um lugar tão santo, não teria ousado dormir aqui! Prevejo que exatamente neste local será construído o Templo Sagrado. Os judeus irão rezar e oferecer sacrifícios aqui. Suas preces e o agradável odor dos sacrifícios subirão direto a Deus e Ele os aceitará. Este é o portal de entrada para o Céu".

Jacó então se prostrou e fez uma promessa: "Deus, se Você permanecer comigo durante todo o meu caminho, guardar-me e proteger-me, para que retorne à casa de meu pai íntegro física e espiritualmente, irei Lhe oferecer sacrifícios. Se Você me prover de pão para comer, e roupas para me vestir, prometo-Lhe dar o dízimo de tudo o que Você me der!". Jacó, o justo, pediu a Deus que lhe provesse apenas as necessidades vitais, e não o luxo.

Jacó encontra Raquel junto ao poço

Antes de Jacó sair de casa, sua mãe Rebeca revelou-lhe:
"Sei onde você irá encontrar sua futura esposa - junto ao poço. Se você vir uma moça junto ao poço que é filha de meu irmão Labão e se parece comigo, é a moça com quem Deus deseja que você se case".

Quando Jacó chegou ao poço de Harã, havia muitos pastores ao seu redor. Uma enorme pedra cobria o poço. Todos os pastores da vizinhança juntos tinham que rolar a pedra que cobria a abertura do poço para conseguir extrair sua água.

O poço fora propositalmente coberto com uma enorme pedra, pois àquela época, todas as outras fontes de água da cidade estavam contaminadas, e a cidade inteira dependia deste poço de água.

Assim, os habitantes decidiram colocar uma pedra na boca do poço, para limitar o acesso. Só seria possível obter água em determinados momentos, depois da rocha ter sido removida através dos esforços unidos de todos os pastores.

Jacó perguntou aos pastores:

"Vocês conhecem Labão?" Eles apontaram para uma jovem que se aproximava com suas ovelhas: "Aquela é a filha de Labão, Raquel," disseram a Jacó.

Enquanto conversavam, Raquel surgiu, com o rebanho de Labão. Deus enviou Raquel, para que se encontrasse com Jacó, uma vez que estava destinada a ser seu par.

Em certos casos, a predestinada esposa viaja para encontrar o marido. Em outros, o marido viaja para encontrá-la. Não importa de que maneira isso aconteça, eles devem se encontrar, se assim foi decretado pelo Céu.

Uma História: A Princesa e o Mendigo

O rei Salomão tinha uma filha de inigualável beleza. Ele previu que o futuro cônjuge seria um pobre, da classe mais miserável e destituída de todos os bens materiais.

Salomão ordenou que um castelo fosse construído numa ilha distante, e que sua filha fosse levada para lá. Cercou o castelo com setenta guardas armados, trancou todas as entradas, e mandou os soldados permanecerem em estado de alerta dia e noite para que ninguém entrasse. O rei disse: "Deixe-me ver como Deus guia o mundo!".

Numa cidade longínqua, um pobre perambulava a pé no meio da noite. Estava faminto, sedento, descalço, e não tinha um lar onde passar a noite. De repente, percebeu num campo a carcaça de um touro. Feliz por ter encontrado um local para abrigar-se do frio, o homem acomodou-se, encolhido entre as costelas, cobriu-se com a pele, e logo adormeceu.

Uma gigantesca ave de rapina investiu e arrebatou a carcaça, carregando-a pelo céu em direção ao oceano. A ave de rapina voou até o topo do castelo da ilha, pousou a carcaça com o homem dentro, devorou a carne sobre a carcaça e voou.

No dia seguinte, quando a moça estava em seu passeio matinal, admirou-se ao encontrar um homem. Perguntou-lhe quem era e como chegara lá, a despeito dos guardas postados ininterruptamente junto aos portões.

"Sou um judeu da cidade de Aco," esclareceu-lhe, "e uma ave de rapina trouxe-me até aqui". Ela convidou-o a entrar no castelo, deu-lhe comida e roupas, e conversaram. Ela descobriu que ele era um sofêr (escriba), e um homem estudado. Quando lhe perguntou se queria se casar com ele, concordou de boa vontade. O rapaz não tinha pena e tinta para escrever o contrato matrimonial, por isso cortou-se e escreveu o contrato com seu próprio sangue, dizendo: "Os anjos Gabriel e Miguel são nossas testemunhas".

O tempo passou, e a moça ocultou a presença do marido, temendo que seu pai pudesse opor-se ao matrimônio. Um dia, porém, os guardas ouviram o inconfundível choro de um bebê no castelo. Vasculharam o castelo, encontrando o marido e filho. Os guardas ficaram mortalmente pálidos, com medo da ira real.

Enviaram-lhe uma mensagem, apressando-o a ir para a ilha. O rei Salomão embarcou num navio e navegou com destino à ilha, para visitar sua filha.

"Nosso mestre, o rei!" - suplicaram-lhe os guardas. "Não nos puna pelo ocorrido, pois não somos culpados!"

Salomão achou sua filha e o marido, que lhe mostrou o contrato matrimonial que escrevera. Salomão inquiriu-o a respeito de sua família e cidade de origem, e compreendeu que este era o homem que havia sido predestinado à sua filha. Cheio de júbilo, Salomão gritou: "Bendito é o Todo Poderoso que para sempre une o marido à sua esposa, que são destinados um ao outro!".

O encontro de Jacó com Raquel

Jacó aproximou-se do poço para ajudar sua prima Raquel a dar de beber às ovelhas. Mas o poço estava coberto por aquela rocha enorme. Jacó não pediu ajuda a ninguém. Apesar de estar cansado pela viagem e fraco por ter estudado na Casa de estudos da Bíblia de Éber durante catorze anos, sua força era maior do que a de todos os pastores juntos. Rolou a enorme pedra, sozinho, com a mesma facilidade com que alguém retira a tampa de uma garrafa. Imediatamente, a água do poço aflorou e transbordou, irrigando todos os campos. A chegada de Jacó trouxe bênção para a cidade.

Jacó ajudou Raquel a dar água às ovelhas. Apresentou-se a ela dizendo: "Sou seu primo, minha mãe é irmã de seu pai".

Jacó percebeu que o fato das águas do poço terem subido à tona era um sinal de Deus indicando que Ele lhe enviou seu par.

Os pastores observaram como Jacó (que consideravam um estrangeiro, não sabendo que era primo de Raquel) aproximou-se de Raquel e beijou-a.

Eles olharam fixamente, e admiraram-se: "Ele veio aqui para ensinar-nos imoralidade?" - escarneceram.

Jacó chorou. Ficou magoado por ter sido falsamente acusado de pensamentos impuros com o beijo, que fora motivado exclusivamente por motivos espirituais, significando uma saudação a um parente. Ele chorou, contudo, também por uma razão mais profunda: porque naquele momento, o Santo Espírito, o espírito da profecia, pairou sobre Jacó, e ele previu que Raquel morreria jovem, e não seria enterrada junto com ele.

Além disso, Jacó chorou porque chegara à casa de Labão de mãos vazias. Lembrava-se muito bem de que Eliezer trouxera dez camelos carregados de preciosos bens quando foi encontrar uma esposa para Isaac. Jacó temia que Labão se recusasse a dar sua filha a um pobre, e, portanto, toda a viagem teria sido em vão.

Jacó explicou a Raquel o propósito de sua vinda à casa de Labão e perguntou-lhe: "Quer se tornar minha esposa?".

"Sim," respondeu Raquel, "mas meu pai Labão enganará você. Todos sabem que ele é um trapaceiro. Tentará dar-lhe minha irmã mais velha, Lea, no meu lugar".

"Não se preocupe," tranquilizou-a Jacó. "Deus me ajudará. Vamos agora combinar sinais que você transmitirá quando eu lhe pedir uma prova de que é Raquel". E ele lhe disse algumas coisas que somente ela saberia.

Jacó ensinou a Raquel, para que utilizassem como sinais, os três preceitos que pertencem especificamente às mulheres: separar uma porção da massa (chalá), pureza familiar e acender as velas de Shabat.

Raquel correu para casa e informou seu pai Labão. "Um primo nosso que é neto de Abraão chegou".

Labão era um homem malvado. Pensou: "A família de Abraão é muito rica. Este primo certamente deve ter trazido objetos muito valiosos. Deve ter ouro, prata e pérolas. Vou tomá-los dele".

Labão correu para fora. Ao ver Jacó parado junto ao poço, perguntou a si mesmo: "Onde estão seus camelos e servos? Por que está aqui sozinho? Bem, provavelmente tem pilhas de ouro e prata em seu cinturão".

Labão abraçou Jacó, fazendo crer que estava muito contente com a chegada de seu parente. Mas, sem que Jacó percebesse, secretamente, apalpou com a ponta dos dedos para ver quanto dinheiro Jacó levava no cinturão por debaixo da roupa. Mas não conseguiu achar nenhum cinturão com dinheiro.

"Como pode ser?" - pensou Labão. "Onde ele guarda o dinheiro? Talvez esteja escondendo pedras preciosas na boca?"

Labão beijou Jacó como demonstração de amizade. Na verdade, estava tentando sentir se Jacó tinha alguma gema na boca. Mas a boca de Jacó nada continha além de seus dentes e sua língua.

Jacó explicou a Labão:

"Saí de casa sozinho, sem servos ou camelos porque fugi de meu irmão Esaú, que queria me matar. No caminho, o filho de Esaú, Elifaz, correu atrás de mim e roubou todo meu dinheiro".

O mau e avarento Labão ficou desapontado por Jacó ser tão pobre. "Apesar de tudo, vou deixá-lo ficar em minha casa por ser meu parente", disse ele.

O Midrash nos conta: como Jacó foi perseguido ao deixar Harã

Jacó deixou Harã secretamente a fim de fugir de seu irmão Esaú. Este, porém, escutou a notícia da partida de Jacó. Ordenou a seu filho Elifaz que perseguisse e matasse Jacó, por ter-lhe roubado as bênçãos.

Esaú persuadiu Elifaz: "Meu filho, se você matar Jacó, recuperará o direito da primogenitura!".

Contudo, Elifaz hesitou e pediu a opinião de sua mãe Ada: "Meu filho," aconselhou-o, "não tente matar Jacó. Ele é mais forte que você e o matará. Se seu perverso pai não temesse que Jacó pudesse matá-lo, ele mesmo poderia persegui-lo, em vez de delegar-lhe essa missão!".

Ainda assim, Elifaz não ousava ignorar completamente as ordens do pai. Perseguiu Jacó e atacou-o; porém não o matou. Uma vez que Elifaz crescera sob a tutela de seu avô Isaac, não levantaria as mãos contra Jacó. Em vez de matá-lo, roubou-o, despojando-o de todas suas posses. Isto porque um pobre é comparado a um morto. Ele até despiu Jacó, deixando-o miserável e nu.

Jacó imergiu no rio e clamou por Deus. Imediatamente, apareceu um cavaleiro. Galopando em seu corcel, queria atravessar o rio; mas caiu na água e afogou-se. Jacó pegou as roupas do homem recém-falecido, lavou-as no rio e vestiu-as.

Jacó pede a mão de Raquel e recebe Lea

Jacó cuidou das ovelhas de Labão durante o mês que permaneceu na casa como hóspede. Então Labão lhe perguntou: "Que pagamento você quer para trabalhar para mim?".

Jacó respondeu: "Tens duas filhas; Lea e Raquel. Dá-me sua filha mais nova, Raquel, por esposa. Trabalharei por ela durante sete anos".

Labão concordou, mas apenas da boca para fora. Pensou: "Depois que os sete anos de serviço terminarem, vou dar-lhe Lea como esposa".

Quando chegou o dia do casamento, Labão disse à sua filha mais velha, Lea: "Quero que você se case primeiro. Vista-se como noiva. Quando Jacó descobrir que você é Lea, será tarde demais. Já estará casado!".

Labão convidou todos os habitantes de Harã para uma grande e alegre festa de casamento.

Raquel sabia do plano malvado de seu pai Labão. Pensou: "Será que eu deveria mandar uma mensagem para Jacó para que fique sabendo que meu pai o está enganando? De qualquer modo, Jacó vai descobrir a verdade, pois fará a Lea as perguntas para as quais me deu as respostas. Ela não as saberá e então Jacó descobrirá que Labão o enganou, dando-lhe a noiva errada".

"Como Lea vai ficar envergonhada quando Jacó descobrir que ela não é a noiva que ele quer!" Raquel se apiedou da irmã e não quis que ela sofresse tamanha humilhação. Por este motivo, transmitiu à Lea a informação secreta que Jacó havia lhe confiado. Raquel era uma verdadeira justa! Estava disposta a desistir de seu futuro marido e deixar sua irmã casar com ele; tudo para poupar Lea da vergonha. Na verdade, podemos aprender com Raquel como devemos ser cuidadosos para evitar que alguém envergonhe outra pessoa.

O casamento foi alegre. Jacó não descobriu o truque porque Lea usava um véu e soube dar todas as respostas às suas perguntas. Jacó só descobriu a trama na manhã seguinte. Ficou muito zangado com Labão. "Por que você me enganou?" - perguntou-lhe. "Havíamos combinado claramente que eu casaria com Raquel!"

"Em Harã é nosso costume casar primeiro a filha mais velha e depois a mais nova," desculpou-se o perverso Labão. "Vou dar-lhe Raquel como esposa daqui a uma semana, só que trabalhará para mim durante mais sete anos".

Uma semana depois, Jacó casou-se com Raquel.

Por que Deus permitiu que Labão levasse a cabo seu ardiloso plano para enganar Jacó? Deus quis recompensar Lea tornando-a esposa de Jacó, porque durante muitos anos ela implorou a Deus para que pudesse se casar com um justo.

Esaú e Jacó nasceram ao mesmo tempo em que as duas filhas de Labão. Labão e Isaac corresponderam-se, combinando que o filho mais velho de Isaac seria destinado à filha mais velha de Labão, e o filho mais novo à filha mais nova. Quando Lea cresceu, indagou: "Que tipo de homem é Esaú?".

"É um ladrão e assaltante," disseram-lhe.

Lea desabafou o coração a Deus, suplicando-Lhe que deixasse tornar-se esposa de um justo. Enquanto rezava, chorava tanto que seus olhos intumesceram.

Quão poderoso é o efeito da oração! As preces de Lea não apenas ocasionaram que ela se casasse com Jacó em vez de Esaú, porém mais que isto: ela casou-se com ele antes mesmo que sua irmã!

"Como você pôde fingir ser Raquel e responder-me quando chamei seu nome?" - perguntou Jacó com raiva de Lea.

Ela replicou: "Sou sua aluna. Aprendi com você como fazê-lo. Você não foi até seu pai, vestido como Esaú, e quando seu pai chamou-o de Esaú, como você respondeu? Apenas imitei-o". Na resposta estava implícito:

"Assim como você agiu fraudulentamente com intenções nobres, sabendo que este era o passo correto a dar, assim também o fiz".

Apesar de Labão tê-lo enganado, Jacó continuou a servi-lo pelos próximos sete anos com o mesmo trabalho duro e honestidade com que servira antes. Ele não era como a maioria das pessoas, que começam um novo emprego com entusiasmo, mas depois ficam negligentes. O último ano de serviço de Jacó foi realizado com a mesma dedicação e vigor que o primeiro.

De fato, Jacó cumpria suas obrigações como pastor a tal nível de perfeição que durante todos os catorze anos de trabalho, nem uma vez se deitara para dormir uma noite inteira. Enquanto pastoreava o rebanho, tinha tempo para dirigir seus pensamentos a Deus.

Durante aquele período, compôs muitos capítulos do livro de Tehilim (Salmos), tornando-se um dos autores deste livro. Ulteriormente, as canções que Jacó compôs foram esquecidas, e escritas novamente numa época posterior pelo rei Davi.

As mulheres de Jacó dão à luz a 11 filhos

Assim que Lea casou-se com Jacó, Deus imediatamente deu-lhe filhos, mas Raquel teve que esperar sete anos pelo seu primeiro filho. Lea deu à luz quatro filhos homens, um após o outro: Ruben, Simão, Levi e Judá. Enquanto isso, Raquel estava muito preocupada por não ter filhos.

Raquel, esposa e mãe

Raquel sofria intensamente apesar do grande amor de Jacó. Durante anos não conseguia engravidar, enquanto Léa concebera logo após o casamento, dando ao grande patriarca vários filhos.

Ao ver que suas preces não eram atendidas, Raquel acreditava que a irmã fosse mais justa e merecedora do que ela. Diz a Torá: "Viu Raquel que não dava filhos a Jacó e invejou sua irmã". Nossos sábios afirmam que a razão da rivalidade entre as duas irmãs - ambas profetisas - era seu ardente desejo de terem uma maior participação na criação da Nação Judaica.

Diferente de Léa, Raquel não aceitava passivamente as vicissitudes da vida, persistia em seu objetivo com fé e esperança. Raquel sabia que Jacó era um grande Justo, e que com suas preces podia interceder por ela junto a Deus.

Então, diz a Jacó que se ele não lhe desse filhos, morreria de tanto sofrimento. Ao que, Jacó, assustado, responde: "Tomarei o lugar de Deus que te negou o fruto do ventre?".

Mas, para apaziguá-la, Jacó concorda em fazer como seu avô Abraão e toma como esposa Bilha, a serva de Raquel, na realidade sua meia-irmã, e com ela tem dois filhos. Léa, que acreditava não mais poder conceber, também dá a Jacó sua serva, Zilpa, com quem ele tem dois filhos. Mas Léa ainda concebe e dá a Jacó mais dois filhos.

Segundo nossos sábios, Léa - que já gerara seis filhos de Jacó - estava destinada a ser a mãe de sete das doze tribos de Israel. Isto significava que Raquel daria à luz um único filho. Naquele momento, Léa, grávida mais uma vez e querendo poupar sua irmã Raquel da humilhação de ter menos filhos que Zilpa e Bilha, pede a Deus para que a criança que carregava no ventre fosse uma menina. Suas preces são atendidas e ela dá à luz à Dina.

Em Rosh Hashaná (Ano Novo Judaico), "o Dia da Recordação", anos depois de se ter casado, "lembrou-se Deus de Raquel e a escutou e abriu seu ventre" (Gn 30,22). O Eterno levou em conta seu enorme mérito e a angústia que a consumia e atendeu suas preces.

Ao dela se recordar, Deus deu à Raquel José, o Justo, o grande homem da casa de Jacó responsável por salvar não apenas sua família, mas todo o Egito.

Raquel o chamou José, pois "Deus removeu de mim a minha desgraça". O nome continha seu pedido para ter a graça de gerar outro filho, pois a palavra é o imperativo "Aumenta", ou, em sua súplica muda, "Aumenta-me com outro filho" (Gn 30,24).

No caso de Raquel, a Divina Intervenção que a fez conceber foi mais milagrosa do que no caso de Sara, nossa primeira matriarca. Além de ser estéril, Raquel foi a única matriarca cujo nome hebraico não contém a letra hê, presente no Nome do Eterno e que indica a procriação, pois segundo Rashi, foi com esta letra que Deus criou o mundo. No caso de Abraão e Sara, por exemplo, como a letra não constava em seus nomes para que pudessem ter um filho, Deus a adicionou ao nome de ambos: Sarai passou a ser Sara e Abrão passou a Abraão.

O significado dos nomes dos filhos de Jacó

- **RÚBEN** - Lea afirmou: "Deus viu minha aflição, pois agora meu marido me amará". (Rúben deriva da palavra reê / ver).
- **SIMÃO** - Lea disse: "Deus ouviu que sou odiada, e assim também me deu este". (O nome Shimon deriva do radical shamá / ouviu).
- Quando o terceiro filho de Lea nasceu, uma voz celestial é que proclamou: "O nome dele será **LEVI**!". Levi significa: "Seus descendentes serão premiados por Deus com os vinte e quatro presentes do sacerdócio!" Lea, porém, explicou o nome como significando: "Agora meu marido vai ligar-se a mim". (Levi é aqui derivado de liva / ligado).
- **JUDÁ** - Quando Lea deu à luz a seu quarto filho, exclamou: "Agora devo louvar Deus!" Sabia que Jacó geraria doze tribos. Acreditava que cada uma das quatro esposas tinha uma cota equivalente, e lhe daria três filhos. "Agora, contudo, Deus me deu um quarto filho, o que é mais que minha cota!" Assim, ela chamou-o de Judá, que demonstra gratidão: "Agora louvarei e agradecerei Deus!" (Judá vem do radical hodaá / agradecimento).
- **DAN** - filho de Bilhá recebeu seu nome de Raquel, que afirmou: "Deus julgou-me (Dan significa julgar) e achou que não sou merecedora de filhos; porém agora Ele ouviu-me e deu-me um filho através de minha criada!".
- **NEFTALI** - filho de Bilhá também recebeu seu nome de Raquel, que disse: "Ofereci preces a Deus (Naftali vem do radical tefilá / prece), que agradaram a Deus. Minhas orações foram aceitas e respondidas como as de minha irmã". Raquel proclamou que foi agraciada com este filho (através de Bilhá) por causa de suas preces constantes.
- **GAD** - filho de Zilpá, foi chamado assim por Lea, que afirmou: "Boa sorte veio ao mundo!" (Gad significa mazal, sorte). Ela viu profetica-

mente que Gad terá êxito em assuntos bélicos, e assim ajudaria a todas as outras tribos.
- Zilpá deu à luz a mais um filho que recebeu o nome **ASER**, pois Lea exclamou: "Afortunado é aquele que tem um filho como este!" (Asher vem da raiz ashrê / afortunado).
- Apesar de todas as matriarcas terem vivido em prol da construção das tribos de Israel, Lea demonstrou uma vontade grande para contribuir com seu máximo e empenhou-se em aumentar o número de filhos a nascerem dela. Como recompensa, Deus deu-lhe mais dois filhos.
- **ISAACAR** - cujo nome significa: "Deus recompensou-me por Ter dado minha criada a meu marido". (Yissachar vem de sachar / recompensa) e
- **ZEBULON**, que significa: "De agora em diante, o lar de meu marido será comigo, uma vez que tenho tantos filhos quanto às outras esposas juntas!" (Zevulun deriva de zevul / local de moradia).

Labão tenta enganar em seu pagamento

Depois que Raquel deu à luz José, Deus ordenou a Jacó: "Volte para Terra de Israel".

Jacó pediu a Labão: "Dê-me permissão para partir com minhas mulheres e filhos".

"Por que," perguntou Labão, "quando seus outros filhos nasceram, você não mencionou nada sobre partir, mas agora, após o nascimento de José, você deseja partir?"

"Porque," replicou Jacó, "Sei que José tem o poder de superar Esaú. Portanto, agora estou apto a partir e enfrentar meu irmão".

Labão replicou: "Primeiro diga-me qual o salário que devo lhe pagar. Você trabalhou para mim durante vinte anos, dos quais, catorze por Raquel e Lea. Portanto, devo-lhe o pagamento correspondente a seis anos extras durante os quais você guardou minhas ovelhas. Quanto lhe devo?".

Jacó respondeu: "Deixe-me levar todas as cabras que nascerem com manchas no pêlo e todas as ovelhas que nascerem de cor marrom".

"Muito bem!", pensou Labão, "Jacó certamente ficará com poucas ovelhas e cabras por servir-me durante seis anos".

Mas uma coisa estranha aconteceu! Naquele ano, quase todas as novas cabras nasceram manchadas e quase todas as ovelhas tinham a cor marrom! Deus fez com que Jacó obtivesse o pagamento que merecia.

Um anjo de Deus apareceu a Jacó em sonho, mostrando-lhe como cabritos e carneiros nascem com as marcas que a pessoa deseja. Jacó sobrepujou Labão, usando bastões descascados e raiados, induzindo as mães a darem à luz carneiros deste tipo.

Labão ficou com inveja ao ver a quantidade de animais que Jacó tinha. "Cometi um erro", disse a Jacó. "Na verdade, queria os recém-nascidos manchados e marrons para mim. Escolha outra recompensa".

"Se assim você prefere," disse Jacó, "Ficarei com todos os animais que nascerem com listas brancas em seus corpos".

"Muito bem, que seja este seu pagamento," concordou Labão.

Daí em diante, quase todos os animais que nasceram tinham listras brancas. Labão ficou irritado. "Este acordo foi um equívoco," disse ele para Jacó. "Vamos mudá-lo".

Labão mudou de opinião cem vezes porque queria enganar Jacó em seu pagamento. Mas Deus ajudou Jacó. No final, Jacó tornou-se muito rico, apesar dos planos maldosos de Labão.

Jacó foge da casa de Labão

Jacó percebeu que Labão não o deixaria levar suas esposas de volta a Terra de Israel. Portanto, Jacó esperou, até o dia que Labão viajou por três dias. Então, com suas esposas e filhos, deixou a casa levando consigo todos seus pertences.

Antes de partir, Raquel entrou no quarto de seu pai, Labão, e juntou todos os seus ídolos. "Deixe-me tirá-los daqui," pensou ela, "assim ele não mais poderá adorá-los".

Logo Labão ficou sabendo que Jacó e suas filhas haviam fugido secretamente e ficou furioso. "Vou persegui-los e castigá-los," pensou.

Mas Deus apareceu a Labão num sonho e o advertiu: "Não se atreva a fazer qualquer mal a Jacó!". Labão logo alcançou Jacó e o repreendeu: "Por que escapaste em segredo de minha casa?" "Temia que não deixasse levar minhas esposas comigo", explicou Jacó. Labão também perguntou: "Por que roubaste meus ídolos?"

Jacó não tinha a menor idéia de que Raquel havia levado os ídolos do pai e respondeu: "Pode procurar em todos meus pertences! Não pegamos nada seu".

Labão começou a procurar seus ídolos. Raquel os havia escondido na sela de seu camelo. Quando o pai foi procurar em seus pertences, ela sentou-

-se sobre o camelo e desculpou-se: "Sinto muito, desculpe-me por não me levantar para você. Não me sinto muito bem". Labão procurou e procurou, mas não achou seus ídolos.

Jacó ficou irado com Labão e o repreendeu: "Eu lhe disse que não pegamos nada seu. Porque não acredita em mim? Por que insiste em revistar nossos pertences? Você bem sabe quão fielmente guardei suas ovelhas durante vinte anos e que duramente trabalhei, dia e noite, para ter certeza de que seus rebanhos estavam em perfeita segurança.

O sol me castigava durante o dia e à noite o frio gelado me fazia tremer. Mas nunca deixei suas ovelhas sozinhas. Nenhuma só vez deixei que um leão ou lobo arrebatassem uma de suas ovelhas. Mesmo assim, você continuou me enganando no salário. Se não fosse pela ajuda de Deus, eu teria deixado sua casa de mãos vazias, sem dinheiro nem animais".

Labão sabia que Jacó falava a verdade, por isso tentou acalmá-lo. "Não te preocupes," desculpou-se Labão. "Quando saí em seu encalço, não tencionava fazer dano algum a suas mulheres e seus filhos. Afinal de contas, são minhas filhas e netos. Eu os segui apenas para ver minhas filhas e netos, para beijá-los e me despedir deles. Agora, selemos um tratado de amizade".

Naturalmente, Labão, o trapaceiro, inventou esta desculpa para encobrir suas más intenções. Quando correu atrás de Jacó, na realidade tinha em mente destruir a família inteira, incluindo suas próprias filhas. Mas como Deus o prevenira para que não se atrevesse a fazer-lhes mal, ele nada podia fazer a não ser fingir que queria fazer um tratado de amizade. Jacó concordou em fazer um acordo com Labão.

Jacó e Labão Fazem um Acordo de Amizade

Jacó levantou uma enorme pedra sem ajuda (Jacó era um homem muito forte) e colocou esta pedra como um pilar. Virando-se para os filhos, Jacó então ordenou: "Juntaremos também muitas pedras e faremos uma pilha".

Juntaram uma quantidade de pedras e puseram-nas em forma de monte junto ao pilar, formando, além do pilar, uma pilha de pedras.

Depois de comerem ao lado das pedras empilhadas, Jacó e Labão se levantaram e prometeram um ao outro: "O pilar e a pilha de pedras serão testemunhas para sempre, e nos farão lembrar, a nós e nossos filhos, para que nunca façam mal uns aos outros. Se algum de nós ou de nossos descendentes viajar para a terra do outro com intenção de fazer mal, passará defronte ao pilar e pela pilha de pedras no caminho. Elas serão lembretes de nosso acordo de amizade". Labão então voltou para sua casa em Harã, enquanto Jacó viajou para Terra de Israel.

Anjos vão ao encontro de Jacó quando ele entra em Israel

Quando Jacó e sua família entraram em Israel, notaram um grupo de homens marchando ao seu encontro. Jacó ficou com medo. Seria por acaso o exército de Esaú? Ou teria Labão mandado um grupo de pessoas para prendê-lo? Mas quando eles chegaram mais perto, Jacó percebeu que era um grupo de anjos sagrados enviados por Deus. Deus mandara anjos para proteger Jacó de seus inimigos em Israel. Os anjos que o acompanharam fora de Israel agora iam embora.

Jacó estava feliz porque Deus o estava protegendo, especialmente agora que se aproximava de seu irmão Esaú, a quem ainda temia.

Por que Jacó mereceu uma recepção tão grande das legiões celestiais?

Jacó passou vinte anos inteiros na casa de Labão, o feiticeiro e idólatra, que estava na fonte de todos os poderes de impureza e escuridão daquela época. A despeito da predominante atmosfera de impureza, Jacó sobrepujou completamente o mal, mesmo na casa de Labão. Quando retornou, era o mesmo homem virtuoso de quando partira, espiritualmente perfeito. Por isso, foi recebido pelos exércitos celestes de Deus.

Mais tarde, Jacó testemunhou acerca de si mesmo: "Morei com Labão, porém mesmo assim cumpri todos os seiscentos e treze preceitos!"

Por sua extraordinária realização, Jacó certamente mereceu a honra de ser bem-vindo por dois grupos de anjos!

Correspondência Bíblica:

Poço:

Gn 29,10: "Ao ver Raquel, filha de Labão, irmão de sua mãe, e as ovelhas de Labão, irmão de sua mãe, Jacó aproximou-se, removeu a pedra de cima do poço e deu de beber às ovelhas de Labão, irmão de sua mãe".

Ex 2,15: "Quando o faraó soube do acontecido, procurou matar Moisés. Este, porém, fugiu do faraó e foi parar na terra de Madiã. Ali ficou sentado junto a um poço".

Nm 21,16.17: "Dali foram até Beer, o Poço. Foi a esse poço que o SENHOR se referia quando disse a Moisés: Reúne o povo, e eu lhe darei água. Foi então que Israel cantou este cântico: Jorra, ó poço! Cantai-lhe!".

2Sm 17,21: "A mulher pegou um pedaço de pano, estendeu-o sobre a boca do poço, espalhou cevada pilada por cima e assim os escondeu".

Pr 5,15: "Bebe da água da tua cisterna e das vertentes do teu poço".

Ecl: 12,6: "Antes que se rompa o cordão de prata e se despedace a taça de ouro, a jarra se quebre na fonte e a roldana se arrebente no poço".

Is 37,25: "Eu, eu cavei poço para beber água estrangeira, com a sola do pé sequei todos os rios do Egito".

Mt 12,11: "Ele lhes disse: Se alguém de vós possui uma ovelha só e ela cai num poço em dia de sábado, não vai apanhá-la, tirando-a de lá?".

Lc 14,5: "Depois lhes disse: Se algum de vós tem um filho ou um boi que caiu num poço, não o tira daí, mesmo em dia de sábado?".

Jo 4,11: "A mulher disse: Senhor, não tens sequer um balde, e o poço é fundo; de onde tens essa água viva?".

Ap 9,2: "Ela abriu o poço do Abismo, e do poço do Abismo saiu fumaça, como a fumaça de uma grande fornalha, e o sol e o ar se escureceram, por causa da fumaça que saía do poço".

08 - Gn 32,4-36,43: VAYISHLACH - וישלח
Os 11,7 - 12,12

- Os Sábios de Israel dizem: "O homem se distingue por meio do seu corpo, seu bolso e sua raiva". Portanto, podemos conhecer o caráter das pessoas mediante seu comportamento quando come, o modo como usa seu dinheiro e observando seu temperamento.
- Rashi explica que num determinado momento Jacó ficou sozinho (Gn 32,25) porque esqueceu pequenos objetos de seus pertences do outro lado do rio e voltou para buscá-los. Os sábios dizem que os justos tem um apreço grande aos seus pertences materiais, mais do que com o seu próprio corpo, porque querem se auto-educar para nunca chegarem a ferir os bens materiais do próximo.
- De acordo com a Torah, o cerco (cuidados especiais) para que o indivíduo não venha a transgredir as suas leis, é de suma importância. Somente por meio dele é que ficamos protegidos de não cair em graves infrações.
- Em outra ocasião, Jacó colocou à disposição de Esaú toda a sua fortuna para que este lhe cedesse o lugar na Capela dos duplos (Capela *Hamachpelá*). Em princípio pode parecer um comportamento contraditório. Quando se tratava de pequenos objetos, Jacó voltou para buscá-los, mas quando se tratava do lugar da sepultura, sem hesitar só um momento, colocou à disposição de Esaú todos os seus bens para sua aquisição.
- Com uma análise um pouco mais profunda, concluímos que deve haver uma grande diferença de comportamento para com nossos bens, quando se refere a coisas materiais ou a coisas espirituais. Com relação a coisas materiais Jacó fez de tudo para poder ter seus objetos de volta, porque não há nenhum motivo para perdê-los. Mas quando se tratou do âmbito espiritual, Jacó dispôs toda a sua fortuna, pois não há valor monetário que não seja dispensável para conquistar o espiritual.
- Quanto à impressionante estratégia militar dos filhos de Jacó, Simeão e Levi, contra a população de Siquém, existe na literatura rabínica famosas discussões entre Maimônides e Nahmanides, dois grandes pensadores judeus. Maimônides lembra sobre as leis de Noé às quais estavam submeti-

dos os outros povos e por isso todos morreram pela espada. Nahmanides discorda e alega o motivo pela desonra feita no Gn 34,13. Mas Maimônides ainda acrescenta outro fator importante: Ninguém pode isolar um cidadão do direito de viver com o seu povo, no caso Dina sequestrada...
- Outro comentário sobre esta parasha (porção semanal da Palavra): Vemos o filho pródigo voltar depois de 20 anos a sua terra natal. Mas o acontecimento central se dá na Luta de Jacó com o Anjo, que segundo vários comentadores é o protetor celestial de Esaú.
- É a primeira vez que aparece na Bíblia o nome de Israel. Aquele do combate e da vitória, de geração em geração. Como vítima e como vitorioso, assim é Israel em toda a sua história. Depois da 2ª Guerra Mundial e da Catástrofe (Shoa) seguiu-se o renascimento de Israel sobre sua terra. Se Isaac representa o símbolo e o exemplo do sacrifício pelos seus descendentes, Jacó Israel se torna o símbolo do combate e da vitória de geração em geração.
- É por isso que diariamente o povo judeu se lembra das promessas de Deus a Isaías referentes ao povo de Israel: "Está chegando o Libertador para Sião e para aqueles de Jacó que da rebeldia voltaram atrás – oráculo do SENHOR. E esta será a minha aliança pessoal com eles, diz o SENHOR: 'O meu espírito que está em ti e minhas palavras que coloquei em teus lábios, de teus lábios jamais se afastarão, nem dos lábios dos teus filhos e dos filhos dos teus filhos – disse o SENHOR, agora e para sempre'" (Is 59,20-21).
- Por isso é que Jacó subirá até Seir (Cf. Gn 33,14), este se tornou o Monte Esaú, lembrado pelo profeta Abdias 1,21: "Vitoriosos subirão o monte Sião para dali governar a montanha de Esaú. E o reinado pertencerá ao SENHOR"!

8. VAYISHLACH – Seleções de Midrash a partir do texto bíblico: Gn 32,4 – 36,43

Jacó envia mensageiros a Esaú

Após passar vinte anos na casa de Labão, Jacó voltou a Israel com suas esposas - Rachel, Lea, Bilha e Zilpá - e seus filhos. Ele não tinha certeza se Esaú o tinha perdoado neste intervalo ou se ainda o odiava.

Jacó decidiu: "Enviarei mensageiros a Esaú para descobrir o que está planejando"."Como você pode mandar-nos a Esaú"? objetaram os mensageiros de Jacó. "Temos medo de enfrentá-lo".

"Não temam! Pedirei aos anjos que nos encontraram quando entramos em Israel para que marchem à sua frente e lhes protejam".

Jacó enviou anjos verdadeiros a fim de tanto impressionar como aterrorizar Esaú. Não devemos estranhar que seres celestiais foram mandados por Jacó a seu irmão Esaú, pois era comum que todos os nossos patriarcas lidassem com anjos:

- Três anjos visitaram Abraão após ter feito circuncisão.
- Enquanto vagava pelo deserto, os anjos dirigiram-se a Hagar, serva de Abraão.

Por que, então, deveríamos admirar-nos de que nosso patriarca Jacó tenha enviado anjos para uma missão?

- Se Eliezer, servo de Abraão, foi acompanhado de anjos quando viajou para a casa de Labão, certamente Jacó, ele próprio, foi auxiliado por anjos.
- Na próxima parashá, quando o pai de José enviou-o para procurar seus irmãos, deparou-se com três anjos. Por que deveríamos, então, admirar-nos de que seu pai Jacó tivesse anjos sob seu comando?

Jacó deu a seus mensageiros instruções detalhadas sobre como lidar com Esaú. "Sejam humildes perante Esaú. Chamem-no de 'Meu mestre'. Não obstante, deixem nossa posição bem clara para ele. Digam-lhe em meu nome: 'Vivi com Labão, mestre de todos os mágicos e trapaceiros, mas sobrepujei-o' (subentendendo: "certamente irei te sobrepujar"!). Apesar de morar na casa de Labão, cumpri todas as seiscentas e treze preceitos, (subentendendo: "sendo assim, você não pode esperar tornar-se vitorioso"). Adiei minha partida até agora (até o nascimento de José, pois ele possui o poder para te dominar)".

"Digam-lhe: 'Você me odeia por causa das bênçãos que pensa que roubei de você. Nosso pai abençoou-me para que eu tenha o orvalho do céu e a gordura da terra, porém não os recebi. Possuo gado, asnos e jumentos, que não são nem do céu, nem da terra. Por que, então, você me odeia?'"

As palavras de Jacó: "Possuo um boi, um jumento, servos e servas" também têm uma implicação mais profunda. "Tenho José, que é comparado a um boi. Tenho Issacar, que é equiparado a um jumento (e quem, com seu estudo da Torah, vencerá!), tenho ovelhas - o fiel povo judeu, que segue Deus como carneiros (a quem, portanto, Esaú nunca será capaz de destruir). Haverá entre meus descendentes um servo, David, e uma serva, Abigail (esposa de David) que, com sua grande santidade, enfraquecerão a força de Esaú, que se baseia na impureza"!

Jacó instruiu seus homens: "Expliquem claramente a Esaú que se ele quiser paz, estou pronto para a paz; mas se quiser guerra, também estou preparado. Meu acampamento é forte, e rezamos para Deus, que realiza nossos pedidos"!

Os mensageiros partiram, retornando mais tarde com notícias desalentadoras: "Você agiu de maneira fraternal em relação a Esaú," relataram a Jacó, "mas você pensa que ele se comportou como irmão? Ele ainda é o antigo perverso Esaú. Está marchando em sua direção trazendo quatrocentos generais. Cada general tem sob seu comando quatrocentos soldados"!

"Isso significa luta"!, pensou Jacó. "É verdade que Deus prometeu ajudar-me, mas talvez alguém de minha família tenha pecado. É possível que Deus nos puna agora e não nos ajude. Talvez Deus faça com que Esaú vença porque ele sempre honrou nosso pai Isaac".

Jacó ficou apavorado. Não era a possibilidade de ser morto que temia, mas estava apreensivo com a idéia de ter de matar alguém na batalha. "O que posso fazer para salvar minha família"?, ponderou Jacó.

Jacó se prepara para encontrar Esaú

Jacó preparou-se de três maneiras:

1. Rezou a Deus:

Jacó dirigiu-se a Deus, dizendo: Sei que Tua promessa de ajudar-me está condicionada ao meu mérito. Contudo, não possuo méritos, não sou merecedor de toda a verdade e bondade que me demonstrastes. Da primeira vez que atravessei o Jordão estava sozinho, mas agora me destes uma família que compreende dois acampamentos.

Por favor, Deus, salve-me das mãos de meu irmão Esaú. Ele não age como irmão, mas como o malvado Esaú. Está vindo para nos assassinar a todos.

Jacó não apenas rezou, como também instruiu cada um dos filhos a juntarem-se a ele em prece. A prece de Jacó foi respondida imediatamente por Deus, embora ele tenha descoberto isso mais tarde, baseado no relato de Esaú. Deus enviou um grupo de anjos disfarçados de soldados armados para atacar as tropas de Esaú e intimidá-las.

Aprendemos com Jacó que se estamos em situação perigosa, devemos rezar para Deus pedindo para que nos ajude.

2. Preparou um presente:

Jacó pensou: "Enviarei a Esaú um presente custoso. Talvez isso o ponha de bom humor e seja amável comigo".

Jacó escolheu duzentas cabras de seu rebanho, assim como numerosas ovelhas e outros animais. Ordenou aos servos que os entregassem a Esaú.

Jacó disse aos servos: "Não levem a Esaú todos os animais ao mesmo tempo. Separem os rebanhos. Mostrem a ele primeiro um rebanho para que pense que recebeu todo o presente. Depois mostrem outro rebanho, e então outro. Dessa maneira o presente parecerá enorme e ele apreciará muito mais o que recebe".

3. Aprontou-se para guerra:

Sabiamente, Jacó vestiu todos os de sua casa com trajes brancos. Mesmo assim, ordenou a cada um que escondesse uma espada sob a capa. Ao mesmo tempo fez planos de fuga. Dividiu seu pessoal em dois acampamentos, dizendo: "Se Esaú lutar contra um batalhão e vencer, neste ínterim o outro grupo terá tempo de fugir".

Disso aprendemos que numa situação de emergência devemos - além de rezar - fazer todo o possível para salvar nossas vidas.

Jacó luta com um Anjo durante a noite

Aquela noite, após sua família estar a salvo no outro lado do rio Jaboc, Jacó voltou, cruzando o rio novamente, porque havia esquecido do outro lado alguns de seus pertences, umas vasilhas. Um justo valoriza a menor de suas posses, e não a deixaria ser desperdiçada, pois cada um de seus pertences foi adquirido honestamente.

De repente, foi atacado por um ser semelhante a um homem. Na realidade, era um anjo, o anjo de Esaú, que Deus havia mandado para lutar com Jacó. Jacó se defendeu, mas o anjo continuou tentando derrubá-lo.

Os dois lutaram durante toda a noite. Quando a alvorada despontou, o anjo viu que a Shechiná (Presença da Divindade) pairava sobre Jacó, protegendo-o e soube então que não poderia vencê-lo. Mas ele deslocou uma parte da coxa de Jacó, que não podia mais caminhar sem mancar. Quando o sol saiu, o anjo implorou a Jacó; "Deixe-me ir agora. Já é dia". "Por que"?, perguntou-lhe Jacó.

O anjo explicou: "Sou um anjo de Deus. Pela manhã tenho que estar no céu para cantar louvores a Deus".

"Deixe que seus companheiros digam o cântico em seu lugar, e você cantará amanhã, em vez deles". "Isto não é permitido. Se você não me soltar para que eu possa cantar agora, perderei minha vez para sempre".

Jacó respondeu: "Não o deixarei ir a menos que admita primeiro que eu tinha razão ao tomar a bênção de meu pai, pois comprei o direito da primogenitura de Esaú".

"Não posso fazer isto"!, replicou o anjo.

"Por que não pode abençoar-me, como os anjos que apareceram para Abraão o abençoaram? Eles só partiram depois de revelar-lhe a notícia de que teria um filho".

"Eles foram enviados com esse propósito, mas não posso fazer o que não me foi ordenado. Fazendo isso, estaria ultrapassando meus limites, e como castigo, seria expulso de minha posição no céu".

"Apesar disto, continuarei a recusar-me a dispensá-lo, a não ser que me abençoe"!

"Qual o seu nome"? perguntou-lhe o anjo. "Jacó".

"De agora em diante seu nome principal não mais será Jacó, (que tem conotação de: 'aquele que tomou as bênçãos através de trapaça') mas serás chamado por um novo nome - Israel, significando: 'lutaste contra seres celestiais (o anjo de Esaú), e contra mortais (Labão e Esaú), e venceste'. És merecedor das bênçãos de seu pai"!

Jacó perguntou então ao anjo: "Qual o seu nome"?

"Por que você está me perguntando qual o meu nome"? replicou o anjo. "Anjos não têm nome permanente. O nome muda de acordo com a missão que cumprem".

O amanhecer raiou, e o anjo começou a cantar o louvor da terra, antes mesmo de voltar ao céu. Elevou a voz, louvando e enaltecendo Deus. As hostes Celestiais ouviram-no e exclamaram: "Em honra ao justo foi-lhe permitido dizer o cântico de louvor na terra, enquanto sua voz alcança os céus"!

A proibição de comer o tendão da veia da coxa

Em lembrança à luta entre Jacó e o anjo, na qual a coxa de Jacó foi deslocada, a Torah proíbe o judeu de comer o tendão da veia da coxa.

Abster-nos de comer essa parte ajuda-nos a lembrar como o anjo deslocou a coxa de Jacó, mas não pôde vencê-lo.

Deus protegeu Jacó das mãos do anjo de Esaú como um sinal de que mais tarde protegeria o povo judeu das mãos de Esaú.

O anjo conseguiu apenas feri-lo na coxa. Assim também, apesar do povo judeu passar por muito sofrimento nas mãos de outras nações, nunca será totalmente erradicado. Os povos jamais conseguirão exterminar o povo judeu completamente; mas irão infligir-lhe apenas ferimentos de natureza temporária. Estes serão curados na época de Messias, assim como Deus curou Jacó.

Como Jacó foi Curado

Jacó foi curado da seguinte maneira: neste dia o sol nasceu duas horas antes do tempo, compensando assim as duas horas que perdera pondo-se cedo quando Jacó deixou Harã (conforme relata a parashá anterior, Vayetsê).

Quando o sol se levantou, Deus intensificou a luz, revelando a Jacó aquela resplandecente luz especial que Ele criou no primeiro dia da Criação, e posteriormente escondeu-a ocultou-a do mundo (para preservá-la para os justos, no futuro). Ele agora irradiava estes fortes raios sobre Jacó, para curá-lo do ferimento.

No futuro, Deus curará todos os coxos e cegos com estes mesmos raios.

O significado da luta entre Jacó e Esaú

Por que Deus enviou o anjo de Esaú para lutar contra Jacó?

A batalha entre Jacó e Esaú era sinal de uma luta que estava sendo travada no céu naquela mesma hora.

O anjo de Esaú afirmou perante Deus: "Esaú tem maiores méritos que Jacó! Esaú honrava seu pai mais que qualquer outro jamais fez. Além disso, Esaú tem o mérito especial de viver em Israel, ao passo que Jacó estava na casa de Labão, fora de Israel". O anjo concluiu seu argumento da seguinte maneira: "Portanto, Esaú e seus filhos merecem governar Jacó e seus filhos"!

O anjo de Jacó por sua vez argumentou: "Jacó é um justo e Esaú não o é. Então Jacó e seus descendentes é que merecem prevalecer sobre Esaú e seus descendentes"!

Quando o anjo de Esaú lutou com Jacó na terra, demonstrou que ao mesmo tempo havia uma discussão no céu: quem prevaleceria sobre quem?

O anjo de Esaú perdeu a batalha no céu; conseqüentemente, perdeu também a batalha na terra. Deus anunciou: "Embora os descendentes de Esaú sejam às vezes mais fortes que os de Jacó, no final - no tempo de Messias - Jacó prevalecerá sobre Esaú".

Jacó e Esaú se encontram

Pela manhã Jacó viu Esaú aproximar-se, com seu exército. Jacó posicionou-se à frente do seu acampamento. Pensou: "Se o perverso Esaú quer atacar, que lute comigo primeiro"!

Jacó inclinou-se sete vezes perante Esaú. Quando Esaú viu isto, correu, abraçou-o e beijou-o.

O Midrash Explica: O Beijo de Esaú

O que Esaú tinha em mente ao beijar Jacó?

Nossos Sábios têm opiniões diferentes sobre isso:

Rabi Simão ben Yochai explicou: "Quando Esaú viu Jacó curvando-se humildemente à sua frente, sentiu pena do irmão. Beijou-o com todo seu coração e sua alma".

Rabi Yanai explicou de outro modo: Na Torah, a palavra 'vayishakêhu' (e ele o beijou) possui pequenos pontinhos sobre cada letra. A Torah nos sugere que Esaú, na verdade, planejava morder Jacó! Pensou que pegaria Jacó desprevenido porque estaria esperando um beijo do irmão. Esaú planejou rapidamente cravar os dentes no pescoço de Jacó e morder o irmão tão profundamente que este morreria! Por que Esaú planejou matar o irmão com uma mordida?

Ele queria evitar uma batalha, pois sabia que Jacó tinha um grande número de homens que o apoiavam. Além disso, os generais de Esaú o desertaram quando viram a sagrada face de Jacó. Esaú, portanto, preferiu assassinar Jacó enganando-o com um truque. Mas Deus fez um milagre para Jacó. Seu pescoço tornou-se duro como mármore! E os dentes de Esaú encontraram grande dificuldade para atingir seu alvo.

Este episódio é novamente um sinal para o futuro. Assim como a tentativa de Esaú de matar Jacó falhou, assim Deus protegerá seus filhos da fúria das nações.

Jacó e Esaú fazem as pazes

Esaú viu as esposas e filhos de Jacó. "Quem são tais pessoas"? - perguntou. "São os filhos que Deus me concedeu", respondeu Jacó.

As esposas e filhos de Jacó aproximaram-se para curvarem-se perante Esaú. Esaú observou-os, mas não percebeu Rachel entre eles. José colocou-se na frente de sua mãe, ocultando-a das vistas de Esaú. "Quem sabe o que este perverso Esaú tem em mente," pensou. "Não o deixarei olhar para Rachel, nem é bom que minha mãe olhe para este homem malvado, pois o choque poderia ocasionar-lhe um aborto". Rachel estava então grávida de Benjamin.

Ao perceber os servos e gado de Jacó, Esaú disse: "Pensei que você só estivesse interessado no Mundo Vindouro. Como você conseguiu amealhar tanta riqueza neste mundo"?

"Deus concedeu-me tudo isto para ser utilizado em Seu serviço".

"E de quem era aquele acampamento que encontrei"? perguntou Esaú a Jacó. "Não te disseram? São meus homens"! retrucou Jacó.

"Dizer-me? Em vez disso, me bateram! Um batalhão após o outro veio a mim, alguns montados à cavalo, outros de armadura. Perguntaram-me: 'Quem é você?' 'Esaú,' repliquei. Ao ouvir isto, começaram a me bater, e gritei: 'Deixem-me em paz! Sou o neto de Abraão!' Ignoraram minhas súplicas e continuaram a me chicotear.

'Sou o filho de Isaac!' Não me deram atenção, mas desferiram golpes sem dó. 'Sou o irmão de Jacó. Ele retornou após vinte anos de ausência, e quero ir ao seu encontro!'

Assim que mencionei seu nome, pararam de me bater, dizendo: 'Você é o irmão de nosso amigo Jacó. Por causa dele deixaremos você ir!'. Um segundo e terceiro grupo armado marchou em minha direção, para me bater, e só me soltaram quando mencionei seu nome. Recebi um número suficiente de pancadas"! Jacó compreendeu que Deus havia enviado exércitos de anjos para amedrontar Esaú.

Esaú quis saber: "De quem são todos esses rebanhos vindo em minha direção"? "São um presente para você," respondeu Jacó. "Tenho muito. Guarde o que quer que seja teu"!

Com estas palavras Esaú admitiu que Jacó pode ficar com as bênçãos de Isaac legitimamente. "Por favor, fique com meu presente," insistiu Jacó. "Considero meu encontro com você tão grandioso quanto meu encontro com o anjo que derrotei. Aceite meu agrado, pois Deus foi gracioso comigo e tenho tudo". Finalmente, Esaú aceitou o presente de Jacó.

(Ao descrever suas posses Jacó diz: "Tenho tudo", ou seja, tudo que necessito. Isto é a característica de um justo. Não importa o quão muito ou pouco possui, sempre está satisfeito, pois sente que o que quer que tenha é tudo o que necessita. Porém perversos como Esaú, falam de maneira arrogante: "Tenho muito", enfatizando a abundância de seus bens e proclamando que acumularam muito, mas nunca o suficiente, pois são constantemente consumidos pela ganância).

Esaú sugeriu a Jacó: "Continuemos nossa viagem juntos"!

Jacó pensou: "É melhor não viajar na companhia de um perverso".

"Não," respondeu Jacó. "Estou viajando com crianças pequenas e rebanhos de animais jovens. Tenho que ser delicado com eles, e movemo-nos a passos muito lentos. É melhor que você vá na frente para Seir, e eu chegarei lá depois, em algum momento"!

Esaú concordou e se separaram em paz.

Jacó nunca viajou a Seir para encontrar-se com Esaú. Em vez disso, porém, ficou na cidade de Sucot. Não obstante, nosso patriarca Jacó não mentiu. Ele indicou a Esaú que iriam se encontrar no Monte Seir em alguma data futura, na época de Messias, quando Esaú lá será julgado por sua iniqüidade.

Após o encontro com Jacó, Esaú voltou para a terra de Seir sozinho, sem seus quatrocentos generais. Desertaram-no um a um, pois assim que ficaram face a face com Jacó e contemplaram sua grandeza, foram tomados de medo. Foi realmente um milagre que Esaú tenha voltado para casa sem ter prejudicado Jacó.

O sequestro de Dina

Jacó e sua família estabeleceram-se nas cercanias da cidade de Siquém (Nablus).

Imediatamente, ao chegar em Israel, após uma ausência de vinte e um anos, Jacó adquiriu uma gleba de terra, simbolizando assim que não era mais um transeunte, mas morador, residente na terra que Deus prometera a seus descendentes. Jacó queria estabelecer o direito inalienável à terra através da aquisição. (Este é um dos três locais que a Torah assegura a propriedade do povo judeu. Como nos relata a parashá, Jacó comprou-o com moeda inconteste. Os outros dois locais são a Gruta de Machpelá em Hebron, comprada por Abraão, e o local do Templo Sagrado em Jerusalém, adquirido pelo rei David.)

Um dia, a filha de Jacó, Dina, ouviu o som de músicos e tambores do lado de fora da sua tenda. "Quem será que está tocando"?, pensou. Dina esgueirou-se sozinha para fora da tenda para assistir ao espetáculo.

Mas enquanto ela assistia, alguém mais a estava vigiando. Era Siquém, um príncipe dos heveus (uma tribo de Canaã). Quando viu Dina, gostou dela.

Decidiu raptar Dina e levá-la para seu palácio. Ela seria exatamente a mulher que ele queria!

Tentou persuadi-la a ficar em sua casa, com palavras convincentes. "Seu pai foi obrigado a gastar uma enorme quantia em dinheiro para adquirir uma propriedade em Siquém," disse-lhe. "Sou o governador desta cidade. Se você ficar comigo, vou dar-te a cidade inteira, com seus campos e vinhedos"!

Quando Jacó e os filhos voltaram dos campos, Dina havia desaparecido. Logo ouviram que Siquém a havia levado e ficaram perturbados e muito enraivecidos.

Imediatamente, Jacó enviou dois servos para resgatar Dina da casa de Siquém; porém estes foram expulsos.

Siquém, que se arrependeu de ter pegado Dina ilicitamente, pediu a seu pai que contatasse Jacó e lhe pedisse para dar-lhe Dina como sua legítima esposa.

Hemor, pai de Siquém, procurou Jacó e seus filhos e lhes disse: "Meu filho Siquém deseja muito Dina para esposa. Daremos a vocês todo o dote que desejarem. Por favor, aceite! Por que não podemos nos tornar uma grande família? Nossos jovens poderão se casar com suas filhas e vocês com as nossas".

Dentre os filhos de Jacó, Simão e Levi eram os mais abalados pelo maldoso feito de Siquém: além de ter raptado Dina, também a violara e a fizera sofrer. Exclamaram: "Este ato abjeto é proibido até de acordo com suas leis! Em vez de falarem por aí: 'Uma moça judia sofreu abuso,' melhor que digam: 'Idólatras foram mortos porque pegaram a filha de Jacó, uma moça judia".

Decidiram punir não só o raptor Siquém, mas todo o povo da cidade que não havia protestado pelo sequestro.

Simão e Levi agiram de acordo com a lei ao planejarem matar os habitantes de Siquém, porque todo o povo de Siquém merecia pena capital, de acordo com as Sete Leis de Noé, leis universais aceitas por toda a humanidade. O próprio Siquém era passível de pena capital, por ter raptado Dina, e transgredira a proibição de "Não roubarás". Seus concidadãos também eram culpados, uma vez que sabiam de seu ato, mas não o levaram à justiça. Violaram, portanto, mais uma das Sete Leis de Noé, a obrigação de administrar a justiça. Mereciam morrer, por terem falhado em aplicar a punição apropriada a Siquém.

Sem consultar seu pai, Simão e Levi, que àquela época tinham treze anos de idade, decidiram: "Amanhã não haverá mais vestígios da cidade de Siquém"!

Simão e Levi responderam ao pai de Siquém: "Sabe que nós, judeus, temos circuncisão. Não podemos permitir que desposem nossas filhas, a menos que todos os homens da cidade concordem em submeter-se à circuncisão".

Eles não tinham intenção de aceitar a proposta de Siquém e Hemor. Por isso, a Torah nos diz que responderam a Hemor com astúcia e inteligência. Escolheram a circuncisão como meio de incapacitar os habitantes de Siquém, a fim de infligir dano ao órgão que Siquém usou para agredir Dina.

O pai de Siquém voltou à sua cidade e persuadiu o povo. "Façamos a circuncisão, então tomaremos as filhas de Jacó para nós e poderemos dar nossas filhas a eles".

O povo de Siquém aceitou ser circuncidado, porque pensou: "A família de Jacó é rica. Se nos casarmos com suas filhas, teremos acesso a seu dinheiro".

No terceiro dia após os homens de Siquém terem feito a circuncisão, sentiram-se fracos e doentes. Simão e Levi cingiram as espadas e entraram na cidade. Mataram Siquém e seu pai, assim como todos os homens da cidade. Em seguida, trouxeram sua irmã Dina de volta para casa.

Quando Jacó ficou sabendo o que Simão e Levi haviam feito, assustou-se bastante. "Não agiram com prudência"!, repreendeu-os. "Agora todo o povo de Canaã nos atacará em vingança! O vinho no barril estava claro como o cristal, mas vocês o turvaram! Apesar dos canaanitas saberem que um dia conquistaremos sua terra, acharam que a conquista só se tornaria realidade num futuro distante. Por isso, estavam quietos, e não nos causavam mal. Mas agora que vocês os atacaram, pensam que começamos a tomar posse da terra. Portanto, irão empreender todos os esforços para nos destruir"!

Simão e Levi argumentaram que agiram a fim de proteger suas esposas e filhas. "Tínhamos que atacá-los," declararam, "a fim de mostrar-lhes que nossas moças não estão disponíveis para serem tomadas. Fizemos isso para impedir a reincidência de ocorrências similares no futuro"!

Deus ajudou Jacó e sua família. Quando os canaanitas atacaram a família de Jacó, Deus os protegeu. Os canaanitas perderam todas as batalhas contra a família de Jacó. Desde então, tinham medo de lutar contra Jacó ou seus filhos.

Não obstante, Jacó era da opinião que Simão e Levi colocaram em perigo a família inteira, e portanto, no final de sua vida amaldiçoou a raiva que os levou a atacar a cidade de Siquém.

Asnat, Filha de Dina

Dina, a filha de Jacó, deu à luz a uma filha a quem deu o nome de Asnat, derivado da palavra 'asson', infortúnio. "É meu infortúnio", lamentou, "ter tido uma filha de Siquém, filho de Hemor, que me tomou à força".

Os filhos de Jacó não suportavam ver Asnat, que os lembrava do desagradável episódio. Jacó percebeu este sentimento e ficou preocupado. Pegou uma corrente de ouro, escreveu a palavra 'kedoshá' num amuleto e pendurou-o no pescoço dela. Então a mandou embora, para um lugar onde teria uma vida melhor.

"Mas aonde eu irei"?, perguntou Asnat. "O que farei? Ainda sou jovem". Jacó tranqüilizou-a, dizendo: "Deus a protegerá aonde quer que você vá".

Asnat deixou a casa de Jacó. O anjo Gabriel a acompanhou e conduziu-a ao Egito, onde ela conheceu a esposa de Potifar, que não tinha filhos e de bom grado adotou a menina. Muito tempo depois, esta mesma Asnat se casaria com seu tio José.

Jacó oferece sacrifícios na cidade de Betel

Deus apareceu a Jacó e lembrou-o: "Antes de viajar para a casa de Labão, você prometeu que me daria um décimo de todos seus ganhos. Você ainda não cumpriu a promessa. Vá imediatamente a Betel para construir um altar e oferecer os sacrifícios que Me prometeu"!

Antes da viagem, Jacó perguntou à sua família: "Algum de vocês têm ídolos? Talvez vocês tenham retidos alguns quando Simão e Levi lhes deram os despojos de Siquém. Todos os ídolos devem ser enterrados na terra; devem entregá-los para mim. Precisamos também trocar de roupa para ficarmos em estado de pureza ao oferecer os sacrifícios para Deus em Betel". Ao chegar lá, Jacó construiu um altar e queimou sobre ele as oferendas como havia prometido.

O falecimento de Rebeca e o consolo de Deus a Jacó

Em Betel um membro idoso da casa de Jacó faleceu; era a babá de sua mãe Rebeca, que se chamava Débora. Jacó a enterrou sob uma grande árvore em Betel.

Logo chegaram a Jacó mais notícias tristes: sua própria mãe, Rebeca, havia falecido! Jacó não a via desde que saíra de casa para ir à casa de Labão. Haviam já se passado 34 anos.

Antes de morrer, Rebeca ordenou que deveria ser enterrada à noite, em segredo. Raciocinou: "Quem irá acompanhar meu caixão após minha morte? O justo Jacó não está aqui. Meu marido Isaac é cego e não consegue sair de casa. Assim, só resta Esaú para me acompanhar. Por que deveriam as pessoas amaldiçoarem-me por ter dado à luz a Esaú? Melhor que seja enterrada em segredo"!

Enquanto Jacó estava de luto pela sua mãe, Deus apareceu-lhe para consolá-lo e abençoá-lo com a bênção dos enlutados. Deus anunciou-lhe: "Seu nome não mais será Jacó, mas Israel, o príncipe e governante. Frutifique-se e multiplique-se! Uma nação e assembléia de nações nascerão de você, e reis serão seus descendentes! A terra que dei a Abraão e Isaac pertencerá a você e a seus descendentes"!

As palavras de Deus, "uma nação" nascerá de Jacó, referem-se a Benjamin, que ainda não nascera. A profecia de Deus, que uma "assembléia de nações" nascerá de Jacó, alude aos filhos de José, netos de Jacó, Efraim e Manassés, que serão elevados ao status de tribos, como seus próprios filhos.

Rachel morre ao dar à luz Benjamin

Jacó e sua família continuaram viajando em direção a Hebron, onde morava Isaac, seu pai. No caminho Rachel deu a luz à um segundo filho, Benjamin.

Inicialmente, Rachel o chamou 'Ben Oni', que significa 'filho de minha dor', pois sentira que estava para morrer. Mas Jacó trocou o nome do bebê para 'Benjamin', que significa 'filho da mão direita'. Queria dizer com isso: "este filho apoiará minha mão direita na minha velhice".

Rachel faleceu durante o parto. Jacó enterrou Rachel perto de Belém, no local onde ela falecera. Sobre seu túmulo ele ergueu um memorial, para o qual cada filho trouxe uma pedra. Jacó colocou as pedras uma em cima da outra, formando um pilar, colocando a sua pedra no topo.

Por que Jacó não levou Rachel à Gruta de Machpelá para enterrá-la junto com as outras matriarcas? Antes de falecer Jacó explicou a seu filho José a razão de sua conduta (porque José indicou ao pai que não queria enterrar Rachel ao lado da estrada), dizendo: "Juro-lhe que exatamente tanto quanto você quer que sua mãe descanse na Gruta da Machpelá, assim desejo que ela seja enterrada lá"!

"Ordene isto agora," apressou-o José, "e eu ainda a transferirei e a enterrarei na Gruta de Machpelá"!

"Você não pode fazer isto, meu filho," respondeu Jacó, "porque a enterrei no cruzamento de estradas de Belém, de acordo com a ordem Divina. No futuro, quando os filhos de Rachel forem exilados por Nabucodonosor, no caminho à Babilônia, passarão pelo túmulo de Rachel. Ela suplicará a Deus por misericórdia para seus filhos, e Deus escutará sua prece".

As palavras de Jacó cumpriram-se quando o povo judeu foi exilado após a destruição do primeiro Templo Sagrado.

Rachel levantou-se perante Deus e rezou: "Mestre do Universo, sabes muito bem o quanto Seu servo Jacó me amou, e serviu meu pai por sete anos por mim. Ao final dos sete anos, quando chegou o momento do casamento, meu pai decidiu dar-lhe minha irmã em meu lugar. Eu sabia, e encontrei-me numa situação bastante difícil. Enviei uma mensagem a meu futuro marido, e ele me revelou certos sinais através dos quais ele poderia distinguir-me de minha irmã.

Então o plano de meu pai teria falhado. Mais tarde, porém, mudei de idéia, porque tive pena de minha irmã, que seria exposta à vergonha pública. Quando minha irmã estava vestida para o casamento, revelei-lhe os sinais secretos que havia combinado com Jacó, e até me escondi no quarto do casal, e respondi às questões de Jacó, para que ele não descobrisse o engodo através de sua voz".

"Sou apenas humana, mas não tive ciúmes dela, nem a expus à desgraça. O Senhor é o Deus Eternamente Vivo, por que deveria ter ciúmes de ídolos insignificantes, e permitir que, em conseqüência, Seus filhos sejam exilados, mortos a fio de espada, e sofram abusos dos inimigos"?

A prece de Rachel evocou a misericórdia de Deus, e Ele respondeu-lhe (Jeremias 31:15-16), "Abstenha tua voz de chorar, e teus olhos de lágrimas, pois teus bons atos serão recompensados, diz Deus, e eles [teus filhos] retornarão novamente da terra do inimigo"!

Hoje em dia, mais de 3500 anos após o falecimento de Rachel, conhecemos a localização do túmulo de Rachel. Muitos judeus vão lá para rezar. Deus ouve suas preces em mérito da matriarca Rachel, a grande mulher justa.

O pecado de Rúben no incidente de Bilha

Durante sua vida Rachel foi a principal esposa de Jacó. Após sua morte, Jacó transferiu seu leito para a tenda de Bilha, indicando que agora Bilha tomaria o lugar de Rachel.

Rúben, que estava preocupado com a honra de sua mãe Lea, argumentou: "Enquanto estava viva, Rachel era rival de minha mãe. Será que agora a criada de Rachel também se tornará rival de minha mãe"?

Jacó havia se mudado para a tenda de Bilha, a fim de honrar a memória de Rachel, pois ele trabalhara quatorze anos para ter o direito de casar-se com ela, e ela era o esteio do seu lar. Como tributo a Rachel, honrou sua fiel criada; pois mesmo depois que Bilha casou-se com Jacó, continuou a servir Rachel fielmente.

Jacó também pode ter feito isto porque Bilha estava educando José, que tinha oito anos de idade e o pequeno Benjamin. Estes não eram apenas seus caçulas, mas a lembrança de sua esposa mais amada.

Para impedir Jacó de entrar na tenda de Bilha, e indicar que Jacó deveria ficar com sua mãe Lea, Rúben deitou-se na cama do pai e fingiu que dormia.

Jacó arrumara um divã especial para a Shechiná (Presença da Divindade) nas tendas de cada uma de suas esposas.

Ele costumava ir para a tenda na qual percebia a presença da Shechiná. Assim, a conduta de Rúben desrespeitou não apenas a honra de seu pai, mas também a honra Divina.

A Torah afirma: "Rúben foi e deitou-se com Bilha". Isto não quer dizer que ele cometera o pecado de adultério, mas refere-se ao fato dele ter desarrumado o leito de seu pai. A Torah considera a interferência nos assuntos maritais de seu pai um pecado tão grave como se tivesse realmente se deitado com ela.

O Talmud (Shabat 55b) explica: "Aquele que alega que Rúben pecou incorre em erro". Os motivos de Rúben eram nobres: defender a honra de sua mãe.

Contudo, Rúben perdeu o direito de primogenitura em decorrência de seu erro. A dupla porção devida ao primogênito foi concedida a José.

Pelo resto da vida Rúben não parou de repreender-se pelo erro que cometera. Jejuou e fez teshuvá continuamente. O arrependimento sincero de Rúben serve de exemplo a todos as pessoas arrependidas e que desejam se converter depois dele.

Isaac falece

Finalmente Jacó e toda sua família voltaram para Hebron, onde vivia seu pai Isaac.

Isaac estava transbordando de felicidade ao receber seu filho Jacó, o justo, acompanhado de suas justas esposas, e doze filhos maravilhosos, depois de trinta e seis anos separados!

Encontrou em Jacó o cumprimento da bênção da Torah (Sl 128,6): "E verás os filhos de seus filhos, paz sobre Israel". (Neste contexto, "Israel" refere-se ao nosso patriarca Jacó, chamado de Israel).

Isaac viveu vinte e um anos mais e chegou a ver todos os netos crescerem como pessoas justas. Faleceu quando já era um ancião, aos 180 anos.

Isaac deixou suas posses para ambos os filhos, por isso Esaú também apareceu para prestar as últimas honras a seu pai.

A família carregou Isaac para a Gruta de Machpelá, enlutando-se e andando descalços. Todos os reis de Canaã acompanharam o caixão.

Esaú disse a Jacó: "Vamos dividir a herança de nosso pai em duas partes. Cada um de nós pegará metade. Como sou o mais velho, escolherei qual a minha porção".

Jacó fez a divisão, repartindo os bens de Isaac da seguinte maneira: Juntou em uma pilha a fortuna inteira que pertencera a Isaac - escravos, gado, ouro e prata - e disse a Esaú: "As posses de nosso pai passarão a um de nós. O outro filho herdará o título da Terra de Israel e a Gruta de Machpelá. Escolha qual das duas porções você quer"!

Esaú foi pedir a opinião de Nabaiot filho de Ismael, acerca de qual herança escolher. Nabaiot aconselhou-o: "Atualmente os canaanitas estão na terra, e não há meios de saber o que o futuro trará. A riqueza material, por outro lado, lhe será de utilidade imediata"! Esaú deu ouvidos a Nabaiot e decidiu ficar com a fortuna de Isaac, em vez de Canaã.

Jacó e Esaú escreveram um contrato que estipulava:

"A terra de Canaã, incluindo a Gruta de Machpelá, foi adquirida por Jacó e seus filhos para sempre".

Esaú então pegou suas esposas e pessoas de seu lar, deixou Canaã e estabeleceu-se no monte de Seir.

Os Descendentes de Esaú

O final da parashá nos relata quem foram os filhos e netos de Esaú. Viveram na terra de Seir e Edom. Muitos se tornaram príncipes e regentes e conquistaram novas terras.

A bênção de Isaac para Esaú de que ele seria vitorioso na guerra, tornou-se realidade.

Por que Deus fez os descendentes de Esaú serem reis e regentes?

Uma das razões é que Deus não quis que os filhos de Esaú reclamassem mais tarde: "Não é justo! O povo judeu teve grandes justos porque foi orientado por grandes líderes e reis. Se nós, filhos de Esaú, tivéssemos reis e regentes, também seríamos uma nação justa e Deus nos teria nos escolhido como Seu Povo".

Assim, a Torah nos conta que houve poderosos reis liderando os filhos de Esaú em Seir e Edom. Mesmo assim, os líderes e o povo, foram tão perversos que Deus não os escolheu para se tornarem Seu Povo. Em vez disso, optou pelo justo Jacó e seus doze filhos, pois cada um deles era um justo.

Por que a Torah traz uma relação dos descendentes de Esaú?

A resposta é explicada através de uma parábola:

Um príncipe deixou cair uma preciosa pérola na areia. Convocou-se uma busca para recuperá-la. Seus escravos não deixaram uma pedrinha sequer sem ter sido revirada, na esperança de descobrir a jóia desaparecida. Porém, assim que a jóia foi encontrada, descartaram toda a areia e pedras restantes como sem valor, não dando mais nem uma olhadela para a areia. Concentravam-se agora apenas na pérola, embrulhando-a cuidadosamente para presenteá-la ao príncipe.

Assim também é no princípio da história da humanidade. A Torah enumera a genealogia de todas as gerações, listando seus nomes sem, contudo, dar detalhe algum:

• Dez gerações de Adão até Noé.
• Dez gerações de Noé até Abraão.

Assim que chegamos à época de Abraão, contudo, a Torah o descreve extensamente, pois Abraão é a gema pela qual a areia foi peneirada. Por isso o livro de Gênesis estende-se detalhadamente sobre as histórias de Abraão, Isaac e Jacó, que constituem o propósito para o qual o mundo foi criado.

Sob essa mesma óptica, a Torah lista brevemente os descendentes de Esaú sem entrar em detalhes, para demonstrar o desgosto de Deus com eles. A Torah continua então a descrição completa e minuciosa das vidas dos filhos de Jacó, na próxima parashá, para demonstrar que eles são o propósito da Criação.

Correspondência Bíblica:

Israel:

Gn 32,29: "E ele lhe disse: Doravante não te chamarás Jacó, mas Israel, porque lutaste com Deus e com homens, e venceste".

Ex 34,27: "O SENHOR disse a Moisés: Escreve estas palavras, pois baseado nelas faço Aliança contigo e com Israel".

Lv 23,42: "Sete dias morareis em tendas. Todos os que forem naturais de Israel morarão em tendas".

Nm 24,5: "Como são belas as tuas tendas, ó Jacó, e as tuas moradas, ó Israel!".

Dt 6,4: "Ouve, Israel! O SENHOR nosso Deus é o único SENHOR".

Js 4,22: "ensinareis que aqui Israel atravessou o Jordão a pé enxuto".

2Sm 7,6: "Pois Eu nunca morei numa casa, desde que tirei do Egito os filhos de Israel até hoje, mas tenho andado em tenda e abrigo".

Tb 13,3: "Celebrai-o, filhos de Israel, diante das nações para o meio das quais ele vos dispersou".

Sl 89, 19: "Pois o SENHOR é nosso escudo, e o Santo de Israel, nosso Rei".

Is 27,6: "No futuro Israel criará raízes, Israel dará flores e botões, e de frutos cobrirá a face da terra".

Jr 31,4: "Vou reconstruir-te, serás restaurada, virgem Israel. De novo pegarás o pandeiro e sairás dançando alegremente".

Mq 5,1: "Mas tu, Belém de Éfrata, pequenina entre as aldeias de Judá, de ti é que sairá para mim aquele que há de ser o governante de Israel".

Mt 2,6: "E tu, Belém, terra de Judá, de modo algum és a menor entre as principais cidades de Judá, porque de ti sairá um príncipe que será o pastor do meu povo, Israel".

Mt 9,33: "Expulso o demônio, o mudo começou a falar. As multidões ficaram admiradas e diziam: Nunca se viu coisa igual em Israel!".

Mt 10,6: "Ide, antes, às ovelhas perdidas da casa de Israel!".

Lc 2,32: "luz para iluminar as nações e glória de Israel, teu povo".

Jo 1,49: "Natanael exclamou: Rabi, tu és o Filho de Deus, tu és o Rei de Israel!".

At 5,31: "Deus, porém, por seu poder, o exaltou, tornando-o Líder e Salvador, para propiciar a Israel a conversão e o perdão dos seus pecados".

Gl 6,16: "E para todos os que seguirem esta norma, como para o Israel de Deus: paz e misericórdia!".

Ap 21,12: "Estava cercada por uma muralha grande e alta, com doze portas. Sobre as portas estavam doze anjos, e nas portas estavam escritos os nomes das doze tribos de Israel".

09 – Gn 37,1 – 40,23: VAYÊSHEV – וישב
Am 2,6 – 3,8

- Por que José era tão amado por seu pai? Porque ele era filho da velhice. Rashi explica que, tudo o que Jacó estudou com Sem e Éber, ensinou ao seu filho José.
- Sem (o filho de Noé) e Éber (bisneto de Noé) tinham uma beit midrash (um local, uma escola de estudo da Bíblia) onde estudavam e transmitiam os ensinamentos da Torah.
- Nas leis de Avodat Cochavim (capítulo 1, item 2) Rambam (Rabi Moshê *ben* Maymon – famoso pensador Maimônides) conta que antes do Patriarca Abraão começar a difundir as idéias do monoteísmo no mundo, eram eles os únicos a acreditar em Deus.
- A conselho de Isaac, o Patriarca Jacó saiu da casa de seus pais para se casar com uma das filhas de Labão (irmão de Rebeca). Antes de enfrentar esta nova etapa de sua vida, Jacó julgou por bem passar quatorze anos na Yeshivá (escola de estudos da Torah para meninos e jovens rapazes) de Sem e Éber. Assim, munido de uma grande bagagem espiritual para poder enfrentar este novo convívio, distante da influência positiva e elevada de seus pais Isaac e Rebeca.
- Sem e Éber viveram em épocas negativas ao extremo, no que diz respeito à moralidade e à falta de fé no Criador – como o dilúvio e a Torre de Babel.
- Apesar disso tiveram força suficiente para se elevar acima de todos esses males e enfrentar uma dura realidade diferente da criada por Abraão e Isaac. Jacó então após quatorze anos de fortalecimento espiritual se dirigiu finalmente à casa de Labão.
- Pelo mesmo motivo que teve ao procurar os ensinamentos de Sem e Éber, Jacó achou conveniente transmiti-los a José.
- No futuro, José ficaria afastado do convívio de seu pai e de um ambiente fundamentado na Bíblia e viveria em terra estranha.
- Estes ensinamentos proporcionariam a José, longe de seus pais e irmãos, a força espiritual adequada para vencer todos os testes que a vida imoral do Egito lhe apresentaria.

- Entretanto, seus irmãos, que não sabiam o motivo de tanta dedicação por parte de seu pai e de forma exclusiva a José, invejaram-no. Porém, após todos os acontecimentos, concluíram que se não fosse por esses ensinamentos que Jacó transmitiu a José, pelo fato de José ter ficado no Egito por muitos anos sozinho, ele não teria força suficiente para enfrentar um ambiente tão adverso àquele que estava acostumado, sem modificar seu comportamento correto.
- É preciso sempre investir na educação das novas gerações, no estudo da Bíblia, com bagagem suficiente, para que possam seguir o caminho da Bíblia em qualquer circunstância e lugar. Ensinamentos que dêem ao jovem a visão autêntica dos mandamentos de Deus e a crença total nas verdades eternas da Bíblia, que nos foram dadas pelo Criador, cujos pensamentos são muito mais amplos e complexos do que os limitados horizontes do ser humano.
- Isso para que os jovens compreendam que a Bíblia e seus mandamentos são compatíveis com todas as gerações, até mesmo com o progresso da tecnologia e da ciência.
- Muitos conhecimentos de tantos outros povos, culturas e civilizações que pareciam eternos, estão hoje enterrados, restando deles apenas alguns monumentos arqueológicos e alguns capítulos da História. O Povo de Israel, sua cultura e seus costumes, entretanto, estão presentes na vida das diversas comunidades, distribuídas nos quatro cantos do mundo.
- Felizes aqueles que ainda em tempo, perceberam a autenticidade da Bíblia. Felizes aqueles que concluíram, que mediante os preceitos de Deus nela inscritos, pode-se atingir os mais altos níveis de felicidade, harmonia e união.
- Felizes aqueles que entenderam que é possível a construção de uma família e ideais que servirão de exemplo para que outros os acompanhem para alcançar de fato uma forma de vida ideal – a vida baseada nos conceitos e preceitos da Bíblia.

9 – Vayetsê – Seleções de Midrash a partir do texto bíblico: Gn 37,1 – 40,23

Os ciúmes dos irmãos

Os doze filhos de Jacó eram todos justos, mas José era o mais especial dentre eles. Era um justo tão santo que o incomodava ver os outros cometer um erro, por menor que fosse. Por isso, sempre que José notava alguma coisa que achava que seus irmãos faziam errado, ele contava a seu pai Jacó. José esperava que o pai repreendesse seus irmãos por suas falhas.

Mas José cometeu dois enganos: primeiro, deveria ter falado diretamente com seus irmãos para explicar-lhes o que tinham feito de errado; talvez eles o ouvissem. Segundo, muitas vezes, José pensava que seus irmãos tinham errado quando, na realidade, eles tinham certa razão para agir daquela maneira.

Os relatórios de José para Jacó incomodavam e preocupavam muito os irmãos. Eles achavam que a maledicência de José ao pai fazia parte de um plano para expulsá-los de casa e ficar sozinho no lugar deles.

"Nosso pai Jacó deve estar muito zangado conosco," preocupavam-se. "Ele pode nos mandar embora (como Abraão fez com Ismael) e decidir que só José merece ser seu sucessor como pai do povo judeu, porque ele é um justo maior que todos nós".

Os irmãos percebiam que José era o favorito de Jacó. Eles pensavam que seu pai o amava porque ele acreditava na maledicência que José falava deles.

Na realidade, Jacó tinha outras razões para seu amor especial por José: ele era filho de Raquel, a principal esposa por quem Jacó serviu a Labão. Jacó também via que José, apesar de sua pouca idade, era um estudioso excepcional da Torah. Ele nunca saía do lado de Jacó, tão grande era seu desejo de aprender Torah com o pai.

Jacó decidiu honrar José deixando claro para todos que ele era um filho especial. Comprou de um mercador um fino tecido de lã. Deste tecido, mandou fazer um bonito traje para José.

Os irmãos ficaram ainda mais enciumados, porque o pai tratava José de modo diferente.

Quando alguém é invejoso, não raciocina com clareza. Imagina que "é tratado com injustiça" e considera a pessoa que inveja seu inimigo.

Foi isso que aconteceu com os irmãos de José. Por terem ciúmes de José, imaginavam que ele era um "inimigo" perigoso, que tentava prejudicá-los; estavam também convencidos de que tinham razão em puni-lo.

Por compreender que o ciúme é pernicioso, nossos Sábios costumavam rezar: "Deus, guarde-me de ter ciúmes dos outros e não deixe que os outros tenham ciúmes de mim". Em alguns livros para a oração, estas palavras são encontradas ao final da Amidá (oração) diária.

Os sonhos de José

O primeiro sonho de José

Certa noite, José teve um sonho. Pela manhã, estava ansioso para contar a seus irmãos. "Ouçam este sonho estranho"! - disse ele. "Sonhei que estávamos todos juntos num campo amarrando feixes de trigo. Todos os seus feixes rodearam o meu e se inclinaram para ele".

Os irmãos ficaram zangados quando ouviram estas palavras. "Agora sabemos o que você está pensando". - acusaram. "Acredita que, por ser especial, você nos governará e todos iremos nos inclinar diante de você. Deve imaginar estas coisas durante o dia, senão não sonharia com elas à noite".

Qual era o verdadeiro significado do sonho de José? Era uma profecia de Deus de que, um dia, os irmãos se curvariam diante dele no Egito, onde iriam comprar trigo.

O segundo sonho de José

Logo depois, José teve outro sonho. Primeiro, ele o contou aos irmãos e depois para seu pai, Jacó, na frente deles. "Eu estava rodeado pelo sol, a lua e onze estrelas," explicou José. Todos se curvavam perante mim".

Seu pai perguntou: "Seu sonho significa que eu (sol), sua mãe (lua) e seus onze irmãos (as estrelas) vão se curvar perante ti? Este sonho não tem sentido! Ele não pode acontecer porque sua mãe Raquel já não vive mais".

Jacó percebeu que os irmãos tinham ciúmes de José por causa de seus sonhos. Para acalmá-los, ele agiu como se estivesse zangado com José por contar seus sonhos sem sentido. Mas, em seu coração Jacó pensou, "Este sonho foi enviado por Deus. Esperemos para ver quando vai se concretizar".

José estava convencido de que seu sonho iria acontecer e disse aos irmãos: "Eu governarei sobre vocês! Nosso pai Jacó foi até Labão para casar com minha mãe Raquel. Sou o primogênito de Raquel e, por isso, devo governar. Deus assim o determinou e vocês não devem me odiar e nem ficar ressentidos".

Rumo a Siquém

Quando José tinha dezessete anos, seu pai lhe disse um dia:
"Estou preocupado com seus irmãos. Eles estão cuidando das ovelhas nos arredores de Siquém, a cidade que Simão e Levi uma vez destruíram. Tal-

vez o povo de lá esteja planejando atacar seus irmãos em represália. Vá, veja se eles estão bem".

De fato, era perigoso para José, um rapaz, viajar até seus irmãos que o odiavam. Por que então Jacó mandou José sozinho para Siquém? Na verdade, esta idéia foi posta no coração de Jacó por Deus. Deus queria que José fosse vendido ao Egito para que Jacó e sua família viajassem até lá. Este seria o começo do exílio para o Egito que Deus predisse a Abraão.

Os irmãos vendem José como escravo

Quando os irmãos viram José vindo de tão longe, disseram:
"Agora vamos castigá-lo! Ele é um inimigo perigoso por causa dos seus sonhos e relatos maldosos sobre nós. Temos que nos livrar dele, antes que se livre de nós"!

Os irmãos discutiram se deviam ou não matar José. Os dois mais empolgados, entre eles, eram Simão e Levi, que gritaram:

"Ele merece a morte! Vamos matá-lo e contar ao nosso pai que um animal o devorou"! Rúben não estava tão convencido de que Simão e Levi estavam certos.

"José é só uma criança"! - argumentou ele. "O que quer tenha feito para nós, não foi para nos destruir; foi só imaturidade. Ouçam-me. Não derramem sangue! Apenas o joguem num desses fossos por aí. Se ele o merece, Deus o deixará morrer lá".

Os irmãos concordaram e Rúben pensou: "Mais tarde, vou tirá-lo do fosso e levá-lo de volta para nosso pai". Enquanto isso, José alcançou os irmãos.

"Agora vamos mostrar para você como seus sonhos são falsos"! - gritaram. "Vamos jogá-lo num fosso". Arrancaram o traje especial que Jacó havia feito para ele (para que mais tarde pudessem mostrar ao pai). José começou a chorar:

"Por favor, não façam isso comigo," pediu-lhes. Mas os irmãos não tiveram piedade. "Estamos em perigo porque você está tentando se tornar uma autoridade sobre nós," disseram.

Com a força da decisão de seus irmãos a favor dele, Simão jogou José no fosso. E então os irmãos se sentaram para comer. Rúben os deixou porque precisava voltar para casa. Enquanto comiam, um grupo de mercadores árabes passou por eles. Judá sugeriu: "Que tal vender José para os árabes? Ele pensa que será rei e reinará sobre nós. Em vez disso, vai se tornar um escravo".

Os irmãos concordaram que seria um castigo apropriado; José foi vendido aos árabes. Quando Rúben voltou mais tarde, viu o fosso vazio.

"Vendemos José"! - contaram os irmãos. "O que vocês fizeram"?! - acusou-os Rúben. "Agora nosso pai irá nos perguntar onde ele está e me mandará procurá-lo até o fim do mundo".

"Não se preocupe," asseguraram os irmãos para Rúben. "Vamos contar que ele foi devorado por um animal selvagem e assim não mandará ninguém procurá-lo".

Eles mergulharam as vestes de José no sangue de uma cabra. Quando Jacó viu a roupa de José suja de sangue, começou a chorar. "Um animal selvagem despedaçou meu filho"! - exclamou. Ninguém conseguia confortar Jacó. Estava tão triste que se recusou a sentar num assento alto. Daí em diante, Jacó só se sentava no chão.

Judá e Tamar

A Torah interrompe a narrativa da história de José, inserindo aqui o capítulo a respeito de Judá e Tamar. Quando os filhos de Jacó perceberam que seu pai não aceitaria consolo pela perda de José, disseram: "É tudo culpa de Judá! Nós respeitamos seu conselho e por isso não matamos José quando ele se opôs à idéia. Se Judá tivesse nos falado: "Não o venda", teríamos dado ouvidos a ele também". Os irmãos, conseqüentemente, expulsaram Judá do meio deles, e este seguiu seu caminho.

Judá arrumou uma esposa, a filha de um mercador estabelecido nas vizinhanças. A esposa de Judá presenteou-o com três filhos: Her, Onã e Sela. Os filhos de Judá poderiam ter-se tornado antepassados de reis, pois Judá originou a dinastia dos reis de Israel, mas escolheram agir de forma diferente. O filho mais velho, Her, casou-se com a justa Tamar, filha do filho de Noé, Sem. Era tão linda quanto modesta.

Her temia que caso ela ficasse grávida, ela perderia a beleza, e por isso ele pecou, desperdiçando seu sêmen, frustrando o verdadeiro propósito do casamento. Deus puniu-o com a morte.

Judá disse ao segundo filho, Onã: "Despose a mulher de seu finado irmão, e dessa maneira cumprirá o preceito de deixar descendência ao irmão falecido (casamento levirato). Deus ordenou o preceito de *yibum*. Se um homem sem filhos vem a falecer, seu irmão ou parente mais próximo deve casar-se com a viúva. A criança nascida dessa união receberá o nome do falecido".

Onã concordou em aceitar Tamar como esposa, mas como seu irmão, pecou, desperdiçando seu sêmen. Por causa disso Deus o puniu e ele também morreu. Judá temia casar seu terceiro filho com Tamar, achando de mau agouro o fato de os dois maridos terem morrido. Pensou que ela pudesse ser a causadora da morte dos dois. Por isso adiou o casamento de Sela, afastando Tamar com as palavras: "Fique na minha casa até que Sela cresça! Quando Sela cresceu, entretanto, Judá não o casou com Tamar.

Nesse meio tempo, a mulher de Judá faleceu. Seus irmãos vieram para confortá-lo. Quando terminou o período de luto, Judá foi supervisionar a tosquia de suas ovelhas.

Tamar queria ter filhos que descendessem da tribo sagrada de Judá, profetizando que pessoas de valor nasceriam de uma união entre ela e Judá. Ela era justa e agia sabiamente. Motivada por intenções nobres, concebeu um plano para enganar Judá.

Cobriu-se de véus e sentou-se numa encruzilhada próxima ao local da casa de Abraão, um lugar que sabia ser visitado por todos os passantes. Tamar elevou os olhos a Deus e rezou: "Sabes que estou agindo para o bem. Não me deixes sair de perto do justo Judá de mãos vazias".

Quando Judá passou pela encruzilhada, percebeu uma mulher que parecia ser uma decaída, mas ele continuou em frente, pois um justo de seu status não se rebaixaria a relacionar-se com uma prostituta.

Contra a vontade de Judá, entretanto, o anjo de Deus forçou-o a dirigir-se a ela. Deus disse: "De qual união, senão essa, nascerão reis? Que outra produzirá nobres"?

Judá não reconheceu Tamar, pois ela, em casa, havia sempre modestamente velado o rosto. Foi exatamente por causa desse traço de modéstia que Deus a havia a escolhido como ancestral da família real do povo de Israel.

Judá perguntou-lhe: "Você é gentia"? "Não", respondeu ela, "tornei-me uma judia".

"É casada"? "Não".

"Talvez seu pai a tenha destinado a outro homem"? "Não, sou órfã".

Ela perguntou a ele: "O que você me dará para vir comigo"?

"Mandarei a você um cabrito do rebanho".

"Você pode antes dar-me um penhor"? - pediu Tamar.

"Que penhor posso lhe dar"? - perguntou Judá.

"Dê-me seu anel de sinete, sua capa, e o cajado que tem na mão. Com seu anel de sinete, consagre-me como sua esposa conforme é costume".

Judá fez a cerimônia de casamento na presença de duas testemunhas, as duas pessoas que o acompanhavam.

Todas as palavras de Tamar continham laivos de profecia. Com as palavras: "seu anel de sinete", ela profetizou que reis e nobres dela descenderiam. "Sua capa", continha uma alusão ao Sinédrio que usam o manto o tempo todo e que também seriam seus descendentes. "Seu cajado" referia-se a Messias que nasceria da tribo de Judá, de quem se diz: "Um cajado brotará do tronco de Jessé" (Isaías 11,1).

Quando Judá voltou para casa, mandou o cabrito prometido para a mulher, mas esta não se encontrava em lugar algum. Três meses depois, disseram-lhe: "Sua nora ficou grávida através de sua devassidão. Além do mais, está orgulhosa de si mesma, gabando-se: 'Eu carrego reis, carrego redentores'".

Judá conclamou o tribunal, para que a julgasse e punisse sua má ação. Os juízes eram Isaac, Jacó e Judá, que decidiram que Tamar deveria ser queimada. Foi sentenciada à morte pelo fogo porque, como filha de um sacerdote, pela lei da Torah, é punida por imoralidade com o fogo (Cf. Lv 21,9).

Seu ato constituía uma imoralidade equivalente à da mulher casada, pois havia sido destinada a outro homem por yibum. Tamar poderia ter tornado conhecido o fato de que estava grávida de Judá, mas absteve-se de fazê-lo, dizendo: "Prefiro enfrentar a morte a envergonhá-lo em público".

Ao ser levada para a morte, ela quis enviar um mensageiro com os artigos da garantia que ele lhe havia dado. Porém, quando procurou pelo anel de sinete, o cajado e o manto, não pôde encontrá-los.

Tamar ergueu os olhos aos Céus, exclamando: "Suplico que tenha piedade de mim, Deus! Responda-me nessa hora de necessidade, e ilumine meus olhos para que possa achar os objetos do penhor"!

Deus ordenou ao anjo Miguel que fosse procurar o penhor, e Tamar o descobriu. Ela deu os objetos a um mensageiro e instruiu-o a contar aos juízes. "Estou grávida do homem a quem esses objetos pertencem. Não quero tornar seu nome público, mesmo se tiver de ser queimada. Por favor, reconheça a quem pertencem"!

A súplica por trás das palavras era dirigida a Judá: "Por favor, dê ciência ao Criador e não destrua a mim e aos filhos que carrego"!

Quando Judá viu os objetos do penhor, sentiu-se envergonhado e foi tentado a negar que pertenciam a ele. Mas venceu a batalha contra sua má inclinação, pensando: "Prefiro ser envergonhado neste mundo a sê-lo perante meus justos antecessores no Mundo Vindouro"!

Ele admitiu: "Ela está certa. Eu estava em falta não a deixando casar com meu filho Sela. Ela espera um filho meu". Uma voz Celestial proclamou: "Foi por Minha ordem que estes fatos aconteceram dessa maneira. Ela será antecessora de reis e profetas"!

O nome Judá contém todas as letras do Divino Nome de Deus: (Yud Hê Vav Hê), porque Judá santificou o Nome de Deus, ao admitir publicamente a verdade.

Tamar teve gêmeos. Durante o nascimento, um deles esticou a mãozinha para fora e a parteira imediatamente pôs uma fita encarnada brilhante no seu pulso para marcá-lo como primogênito. Mas o bebê retirou a mão e a segunda criança nasceu primeiro. Por isso, foi chamado Farés, que significa: "aquele que irrompeu ". O irmão nascido logo após foi chamado Zara, por causa da brilhante fita vermelha atada no pulso.

Na casa de Potifar

Depois de uma longa, cansativa e dolorosa viagem, José foi levado ao Egito e oferecido para venda como escravo.

O rei do Egito, Faraó, tinha um ministro de nome Potifar, que precisava de um escravo. Ele reparou em José e comprou-o. No começo, Potifar só dava a José tarefas simples, como aos outros escravos. Mas logo Potifar percebeu que José era ótimo trabalhador - o que José assumia em suas mãos era bem feito.

Assim, Potifar começou a dar para José tarefas de maior responsabilidade e mais importantes. E, novamente, José o fazia tão bem que Potifar ficou espantado. Por isso, disse a José: "Você vai se tornar um supervisor".

Colocou José como encarregado de sua casa e o designou para cuidar de suas louças caras, seu ouro e sua prata. Tão logo José assumiu esta função, os empreendimentos de Potifar tiveram sucesso como nunca tiveram antes. Potifar se tornou rico porque Deus ajudava José em tudo o que ele fazia.

Potifar viu que podia confiar completamente em José. Confiava tanto nele que até parou de pedir-lhe prestação de contas.

José é posto à prova

José foi tão bem sucedido na casa de Potifar que começou a ter prazer em seu trabalho. Deus falou: "José, você está se sentindo bem enquanto seu pai está de luto por você. Vou lhe dar um teste difícil. Você continuará a ser

um justo mesmo longe da casa de seu pai, no Egito, um país onde todo o povo é imoral"?
Deus então mandou um teste para José.
Zuleica, a mulher de Potifar, decidiu que gostava do jovem e belo escravo. Se pelo menos ela pudesse fazer com que ele gostasse dela - ela gostaria muito mais de tê-lo como marido do que Potifar. Ela adulava José: "Você é um homem tão bem apessoado. Eu nunca vi alguém tão bonito como você"!
José respondia: "Deus, que criou todas as pessoas, criou-me como Ele quis".
Zuleica riu: "Você tem resposta para tudo," disse ela. "Você toca harpa tão bem quanto fala. Pegue a harpa e toque uma música para mim".
José respondeu: "Eu uso a harpa só quando canto os louvores de Deus, nosso Deus".
Zuleica tentava dia após dia ganhar a atenção de José, mas ele se recusava a ser atraído pelo seu encanto. Quando, por fim, ela se cansou de todas as artimanhas, ela recorreu a ameaças. "Vou pô-lo na prisão"! - ela avisou a José, mas ele respondeu:
"Deus pode me salvar da prisão".
Zuleica não conseguia comer e nem dormir. O dia todo só pensava no jovem escravo. Ficou com a idéia fixa de tê-lo para si. Logo, Zuleica viu sua oportunidade. Foi no dia do ano em que todos os egípcios celebravam o feriado nacional em honra ao rio Nilo. Naquele dia, o rio Nilo transbordava e regava a terra seca e árida. Todos os membros da casa de Potifar correram para tomar parte nas canções e danças à beira do rio.
Zuleica tinha um plano. Naturalmente, José não tomaria parte nas festividades do feriado egípcio. Se ela ficasse em casa, o teria para si. Zuleica se desculpou com seu marido. "Potifar," gemeu ela, "não me sinto bem. Vou ficar em casa".
Quando todos saíram, Zuleica chamou José. Ele estava cansado de recusar Zuleica dia após dia. Quantas vezes mais poderia dizer "não"? Seria muito mais fácil simplesmente concordar com ela!
De repente, José teve uma visão de seus santos pais, seu pai Jacó e sua mãe Raquel. O que eles pensariam do seu filho se ele pecasse? Jamais o perdoariam.
"Não, ouvirei você"! - gritou José.
Ele viu que Zuleica estava puxando uma espada debaixo da roupa; rapidamente, José se livrou de seu manto, deixou-o na mão dela e correu para fora de casa.

O Midrash explica: A recompensa de José

Quando nos referimos a José, nós o chamamos José, o justo. Isso porque José era um justo comprovado; Deus o pôs à prova e ele não pecou. Como recompensa, Deus mais tarde fez com que José se tornasse governante no Egito. Mesmo centenas de anos mais tarde, Deus recompensou os descendentes de José, os judeus, porque ele se recusou a pecar com a mulher de Potifar. Isto aconteceu assim:

Quando o grande Mestre Moisés e os judeus estavam nas margens do Mar Vermelho com o poderoso exército do faraó atrás deles, os judeus tremiam de medo. À frente deles rugia o mar; atrás, bradava o exército egípcio. Para que lado poderiam se virar? Então aconteceu um milagre. Deus dividiu o mar, formando um caminho seco para que os judeus atravessassem.

Por que o povo judeu mereceu um milagre tão fantástico? Há uma resposta na oração de Halel:

"O mar viu e fugiu". O que o mar "viu" que repentinamente "fugiu"? - e se tornou seco para o povo judeu? Os Sábios de Israel: O mar viu o caixão de José. Os israelitas estavam carregando com eles um caixão com os ossos de José (porque, antes de morrer, José pediu que os judeus o sepultassem em Israel). Quando o mar observou o caixão de José, "o mar se retirou"; ele se converteu em terra seca para os judeus. Deste modo, Deus recompensou José, que fugira da mulher de Potifar.

Foi assim que José, ao passar no teste e não pecando, ajudou os judeus, mesmo depois de sua morte.

José é Preso

Quando Potifar voltou, sua mulher lhe disse:

"Você comprou um escravo mau! Enquanto você esteve fora, ele tentou seduzir-me". Potifar não acreditou em sua mulher. Ele sabia que José era um homem justo, um homem excepcionalmente honesto e bom. Mas Zuleica já havia contado para toda a casa sobre o "escravo mau". Potifar não podia dizer a todos que achava que a mulher estava mentindo e por isso ordenou: "Levem José e ponham-no na prisão".

José explica dois sonhos

Deus ajudou José também na prisão. O oficial encarregado dos presos percebeu que podia confiar completamente em José e ordenou:

"Que José não seja vigiado como os outros presos. Ele tem permissão para circular livremente. Eu o nomeio supervisor dos outros presos".

Durante os dez anos em que José esteve na prisão, ele manteve a posição de supervisor. Um dia, foram trazidos dois novos presos. Eram o chefe da adega e o chefe dos padeiros do faraó. O chefe da adega estava sendo punido porque uma mosca foi encontrada no copo de vinho servido ao faraó; o padeiro, porque uma pedrinha havia sido encontrada num dos pãezinhos servidos ao faraó. Eles ficaram na prisão por um ano.

Certa manhã, José entrou na cela deles e viu que ambos, o padeiro e adegueiro, pareciam tristes e desanimados. "O que os preocupa"?, perguntou gentilmente.

"Eu tive um sonho estranho esta noite," respondeu o chefe da adega. "Estou perturbado porque, quanto mais eu penso, menos consigo entender o que significa".

"A mesma coisa aconteceu comigo"! - exclamou o padeiro. "Também tive um sonho estranho e gostaria de saber seu significado".

"Contem-me seus sonhos," sugeriu José. "Talvez Deus permita que eu encontre uma explicação para eles". O chefe da adega começou:

"No meu sonho, vi três galhos de parreira nos quais uvas estavam amadurecendo. Eu estava segurando o copo do faraó em minha mão e espremia o suco destas uvas dentro do copo. Em seguida, entreguei o copo ao faraó".

"Parece um sonho bom," explicou José. "Em três dias, a partir de hoje, o faraó irá chamá-lo de volta ao palácio de novo para ser novamente o seu chefe da adega".

Então o padeiro contou seu sonho:

"Sonhei que estava carregando três cestos sobre minha cabeça. No cesto superior, estava o pão do faraó. Pássaros voaram para o cesto de cima e tiraram o pão de lá".

"Não parece um sonho bom," explicou José. "Em três dias, o faraó vai pendurá-lo na forca e os pássaros comerão sua carne".

Naturalmente, Deus fez com que a explicação de José desse certo. (Deus fez com que o chefe da adega e o padeiro tivessem estes sonhos por uma única razão - para depois provocar a libertação de José da prisão). Três dias depois, o faraó celebrou seu aniversário com uma grande festa. Como José predisse, ele ordenou que o chefe da adega fosse chamado de volta ao palácio e que o padeiro fosse enforcado.

Antes do chefe da adega deixar a prisão, José lhe pediu:

"Quando você estiver de volta no palácio do Faraó, por favor, mencione a ele que estou preso aqui, mesmo sendo inocente. Peça-lhe que me liberte".

Mas José ainda não merecia ser libertado e assim Deus fez com que o chefe da adega esquecesse José por dois anos. Só então se lembrou dele, como veremos na próxima parashá (porção semanal da Palavra de Deus).

Correspondência Bíblica:

Tamar:

Gn 38,25: "Quando a levaram para fora, Tamar mandou dizer ao sogro: O homem a quem pertencem estas coisas deixou-me grávida. Verifica de quem são o sinete, o cordão e o bastão".

Rt 4,12: "E, graças à descendência que terás desta jovem, tua casa seja como a casa de Farés, filho que Tamar deu a Judá".

Mt 1,3: "Judá gerou Farés e Zara, de Tamar. Farés gerou Esrom; Esrom gerou Aram...".

José:

Gn 45,4: José, cheio de clemência, disse aos irmãos: "Aproximai-vos de mim". Tendo eles se aproximado, ele repetiu: "Eu sou José, vosso irmão, que vendestes para o Egito.

Gn 46,20: No Egito José teve Manassés e Efraim, nascidos de Asnat, filha de Putifar, sacerdote de On.

Gn 46,27: Os filhos de José nascidos no Egito eram dois. A casa toda de Jacó, que emigrou para o Egito, constava de setenta pessoas.

Ex 1,5: os descendentes diretos de Jacó eram setenta ao todo. Isso era quando José já estava no Egito.

Ex 13,19: Moisés levou consigo os ossos de José, pois este tinha feito jurar os filhos de Israel: "Quando Deus vos visitar, levai embora convosco os meus ossos"!

1Mc 2,53: José, submetido à angustia, guardou o mandamento e tornou-se senhor do Egito!

Sl 77,16: Com teu braço libertaste o teu povo, os filhos de Jacó e de José.

Sl 105: Enviou a sua frente um homem: José foi vendido como escravo.

Eclo 49,17: Nem como José nasceu alguém assim, príncipe entre os irmãos, sustentáculo do seu povo;

Am 5,15: Odiai o mal, amai o bem, fazei vencer no tribunal o que é justo. Quem sabe assim o SENHOR Deus dos exércitos terá misericórdia do resto de José.

Zc 10,6 – Darei força à gente de Judá, darei vitória à casa de José.

At 7,9: Os patriarcas, movidos por ciúme, venderam José aos egípcios. Mas Deus estava com ele.

At 7,13: Na segunda vez, José se deu a conhecer a seus irmãos, e faraó ficou sabendo da origem de José.

At 7,14: Então José mandou buscar Jacó, seu pai, e todos os parentes, setenta e cinco ao todo.

At 7,18: Surgiu então no Egito um rei que não conhecera José.

Hb 11,21: Pela fé, Jacó prestes a morrer, abençoou cada um dos filhos de José e, apoiando-se na extremidade do cajado, prostrou-se em adoração.

Hb 11,22: Pela fé, José relembrou, já no fim da vida, o êxodo dos filhos de Israel e deu ordens acerca de seus restos mortais.

Ap 7,8: da tribo de Zabulon, doze mil, da tribo de José, doze mil; da tribo de Benjamin, doze mil.

10 – Gn 41,1 – 44,17: MIKETS - מקץ
1Rs 3,15 – 4,1

- Não guardar mágoa e ressentimento.
- José chamou seu filho primogênito de Manassés. A Torah nos diz porque ele lhe deu este nome: "Porque Deus me fez esquecer todas as minhas penas e toda a casa de meu pai" (Gn 41,51).
- E podemos nos perguntar: Estaria correto José dar nome ao seu filho levando em consideração seu esquecimento da casa de seu pai e ainda agradecer ao Eterno por este fato?
- Foi nesta casa que José recebeu a preciosa educação do patriarca Jacó, com o qual estudou parte da Mishná (literatura rabínica referente à Tradição Oral) – José era filho da velhice de Jacó. A palavra velhice (zekunim) é formada pelas letras záyn, cuf, nun, yod e mem que são as iniciais das palavras *Zeraim, Codashim, Nashim, Yeshuot e Moed*, que são os nomes de cinco dos seis volumes da *Mishná*.
- Porém esta passagem, que relata o esquecimento de José da casa de seu pai, tem outro sentido, conforme alguns sábios e rabinos de Israel:
- É evidente que o sofrimento de José por estar distante da casa de seu pai era incalculável. Seu pai lhe transmitiu todos os estudos que adquiriu na casa de estudos da Bíblia de Sem e Éber e amava José imensamente.
- Além de estar longe da casa de seu pai, José sofreu por ter sido vendido por três vezes e chegou até ser preso sem justa causa.
- José poderia achar que seus irmãos fossem os culpados por todos os sofrimentos pelos quais passou. Ele poderia pensar que, estar diante de seu pai e do aconchego da família, a falta de estudo da Bíblia em companhia de Jacó e sua prisão, fossem apenas consequências de seus irmãos terem-no vendido como escravo.
- Entretanto, José não guardou nenhum sinal de rancor e agradeceu ao Todo-Poderoso por ter-lhe dado a oportunidade de aperfeiçoar suas virtudes não guardando mágoa dos irmãos e esquecendo completamente o que fizeram. Por isso, chamou seu filho primogênito de Manassés, derivado da palavra *nasháni – ressentimento,*

- Quando os irmãos de José foram ao Egito e ele os reconheceu, consta na Torah: "e José se lembrou do sonho que tivera sobre eles"!
- O sábio de Israel (Gaon) de Vilna diz que José não lembrou nenhum instante o que lhe fizeram (que fora jogado no poço e vendido). Ou seja: José não guardou nenhum ressentimento de seus irmãos.
- Este comportamento de José nos ensina uma grande lição. Mesmo que as circunstâncias e os motivos sejam justos para que guardemos mágoa de outras pessoas, mesmo que nos pareça que alguém causou nosso sofrimento ou nosso fracasso profissional e mesmo que nossa natureza seja guardar rancor nestas situações, devemos controlar nossos corações, pois isso levaria ao ódio.
- O justo José deve nos servir de exemplo. Embora tenha passado por muitas dificuldades, não guardou mágoa e ressentimento. Ele conseguiu purificar seu coração de todos os males.
- O *Talmud Guitin 58* conta que Rabi Yeshohua *ben* (filho) Chananyá, foi certa vez a Roma. Contaram-lhe que lá estava preso um menino de admirável fisionomia, bonito olhos e cabelos cacheados.
- Rabi Yeshohua foi até a prisão para vê-lo e perguntou-lhe, conforme o profeta Isaías: "Quem entregou Jacó aos saqueadores, entregou Israel aos ladrões"?
- E o menino respondeu: "Foi Deus, porque pecamos a Ele".
- Rabi Yeshohua declarou, então, ter certeza de que este jovem seria um líder espiritual no futuro e recebeu sobre si a tarefa de não sair da cidade até resgatar o menino por qualquer valor que fosse exigido.
- Muitos dos sábios de Israel nos perguntam se somente porque tinha lindos olhos e boa aparência merecia ser resgatado da prisão.
- Por outro lado, se ele merecia ser resgatado somente porque Rabi Yeshohua sentiu que seria um futuro líder espiritual, por que havia então a necessidade do *Talmud* descrever seu aspecto físico?
- O *Talmud* nos ensina algo muito profundo. Quando um indivíduo comum está passando por algum sofrimento e principalmente, se ainda é uma criança, normalmente estaria magoado, com fisionomia abatida e espírito abalado, sem cuidar do seu aspecto físico. O sofrimento e a tristeza do indivíduo refletem seu rosto.
- Aquele menino, entretanto, ao contrário do habitual, possuía controle total sobre si, e seu semblante apresentava-se tranquilo e sereno.
- Ao comprovar isso, Rabi Yeshohua percebeu que estava perante alguém especial.

- Sendo assim previu que a criança seria no futuro, um grande personagem, como de fato aconteceu. Este jovem tornou-se o grande mestre Rabi Ismael *bem* Elishá, um dos sábios que sofreram torturas e humilhações pelo Império Romano.
- Os sábios de Israel ensinam no *Talmud San'hedrin 85,* que mesmo em momentos de perigo não devemos mudar de comportamento, mantendo-nos sempre em nosso nível. Sobre esta passagem, o comentador Rashi traz uma prova de que este é o comportamento correto.
- Quando Sidrac, Misac e Abdênago foram jogados no forno por Nabucodonosor, eles apresentaram-se com suas vestes nobres costumeiras.
- Portanto, o indivíduo deve manter seu equilíbrio em todas as situações, seguindo os exemplos do justo José, e de Rabi Ismael *ben* Elishá, não guardando rancor e confiando com fé absoluta no Criador.

10 – Mikets: Seleções de Midrash a partir do texto bíblico: Gn 41,1 – 44,17

Os sonhos do faraó

Após José ter permanecido na prisão por doze anos, Deus decidiu: "Vou pô-lo em liberdade agora". Por isso, Deus fez com que o faraó tivesse pesadelos à noite. Vocês sabem o que o faraó sonhou?

Ele estava no rio Nilo. Sete vacas estavam saindo do rio. Eram gordas e bem alimentadas. Em seguida, saíram do rio mais sete vacas. Mas estas eram totalmente diferentes! Eram magras e esfomeadas.

O sonho continuou. As sete vacas magras e esfomeadas abriram suas bocas e engoliram as sete vacas gordas e sadias. Não sobrou nada delas; porém, as vacas magras não ficaram mais gordas depois de comerem as vacas sadias.

Na verdade, era um sonho estranho, mas o faraó não teve tempo de pensar sobre ele quando acordou, pois adormeceu novamente e sonhou de novo.

Sete lindas e grandes espigas de trigo estavam saindo de uma haste. Cada caroço era grande e cheio.

De repente, o faraó viu mais sete espigas brotando, mas eram diferentes: elas cresciam em sete hastes separadas ao invés de uma só. Além disso, cada espiga era tão fina e murcha que dava pena. E as sete espigas de trigo, finas e murchas, abocanharam as sete espigas grandes e cheias.

José é chamado perante o faraó

Vocês podem imaginar o estado do faraó quando ele acordou? O que poderiam significar estes sonhos tão estranhos?

O faraó ordenou que todos os seus sábios e mágicos se reunissem no palácio. "Expliquem-me os meus sonhos," ordenou. Os mágicos tinham muitas idéias originais, cada um tinha uma explicação diferente para os sonhos do faraó. Um deles disse:

"É muito claro, meu faraó, que tenhas sonhado com sete vacas gordas e sadias, porque tua mulher dará à luz sete filhas. Em seguida, vistes as sete vacas sadias serem engolidas porque, ai de mim, todas tuas sete filhas morrerão".

Um outro continuou: "E vistes sete lindas espigas de trigo porque vais conquistar sete países. Sete espigas magras engoliram as boas, significando que, mais tarde, perderás estes sete países".

Mas o faraó não estava satisfeito. Seus mágicos sabiam como explicar o número "sete", mas por que tinha ele visto sete vacas saindo do rio e sete espigas de trigo ao invés de sete cães ou sete árvores, ou qualquer outro objeto? Seus mágicos não tinham respostas para suas perguntas. "Não há ninguém aqui que possa explicar corretamente meu sonho"? - gritou o faraó.

De repente, o chefe da adega pensou num homem que sabia como explicar sonhos. José! E exclamou: "Eu conheço o homem certo! Uma vez, ele explicou dois sonhos e os dois se realizaram. Mas este homem está na prisão".

"Traga-o aqui imediatamente"! - ordenou o faraó. Um mensageiro correu rápido para a prisão. O cabelo de José foi aparado e sua roupa trocada para que ficasse apresentável perante o faraó. E ele foi levado para o palácio.

"Ouvi dizer que sabes como explicar sonhos," cumprimentou o faraó a José. José respondeu: "Nenhum homem pode saber o verdadeiro significado dos sonhos; somente Deus sabe. Deus pode revelar para mim a verdadeira explicação de seus sonhos".

José não ficou orgulhoso quando o faraó o chamou diante de si. Ele não tinha a pretensão de saber como explicar um sonho.

Uma História: Rabi Akiba e o Pobre Homem Rico

Certa vez, Rabi Akiba queria vender uma pérola. Procurou um comprador que lhe oferecesse um valor alto, porque a pérola era tão linda que era difícil encontrar outra igual. No mercado, todos souberam que Rabi Akiba tinha uma pérola rara e linda para vender.

Um dia, quando Rabi Akiba passou pela sinagoga, um homem com roupas esfarrapadas e rasgadas se ergueu do banco onde se sentavam os mendigos e disse para o Rabi:

"Soube de sua pérola e vou lhe pagar o preço que pede".

Rabi Akiba olhou espantado para o homem pobre. Como ele poderia ter dinheiro suficiente para comprar uma pérola tão cara? Seria um trapaceiro? Ou estaria apenas fazendo uma brincadeira?

Mas o homem pediu a Rabi Akiba que fosse a sua casa. Ele lhe pagaria lá. O homem conduziu Rabi Akiba até a casa. Não era uma choupana, mas uma linda mansão, onde apareceram criados bem vestidos que ofereceram uma refeição para Rabi Akiba e seus alunos.

O "pobre" homem trouxe ouro e pagou a Rabi Akiba o preço total. E ordenou a um criado que guardasse a pérola num lugar seguro onde ele guardava mais seis pérolas iguais.

"Se és tão rico," perguntou Rabi Akiba ao homem, "por que usas roupas de pobre? E por que sentas no banco dos mendigos da sinagoga"?

"Rabi," explicou o homem, "a vida de um homem não é curta? Em breve, estarei na sepultura. Para lembrar a mim mesmo que não vou ter minhas riquezas para sempre, sento-me com as pessoas pobres. Deste modo, não fico orgulhoso por causa da fortuna que Deus me deu. E também há outra vantagem em sentar entre os pobres. Se alguma vez perder minha fortuna, não ficarei aborrecido, porque sei que um mendigo e um homem rico são iguais, como se diz, 'Não fomos todos criados por um Pai e um Deus?' Eu sei que Deus odeia as pessoas orgulhosas".

Quando Rabi Akiba ouviu isso, elogiou o homem. "Eu gostaria que todas as pessoas ricas tirassem um exemplo de sua humildade"! - exclamou ele.

A interpretação

José escutou com atenção enquanto o faraó relatava seus sonhos. Deus deu para José o espírito santo da profecia e ele compreendeu o verdadeiro significado dos sonhos. José explicou para o faraó:

"Os seus dois sonhos - aquele que se refere às vacas e o que se refere às espigas de trigo - predizem o mesmo acontecimento. Nos próximos sete anos, Deus dará ao Egito comida em abundância. Haverá mais produção nos sete anos de abundância do que o povo poderá comer. Estes sete anos bons são representados, nos seus sonhos, pelas sete vacas gordas e pelas espigas grandes de trigo".

"Depois destes sete anos de fartura, porém, virá uma terrível fome. Por isso, Deus lhe mostrou as sete vacas magras e esfomeadas e as sete espigas de trigo murchas. As vacas magras devoraram as gordas e as espigas murchas engoliram as cheias porque os anos de fome serão tão terríveis que as pessoas esquecerão os anos bons".

A explicação de José fazia sentido para o faraó. Um sonho em que o Nilo que regava a terra tinha a ver com comida. As vacas que pastavam nos campos também dependiam do Nilo e as espigas de trigo eram a comida. Na explicação de José, tudo se encaixava.

O Midrash explica: A fome que foi diminuída

Na realidade, quantos anos de fome tinha Deus planejado trazer para o Egito? A resposta é: 42 anos. Sabemos disto pelo fato de que a Torah repete os sonhos do faraó seis vezes:

1. O faraó sonhou que sete vacas magras emergiram do Nilo.
2. O faraó sonhou que sete espigas de trigo murchas cresceram.
3. O faraó disse para José: "Vi sete vacas magras saindo do rio".
4. O faraó disse para José: "Vi sete espigas de trigo murchas".
5. José explicou ao faraó: "As sete vacas magras fazem alusão aos sete anos de fome".
6. José explicou ao faraó: "As sete espigas murchas de trigo fazem alusão à mesma coisa: sete anos de fome".

A Torah nos fala seis vezes sobre os sete anos de fome para insinuar que, na realidade, Deus planejou quarenta e dois anos de fome para o Egito. Mas José rezou: "Por favor, Deus, traga somente sete anos de fome"!

Deus aceitou a reza do Justo (justo) e reduziu a fome para sete anos. Quando Jacó foi para o Egito depois de dois anos de fome, ele abençoou o faraó: "Possa Deus cessar a fome".

Deus realizou a bênção de Jacó e a fome terminou. Por causa dos dois homens justos, a fome foi reduzida de quarenta e dois anos para dois.

José se torna governante

José disse para o faraó: "Não tenhas medo da fome. Por que Deus te mostrou estes sonhos? Para preveni-lo de que deves se preparar com antecedência para os anos de fome. Então o país não passará fome. Nomeia um homem sensato para reunir todo o alimento a mais nos anos de abundância. Ele irá armazená-lo e distribuí-lo nos anos de fome que virão. Deste modo, todos terão alimento".

O faraó ficou muito satisfeito com o sábio conselho de José e disse para seus ministros: "Alguma vez, vocês viram um homem como José, que tem o entendimento de Deus? Ele é o homem mais sábio do país, assim vou encarregá-lo de reunir e armazenar os alimentos nos anos de abundância".

O faraó tirou seu anel e o colocou no dedo de José: "Com isto, eu te nomeio governante do Egito," disse. "Somente eu, o faraó, estou acima de ti. A não ser eu, todos no país devem te obedecer".

O faraó chamou José por um novo nome, Safenat Fanec, que quer dizer, "O Revelador de Segredos," porque José foi capaz de explicar os segredos dos sonhos do faraó.

O faraó ordenou a José que se casasse. Deus fez com que José encontrasse uma esposa vinda da família de Jacó. Seu nome era Asnat.

Asnat deu-lhe dois filhos. Ao mais velho, deu o nome de Manassés e ao mais novo, Efraim (Alguns sábios de Israel relacionam Asnat como sendo a filha de Dina, que foi depois adotada por Zuleika, mulher de Potifar).

O que aconteceu nos anos de fome

Os sonhos do faraó aconteceram exatamente como José havia previsto. Durante os anos de produção farta, José reuniu toneladas de alimentos, colocando-os em armazéns especiais.

Sete anos depois, começou a fome. Nenhuma espiga cresceu. Todos os alimentos que os egípcios puseram em armazéns particulares se estragaram, mas não aqueles armazenados por José. Todos os egípcios foram forçados a comprar alimentos de José.

Viagem ao Egito

Os países ao redor do Egito também sofreram com a fome. Na casa de Jacó, na Terra de Canaã, não havia sobrado muita comida.

Jacó disse a seus filhos: "Ouvi, de pessoas que voltam do Egito que naquele país há muitos grãos para vender. Quero que vocês viajem para o Egito e comprem comida para nós. Benjamin, porém, não irá com vocês. Ele é o único filho que me resta da minha querida esposa Raquel e tenho medo que alguma desgraça possa acontecer a ele na viagem".

José age como um estranho perante seus irmãos

José sabia que, mais dia, menos dia, seus irmãos viriam ao Egito comprar comida. Emitiu uma ordem aos guardas de todos os portões da capital do Egito: "Anotem o nome de todos que entrarem na cidade e me mostrem a lista todas as noites".

Uma noite, José encontrou na lista dos que chegaram ao Egito dez nomes familiares. Mas cada nome da lista era de um portão diferente:

Ruben, filho de Jacó; Simão, filho de Jacó; Levi, filho de Jacó; Judá, filho de Jacó; Isaacar, filho de Jacó; Zebulon, filho de Jacó; Dan, filho de Jacó; Naftali, filho de Jacó; Gad, filho de Jacó; Asher, filho de Jacó.

Finalmente seus irmãos chegaram! Mas onde estava Benjamin? 'Está faltando seu nome na lista,' pensou José. 'Será que meus irmãos também o venderam? Será que eles também o odeiam como odiavam a mim?'

José ordenou a seus criados: "Tragam estes homens diante de mim".

Quando os irmãos apareceram, José os reconheceu, mas eles não o reconheceram. José pensou que se lhes dissesse: "Eu sou José," eles ainda podiam odiá-lo e rejeitá-lo. José decidiu. "Vou testá-los primeiro para ver se eles estão ou não arrependidos de terem me vendido".

Os irmãos se curvaram diante do governante egípcio e José se lembrou de seus sonhos e pensou: "Sonhei que Benjamin também se curvaria perante mim e mais tarde meu pai também. Mas por que Benjamin não está aqui? Preciso descobrir".

José se dirigiu a seus irmãos com severidade: "Soube que todos vocês entraram na cidade por portões diferentes," disse-lhes. "Somente espiões agem assim. Vocês vieram por caminhos diferentes para descobrir os segredos do Egito. Vocês são espiões".

Os filhos de Jacó protestaram: "Não, somos todos irmãos! Nosso pai recomendou para entrar por portões diferentes ao invés de por um único.

Ele tinha medo que as pessoas fossem ficar com inveja e desejar o mal se vissem dez irmãos juntos, belos e fortes. Na verdade, somos doze irmãos, mas o mais novo ficou em casa e um outro está perdido no Egito. Estávamos procurando por ele na cidade, não somos espiões".

José respondeu asperamente: "Não acredito em vocês! Vocês são espiões! Se querem provar que estão dizendo a verdade, mandem um de vocês para casa para trazer seu irmão mais novo. Enquanto isto, o resto ficará prisioneiro".

Para provar que falava a sério, José colocou os dez irmãos na prisão por três dias. Quando os soltou, ordenou: "Agora vão para casa e levem comida para suas famílias. Mas guardem minhas palavras, na próxima vez que vierem, tragam seu irmão mais novo e então acreditarei em suas desculpas. Caso contrário, mandarei matá-los como espiões".

Os irmãos ficaram assustadíssimos pela inesperada aspereza do governante egípcio. Disseram um ao outro em hebraico: "Por que Deus trouxe esta desgraça sobre nós? Certamente está nos castigando porque não tivemos piedade de José quando nos implorou para não vendê-lo".

Ruben repreendeu os outros: "Eu não disse que José agia como criança? Ele não merecia ser vendido como escravo. Vocês deveriam ter sido mais brandos com ele".

Os irmãos pensavam que o governante egípcio não entendia hebraico. Toda vez que os irmãos falavam com ele, José pedia que suas palavras fossem traduzidas para o egípcio, pois não queria que os irmãos soubessem que ele entendia hebraico.

Mas, naturalmente, José entendia tudo o que eles diziam. Ele se virou e começou a chorar pois estava com pena de seu sofrimento. Mas decidiu que ainda não era hora de dizer-lhes que era José. Disse aos irmãos: "Vou reter um de vocês, Simão, aqui na prisão, até ver vocês de volta com seu irmão mais novo".

Benjamin é levado

Antes dos irmãos saírem, José ordenou a seu filho Manassés: "Quando você encher os sacos destes homens com grãos, ponha de volta o dinheiro que trouxeram para pagar a comida".

Mais tarde, os irmãos descobriram que o dinheiro foi devolvido a seus sacos. Eles tremeram. Por que o governante teria feito isto? Eles disseram a seu pai Jacó:

"O governante egípcio foi muito severo. Acusou-nos: 'Vocês são espiões!' Nós negamos, mas ele disse: 'Só vou acreditar se trouxerem seu irmão mais novo'".

"O que vocês me fizeram"? - gritou Jacó. "Primeiro José desapareceu. Depois, Simão está preso no Egito. E agora vocês querem levar Benjamin também. Não permitirei".

Os irmãos ficaram sem resposta. Mas quando sua reserva de comida estava quase no fim, Judá mostrou a Jacó: "Pai, você quer deixar todos nós morrermos de fome? Não temos escolha, temos de voltar ao Egito para comprar comida. Fico responsável por Benjamin. Garanto trazê-lo de volta".

Com um peso no coração, Jacó disse a seus filhos: "Uma vez que não há outra saída, levem Benjamin com vocês. Devolvam para o egípcio o dinheiro que vocês acharam nos sacos e levem-lhe um presente".

Os irmãos são convidados ao Palácio de José

Quando os irmãos voltaram para a capital do Egito e foram ao palácio do governante com Benjamin, eles o viram e se curvaram perante ele. O primeiro sonho de José se concretizou: todos seus irmãos se curvaram diante dele. Ele disse aos servos para dizer-lhes que Safenat Fanec (como José era chamado) estava convidando a todos para uma refeição. Isto assustou os irmãos. Será que o egípcio acharia uma nova desculpa para castigá-los?

Quando os irmãos foram mandados entrar na sala de jantar, José disse-lhes palavras amigáveis, especialmente para Benjamin, seu irmão mais novo. Antes de começarem a refeição, mostrou-lhes seu copo:

"Posso fazer truques com este copo. Com a ajuda dele posso sentar vocês à mesa na ordem certa".

José deu um tapinha em seu copo e exclamou:

"Ruben, Simão, Levi, Judá, Isaacar e Zebulon - todos são filhos de uma mesma mãe, sentem-se juntos. Dan e Naftali sentem-se juntos por terem a mesma mãe. Gad e Asher, fiquem juntos. A mãe de Benjamin não vive mais e nem a minha, então ele sentará comigo".

Os irmãos ficaram assombrados com a "mágica" de Safenat Fanec. Isto era exatamente o que José queria. Não queria que eles suspeitassem de sua identidade e agiu como um mágico egípcio.

O roubo do copo

Antes dos irmãos saírem, José ordenou a seu filho Manassés:

"Encha seus sacos com comida". E acrescentou, quando ninguém mais ouviu: "Também esconda meu copo no saco de Benjamin".

Pouco depois, José ordenou a seu filho Manassés: "Corra atrás dos irmãos! Acuse-os de terem roubado meu copo".

Manassés cavalgou atrás dos irmãos e os alcançou. Ele os acusou: "Demos por falta do copo mágico do governante. Um de vocês o roubou".

Os irmãos responderam: "Nós não o roubamos! Você não sabe que até devolvemos o dinheiro que encontramos em nossas sacolas quando voltamos para casa da primeira vez"?

Manassés respondeu: "Contudo, tenho ordens de procurar em todos os seus pertences".

Os irmãos descarregaram todas as sacolas e as abriram. Manassés procurou e o que ele tirou da sacola de Benjamin? O copo mágico de José.

Os irmãos ficaram chocados! Como o copo do governante fora parar na sacola de Benjamin? Este lhes assegurou:

"Eu não peguei o copo. Esta é mais uma conspiração mesquinha do egípcio para nos castigar".

Manassés disse aos irmãos que deveriam voltar com ele para o palácio para serem julgados pelo governante pelo seu crime. Os irmãos não tiveram outra escolha senão obedecer e voltaram ao Egito com Manassés.

Quando estavam novamente diante de José, este os censurou.

"O que vocês fizeram? Vou ficar com o ladrão como meu escravo. Vocês todos podem ir para casa". Por que José fez esta encenação com os irmãos?

José queria fazer um teste com eles: Será que eles concordariam em deixar Benjamin para trás como escravo sem o ajudar, tal e qual fizeram com José? Ou eles se levantariam para defender Benjamin? Então ele saberia que eles tinham caráter e não eram maus. E ele se revelaria para eles como José.

Correspondência Bíblica:

faraó:

Dt 7,18: "Não tenhas medo. Lembra-te bem do que o SENHOR teu Deus fez com o faraó e com todo o Egito".

Is 30,2: "Tomais o caminho para descer ao Egito, sem pedir o meu conselho; pedis proteção ao faraó e à sombra do Egito quereis vos abrigar".

Is 30,3: "Mas a proteção do faraó será a vossa decepção, o abrigar-se à sombra do Egito será o vosso fracasso".

Is 36,6: "Ah, Tu te apóias no Egito, essa taquara rachada que fere, deixando farpas na mão de quem nele se apoia! Pois isso é o faraó do Egito para quem nele confia".

Jr 46,17: "Dai ao faraó, rei do Egito o nome de Barulho – Ocasião – Perdida".

Jr 46,25: "Disse o SENHOR dos exércitos, o Deus de Israel: Venho cuidar do deus Amon de Tebas, do faraó, do Egito e dos seus deuses, do faraó e de todos os que nele confiam".

Ez 29,3: "Fala: Assim diz o SENHOR Deus: Eis que me ponho contra ti, faraó, rei do Egito: crocodilo gigante, estatelado entre os braços do rio Nilo, tu que dizes: 'O rio Nilo é meu! Eu o fiz para mim'".

Ez 30,21: "Filho do homem, quebrei o braço do faraó, rei do Egito. Ninguém o enfaixou, nem aplicou remédios ou ataduras, a fim de recobrar a força e empunhar a espada".

Ez 30,22: "Por isso, assim diz o SENHOR Deus: Aqui estou contra o faraó, rei do Egito. Vou quebrar-lhe os dois braços, tanto o braço bom como o já quebrado, e farei cair a pesada da sua mão".

Ez 30, 24: "Fortalecerei os braços do rei da Babilônia, entregando-lhe a espada na mão. Assim quebrarei os braços do faraó, que gemerá diante dele como alguém mortalmente ferido".

At 7,10: "Livrou-o de todas as suas aflições e concedeu-lhe simpatia e sabedoria aos olhos do faraó, rei do Egito. Este o nomeou governador sobre o Egito e sobre a sua casa".

11 – CHANUCA - חנוכה
1Mc 4,36-59 ; Zc 2,14-4,7

- Chanucá significa, literalmente, "inauguração". Esta festa judaica recebeu este nome em comemoração ao fato histórico de que os macabeus "chanu" (descansaram) das batalhas no "cá" (25° dia) de Kislêv. Tem duração de 8 dias.
- Antiocus, rei da Síria, governou a Terra de Israel depois da morte de Alexandre, o Grande. Pressionou os judeus a aceitarem a cultura greco-helenista, proibindo o cumprimento das mitsvot (preceitos) da Torah e forçando a prática da idolatria pagã.
- Antiocus foi apoiado por milhares de soldados de seu exército. Em 165 a. C., os Macabeus, corajosos lutadores oriundos de uma família de muita fé, os Asmoneus, apesar do antagonismo esmagador, saíram vitoriosos de uma batalha travada contra o inimigo.
- O Templo Sagrado, violado pelos rituais greco-pagãos, foi novamente purificado e consagrado e a Menorá (candelabro) novamente foi acendida com o azeite puro de oliva, descoberto no Templo.
- A quantidade encontrada era suficiente para apenas um dia, mas milagrosamente durou 8 dias, até que um novo óleo puro pudesse ser produzido e trazido ao Templo. Em lembrança destes milagres o povo judeu comemora Chanucá durante oito dias.
- Existem duas espécies de valores: os valores quantitativos e os valores qualitativos. A relação entre a quantidade (sem levar em consideração o conteúdo) e a qualidade é mesma que existe entre o natural e o sobrenatural.
- Os valores quantitativos estão expressos no material, nos elementos que não possuem santidade e nos povos do mundo, enquanto os valores qualitativos estão expressos no espiritual, nos elementos que possuem *kedushá* (santidade) e na Torah de Israel.
- Durante o domínio Greco-assírio que conspirou para impor restrições às práticas e aos valores do judaísmo, deflagrou-se uma rebelião dos judeus, liderada pelos HASMONEUS: Os **asmoneus** eram os membros da

dinastia governante durante o Reino Asmoneu de Israel (140 - 37 a.C.), um Estado judaico religioso independente situado na Terra de Israel. A dinastia dos asmoneus foi fundada sob a liderança de Simão Macabeu, duas décadas depois de seu irmão, Judas Macabeu ("Martelo") derrotar o exército selêucida durante a Revolta Macabeia, em 165 a.C.
- O Reino Asmoneu sobreviveu por 103 anos antes de render à dinastia herodiana, em 37 a.C. Ainda assim, Herodes, o Grande sentiu-se obrigado a se casar com uma princesa da casa dos asmoneus, Mariamne, para legitimar seu reinado, e participou de uma conspiração para assassinar o último membro homem da família dos asmoneus, que foi afogado em seu palácio, na cidade de Jericó.
- De acordo com as fontes históricas, como o Primeiro e o Segundo Livro dos Macabeus, e o primeiro livro da *Guerra dos Judeus* do historiador judeu-romano Flávio Josefo (37 - 100 d.C.), o Reino Asmoneu teve seu início com uma revolta de judeus contra o rei selêucida Antíoco IV, que após sua bem-sucedida invasão do Egito ptolemaico ser minada pela intervenção da República Romana passou a procurar assegurar seu domínio sobre Israel, saqueando Jerusalém e seu Templo, reprimindo as práticas religiosas e culturais judaicas, e impondo práticas helenísticas.
- A Revolta Macabeia (167 a.C.), que se seguiu, deu início a um período de vinte e cinco anos de independência judaica, amplificada pelo colapso constante do Império Selêucida, diante dos ataques de potências emergentes como a República Romana e o Império Parta. No entanto, o mesmo vácuo de poder que permitiu ao Estado judaico ser reconhecido pelo Senado romano em 139 a.C. passou a ser explorado pelos próprios romanos.
- Hircano II e Aristóbulo II, bisnetos de Simão Macabeu, tornaram-se peões numa guerra por procuração travada entre Júlio César e Pompeu, o Grande, que terminou com o reino sob a supervisão do governador romano da Síria, em 64 a.C. As mortes de Pompeu (48 a.C.), César (44 a.C.) e as guerras civis romanas que se seguiram afrouxaram o domínio romano sobre Israel, o que permitiu um breve ressurgimento asmoneu, com apoio do Império Parta.
- Esta independência pouco duradoura foi esmagada rapidamente pelos romanos sob o comando de Marco Antônio e Otaviano. Em 37 a.C. Herodes, o Grande foi instalado no poder como rei, fazendo de Israel um Estado-cliente romano, e pondo um fim à dinastia dos asmoneus.

- Essa revolta culminou com a reinauguração do Templo de Jerusalém, no ano judaico de 3595 (165 a. C.) e que hoje é comemorado durante os oito dias da festa de Chanucá.
- Nesta ocasião houve um sério conflito entre estes dois valores. Os valores materiais tinham uma extrema importância na cultura grega.
- Esta tinha por objetivo o esquecimento dos valores qualitativos que são eternos e que estavam expressos no Povo de Israel, na sua Torah e no cumprimento dos preceitos *(mitsvot)*.
- A cultura grega atribuía qualidades divinas aos elementos e aos fenômenos naturais, amava o materialismo e sublimava a inteligência, esquecendo-se de que sem a força do Criador, o cérebro seria incapaz de funcionar.
- A cultura judaica confia na sabedoria que o Todo-Poderoso dá aos homens e por isso, sempre é lembrado na oração chamada Amidá: Tu (o Criador) dás ao homem sabedoria.
- Pelo fato da sabedoria judaica ser um confronto com a cultura grega, queriam anular a cultura de Israel, a Torah, a Fé (emuná) e a Santidade (kedushá).
- Os gregos aceitariam de bom grado o Povo de Israel, caso rejeitassem suas crenças. Portanto os gregos declararam guerra contra o espiritual para fazer prevalecer o material.
- A vitória da minoria fraca de judeus, sobre a maioria forte dos gregos foi uma grande demonstração da vitória da qualidade sobre a quantidade.
- Por que a minoria fraca venceu a maioria forte? Porque apesar de ser minoria, a qualidade tinha maior valor do que a quantidade.
- Este fato manifestou-se também no milagre da ânfora de azeite. São necessários oito dias para produzir azeite puro. Depois de vencida a rebelião, os judeus procuraram azeite puro – que estivesse dentro de um recipiente lacrado com o selo do Cohen Gadol (sumo sacerdote) – para reacender a menorá do Templo.
- Mas só acharam uma ânfora. E a quantidade de azeite desta ânfora seria suficiente para acender a menorá por apenas um dia, porém aconteceu um milagre e a pequena quantidade foi suficiente para acender a menorá por oito dias.
- Isto porque esta pequena quantidade era de grande qualidade espiritual – possuía o lacre selado do Grande Sacerdote (*Cohen Gadol*).
- Este é o principal ponto do milagre de Chanucá – descoberta da força qualitativa sobrenatural.

- Estes dois valores encontram-se em cada ser humano: a qualidade e a quantidade, a luz e a escuridão, o sobrenatural e o natural.
- Os valores quantitativos, materiais, revelam-se através dos desejos constantes e das coisas superficiais e distantes da santidade (kedushá).
- Os valores qualitativos manifestam-se baseados em um ponto central de santidade e provém de uma centelha da fé herdada dos antepassados do Povo de Israel. Correto seria se as forças da qualidade prevalecessem e as outras forças servissem apenas como ferramentas para os elementos qualitativos.
- Às vezes, porém, os vícios apagam a santidade – a kedushá, o ímpeto e o desejo que cada pessoa tem para se aproximar da Torah e cumprir os mandamentos. Os "gregos" entram no reduto sagrado do ser humano – sua alma – e mancham todo o "azeite" – os pensamentos e os anseios corretos.
- Entretanto, existirá sempre um pequeno recipiente oculto com o lacre da santidade. Aquele que se empenhar em sua busca, vai encontrá-lo: revistaram e encontraram somente uma pequena ânfora de azeite.
- Embora esta procura seja fraca a princípio, e exista conteúdo suficiente para iluminar somente um dia, o milagre de Chanucá se repetirá e ela acenderá por oito dias.
- Os dias de Chanucá, a cada ano, são propícios para encontrarmos o "azeite" em nossos corações e despertar a qualidade e a santidade (kedushá) para que estas se estendam sobre todas as atitudes de nossa vida.
- Durante todos os dias de festa, após o acendimento das chamas, temos uma excelente oportunidade para transmitir às novas gerações a história e os conceitos de Chanucá. Com isso acende-se também a chama do judaísmo e a confiança nAquele que produz sempre o azeite novo para alimentar a nossa vida espiritual.

Orações de Chanucá:

Para o acendimento das velas:

- Bendito sejas Tu, Eterno, nosso Deus, Rei do Universo, que nos santificaste com Teus mandamentos e nos ordenaste acender a vela de Chanucá.

- Bendito sejas Tu, Eterno, nosso Deus, Rei do Universo, que realizaste milagres aos nossos antepassados, naqueles dias, nesta época.

- Bendito sejas Tu, Eterno, nosso Deus, Rei do Universo, que nos conservaste em vida, nos amparaste e nos fizeste chegar a esta época festiva.

Depois de acesas reza-se a bela oração Hanerót Halálu, cujo texto diz:

Estas velas nós acendemos por causa dos milagres, maravilhas, salvações e guerras que fizeste aos nossos antepassados, naqueles dias, nesta época, pelas mãos dos Teus santos sacerdotes. Por isto, estas velas são sagradas todos os oito dias de Chanucá, nem estamos nós permitidos de fazer qualquer outro uso delas senão o de olhá-las, a fim de que possamos dar agradecimentos a Teu Nome por Teus milagres, obras maravilhosas e salvação.

Ó Rocha inabalável, fonte do meu socorro, a Ti é bom louvar. Estabelece a casa das minhas orações, para que ali Te ofereçamos a nossa gratidão. Na época em que apagares os vestígios do inimigo impetuoso, jubilaremos, em hino, proclamando a restauração do Teu altar.

Minha alma estava exausta pela miséria, em preocupação esgotara-se minha força; minha vida ficara amargurada pelo peso do jugo egípcio, quando Tua mão poderosa libertou Teu povo eleito, fazendo submergir o exército do faraó e toda a sua descendência, como uma pedra, no abismo das ondas.

Ao Teu Santo Recinto nos conduziste, mas mesmo ali não cheguei ao descanso; adorando deuses estranhos, fui exilado pelos inimigos, quando Babel, embriagada pelo desperdício e pelo vinho, pouco antes da minha própria ruína, tombou e Zorobabel, após setenta anos de cativeiro, me trouxe a liberdade.

Abater a árvore poderosa foi a intenção de Haman, filho de Amedata, descendente de Agag, quando se prendeu na sua própria perversidade e seu orgulho se desvaneceu. Elevaste então Mardoqueu, da tribo de Benjamin e extinguiste até o nome do inimigo, fazendo pendurar seus filhos e escravos numerosos na forca.

Nos dias dos Hasmoneus os helenistas caíram sobre mim em enxames, abrindo brechas nos muros das minhas cidadelas e profanando o azeite destinado ao serviço religioso, quando operaste em favor dos Teus queridos, um milagre acerca de um frasco de azeite esquecido. E a fim de perpetuar esta recordação, Israel instituiu oito dias festivos, consagrados aos hinos de regozijo.

Desvenda Teu Santo Braço e aproxima, finalmente, a salvação. Vinga a honra ultrajada dos Teus servos pela nação perversa, porquanto muito se estendeu a hora e não cessaram ainda os dias ruins. Repele o avermelhado Esaú à sombra das trevas e suscita a chegada dos sete pastores.

12 – Gn 44,18 – 47,27: VAYGASH - ויגש
Ez 37, 15 – 28

- Qual é o verdadeiro valor da Vida Espiritual?
- Vemos aqui uma luta gigante entre dois irmãos, Judá e José. Em razão da importância que ele teve de acusar seus irmãos pelo que fizeram, ele que sugeriu que em vez de matarem o menino seria melhor vendê-los aos ismaelecitas e não derramar sangue inocente (cf. Gn 37,26).
- Uma palavra dele colocará fim nessa luta, trará de volta José ao convívio com seu pai Jacó, e colocará fim nesse drama que tanto assolou a Jacó, José e seus irmãos.
- O drama tem seu fim quando ele mesmo Judá coloca-se no lugar de ser escravo, a mesma situação que ele impôs ao seu irmão José de viver.
- Entre as qualidades de Judá, está a capacidade de reconhecer a verdade mesmo que tendo que pagar um alto preço por ela.
- Ele que viveu a humilhante história com Tamar que teve que se fingir como prostituta e garantir a posteridade como vimos anteriormente. Ele poderia nada dizer sobre Tamar ou nada dizer sobre o sequestro de Benjamin.
- Mas Judá na sua integridade, assume a sua responsabilidade para com o seu irmão. Como um culpado que comparece diante do rei, pedindo graça pela falta cometida. Judá é o homem da verdade e da justiça.
- A argumentação de Judá atinge seu objetivo: o coração de José, fazendo com que ele se revele aos seus irmãos.
- José agiu com grande pedagogia, mesmo quando ele aparenta ser cruel e rancoroso. Mas ocorre com ele o contrário! Ele jamais se esqueceu dos seus irmãos e não guardou rancor algum com o seu reencontro. O versículo diz bem: "José reconheceu seus irmãos, mas eles não o reconheceram" (Gn 42,8).
- José planeja toda a trama dos atos para fazê-los emendar, conscientizar-se do seu erro e corrigi-los definitivamente.
- Por fim seus irmãos se prostram diante dele, Simão foi aprisionado porque foi ele que o jogou no poço, apesar das suas súplicas. Ele que disse

ao seu irmão Levi que queria vê-lo longe, que desejava matá-lo. Judá se propôs ser seu escravo como ele mesmo tinha decidido de vender José como escravo.

- Seus irmãos acabam por reconhecer sua falta, de terem vendido José, e vêem sua situação presente como um castigo infligido por causa dessa falta (cf. Gn 42,21).
- Até que Judá tome a defesa com tanta coragem de seu irmão Benjamin que José percebe que as provas terminaram, que as lições do passado já tinham sido interiorizadas.
- Estamos diante de um conflito de dimensões bem definidas: a realeza de Davi, o descendente de Judá, face à descendência de José.
- Aquela de Davi é eterna, pois dela virá o acontecimento messiânico da dinastia de Davi, e a de José, transitória, acontece entre as nações.
- José foi um homem de transição, que prepara o terreno para os outros, para os seus irmãos, a fim de realizar o desígnio divino, a origem do nascimento do Messias, que reunirá os exilados e lhes enviará ao seu destino: a terra de Israel. Lá onde o Messias, filho de Davi, reinará sobre eles.
- Resumindo, José ajudou seus irmãos a conhecer bem a vocação do Povo de Deus, a fim de que eles possam assumir perfeitamente o seu papel na história de Israel.
- José pediu a seus irmãos que não ficassem magoados por que o venderam como escravo, pois tudo isso ocorreu por Providência Divina, para que pudesse sustentá-los durante os anos em que a humanidade sofreria a falta de alimentos.
- José ficou 22 anos longe de seu pai Jacó, sem que este tivesse notícia alguma de seu paradeiro. Seus irmãos contaram ao pai: José ainda vive e ele é governador de toda a terra do Egito, mas Jacó ficou perplexo e não podia acreditar neles (cf. Gn 45,26).
- Seus irmãos sabiam que o mais importante para um pai que fica tanto tempo sem ter notícias de seu filho, é saber como ele está e não o que ele é.
- O Egito naquela época era o país em que a espiritualidade era secundária e o materialismo, o principal. Sabendo que para Jacó, a maior preocupação em relação a seus filhos era saber seu grau de espiritualidade, e assim seus filhos lhe disseram que José é que governa sobre o Egito e não o Egito que governa sobre José.

- José então tinha controle absoluto sobre seu estado espiritual e não se deixava levar pelos prazeres materiais e pelo modo de vida que o Egito apresentava. Mesmo distante do pai e do ambiente, José se manteve firme no seu alto nível espiritual.
- Jacó ao encontrar seu filho José exclama: Já posso morrer agora, depois de ver teu rosto, pois ainda vives.
- Jacó ainda tinha dúvida, mas ao ver o rosto de José certificou-se que o seu alto nível de espiritualidade foi resguardado.
- Os justos reconhecem o nível de seu semelhantes, apenas olhando para o seu rosto.
- O Rei Salomão em seu livro Cohêlet (8,1) diz: A sabedoria do homem (o conhecimento da Torah que ele possui) ilumina o seu semblante. O nível espiritual do indivíduo irradia luz para sua vida e para a vida daqueles que estão à sua volta.

11 – Vayigash – Seleções de Midrash a partir de Gn 44,18 – 47,27

Aproximou-se então Judá e, com confiança, disse: "Perdão meu Senhor" (Gn 44,18). "José, cheio de clemência, disse aos irmãos: 'Aproximai-vos de mim'" (Gn 45,4). "José mandou atrelar seu carro e dirigiu-se a Gessen ao encontro de seu pai Israel. Logo que o viu, lançou-se ao pescoço e, abraçado, chorou longamente" (Gn 46,29)

"E Jacó abençoou o faraó" (Gn 47,7).

Judá defende Benjamin

Quando Judá ouviu o governante egípcio dizer: "Benjamin será meu escravo!", ele ficou com muito medo.

"Prometi a meu pai devolver-lhe Benjamin," pensou. "Tenho que cumprir minha promessa". Judá avançou corajosamente para o trono de José.

"Ouça-me, meu senhor," gritou zangado. "Se ousares reter meu irmão aqui, puxarei minha espada! Sabes o que acontecerá então? Vai haver muita gente morta no Egito, incluindo tu e o faraó".

José percebeu que Judá estava muito alterado. Ele poderia atacar a ele e a todos os habitantes da capital do Egito. José acenou rapidamente para seu filho Manassés.

"Mostra a este homem que és tão forte quanto ele," ordenou José a seu filho. Manassés começou a dar pontapés nas paredes do palácio. Os golpes eram tão fortes que o palácio de José começou a tremer!

Judá ficou assombrado e pensou: "Quem será este homem forte? Ele deve ser da família de Jacó, pois não conheço ninguém que tenha força tão tremenda. É melhor não começar uma luta. Vou implorar ao governante para libertar Benjamin".

Judá começou com palavras gentis:

"Por favor, deixe ir nosso irmão Benjamin. Tu nos forçaste a trazê-lo. Veja, nosso pai foi contra isso, porque a sua querida esposa Raquel tinha só dois filhos e o mais velho morreu". (Judá ficou temeroso de dizer que José ainda estava vivo, senão o governante poderia dizer: "Traga-o também").

"Agora só resta Benjamin. Nosso pai tem tanta afeição por ele que morrerá de tristeza se Benjamin não voltar. Prometi a meu pai que levaria Benjamin de volta. Sou mais forte que Benjamin e mais eficiente. Por favor, fique comigo como escravo no lugar dele. Como posso suportar ver a dor de meu pai se voltarmos sem Benjamin! Tenha pena de nosso pai".

José se revela

José não pôde agüentar mais quando Judá fala na dor de seu pai.

"Rápido! Que todos os egípcios deixem a sala," ordenou José. "Que apenas fiquem os dez irmãos". Quando ficou a sós com seus irmãos, ele disse:

"Sei onde está seu irmão perdido. Ele está bem aqui".

Os irmãos o olham. Do que ele estava falando? Onde está José?

"José! José!" Os irmãos olham em todas as direções sem avistar ninguém. Então vem a revelação: " Eu sou seu irmão José!" - exclamou ele e acrescentou em voz baixa : "Eu sou José, a quem vocês venderam aos egípcios!"

(José não queria que os egípcios que estavam do lado de fora ouvissem estas palavras, para não envergonhar seus irmãos). Eles estavam apavorados e envergonhados em falar com José. Receavam que ele agora os castigasse por tê-lo vendido. O choque da notícia repentina foi tremenda, mas José começou gentilmente a acalmá-los, dizendo:

"Não tenham medo! Vocês não precisam se sentir mal por terem me vendido aos egípcios. Na realidade, isso foi uma ordem Divina. Deus queria que me tornasse um governante no Egito para que eu pudesse supri-los com comida durante os anos de fome". José abraçou todos os seus irmãos. Lentamente, eles se recuperaram do choque.

José, um verdadeiro Justo

Mesmo sendo um dirigente poderoso, José não se vingou de seus irmãos por lhe terem vendido e humilhado. Ao contrário, ele os confortou com palavras amáveis. Não tinha ressentimento algum contra eles, mesmo tendo sofrido tantos anos.

José concluiu: "Voltem rápido para casa e façam nosso pai saber que estou vivo. Contem-lhe também que sou um respeitado governante no Egito e tragam-no aqui e voltem todos vocês com suas famílias. Vou alimentá-los e cuidarei para que nada lhes falte".

José vive

José carregou as sacolas dos irmãos com trigo e suprimentos. Deu-lhes roupas novas e enviou muitos presentes para seu pai.

Os irmão voltaram e mandaram um mensageiro para Jacó com a notícia: "José está vivo. Ele é governante no Egito".

O coração de Jacó quase parou de bater. "Não pode ser verdade," pensou. "A notícia é maravilhosa demais". Mas Jacó viu as carroças carregadas com trigo e os presentes que os irmãos trouxeram.

"Somente um governante tem permissão para mandar carroças para fora do Egito," pensou Jacó.

Os irmãos também lhe disseram: "José nos deu um sinal para ti, para que acredites na notícia. Mandou-nos lembrá-lo sobre o último capítulo da Torah que estudaram, antes dele partir: as leis sobre como executar a justiça (leis sobre *Egla Aruf* – Cf. Dt 21,1-9). Agora Jacó realmente sabia que José estava vivo! Imediatamente Jacó reviveu seu espírito, adormecido pela tristeza e pesar: "Quero partir já para o Egito para revê-lo".

O Midrash explica: Quem deu para Jacó a notícia de que José ainda estava vivo?

A neta de Jacó, Sera, filha de Aser, foi designada para dar a notícia a Jacó. Mesmo sendo uma notícia maravilhosa, ao descobrir que seu filho ainda estava vivo, o choque repentino de uma notícia tão inesperada poderia abalar a saúde de Jacó, na idade de 130 anos. Afinal, José estivera ausente por 22 anos. Por esta razão, os irmãos escolheram Sera por ser uma moça inteligente e que tocava harpa muito bem.

Sera começou a tocar música para seu avô e murmurar as palavras "Meu tio José ainda está vivo; ele é governante no Egito". Ela repetiu estas palavras sem parar até que o avô começou a sorrir.

"O que você está cantando, Sera, é muito bonito!" - disse o avô. "Parece uma boa notícia. Que você seja abençoada com uma vida longa por animar-me com tão esperançosas notícias!"

Apesar disso, na realidade Jacó não acreditou em sua neta até que os irmãos confirmaram a notícia e ele viu as carroças que José tinha enviado.

Há uma opinião diferente de que foi Neftali quem primeiro deu a notícia a Jacó de que José estava vivo. Neftali corria rápido e sempre levava recados para os irmãos e para o pai. Por isso, os irmãos o mandaram na frente para fazer Jacó saber as boas novas o mais rápido possível. Porém, antes disso, todos os irmãos se reuniram e anularam o juramento que fizeram de não contar a ninguém que José estava vivo.

Estabelecimento no Egito

Ainda que o mais caro desejo de Jacó fosse rever José, ele não se atreveu a ir para o Egito sem pedir permissão a Deus.

"Será que tenho permissão para deixar a Terra de Israel," questionou, "a terra de meus pais, onde Deus se revelou para mim? Talvez eu não possa viver entre os egípcios que não temem a Deus".

Jacó foi até Beer Sheba para perguntar a Deus que lhe assegurou: "Não temas em ir ao Egito. Irei acompanhá-lo e protegê-lo. Farei com que seus filhos não fiquem lá para sempre. Vou resgatá-los e trazê-los de volta para Israel".

Então, Jacó, seus filhos, suas famílias pegaram todos os seus pertences e seu gado e começaram sua jornada para o Egito.

Deus mandou seiscentos mil anjos para acompanhá-los a este país estranho e protegê-los.

Jacó disse para seu filho Judá: "Vá na frente para preparar casas no Egito onde possamos viver. Prepare também um Bet Hamidrash, Casa de Estudos, onde eu possa ensinar a Torah a todos vocês".

Jacó e José se Encontram

Quando José soube que seu pai estava chegando, ele preparou sua carruagem e foi ao seu encontro para lhe dar boas-vindas e cumprimentá-lo.

Jacó não reconheceu José de imediato. Tinha certeza que um nobre egípcio estava cavalgando a sua frente e se curvou em respeito.

José começou a chorar porque seu pai se curvou perante ele. Disse a seu pai quem era, abraçou-o e beijou-o. Na verdade, naquele solene momento do reencontro Jacó curvava-se a Deus e recitava o Shemá (Ouve, Israel!).

Ele queria tanto beijar José a quem não via há vinte e dois anos! Mas ele se conteve e primeiro completou o Shemá, em agradecimento a Deus.

Quando Jacó olhou para o rosto de José, ele pôde ver que seu filho ainda era um Justo. A felicidade de Jacó não teve limites.

José apresenta seu pai e seus irmãos ao faraó

Logo, José apresentou alguns dos seus irmãos ao Faraó. "Em que trabalham?" - perguntou-lhes o Faraó.

"Somos pastores," responderam os irmãos. "Por favor, permita que vivamos no distrito de Gessen onde há muitos campos bons para nosso rebanho".

O faraó concordou. E os irmãos de José ficaram satisfeitos, pois não queriam viver na capital, perto da corte, onde o faraó poderia dar-lhes altas posições ou engajá-los no exército. Eles desejavam levar uma vida calma como pastores para ter tempo de servir a Deus e estudar a Torah.

José também levou seu pai Jacó até o trono do faraó. Jacó cumprimentou o faraó e o abençoou: "Possa o rio Nilo inundar a terra para que ela possa produzir de novo!"

Deus realizou a bênção de Jacó. Após dois anos de fome, as águas do Nilo inundaram de novo a terra e os cereais começaram a crescer. A fome então terminou.

Jacó e sua família se instalaram em Gessen. José cuidou para que todos recebessem alimento.

Os anos de fome

O que os egípcios comiam durante os anos de fome (antes de Jacó chegar ao Egito)? Eles compravam mais e mais cereais de José e depois de certo tempo haviam esgotado todas suas finanças.

"Como compraremos comida agora?" - pensavam eles. E decidiram: "Vamos vender nosso gado e dar o dinheiro para José em troca de comida". No segundo ano, o dinheiro que os egípcios receberam de seu gado também terminou. Em desespero, os egípcios foram até José e disseram:

"Não temos mais dinheiro para comprar comida. Estamos prontos para dar ao Faraó nossa terra e nos tornarmos seus escravos se continuares a nos dar comida". José concordou.

O que José fez com a enorme quantidade de ouro e prata que as pessoas lhe trouxeram em troca de cereais? José colocou tudo no tesouro do faraó. Poderia facilmente ter guardado algum dinheiro para si e ficado rico, mas não o fez. José era tão honesto que não ficaria com dinheiro algum. E também não deu dinheiro algum para seu pai ou seus irmãos.

Uma História: A honestidade de Rabi Chanina

Quando Rabi Chanina foi visitar Rabi Yonatan, eles ficaram juntos no lindo jardim de Rabi Yonatan, cheio de árvores frutíferas. Rabi Yonatan ofereceu para seu visitante figos e Rabi Chanina aceitou.

Eles conversaram sobre tópicos da Torah e, depois de algum tempo, estava na hora de Rabi Chanina ir embora.

Quando estava quase saindo do jardim, Rabi Chanina reparou numa árvore que tinha uma qualidade diferente de figos, mais gostosos.

"Por que não me ofereceste destes figos deliciosos?" - perguntou Rabi Chanina a seu anfitrião. "Deves ter tido uma razão".

"Esta árvore pertence a meu filho," explicou Rabi Yonatan, "mas tenho certeza que ele não vai se incomodar se comeres alguns figos. Pegue alguns".

Rabi Chanina porém recusou. Era um homem extremamente honesto.

"Não pensaria em tocar nestes figos," respondeu para Rabi Yonatan. "Fico longe de qualquer coisa que, Deus não o permita, seja roubo".

Ele agradeceu a Rabi Yonatan e foi embora.

Correspondência bíblica:

Trigo:

Gn 37,7: "Estávamos no campo atando feixes de trigo. De repente o meu feixe se levantou e ficou de pé, enquanto os vossos o cercaram e se prostraram diante do meu".

Dt 8,8: "Terra de trigo, cevada, vinhas, figueiras e romãzeiras; terra de oliveiras, de azeite e mel".

Dt 33,28: "Israel habita em segurança e a fonte de Jacó corre solitária, na terra do trigo e do vinho novo, cujos céus gotejam orvalho".

Sl 78,24: "Fez chover sobre eles maná para nutri-los e deu-lhes o trigo do céu".

Is 62,8: "O SENHOR jurou por seu poder, jurou pela força do seu braço: Nunca mais darei teu trigo em alimento a teus inimigos, nunca mais serão os estrangeiros a beberem o teu vinho, que tanto trabalho te custou!".

Jr 12,13: "Semearam trigo e colheram espinhos, esgotaram-se sem proveito, ficaram decepcionados com seu lucro, a ira do SENHOR!".

Mt 3,12: "Ele traz a pá em sua mão e vai limpar a sua eira: o trigo, ele o guardará no celeiro, mas a palha, ele a queimará num fogo que não se apaga".

Mt 13,30: "Deixai crescer um e outro até a colheita. No momento da colheita, direi aos que cortam o trigo: retirai primeiro o joio e amarrai-o em feixes para ser queimado! O trigo, porém, guardai-o no meu celeiro"!

Mc 2,23: "Certo sábado, Jesus estava passando pelas plantações de trigo, e os discípulos começaram a abrir caminho, arrancando espigas".

Lc 22,31: "Simão, Simão! Satanás pediu permissão para peneirar-vos, como se faz com o trigo".

Jo 12,24: "Em verdade, em verdade, vos digo: se o grão de trigo que cai na terra não morre, fica só. Mas, se morre, produz muito fruto".

13 – Gn 47,28 – 50,26 - VAYECHI - ויחי
1Rs 2,1-12

A Educação no caminho da Bíblia em todas as circunstâncias e partes do mundo

José levou seus dois filhos, Manassés e Efraim para visitar o avô Jacó, que estava doente. Jacó pediu que eles se aproximassem para que ele os abençoasse. Jacó, porém colocou sua mão direita sobre a cabeça do caçula Efraim e a esquerda sobre a cabeça do primogênito Manassés.

José pensava que pelo fato de Manassés ser o primogênito e também ser ele o seu braço direito no governo do Egito, deveria ele ser abençoado primeiramente.

Jacó, dentre os três patriarcas, destacou-se como estudioso da Torah, pois passou catorze anos estudando Bíblia na casa de estudos de Sem e Éber e seus anos de vida foram dedicados a ensinar a Bíblia para seus filhos.

E Jacó, por sua vez, entendeu que Efraim, o caçula, que era seu braço direito no estudo da Bíblia, seguidor expressivo deste seu caminho, é que deveria ter a preferência da Bênção, embora Manassés também fosse seguidor da Bíblia e seus caminhos, porém sua dedicação não era exclusiva à Bíblia, como era a vida de Efraim.

Por que Jacó disse: "Abençoou-os dizendo: Por vós o povo de Israel pronunciará bênçãos e dirá: Deus te faça semelhante a Efraim e Manassés"? (Gn 48,20)

Por ter permanecido Jacó distante de seu filho José durante 22 anos, Jacó preocupava-se com o estado espiritual de José. O Egito era o lugar de nível mais baixo e vulgar naquela época. Quando ficou comprovado que, apesar de morar no Egito – envolvido por ideias e conceitos completamente diferentes daqueles recebidos na casa do pai, José não apenas manteve seu nível espiritual, mas conseguiu educar seus dois filhos nos níveis mais eficientes e elevados do caminho da Bíblia.

José não deixou nem um pouco a desejar da educação que Jacó tinha dado a seus próprios filhos. Por isso Jacó quis ressaltar, para todas as futuras gerações do Povo de Deus, que mesmo em países como o Egito, existe a possibilidade e a obrigação de educar os filhos no caminho da Bíblia.

Em todos os tempos e lugares é possível ensinar o caminho da Bíblia. E José é um exemplo disso. Apesar de ser o administrador do Egito, e apesar das inúmeras ocupações que tinha, em nenhum momento abandonou a tarefa sagrada e mais importante, que é a de transmitir a seus filhos e às gerações futuras, os nobres valores da Bíblia e a prática do que nela está escrito, nos seus mandamentos e orientações para a vida com Deus.

Os pais tendo isso em vista, lembrarão dessa tarefa maior, que é a de educar os seus filhos no caminho da Bíblia, mesmo que em situações aparentemente desfavoráveis.

Com essa última passagem do livro do Gênesis, temos diante dos olhos o início da História de Israel.

Abraão e Isaac não vivem mais neste mundo. Jacó está prestes a entregar sua alma, e nesse momento reúne seus doze filhos para abençoá-los.

Doze filhos que são a origem das tribos que eles mesmos constituirão o futuro povo de Israel.

Tudo isso prestes a sofrer uma dura escravidão em terra de exílio. Opressão insuportável que vai durar mais de dois séculos.

O Talmud revela que a palavra "morte" não é utilizada a respeito de Jacó. Jacó não está morto, ele foi embalsamado (cf. Gn 50,3); José subiu então para sepultar seu pai (v. 7); levaram-no a Canaã e o sepultaram na gruta do campo de Machpelá, que Abraão tinha comprado do heteu Efron (v. 13).

E o Talmud conclui em nos ensinar que, mesmo morto, continua a viver através e graças a sua posteridade. Enquanto os filhos de Israel vivem, Jacó-Israel continua vivo, Israel existe!

O Midrash vai contar como Jacó antes de morrer, viu diante dos olhos, como num filme do futuro, os diferentes exílios e o grande número de perseguições, umas mais terríveis que as outras, as diferentes formas de tentativas de exterminação de seu povo ao longo dos séculos.

E mesmo assim não se desesperou! Por quê? Porque sabia que o inimigo vindo do exterior nada poderia fazer, nem chegaria ao seu fim.

Diz ele: "O Anjo que me livrou de todo mal, abençoe estes meninos" (Gn 48,16).

Os sábios de Israel relembram que José não foi pessoalmente abençoado, mas recebeu a bênção de seu pai pelos filhos diante dele. Isto significa que a mais bela bênção que os pais podem receber é a satisfação que seus filhos trazem para junto de si.

Termina também o livro com palavras de profecia e felicidade: "Deus intervirá em vosso favor e vos fará subir deste país para a terra que Ele jurou dar a Abraão, Isaac e Jacó" (Gn 50,24).

13 – VAYECHI – Seleções de Midrash a partir de Gn 47,28 – 50,26

O pedido de Jacó

Após muito tempo de dificuldades, Jacó passou seus últimos anos no Egito, em paz e felicidade imperturbáveis. Viu José soberano, e todos os filhos, sem exceção, justos seguindo seu legado.

A Torah define seus últimos dezessete anos como "Anos de Vida", pois o Espírito Divino pairava sobre Jacó. Deus compensou-o desta forma pelos vinte e dois anos que passara enlutado por José. A Jacó aplica-se o dito: "Tudo está bem, se termina bem".

Jacó vivia com os filhos e netos no Egito, numa localidade chamada Gessen. Somente seu filho José vivia na capital, porque era o governante.

Aos poucos, envelheceu e ficou mais fraco, até sentir que a morte se aproximava. Jacó então pediu a José que fosse visitá-lo. Disse a José: "Quero que me faça uma promessa. Após minha morte, certifique-se de que eu não seja enterrado aqui no Egito! Leve meu corpo para Terra Israel, a Terra Santa, e sepulte-me na Gruta de Machpelá onde estão meus pais, Abraão e Isaac".

Jacó ordenou isto a José em vez de fazê-lo a qualquer dos outros filhos, porque sabia que não possuíam poder para realizar seu desejo. Apenas José, o governador, poderia obter permissão do Faraó para deixar o Egito a fim de levar os restos mortais de seu pai a Terra Israel. Jacó fez José jurar que faria isso por ele, e José jurou.

Jacó ficou feliz. Virou-se para a Presença Divina que pairava sobre sua cama (uma vez que a Divindade está presente sobre a cama de um enfermo) e curvou-se, agradecendo a Deus por seu desejo ter sido concedido.

O Midrash explica: Por que Jacó pediu para não ser sepultado no Egito, mas apenas na Terra de Israel

Jacó tinha várias razões pelas quais não queria ser enterrado no Egito:

Com seu dom profético previu que, um dia, Deus enviaria dez pragas sobre os egípcios, e uma delas seria a praga dos piolhos. Os piolhos cobririam a terra do Egito e Jacó não queria que seu corpo fosse coberto de piolhos.

Jacó temia que se fosse enterrado lá, seus descendentes considerariam o Egito sua pátria e terra natal. Ponderariam: "Se não fosse uma terra sagrada, não teria sido enterrado aqui".

Queria que seus descendentes estivessem sempre conscientes do fato de que estavam no Egito apenas temporariamente.

Jacó também tinha uma razão para desejar especificamente ser enterrado em Terra Israel:

Nossos sábios ensinam que aqueles que são enterrados em Terra Israel serão os primeiros a levantar-se na Ressurreição dos Mortos.

Qual o destino de um judeu enterrado fora de Terra Israel? Deus criará túneis subterrâneos especiais. Através desses, o corpo irá "rolar" até Terra Israel. Então reviverá na Terra Santa. Portanto, Jacó instruiu José: "Não me enterre no Egito. Gostaria de ser poupado de revolver-me até Terra Israel na época da Ressurreição dos Mortos".

Pediu também a José: "Quero descansar junto com meus pais, e levantar em boa companhia quando chegar a hora certa".

Um judeu deve fazer os arranjos necessários para ser enterrado perto de pessoas justas, a fim de estar perto delas na hora da ressurreição.

Jacó adoece antes de falecer

Até a época de Jacó, as pessoas estavam bem, e então, quando chegava a hora de seu falecimento, morriam subitamente. Ao final da vida, a pessoa espirrava uma vez, e com este espirro a alma deixava o corpo.

(Por isso, quando alguém espirra, é costume desejar-lhe "Saúde!", para nos lembrar que certa vez, há muito tempo, o espirro era fatal, e agora, graças a Deus, não é mais).

Jacó rezou a Deus: "Se uma pessoa morre subitamente, não tem tempo de abençoar os filhos e dar-lhes instruções, nem resolver seus assuntos. Por favor, Deus, permita que haja um tempo preparatório de doença antes da morte, para que seja possível cuidar da minha família e fazer todos os arranjos necessários".

Deus aceitou a prece de Jacó. Quando este ficou doente, sabia que estava na hora de abençoar os filhos e dar-lhes seus últimos ensinamentos.

Todos os nossos patriarcas formularam pedidos semelhantes a Deus:

Antes da época de Abraão, todas as pessoas tinham aparência jovem até falecerem. Abraão pediu a Deus que lhe conferisse sinais de idade, argumentando: "Se pai e filho têm a mesma aparência, como as pessoas saberão qual honrar ao adentrarem juntos num lugar? Destaque um homem idoso através de sinais como cabelos brancos e rugas. Então as pessoas saberão a quem respeitar".

Deus respondeu-lhe: "Você pediu algo bom! Por isso, começarei com você". Então Abraão começou a parecer-se com um idoso, e depois dele, toda a humanidade começou a apresentar sinais externos de idade.

Antes de Isaac, ninguém jamais sentira dor. Veio então Isaac e pediu dor e sofrimento.

Disse a Deus: "Se alguém morrer sem a vivência da dor, lhe será aplicado todo o rigor do julgamento Celestial. Dores neste mundo o pouparão da punição no Mundo Vindouro".

Deus respondeu: "Você pediu algo bom! Começarei por você!" Em seguida, Isaac ficou cego.

Jacó pediu por doenças antes da morte. Deus disse: "Você pediu algo bom! Começarei com você!" Conseqüentemente, Jacó tornou-se o primeiro homem a adoecer antes de falecer.

Antes da época do rei Ezequias, ninguém se recuperava de uma doença fatal. Ezequias rezou a Deus: "Se um homem permanecer saudável até sua morte, esquecerá de fazer teshuvá. Mas se alguém ficar gravemente enfermo, fará teshuvá, na esperança de recuperar-se". Deus disse: "Você pediu algo bom! Começarei com você!" Ezequias ficou gravemente doente, mas recuperou-se.

Este Midrash é um surpreendente guia para nossos dias e época. Se pudéssemos formular um desejo a Deus, qual seria? Certamente, expressaríamos nosso desejo de juventude eterna, saúde, felicidade, e assim por diante. O Midrash nos conta que os patriarcas pediram justamente o contrário! Pediram para parecerem velhos, para terem dor e sofrimentos!

Por que reagiram de maneira diferente? A resposta é que atribuímos grande importância ao bem-estar neste mundo. Nossos patriarcas, contudo, estavam sempre cônscios de que o objetivo da existência é o Mundo Vindouro. Portanto, pediram o que quer que promovesse o bem-estar espiritual e rejeitaram tudo o que pudesse ser obstáculo ao bem-estar da alma.

Jacó abençoa Efraim e Manassés

Jacó reuniu todos os doze filhos a fim de dar-lhes a bênção de despedida. Rezou para que Deus ouvisse as orações de seus filhos em tempos de necessidade. Então profetizou: "Vocês serão reunidos na época da redenção do Egito, e sairão de lá eretos e de cabeça erguida. Purifiquem-se, para que minhas bênçãos tenham efeito! Permaneçam juntos e unidos, então serão merecedores da definitiva redenção, através do Messias!"

Quando todos os filhos estavam ao redor do leito paterno, ele anunciou-lhes: "Agora revelarei um segredo a vocês. Contarei quando o Messias virá ao final do exílio".

Mas quando Jacó quis continuar falando, não pôde. Deus não lhe permitiu, porque não queria que os judeus soubessem a data da chegada de Messias.

Jacó ficou preocupado. "Por que Deus tirou de mim a profecia, para que eu não pudesse falar mais?" - pensou ele. Talvez seja porque um de meus filhos não seja um justo?! Talvez um ou alguns deles adorem ídolos, como seu antepassado ou seu avô Labão fez?" Jacó perguntou aos filhos: "Vocês servem apenas a Deus?" Todos responderam juntos: "Ouve, ó Israel (Jacó), Deus é nosso Senhor, Deus é um!"

Jacó inclinou-se para agradecer Deus e respondeu em voz baixa: "Bendito seja o nome da glória de Seu reino para toda a eternidade -Louvado seja Deus! Meus filhos são todos justos que servem a Ele!"

Então Jacó abençoou seus doze filhos: repreendeu os que mereciam repreensão, mas não na presença dos outros, para que não se envergonhassem. Os elogios e as bênçãos foram ditos na presença de todos, pois Jacó desejava alegrar seus corações. Suas palavras foram proféticas. Quase todas já se cumprido, e algumas se tornarão verdadeiras na época do Messias.

A Bênção de Rúben

A Rúben, Jacó disse: "Rúben, você é meu primogênito. É um primogênito muito especial, que merece ser louvado!

Diferente da maioria dos primogênitos, que são ladrões e assaltantes. Esaú estava preparado para trazer animais a seu pai, mesmo que tivesse que roubá-los; mas você foi zeloso em não tocar no que não te pertence. Quando saiu ao campo, na época da colheita, certificou-se em trazer para sua mãe apenas flores silvestres, sem dono.

"A maioria dos primogênitos odeia os irmãos: Caim odiava Abel, Ismael odiava Isaac, Esaú odiava Jacó. Mas você foi bondoso, dizendo a seus irmãos que não derramem o sangue de José. Normalmente o primogênito da família está encarregado do serviço de Deus, merece honras, e recebe uma porção dupla dos pertences do pai.

"Porém você, Rúben, não receberá nada disso, porque pecou. Agiu de maneira muito precipitada, como um rio de corredeira. Devido à tua pressa, explodindo de raiva como água que se apressa em seu curso, você não será elevado a nenhuma dessas posições superiores. Desde quando demonstrou zelo por tua mãe, e desarrumou ambos os leitos, o de teu pai e o da Divindade. (Jacó refere-se aqui ao episódio ocorrido na parashá de Vayishlach, quando Rúben interferiu nos arranjos matrimoniais de seu pai).

"Por isso, os sacerdotes, que realizam o serviço de Deus, não virão de sua tribo (mas de Levi), e os reis não descenderão de você (mas de Judá) e você não receberá duas porções como um primogênito. (Em vez disso, os filhos de José tornaram-se duas tribos.) Não cometa mais pecados no futuro, e então Deus o perdoará!"

A Bênção de Simeão e Levi

A Simeão e Levi, Jacó disse:
"Vocês dois, Simeão e Levi são irmãos (agiram como irmãos em relação a Dina, mas não a José). Vocês têm personalidades semelhantes, e gostam de fazer as coisas juntos. Ambos destruíram Siquém, e ambos quiseram matar José. Mas prestem atenção: Vocês geralmente ficam furiosos e exaltados, e por isso cometem erros. Suas armas são roubadas de Esaú, pois ingressaram numa profissão que não era deles, quando aniquilaram o povo de Siquém. A arte bélica e o uso de espadas são meios próprios de Esaú, não de nossa família.

Além disso, o povo judeu luta de maneira diferente que os não-judeus; nossas principais armas são nosso estudo de Torah e preces.

Será muito perigoso se as tribos de Simeão e Levi permanecerem juntas; portanto, eu as separarei uma da outra quando se estabelecerem na Terra Israel. A terra de Simeão será bem no meio da terra de Judá, e a tribo de Levi será dispersa por toda a Terra Israel, em quarenta e oito cidades diferentes".

(No futuro, a maioria dos pobres, escribas e professores descenderiam da tribo de Simeão. Assim, a profecia de Jacó que esta tribo se manteria dispersa seria realizada desta maneira: estes indivíduos seriam obrigados a perambular para angariar caridade ou para procurar o seu sustento. Também a tribo de Levi estará dispersa, em conseqüência de terem que viajar para coletar seus proventos de outros. Mas pelo menos para a tribo de Levi esta dispersão se concretizou de maneira mais honrosa: viajavam para coletar os dízimo e presentes, que lhe eram devidos.)

Quando as outras tribos ouviram as severas palavras de Jacó, começaram a retirar-se uma a uma, esperando um sermão similar. Mas Jacó chamou Judá e elogiou-o. "Judá, você agiu corretamente, admitindo sua culpa no caso de Tamar".

A Bênção de Judá

Jacó abençoou Judá: "Judá, todos seus irmãos admitem que você é o rei e líder entre eles. A nação inteira portará teu nome. Não serão chamados de descendentes de Rúben ou descendentes de Simeão, mas de Yehudim - judeus!

"A princípio, será comparado a um jovem leão, porém mais tarde será comparado a um grande e poderoso leão, de quem todos sentem medo".

Jacó comparou Judá primeiro a um leão pequeno e jovem, e depois a um leão adulto. Jacó previu que a tribo de Judá ficaria cada vez mais forte, como um filhote de leão que se desenvolve até ficar adulto. A tribo de Judá começaria a se fortalecer durante os quarenta anos no deserto. O estandarte de Judá viajava na frente de todas as outras. E mais, quando os judeus chegassem a Terra Israel, Judá seria o primeiro a lutar contra os cananitas. O primeiro juiz, Otoniel ben Kenaz, viria também da tribo de Judá.

Mas tudo isso era apenas o começo da força de Judá. Judá finalmente seria como "um jovem leão" na época de Davi, o poderoso rei, que sobrepujaria seus inimigos com a coragem e força de um leão.

Tanto o "jovem leão" como o "leão adulto" podem ser interpretados como descrições do próprio Rei Davi. No início, Davi seria apenas um general e ainda não muito poderoso, como um "jovem leão". Mais tarde seria coroado rei e tornar-se-ia poderoso como um grande leão.

Jacó continuou a abençoar Judá: De você, Judá, descenderão os líderes ao povo judeu até a época de Messias, chamado de Silo. Messias também será descendente de Judá.

As colinas de Judá em Terra Israel ficarão tão repletas de vinhas com uvas vermelhas que as colinas parecerão rubras, e seus campos parecerão brancos por causa do cereal abundante e das inúmeras ovelhas".

A Bênção de Zabulon

Jacó abençoou Zabulon:

"Quando Terra Israel for dividida entre as tribos, você receberá uma porção ao longo da costa. Viajará em navios cruzando os mares para negociar com as outras nações".

A tribo de Zabulon fez um acordo com a tribo de Issacar: os homens de Zabulon viajariam a negócios, enquanto que os membros de Issacar estudariam Torah o dia inteiro. Os mercadores de Zabulon dividiriam seus ganhos com os estudiosos de Torah de Issacar. Em troca, Deus daria uma parte da recompensa do aprendizado de Torah de Issacar para Zabulon.

Uma História: A recompensa por fazer Caridade

Nos tempos antigos, viajar pelo oceano era muito perigoso. Muitos navios afundavam.

Um judeu que costumava fazer muita caridade certa vez viajou de navio.

Rabi Akiba estava caminhando pela praia quando viu o homem embarcar no navio. Quando Rabi Akiba olhou para o oceano uma terrível tempestade estava se formando. Logo o navio não poderia mais enfrentar as fortes ondas. A água começou a inundar o convés, e muito lentamente, o navio começou a afundar, até que finalmente desapareceu dentro da água.

"Que pena que este maravilhoso judeu tenha se afogado!" - pensou Rabi Akiba. "Irei aos rabinos do Beit Din e vou informá-los de que este homem está morto. Então permitirão que sua esposa se case com outra pessoa".

Quando Rabi Akiba entrou no edifício onde os sábios do Tribunal Rabínico costumavam se reunir, outro homem também entrou. Rabi Akiba não pôde acreditar em seus próprios olhos. O homem se parecia exatamente com aquele que havia visto embarcar no navio que acabara de afundar!

"Desculpe-me," Rabi Akiba disse surpreso, "mas não vi o senhor a bordo daquele navio que acabou de naufragar?" "Sim," disse o homem.

"Como foi então que se salvou do afogamento naquele mar terrível e furioso?" - perguntou Rabi Akiba. "Foi o fato de doar dinheiro para caridade que me salvou," replicou o homem.

"Como sabe disso?" - inquiriu Rabi Akiba. "Quando eu já estava no fundo da água," disse o homem, "ouvi o anjo do mar chamando: 'Rápido, ajude-nos a levar este homem para cima! Ele deu dinheiro para caridade durante toda a vida!' Senti-me sendo levantado e empurrado para a terra seca".

"Que maravilha!" - exclamou Rabi Akiba. "Que maravilhosa demonstração de como a caridade salva uma pessoa da morte!"

Um dos melhores tipos de caridade é sustentar estudiosos da Torah sem recursos. Ao oferecer-lhes dinheiro, permitimos que continuem seus estudos. Assim fazendo, ganhamos também um quinhão em seu aprendizado de Torah.

A Bênção de Issacar

Jacó abençoou Issacar. "Issacar é comparado a um jumento ossudo que carrega o fardo colocado às suas costas pelo amo. Assim também, os membros de Issacar aceitam as provações e fardos para estudarem diligentemente a Torah. Muitos deles tornar-se-ão membros do Supremo Tribunal, e decidirão as questões da Lei Judaica".

(Por que Issacar é comparado a um burro? Acaso os elogios a Issacar não se destacariam ainda mais se Jacó o tivesse descrito como leão ou pantera, em vez de burro? A resposta é que o caráter do burro difere do dos outros animais. O burro não se rebela contra seu dono quando este lhe impõe uma carga, mas suporta-a pacientemente. A mesma característica é verdadeira para Issacar. Ele aceita de boa vontade o jugo da Torah. Como o burro não se importa com seu próprio prestígio, mas com a honra de seu dono, assim também Issacar, o estudante da Torah, desconsidera sua própria honra, e vive para glorificar o Nome de Deus.)

"Ao contrário de Zabulon, os membros de Issacar não viajaram ao exterior para negociar. Ficaram sentados na quietude de suas casas de estudo, a fim de adquirir um conhecimento vasto e profundo da Torah. Saberão então como ensinar e orientar outros judeus. Como as costelas do burro são salientes e claramente visíveis, assim é a Torah de Issacar, de magna clareza.

Como o burro, que não tem estábulo, mas deita-se para dormir entre as fronteiras de qualquer cidade aonde carregue mercadorias, assim é Issacar, preparado para sacrificar as comodidades da vida em prol do seu estudo.

"A terra de Issacar em Terra Israel será abençoada e produtiva. Os membros de Issacar não precisarão passar muito tempo trabalhando a terra. Ao contrário, poderão ocupar-se com o estudo de Torah, sem ter que investir muito tempo nos negócios".

Os frutos da porção de Issacar eram tão gigantescos que quando eram vendidos às outras nações, estas ficavam perplexas com seu tamanho. Os judeus lhes diziam: "Vocês se surpreendem com esses frutos? Se vissem seus donos, que estudam Torah dia e noite sem parar, então entenderiam! Deus deu-lhes enormes frutos, proporcionais aos tremendos esforços que investem no estudo da Torah!"

Em conseqüência, muitos não judeus se converteram ao judaísmo.

A Bênção de Dan

Jacó abençoou Dan:
Dan é comparável a uma serpente, de duas formas:
1 - Quando os judeus viajarem pelo deserto, a tribo de Dan viajará atrás de todas as outras tribos. Como cobras, os homens de Dan lutarão contra os inimigos atacando-os pela retaguarda.
2 - Jacó comparou o juiz Sansão, em particular, a uma cobra. Jacó previu: "O forte e poderoso Sansão ficará de tocaia ao lado da estrada, e então saltará subitamente e atacará os inimigos dos judeus, os filisteus.
Matará os soldados mais fortes entre os filisteus, mesmo os que têm cavalos. Jacó visualizou também a queda e morte de Sansão. Por isso, exclamou: "Deus - ainda teremos que esperar pelo redentor final para trazer-nos a salvação definitiva!"
Por que Jacó comparou Judá a um leão e Dan a uma cobra?
O leão e a cobra têm métodos de luta diferentes. O leão é o mais forte de todos os animais, e nada teme. Por isso, ataca e luta abertamente. A serpente, porém, fica na espreita enquanto aguarda. Ataca de repente, furtivamente, para derrubar sua vítima. Jacó previu: "A tribo de Judá lutará como um leão - em campo aberto. A tribo de Dan, porém - especialmente Sansão, o juiz oriundo da tribo de Dan, usará os métodos da serpente; seus membros atacarão os inimigos de surpresa e os dominará fazendo movimentos falsos e inesperados".

A Bênção de Gad

Jacó abençoou Gad: "Os homens de Gad serão fortes heróis de guerra. Marcharão na frente quando os judeus conquistarem a Terra de Israel na época de Josué. Depois, os homens de Gad retornarão em paz para sua própria terra, na margem leste do Jordão, e nenhum deles faltará. Será perigoso para eles ali viverem, porque estão cercados de inimigos. Porém, derrotarão os adversários e os perseguirão de volta até seus países, e lá, se apropriarão dos despojos".

A Bênção de Aser

Jacó abençoou Aser: "A terra de Aser produzirá ricos frutos. Muitas oliveiras crescerão na porção de Aser na Terra de Israel, fazendo o azeite fluir do solo como água. Judeus de todas as partes virão até ele para comprar azeite de oliva. Aser suprirá óleo para o serviço do Templo".

A Bênção de Neftali

Jacó abençoou Neftali: "Neftali é comparado a uma gazela".

Havia duas razões para Jacó comparar Neftali a uma gazela:

1 - Assim como a gazela corre rápido, assim os frutos na parte da Terra de Israel pertencente a Neftali amadurecerão mais rapidamente que em qualquer outro lugar. O povo de Neftali será o primeiro a fazer a bênção sobre uma nova fruta.

2 - O próprio Neftali, e mais tarde muitas pessoas de sua tribo, serão ligeiros e rápidos como a gazela. Quando os judeus precisarem de um mensageiro ágil para levar as notícias a qualquer lugar, enviarão um homem de Neftali.

A Bênção de José

Jacó abençoou José: "José é um filho gracioso, um filho que encontra graça aos olhos de quem o vê".

José mereceu esta bênção relacionada com o olhar, por ter protegido sua mãe do olhar de Esaú. Na parashá de Vayishlach, quando Esaú veio ao encontro de Jacó, José pensou: "Talvez este perverso fixe seus olhos em minha mãe e a cobiçará". Então, resolveu posicionar-se em frente dela, aumentando sua estatura para encobri-la. Por isso, foi abençoado por Jacó: "Você cresceu para bloquear a visão de Esaú, portanto merecerá grandeza".

Jacó, continuou exclamando: "Moças ficaram de pé para vê-lo sobre os muros do Egito, atirando-lhe jóias". As palavras de Jacó referem-se ao episódio ocorrido quando José tornou-se vice-rei. Foi conduzido pelo Egito inteiro, e todas as mulheres egípcias, até as nobres, subiram ao topo dos telhados, atirando suas jóias sobre José, a fim de atrair sua atenção. Contudo, ele não deu sequer uma olhada.

José foi amargurado, odiado mas permaneceu firme (resistindo à esposa de Potifar). Controlou-se e não pecou. Portanto, mereceu ornamentos de ouro em seus braços (dados por faraó). Conseguiu resistir ao pecado, pois teve uma visão de seu pai Jacó.

Por isso, Deus te abençoará, dando-lhe uma região abençoada com o orvalho dos céus e água da terra num local privilegiado.

"Bendita é a mãe cujos seios amamentaram um filho tão grande, e o útero que deu à luz um filho tão sábio!"

(Jacó amava tanto Raquel que mesmo abençoando José, seu filho, mostrava preferência por Raquel, atribuindo ao seu filho qualidades dela. Reconhecia que a virtude de José era resultado de ter nascido de Raquel, a justa.).

"Sejam as mulheres da tribo abençoadas para que não percam seus bebês, e para que não lhes falte leite para alimentá-los".

"Você, José, será abençoado com bênçãos ainda maiores que aquelas que meus pais Abraão e Isaac me concederam: a bênção sem limites, englobando o mundo inteiro. Que todas minhas bênçãos se tornem realidade para você, José, que se tornou um governante no Egito e mesmo assim não se descuidou da honra de seus irmãos".

A Bênção de Benjamim

Jacó abençoou Benjamim: "A tribo de Benjamim será forte como um lobo que despedaça sua presa. O Beit Hamicdash (Templo) será construído na porção de Benjamim em Terra Israel, e ali Deus deixará Sua Divindade repousar".

Quando o rei Salomão estava prestes a construir o Templo, as tribos começaram a brigar entre si. Cada uma dizia: "O Templo deve ser construído na minha porção". Deus exclamou: "Tribos, todas vocês são justas! Contudo, são todas sócias na venda de José; com exceção de Benjamim, que não participou. Portanto, desejo habitar nessa porção".

Por que Jacó comparou a força de Judá àquela de um leão e a força de Benjamim à de um lobo? Depois que um lobo despedaça um animal, não permanece no lugar, mas abocanha alguma carne e foge correndo. Um leão, porém, não tem medo de ficar perto do animal abatido e banquetear-se com ele. Benjamim foi comparado a um leão porque o rei da tribo de Benjamim, Saul, governou apenas por um curto período de tempo. Judá, porém, foi comparado a um leão porque o reino de Davi perdurou por muitos anos, e então o governo foi transmitido para sempre aos filhos de Davi

O significado das Bênçãos

Por que Jacó utilizou-se de animais e feras como meio de comparação ao abençoar seu filhos?

Desejava, desta forma, indicar traços louváveis a seus descendentes. Quando um não judeu quer obrigar o judeu a abandonar a Torah e os preceitos, os filhos de Israel se tornam teimosos e ferozes como feras, recusando-se a obedecer. Deus, por outro lado, sempre Se refere a seu povo como a uma pomba, pois quando Ele ordena, seguem-No mansos como uma pomba.

Apesar de Jacó abençoar cada filho com um atributo específico; como por exemplo: Judá com a força de um leão, Neftali com a rapidez da gazela, e Benjamim com a força de compreensão de um lobo; também deu a cada um as qualidades de todos os irmãos, combinadas. Todos poderiam ter a força de leões e a rapidez da gazela, e assim por diante. Mas cada tribo se destacava por uma qualidade especial.

Analogamente, apesar de Jacó ter dado uma bênção especial a cada porção de terra em especial, incluiu todas as bênçãos na porção de cada um.

Quando Jacó abençoou os filhos, invocou Deus para realizar suas bênçãos. Deus ouviu o pedido de Jacó e concedeu a cada tribo as bênçãos que Jacó pronunciou.

A gruta de Machpelá

Quando Jacó terminou de abençoar todos os filhos, ordenou-lhes: "Certifiquem de não me enterrar no Egito. Levem-me de volta a Terra de Israel, à Gruta de Machpelá".

Jacó faleceu aos 147 anos. Foi pranteado não apenas pelos filhos, mas também todos os habitantes do Egito participaram do luto por Jacó, porque em conseqüência de sua bênção, o Nilo avolumou-se novamente e transbordou, irrigando a terra e pondo fim à fome. Assim que Jacó morreu, essa bênção cessou; e a fome atacou novamente.

José enviou uma mensagem ao Faraó: "Meu pai fez-me jurar antes de sua morte que eu levaria seu corpo para ser enterrado na Gruta de Machpelá, na terra de Canaã. Permita-me cumprir meu juramento, e depois regressarei ao Egito".

O Faraó retrucou: "Peça para que os sábios anulem teu juramento".

José replicou: "Se você quiser que eu invalide este juramento, eles anularão simultaneamente outro juramento meu. Uma vez jurei a você que jamais revelaria a ninguém o fato de saber uma língua a mais. Até agora, mantive minha palavra".

"Não o impedirei de ir," respondeu faraó. "Vá e o enterre como teu pai lhe ordenou".

José colocara seu pai num caixão de ouro puro, cravejado de diamantes. Estendido sobre este havia um pálio tecido de fios de ouro, apoiado sobre esteios adornados de pérolas.

Quando José e os irmãos partiram para Canaã na procissão do funeral, o faraó promulgou um edito solicitando a todos os súditos que acompanhassem Jacó, prestando-lhe as últimas honras.

O féretro foi carregado pelas tribos, que andavam descalças e choravam, seguidas por uma enorme delegação de egípcios. José removeu sua coroa e pendurou-a no caixão de seu pai.

Contudo, quando viram a grande pompa prestada a Jacó, e a coroa de José sobre o caixão, juntaram-se a eles. Os reis de Canaã também penduraram as coroas sobre o caixão.

Assim foi Jacó conduzido até a Gruta da Machpelá, num caixão adornado com trinta e seis coroas.

As tribos então se prepararam para enterrar Jacó ao lado de Lea, mas Esaú interferiu: "O espaço restante na caverna está reservado para mim, não para Jacó," bradou.

"Como pode ser?" - responderam-lhe as tribos. Você vendeu a Gruta de Machpelá para seu irmão!" "Mostrem o contrato," exigiu Esaú. Os irmãos replicaram: "Nós o temos, porém está no Egito". "Sem a escritura, não há provas," argumentou Esaú. "Neftali a trará," disseram.

Neftali, que era ligeiro, correu velozmente para o Egito. Enquanto isso, o enterro atrasava-se.

Chushim, filho de Dan, era surdo e não acompanhava a conversa. Contudo, percebera que Esaú era o único que impedia o enterro de seu avô. Golpeou Esaú na cabeça com muita força. Esaú tombou morto, seu sangue jorrando sobre o caixão de Jacó. A cabeça de Esaú rolou para dentro da Gruta de Machpelá, enquanto seu corpo foi levado ao Monte Seir para ser enterrado.

Os irmãos pedem perdão a José

Antes que Jacó morresse, José freqüentemente convidava os irmãos para fazerem refeições em seu palácio. Após a morte de Jacó, porém, não mais os convidou.

Os irmãos ficaram preocupados: "José deve odiar-nos porque o vendemos como escravo. Enquanto nosso pai estava vivo ele nada demonstrou, para não causar-lhe sofrimento, mas agora não quer mais nos convidar".

Os irmãos enviaram um mensageiro para dizer a José: "Por favor, perdoe-nos por termos feito mal a você".

Então os próprios irmãos o procuraram e se curvaram perante José, pedindo-lhe perdão. José ficou magoado pelos irmãos pensarem que os odiava, e chorou. Então, confortou os irmãos: "Não tenham medo! Não os convidei por outro motivo. Enquanto nosso pai era vivo, ele me fazia sentar à cabeceira da mesa. Mas agora que morreu, não desejo continuar sentando à cabeceira da mesa. Rúben é mais velho que eu, e Judá é o rei; a cabeceira pertence a um dos dois. Por outro lado, não posso sentar-me ao pé da mesa porque sou o governante do Egito. Como não sei de que forma proceder, parei de convidá-los". José, o justo, falou palavras bondosas a seus irmãos, e fez com que se sentissem bem.

A morte de José

José governou o Egito por mais 54 anos. Era um homem justo, e um bom governante. Quando José sentiu que seu fim se aproximava, disse a seus irmãos: "Estou prestes a morrer, mas o Todo Poderoso certamente os redimirá do Egito. Meu pai revelou-me que o redentor que proferirá as palavras pacod yifcod será o mensageiro de Deus, que os tirará do Egito!"

José fez seus irmãos jurarem que ao deixar o Egito, levariam com eles seus ossos para Siquém, o lugar de onde viera. Disse-lhes: "Sei, por tradição, que apenas quatro casais serão enterrados na Gruta".

Antes de morrer, chamou seus irmãos e lhes disse: "Não deixem o Egito antes que Deus envie Seu mensageiro para tirá-los daqui. Ao sair, deixem que seus filhos levem o caixão com meus ossos para Terra Israel, e enterrem-me lá". Eles juraram que assim fariam.

Igualmente, Deus queria que as tribos enterrassem José em Siquém, dizendo: "Vocês venderam José. Tragam seus restos mortais de volta a Siquém, ao lugar onde o venderam!"

José faleceu com a idade de cento e dez anos. O falecimento de um justo da magnitude de José deixou sua marca sobre o Egito inteiro. Todos os poços secaram, e os irmãos começaram a sentir as agruras do exílio.

Os mágicos egípcios colocaram o corpo de José num caixão de ferro, que afundaram nas profundezas do Nilo, acreditando que traria bênção para o rio.

Um após outro, os filhos de Jacó faleceram, sendo que Levi gozou de maior longevidade. Ao final de sua vida, Benjamim ainda não tinha pecados. Era um justo perfeito. Não obstante, chegara o momento de seu falecimento.

O exílio egípcio abateu-se sobre os judeus em quatro estágios: Enquanto Jacó vivia, os filhos de Israel eram homens livres no Egito (e sua única dificuldade é que eram estrangeiros lá). Assim que faleceu, os egípcios impuseram impostos sobre os judeus.

Após a morte de Levi, a última das tribos, os egípcios escravizaram os judeus, forçando-os a trabalhar na construção.

Quando Miriam, irmã de Moisés, nasceu, os egípcios amarguraram as vidas dos filhos de Israel, intensificando a escravidão.

Correspondência bíblica

Tribo de Ruben:

Ez 48,31: "haverá três portas voltadas para o Norte, chamadas pelos nomes das tribos de Israel: a porta de Ruben, a porta de Judá e a porta de Levi".

Ap 7,5: "da tribo de Judá, doze mil; da tribo de Ruben, doze mil; da tribo de Gad, doze mil".

Tribo de Simeão:

Jt 8,7: "Era muito bela de aspecto e formosa de rosto, prudente de coração e com bom senso, e muito honrada. Seu marido Manassés – que era filho de José, filho de Aquitob, filho de Melquis, filho de Eliab, filho de Natanael, filho de Surissadai, filho de Simeão, filho de Israel – lhe deixara ouro e prata, servos e servas, rebanhos e campos, e ela se mantinha com isso.

Ap 7,7: "da tribo de Simeão, doze mil; da tribo de Levi, doze mil; da tribo de Issacar, doze mil".

Tribo de Levi:

Ex 6,16: "Estes são os nomes dos filhos de Levi, segundo as descendências: Gérson, Caat e Merari. Levi viveu cento e trinta e sete anos".

Nm 1,53: "Mas os levitas acamparão ao redor da Morada da Aliança, para que a ira divina não caia sobre a comunidade dos israelitas. Os levitas, portanto, cuidarão da morada da Aliança".

Eclo 45,7: "Exaltou também a Aarão, santo como ele, seu irmão, da tribo de Levi".

At 4,36: "Assim fez José, que os Apóstolos chamavam de Barnabé (que significa 'filho da consolação'). Era levita, natural de Chipre".

Hb 7,5: "Segundo a lei de Moisés, os descendentes de Levi que se tornam sacerdotes devem receber o dízimo do povo, isto é, dos seus irmãos, embora estes também sejam descendentes de Abraão".

Tribo de Judá:

Jz 1,18: "Judá apoderou-se de Gaza e seu território".

2Sm 2,4: "Então vieram os homens de Judá, e ali em Hebron ungiram Davi como rei sobre a casa de Judá".

2Sm 2,7: "Tende coragem agora e sede homens valorosos, pois, se Saul, vosso senhor, morreu, a casa de Judá me ungiu como rei".

2Rs 21,25: "Os demais feitos de Amon, o que fez, está escrito no livro dos anais dos reis de Judá".

2Rs 23,26: "Contudo o SENHOR não desistiu de sua grande ira, pois estava muito irado com Judá por causa de todas as provocações que Manassés lhe fizera".

Sl 69,36: "Pois Deus salvará Sião e reedificará as cidades de Judá; habitarão lá e a possuirão".

Sl 78,68: "Mas escolheu a tribo de Judá, a montanha de Sião que ele amava".

Jr 31,31: "Um dia chegará – oráculo do SENHOR – quando hei de fazer uma nova aliança com a casa de Israel e a casa de Judá".

Mq 5,1: "Mas tu, Belém de Éfrata, pequenina entre as aldeias de Judá, de ti é que sairá para mim aquele que há de ser o governante de Israel. Sua origem é antiga, de épocas remotas".

Zc 2,16: "A herança do SENHOR é Judá, sua propriedade ainda é a terra santa, ele continua escolhendo Jerusalém".

Hb 7,14: "pois é evidente que nosso SENHOR descende da tribo de Judá, que Moisés não menciona ao falar dos sacerdotes".

Hb 8,8: "De fato, Deus repreendeu-o dizendo: 'Dias virão, diz o SENHOR, em que concluirei com a casa de Israel e com a casa de Judá uma nova Aliança".

Ap 5,5: "Um dos anciãos me disse: 'Não chores! Vê, o leão da tribo de Judá, o rebento de Davi, saiu vencedor. Ele pode romper os selos e abrir o livro'".

Ap 7,5: "da tribo de Judá, doze mil; da tribo de Ruben, doze mil; da tribo de Gad, doze mil".

Tribo de Zabulon:

Jz 5,18: "Mas Zabulon é um povo que desafia a morte, como Neftali, nas campinas do planalto".

Ez 48,26: "Limitando com Zabulon, de leste a oeste estende-se o território de Gad".

Mt 4,14-15: "no território de Zabulon e de Neftali, para cumprir-se o que foi dito pelo profeta Isaías: 'Terra de Zabulon, terra de Neftali, caminho do mar, região além do Jordão, Galiléia, entregue às nações pagãs!'".

Ap 7,8: "da tribo de Zabulon, doze mil; da tribo de José, doze mil; da tribo de Benjamin, doze mil".

Tribo de Issacar:

1Cr 12,33: "Da tribo de Issacar, gente que entendia os sinais dos tempos e sabia o que Israel tinha de fazer: duzentos chefes, com todos os seus irmãos às suas ordens".

Ez 48,33: "do lado sul, que mede dois mil duzentos e cinquenta metros, haverá três portas: a porta de Simeão, a porta de Issacar e a porta de Zabulon".

Ap 7,7: "da tribo de Simeão, doze mil; da tribo de Levi, doze mil; da tribo de Issacar, doze mil".

Tribo de Dã:

Jz 18,30: "Os danitas entronizaram o ídolo. Jônatas, descendente de Gerson, filho de Moisés, bem como seus filhos, foram sacerdotes da tribo dos danitas, até a deportação do país".

Tribo de Gad:

Nm 32,25: "Os gaditas e os rubenitas responderam: 'Faremos o que o SENHOR disse a teus servos'".

1Cr 5,11: "Ao lado deles, de Basã até Selca, habitavam os filhos de Gad".

Ap 7,5: "da tribo de Judá, doze mil; da tribo de Ruben, doze mil; da tribo de Gad, doze mil".

Tribo de Aser:

Jz 1,32: "Assim os aseritas ficaram morando no meio dos cananeus nativos do país, porque não os expulsaram".

Ez 48,2: "Limitando com Dã, de leste a oeste estende-se o território de Aser.

Lc 2,36: Havia também uma profetisa, chamada Ana, filha de Fanuel, da tribo de Aser. Ela era de idade avançada. Quando jovem, tinha sido casada e vivera sete anos com o marido".

Tribo de Neftali:

Tb 1,1: "Livro da história de Tobit, filho de Tobiel, filho de Ananiel, filho de Aduel, filho de Gabael, filho de Rafael, filho de Raguel, da desdendência de Asiel, da tribo de Neftali".

Tb 1,4: "Quando estava na minha pátria, na terra de Israel, sendo eu mais jovem, toda a tribo de Neftali, meu antepassado, separou-se da cada de Davi, meu pai, e de Jerusalém, a cidade escolhida entre todas as tribos de Israel. Nela foi santificado o templo como Casa de Deus, construído para que aí oferecessem sacrifícios todas as tribos de Israel, por todas as gerações".

Ez 48,3: "Limitando com Aser, de leste a oeste estende-se o território de Neftali.

Mt 4,14-15: "no território de Zabulon e de Neftali, para cumprir-se o que foi dito pelo profeta Isaias: 'Terra de Zabulon, terra de Neftali, caminho do mar, região além do Jordão, Galiléia, entregue às nações pagãs!"

Ap 7,6: "da tribo de Aser, doze mil; da tribo de Neftali, doze mil; da tribo de Manassés, doze mil".

Tribo de José:

Jz 1,22: "Por sua vez, os da casa de José subiram a Betel e o SENHOR estava com eles".

Sl 105,17: "Enviou à sua frente um homem: José foi vendido como escravo".

Ez 47,13: "Assim diz o SENHOR Deus: 'Estas são as fronteiras da terra que repartireis como herança entre as doze tribos de Israel, tendo José duas partes".

Am 5,6: Procurai o Senhor e tereis vida. Senão ele virá como um fogo sobre a casa de José, para tudo queimar, e em Betel não haverá quem possa apagar".

Am 5,15: "Odiai o mal, fazei o bem, fazei vencer no tribunal o que é justo. Quem sabe, assim, o SENHOR Deus dos exércitos terá misericórdia do resto de José".

At 7,9: "Os patriarcas, movidos por ciúme, venderam José aos egípcios. Mas Deus estava com ele".

At 7, 13: "Na segunda vez, José se deu a conhecer a seus irmãos, e Faraó ficou sabendo da origem de José".

At 7,14: "Então José mandou buscar Jacó, seu pai, e todos os parentes, setenta e cinco ao todo".

At 7,18: "Surgiu então no Egito um rei que não conhecera Jose".

Hb 11,21-22: Pela fé, Jacó prestes a morrer, abençoou cada um dos filhos de José, e apoiando-se na extremidade do cajado, prostrou-se em adoração. Pela fé, José relembrou, já no fim da vida, o êxodo dos filhos de Israel e deu ordens acerca de seus restos mortais".

Ap 7,8: "da tribo de Zabulon, doze mil; da tribo de José, doze mil; da tribo de Benjamim, doze mil".

Tribo de Benjamim: (dela veio o primeiro rei, Saul. Cf. nota do Gn 49,27 – Bíliba Sagrada – Edições CNBB – e também o Apóstolo Paulo!)

Gn 35,24: "Os filhos de Raquel: José e Benjamim".

Js 18,21: "E estas eram as cidades da tribo de Benjamim, segundo seus clãs: Jericó, Bet-Hegla, Amec-Casis".

Jz 20,12: "As tribos de Israel enviaram mensageiros por toda a tribo de Benjamim dizendo: 'Que crime é esse que se cometeu entre vós?'"

Jz 20,35: "O SENHOR desbaratou Benjamim diante de Israel".

Jz 21,15: "O povo continuou com pena de Benjamin, porque o SENHOR causou um rombo entre as tribos de Israel".

1Sm 9,16: "Amanhã, a esta mesma hora, vou te enviar um homem da terra de Benjamim. Unge-o como príncipe do meu povo Israel: ele salvará o meu povo das mãos dos filisteus, pois voltei meus olhos para o meu povo, porque seu clamor chegou até mim".

At 13,21: "Foi então que eles pediram um rei, e Deus concedeu-lhes Saul, filho de Cis, da tribo de Benjamim, por quarenta anos".

Rm 11,1: "Eu me pergunto: 'Será que Deus rejeitou o seu povo? De modo algum? Pois eu também sou israelita, da descendência de Abraão, da tribo de Benjamim".

Fl 3,5: "fui circuncidado no oitavo dia, sou da raça de Israel, da tribo de Benjamim, hebreu filho de hebreus; quanto à observância da Lei, fariseu".

Ap 7,8: "da tribo de Zabulon, doze mil; da tribo de José, doze mil; da tribo de Benjamim, doze mil".

O Ciclo de Leituras da Torah na Sinagoga – Uma Herança Comum "para conhecer melhor as tradições paternas" (Gl 1,14) – Índice

2° LIVRO DA TORAH: ÊXODO (SHEMOT, EM HEBRAICO)

Nome da Parashá (porção semanal da Torah)	Texto Bíblico	Haftará (Leitura dos Profetas)	Harizá (Colar) Tema
14. SHEMOT	Ex 1,1 – 6,1	Is 27,6–28,13; 29,22– 23	Faraó
15. VAERÁ	Ex 6,2 – 9,35	Ez 28,25 – 29,21	As pragas
16. BÔ	Ex 10,1 – 13,16	Jr 46,13 – 28	Gafanhotos, Trevas
17. BESHALACH	Ex 13,17 – 17,16	Jz 4,4 – 5,31	Coluna de fogo e nuvem, Mar Vermelho e Maná
18. YITRÔ	Ex 18,1 – 20,26	Is 6,1 – 7,6; 9,5 – 6	A Voz
19. MISHPATIM	Ex 21,1 – 24,18	Jr 34,8 – 22; 33,25 – 26	Estatutos, Preceitos e Leis, Escravos
20. TERUMÁ	Ex 25,1 – 27,19	1 Rs 5,26 – 6,13	A Arca
21. TETSAVÊ	Ex 27,20 – 30,10	Ez 43,10 – 27	Vestes
22. ZACHOR	Dt 25, 17 – 19	1Sm 15, 2 – 34	-
23. PURIM	Ex 17,8 – 16	Rolo de Ester	Banquete
24. KI TISSÁ	Ex 30,11 – 34,35	1 Rs 18,1 – 39	Ídolos
25. VAYAKHEL	Ex 35,1 – 38,20	1Rs 7,40 – 50	Shabat
26. PECUDÊ	Ex 38,21 – 40,38	1Rs 7,51 – 8,21	Tenda do Encontro

01. BERESHIT — Gn 1,1 – 6,8
02. NOACH — Gn 6,9 – 11,32
03. LECH LEHA — Gn 12,1 – 17,27
04. VAYERÁ — Gn 18,1 – 22,24
05. CHAYÊ SARÁ — Gn 23,1 – 25,18
06. TOLEDOT — Gn 25,19 – 28,9
07. VAYETSÊ — Gn 28,10 – 32,3
08. VAYISHLACH — Gn 32,4 – 36,43
09. VAYÊSHEV — Gn 37,1 – 40,23
10. MIKETS — Gn 41,1 – 44,17

11. CHANUCA	1Mc 4,36 – 59
12. VAYIGASH	Gn 44,18 – 47,27
13. VAYECHI	Gn 47,28 – 50,26
27. VAYICRÁ	Lv 1,1-5,26
28. TSAV	Lv 6,1-8,36
29. PÊSSACH	Ex 12,1-20; 13,8
30. SEFIRAT HAÔMER	
31. SHEMINI	Lv 9,1-11,47
32. TAZRIA	Lv 12,1-13,59
33. METSORÁ	Lv 14,1-15,33
34. ACHARÊ MOT	Lv 16,1-18,30
35. KEDOSHIM	Lv 19,1-20,27
36. EMOR	Lv 21,1-24,23
37. BEHAR	Lv 25,1-26,2
38. BECHUCOTAY	Lv 26,3-27,34
39. BAMIDBAR	Nm 1,1-4,20
40. SHAVUOT	Ex 19,1 – 20,23
41. MEGUILAT RUT	Livro de Rute
42. NASSÔ	Nm 4,21-7,89
43. BEHAALOTECHÁ	Nm 8,1-12,16
44. SHELACH LECHÁ	Nm 13,1-15,41
45. CÔRACH	Nm 16,1-18,32
46. CHUCAT	Nm 19,1-22,1
47. BALAC	Nm 22,2-25,9
48. PINECHÁS	Nm 25,10-30,1
49. MATOT	Nm 30,2-32,42
50. MASEI	Nm 33,1-36,13
51. DEVARIM	Dt 1,1-3,22
52. VAETCHANAN	Dt 3,23-7,11
53. ÊKEV	Dt 7,12-11,25
54. REÊ	Dt 11,26-16,17
55. SHOFETIM	Dt 16,18-21,9
56. KI TETSÊ	Dt 21,10-25,19
57. KI TAVÔ	Dt 26,1-29,8
58. NITSAVIM	Dt 29,9-30,20
59. ASSERET YEMÊ TESHUVÁ	
60. VAYÊLECH	Dt 31,1-30
61. HAAZINU	Dt 32,1-52
62. SUCOT	Lv 23, 33-44
63. VEZOT HABERACHÁ	Dt 33,1-34,12

14 – Ex 1,1 – 6,1 - SHEMOT - שמות
Is 27,6 – 28,13; 29,22-23

José e Jacó trouxeram muitos benefícios para o Egito. José previu sete anos de fartura, seguidos de sete anos de fome, e montou um esquema para abastecer o Egito nesses anos difíceis.

Por mérito de Jacó, os sete anos de fome foram reduzidos para dois, pois assim que ele chegou, o Nilo voltou a transbordar, pondo fim aos anos de seca.

Após a morte de José e de todos os seus irmãos, assume o reinado do Egito um novo faraó. Algumas opiniões dizem que era o mesmo de antes, porém não mais reconhecia os benefícios que José trouxe.

Esse faraó decidiu escravizar os Filhos de Israel. Quando seus astrólogos lhe disseram que estava para nascer um menino, que futuramente salvaria os Filhos de Israel, o faraó decretou que todos os meninos, que nascessem a partir daquele dia, fossem jogados no Rio Nilo.

Moisés, o menino tão temido pelo faraó, nasceu e sua mãe escondeu-o dos egípcios por três meses. Não podendo mais escondê-lo, sua mãe colocou Moisés dentro de uma cesta bem protegida e colocou-o no rio.

Quis a Providência Divina que a filha do faraó, Batia, encontrasse o menino e o criasse em sua própria casa. "São muitos os projetos no coração humano, mas é a vontade do SENHOR que permanece" (Provérbios 19,21).

Um dos fatores primordiais para a continuação do Povo de Israel foi, sem dúvida, a atitude tomada por Jocabed (a mãe de Moisés) e Míriam (a irmã de Moisés). Colocando em risco suas próprias vidas, Jocabed e Míriam, que eram parteiras das mulheres de Israel, não acataram a ordem do faraó de entregar os meninos que nascessem para serem jogados no rio, conforme a Bíblia nos diz: "As parteiras temeram a Deus e não fizeram como lhes havia falado o rei do Egito, e deixaram os meninos viverem" (Ex 1,17).

A Bíblia nos diz que esta atitude de Jocabed e Míriam foi proveniente do Temor a Deus, como consta no versículo: "E eis que as parteiras temeram o Todo-Poderoso" (Ex 1,21).

Este temor que as parteiras tiveram do Todo-Poderoso, não acatando o que o faraó ordenara, salvou o povo. Caso elas não tivessem tomado esta corajosa atitude, a continuidade do povo, o nascimento de Moisés, o recebimento da Torah no Monte Sinai, a construção do Tabernáculo, etc. estariam comprometidos.

O temor a Deus é quem consolida a personalidade das pessoas, dando-lhes atributos para que possam superar as provações da vida e vencer os obstáculos que aparecem durante os anos.

Após o último dos dez testes pelos quais Abraão passou, a Akedá (a amarração de Isaac) – para verificar se Abraão estava disposto a sacrificar seu próprio filho pela fé em Deus, o Todo-Poderoso lhe diz: "Agora sei que temes a Deus, pois não me recusaste teu único filho" (Gn 22,12).

Por intermédio da superação dos obstáculos que aparecem à nossa frente, com a finalidade de tentar nos afastar do caminho espiritual concreto, podemos concluir qual é o nosso nível do "temor a Deus"...

Outra passagem da Bíblia na qual podemos observar que o "Temor a Deus" é avaliado nos momentos de provações, é a que relata sobre as pragas enviadas aos egípcios que veremos a seguir.

Depois da praga do granizo – a sétima praga, o faraó diz a Moisés: "Desta vez eu pequei. O SENHOR é que está com a razão; eu e o meu povo somos os culpados. Suplicai ao SENHOR! Basta dessas terríveis trovoadas de granizo! Eu vos deixarei partir; não ficareis aqui por mais tempo" (Ex 9,27-28).

Embora Moisés lhe tenha dito que rezaria para que o granizo cessasse, fez-lhe a seguinte observação: "Mas sei que tu e teus ministros ainda não temeis ao SENHOR Deus" (Ex 9,30).

O grande comentador judeu da Bíblia chamado Rashi explica que Moisés afirmou que o faraó ainda não temia o Todo-Poderoso, porque sabia que depois que essa praga terminasse, esta aparente recuperação do faraó seria colocada em teste e ele voltaria a ser o mesmo de antes.

Moisés, portanto avaliou o temor a Deus do faraó, levando em consideração, a situação de que estaria em teste.

Se vencermos os obstáculos e nos mantivermos no caminho da Bíblia e dos seus mandamentos, nosso temor a Deus estará sempre sólido e comprovado.

Sobre isso os sábios de Israel ensinam: "Tudo vem dos Céus, menos o temor a Deus".

14 – Shemot – Seleções de Midrash a partir do texto bíblico: Ex 1,1 – 6,1
Por que Moisés merecia ser o líder de Israel

Apesar de ter-se criado no Egito, Moisés se aproximou de seus irmãos e compartilhou de sua dor. Quando viu que um escravo judeu era golpeado, quase assassinado pelo capataz egípcio, matou o egípcio para salvar seu irmão judeu, pois amava a todos de seu povo.

Mais tarde, Moisés viu um judeu a ponto de golpear outro; repreendeu o rashá (malvado), dizendo-lhe: "Como se atreve a golpear seu irmão"? Salvou-o, pois realmente se importava com cada um deles.

Ao chegar ao poço de Madiã, Moisés viu que as filhas de Jetro eram empurradas na água pelos pastores malvados. Essas moças foram resgatadas por Moisés que realmente se preocupava com todas as pessoas criadas por Deus. E quando cuidou das ovelhas de Jetro, um cordeiro sedento se aproximou em busca de água. Ao vê-lo, Moisés disse: "Sem dúvida, deves estar cansado". Levou-o até o rebanho para pô-lo a salvo, pois realmente se preocupava com todas as criaturas de Deus.

Deus disse: "Moisés, porque te preocupas com todas as criaturas que fiz e tratas a todas tão bem, quero que sejas o pastor de meu povo, o líder do Povo de Israel".

Deus põe à prova o Povo Judeu

Vocês se lembram que Jacó, junto com a família, viajou para o Egito, onde José governava. Mesmo depois da morte de José, seus irmãos e os filhos e netos desses permaneceram no Egito. Ali ficaram por muitos anos mais. O povo de Israel esteve pelo total de duzentos anos no Egito.

Esperavam pelo mensageiro especial de Deus, porque José lhes havia ordenado que não saíssem do Egito até que Deus enviasse seu mensageiro para tirá-los de lá.

O plano de Deus era fazer com que os judeus permanecessem no Egito por muito tempo. Desse modo, Deus cumpriu as palavras ditas a Abraão: "Teus filhos serão estranhos numa terra que não é a deles. Serão convertidos em escravos e ali sofrerão por muitos anos".

Deus tinha muitas razões para fazer com que os judeus permanecessem no Egito por um longo tempo. Uma delas era colocar os judeus à prova, das seguintes formas:

Continuariam sendo homens justos e continuariam servindo a Deus, embora seus vizinhos egípcios venerassem ídolos?

Os homens judeus tomariam egípcias por esposas, e as mulheres judias aceitariam homens egípcios por esposos, ou se negariam a contrair matrimônio com não judeus? Os judeus falariam hebraico entre eles, dando aos filhos nomes judaicos, ou começariam a falar egípcio e dariam nomes egípcios aos filhos?

E quando Deus enviasse Moisés para libertá-los, os judeus aceitariam segui-lo a Terra de Israel ou prefeririam ficar no Egito por se sentirem bem ali?

Deus pôs o povo de Israel à prova de todas essas formas. Os judeus que não passaram por elas morreram no Egito. Somente aqueles que mereciam receber a Torah foram libertados do Egito.

O Midrash Explica: Uma razão pela qual Deus exilou o Povo de Israel no Egito

Nosso antepassado Jacó tinha quatro esposas. Duas delas, Bilha e Zilpa, eram servas das outras duas, Raquel e Léa. Quando Jacó casou-se com Bilha e Zilpa, deu-lhes a liberdade.

Os filhos de Léa, sem pena, desprezavam os filhos de Bilha e Zilpa. Zombavam deles, dizendo: "Vocês são filhos de escravas"! Deus disse: "Levarei todos os filhos de Jacó a uma terra estrangeira, o Egito. Os egípcios sentirão aversão pelos judeus e os escravizarão. Então, todos os judeus serão iguais e amigos entre si".

E assim aconteceu. Como os egípcios depreciavam todos os judeus, estes se tornaram amigos entre si. Quando saíram do Egito, todos os judeus se sentiam irmãos. Nem um só deles se acreditava melhor que qualquer outro judeu por descender de Raquel ou Léa, nem de Bilha ou Zilpa.

Como o Povo de Israel Suportou a Prova do Exílio Egípcio

Os descendentes de Jacó, o Povo de Israel, não prosperaram muito entre os egípcios depois da morte de José e seus irmãos.

Enquanto José vivia e governava o país, havia ordenado ao Povo de Israel: "Fiquem no distrito de Gessen, longe dos egípcios"! José sabia que os judeus não se misturariam com os egípcios e desta forma não venerariam ídolos como eles.

Quando José morreu, seus irmãos continuaram advertindo os filhos e netos sobre preservar a herança do povo judeu. Porém, depois da morte de todos os irmãos de José, os judeus somente tinham a tribo de Levi para adverti-los de que não deveriam mesclar-se aos egípcios. Muitos judeus se afastaram de Gessen e se fixaram em outras partes do Egito.

Logo aprenderam a inclinar-se perante o deus principal do Egito, a ovelha, e perante outros deuses animais egípcios. A maioria dos judeus começou a venerar ídolos, como seus vizinhos egípcios.

Porém, nenhum judeu contraiu matrimônio com mulher não judia, e nenhuma moça judia consentiu em casar-se com um egípcio. Os judeus não falavam egípcio entre si; somente falavam hebraico. Também não deram nomes egípcios a seus filhos.

Porém, Deus não estava satisfeito com os judeus. Queria que todos eles continuassem servindo somente a Ele. Quando preferiam misturar-se aos egípcios e agir como eles, Deus fazia com que os egípcios odiassem os judeus. Queria que os judeus compreendessem que deviam fazer teshuvá (arrependimento e conversão), e deixassem de servir aos deuses egípcios.

Os Egípcios ficam descontentes pelo grande número de filhos dos Judeus

Deus havia prometido a Abraão que seus descendentes seriam tão numerosos como as estrelas. Começou a dar cumprimento a essa promessa aumentando a família de Jacó. Ao chegar ao Egito, a família de Jacó tinha somente setenta membros. Mas logo teve centenas, depois milhares, e logo centenas de milhares de judeus. Milhões de judeus.

Como isso aconteceu?

Deus fez um milagre e as mães judias deram à luz não a um filho só, mas seis ao mesmo tempo! Logo existiam muitas famílias judias que tinham cinquenta ou sessenta filhos. E outras famílias tinham sessenta filhos homens e igual número de filhas. Imaginem o barulho, a emoção, e a diversão para as crianças, com tantos irmãos e irmãs!

Os egípcios comentavam furiosos, cada vez mais indignados. Esperavam uma oportunidade para ferir e destruir essas crianças.

Faraó escraviza os judeus

O faraó, o rei egípcio que vivia nessa época, era um homem malvado. Decidiu ser cruel com o povo judeu. Resolveu "esquecer" que um judeu, José, havia certa vez salvado todo o Egito da morte por inanição, quando juntou o cereal necessário para alimentar todo o povo egípcio, e havia governado o país por oitenta anos.

O faraó disse aos conselheiros: "Devemos criar um plano para evitar que as judias tenham tantos filhos! Se as famílias continuarem crescendo da forma que estão fazendo agora, logo haverá mais judeus que egípcios, e os judeus poderão aliar-se a nossos inimigos e assumir o controle do país"!

O faraó e os ministros armaram um terrível plano: transformariam os judeus em escravos que trabalhariam para eles noite e dia. Separariam os pais das famílias e os deixariam tão fracos que poucas crianças nasceriam.

Mas como o faraó faria para converter os judeus em escravos? Ele e os conselheiros tiveram uma idéia maligna. Proclamaram o seguinte anúncio: "O faraó precisa construir novos edifícios para armazenamento de cereal. Necessita de grande número de trabalhadores para as obras. Espera que todos os cidadãos responsáveis se unam para ajudar! Todos os trabalhadores serão pagos".

Os egípcios disseram ao povo de Israel: "O que vocês, judeus, estão fazendo para ajudar nosso país? Também devem ajudar"! Assim, os judeus começaram a trabalhar na construção de novos armazéns para o faraó.

Para estimular as pessoas a trabalharem, o próprio faraó se apresentou na obra no primeiro dia, pá na mão. Logo correu a notícia de que até o rei havia pessoalmente ajudado nas tarefas da construção. Animadas, mais e mais pessoas se apresentaram, e também todos os homens judeus, com exceção daqueles da tribo de Levi.

Os homens do faraó foram aos homens da tribo de Levi e perguntaram: "Não nos ajudarão na construção"? Mas eles se negaram. Responderam: "Somos os rabinos do povo judeu. Devemos estudar e ensiná-los. Não temos tempo para nenhum outro trabalho".

Quando os homens do faraó escutaram isso, não mais incomodaram os homens da tribo de Levi.

A princípio, o faraó pagava aos trabalhadores judeus. Ao cabo de certo tempo, porém, deixou de fazê-lo. Quando os judeus protestaram, os supervisores disseram: "O rei ordena que todos os judeus continuem construindo, mesmo sem salário"! Alguns judeus não se apresentaram mais para trabalhar, mas os supervisores conheciam o nome e endereço de cada um deles. Os policiais egípcios eram informados sobre todo judeu que faltava ao trabalho, e este era levado à força.

Os supervisores egípcios eram exploradores cruéis e desalmados. Obrigaram todos os judeus a trabalhar rapidamente e sem descanso. Se um judeu demorava porque estava cansado, era açoitado com um chicote e obrigado a trabalhar ainda mais rápido.

O faraó também designou policiais entre os judeus, cujo trabalho era conseguir que os judeus trabalhassem ao máximo de sua capacidade. Os policiais judeus tinham ordens de açoitar todo judeu que fosse lento no trabalho, mas eles se negaram a castigar seus irmãos judeus.

Quando os supervisores egípcios viram que a polícia judaica se apiedava dos demais judeus e permitia-lhes fazer o trabalho mais lentamente, começaram então a açoitar os policiais judeus. Porém, estes judeus preferiam o chicote a golpear seus irmãos judeus.

Mais tarde, Deus premiou estes heróicos policiais judeus. Chamou-os de anciãos do povo judaico.

O faraó dá permissão aos egípcios para empregar judeus como escravos

O faraó esperava escutar a notícia de que o Povo de Israel tinha cada vez menor número de filhos. Mas para sua desilusão, foi informado que o número de filhos era cada vez maior! "Os judeus não trabalham com empenho suficiente"! concluiu o faraó. "Aí é que está o problema".

Por isso, o faraó fez um novo anúncio. "Todo egípcio pode levar os judeus que quiser, a fim de que trabalhem na sua casa ou na lavoura".

Os egípcios ficaram muito satisfeitos com essa nova ordem, pois agora podiam ter todos os escravos que quisessem para fazer seu trabalho.

Um egípcio podia simplesmente dizer a um judeu: "Preciso de alguém para tirar as pedras do meu jardim", ou "necessito plantar meu jardim, venha comigo"! e o pobre e exausto judeu deveria trabalhar para o egípcio à noite, quando terminasse o trabalho para o faraó.

Porém, a esperança do faraó de que cada vez houvesse menos filhos para os judeus não se cumpriu. As famílias judias continuaram crescendo. De tal modo cresceram que o faraó aprovou um novo decreto. A princípio, os homens do faraó forneciam aos judeus os tijolos para a construção.

Agora o faraó queria que os judeus fabricassem seus próprios tijolos. Deviam reunir o material para fabricar os tijolos, exceto a palha, que seria fornecida pelo faraó. Esta nova exigência tornou o trabalho dos pobres escravos judeus muito mais difícil. Mas os planos do faraó não tinham êxito. As famílias judias se multiplicavam cada vez mais.

Quando o faraó se deu conta disso, pensou um plano novo e terrível. De agora em diante, tomaria os cuidados para que todos os varões judeus recém-nascidos fossem assassinados secretamente!

Faraó ordena às parteiras que matem os judeus recém-nascidos

O faraó ordenou que trouxessem ao palácio as duas mulheres judias encarregadas de ajudar as mães a ter os bebês. Chamavam-se Sifra e Puá.

Ordenou-lhes: "Sifra e Puá, façam com que não nasçam mais meninos judeus vivos! Quando forem chamadas à casa de uma judia prestes a dar à luz e for um menino, asfixiem-no e digam à mãe: "Sentimos muito, mas seu filho nasceu morto"!

O faraó pensou: "Pronto, não haverá mais meninos judeus".

Por que o faraó ordenou a morte somente dos varões? Poderia ter ordenado a morte de meninas! Mas os sábios feiticeiros o haviam avisado: "vemos nas estrelas, Majestade, que está para nascer um menino que libertará todos os escravos judeus e os tirará do Egito". Por isso, o faraó decidiu matar todos os meninos judeus, na esperança de que o futuro líder se encontrasse entre eles.

Não ocorreu ao faraó que as parteiras pudessem desobedecer-lhe. Afinal, bem se sabia no Egito que todo aquele que se atrevesse a desobedecer o poderoso faraó seria condenado à morte.

Acontece que Sifra e Puá decidiram ignorar a ordem, pois eram justas, mulheres de bem. Afirmaram: "Estamos dispostas a morrer antes de matar meninos judeus, Deus nos livre"!

Quando o faraó ficou sabendo que nenhum menino judeu estava nascendo morto, chamou Sifra e Puá para repreendê-las: "Por que estão deixando viver os meninos judeus"?

Elas responderam: "Não é nossa culpa, Majestade. Nunca somos chamadas a tempo. As mulheres judias rezam para que seus filhos nasçam rapidamente e em paz. Quando nos chamam já é demasiado tarde; os bebês já nasceram"!

Deus recompensou Sifra e Puá com bênçãos pela sua coragem em desobedecer as ordens do faraó. Seus descendentes se converteram nos líderes do povo judeu: sacerdotes, levitas e reis.

Os meninos judeus são arremessados ao rio Nilo

O faraó e seus assessores compreenderam que não podiam mandar matar os meninos judeus em segredo, de modo que decidiram assassiná-los abertamente.

O rei proclamou: "De agora em diante, todos os varões judeus serão jogados ao Nilo"! Como o faraó imaginou que as mães judias esconderiam seus filhos recém-nascidos, ordenou aos egípcios que se mudassem para casas vizinhas às dos judeus para espioná-los e saber quando uma mulher judia estava prestes a dar à luz. Então deviam informar à polícia egípcia, e a casa judaica era registrada assim que nascesse o bebê. Se fosse menino, o levariam para o rio para afogá-lo.

Os egípcios ajudaram o faraó, vigiando os judeus. Diziam aos filhos: "sigam as mulheres judias para todos os lados, assim saberão quando estão prestes a dar à luz".

As egípcias também ajudaram o faraó da seguinte maneira: quando um policial egípcio ia procurar um menino judeu num lugar assinalado e não o encontrava, as mulheres egípcias levavam seu próprio filho ao lugar. Beliscavam a criança para que chorasse, e quando o menino judeu escutava o choro, também começava a chorar. Assim, era descoberto e levado para ser jogado ao Rio Nilo.

Como Deus salvou os meninos judeus

Deus fez um milagre para o povo judeu. Os meninos jogados ao rio não se afogavam. Ao contrário, o rio os arrastava até umas cavernas perto de uns campos, longe das cidades egípcias. Ali, Deus se ocupava com os meninos. Colocou duas pedras junto à boca dos pequenos. De uma delas fluía leite, e da outra mel. Os meninos cresciam, alimentados por Deus, e logo regressavam às casas de suas famílias.

Outro Midrash explica que Deus salvava os meninos mantendo-os vivos milagrosamente no Rio Nilo. Deus permitia que pudessem respirar na água como peixes, e tiravam o sustento do rio. Assim, quando o faraó cancelou o decreto, os meninos saíram vivos do rio.

Desse modo, os malvados planos do faraó não tiveram êxito.

Nasce Moisés

Um dos líderes do povo judeu nesse momento era o justo Amram, da tribo de Levi. Era tão justo que não havia jamais cometido um só pecado na vida. Sua esposa Jocabed era também uma grande justa. Tinham uma filha de seis anos, Miriam, e um filho de três, Aarão.

No dia em que Jocabed estava para dar à luz a outro menino, os astrólogos e sábios do faraó o advertiram: "Lemos nas estrelas que hoje nascerá o menino que tirará os judeus do Egito". Porém, os egípcios nunca puderam descobrir o filho de Amram e Jocabed. Esta o escondeu em casa por três meses. Porém, temerosa de que os egípcios tivessem visto algo, buscou outro esconderijo.

Jocabed pensou: "Talvez, se ocultar meu filho no rio, os astrólogos do faraó vejam nas estrelas que o menino que os preocupa foi jogado ao rio. Talvez assim o faraó cancele a ordem de atirar os meninos judeus no rio".

Moisés no rio Nilo

A mãe de Moisés arrumou uma caixa de madeira e colocou uma tampa. Para impermeabilizá-la, cobriu-a com breu por fora e com argila por dentro. Pôs a caixa no Rio Nilo entre os juncos que cresciam às margens, onde poderia ser vista pela gente que passava perto do rio.

A irmã de Moisés, Miriam, decidiu permanecer perto da margem do rio para ver o que aconteceria ao irmãozinho. Passaram-se vinte minutos e ninguém notou a caixa que flutuava no rio.

Mas quem se aproximava agora? Miriam viu que se tratava de uma dama egípcia da alta nobreza, seguida pelas criadas. Quem poderia ser? Quando se aproximou, Miriam viu que era a filha do faraó, a princesa Batia, que vinha banhar-se no Nilo. Podem imaginar como bateu o coraçãozinho de Miriam, quando viu que Batia mergulhava no rio, não muito distante da caixa com seu irmãozinho dentro?

Miriam observou ansiosamente, para ver se Batia descobriria o menino. Pois não é que descobriu?

"Que será isso que flutua entre os juncos"? exclamou a princesa.

Ordenou às criadas: "Tragam-me essa caixa"! Como se negassem, Batia estendeu o braço para alcançá-la. Era impossível para Batia alcançar a caixa, que estava fora de seu alcance, mas ela tentou de todas as maneiras. Deus fez um milagre: seu braço se esticou até alcançar a caixa, e Batia pôde abri-la. Surpreendeu-se ao encontrar um menino dentro.

Que lindo bebê! Batia ficou encantada, e não sabia o que fazer com ele. Deus enviou o anjo Gabriel para que desse uma palmada no menino, que começou a chorar; Batia sentiu pena dele. "Rápido, corram!"! ordenou às criadas. "Este menino deve ser um judeu, e está morrendo de fome. Tragam uma ama de leite para que o amamente"!

As moças regressaram com uma ama egípcia, mas para surpresa de todos, o bebê fechava a boca com força e não quis mamar do seu peito. Batia ordenou quer trouxessem outra ama egípcia para amamentar o nenê, porém uma vez mais ele cerrou a boca e se negou a mamar. Miriam estava observando a cena desde o começo. Neste momento, perguntou: "Trago uma ama judia? Talvez o menino aceite seu leite".

Quando a princesa consentiu, Miriam correu para casa e trouxe a sua própria mãe, Jocabed. Naturalmente, o pequeno mamou o leite de sua mãe!

Moisés no Palácio do Faraó

Você acaba de saber quem era o menino. Não era outro senão Moisés. Na verdade, este nome foi-lhe dado pela princesa Batia. Chamou-o assim porque a palavra Moisés significa "tirei-o da água", e Batia o havia encontrado no rio.

Batia disse à mãe de Moisés: "Fique com o menino em sua casa e o amamente até que eu vá buscá-lo para levar ao palácio, e te pagarei por isso".

Dois anos depois, a princesa reconheceu Moisés e o levou ao palácio do faraó. Cuidava muito bem dele. Amava o menino como se fosse seu próprio filho. Seu pai, o faraó, também se encantou com o bebê e sempre brincava com ele.

Moisés tira a coroa do faraó

Certa vez, o pequeno Moisés estava sentado sobre os joelhos do faraó. De repente, esticou a mãozinha, tirou a coroa do faraó, e a colocou sobre a própria cabeça.

Podem imaginar o alvoroço que se produziu na corte? Um ministro advertiu o faraó: "Majestade, este menino, embora pequeno, já está lhe tirando a coroa! Quando crescer, tirará todo o reino! Talvez seja este o menino que os feiticeiros diziam que levaria os judeus do Egito. Mate-o agora mesmo e não se converterá num inimigo poderoso para o senhor!

Outro ministro rebateu: Majestade, é um exagero dar tanta atenção aos atos de uma criança. Todos os pequeninos gostam de brincar com objetos brilhantes. Ele tomou sua coroa simplesmente porque pensou que era um objeto agradável e brilhante para brincar".

Para por fim à discussão entre os ministros, decidiram por o pequeno Moisés à prova, e descobrir porque havia tirado a coroa do faraó. Compreendia ele a importância da coroa ou estava só brincando? Se a prova mostrasse que Moisés havia tomado a coroa do faraó com um propósito determinado, seria morto.

Colocaram diante de Moisés duas vasilhas: uma cheia de moedas de ouro e outra de carvões acesos e resplandecentes. Escolheria Moisés o ouro ou os carvões ardentes? Se escolhesse as moedas de ouro, demonstraria que tinha inteligência suficiente para compreender que o ouro era mais valioso que o carvão. Se era tão inteligente, isso queria dizer que compreendia o valor da coroa e que a havia colocado sobre a própria cabeça de propósito. Porém, se escolhesse o carvão por causa de seu esplendor, demonstraria ser apenas uma criança que se sentia atraída pelo brilho da coroa.

Moisés era um menino muito esperto. Sabia que o ouro era muito mais valioso que o carvão, e estendeu a mãozinha para o ouro. Mas Deus enviou o anjo Gabriel para que empurrasse a mão de Moisés até o recipiente cheio de carvões ardentes. Moisés pegou um, e, vendo que estava muito quente para segurá-lo, levou-o à boca. O carvão ardente queimou-lhe a língua, e desde esse dia Moisés teve dificuldades para falar.

Moisés cresce

Moisés cresceu no palácio do faraó. Embora fosse tratado como um príncipe e pudesse desfrutar de todos os prazeres da corte egípcia, Moisés estava sempre triste, tão triste que chorava sem parar. Havia descoberto que era judeu, e sentia-se consternado ao ver como o faraó tratava cruelmente a seus irmãos, os judeus. Moisés se negou a desfrutar dos prazeres do palácio enquanto outros judeus sofriam e trabalhavam duramente.

Então, Moisés pediu ao faraó que o deixasse supervisionar os escravos judeus, e a cada vez que visitava um lugar onde via os judeus trabalhando, ajudava-os secretamente no que fosse possível. Com o pretexto de ajudar o faraó, Moisés os ajudava a carregar fardos ou a terminar um trabalho.

Angustiava-se terrivelmente ao ver que os judeus sofriam tanto.

Os planos de Moisés para dar aos judeus um dia de descanso

Moisés estava constantemente pensando na forma de aliviar o trabalho dos judeus, e finalmente elaborou um plano.

Foi ver o faraó e lhe disse: "Tenho observado os judeus trabalhando e devo informar-lhe que estão a ponto de sofrer um colapso. Aí, não terão mais utilidade, pois o senhor os obriga a trabalhar sem descanso. Nenhum escravo pode trabalhar semana após semana, mês após mês".

"Tens alguma sugestão para evitar que sofram um colapso"? perguntou-lhe o faraó. "Creio que se lhes permitisse descansar um dia por semana", sugeriu Moisés, "lhes daria a oportunidade de reunir força suficiente para trabalhar melhor o restante do tempo".

O faraó aceitou o plano de Moisés. Quando permitiu a Moisés escolher um dia da semana, que dia acham que escolheu? Sim, foi o Shabat. Embora a Torah ainda não tivesse sido outorgada, Moisés sabia que o Shabat era um dia santo. Sabia que Abraão, Isaac, Jacó e José descansavam no Shabat.

Segundo outro Midrash, o faraó descobriu que qualquer edifício que os judeus levantavam no Shabat, caía imediatamente.

O faraó perguntou desconfiado: "Por que os edifícios construídos no sétimo dia não duram"? Moisés explicou ao faraó: "Porque não lhes permite descansar neste dia"!

Desde então, o faraó liberou o Povo de Israel de trabalhar no Shabat.

Moisés mata um egípcio

Certo dia, quando Moisés tinha vinte anos, chegou ao lugar onde trabalhavam os judeus e se deparou com um espetáculo pavoroso! Um supervisor egípcio estava chicoteando impiedosamente um judeu!

Moisés sabia que precisava detê-lo rapidamente ou ele mataria o judeu. Decidiu que o malvado egípcio não merecia viver, mas pensou que poderia ter filhos ou netos que fossem bons. Embora Moisés fosse jovem, era um grande justo que tinha um poderoso e santo espírito, um dom de Deus que lhe permitia ver o futuro de uma pessoa. Moisés previu que este egípcio era um malvado da pior espécie, e que seus filhos e descendentes que pudesse ter seriam malvados.

Moisés conhecia o segredo de matar uma pessoa invocando o nome de Deus, pois Deus havia enviado um anjo para que o ensinasse. Pronunciou um dos nomes santos de Deus, com 42 letras, e o egípcio caiu morto.

Moisés rapidamente sepultou o egípcio na areia e advertiu os judeus que haviam presenciado a cena: "Não digam uma palavra do que viram aqui".

No dia seguinte, Moisés voltou a esse lugar. Havia problemas novamente. Dois homens estavam lutando, e um havia levantado a mão para golpear o outro. Quando Moisés se aproximou, viu que eram judeus. Eram dois malvados chamados Datã e Abiram.

"Parem"! ordenou Moisés a Datã, o judeu que levantava a mão contra o outro. "Por que faz isso? Nenhum judeu pode golpear outro"!

Datã replicou com insolência: "És muito jovem para me dar ordens! E mesmo que fosses mais velho, quem te nomeou juiz sobre nós? Ou talvez me queiras matar como fez ontem com o egípcio"!

Quando Moisés escutou essas palavras, sentiu-se desolado. Datã mencionara em voz alta o fato de que matara o egípcio. Por acaso Moisés não advertira os judeus a guardar segredo e não falar palavras maliciosas sobre ele? Moisés temia que Deus não fosse tirar os judeus do Egito por pecar, falando palavras desse tipo!

Os dois malvados, Datã e Abiram, ficaram tão furiosos porque Moisés apartara sua briga, que se apressaram em ir ao palácio e informar ao faraó; "Moisés assassinou um supervisor egípcio"!

O faraó deu ordens para deterem Moisés e o condenou à morte. O carrasco quis brandir sua poderosa espada no pescoço de Moisés, mas Deus fez um milagre: seu pescoço ficou duro como uma pedra, e a espada voltou-se para trás, matando o carrasco. Então Deus deixou o faraó mudo, para que não pudesse falar e dar ordens de matar Moisés, e deixou as pessoas cegas, para que não vissem sua fuga.

Moisés se refugia na casa de Jetro

Moisés saiu da terra do Egito, porque o faraó era poderoso e tinha espiões em toda parte. Viajou a países distantes por muitos anos, até que chegou à terra de Madiã.

Enquanto descansava junto a um poço, viu sete irmãs com um rebanho de ovelhas que se aproximavam do poço. Uns pastores que estavam por perto não permitiram que as moças dessem de beber às ovelhas, e jogaram as irmãs dentro do poço.

Quando Moisés viu o ocorrido, tirou as moças do poço e deu água às suas ovelhas. Também ajudou os pastores a dar de beber aos animais. As irmãs agradeceram e foram para casa. Ao chegarem, o pai, Jetro, lhes perguntou: "Por que chegaram tão cedo hoje? Sempre chegam tarde, pois os pastores as tratam mal e não as deixam dar água às ovelhas".

"Hoje um estranho, um egípcio, nos ajudou," explicaram elas. "Tirou-nos do poço e deu de beber às ovelhas".

"Trata-se, sem dúvida, de um homem muito bondoso", disse Jetro. Vão buscá-lo e convidem-no a jantar conosco". Moisés foi à casa de Jetro. "Quem és, e o que fazes em Madiã"? perguntou-lhe Jetro.

Quando Moisés explicou que estava fugindo do faraó porque este queria matá-lo, Jetro se assustou porque temia que o faraó o castigasse por dar abrigo a Moisés. Assim, Jetro ordenou aos serventes que colocaram Moisés em um poço perto da casa, e o mantiveram ali por dez anos. Todos os dias, Séfora, uma das filhas de Jetro, levava-lhe comida, e assim Moisés pôde sobreviver. Finalmente, dez anos depois, Jetro o libertou.

O maravilhoso cajado de Moisés

Quando Deus criou os céus e a terra e tudo que há neles, criou também um maravilhoso bastão de safira, que deu a Adão, o primeiro homem, que viveu por 930 anos. Adão o entregou a seu tataraneto, o justo Enoque, que havia nascido quando Adão tinha 622 anos. Enoque o deu a Matusalém, que por sua vez o deu a Noé. Noé o deu a Abraão, que o deu a Isaac, que o deu a Jacó, que o deu a José. Quando José morreu, Jetro, que era conselheiro na corte do faraó, o tomou porque percebeu o quão importante era.

Jetro o cravou na terra de seu jardim, no fundo da casa. Porém, quando o bastão foi plantado ali, ninguém, por mais forte que fosse, não conseguia tirá-lo. Jetro proclamou: "Se algum homem conseguir tirar o bastão da terra, dar-lhe-ei uma de minhas filhas por esposa"!

Mas ninguém conseguia. Quando Moisés saiu do cárcere de Jetro, tirou o cajado. Guardou-o com ele.

Moisés se casa com Séfora

Jetro deu a Moisés a mais especial de suas filhas, Séfora, que era uma grande justa. Esta deu à luz um filho, a quem Moisés chamou Gerson, e logo outro, Eliezer. Moisés ficou vivendo com Jetro e se ocupou em cuidar das ovelhas.

Deus fala com Moisés

Os pastores só levam as ovelhas e cabras a pastarem o mais perto possível de casa. Moisés, ao contrário, não fazia assim. Todos os dias levava as ovelhas de Jetro muito longe, longe das cidades povoadas, pois temia que os animais comessem pasto de alguma outra pessoa, e isso seria roubar.

Moisés somente ia com o rebanho em campo aberto, onde a terra não pertencia a ninguém.

Estava chegando a hora de liberar o Povo de Israel do Egito. Apenas Deus sabia quando chegaria este momento. Pois como Moisés era um justo tão especial, Deus decidiu elegê-lo líder dos judeus.

Certa vez Moisés conduzia as ovelhas por um campo deserto, e viu um fato inusitado: numa colina havia um arbusto espinhoso que estava se incendiando, sem que os ramos fossem destruídos pelo fogo.

Moisés olhou com mais atenção e viu um segundo milagre: apenas parte do arbusto estava se incendiando, e o fogo não tocava a outra parte de jeito nenhum.

Moisés ficou admirado pelo maravilhoso espetáculo. Havia outros pastores junto a Moisés, mas apenas o justo Moisés podia ver o maravilhoso arbusto, e somente ele escutou um anjo de Deus que o chamava para que se aproximasse do arbusto.

Quando Moisés chegou perto, Deus lhe ordenou: "Não chegue muito perto! Tire os sapatos, pois estás parado em terra santa"!.

A colina era santa, pois a Divindade de Deus estava sobre ela. Voltaria a ser sagrada no ano seguinte quando Deus entregaria os Dez Mandamentos ao Povo de Israel sobre esta colina. (Pois a colina onde Moisés vira o arbusto ardente não era outra senão o Monte Sinai!).

Deus disse a Moisés: "Escutei o Povo de Israel chorando por causa do duro trabalho no Egito. Vi que fizeram teshuvá (arrependimento e conversão) em seus corações. Vou libertá-los. Vá ao faraó e ordene-lhe: Deixe partirem os judeus". Você os guiará para fora do Egito.

"Sou uma pessoa muito insignificante," protestou Moisés. "Por que haverias Tu, Deus, de eleger-me o líder que tirará os judeus do Egito? Elege um homem mais importante! Quem sou eu para que o faraó me escute e me permita sair para a terra Santa? Pode estar furioso comigo por ter matado um egípcio – pode até prender-me ou executar-me"!

"Não temas"! tranquilizou Deus a Moisés. "Estarei a teu lado para assegurar teu êxito em liberar o Povo de Israel do Egito. Prometo que o faraó não te fará mal. Esta é uma das razões por que te mostrei a sarça ardente. Foi um sinal: assim como o arbusto não sofreu dano por causa do fogo, não serás prejudicado pelo faraó".

Moisés fez outra pergunta: "Se eu disser ao Povo de Israel que me ordenaste tirá-los do Egito, não me acreditarão. Dirão: 'Deus nunca apareceu para você! Não acreditamos em você!'"

Deus ficou irado com Moisés por não confiar nos judeus; por pensar que não lhe dariam crédito. Deus esperava que Moisés compreendesse que os judeus eram um povo santo que confiaria nele, pois haviam aprendido de seu antepassado Jacó e de José, sobre o redentor que Deus enviaria'.

"Como temes que o Povo de Israel não confie em ti, dar-te-ei três sinais", disse Deus a Moisés.

"Estas serão as provas para o Povo de Israel de que foste enviado por Mim".

O primeiro Sinal: Deus perguntou a Moisés: "Que levas nas mãos"?

"Um cajado," disse Moisés. "Joga-o no solo"!

Quando Moisés jogou o cajado, este se transformou em uma serpente. Moisés se assustou tanto com a perigosa serpente que se movia em sua direção que começou a correr. Mas Deus ordenou-lhe: "Pega a serpente pela cauda"!

Quando Moisés fez o que Deus lhe ordenava, a serpente transformou-se em cajado novamente. Era sem dúvida um sinal maravilhoso que convenceria os judeus de que deveriam crer nas palavras de Moisés.

Porém, Deus havia também escolhido este sinal para demonstrar a Moisés que estava aborrecido com ele, por haver falado mal dos filhos de Israel ao dizer: "Não crerão em mim"! Desse modo, Moisés havia agido como a serpente no Jardim do Éden (paraíso) que havia falado calúnias sobre Deus a Eva. Para que Moisés tomasse consciência de seu erro, Deus utilizou uma serpente como primeiro sinal.

O segundo Sinal: Deus ordenou a Moisés: "Põe tua mão sobre o peito"!

Moisés pôs a mão dentro da túnica. Quando a retirou, estava branca como a neve. Estava coberta da doença cutânea conhecida como lepra. Quando uma pessoa contraí essa doença, a pele fica toda branca.

Logo Deus ordenou a Moisés: "Coloca novamente tua mão dentro da túnica". Desta vez, quando Moisés a tirou, a mão estava com sua cor normal novamente. Deus disse: "O sinal de tua mão doente será o sinal que mostrarás ao Povo de Israel".

Este sinal era uma nova prova de que Moisés não deveria ter falado sobre os filhos de Israel; "Não me acreditarão"! Como Moisés havia falado mal dos judeus, Deus o havia castigado com uma enfermidade com que Deus castiga as pessoas que falam calúnias.

O terceiro Sinal: Deus deu a Moisés outro sinal para que mostrasse ao Povo de Israel. Disse-lhe: "Toma um pouco de água do Rio Nilo e joga-a sobre o solo e se transformará em sangue". Mesmo depois de receber estes três sinais do próprio Deus, Moisés não estava pronto para ir até o faraó.

"Meu irmão Aarão irá se sentir mal se eu me transformar no líder do povo judeu, e não ele! Ele é um profeta a quem Tu tens falado e enviado mensagens ao povo judaico. Não sou digno de comparecer perante o faraó, pois tenho dificuldades para falar".

Mas Deus insistiu que Moisés fosse o líder dos filhos de Israel. "Teu irmão Aarão te acompanhará na visita ao faraó e ao povo de Israel", disse-lhe. "Ele falará diretamente com o faraó. Tu falarás em hebraico e ele traduzirá tuas palavras para o egípcio. Leva contigo o cajado, pois com ele farás milagres!

Moisés é castigado por demorar a fazer a circuncisão de seu filho

Moisés disse à esposa: "Deus me ordenou regressar ao Egito".

Moisés pegou a esposa e o filho, Gerson, junto com o bebê recém-nascido, de oito dias de idade, e os sentou sobre uma mula. Todos empreenderam viagem ao Egito. Na verdade chegara o momento de fazer a circuncisão do menino recém-nascido, Eliezer. Mas Moisés pensou: "Se eu fizer a circuncisão agora, será perigoso que viaje em seguida. E Deus me ordenou viajar ao Egito. Primeiro devo obedecer a ordem de Deus e fazer logo a circuncisão do menino".

Quando Moisés e Séfora estavam para chegar ao Egito, Moisés preparou um lugar para a família passar a noite.

Mas Deus esperava que Moisés, agora que a família estava perto do Egito, fizesse a circuncisão antes de qualquer outra coisa. Moisés deveria ter preparado um lugar para dormir somente depois de cumprir o mandamento da circuncisão. Por causa disso, Deus enviou um anjo para que castigasse Moisés. Uma serpente, começou a enroscar-se em Moisés.

Quando Séfora entendeu o que isto significava, rapidamente tomou um instrumento afiado e fez a circuncisão no filho. Imediatamente, o anjo libertou Moisés. Esta história contém duas lições;

1) Vemos que grande justo era Moisés. Deus foi tão severo com ele por demorar a cumprir um mandamento, simplesmente pela estatura de Moisés, um grande homem.

2) Aprendemos desta passagem a importância da circuncisão. Assim como o castigo por não cumprir o mandamento é severo, o mérito por cumpri-

-la é enorme. O mandamento da circuncisão é, em alguns modos, tão importante como todos os outros mandamentos da Bíblia juntos!

Aarão vai ao encontro de Moisés e sua família

Deus disse ao irmão de Moisés, Aarão: "Moisés está chegando ao Egito. Vá ao seu encontro". Aarão foi ao encontro do irmão. Beijou Moisés, feliz por este ter se tornado o líder do povo judeu. Embora Aarão fosse mais velho, não invejou a alta posição de seu irmão mais jovem. Quando Aarão viu a esposa e os filhos de Moisés, disse: "Por que os trazes ao Egito? Os judeus ali sofrem muito por causa da crueldade do faraó. Seria melhor que voltassem a Madiã".

Moisés escutou o conselho do irmão. Algum tempo depois, levou a família de volta a Madiã e logo regressou ao Egito sozinho.

Moisés e Aarão falam com os filhos de Israel

Moisés e Aarão reuniram os anciãos, os líderes do Povo de Israel. Aarão lhes falou. Explicou a eles que Deus havia enviado Moisés para tirar os judeus do Egito. Os anciãos transmitiram a mensagem a todos os judeus. Todos acreditaram. Inclinaram-se para agradecer a Deus que em breve os libertaria.

Logo Moisés e Aarão foram ao palácio do faraó para ordenar ao rei, em nome de Deus, que pusesse o Povo de Israel em liberdade.

Os milagres que aconteceram quando Moisés e Aarão entraram no palácio

A entrada do palácio era guardada por animais selvagens: ursos ferozes e leões. Estes destroçavam todo aquele que entrava sem permissão. Mas quando Moisés e Aarão entraram, os animais ficaram dóceis como ovelhas.

Agacharam a cabeça e seguiram docilmente a Moisés e Aarão por toda a parte. Antes de entrar na sala do trono, os visitantes tinham que atravessar uma porta baixa. Em frente à porta havia um ídolo egípcio. Quando o visitante inclinava a cabeça para passar pela porta, automaticamente se inclinavam para o ídolo.

Mas para Moisés e Aarão a entrada se tornou milagrosamente mais alta. Embora eles fossem muito altos, puderam entrar na sala sem inclinar-se. O mesmo milagre também aconteceu em tempos anteriores, quando Jacó fora visitar o faraó. Para ele, também, a porta ficara mais alta.

O Faraó se nega a escutar

Moisés e Aarão ordenaram ao faraó em nome de Deus: "Deixa o Povo de Israel sair do Egito". Mas o faraó zombou de suas palavras.

"Quem é Deus? Não o conheço! O nome desse deus não está em nenhum de meus livros".

Moisés e Aarão explicaram ao faraó: "Deus é o Deus do povo judeu. Criou o mundo e o governa! Será melhor para ti que O escutes"!

Mas o faraó se negou a obedecer. Pelo contrário, tornou-se ainda mais cruel. Ordenou aos guardas: "Estes judeus estão ficando folgados, pois acreditam que logo sairão do país. Devemos, pois, fazer com que trabalhem mais ainda! Até agora lhes paguei para misturar o cimento e fabricar os tijolos. De agora em diante, cada judeu deverá conseguir sua própria palha! E diga-lhes que não podem fazer menos tijolos que antes"!

Esta foi, sem dúvida, uma ordem cruel. Os judeus se dispersaram por todo o Egito em busca de palha. Mas, naturalmente, isto levou tempo, e o tempo de que dispunham para fazer tijolos era menor. Os supervisores do faraó os açoitaram por obterem menos resultados. Ordenou aos policiais judeus que golpeassem todo judeu que fosse lento no trabalho. Porém, eles não obedeceram Quando os supervisores do faraó viram isso, açoitaram os policiais judeus, mas não conseguiram que batessem nos outros judeus.

Moisés ficou triste ao ver que os judeus sofriam ainda mais depois que ele havia falado com o faraó. Lamentou-se com Deus: "Por que me enviaste ao Egito? Agora o faraó tornou-se ainda mais cruel com o Povo de Israel"!

Deus respondeu: "Em breve enviarei pragas sobre o faraó, e então o trabalho dos filhos de Israel se tornará mais fácil. Finalmente, o faraó os fará sair do Egito com tal pressa que não terão tempo de assar pão para levar na viagem"!

Correspondência bíblica:

faraó:

Dt 7,18: "Não tenhas medo. Lembra-te bem do que o SENHOR teu Deus fez com o faraó e com todo o Egito".

Sl 135,9: "Mandou sinais e prodígios no teu meio, ó Egito, contra o faraó e todos os seus ministros"

Sl 136,15: "Lançou ao mar Vermelho o faraó e seu exército: pois eterno é seu amor".

Eclo 16,15: "A cada ato de misericórdia, a sua retribuição: cada um segundo o mérito das suas obras, a encontrará diante de si segundo a inteligência da sua conduta. O Senhor endureceu o coração do faraó, para que não o reconhecesse, a fim de que as suas obras fossem manifestadas debaixo do céu. Sua misericórdia apareceu para todas as suas criaturas: sua luz e as trevas, ele as distribuiu aos filhos de Adão".

Is 30,2: "Tomais o caminho para descer ao Egito, sem pedir o meu conselho; pedis proteção ao faraó e à sombra do Egito quereis vos abrigar".

Is 36,6: "Ah! Tu te apoias no Egito, essa taquara rachada que fere, deixando farpas na mão de quem nele se apoia! Pois isso é o faraó do Egito para quem nele confia".

At 7,21: "Enjeitado, adotou-o a filha do faraó, que o criou como filho seu".

Rm 9,17: Pois a Escritura diz a respeito do faraó: "Eu te deixei de pé precisamente para mostrar em ti meu poder e para tornar meu nome conhecido por toda a terra".

Hb 11,24: "Pela fé, Moisés, já adulto, recusou ser chamado filho da filha de faraó".

15 – Ex 6,2 – 9,35 - VAERÁ - וארא
Ez 28,25 – 29,21

Antes de Deus enviar a praga de granizo aos egípcios, o faraó foi advertido de que uma chuva de pedras muito forte, como nunca houve igual, iria ocorrer no Egito. Era prudente que se recolhesse para dentro da casa todo o gado e tudo o que havia no campo, porque todos, homens ou animais, que estivessem no campo, seriam atingidos pela saraiva e morreriam.

A Torah segue dizendo (Ex 9,20-21) que "aquele que temeu a palavra do Eterno dentre os servos do faraó, fez fugir a seus servos e a seu gado para dentro de casa, e quem não colocou em seu coração a palavra do Eterno, deixou seus servos e seu gado no campo".

O surpreendente desta passagem é que, quando a Torah se referiu aos que recolheram seu gado, usou a linguagem dos que "temeram a palavra do Eterno", e quando se referiu aos que não recolheram o gado, diz a Bíblia: "E aquele que não prestou atenção à palavra do Eterno".

Isso ocorre para nos ensinar que existe uma condição básica e necessária para conseguirmos atingir o grau de temor ao Eterno: devemos ser atentos e considerar sempre os valores espirituais. Não houve quem tivesse prestado a devida atenção às coisas espirituais, que não tenha alcançado o temor ao Eterno.

Se tivessem prestado atenção à Palavra do Eterno, levado em consideração o conselho dado, teriam atingido o temor ao Todo-Poderoso Deus.

Existem dois níveis diferentes no conceito de temor a Deus: o primeiro consiste daqueles que temem o Todo-Poderoso, por receio das consequências que virão por ter transgredido Suas leis. Em princípio esse tipo de temor é fácil de ser alcançado. Todo ser humano gosta de si mesmo e teme efeitos que possam prejudicá-lo. Este nível, entretanto, não é o grau satisfatório para os sábios...

O nível elevado de "temor a Deus" é alcançado quando o ser humano chega à conclusão, analisando a grandeza do Eterno, consequentemente, afasta-se dos pecados e esforça-se ao máximo para não transgredir as leis da Bíblia. Em respeito à grandeza do Criador, cumpre seus mandamentos por ser a vontade Dele.

Cada um percebendo suas limitações e a grandeza de Deus compreende o erro em querer fazer algo que seja contrário à vontade do Eterno. Esta conclusão só pode ser alcançada, depois de muita dedicação no estudo da Bíblia. Alguns sábios de Israel dizem que o estudo da Bíblia e o nível de temor a Deus caminham juntos e tem uma aliança, um pacto entre si.

O Rei Salomão diz em Provérbios 1,7: "O temor do Eterno é o início de todo o conhecimento".

No Salmo 19, 10 o Rei Davi diz: "Quando o temor a Deus é puro, ele será permanente". No mesmo salmo, no versículo anterior diz: "Os preceitos de Deus são corretos, contentam o coração e seus mandamentos são retos, iluminam os olhos".

Quando unimos o temor ao estudo e cumprimento da Bíblia, podemos estar certos de que estamos no caminho correto, na realização de nossos deveres perante o Todo-Poderoso Deus. Juntos, o temor a Deus e o estudo da Bíblia, completam o ser humano e ajudam-no na trajetória para alcançar os valores e níveis espirituais, que almeja atingir durante os anos de sua vida.

15 – VAERÁ – Seleções de Midrash a partir do texto bíblico: Ex 6,2 – 9,35

Deus envia Moisés para avisar os judeus que serão libertados

Moisés perguntou a Deus: "Por que me mandaste aos judeus se apenas piorei as coisas? Antes de ir falar com o faraó, os egípcios proporcionaram palha aos judeus para fazer tijolos. Mas depois que me enviaste ao seu palácio, o faraó ordenou aos judeus que juntassem sua própria palha".

Deus se aborreceu com Moisés e respondeu: "Não me critiques! Tenho boas razões para tudo que estou fazendo".

Os judeus foram obrigados a trabalhar até o limite de suas forças para satisfazer as exigências do faraó. Porém, não se concentraram em seus próprios problemas, porque recordaram que cada judeu estava passando pela mesma situação. Ao terminar o dia, quando o corpo estava tão exausto que mal podia mover-se, um judeu que havia terminado o trabalho ainda ajudava o outro a terminar sua tarefa. Deus viu como os judeus mostravam compaixão uns pelos outros. De modo que, também, mostrou compaixão por eles e ordenou a Moisés: "Vá a todos os lugares onde trabalha o Povo de Israel e diz: 'logo Deus os tirará daqui!' Escutei suas preces e tenho visto como se ajudam uns aos outros! Assim como vocês se mostram compassivos entre vós, Deus mostrará compaixão também"!

Moisés se encaminhou aos lugares onde os judeus trabalhavam e anunciou: "Escuta, filhos de Israel! Logo estareis livres e Deus os levará a Terra de Israel"! Mas os judeus tinham tanto medo dos supervisores do faraó que não deixaram de trabalhar nem um minuto para escutar a Moisés.

Moisés e Aarão mostram sinais ao Faraó

Deus disse a Moisés e Aarão: Agora volta ao faraó e diz: "Deus te ordena: Deixa os judeus irem embora. Se o faraó pedir um sinal de que sou Eu que o envia, que Aarão pronuncie as palavras: Cajado – transforme-se em serpente. Então transformarei o bastão de Aarão em serpente".

Com efeito, aconteceu que quando Moisés e Aarão foram ver o faraó, este lhes pediu um sinal. Aarão jogou o cajado ao solo e pronunciou essas palavras. E o cajado se transformou em serpente.

O faraó começou a rir. "Acham que me deixarei impressionar por este truque? Não sabeis que nós, os egípcios, somos todos mágicos? Também podemos fazer o mesmo truque"!

O faraó chamou seus magos. Estes jogaram os cajados ao solo e cada um se converteu em serpente! Logo todos os magos voltaram a converter as serpentes em cajados. Então Deus fez um milagre que os egípcios não puderam copiar: A serpente de Aarão voltou a transformar-se em cajado e engoliu a todos os outros cajados! O faraó sabia que acabara de presenciar um milagre, algo que nenhum mago poderia fazer. Mas era perverso e teimoso. Disse: "Não escutarei a Moisés e Aarão apesar disso"!

Por que o cajado de Aarão se converteu em serpente? Por que Deus converteu o cajado de Aarão em serpente e não qualquer outra coisa?

Deus deu a entender ao faraó: "Tu pronunciaste palavras más, tal como a serpente no Gan Éden (o paraíso) quando disseste: "Não sei quem é Deus". Por isso, serás castigado como a serpente o foi".

As Dez Pragas

Quando Moisés e Aarão saíram do palácio do faraó, Deus disse a Moisés: "Vá novamente ver o faraó amanhã cedo. Irás encontrá-lo junto ao rio por onde passeia todas as manhãs. Adverte-o de que disse: "Não sei quem é

Deus". Mas se não escutas a Deus logo começarás a saber quem é, pois Ele trará um terrível castigo! Transformará a água do Nilo em sangue".

Moisés advertiu o faraó, mas este não se importou. Deus mandou a primeira praga: sangue.

A Ordem das Dez Pragas: Esta é a ordem das pragas que Deus enviou ao Egito:

1) Sangue; 2) Rãs; 3) Piolhos; 4) Animais selvagens; 5) Morte dos animais (peste); 6) Sarna; 7) Granizo; 8) Gafanhotos; 9) Trevas; 10) Morte dos primogênitos.

Por que Deus enviou as pragas nesta ordem em particular: primeiro o sangue, depois rãs, piolhos, etc.? Uma resposta é que Deus atuou como general que vai a uma guerra contra seu inimigo.

Sangue: Antes de entrar na cidade inimiga, o general e seu exército envenenam os poços de água dos inimigos para que não tenham mais água potável. Do mesmo modo, Deus primeiro cortou os suprimentos de água dos egípcios.

Rãs: Logo o general ordena aos tocadores de trombeta e tambores que toquem os instrumentos tão forte que o barulho assuste o inimigo. De maneira análoga, Deus trouxe as rãs, cujo coaxar incomodou terrivelmente os egípcios.

Piolhos: O general ordena que os soldados disparem flechas sobre os inimigos para matar os soldados e assustar o restante deles. Do mesmo modo, Deus castigou aos egípcios com piolhos que os picaram como flechas.

Animais Selvagens: Antes do ataque, o general convoca outros exércitos para que se unam na luta. Igualmente, Deus chama os animais selvagens para que se reúnam e lutem contra os egípcios.

Morte dos Animais (Peste): Antes da batalha, o general envia mensageiros especiais que encontram formas de destruir os animais do inimigo. Deus trouxe uma praga especial: a peste, que atacou os animais dos egípcios e lhes causou a morte.

Sarna: O general busca formas de destruir soldados no campo inimigo, para que restem menos guerreiros para lutar. Igualmente, Deus causou a doença dos egípcios, fazendo com que tivessem sarna.

Granizo: O general bombardeia a cidade com armas e mísseis. Deus enviou tempestades de granizo sobre os egípcios.

Gafanhotos: Por último, o general e seu exército entram na cidade inimiga e a destroem. Da mesma forma, os gafanhotos destruíram todos os campos que restaram depois da praga do granizo.

Trevas: O general joga muitos dos seus inimigos na prisão. Deus causou uma escuridão tão grande que aprisionou os egípcios, pois os impediu de moverem-se.

Morte do Primogênito: O general mata os líderes do inimigo que se julgam imortais e superiores, Deus com isto envia um recado de Quem realmente manda.

Por que os egípcios mereceram as Pragas

Todos os castigos de Deus são justos. Ele castigou o povo egípcio com as dez pragas por terem sido extremamente cruéis. Cada uma das pragas tinha um motivo que correspondia a cada um dos tratamentos que os egípcios deram ao Povo de Israel.

Sangue: Os egípcios obrigavam os judeus a trazer-lhes água do rio; assim, Deus transformou a água em sangue. Além disso, os egípcios pensavam que o Nilo era um "deus". Ao converter a água em sangue, Deus mostrou-lhes que Ele tinha poder sobre o rio.

Rãs: Os egípcios ordenavam aos judeus: "Tragam-nos rãs, caracóis e insetos. Queremos divertir-nos com estes animais". Ao obrigar os judeus a trazerem rãs, Deus castigou os egípcios com estes animais.

Piolhos: os egípcios costumavam ordenar aos judeus: "Varram os pisos de nossas casas e ruas, e arem os nossos campos". Deus transformou todo o pó do Egito em piolhos, para que os judeus não tivessem mais o que varrer!

Animais selvagens: Os egípcios diziam aos judeus: "Precisamos de leões, tigres e ursos para nossos zoológicos e circos. Capturem estes animais para nós"! Era uma desculpa cruel para enviar os judeus ao deserto e aos bosques, mantendo-os afastados de suas famílias e correndo alto risco de vida. Deus castigou os egípcios por este ato, fazendo viessem sobre eles animais selvagens.

Peste: Os egípcios também obrigaram os judeus a serem pastores do gado para enviá-los a campos distantes e mantê-los afastados das famílias. Como castigo, Deus matou os animais dos egípcios com uma peste.

Sarna: Os egípcios eram cruéis em dar ordens confusas aos judeus nas casas de banhos: "Aqueça-me a água! Traga-me água fria"! De modo que Deus afligiu os egípcios com bolhas de sarna que doíam tanto que já não podiam tomar banhos, quentes ou frios! Outra razão era que os egípcios consideravam os judeus uma classe social inferior. Um egípcio nunca comia junto a um judeu. Assim, Deus castigou os egípcios com bolhas dolorosas com aspecto tão desagradável que ninguém queria se aproximar deles.

Granizo: Outro ato de maldade dos egípcios consistia em ordenar aos judeus: "Planta-me um jardim! Planta-me algumas árvores"! Deus destruiu, pois, os jardins e bosques dos egípcios com granizo.

Gafanhotos: Os egípcios também ordenavam aos judeus: "Colham grãos para nós, favas e plantas", por isso estes foram comidos pelos gafanhotos.

Trevas: Os egípcios também ordenavam aos judeus levar velas e tochas por eles, nas ruas escuras. Também encerravam os judeus em cárceres escuros. Por este motivo Deus também causou a escuridão. Além disto, entre os judeus havia malvados, que não mereciam ser libertados do Egito. Esses judeus perversos morreram durante a praga das trevas, de maneira que os egípcios não pudessem vê-los e exclamar com alegria: "Vejam, os judeus também estão sendo castigados, como nós"!

Morte do primogênito: Deus castigou os egípcios matando os filhos primogênitos, pois o Faraó havia dado a ordem: "Matem a todos os primogênitos varões judeus"! Os egípcios também eram cruéis com o povo judeu que era chamado de "primogênito de Deus". Por isso, Deus matou seus filhos mais velhos.

A intransigência do Faraó

Sangue

Perante o faraó e seus servos, Aarão estendeu o cajado sobre o rio Nilo. Neste instante, o rio e toda a água do Egito se transformaram em sangue!

Nos tempos antigos, muitas nações bebiam sangue. Talvez os egípcios também tivessem bebido, se Deus não tivesse causado a morte de todos os peixes do Rio Nilo. Isto fez com que o rio cheirasse tão mal que os egípcios não puderam beber o sangue. Não apenas o rio se transformou em sangue, mas toda a água da terra do Egito. Se alguém fosse à casa de banhos, não encontraria água para banhar-se, somente sangue. Mesmo nos lugares secos havia sangue. De repente, havia poças sobre as camas e cadeiras. Quando em egípcio se sentava, ficava empapado de sangue. Levantava-se rapidamente, mas sua roupa já estava estragada. Os egípcios começaram a sentir muita sede porque não se encontrava água em lugar nenhum. Como podiam aplacar a sede?

Na terra de Gessen, onde viviam os judeus, a água estava normal. Os egípcios para lá viajaram, e ordenaram aos judeus que lhes dessem de beber. Mas sabem o que acontecia, assim que um judeu dava água a um egípcio e este tentava bebê-la? Transformava-se em sangue!

Então alguns egípcios disseram aos judeus: "Bebamos do mesmo copo"! Mas isso também não adiantou, pois o líquido que saía do copo para o judeu era água, e para o egípcio... sangue!

Alguns egípcios disseram aos judeus: "Queremos comprar água". Quando estes pagavam a água com dinheiro, esta não se transformava em sangue. Assim que os egípcios perceberam isso, começaram a comprar água.

Os judeus ganharam muito dinheiro durante sete dias, até que Deus pôs fim à praga.

O faraó perguntou aos magos: "Vocês também podem transformar água em sangue"? "Sim", responderam os magos, e assim o fizeram. "Neste caso, não darei ouvidos a Moisés," decidiu o faraó.

Rãs

Deus disse a Moisés: "Vá e torne a advertir o faraó que liberte os judeus. Se não escutar, enviarei uma praga de rãs".

Moisés avisou o faraó, mas este não lhe deu atenção. Deus, pois, fez sair do rio Nilo uma rã gigantesca. Os egípcios não gostaram do enorme e horrível animal, e o golpearam com pedras. "Matemos essa rã monstruosa!", gritaram.

Mas o que aconteceu foi que ao invés de morrer, a rã cuspia pequenas rãs, a cada vez que a golpeavam. Era terrível! Mais e mais rãs saíam do rio, e logo o Egito se encheu de rãs. Quando um egípcio queria falar, seus amigos não podiam ouvir o que dizia, pois coaxavam sem parar. O barulho era muito forte. "Vamos a um lugar tranquilo"! Os egípcios desistiram de falar entre si, porque ninguém podia escutar uma palavra do que o outro dizia. À noite as pessoas não podiam conciliar o sono por muito tempo, de tão forte era o coaxar que se ecoava por toda parte.

As rãs entraram em todos os lugares. Quando uma mulher egípcia assava pão, as rãs se metiam no forno. Era cozida junto com o pão, de maneira que o gosto era de rã assada.

Tinha sabor tão desagradável que os egípcios perderam o apetite. Se um egípcio bebia água, o copo fervilhava de rãs. Não se podia evitar engolir algumas. Todos os quartos dos locais egípcios estavam cheios de rãs. Quando um egípcio ia banhar-se, as rãs saltavam e o mordiam. O faraó odiava as rãs. Seu palácio estava cheio delas. Havia rãs na cozinha, no banheiro, saltando por toda a parte. O faraó chamou Moisés e Aarão.

"Estas rãs, saltando e coaxando, estão me deixando louco! Deixarei os judeus irem embora, se fizeres desaparecer as rãs"!

Moisés implorou a Deus: "Por favor, faça desaparecer as rãs"!

As rãs morreram. Logo que o faraó viu isso, seu coração endureceu. "Por que haveria de escutar Moisés e Aarão"? disse. E decidiu: "Não libertarei os judeus"!

Piolhos

Deus disse a Moisés: "Causarei outra praga. Desta vez, não avises ao faraó. Já o advertiste duas vezes e ele não te escutou".

Aarão estendeu o cajado à frente do faraó e sua corte. Nesse instante, o pó da terra se transformou em piolhos. Somente os judeus não foram afetados por esta praga. O faraó chamou os magos e perguntou: "Conseguem produzir piolhos?

"Sentimos muito, majestade," responderam. "Não podemos criar piolhos. Deveis crer que esta praga não é magia. Deus fez um milagre, ao trazer os piolhos". Porém, o faraó se negou a escutar os magos. Sete dias mais tarde, Deus pôs fim à praga.

Animais Selvagens

Deus disse a Moisés: "Volta a falar com o faraó! A menos que liberte Meu povo, trarei animais selvagens ao Egito, exceto a Gessen, onde vivem os judeus".

O faraó não fez caso dessa advertência. Em consequência, começou a nova praga. Foi aterradora! Vindos do deserto, chegaram leões, ursos e panteras. Invadiram os campos e vinhedos, e até mesmo as casas dos egípcios! Enormes pássaros os acompanhavam, agitando as asas e fazendo um barulho amedrontador! Os egípcios puseram ferrolhos nas portas e janelas para impedir a entrada dos animais. Deus, porém, mandara alguns animais antes de outros para que abrissem as portas e janelas. Somente os judeus não foram atacados por bestas selvagens. O faraó estava absolutamente apavorado. Chamou Moisés e Aarão e prometeu-lhes: "Os judeus já não são escravos. Todos os judeus estão livres para servir a Deus e oferecer-Lhe sacrifícios aqui no Egito".

"Não é isso que desejamos", respondeu Moisés. "Queremos sair do Egito e ir para o deserto". "Está bem,", replicou o faraó, "apenas peça a Deus que leve todos estes animais selvagens".

Moisés rezou a Deus. Suplicou que fizesse desaparecer até o último animal, inclusive os mortos.

Pois como haviam restado animais mortos, os egípcios estavam aproveitando as peles, fabricando casacos e calçados, tendo já comido sua carne. Deus aceitou as preces e fez desaparecer até o último animal.

Mal foi interrompida a praga, o faraó mudou de idéia. "Não deixarei os judeus livres", afirmou desafiadoramente.

Peste

Deus ordenou a Moisés que advertisse o faraó: "Se persistires em não escutar a Deus, todos os animais dos campos morrerão através de uma peste"!

A peste matou todos os animais nos campos. Os cavalos, burros, camelos, ovelhas, todos morreram. Na terra de Gessen, onde viviam os judeus, nenhum animal morreu. No caso de rebanhos misturados, alguns pertencentes aos judeus e outros aos egípcios, apenas morriam os dos egípcios.

Alguns egípcios tentaram o seguinte truque: Diziam a um judeu: "Venderei a você meus animais durante a praga. Logo voltarão a ser meus". Mas Deus não pode ser enganado e esses animais morreram mesmo assim.

O faraó voltou a endurecer o coração sem reconsiderar a atitude que deveria ter desde o início: libertar o povo judeu da escravidão. Como o faraó não dera atenção à mensagem transmitida pelas cinco pragas, agora era muito mais difícil reconsiderar seus atos. Deus sabia que sua fala e atitudes não eram sinceras, assim, Deus endureceu seu coração. Isto deu ao faraó mais forças para resistir às advertências de Moisés. Foi um castigo para o faraó, por ter-se negado a escutar.

Sarna

A praga da sarna seguiu-se à morte dos animais. Deus anunciou a Moisés: "Causarei uma enfermidade terrível na pele dos egípcios e seus animais, cujos corpos se cobrirão de bolhas dolorosas que os incomodarão muito".

Deus estendeu a doença entre os egípcios da seguinte forma milagrosa: ordenou a Moisés e Aarão que pegassem dois punhados de cinza de carvão cada um. Logo Moisés pegou com uma das mãos os quatro punhados de cinza (por milagre todos entraram na mão de Moisés) e os jogou com força ao céu. Deus espalhou a cinza por todo o Egito, e esta se depositou sobre a pele dos egípcios e seus animais causando bolhas pela sarna que eram terrivelmente dolorosas.

Por que Deus trouxe esta praga por meio da cinza?

Deus disse: "Os judeus merecem que se faça um milagre para eles por meio da cinza de carvão de um forno. Por quê? Porque morreram por mim em fornos. Abraão se deixou jogar num forno aceso em Ur Kasdim, por acreditar em mim. No futuro também, três justos, Ananias, Azarias e Mizael, serão atirados em um forno pelo rei babilônico Nabucodonosor, por se negarem a inclinar-se perante uma imagem. Também por esta razão, os egípcios merecem ser castigados através da cinza: por escravizar e destruir uma nação que está disposta a morrer por Mim".

O faraó sentiu-se tão doente por causa das bolhas de sarna que teve que ficar na cama. Os magos também se sentiram doentes e abandonaram o palácio do faraó, humilhados e envergonhados, para nunca mais retornar.

Granizo

Deus disse a Moisés: "Diga ao faraó que a próxima praga será tão terrível como todas as outras pragas juntas. Cairão grandes pedras e muitos egípcios morrerão".

O faraó não se importou. Por isso, Deus disse a Moisés no dia seguinte: "Estende tua mão ao céu. Então começará uma tempestade de granizo".

Nenhum egípcio jamais havia visto tal tormenta! Os trovões eram tão fortes que muitos morreram de susto. Quando soou um trovão especialmente forte, o faraó caiu no chão. Mas Deus lhe deu forças para pôr-se de pé, de maneira que este malvado continuasse com vida para ser castigado com as outras pragas.

Muitos egípcios foram atingidos por bolas de granizo e pereceram. Este granizo continha não somente gelo, como também fogo. (Isto foi um milagre. O comum é que o fogo consuma o gelo e este extinga o fogo). Alguns egípcios foram queimados pelo fogo.

O faraó chamou Moisés e Aarão. "Eu pequei," admitiu. "Deus é perfeito. Por favor, suplica a Deus que ponha fim a essa terrível praga. Prometo que desta vez estão livres para deixar o Egito". *O faraó manteve sua promessa?

Não. Assim que a tempestade de granizo terminou, sentiu-se tão poderoso quanto antes e decidiu não libertar o povo de Israel.

Então sucessivamente Deus enviou as três últimas pragas, gafanhotos, trevas e morte dos primogênitos egípcios, até que na última, o faraó não suportou mais e permitiu que o povo partisse. Mas não sem mandar seus exércitos logo em seguida atrás, pois não queria ter cedido ao pedido.

Embora o faraó não tivesse se arrependido, ele admitiu: "Deus é perfeito". Por ter admitido a grandeza de Deus, todos os egípcios também o fizeram. Deus, em Sua infinita bondade fez com que após os egípcios terem se jogado no Mar Vermelho, Deus ordenou ao mar que os transportasse à terra firme, e ordenou à terra que cobrisse seus corpos. Por terem admitido: "Deus é perfeito", mereceram ser sepultados.

Uma lição para todos nós

Lembram-se de quem estendeu o cajado para atrair a praga do sangue? Foi Aarão. E quem causou a segunda praga? Novamente Aarão. E a praga seguinte, piolhos? Outra vez Aarão. Não foi Moisés. Este causou algumas das pragas seguintes, mas não as três primeiras.

Deus não permitiu Moisés de realizar as três primeiras porque teria que golpear o rio e a areia. O rio havia protegido Moisés, fazendo-o flutuar no cesto em que sua mãe o havia colocado quando bebê, e a terra havia coberto o corpo do malvado supervisor egípcio que Moisés havia matado. Como o rio e a terra haviam sido bondosos com Moisés, Deus não quis ofendê-los com golpes para trazer essas pragas. A Torah nos ensina que devemos estar agradecidos por todos os favores que recebemos.

Deus mostrou a Moisés que havia agido com consideração até mesmo com a água e o solo, que não têm sentimentos, para nos ensinar a sermos agradecidos com nossos amigos e nossos pais; e mais ainda, com Deus!

Sobre o Cumprimento das Promessas

Todos os perversos agem como o faraó. Quando Deus lhes envia um castigo, prometem melhorar. Mas assim que termina o sofrimento, esquecem por completo a decisão de serem bons e se arrependerem.

Esta é a lição do faraó: como não devemos agir!

Se estivermos em dificuldades e nos propusermos a atuar de maneira melhor no futuro, mantenhamos firme nossa decisão, mesmo depois de superar nossas dificuldades!

Correspondência bíblica

Pragas:

Gn 12,17: "O SENHOR, porém, castigou com grandes pragas o faraó e sua corte por causa de Sarai, mulher de Abrão".

Ex 9,14: "Pois desta vez vou desencadear todas as minhas pragas contra ti mesmo, teus ministros e teu povo, para que saibas que não há ninguém como eu em toda a terra".

Jt 5,12: "Eles porém clamaram a seu Deus, e este feriu toda a terra do Egito com pragas para as quais não havia remédio. Os egípcios, então, os expulsaram".

Sl 78,46: "Entregou às pragas suas colheitas, ao gafanhoto o produto do seu trabalho".

Am 4,10: "Uma peste eu vos mandei, igual às pragas do Egito. À espada matei vossos guerreiros, enquanto os cavalos eram levados pelo inimigo. Fiz subir-vos pelas narinas a catinga que exalava o acampamento. Mas nem assim voltastes para mim" – oráculo do SENHOR.

Ap 15,1: "Depois, vi no céu outro sinal, grande e admirável: sete anjos, com as sete últimas pragas, com as quais o furor de Deus ia-se consumar".

Ap 21,9: "Depois veio até mim um dos sete anjos das sete taças cheias com as últimas pragas. Ele falou comigo e disse: 'Vem! Vou mostrar-te a noiva, a esposa do Cordeiro'".Enjeitado, adotou-o a filha do faraó, que o criou como filho seu".

Ap 22,18: "Para que todo o que ouve as palavras da profecia deste livro vai aqui o meu testemunho: se alguém lhe acrescentar qualquer coisa, Deus lhe acrescentará as pragas que aqui estão descritas".

16 – Ex 10,1 – 13,16 - BÔ - בא
Jr 46,13-28

- Depois das sete pragas (das dez pragas com as quais o Todo-Poderoso afligiu o Egito como castigo), podemos ver uma diferença grande de ideias entre Moisés e o faraó, rei do Egito.
- Moisés e Aarão foram até o faraó e disseram-lhe novamente para que, em nome do Todo-Poderoso, desse a liberdade aos Filhos de Israel, para que pudessem servir a Deus (cf. Ex 10,3).
- No começo, parece que o faraó permite a saída (cf. Ex 10,8). Mas perguntou em seguida: "Quem são os que irão sair do Egito?". E Moisés respondeu: "Iremos com nossos jovens e com nossos velhos, iremos com nossos filhos e com nossas filhas..." (Ex 10,9).
- Mas o faraó responde a Moisés que devem ir somente os homens para servir a Deus (Ex 10,11), não concordando novamente com a saída dos Filhos de Israel do Egito. Ele pensava que para servir a Deus Todo-Poderoso bastariam apenas os homens, sem incluir os filhos e as filhas, a família.
- Atualmente muitos parecem e pensam como o rei do Egito. Excluem as crianças da educação religiosa, afirmando que elas ainda são pequenas e não entendem, e que é preciso esperar alguns anos a mais...
- Mas esquecem de que aquilo que uma criança puder assimilar na sua infância, vai ser para ela muito útil depois, seja na adolescência, na juventude, quando então vai compreender melhor o comportamento adequado que a Bíblia indica para viver um caminho seguro de felicidade junto a Deus.
- Os sábios de Israel ensinavam que o Rei Davi comparava os filhos às plantas, dizendo que uma planta pode ser corrigida de qualquer irregularidade logo no seu início, antes que cresça. Depois que a árvore começa a se desenvolver, torna-se muito difícil e até mesmo impossível qualquer esforço.
- Assim também quanto à educação das crianças. É muito mais fácil e possível ensinar a criança quando pequena, novamente insistindo que será bom para o restante de sua vida aquilo que for bem aprendido quando pequena.

- Outro aspecto importante é em relação ao papel da mulher na sociedade. O faraó alegou que somente os homens bastariam ir servir a Deus. Para os judeus a mulher ocupa uma posição muito importante em muitas tarefas, como a educação dos filhos, a manutenção da boa e adequada alimentação para a família (*cashrut*) e a preservação da pureza do lar. E Moisés por isso rejeita essa condição que o faraó queria impor.
- Ao perceber que o faraó era persistente, Moisés permaneceu firme: jamais poderiam excluir as crianças e as mulheres.
- E isso é importante para todas as gerações, em todos os lugares e tempos. A formação de um povo e o seu crescimento só podem ocorrer juntos, unidos no objetivo de servir ao Todo-Poderoso Deus.
- Alguns sábios de Israel insistem nessa realidade: a personalidade e o que passa no íntimo do coração de um pai podem ser comprovados pela educação religiosa e geral dos filhos. Todo o cumprimento dos mandamentos e o estudo da Bíblia praticados pelo pai são considerados somente potencial até que tenha educado seus filhos. Então tudo isso será transformado em ação.
- Rambam Maimônides, o mais importante filósofo judeu, nascido no século XII, ensina que quando a criança já tiver idade para andar com seu pai segurando sua mão, deve subir a Jerusalém nas festas de Páscoa, Shavuot e Sucot para educá-la já no cumprimento dos mandamentos. E usa a expressão "para fazer-se ver na criança", ou seja, para nos transmitir a essência da educação religiosa e geral: para que o filho seja o espelho do pai, refletindo a boa essência, personalidade e virtudes do pai, para que o filho possa se tornar um exemplo e para que o pai possa orgulhar-se da educação que transmitiu.

16 – BÔ – Seleções de Midrash a partir do texto bíblico: Ex 10,1 – 13,16

A Oitava, Nona e Décima Praga

A Oitava Praga: Gafanhotos

Desde que Moisés e Aarão foram ao faraó com a mensagem de Deus para libertar os judeus, o faraó havia sido castigado com sete pragas. Todas as vezes foi negada a liberdade aos judeus assim que a praga havia terminado.

Desta vez, Moisés e Aarão se dirigiram a ele pela oitava vez, com a advertência de um novo castigo: uma praga de gafanhotos. Quando os criados do faraó escutaram esta advertência, voltaram-se para o rei e disseram: "Por quanto tempo mais deixará que este homem, Moisés, nos cause problemas? Prometa-lhe que deixará partirem todos os homens judeus para servir a Deus. Mas faça com que as mulheres e crianças fiquem no Egito, para ter certeza de que os homens voltarão".

O faraó chamou Moisés e Aarão e perguntou: "A quem quereis tirar do Egito para servir a Deus?" "Todos os judeus," disseram, "homens, mulheres e crianças. Levaremos também nossos animais".

"Jamais!" gritou o faraó. "Eu poderia deixar os homens saírem, mas de maneira alguma as crianças. Devem ficar aqui, para ter certeza de que os homens regressem. Veja só o que querem! Fugir do Egito para sempre, e não aceitam fazer alguns sacrifícios. Nunca o permitirei!" Com estas palavras, o faraó virou as costas a Moisés e Aarão.

Deus então fez soprar um forte vento que trouxe gafanhotos ao Egito.

Os egípcios haviam visto gafanhotos antes, mas nunca tantos ao mesmo tempo. Havia milhões! O céu estava tão cheio deles que era impossível ver o sol. Os campos cheios de gafanhotos, como uma gigantesca manta de criaturas saltitantes, não deixavam o menor espaço livre.

A praga anterior, o granizo, havia destruído praticamente todo o cereal, a vegetação, e o pasto do Egito. Agora os gafanhotos saquearam e devoraram até as últimas lavouras que restavam.

Logo todos os campos e todas as árvores estavam desprovidos de qualquer alimento. Os egípcios se preocuparam: "Morreremos de fome!"

O Faraó apelou então para Moisés dizendo que deixaria o povo partir se a praga parasse. Moisés então saiu do palácio e rezou. Deus fez soprar outro vento levando todos os gafanhotos para fora do Egito. Imediatamente o faraó mudou de opinião e não libertou Os Filhos de Israel.

A Nona Praga: Trevas

O faraó não desfrutou do alívio proporcionado pelo desaparecimento dos gafanhotos por muito tempo. Desta vez, Deus disse a Moisés: "Estende sua mão para o céu, e a escuridão descerá sobre o Egito." Moisés obedeceu e a escuridão começou a descer sobre a terra, como pesado manto negro. O dia se tornou mais escuro que a noite, e a noite se fez ainda mais escura! Os egípcios já não podiam reconhecer as silhuetas, pois tudo estava envolto na mais absoluta escuridão. De nada servia acender velas ou tochas, pois as trevas cobriam tudo.

Com três dias de escuridão, a praga imperava. Deus fez com que a nuvem negra ficasse tão espessa que os egípcios não podiam se mover. Quem estava sentado, não conseguia se levantar. Quem estava de pé, não conseguia se sentar. Envolvidos na escuridão, todos os egípcios haviam se petrificado na posição em que se encontravam quando as trevas começaram. Assim, permaneceram imóveis por três dias.

Entretanto, os judeus tinham liberdade para entrar nas casas egípcias sem serem perturbados. Não apenas tinham luz nas suas casas, mas cada vez que um judeu entrava num local egípcio, a luz o acompanhava. Os judeus podiam enxergar, no entanto os egípcios na mesma casa não conseguiam ver absolutamente nada. Tal como Deus havia planejado, os judeus agora podiam abrir armários e baús dos egípcios, onde encontravam valiosos bens. Nenhum judeu tocou num só bem pertencente aos egípcios, simplesmente conferiram os objetos.

Depois, quando os Filhos de Israel saíram do Egito, Moisés os instruiu a pedir aos egípcios: "Dêem-nos ouro, prata e roupas para levarmos!" Os egípcios afirmavam: "Não temos ouro, prata ou roupa!" E os judeus os contradiziam: "Claro que têm! Vi ouro no baú, e roupa atrás da cama." Os egípcios terminaram por admitir que os judeus estavam certos e deram o que lhes era pedido.

Algo mais sucedeu durante a praga das trevas. Entre os judeus, muitos não acreditavam que Moisés e Aarão haviam sido realmente enviados por Deus para tirar os judeus do Egito. Disseram: "Não cremos que algum dia sairemos desta terra. E mesmo que o fizéssemos, sem dúvida morreríamos de fome no deserto. Preferimos ficar no Egito."

Deus então resolveu castigá-los. Morreram nos dias de escuridão, sem serem vistos pelos egípcios, que se os vissem, teriam falado: "Veja estes judeus que morrem? São tão maus como nós!"

A Décima Praga: Morte dos Primogênitos

Quando terminou a praga da escuridão, o faraó voltou a chamar Moisés e Aarão. Disse-lhes: "Desta vez estou disposto a deixar todos saírem: homens, mulheres e crianças. Porém, devem deixar as ovelhas e o gado para trás, pois precisamos deles."

"Nós também precisamos," respondeu Moisés. "Deus nos pedirá sacrifícios. Temos de levar todos nossos animais quando partirmos." O faraó gritou: "Fora daqui! Se tiverem a ousadia de pisar no palácio novamente, vou matá-los!"

Moisés respondeu: "Não regressarei perante ti. Faço agora um aviso sobre a última praga: Deus, Ele próprio, descerá ao Egito no meio da noite e matará todos os egípcios que forem os filhos mais velhos.

Depois desta praga, você e sua corte virão a mim e suplicarão para irmos embora". Em seguida, Moisés partiu.

O primeiro preceito encomendado ao povo judeu: os juízes do Bet Din (tribunal) sempre devem fixar o começo do novo mês judaico. Antes que a nova praga começasse, Deus ordenou a Moisés e Aarão que ensinassem ao povo de Israel o primeiro preceito. Moisés e Aarão ensinaram então aos judeus sobre o mandamento de indicar quando ocorre o Rosh Chôdesh: (primeiro dia do mês judaico).

Assim que os judeus estiverem estabelecidos na Terra de Israel, o Bet Din (Tribunal) determinaria todos os meses em que dia seria o primeiro dia do novo mês judaico. Como o tribunal decidiria quando começar o novo mês? Vejamos: Todos os meses a lua "cresce" e se "contrai". No princípio do mês a lua é pequena. Então cresce, até assemelhar-se a uma banana. Até a metade do mês está cheia e redonda, como uma laranja. Logo começa a contrair-se novamente. Volta a diminuir mais e mais, até desaparecer no fim do mês. No próximo mês, volta a aparecer.

Todo judeu que visse a pequena lua nova no começo do novo mês, deveria apresentar-se ao Tribunal. Ali informava: "Vi a lua nova no céu." Os juízes então aguardavam que chegasse outro judeu e afirmasse o mesmo. Logo formulavam às testemunhas numerosas perguntas para assegurar-se de que diziam a verdade. Se os juízes se sentissem satisfeitos, declaravam publicamente: "Hoje é o começo do novo mês."

Hoje através de nosso calendário já determinamos o início do novo mês durante o ano inteiro. Porém, quando o Messias chegar, os juízes do Bet Din voltarão a estabelecer cada Rosh Chôdesh segundo as testemunhas que viram a lua nova.

Deus Ordena dois preceitos antes do Êxodo

Deus ordenou aos judeus que cumprissem dois preceitos antes de sair do Egito. Somente assim seriam os judeus merecedores dos grandes milagres com que Ele os libertaria: Cada família judia deveria oferecer um corban, um sacrifício de Páscoa; todos os judeus que não tivessem brit milá (circuncisão) deveriam fazê-la antes de comer o corban (sacrifício) da Páscoa.

Deus disse a Moisés que ordenara aos Filhos de Israel: "Quatro dias antes de Páscoa cada família judia comprará um cordeiro ou cabra jovem. Deverá guardá-los em casa por quatro dias. Na tarde do quarto dia, deverá sacrificá-lo como corban Páscoa, uma oferenda de Páscoa."

Por que, diante de todos os animais, justamente o cordeiro foi o escolhido? Os habitantes do Egito consideravam sagrados os animais, especialmente os cordeiros. Era para eles que rezavam. Para mostrar aos egípcios que estavam equivocados, Deus ordenou aos judeus que sacrificassem cordeiros, que eram os deuses dos egípcios.

Ao cumprir este preceito, os judeus demonstraram que confiavam em Deus e que não acreditavam nos ídolos egípcios. Por que Deus ordenou que o Povo de Israel preparasse os cordeiros antecipadamente, exatamente quatro dias antes de Páscoa?

Duas razões:

1. Um animal é adequado para o sacrifício apenas se está perfeito, se não tem defeito sobre o corpo. Durante estes quatro dias, cada família amarrou o cordeiro à cabeceira da cama e examinou o animal minuciosamente para assegurar-se de que era próprio para a oferenda.
2. Deus ordenou aos judeus que começassem o preceito alguns dias antes, para ganharem o mérito de serem tirados do Egito. Imagine que coragem tiveram as famílias judias para pegar um cordeiro – o deus dos egípcios – e prepará-lo para o sacrifício como oferenda ao verdadeiro e único Deus! Os judeus estavam temerosos, pensando como os egípcios ficariam furiosos quando se inteirassem do que haviam feito. Sem dúvida, matariam todos os judeus! Porém, todos escutaram as palavras de Moisés e obedeceram a ordem Divina. Cada família preparou um cordeiro quatro dias antes de Páscoa. Deus estava orgulhoso dos judeus.

Ao cumprirem este preceito, mostraram que já não acreditavam nos deuses egípcios. Demonstraram também que obedeciam a Deus, apesar de todo riso que corriam diante dos egípcios. Agora tinham um mérito pelo qual mereciam ser redimidos.

Deus indica aos judeus o que devem fazer com o Sacrifício da Páscoa

Deus disse a Moisés que ordenara aos judeus: "Na tarde de 14 de Nissan (mês do calendário judaico), cada família deverá sacrificar seu cordeiro. Logo deverão pôr o sangue do cordeiro sobre os batentes em ambos os lados da porta principal, bem como sobre o umbral que se encontra sobre a porta. Deus *passará* (daí o uso da Palavra *Pêssach*, do verbo saltar, passar) sobre todas as casas do Egito no meio da noite de Páscoa, e matará todos os primogênitos egípcios".

O sangue nas casas dos judeus será a prova para Deus que os judeus O obedecem e cumprem Seus mandamentos. Por isso, terá piedade das casas judias e nada matará ali.

"Cada família judia deverá assar seu cordeiro sobre um fogo aberto e comê-lo durante a noite de Páscoa, junto com *matsot*, pães ázimos (sem fermento) e *maror* (ervas amargas). O maror irá lembrá-los da dura e amarga escravidão no Egito".

"Todos deverão comer o corban Páscoa totalmente vestidos e segurando um cajado na mão, prontos para sair do Egito. Deus os tirará do Egito nesta mesma noite. Assim, devem estar prontos! Todos os anos, na noite de Páscoa, comerão um Sacrifício da Páscoa, em recordação da saída do Egito."

O Sacrifício da Páscoa na época do Templo Sagrado

No começo do mês chamado Nissan, o rei do povo judeu enviava mensageiros a todos que moravam nos arredores de Jerusalém. Os mensageiros anunciavam: "Tragam todos os cordeiros que tenham para vender, de modo que todo judeu possa comprar um animal para seu Corban Páscoa". Todo judeu que tivesse um animal para vender o levava às colinas próximas a Jerusalém.

Os cordeiros à venda eram conduzidos até um riacho para que fossem lavados cuidadosamente. Tamanha era a quantidade de cordeiros que as colinas não eram mais verdes, mas tornavam-se brancas!

No dia 10 de Nissan, quatro dias antes de Páscoa, todos os judeus que precisavam de um animal compravam um. Os quatro dias que faltavam para Páscoa eram dedicados a intensos preparativos que culminariam com a emocionante chegada do dia festivo, *Yom Tov*.

Quando chegava a véspera de Páscoa, soavam trombetas e os mensageiros anunciavam: "Escute, Povo de Deus! Chegou o momento de oferecer o sacrifício da Páscoa." Cientes da santidade do preceito, os judeus se vestiam com roupas festivas. Ao meio-dia todo o trabalho cessava e a única atividade era a preparação do cordeiro. Todos os judeus se dirigiam ao pátio do Templo com seus cordeiros.

Fora do pátio havia doze levitas que advertiam as pessoas para não se empurrarem ao entrar. Dentro, havia outros doze, cuidando para que as pessoas não se empurrassem ao sair do pátio. As pessoas entravam em três turnos. Assim que o pátio ficava lotado, os levitas fechavam as portas. Aqueles que ficavam de fora deviam aguardar até o turno seguinte. Todos os cordeiros eram sacrificados no pátio.

Um sacerdote recebia parte do sangue da ovelha num recipiente em forma de cone, feito de ouro e prata. Este recipiente cheio de sangue do corban Páscoa devia ser vertido, derramado, sobre as paredes do *mizbeach* (altar). Centenas de milhares de recipientes cheios de sangue deviam ser levados ao altar na véspera da Páscoa em uma só tarde. Qual seria a forma mais rápida para que o sangue chegasse ao altar?

Os sacerdotes formavam filas desde a entrada do pátio até o altar. Com a mão direita, o sacerdote que se encontrava no começo de uma fila passava o cone de sangue ao sacerdote que estava ao seu lado, que por sua vez o passava ao que estava junto a ele, e assim sucessivamente até o final da fila, até que o cone chegasse ao sacerdote que estava junto ao altar. Então, com a mão esquerda, este entregava o cone vazio ao sacerdote que tinha a seu lado, e assim sucessivamente até chegar novamente ao começo da fila. Cada sacerdote da fila passava cones cheios com a mão direita em direção ao altar e devolvia cones vazios até chegar ao começo da fila, com sua mão esquerda.

Havia numerosas filas de sacerdotes. Uma fila usava somente cones de prata e a seguinte, somente de ouro. Era um belo espetáculo! A rapidez com que os cones se moviam em direção ao altar, e de volta dele. Os cones pareciam flechas de prata e ouro que cruzavam os ares!

Agora já sabemos com os sacerdotes podiam oferecer o sangue de tantos cordeiros numa só tarde. Naturalmente, este ágil manejo dos cones não teria sucesso sem certa prática. Os sacerdotes começavam a treinar trinta dias antes de Páscoa. Num lugar elevado do pátio havia dois sacerdotes com trombetas de prata. Sopravam as trombetas a cada vez que um dos turnos começava a oferecer seus cordeiros.

Este era o sinal para que os levitas começassem a recitar o Halel (Salmos de Louvor) com o acompanhamento dos instrumentos musicais. Os judeus recitavam Halel (salmos de louvor) junto com os levitas.

Depois de matar as ovelhas, essas eram desossadas. Nas paredes havia ganchos especiais de ferro, onde prendiam os animais para serem desossados. Depois, os sacerdotes ofereciam algumas partes das ovelhas sobre o altar.

Cada judeu levava sua ovelha para casa, para assá-la. A maioria dos fornos estava junto à porta principal da casa, para dar caráter público ao preceito.

A oferenda de Páscoa era comida em Jerusalém esta noite, pela família ou pelo grupo que se havia reunido para este cordeiro, como meio de recitar o Halel e louvores a Deus. Durante a noite de Páscoa, os portais de Jerusalém permaneciam abertos devido à quantidade de gente que ia e vinha. As vozes dos judeus louvando a Deus podiam ser ouvidas ao longe.

Que o Messias venha logo, para que todos possamos voltar a tomar parte na celebração de Páscoa em Jerusalém!

Deus ordena aos judeus que celebrem a Páscoa todos os anos

Deus disse a Moisés que ordenasse aos Filhos de Israel: "Todos os anos, os Filhos de Israel guardarão a festividade de Páscoa durante sete dias. O primeiro e o sétimo dias serão dias festivos *(Yom Tov)*. Durante este período não poderão comer nada fermentado (massa levedada) e suas casas deverão estar limpas de todo tipo de fermento".

Na primeira noite de Páscoa, o preceito é de comer o pão ázimo, sem fermento, e contar sobre a saída do Egito (*Hagadá*) e como Deus os tirou do Egito. Todo pai judeu deve contá-la a seus filhos, para que os milagres do Êxodo do Egito jamais sejam esquecidos.

Na verdade, desde que foram libertados do Egito os pais judeus têm relatado aos filhos sobre a saída do Egito. Sentados em torno da mesa do Sêder, rodeados de filhos atentos, os pais relatam com todos os detalhes e os milagres.

O que acontece na noite do Seder

Durante a noite do Seder, quando a família se senta em torno da mesa e relata sobre o Êxodo do Egito, Deus reúne todos os anjos do céu e lhes diz: "Vamos escutar como Meus filhos contam sobre a redenção do Egito." Todos os anjos se reúnem e escutam. Os anjos se sentem felizes porque quando os judeus foram libertados do Egito foi como se Deus tivesse também sido redimido. (Quando os Filhos de Israel sofrem, é como se Deus também sofresse). Os anjos também começam a louvar Deus pelos milagres que fez durante o Êxodo. E exclamam: "Olhem como é santo o povo que Deus tem sobre a terra!"

A Bíblia chama a noite do Seder de "A noite protegida", pois Deus distinguiu essa noite como noite de milagres para os justos de todas as gerações. Que milagres? Alguns dos que ocorreram na primeira noite de Páscoa são:
- Abraão lutou contra os quatro reis que haviam feito Ló prisioneiro e ganhou a guerra.

- Durante a época do rei Ezequias, o anjo de Deus matou o exército dos assírios que estavam em guerra contra os judeus. Isto aconteceu na primeira noite de Páscoa.
- Daniel foi jogado à jaula dos leões e salvo durante esta noite.
- Durante a noite de Páscoa, o rei Artaxerxes (Est 1,1) não conseguia dormir. Fez com que lessem seu diário, e assim a história de Purim teve um final feliz.
- No futuro, durante esta noite Deus fará milagres por intermédio de Elias e pelo Messias, ao final de nosso exílio.

Os Judeus aceitam a circuncisão e oferecem o Cordeiro da Páscoa

Exatamente como Deus havia ordenado, Moisés instruiu os judeus a prepararem um cordeiro para Páscoa. Moisés disse também: somente os judeus que fossem circuncidados poderiam comer do sacrifício da Páscoa. Muitos judeus não tinham ainda a circuncisão, pois o faraó lhes havia proibido de cumprirem este preceito de Deus.

Moisés advertiu os judeus: "Não poderão comer do cordeiro da Páscoa, a menos que sejam circuncidados. Vejam como este preceito é importante, pois quando me encaminhava ao Egito, quase fui morto por um anjo, por não ter realizado e me apressado na circuncisão do meu filho." (cf. Ex 4,24-26) Os judeus aceitaram que Moisés lhes fizesse a circuncisão e a seus filhos.

Deus disse: Agora o povo dos filhos de Israel é digno de ser libertado. Cumpriram dois preceitos: circuncisão e a oferenda do Cordeiro da Páscoa. Foi num Shabat que os judeus levaram seus cordeiros à suas casas para guardá-los como oferenda de Páscoa.

Quando os egípcios descobriram que os judeus estavam sacrificando os cordeiros, seus "deuses", ficaram furiosos! Todos se reuniram para matar os judeus. Mas Deus fez um milagre e nenhum egípcio conseguiu fazer mal a nenhum judeu.

Por que o Shabat (Sábado) anterior à Páscoa se chama "O Grande Shabat"

Existem muitas razões pelas quais se dá este nome. Aqui seguem algumas: Milagrosamente, Deus salvou os judeus das mãos dos egípcios que queriam matá-los por ter usado seus deuses, os cordeiros, para sacrifícios. Como este milagre aconteceu no Shabat antes de Páscoa, ficou sendo chamado de "Shabat Hagadol", o Grande Shabat, para recordar o milagre para sempre.

Neste Shabat ocorreu outro acontecimento: quando os egípcios viram que os judeus usavam cordeiros para seus sacrifícios de Páscoa, perguntaram: "Por que estão preparando estes cordeiros?" Os judeus replicaram: "Logo Deus trará ao Egito uma praga, que será a morte dos primogênitos, e Ele nos ordenou que oferecêssemos sacrifícios de Páscoa para que fôssemos poupados desta praga."

Quando os primogênitos egípcios escutaram isso, apresentaram-se a seus pais e ao faraó e exigiram: "Deixem os judeus partirem em liberdade. Não queremos perder a vida por causa de uma praga!" Os pais e o faraó se negaram, e por esta razão os primogênitos desembainharam suas espadas. Sobreveio uma batalha na qual muitos egípcios perderam a vida. Para recordar este fato, chamamos ao Shabat em que isso aconteceu Shabat Hagadol.

Shabat hagadol também pode traduzir-se com o significado de "O Shabat dos grandes". Até agora, os judeus haviam sido como crianças pequenas, pois nunca haviam cumprido preceitos. Neste Shabat, porém, cumpriram seu primeiro preceito: a preparação de um cordeiro para o sacrifício da Páscoa. Este foi o começo da observância dos preceitos e em certo sentido, agora se tornavam "grandes", como um menino no dia de seu bar-mitsvá (cerimônia religiosa que torna um jovem maduro na fé judaica, podendo já ler a Torah em público).

A Última Praga: a morte dos primogênitos

Na primeira noite de Páscoa, no exato instante em que deu meia-noite, Deus desceu sobre o Egito com 900.000 anjos destruidores e matou a todos os primogênitos egípcios, tanto homens como mulheres. Nas casas em que o primogênito já havia morrido, o filho que havia nascido posteriormente a este era morto. Mesmo que um primogênito egípcio tivesse se mudado para outro país, era igualmente morto.

Os animais primogênitos também morriam, pois os egípcios oravam para eles. Se não tivessem morrido, os egípcios poderiam dizer: "Nossos deuses, os animais, causaram esta praga!" Deus também destruiu as imagens dos egípcios. Quando estes entraram em seus templos na manhã seguinte, viram que todos os ídolos de metal se haviam fundido, os de pedra quebrados, e os de madeira, apodrecidos.

Quando Deus passou sobre estas casas e matou os primogênitos, destruiu todas as casas egípcias. Enquanto matava os primogênitos egípcios, Deus curou os judeus das dores causadas pela circuncisão.

Não pensem que um primogênito egípcio que se escondeu numa casa judia escapou desta praga. Mesmo se estivesse dormindo na mesma cama com um judeu, o egípcio morria, enquanto o judeu era poupado.

O Faraó consente em libertar o Povo de Israel

Esta noite o faraó foi dormir como de costume. No meio da noite, foi despertado por gritos e prantos, procedentes de todo o palácio. As esposas, os nobres e os criados do faraó haviam encontrado os primogênitos mortos. Quando o faraó viu gente morta por todos os cantos, viu que tinha que agir imediatamente. "Chamemos Moisés e Aarão agora mesmo!" gritou, em pânico. "Devem tirar até o último judeu daqui!" O faraó temia por sua própria vida também: era um primogênito – seria alcançado pela praga?

Foi uma estranha noite. Estava claro como o dia! Deus iluminou a noite para que todos pudessem ver claramente o castigo que aplicava aos primogênitos.

O faraó estava desesperado atrás de Moisés e Aarão. Mas, onde moravam? O faraó não tinha a menor idéia. Os criados saíram e começaram a bater às portas de todas as casas judias. O faraó falava em cada porta: "Preciso falar com eles AGORA MESMO!" Os judeus não podiam crer em seus olhos. Um rei egípcio que, no meio da noite, ia de porta em porta em busca de Moisés!

Os meninos judeus decidiram pregar uma peça ao faraó. "Moisés vive aqui!" exclamou um menino. "Não, aqui", contradisse outro. Demorou muito ao faraó encontrar a casa que procurava. Rogou a Moisés: "Leve todos os judeus imediatamente – homens, mulheres, crianças, e também os animais. Disseste que somente morreriam os primogênitos, mas não há uma só casa egípcia onde não haja morrido alguém!"

"Por favor, pede a Deus que não me mate também. Sou primogênito e tenho muito medo de que Deus me mate." Moisés respondeu: "Não partiremos do Egito no meio da noite como ladrões. Iremos amanhã pela manhã, conforme as instruções de Deus!"

O Povo de Israel sai do Egito

Na manhã seguinte, homens, mulheres e crianças judeus saíram da terra do Egito. Junto com eles, foi um grande grupo de egípcios, que se sentiram tão impressionados após verem as dez pragas que decidiram converter-se ao judaísmo e seguir para a Terra de Israel.

Haviam preparado massa para assar e levar na viagem, mas os egípcios os obrigaram a sair com tanta pressa que os judeus não tiveram tempo para que a massa crescesse. Em vez disso, levaram consigo a massa crua, ázima.

Logo assaram ao sol dando origem as matsot, pão ázimo. Os judeus também carregaram sobre os ombros a matsá e o maror que sobrara de seu jantar de Páscoa. Não quiseram pôr esses restos sobre o lombo de burros e os carregaram eles mesmos, tamanho o valor que davam aos preceitos de Deus.

Antes que o Povo de Israel partisse, Moisés ordenou: "Peçam ouro e prata a seus vizinhos egípcios." Assim o fizeram, e os egípcios deram aos judeus tudo o que pediam. Assim, Deus cumpriu uma promessa que havia feito a Abraão há mais de quatrocentos anos: "Teus filhos (os Filhos de Israel) morarão em uma terra estrangeira e serão escravos ali. Mas logo irão embora, com grandes riquezas" (Cf. Gn 16,14).

O que Moisés fez após sair do Egito

Moisés não pediu aos egípcios ouro e prata para si mesmo. Estava ocupado com outros mandamentos que o impediram de enriquecer, como aconteceu com o resto dos Filhos de Israel.

Entalhou e recolheu madeira de cedro de shitim (acácia). Quando nosso antepassado Jacó viajou ao Egito, ali plantou cedros porque sabia que um dia os judeus precisariam da madeira para construir um Mishcan (tenda da Reunião, local de morada da Presença Divina). Agora Moisés recolheu todo este cedro. Os justos que havia entre os Filhos de Israel o tiraram do Egito. Esta madeira foi utilizada para as vigas da Tenda da Reunião, do Tabernáculo.

Moisés sabia que o Povo de Israel havia prometido a José levar consigo seus ossos quando saíssem do Egito. Moisés queria cumprir essa promessa. Mas havia um pequeno problema: onde estava enterrado José? Moisés não sabia, pois José havia sido sepultado uns 60 anos antes do nascimento de Moisés.

Porém, uma mulher muito velha, Sera, filha de Aser, filho de Jacó, revelou a Moisés: "Eu sei onde enterraram José. Puseram seu corpo numa caixa de metal e a jogaram na parte mais profunda do Nilo. Vem, que lhe mostrarei o lugar." Ela conduziu Moisés para local.

Moisés pegou uma prancha de ouro e escreveu sobre ela: "Alê Shor" (Ascende Touro), pois José é comparado na Torah a um touro robusto. Deus fez um milagre e o pesado caixão de ferro flutuou na superfície do Nilo.

Segundo outra opinião de nossos Sábios, José foi enterrado no lugar da sepultura dos reis egípcios. Quando Moisés foi ao cemitério deles, viu filas e filas de ataúdes e não podia saber qual era o de José. Deus, porém, fez com que o ataúde de José milagrosamente se sacudisse. Assim Moisés pôde levantá-lo e o levou para onde o povo judeu se encontrava para levá-lo na jornada do deserto.

As Tábuas que Deus entregou aos Filhos de Israel no Monte Sinai estavam esculpidas numa pedra preciosa, a safira. Quando Moisés esculpiu as segundas Tábuas, Deus deu a Moisés toda a safira que sobrou do seu trabalho de cinzelar, de modo que Moisés se tornou um homem rico. Deus concedeu a Moisés a grande honra de ocupar-se do ataúde de José. Ao falecer Moisés no final da Torá quem o enterrou? A resposta é que nenhuma pessoa o fez, mas o próprio Deus. Esta foi a maior honra que Moisés recebeu de Deus

Como Deus libertou os Filhos de Israel apesar da magia dos egípcios

Os egípcios eram mágicos fabulosos. Sabiam, com seus truques, como impedir que qualquer um saísse do Egito sem sua permissão. Em cada portal do Egito colocaram cães de ouro. Esses cães começavam a latir, assim que um escravo tentava fugir do Egito. Castigavam o escravo que escapasse, para que este não pudesse sair dos limites do país.

Quando Deus libertou os Filhos de Israel do Egito, porém, anulou toda a magia. Nem ao menos um dos cães mágicos sequer abriu a boca contra os Filhos de Israel. Os judeus saíram sem nenhum impedimento. Deus ordenou a Moisés a instruir aos Filhos de Israel em dois preceitos que os ajudariam a lembrar para sempre como Deus os havia libertado do Egito

O Resgate do Primogênito e o uso dos Filactérios - *Tefilin*

Como Deus salvou todos os primogênitos judeus da morte no Egito, decretou que todo primogênito judeu é santo e lhe pertence. Para tanto, os pais judeus devem redimir seu filho primogênito de um sacerdote. Como se faz isso? Os pais do filho primogênito pagam ao sacerdote com dinheiro ou algum objeto que valha cinco selaim (aproximadamente R$ 100,00) aos trinta dias de vida do filho, nascido de parto normal.

Deus também estipulou que cada animal primogênito pertence ao sacerdote, a menos que o proprietário pague para redimi-lo do sacerdote. Tampouco pode um proprietário judeu utilizar o primogênito de um burro.

O preceito de colocar tefilin (filactérios)

Deus ordenou que todos os homens judeus a partir dos treze anos ponham tefilin todos os dias, exceto Shabat, Yom Tov e Chol Hamoed (dias intermediários de uma festa). Os tefilin contém em seu interior um pergaminho, onde estão reproduzidas algumas partes da Torá. Alguns dos versículos que estão nos tefilin referem-se à saída, ao Êxodo do Egito. Por conseguinte, ao colocarem *tefilim* os judeus também recordam os grandes milagres de Deus para os libertar do Egito.

Correspondência bíblica

Gafanhotos:

Sl 105,34: "Ordenou e vieram os gafanhotos, e grilos sem número".

Sb 16,9: "Quanto àqueles, as mordidas de gafanhotos e moscas os matavam, e não se encontrou remédio para preservar a sua vida, pois eram dignos de serem exterminados desse modo".

Ap 9,3: "Da fumaça espalharam-se gafanhotos sobre a terra e receberam poder igual aos dos escorpiões da terra".

Ap 9,7: "Os gafanhotos tinham a aparência de cavalos preparados para a guerra".

Trevas:

Sl 105,28: "Enviou trevas, mas não respeitaram a sua ordem".

Sl 18,29: "SENHOR, Tu acendes minha lâmpada; meu Deus, ilumina minhas trevas".

Pr 20,20: "Quem amaldiçoa o pai e a mãe, a sua lâmpada se apagará em meio às trevas".

Is 5,20: "Ai dos que dizem que é bom aquilo que é mau, que dizem que é mau aquilo que é bom, que põem as trevas no lugar da luz e a luz no lugar das trevas, põem o doce no lugar do amargo e o amargo no lugar do doce"!

Mt 4,16: "O povo que estava nas trevas viu uma grande luz, para os habitantes da região sombria da morte uma luz surgiu".

Jo 1,5: "E a luz brilha nas trevas, e as trevas não conseguiram dominá-la".

Jo 8, 12: "Eu sou a luz do mundo. Quem me segue não caminha nas trevas, mas terá a luz da vida".

Jo 12,46: "Eu vim ao mundo como luz, para que todo aquele que crê em mim não permaneça nas trevas".

2Cor 4,6: "Com efeito, Deus que disse: 'Do meio das trevas brilhe a luz', é o mesmo que fez brilhar a luz em nossos corações, para que resplandeça o conhecimento da glória divina que está sobre a Face de Jesus Cristo".

17 – Ex 13,17 – 17, 16 - BESHALACH - בשלח
Jz 4,4 – 5,31

- Os filhos de Israel saíram do Egito com muita riqueza, conforme Deus havia prometido a Abraão: "Mas eu farei o julgamento da nação que os escravizará, e depois sairão dali com grandes riquezas" (Gn 15,14).
- E isso se cumpriu, pois os "israelitas tinham feito o que Moisés lhes havia dito e pediram aos egípcios objetos de ouro e de prata e roupas. O SENHOR os fez conquistar as boas graças dos egípcios, que lhes deram o que eles pediram. Assim espoliaram os egípcios". (Ex 12,35-36).
- Enquanto isso acontecia Moisés se preocupava com os ossos de José, pois devia levá-lo junto com eles quando saíssem do Egito.
- O Livro dos Provérbios lembra essa atitude do homem sábio: "Quem tem um coração de sábio aceita os mandamentos, quem é insensato no falar se arruína" (Pr 10,8). Esse coração do sábio refere-se a Moisés. E por isso quando os filhos de Israel saíram do Egito levaram o corpo de José com eles.
- Num versículo do Salmo 114,3 diz que "o mar viu e se retirou". Os sábios de Israel perguntam o que é que o mar viu? Eles explicam que o mar viu o corpo de José e por isso se retraiu. Nesse momento Deus disse: "Fugirá de quem fugiu, pois José largou suas roupas nas mãos da esposa de Potifar (que queria seduzi-lo) e fugiu e, portanto, o mar fugirá diante dele".
- Por ter se preservado e não ter pecado com Zuleika, a mulher de Potifar, José foi recompensado de várias formas, segundo o livro *Midrash Rabá* (parashá 93): "A boca que não teve contato com o pecado, teve sua recompensa que através de suas ordens guiou o povo do Egito; o corpo que não teve contato com o pecado, foi vestido com roupas de seda; o pescoço que não se inclinou ao pecado, depois foi adornado com a corrente de ouro; as mãos que não se envolveram com o pecado, receberam das mãos do faraó que retirou o seu anel e colocou-o na mão de José; os pés que não caminharam no pecado, depois foram levados na carruagem do rei; o pensamento que não refletiu no pecado, foi chamado de pai em sabedoria, apesar de ser tão jovem em idade".

- E por que afinal depois de tantas recompensas ele ainda mereceu mais esta de o mar se abrir por seu mérito? E mais ainda por que esta parece ser superior às outras anteriores, pois salvou o Povo de Israel dos egípcios?
- José poderia com suas forças retomar as suas vestes, mas nesses pequenos minutos que entraria em discussão poderia se colocar em perigo de teste e quem sabe acabaria cedendo às tentações da esposa de Potifar.
- José, no entanto, não quis correr esse risco. Mesmo sabendo que isso lhe traria muitos problemas, preferiu fugir dali e não se colocar em situação perigosa.
- E isso pare ocorrer novamente nesse trecho da porção da Palavra de Deus que relata a saída do Egito. Eram dois os caminhos pelos quais o povo de Israel poderia escolher. Deus escolheu o caminho mais comprido, que era o caminho do deserto, tornando-se necessário que Deus fizesse o milagre de cair o maná diariamente (menos no Sábado) para dessa forma alimentar o povo de Israel. Tudo isso para que o povo não passasse no caminho dos Filisteus, conforme está escrito: "Quando o faraó deixou sair o povo, Deus não guiou o povo pelo caminho que passa pela terra dos filisteus, embora mais curto, pois achava que, diante de um combate, o povo poderia se arrepender e voltar para o Egito".
- Os filhos de Israel acabavam de se libertar do Egito e o Todo-Poderoso não quis expô-los novamente em situação de perigo espiritual. Não quis colocá-los diante de um povo que não possuía conceitos espirituais fortes, e por isso poderiam tentar e influenciar negativamente o povo de Israel.
- Nas orações tradicionais o povo judeu sempre pede que Deus o livre do mal, que não o deixe cair em tentações. Os sábios de Israel ensinam que jamais devemos nós mesmos nos colocar em situações perigosas, pois o próprio rei Davi se colocou em prova e... falhou!
- Não devemos enfrentar o nosso mau instinto frente a frente. Muito pelo contrário devemos ser prudentes de fazer de tudo para não nos colocarmos em situações perigosas. Não devemos nos aproximar do mal, mesmo que tenhamos a certeza de poder triunfar. O melhor é evitar se expor, sempre, a essas situações perigosas.
- Também nessa passagem do Êxodo, a *Mishná* (compilação da Lei oral em seis livros, atribuída a Rabi Judá, o Príncipe) conta que havia quatro grupos diferentes diante do mar e do exército do faraó: um primeiro grupo queria se matar e se jogarem no mar, o segundo grupo acusa Moisés de ter os levado até essa condição e lhe pedem para voltar ao Egito; o ter-

ceiro grupo, mais corajoso quer enfrentar e combater o inimigo e morrer como heróis e o quarto não deixa de blasfemar e se lamentar.
- Sobre eles Moisés se dirige ao conjunto do povo a fim de apaziguar as inquietudes de uns e de responder aos outros. Àqueles que queriam se jogar no mar ele diz: "Não temais! Permaneceis firmes e vereis a vitória que o SENHOR hoje vos dará". Àqueles que queriam voltar ao Egito, ele diz: "Pois os egípcios que hoje estais vendo, nunca mais os tornareis a ver". Àqueles que queriam combater ele diz: "O SENHOR combaterá por vós". E por fim, àqueles que não cessavam de reclamar, ele diz: "quanto a vós, ficai tranquilos" (Ex 14,13-14).
- A servidão aos egípcios é lembrada com saudade pelo menos cinco vezes nessa parashá (trecho da Palavra de Deus).
- E isso nos faz lembrar que o caminho do deserto nunca é fácil, também nos dias de deserto hoje a serem percorridos na fé. Muitas vezes também nos encontramos no deserto nu e árido da fé em Deus do lado oposto das riquezas múltiplas e prósperas oferecidas por outros "Egitos" (que no entanto sempre escravizam e matam).
- Deus ao contrário escolheu o caminho do deserto, Deus escolheu doar ao seu povo outro ideal, um modo novo de vida, outra cultura, uma civilização tirada das areias do deserto e que se traduz pelos valores espirituais do Sinai, oposta à civilização que tem sua fonte na fertilidade dos ídolos à beira do Nilo.
- Será no deserto, que o povo de Israel receberá a Torah, não num lugar povoado de gente. Quem quiser crescer na fé, no amor a Deus e na Sua Palavra também deve percorrer o caminho do deserto, escolhido pelo próprio Deus.

BESHALACH - Seleções de Midrash a partir de: Ex 13,17 – 17, 16

As nuvens de Deus protegem os filhos de Israel no deserto

Deus tirou os judeus do Egito para levá-los para a Terra de Israel. O caminho mais curto para lá era cruzando através da terra dos Filisteus.

Porém, Deus os conduziu por um caminho diferente, maior: ao redor da terra dos Filisteus. O caminho mais curto, pensou Deus, tornaria demasiado fácil para os judeus o retorno ao Egito. Assim que fossem atacados pelos inimigos, sentiriam medo e tratariam de voltar ao Egito. Por esta razão, Deus os levou pelo caminho mais longo, através do deserto.

Como Moisés e Filhos de Israel sabiam o caminho? Deus enviou uma nuvem que os precedia, e eles a seguiam. À noite, uma coluna de fogo mostrava o caminho. Iluminava o povo de Israel, para que pudessem ver no escuro. Além disso, nuvens os rodeavam, dando-lhes proteção: uma a leste, outra a oeste e outra pelo sul.

Outra nuvem se estendia debaixo dos seus pés como um tapete, para suavizar-lhes o caminho e levar os justos. Outra nuvem flutuava no ar sobre eles e os protegia do calor do sol. Toda a travessia do deserto foi feita sob a proteção de Deus.

Uma parábola:

Por que Deus enviou uma coluna de fogo à noite? O rei estava muito ocupado. Todos aqueles que tinham uma reclamação a fazer iam vê-lo neste dia, de modo que pudesse escutá-los e emitir um juízo que estabeleceria a paz entre as partes conflitantes.

Os filhos do rei estavam sentados ao redor do trono, escutando os sábios pareceres emitidos pelo pai. Uns atrás dos outros, os súditos iam e vinham. Quando o último saiu, o dia havia chegado ao fim. Caía a noite. A sala do trono estava se tornando escura. O rei pôs-se de pé, acendeu uma tocha, e a colocou à frente dos filhos, para que pudessem achar o caminho e sair do palácio. Todos os nobres e serventes se apressaram em correr para ajudá-lo. "Não se preocupe em segurar a tocha para seus filhos, majestade"! exclamaram. "Nós o faremos".

O rei replicou: "Não seguro a tocha para meus filhos por não ter quem o faça por mim. Seguro-a, eu mesmo, porque desejo mostrar o quanto amo meus filhos. Então vocês os tratarão com o devido respeito".

De maneira análoga, Deus enviou sua coluna de fogo adiante dos Filhos de Israel no deserto. Poderíamos dizer que "levou uma tocha por eles". Fez isso para mostrar às nações o quanto ama os judeus. Deus esperava que as nações então dessem aos judeus o merecido respeito.

O faraó persegue os Filhos de Israel

Quando o Povo de Israel saiu do Egito, o faraó e toda sua corte se sentiram consternados. "Que erro cometemos ao deixar sair todos estes escravos judeus!", lamentavam-se. "Agora eles têm até ouro e prata"!

O primeiro pensamento do faraó foi perseguir o Povo de Israel, mas vacilou. Afinal, ele e seu povo acabaram de sofrer as dez terríveis pragas.

Deus, porém, fortaleceu o faraó na sua decisão de perseguir os Filhos de Israel, pois queria que o exército do faraó se jogasse no Yam Suf (Mar Vermelho). Este seria o castigo final pela crueldade do faraó e dos egípcios, por haver afogado sem piedade os meninos judeus no rio Nilo. Deus ordenou a Moisés: "Diga a Filhos de Israel que dê a volta e se encaminhe novamente ao Egito, para que o faraó pense que se perderam. Então os perseguirá".

Assim que o faraó escutou que os judeus estavam se aproximando novamente do Egito, convocou os generais e o exército. "Os judeus estão andando em círculos," exclamou. "Parecem estar perdidos. Rápido, vamos atrás deles. Cavalgarei à frente do exército. Quando os alcançarmos, mataremos todos os judeus e recuperaremos nosso dinheiro".

O próprio faraó preparou sua carruagem. Não quis esperar pelos criados, tão ansioso estava para persegui-los.

O exército do Faraó de aproxima

Quando os judeus olharam para trás, viram que o exército do faraó os perseguia muito de perto, e estava a ponto de alcançá-los. Ficaram apavorados. "O faraó nos levará de volta ao Egito para converter-nos novamente em escravos", gritaram em pânico. "Ou farão isso, ou nos matarão".

Começaram a rezar e a clamar por Deus, rogando que os salvasse. Alguns judeus que eram malvados queixaram-se a Moisés: "Por que nos tiraste do Egito? Agora o faraó nos destruirá"!

Uma parábola: A ave de rapina e a pombinha

Uma pombinha era perseguida por uma enorme e ameaçadora ave de rapina. A avezinha sabia que fugir não adiantaria de nada, pois não podia voar tão rápido como a ave de rapina. Tampouco podia lutar, pois era muito mais fraca. Logo a ave de rapina alcançaria a pombinha e a destroçaria.

Voando, a avezinha procurava desesperadamente um lugar onde esconder-se. Logo descobriu uma rocha num campo que estava sobrevoando.

Sobre a rocha, viu um espinheiro. Era perfeito! A pombinha podia refugiar-se ali, onde a ave de rapina não poderia segui-la. Entrou no espinheiro e aí encontrou uma pequena cova na rocha. O que seria isso no fundo da cova?

Para seu espanto, a pomba escutou um sibilar ameaçador. Uma serpente venenosa se aproximava, a língua em riste, a ponto de atacar. A cova era seu ninho. O que poderia fazer a pombinha? Se se adiantasse, a cobra a devoraria. Se retrocedesse, a ave de rapina a mataria. A pombinha começou a bater as asas, tentando atrair a atenção do dono do campo. Se pudesse escutá-la, espantaria a ave e mataria a serpente.

De maneira similar, o Povo de Israel estava encurralado. À sua frente, abriam-se as vastas profundezas do Yam Suf (Mar Vermelho). Se seguissem adiante, se afogariam. Mas não podiam deter-se, pois às costas tinham o exército do faraó, pronto a matá-los. Que fazer? Clamaram a Deus.

No céu, Abraão, Isaac e Jacó também despertaram e oraram a Deus. "Por favor, Deus, ajuda nosso povo"!

Deus disse: "estava esperando que os judeus orassem a Mim. Agora vou salvá-los. Deus disse a Moisés: "Aceitei sua oração, não precisa mais rezar. Ordena a Filhos de Israel que siga adiante, pois Eu vou salvá-los.

Os judeus continuavam avançando. O exército egípcio os seguia. Deus, porém, fez com que os egípcios não alcançassem os judeus. Os egípcios trataram de atacar disparando flechas contra os judeus pela retaguarda, mas Deus mudou a posição da nuvem que ia à frente dos Filhos de Israel, deslocando-a para trás. A nuvem desviou todas as flechas dos egípcios, de modo que nenhum judeu ficou ferido.

Uma parábola: O pai cuida do seu filho

Um pai levava seu filho a um local que só podia ser alcançado cruzando-se um bosque escuro e solitário. "Não te preocupes" o pai tranquilizou o filho. "Cuidarei para que nada aconteça". Começou a aterradora viagem. Logo um grito estranho rompeu a quietude do bosque. Um bandido armado com um facão pulou em frente aos viajantes, seguido por seu bando. Logo, o pai escondeu o filho atrás de si, apontou o revólver para a cabeça do líder e disparou, fazendo o mesmo com outro bandido.

O resto da quadrilha fez meia volta e desapareceu a toda velocidade.

O filho suspirou aliviado, mas a viagem não continuou sendo nada agradável. Um lobo apareceu por trás deles, rugindo ameaçadoramente. O pai pôs o filho diante de si, e disparou contra o lobo.

Poùco depois, animais selvagens atacaram de todas as direções, mas o pai dominou a situação. Tomou o filho nos braços e não o soltou nem por um instante, enquanto o protegia.

Logo chegaram a uma clareira, e o sol começou a castigá-los. O pai estendeu um manto sobre o menino para protegê-lo do sol. Quando o menino tinha fome, o pai o alimentava; quando tinha sede, dava-lhe de beber.

Assim como o pai protegeu o filho de todos os perigos, Deus protegeu os judeus na sua travessia pelo deserto, guiados por Moisés. Quando o faraó e seu exército atacaram os Filhos de Israel, Deus enviou Sua nuvem, que geralmente viajava na frente, para que os protegesse também atrás.

A Abertura do Mar Vermelho

Quando os judeus estavam a ponto de chegar ao Mar Vermelho, Moisés lhes ordenou em nome de Deus: "Sigam adiante! Deus fará um milagre. O mar recuará".

Entretanto, grandes ondas se quebravam na praia. O mar estava tão bravio como sempre; poderoso e ameaçador. Deus estava aguardando. Queria pôr à prova o Povo de Israel para ver se realmente confiavam nEle e se acreditavam que secaria o mar. Continuariam entrando no mar?

Nachshon ben Aminadav, o líder da tribo de Judá, não pensou duas vezes. Sua fé em Deus era tão forte que saltou ao mar sem temor. Os outros judeus que confiavam em Deus o seguiram. Continuavam adiante, embora a água lhes chegasse ao pescoço.

Deus disse: "Sua grande fé em Mim será recompensada". Ordenou a Moisés que estendesse a mão. Toda a água recuou abrindo um caminho por entre as águas que formavam paredes altas dos dois lados. Então o restante dos judeus cruzou pelo meio do mar, sobre terra firme.

Os milagres durante a travessia

Não havia um só caminho através do mar, pois Deus criou doze diferentes trilhas secas, pelas quais os Filhos de Israel puderam cruzar. Deste modo, cada uma das doze tribos pôde cruzar pela sua própria trilha.

À direita e à esquerda de cada trilha, a água se congelou para formar uma parede alta. A água também formou um teto sobre as cabeças, de modo que cada tribo caminhava por um túnel. As paredes e o teto protegiam os judeus das flechas dos egípcios. Deus também designou anjos especiais para que protegessem os túneis e cuidassem dos Filhos de Israel para que não sofressem nenhum dano.

O que acontecia se um menino judeu sentisse sede ao cruzar o Mar Vermelho? Assim que pedia água, a parede congelada a seu lado se abria e dela surgia uma fonte de água fresca. Assim que o menino terminasse de beber, o manancial voltava a transformar-se em gelo. Se uma criança tinha fome e começava a chorar, acontecia outro milagre. As paredes do Mar Vermelho produziam de imediato uma maçã ou uma romã, ou o que a criança desejasse. A mãe estendia a mão, pegava a fruta e a dava ao menino. Este começava a sorrir e desfrutava o resto da travessia pelo oceano. Todos os judeus cruzaram sãos e salvos.

O faraó e seu exército se afogam

O exército do faraó também estava se aproximando do mar. Os egípcios atravessaram uma tormenta de granizo e carvões ardentes, que Deus jogou sobre eles, para confundi-los.

Os primeiros soldados egípcios entraram no mar imediatamente depois dos Filhos de Israel. Para eles, o mar não era terra firme como para os judeus. Para os egípcios, o solo estava cheio de barro, pois a coluna de fogo mandada por Deus fazia com que a terra ficasse tão quente que os cascos dos cavalos caíram por causa do calor e as rodas das carruagens se incendiaram. Por isso, os cavalos dos egípcios não podiam deter-se e regressar. Deus os fez arrastar as carruagens mais e mais mar adentro. A cada passo que davam, as carruagens sacudiam de um lado a outro, pois haviam perdido as rodas. Os que iam sentados nelas estavam doloridos. "Saiamos daqui"! gritavam. "Deus está lutando pelos judeus".

Porém, por mais que tentassem voltar com a carruagem, não o puderam. Deus fez com que os cavalos continuassem sua marcha adiante, e arrastassem os egípcios a uma morte horrível.

Quando o último dos judeus havia saído dos túneis, e todos os egípcios estavam no meio do mar, Deus ordenou a Moisés: "Estende a mão"! Quando Moisés obedeceu, a água que havia formado paredes sólidas se dissolveu, e voltou a ser mar. Derramou-se em jorros sobre os egípcios, suas carruagens e seus cavalos. Os egípcios saíram das carruagens e ficaram de bruços na água.

Ao mesmo tempo em que os egípcios caíam na água, todos os egípcios que haviam permanecido no Egito também foram castigados (o midrash não relata de que forma foram castigados).

O fim do faraó

Existem opiniões diferentes no Midrash sobre se o faraó se afogou ou não. Segundo uma opinião, o faraó foi o último dos egípcios a cair no Mar

Vermelho. De acordo com esta opinião, o anjo Gabriel desceu e manteve o faraó com vida debaixo da água durante 50 dias, infligindo-lhe terríveis sofrimentos. Assim foi castigado por suas palavras zombeteiras. "Quem é Deus que devo escutá-Lo"? Como a palavra "quem" tem valor numérico de 50, o castigo do faraó no mar foi prolongado por 50 dias antes de morrer.

Segundo outra opinião, Deus salvou o faraó da morte. Embora a princípio o faraó tenha zombado, mais tarde fez teshuvá (se arrependeu) quando viu seu exército se afogar. Quando caiu no Mar Vermelho, exclamou: "Quem entre os poderosos é como Tu, Deus!"!

Quando Deus viu que o faraó havia feito teshuvá, disse: "Hei de salvá-lo e ele falará ao mundo todo acerca de Minha grande força e os milagres que realizei". Deus enviou um anjo para tirar o faraó da água. O anjo levou o faraó a uma cidade chamada Nínive, onde mais tarde tornou-se rei e levou todo o povo a fazer conversão.

O Midrash conclui: "Ambas as opiniões são corretas: primeiro Deus fez o faraó sofrer e afogar-se; ficou debaixo da água e foi coberto por ela. Mas Deus o salvou antes que morresse".

Os filhos de Israel entoam um cântico de graças no Mar Vermelho

O dia em que os egípcios se afogaram era o sétimo dia desde que os judeus saíram do Egito. A Torah nos ordena que celebremos o sétimo dia de Páscoa como um Dia Festivo (*Yom Tov*), dia em que o povo judeu não deve trabalhar. Esse dia é marcado como o dia da libertação dos judeus do Egito. Até então, ainda corriam perigo de ser destruídos pelo exército do faraó.

Quando os Filhos de Israel viram os maravilhosos milagres de Deus e compreenderam que haviam sido salvos e os egípcios castigados, depositaram toda sua confiança a Deus e Moisés. Deus lhes deu um espírito santo de profecia, e todos entoaram um cântico de louvor a Deus, que começa assim:

"Hei de cantar a Deus, pois Ele é sumamente grande. Afogou cavalo e cavaleiro ao mar". E terminava com as seguintes palavras:

"Deus governará para todo o sempre" (assim como castigou os egípcios, castigará todos aqueles que se rebelam contra Ele, e salvará aqueles que O escutam). As mulheres dançavam e cantavam em separado.

No Mar Vermelho, o Povo de Israel se tornou ainda mais rico que quando saíram do Egito. Os cavalos egípcios estavam adornados com ouro, prata e pedras preciosas. Deus fez com que o mar arrastasse todos estes metais e pedras preciosas até a costa, onde os Filhos de Israel recolheram os tesouros.

Deus adoça a água amarga de Mara

Os judeus continuaram viajando pelo deserto para chegar ao monte Sinai. Ali, Deus lhes entregaria a Torah.

O motivo pelo qual Deus liberou os judeus do Egito era entregar-lhes a Torah no monte Sinai. Entretanto, Deus quis pôr os judeus à prova para ver se confiavam nEle, e se mereciam receber sua preciosa Torah. Uma prova aconteceu em Mara, caminho do monte Sinai.

Quando o Povo de Israel chegou a Mara, a água desse lugar era amarga e não servia para beber (Mara significa amarga).

Por isso, o Povo de Israel passou três dias procurando água, uma fonte ou um poço. Não haviam encontrado água e tinham muita sede.

Deus estava pondo os Filhos de Israel à prova. Protestariam ou confiariam em Deus e rezariam a Ele?

A maioria do povo não protestou. Apenas os egípcios convertidos e os malvados se queixaram. "O que haveremos de beber"? Deus prometeu a Moisés: "Realizarei um milagre para os Filhos de Israel. Apanhe um ramo da árvore que te mostrarei e joga-o na água amarga"! Deus mostrou a Moisés um ramo de sabor amargo.

Deus ordenou: "Agora, joga o ramo na água amarga".

Moisés obedeceu e a madeira amarga adoçou toda a água. Agora os Filhos de Israel tinha água suficiente para beber. Todos os judeus viram o grande poder de Deus. Os malvados fizeram arrependimento por haver protestado. Em Mara, Deus deu aos judeus alguns preceitos da Torah, ainda antes que a Torah tivesse sido outorgada, de maneira que se acostumassem a observar a Torah. Um dos preceitos que aprenderam em Mará foi guardar o Shabat.

Maná – O Alimento da Fé

Um mês depois de deixar o Egito, o Povo de Israel havia utilizado toda a massa que havia levado. Estavam agora no deserto, onde não crescia vegetação alguma. Como poderiam obter comida?

Desta vez todos os judeus, não apenas os egípcios convertidos, protestaram. "Trouxeste-nos ao deserto para morrer de fome"? queixaram-se a Moisés e Aarão. "Dá-nos pão e carne"!

Deus anunciou a Filhos de Israel: "Eu vou dar-lhes pão e carne. Posso alimentar toda uma nação no deserto. Estais certos em pedir pão, pois estais famintos, mas não devereis pedir carne, pois poderiam ter sacrificado alguns dos animais que tendes. Não obstante, Eu vou dar-lhes carne também. Mas para demonstrar que estou aborrecido, recebereis a carne à tarde, quando já não tereis muito tempo de prepará-la para a ceia".

No dia seguinte, quando os judeus despertaram, o deserto estava coberto de grãos brancos e brilhantes. Havia caído do céu durante a noite.

"Que é isso"? perguntaram os judeus com assombro.

"É a comida que Deus nos envia" explicou Moisés. De agora em diante, serão encontradas sobre o solo todas as manhãs.

O Povo de Israel chamou o novo alimento de maná. Ao comê-la, viram que era doce e deliciosa. Deus ordenou a cada pai que todos os dias recolhesse um omer (pouco mais de dois quilos) por cada membro da família. A maioria dos pais não pegava a medida exata. Alguns recolhiam um pouco mais de um omer por pessoa, outros menos.

Mas, quando chegavam em casa e o pesavam, sempre havia exatamente um omer para cada membro da família. Se haviam recolhido a menos, o maná aumentava; se fosse demais, o maná diminuía.

Após comer o maná, Moisés ensinou os judeus a recitar a bênção de agradecimento pelo pão.

Todas as manhãs, quando o Povo de Israel despertava, o café da manhã estava pronto para ser recolhido e degustado. Os justos encontravam suas refeições à entrada das tendas. Deus lhes facilitava a comida para que não perdessem tempo do estudo de Torah e no cumprimento dos preceitos. Aqueles que não eram justos tinham que andar um pouco mais para recolher o maná. Os malvados tinham que andar bastante.

Que gosto tinha o maná? Era doce e delicioso. Podia ter qualquer sabor que se desejasse. Bastava que a criança dissesse: "Queria que meu maná fosse mel", e este tinha gosto de mel.

Qual a quantidade de maná que chovia todas as manhãs? O suficiente para alimentar os judeus por dois mil anos! Logo, os judeus estavam usando apenas a mínima parte do maná que caía. A maior parte ficava no chão e se derretia sob o sol. Por que Deus permitia tamanho desperdício? É porque Ele queria mostrar Seu grande poder: Podia fornecer muito mais do que somos capazes de consumir.

Os preceitos relacionados com o Maná

Moisés advertiu o Povo de Israel: não guardem o maná de um dia para o outro. Todas as manhãs receberão maná fresco. Os judeus obedeceram, exceto os malvados Datã e Abiram – os mesmos repreendidos por Moisés no Egito por estarem brigando – que não confiaram nas palavras de Moisés. E se amanhã o maná não caísse? Guardaram um pouco, só para ter certeza... Mas tiveram uma surpresa desagradável. Não puderam comer o resto do maná no outro dia, porque tinha um odor horrível e estava cheio de vermes.

Moisés estava aborrecido com Datã e Abiram. Geralmente Deus protegia os judeus de todos os insetos e bichos, e agora esses malvados tinham feito com que um alimento maravilhoso e celestial ficasse infestado de vermes!

Quando chegou sexta-feira, véspera do Shabat aconteceu algo estranho. Os pais recolheram um omer de maná como de costume. Mas ao chegar em casa, viram que a porção estava duplicada! Cada omer se transformara em dois! Que significava isto?

Moisés explicou: "Amanhã é Shabat e não cairá maná, pois Shabat é um dia santo e de descanso. Todas as sextas-feiras recebereis porção dupla de maná, para durar até o final de Shabat". Alguns não acreditaram. Outros desobedeceram a ordem. "Sairemos no Shabat para buscar maná"! Naturalmente, tratava-se de Datã e Abiram.

Porém por mais que procurassem, não acharam maná em lugar algum. Deus estava descontente com eles e castigou-os por seu comportamento.

Deus ordenou a Moisés: "Guarda um pouco de maná num frasco para que as futuras gerações possam saber como os judeus se alimentaram no deserto". Durante a travessia do deserto, encontravam maná todas as manhãs. À noite, Deus dava carne a Filhos de Israel. Fazia cair aves sobre o acampamento. Eram aves casher, gordas e saborosas, que os judeus podiam comer. Deus dá a Filhos de Israel água de uma rocha num lugar chamado Massa e Meriba.

O povo de Israel se encontrava agora num lugar no deserto onde não havia fontes de água. E os judeus tinham muita sede. Os judeus que não eram grandes justos começaram a protestar: "Deus não está ao nosso lado. Por que não nos dá água"?

Deus havia dito a Moisés: "Agora Vou fazer um milagre. Toma teu cajado. Escolha uma rocha e bata nela com o cajado até que se parta. Um milagre acontecerá e a água brotará da rocha".

Moisés golpeou a rocha perante os anciãos do povo. Brotou tal quantidade de água da rocha que puderam beber à vontade. Os judeus chamaram a rocha de "Manancial de Miriam", pois sabiam que Deus lhes havia dado água no deserto por mérito da irmã de Moisés, Miriam, que era uma grande mulher justa. Desde então, durante toda a travessia do deserto, tiveram água em abundância, pois o Manancial de Miriam os acompanhou onde quer que fossem.

A Batalha contra Amalec

Amalec era neto de Esaú. Os filhos e descendentes de Amalec, os amalecitas, odiavam os judeus.

Os amalecitas haviam escutado que Deus estava protegendo os judeus e que havia aberto o Mar Vermelho para salvá-los. Mas não deram importância. As outras nações não ousavam atacar os judeus depois do milagre da separação do mar, mas os amalecitas não ligavam e decidiram atacar os Filhos de Israel. Não apenas odiavam os judeus, como também eram inimigos de Deus, pois não O temiam. Os amalecitas se infiltraram no acampamento de Israel e começaram a atacar os judeus que caminhavam fora das nuvens de Deus (Tinham de caminhar atrás das nuvens, pois haviam pecado).

Moisés disse a seu aluno Josué: "Os amalecitas pensam que nos vencerão, pois o antepassado Esaú foi abençoado por Isaac com as palavras: "Tu ganharás a guerra". Hei de orar a Deus para que possamos ganhar deles. Irei ao alto da colina, para orar ali, de modo que todos os judeus me vejam e dirijam seus corações a Deus junto comigo".

"Você, Josué, prepare um exército de homens justos para lutar contra Amalec". Josué escolheu um exército de justos. Moisés subiu à colina, com seu irmão Aarão e o sobrinho Hur, o filho de Miriam. Ordenou aos Filhos de Israel que jejuassem neste dia.

Moisés sentou-se sobre uma pedra, elevou as mãos ao céu, e fez a oração. Quando o Povo de Israel olhou para cima e viu Moisés, também dirigiram suas orações e corações ao céu. Deus escutou suas preces e fortaleceu o exército de Josué para lutar contra os amalecitas. Porém, os braços de Moisés começaram a enfraquecer de cansaço. Já não podia mantê-los ao alto. Quando os judeus viram isso, ficaram desanimados e já não podiam continuar dirigindo com a mesma força e ânimo seus corações para Deus, e então o exército de Amalec se fortalecia.

Aarão e Hur ofereceram ajuda a Moisés. Elevaram os braços dele e os seguraram. Quando os judeus viram que os braços de Moisés estavam todo o tempo elevados, continuaram orando com todas as forças.

Deus aceitou as preces dos Filhos de Israel e considerou que era um povo santo. Concedeu a vitória a Josué e seu exército. Os amalecitas perderam a batalha e voltaram a seu país.

Deus disse a Moisés: "Quando os judeus se estabelecerem na terra de Israel e tiverem seu próprio rei, sua primeira tarefa será lutar contra os amalecitas. Todos os reis judeus deverão combatê-los, até que toda a nação seja destruída. Eu também ajudarei a aniquilar os amalecitas, pois são uma nação de rebeldes, que não Me temem".

Uma parábola: Amalec se assemelha a uma mosca

Você já viu um enxame de moscas? Sabem o que as atrai? Basta deixar um pedaço de carne apodrecer em um lugar aberto e logo estará coberto de moscas. As moscas sentem a podridão e se sentem atraídas. Mesmo se as espantarmos, voltarão.

Nossos Sábios comparam a nação de Amalec com as moscas. "Sentem" quando os judeus estão "podres" (fracos ou maus). Toda vez que os judeus fraquejam no estudo da Bílbia e seus mandamentos, atacam.

Em todas as gerações, Deus nos envia Amalec (ou outros inimigos) que nos causam problemas se não estudamos e cumprimos o que está na Bílbia. Voltam de novo e de novo, se não guardamos a Palavra de Deus.

Apenas se formos fortes no cumprimento da Bíblia e dos mandamentos Deus nos protege dos ataques de Amalec, seja ele quem for.

Correspondência bíblica

Coluna de fogo e coluna de nuvem:

Nm 14,14: "Eles sabem que Tu, SENHOR, estás no meio deste povo; que Tu, SENHOR, te manifestas a ele face a face; que sobre ele vela tua nuvem; que de dia os precedes numa coluna de nuvem e de noite, numa coluna de fogo".

Lc 9,35: "E da nuvem saiu uma voz que dizia: Este é meu Filho, o Eleito. Escutai-o".

At 1,9: "Depois de dizer isto, Jesus foi elevado, à vista deles, e uma nuvem o retirou aos seus olhos".

1Cor 10,1: "Irmãos, não quero que ignoreis o seguinte: Os nossos pais estiveram todos debaixo da nuvem e todos passaram pelo mar".

Ap 10,1: "Eu vi ainda outro anjo poderoso descer do céu, vestido com uma nuvem. Sobre sua cabeça estava o arco-íris. Seu rosto era como o sol. Suas pernas pareciam colunas de fogo".

Travessia do mar vermelho:

Jt 5,13: "Deus fez secar o mar Vermelho diante deles".

Sb 19,7: "Apareceu a nuvem para dar sombra ao acampamento, e a terra enxuta surgiu da água que antes havia: no Mar Vermelho abriu-se um caminho desimpedido e as ondas violentas se transformaram num campo verdejante".

Sl 135: "Ele feriu os primogênitos do Egito, porque eterno é seu amor! E tirou do meio deles Israel:Porque eterno é seu amor! Com mão forte e com braço estendido: Porque eterno é seu amor! Ele cortou o mar Vermelho em duas partes: Porque eterno é o seu amor! Fez passar no meio dele Israel: Porque eterno é o seu amor! E afogou o Faraó com suas tropas: Porque eterno é seu amor!

At 7,36: "Ele os fez sair, realizando prodígios e sinais na terra do Egito, no Mar Vermelho e no deserto, durante quarenta anos".

Hb 11,29: "Pela fé atravessaram o Mar Vermelho como se fosse em terra seca, enquanto os egípcios, tentando fazer o mesmo, se afogaram".

Maná:

Nm 11,7: "O maná era parecido com a semente do coentro e amarelado como a resina".

Dt 8,16: "E te alimentou no deserto com o maná, que teus pais não conheciam, a fim de te humilhar e provar, visando ao teu bem futuro".

Js 5,12: "O maná cessou de cair no dia seguinte, quando comeram dos produtos da terra. Os israelitas não mais receberam o maná, mas naquele ano comeram dos frutos da terra de Canaã".

Ne 9,15: "Para a fome lhes deste pão do céu, para a sede lhes deste água do rochedo. E os mandaste tomar posse da terra, que de mão erguida lhes juraste dar".

Sl 105,40: "A pedido deles mandou codornizes, e os saciou com o pão do céu".

Sb 16,20: "Em contrapartida, nutriste o teu povo com um alimento de anjos: de graça lhes enviaste, do céu, um pão já preparado, contendo em si todo sabor e satisfazendo a todos os gostos".

Jo 6,31-33: "Nossos pais comeram o maná no deserto, como está escrito: 'Deu-lhes a comer o pão do céu'. Jesus respondeu: Em verdade, em verdade eu vos digo: não foi Moisés quem vos deu o pão do céu. É meu Pai quem vos dá o verdadeiro pão do céu. Pois o pão de Deus é aquele que desce do céu e dá vida ao mundo".

Jo 6,50: "Aqui está o pão que desce do céu, para que não morra quem dele comer".

Jo 6,51: "Eu sou o pão vivo que desceu do céu. Quem come deste pão viverá eternamente. E o pão que eu darei é a minha carne, entregue pela vida do mundo".

Jo 6,58: "Este é o pão que desceu do céu. Não é como aquele que os vossos pais comeram – e, no entanto, morreram. Quem consome este pão viverá para sempre".

Ap 2,17: "Quem tem ouvidos, ouça o que o Espírito diz às Igrejas.; Ao vencedor darei o maná escondido...".

18 – Ex 18,1 – 20, 26; JETRO - יתרו
Is 6,1 – 7,6; 9,5-6

- Nesta porção semanal da Palavra Deus iremos estudar os preparativos para a entrega da Torah – as 10 Palavras recebidas por Deus e a Alegria da Torah!
- O sogro de Moisés teve a honra de ter uma parashá com o seu próprio nome, devido ao conselho que ele deu a Moisés!
- Moisés estava sobrecarregado, resolvendo os problemas do povo, com suas dúvidas. E Jetro lhe aconselha para que fossem escolhidas algumas pessoas com conhecimento e discernimento para dividir com ele essa árdua tarefa.
- O serviço a Deus deve sempre ser desempenhado com amor, com esforço e com trabalho espiritual, dedicação e aplicação, busca sincera de como entender e aplicar a vontade de Deus expressa na Bíblia ao nosso dia-a-dia.
- Assim como nos empenhamos e esforçamos para comprar algo material, assim também e mais ainda, se não houver empenho e dedicação, não conseguiremos atingir as qualidades espirituais.
- Sem essas qualidades espirituais nossa escala de valores ficaria somente material. Devemos ensinar aos filhos que existem valores infinitamente maiores e melhores que os materiais e cada um de nós é avaliado justamente por esses valores espirituais e morais e não por outros valores.
- O Criador possibilita a cada ser humano possibilidades de crescer espiritualmente, de elevar-se até Ele.
- Os anjos não precisam disso, já estão diante de Deus, mas o ser humano está em constante progresso ou retrocesso (Não progredir na vida espiritual é retroceder).
- Nesta parashá foi ensinado também a necessidade do povo de se purificar para o recebimento da Torah. Receber a Bíblia com santidade, alegria e a preparação espiritual necessária.
- O Monte Sinai estava coberto por nuvens, o Eterno em fogo estava sobre ele. Para alguns sábios de Israel o estremecimento da montanha é um

acontecimento igual ao da passagem do Mar Vermelho para a passagem dos filhos de Israel.

- Em certa passagem do Talmud (*Macot 11*) conta que quando o Rei Davi fazia as escavações para construir os fundamentos do Templo de Jerusalém, foi surpreendido por águas que começavam a subir e causar inundações. Um comentador da Bíblia chamado Rashi explica que quando Davi escavava o local, encontrou um pedaço de cerâmica, que dizia para não ser retirado dali, porque estava ali desde o dia da entrega da Torah, quando a terra estremeceu. Mas Davi não deu atenção devida e retirou-o de lá. E isso motivou a subida das águas e as inundações.
- Na entrega da Torah, todo o Monte Sinai era como um Templo provisório para que a Presença Divina pudesse preenchê-lo. Em volta da Montanha só havia neblina, nuvens e escuridão.
- O ponto mais alto da montanha estava coberto pelo fogo, representando o lugar do Santo dos Santos, o lugar mais sagrado do Templo de Jerusalém.
- Quando Deus apareceu a Moisés, também foi numa coluna de fogo, no meio da sarça que ardia sem se consumir (Cf. Ex 3,2).
- O fogo é uma imagem que ajuda a entender que não podemos nos aproximar fisicamente Dele. Nossos sentidos físicos não têm condições de compreender além disso.
- Apesar disso Moisés foi além desses limites do fogo, entrou no meio da nuvem e subiu a montanha. Rashi diz que toda a montanha era fogo e o Todo-Poderoso pavimentou todo um caminho por onde Moisés pudesse penetrar.
- Moisés, devido a sua grande missão, foi escolhido para ser o intermediário entre Céus e Terra e trazer este grande presente de Deus para o seu povo escolhido.
- Existe a crença de que todas as almas dos fiéis presentes e futuros estavam lá nesse momento, presentes nesse grande dia que o Todo-Poderoso entregou a Torah a Moisés.
- O povo pode não estar preparado para subir a montanha, mas Deus e sua Bíblia descerão ao encontro do povo. E assim como Deus desceu sobre o Monte Sinai assim também Moisés deve descer à nação e falar com ela.
- As paredes do Templo não existem mais, mas a Santidade de Deus quer através da sua Palavra descer sobre todos os aspectos da nossa vida, e por isso os Mandamentos de Deus vêm ao nosso auxílio.

18 – JETRO - יתרו – Seleções de Midrash a partir de Ex 18,1 – 20, 26

A chegada de Jetro, sogro de Moisés

Apesar de todas as nações terem ouvido o retumbante ribombar da abertura do Mar Vermelho e perguntado acerca de seu significado, e mesmo todas saberem da vitória do povo judeu sobre Amalec, não deram ouvidos à mensagem.

Havia um único homem que escutou e captou o verdadeiro significado destes eventos transcendentes. Compreendendo que Deus é Onipotente, concluiu que é seu dever moral servi-Lo. Os milagres que Deus havia feito pelo Povo de Israel o convenceram de que Deus é o verdadeiro Deus. Este homem era Jetro, o sogro de Moisés.

Na parashá de Shemot, Moisés havia levado sua esposa Séfora e seus dois filhos de volta a Madiã para casa de Jetro. Lá estariam a salvo, e o Faraó não poderia lhes causar dano. Agora o exército do Faraó se havia afogado e Moisés estava no deserto com o povo judeu.

Sem demora, Jetro pegou Séfora e seus dois filhos, e dirigiu-se ao deserto, ao acampamento do povo judeu. Sua intenção era converter-se e juntar-se ao povo judeu no deserto, mesmo se isso significasse sacrificar sua honra e conforto no tocante a assuntos mundanos.

Quando chegou ao acampamento deles, não pôde entrar por causa das nuvens que o rodeavam como uma muralha. O que ele fez?

Escreveu uma carta a Moisés: "Sou Jetro, seu sogro. Vim para o deserto. Venha saudar-me, se não por mim, então ao menos por sua esposa e seus dois filhos, que me acompanharam e desejam juntar-se a você".

Jetro amarrou a carta a uma flecha e atirou-a para dentro do acampamento israelita. Apesar de geralmente as nuvens rechaçarem projéteis, aceitaram esta carta, em honra a Moisés.

A conversão de Jetro

Moisés leu a carta e perguntou a Deus se devia ir ao encontro de Jetro e aceitá-lo como judeu. Deus ordenou a Moisés: "Vá encontrar seu sogro, Moisés! Dê boas-vindas a Jetro, que veio de tão longe para estar com você e deseja fazer parte da nação judaica. Eu sou Aquele que decide quando é apropriado aceitar um convertido, e Eu te digo que Jetro veio aqui apenas em nome dos Céus. Ensine-lhe as leis da Torá. Se um não judeu deseja converter-se por amor à Torah e seus preceitos, por um reconhecimento sincero de Deus e um desejo de ser um verdadeiro judeu em todos os sentidos, é um preceito também ajudá-lo, dedicar-lhe amizade, convertê-lo e tratá-lo como judeu em tudo".

O tom do comando de Deus revela que Moisés hesitava em receber seu sogro. Deus o convenceu, pois Jetro havia sido sacerdote de ídolos a vida inteira. Moisés não tinha meios de saber se Jetro estava sendo sincero sobre converter-se e ser judeu, e se manteria o compromisso e lhe seria fiel. Apenas Deus, que perscruta os pensamentos da pessoa poderia assegurar a Moisés que Jetro permaneceria leal ao judaísmo. Portanto, Ele ordenou a Moisés que honrasse Jetro.

Moisés, Aarão e os setenta anciãos deixaram as Nuvens da Glória e foram dar as boas vindas a Jetro. Quem poderia ver este distinto cortejo e não se sentir compelido a segui-lo? A nação inteira juntou-se a Moisés, Aarão e aos anciãos. Jetro, o primeiro convertido sincero, recebeu boas vindas reais. Até a Shechiná (Presença da Divindade) apareceu em sua recepção.

Moisés inclinou-se para seu sogro e beijou-o. Aprendemos com esse gesto respeitoso de Moisés, que a pessoa deve honrar a seus sogros.

Séfora, que ouvia tudo que seu marido contava a Jetro, lamentou não ter estado entre as mulheres para juntar-se a Miriam em seu cântico a Deus depois do milagre no Mar Vermelho. Por isso Deus prometeu que anos depois, sua alma se juntaria com Débora, a profetisa, que entoaria um cântico de louvor a Deus junto com todo povo de Israel após a vitória sobre os inimigos, na época dos Juízes.

Moisés conduziu Jetro direto à casa de estudos, onde descreveu, entusiasmado, os detalhes do Êxodo, da abertura do Mar e a milagrosa guerra contra Amalec. Esperava, através disso, atrair seu sogro nos caminhos da Torah.

Moisés narrou a Jetro: "Deus nos deu o maná, Pão Celestial, que pode assumir o sabor de pão, carne ou peixe - contém todos os deliciosos sabores do mundo. Temos o Poço de Miriam, cujo líquido tem gosto de vinho antigo ou novo, leite ou mel; transforma-se em qualquer bebida gostosa que exista. Estamos a caminho da Terra de Israel, e Deus nos prometeu a maior das recompensas: a Terra Santa, o Mundo Vindouro, a monarquia de David e a ressurreição dos mortos"!

Ao ouvir a detalhada narrativa dos grandes milagres que Deus realizou, pôs imediatamente em prática a decisão de converter-se ao judaísmo. Pegando uma faca afiada, fez circuncisão em si mesmo, e reconheceu Deus como único Legislador e Soberano. Jetro se regozijou de que Deus houvesse salvado os judeus. Mas ao mesmo tempo, em seu coração Jetro sentiu pena dos egípcios que se afogaram no mar.

"Louvado seja Deus"! - proclamou Jetro, "que os redimiu do Egito, uma nação temível, e das mãos do Faraó, um rei cruel, e que os libertou da escravidão do Egito! É verdadeiramente miraculoso que uma nação de seiscentos mil homens pudesse cruzar as fronteiras egípcias, que são tão hermeticamente seladas que nem um único escravo jamais foi capaz de escapar".

"Estudei todas as religiões do mundo, e rejeitei-as todas, por serem falsas; alcancei o entendimento de que Deus é o verdadeiro Deus. Agora compreendo até com mais clareza que Deus transcende todos os outros poderes, pois a praga da morte dos primogênitos destruiu todas as divindades egípcias. Ademais, Sua grandeza fica evidente pelo fato de que Ele ferveu os egípcios na mesma panela que usavam ferver outros. Uma vez que tentaram destruir os bebês judeus afogando-os, Ele afogou os egípcios em retribuição".

Jetro ficou deveras impressionado pela maneira como Deus pune com a mesma moeda, que frustra a possibilidade de chance e acaso provando que a vida dos homens é realmente moldada pela Divina Providência.

Quando Jetro, antigo sacerdote que pesquisara todos os cultos do mundo exclamou: "Agora sei que Deus é maior que todos os outros poderes", realizou a maior santificação do Nome de Deus possível. As nações do mundo ouviram sobre isto, e abandonaram seus ídolos, com isso reconhecendo a futilidade de servir imagens.

O mesmo Jetro que por muitos anos sacrificou oferendas aos deuses das nações, agora oferecia sacrifícios a Deus. Então se sentou para fazer uma refeição com Aarão e os anciãos. Todos comeram juntos e se regozijaram com Jetro por sua conversão ao judaísmo e porque a partir desse dia cumpriria todos os preceitos de Deus. Moisés, contudo, não se juntou a eles, mas permaneceu em pé, servindo a todos. Pois Moisés era o mais humilde de todos os homens da terra. Embora fosse o líder do povo de Israel, não se importava de servir a outros: ao contrário, sentia-se feliz de praticar a bondade.

Aconteceu um milagre especial em honra a Jetro - uma porção de maná desceu para ele durante a refeição. Isto demonstrava claramente que ele havia se tornado parte do povo judeu.

Jetro aconselha a escolha de Juízes

Durante sua estadia no acampamento do povo judeu, Jetro deve ter observado como a rotina diária era diferente da de outras nações "civilizadas".

No deserto, o povo judeu não estava empenhado na agricultura, indústria ou comércio, uma vez que o maná que descia pela manhã provia alimento suficiente para o dia inteiro. As atividades domésticas e culinárias tampouco eram necessárias, pois o maná descia pronta para consumo, e as Nuvens de Glória lavavam e passavam suas roupas. Sua ocupação o dia inteiro era estudar Torah e cumprir os preceitos.

Todo dia Moisés se colocava no centro do acampamento para ensinar e julgar as pessoas que se reuniam à sua volta como se estivessem diante de um rei. Uma multidão se apinhava em torno de Moisés a fim de escutá-lo. Levantavam diversas questões sobre assuntos legislativos da Torah, tentando entender melhor os preceitos divinos. Algumas pessoas o procuravam para ser julgadas, porque haviam brigado com alguém. Outras queriam pedir a Moisés que orasse por uma pessoa enferma.

Como levava muito tempo a Moisés para escutar o pedido de cada um e resolver suas questões, tinham que aguardá-lo por muitas horas. Moisés terminava muito tarde. No dia seguinte, estava de novo ocupado de manhã à noite. Embora Aarão e os anciãos se sentassem junto a Moisés, somente ele se ocupava pessoalmente dos problemas e das dúvidas que surgiam.

Quando Jetro viu Moisés sentado e as pessoas em pé ao seu redor, perguntou-lhe: "Por que você permanece sentado enquanto as pessoas ficam em pé desde a manhã até a noite"? Moisés respondeu: "Não é em minha honra que o faço, mas em honra a Deus. Todo aquele que tem um problema ou uma questão legal vem a mim e eu pronuncio uma sentença. Julgo os litígios e ensino ao povo como deve comportar-se".

Jetro exclamou: "O que você está fazendo não é bom"! (Sendo Jetro um homem refinado, evitou a expressão "ruim", e disse a Moisés apenas que a maneira como lidava com a situação "não era boa".) Jetro aconselhou-o: "A sobrecarga sobre você, Aarão e os anciãos é grande demais para suportar. Por causa do enorme esforço, vocês murcharão como uma folha murcha na árvore. Permita-me, portanto, aconselhá-lo, contanto que Deus esteja de acordo"!

Continue a ser intermediário entre o povo e Deus, instruir ao povo as palavras de Torah, e ensiná-los a praticar a bondade e como rezar. Todavia, não tome sobre si, e não atribua a Aarão e aos anciãos a total responsabilidade de responder à questões legais. Em vez disto, designe juízes sobre o povo. Os juízes decidirão todas as questões e contendas menores, e lhe trarão apenas os problemas mais importantes.

"Estes juízes devem estar isentos de qualquer outro tipo de ocupação, a fim de estarem disponíveis ao povo a qualquer hora".

As qualidades requeridas de um líder

Jetro afirmou que um homem deve possuir as seguintes características a fim de qualificar-se como um juiz:
- Deve ser bem versado em Torah, e deve ser rico (de forma que não necessite adular ninguém, e não dê preferência a nenhum litigante). Deve possuir personalidade dinâmica, que sirva de inspiração para que outros façam o que é certo.
- Deve ser temente aos Céus, para que julgue verdadeiramente.
- Deve ser um homem confiável, em cuja palavra o povo se apóia.
- Deve detestar o dinheiro. Não pode atribuir nenhuma importância ao seu próprio dinheiro, e certamente não ao dinheiro alheio. Não pode tender a aceitar subornos.

(Os líderes da Torah, através dos séculos, distinguiram-se por servir o povo judeu sem serem remunerados. O exemplo foi estabelecido pelo nosso grande líder Moisés que, ao final da vida, declarou que nunca havia aceitado pagamento algum do povo. Mesmo quando viajou ao Egito para redimi-los, montou seu próprio burro, e não foi reembolsado pelas despesas da viagem. O profeta Samuel, igualmente, antes de sua morte, conclamou a nação inteira para testemunhar que ele jamais aceitara mesmo o menor artigo de qualquer um deles. Ao viajar para julgar o povo, costumava carregar consigo sua própria tenda e alimentos.)

A sugestão de Jetro é colocada em prática e os juízes são nomeados

Jetro disse a Moisés: "Escolha juízes com as qualidades que descrevi. Use o Espírito Divino que paira sobre você (assim não se enganará acerca de seu caráter). Indique juízes que serão responsáveis, cada um, por milhares de pessoas, por cem, por cinqüenta e por dez pessoas".

Para 600.000 pessoas, haveria:
- 600 juízes encarregados de milhares
- 6.000 juízes encarregados de centenas
- 12.000 encarregados de meias-centenas
- 60.000 encarregados de dezenas.

Jetro propôs designar, ao todo, 78.600 juízes.

"Se colocar em prática meu plano, então a lei certamente será decidida como deve ser". Moisés escutou o bom conselho de seu sogro. O rei Salomão escreve, referindo-se a Moisés (Pr 12,15): "Aquele que aceita conselhos é sábio".

"Seguirei tua sugestão e perguntarei a Deus se devo designar muitos juízes para ajudar-me," respondeu-lhe Moisés. Quando perguntou a Deus, Ele aprovou a idéia de Jetro, e Moisés a colocou em prática.

A estes homens escolhidos, Moisés disse: "Bem-aventurados são vocês por serem juízes dos filhos de Abraão, Isaac e Jacó. Bem-aventurados são vocês pelo privilégio de guiar os filhos de Deus. Devem ser pacientes e cautelosos com todo caso que tiverem diante de si. A partir de agora vocês são servidores públicos. É uma função séria e distinta, que devem desempenhar com integridade".

Por que Moisés nunca indicara juízes antes de Jetro aconselhá-lo? Por que ele mesmo jamais havia pensado nesta solução aparentemente simples?

Na verdade, Moisés recebera um comando de Deus para indicar juízes. Subseqüentemente, contudo, foi-lhe ocultado, a fim de que Jetro tivesse o mérito de ter esta parashá inscrita em seu nome.

Originalmente, o nome de Jetro era "Yeter". Mais tarde, a letra "vav" foi acrescentado ao seu nome, formando Jetro, tanto para indicar que se tornou judeu, quanto para indicar que o relato da nomeação dos juízes foi acrescida à Torah em seu nome.

(Sob diversas instâncias a Torah acrescenta uma letra ao nome de alguém, como sinal de que a pessoa adquiriu grandeza. Por exemplo, uma letra foi acrescida aos nomes de Abrão e Sarai, modificando-os para Abraão e Sara, quando adquiriram maiores alturas espirituais. Similarmente, o discípulo de Moisés, Oséias, recebeu uma letra adicional precedendo seu nome, transformando-o em Josué – Cf. Nm 13,16).

Jetro viveu no acampamento do povo judeu por quase um ano, enquanto permaneceram aos pés do Monte Sinai. Porém quando se preparavam para viajar para Israel, Jetro recusou-se a acompanhá-los adiante, dizendo a Moisés: "Permita-me retornar ao meu país, a fim de difundir a verdade lá, e trazer as pessoas para sob as asas da Divindade".

Moisés então se despediu de seu sogro com grande honra e abundantes e belos presentes.

A Torah e o deserto do Sinai

No primeiro dia do mês de Sivan, o povo judeu chegou ao deserto de Horeb, que também tinha outro nome, Sinai.

- O snê, a sarça ardente, na qual Deus revelou-Se a Moisés localiza-se neste deserto e deu nome a ambos (snê - Sinai). A letra "yud" ('), cujo valor numérico é dez, foi acrescentada a snê, transformando-o em Sinai, por causa dos Dez Mandamentos que ali seriam dados.

- Além disso, o nome Sinai dá a entender que desde a Outorga da Torah, as nações nutrem ódio (sin'á, em hebraico) contra os judeus, que foram diferenciados como o Povo Eleito de Deus, como resultado daquele imponente evento.

A Torah foi dada aos judeus no deserto, num lugar amplo e aberto, que não pertence a nenhuma nação, de modo que qualquer um que desejasse aceitar a Torah e seus mandamentos poderia ir ao deserto e fazê-lo livremente.

Por que a Torah não foi dada imediatamente após a saída do Egito?

Por que Deus não presenteou a Torah a Seu povo assim que saíram do Egito? Por que Ele esperou sete semanas entre o Êxodo do Egito e a Outorga da Torah?

No meio do ano letivo, um jovem ficou doente e foi obrigado a ficar em casa. Teve que ficar de cama por muitas semanas. Quando finalmente pôde se levantar, sentia-se fraco, e estava pálido.

Um dia depois, o telefone tocou na casa do garoto. Era o diretor da escola dizendo ao pai: "Ouvi que teu filho não está mais doente. Já é hora de ele voltar à escola"!

"Impossível"! - protestou o pai. "O menino ainda não está realmente pronto para isto. Deixe que fique em casa por dois ou três meses, para que convalesça e recupere as forças através de uma dieta nutritiva. Então será capaz de freqüentar a escola"! Similarmente, Deus não considerava o povo judeu apto a receber a Torah imediatamente após ter deixado o Egito. Disse: "Eles ainda estão sofrendo os efeitos posteriores ao trabalho escravo egípcio. Deixe que fiquem no deserto por alguns meses, comam o maná e as codornizes, e bebam a água do poço. Quando estiverem recuperados, Eu lhes darei a Torah".

Uma razão adicional é ilustrada por esta parábola:

Um príncipe que estava procurando por uma esposa ouviu falar sobre uma moça de família nobre que possuía todas as qualidades desejáveis para se tornar rainha. A fim de conquistá-la para o matrimônio, resolveu apresentar-

-se he dando muitos presentes. Só depois procuraria o consentimento dos pais dela para o casamento.

Quando ouviu que ela estava saindo para a padaria, mandou que lhe dessem um grande bolo recheado de creme, em seu nome. Quando foi a uma loja de departamentos, entregaram-lhe um elegante traje pago pelo príncipe. No restaurante, recebeu dele um ganso recheado; na loja de bebidas, um vinho de seleta safra; na doceria, uma caixa de finos bombons embrulhada para presente. Depois, quando o príncipe pediu sua mão, não levantou objeções.

Assim Deus, antes de entregar a Torah ao povo judeu, tornou-Se conhecido deles manifestando Sua grande bondade: Ele conduziu-os pelo Mar Vermelho em terra seca; salvou-os de Amalec, deu-lhes o maná, que continha os mais refinados e deliciosos sabores do mundo; o Poço de Miriam, cujo líquido tinha o sabor das melhores bebidas; e as codornizes. Só depois Ele perguntou-lhes se desejavam aceitar Sua Torah, e não recusaram.

Ademais, quando o povo judeu deixou o Egito, havia muita rivalidade e contenda entre o povo. Deixaram a cidade de Sucot ainda com discussões, e quando acamparam em seu próximo destino, Etam, a discórdia ainda prevalecia. Deus não podia outorgar Sua Torah a um povo que não estava em paz entre si.

Finalmente, ao chegarem ao deserto de Sinai, colocaram fim a todas as rixas e uniram-se. Disse Deus: "A Torah de Paz pode agora lhes ser dada, pois aprenderam a viver em harmonia uns com os outros"!

No dia de sua chegada ao sopé da montanha, que foi no segundo dia da semana, Deus não Se dirigiu ao povo diretamente, pois ainda estavam fracos da viagem. Descansaram aos pés da montanha.

A Torah é oferecida às Nações do Mundo

Antes de dar a Torah a Seu povo, Deus desceu às nações que viviam naqueles tempos, perguntando-lhes se estavam dispostas a aceitá-la, para que mais tarde não pudessem dizer que ela não lhes tinha sido oferecida e que por isso tinham permanecido idólatras.

Os primeiros a serem procurados foram os filhos de Esaú. "O que está escrito na Torah"?, perguntaram. "Não matarás", respondeu Deus. "Se é assim, não podemos aceitar a Torah e cumprir o que nela está escrito, porque vivemos pela espada", responderam eles.

Deus foi em seguida aos descendentes de Ismael: "Vocês aceitam a Torah"? "O que está escrito nela"?, perguntaram eles. "Não roubarás", disse Deus. "Então não podemos aceitar a Torah, porque não seremos capazes de cumprir esse mandamento. Diz-se do nosso ancestral Ismael já praticava o roubo".

Deus dirigiu-se então aos filhos de Tsor e Tsidon e a todas as outras nações, oferecendo-lhes a Torah. Cada uma perguntou primeiro o que estava escrito nela. Ao ouvirem que ela continha proibições e mandamentos, leis e práticas de todo tipo, de acordo com as quais elas teriam de viver pacificamente umas com as outras, julgando com justiça e abstendo-se de comportamentos indesejáveis, rejeitavam-na. Por fim Deus foi aos israelitas e perguntou-lhes se queriam a sagrada Torah. Eles indagaram: "O que ela contém"? Deus respondeu: "Seiscentos e treze mandamentos". Ao ouvirem isso, eles imediatamente se puseram em pé e declararam simultaneamente: "faremos e ouviremos".

Em seguida acrescentaram: "Mestre do Universo, nós e nossos antepassados guardávamos muitos preceitos mesmo antes de sabermos do maravilhoso presente que viríamos a receber. Abraão despedaçou os ídolos de seu pai, exigindo que os membros da família retirassem de casa todas as imagens e ídolos que possuíssem, cumprindo assim o mandamento de não fazer imagem esculpida".

Isaac cumpriu o mandamento de honrar o pai quando lhe obedeceu de todo o coração, deixando-se colocar sobre o altar. Judá, o filho de Jacó, cumpriu o mandamento "Não matarás" ao evitar que José fosse morto pelos outros irmãos. Todas as tribos guardaram o preceito de não roubar quando devolveram o dinheiro que acharam em suas sacolas. "Estamos acostumados a observar os mandamentos; portanto, Deus, estamos sinceramente dispostos a aceitar tudo que está contido em Sua sagrada Torah".

A Torah é primeiro apresentada às mulheres

No terceiro dia daquela semana, Deus convocou Moisés ao topo da montanha, e deu-lhe as seguintes instruções acerca de como preparar o povo judeu para a Outorga da Torah: "Fale com as mulheres até mesmo antes que com os homens, dirija-se a elas gentilmente, e dê-lhes os princípios gerais. Os homens, por outro lado, devem ser ensinados de maneira severa, e devem ser bem-versados em todos os intricados detalhes das leis".

Por que Deus ordenou que as instruções referentes à Outorga da Torah sejam dadas primeiro às mulheres e só depois aos homens?
Há diversas razões:
1. Da mesma forma como as mulheres são obrigadas a cumprir os preceitos com doze anos de idade, um ano antes dos homens, assim receberiam os preceitos antes na Outorga Torah.
2. Se as mulheres fossem assim diferenciadas, fariam um maior esforço para dar a seus filhos uma educação de Torah.
3. Deus disse: "Quando dei um único preceito a Adão, não o ensinei a Eva. Em conseqüência, ela pecou e fez Adão errar também. Agora que vou dar seiscentos e treze preceitos, falarei primeiramente com elas para que saibam da importância dos preceitos divinos".
4. Todo povo de Israel foi redimido do Egito pelo mérito das mulheres justas e virtuosas. Portanto mereciam a honra de serem procuradas por Deus antes dos homens.

A mensagem de Deus: o Povo Judeu é escolhido como o Povo Eleito

As palavras de introdução que Deus mandou Moisés transmitir ao povo judeu antes da Outorga da Torah:

"Vocês testemunharam pessoalmente como castiguei os egípcios por terem-nos escravizado. Não escutaram sobre as dez pragas e o Êxodo do Egito através de mensageiros; ou aprenderam o conhecimento destes eventos de registros escritos ou de alguma tradição oral. Vocês vivenciaram pessoalmente como Eu agi em seu favor".

Os egípcios já mereciam morrer por causa de seu derramamento de sangue, idolatria e imoralidade antes mesmo de vocês terem chegado ao Egito. Mesmo assim, não os puni por seus pecados, até que lhes fizeram mal. Foram testemunhas de como transportei vocês até Ramsés num curto espaço de tempo, uma vez que chegara a hora de sua redenção. Quando, mais tarde, os egípcios os perseguiram, aparei os projéteis com a Nuvem da Glória, protegendo-os de maneira similar a que uma águia protege seus filhotes.

Todas as outras aves carregam seus filhotes entre os pés, por medo de serem atacadas por aves maiores. A águia, contudo, não teme outros pássaros; apenas as flechas do homem. Por isso, transporta seus filhotes nas costas, preferindo ser perfurada pelos projéteis a expor os filhotes.

Agi igualmente, protegendo-os das flechas egípcias por meio de Minha Nuvem. Também agora vocês continuam a viajar através do deserto protegidos pelas Nuvens de Glória.

"O motivo por que os trouxe para o Monte Sinai é para que Me sirvam. Se guardarem Minha aliança observando o preceito de Shabat que lhes ordenei em Mará; e se diferenciarem-se fazendo a circuncisão e abolindo os pensamentos idólatras de seus corações, estão prontos para receberem a Torah e tornarem-se Meu Povo Eleito. Serão Meu povo amado. Apesar de toda a Terra ser Minha, terei um amor especial por vocês, dentre as nações. Serão para Mim um reino de sacerdotes, e uma nação sagrada"!

"Transmita estas palavras ao povo judeu exatamente como Eu lhe disse e pergunta-lhes se estão dispostos a aceitar Minha Torah".

Moisés voltou ao povo judeu ao anoitecer, e transmitiu a mensagem acima aos anciãos na presença do povo inteiro. Todos estavam sequiosos por receber a Torah e responderam jubilosamente: "O que quer que Deus diga, faremos".

Deus queria transmitir os Dez Mandamentos através de Moisés, que por sua vez falaria ao povo

Depois de Moisés ter comunicado a Deus a grande vontade e o entusiasmo do povo judeu em receber a Torah, Deus predisse a Moisés: "Aparecerei a você numa espessa nuvem, e o povo inteiro ouvirá quando Eu falar com você, para que todos acreditem em você e nos profetas que o sucederão, para sempre".

As palavras de Deus denotavam que, no Monte Sinai, o povo inteiro ouviria Deus dirigir-Se a Moisés. Isto os convenceria da verdade, de que Moisés é realmente Seu mensageiro.

Moisés anunciou então ao povo: "Todos vós escutareis a voz de Deus me chamando. Ele me transmitirá a Torah e eu a transmitirei a vós".

A Moisés foi concedido o privilégio de dar a Torah à nação judia porque ele era mais humilde e modesto do qualquer outra pessoa, assim como o Monte Sinai foi escolhido para receber esta honra devido a sua extrema humildade. Quando Deus comunicou a Moisés pela primeira vez que ele deveria conduzir os judeus na saída do Egito, ele recusou esta missão cobiçada, por julgar que havia membros de sua família muito mais respeitados, sábios, ricos ou tementes a Deus.

Então Deus lhe disse: "Você é grande e respeitado aos Meus olhos. Eu o escolhi como o salvador de Meu povo. Se ele não for redimido através de você, não haverá outra pessoa para tirá-lo do Egito". E assim Moisés recebeu a distinção de ser o líder da nação, tirá-la do Egito, levá-la através da terra seca pelo meio do Mar Vermelho, conduzi-la nos quarenta anos de suas andanças pelo deserto e, sobretudo, de dar-lhes o presente especial: a Torah.

Os filhos de Israel pedem que Deus lhes fale diretamente e não através de Moisés

O povo não estava completamente satisfeito com a mensagem que Moisés lhe relatara e ficou consternado. Disseram: "Moisés, nosso mestre, queremos escutar a voz do próprio Deus"! Ansiavam por escutar Deus, Ele mesmo, e não apenas terem uma prova de que Moisés era Seu mensageiro. "Aquele que aprende algo de um mensageiro não é como o que ouve do próprio Rei"! - exclamaram. "Queremos ver e ouvir Deus".

Ao formular este pedido, não estavam conscientes do terrível impacto que a revelação da Divindade *(Shechiná)* teria sobre eles. Mais tarde, arrependeram-se do pedido original, e imploraram a Moisés que continuasse falando com eles, em vez de Deus.

Naquele mesmo dia, Moisés recebeu o mandamento de fixar os limites para o povo aos pés da montanha. Deus instruiu Moisés: "Estabeleça um limite ao redor da montanha e ordene ao povo que não cruze este limite durante o tempo em que Minha Shechiná repousar sobre o Monte Sinai, pois a montanha será santa".

Na manhã do quarto dia da semana, bem cedo, Moisés voltou ao Céu para informar a Deus da reação do povo.

(Na verdade, Deus não necessitava escutar o que o povo havia dito através de Moisés. Mas Moisés quis demonstrar que um mensageiro deve levar a resposta a alguém que o encarregou de tal).

Moisés disse que enquanto o povo concordara em permanecer aos pés da montanha, expressaram seu desejo de que Deus Se dirigisse diretamente a eles. Deus respondeu a Moisés: "Conceder-lhes-Ei seu desejo. Eu Mesmo descerei sobre o Monte Sinai aos olhos de todo povo".

Deus concordou em falar Ele próprio aos judeus porque eles disseram: "Faremos e ouviremos", mostrando disposição para obedecer antes mesmo de ouvir. É contra a natureza humana estar disposto a fazer algo antes de saber o que isto envolve, mas os judeus declararam sinceramente sua prontidão para cumprir o que quer que esteja escrito na Torah, mesmo antes de saber o que isto acarretaria.

Os preparativos para o recebimento da Torah

Naquele dia, Moisés foi requisitado a instruir o povo a preparar-se para o recebimento da Torah. "Para escutar Minha voz, o povo deve preparar-se, submergindo num poço de purificação (micvê)". Moisés disse-lhes que evitassem a impureza, o pecado e o comportamento inadequado nos próximos três dias, para estarem puros e santos na entrega da Torah. As purificações durariam dois dias, e no terceiro, Deus lhes outorgaria a Torah.

Apesar de Deus ter designado apenas dois dias para purificação, Moisés entendera Sua verdadeira intenção - que seria correto acrescentar um terceiro dia como precaução especial. Por conseguinte, mandou o povo preparar-se por um período de três dias. Ao retornar ao povo, no anoitecer do quarto dia, disse-lhes: "Preparem-se hoje, e também no quinto e sexto dias; pois no Shabat vocês receberão a Torah".

Deus concordou com a decisão de Moisés.

Após terem pronunciado a palavra "Faremos" e tendo-se purificado por três dias, os filhos de Israel pareciam-se com anjos. Atingiram novamente o nível de Adão, o primeiro homem antes de pecar, e estavam prontos para receber a Torah.

As Crianças como fiadores da Torah

Deus perguntou a Seu povo: "Quem garante que vocês cumprirão a promessa de observar a Torah"? Eles responderam: "Nossos antepassados serão nossos fiadores". Deus disse: "Até seus ancestrais necessitam de garantia. Quando prometi a Abraão a terra de Israel, ele também perguntou como poderia ter certeza de que esta promessa seria cumprida. Portanto, não posso aceitar a fiança de seus ancestrais apenas". Os judeus então prometeram que seus filhos e os filhos de seus filhos assegurariam o cumprimento da Torah e dos seus preceitos.

Trouxeram suas esposas e filhos e prometeram a Deus, naquele momento e lugar, ensinar a Torah a seus filhos e às sucessivas gerações, estudar e revisar o que está escrito nela de dia e de noite, para todo o sempre.

Deus Cura os Enfermos

Antes da Outorga da Torah, Deus curou todos os defeitos do povo judeu. Um homem rico queria casar seu filho, mas não gostava do salão de festas da vizinhança. Alguns equipamentos estavam quebrados, as cortinas velhas, o papel de parede desbotado, e o teto também não estava perfeito. "Este salão não é adequado a um casamento tão grandioso como será o do meu filho," pensou.

"O que eu tenho a fazer é consertar este salão antigo, e remobiliá-lo". Contratou um empreiteiro, que trouxe um grupo de marceneiros, pedreiros e pintores. Consertaram e pintaram o teto, colocaram papel de parede novo, trocaram as cortinas; consertaram e reformaram tudo o que estava quebrado. No dia do casamento, o salão parecia glorioso - ninguém acreditaria que fosse o mesmo velho salão!

Assim, Deus examinou os israelitas que saíram do Egito, e achou-os imperfeitos. Alguns deles eram coxos, cegos, ou defeituosos de alguma outra maneira. Disse Deus: "Como posso dar Minha Torah perfeita a uma nação que é imperfeita? Eu curarei este povo"!

Deus então curou todos os cegos, fato que se infere do versículo que diz que na Outorga da Torah "todo o povo viu". Ele curou os surdos, como está escrito que todos responderam "tudo o que Deus disser faremos e ouviremos".

Os coxos também foram curados, como está escrito: "e eles ficaram de pé aos pés da montanha". Deste modo, Deus também os curou de todas as deficiências.

Todos teriam de estar de posse perfeita de todas as suas faculdades, para aceitar perfeitamente a Torah, pois se alguns deles não vissem ou não ouvissem a Divindade (Shechiná), a experiência da Outorga da Torah não seria completa.

Os Anjos não querem ceder a Torah ao homem

Os anjos perceberam que Moisés levaria a Torah aos judeus e choraram porque teriam então de separar-se dela. Deus disse a Moisés: "Vá e argumente com os anjos. Prove que eles não tem necessidade da Torah nem motivo para lamentar que ela lhes esteja sendo tirada". Moisés se encheu de coragem e começou: "Tudo que está escrito na Torah não se destina a vocês. O que diz a Torah? 'Eu sou Deus teu Deus, Que te tirei da terra do Egito'. Acaso vocês foram escravos no Egito? Deus os tirou de lá? A Torah também diz: 'Não terá deuses estranhos diante de Mim'. Acaso vocês adoram ídolos feitos pelo homem? O preceito do Shabat encontra-se na Torah. Vocês trabalham a semana inteira para precisarem de descanso no Shabat? E quanto ao restante das proibições da Torah: não matarás, não roubarás, não cobiçarás o que pertence ao próximo... Vocês têm uma má inclinação que os leva a transgredir estas proibições? Se não, de que lhes serve a Torah? Vocês não podem observar seus preceitos positivos nem os proibitivos"!

Depois de ouvir o argumentos de Moisés, os anjos responderam simultaneamente: "Você está certo, Moisés, assim como são certos os atos de Deus".

A Escolha do Monte Sinai

Quando Deus escolheu a montanha sobre a qual daria a Torah, irrompeu uma discussão entre as montanhas. Cada uma insistia: "a Torah deve ser dada sobre mim"! O Monte Tabor e o Monte Carmel clamaram: "Sou eu que Deus quer"! Deus, contudo, rejeitou-os, dizendo: "Montanhas, por que discutem? Todas têm defeitos. Ídolos foram erguidos no topo de cada uma. O monte Sinai é baixo, e por isso nunca serviu como local de idolatria. Portanto, é merecedor de receber a Divindade (Shechiná).

Em conseqüência, Deus desceu sobre o Monte Sinai.

O que aconteceu no dia da entrega da Torah

Por vinte e seis gerações, desde a criação de Adão, Deus esperou para transmitir à humanidade a preciosa Torah, que precedeu a Criação do Universo. Finalmente, Ele encontrou um povo disposto a aceitá-la. O grande momento de Sua Revelação foi aguardado ansiosamente pelo mundo todo, uma vez que com isso se realizaria o objetivo espiritual da Criação.

O dia em que Deus nos entregou a Torah foi um Shabat: 6 de Sivan do ano 2448. Havia chovido à noite sobre a montanha para refrescar o ar. O Monte Sinai tremia de emoção ante o portentoso e transcendental evento prestes a ocorrer sobre ele. Todas as montanhas estavam em estado de agitação junto com esse, até que Deus acalmou-as.

O povo ainda estava dormindo, porque a noite de verão havia sido curta. Foram acordados por raios e trovões sobre o Monte Sinai, e por Moisés chamando-os: "O noivo está esperando pela noiva sob o pálio nupcial"! Moisés levou o povo ao Monte Sinai como quem conduz a noiva ao casamento.

Ao povo judeu, que estava reunido aos pés do Monte Sinai, homens e mulheres separadamente, uniram-se todas os milhões de almas de seus descendentes, e as almas de todos os convertidos que viriam a aceitar a Torah em futuras gerações.

Quando Deus desceu sobre o Monte Sinai numa explosão de fogo, cercado por uma hoste de 22.000 anjos, a terra tremeu, e havia raios e trovões. O povo judeu ouviu o som de um shofar cada vez mais alto, crescendo de intensidade até atingir o volume máximo suportável. O fogo do Monte Sinai elevou-se ao próprio céu, e a montanha fumegava como uma fornalha. O povo tremia de medo.

Deus então pegou o Monte Sinai e o susteve sobre as cabeças do povo. A montanha ficou transparente como cristal, suspensa sobre o Povo de Israel de modos que todos puderam ver através dela. Os céus se abriram e Deus lhes mostrou que não havia nada ali, com exceção Dele.

Uma espessa nuvem envolveu a montanha. Deus inclinou os céus até alcançarem o Monte Sinai, e Ele desceu sobre a montanha.

A reação do povo judeu ao ouvir a voz de Deus

Nesta ocasião, o povo não apenas escutou a Voz de Deus, mas realmente viu as ondas sonoras emergindo da "Boca" de Deus. Visualizaram-nas como uma substância ardente, em chamas. Cada Mandamento que saía da Boca de Deus viajou através do acampamento inteiro, e então voltou a cada judeu individualmente, perguntando-lhe: "Aceita sobre si este Mandamento, com todas as leis pertinentes"? - todos os judeus responderam "Sim" após cada mandamento. Finalmente, a substância ardente que viram gravou-se nas Tábuas.

Apesar de o povo judeu ter pedido para ver a Glória de Deus e ouvir Sua Voz, suas almas deixaram o corpo quando realmente experimentaram a Revelação. A Voz de Deus reverberou com tal força que quebrou árvores de cedro, fez montanhas estremecerem, fez com que cervas dessem à luz devido ao choque, e desmatou bosques inteiros.

As nações que testemunharam a comoção, mas não sabiam a causa foram até o feiticeiro Balaão, que era famoso por sua sabedoria e questionaram: "Deus estaria prestes a trazer outro dilúvio sobre a terra"?

"Não," acalmou-os Balaão. "O mundo está em efervescente atividade porque Deus está dando a Torah a Seu povo".

Deus queria dar o Primeiro dos Dez Mandamentos. Naquele momento, Moisés estava no topo da montanha. Deus mandou-o descer.

Deus pensou: "Se Moisés permanecer no cume, o povo poderia não ter certeza de que realmente ouviu os Dez Mandamentos de Mim. Poderiam pensar que a era a voz de Moisés. Portanto, que desça primeiro, e então Eu pronunciarei os Dez Mandamentos".

Por isso, Deus ordenou a Moisés: "Desça e avise o povo que não deve aglomerar-se além dos limites fixados ao sopé da montanha, apesar do desejo de Me ver. Aquele que tocar o Monte Sinai morrerá. Após a partida da Shechiná, serão novamente autorizados a subir a montanha".

"Já lhes transmiti esta advertência," respondeu Moisés.

"Não obstante, avise-os uma segunda vez. Pois agora é o momento ao qual a advertência se aplica. Após avisá-los, você, Aarão e os primogênitos que realizarão o serviço subirão a montanha, e cada um assumirá a posição que lhe foi designada. O povo deve ficar aos pés da montanha; os primogênitos subirão mais alto, Aarão mais alto ainda, e você ao topo"! Assim que Moisés desceu, Deus começou a falar, dizendo: "Eu Sou Deus, teu Deus...".

Primeiro Deus pronunciou os Dez Mandamentos simultaneamente. Este é um ato além da capacidade humana. O propósito deste milagre era demonstrar claramente que os Dez Mandamentos vieram diretamente Dele. Nenhum ser humano, ou criatura celestial poderia realizar tal milagre. Falou-os todos ao mesmo tempo, de modo que o povo os escutou, mas não os entendeu.

Em seguida, Ele repetiu cada Mandamento separadamente.

Os israelitas não experimentaram o total impacto da Voz Divina. Cada indivíduo percebeu-a de acordo com sua capacidade única de vivenciar a Shechiná (Presença da Divindade). Não obstante, desmaiaram após cada Mandamento, uma vez que este nível de profecia realmente excedia seus poderes de percepção.

Quando os judeus escutaram a voz de Deus, sentiram-se como se beijados por Deus. Estavam tão empolgados de júbilo que as almas abandonaram os corpos e todos caíram mortos.

A própria Torah suplicou que Deus restituísse a vida aos judeus, argumentando: "Como pode o universo estar contente com o recebimento da Torah se seus filhos morrem no processo? Será que há motivo para regozijar-se se o rei que casa sua filha, ao mesmo tempo mata todos os membros de sua casa"?

Deus então aspergiu o Orvalho da Ressurreição sobre o povo. Este é o mesmo Orvalho com o qual Ele ressuscitará os mortos em tempos futuros. Os israelitas, contudo, ainda sentiam-se fracos do choque que experimentaram. Por isso, Deus encheu o ar com a fragrância de especiarias, e recuperaram-se.

Não obstante o temor pela Voz de Deus era tão grande que correram apressadamente ao final do acampamento. Os anjos de Deus tiveram que transportá-los de volta às suas posições iniciais aos pés do Monte Sinai, para ouvir o próximo Mandamento. Novamente os judeus ficaram tão maravilhados e felizes ao escutar a voz de Deus que suas almas abandonaram seus corpos. Deus voltou a revivê-los.

Moisés transmite ao povo os oito mandamentos restantes

Após os dois primeiros Mandamentos, os judeus estavam tão amedrontados que imploraram a Moisés que transmitisse o resto dos Mandamentos, em vez de escutar a voz de Deus outra vez. Pediram, pois, a Moisés: "Por favor, fale você em lugar de Deus. É difícil para nós suportar a emoção de escutar a Voz Dele. Temos medo de voltar a morrer".

Apesar de Deus saber de antemão que os filhos de Israel não seriam capazes de sobreviver ao ouvir Sua Voz, não obstante Ele concedeu-lhes seu pedido original de ouvi-Lo. Ele não queria que os judeus, no futuro, reclamassem: "Se apenas Ele nos tivesse concedido uma Revelação direta, nunca teríamos servido ídolos"!

Deus mandou então os dois anjos, Miguel e Gabriel, para trazerem Moisés ao topo da montanha. Pegaram-no pela mão e, contra sua vontade, arrastaram-no montanha acima, para a nuvem espessa. Moisés tinha a habilidade de penetrar a escuridão, a Nuvem, e o espesso da Nuvem. Foi-lhe permitido entrar no compartimento mais íntimo do Céu, ao qual nem anjos têm acesso. Ele mereceu isto por causa de sua extrema modéstia, pois a Shechiná paira sobre quem é humilde.

Deus amplificou a voz de Moisés, para que alcançasse todo povo. Moisés, em sua grande sabedoria, acalmou o povo amedrontado.

"Não temam! Deus apareceu apenas para elevar vocês, e para isto Seu temor deve estar sobre vocês, para que não pequem"!

Deus então transmitiu a Moisés os outros oito Mandamentos, e Moisés os repetiu para o povo. Então Deus ordenou que Moisés dissesse ao povo: "Vocês testemunharam pessoalmente que Eu falei com vocês do Céu. Não receberam um relato de outros. Se alguém ouve algo de outros, pode suscitar dúvidas em sua mente. Contudo, todos vocês viram a Outorga da Torah com seus próprios olhos".

Até os dias de hoje continuamos convencidos da veracidade da Torah, pois estamos conscientes da certeza histórica de que nosso povo inteiro testemunhou a Outorga da Torah, a Divina Revelação da Torah no Monte Sinai. O judaísmo, em contraste com outras religiões, não se baseia na crença de relatos de indivíduos, mas sobre fatos históricos.

Os Dez Mandamentos

Assim que Deus pronunciou "Anochi" (Eu Sou), a Criação silenciou. Os pássaros não gorjeavam ou voavam nos céus; os bois não mugiam; os anjos não cantavam louvores; o oceano não se agitava. O universo inteiro estava quieto, enquanto a voz de Deus soava. Isto serviu como irrefutável demonstração de que não existe nenhum poder além Dele.

Cada um dos Dez Mandamentos foi dirigido aos judeus na linguagem singular e não no plural. Assim, nenhum judeu poderia desculpar-se, dizendo: "É suficiente que os outros cumpram a Torah". Cada judeu deve sentir que é sua obrigação pessoal guardar a Torah de Deus, uma vez que lhe foi diretamente dirigida.

Os Dez Mandamentos contém um total de 620 letras, simbolizando assim que os Dez Mandamentos são a essência da Torah. Pois esta contém 613 preceitos, e os Sábios instituíram sete preceitos adicionais, perfazendo um total de 620 preceitos.

Além de escutarem os Dez Mandamentos básicos, os judeus também previram os milhares de detalhes envolvidos, todos as explicações referentes a cada Mandamento, cada lei e detalhes neles contidos.

"Anochi" (EU SOU)

Os Dez Mandamentos que Deus transmitiu aos judeus começam com a palavra "Anochí" - "Eu sou". '' A palavra "Anochí", que lembra a palavra egípcia que também significa "eu". Deus dirigiu-se a Seus filhos na língua egípcia, que lhes era familiar. Ao que isto pode ser comparado? A um rei cujo filho foi sequestrado quando pequeno e cresceu entre seus sequestradores.

Quando o rei finalmente consegue recuperar o filho, primeiro se dirige a ele na língua à qual estava acostumado, com a qual crescera e entendia.

Deus também falou primeiro a Seus filhos, os judeus, em egípcio, dizendo: "Vocês contemplam hoje a Minha glória; portanto, nunca mais serão capazes de adorar ídolos estranhos.

Não é possível a um homem ver seu Deus face a face, em toda Sua glória e poder, e depois inclinar-se diante de uma figura feita pelo homem.

Vocês testemunharam todos os milagres grandiosos que operei para vocês no Êxodo do Egito e na divisão do mar. Vocês mesmos o atravessaram por terra seca, enquanto os egípcios se afogaram no mesmo lugar. Não sou como os reis humanos, cujos súditos retiram de seu caminho todos os obstáculos e estendem tapetes grossos à sua frente. Não sou como reis humanos, cujos súditos iluminam o caminho e enfeitam a casa para honrar sua chegada.

"Sou o Rei dos Reis, que faz tudo isto para vocês, Meus próprios filhos. Na Criação, formei o mundo e iluminei, criando o sol, a lua e as estrelas. Cobri a superfície da terra com um tapete de grama e com alimentos em abundância. Enchi a terra de hortaliças e flores belas e fragrantes, tudo em sua honra. Tenham isto sempre em mente e saibam que não há ninguém como Eu entre todos os reis do mundo. A Minha bondade não cessará jamais".

O Primeiro Mandamento: Acreditar na Existência de Deus, e em Sua Providência

"Eu Sou Deus, teu Deus, que vos tirou da terra do Egito, da casa de Faraó, onde fostes escravos".

"Eu Sou tanto 'Deus', um Deus misericordioso para os que Me obedecem; como também 'Elokecha', um Deus punitivo para os que se recusam a Me ouvir".

A obrigação imposta pelo Primeiro Mandamento é de acreditar na existência de um Criador Onipotente; saber que Ele exerce Providência contínua sobre o universo, que Ele é a Força que dita todas as leis naturais. Ele sustenta e provê para todas as criaturas, da menor à maior.

Este preceito não se limita a algum momento ou tempo específico (como a maioria dos preceitos); igualmente, a consciência da existência e poder de Deus devem constantemente preocupar o judeu.

Deus fez com que esse fosse o primeiro de todos os mandamentos porque devemos reconhecer a Deus para poder observar Seus mandamentos.

Por que Deus escolheu descrever a Si Mesmo como o "Deus que tirou os filhos de Israel do Egito"?

Bandidos surpreenderam uma nobre senhora em seu passeio, e estavam prestes a raptá-la. O rei soube do ocorrido e interveio. Se não tivesse enviado suas tropas imediatamente para resgatá-la, o pior poderia ter acontecido.

Quando, mais tarde, propôs-lhe casamento, ela perguntou-lhe: "Que presente você me oferece"?

O rei respondeu: "O próprio fato de que te salvei dos raptores não é suficiente para que teu coração penda em minha direção"?

Similarmente, Deus apresentou-se ao povo no Monte Sinai como o Deus que os redimiu, recordando-lhes assim sua obrigação especial para com Ele. (Ele não utilizou a descrição "Deus, Mestre do Universo," pois o termo geral, em si mesmo, não obrigaria os judeus a guardar a Torah.)

O Segundo Mandamento: Não Adorar Ídolos

"Não terás outros deuses"!

Muitas pessoas acreditam que Deus é o Deus mais poderoso, o que significa que crêem também em outros poderes fora de Deus.

Alguns também rezam aos anjos. Outros veneram o sol e a lua, ou os planetas.

Quando os Sábios estiveram em Roma, filósofos gentios perguntaram-lhes: "Se Deus não quer ídolos, por que Ele não os elimina"?

"Se os idólatras adorassem apenas objetos inúteis, seu ponto seria válido," responderam os Sábios. "Contudo, também adoram o sol, a lua, as estrelas. Acaso deveria Ele dizimar o universo por causa dos tolos"?

Deus ordenou: "Não podeis servir a ninguém, exceto a Mim"!

Este Mandamento implica que é proibido acreditar em qualquer poder além de Deus, adorar ídolos ou inclinar-se para eles. Nossos Sábios proibiram inclinar-se perante ídolos, mesmo sem ter intenção de adorá-los. Tampouco é permitido possuir um ídolo, mesmo sem adorá-lo. Este Mandamento inclui a proibição de fazer estátuas de um ser humano ou qualquer criatura ou objeto do universo.

O termo "outros deuses" não implica, Deus não o permita, que há outros deuses além de Deus. A Torah se refere a ídolos como "deuses", pois este termo é utilizado pelos idólatras (apesar de, na realidade, serem imagens impotentes).

A palavra "outros" não se refere à comparação entre Deus e os ídolos, mas aos ídolos entre si. Uma vez que os idólatras mudam constantemente suas divindades, rejeitando as velhas e voltando-se a outras em seu lugar, o termo "outros" deuses significa deuses que são constantemente trocados por outros por seus adoradores.

O Terceiro Mandamento: Não Pronunciar o Nome de Deus em Vão

É proibido utilizar de maneira incorreta o Nome de Deus, mencionando-O junto com um juramento desnecessário ou falso.

Eis um exemplo de falso juramento. Alguém que comeu pão ontem jura: "Juro em Nome de Deus que não comi pão ontem".

Um exemplo de juramento desnecessário é: "Juro em Nome de Deus que o sol está agora no céu". Embora este juramento seja verdadeiro, é proibido, se não há razão para fazê-lo.

Também não devemos invocar o Nome de Deus sem um propósito determinado. Algumas pessoas estão acostumadas a exclamar; "Meu Deus"!, ou a empregar o nome de Deus em um contexto igualmente irreflexivo. Devemos evitar isto.

Deus disse: "Não utilize erroneamente Meu Santo Nome. Lembre-se de que Abraão apelou a este mesmo Nome e foi salvo da fornalha ardente. Moisés clamou por ele, e o Mar Vermelho abriu-se em doze partes; Josué clamou por Ele, e foi ajudado; Jonas chamou por Ele no interior do peixe e foi salvo. O Nome de Deus é invocado pelos doentes e enfermos, e são curados; pelos de coração contrito, e são consolados. Sejam cuidadosos ao mencionar o Nome de Deus, pois aquele que pronuncia Seu Nome em vão não ficará impune"!

O Quarto Mandamento: Observar o Shabat

Este Mandamento inclui a proibição de realizar trabalhos proibidos no Shabat. Além disso, devemos distinguir o Shabat, fazendo uma bênção quando o Shabat se inicia, e quando termina.

Cumprimos isto recitando as orações especiais. Shabat deve ser marcado com alimentos saborosos especiais, e vestindo-se trajes especiais.

Mesmo ao longo de toda a semana, a pessoa deve preparar-se para o Shabat, arrumando a casa, limpando-a cuidadosamente, comprando iguarias e coisas semelhantes em honra do Shabat, pois este é o dia que Ele escolheu, santificou e considerou a "jóia de todos os dias".

Uma pessoa é reembolsada por todas as despesas que faz em honra ao Shabat. Apesar da renda de cada um ser determinada em Rosh Hashaná para o ano todo, as quantias gastas em honra ao Shabat, Yom Tov, Rosh Chôdesh, e para a educação e estudo de Torah dos seus filhos não estão incluídas neste orçamento fixo. Se a pessoa gasta mais, Deus lhe retribuirá com mais; se economiza, Deus lhe retribuirá menos, de acordo com os gastos.

O dia de Shabat deve ser um momento para atividades espirituais, Torah e orações. Uma pessoa não deve pensar a respeito de seu trabalho inacabado da semana, mas afastar a mente de ocupações mundanas.

Quem quer que descanse no sétimo dia testemunha que Deus criou o mundo em seis dias.

Como cumprimos o preceito de recordar o Shabat?

Há várias maneiras: Uma é chamar os dias da semana assim: "o primeiro dia da semana até Shabat" (domingo) - "o segundo dia da semana até Shabat" (segunda) - "o terceiro dia da semana até Shabat" (terça), e assim sucessivamente. Esta é a maneira judaica de nomear os dias da semana. Ao designar o domingo "o primeiro dia até o Shabat", cumprimos o preceito de recordar e mencionar o Shabat, lembrando ao mesmo tempo que Deus é o Criador que fez o mundo em seis dias.

Quando Deus deu a Torah a Seu povo, prometeu-lhe uma porção no Mundo Vindouro se ele observasse o que está contido nela. Os judeus pediram uma amostra, para ver que tipo de recompensa Deus lhes daria em troca da observância da Torah e de seus preceitos. Deus lhes disse: "Eu lhes darei o Shabat, um fragmento do Mundo Vindouro, que é todo Shabat".

A cada judeu é dada uma alma adicional no Shabat, para que ele possa apreciá-lo mais do que aos outros dias e guardá-lo em santidade.

Um relato: Como o Sábio Shamai honrava o Shabat toda a semana.

O Sábio Shamai passava diante de um matadouro e viu um novilho lindo e gordo, pronto para ser sacrificado. E disse: "Quero comprar este animal. Mata-o para mim e dá-me a carne"!

Levou a carne para casa e deu-a a mulher com as palavras: "Salga esta carne para torná-la própria, adequada, *casher*. Estou certo de que será deliciosa e quero reservá-la para Shabat".

No dia seguinte voltou a passar diante do matadouro. Viu ali alguns novilhos prontos para o abate. Escolheu dentre os animais um de aspecto mais apetitoso do que o que havia visto no dia anterior. "Este novilho será delicioso para o Shabat", pensou. Disse: "Quero comprar este novilho. Prepara-me a carne para quando eu passar aqui na volta".

Levou a carne para casa e disse à mulher: "Imagine, encontrei carne ainda melhor para o Shabat! Salga-a para fazê-la casher e reserva-a para o Shabat".

A mulher pensou: "Que vou fazer com a carne de ontem? Vou cozinhá-la para o jantar de hoje". Assim, Shamai desfrutou de uma ceia excelente.

Outro dia, Shamai passou diante do açougue e viu um novilho de aspecto tenro, cuja carne seria sem dúvida mais delicada e suculenta que o anterior. "Preciso deste novilho para Shabat", disse ao açougueiro. "Vende-a para mim". Ao chegar em casa disse à mulher: "Trouxe outra carne. Vamos comer a que trouxe antes e guardemos a melhor para Shabat".

Assim, pois, Shamai terminou por comer ceias deliciosas toda a semana, por ter o Shabat sempre presente! Os Sábios diziam sobre ele: "Shamai come bem toda a semana em honra do Shabat".

Este relato nos mostra que se compramos comidas especiais, devemos reservá-las para o Shabat. Assim, recordamos durante a semana que Shabat é o dia mais santo.

O Quinto Mandamento: Honrar Pai e Mãe

"Honre teu pai e tua mãe"! Perguntaram a Rabi Eliezer: "Até que ponto uma pessoa é obrigada a honrar seus pais"?

Retrucou: "Podemos aprender a resposta a partir do caso de um não judeu de nome Dama ben Netina, que vivia em Ashkelon. Certa vez, os Sábios foram até ele porque ouviram que tinha pedras preciosas para vender, e precisavam de certa pedra para o efod (peitoral do sacerdote). Apesar de terem lhe oferecido um alto valor, preferiu renunciar ao dinheiro a acordar seu pai, que dormia, e sob cujo travesseiro estava a chave do baú de diamantes. Como recompensa, no ano seguinte Deus fez com que nascesse uma vaca vermelha em seu rebanho; que foi qualificada como uma Vaca Vermelha para o Templo Sagrado. Quando os Sábios vieram pagar-lhe, disse-lhes: "Apesar de saber que pagariam qualquer preço que pedissem, aceitarei apenas a soma que perdi ano passado, por Ter honrado meu pai".

"Se esta foi a conduta de um não judeu, que não foi ordenado a observar este preceito, quão mais é esperado de um judeu, a quem foi dado o mandamento de honrar seus pais".

Nossos Sábios relataram: "Certa vez, o acima mencionado Dama ben Netina estava sentado num traje bordado a ouro entre nobres de Roma, quando sua mãe chegou e atirou-lhe insultos e humilhações. Rasgou-lhe os trajes, bateu-lhe na cabeça, e cuspiu. Ele, contudo não a envergonharia".

Quando os reis das nações ouviram o Primeiro Mandamento de Deus, não ficaram impressionados. Argumentaram: "Que soberano deseja ser negado? Deus, como qualquer outro rei, ordena que Ele seja reconhecido".

Quando ouviram sobre o Segundo Mandamento, também objetaram: "Há algum soberano que toleraria outra autoridade? Deus, como todos os reis, quer ser adorado sozinho. Por isso decretou que ninguém deve servir a outros deuses"!

Também não se comoveram com o Terceiro Mandamento, comentando: "Que rei gostaria que seus súditos jurassem em falso em seu nome? Tampouco Deus o quer". Sobre Shabat, disseram: "Claro, todos os reis gostam que seu dia especial seja celebrado"!

Porém quando ouviram acerca do preceito de honrar os pais, todos os reis levantaram-se de seus tronos e louvaram a Deus, admitindo:

"Se alguém de nosso círculo for elevado a um status nobre, imediatamente nega seus pais. Deus age diferente. Ordenou que todos honrem seus pais"!

Os reis entenderam então, retroativamente, que os mandamentos de Deus não foram dadas, como imaginaram originalmente, a fim de honrar a Deus. Os mandamentos foram apresentadas para o benefício dos seres humanos.

Está escrito: "Honra teu pai e tua mãe". O respeito que deve ser prestado ao pai precede o devido à mãe. No entanto, em outra passagem, a Torah exige: "Todo homem deve temer sua mãe e seu pai". Aí o mandamento exige temor da mãe primeiro, e depois do pai. Por quê? Em geral, o filho respeita mais a mãe do que o pai, porque ela está naturalmente com ele desde o dia em que nasce, cuidando dele e tratando-o com amor, carinho e palavras gentis. A Torah exige, portanto, que o respeito ao pai seja igual ao respeito natural que sente pela mãe. Por outro lado, a pessoa naturalmente teme o pai mais do que a mãe, porque o primeiro é aquele que castiga e fica zangado. Por isso a Torah enfatiza a necessidade de temer mãe e pai igualmente. Destes dois versículos aprendemos que pai e mãe são iguais; deve-se temê-los e respeitá-los igualmente.

Em que consiste o devido respeito? Em fornecer-lhes alimento, bebida e vestuário, acompanhá-los quando saem, e ajudar em tudo que eles possam precisar. Deve dirigir-se a eles cortesmente.

Em que consiste o temor? Como se teme os próprios pais? Não se sentando no lugar reservado a eles, não os interrompendo ou contradizendo suas palavras.

O mandamento de honrar os pais é ainda mais importante para Deus do que o respeito por Seu próprio Nome. Uma pessoa é obrigada a honrar a Deus ao máximo de sua capacidade, na medida em que seus meios lhe permitam. Se lhes faltarem os meios, porém, ela está isenta dessa obrigação. Mas a pessoa deve honrar os pais mesmo se for pobre. Se lhes faltarem os meios, deve angariá-los de porta em porta, a fim de ajudar os pais a subsistir.

A seguinte história nos mostrará que a maneira pela qual a pessoa mostra respeito aos pais é ainda mais importante do que a forma do respeito propriamente dita.

Dois irmãos moravam numa cidade. O mais velho era rico, enquanto o mais novo vivia na pobreza, tirando seu sustento de um moinho de farinha. O pai certa vez foi visitar o filho mais velho. Este preparou um banquete, servindo-lhe o melhor que tinha em casa. Em seguida aprontou o quarto mais confortável, com uma cama limpa, para o pai descansar. Mas durante toda a visita não demonstrou nenhum amor ou paciência ao pai. Não lhe perguntou como estava, na verdade, mal falou com ele. Todos os seus atos se destinavam apenas a cumprir suas obrigações de respeito.

O pai deixou a casa do filho mais velho e seguiu para a do mais novo. Como encontrou o filho labutando na pedra do moinho, o pai arregaçou as mangas e começou a ajudar. Antes do anoitecer os dois tinham acabado o serviço. Retornaram juntos à casa do filho mais novo, conversando ao longo do caminho. O filho perguntou sobre a saúde do pai com amor e preocupação. Nenhum banquete real os esperava em casa, mas o pouco que havia foi servido diante do pai com grande respeito.

Anos depois, quando os dois filhos morreram, o mais moço, o filho pobre que quase nada tivera para oferecer ao pai além de temor e bondade, foi admitido no Paraíso e recebeu um lugar perto dos justos. Sobre isso foi dito: "Um filho pode dar ao pai gansos gordos para comer e não ganhar o Mundo Vindouro, enquanto outro filho pode fazer o pai trabalhar na pedra do moinho e ainda assim conquistar a vida eterna".

Há três parceiros na criação da pessoa: Deus, o pai e a mãe. Se alguém honra seus pais, Deus diz: "Considero como se Eu habitasse em seu seio, e honraram a Mim". Se alguém causa aborrecimentos a seus pais, Deus diz: "É bom que Eu não habite em seu meio, pois se Eu estivesse entre eles, iriam Me aborrecer também".

A recompensa por honrar os pais é a longevidade no Mundo Vindouro. Apesar da principal recompensa estar guardada para o Mundo Vindouro, é um dos mandamentos das quais a pessoa recebe benefícios também neste mundo. Neste mandamento estão incluídos os mandamentos de honrar a um irmão mais velho, e o segundo marido ou esposa do pai ou da mãe.

Um relato: Rabi Josué e o açougueiro.

Certa vez, o grande Sábio Rabi Josué escutou uma voz que lhe dizia em sonhos: "alegra-te, Rabi Josué, pois tu e o açougueiro Nanas irão sentar-se à mesma mesa no Paraíso".

Josué despertou pensando: "Quem é este Nanas? Estudei Torah toda minha vida, e não vou a lugar algum sem as franjas (*tsitsit*) presas à minha roupa e os tefilin sobre a cabeça. Espero que meu vizinho no Paraíso seja também um sábio"!

Não podia esquecer o sonho. Disse a seus alunos: "Não terei paz enquanto não descobrir quem é este homem que se sentará a meu lado no Paraíso. Vou averigüar". Os estudantes lhe disseram: "Rabi, te acompanharemos".

Rabi Josué e os alunos viajaram de cidade em cidade. Em cada uma perguntavam: "Conhecem um açougueiro chamado Nanas"?

Passou-se muito tempo até que o acharam. Finalmente, numa cidade, as pessoas responderam: "Por que tu, um justo, um sábio, perguntas por este açougueiro"? "Por que, que tipo de pessoa é ele"?

"Verás por ti mesmo," responderam. As pessoas foram até Nanas e lhe disseram: "O grande Rabi Josué quer ver-te".

Nanas, que não era um erudito, pensou que lhe estavam pregando uma peça e respondeu: "Não zombem de mim! Vão embora"!

Os mensageiros voltaram a Josué e disseram: "Por que nos enviaste a tal homem? Nem ao menos quis falar conosco"! "Preciso vê-lo," insistiu Josué. "Voltem a ele e o tragam". Os mensageiros voltaram a Nanas e o convenceram a ver Rabi Josué.

Nanas se jogou aos pés do Sábio. "Por que deseja um líder do povo judeu ver um homem simples como eu"? Josué respondeu: "Quero saber o que fazes todos os dias. Cumpres algum ato especial"?

"Não faço nada de especial", explicou Nanas. "Sou açougueiro. Trabalho em minha barraca. Tenho pais idosos que não podem se sustentar. Todos os dias, antes de ir ao trabalho, lavo-os, os visto e os alimento".

Rabi Josué ficou de pé, beijou Nanas e disse: "Quão grande é tua recompensa no Jardim do Paraíso! Que sorte a minha de ser seu vizinho no Paraíso. Fiquemos contentes pela recompensa que Deus nos concederá: sinto-me feliz de saber que estarei junto a ti".

O Sexto Mandamento: Não Matar

"Não Matarás"! Moisés ordenou aos judeus em nome de Deus: "Meu Povo de Israel! Não mateis. Não sejam amigos ou sócios de assassinos, para que vossos filhos não aprendam a matar. Se pecarem e cometerem assassinato, o Templo Sagrado de Jerusalém será destruído e a Shechiná (Divindade) abandonará a Terra de Israel".

Aquele que derrama sangue mutila a Divindade.

O imperador ordenou que erguessem estátuas suas na província recém-conquistada, e que se cunhassem moedas com sua imagem estampada. A população demonstrou seu descontentamento com o novo conquistador derrubando as estátuas com sua imagem, e destruindo as moedas com sua estampa.

Similarmente, aquele que mata um ser humano, que foi criado à imagem de Deus, é como se prejudicasse o Próprio Deus. A punição celestial para um assassino é que será assassinado por alguém. Envergonhar outro ser humano (fazendo com que o sangue escoe de suas faces, deixando com o semblante pálido) é uma forma de assassinato.

O Sétimo Mandamento: Não Cometer Adultério

"Não cometerás adultério"! Deus pune a transgressão de adultério mais severamente, pois Ele é paciente no caso de qualquer pecado, exceto o da imoralidade.

"Não cometerás adultério"!, avisa Deus a Seu povo. A pessoa deve ser sempre humilde, comportando-se com modéstia em todo lugar, mesmo quando suas ações não forem visíveis. É um preceito manter distância de pessoas grosseiras e indecentes para não aprender com seus maus hábitos.

Moisés disse aos judeus em Nome de Deus: "Não sejam adúlteros, nem sejam amigos ou sócios de adúlteros, para que vossos filhos não aprendam a ser adúlteros. Se cometerem este pecado, serão exilados da Terra de Israel e outras nações ali viverão, no lugar de vocês".

O Oitavo Mandamento: Não Raptar

"Não Roubarás"! A proibição de não roubar, nos Dez Mandamentos, refere-se a roubar vidas humanas. (Roubo de propriedade é proibido pelo versículo em Levítico 19,11). Quem rapta uma pessoa e o vende ou utiliza-o como escravo está sujeito à pena capital pelo tribunal.

Moisés ordenou em Nome de Deus: "Povo de Israel! Não roubem, e não sejam amigos ou sócios de ladrões, para que vossos filhos não aprendam a roubar".

O Nono Mandamento: Não Levantar Falso Testemunho

"Não levantarás falso testemunho contra teu semelhante"! "Não darás falso testemunho contra teu próximo", disse Deus ao povo. "Eu criei tudo em Meu mundo. Só a falsidade não criei. Portanto, todo aquele que dá falso testemunho contra seu próximo está negando a Criação do mundo".

Levantar falso testemunho leva à destruição da civilização. Faz com que vítimas sejam punidas por crimes que jamais cometeram. Também permite roubar, matar e oprimir outrem e escapar impune, através de falso testemunho. Aquele que testemunha em falso traz, desta forma, destruição ao mundo. Também nega a Providência do Criador.

Uma "falsa testemunha" é a pessoa que se apresenta perante um tribunal e atesta que viu algo que realmente nunca viu. Não faz diferença se dá falso testemunho para ajudar um amigo ou para prejudicar um inimigo: a Torah nos proíbe de ser testemunha falsa, independentemente da razão.

O Décimo Mandamento: não tentar ter nada como posse do que pertence aos outros

"Não cobiçarás a casa de teu semelhante, nem sua esposa, nem seus servos, nem nada que pertença a teu semelhante (e, como resultado, gerar planos para consegui-los)"!

É proibido fazer qualquer tentativa de obter algo que pertença a outro porque alguém deseja possuí-lo ele mesmo. Esta proibição inclui convencer alguém a vender algo que não deseja, pressionando-o a fazê-lo. Isto é proibido mesmo se lhe for pago integralmente. Tampouco é permitido desejar, mesmo no íntimo, as posses que pertencem a outros.

A Torah quer que cada pessoa sinta-se feliz com o que tem.

Moisés ordenou em nome de Deus: "Não desejem o que pertence a outro, nem sejam amigos ou sócios de pessoas que cobiçam o que pertence a outros. Deus os castigará se cometerem este pecado. O governo confiscará vossos bens".

O perverso traço de desejar os bens dos outros faz com que a pessoa se torne criminosa, pois em seu impulso de obter o objeto de desejo, é capaz de tornar-se violento se lhe for negado. Pode estar preparado até para matar o dono de seu desejo.

Enquanto os primeiros cinco Mandamentos mencionam o Nome de Deus, este é omitido dos cinco últimos. Deus disse: "Que Meu Nome não seja associado a assassinos, adúlteros, ladrões, testemunhas falsas e pessoas invejosas e cobiçosas".

Mandamentos dados após os 10 Mandamentos

Depois dos Dez Mandamentos, Deus encomendou aos judeus outro preceito. Disse a Moisés que lhes ordenasse: "Está proibido talhar imagens de pessoas, do sol, da lua, das estrelas ou anjos de madeira, pedra ou qualquer outro material. Mesmo se não têm intenção de adorar estas figuras, está proibido fazê-las. Assim, ficarão afastados da adoração de ídolos".

Naquele mesmo dia, Deus também transmitiu as leis relacionadas com a construção de um altar.

O povo judeu também recebeu no dia da Outorga da Torah, as Leis Civis Divinas, incorporadas à próxima parashá (Mishpatim).

O preceito de não construir um altar com pedras tocadas por ferro

Deus também enunciou algumas leis sobre como se devia construir um altar:

1. O altar deve estar apoiado sobre o piso. Não deve construir-se sobre pilares ou outro tipo de apoio.

2. O altar de cobre para o sacrifício de animais no pátio do Tabernáculo deve estar cheio de terra. Esse altar era oco por dentro para poder ser preenchido com terra.

3. Não se pode utilizar para cortar pedras para o altar do Templo Sagrado, nenhum instrumento de ferro, como machado ou similar.

Deus ordenou a Moisés: "As pedras utilizadas para a construção do altar não podem ter sido cortadas por ferro. Portanto, não podem cortá-las na medida certa com cinzel ou martelo"!

O ferro é utilizado para fazer instrumentos com fins destrutivos. O altar é construído para trazer paz, e longa vida ao mundo, pois Deus perdoa nossos pecados e abençoa o mundo em razão dos sacrifícios que são oferecidos sobre ele. Por isso, nenhum instrumento que possa ser utilizado para encurtar a duração da vida humana pode ser levado em contato com o altar.

Deus disse: "Não deve o ferro, que corta a vida, tocar o altar que aumenta a vida"! Disto aprendemos algo muito importante: Deus ordenou que nenhum instrumento de ferro toque o altar, porque o altar traz a paz. Com certeza, Deus não permitirá que sofra dano alguém que faz a paz entre duas partes num conflito! Esta pessoa será seguramente protegida por Deus.

As pedras para o altar eram das profundezas da terra ou do mar, onde não poderiam ser tocadas por ferro.

O preceito de que escadas não podem conduzir ao altar

Sobre a construção de um altar Deus também ordenou: "Não construam escadas que conduzam ao altar. Construam, em vez disso, uma rampa que conduza a ele".

Os degraus de uma escada fariam com que os sacerdotes alongassem o passo de maneira imodesta. Portanto o aceso ao altar se dava somente através de uma rampa.

Mesmo subindo a rampa, os cohanim tinham que andar devagar, dando pequenos passos, para evitar qualquer postura que possa parecer imodesta. Eles subiam ao altar de maneira digna, a fim de dar o devido respeito ao Tabernáculo e ao Templo Sagrado.

Mais ainda, a Torah afirma que seria desrespeitoso às próprias pedras do altar se o sacerdote subisse de maneira imodesta. Isto nos ensina uma importante lição. Se Deus insiste que se deve dar respeito até a pedras inanimadas, quão mais sensíveis devemos ser com a honra de nosso semelhante, que foi criado à Sua imagem!

Correspondência bíblica

A Voz:

Dt 4,36: "Do céu Ele te fez ouvir a sua voz para te ensinar, sobre a terra te fez ver o seu grande fogo e do meio do fogo ouviste suas palavras".

Dt 5,22.26: "Estas foram as palavras que o SENHOR dirigiu a toda a vossa comunidade sobre a montanha, do meio do fogo, da nuvem e das trevas, com voz forte. Sem acrescentar mais nada, Ele as escreveu em duas tábuas de pedra e as entregou a mim. Qual o mortal, como nós, que ouviu a voz do Deus Vivo falando do meio do fogo e continuou vivo"?

Dt 28,1.62: "Se obedecerdes fielmente à voz do SENHOR teu Deus, observando e praticando todos os mandamentos que hoje te prescrevo, o SENHOR teu Deus te elevará acima de todos os povos da terra. Serás reduzido a um pequeno punhado de gente, tu que eras tão numeroso como as estrelas do céu, por não teres escutado a voz do SENHOR teu Deus".

2Sm 22,14: "O SENHOR trovejou do alto do céu e o Altíssimo fez ouvir a sua voz".

1Rs 19,13: "Ouvindo isto, Elias cobriu o rosto com o manto, saiu e pôs-se à entrada da gruta. Ouviu, então, uma voz que dizia: 'Que fazes aqui, Elias?'".

Sl 19,4: "Por toda a terra difundiu-se a sua voz e aos confins do mundo chegou a sua Palavra. Lá ele armou uma tenda para o Sol".

Sl 29, 4: "A voz do SENHOR se faz ouvir com força, com majestade se faz ouvir a voz do SENHOR"

Pr 1,20: "A Sabedoria, lá fora, está clamando, levanta sua voz nas praças".

Ct 5,2: "Eu durmo, mas meu coração vigia. É a voz do meu amado a bater".

Is 6,8: "Ouvi, então, a voz do SENHOR que dizia: 'A quem enviarei? Quem irá por nós?' Respondi: 'Aqui estou! Envia-me!'"

Br 2,10: "Mas nós não soubemos ouvir a sua voz, nem andamos de acordo com os mandamentos que pôs bem diante dos nossos olhos".

Mt 3,17: "E do céu veio uma voz que dizia: 'Este é o meu Filho amado; nele está meu pleno agrado'". (Cf. Mc 1,11, Lc 3,22 – Batismo de Jesus)

Mc 9,7: "Desceu então uma nuvem cobrindo-os com sua sombra. E da nuvem saiu uma voz: 'Este é o meu Filho amado. Escutai-o'" (Cf. Lc 9,35 - Transfiguração).

Jo 5, 25. 28: "Em verdade, em verdade, vos digo: vem a hora, e é agora, em que os mortos ouvirão a voz do Filho de Deus e os que a ouvirem viverão. Não fiqueis admirados com isso, pois vem a hora em todos os que estão nos túmulos ouvirão a sua voz".

Jo 10,27: "As minhas ovelhas escutam a minha voz, eu as conheço e elas me seguem".

Jo 11,43: "Dito isto, exclamou com voz forte: 'Lázaro, vem para fora!'".

Jo 12,28.30: "Pai, glorifica o teu Nome! Veio então uma voz do céu: 'Eu já o glorifiquei, e o glorificarei de novo'. Jesus respondeu: Esta voz que ouvistes não foi por causa de mim, mas por vossa causa".

Jo 18,37: "Pilatos disse: 'Então, tu és rei?' Jesus respondeu: Tu dizes que eu sou rei. Eu nasci e vim ao mundo para isto: para dar testemunho da verdade. Todo aquele que é da verdade escuta a minha voz".

Hb 3,7: "Por isso – como diz o Espírito Santo - 'hoje, se ouvirdes a sua voz'".

At 7, 31: "Moisés ficou admirado com a visão e aproximou-se para olhar de perto. Então se fez ouvir a voz do SENHOR".

At 9,4.5: "Caindo por terra, ouviu uma voz que lhe dizia: 'Saulo, Saulo, por que me persegues?' Saulo perguntou: 'Quem és tu, SENHOR?' A voz respondeu: 'Eu Sou Jesus, a quem tu estás perseguindo'".

At 10,13: "E uma voz lhe disse: 'Levanta-te, Pedro, mata e come!'".

At 11,9: "A voz me falou pela segunda vez: 'Não chames impuro o que Deus tornou puro'".

Ap 3,20: "Eis que estou à porta e bato; se alguém ouvir minha voz e abrir a porta, eu entrarei na sua casa e tomaremos a refeição, eu com ele e ele comigo".

Ap 5,11.12: "Eu vi – e ouvi a voz de numerosos anjos, que rodeavam o trono, os Seres vivos e os Anciãos. Eram milhares de milhares, milhões de milhões, e proclamavam em alta voz: 'O Cordeiro imolado é digno de receber o poder, a riqueza, a sabedoria e a força, a honra, a glória e o louvor'".

19 - Ex 21,1 - 24,18 - MISHPATIM - מישפטים
Jr 34,8 - 22; 33,25-26

- Lembramos muitas vezes dos milagres, da ação de Deus em favor do seu povo. O milagre do pequeno frasco que não se esgotou o óleo de Hanucá, a saída do Egito na Páscoa, a proteção divina no deserto em Succot, a intervenção de Deus no Monte Sinai com a promulgação dos 10 Mandamentos em Shavuot.
- No começo do mês qual é o milagre que se celebra especialmente? A resposta que os sábios dizem é que Deus continua mantendo o povo judeu vivo e agindo na história depois das tempestades dos tempos para que possam dizer a Deus a sua gratidão.
- Essa porção da Palavra de Deus trata sobre diversas leis que decorrem a partir dos 10 Mandamentos e nos deveres e comportamentos mais detalhados deles com relação a Deus e com o próximo.
- O primeiro versículo do trecho desta semana tem um ponto em comum com o 1° Mandamento: a escravidão. De um lado "Eu sou o Eterno teu Deus que te fez sair do Egito, da casa da escravidão" e por outro lado, "Ao comprares um escravo hebreu, ele te servirá durante seis anos, mas no sétimo sairá livre, sem pagar nada" (Ex 21,2).
- O comentarista Rachi diz: "Os filhos de Israel são os servidores de Deus, e eles não tem senão um único SENHOR e não podem pertencer perpetuamente a outros senhores, pois eles também são servos de Deus". Um ser humano não pode ser de modo algum servo de outro servo.
- Outro exemplo: O primeiro mandamento não fala de Deus como "Criador do Universo, do Céu e da Terra", mas "Deus nos libertou do Egito para que nós sirvamos a Ele e a nenhum outro".
- Uma lei semelhante aparece no trecho da Palavra de Deus desta semana: "Tu não maltratarás o estrangeiro e nem o oprimirás, pois vós fostes estrangeiros no Egito" (Ex 22,21).
- Essa frase muitas vezes aparece como um refrão na Bíblia dito a Israel, para lhes mostrar como deve ser seu comportamento para com o estrangeiro.

- Após as razões que culminaram no Dilúvio, após aquelas outras que interromperam a construção da Torre de Babel, após a má conduta dos habitantes de Sodoma e Gomorra, e por fim após a dura escravidão no Egito, Deus quer dizer aos seus filhos de Israel: "Não oprima o pequeno porque vós fostes estrangeiros no país do Egito".
- Como uma tendência natural do ser humano que parece inclinado a oprimir os elementos mais frágeis de uma sociedade, assim também Deus vem em auxílio do estrangeiro e também da viúva e do órfão, que não têm ninguém como protetor.
- No Talmud é por isso que se diz: "Se a Bíblia emprega dois termos que significam estritamente a mesma coisa, não maltratar e nem oprimir, é para nos indicar: tu não maltratarás o estrangeiro por ações e tu não oprimirás o estrangeiro por palavras!".
- "Ficai atentos!" É o que diz o próprio Deus aos filhos de Israel: lembrai-vos de que vós poderíeis ter sido aniquilados pela rude escravidão e pelas leis desumanas do faraó, e se isso não aconteceu foi por Minha causa que Eu vos salvei.
- Assim também, eu me colocarei como segurança e apoio do estrangeiro e vos castigarei como castiguei o faraó, se por acaso subir até a Minha Presença da parte do estrangeiro aquele clamor que vós mesmos elevastes diante de Mim na terra do Egito.
- Sobre esta revanche quase natural que temos de vingar-nos do malvado é que Deus nos adverte solenemente na Bíblia durante séculos e que nos foi transmitido de pais para filhos.
- Nessa porção da Palavra de Deus foram dadas várias leis sobre como viver em sociedade, com as pessoas e com os semelhantes.
- Todas essas leis, diz a Bíblia, nos foram dadas por Deus no Monte Sinai, para não pensarmos que é a própria sociedade quem ditaria suas leis.
- Respeitando todas essas leis que nos foram dadas por Deus, passaremos a ter uma fé mais forte em nosso Criador, que nos olhará com bons olhos e nos dará certamente aquilo que for necessário a cada um.

MISHPATIM – Seleções de Midrash a partir de Ex 21,1 – 24,18
Leis de conduta da Parashat Mishpatim

Muitas das leis neste trecho da Palavra de Deus *(parashá)* são tecnicamente complexas e estão além do alcance deste trabalho. Foi feita uma tentativa de dar um breve perfil da maioria dos preceitos, para permitir ao leitor apreciar a sabedoria Divina: "As leis de Deus são verdadeiras e justas em sua totalidade" (Salmo 19,10).

Os preceitos abaixo relacionados são mencionados neste trecho bíblico e também em outros lugares da Torah. Portanto, serão explicadas quando surgirem nos futuros trechos da Palavra de Deus a serem estudados:

- Não oprimir um convertido
- Emprestar dinheiro aos necessitados
- Ajudar a descarregar a carga de um animal dos outros
- Guardar as leis do ano sabático
- Celebrar Pêssach, Shavuot e Sucot (as três grandes festas de Peregrinação a Jerusalém).
- Levar primícias ao Templo Sagrado
- Não selar pactos com quaisquer das sete nações de Canaã

Mishpatim - as diretrizes divinas que regulamentam a conduta entre um judeu e seu semelhante

A Torah nos ensina que devemos observar duas classes de preceitos: ***Preceitos a respeito de Deus*** e os ***preceitos em relação às outras pessoas***. Esta parashá nos ensina leis que tratam do dano causado às pessoas ou as suas propriedades. Essas leis recebem o nome de *mishpatim*. Leis que regulamentam a conduta entre o homem e seu semelhante, e a vida em comunidade.

Deus entregou aos judeus os Dez Mandamentos no Monte Sinai na manhã de seis de Sivan (nome de um mês do calendário hebraico). No final daquele dia, Deus ensinou a Moisés as leis e estatutos e Moisés logo os ensinou ao povo judeu.

Alguns dos estatutos já tinham sido transmitidos aos Filhos de Israel enquanto acampavam em Mara, ainda antes da entrega da Torah, e os estatutos adicionais foram agora comunicados enquanto o povo ainda estava reunido aos pés do Monte Sinai.

Da mesma forma que a rainha nunca deixaria o palácio para dar um passeio, a não ser que tivesse previamente mandado um exército de guarda-costas fortemente armados à frente e outra tropa armada na retaguarda para assegurar-se de que nenhum intruso conseguiria se aproximar, similarmente, os Dez Mandamentos foram precedidos e seguidos pelos estatutos, já que estes são básicos para a sobrevivência da civilização humana. Os Sábios de Israel afirmam na Ética dos Pais: "Sobre três pilares o mundo se sustenta - verdade, justiça e paz".

Deus ordenou a Moisés: "Ensine os estatutos e leis ao povo de Israel, de maneira similar a de quem arruma a mesa. Disponha-os de maneira clara e elucidativa!"

Moisés esforçou-se ao máximo para apresentar as leis num sistema claro. Como recompensa, a Torah liga seu nome aos estatutos, registrando (Êxodo 21,1): "E estes são os mishpatim (estatutos) que você disporá diante deles".

Deus mandou Moisés avisar o povo de que qualquer disputa entre eles, ou qualquer reivindicação que um judeu possa ter contra outro deve ser estabelecido pela lei da Torah, num tribunal judaico, e não perante um tribunal gentio.

Um judeu é proibido de ir a um tribunal de justiça não judeu para uma decisão judicial (a não ser que receba permissão de um tribunal rabínico), pois isto diminui a autoridade da Torah e causa uma profanação do Nome Divino.

Como Moisés ensinou a Torah ao Povo Judeu?

Como o povo judeu aprendia os novos preceitos de Moisés?

1 - Primeiro Deus ensinava a Moisés o preceito, ou vários preceitos juntos.

2 - Então, o irmão de Moisés, Aarão, entrava na tenda de Moisés. Este ensinava a Aarão tudo que havia aprendido.

3 - Entravam os filhos de Aarão, Eliezer e Itamar. Moisés lhes repetia o preceito. Ao mesmo tempo, Aarão, que estava ali sentado, escutava.

4 - Em seguida, entravam os setenta anciãos. Novamente Moisés repetia o preceito enquanto Aarão e seus filhos escutavam. Os anciãos se sentavam.

5 - Finalmente, todo o povo se reunia. Pela quarta vez, Moisés repetia o que havia escutado de Deus.

6 - Agora Moisés saía. Aarão se punha de pé e voltava a ensinar o preceito a todos os presentes, e depois saía.

7 - Então Eliezer e Itamar repetiam o preceito em voz alta e saíam. Desta forma se ensinava a todo judeu o novo preceito quatro vezes.

Mais tarde, os judeus continuavam conversando sobre os preceitos. Os anciãos tinham a tarefa de assegurar-se que todos compreenderam e conheceram bem cada preceito.

Aprendemos daqui que não basta estudar os ensinamentos da Torah apenas uma vez. Para conhecer bem esses assuntos, é necessário repetir o estudo várias vezes.

O estudante que não podia recordar o que aprendia

Um estudante de Torah estava muito triste e desalentado. Sempre estudava Torah, mas se esquecia do que havia aprendido.

Seu mestre, Rabi Shimon bar Yochai, já não vivia. De modo que o estudante foi à tumba de Rabi Shimon bar Yochai, onde se lamentou amargamente. "Se não posso me lembrar do que aprendo, como poderei tornar-me um sábio?"

Naquela noite o estudante teve um sonho. Rabi Shimon bar Yochai lhe aparecia e dizia: "Se você jogar três pedras em minha direção, eu virei!"

"Qual o significado deste sonho?" - perguntou-se o estudante. Foi a um sábio que sabia interpretar sonhos.

O sábio explicou: "Não recordas o que aprendes porque não o repetes o suficiente. Teu mestre estava lhe dizendo isso. Se repetires tudo três vezes, lembrarás".

O estudante aceitou o conselho. Daí em diante, cuidou de repetir tudo que aprendia, e não esqueceu mais.

O escravo hebreu vendido pelo Tribunal

O preceito referente ao escravo hebreu foi escolhido para ser o primeiro da parashá de Mishpatim. O Povo de Israel foi libertado do Egito a fim de tornar-se servo de Deus. Um judeu deve tratar seu servo com consideração. Todo senhor hebreu deve libertar seu escravo o mais tardar seis anos após o início de sua servidão.

Nossa parashá trata de um ladrão que não consegue reembolsar o que roubou. O ladrão é vendido pelo tribunal a fim de reembolsar a vítima de seu crime com o dinheiro da venda.

Moisés ensinou aos judeus: "Um judeu que roube dinheiro e não possa devolvê-lo deve ser vendido como servo a outro judeu. Será vendido pelo tempo necessário para devolver o dinheiro que roubou. Porém, não pode ser vendido por mais de seis anos".

Os juízes do tribunal que vendiam o ladrão tomavam o dinheiro da venda e o devolviam à pessoa que foi roubada.

Como tratar um Judeu que é vendido como servo

Embora o ladrão tenha pecado e seja castigado tornando-se escravo, a Torah ordena que seu amo o trate bem. A Torah refere-se ao ladrão como 'escravo', porém seu dono não pode utilizar o termo 'escravo' como uma alcunha desdenhosa. Deve considerá-lo um irmão. De fato, de acordo com a lei da Torah, o mestre deve conceder a seu escravo hebreu condições tão excelentes que deve parecer ao empregador que não adquiriu um servo para si, mas sim um senhor! É evidente que, na Torah, a posição do servo é mais que tolerável, pois ao fim de seis anos de servidão, o servo pode dizer (21,5): "Amo meu senhor... não quero ser libertado".

Algumas das leis da Torah concernentes ao escravo hebreu são:
1. Um amo que compra um servo judeu não pode vendê-lo a ninguém mais.
2. É proibido encarregá-lo de trabalhos desnecessários, por exemplo, "Ferva-me água" quando não deseja água.
3. Tarefas inferiores e humilhantes também são proibidas, tais como lavar os pés de seu amo, ou calçar-lhe os sapatos; mesmo se estas mesmas tarefas sejam realizadas de bom grado por um filho a seu pai, ou por um discípulo a seu mestre.
4. O amo não deve obrigar o servo a trabalhar habitualmente de noite. Pode usá-lo somente durante o dia.
5. Um senhor deve compartilhar qualquer tipo de alimento que possuir. Se ele comer pão branco, não pode alimentar o escravo com pão preto. Se beber vinho, não pode dar água ao escravo. Se ele dormir sobre uma cama boa, não pode deixar o escravo dormir sobre palha.
6. Se o amo tiver apenas uma forma de pão ou uma taça de vinho bom, ou somente um travesseiro, o amo deve dá-lo ao escravo.
7. Se o escravo já tiver alguma profissão antes de servir ao amo, é proibido pedir-lhe que realize qualquer tipo de trabalho, a não ser os que já estava acostumado a fazer.
8. A servidão de um escravo hebreu jamais excede seis anos, a partir da data em que foi vendido. Após seis anos, é automaticamente libertado. Se, durante este período, o escravo ficar doente e o amo incorrer em despesas por sua causa; mesmo assim o escravo não lhe deve nada ao partir.
9. Se, quando iniciar a servidão ele for casado, é obrigação de seu amo sustentar também sua esposa e filhos.
10. Se o escravo for solteiro, o amo não pode lhe entregar uma criada canaanita para viver com ele; a fim de adquirir novos escravos advindos dessa união.
11. Se for casado ao ingressar na servidão, o amo pode lhe entregar também uma criada canaanita, com o objetivo de criar os escravos para si.

A Torah provê de maneira maravilhosa a um ladrão que não consegue reembolsar o roubo. Em vez de trancafiá-lo atrás das grades, e expor a família ao destino de vergonha e fome, Deus coloca o ladrão em meio a uma família judia. Seu amo não apenas providencia as necessidades do servo, mas também as de sua esposa e filhos. Contudo, para conscientizá-lo de quão baixo afundou, o amo pode entregar-lhe uma criada canaanita, cujos filhos permanecem sob a posse do dono. Este é um tipo de casamento proibido a um judeu livre. Esta situação deve fazer com que o ladrão se conscientize de sua auto-imposta degradação, e dar-lhe incentivo para elevar-se, de modo que o sétimo ano possa libertá-lo não apenas dos laços físicos, mas encontrá-lo também como um homem espiritualmente livre, pronto para reingressar na sociedade como uma pessoa digna novamente.

Quando o servo é posto em liberdade

Não obstante, um judeu não pode seguir sendo servo toda a vida. Quando o servo é posto em liberdade?

1. O servo judeu é posto em liberdade no começo do sétimo ano a partir de sua venda. Ele nunca pode ser vendido por mais de seis anos. Ao ir embora não precisa pagar nenhum dinheiro ao amo. Ao contrário, o amo deve dar-lhe presentes (como leremos na Parashá Reê).
2. Se durante os anos de serviço ocorrer um ano Jubileu (Yovel), o servo será posto em liberdade ao começo do ano Jubileu. (Depois de cada sete anos sabáticos, o qüinquagésimo ano é um ano Jubileu).
3. Se alguém dá ao servo dinheiro para comprar sua liberdade, este pode pagar o saldo devido ao amo e se libertar. Por exemplo, se foi vendido por um período de três anos a um preço de três mil reais, mil reais por ano, pode redimir-se ao final do primeiro ano pagando ao amo dois mil reais, ou, ao final do segundo ano, pagando mil reais.
4. Se o amo morre e não tem filhos, o servo é posto em liberdade. Se o amo tem um filho, o servo continua trabalhando para o filho.
5. Se o amo deseja pôr o servo em liberdade antes que expire seu período, pode fazê-lo.

O servo cujo senhor lhe faz um furo na orelha

Quando o servo cumpriu o número de anos estipulado, o amo lhe diz: "Estás livre!" O servo pode contestar: "Não quero ser livre, gosto de ti, e gosto da minha mulher (a escrava canaanita) e meus filhos. Não quero ser livre!"

Neste caso, o amo apresenta o servo num tribunal integrado por três juízes. Estes põem o servo junto a uma porta. Com um instrumento de ferro pontiagudo lhe furam a orelha. Este servo é chamado eved nirtsá, o servo cuja orelha foi furada. Permanece então ao serviço do amo, até que este morra. Mesmo assim, se ocorrer um ano Jubileu, o servo é posto em liberdade.

Porque se fura a orelha de um judeu que quer continuar sendo servo e por que se faz isto junto a uma porta?

Deus quer que todos os judeus sejam Seus servos. Disse ao povo judeu na Outorga da Torah: "Sois meus escravos porque os libertei do Egito".

Um judeu que é escravo de um amo humano não pode servir bem a Deus. Não é livre para estudar Torah e cumprir os preceitos todas as vezes que desejar. Deve estar sempre à disposição de seu amo. Portanto, quando um servo judeu decide continuar servindo a seu amo depois de seis anos, está escolhendo servir menos a Deus.

Deus disse sobre ele: "Não escutaste no Monte Sinai que deves servir a Mim? Parece que não escutaste bem; por que preferiste servir a um amo humano? Como sinal de que não escutaste bem, tua orelha será furada! Isto demonstrará que não estou satisfeito contigo!"

Qual o motivo de realizar a cerimônia ao lado da porta? Deus disse: "Durante a Praga da Morte dos Primogênitos, o povo judeu, no Egito, colocou sangue sobre os batentes e umbrais de sua porta. Poupei-o em mérito desse preceito, a fim de que viva para tornar-se Meu servo. Um judeu que, doravante, voluntariamente deseja tornar-se um escravo de outro ser humano deve ser assim denominado na frente de um batente!" Isto deve fazer o homem refletir: "Deus preferiria que Lhe servisse, e não a um amo humano".

Mais ainda, a porta que conduz à rua foi escolhida como o local para este rito, a fim de que os transeuntes possam censurá-lo, dizendo: "Por que você quer ser um escravo, se a lei da Torah lhe concedeu liberdade?"

De todos os órgãos por que é a orelha que deve ser furada? Deus disse: "Que a orelha seja furada, pois ela escutou no Monte Sinai: 'Não roubarás,' e mesmo assim seu proprietário ignorou o Mandamento e cometeu um roubo!"

As leis da serva hebréia

Se um homem empobrece e vende suas posses, seus campos e sua casa, contudo ainda não consegue honrar suas obrigações financeiras, pode então vender uma filha com idade abaixo de doze anos como escrava. Ela se torna criada numa casa judia (Uma mulher, porém, não é vendida pelo tribunal por roubo).

O dono da casa ou seu filho têm um preceito especial da Torah de casar-se com ela. A Torah, desta maneira, provê para ambos, o pai empobrecido e a filha. Se o dono da casa se casa com ela, o dinheiro que pagou por sua aquisição constitui-se, então, no dinheiro do kidushin (núpcias).

Se nem o dono ou o filho quiserem se casar com ela, devem cooperar assegurando que seja redimida rapidamente, concordando em deduzir o tempo que já serviu do preço do resgate. Se o pai que a vendeu se torna abastado, deve redimi-la.

Todas as leis concernentes ao tratamento respeitável que o amo deve dispensar ao escravo hebreu também se aplicam à escrava hebréia. Ademais, o amo não pode enviá-la em missões à feira ou mercado como um homem; ao contrário, deve fazê-la assistir a dona da casa.

Ela é libertada se mostrar sintomas de amadurecimento físico, se seu amo morrer, se os seis anos de servidão findarem, ou se chegar o ano Jubileu. (As leis de uma possível prorrogação da servidão furando a orelha não se aplicam às moças).

Punição por assassinato

Morte não intencional:

Se uma pessoa mata alguém por engano, não tendo intenções prévias de lhe causar dano, deve fugir para uma das cidades refúgio. São cidades de refúgio especiais, estruturadas para este propósito (como será explicado futuramente na parashá de Maassê).

Assassinato premeditado:

Um homem que deliberadamente mata outro na presença de testemunhas, e após ter sido advertido sobre a proibição da Torah de cometer assassinato, ele é passível de pena capital pelo tribunal.

A proibição de um judeu ferir os pais e maldizê-los

Um rapaz acima de treze anos ou uma moça acima de doze, que desfere um golpe em um de seus pais, causando um ferimento que sangre é passível de pena capital, contanto que a criança tenha sido advertida, e duas testemunhas tenham presenciado o ato.

Ferir deliberadamente os pais é o ápice da ingratidão com aqueles que o trouxeram a este mundo, e fizeram-lhe tanta bondade. O Talmud nos relata que o grande erudito de Torah, Rav, nunca permitiu a seu filho tirar-lhe um espinho da mão ou pé, para que o filho não provocasse um sangramento no pai.

Um rapaz acima de treze anos, e uma menina acima de doze, que amaldiçoam um dos pais com um dos Nomes de Deus é passível de pena capital, se foi advertido e a maldição foi pronunciada na presença de duas testemunhas. Esta lei se aplica mesmo se os pais já faleceram.

Compensação por ferir uma pessoa

Se uma pessoa, desferindo um golpe em outra, causa-lhe danos em uma ou mais das cinco maneiras abaixo, deve pagar restituição:

1. causar ferimentos físicos: Se o agressor causa à vítima a perda, incapacidade ou ferimento de um olho, dente, mão, pé ou qualquer outro membro ou órgão, o tribunal calcula em quanto o valor deste homem será diminuído por causa de sua deficiência, se fosse vendido como escravo. O atacante deve pagar a soma que o tribunal calculou como o valor do membro. (O valor dos membros ou órgãos não pode ser padronizado, uma vez que sua importância varia de acordo com a profissão do homem. Alguém que ganha a vida através de trabalho manual e perde a mão recebe compensação maior que um intelectual que perde a mão.)

2. causar dor: Além de compensar a vítima pelo dano sofrido através da perda, incapacidade ou ferimento de um membro, ele deve pagar por qualquer dor causada pelo acidente. A quantia do pagamento depende da gravidade da dor.

3. causar despesas médicas: O atacante é responsável pelos honorários e outras despesas médicas resultantes do ferimento.

A Torah afirma (Ex 21,19): "e ele pagará as despesas do médico," de onde deduzimos a regra de que é permitido a um judeu tentar curar um doente.

Quando Rabi Yishmael e Rabi Akiba andavam juntos nas ruas de Jerusalém, foram abordados por um doente que lhes perguntou: "Meus mestres, por favor, aconselhem-me, como posso me curar?"

Instruíram-no sobre os medicamentos adequados a serem tomados. Então os questionou: "E quem me fez ficar doente?"

"O Criador," replicaram. "Se é assim," argumentou, "vocês não devem intrometer-se em Seus assuntos. Uma vez que Ele me fez adoecer, porque transgridem Sua vontade tentando curar-me?"

Explicaram a resposta expondo-lhe uma questão:

"Qual a sua profissão?" - perguntaram. "Sou fazendeiro," retrucou.

"Quem faz as uvas de seu vinhedo crescerem?" - perguntaram-lhe.

"O Criador," foi sua resposta. "Por que, então, você semeia, ara e cultiva o vinhedo, intrometendo-se em Seus assuntos?" - perguntaram.

"O vinhedo não produzirá," respondeu, "a não ser que eu limpe a terra, tire as pedras, fertilize e are a terra!"

Então lhe disseram: "Agora perceba a tolice de sua pergunta! Os homens reagem da mesma maneira que as plantas do campo; como a planta se desenvolverá apenas se for nutrida e aguada adequadamente, assim o corpo humano florescerá somente se lhe fornecerem nutrição e medicamentos adequados".

4. causar abstenção do trabalho: Se o agressor causar perda financeira à vítima, impedindo-a de comparecer ao trabalho, deve pagar por cada dia que a vítima faltou ao trabalho.

5. causar humilhação: Mesmo se um homem insulta outro verbalmente, ou desfere um golpe que não causou dano real, mas apenas o humilhou, o assunto é levado ao tribunal. Os juízes estimam o total da compensação financeira que é devida à vítima pela vergonha sofrida. O atacante deve pagar a soma determinada pelo tribunal.

Embora o atacante compense a vítima pelos danos, Deus não o perdoa a menos que se peça perdão à vítima. Esta não deve ser mesquinha, e deve perdoar o atacante.

Dano causado por um animal pertencente a um judeu

Se um judeu é proprietário de um animal e este causa dano, a Torah estipula quanto se deve pagar pelo prejuízo.

Se um dos seguintes animais causa dano, o dono é responsável pelo pagamento total do prejuízo: lobo, leão, urso, pantera, leopardo ou serpente. Já que são animais selvagens, são propensos a causar danos, portanto o dono é completamente responsável pelos seus prejuízos. Não adianta dizer que ele domesticou o animal; ele deveria tê-lo guardado cuidadosamente para evitar danos.

Se um animal doméstico - em geral inofensivo - causa dano, o dono deve pagar metade do dano. Se o animal tem chifre, como o boi ou a cabra, mas geralmente não ataca com seus chifres, o dono paga a metade dos danos.

Se um animal ataca uma pessoa ou outro animal em três ocasiões, o dono é advertido pelo tribunal que cuide do animal. Este é considerado um animal "advertido". Depois disso, o dono deve pagar a totalidade dos danos causados pelo animal.

Que acontece se um animal mata uma pessoa?: O animal é apedrejado pelo tribunal até morrer. É proibido ao dono fazer o abate do animal antes de ser apedrejado, para comê-lo ou vendê-lo.

Se este animal já matou pessoas com seus chifres em três ocasiões, e seu dono já foi advertido, ele é considerado um animal "advertido". O dono então paga uma soma de dinheiro estipulada pelo tribunal à família da vítima.

Se o animal não era "advertido", é apedrejado, mas o dono não deve pagar nenhum dinheiro.

Restituição de propriedade roubada ou danificada

A Torah nos proíbe tomar o que não é nosso. Roubar está proibido, mesmo que o objeto seja de valor escasso. Se um judeu roubou algo de outro judeu, este deve compensá-lo pelo roubo da seguinte forma:

Se duas testemunhas percebem um artigo roubado entre as posses de um homem, ou em sua propriedade, o ladrão deve devolver o próprio artigo, e ainda acrescentar o equivalente de seu valor em espécie. Se já não puder devolver o artigo roubado, deve restituir o dobro do valor do artigo, pagando o dobro do que roubou. Esta lei aplica-se apenas nos casos em que o ladrão agiu furtivamente.

Contudo, se alguém roubou em plena luz do dia, deve restituir apenas o item roubado, mas não o valor em dinheiro. O que roubou à noite é considerado mais culpado que o outro, pois ao agir secretamente, demonstrou que teme apenas as pessoas, mas não o Todo-Poderoso.

A Torah exige reembolso maior para um boi ou carneiro roubado. Se alguém rouba um boi, abate-o e vende, deve reembolsar o valor de cinco bois. O reembolso por um carneiro roubado é de quatro carneiros.

A Torah pune o ladrão de bois e carneiros mais severamente que o que rouba qualquer outra propriedade, pois esses animais constituem a propriedade mais valiosa de um fazendeiro, sem a qual sua subsistência fica ameaçada.

Por que o reembolso por um carneiro é quadruplicado, enquanto a Torah exige reembolso de cinco bois para um boi roubado?

1. O boi é o mais valioso dos dois, uma vez que realiza trabalhos para seu dono, enquanto o carneiro não.
2. Deste modo Deus nos ensina que Ele se preocupa com a honra de cada ser humano, até com a de um ladrão. Enquanto rouba o carneiro, o ladrão tem que se degradar, pois o carrega sobre os ombros. Um boi, contudo, é facilmente levado embora. Deus leva sua vergonha em consideração, e diminui o pagamento.

A proibição de enganar

A Torah considera ladrão não apenas aquele que rouba propriedade, mas também o que age de maneira enganosa com outros. Incluídos nesta categoria estão:
- Aquele que insiste para que o outro jante consigo, enquanto em seu íntimo não deseja tê-lo como visita.
- Aquele que oferece presentes a outro, sabendo de antemão que este não os aceitará.
- Um vendedor desonesto no que concerne a pesos e medidas.
- O vendedor que mistura artigos de alta qualidade com mercadoria mais inferior, enganando assim, o comprador.

Algumas leis sobre danos causados pelo fogo

Se um judeu acendeu um fogo que causou dano, tem que pagar o dano completo. Mesmo que tenha feito o fogo em sua propriedade, se este se estender à propriedade de outra pessoa, deve pagar a totalidade. Se o fogo causou dano a outra pessoa, o homem que causou o incêndio deve os cinco danos enumerados acima. Se um judeu é responsável pelo incêndio da casa de outra pessoa, paga não somente pela casa como por tudo que ela contém.

O que aconteceu ao homem que prejudicou uma propriedade pública

Um homem estava tirando pedras de seu jardim. Inclinava-se, recolhia as pedras, e as jogava por cima da cabeça até a rua. Um justo que passava disse: "Amigo, não estás agindo corretamente! Estás jogando pedras de uma propriedade que não é tua a uma propriedade que é tua!"

"Que maneira curiosa de falar", zombou o homem. Riu das palavras do justo e continuou jogando pedras à rua.

Alguns meses mais tarde, o homem perdeu seu dinheiro e foi obrigado a vender o jardim para pagar as dívidas. Ao passar pela rua em frente ao jardim, tropeçou e caiu.

"Quem foi o idiota que pôs pedras no meio da rua para fazer tropeçar quem passa?" - pensou. Logo se lembrou. Ele mesmo o havia feito! Eram as mesmas pedras que havia jogado de seu jardim alguns meses antes. O justo tinha razão! O jardim realmente não lhe pertencia e a rua não era propriedade sua, mas pertencia a todos. "Na próxima vez terei cuidado para não estragar a propriedade pública", pensou o homem, enquanto se levantava do chão e continuava seu caminho.

O que o judeu deve pagar se usar os bens de outro judeu e os estragar

A Torah divide as pessoas que cuidam dos bens dos outros em quatro grupos:

1 - Guardião não pago. Se um judeu cuida da propriedade de outro como favor - sem cobrar - e por acidente perde ou estraga algo, deve pagar pela perda e dano? Segundo a Torah, o guardião não pago não tem a obrigação de devolver o que estragou. Os juízes do tribunal o fazem jurar que não foi negligente no cuidado do animal ou da propriedade. Se foi negligente ou se causou o dano de propósito, deve pagar por ele.

2 - Guardião pago. Se um judeu contrata outro para cuidar de seus bens, e o contratado estragou alguma coisa por acidente, não tem obrigação de pagar por ela. Porém, se algo foi roubado ou perdido, tem que pagar pelo dano.

3 - Uma pessoa que aluga um animal ou objeto. As leis relativas à pessoa que aluga um animal ou objeto de outro são as mesmas que as aplicadas no segundo caso, do guardião pago.

4 - Uma pessoa que pede um objeto emprestado. Se um judeu pede emprestado algo que pertence a outro e o perde, ou é roubado, ou acidentalmente se quebra, deve pagar por ele. Não obstante, se o quebra ou danifica durante o uso normal, não é obrigado a pagar pelo dano.

O preceito do tribunal de executar quem pratica feitiçaria

O tribunal deve executar alguém que pratica feitiçaria na Terra de Israel. Apesar da Torah enunciar a advertência dizendo: "Não permita que uma bruxa viva" (Ex 22,17). Homens e mulheres devem igualmente ser punidos. A razão por que a Torah especifica mulheres é porque bruxaria era mais comumente praticada por mulheres.

Quando o Todo-Poderoso concedeu aos justos poder para realizar milagres, Ele simultaneamente também concedeu à humanidade a habilidade de realizar feitiçaria, através dos poderes da impureza. Assim sendo, as pessoas têm livre arbítrio para discernir entre a luz e a escuridão. Exercer bruxaria é considerado rebelião e negação dos Poderes do Céu.

O mandamento de ser bondoso com um convertido, órfãos etc.

O preceito de ser bondoso com um convertido

É um preceito ser especialmente amável com um convertido. Não podemos lembrar-lhe: "Não eras judeu!" Não devemos enganá-lo, pensando que está só e que não tem parentes que o ajudem, pois Deus é seu protetor.

A Torah completa: "Sabes como se sente um estranho. Todos vocês foram uma vez estrangeiros no Egito".

A proibição de afligir viúvas e órfãos

Deus advertiu tanto o tribunal quanto cada indivíduo a se empenhar em não afligir uma viúva ou órfão, sequer da mínima forma.

Deus disse: "Uma esposa que sofreu uma afronta pode se queixar a seu marido; e um filho oprimido geralmente chama seu pai para socorrê-lo. Como uma viúva e um órfão não têm ninguém que os defenda, se queixam para Mim. Vingarei cada um de seus clamores".

Deus quer que cultivemos traços intrínsecos de bondade e compaixão. Portanto, nos proibiu de dispensar tratamento inferior aos órfãos e viúvas por causa de sua posição mais fraca. A proibição de oprimir os órfãos e viúvas, de acordo com a interpretação dos Sábios, está na Torah para servir de exemplo para a regra geral de que é proibido tirar vantagem de qualquer pessoa fraca. É um preceito ser amável e prestativo com uma pessoa que esteja em situação em que se sente indefeso.

Não amaldiçoar um juiz, apesar de discordar de sua decisão

Além da proibição de não amaldiçoar nenhum judeu, Deus nos deu um mandamento especial, que proíbe amaldiçoar os juízes do tribunal. A proibição envolve amaldiçoá-los usando o Nome de Deus.

Um homem que tinha um litígio judicial foi absolvido pelo juiz. Ao deixar o tribunal, era só elogios ao juiz, proclamando a todos que homem maravilhoso este era. Noutra vez, teve outro processo judicial, que foi presidido pelo mesmo juiz. Desta vez, foi declarado culpado, "Este juiz é um perfeito idiota!" - declarou, deixando o tribunal.

Leis aplicáveis à Juízes, Testemunhas e Réus

Um juiz está proibido de escutar os argumentos de um litigante se o outro estiver ausente. Ambos precisam estar presentes ao mesmo tempo. Assim, se uma parte disser algo errado, a outra parte está ali para contradizê-lo.

O tribunal pode não aceitar o testemunho de um perverso. Os juízes não podem aceitar como testemunha um judeu que cometeu um pecado pelo qual poderia ser condenado à morte. Também não se aceita uma testemunha que cometeu um pecado pelo qual poderia ser açoitado. Também não são aptas a testemunharem pessoas que permitem que seu gado paste nos campos dos outros, e um apostador profissional.

O veredicto é pronunciado de acordo com o voto majoritário dos juízes.

Um não judeu perguntou a Rabi Yehoshua: "Sua Torah não lhe ordena a seguir a maioria? Nós, idólatras, ultrapassamos em muito o número de judeus. Vocês não são, então, obrigados a se juntarem a nós?"

"Você tem filhos?" - indagou Rabi Yehoshua. "Tenho," respondeu o não judeu. "Você tocou num ponto sensível, lembrando-me de meus problemas".

"Por quê?" - perguntou Rabi Yehoshua.

"Nunca desfrutamos de uma única refeição em paz," replicou o não judeu. "Quando nos sentamos para comer, um filho declara que seu deus deve ser abençoado, enquanto outro clama que deve-se reverência à sua divindade. Ao fim da refeição, todos estão machucados por causa da briga. Um tem hematomas roxos na testa, e o queixo de outro está ferido".

"Por que você não promove a paz entre eles?" - perguntou Rabi Yehoshua, "e decide que deus devem adorar?"

"Sou impotente nesse assunto," admitiu o não judeu.

"Você vê," declarou Rabi Yehoshua, "que vocês não são maioria, pois discordam entre si sobre que deus devem adorar".

A fim de garantir que os votos não sejam divididos em duas partes iguais, o número de juízes indicados para o tribunal deve ser sempre ímpar.

Para decidir um caso relativo a dinheiro, o tribunal deve ser sempre integrado por pelo menos três indivíduos.

Para decidir um caso de vida ou morte, o tribunal deve ser de pelo menos vinte e três juízes. Para condenar à morte o acusado, o voto da maioria não é suficiente. Deve haver uma maioria de pelo menos dois votos. Portanto, a pena capital só é aplicada se treze juízes considerarem o réu culpado.

Para absolvição, contudo, o voto majoritário por um é suficiente.

Um juiz não pode basear sua opinião sobre a de um juiz maior, ou sobre a da maioria dos juízes, raciocinando: "Sua conclusão com certeza está certa". Exige-se de cada juiz que esclareça o caso em sua mente e decida verdadeiramente, mesmo se sua conclusão será oposta ao ponto de vista da maioria. Se perder então a votação, não será responsável pelos resultados.

A advertência de não mentir: "Afaste-se de uma mentira!"

Este mandamento é direcionado a cada pessoa. Adverte-o para que evite se envolver em qualquer mentira ou fraude, pois "O Selo de Deus é a Verdade".

Há uma advertência geral para que um juiz evite o que quer que possa distorcer a veracidade do julgamento. Algumas implicações disto são:

1. Um juiz que percebe que errou não deve tentar procurar provas para substanciar sua sentença prévia, a fim de não admitir seu erro.

2. Se um juiz ou testemunha está ciente de que um de seus colegas é desonesto, deve recusar lidar com um caso junto com ele, mesmo se for conduzido de acordo com a lei.

Se o juiz tiver a impressão de que a testemunha está mentindo, mesmo se não conseguir provar, deve se retirar do processo, preferencialmente a decretar o veredicto. Que não diga: "Não é minha responsabilidade - a testemunha carregará a culpa".

3. Se um dos litigantes comparecer ao tribunal vestido elegantemente e o outro em trapos, deve-se ordenar que ambos vistam o mesmo tipo de trajes no tribunal, a fim de não distorcerem a objetividade do juiz.

O Conselho de Rabi Shimon

Certa vez um jovem se apresentou perante o grande Sábio Rabi Shimon e lhe disse tristemente: "Rabi, não sei o que fazer. Desejo tanto ser um bom homem e observar os preceitos, mas meu mau instinto sempre ganha.

Acabo cometendo muitos pecados. Especialmente quando vejo algo valioso e ninguém está olhando, não posso dominar-me e rapidamente o pego. Como posso melhorar?"

Shimon ben Shetach escutou o jovem e viu que ele queria seriamente ser uma pessoa melhor. Respondeu: "Promete-me observar uma coisa, e te salvarás de todos os pecados".

"O que devo observar?" - perguntou o jovem. "Nunca mentir. Nunca; não importa a causa".

"Posso prometer que o farei", respondeu o jovem, "mas como me ajudará a superar meu mau instinto?" "Você verá", respondeu Rabi Shimon. "Agora jura que nunca dirás uma mentira, mesmo que te seja muito difícil". O jovem jurou e se foi.

Pouco depois o rapaz observou que o vizinho saía de casa e deixava uma janela aberta. Foi fácil para ele entrar na casa enquanto ninguém olhava. Logo achou objetos valiosos. Havia um vaso dourado, e em um armário encontrou taças e candelabros de prata legítima. O jovem colocou todos os objetos de valor numa bolsa, assegurou-se de que a rua estava vazia, subiu na janela e saiu.

Sentia-se contente. Seu roubo nunca seria descoberto. Se o vizinho voltasse e lhe perguntasse: "Viste alguém na minha casa na minha ausência?" Eu lhe responderia: "Não, não vi...". Mas... Isto seria uma mentira. Não podia responder assim, pois havia jurado a Shimon ben Shetach de que nunca diria uma mentira! Pensou: "O que vou dizer se a polícia me interrogar? Não posso negar o roubo, pois estarei mentindo".

Caladamente, pegou o vaso, as taças e candelabros e os pôs na bolsa. Saiu e devolveu tudo ao vizinho, deixando tudo no lugar exato. Logo saiu.

Em pouco tempo, o vizinho chegou e saudou o jovem. Logo, este se sentiu profundamente envergonhado do que fizera e aliviado por haver devolvido.

"O conselho de Shimon ben Shetach foi bom," pensou. "Ao dizer somente a verdade, salvei-me de pecar".

O Tribunal não pode matar alguém que é inocente ou aceitar suborno

O tribunal é advertido: "Não mate o inocente e o virtuoso!"

Na prática, isto significa: Se o tribunal declarou que alguém deve ser sentenciado à morte, e subseqüentemente alguém expuser novos argumentos a seu favor, ou mesmo se o próprio réu sugerir algum argumento em sua defesa, seu caso é reaberto - mesmo se já tiver sido levado ao local da execução. O caso será revisado tantas vezes quanto forem levantados argumentos substanciais.

Contudo, se uma pessoa é absolvida no tribunal, seu caso não é reaberto, mesmo se forem encontradas novas provas de sua culpa.

É proibido executar um julgamento com base em provas circunstanciais, mesmo se a prova é clara, sem sombra de dúvidas. O julgamento da Torah deve ser administrado baseando-se apenas sobre provas de duas testemunhas oculares, que presenciaram o fato em primeira mão.

Rabi Shimon ben Shetach relatou: "Certa vez percebi um homem perseguindo outro. Segui-os e entrei numa ruína um momento depois deles terem lá chegado. Quando cheguei, vi um homem que jazia morto no chão.

O outro estava de pé a seu lado, segurando uma faca manchada de sangue, da qual o sangue fresco ainda pingava.

"Perverso!" - disse-lhe. "Sei que você é o assassino do que aqui jaz. Não obstante, não posso condená-lo, pois não há duas testemunhas que realmente presenciaram o assassinato. Que Deus, perante quem todos os assuntos ocultos são revelados, vingue a vítima!"

Rabi Shimon ben Shetach ainda não deixara as ruínas quando o assassino pereceu. Uma cobra saiu de um buraco, picando-o fatalmente.

Deus garante aos juízes que não precisam temer que um culpado escape à justiça, num caso em que a punição não é administrada por falta de testemunhas, ou outras razões fora de seu controle. "Pois", disse Deus: "Eu não absolverei o iníquo (Ex 23,7). Tenho muitos mensageiros para trazer a punição sobre quem a merece".

É proibido aceitar qualquer espécie de suborno

A Torah adverte o juiz: "Não aceite suborno!" É proibido a um juiz aceitar um presente de um dos litigantes. Deve recusar, mesmo se o presente foi dado com o entendimento de que deve julgar com veracidade, e mesmo se tem a firme intenção de julgar o caso corretamente, a despeito do presente. Suborno, além de presentes tangíveis, inclui qualquer tipo de favor ou palavras gentis que o juiz receba de uma das partes.

Nossos Sábios eram extremamente cautelosos em não julgarem em tribunais onde suspeitavam que poderia ter havido desvios. Isto é ilustrado pelos seguintes exemplos:

Quando o Sábio Samuel atravessou a ponte de um rio, recebeu ajuda de um transeunte. Samuel indagou sobre o bem estar do homem, que lhe informou que estava indo ao tribunal para uma audiência. "Não posso ser seu juiz", decidiu Samuel imediatamente, "Pois você me ajudou".

Rabi Yishmael empregou um arrendatário que costumava lhe trazer uma cesta de frutas de seu pomar toda sexta-feira. Certa vez, ele presenteou-o com a cesta na quinta-feira.

"Por que está me trazendo as frutas hoje?" - indagou Rabi Yishmael.

"Tenho uma audiência judicial amanhã," explicou o arrendatário. Rabi Yishmael não aceitou a cesta de frutas; não obstante se recusou s ser juiz neste caso, dizendo: "Não sou apto a ser seu juiz". Designou outro Sábio para lidar com o caso.

No dia seguinte, aconteceu de Rabi Yishmael estar passando ao lado do tribunal durante o desenrolar do processo. Entreouviu os argumentos que o arrendatário apresentou, e pensou: "Ele deveria ter argumentado de maneira diferente para vencer o caso!" De repente, percebeu que, em sua mente, favoreceu seu arrendatário sobre o outro litigante, e se preocupava que seu arrendatário vencesse.

"Amaldiçoado aquele que aceita suborno!" - exclamou. "Nunca aceitei a cesta de frutas de meu arrendatário. Não obstante, o suborno sugerido influenciou meus pensamentos a seu favor. Se alguém realmente aceita suborno e executa um julgamento, quão mais distorcido será seu julgamento!"

A natureza do suborno é que faz com que o juiz se identifique com o corrupto.

Esta afirmação é a prova da necessidade de consultar um sábio e estudioso da Torah para decidir os problemas da vida. O intelecto de uma pessoa é invariavelmente cegado por seus desejos. Ele é, portanto, incapaz de julgar objetivamente assuntos quando esses lhe dizem respeito.

A proibição de misturar carne com leite

Deus ordena o povo judeu (Ex 23,19): "Não cozinharás um bezerro no leite de sua mãe". Estas palavras são reiteradas em três diferentes locais na Torah, indicando três proibições diferentes sobre o assunto:
- É proibido comer uma mistura cozida de carne e leite.
- Não se pode tirar nenhum benefício de tais misturas, como presentear ou vender a comida a um não judeu.
- Carne e leite não podem nem ser cozidos juntos (mesmo quando não há intenção de ingeri-los).

Moisés disse a Deus: "Estou desconcertado! Tu me instruíste a escrever na Torah 'Não cozinharás o bezerro no leite de sua mãe'. Contudo, oralmente

Tu me explicaste que também é proibido comer os dois juntos! Permite-me escrever na Torah: 'Não comerás mistura de carne com leite!'". Deus respondeu: "Escreva como Eu disse, não mude Minhas palavras"!

Moisés insistiu: "Não seria possível que no decurso de seu longo exílio os Filhos de Israel possam esquecer a Explicação Oral da Torah?"

Deus respondeu: "Selei um pacto com eles, que garante que a Torah Oral jamais será esquecida por seus descendentes!"

Por que Deus nos proibiu comer leite e carne juntos? Esta lei da Torah recebe o nome de "choc", uma lei cuja razão não nos foi dada por Deus. Apesar do povo judeu não entender o preceito de não misturar carne com leite, todos aceitaram com perfeita fé, sem perguntar nem questionar.

Deus prediz a Moisés que um Anjo irá conduzi-los

Deus revelou a Moisés que o povo judeu pecará, no futuro. (Ele falava sobre o futuro incidente com o bezerro de ouro). Por isso a Shechiná (Presença da Divindade) não continuaria a conduzi-los. Em seu lugar, Ele enviará um anjo à frente do acampamento.

"Se vocês forem merecedores," disse Deus, "Eu Mesmo os guiarei, mas por causa de seu (futuro) pecado, Eu lhes enviarei Meu mensageiro, um anjo, que leva Meu Nome. Guardem-se de se rebelarem contra ele, pois é apenas um mensageiro, desprovido de poder para perdoar seus pecados como Eu faço!"

Após o pecado do bezerro de ouro, Deus queria cumprir Suas palavras e enviou um anjo à frente deles. Moisés, no entanto, protestou, dizendo: "A não ser que Tu nos guie pessoalmente, não partiremos daqui!"

Pelo mérito da grandeza de Moisés, Deus concordou. Enquanto Moisés estava vivo, Deus mesmo guiou o acampamento dos Filhos de Israel.

Depois, Deus enviou o mesmo anjo que Moisés recusara-se a aceitar para ajudar Josué na conquista de Israel. Josué aceitou-o de bom grado. O nível espiritual de Josué era bem inferior ao de Moisés, e por isso concordou feliz em ser guiado por um anjo.

Deus também predisse a Moisés que quando os judeus entrassem na Terra, os habitantes de Canaã ficariam tão amedrontados que não ousariam opor-se a eles. Ele prometeu a Moisés ajudá-lo a derrotar os poderosos reis emoritas Seon e Og enviando uma espécie de vespa na frente do povo de Israel, que cegaria os inimigos e injetaria um veneno mortal em seus corpos.

Permanecendo na margem leste do Jordão, a vespa também espirraria veneno sobre as nações de Canaã.

Outros eventos que tiveram lugar antes da entrega da Torah

No final da parashá de Mishpatim, a Torah relata eventos que, na verdade, ocorreram nos dias que precederam a Outorga da Torah.

No quarto dia da semana antes da outorga da Torah, Deus ordenou que Moisés, Aarão, os dois filhos de Aarão, Nadab e Abiú, e os setenta anciãos deveriam subir a montanha e prostrarem-se perante a Shechiná (Divindade).

Deus disse a Moisés que cada qual poderia subir apenas até certo limite pré-estabelecido.

Quando os anciãos ouviram a ordem de Deus, reclamaram. Ressentiram-se de não terem recebido permissão de entrar no recinto mais íntimo de Deus, como Moisés.

Isso se deve ao seguinte fato: Quando Deus disse no Egito: "Vá e fale com o faraó", apenas Moisés e Aarão obedeceram e entraram no palácio real. Os anciãos ficaram para trás. Uma vez que não entraram no palácio de um rei humano, também não deveria lhes ser concedido o direito de entrar no Palácio do Rei dos reis. Não obstante, Aarão não podia subir ao cume da montanha, em respeito aos anciãos. E por esta razão, permaneceu com eles.

Naquele dia, Moisés voltou ao povo e explicou o mandamento de Deus, que deveriam permanecer dentro dos limites estabelecidos ao redor do Monte Sinai. Também os instruiu sobre os preceitos que foram ordenados em Mara, que eram as leis de Shabat, honrar os pais, e parte dos estatutos.

Ao ouvirem seus ensinamentos, o povo exclamou: "O que Deus disser, faremos!" Naquele dia, Moisés também escreveu a Torah, desde Gênesis até a Outorga da Torah.

O quinto dia da semana que precedeu a Outorga da Torah foi um dia repleto de eventos. Moisés levantou-se cedo para construir um altar aos pés da montanha, e para erguer doze monumentos para as Doze Tribos de Israel. Ordenou ao povo que imergisse na micvê (tanque de purificação). Os primogênitos ofereceram sacrifícios a Deus sobre o altar. Moisés aspergiu o povo com metade do sangue destinado a este fim, dizendo:

"Através disto vocês entram numa aliança com Deus. Se vocês mantiverem Sua aliança, suas vidas estarão protegidas". A outra metade do sangue foi aspergida sobre o altar, para expiar pelos pecados do Povo de Israel.

Moisés leu para o povo a Torah, de Gênesis até a Outorga da Torah, que havia registrado de acordo com o que Deus lhe ditou.

O povo ouviu e exclamou em uníssono: "Faremos e ouviremos. Cumpriremos e obedeceremos todos os Mandamentos da Torah, apesar de ainda não os termos escutado; ambos, os preceitos negativos e os positivos".

Uma voz celestial proclamou: "Quem revelou a Meus filhos o segredo de pronunciarem 'faremos' antes de 'ouviremos', uma expressão que é da linguagem dos anjos?"

Moisés sobe ao Céu para receber as Tábuas da Lei

Depois que o povo judeu ouviu todos os Dez Mandamentos, Deus ordenou a Moisés para subir na montanha: "Dar-te-ei duas tábuas de pedra preciosa de safira, sobre as quais estão escritos os Dez mandamentos que contém a essência de todos os 613 preceitos da Torah".

Moisés deu instruções para que, em sua ausência, o povo obedecesse a Aarão, aos anciãos, e a Hur, filho de Miriam, que foi nomeado como responsável. Disse ao povo que voltaria em quarenta dias, e implorou-lhes: "Por favor, orem e jejuem por mim! Estou prestes a entrar no acampamento dos anjos, e ascender à abóbada dos seres de fogo celestiais de Deus. Implorem misericórdia de Deus, para que eu retorne em paz!"

No dia sete de Sivan, Moisés e seu pupilo Josué começaram a subir a montanha juntos. Josué armou sua tenda no sopé da montanha, e não deixou o local por quarenta dias, enquanto esperava a volta de seu mestre. Por um milagre especial, o maná desceu lá especialmente para ele, a fim de sustentá-lo.

Moisés subiu ao topo da montanha e ficou coberto pela Nuvem por seis dias. Este foi um período preparatório para purificar seu corpo, de modo que ficasse parecido com um dos anjos. Então pôde ascender ao Céu, adentrando os círculos da Shechiná (Presença da Divindade).

Moisés penetrou a escuridão da Nuvem, e foi admitido no Acampamento Celestial. Temendo por sua vida, Moisés recitava o capítulo do Salmo que protege uma pessoa contra poderes danosos, o salmo 91: "Aquele que habita no local secreto do mais Elevado... Não temerás terror algum durante a noite, nem a flecha disparada em pleno dia".

A permanência de Moisés nos céus

Moisés permaneceu no céu quarenta dias e quarenta noites, aprendendo toda a Torah Escrita e a Torah Oral. Durante este período, ele sabia da passagem do dia e da noite apenas pelo sol e pela lua. Quando via o sol subindo para prostrar-se diante de Deus dizendo: "Senhor do mundo, fiz o que ordenaste", ele sabia que mais um dia se passara e a noite chegara.

Deus então ensinava Mishná, a Torah Oral, a Moisés. Quando a lua surgia diante de Deus, prostrando-se e dizendo: "Fiz o que me ordenaste, meu Deus", Moisés sabia que a noite terminara e o dia começara. Deus então ensinava a Moisés o texto, a Torah Escrita.

Moisés tinha um sinal adicional que lhe indicava as horas da noite. Quando via os anjos preparando o maná que os judeus comeriam no dia seguinte lá embaixo no deserto, ele sabia que era dia. Quando o maná caía, ele sabia que era noite na terra (Mais detalhes referentes ao estudo da Torah de Moisés no Céu estão escritas na parashá de Ki Tissá).

Moisés vê o Futuro

Durante a estada de Moisés, foram-lhe mostrados todos os grandes líderes judeus de cada geração. Ele viu os juízes, os profetas e os reis que serviriam aos judeus até o final dos tempos.

Enquanto estava no céu, Moisés também viu Deus sentado em Seu trono poderoso e exaltado, acrescentando coroas às letras da Torah. Ele pediu a Deus que explicasse a razão para estes adornos e foi lhe dito: "Daqui a muitos anos nascerá um grande justo com o nome de Akiba, filho de José, que revelará muitos segredos ocultos da Torah. Ele saberá derivar leis e pensamentos da Torah de cada cabeça e coroa que estou acrescentando agora às letras".

Moisés implorou que lhe fosse mostrado este justo. Deus mostrou-lhe um edifício que abrigava muitos discípulos sentados em filas. À sua frente estava sentado um homem que parecia um anjo celestial. Moisés aproximou-se dos homens, mas não conseguia entender o que diziam, o que o entristeceu.

Neste momento, ouviu um dos alunos perguntar ao professor como ele sabia tudo o que estivera lhes ensinando. O homem de aparência angelical respondeu: "Tudo que estou ensinando e inovando na Torah é uma transmissão direta daquilo que Moisés, filho de Amram, recebeu no Monte Sinai".

Moisés foi então consolado por estas palavras e perguntou a Deus: "Se pretendes criar uma pessoa tão elevada, por que não concedeste a ele o privilégio de levar a Torah aos judeus?"

Deus respondeu: "Porque você foi tão modesto, pensando que Rabi Akiba é mais digno do que você de transmitir a Torah aos judeus, aumentei sua sabedoria e conhecimento, pois Eu o escolhi especialmente para levar a Torah a Meus filhos". Nesse momento, Deus abriu os cinqüenta portões da sabedoria, permitindo que Moisés passasse por quarenta e nove deles. A sabedoria de

Moisés era tão grande que nenhuma outra pessoa no mundo poderia comparar-se a ele, nem no passado nem no futuro.

Os julgamentos de Deus são justos

Moisés perguntou a Deus: "Juiz do mundo, por que de fato o justo sofre enquanto o pecador prospera? Sei que todos os Seus atos são justos, mas nós mortais nem sempre os entendemos. Portanto, suplico-lhe que explique Seu método de julgamento, para que eu possa contá-lo aos outros, convencendo-os de Sua justiça e provando-a no mundo". Deus concordou e prometeu mostrar a Moisés uma cena que nenhum homem tivera antes o privilégio de testemunhar, para que ele pudesse entender e lembrar que os julgamentos de Deus são sempre justos.

Moisés viu então um homem se aproximando de um pequeno riacho que corria montanha abaixo. Ia montado a cavalo, mas assim que alcançou a margem ele desmontou e se ajoelhou para beber um pouco de água. Neste momento, um maço de dinheiro caiu de seu bolso sem que ele notasse. Depois de dar de beber ao cavalo, montou novamente e seguiu seu caminho. Pouco depois, um jovem pastor chegou ao mesmo riacho. Vendo o maço, apanhou-o e colocou-o no bolso, alegrando-se e a agradecendo a Deus pela boa sorte.

Agora não precisaria mais continuar trabalhando como pastor e poderia viver com a mãe. Conseguiria comprar uma casa e um campo com aquele dinheiro. Grato, o rapaz prosseguiu seu caminho.

Um homem velho chegou logo depois, sentou-se ao lado do riacho, tirou um pedaço de pão seco da mochila, mergulhou na água, comeu e adormeceu.

Tendo dado conta de sua perda, o cavaleiro retornou para procurar o dinheiro. Agarrou o velho pelo ombro e sacudiu-o violentamente para acordá-lo, exigindo que devolvesse o dinheiro. O velho, que nada sabia a respeito da bolsa perdida, tentou em vão explicar que não roubara nenhum dinheiro. Mas o cavaleiro não acreditou nele e o espancou impiedosamente até a morte. Em seguida, revistou as coisas do velho, mas não encontrou o dinheiro na mochila e simplesmente seguiu o seu caminho.

Extremamente confuso, Moisés voltou-se para Deus e perguntou: "É assim a justiça? Acabo de ver um velho inocente ser brutalmente espancado até a morte. Vi um homem perder seu dinheiro e outra pessoa, um rapaz, encontrá-lo e tornar-se rico sem nenhum motivo aparente". Deus disse a Moisés que continuasse assistindo antes de julgar. Na cena seguinte, tudo ficaria claro.

Então ele viu um fazendeiro manco com um menino pequeno ao seu lado. Um velho de repente se aproximou do fazendeiro e lançou-se sobre ele, matando-o e roubando o seu dinheiro. Enquanto isso acontecia, o mesmo cavaleiro da cena anterior por acaso passava por ali. Deus explicou: "O velho que foi assassinado à margem do riacho sem nenhuma razão aparente era o mesmo homem que matou o fazendeiro de forma tão cruel e lhe roubou o dinheiro. Portanto, ele realmente merecia a morte. O cavaleiro, que viu o velho cometendo o ato perverso e nada fez para impedi-lo, perdeu o dinheiro que não lhe pertencia, mas fora roubado do fazendeiro e depois perdido pelo assassino. Finalmente, o menino que achou o maço de dinheiro era o filho do fazendeiro, cujo pai fora assassinado e roubado".

Desta maneira, Deus concede a Moisés um lampejo na absoluta Justiça de Seus caminhos.

Moisés percebeu que os julgamentos de Deus são verdadeiros, ainda que não entendamos o que vemos, ainda que pensemos que não há justiça no mundo, porque vemos pessoas más que não sofrem, ao contrário, progridem na vida, enquanto os justos que praticam o bem e são generosos sofrem na pobreza, passando necessidade, doença e problemas.

Deve-se sempre ter em mente, porém, que tudo que acontece é obra da Providência Divina, exatamente como os destinos do assassino que Moisés viu sendo morto por outro, do ladrão perdendo seu dinheiro e do pequeno órfão encontrando o dinheiro que pertencera a seu pai.

Vendo tudo isto, Moisés declarou diante de todos os anjos: "Deus é o Deus da Verdade sem injustiça; Ele é justo e correto".

Correspondência bíblica

Estatutos, preceitos, leis (Mishpatim):

Lv 20, 8: "Guardai as minhas leis e ponde-as em prática. Eu sou o SENHOR que vos santifica".

Lv 25,18: "Cumpri minhas leis e observai meus decretos. Ponde-os em prática e vivereis seguros na terra".

Dt 4,8: "E qual a grande nação que tenha leis e decretos tão justos quanto toda esta Lei que hoje vos proponho"?

Ne 1,7: "Agimos realmente mal contra Ti, não observando os mandamentos, as leis e as normas que transmitiste a teu servo Moisés".

1Mc 3,21: "Nós, porém, lutamos para defender nossas vidas e nossas leis".

Sl 18, 23: "Tenho ante os olhos todas as tuas leis, não afasto de mim seus preceitos".

Sl 119,24: "Sim, teus estatutos são minhas delícias meus conselheiros são teus estatutos".

Ez 18,9: "se vive conforme minhas leis e guarda meus preceitos, praticando-os fielmente, tal homem é justo e com certeza viverá – oráculo do SENHOR Deus".

Hb 8,10: "Eis a aliança que firmarei com o povo de Israel, diz o SENHOR: porei minhas leis em sua mente e as gravarei no seu coração, e serei o seu Deus, e eles serão o meu povo".

Escravos:

Dt 24,22: "Lembra-te de que tu também foste escravo no Egito. Por isso te ordeno que procedas assim".

Dt 28,68: "O SENHOR acabará por te fazer voltar em navios para o Egito, pelo caminho do qual te havia dito: 'Não tornareis a vê-lo'. Lá te colocarás à venda para seres escravo e escrava de teus inimigos, mas não haverá comprador".

Ne 9,36: "E assim somos hoje escravos. Sim, na mesma terra que deste a nossos pais, para que gozassem de seus frutos e de seus bens, nela hoje nós somos escravos".

Is 49,7: "Assim diz o SENHOR, o Libertador de Israel, o seu Santo, dirigindo-se àquele cuja vida nada vale, ao desprezado pela nação, ao escravo dos dominadores: 'Ao ver, os reis ficarão de pé, os governadores vão se ajoelhar, por causa do SENHOR – Ele é fiel – pelo Santo de Israel – Ele te escolheu!'".

Jl 3,2: "Até sobre escravos e escravas derramarei naquele dia o meu espírito"

Mc 10,44: "Quem quiser ser o primeiro entre vós, seja o escravo de todos".

Jo 8,33: "Nós somos descendentes de Abraão e nunca fomos escravos de ninguém, Como podes dizer: Vós vos tornareis livres"?

Jo 8,34: "Jesus respondeu: 'Em verdade, em verdade, vos digo: todo aquele que comete o pecado é escravo do pecado'".

Jo 8,35: "O escravo não permanece para sempre na casa, o filho nela permanece para sempre".

At 2,18: "mesmo sobre os meus escravos e escravas derramarei o meu Espírito, naqueles dias, e profetizarão".

Rm 6,16: "Acaso não sabeis que, oferecendo-vos a alguém como escravos, sois realmente escravos daquele a quem obedeceis, seja escravos do pecado para a morte, seja escravos da obediência para a justiça?"

Rm 6,17: "Graças a Deus que vós, depois de terdes sido escravos do pecado, passastes a obedecer, de coração, ao ensino ao qual Deus vos confiou".

Gl 4,7: "Portanto, já não és mais escravo, mas filho; e se és filho, és também herdeiro; tudo isso por graça de Deus".

20 – Ex 25,1 – 27,19 - TERUMÁ - תרומה
1Rs 5,26 – 6,13

- O SENHOR falou a Moisés: "Convide os filhos de Israel para me preparar uma oferta da parte de quem quer que seja e que seja esta motivada pelo seu coração, e você receberá minha oferta" (Ex 25,1-2).
- Esta porção da Palavra de Deus trata unicamente da construção do Tabernáculo. Consta-se na tradição de Israel que essa ordem de Deus para a construção do Tabernáculo foi dada em pleno dia de Yom Kipur (Dia do Perdão) justamente porque a finalidade da construção era perdoar o povo pelo pecado do bezerro de ouro.
- Embora o pecado do bezerro de ouro esteja mencionado na Bíblia na frente deste texto (Ex 32), isso ocorre porque segundo a Tradição Oral da Bíblia a construção do Tabernáculo está em pé de igualdade com a Criação do Mundo.
- O Tabernáculo serviu posteriormente para a construção dos dois Templos. O primeiro construído pelo Rei Salomão e o segundo pelo escriba Esdras.
- Sua construção, como também sua própria santidade em todos os objetos que nele estão presentes: seja o Aron (armário onde eram guardados as Tábuas da Lei), seja o Candelabro (Menorá) ou o Altar tinham a finalidade de concentrar, manter a Presença Divina no meio do Povo (Shechiná).
- A própria Tradição Oral ensina que a finalidade essencial dessa construção é ajudar o ser humano a elevar-se espiritualmente. Se o ser humano se preocupar em cumprir todos os mandamentos e orientações da Bíblia ele mesmo acabará se tornando um Tabernáculo que "contém" a Presença Divina dentro de si.
- Dessa maneira, o ser humano é convidado a elevar-se, mas isso nem sempre, ou melhor, não é fácil. Quanto tempo o ser humano emprega acreditando que a finalidade da sua existência seja atingir seus objetivos materiais, esquecendo-se assim das realidades espirituais e mais elevadas?
- Muitas vezes é mais fácil ao ser humano sentir o concreto, porque é palpável. E com isso "deixa" as realidades espirituais num segundo plano.

- Alguns sábios de Israel ensinam com clareza que o mundo material é imaginário. Todos os prazeres materiais são imaginados pelas pessoas, antes mesmo de usufruir deles (quando conseguem).
- Imaginamos que eles sejam muitíssimo mais atrativos e recompensadores do que realmente sejam. E quando nos damos conta, vemos que não era bem aquilo que imaginávamos, e chegamos às vezes até a ficar frustrados.
- Para nos tornarmos o próprio Templo da Presença Divina, é preciso que aos poucos nos conscientizemos que os meios materiais são apenas um meio de sobrevivência necessário, para que possamos alcançar as conquistas espirituais.
- Devemos despertar em nós o desejo de conquistar, além das coisas materiais, também as realidades essenciais e espirituais da vida. Somente elas podem nos ajudar a desenvolver nossa alma, pois são o nosso verdadeiro alimento.
- Muitos homens e mulheres na Bíblia acreditaram nisso, nessa dedicação espiritual para se tornar um Templo e possuir dentro de si a Presença Divina (Shechiná). E por isso deixaram obras de valor eterno.
- O próprio Rei Davi escreveu os Salmos. Quantas preces ao longo dos séculos foram ouvidas e atendidas por Deus através da recitação dos Salmos.
- Quanto amor os Salmos trouxeram, quanta fé, quanto crescimento espiritual proporcionou a milhões de pessoas ao longo dos anos! Todas essas preces chegaram até ao Criador através do texto de um homem que acreditava nas conquistas espirituais para sua alma.
- Cada ser humano veio ao mundo para alcançar, conquistar essas realidades espirituais. E são justamente essas conquistas que nos levarão ao mundo futuro da eternidade feliz com Deus.
- Moisés Maimônides o grande filósofo e pensador judeu do século XII dizia que no mundo futuro os justos estão sentados com suas coroas em suas respectivas cabeças, desfrutando o esplendor da Shechiná, da Presença Divina. As coroas que portam em suas cabeças significam o conhecimento que alcançaram em suas vidas. São elas a escala de valores espirituais que adquiriram por intermédio da dedicação ao estudo da Bíblia e do cumprimento de todos os seus mandamentos e orientações.

20 - TERUMÁ – Seleções de Midrash a partir de Ex 25,1 – 27,19

Por que um Tabernáculo

Um príncipe viajou de um país distante para casar-se com a filha única do rei. Quando quis partir com ela, o rei disse: "Não posso deixá-la partir, ela é minha filha única. Por outro lado, ela também é sua esposa, e não tenho o direito de detê-la aqui. Por isso, vou pedir-lhe um favor. Construa um quarto extra para mim, onde quer que se estabeleçam; de maneira que eu possa viver perto de vocês"!

Igualmente, depois que Deus deu a Torah, Sua filha preciosa, ao povo judeu, pediu-lhes que construíssem um Tabernáculo (Mishcan), no qual Sua Shechiná (Divindade) residiria permanentemente na terra.

Três parábolas: a que se compara o Tabernáculo

Deus anunciou ao povo judeu: "Vocês são meu rebanho, e Eu sou o pastor. Assim como um pastor arma a tenda perto das ovelhas para cuidá-las, Eu desejo ter uma morada perto de vocês".

"Vós, o povo judeu, sois Meu vinhedo e Eu, Deus, o guardador do vinhedo. Aquele que cuida do vinhedo normalmente vive em uma choupana perto do vinhedo, de onde possa observá-lo para assegurar-se de que não entrem ladrões. Construam, pois, uma choupana para Mim junto ao vinhedo".

"Vós, o povo judeu, também sois meus filhos; e Eu, Deus sou vosso Pai. É uma grande honra para os filhos viver em um lar próximo ao Pai e também é uma honra para o Pai viver perto dos filhos".

As chaves das três parábolas

Deus é comparado:
1 - A um Pastor
2 - A um Vinhateiro
3 - A um Pai

Por que não basta uma comparação? Por que é necessário haver três parábolas diferentes?

Na verdade, estes são três momentos diferentes da história do povo judeu. Em cada época, Deus manteve uma relação distinta com os judeus.

1 - Quando o Povo de Israel perambulou pelo deserto, Deus morava em um Tabernáculo parecido a uma tenda de pastor. Um pastor não vive em um lugar fixo. Segue o rebanho aonde este vai para apascentar e arma sua tenda perto das ovelhas para protegê-las e procurar-lhes comida.

Do mesmo modo, Deus "seguiu" o povo judeu pelo deserto. Como um pastor fiel, guardou-os dia e noite e estendeu Suas nuvens ao redor deles, e os alimentou com maná, aves, e água da fonte.

2 - Em Israel o rei Salomão construiu o Templo Sagrado para Deus, um edifício de pedra. Assim como o vinhateiro cuida do vinhedo, do mesmo modo Deus protegeu a Terra de Israel de todos os inimigos. Mesmo assim, o Templo Sagrado foi comparado apenas a uma "choupana" e não a um lugar permanente, pois não durou para sempre. Deus predisse que o Templo Sagrado continuaria existindo somente enquanto os Filhos de Israel guardassem fielmente a Torah. Quando abandonaram os preceitos de Deus, o Templo Sagrado, ambos o primeiro e o segundo, foram eventualmente destruídos.

3 - Quando o Messias vier, Deus então entregará o Terceiro Templo Sagrado, esse será comparado a um "lar" - pois durará para sempre. Então todos verão que Deus é nosso Pai e que somos Seus filhos.

Quando a ordem da construção do Tabernáculo foi dada

Apesar do preceito de construir um Tabernáculo ter sido decretada apenas depois do pecado do bezerro de ouro, a Torah a registra de antemão. As porções da Torah que lidam com o Tabernáculo (*Terumá e Tetsavê*), precedem o relato do pecado do bezerro de ouro (na porção de *Ki Tissá*).

Após o pecado do bezerro de ouro, Moisés implorou incessantemente que Deus perdoasse o povo judeu. Finalmente, conseguiu o perdão. Não obstante, Moisés não estava satisfeito, e indagou a Deus: "Como ficará evidente às nações do mundo que Tu realmente perdoaste Teu povo?"

"Que os filhos de Israel construam um Tabernáculo," replicou Deus. "Lá, oferecerão sacrifícios, os quais aceitarei. Esta será uma prova pública de Meu amor renovado por Meu povo"!

A Torah inverte a ordem cronológica dos acontecimentos a fim de ensinar-nos que Deus prepara o antídoto para uma falha mesmo antes desta ter sido realmente cometida. Deus previu o pecado do bezerro de ouro. Portanto, Ele arquitetou antecipadamente a idéia de construir o Tabernáculo.

Através do pecado, o povo judeu forçou a Shechiná (Presença da Divindade) a retroceder aos Céus. Por intermédio do Tabernáculo, contudo, a Shechiná poderia retornar à terra.

O Tabernáculo como moradia divina

Ao ouvir as palavras de Deus: "Que façam um Santuário para Mim, para que habite dentre eles", Moisés ficou surpreso.

"Como podes Tu, cuja Glória preenche Céus e terra, habitar numa humilde moradia que erguemos para Ti?" - perguntou.

Deus respondeu: "Nem ao menos preciso do Tabernáculo inteiro como local de residência. De fato, confinarei Minha Shechiná (Presença da Divindade) à limitada área onde se localizará a Arca".

Deus, em Seu grande amor pelo povo judeu, restringiu Sua Shechiná ao Tabernáculo, próximo aos Seus filhos.

O Tabernáculo físico de madeira, contudo, era apenas um símbolo para a verdadeira habitação da Shechiná - o coração de cada judeu.

Como é possível transformar o coração de alguém num Santuário para a Shechiná? Isto é alcançado devotando-se o coração à Torah e ao serviço de Deus.

A importância do Tabernáculo para o povo judeu

De fato, o Tabernáculo (e mais tarde o Templo Sagrado) beneficiava o povo judeu de três maneiras:
- Como resultado do serviço realizado da maneira como Deus prescreveu, o povo de Israel recebia proteção celestial contra qualquer possível atacante.
- O Tabernáculo era fonte de inspiração espiritual. Cada judeu que freqüentasse o Tabernáculo e o Templo Sagrado, era estimulado a progredir na observância da Torah e dos preceitos. O Santuário e o Templo eram permeados por uma atmosfera de temor a Deus, e observando os sacerdotes realizarem diligentemente o serviço, o povo judeu era motivado a aprimorar sua espiritualidade.
- A nação inteira testemunhava constantemente milagres óbvios no Tabernáculo e no Templo Sagrado. Estes fenômenos sobrenaturais demonstravam-lhes o grande amor de Deus com Seu povo, que era como a relação de Pai e filho.

Deus pede contribuições para a construção do Tabernáculo

Deus instruiu Moisés: "Nomeie coletores de fundos para recolherem material para o Tabernáculo. Serão aceitas contribuições de qualquer judeu cujo coração o impele a participar".

Ao ouvir que o Tabernáculo deveria ser construído em meio ao deserto, Moisés perguntou-se se a comunidade possuía material suficiente para projeto de tal monta. Antes mesmo que pudesse articular a questão, Deus respondeu-lhe: "Não apenas o povo de Israel, coletivamente, possui o material necessário para construir um Tabernáculo", Ele informou a Moisés, "porém, de fato, cada judeu poderia fazê-lo sozinho". Onde o povo judeu obteve os materiais?

Quando saíram do Egito, os egípcios lhes deram ouro, prata e utensílios preciosos. Saíram do Egito com uma imensa fortuna. Logo, depois que os egípcios se afogaram no Mar Vermelho, os judeus ficaram ainda mais ricos, pois juntaram os adornos e tesouros que os egípcios traziam consigo. O mar os arrastou até a praia para que os judeus os recolhessem.

Os justos tinham pedras preciosas de mais uma fonte: todos os dias, quando caía a porção da maná, Deus fazia que, junto com a maná, caíssem pedras preciosas!

Os materiais necessários para a construção

Deus ordenou que quinze diferentes materiais fossem coletados para a construção do Tabernáculo e seus componentes. Cada material foi selecionado por Deus para conceder ao povo judeu um mérito ou bênção especial, ao doá-lo. Entre eles destacamos:
- Ouro: Deus disse: "Que o ouro doado para o Tabernáculo expie o ouro erroneamente doado para o bezerro de ouro".
- Prata
- Cobre

Há três tipos de caridade (tsedacá), que podem ser comparados ao ouro, prata e ao cobre. A caridade que a pessoa dá quando ela e sua família são ricas e as coisas vão bem é comparada ao ouro. Este tipo de caridade tem o mais poderoso efeito no Céu, comparável a um presente a um imperador. Apesar de ser dada sem nenhuma razão em especial, protege o doador de futuras eventualidades. **Ze Hanoten Bari** (Aquele que dá quando tem saúde), formando **Zahav** (ouro, em hebraico).

Há, então, um segundo tipo de caridade, a caridade que a pessoa dá quando adoece. É menos efetiva, uma vez que é dada num momento de necessidade; sendo, portanto, comparada à prata. Se a pessoa adia a doação de caridade até que esteja gravemente doente (e, metaforicamente, está com a corda no pescoço, prestes a ser executado), o valor de sua caridade é reduzido a cobre.

Não obstante, uma pessoa não deve abster-se de dar caridade, sob qualquer circunstância. Sua caridade a precederá (no Mundo Vindouro), e lhe garantirá boa reputação.

- Lã tingida de azul-turquesa com o sangue de uma criatura marítima chamada chilazon
- Lã tingida de púrpura
- Lã tingida de vermelho púrpura
- Fino linho branco
- Lanugem de cabras
- Peles de carneiro tingidas de vermelho
- Peles de Tachash multicoloridas

Que animal era o Tachash? Era um unicórnio com pele multicolorida. Existiu apenas naquela época, para que o povo judeu pudesse utilizar sua pele para fazer as tapeçarias do Tabernáculo. Depois disso, se tornou extinto.

- Madeira de cedro de shitim (acácia)

Por que Deus prefere a acácia a todos os outros cedros?

O cedro de shitim foi escolhido por Deus porque não dá frutos. Deus queria dar exemplo a alguém que constrói uma casa. A pessoa deveria desta forma raciocinar: "Se até o Rei dos Reis construiu Seu palácio da madeira de uma árvore estéril, nós certamente não podemos utilizar a madeira de uma árvore frutífera para este propósito"!

Quando Jacó chegou ao Egito, plantou as árvores de shitim (Acácia), pois sabia, graças a sua profecia, que os judeus necessitariam dessas árvores mais adiante para construir o Tabernáculo. Jacó ordenou a seus filhos: "Quando saírem do Egito, levem junto a madeira de shitim que plantei".

A viga mais comprida do Tabernáculo media cerca de 15 metros. Esta viga foi feita da madeira da árvore que Abraão nosso patriArca havia plantado em Beer Shêva! A famosa árvore, debaixo da qual servia seus hóspedes.

Quando os judeus cruzaram o Mar Vermelho, os anjos cortaram essa árvore e a levaram até o mar. Deixaram-na cair diante dos judeus e exclamaram: "Esta é a árvore que Abraão plantou em Beer Shêva! É debaixo dela que ele costumava orar a Deus"!

Quando o povo judeu ouviu isso, levantaram a árvore e a levaram consigo. Utilizaram-na como viga central do Tabernáculo.
* Azeite de oliva (para acender a menorá)
* Especiarias para o azeite de unção e o incenso
* Duas pedras de ônix e doze tipos de pedras preciosas para o efod e o peitoral (partes das vestimentas do sumo-sacerdote).

Deus mostra a Moisés a planta do Tabernáculo

Quando Moisés subiu ao céu, Deus mostrou-lhe o desenho exato que devia seguir para construir o Tabernáculo. Este teria três seções:

1 - O Santo dos Santos: Era a seção mais santa do Tabernáculo que continha a Arca com as Tábuas da Lei.

Na entrada do Santo dos Santos pendia um cortinado chamado *parôchet*. Este cortinado dividia o Santo dos Santos da segunda seção, o *côdesh*. Somente o sumo-sacerdote tinha permissão Divina de entrar no Santo dos Santos, e somente um dia por ano: no *Yom Kipur* (Dia do Perdão).

2 - A segunda parte do Tabernáculo era menos sagrada que o Santo dos Santos. Chamava-se *côdesh*. Ali ficavam a mesa, a menorá, e o altar de incenso. As duas seções juntas eram denominadas "*Ôhel Moed*".

3 - A terceira parte era o pátio. Era menos sagrado que o *côdesh*. Ali Moisés colocou o grande altar de cobre sobre o qual eram oferecidos todos os sacrifícios de animais. Deus também explicou a Moisés exatamente como construir cada um dos objetos do Tabernáculo. Começou por explicar-lhe sobre a Arca, pois era o recipiente mais sagrado do Tabernáculo.

A Arca

De todos os utensílios do Tabernáculo, Deus ordenou que a Arca fosse construída primeiro. Instruiu que sua construção precede até mesmo a próprio Tabernáculo.

A Arca constava de três caixas abertas na parte superior; uma encaixava dentro da outra. A caixa menor era de ouro puro, e encaixava dentro de uma de madeira. A caixa de madeira encaixava dentro de uma caixa maior, que era feita de ouro. Desta maneira, a Arca de madeira, era folheada a ouro por dentro e por fora, exatamente como Deus ordenara.

A caixa de ouro externa tinha um belo rebordo de ouro, semelhante a uma coroa. A Arca onde as tábuas foram guardadas simbolizava a Torah, e os ornamentos representavam a Coroa do estudo da Torah.

O que a Arca Simbolizava

Deus conferiu ao povo judeu três "coroas" (posições de grandeza):
- A coroa da Torah, que era representada pela Arca.
- A coroa do sacerdócio, que era representada pelo altar.
- A coroa da monarquia, que era representada pela mesa.

A coroa do estudo da Torah sobrepõe-se aos dois ofícios. Somente um judeu nascido numa família real ou sacerdotal é elegível para posições de monarquia ou sacerdotal. A oportunidade de se tornar um grande sábio de Torah, contudo, é acessível a qualquer um. A Arca também representava o estudioso da Bíblia.

As Arcas interiores e exteriores eram de ouro, para indicar que os sentimentos íntimos de um estudioso de Torah devem coadunar-se (conformar-se) com sua conduta externa. Pobre do estudante de Torah que porta a Torah em seus lábios, enquanto seu coração é desprovido de temor a Deus!

A Santidade da Arca e seus Milagres

Deus fez muitos milagres em relação a Arca. Aqui estão alguns:
- A Arca com suas varas deveria ter realmente ocupado toda a área do Santo dos Santos, de parede a parede. Mas, quando o sumo-sacerdote ali entrava, havia espaço suficiente para que pudesse caminhar ao redor de toda a Arca. A Arca em si, milagrosamente, não ocupava nenhum espaço.
- Quando os levitas carregavam a Arca não sentiam o menor peso sobre os ombros. Não apenas isso, mas a Arca até os levantava e os transportava!
- Deus ordenou a Moisés que construísse uma segunda Arca que sempre viajava adiante do povo de Israel durante os quarenta anos no deserto. Esta Arca desprendia faíscas de fogo que matavam todas as serpentes venenosas e os escorpiões que apareciam no caminho.

As Barras da Arca

De ambos os lados da Arca havia duas varas de madeira revestidas de ouro, que passavam por arcos e que possibilitavam o transporte da Arca de um lugar a outro. Deus deu uma ordem especial: as barras deveriam permanecer nos anéis o tempo todo. Não podiam ser removidos nunca, nem mesmo quando o povo judeu acampava. A eterna presença das hastes na Arca simboliza o conceito de que a Torah não está vinculada a lugar algum. Onde quer que os judeus fossem, voluntariamente ou não, sua Torah também iria com eles, pois o meio de seu transporte está sempre atado a esta.

A Cobertura da Arca

A Arca tinha uma cobertura de ouro, chamada *capôret*. Era feita do mesmo bloco de ouro de que eram feitos os dois anjos, os *keruvim*. Por que esta cobertura se chama *capôret*? *Capôret* deriva da palavra *capará*, expiação, indicando que este ouro expiava pela transgressão do povo judeu de ter doado ouro para a construção do bezerro.

Os *Keruvim* - Os Anjos de Ouro

Deus ordenou a Moisés que pegasse uma grande pepita de ouro, e esculpisse tanto a cobertura da Arca quanto os *keruvim*, anjos, que ficam sobre essa. Os *keruvim* não eram esculpidos como elementos separados e então soldados a cobertura; mas emergiam da própria cobertura. Olhavam-se mutuamente, estendendo as asas sobre a Arca.

Apesar de, maneira geral, ser proibido fazer estátuas, os *keruvim* eram exceção, uma vez que foram construídos sob uma ordem especial de Deus.

Deus anunciou a Moisés: "Minha Shechiná residirá entre os *keruvim*. Sempre que falar com você Minha voz emanará de lá".

Os keruvim nos dão uma lição sobre a proteção de Deus. *A **Arca** representa o estudo da **Torah***. Deus colocou anjos sobre a Arca para demonstrar-nos que Seus anjos protegem aqueles que estudam a Bíblia.

As faces dos *keruvim* pareciam-se com a de duas crianças. Quando o povo judeu visitava o Templo Sagrado nas Festividades, a cortina divisória que cobria o Santo dos Santos ficava aberta. Podiam então ver os *keruvim* que se encontravam abraçados.

Dizia-se aos visitantes: "Vejam quão amados vocês são para o Todo-Poderoso"! Porém, quando o povo de Israel não cumpria a vontade de Deus, as faces dos *keruvim* ficavam de costas uma para a outra.

O milagre dos *keruvim* que abraçavam-se mutuamente em sinal de aprovação Celestial, e viravam a face quando Deus ficava desgostoso com o povo judeu, provava ao povo a Providência especial de Deus sobre eles. Esta visão, portanto, inspirava-os à *teshuvá* (conversão e arrependimento).

No momento da destruição do Templo Sagrado, quando os povos invadiram o Templo, encontraram, surpreendentemente, os *keruvim* abraçados um ao outro. Deus estava, desta forma, demonstrando aos judeus que até a destruição foi motivada por Seu profundo amor por eles. Em Sua misericórdia, derramou Sua ira sobre paus e pedras, poupando assim o próprio povo da aniquilação.

Cada medida do Tabernáculo é importante

A Torah não somente descreve o Tabernáculo e seus objetos, mas também menciona o comprimento e largura de cada objeto. A Torah enumera todas as medidas para nos ensinar que todas as partes e objetos do Tabernáculo eram construídas exatamente segundo as medidas estipuladas por Deus, e que estas tinham uma santidade especial.

As medidas nos ensinam também várias lições importantes, por exemplo: todas as medidas da Arca continham *"amot"* médias: o comprimento era de 2 1/2 amot, sua largura 1 1/2 amá[30], e a altura tinha 1 1/2 amá. Não tinha uma só medida de amot completa, enquanto que todos os demais objetos do Tabernáculo mediam amot completos.

A Arca representa o estudioso de Torah. Um verdadeiro sábio nunca se orgulha de seus feitos, pois se sente incompleto; sabe que quanto mais estuda, tanto mais tem que estudar. Portanto, independentemente de quanta Torah tenha aprendido, é humilde.

Para nos ensinar como deve comportar-se um estudioso da Bíblia, Deus nos deu meias medidas para a Arca, em sinal de que, mesmo depois de ter estudado muita Torah, estamos longe de conhecer a totalidade da Torah.

A mesa

Após a Arca, Deus ordenou a Moisés; "Faça uma mesa, e ponha na seção *côdesh* do Tabernáculo. Sempre deve haver doze fornadas de pão sobre a mesa". A mesa era feita de madeira e coberta de ouro. A borda superior estava magnificamente trabalhada a ouro. Duas varas de madeira recobertas de ouro

---

[30] Um amá, ou amma = 1 côvado = 45 cm. No plural amot.

passavam por aros de ambos os lados da mesa. A mesa também possuía cinco prateleiras para acondicionar os pães.

Os Pães da Proposição

Deus instruiu Moisés: "Você deve colocar doze formas de pães sobre a mesa". Estes pães têm o nome '*Hapanim*' (as faces), derivado do fato de que possuem "duas faces". Eram moldados em forma de uma matsá grossa e quadrada, com ambos os extremos do pão dobrados para cima.

Uma família de sacerdotes era encarregada de assar os pães. Assavam-nos em cada véspera de Shabat, em formas de ferro. Depois de assados, eram transferidos para moldes de ouro, e trazidos à mesa nestes. Eram então removidos do molde. Dois pães eram colocados diretamente sobre a mesa. Os outros dez eram colocados sobre cinco prateleiras sob a mesa, duas formas em cada prateleira.

Deus ordenou: "Que haja pães sobre a mesa constantemente"! A mesa nunca podia ficar vazia. Por conseguinte, os pães novos eram colocados antes dos velhos serem retirados (Os pães permaneciam sobre a mesa mesmo quando a nação de Israel viajava).

Os sacerdotes que estavam de turno no Tabernáculo comiam as fornadas velhas. Era difícil crer que este pão já tinha uma semana. Pois quando os pães eram retirados da mesa depois de uma semana, nunca estavam duros, rançosos ou mofados. Tinham o sabor de frescos como se tivessem acabado de sair do forno!

Sobre a mesa também se colocavam duas tigelas cheias de *levoná* (uma especiaria). Cada Shabat, antes que os sacerdotes comessem dos pães, as especiarias eram queimadas e desprendiam aromas deliciosos. Somente depois, era lhes permitido comer dos pães.

O que a mesa simbolizava

Quando Deus criou o mundo, trouxe o universo à existência a partir de um vácuo absoluto. Ou seja, criou algo do nada. Desde então, quando deseja realizar uma multiplicação miraculosa, Ele faz com que isto flua de algo já existente e não mais algo proveniente do nada.

A mesa era o meio através do qual a bênção dos alimentos fluía para o mundo inteiro. Deus, por isso, ordenou que esta jamais deveria ficar vazia, pois Sua bênção paira apenas numa matéria com substância.

Isto é ilustrado através do relato sobre o profeta Eliseu, que disse a uma mulher pobre que ela deveria ter algo em casa sobre o qual a bênção de Deus pudesse pairar:

A viúva do profeta Abdias clamou a Eliseu: "Meu marido morreu," disse-lhe, "e você sabe quão grande era seu temor a Deus. Foi forçado a emprestar dinheiro a juros; pois sustentava cem profetas que escondia em duas cavernas, para protegê-los da perseguição a que estavam expostos. Agora, seus credores vêm tomar meus dois filhos como escravos"!

"O que você tem em casa?" - perguntou-lhe Eliseu. "Não tenho nada, exceto uma jarra de óleo," replicou a mulher.

Eliseu ordenou-lhe: "Vá e peça emprestado utensílios vazios de todos os vizinhos - muitos! Leve-os para casa e feche a porta, ficando em casa com seus dois filhos. Despeje desse óleo em cada recipiente, e separe os que estiverem cheios"! A mulher fez como Eliseu instruíra. Os filhos trouxeram-lhe mais recipientes. Não importa o quanto despejasse, o óleo do recipiente original continuava fluindo. Encheu todos esses recipientes, e mandou seu filho trazer mais. "Não há mais recipientes"! - respondeu. Então o óleo parou de fluir.

A mulher foi a Eliseu e disse-lhe sobre o milagre. "Vá e venda o óleo," disse-lhe, "e pague seu débito. Você e seus filhos viverão do restante".

Ao recitar a bênção após as refeições, nunca deve-se deixar a mesa sem alimento algum, uma vez que a bênção do Alto não paira sobre uma mesa vazia.

Em outra manifestação mais visível deste milagre, o Talmud relata que um sacerdote que tivesse comido mesmo um pequeno pedaço do pão da proposição, sentir-se-ia totalmente satisfeito. O pão se tornava abençoado em suas entranhas.

Enquanto o Templo Sagrado existia, a mesa irradiava bênção para os alimentos da terra de Israel inteira. Mesmo quando o povo judeu semeava pouco, colhia enormes quantidades.

No Tabernáculo do deserto havia uma única mesa. O Rei Salomão colocou dez mesas no Templo Sagrado, pois havia recebido isto como tradição de Moisés.

No deserto, onde o povo de Israel era amplamente provido de alimento através do maná, havia apenas de uma mesa. Em Israel, contudo, os judeus necessitavam de uma bênção maior para assegurar-lhes abundância. Por isso, Deus ordenou que fossem instaladas dez mesas no Templo Sagrado, para irradiar maior bênção às colheitas.

Como proceder agora que já não existe esta mesa

Hoje, não mais existe a mesa para trazer bênção sobre o alimento. Em seu lugar, a mesa na casa de cada um é sua fonte de bênção. Afortunado é o homem em cuja mesa encontram-se duas coisas: palavras da Bíblia e uma porção para o pobre.

Se uma pessoa conduz sua mesa dessa maneira, dois anjos aparecem ao final da refeição. Um exclama: "'Esta é a mesa posta perante Deus'. Que possa sempre desfrutar das bênçãos Celestiais"! O segundo anjo repete suas palavras e conclui: "Que possa esta mesa ser posta perante Deus neste mundo e no mundo futuro"!

Ravá e o pobre homem "fino"

Quem dá de comer ao necessitado, não deve orgulhar-se achando que está tirando de suas posses para alimentá-lo. Na realidade, Deus é Quem provê a todos e Ele utiliza o indivíduo que pratica tsedacá (caridade) apenas como intermediário da Sua bondade.

Bateram à porta da casa de Ravá, um dos grandes Sábios de Israel. Um pobre estava de pé junto à porta, de mão estendida: "Dê-me algo de comer, por favor"! - suplicou. Ravá o convidou a entrar. "Serviremos comida logo," disse. "Mas que tipo de comida estás acostumado a comer?", perguntou o sábio Rava.

"Bem, como prato principal costumo comer galinha gorda, assada, e uma garrafa de um bom vinho" respondeu o mendigo.

Ravá ficou surpreso: "Mas é comida fina", disse. "É cara. Não achas que fica mal desfrutar de comidas tão caras com dinheiro de caridade?"

O homem replicou: "Como a comida é de Deus, é Ele que usa as pessoas como Seus mensageiros para dar-me comida. Deus provê a todos no mundo do alimento que necessitam. Necessito uma galinha gorda e um bom vinho para me manter saudável e bem, de modo que tenho direito de pedi-los".

Enquanto discutiam esta questão, bateram à porta. Entrou a irmã de Ravá. Não tinha visitado a casa do irmão pelos últimos treze anos. Trazia uma cesta para Ravá. Entregou-lhe a cesta, dizendo: "Trouxe-te um presente".

"Obrigado", disse Ravá, abrindo a cesta. Qual não foi sua surpresa ao ver que continha uma galinha assada, bem gorda, e uma garrafa de bom vinho!

Ravá virou-se para o mendigo e disse: "Peço-te desculpas. Esta comida foi claramente enviada a ti por Deus. Tinhas razão, Deus dá a cada um a comida que precisa. Tu confiaste n'Ele, e por isso Ele te enviou a comida. Senta-te e come".

Deste relato aprendemos que quando damos comida ou dinheiro a pessoas que necessitam, devemos nos considerar os mensageiros de Deus, que distribuem Suas dádivas.

O candelabro

Deus ordenou a Moisés que colocasse uma menorá (candelabro) perto da mesa no Tabernáculo. Explicou a Moisés: "Será de ouro maciço e terá sete braços. Todos os braços terão três tipos de ornamentos: Taça, Botão e Flor. Toda a menorá, inclusive os ornamentos, deve ser feita de um bloco único de ouro sólido".

No alto de cada braço deveria haver uma lâmpada, um pequeno recipiente para conter o azeite e o pavio.

Moisés não sabia como fazer a menorá. Deus mostrou-lhe uma visão Celestial de uma menorá de fogo branco, vermelho, verde e preto. Deus também explicou-lhe como construir o candelabro. Não obstante, Moisés encontrou dificuldade em executar o comando de Deus.

Por isso, Deus disse a Moisés: "Tudo o que precisa fazer é atirar a barra de ouro no fogo. Dê-lhe um golpe com o martelo, e uma menorá pronta emergirá"! Moisés pegou um bloco de ouro, jogou-o no fogo e rezou: "Mestre do Universo! O ouro está no fogo! Faça com ele conforme Seu desejo"! Imediatamente, uma menorá completa apareceu do fogo.

É assim que Deus tipicamente realiza milagres: primeiro, o homem deve fazer o que pode, então Deus vem ajudá-lo. Similarmente, na abertura do Mar vermelho, Deus ordenou que Moisés abrisse as águas erguendo seu cajado. E foi apenas depois que Moisés o fez que Deus realizou o portentoso milagre.

No Egito, e através dos anos, no deserto, Moisés realizou atos que resultaram em milagres. Deus é quem realiza os milagres, porém Ele quer que o homem os inicie.

O milagre da luz do meio da Menorá

Quando o sacerdote enchia as sete lâmpadas da menorá de azeite à tarde, vertia a mesma quantidade de azeite em cada uma. Na manhã seguinte, seis das luzes se haviam consumido, mas a luz do meio estava acesa. O sacerdote utilizava a luz do meio para acender as outras seis luzes. Então apagava a luz do meio e voltava a acendê-la. Deus milagrosamente mantinha constantemente acesa a luz do meio.

O que a Menorá Simbolizava

A Menorá representava a sabedoria da Bíblia, que é comparada à luz.

Um judeu poderia crer que pode ser um fiel observante dos preceitos, mesmo sem estudar Torah. Para ilustrar a falácia de tal raciocínio, Salomão comparou oa preceitos às luminárias. "Pois o mandamento é uma Lâmpada, e a Lei – Torah - é Luz" (Pr 6,23). Uma luminária não brilhará, a não ser que seja acesa. Similarmente, a pessoa não pode observar os preceitos corretamente, a não ser que seu comportamento seja informado e iluminado pelo estudo da Torah.

Àquele a quem falta conhecimento de Torah está destinado a tropeçar. Um homem estava andando à noite num beco escuro e sombrio. Logo tropeçou numa pedra. Então caiu num poço aberto e teve diversas fraturas pelo corpo todo.

Somente aquele que estuda a Bíblia porta uma brilhante luz que o alerta sobre os poços espirituais encontrados na jornada da vida.

É importante notar que a menorá ficava localizada fora do "Santo dos Santos". Isto demonstrava claramente que a Arca e tudo que esta representa não requeriam luz. A Torah é sua própria luz.

A fim de obter ouro absolutamente puro para os candelabros no Templo Sagrado, o Rei Salomão purificou o ouro mil vezes.

O Rei Salomão colocou dez candelabros no Templo Sagrado, pois esta era a tradição que recebeu de Moisés. Havia, portanto, no total setenta lâmpadas no Templo Sagrado, pois cada menorá consistia de sete braços. Isto simbolizava que as setenta nações do mundo eram obrigadas a cumprir as Sete Leis de Noé ordenadas por Deus à toda a humanidade.

O que aprendemos do fato que a Menorá foi talhada de um bloco sólido

Toda a menorá, inclusive os braços e adornos, era talhada de um grande bloco de ouro. Isto nos sugere que todas as explicações da Torah dadas por todos os sábios de todas as gerações, estão contidas na Torah que Deus ensinou a Moisés. Não há nenhuma explicação que os sábios posteriores tenham transmitido que não esteja de alguma forma sugerida na Torah.

Os sábios posteriores apenas revelaram o que se encontra na Torah. Para nos ensinar este conceito, Deus ordenou que todos os detalhes da Menorá fossem talhados no mesmo bloco de ouro.

Mais ainda, a exigência de que a tão intricada menorá seja moldada de uma única pepita de ouro simbolizava a indivisibilidade da Torah. A vida judaica deve ser construída sobre um conjunto de valores. Não pode ser uma mistura de componentes e peças separadas, enxertadas juntas para servir à conveniência de qualquer um. Todas as áreas da vida devem derivar do mesmo conjunto de valores.

As tábuas que constituíam as paredes do tabernáculo

As tábuas do Tabernáculo eram de madeira de acácia. Cada tábua foi folheada a ouro. Era cortada embaixo para encaixar-se em dois caixilhos de prata. As tábuas eram unidas por uma fileira superior e inferior de vigas transversais, que eram inseridas em anéis do lado exterior das paredes do Tabernáculo. Além disso, cada uma das tábuas superiores era conectada à seguinte através de um sistema de peças de madeira que se encaixavam com perfeição. A parte inferior de cada viga se inseria em dois blocos de prata.

O que as vigas simbolizavam

Ao contrário das vigas normais de construções, que são deitadas horizontalmente, estas tábuas ficavam de pé sobre o solo verticalmente. Esta posição - alcançando, como se fosse, o alto, da terra em direção aos céu - simboliza o objetivo espiritual do homem, unir os reinos terreno e celestial, sua natureza inferior com seus mais elevados potenciais e aspirações.

O versículo descreve a posição das tábuas como permanecendo eretos. Os sábios interpretam este termo como sendo um símbolo da continuidade e uma garantia da sobrevivência judaica nas épocas mais difíceis. Apesar de nos parecer que a esperança de retornar à glória do passado findou, a Torah declara: "Madeira de acácia permanecendo ereta - eles permanecerão para sempre"!

As tábuas também eram unidas através de uma viga central que corria horizontalmente através de orifícios entalhados no centro das tábuas. A viga central unia e suportava miraculosamente toda a estrutura do Tabernáculo. Simboliza o Messias que unirá todas as nações do mundo.

As paredes do Tabernáculo nunca se perderam

Chegou um momento em que as vigas, varas e blocos de prata do Tabernáculo não eram mais necessários. Isto aconteceu quando o Rei Salomão construiu o Templo Sagrado, cerca de quinhentos anos após o Tabernáculo ser erigido no deserto. Então, o que Salomão fez com as partes do Tabernáculo?

Nenhuma parte do Tabernáculo foi jogada fora. Todas as vigas e outras partes foram escondidas por Salomão no Templo Sagrado. Cada uma das partes era sagrada, pois havia sido confeccionada e doada por justos.

As coberturas do Tabernáculo

A cobertura superior do Tabernáculo consistia de diversas camadas de tapeçaria. Essas não apenas formavam o telhado, mas também desciam pelos lados.

A camada interior da tapeçaria, que compreendia o teto do Tabernáculo era de lã azul-celeste, de beleza estontante. Era composta de dez peças costuradas entre si e formando dois grupos de cinco. Eram magníficas obras de arte, com figuras de leões e águias tecidas com fios multicolores. Se alguém olhasse para o teto do Tabernáculo, parecia que estava olhando para o céu.

Como os dois grupos de cinco eram unidos por meio de laços e ganchos de ouro, quando se olhava para o teto, parecia também que havia estrelas brilhando.

A camada acima das cortinas azuis-celeste consistia de cortinas feitas de lanugem de cabra. Deus ordenou que as maravilhosas tapeçarias azuis-celeste fossem cobertas por uma camada de lanugem de cabra, a fim de nos ensinar uma lição. Devem tratar seus objetos de valor com cuidado a fim de evitar que se estraguem.

Parte desta lanugem caía sobre a entrada do Tabernáculo, de modo que a entrada parecia uma noiva cujo rosto estava coberto com um véu.

As cortinas de lanugem de cabra eram cobertas por mais uma tapeçaria, uma combinação de peles de carneiros tingidas de vermelhos e peles multicolores de tachash (unicórnio).

O que a cobertura simbolizava

Cobrindo as paredes e o espaço do edifício, a cobertura unificava tudo que havia dentro do Tabernáculo; significando que a Arca, a mesa, a Menorá e o Altar não eram utensílios distintos e não-correlacionados, cada qual realizando sua tarefa separada. Eram, sim, partes de um todo unificado.

De fato, isto representa a filosofia da Torah na vida judaica: estudos, orações, negócios, e assim por diante não giram em órbitas separadas, mas trabalham juntos em direção a um único objetivo espiritual.

O altar de cobre para sacrifícios

Deus ordenou a Moisés: "Farás um altar de madeira de acácia. Deve ser quadrado". Os sacrifícios eram oferecidos sobre este altar. Por isso era chamado do altar de sacrifícios de *Olá*. Também era denominado de:
- O Altar de Cobre - pois era recoberto de cobre.
- O Altar da Terra - pois era construído sendo oco por dentro, e devia ser enchido de terra sempre que o povo de Israel acampava.
- O Altar Exterior - pois estava localizado no pátio do Tabernáculo.

Dois traços decorativos circundavam o altar. Um era uma renda de cobre atada à este; e outro era uma borda entalhada na parede do altar. A renda dividia o altar ao meio, sendo primordial para seu funcionamento: pois sangue de alguns sacrifícios devia ser colocado na metade inferior do altar, enquanto o de outras, na metade superior.

Os milagres do altar

Deus ordenou a Moisés: "Um fogo deve arder sobre o altar constantemente"! "Mestre do Universo," objetou Moisés, "o fogo não derreterá a camada de cobre, e então queimará o altar, que é feito de madeira?"

"Estas regras podem ser verdadeiras no mundo físico," respondeu-lhe Deus, "Mas não se aplicam em Meu reino. Reflita, nas esferas Celestiais, os anjos de fogo vivem na proximidade dos depósitos de neve e granizo. Contudo, nenhum prejudica o outro. Enquanto você estava no Céu, andou através de compartimentos de fogo, e Minhas Legiões Celestes queriam te queimar, e não obstante você nem se chamuscou. Eu lhe asseguro que, apesar do fogo constante, o altar não será afetado". Havia ainda mais dois milagres que ocorriam em relação ao altar. Apesar de estar localizado no pátio do Tabernáculo, a céu aberto, a chuva nunca extinguiu seu fogo. Além disso, a coluna de fumaça que se desprendia dele subia aos Céus na forma de uma coluna perfeitamente ereta e não era dispersada pelo vento.

O que o altar simbolizava

O propósito do altar (**mizbêach**, em hebraico) está indicado em suas iniciais. Concede ao povo judeu:
M - Mechilá – perdão; **Z** - Zechut – mérito; **B** - Berachá – bênção; **CH** - Chayim - vida

O Templo Sagrado em Jerusalém ficava no Monte Moriá. Deus fez com que o Altar de Cobre, ficasse num local muito especial sobre aquela montanha. Foi construído exatamente no mesmo local do qual Deus pegou terra com a qual criou o primeiro homem, Adão; onde a humanidade ofereceu seus primeiros sacrifícios através de Caim e Abel (filhos de Adão); onde Noé construiu um altar após o Dilúvio; e onde Abraão atou Isaac com intenção de sacrificar seu filho ao Todo-Poderoso.

Por que o Tabernáculo continha tantos materiais preciosos

Deus ordenou ao povo judeu que fizesse o Tabernáculo utilizando ouro, prata e outros materiais preciosos, certamente não por necessitar de um lugar suntuoso. Na realidade, Ele desejava que o Tabernáculo brilhasse por duas razões:

1 - Para que todo judeu que entrasse no Tabernáculo se impressionasse com a magnífica beleza. Assim, se comportaria respeitosamente e compreenderia que neste lugar sagrado morava a Shechiná (Presença da Divindade).

2 - Para que os não judeus sentissem um grande respeito pelos judeus quando ficassem sabendo do Tabernáculo que os judeus haviam construído. Pensariam: "Os judeus eram escravos no Egito, mas agora são muito ricos. Tiveram ouro e prata suficientes para construir uma morada maravilhosa. Também devem ter entre eles homens sábios e melhores artistas que qualquer outro povo, pois do contrário, como poderiam ter feito os objetos complexos do Tabernáculo e seus intricados desenhos"?

Atualmente, não existe mais o Tabernáculo nem o Templo Sagrado, mas deve-se manter o mesmo respeito e reverência nas Sinagogas.

Correspondência bíblica

Arca:

Nm 7,89: "Quando entrava na Tenda do Encontro para falar com o SENHOR\, Moisés ouvia a voz que lhe falava de cima do propiciatório que estava sobre a Arca da Aliança, entre os dois querubins; era assim que lhe falava".

Dt 10,2: "Escreverei nessas Tábuas as Palavras que estavam escritas nas primeiras, que quebraste. Depois as guardarás na Arca".

Js 3,6: "E Josué ordenou aos sacerdotes: 'Tomai a Arca da Aliança e passai à frente do povo'. Eles tomaram a Arca da Aliança e caminharam à frente do povo".

Js 4,7: "As águas do Jordão se dividiram diante da Arca da Aliança do SENHOR".

1Sm 3,3: "A lâmpada de Deus ainda não se tinha apagado e Samuel estava dormindo no santuário do SENHOR, onde se encontrava a Arca de Deus".

1Sm 4,3: "O povo voltou do acampamento, e os anciãos de Israel disseram: 'Por que fez o SENHOR que hoje fôssemos vencidos pelos filisteus?' Vamos a Silo buscar a Arca da Aliança do SENHOR, para que ela esteja no meio de nós e nos salve das mãos dos nossos inimigos".

1Sm 4,11.22: "A Arca de Deus foi capturada, e morreram os dois filhos de Eli, Hofni e Finéias. Sim, disse ela – foi banida a glória de Israel, pois a Arca de Deus foi capturada".

1Sm 5,1-4: "Depois que os filisteus tomaram a Arca de Deus, levaram-na de Ebenezer a Azoto. Tomaram a Arca de Deus e a introduziram no templo de Dagon, onde a colocaram junto de Dagon. Quando na manhã seguinte, os de Azoto se levantaram, encontraram Dagon caído por terra diante da Arca do SENHOR. Tomaram Dagon e o repuseram no seu lugar. No dia seguinte levantaram-se novamente pela manhã e encontraram Dagon caído por terra diante da Arca do SENHOR: a cabeça de Dagon e as duas mãos tinham sido cortadas e postas na entrada".

1Sm 5,11: "Devolvei a Arca do Deus de Israel ao seu lugar. Que não mais destrua a nós e a nosso povo".

2Sm 6,12: "Quando informaram o rei Davi: 'O SENHOR abençoou a família de Obed-Edom e todos os seus bens por causa da Arca de Deus', ele se pôs a caminho e transportou festivamente a Arca de Deus da casa de Obed-Edom para a cidade de Davi".

1Rs: "O rei Salomão e toda a comunidade de Israel, reunida em torno dele, imolavam diante da Arca ovelhas e bois em tal quantidade, que não se podia contar nem calcular".

Sl 132,8: "Levanta-te, SENHOR, para o lugar do teu repouso, Tu e a Arca do teu poder".

Hb 9,4: "Estavam ao o altar de ouro para o incenso e a Arca da Aliança, toda recoberta de ouro, na qual se encontrava uma urna de ouro que continha o maná, o bastão de Aarão que tinha florescido e as Tábuas da Aliança".

Hb 9,5: "Sobre a Arca estavam os querubins da Glória, que com sua sombra cobriam a bandeja para o sangue da expiação".

21 – Ex 27,20 – 30,10: TETSAVÊ – תצוה
Ez 43,10 – 27

- A Bíblia nos ensina nesta porção semanal da Palavra de Deus como deveria ser o candelabro (*Menorá*) diante do Tabernáculo (*Mischan*) e depois no Templo (*Bet Hamicdash*)
- Em muitas sinagogas há uma Luz Eterna (*Ner Tamid*) situada acima da arca sagrada. Essa luz é uma lâmpada (atualmente elétrica) que fica continuamente acesa. Essa eterna luz é símbolo da luz perpétua que constantemente queimava no santo Templo em Jerusalém (Ex 27,20).
- Ela também serve como símbolo da constante presença de Deus e de nossa eterna fé nEle. A luz também simboliza a luz da Torah, cujo chama o povo judeu deve manter sempre brilhando.
- No livro dos Provérbios (6,23) diz que a própria Bíblia é comparada com uma Luz; e o estudo da Bíblia comparado à luz do dia.
- O Rei Salomão disse em seu livro Eclesiastes 8,1: "A sabedoria ilumina o rosto da pessoa". Isto é, quando uma pessoa entende uma passagem das Sagradas Escrituras, seu semblante se ilumina.
- Também no Salmo 119 diz que os preceitos divinos são nítidos e iluminam os nossos olhos.
- Seja o estudo da Bíblia como também o nosso sustento, ambos exigem empenho para serem alcançados. Duas coisas não se deve dar crédito, segundo os Sábios de Israel: "alguém que diga não me empenhei e alcancei o estudo da Bíblia" (não deve ser acreditado); e alguém que diga: "esforcei-me e não alcancei o estudo da Bíblia" (também não acredite!).
- Somente com empenho e dedicação se alcança o estudo da Bíblia.
- Outro livro da Bíblia diz: "Prepare-se para estudar a Bíblia, pois ela não lhe virá como se fosse uma herança" (Pirkê Avot).
- Outros objetos podem nos vir por herança, mas o conhecimento da Bíblia, não é transmitido assim. Ninguém pode "herdar" esse conhecimento. Mas se houver empenho e dedicação, alcançaremos esse conhecimento.
- Esse estudo deve ser "de coração e de alma", esforçar-se com toda a inteligência possível para alcançar este objetivo.

- Uma boa diferença existe entre o empenho no trabalho e o empenho no estudo da Bíblia. O primeiro é que o sustento é apenas um meio para a nossa sobrevivência enquanto o estudo da Bíblia nos aponta a finalidade da nossa existência.
- Também nesta parashá lemos que Deus ao ordenar a Moisés que orientasse os sábios para a confecção das roupas dos sacerdotes disse: "Falarás àqueles aos que enchi de espírito de sabedoria" (Dt 28,3).
- E nisso podemos entender melhor a diferença entre como Deus Todo-Poderoso age e como o ser humano age. Um instrumento de trabalho, um artefato, um utensílio pode ser cheio e não comporta mais nada. Mas para o Eterno Deus, o utensílio cheio é capaz de conter ainda mais, enquanto que o utensílio vazio não (Cf. Talmud – Sucá 46).
- Para uma pessoa acostumada a estudar a Bíblia, poderá sempre acrescentar aos seus conhecimentos mais coisas ainda, porém aquele que não se preocupa, vazio fica, e vazio ficará.
- Aqui está uma grande sabedoria da Bíblia, a Sabedoria só pode se concretizar e se complementar quando for alimentada constantemente.
- Deus nos concede a sabedoria e ao mesmo tempo precisamos constantemente preservá-la, cuidar dela, recarregá-la.
- A Bíblia e o seu conhecimento sempre trarão para nós o verdadeiro caminho e o comportamento ético adequado, fortalece o espírito e afasta-nos dos maus instintos.
- Este é o melhor modo de nos protegermos do pecado, estudando a Bíblia, pois os pensamentos sobre os pecados se encontram sempre nos corações vazios da Bíblia e vazios de sabedoria.

TETSAVÊ – תצוה – Seleções de Midrash a partir de Ex *27,20* – 30,10

O nome de Moisés

O nome de Moisés não é mencionado uma vez sequer na *parashá* de Tetsavê. Na verdade, desde o nascimento de Moisés até o final da Torah, esta é a única parashá na qual o nome de Moisés não consta. Esta omissão resultou do que Moisés proferiu sobre si mesmo. Após o pecado do bezerro de ouro, ele disse a Moisés: "Se não perdoares o povo deste pecado, imploro-Te, apague-me de Teu livro, que Tu escreveste"! Apesar de Moisés ter perdoado os israelitas, a punição que Moisés invocou sobre si foi parcialmente realizada.

Moisés apagou o nome de Moisés da parashá de Tetsavê! As palavras de um justo realizam-se mesmo se a condição vinculada a ela não tiverem efeito.

Este é apenas um exemplo de quão extensos os efeitos da palavra falada podem ter. Todas as obras de ética judaica enfatizam o grande cuidado que se deve tomar ao falar.

A fala é uma arma poderosa, que pode infligir feridas mortais a grandes distâncias. Assim como palavras ásperas podem ferir quando dirigidas contra outra pessoa; também podem ser autodestrutivas.

O Talmud adverte que uma pessoa não deve falar mal até mesmo de si próprio. Se alguém denigre a si mesmo, outros também poderiam denegri-lo.

A omissão do nome de Moisés nesta porção da Torah é, portanto, de importante significado. Se uma maldição condicional, que faz parte de uma apelação passional por perdão ao povo de Israel, pode ter conseqüências desfavoráveis, quanto mais prejudicial ainda é o uso de palavras proferidas com raiva e hostilidade, seja contra si, seja contra outros.

O mandamento de doar azeite para a *Menorá*

Logo após as várias instruções referentes à construção do Tabernáculo e seus utensílios sagrados, Moisés deu um novo preceito: Ordenou que óleo de oliva fosse doado para a *Menorá* (candelabro).

Moisés disse ao povo: "Se algum de vós possui azeite de oliva apropriado para acender a *Menorá* no Tabernáculo dê-o a mim".

Explicou: "Somente as primeiras gotas de azeite extraídas da azeitona podem ser utilizadas para a Menorá". As primeiras gotas são perfeitamente claras e sem sedimentos, portanto produzem uma luz mais brilhante.

"O resto do azeite de oliva pode ser utilizado nas oferendas de farinha que são levadas ao altar; mas não para a Menorá".

O que se aprende sobre as primeiras gotas de óleo

Aprendemos uma grande lição do fato de que se utilizavam apenas as primeiras gotas de óleo para o acendimento da *Menorá*, enquanto que, para oferendas, o óleo da segunda prensagem também era permitido.

Um judeu observante da Torah, em geral, procura garantir que o alimento que sua família consome seja *casher* (próprio, adequado segundo as leis judaicas). Mas este mesmo indivíduo, está bem menos preocupado com o "alimento para o intelecto" que entra em sua casa sob a forma de literatura ou mídia.

De acordo com o ponto de vista da Torah, o "óleo para a *Menorá*", que representa o intelecto, deve ser o mais puro possível. O azeite para a *Menorá* é superior ao óleo da oferenda (simbolizando a nutrição). A Torah insiste que nossas mentes devem ser nutridas apenas com informações que sejam as mais puras e refinadas.

Por que o óleo de oliva foi escolhido por Moisés?

Por que Moisés escolheu o óleo de oliva para o acendimento, em vez de qualquer outro tipo de óleo? A resposta é que o povo judeu é comparado à oliva, pois ela emana seu precioso líquido apenas depois de ter sido processada através de prensagens e batidas. Similarmente, como resultado de terem sido banidos de um lugar para outro pelos outros povos e terem sido perseguidos, os judeus purificaram seus corações e retornaram a Moisés.

A essência interior de um judeu é pura. É só sua má inclinação que o impede de servir a Moisés. Uma vez que a camada exterior é removida por pressão externa, sua natureza de santidade se reafirma.

Todos os líquidos, quando misturados, mesclam-se numa mistura homogênea. O óleo é uma exceção; não se mistura, mantendo-se separado. Assim também, o povo de Israel é a única nação na história que não foi engolida pelos povos, mas, guardou, e continuará guardando para sempre, sua identidade distinta.

Como a *Menorá* era preparada para o acendimento

Geralmente um sacerdote acendia a *Menorá* (candelabro). Somente um sacerdote podia limpá-la e prepará-la. Todas as manhãs um sacerdote entrava na seção *côdesh* do Tabernáculo ou do Templo Sagrado e subia as escadas que conduziam à *Menorá*. Tirava as cinzas de todas as lâmpadas, tirava os pavios queimados, colocando novos. Então, derramava azeite de oliva em cada lâmpada de um cântaro que continha meio lug (aproximadamente 250 ml) de azeite de oliva casher. Fazia isto todas as manhãs, mas não acendia a *Menorá* até à tarde.

A quantidade de óleo necessária para que ardessem até a manhã seguinte era calculada de acordo com a quantidade necessária para durar durante as longas noites de inverno.

Contudo, a mesma quantidade era utilizada toda noite, até nas curtas noites de verão e, como resultado, sobrava algum óleo nas manhãs de verão.

O milagre da lâmpada central

Todas as manhãs, o sacerdote que entrava para limpar a *Menorá* presenciava um milagre. As sete luzes da *Menorá* deveriam ter-se extinguido, pois o azeite que o sacerdote havia acendido na tarde anterior não podia durar mais que doze horas: até a manhã seguinte. Porém - incrivelmente, sempre encontrava a luz do meio das sete ainda acesa! Como era possível? Tratava-se claramente de um milagre, um sinal de Moisés para demonstrar aos judeus que sua Divindade repousava no Tabernáculo.

Este mesmo sacerdote não tocava na luz do meio, mas limpava as outras seis lâmpadas e colocava novos pavios. O sacerdote que entrava à tarde encontrava a luz do meio acesa! Usava então esta luz para acender as outras seis luzes. Somente depois de fazê-lo apagava a luz do meio, limpava as cinzas dessa lâmpada e voltava a acendê-la.

A luz do meio manteve-se acesa assim, constantemente, não apenas no Tabernáculo, mas também no Templo Sagrado.

Certa vez, a colheita de olivas para óleo foi muito pobre em Israel, e havia apenas uma pequena quantidade de óleo para acender a *Menorá*. Os sacerdotes entristecidos, choraram. Porém, durante o período de escassez de óleo, o milagre que geralmente só ocorria com a lâmpada central aconteceu com a *Menorá* inteira. Apesar da quantidade insuficiente de óleo, as lâmpadas da *Menorá* ardiam brilhantes a noite toda.

A importância da *Menorá* e o que ela simboliza

O preceito de acender a *Menorá* era tão grande que Deus proclamou: "A luz da *Menorá* é mais preciosa para mim que a luz do sol ou da lua!"

Deus não ordenou que a *Menorá* fosse acesa por sua causa, pois ele não precisa da luz dos mortais. Pelo contrário, é ele que ilumina o universo inteiro.

Certa vez, um homem com visão perfeita e seu amigo cego quiseram ir para casa juntos. O homem disse ao amigo: "Deixe-me apoiá-lo e guiá-lo de modo que chegue em casa com segurança". Quando chegaram à casa, ocorreu ao homem que enxergava que o amigo cego certamente poderia estar deprimido com a idéia de seu desamparo. Por isso, pensou numa idéia para animá-lo. "Por favor, acenda a luz para mim," solicitou ao amigo cego.

Apesar de que realmente não precisava do serviço do outro, fez este pedido em consideração ao seu amigo deficiente.

Similarmente, Deus não necessita de nossa luz. Pediu-nos para acendermos a *Menorá* para Ele a fim de nos conceder méritos.

Para demonstrar que Deus não necessita da luz dos seres humanos, as janelas do Templo Sagrado eram construídas de maneira bastante singular. Ao invés de serem largas por dentro e estreitas por fora (permitindo a entrada de luz), aquelas janelas eram construídas estreitas por dentro e largas em direção ao exterior. Demonstrando assim que, é do Templo Sagrado que partia luz em direção ao mundo.

A mesma idéia também era simbolizada pelo fato de que a *Menorá* não ficava no Santo dos Santos, o "aposento particular" de Deus.

Em vez disso, Deus ordenou que fosse colocada na seção *côdesh*. Similarmente, a mesa ficava no *côdesh*, e não no Santo dos Santos, demonstrando que Deus não necessita da comida dos mortais.

Atualmente, não se doa mais óleo para a *Menorá* do Templo Sagrado. Em seu lugar, é um preceito iluminar Sinagogas e Casas de estudo.

Deus ordena consagrar os sacerdotes com vestes sacerdotais

Deus disse a Moisés: "Diga a seu irmão, Aarão: Moisés te escolheu para que sejas o Sumo Sacerdote, responsável pelo serviço de Deus no Tabernáculo. Teus filhos e seus descendentes serão sacerdotes que cumprirão Meu serviço". Deus também comunicou a Moisés: "O Sumo Sacerdote e os sacerdotes devem usar adornos especiais durante o serviço. Os adornos do Sumo Sacerdote serão extremamente belos, mais do que as vestes de qualquer rei".

"Serão vestes iguais às trajadas pelos Anjos Ministros no Céu. Quando os judeus virem os sacerdotes com trajes de *glória e esplendor* compreenderão que são pessoas especiais e os tratarão com respeito. Estes adornos também recordarão aos próprios sacerdotes que são diferentes. Isto os ajudará a servir melhor a Moisés".

Glória advém à pessoa por causa das habilidades concedidas por Moisés, enquanto *esplendor* refere-se ao respeito que granjeou através de suas próprias realizações. As vestimentas significavam ambos: a glória devida aos sacerdotes como resultado de sua nomeação como servos de Moisés e o esplendor espiritual resultante de seus próprios esforços.

O fato de que os sacerdotes só poderiam realizar o serviço trajando as vestimentas indicava santidade de seus atos. Isto nos ensina que quando um judeu reza ou cumpre um preceito deve ser cuidadoso no vestir, e conduzir-se com dignidade e respeito perante Deus.

Mesmo as nações do mundo perceberam que estas vestes eram trajes de distinção.

O rei Assuero – Artaxerxes fez um banquete que durou cento e oitenta dias, a fim de demonstrar sua grandeza e poder. A cada dia do banquete, revelava diferentes tesouros aos olhos do povo. Dentre outros itens valiosos, também mostrou as vestes e adornos do Sumo Sacerdote.

O rei Nabucodonosor levou-os à Babilônia quando destruiu o Templo Sagrado, e desde então, foram cuidadosamente preservados nos tesouros reais da Babilônia.

Todos os judeus foram comandados a contribuir com material para as vestes sacerdotais. A tarefa de tecê-los poderia ser preenchida por qualquer homem ou mulher sábios, cujo coração estivesse pleno de temor aos Céus.

As vestes dos sacerdotes

O sacerdote comum tinha quatro vestes e o Sumo Sacerdote tinha oito adornos. As vestes do sacerdote comum eram:

1 - Uma camisa comprida, 2 – Calças, 3 - Um cinturão, 4 - Um turbante.

O Sumo Sacerdote também usava estes trajes, exceto o turbante. Enquanto o turbante do sacerdote comum apontava para cima, o turbante do Sumo Sacerdote era redondo.

Os adornos do Sumo Sacerdote:

1 - Uma camisa comprida, 2 – Calças, 3 - Um cinturão, 4 - Um chapéu diferente do turbante do sacerdote comum.

Além dos itens acima, o Sumo Sacerdote trajava quatro vestes de ouro. Eram elas: 5 - Uma placa que cobria o peito, 6 - Um manto, 7 - Um avental, 8 - Uma faixa para a cabeça. A única parte do corpo de todo sacerdote que permanecia descoberta eram os pés.

A Torah ordena que o sacerdote cumpra o seu serviço descalço, posto que o piso de terra do Tabernáculo e as pedras do piso do Templo Sagrado eram santas e Deus desejava que os pés dos sacerdotes tocassem o solo.

Mais detalhes a respeito das vestimentas sacerdotais

SACERDOTE COMUM

A Camisa Longa: A camisa longa era feita de linho branco e chegava até as plantas dos pés.

O Cinturão: O sacerdote usava o cinturão por cima da camisa. O cinturão era muito longo - cerca de 20 metros - e dava muitas voltas ao redor da cintura do sacerdote. Era feito de tela colorida.

As Calças: As calças eram curtas e feitas de linho branco.

O Turbante: Ao redor da cabeça do sacerdote colocava-se uma cinta de linho branco que dava muitas voltas até formar um chapéu que terminava em ponta.

SUMO SACERDOTE

O Sumo Sacerdote, como o sacerdote comum, usava uma camisa longa, um cinturão e calças. Vestes adicionais:

O Turbante: O turbante do Sumo Sacerdote também era feito de uma tira de tela branca e enrolado ao redor da cabeça, mas era chato na parte superior.

O Manto: O manto era feito de lã azul. Da parte inferior pendiam sinos de ouro. Entre cada dois dos sinos havia adornos de lã, de aspecto semelhante a romãs. Quando o Sumo Sacerdote caminhava, os sinos tilintavam. Os sinos soavam para anunciar a chegada do Sumo Sacerdote no Tabernáculo, e sua saída deste.

Por que o manto tinha sinos?

Deus tinha várias razões para ordenar que se colocassem campainhas ao redor do manto. As campainhas serviam de lembrança ao próprio Sumo Sacerdote. Quando escutava o tilintar, compreendia quão importante era a sua função e dava o melhor de si para cumprir todas as partes do seu trabalho cuidadosamente, com os pensamentos adequados.

Os sinos também ajudavam o povo de Israel. Quando escutavam o som, sabiam que o Sumo Sacerdote estava fazendo o serviço Divino, e participavam orando neste momento.

Aprendemos do fato de que a entrada do Sumo Sacerdote era anunciada, que a pessoa não deve entrar em sua própria casa inesperadamente.

Infere-se, então, que logicamente não se deve irromper na casa de terceiros, mas sim, bater, tocar a campainha ou indicar sua chegada de alguma outra maneira.

A faixa usada na testa

Antigamente todos os judeus usavam *tefilin (filactérios)* o dia todo. Além de usar *tefilin*, o Sumo Sacerdote também usava o tsitsit na sua fronte. O tsitsit era uma faixa de ouro na qual estavam gravadas em relevo as palavras: "Santo para Deus", (a palavra Deus estava escrita com quatro letras Y-H-V-H). Era atada à cabeça através de três fitas azuis-celeste.

Uma vez que a faixa possuía alto grau de santidade, o Sumo Sacerdote tinha de comportar-se com o devido respeito ao portá-lo. Não lhe era permitido desviar a atenção do fato de que estava levando o Nome Divino em sua testa.

O comportamento do Sumo Sacerdote enquanto portava a faixa constitui uma importante lição para o judeu que coloca o tefilin. Ao usar a faixa, o sacerdote tinha de concentrar-se constantemente no Santo Nome de Deus. Alguém que está com tefilin, no qual o Nome Divino aparece numerosas vezes, certamente não pode desviar os pensamentos deste.

A faixa era tão sagrada que fazia todo o judeu que a olhasse sentir-se envergonhado de suas falhas. Então, quando o Sumo Sacerdote usava a faixa, isto era um mérito para o povo judeu. Moisés perdoava seus pecados, pois a faixa os ajudava a se aprimorarem.

O Avental

O efod (avental) era multicolorido, magnificamente tecido, e tinha aspecto parecido ao de um avental. Em lugar de cobrir a frente e ser amarrado atrás, o Sumo Sacerdote o prendia por trás e o amarrava adiante.

Na parte posterior era seguro por meio de duas alças que passavam por cima dos ombros até a frente. Em cada alça havia uma pedra preciosa incrustada, sobre a qual estavam gravados os nomes de seis tribos. Os nomes das outras seis tribos apareciam sobre a outra pedra preciosa.

Na frente, as duas alças sobre os ombros estavam presas a duas fivelas de ouro, das quais pendia a placa peitoral.

A Placa do Peitoral

A placa sobre o peito era feita de um material belamente tecido. Era quadrada, e se dobrava ao meio, de tal modo que formava um bolso.

Neste bolso, encontrava-se um pergaminho, conhecido com *Urim Vetumim* (luzes e perfeições) no qual estava escrito o Inefável Nome de Deus.

Como o *Urim Vetumim* era santo, a placa era o mais importante de todos os adornos (assim como a Arca era o mais importante de todos os objetos do Tabernáculo e do Templo Sagrado).

As pedras preciosas da Placa Peitoral

Deus ordenou que se pusessem doze pedras preciosas engastadas sobre o material tecido do peitoral. Sobre cada pedra estava escrito o nome de uma das Doze Tribos.

Além desses nomes as pedras possuíam também as seguintes palavras na placa peitoral: *"Avraham, Yitschac, Yaacov, Shivtê Yeshurun"* (Abraão, Isaac, Jacó, Tribos de Israel). Estas palavras adicionais estavam distribuídas sobre todas as gemas, de tal maneira que cada pedra tinha o total de seis letras.

Assim, todas as letras do Alfabeto estavam incluídas na placa. Porque a placa deveria conter todas as letras possíveis? Quando o povo de Israel precisava consultar Deus sobre assuntos importantes, essas letras se iluminavam, formando sentenças, a fim de transmitir a resposta de Deus.

A placa portava os nomes dos Patriarcas e das Tribos de Israel, para servir como lembrete do mérito dos nossos grandes antepassados e o das tribos. As quatro colunas aludem ao mérito de nossas quatro matriarcas. Esses méritos auxiliavam o Sumo Sacerdote a obter expiação para o povo judeu.

Enquanto o Sumo Sacerdote usava a placa, não podia em nenhum momento esquecer o povo judeu. Tinha-os presentes (simbolizados pelos nomes das tribos) enquanto cumpria o serviço Divino. Ao rezar, pedia a Deus que os ajudasse e os abençoasse.

	Nome	Tradução	Tribo
1ª) Fileira	*Odem*	Rubi	Rúben
	Pitdá	Esmeralda	Simeão
	Bareket	Topázio	Levi
2ª) Fileira	Nome	Tradução	Tribo
	Nofech	Carbúnculo	Judá
	Sapir	Safira	Isaacar
	Yahalom	Diamante	Zebulon
3ª) Fileira	Nome	Tradução	Tribo
	Leshem	Jacinto	Dã
	Shevó	Ágata	Neftali
	Achlama	Ametista	Gad
4ª) Fileira	Nome	Tradução	Tribo
	Tarshish	Crisólito	Aser
	Shoham	Onix	José
	Yashfe	Jaspe	Benjamin

Como as pedras foram cortadas

As duas pedras preciosas das alças do avental e as doze pedras preciosas da placa deviam ser cortadas de certo tamanho. Porém Deus proibiu que se usasse uma faca ou qualquer outro instrumento de metal para cortar essas pedras. As pedras incrustadas deveriam ser perfeitas, sem que faltasse a menor lasquinha sequer. Portanto, as letras sobre as gemas não poderiam ser gravadas através de instrumentos ou ferramentas, pois isto faria com que as gemas ficassem ligeiramente lascadas.

Como então, poderiam ser cortadas?

Moisés sabia que Deus havia criado na véspera do primeiro Shabat dos seis dias da Criação um inseto, pequeno como um grão de cevada, que possuía a maravilhosa habilidade de cortar qualquer material, inclusive a mais dura rocha, simplesmente passando por cima. Este inseto surpreendente se chamava *shamir*.

Moisés ordenou que se trouxesse o *shamir*. Os nomes das 12 Tribos foram escritos à tinta sobre as gemas. O *shamir* foi passado pelas pedras preciosas, e estas se cortaram exatamente sobre a linha marcada pelo artesão.

Quando o Templo Sagrado foi destruído, o *shamir* desapareceu.

Urim Vetumim, o pergaminho contendo o nome de Deus embutido na placa

Como mencionamos anteriormente, a placa peitoral foi feita de tal modo que era dobrada ao meio, formando um bolso. Neste bolso Moisés inseriu um pergaminho sobre o qual escreveu o Nome Indizível de Deus composto de setenta e duas letras.

Este nome fazia com que certas letras gravadas sobre as pedras preciosas se acendessem em resposta às questões que lhe eram perguntadas.

O nome *Urim Vetumim* significa:

Urim - as letras se acendiam (da raiz 'or', luz)

Tumim - sua resposta era final e inalterável (derivado de 'tam', perfeito)

Por isso, a placa peitoral além de ser chamada simplesmente de *chôshen* era também conhecida como *'Chôshen Mishpat'* (mishpat - sentença), uma vez que a decisão final sobre cada assunto duvidoso era alcançada através da iluminação das pedras.

Apenas assuntos referentes ao rei, ao tribunal ou ao povo judeu como um povo poderiam ser consultados através das pedras. Não era permitido questioná-las para propósitos particulares.

O questionador costumava ir ao Sumo Sacerdote, que portava os *Urim Vetumim*. O Sumo Sacerdote voltava sua face em direção a Arca (sobre a qual a Divindade pairava), e o inquiridor, de pé atrás dele, tinha de perguntar a questão em voz baixa, no tom de quem está rezando. O Sumo Sacerdote era então inspirado pelo Espírito Divino. Ao olhar para as letras da placa que se acendiam, podia combiná-las corretamente e decifrar a resposta de Deus.

Os *Urim Vetumim* foram consultados pelo povo de Israel durante o período bíblico. Pararam de funcionar com a destruição do primeiro Templo Sagrado.

Aarão recebeu o privilégio de portar o nome Divino sobre seu coração como recompensa por sua felicidade, ao ouvir que seu irmão menor Moisés fora escolhido como líder para redimir o povo judeu. Deus disse: "Que o coração que não sentiu inveja porte a placa contendo o Meu Nome!"

O convertido que queria se tornar um Sumo Sacerdote

Certa vez, um não judeu passou por uma Sinagoga e ouviu a voz do rabino ensinando as crianças: "Estas são as vestes que devem fazer: a placa peitoral, o avental...". O mestre lia a parashá que versava sobre os adornos do Sumo Sacerdote. O não judeu parou e indagou: "Quem recebe todas essas roupas maravilhosas?" "O Sumo Sacerdote judeu" - responderam. O não judeu pensou: "Vou me converter para receber estas roupas gloriosas!"

Dirigiu-se à casa de estudos do Sábio Shamai. "Aceite-me como um convertido ao judaísmo, com a condição de que me torne Sumo Sacerdote!" Shamai expulsou-o com o bastão que estava em suas mão (agiu assim de boa-fé, a fim de proteger a honra da Torah. Considerou o pedido uma afronta à Tora).

O pretenso convertido então tomou o rumo da casa de estudos do Sábio Hillel, e repetiu seu desejo de converter-se ao judaísmo a fim de se tornar Sumo Sacerdote. Hillel aceitou-o. Contudo, advertiu-o: "Antes de assumir uma posição elevada, uma pessoa deve familiarizar-se com as regras de conduta a essa posição. Vá estudar as leis referentes ao sacerdócio"!

O homem estudou Torah, e logo chegou ao versículo: "O não sacerdote que se aproxima disso (do serviço sacerdotal) morrerá". "A quem este versículo se refere?" - perguntou. Disseram-lhe: "A qualquer um que não nasceu da família de Aarão, mesmo o próprio Rei David!"

O convertido compreendeu o total significado dessas palavras. Raciocinou: "Se mesmo um judeu de nascimento não pode assumir as funções de um sacerdote, eu, um estrangeiro, certamente não poderia me tornar um"!

Voltou a Shamai e disse-lhe: "Por que não me disse que não poderia me tornar um Sumo Sacerdote, uma vez que a Torah proíbe um não sacerdote de realizar o serviço?"

Para Hillel, disse: "Que possa se tornar o receptáculo de todas as bênçãos Celestiais. Sua humildade trouxe-me para sob as asas da Shechiná".

Mais tarde, esse convertido teve dois filhos. Chamou um de Hillel, e o outro de Gamaliel (o nome do neto de Hillel). Sua família ficou conhecida como "guerê Hilel - os convertidos de Hilel".

Leis relacionadas às vestes sacerdotais

Os trajes dos sacerdotes eram sagrados, e portanto muitas leis se aplicavam a eles. Eis aqui algumas delas:

1 - Somente um sacerdote podia vesti-los. Um levi ou um judeu comum não podia nem experimentá-los.

2 - Um sacerdote somente podia usá-los se estivesse no Tabernáculo ou no Templo Sagrado. Caso saísse dali, deveria tirá-los.

3 - Um sacerdote não podia dormir com estas vestes, pois seria uma falta de respeito.

4 - Um sacerdote deveria portar exatamente os adornos que a Torah lhe ordena. Se lhe faltar uma só das vestes estipuladas enquanto cumpre um ato de serviço, seu trabalho não é válido.

Uma família diferente foi designada para cada uma das muitas tarefas no Templo Sagrado. Por exemplo, a família de Garmo assava os pães da proposição, e a família de Avtinas era encarregada de fabricar incenso. A família de Finéias estava encarregada das vestes dos sacerdotes.

Costumavam vestir os sacerdotes antes do serviço, despi-los ao final do serviço, e supervisionar o armazenamento das roupas em câmaras especiais.

Como as vestes dos sacerdotes ajudavam o povo de israel

Quando os sacerdotes colocavam os adornos sacerdotais, Deus considerava um mérito para todo povo de Israel.

As vestes dos sacerdotes ajudavam os judeus de duas maneiras:

1 - Deus perdoava determinados pecados cometidos pelos judeus porque os sacerdotes vestiam estes trajes. Por exemplo, o manto do Sumo Sacerdote, ajudava os judeus a serem perdoados por falarem maledicência. (É óbvio que também deviam fazer teshuvá – conversão e arrependimento).

As campainhas costuradas na parte inferior do manto também tinham uma função elevada. Quando Deus escutava seu tilintar, perdoava os judeus pelos sons pecaminosos que haviam emitido ao falarem maledicência.

O resto dos adornos dos sacerdotes servia para expiar outros pecados do povo judeu: a camisa expiava o assassinato e a placa perdoava a adoração de ídolos. Como era benéfico para os judeus que os sacerdotes cumprissem o serviço de Deus! Queira Deus que possamos vê-los em ação novamente!

2 - Os trajes dos sacerdotes também ajudavam o povo de Israel a vencer as guerras. Eram semelhantes a uniformes que soldados usam. Quando os sacerdotes usavam seus uniformes sagrados no Tabernáculo, Deus recordava os soldados judeus no campo de batalha e os fazia triunfar. Portanto, os adornos dos sacerdotes, beneficiavam todo o povo judeu.

Os sacerdotes se preparam para começar o seu serviço divino sendo consagrados por sete dias

Deus explicou a Moisés que, uma vez que o Tabernáculo estivesse armado, os sacerdotes começariam ali o serviço Divino.

Deus disse: "Chame os sacerdotes com palavras encorajadoras para tornarem-se Meus servos. Diga-lhes: Vocês são afortunados por terem sido escolhidos pelo Todo-Poderoso".

Antes que os sacerdotes estivessem prontos para começar a trabalhar no Tabernáculo, deviam santificar-se e preparar-se mediante as seguintes ações:

1 - Deviam estar presentes e observar todos os dias como Moisés oferecia três tipos de oferendas sobre o altar. Deste modo, aprendiam como ofertar os sacrifícios.

2 - Deviam entrar num *micvê* (tanque reservado para purificação).

3 – Eram ungidos com o azeite sagrado.

4 - Deviam vestir as vestes sacerdotais todos os dias.

"Cumprindo estas quatro ações durante sete dias, estarão prontos para começar a Me servir no Tabernáculo".

O altar de incenso

O grande altar sobre o qual se ofereciam todos os sacrifícios animais se encontrava no pátio do Tabernáculo, a céu aberto (como foi relatado na parashá anterior, *Terumá*).

Agora Deus ordenava a Moisés que construísse um segundo altar: "Este altar será feito de madeira, recoberto de ouro. Ponha-o na seção *côdesh* do Tabernáculo, próximo à *Menorá* e à mesa. Duas vezes por dia, de manhã e à tarde, um sacerdote queimará incenso sobre este altar".

Embora o altar do incenso estivesse recoberto somente por uma fina camada de ouro, a madeira que havia debaixo dela jamais se chamuscava por causa do fogo que havia sobre o altar (este é um dos milagres conhecidos do Tabernáculo. Demonstravam aos judeus que a presença de Deus estava entre eles).

Como este altar não estava destinado a oferecer sacrifícios animais, mas apenas a queimar incenso, foi chamado o altar de incenso. Também se denominava altar de ouro, e altar interior.

Era proibido oferecer sacrifícios animais sobre o altar do incenso, exceto em Yom Kipur (Dia do Perdão), quando o Sumo Sacerdote oferecia animais sobre ele.

Aarão foi ordenado a queimar incenso sobre este altar todas as manhãs e tardes. Deus disse: "O incenso é a mais querida de todas as oferendas. Todos os outros sacrifícios expiam transgressões, mas o incenso é ofertado apenas para trazer alegria e felicidade".

Após o término da construção do Tabernáculo e todos seus objetos sagrados, depois que a mesa e a *Menorá* foram fixados em suas posições e os sacrifícios trazidos, a Shechiná (Presença da Divindade) ainda não havia descido. Foi somente quando o incenso foi oferecido que a Divindade finalmente desceu para residir no Tabernáculo.

Por que a ordem para a construção do altar de incenso encontra-se no final desta parashá?

Poderíamos perguntar por que a Torah menciona este altar agora, ao final da parashá de Tetsavê. Já que o altar do incenso se colocava junto à mesa e à *Menorá* na seção côdesh, por que a Torah não o menciona na parashá anterior, Terumá, junto com os demais objetos que havia na seção côdesh?

Uma das respostas é que Deus pôs o altar do incenso como o último dos objetos do Tabernáculo para demonstrar quão importante é. Mencionou-o fora do lugar esperado na Torah para que nós notemos como é especial.

Por que o altar do incenso é tão santo? As especiarias com que era feito o incenso que o sacerdote queimava sobre o altar desprendiam um aroma delicioso. Nossos Sábios nos contam que a fumaça do incenso subia direto ao céu, e que era agradável a Deus. Era um sinal de amor e amizade entre Deus e o povo de Israel. O aroma do incenso anulava quaisquer decretos celestiais. Como queimar incenso fortalece a aproximação entre Deus e o povo judeu, podemos compreender a importância deste altar.

Correspondência bíblica

Vestes:

Gn 37,29: "Quando Ruben voltou à cisterna e não encontrou José, rasgou as vestes de dor".

Gn 37,34: "Jacó rasgou as vestes de dor, vestiu-se de luto e chorou a morte de seu filho por muitos dias".

Ex 19,10: "O SENHOR disse: 'Vai ao povo, santifica-os hoje e amanhã. Que lavem as suas vestes".

Lv 8,2: "Toma contigo Aarão e seus filhos, as vestes, o óleo da unção, o bezerro para o sacrifício expiatório, os dois carneiros, o cesto de pães sem fermento".

Dt 29,4: "No entanto, por quarenta anos vos conduzi através do deserto, sem que vossas vestes envelhecessem pelo uso nem os calçados se gastassem em vossos pés".

Js 7,6: "Josué rasgou então as vestes e prostrou-se com o rosto por terra diante da arca do SENHOR até à tarde, ele e os anciãos de Israel. Cobriram as cabeças de pó".

Jz 11,35: "Ao vê-la, rasgou as vestes e exclamou: 'Ai, minha filha, tu me abalaste! És a causa da minha desgraça! Pois fiz uma promessa ao SENHOR e não posso voltar atrás".

2Sm 1,11: "Então Davi agarrou e rasgou as suas vestes. E todos os que estavam com ele fizeram o mesmo".

2Rs 5,8: "Quando Eliseu, o homem de Deus, soube que o rei de Israel havia rasgado as vestes, mandou dizer-lhe: 'por que rasgastes tuas vestes? Que Naamã venha a mim, para que saiba que há um profeta em Israel'".

Sl 45,9: "Tuas vestes têm o perfume de mirra, aloé e cássia".

Eclo 50,13: "Todos os filhos de Aarão com suas vestes esplêndidas".

Ez 16,39: "Vou entregar-te nas mãos deles. Eles derrubarão teus pódios, demolirão teus estrados, despirão tuas vestes, tomarão tuas joias e te deixarão completamente nua".

Jl 2,13: "Rasgai os vossos corações, não as vestes! Voltai para o SENHOR, vosso Deus, pois Ele é bom e cheio de misericórdia!'".

Mt 26,65: "Então o sumo sacerdote rasgou suas vestes e disse: 'Blasfemou! Que necessidade temos ainda de testemunhas? Pois agora ouvistes a blasfêmia".

Mt 27,35: "Depois de o crucificarem, repartiram as suas vestes tirando a sorte".

Mt 28,3: "Sua aparência era como um relâmpago, e suas vestes, brancas como a neve".

Lc 24,4: "e ficaram sem saber o que estava acontecendo; Nisso, dois homens com vestes resplandecentes pararam perto delas".

At 10,30: "Cornélio respondeu: 'Três dias atrás, exatamente nesta hora, eu estava em casa recitando a oração da tarde, quando se apresentou diante de mim um homem em vestes resplandecentes".

Ap 3,4: "Todavia, aí em Sardes existem algumas pessoas que não mancharam suas vestes. Estas vão andar comigo, vestidas de branco, pois são dignas".

Ap 3,5: " O vencedor vestirá vestes brancas, e não apagarei o seu nome do livro da vida, mas o apresentarei diante de meu Pai e de seus anjos".

Ap 7,14: "Ele então me disse: 'Estes são os que vieram da grande tribulação. Lavaram e alvejaram as suas vestes no sangue do Cordeiro'".

Ap 16,15: "Eis que venho como um ladrão. Feliz aquele que vigia e conserva as suas vestes, para não andar nu e para que não se enxergue a sua vergonha".

Ap 22,14: "Felizes os que lavam as suas vestes, pois assim poderão dispor da árvore da vida e entrar na cidade pelas portas".

22 – Zachor - זכור – *Especial Maftir*
Dt 25, 17-19 – Haftará: 1Sm 15,2-34

(Sábado anterior à Festa de Purim)

- O Sábado (Shabat) precedente à Purim, é chamado de Shabat Zachor, em memória à passagem do livro do Dt 25,17-19, descrevendo o ataque do rei Amaleque. Pela Tradição Judaica do Talmud, Aman, o homem malvado da história de Purim, era descendente de Amaleque.
- Algo diferente ocorre com esta porção semanal da Palavra de Deus. Esta leitura é um preceito da Torá, e existe a obrigação de ouvir a sua leitura em comum, na presença do povo reunido. E existe um motivo especial para isso. Este trecho conta como os filhos de Israel após terem saído do Egito, foram atacados por um povo maldoso chamado Amalec.
- Sabendo o motivo que levou Amalec a guerrear contra os filhos de Israel, entenderemos a razão da obrigatoriedade de ouvir essa leitura uma vez por ano.
- Amalec atacou o povo de Israel num lugar chamado Refidim (Ex 17,8). Os sábios de Israel contam que os motivos desta guerra foi o enfraquecimento do povo com relação à Bíblia. O inimigo foi em perseguição à Israel não porque tinha visto um exército mais fraco ou porque não tinham estratégia para a guerra, mas sim porque o povo havia enfraquecido sua fé na Bíblia.
- Para comprovar isso os sábios ensinam que esse foi o motivo pelo qual Moisés enviou Josué para lutar contra Amalec. Os amalecitas não conheciam Josué. Pensavam que ele foi escolhido para a guerra porque era um bom estrategista dentre o povo, mas Moisés tinha percebido outra razão.
- Moisés percebeu o motivo pelo qual o inimigo foi guerrear contra Israel devido ao seu enfraquecimento na fé para com a Bíblia e resolveu enfrentá-los mediante alguém que não tivesse caído no mesmo defeito e que tivesse permanecido nos mais altos conceitos dentro da escala de valores da Torá (cf. Ex 33,11): "Mas seu ajudante, o jovem Josué filho de Nun, não se afastava do interior da Tenda". Nas tendas onde se estudava a Torá, a Bíblia,

- Somente uma pessoal com tamanha força espiritual poderia enfrentar essa situação, porque justamente com uma elevação espiritual é que podemos combater o enfraquecimento espiritual.
- Assim também pode-se ler em Dt 25,18: os enfraquecidos e extenuados. Mas quem eram esses "cansados". O comentarista bíblico Rashi nos diz que eram os indivíduos frágeis pelas transgressões que carregavam, já que é o pecado o que mais pode enfraquecer alguém, mais do que qualquer outra coisa.
- E então se entende o porquê da obrigatoriedade do povo escutar juntos esse trecho bíblico. Para que não esqueçamos os motivos que levaram a essa guerra, e para que não caiamos também no enfraquecimento espiritual no estudo da Bíblia e na prática dos seus mandamentos.

ZACHOR Seleções de Midrash a partir do texto bíblico: *Ex 13,17 – 17, 16*

O GRATUITO ATAQUE

Examinando o primeiro confronto entre o povo judeu e a nação de Amalec (Shemot 17:8-16) sobre o qual lemos em Shabat Zachor nesta semana que antecede Purim, duas perguntas básicas nos vêm à mente. Primeira, por que Amalec atacou os Filhos de Israel sem provocação? O versículo simplesmente relata que Amalec atacou os Filhos de Israel num local chamado Refidim, mas o que motivou este ataque? Segundo, por que eles mereceram esta súbita punição?

A primeira pergunta é respondida pelo Midrash, que compara o povo judeu a uma banheira de água fervente. Assim como ninguém ousa pular num recipiente de água fervente por medo de ser escaldado até a morte, assim também os judeus eram aparentemente invencíveis após seu milagroso êxodo, quando então as nações do mundo reagiam a eles com temor e respeito.

Ninguém ousava atacar o povo que tinha Deus a seu lado – exceto Amalec. Certa vez ele atacou, e embora tenha perdido, deram um jeito de esfriar a água para que outras nações também pulassem dentro sem medo de ser queimadas.

O que deu a Amalec a força para nos atacar? Rabi Yitschac Hutner desenvolve a resposta à primeira questão de outro Midrash, que compara Amalec a uma pessoa que zomba e ridiculariza tudo na vida. Uma personalidade assim procura toda oportunidade de minar e diminuir o que é importante e valioso na sociedade.

As Dez Pragas, a Abertura do Mar Vermelho, a destruição do Egito, o maná caindo do céu – todos estes eventos que haviam criado um senso de reverência e trepidação nas outras nações em relação aos judeus, fazendo a água da banheira mais e mais quente, apenas aumentou o desejo de Amalec de ser o primeiro povo a pular dentro. Para Amalec esta banheira fervente de grandeza, espiritualidade e nobreza tinha de ser esfriada, independentemente das conseqüências.

Voltemos agora a nossa segunda questão. Por que os judeus mereceram ser atacados por Amalec?

A chave para entender esta falha específica é o nome da localidade onde Amalec atacou-nos – Refidim. Embora num nível simples este nome seja meramente uma localização geográfica, o Midrash nos diz que é um acrônimo para "rafu y'dayhem min haTorah – as mãos do povo judeu foram fracas no seu apoio à Torá."

O que significa esta expressão? Significa a falta de estudo da Bíblia, negligenciar o estudo de Torá. Qual é então a idéia por trás de dizer que suas mãos eram fracas no seu apoio à Torá?

Esta expressão refere-se a uma fraqueza em reconhecer e apreciar a importância e relevância da Bíblia em nossa vida. Quando deixamos de perceber como a Bíblia é vital para nossa própria existência e para a existência do mundo inteiro, estamos convidando Amalec a entrar em nosso meio.

Não apenas devemos estar preocupados com o quanto de Bílbia aprendemos, mas também com quanto valor e importância atribuímos à Bíblia que estudamos.

Percebemos que a Bíblia é sabedoria Divina? Percebemos que a Bíblia sustenta o mundo inteiro? Percebemos que a suprema perfeição do mundo apenas pode chegar através da Bíblia?

Que Deus nos ajude a aumentar nosso tempo de estudo de Torá e a avaliar sua verdadeira e ilimitada grandeza.

GUERRA SÓ AO ÓDIO

Amar o próximo como a si mesmo, diz o Talmud, é toda a Torá, o restante é comentário. "Não há serviço como o serviço do amor" declara o Zohar. "Paz" não é apenas uma palavra, diz outro adágio talmúdico - é o próprio nome de Deus. Na verdade, "a Torá foi outorgada somente para trazer paz ao mundo." Somos conclamados a amar todas as criaturas de Deus. Mas quando o puro ódio levanta a cabeça, deve ser destruído.

Citando novamente o Talmud, "Três qualidades distinguem o povo de Israel: são compassivos, tímidos e caridosos"; se alguém não possuir estes traços de caráter, somos levados a duvidar de seu Judaísmo. Mesmo quando somos obrigados, como sociedade, a punir criminosos ou empreender guerras, nós o fazemos relutantemente, sem paixão, certamente sem ódio.

O amor é a característica do Judaísmo. Alguns de nós chegamos a alegar que fomos nós que ensinamos esta palavra ao mundo. No Shabat, porém, que antecede Purim, escutamos nas sinagogas uma leitura especial da Torá que nos manda odiar. Uma vez ao ano, neste Shabat, abrimos os Rolos de Torá para a leitura especial de Zachor (Devarim 25:17-19). "Lembra-te do que Amalêc te fez..." lemos. "Erradica a memória de Amalêc de sob os céus, não esqueças!"

Amalêc não foi a única nação a nos atacar, no decorrer de nossos 4000 anos de história. Houve muitas outras que fizeram o mesmo, e ainda pior. Porém Amalêc é destacado como a essência do mal. Não havia um motivo racional para Amalêc nos atacar, nenhum possível lucro em fazê-lo. Amalêc simplesmente odeia a bondade e procura destruí-la, onde quer que floresça neste mundo de Deus.

Sim, somos conclamados a amar todas as criaturas e criações de Deus, incluindo as menos fáceis de amar. Mas quando o puro ódio levanta a cabeça, deve ser destruído. Porque se você ama o mundo de Deus, não alimenta com amor as forças que o destruiriam. Nas palavras dos Sábios de Israel: "Aquele que é compassivo com os cruéis, termina sendo cruel com os compassivos".

23 – PURIM - פּוּרִים
O Rolo, o Livro de Ester

- O Talmud sempre indica que tudo o que está contido na Bíblia (Torá, os Profetas e Escritos) foram registrados com a finalidade de serem úteis às gerações futuras. Eles sempre têm muito a nos ensinar, contra o perigo físico, real, das consequências do desfalecimento, enfraquecimento da Fé em Deus e na Bíblia.
- O Rolo (*Meguilat*) de Ester faz parte da Bíblia e também pode ensinar a cada um de nós hoje. Esta festa, conforme a tradição do Povo de Israel, ocorre todo ano, como recordação pela salvação do povo – de forma milagrosa – quando a sombra do extermínio o ameaçava, durante o reinado persa, sob o comando de Assuero (Xerxes I, - Artaxerxes – que governou entre 485-465 a.C.).
- Este acontecimento se deu no fim da época do exílio babilônico, entre a destruição do Primeiro Templo, princípio do retorno a Sion, e a construção do Segundo Templo.
- Amã, descendente de Amalec, incitando o rei a exterminar o povo judeu, já expressou no mundo antigo, uma das primeiras tendências anti-semitas. Mas de maneira milagrosa, o pensamento e a astúcia de Amã, foram destruídos pela vontade do Eterno Deus.
- Esta história e o seu significado sempre acompanharam a história do povo Judeu durante os difíceis e longos anos do Exílio. E assim o fatídico dia marcado por Amã para o extermínio do povo Judeu em 13 do mês de Adar, transformou-se no dia da vitória do povo.
- O nome surgiu da palavra *Pur* (sorteio, no plural "*Purim*"), pois Amã havia sorteado o dia em que pretendia concretizar seu plano diabólico.
- Costuma-se no dia anterior fazer o chamado "Jejum de Ester", lembrando o antigo costume de jejuar no dia da batalha, em sinal de penitência e pedido a Deus de coroar de êxito tal batalha.
- Reina, portanto, nesses dias de festa, a alegria e a gratidão a Deus pela constante proteção e salvação ao Povo de Israel.

- A Guemará 12 nos pergunta: Por que ocorreu o decreto do extermínio do Povo de Israel naquela geração? E a resposta é que alguns judeus participaram do banquete oferecido pelo Rei Assuero.
- Mas por que o castigo então não recaiu somente para os que participaram do banquete na cidade de Susa, a capital do império Persa, onde ocorreu o banquete?
- A mesma Guemará responde que o castigo veio sobre todos porque eles adoraram o ídolo da Babilônia na época de Nabucodonosor.
- O Midrash Rabá aponta este como sendo o primeiro motivo.
- Outro comentarista do Midrash explica que as duas razões se uniram,
- O justo Mardoqueu já tinha aconselhado os judeus para não participarem do banquete preparado, porém não prestaram atenção a ele e foram ao banquete.
- Mas Mardoqueu e os que o cercavam não participaram do banquete (cf. Targum sobre a Meguilá, Cap 1, vers.5).
- Mardoqueu sabia desses pecados cometidos pelos quais Deus mandou esta desgraça ao povo. Mardoqueu então se fortaleceu na fé e assumiu a responsabilidade diante da sua geração, assim como Moisés o fez também. Chamou os judeus à conversão (teshuvá) para que recebessem a misericórdia do Criador.
- Também Ester pediu que se fizesse três dias de jejum como dias de *teshuvá (arrependimento)* em vista da participação do povo naquele desventurado banquete.
- Segundo a tradição, também Mardoqueu, pelo mérito de agrupar centenas de crianças do povo para estudar com eles a Torá e rezar, conseguiu despertar a misericórdia do Todo-Poderoso e a anulação do mau decreto.
- E assim por tudo isso o povo elevou-se novamente. Retificaram novamente o recebimento da Torá, e fizeram isso por amor ao Todo-Poderoso. E assim Purim foi fixado como um dia festivo.
- Desta forma conclui-se que sempre o maior perigo físico vem sempre a partir da decorrência da falha espiritual que leva ao pecado. Sempre a maior proteção contra esses perigos é a teshuvá (conversão e arrependimento) e o ensino da Bíblia às crianças do Povo de Deus.

Orações de Purim:

- Bendito sejas Tu, Eterno, nosso Deus, Rei do Universo, que realizaste milagres aos nossos antepassados, naqueles dias, nesta época.

- Bendito sejas Tu, Eterno, nosso Deus, Rei do Universo, que nos conservaste em vida, nos amparaste e nos fizeste chegar a esta época festiva.

- Bendito sejas Tu, Eterno, nosso Deus, Rei do Universo, que pelejaste por nós, julgaste a nossa causa, tomaste a nossa alma e retribuíste o mal que nos fizeram os nossos inimigos. Bendito sejas Tu, Eterno, que retribuís o mal que fazem ao povo de Israel, ó Deus Salvador.

- Ele anulou o plano dos povos e frustrou o desígnio dos astutos. Levantou-se Amã, um homem malévolo, escavou para si uma fossa, mas sua grandeza fê-lo cair numa cilada. Pretendia capturar, mas foi capturado; tencionava destruir, mas foi destruído brevemente.(...)

*- Mas eis que um ramo brotou da palmeira, e Ester postou-se para despertar os adormecidos. (...) Pois a **sorte** lançada por Amã tornou-se a nossa **sorte**. O justo foi salvo da mão do ímpio, e o inimigo foi-lhe dado em seu lugar. Tomaram sobre si comemorar Purim e alegrarem-se a cada ano. Tu atentaste às preces de Mardoqueu e Ester; Amã e seus filhos pereceram na forca (...)*

- Todos os que em Ti têm fé não serão humilhados, nem passarão vergonha todos que se refugiam em Ti. [31]

Correspondência bíblica

Banquete:

Sl 69,23: "Que a sua mesa seja um laço para eles, o banquete deles, como uma armadilha".

Pr 21,17: "Quem gosta de banquetes vai acabar na indigência; quem aprecia vinho e mesa farta, jamais ficará rico".

Pr 23,20: "Não te encontres nos banquetes dos beberrões, nem nas comezainas de carne".

Eclo 10,16: "Ai de ti, ó país cujo rei é um adolescente e cujos príncipes se banqueteiam desde cedo".

Est 7 2-3: "No segundo dia, disse a ela o rei, já sob o efeito do vinho:'Então, qual o teu pedido, Ester, para que seja atendido? Que queres que eu te faça? Repito: Mesmo se pedires a metade do meu reino, tu a alcançarás!'. Ela res-

---

[31] Cf. Sidur completo. Organização: Jairo Fridlin. Editora Sefer, São Paulo, 1997. pp: 587-588*idur Completo – Org. Jairo Fridlin. Ed. Sefer – São Paulo,1997, pp: 573-576 e 587-589.*

pondeu: 'Se encontrei graças a teus olhos, ó rei, e se te agrada, concede-me a vida, pela qual suplico, e a vida do meu povo, pelo qual te peço'".

Is 25,6: "O SENHOR dos exércitos dará nesta montanha para todos os povos um banquete de carnes gordas, um banquete de vinhos finos, de carnes suculentas e vinhos depurados.

Dn 5,1: "O rei Baltazar fez um grande banquete para mil altos funcionários seus, e na presença desses mil, se pôs a beber vinho".

Mc 6, 21-25: "por ocasião do seu aniversário, Herodes ofereceu uma festa para os proeminentes da corte, os chefes militares e os grandes da Galiléia. A filha de Herodíades entrou e dançou, agradando a Herodes e a seus convidados. O rei, então, disse à moça: 'Pede-me o que quiseres, e eu te darei'. E fez até um juramento: 'Eu te darei qualquer coisa que me pedires, ainda que seja a metade do meu reino'. Ela saiu e perguntou à mãe: 'Que devo pedir?" A mãe respondeu: 'A cabeça de João Batista'. Voltando depressa para junto do rei, a moça pediu: 'Quero que me dês agora, num prato, a cabeça de João Batista'".

Lc 14,13: "Pelo contrário, quando deres um banquete, convida os pobres, os aleijados, os coxos, os cegos!"

Lc 14,17: "Na hora do banquete, mandou seu servo dizer aos convidados: 'Vinde,! Tudo está pronto'".

Ap 19,9: "E o anjo me disse: 'Escreve: 'Felizes os convidados para o banquete das núpcias do Cordeiro'. Disse ainda: 'Estas são as verdadeiras palavras de Deus'".

Ap 19,17: "Vinde, Reuni-vos para o grande banquete de Deus".

24 – Ex 30,11 – 34,35: KI TISSÁ – כי תשא
1Rs 18, 1 – 39

- O pecado do bezerro de ouro é dentre as muitas passagens bíblicas da história do Povo Judeu uma das mais comentadas e também uma das mais lamentadas.
- Esse pecado ocorreu logo após o Êxodo do Egito, depois de ver a "mão" forte e o "braço" estendido de Deus. O povo esperava Moisés que voltava do Monte Sinai, com as Duas Tábuas da Lei (*as Luchot,* em hebraico).
- E isso diz respeito entre os pecados mais graves da Torah, que é a idolatria.
- Alguns dos sábios de Israel comentam o que diz o Talmud, que o mau instinto estimula ao pecado fazendo cometer pequenas infrações, pequenos atos e aos poucos vai estimulando aos maiores atos de infrações, cada vez mais graves, até chegar à idolatria: "hoje faça deste modo, até que por fim lhe dirá: vá servir deuses estranhos".
- O texto bíblico desta porção semanal da Palavra de Deus diz: "Desviaram-se rapidamente do caminho que lhes ordenei, fizeram para si um bezerro de ouro" (Ex 32,8).
- Alguns sábios de Israel disseram que o próprio Satã apresentou-se ao Povo de Israel como se Moisés tivesse morrido, e o povo teria sofrido um grande choque emocional e entrou em desespero. E não sabiam o que iriam fazer dali em diante, sem um líder.
- Quando Moisés desceu do Monte Sinai quebrou as Tábuas da Lei para fazer o povo de Israel enxergar seu pecado.
- A Torah, a fé que se deve ter nela e no Todo-Poderoso Deus são os fundamentos do judaísmo. Todas as outras coisas sagradas (A Terra de Israel, Jerusalém, o Templo etc.) são sempre consequência da santidade da Palavra de Deus e não possuem santidade em si mesma.
- Deus, a Bíblia e o povo de Israel são inseparáveis. Os filhos de Israel pensavam que estavam fazendo algo sagrado, que possuía uma santidade própria.

- Não existe nada sagrado que não seja consequência da Santidade do Todo-Poderoso Deus. Não existe nada sagrado que não seja consequência da Bíblia Sagrada que Deus nos deu.

KI TISSÁ – Seleções de Midrash a partir de Ex 30,11 – 34,35

A contagem do Povo de Israel

Após o pecado do bezerro de ouro, o povo judeu é contado. Deus ordenou a Moisés que contasse o povo de Israel.

O preceito de contá-los foi, na verdade, dado a Moisés mais tarde, após o pecado do bezerro de ouro. No entanto, é recordada na Torah antes da narrativa do pecado.

Muitos judeus morreram na praga ocorrida logo após o pecado do bezerro de ouro e Deus queria determinar o número dos sobreviventes.

Um fazendeiro apreciava muito o seu bem cuidado e maravilhoso rebanho. Porém, um dia, uma peste atingiu as ovelhas e muitas delas pereceram. Depois da devastação ter se aplacado, o proprietário ordenou aos seus pastores: "Contem minhas ovelhas para ver quantas sobreviveram"!

Apesar de que Deus certamente sabia o número de sobreviventes e, portanto, não precisava de um censo, Ele estabeleceu o preceito para o benefício do povo judeu.

Após o pecado do bezerro de ouro, os povos zombaram: "Vejam esta nação que, quarenta dias após terem pronunciado 'faremos e ouviremos,' no monte Sinai, fabricaram um bezerro de ouro! Seu pecado é imperdoável; Deus nunca mais os aceitará como Seu povo!"

Para refutar esta afirmação, Deus ordenou: "Contem as cabeças do seu povo de Israel!" Deus empregou a palavra 'seu', que significa também "Levante as cabeças!" Ele explicou a Moisés que através da contribuição de uma moeda para o tesouro do Tabernáculo (através das quais eles seriam contados), os judeus resgatariam suas vidas, que foram perdidas no pecado do bezerro de ouro. Assim, o procedimento de contagem mediante moedas doadas "levantaria suas cabeças" - isto é, concederia a eles o perdão pelo pecado.

Quando Moisés ouviu as ordens de Deus, ficou apreensivo, achando que cada judeu teria de contribuir com uma moeda muito valiosa.

"Não é como você pensa, Moisés", Deus assegurou-lhe. "Vocês não terão que Me pagar com moedas que valem cem, cinqüenta, nem mesmo trinta pedaços de prata. Tudo o que peço de cada judeu é que doe uma pequena moeda que valha meio-shekel!"

Deus produziu uma moeda de meio-shekel, demonstrando a Moisés seu tamanho e sua forma, instruindo-o: "Este é o tipo de moeda que eles devem dar"! As moedas de meio-shekel deste censo foram fundidas e moldadas como encaixes, que foram usados para suportar as vigas do Tabernáculo.

A doação de meio-shekel de cada judeu não foi um preceito instituído unicamente para aquela vez, em consequência do pecado, mas sim, foi estabelecido como uma doação anual permanente. Destas coletas eram comprados os animais para as oferendas da comunidade, para que todo o povo de Israel pudesse ter uma parte nelas.

Quando o Templo Sagrado existia, era realizada uma proclamação a cada ano no primeiro dia de Adar em todas as cidades de Israel, recordando a todos para que preparassem um meio-shekel para o Templo Sagrado. A coleta em si ocorria entre 1° de Adar e 1° de Nissan.

Por que o mês de Adar foi escolhido como época de coleta dos shekalim (moedas) do povo de Israel? Deus previu que o malvado Amã daria para o rei Assuero dez mil kikar de prata em troca da permissão para exterminar os judeus em Adar. Disse Deus: "Que as doações dos Meus filhos precedam-no, para que sejam salvos das mãos dele".

Os shekalim atendiam a dois propósitos: como renda para o Tabernáculo e o Templo Sagrado, e como meio de fazer o censo, pois Deus proibiu contar os judeus diretamente, dizendo a Moisés: "Não conte o povo de Israel diretamente, pois a bênção Divina não paira sobre algo que foi contado ou medido".

Quando os reis judeus costumavam fazer o censo da população, cuidavam para não transgredir a proibição de contar pessoas diretamente. O rei Saul, no começo do seu reinado, quando eram pobres, contou o povo através de pedrinhas. Mais tarde, quando o reinado tornou-se rico, foram substituídas por uma ovelha para cada judeu.

A ordem de fazer um Lavatório

Deus ordenou que uma grande pia especial de cobre com bicos fosse construída e colocada no pátio do Tabernáculo, entre o Santo dos Santos e o altar exterior. Este lavatório era preenchido com água a cada manhã para que os sacerdotes pudessem lavar suas mãos e seus pés antes de iniciar o serviço Divino. Por que Deus ordenou aos sacerdotes que lavassem mãos e pés antes de iniciar seu trabalho no Santuário?

Poderíamos responder que Deus queria assegurar-se de que suas mãos e pés estivessem limpos. Esta explicação é verdadeira, mas também existe uma razão mais profunda para esta ordem.

Ao verter água de uma vasilha sagrada sobre suas mãos e pés antes do serviço Divino, tais partes do corpo se santificavam.

Será que não era necessário santificar também o resto do corpo? O corpo dos sacerdotes já se tornavam sagrados ao vestirem suas roupas sacerdotais. A água, então era utilizada para santificar mãos e pés que ficavam descobertos.

A ordem de preparar o óleo para unção e o incenso

O óleo para unção foi preparado por Moisés da seguinte maneira: Deus ditou para ele a lista de especiarias, especificando seu peso e volume. Cada especiaria foi moída separadamente. Então, as especiarias foram misturadas e socadas em água para que o seu aroma fosse absorvido pela água.

Óleo de oliva era adicionado à água e a mistura era fervida até que a água evaporasse e somente sobrasse óleo perfumado. Aquele óleo, (o óleo para unção) foi preservado num frasco para ser usado na unção dos Sumos Sacerdotes e reis da dinastia de David. Na consagração do Tabernáculo, todos os seus utensílios também foram ungidos com este óleo.

Apesar de Moisés ter preparado somente a quantidade de pouco mais de quatro litros, esta quantidade milagrosamente foi o suficiente para todas as próximas gerações. Este mesmo óleo ainda foi usado na época do Segundo Templo Sagrado. O frasco contendo o óleo foi ocultado na época da destruição do Templo. Ele nos será devolvido na era de Messias.

Moisés preparou o incenso, misturando onze das melhores especiarias, apontadas por Deus. Somente uma dentre as especiarias emitia um odor repulsivo. Deus queria ensinar aos judeus que deveriam incluir igualmente os indivíduos transgressores em momentos de jejuns e orações comunitários.

As especiarias deveriam ser moídas, misturadas e um punhado delas era queimado diariamente no altar de incenso.

Era proibido produzir uma mistura de especiarias nas mesmas exatas proporções do incenso, se a mistura fosse destinada para uso particular.

Beseleel é designado construtor do Tabernáculo

Beseleel é designado construtor do Tabernáculo e Ooliab, seu assistente

Quando Moisés foi informado da futura construção do Tabernáculo, durante sua estadia no Céu, este tinha a impressão de que teria que construí-lo com suas próprias mãos.

Quando ele estava prestes a deixar o Campo Celestial, Deus revelou-lhe: "Apesar de ter lhe apresentado o diagrama do Tabernáculo e a estrutura de todos os seus componentes, não és o artesão que o construirá. Teu papel é de ser um líder e não um artífice"!

"Quem será o construtor do Tabernáculo?" perguntou Moisés.

"Beseleel filho de Uri, filho de Hur, foi designado para esta tarefa", informou Deus. Beseleel era o neto de Hur, que foi assassinado durante o incidente envolvendo o pecado do bezerro de ouro (como veremos adiante). A construção do Tabernáculo através do neto de Hur serviu como perdão pelo linchamento de Hur.

Beseleel era o bisneto de Miriam, irmã de Moisés. Ela foi recompensada com um descendente sábio e entendedor, que sabia como construir o Tabernáculo, em mérito do temor a Deus que a levou a prontificar-se a desobedecer a ordem do Faraó de assassinar os judeus recém-nascidos, quando trabalhava como parteira no Egito.

Naquele tempo, Beseleel tinha somente treze anos de idade. Por isso, Moisés perguntava-se como alguém tão jovem poderia receber a imensa tarefa de erigir um Tabernáculo.

De acordo com a regra de que é correto consultar a comunidade antes de lhe nomear um líder, Deus perguntou para Moisés: "Será que Beseleel lhe parece digno para este encargo?" "Se ele é digno aos Teus olhos", replicou Moisés, "certamente o é aos meus".

Quando, mais tarde, Moisés apresentou Beseleel para o povo como o arquiteto do Tabernáculo, ele por sua vez perguntou ao povo: "Vocês concordam com o fato de Beseleel ser o construtor?"

"Se ele é digno aos olhos de Deus e aos seus", replicou o povo judeu, "certamente o é aos nossos". Beseleel foi inspirado com sabedoria Divina e compreensão para ser capaz de ser bem sucedido nesta missão.

Assim como foi mostrada a Moisés uma visão da estrutura detalhada de cada utensílio do Tabernáculo, assim também foi concedida a Beseleel uma visão Celestial da forma e desenho de cada objeto.

Beseleel era um fiel artífice, que se empenhou em seguir à risca as instruções Divinas. Por isso a Torah o recompensou, anexando seu nome a cada um dos objetos do Tabernáculo citados na parashá.

Moisés ordenou a Beseleel: "Primeiramente construa a Arca, depois os outros utensílios, e finalmente a Tenda do Tabernáculo".

"Meu mestre, Moisés", objetou Beseleel, "ao construir uma casa, será que não se constrói primeiramente a estrutura externa para abrigar sua mobília? Se eu construir a Arca primeiro, onde é que a colocarei, depois de ficar pronta? Será que Deus não lhe disse para primeiro construir o próprio Tabernáculo, e só depois a arca e os outros acessórios?"

"Você tem razão", admitiu Moisés. "Você pode ser denominado como aquele que está na sombra de Deus, pois possui a sabedoria para compreender o significado secreto das Suas palavras".

Daí o nome "Beseleel", composto pelas palavras "Betsel E-l - aquele que estava na sombra do Altíssimo".

Deus ordenou a Moisés para nomear Ooliab da tribo de Dã como assistente de Beseleel. Ooliab não fazia nenhum trabalho independente, mas ajudava Beseleel em cada fase da construção. Deus juntou como artesãos Beseleel, membro da tribo de Judá, e Ooliab, da tribo de Dã.

Judá era o mais exaltado dos filhos de Jacó e Dã era o menos importante. Juntando-os, Deus quis dizer aos judeus que, aos Seus olhos, o grande e o pequeno são iguais.

Uma pessoa menos capaz que serve Deus com todo seu potencial é considerada no mesmo nível que uma pessoa privilegiada, pois Deus julga um homem de acordo com as intenções do seu coração.

Deus adverte Moisés que os judeus não devem violar o Shabat para construir o Tabernáculo

Deus advertiu Moisés: "Os judeus podem pensar que a construção do Tabernáculo é um preceito tão importante que devem continuar construindo no Shabat. Porém, isto é proibido. Advirta-os que qualquer trabalho necessário para construir o Tabernáculo não poderá ser realizado no Shabat. Os judeus devem guardar a santidade do dia e abster-se de trabalhar, agora e para sempre. O dia de Shabat é um sinal entre Eu e o povo judeu, de que eles são Meu Povo".

O preceito de Shabat é tão importante que se todos os judeus guardassem dois Shabat com todas as leis correspondentes, o Messias viria de imediato!

Depois de quarenta dias no céu, Moisés recebe duas Tábuas de Safira

Depois do recebimento da Torah, Moisés permaneceu no Céu durante quarenta dias estudando a Torah diretamente de Deus.

Ao cabo dos quarenta dias, Deus deu a Moisés duas Tábuas de safira de tamanho e forma idênticas. Nelas, Deus gravara os Dez Mandamentos.

Por que o povo de Israel recebeu os Dez Mandamentos inscritos em Tábuas, em vez de um pergaminho Divino contendo toda a Torah?

Quando uma pequena criança começa a escola, o professor lhe apresenta o alfabeto escrevendo as letras no quadro negro. Somente mais tarde, quando o alfabeto já lhe for familiar, receberá livros para estudar.

Deus introduziu os judeus à Torah primeiramente pondo-os a par dos Dez Mandamentos (que contêm os conceitos básicos da Torah), e somente mais tarde foi-lhes dado um pergaminho de Torah inteiro.

Em vez de inscrever todos os Dez Mandamentos em uma só tábua, Deus escreveu-os em duas Tábuas separadas. A primeira tábua continha os mandamentos envolvendo o homem e seu Criador, e a segunda tábua lidava com os mandamentos ligados à relação do homem com o seu próximo.

As letras não eram gravadas superficialmente sobre as Tábuas, mas foram talhadas através de toda a espessura da pedra. Isso, para que fosse possível ler pelos dois lados. As letras hebraicas Mem (final) e Samech formam um quadrado e um círculo completos, respectivamente. Já que suas porções internas não tinham nenhuma sustentação, poderiam cair. No entanto, elas permaneciam em seu lugar milagrosamente.

O pecado do Bezerro de Ouro

Antes de subir ao Céu para receber as Tábuas, Moisés assegurou ao povo: "Eu retornarei dentro de quarenta dias, antes do meio-dia".

Enquanto isso, ele apontou seu irmão Aarão e o filho de Miriam, Hur, para se encarregarem do povo de Israel.

Agora já era o décimo-sexto dia de Tamuz, o último dos quarenta dias, e o meio-dia já havia passado. Onde Moisés poderia estar?

De acordo com os cálculos do povo, os quarenta dias já haviam passado. Eles incluíram, erroneamente, na sua contagem o dia da partida de Moisés. Na verdade, porém, ele deveria regressar somente no dia seguinte.

O povo judeu, um povo formado por seiscentos mil homens, sem contar mulheres, crianças e bebês, encontraram-se no enorme e terrível deserto, habitat de animais ferozes, cobras e escorpiões, sem o seu grande líder que servia de ligação entre eles e Deus.

O Satã apareceu perante o povo, inquirindo: "Onde está Moisés?"

"Está no Céu", respondeu o povo judeu.

"Mas o meio dia já passou e ele ainda não regressou", desafiou-os. Suas palavras foram ignoradas.

"Moisés faleceu!" zombou o Satã. O povo, porém, não deu atenção as suas palavras.

Satã começou então a lhes mostrar visões terríveis, fazendo aparecer o caixão de Moisés. O povo judeu viu o corpo de Moisés suspenso entre o Céu e a Terra. Era uma imagem tão nítida e real que eram capazes de apontar para ela com seus dedos.

A explicação verdadeira para aquela visão foi que Moisés, como resultado de sua estadia no Céu, foi transformado em um ser espiritual. Satã mostrou para o povo a vestimenta física da qual havia se despido.

Então exclamaram: "Quem sabe se Moisés retornará? Deus pode tê-lo feito permanecer no Céu para engajar-se em discussões de Torah com ele, ou talvez os anjos o mataram"!

Os egípcios convertidos aproximaram-se de Aarão, Hur e dos setenta anciãos, reivindicando: "Já que Moisés desapareceu nas alturas, a congregação inteira está destinada a morrer! Dê-nos um substituto"!

A maioria dos membros do povo de Israel não tencionava usar a imagem como ídolo. Supunham que a Shechiná (Presença da Divindade) pousaria na imagem, e que esta os ajudaria a aproximar-se de Deus, assim como Moisés sempre se acercara deles. Porém, foi um erro. Nos Dez Mandamentos, Deus ordenou: "Não se pode venerar imagens" nem mesmo com o propósito de servir Deus.

"Queremos um líder que nos garantirá um status igual ao dos judeus de nascença!" Hur, o filho de Miriam e sobrinho de Moisés e Aarão, ficou de pé e exclamou: "Será que esta é a gratidão que possuem por todos os milagres que Deus realizou para vocês? Apenas por que Moisés não está aqui desejam fazer esta imagem? Moisés voltará! Mas mesmo que não volte, não lhes está permitido fazer imagens! Não os deixarei fazê-la!" "Seus pescoços deveriam ser cortados por uma exigência como essa!", trovejou.

Hur explicou para o povo que era desnecessário procurar por algo no qual a presença Divina pairasse, pois o povo de Israel, diferentemente de todas as outras nações, eram guiados pessoalmente por Deus. O povo se agitou ante as palavras de Hur. Alguns começaram a lutar com ele, e finalmente o mataram.

Deus disse: "Hur, destes a vida para santificar Meu nome. Mereces uma grande recompensa por isso! Teus filhos serão grandes homens e príncipes do povo judeu". E assim aconteceu. O neto de Hur, Beseleel, foi designado construtor do Tabernáculo, e dentre seus descendentes estavam o rei David e outros reis.

Os convertidos egípcios foram até os anciãos, exigindo um novo líder, porém estes negaram. Os convertidos egípcios finalmente foram ter com Aarão, exigindo: "Dê-nos um líder, pois nós não sabemos o que aconteceu com este homem, Moisés"!

Aarão se encontrava em posição difícil. Se dissesse: "Não posso permitir", como Hur o fizera, alguns da multidão poderiam matá-lo também. Aarão raciocinou: "Se eles me assassinarem também, não terão perdão pelo seu crime. O pecado de fabricar uma imagem é menor se comparado com um crime tão hediondo"!

Se Aarão não ficasse à frente do povo, as coisas poderiam ficar piores.

Portanto, Aarão decidiu: "Não me resta outro remédio: É melhor aceitar. Porém demorarei muito para fazer uma imagem. Espero que Moisés volte antes de terminar".

Deus sabia que Aarão consentiu porque, graças ao seu grande amor para o povo de Israel, queria salvá-los da destruição.

Para protelar e atrasar o plano, Aarão ordenou: "Tragam-me os brincos de suas esposas e crianças". Ele presumiu que as mulheres relutariam em compartilhar suas jóias. Poderiam surgir discussões entre marido e mulher, e com isto, tempo precioso seria ganho.

As mulheres, realmente, recusaram-se a compartilhar as suas jóias, não por estarem ligadas a elas, mas porque se recusaram a dedicá-las para a formação de uma imagem.

Sua fidelidade a Deus foi recompensada; as mulheres receberam o Rosh Chôdesh (início de cada Mês, no calendário judaico) como um dia festivo especial para si mesmas, para ser celebrado por elas através das gerações. É costume das mulheres absterem-se de trabalho específicos em Rosh Chôdesh, como lavar roupas e costurar.

Fora as mulheres, toda a tribo de Levi se absteve de contribuir com qualquer ouro para fazer o bezerro, e assim também fizeram os líderes das tribos e os justos do povo de Israel.

Apesar da recusa das mulheres, o plano de Aarão falhou porque os homens estavam ávidos em contribuir com ouro. Eles arrancaram os brincos rapidamente e Aarão jogou o ouro no fogo para derretê-lo e mais tarde moldá-lo e esculpi-lo com uma ferramenta. Aarão usou o processo mais lento possível para a formação do metal, esculpindo-o com uma ferramenta em vez de colocá-lo num molde.

Agora os magos egípcios se puseram a trabalhar. Com sua magia, converteram a imagem em um bezerro. Subseqüentemente, um bezerro vivo emergiu do fogo, balindo e andando.

Apontando para ele, os egípcios convertidos gritaram: "Estes são os seus deuses, Israel, que os tiraram do Egito!"

As reações do povo de Israel diante do bezerro foram variadas. Alguns o consideraram um intermediário sobre o qual a presença Divina pairaria. Outros tiveram a intenção de servir o próprio bezerro.

Alguns o acolheram como uma oportunidade de abandonar a estrita disciplina moral da Torah e usar esta imagem como um pretexto para licenciosidade.

O povo quis construir um altar no qual oferendas poderiam ser sacrificadas, e tinham a intenção de rezar para Deus pedindo que um fogo Celestial descesse sobre ele.

Aarão, porém, exigiu que a construção do altar fosse deixada a cargo dele, proclamando: "Será uma honra maior para o altar se eu construí-lo sozinho!" Na verdade, seus pensamentos eram: "Se eles o construírem, cada um trará uma pedra e ele logo ficará pronto. Eu, porém, demorarei na sua construção até o anoitecer, para que nenhum sacrifício seja oferecido até Amanhã. Até lá, Moisés já terá retornado!"

Ele concordou em construir este altar, pois preferia ser pessoalmente culpado a deixar que o povo judeu fosse punido mais tarde pelo pecado de construí-lo. Aarão declarou numa voz triste: "Amanhã haverá um festival para Deus!" Ele frisou claramente que o festival era em honra de Deus, e não do bezerro.

Na manhã seguinte, os egípcios convertidos despertaram cedo. Beberam vinho, e naquele estado de intoxicação, serviram ao bezerro como se fosse um deus, oferecendo-lhe o maná que caíra naquele dia. Assim, eles contrariaram o Altíssimo com a maior bondade que Ele lhes outorgara.

Isto não nos surpreenderá tanto se considerarmos que nós, freqüentemente, agimos desta mesma maneira inconsequente, ao empregarmos nosso cérebro e membros, ambos presentes Divinos, para desafiar a Sua vontade.

Ao mesmo tempo em que o povo estava praticando idolatria, Deus, nos Céus, estava ocupado gravando os Dez Mandamentos para eles nas duas Tábuas de safira, como um presente para o Seu povo, que garantiria a eles vida eterna.

Os egípcios convertidos induziram os primogênitos do povo judeu a também fazer sacrifícios para o bezerro. Os primogênitos, por causa disso, perderam seu direito de realizar o serviço Divino. Este privilégio foi transferido para a tribo de Levi. A idolatria do bezerro levou à libertinagem e obscenidade.

Apesar de que foram os egípcios convertidos quem idolatraram o bezerro, todo o povo de Israel foi incluído no veredicto culposo de Deus, já que eles fracassaram em protestar contra os pecadores.

Deus poderia ter destruído todo o povo de Israel nesta ocasião, se não fosse a memória de Abraão, Isaac e Jacó.

A defesa de Moisés em nome do Povo de Israel

Após o pecado do bezerro de ouro, Deus dirigiu-se a Moisés, no Céu, com duras palavras: "Desça!", ordenou. "Não podes mais manter sua posição exaltada como um líder! Eu te elevei em honra do Meu povo. Eles, no entanto, pecaram quarenta dias depois da outorga da Torah. Quão desventurada é a noiva que se corrompe quando ainda debaixo do pálio nupcial (*chupá*)"!

Esta reprovação baqueou Moisés; seu rosto se tornou pálido. Ele queria deixar os Céus, mas estava tão atordoado em detrimento de sua preocupação pelo povo, que foi incapaz de achar a saída, andando às cegas.

Deus censurou-o, dizendo: "Quando o povo de Israel partiu do Egito, quiseste que os egípcios convertidos viessem junto. Eu Me opus, mas és bom e modesto e imploraste para que os aceitasse, apesar de serem indignos. Agora estas pessoas fabricaram o bezerro de ouro e induziram o povo ao pecado"!

"Pode ser que fizeram um bezerro", disse Moisés, "mas eles certamente não se curvaram perante ele"! "Eles se curvaram", disse Deus.

"Então eles podem ter se curvado, sem ter oferecido nada", persistiu Moisés. "Eles sacrificaram oferendas", disse-lhe Deus.

"Neste caso, eles não o devem ter aceitado como uma divindade", argumentou Moisés. "Os egípcios convertidos disseram 'Estes são seus deuses, Israel'"!, contradisse Deus.

Moisés ficou chocado com esta revelação. Frente a notícias tão arrasadoras, perdeu a fala. Foi o próprio Deus que indicou a Moisés como proceder, através de uma reprimenda: "Deixe-Me em paz, e Eu os destruirei!" Destas palavras, "Deixe-Me em paz", (apesar de que Moisés ainda não pronunciara sequer uma palavra em prol do povo), Moisés compreendeu que deveria rogar pelo povo de Israel.

Deus lhe disse: "Eles merecem destruição; cheguei à conclusão que eles são obstinados"! Deus ofereceu para fazer de Moisés um grande povo, no lugar do povo de Israel, que seria destruído.

A razão pela qual Deus jogou acusações severas e ameaças contra o povo de Israel, foi com o intuito de despertar Moisés para rezar mais sinceramente em prol deles. De fato, Moisés apresentou uma defesa de mestre para o povo de Israel e seus argumentos conseguiram o nosso perdão e nossa proteção até os dias de hoje.

"Por favor, Deus" rogou Moisés, "não fiques tão aborrecido com Teu povo! Se o destruíres, os egípcios afirmarão: 'Tínhamos razão! Sempre predissemos que Deus não poderia manter vivo um povo num deserto solitário e temível, sem comida nem bebida. Desde o princípio, sabíamos que todos morreriam ali. Quando Deus viu que não tinha condições de manter os judeus vivos e de guiá-los a Israel, matou-os todos no deserto'! Que terrível profanação do nome Divino seria todas as nações acreditarem que Tu, Deus, não és suficientemente poderoso para conduzir os judeus à Terra de Israel e por isso os eliminaste". Não permitas que as nações afirmem isso!

"Além disso, mesmo que os judeus tenham pecado, acaso não merecem viver pelo mérito de seus antepassados, Abraão, Isaac e Jacó? Tu, Deus, prometeste aos antepassados que seus descendentes seriam tão numerosos como as estrelas"!

"Sei que os judeus transgrediram um dos Dez Mandamentos ao fazerem uma imagem, mas lembra-Te que puseste Abraão à prova dez vezes e ele passou por todas. Permitas, pois, que o mérito de Abraão proteja os judeus agora. E se Tu pensas que os judeus merecem ser queimados por seus pecados, recorda que Abraão estava disposto a deixar-se queimar em uma fornalha por amor a Ti. Salva, pois, os judeus de serem queimados pelo mérito de Abraão".

"Se pensas que o povo judeu merece ser morto pela espada, pensa no mérito de Isaac. Isaac permitiu que seu pai o amarrasse ao altar no monte de Moriá e estava disposto a ser sacrificado com uma faca. Deixa, pois, que o mérito de Isaac salve os judeus!

E se desejas castigar o povo judeu fazendo-o perambular por terras estranhas, recorda o mérito de seu antepassado, Jacó, o justo que perambulou por vários países. Perdoa os judeus pelo mérito de Jacó".

Moisés recusou a oferta de Deus para ele ser o patriarca de uma nova nação judia, discutindo: "Mestre do Universo, se uma cadeira com três pernas balança, como pode uma cadeira de uma só perna permanecer de pé? Se os méritos dos seus três patriarcas, Abraão, Isaac e Jacó foram insuficientes para salvar o povo judeu da Tua ira, como posso eu, um só homem, esperar que os proteja? Se os meus descendentes pecarem no futuro, meu mérito certamente não será o suficiente para salvá-los da morte! Mais ainda, não posso aceitar a Tua proposta, pois terei vergonha de Abraão, Isaac e Jacó. Eles poderão pensar: 'Que líder de comunidade egoísta! Ele aproveita a situação para elevar a si mesmo em vez de implorar pelo perdão de sua comunidade'! Desista de levar em frente Teu plano de extermínio!"

Através de suas preces, Moisés salvou o povo da destruição iminente, mas ele desceu dos Céus sem ainda ter obtido perdão.

Somente mais tarde, depois da destruição do bezerro, punição dos pecadores e mais outros quarenta dias de orações passados por Moisés no Céu, é que Deus perdoaria o povo.

Moisés deixou o Céu em estado de terror, carregando em uma só mão as maravilhosas Tábuas de safira que, apesar do seu tremendo peso, eram leves em sua mão, pois se transportavam a si mesmas.

Moisés quebra as duas Tábuas

Ao retornar ao pé da montanha, Moisés encontrou seu fiel discípulo Josué acampado lá. Josué lá esperara por ele durante quarenta dias. Deus fez um milagre especial pelo justo Josué e todas as manhãs caía maná do céu no lugar onde ele aguardava.

Juntos, aproximaram-se do acampamento e ouviram os ruídos tumultuados e barulhentos das celebrações à volta do bezerro.

"Estes sons parecem o clamor de uma guerra", observou Josué. "Você está me desapontando, Josué", respondeu-lhe Moisés. "Você não é capaz de distinguir entre um som e outro? Este não é grito de vitória, tampouco de derrota. Nós estamos ouvindo hinos de enaltecimento para um ídolo!"

Ao entrar no acampamento, eles avistaram o bezerro de ouro e a celebração e as danças que o acompanhavam. "Não posso outorgar-lhes as Tábuas", pensou Moisés. "A Torah afirma que alguém que renega Deus não pode tomar parte no preceito da oferenda de Páscoa. Todo o povo afastou-se agora de Deus, e o renegou. Certamente, não merecem receber as Tábuas, que contém todos os preceitos".

Ao olhar para as Tábuas, Moisés notou que a escrita gravada nelas desaparecera. Percebeu que as letras - a alma e o conteúdo espiritual das Tábuas - estavam voando pelo ar. A santidade das letras não podia entrar no acampamento. As Tábuas que estavam nas mãos de Moisés eram meras pedras, pesadas, sem vida. Moisés levantou-as e, com sua força descomunal, espatifou-as de encontro ao chão.

Por que Moisés agiu desta maneira? Ele temia que o julgamento do povo de Israel seria mais duro se eles possuíssem as Tábuas. Se não as tivessem, sua punição seria mais branda.

Pouco depois do casamento de um famoso estadista, começaram a circular rumores de que sua nova esposa não lhe era fiel. O casamenteiro imediatamente rasgou o contrato de casamento, pensando: "É melhor para ela que seja julgada como se ainda fosse solteira, do que como uma senhora casada"!

Similarmente, Moisés raciocinou que as Tábuas, que estabeleciam permanentemente o elo entre Deus e o povo de Israel, os colocaria numa posição de mulher casada. Deus condenaria sua falta de fidelidade muito mais se eles possuíssem as Tábuas, do que se nunca as tivessem recebido.

Por que Moisés não espatifou as Tábuas assim que Deus lhe contou, lá no Céu, que os judeus fizeram uma imagem? Moisés esperou até testemunhar o crime realmente, para ensinar que um juiz nunca deve basear o seu veredicto no relatório de uma só testemunha, seja esta tão fiel quanto possa ser.

Deus parabenizou o ato de Moisés, exclamando: "Você fez bem em quebrar as Tábuas"! A quebra das Tábuas foi um substituto para a quebra do povo judeu.

Moisés pune os adoradores do bezerro

Quando Moisés observou o povo, percebeu que a Presença Divina os havia deixado. Todos os adoradores tinham suas testas cobertas por lepra. No momento que Moisés entrou no acampamento, seu irmão Aarão estava parado próximo do bezerro com um martelo levantado em sua mão, pronto para dar o retoque final na imagem, com mais algumas batidas. Sua intenção era de dizer ao povo que o bezerro ainda não estava pronto, impedindo-os assim de adorá-lo naquela hora. No entanto, vendo seu irmão parado com uma ferramenta, ajudando a construir a imagem, Moisés entendeu a situação erroneamente, sua cólera se ascendeu contra seu próprio irmão.

"O que este povo te fez", trovejou Moisés, "para que você trouxesse este grande pecado sobre eles"? Aarão se defendeu: "Por favor, que a ira do meu mestre não seja direcionada a mim. Sabes que os elementos mais baixos do povo têm testado Deus constantemente. Eles exigiram que eu lhes desse alguém que o substituísse, sem saber que ainda estavas vivo. Perguntei se alguém tinha ouro, e eles rapidamente me trouxeram todo o ouro que estava em sua posse e joguei-o dentro do fogo - como é que eu iria saber que sairia este bezerro"?

Apesar de Aarão ter agido da maneira errada, Moisés compreendeu as nobres intenções do seu irmão. Em seguida, Moisés queimou o bezerro no fogo e o triturou até transforma-lo em pó. Moisés misturou o pó com água e o deu de beber a todos os judeus.

Qual foi o sentido disso? Em primeiro lugar, fez com que todo judeu que pensara que o bezerro era um deus compreendesse que estava enganado. O bezerro não era um deus, pois havia terminado no estômago de um homem!

Em segundo lugar, Deus fez um milagre com a água. Todo judeu que havia servido o bezerro de ouro deliberadamente, mas que não podia ser castigado pelo tribunal, pois não havia sido avisado, nem tinha testemunhas que o tivessem visto pecar, sentiu que o estômago se inflava como um balão. Continuou crescendo e crescendo até explodir e ele morrer.

Mas os judeus que não tinham pecado não foram afetados pela água. Àqueles que eram inocentes, Moisés deu uma bênção especial para compensá-los pelo humilhante processo pelo qual tiveram que passar, prometendo: "Seus filhos com certeza entrarão em Israel"!

Moisés proclamou: "Aquele cujo coração for totalmente dedicado a Deus, que venha até mim!" Moisés precisava de pessoas íntegras e capacitadas para formar um tribunal que executasse os pecadores.

Somente a tribo de Levi respondeu ao chamado de Moisés. Todas as outras tribos tinham contribuído com joias para o bezerro.

Moisés ordenou-lhes: "Desembainhem suas espadas. Todo judeu que foi advertido por duas testemunhas para que não adorasse o bezerro de ouro e que foi visto mais tarde por duas testemunhas a servir ao bezerro, deve ser morto por vocês. Mesmo se o homem for seu parente ou amigo, devem matá-lo"!

Os levitas executaram três mil pessoas com espadas, todos eles egípcios convertidos. O resto do povo de Israel podia facilmente ter impedido que os levitas matassem esses judeus, mas nem um só deles protestou. Pois os judeus eram verdadeiros justos que obedeciam a Moisés. Sabiam que estes mereciam ser punidos desta forma pelo seu pecado, e aceitaram sem discussão.

Na manhã seguinte, Moisés informou o povo de que ele retornaria ao céu para rogar a Deus que os perdoasse. Moisés, em sua grande sabedoria, primeiramente eliminou o bezerro de ouro, e somente depois pediu Seu perdão. Moisés raciocinou que seria inapropriado pedir a Deus por perdão enquanto o bezerro ainda existisse.

"Antes vou destruí-lo", pensou, "e depois pedirei perdão a Deus pelo pecado". Para o povo ele disse: "Vocês agiram muito mal! Todos vocês são culpados por não ter protestado contra o bezerro! Deixem-me retornar a Deus; quem sabe alcançarei o perdão pelo vosso pecado!"

Moisés salva o povo de Israel da destruição

No 19º dia de Tamuz, Moisés subiu ao Céu mais uma vez, lá permanecendo por quarenta dias, até o dia 29 de Av, implorando perdão a Deus. Ele rezou: "Mestre do Universo, o Senhor mesmo levou-os ao pecado, já que os carregaste de ouro e prata durante o Êxodo do Egito. Um leão só dá uma patada se uma bandeja cheia de carne for colocada ao seu lado".

Moisés, então, apresentou seus argumentos a favor do povo com tanta intensidade que sentiu seu corpo todo ferver. Ele estava realmente doente de preocupação pelo pecado do bezerro de ouro.

"Por que, Deus, Tua ira deve arder contra o Teu povo que tiraste do Egito? Eles nunca tiveram a intenção de fazer do bezerro um ídolo; eles o fizeram com o intuito de criar um intermediário sobre o qual Tua presença pudesse pairar. Mesmo ao fazer o bezerro, eles não Te desprezaram; eles queriam me substituir. Mais ainda, leve em consideração o fato de eles terem vivido entre os egípcios, que eram idólatras".

Um pai decidiu que chegara a hora do seu filho começar a ganhar a vida. Ele alugou uma loja em uma área nada respeitável e trouxe-lhe os produtos necessários para que este se transformasse num vendedor de perfumes e cosméticos.

Ao indagar um pouco mais tarde sobre o bem-estar do seu filho, foi informado de que este se associara com as libertinas da vizinhança. A ira do pai não tinha limites. "Vou matá-lo por isso!", exclamou. Mas um amigo da família rogou: "Como é que ele poderia ter se portado de outra maneira? Ele é jovem e inexperiente. De todas as possíveis profissões, você escolheu para ele a de um vendedor de perfumes e colocou-o num ambiente corrupto"!

Similarmente, Moisés implorou a Deus: "Não fique irado - Tu os tiraste do Egito, uma terra onde todos adoravam cordeiros. Eles estavam simplesmente imitando os costumes do Egito! Estão acostumados aos ritos daquele país e ainda não se habituaram aos Teus caminhos! Espere um pouco, e eles com certeza farão atos que serão agradáveis perante Ti"!

"Se os destruir, os egípcios acreditarão que seus astrólogos predisseram a verdade ao afirmar que o povo de Israel pereceria no deserto. Deixe que a Tua cólera se extinga e revogue o decreto do Teu povo!"

Moisés estava pronto a perder a própria vida pelo povo, fazendo um trato com Deus: "Se não perdoá-los, apague meu nome do Teu livro".

Finalmente, Moisés fez uso da mais poderosa arma de defesa, o mérito dos patriarcas. Voltando-se em direção à caverna de Machpelá, exclamou perante os patriarcas: "Ajudem-me nesta hora, quando seus filhos estão prestes a serem abatidos como cordeiros"! Os patriarcas levantaram-se e posicionaram-se diante dele.

Dirigindo-se a Deus, Moisés orou: "Lembre-se de Abraão, Isaac e Jacó, Teus servos para os quais jurastes em Teu Sagrado Nome, 'Eu multiplicarei sua semente como as estrelas do céu'! Lembre as doze tribos sagradas, Teus servos, e salve o povo judeu em seu mérito"!

Ao cabo de quarenta dias de incessante oração, Deus finalmente concordou em perdoar o povo de Israel - não em seu próprio mérito, mas por conta dos seus antepassados. Disse Deus: "Levante-se e lidere o povo de Israel até a Terra Santa! Meu anjo, e não Minha presença irá à frente de vocês. Decidi que, em vez de destruir o povo de Israel de uma vez, removerei os efeitos do seu pecado gradualmente através das gerações. Sempre que cair uma punição sobre o povo judeu por conta de seus pecados, incluirei nela um pouco da punição pelo pecado do bezerro de ouro".

Após Moisés ter orado durante quarenta dias, Deus concordou em não castigar o povo de Israel. Disse: "Ao invés de castigá-los, agregarei uma pequena parte do castigo pelo pecado do bezerro de ouro a cada castigo que impuser aos judeus no futuro".

Moisés, então, retornou ao seu povo. Apesar de ter evocado a piedade Divina, salvando assim o povo da destruição, Moisés ainda não obteve perdão pelo pecado.

Por que o povo judeu cometeu o pecado do bezerro de ouro

A grandeza da geração do deserto não pode ser subestimada. Deus a escolheu dentre todas as outras para receber a Sua Torah, sabendo que eles eram justos. Eram fortes em espírito e controlados em sua má inclinação.

Se é assim, por que é que eles tropeçaram no pecado do bezerro de ouro? Por que Deus não os protegeu do pecado, como Ele usualmente procede com os justos?

Deus permitiu que o pecado do bezerro acontecesse para servir como sinal de esperança e encorajamento para os judeus no futuro. O incidente do bezerro de ouro provaria que, não importa o quão distante uma comunidade se desvie do caminho da Torah, nunca estará longe demais para fazer teshuvá (arrependimento e conversão). Se, depois de um pecado tão grave como este, o povo judeu foi aceito novamente por Deus, nenhuma comunidade poderá afirmar que caiu baixo demais para retornar a Deus.

É preciso também ter em mente que o grau de dificuldade de um teste é proporcional à grandeza da pessoa (ou da geração). Quanto maior for o nível espiritual, mais severa será a provação: o povo judeu foi submetido a um grande teste. Era exigido que abandonassem o raciocínio humano e que se ativessem à palavra de Deus. (Eles foram testados para ver se colocariam sua fé absoluta nas palavras do profeta de Deus, Moisés. Este prometera que retornaria, portanto era esperado deles que acreditassem, apesar das suas razões lógicas para assumir que Moisés não voltaria, tendo portanto uma justificativa visível para procurar um substituto).

A subseqüente condenação do pecado da geração por Deus era relativa às suas grandes capacidades. Deus culpou toda a comunidade por não ter protestado. Na verdade, somente os convertidos egípcios (três mil pessoas, ou cinco por cento da população) serviram ativamente ao bezerro de ouro.

Depois do pecado do Bezerro, Moisés remove sua tenda para fora do acampamento

Depois do pecado do bezerro, ao ouvir que a presença Divina não permaneceria mais no meio do povo para guiá-los, Moisés raciocinou: "O discípulo deve seguir o exemplo do seu mestre. Deus está aborrecido com o povo judeu, retirou-se do meio deles. Portanto, devo fazer o mesmo".

Ao deixar o acampamento, a presença Divina o seguiu e pairou sobre a sua tenda. Todo aquele que solicitasse Deus deveria ir até a tenda de Moisés. Sempre que Moisés saía de sua tenda, o povo se levantava em respeito a ele, exclamando, admirados: "Vejam este grande homem que tem a garantia de que, aonde quer que ele vá, a presença Divina o seguirá!"

Sempre que o povo de Israel via a nuvem da Presença Divina descendo sobre a tenda de Moisés, ajoelhava-se perante ela. Depois que Deus terminava de passar as instruções para Moisés, este retornava ao acampamento para transmiti-las aos anciãos.

Pela maneira deferente com a qual todo o povo se prostrava perante a presença Divina, Deus viu o quanto almejavam o retorno da Sua presença. Por isso, disse a Moisés: "Se tanto o mestre como o aluno demonstram sua cólera para com o povo de Israel, como eles sobreviverão? Retorne ao acampamento!" "Não retornarei", replicou Moisés...

"Se é assim, seu discípulo Josué irá substituí-lo!", disse-lhe Deus. "Sabes que a minha decepção com eles foi em Tua honra!", replicou Moisés.

Mesmo assim, ele retornou ao acampamento, porém tentou revogar o decreto Divino de que a Presença Divina não mais guiaria o povo de Israel. "Não aceito Tua decisão de que um anjo nos guiará", disse para Deus. "Se for assim, prefiro não sair mais daqui! Não prometeste guiar-nos pessoalmente, apesar de saber do futuro pecado do bezerro? Como então podes dizer agora que mandarás um mensageiro à nossa frente?

Se nos tratas desta maneira, não mais seremos distintos de todas as outras nações. Eles são guiados por um anjo da guarda; agora Tu pretendes que nós também sejamos guiados por um anjo? Como posso aceitar esta mudança de liderança"?

Deus concordou com o pedido de Moisés, demonstrando que um justo possui a grandeza de anular um decreto Divino. Deus postergou Seu decreto de mandar um anjo à frente do povo de Israel até a época do sucessor de Moisés, Josué.

Moisés para entender os caminhos divinos

Quando Deus aceitou a oração de Moisés, este percebeu que aquele era um momento de benevolência Celestial. Por isso, aproveitou a oportunidade para apresentar um pedido adicional a Deus:

"Por favor, mostre-me o plano segundo o qual Tu manipulas os acontecimentos do mundo. Mostre-me a futura recompensa que está reservada para os justos"!

"Saiba", disse Deus, "que nenhum olho humano, nem mesmo o do maior profeta, pode contemplar a última recompensa do mundo vindouro. Eu, porém, lhe demonstrarei uma fraca reflexão dos prazeres espirituais do Paraíso. Enquanto Minha Glória passar, cobrir-te-ei com minha nuvem. Você verá uma fração da Minha Glória, porém não poderá vê-la inteiramente enquanto você estiver vivo".

Moisés teve uma visão dos diferentes tesouros reservados aos justos. Eles passaram perante seus olhos. Finalmente, Deus lhe mostrou um enorme tesouro. "De quem é este?", perguntou Moisés.

"Este é o tesouro daqueles que não têm méritos, mas que lhes outorgo Minha graça, já que sou piedoso". Aquele tesouro era imenso, pois a maioria das pessoas não é merecedora da recompensa que Deus lhes outorga.

Moisés aprende de Deus as treze qualidades da misericórdia

Moisés disse a Deus: "Ensina-me a orar pelo povo de Israel depois que pecam. Os judeus quase foram destruídos depois que fizeram o bezerro de ouro. Quero saber qual é a melhor forma de despertar Tua misericórdia no futuro".

Deus respondeu: "Ensinarei a ti Minhas qualidades de misericórdia. Ensina-as aos judeus e diga-lhes: 'Quando invocarem Minhas treze qualidades de misericórdia hei de perdoar vossos pecados e serei misericordioso convosco'."

Eis aqui o que Deus ensinou Moisés a orar:

1. **Ado-nai** - Sou um Deus misericordioso com as pessoas antes que pequem (mesmo que saiba que logo pecarão).

2. **Ado-nai** - Sou igualmente misericordioso com as pessoas depois de pecarem, se fizerem teshuvá (conversão e arrependimento).

3. **E-l** - Julgo a cada pessoa autenticamente.

4. **Rachum** - Sou misericordioso com os pobres e oprimidos e os salvo de seus opressores.

5. **Chanun** - Sou generoso mesmo com aqueles que não o merecem.

6. **Êrech apáyim** - Demoro a castigar, mesmo a um malvado. Sou lento a castigá-lo pois lhe dou tempo para fazer teshuvá.

7. **Rav chêssed** - Minha qualidade de bondade é tão grande, que posso salvar uma pessoa do castigo mesmo que seus pecados sejam mais numerosos que seus méritos.

8. **Emet** - Pago a recompensa que prometi àqueles que merecem.

9. **Notser chêssed laalafim** - Se uma pessoa cumpre um preceito recompenso seus filhos até duas mil gerações posteriores.

10. **Nossê avon** - Perdôo até uma pessoa que pecou porque seu instinto mau o persuadiu a fazer o mal, se faz teshuvá (conversão e arrependimento).

11. **Fêsha** - Perdôo até uma pessoa que pecou com a intenção de causar-me aborrecimento, se fizer teshuvá (conversão).

12. **Chataá** - E perdôo o pecado cometido intencionalmente.

13. **Nakê** - Se um pecador faz teshuvá, suspendo seu castigo e voltarei a ser bondoso com ele.

Além de ensinar a Moisés treze qualidades de misericórdia, Deus lhe ordenou que repetisse ao povo judeu a advertência de não forjar imagens. Não queria que voltassem a pecar como o haviam feito com o bezerro de ouro.

Deus também ensinou a Moisés mais leis sobre as festividades: Páscoa, Shavuot e Sucot. E introduziu Rosh Hashaná (Ano Novo) e Yom Kipur, momentos de julgamento e perdão. Advertiu Moisés: "O povo judeu guardará somente as festividades de Deus e não estabelecerá suas próprias festividades como o fez quando pecou com o bezerro de ouro".

Moisés permanece no céu para receber as segundas Tábuas

Deus ordenou a Moisés que esculpisse um segundo par de Tábuas. "Já que você quebrou as primeiras Tábuas, é seu dever de esculpir as novas"., disse-lhe Deus.

Deus lhe revelou uma jazida de safira dentro da terra abaixo de sua tenda. Moisés usou aquela safira para esculpir as novas Tábuas. Deus presenteou Moisés com o material restante. Moisés ficou muito rico. Ele não coletara nenhum dos despojos do Egito na hora do Êxodo; em vez disso, estava ocupado localizando o caixão de José e preparando-o para a jornada no deserto. Por isso, agora foi recompensado por Deus com riquezas.

Moisés se tornou um homem muito rico. Mas ele não considerava as riquezas importantes. Sabia que o dinheiro acompanha a pessoa apenas enquanto vive (e às vezes, até o perde antes). Porém, há uma forma de riqueza que permanece junto a uma pessoa para sempre: seu conhecimento da Torah. Esta é a verdadeira riqueza que Moisés valorizava.

Deus ordenou a Moisés que subisse ao cume do monte Sinai cedo pela manhã, sozinho, dizendo: "As primeiras Tábuas foram dadas ostensivamente, em meio a uma demonstração pública. Por isso foram quebradas. Estas segundas Tábuas devem ser dadas de forma discreta e sem alarde".

Moisés subiu ao monte Sinai no primeiro dia de Elul e permaneceu no campo Celestial por quarenta dias. Esta foi a sua terceira estadia no Céu (perfazendo um total de cento e vinte dias).

Durante estes quarenta dias no Céu, Deus ditou para ele toda a Torah e lhe ensinou sua explicação oral.

No dia 10 de Tishrei, Deus perdoou o povo de Israel pelo pecado do bezerro, dando a Moisés as segundas Tábuas nas quais Ele escrevera tudo novamente. Deus designou este dia como um dia de perdão para todas as futuras gerações: o chamado *Yom Kipur*.

O Rosto de Moisés Resplandece

Quando Moisés regressou do Monte Sinai em Yom Kipur com as segundas Tábuas, os judeus se afastaram dele, temerosos. Pois seu rosto brilhava com um resplendor tão forte como se emitisse raios de sol. As pessoas não se atreviam a se aproximar. "Talvez Moisés seja um anjo de Deus", exclamaram.

Seu receio era por conta do pecado do bezerro; antes do seu pecado, eles eram capazes de visualizar o fogo de glória Divino no Monte Sinai sem medo. Tendo pecado, no entanto, eles tremiam mesmo diante dos raios que brilhavam na face de Moisés.

Moisés chamou os anciãos, e lhes disse: "Deus os perdoou pelo pecado do bezerro de ouro e lhes deu novas Tábuas". Os anciãos perguntaram a Moisés por que seu rosto brilhava, e descobriram que Moisés nada sabia sobre isso. Nem sequer percebera que lhe havia acontecido algo de especial. Quando o povo viu os anciãos falarem com Moisés, finalmente se atreveram a chegar perto. Por que Deus fez o rosto de Moisés resplandecer?

Deus queria mostrar ao povo como Moisés era especial. Haviam pecado terrivelmente ao buscar um novo guia quando Moisés demorou a descer do Monte Sinai. O povo deveria ter permanecido fiel a Moisés, pois era um homem tão nobre que os raios da Shechiná (Divindade) resplandeciam sobre seu rosto.

Moisés viu-se forçado a cobrir sua face fulgurante com um véu, somente descobrindo-a ao falar com Deus ou ao ensinar as palavras de Deus para o povo de Israel.

Quando o povo de Israel dedicava-se ao estudo da Torah, era imbuído de força para suportar a visão dos raios de glória. Esta é uma demonstração da grandeza à qual o estudo da Torah é capaz de elevar um ser humano.

Correspondência bíblica

Ídolos:

Gn 31,19: "Como Labão tinha ido à tosquia das ovelhas, Raquel roubou as estatuetas dos ídolos do seu pai".

Ex 20,5: "Não te prostrarás diante dos ídolos, nem lhes prestarás culto, pois Eu Sou o SENHOR teu Deus, um Deus ciumento".

Lv 19,4: "Não vos voltei para ídolos, nem façais para vós deuses de metal fundido. Eu Sou o SENHOR vosso Deus".

Nm 33,52: "Destruí todas as esculturas de ídolos e as imagens fundidas e arrasai todos os lugares altos".

Dt 4,16: "Guardai-vos bem de corromper-vos, fazendo figuras de ídolos de qualquer tipo, imagens de homem ou de mulher".

Jz 2,11: "Os israelitas ofenderam o SENHOR e serviram aos ídolos de baal".

1Sm 7,4: "E os israelitas afastaram os ídolos de baal e astarte e serviram somente o SENHOR".

1Rs 18,18: "Elias respondeu: 'Não sou eu que arruinei Israel, mas tu e a casa de teu pai, por terdes abandonado os mandamentos do SENHOR e seguido os ídolos de baal'".

2Rs 23,24: "Josias aboliu a evocação de espíritos, os leitores de sorte, os ídolos domésticos e todos os abomináveis ídolos que havia na terra de Judá e em Jerusalém. E assim cumpriu as palavras da Lei escritas no Livro que o sacerdote Helcias encontrara na Casa do SENHOR".

Tb 14,6: "E todas as nações em toda a terra se converterão e temerão a Deus em verdade, todos abandonando seus ídolos, que os seduzem falsamente com a sua mentira".

Sl 31,7: "Odeias os que seguem ídolos vãos; quanto a mim, é no SENHOR que espero".

Sl 106,36: "Serviram a seus ídolos, que se tornaram um laço para eles".

Sb 14,12: "Pois o princípio da prostituição é a invenção dos ídolos e a sua descoberta foi a corrupção da vida".

Sb 14,27: "Pois o culto dos ídolos inomináveis é o princípio, a causa e o fim de todo mal".

Is 2,18: "Os ídolos vão sumir de vez".

Is 42,8: "Eu Sou o SENHOR, esse é o meu Nome; a outro não darei a minha glória, nem cedo aos ídolos o louvor que me pertence".

Jr 3,9: "Com sua prostituição fácil contaminou o país, cometendo adultério com ídolos de pedra e de madeira".

Jr 10,5: "Os ídolos parecem espantalho em plantação de pepinos. Não falam e têm de ser carregados, porque também não sabem andar. Não vos preocupeis com isso, nada de mal podem fazer, como também nada de bom".

Jr 10,15: "Ídolos são coisa vazia, produtos da ilusão, na hora do acerto de contas, serão destruídos".

Ez 18,12: "oprime o pobre e o necessitado, pratica roubos, não devolve o penhor, levanta os olhos para os ídolos, comete abominação".

Ez 36,25: "Derramarei sobre vós água pura e sereis purificados. Eu vos purificarei de todas as impurezas e de todos os ídolos".

At 14,15: "Gente, que estais fazendo? Nós também somos homens mortais como vós, e vos estamos anunciando a Boa-Nova. Abandonai esses ídolos inúteis, para vos converterdes ao Deus Vivo, que fez o céu, a terra, o mar e tudo o que neles existe".

At 15,20: "Vamos somente prescrever que eles evitem o que está contaminado pelos ídolos, as uniões ilícitas, comer carne de animais sufocados e o uso do sangue".

1Cor 12,2: "Sabeis que, quando ainda pagãos, éreis como que desviados e levados para o culto dos ídolos mudos".

2Cor 6,16: "Como combinar o Templo de Deus com os ídolos? Ora, nós somos o templo do Deus vivo, como disse o próprio Deus: No meio deles habitarei e andarei; serei o seu Deus, e eles serão o meu povo".

1Jo 5,21: "Filhinhos, guardai-vos dos ídolos".

Ap 9,20: "As demais pessoas, as que não morreram devido a estas pragas, mesmo assim não se converteram das obras de suas mãos. Não deixaram de adorar os demônios, os ídolos de ouro e de prata, de bronze, de pedra e de madeira, que não podem ver, nem ouvir, nem caminhar".

25 – Ex 35,1 – 38,20: VAYAKHEL – ויקהל
1Rs 7, 40-50

- Esta porção da Palavra de Deus semanal (parashá) refere-se a três termos importantes: O ESPAÇO, O TEMPO E O SER HUMANO.
- O ***ESPAÇO*** é representado justamente pelo Tabernáculo (*Mishcan*). A finalidade do Tabernáculo era "concentrar" a Divindade. Abrir com um "espaço" no tempo para que o Eterno Deus entre. No dia da conclusão do Tabernáculo, Deus ficou tão contente como no dia em que Ele próprio havia criado o mundo.
- Deus criou tudo com uma harmonia perfeita, e na Bíblia está presente a própria inspiração Divina. Tudo na Torah está em harmonia também.
- O ***TEMPO*** está representado pelo dia santo do SHABAT (Dia do Sábado). Todos os dias da semana estão vinculados ao dia do Shabat. A importância do Shabat é tanta que o Todo-Poderoso advertiu a Moisés para não construir o Tabernáculo no dia do Shabat.
- Sempre ao cumprir o repouso no dia do Shabat o povo de Israel relembra e testemunha que o Todo-Poderoso criou o mundo em seis dias e no sétimo dia não criou, repousou.
- Os sábios de Israel ensinavam que o final da semana, do mês e do ano sempre devem ser períodos dedicados a um balanço espiritual.
- Quando o Ano Novo se aproxima (Rosh Hashaná) a pessoa deve começar a meditar sobre suas atitudes, tentando eliminar os seus maus hábitos, para se aproximar mais e mais da Palavra de Deus e dos seus preceitos na prática.
- A mesma relação acontece na véspera do início de cada novo mês (Rosh Chôdesh), chamado de Yom Kipur Catan (dia do Perdão menor, pequeno), porque também é dedicado ao balanço espiritual e a uma revisão, auto-avaliação dos atos praticados no mês anterior.
- Assim igualmente deve acontecer na véspera do Shabat com o ***SER HUMANO***. Da mesma forma como a pessoa se prepara para o Shabat, banhando-se e trocando as suas roupas do dia-a-dia por melhores e novas, assim também devemos separar-nos das más atitudes que tenhamos

realizado durante a semana. Revestir-se espiritualmente de modo melhor, libertar-se da sujeira do pecado assim como se fez com as roupas cotidianas.

- Os sábios de Israel comparam o Shabat com a história sobre o sentido do início (entrada) do *Shabat* (o dia do Sábado): Um homem estava em uma estrada em um dia de tempestade, com frio, molhado, com fome, sede e sem saber o que fazer.
- De repente vê em seu caminho uma hospedaria bela onde, para sua alegria completa, encontra tudo o que precisa – uma casa aquecida, água quente para se banhar, a possibilidade de trocar suas roupas encharcadas e uma alimentação adequada. Assim é o Shabat para o Povo de Israel. Depois de uma semana de trabalho intensivo, chega o Shabat para nos reanimar e para nos dar novas forças, para podermos prosseguir o nosso caminho.
- Outra história que os Midrashim (plural de Midrash – referente à Tradição Oral de Israel) nos contam é a de um homem que estava se afogando em alto-mar e de repente vê um barco. De dentro do barco lhe jogam uma corda. Disseram-lhe que todo o tempo em que ele segurar firmemente a corda, não se afogará. Assim é o Shabat, os dias da semana são comparados a um oceano, com altas ondas e no Shabat o Todo-Poderoso nos estende uma corda. Se estivermos ligados à corda, temos condições de sobreviver.
- Cada um de nós na vida deve abrir espaço para a presença Divina em nossa vida, cada um de nós deve constituir-se num outro Tabernáculo (Mishcan) para permitir a Presença Divina.
- O principal lugar da Presença Divina é o homem, pois ele se santifica de forma adequada, mediante o cumprimento do que nos pede a Palavra de Deus, e assim ele mesmo se torna um Tabernáculo e dentro de si paira, repousa, permanece a Presença Divina (Shechiná).

VAYAKHEL – Seleções de Midrash a partir de Ex 35,1 – 38,20

Moisés fala aos Filhos de Israel sobre a construção do *Mishcan* (Tabernáculo)

Em Yom Kipur (Dia do Perdão) Moisés desceu do Monte Sinai e entregou as Segundas *Luchot* (Tábuas) aos filhos de Israel.

Um dia depois, Moisés reuniu o povo - homens, mulheres e crianças - para dizer-lhes que Deus lhes havia ordenado construir um *Mishcan*, Tabernáculo. Moisés anunciou: "Deus os perdoou por fazerem o bezerro de ouro. Sua *Shechiná* (Presença da Divindade) permanecerá novamente entre nós. Permanecerá no *Mishcan*, uma Tenda Sagrada, que Ele lhes ordena construir".

A alegria tomou conta dos membros do Povo de Israel pelo anúncio de Moisés. A *Shechiná* estava retornando a eles! Desde o pecado do bezerro de ouro o povo estava triste; agora se sentia novamente feliz. Mas antes de lhes dar instruções sobre a construção do Tabernáculo Deus pediu que Moisés os advertisse:

"Embora a construção do Tabernáculo seja um trabalho sagrado, sempre deverá ser interrompido antes do início do Shabat. Nenhum trabalho poderá ser realizado no Mishcan durante o Shabat".

Os trinta e nove tipos de trabalhos

Deus ensinou a Moisés, e este ensinou ao povo judeu, que os trinta e nove tipos de trabalho executados para construir o Mishcan se chamam *avot melachot* e que nenhum deles pode ser feito no Shabat. Se um judeu faz algum trabalho proibido no Shabat, apesar de ter sido advertido por duas testemunhas que o viram fazer o trabalho proibido, a Torah ordena aos juízes do Bet Din (tribunal) condená-lo à morte por pedradas.

Se fez o trabalho proibido porque se enganou, tem que trazer um corban chatat (oferenda). Naturalmente, há muito mais de trinta e nove tipos de melachá que são proibidas no Shabat; há centenas. Estes 39 tipos são apenas categorias, cada uma das quais inclui muitas outras atividades semelhantes.

Mas estes 39 tipos se realizavam quando os filhos de Israel construíram o Tabernáculo (Mishcan). As leis de Shabat devem ser estudadas cuidadosamente por todos os judeus, para que estes não cometam uma proibição no Shabat por falta de conhecimento.

O Tabernáculo (Mishcan) é construído

Moisés informou aos judeus: "Beseleel se encarregará da construção do Tabernáculo e Ooliab será seu assistente. Não pensem que foi minha idéia designar Beseleel, ou que eu quis dar-lhe um cargo importante por ser bisneto de minha irmã Miriam. Foi Deus quem o indicou à frente da tarefa da construção da Tenda do Encontro".

Começaram as tarefas de construção. Beseleel e Ooliab estavam à frente e indicavam aos homens e mulheres que desejavam ajudar o que deviam fazer.

Alguns homens fabricavam os ganchos ou aros para as cortinas, outros cortavam a madeira para levantar as paredes, enquanto outros fundiam o ouro e a prata para depois fabricar os objetos necessários para o Tabernáculo.

As mulheres eram muito hábeis ao retorcer o pêlo de cabra para fabricar cortinas. Sabiam como fiar o pêlo do lombo das cabras sobre os animais vivos. Assim, o pêlo se manteria limpo e puro.

O mais sagrado de todos os objetos do Tabernáculo era o *Aron* (Arca). Beseleel era o principal trabalhador na construção da Arca, e realizou esta tarefa com todo o cuidado e precisão (Segundo outra opinião, Beseleel não permitiu que ninguém o ajudasse na construção da Arca, e o fez totalmente sozinho).

A Arca construída sob a direção de Beseleel era tão santo que nunca foi destruída. Jamais se construiu uma segunda Arca. O rei Salomão, que construiu o Templo Sagrado em Jerusalém pôs a Arca de Beseleel no *Côdesh hacodashim* (Santo dos Santos).

Uns cinqüenta anos antes da destruição do Templo Sagrado, o rei Josias escondeu a arca debaixo do Templo. E não houve nenhuma Arca no Segundo Templo Sagrado. Quando se construir o terceiro Templo Sagrado, Deus devolverá a Arca de Beseleel.

Enquanto se construía o Tabernáculo, Moisés se mantinha extremamente ocupado. Passava todos os dias pelos lugares onde trabalhavam as pessoas que se ocupavam de alguma parte do Tabernáculo. Somente Moisés havia recebido de Deus o projeto e o desenho de cada objeto, de modo que era sua responsabilidade assegurar-se de que ninguém cometesse erros.

Deus dotou todos aqueles que contribuíram na construção do Mishcan de sabedoria especial, para que cada objeto resultasse numa obra perfeita, exatamente como lhes havia ordenado. O povo judeu demorou três meses para terminar a construção do Tabernáculo.

Correspondência bíblica

Shabat, o Sábado:

Ex 31,13: "Fala aos israelitas dizendo: Cuidai de guardar os meus sábados, porque o sábado é um sinal entre mim e vós por todas as gerações, para que saibais que Sou Eu, o SENHOR, quem vos santifica".

Lv 16,31: "Será para vós sábado, um dia de descanso absoluto em que fareis jejum, é uma lei perpétua".

Dt 5,15: "Lembra-te de que foste escravo no Egito, mas o SENHOR teu Deus te tirou de lá com mão forte e braço estendido. É por isso que o SENHOR teu Deus ordena que guardes o sábado".

Ne 9,14: "Revelaste-lhes teu sábado sagrado, lhes destes mandamentos, normas e a Lei, por meio de teu servo Moisés".

Jt 8,6: "Jejuava todos os dias da sua viuvez, exceto aos sábados e em suas vigílias, nas luas novas e nas vigílias, nas festas e nos dias de regozijo da casa de Israel".

2Mc 6,6: "Não se podia celebrar o sábado, nem guardar as festas tradicionais, nem simplesmente se declarar judeu".

Sl 92,1: "Salmo. Cântico. Para o dia de sábado".

Is 56,2: "Feliz o homem que pratica, o indivíduo que é firme em tudo isto: que guarda o sábado com todo o respeito e toma cuidado em não fazer o mal".

Jr 17,27: "Se, porém, não me obedecerdes, deixando de santificar o dia de descanso, carregando peso e passando pelas portas de Jerusalém em dia de sábado, porei fogo nas portas a incendiar os palacetes de Jerusalém, sem que ninguém possa apagar".

Ez 22,8: "Desprezas as minhas coisas santas e profanas os meus sábados".

Mt 12,10-12: "Lá estava um homem com a mão seca. Eles, então, a fim de acusá-lo, perguntaram a Jesus: É permitido curar em dia de sábado? Ele lhes disse: Se alguém de vós possuir uma ovelha só e ela cai num poço em dia de sábado, não vai apanhá-la, tirando-a de lá? Ora um ser humano vale muito mais do que uma ovelha. Portanto, em dia de sábado é permitido fazer o bem".

Mc 1,21: "Entraram em Cafarnaum. No sábado, Jesus foi à sinagoga e pôs-se a ensinar".

Lc 4,31: "Jesus desceu para Cafarnaum, cidade da Galiléia, e lá os ensinava aos sábados".

Lc 23,56: Depois voltaram para casa e prepararam perfumes e bálsamos. E no sábado repousaram, segundo o preceito".

Jo 5,9: "No mesmo instante, o homem ficou curado, pegou sua maca e começou a andar. Aquele dia, porém, era sábado".

Jo 7,23: "Então, se alguém pode receber a circuncisão num dia de sábado, para não faltar com a Lei de Moisés, por que estais indignados comigo por ter curado um homem todo em dia de sábado?"

Jo 9,14: "Ora, foi num dia sábado que Jesus tinha feito lodo, e abrira os olhos do cego".

Jo 19,31: "Era o dia de preparação do sábado, e este seria solene. Para que os corpos não ficassem na cruz no sábado, os judeus pediram a Pilatos que mandasse quebrar as pernas dos crucificados e os tirasse da cruz".

At 13,14: "Paulo e seus companheiros partindo de Perge, chegaram a Antioquia da Psídia. No sábado, entraram na sinagoga e sentaram-se".

At 17,2: "Conforme seu costume, Paulo foi procurá-los e, por três sábados seguintes, discutiu com eles".

At 18, 4: "Todos os sábados, Paulo discutia na sinagoga, procurando convencer judeus e gregos".

26 – Ex 38,21 – 40,38: PECUDÊ – פקודי
1Rs 7,51 – 8,21

- Muitas vezes neste trecho da porção semanal da Palavra de Deus se lê: "e fizeram como o Todo-Poderoso ordenou a Moisés". Por quê?
- A construção do Tabernáculo veio trazer o perdão de Deus ao Povo de Israel pelo pecado do bezerro de ouro.
- Um Midrash diz: "Com o ouro pecaram e com o ouro serão perdoados", uma vez que o bezerro de ouro foi construído com ouro, assim a construção do Tabernáculo também exigiu uma grande quantidade de ouro.
- O povo havia calculado mal e, achando que Moisés não mais voltaria, construíram o bezerro de ouro. Mas Moisés estava neste tempo todo sendo o intermediário entre o Povo de Israel e o Todo-Poderoso.
- Achavam que iriam ficar sem essa importante intermediação e pensando em fazer um lugar especial onde a Presença Divina (Shechiná) pudesse vir, construíram o bezerro de ouro. Mas esse lugar especial para a Presença Divina de fato ocorreu somente com a construção do Tabernáculo.
- Mas diferente do que pensavam, é preciso seguir sempre as orientações da Bíblia para permitir que a Presença Divina esteja conosco em nossas vidas.
- A construção deste lugar especial foi prescrita pelo Todo-Poderoso nos seus mínimos detalhes. Beesalel e Ooaliab, sob a orientação de Moisés, foram os arquitetos desse Tabernáculo.
- Assim também nossas ações, partindo somente de nossas ideias, mas sem que estas estejam prescritas na Bíblia, não terão êxito e não alcançarão o objetivo da Presença Divina em nossas vidas. E mais ainda, todo o esforço utilizado é considerado um pecado grave, como foi o do bezerro de ouro.
- Após a conclusão de cada utensílio do Tabernáculo aparece a mesma frase: "E fizeram como ordenou o Todo-Poderoso a Moisés". Se obedecermos sempre a Deus alcançamos esse mesmo mérito da Presença Divina em nós.
- Procuremos sempre "fundamentar" nossas atitudes nas orientações da Bíblia.

PECUDÊ – Seleções de Midrash a partir de Ex 38,21 – 40,38

Moisés informa aos Filhos de Israel de como foram utilizadas as doações

Beseleel, Ooliab e seus ajudantes haviam terminado de fazer o Tabernáculo e todos seus objetos. Somente faltava costurar as vestes dos sacerdotes.

Moisés decidiu: "Calcularei exatamente a quantidade total de ouro, prata e cobre que foi doada, e informarei ao povo para qual objeto do Tabernáculo se utilizaram estes materiais. Não quero que ninguém suspeite que guardei uma parte de ouro ou prata para mim."

Moisés reuniu todos e se sentou. Colocou Beseleel e Ooliab a seu lado como testemunhas.

Anunciou: "Calculei as quantidades totais de material que vocês doaram para o Tabernáculo e vou dizer-lhes para qual objeto foram utilizados: Vocês doaram um total de 29 kikar[32] (300 shêkel) e 730 shêkel de ouro. Doaram 100 kikar e 1775 shêkel de prata. Os 100 kikar de prata foram empregados para os 100 soquetes do Tabernáculo – um kikar para cada soquete".

Nesse ponto Moisés parou e não continuou a falar. Não podia, porque ainda havia restado 1775 shêkel de prata, e Moisés não conseguia lembrar-se quais objetos haviam sido feitos com eles. Moisés ficou muito preocupado. Talvez alguém pensasse que ele havia desviado o restante da prata? Mas Deus ajudou Moisés, pois era o mais confiável e honesto dos homens, e Ele não queria que uma suspeita infundada recaísse sobre Moisés.

"Os 1775 shêkel foram usados para os ganchos de prata e os ornamentos de prata em cima dos pilares do pátio!" – soou uma Voz Celestial. Cada pilar do pátio tinha um gancho de prata preso ao topo, no qual as cortinas que rodeavam o pátio eram presas com argolas.

Moisés ficou tão feliz por Deus tê-lo livrado das falsas suspeitas que entoou quinze louvores a Deus: "Tu serás louvado com cânticos e louvores; júbilo e música; força e domínio; vitória, grandeza e poder; elogios e glória; santidade e majestade; bênçãos e agradecimentos". Esses quinze louvores são repetidos na prece de louvor toda manhã do povo judeu.

Moisés continuou a dizer ao povo: "Vocês doaram um total de 70 kikar e 2.400 shêkel de cobre. O cobre foi usado para fazer o altar de cobre, sua grade de cobre, e seus objetos. Foi também usado para fazer as cavilhas, os laços, de cobre do pátio e as cavilhas do portão de entrada".

---

[32] Kikkar = talento, e corresponde a 34 kg (ouro ou prata); shekel = siclo, e corresponde a 11,4 gramas.

Moisés também explicou ao povo que as lãs que haviam doado tinham sido usadas para fazer coberturas especiais para envolver os objetos do Tabernáculo antes de cada viagem.

Beseleel, Ooliab e seus ajudantes costuram as vestes dos sacerdotes

Os únicos objetos que ainda faltavam para o Tabernáculo eram as vestes dos sacerdotes. Beseleel, Ooliab e seus ajudantes as fizeram exatamente como Deus havia ordenado a Moisés. Eles teceram o *êfod*, o avental do sumo sacerdote, de uma meada com cinco linhas de diferentes cores. Uma das linhas era de ouro: este era obtido cortando o ouro em lâminas finas e depois em linhas.

Beseleel e Ooliab teceram os fios, o peitoral, cortaram as doze pedras preciosas que portava e gravaram sobre elas os nomes das doze tribos. Em seguida inseriram as pedras preciosas no material do tecido. Beseleel e Ooliab também fizeram as demais vestes dos sacerdotes seguindo exatamente as instruções de Deus: a camisa longa; a jaqueta com sininhos; os chapéus, o cinturão, as faixas e franjas.

Como as vestes dos sacerdotes salvaram o Templo da destruição

O reino do jovem imperador Alexandre Magno era imenso: governava sobre algumas partes da Europa, Ásia e África. E se propunha a conquistar todo o mundo! Seria muito ofensivo para o exército de Alexandre submeter-se ao pequeno país de Terra de Israel.

Alexandre Magno se sentiu incomodado com os soldados judeus, certa vez que lhes pedira para ajudá-lo em uma guerra. Os judeus se negaram, pois haviam feito um trato com outro imperador, o rei da Pérsia. Responderam, pois, a Alexandre, que não podiam lhe enviar ajuda, caso o fizessem estariam violando o tratado com o rei da Pérsia.

Porém, um grupo de inimigos dos judeus, os samaritanos, que viviam na Terra de Israel, enviaram soldados em apoio a Alexandre Magno. E os samaritanos falaram mal dos judeus a Alexandre Magno:

"Os judeus pretendem se rebelar contra ti!" - protestaram ao imperador. "Destrua seu Templo Sagrado e a cidade rebelde na qual se encontra situado: Jerusalém"! Alexandre acreditou em suas palavras e concordou em destruir o Templo Sagrado.

Quando os judeus souberam disto, todos em Terra de Israel se entristeceram. Avisaram ao sumo sacerdote, Simão, que Alexandre viria para destruir o Templo. Simão sabia que somente uma medida drástica impediria que o exército de Alexandre conquistasse Jerusalém.

Simão logo ficou sabendo que Alexandre e seus homens marchavam para Jerusalém. Vestido com as oito vestes de sumo sacerdote saiu ao encontro de Alexandre. Este ia acompanhado das grandes figuras de Jerusalém e de jovens sacerdotes com tochas acesas. Simão e seu grupo marcharam durante toda a noite e na manhã seguinte se aproximaram dos homens de Alexandre.

"Quem são estas pessoas?" - perguntou o imperador aos samaritanos.

"São os judeus que se rebelam contra ti, Majestade", responderam. Quando Alexandre se encontrou frente a frente com Simão, aconteceu algo espantoso: o imperador famoso no mundo inteiro, perante quem todos se inclinavam, desceu do cavalo e fez uma profunda reverência ante o adornado e resplandecente homem justo. Seus homens não acreditaram no que viam.

"Por que tu, Alexandre Magno, deverias te inclinar perante este judeu?" - perguntaram ao imperador. Alexandre explicou: "Na noite antes de cada batalha, este homem me aparece em sonhos, e ganhamos a batalha no dia seguinte. Este homem, que parece um anjo, ajudou-me a ganhar minhas guerras"!

Alexandre perguntou a Shimon: "Por que saíste ao meu encontro"? Simão respondeu: "Soubemos que desejas destruir nosso Templo Sagrado. Porém, não compreendes que é neste Templo Sagrado que rezamos sempre a Deus para que tenhas êxito nas tuas batalhas. Nossos inimigos te enganaram e te deram falsas informações sobre nós"!

"Quem são teus inimigos?" - perguntou Alexandre. "Os samaritanos", respondeu Simão. "Neste caso," disse Alexandre, "decreto que faças com eles o que quiseres." O Templo e Jerusalém salvaram-se da destruição graças a Alexandre ter ficado tão impressionado pelo aspecto de Simão, vestido com suas gloriosas vestes dos sacerdotes.

Em geral, não é permitido usar as vestes dos sacerdotes fora do Templo. Mas neste caso, Simão abriu uma exceção, pois o Templo e as vidas dos judeus corriam perigo. Segundo outra opinião dos Sábios de Israel, as vestes usadas por Simão eram exatamente iguais na aparência às vestes dos sacerdotes, mas não eram sagradas. Eram apenas uma imitação das vestes dos sacerdotes, mas não haviam sido feitas para que os sacerdotes as usassem no Templo Sagrado.

Moisés arma o Tabernáculo

O povo de Israel levou até Moisés as partes do Tabernáculo que havia feito. Quando Moisés as conferiu, viu que os filhos de Israel havia feito tudo exatamente como Deus tinha lhes ordenado. Abençoou-os do seguinte modo: "Que a Shechiná (Presença da Divindade) habite no Tabernáculo que vocês fizeram"!

As tarefas relacionadas com o Tabernáculo foram terminadas a 25 de Kislêv (mês do calendário judeu) do ano 2448 (1312 a. C.) Não obstante, Deus ordenou a Moisés: "Aguarda outros três meses antes de armá-lo."

Como Deus pulou o dia 25 de Kislêv e não dedicou o Tabernáculo neste dia, disse: "Farei uma dedicação diferente nesta data de 25 de Kislêv; os Asmoneus renovarão o Segundo Templo; será o primeiro dia de *Chanucá*".

Deus ordenou a Moisés que aguardasse até *Rosh Chôdesh* (Lua nova que indica o começo de um novo mês) de *Nissan* (nome do mês no calendário judaico) para armar o Tabernáculo, pois *Nissan* é um mês de júbilo.

Em *Nissan*, Abraão ficou sabendo que Isaac nasceria; em *Nissan*, os judeus foram redimidos do Egito e em *Nissan* o povo judeu acredita que também serão redimidos no futuro.

Quando chegou o momento de armar o Tabernáculo os grandes homens do Povo de Israel trataram de levantar suas vigas. Mas para sua grande surpresa, não puderam fazê-lo. Assim que as encaixavam, se soltavam! Foram, pois, a Beseleel e Ooliab e lhes disseram: "Talvez vocês devam armar o Tabernáculo já que foram vocês que o construíram." Beseleel e Ooliab também tentaram armá-lo, mas as vigas se soltavam.

Por que Deus permitiu que isso sucedesse? Viu que Moisés estava com o coração apertado, pois não lhe havia sido permitido construir nenhum objeto do Tabernáculo. Deus decidiu que, em troca, concederia a Moisés a honra de armar todo o Tabernáculo.

"Veja Deus", - disse Moisés: "Ninguém consegue armar as vigas do Tabernáculo!" "Não se preocupe", Deus respondeu a Moisés: "Tente você".

Um milagre aconteceu: Moisés foi pegando as vigas do Tabernáculo e parecia que ele as estava armando, mas na verdade elas estavam se encaixando sozinhas. Quando as paredes e a cobertura do Tabernáculo estavam armadas, Moisés trouxe as *Luchot* (Tábuas da Lei) que havia guardado numa caixa de madeira em sua tenda, e as pôs na Arca. Então, cobriu a Arca com uma coberta. Colocou a mesa no Tabernáculo e pôs o pão sobre a mesa.

Colocou a *Menorá* (candelabro) junto à mesa. No pátio do Tabernáculo, pôs o altar e o lavabo. Assim que o Tabernáculo estava armado sobre a terra, Deus ordenou aos anjos do céu: "Armem um Tabernáculo no céu, idêntico ao da terra"!

A Presença da Divindade (Shechiná) desce e se estabelece no Tabernáculo

No início do mês de Nissan, quando o Tabernáculo estava armado e pronto, as nuvens de Deus o rodearam por todos os lados e por cima. O interior também estava preenchido por uma nuvem, e nela repousava a Shechiná (Presença Divina). Assim, Deus demonstrou a seu povo que se havia estabelecido no Tabernáculo. Em seguida, a Shechiná de Deus pousou na Arca do Santo dos Santos.

Sabem o que significa a palavra *Mishcan* (Tabernáculo)? Origina-se da raiz "*lishcon*", descansar. Tabernáculo significa descanso para a Shechiná (Presença Divina).

A Torá, no princípio desta Parashá, chama o Tabernáculo de Tabernáculo Haedut, do testemunho. Que tipo de testemunho era? O que atestava?

O Tabernáculo era uma prova de que Deus havia perdoado os filhos de Israel por ter feito um bezerro de ouro. Deus havia retirado Sua Shechiná quando eles pecaram; Suas nuvens de glória desapareceram e reapareceram no dia em que começaram a trabalhar no Tabernáculo. O Tabernáculo era um sinal de amor de Deus pelo Povo de Israel; um sinal de que Ele estava sempre entre eles.

Construir o Tabernáculo é tão importante como criar o mundo

O Tabernáculo de Deus era tão importante como a criação do mundo. Vemos na Torá que ambos se assemelham:

- No primeiro dia da Criação Deus estendeu o céu como uma cortina. De maneira análoga, Deus ordenou: "Estendereis cortinas sobre o Tabernáculo".

- No segundo dia da Criação Deus disse: "Que se estabeleça o céu para separar as águas superiores das águas inferiores." No Tabernáculo, a cortina separava o Santo dos Santos.

- No terceiro dia da Criação Deus ordenou: "Que se reúna toda a água". No Tabernáculo Deus ordenou: "Fareis um lavabo onde juntareis água".

- No quarto dia da Criação, Deus ordenou: "Que o sol, a lua e as estrelas fiquem fixas no céu". No Tabernáculo havia uma *Menorá* (candelabro) de ouro que irradiava luz.

- No quinto dia da Criação, Deus criou os peixes e as aves. No Tabernáculo havia anjos com as asas abertas.
- No sexto dia, Deus criou Adão e o pôs no Jardim do Éden. Deus ordenou: "Que Aarão seja Meu Sumo Sacerdote e entre na seção do Santo dos Santos".

Poderíamos dizer que de certa forma, Aarão foi ainda maior que o primeiro homem, Adão. Pois quando Adão pecou, Deus o expulsou do Jardim do Éden, do Paraíso; porém, apesar do pecado do bezerro de ouro, Deus permitiu a Aarão entrar no Tabernáculo.

- O sétimo dia, Shabat, foi bendito por Deus e santificado. Da mesma maneira, quando o Tabernáculo estava terminado, Moisés bendisse os judeus e ungiu o Tabernáculo e seus utensílios com óleo para unção para santificá-los.

Também comparamos o Tabernáculo com o mundo ao comparar a seção do Santo dos Santos com o céu e a seção côdesh (presbitério) com a terra. A Shechiná de Deus repousava na Arca do Santo dos Santos, assim como repousa nos céus. E a seção do presbitério tinha uma mesa com comida, do mesmo modo que a terra produz alimentos.

Por que Deus ordenou que se construísse o Tabernáculo de maneira semelhante à terra? Para demonstrar que, graças a *Avodá* (serviço), à liturgia que os sacerdotes realizavam no sagrado Tabernáculo, Deus manteria o mundo com vida. Precisamente devido ao mérito do Tabernáculo, Deus fazia o mundo existir.

Por que é importante estudar sobre o Tabernáculo

Embora hoje não tenhamos mais Tabernáculo nem Templo, é um grande preceito estudar a planta e a forma do Tabernáculo e todas suas partes e receptáculos. Os Sábios de Israel nos dizem que o profeta Ezequiel recebeu uma profecia de Deus. Nesta profecia lhe era mostrado a planta do Terceiro Templo, que será construído depois da chegada do Messias. Deus descreveu a Ezequiel a planta exata do Terceiro Templo; todas suas partes e medidas.

Ezequiel perguntou ao Criador: "Por que tenho que transmitir aos judeus esta profecia? De qualquer forma não podem construir o Templo agora. Deixe-me aguardar e lhes relatarei quando chegar o momento de construí-lo".

Mas Deus respondeu a Ezequiel: "Não, não quero que aguardes. Se os filhos de Israel estudarem agora os planos para a reconstrução do Templo, vou recompensá-los como se realmente o tivessem construído"!

O mesmo se aplica a nós. Se estudarmos as plantas do Tabernáculo e do Templo, Deus nos recompensa como se estivéssemos realmente construindo uma sagrada Morada para Ele.

Correspondência bíblica

Tenda do Encontro:

Ex 29,44: "Santificarei a Tenda do Encontro e o altar, bem como Aarão e seus filhos, para que me sirvam como sacerdotes".

Lv 9,23: "Moisés e Aarão entraram na Tenda do Encontro. Depois saíram para abençoar o povo. Então a Glória do SENHOR apareceu a todo o povo".

Nm 7,89: "Quando entrava na Tenda do Encontro para falar com o SENHOR, Moisés ouvia a voz que lhe falava de cima do propiciatório que estava sobre a Arca da aliança, entre os dois querubins; era assim que lhe falava".

Dt 31,15: "E o SENHOR apareceu na Tenda numa coluna de nuvem que se pôs à entrada da Tenda".

Js 18,1: "Toda a assembleia dos israelitas reuniu-se em Silo e ali armaram a Tenda do Encontro. A terra tinha sido submetida perante eles".

2Sm 7,6: "Pois eu nunca morei numa casa, desde que tirei do Egito os filhos de Israel até hoje, mas tendo andado em Tenda e abrigo".

1Cr 9,21: "Zacarias filho de Mosolamias fazia guarda diante da entrada da Tenda do Encontro".

2Cr 1,3: "Acompanhado de toda a assembleia, Salomão subiu ao lugar alto de Gabaon, onde estava a Tenda do Encontro com Deus, feita no deserto por Moisés, o servo do SENHOR".

Tb 13,10: "Celebra ao SENHOR com boas obras e bendize o Rei dos séculos, para que a sua Tenda seja de novo edificada em ti com alegria e Ele faça em ti felizes todos os exilados, e ame em ti todos os infelizes, por todos os séculos dos séculos".

2Mc 2,4.5: "No documento estava também que o profeta advertido por um oráculo, ordenou que o acompanhassem com a Tenda e a Arca até chegarem ao monte onde Moisés tinha subido e de onde vira a herança de Deus. Ali chegando Jeremias encontrou um espaço em forma de gruta, onde introduziu a Tenda, a Arca e o altar dos perfumes. Depois, obstruiu a entrada".

Sl 15,1: "SENHOR, quem pode habitar na tua Tenda? E morar em teu monte santo?".

Sl 27,5: "Ele me dá abrigo na sua Tenda no dia da desgraça. Esconde-me em sua morada, sobre o rochedo me eleva".

Sl 42,5: "Disto me lembro e meu coração se aflige: quando eu passava junto à Tenda admirável, rumo à Casa de Deus, entre cantos de alegria e de louvor de uma multidão em festa".

Sb 9,8: "Ordenaste-me construir um Templo no teu monte santo e um altar na cidade de tua residência, à semelhança da Tenda Sagrada que preparaste desde o princípio".

Eclo 50,5: "Como era esplêndido, quando olhava desde a Tenda Sagrada, ao sair da Casa do Véu!".

Mt 17,4: "Pedro então tomou a palavra e lhe disse: 'SENHOR, é bom ficarmos aqui. Se queres, vou fazer aqui três tendas: uma para ti, uma para Moisés e outra para Elias". **(Cf. também Mc 9,5; Lc 9,33)**

Jo 17,2: "Estava próxima a festa dos judeus, chamada das Tendas".

At 17,44: "Nossos antepassados no deserto tinham a Tenda do Testemunho. Aquele que mandou Moisés construí-la mostrou-lhe o modelo".

2Cor 5,1: "De fato, sabemos que, se a tenda em que moramos neste mundo for destruída, Deus nos dá outra moradia no céu, que não é obra de mãos humanas e que é eterna".

Hb 8,2: "Ele é ministro do Santuário e da Tenda verdadeira, erguida pelo SENHOR e não por mão humana".

Hb 9,2: "De fato, foi construída uma primeira Tenda, chamada "o Santo", onde se encontravam o candelabro, a mesa e os pães da proposição".

2Pd 1,14: "Estou certo de que em breve será desarmada esta minha Tenda, conforme nosso SENHOR Jesus Cristo me tem manifestado".

Ap 7,15: "Por isso, estão diante do Trono de Deus e lhe prestam culto, dia e noite, no seu Santuário. E aquele que está sentado no trono os abrigará na sua Tenda".

Ap 15,5: "Depois disto, vi abrir-se o Santuário, a Tenda do Testemunho, que está no céu".

O Ciclo de Leituras da Torah na Sinagoga – Uma Herança Comum "para conhecer melhor as tradições paternas" (Gl 1,14) – Índice

3° LIVRO DA TORAH: LEVÍTICO (VAYIKRA, EM HEBRAICO)

Nome da Parashá (porção semanal da Torah)	Texto Bíblico	Haftará (Leitura dos Profetas)	Harizá (Colar) Tema
27. VAYICRÁ	Lv 1,1 – 5,26	Is 43,21 – 44,23	Sacrifícios
28. TSAV	Lv 6,1 – 8,36	Jr 7,21 – 8,3; 9,22 – 23	Fogo
29. PÊSSACH	Ex 12,1 – 20 e 13,8 – Liberdade	Js 5,2 – 6,1	-//-
30. SEFIRAT HAÔMER	Lv 23,15 – 16	Ez 37,1 – 14	-//-
31. SHEMINI	Lv 9,1 – 11,47	2Sm 6,1 – 7,17	Silêncio, Puro e Impuro
32. TAZRIA	Lv 12,1 – 13,59	2Rs 4,42 – 5,19	Purificação
33. METSORÁ	Lv 14,1 – 15,33	2Rs 7,3 – 20	Lepra
34. ACHARÊ MOT	Lv 16,1 – 18,30	Ez 22,1 – 19	Perdão
35. KEDOSHIM	Lv 19,1 – 20,27	Ez 20,2 – 20	Santidade
36. EMOR	Lv 21,1 – 24,23	Ez 44,15 – 31	Festa
37. BEHAR	Lv 25,1 – 26,2	Jr 32,6 – 27	Descanso
38. BECHUCOTAY	Lv 26,3 – 27,34	Jr 16,19 – 17,14	Descanso

01. BERESHIT — Gn 1,1 – 6,8
02. NOACH — Gn 6,9 – 11,32
03. LECH LEHA — Gn 12,1 – 17,27
04. VAYERÁ — Gn 18,1 – 22,24
05. CHAYÊ SARÁ — Gn 23,1 – 25,18
06. TOLEDOT — Gn 25,19 – 28,9
07. VAYETSÊ — Gn 28,10 – 32,3
08. VAYISHLACH — Gn 32,4 – 36,43
09. VAYÊSHEV — Gn 37,1 – 40,23
10. MIKETS — Gn 41,1 – 44,17
11. CHANUCA — 1Mc 4,36 – 59
12. VAYIGASH — Gn 44,18 – 47,27
13. VAYECHI — Gn 47,28 – 50,26

14. SHEMOT	*Ex 1,1-6,1*
15. VAERÁ	*Ex 6,2-9,35*
16. BÔ	*Ex 10,1-13,16*
17. BESHALACH	*Ex 13,17-17,16*
18. YITRÔ	*Ex 18,1-20,26*
19. MISHPATIM	*Ex 21,1-24,18*
20. TERUMÁ	*Ex 25,1-27,19*
21. TETSAVÊ	*Ex 27,20-30,10*
22. ZACHOR	*Dt 25, 17-19*
23. PURIM	*Livro de Ester*
24. KI TISSÁ	*Ex 30,11-34,35*
25. VAYAKHEL	*Ex 35,1-38,20*
26. PECUDÊ	*Ex 38,21-40,38*
39. BAMIDBAR	*Nm 1,1-4,20*
40. SHAVUOT	*Ex 19,1 – 20,23*
41. MEGUILAT RUT	*Livro de Rute*
42. NASSÔ	*Nm 4,21-7,89*
43. BEHAALOTECHÁ	*Nm 8,1-12,16*
44. SHELACH LECHÁ	*Nm 13,1-15,41*
45. CÔRACH	*Nm 16,1-18,32*
46. CHUCAT	*Nm 19,1-22,1*
47. BALAC	*Nm 22,2-25,9*
48. PINECHÁS	*Nm 25,10-30,1*
49. MATOT	*Nm 30,2-32,42*
50. MASEI	*Nm 33,1-36,13*
51. DEVARIM	*Dt 1,1-3,22*
52. VAETCHANAN	*Dt 3,23-7,11*
53. ÊKEV	*Dt 7,12-11,25*
54. REÊ	*Dt 11,26-16,17*
55. SHOFETIM	*Dt 16,18-21,9*
56. KI TETSÊ	*Dt 21,10-25,19*
57. KI TAVÔ	*Dt 26,1-29,8*
58. NITSAVIM	*Dt 29,9-30,20*
59. ASSERET YEMÊ TESHUVÁ	
60. VAYÊLECH	*Dt 31,1-30*
61. HAAZINU	*Dt 32,1-52*
62. SUCOT	*Lv 23, 33-44*
63. VEZOT HABERACHÁ	*Dt 33,1-34,12*

27 - Lv 1,1 - 5,26: VAYICRA - ויקרא
Is 43,21 - 44,23

Trata esta porção da Palavra de Deus sobre os Sacrifícios. Este tipo de Sacrifício era sempre trazido diante de Deus quando alguém havia cometido alguma falta, ou pecado.

A finalidade deste sacrifício era evitar a consequência deste pecado que é a morte espiritual, que está relacionada com a alma.

Existe um tipo de sacrifício para quem pecou sem intenção e outro tipo de sacrifício para quem deliberadamente cometeu um pecado.

O Sacrifício trazido para quem estivesse em dúvida se havia pecado ou não deveria ser bem mais caro do que alguém que sabia que havia cometido um pecado contra Deus, isso para que a pessoa não caísse na presunção de não ter caído numa infração e para que percebesse seu erro.

Isso era sempre um estímulo ao arrependimento, ao caminho de retorno novamente ao progresso espiritual (*Teshuvá*). Reconhecer o erro cometido e reprová-lo sinceramente é importante.

Enquanto não admitimos que pecamos não existe possibilidade de avançar ou mesmo de começar o processo de teshuvá, de conversão, de retorno às origens. E enquanto o pecado passar como despercebido em nós, não sentiremos necessidade de nos redimir.

Se houver a presunção de que não pecamos, dificultamos o processo de conversão em nós.

Mas outro sábio de Israel, chamado Maharal de Praga (1520 - 1609), filósofo e Rabino chefe da cidade Praga, afirmava que assim como o ser humano não é absoluto, assim também não são absolutas as suas ações. Elas podem ser apagadas através da conversão e arrependimento (*Teshuvá*).

Outro sábio de Israel chamado Maimônides (1135 – 1204 – o *Rambam*), afirmava que três são as condições para que o processo de conversão e arrependimento seja aceito pelo Todo-Poderoso e Eterno Deus:

A) Abandonar o pecado na prática e não ficar mais pensando nele.

B) Arrepender-se sinceramente de ter cometido o pecado.

C) Desculpar-se diante de Deus pela recitação de uma oração chamada *VIDUY*: (Confissão) rezada no Dia do Perdão – *Yom Kippur*:

Nosso Deus, e Deus dos nossos antepassados. Por favor, permita que nossa reza chegue diante de Vós. E não ignore nossas súplicas. Pois nós não somos (tão) descarados e obstinados para dizer diante de Vós, nosso Deus e Deus dos nossos antepassados, nós somos justos e não pecamos. Mas ao contrário, nós e nossos antepassados pecamos.

אָשַׁמְנוּ *(ASHAMNU): NOS TORNAMOS CULPADOS*
("Ashamá"=Culpabilidade; "Shmamá"=aridez, jogamos para cima nossas responsabilidades). Transgredimos contra Deus e trouxemos desolação espiritual. Transgredimos intencionalmente, para o nosso benefício.

בָּגַדְנוּ *(BAGADNU): TRAÍMOS*
Fomos mal-agradecidos e desleais com Deus e com o próximo. Pagamos o bem com o mal.

גָּזַלְנוּ *(GAZALNU): ROUBAMOS*
Comemos sem fazer Brachá (Bênção). Usamos bens de outros sem pagar. Não cumprimos nossas obrigações com as pessoas. Roubamos a privacidade e a dignidade das pessoas. Nos aproveitamos da ignorância dos outros.

דִּבַּרְנוּ דֹּפִי *(DIBARNU DOFI): FALAMOS HIPOCRISIAS E LASHON HARÁ*
(Du pi = Duas bocas, isto é, pela frente falar bem, por trás falar mal; Dofi = Parede, isto é, falsidade, hipocrisia). Falamos mal de Deus, duvidando da Sua justiça. Falamos mal das pessoas e divulgamos seus erros. Falamos mal das pessoas por trás.

הֶעֱוִינוּ *(HEEVINU): FIZEMOS OUTROS TRANSGREDIREM ("Avon" = Transgressão)*
Influenciamos as pessoas para o mal com atos ou palavras. Pervertemos pessoas boas.

וְהִרְשַׁעְנוּ *(VEHIRSHANU): FIZEMOS OS OUTROS COMETEREM TRANSGRESSÕES ("Resha" = Transgressões premeditadas) Transformamos pessoas boas em más (pessoas que fazem o mal com premeditação).*

זַדְנוּ *(ZADNU): TRANSGREDIMOS INTENCIONALMENTE*
Transgredimos intencionalmente, e inventamos argumentos e filosofias para nos justificarmos, e com isso ficamos mais propensos a errar de novo (pior que o malvado).

חָמַסְנוּ *(CHAMASNU): EXTORQUIMOS, PEGAMOS COISAS QUE NÃO FORAM DADAS COM VONTADE. ("Chamás" = tipo de roubo, pegar à força, mesmo pagando). Cometemos atos errados, mas não puníveis (ex: roubar menos de "Prutá", quantidade mínima para que o ato seja punível por roubo). Tiramos vantagem dos pobres e fracos.*

שֶׁקֶר טָפַלְנוּ *(TAFALNU SHEKER): NOS JUNTAMOS À MENTIRA*
Não apenas vivemos na mentira, mas construímos mundos. Trouxemos falsidade ao nosso cotidiano. Acusamos falsamente outras pessoas, e para apoiar nossas mentiras, criamos mais mentiras.

עָךְ יָעַצְנוּ *(IAATZNU RÁ): ACONSELHAMOS PARA O MAL*
Transgredimos a proibição de não colocar um obstáculo na frente de um cego. Demos maus conselhos para o nosso proveito. Abusamos da confiança dos outros e os levamos a prejuízos ou transgressões. Não demos atenção aos problemas dos outros.

כִּזַּבְנוּ *(KIZAVNU): FOMOS ENGANOSOS (MENTIROSOS)*
"Mentirosos": grupo que não é recebido diante da Presença Divina. Fizemos promessas e não nos esforçamos para mantê-las. Falamos e não cumprimos, e não nos importamos.

לַצְנוּ *(LATSNU): ESCARNEAMOS (NÃO TIVEMOS ATITUDES SÉRIAS NA VIDA)*
"Palhaços": grupo que não é recebido diante da Presença Divina. Ridicularizamos pessoas honestas e justas. Tentamos encontrar humor em tudo o que fazemos. Destruímos repreensões com piadas e fizemos a Teshuvá mais difícil. O escarneio leva à imoralidade sexual.

מָרַדְנוּ *(MARADNU): NOS REBELAMOS*
Não tivemos "Emuná" (fé). Desafiamos a vontade de Deus.

נִאַצְנוּ *(NIATSNU): PROVOCAMOS.* Desrespeitamos Deus e Suas Mitzvót (preceitos). Fizemos Mitzvót (cumprimos preceitos da Bíblia) com objetos roubados (por exemplo fazer Brachá caridade sobre uma comida que não era nossa).

סָרַרְנוּ *(SARARNU): NOS AFASTAMOS*
Ficamos indiferentes ao serviço de Deus. Deixamos de cumprir Mitzvót (preceitos). Usamos o conforto e a prosperidade para nos afastar de Deus, ao invés de usar para servi-Lo melhor.

עָוִינוּ *(AVINU): NOS TORNAMOS PERVERTIDOS*
(**"Taavót" = Desejos**) Transgredimos por causa de nossos cabeças pervertidas. Justificamos a imoralidade, a corrupção, a desonestidade. Nos tornamos, em nossas palavras e atitudes, rudes.

פָּשַׁעְנוּ *(PASHANU): AGIMOS DE FORMA INTENCIONAL*
Negamos a validade das Mitzvót (preceitos contidos na Palavra de Deus). Deixamos de acreditar na Torah (mesmo uma pequena parte).

צָרַרְנוּ *(TSARARNU): FIZEMOS OS OUTROS SOFREREM*
Causamos sofrimentos (perdas financeiras ou psicológicas, como por exemplo, chamar o outro com apelidos maldosos). Odiamos uns aos outros. Não nos importamos com o sofrimento dos outros.

עֹרֶף קִשִּׁינוּ *(KISHINU OREF): FOMOS OBSTINADOS*
Não mudamos os atos, mesmo depois de receber sofrimentos. Atribuímos nossas dificuldades ao acaso, não associamos nossos sofrimentos com nossas transgressões.

רָשַׁעְנוּ *(RASHANU): FOMOS MALVADOS*
Cometemos atos que nos rotularam como "Reshaim" (malvados), tais como levantar a mão contra o próximo, roubar ou planejar transgressões.

שִׁחַתְנוּ *(SHICHATNU): CORROMPEMOS-NOS*
Cometemos transgressões que corromperam nosso caráter, como arrogância, raiva, falta de caridade, imoralidade.

תִּעַבְנוּ *(TIAVNU): NOS TORNAMOS ABOMINÁVEIS*
Transgredimos e nos degradamos a um ponto de nos tornar abomináveis aos olhos de Deus.

תָּעִינוּ *(TAINU): NOS AFASTAMOS*
Por nossos maus atos, nos afastamos de Deus. Nos acostumamos com o erro, e tornamos a Teshuvá (retorno) mais difícil (e tudo por nossa culpa).

תִּעְתָּעְנוּ *(TITANU): VOCÊ NOS DEIXOU DESVIAR*
Abusamos da nossa livre-escolha, nos afastamos e levamos os outros juntos. Medida por medida: nos afastamos, e Deus não nos impediu de cair. Nos desviamos de Seus maravilhosos juízos e Mitzvót. E não ganhamos nada com isso.

E Vós sois Justo em relação a todas (as punições) que recaem sobre nós. Pois Vossas ações são verdadeiras e nós pecamos maldosamente. O que podemos dizer diante de Vós, Aquele que se senta para julgar nas alturas. E o que podemos falar diante de Vós, Aquele que mora nos Céus? Pois, tudo o que está oculto e revelado Vós conheceis.

Vaycrá – Seleções de Midrash a partir do texto bíblico: Lv 1,1 – 5,26

Por que as crianças começam o estudo da Torah com a parashat Vayicrá?

Vayicrá trata de sacrifícios. Os sábios de Israel explicam que por esta razão é apropriado que as crianças pequenas a aprendam primeiro.

Quando um judeu estuda as leis de sobre os sacrifícios, Deus considera como se ele tivesse de fato oferecido um Sacrifício. As crianças pequenas ainda são puras, livres de pecados. Quando elas aprendem sobre Sacrifícios, Deus considera como se elas tivessem trazido um Sacrifício para Deus no *Mizbêach* (Altar).

Já que o melhor tipo de Sacrifício é aquele oferecido por um justo, Deus aprecia mais os Sacrifícios das crianças, pois elas são como os justos, livres de pecados.

Deus chama Moisés para a Tenda do Encontro

A *Parashá Vayicrá* (Levítico) começa quando o livro de *Shemot* (Êxodo) termina. Depois que Moisés levantou o Tabernáculo, as nuvens de Deus rodearam o Tabernáculo por todos os lados e também por cima. A Shechiná (Presença Divina) repousou dentro do Tabernáculo. Moisés ficou fora do Tabernáculo.

"Eu não devo entrar sem a permissão de Deus", pensou. "O Tabernáculo é ainda mais sagrado do que o monte Sinai quando Deus apareceu para falar com o povo judeu. Eu não obtive permissão de subir a montanha até que Deus me chamou. Então, com certeza não tenho a permissão de entrar no Tabernáculo".

De repente Moisés escutou uma voz poderosa chamando-o, "Moisés, Moisés"! Era a voz de Deus. Qualquer outra pessoa teria morrido pelo choque de ter escutado a poderosa voz de Deus. Apenas Moisés podia suportá-la.

"Estou pronto" respondeu Moisés. "Entre no Tabernáculo"! Ordenou Deus. Moisés entrou. Quando estava na porta, escutou a voz de Deus vinda de cima da Arca, onde a Shechiná sempre repousava.

"Moisés", ordenou Deus, "Eu quero que fale com o povo judeu palavras que façam com que aprimorem seus caminhos. Diga-lhes que Minha Shechiná repousa no Tabernáculo devido ao meu amor pelo povo judeu".

"Ensine aos filhos de Israel as leis a respeito dos sacrifícios. Eles construíram o Tabernáculo, mas não sabem como me servir através dele. Só se eles oferecerem sacrifícios é que a Minha Presença continuará a repousar no Tabernáculo". Por que Deus conferiu tantas honras a Moisés?

Deus honrou Moisés mais do que qualquer outro judeu. Apenas Moisés foi convidado por Deus a entrar no Tabernáculo e ouvir Suas palavras, ninguém mais. A razão deste procedimento é que Moisés sempre se sentiu humilde e pouco importante. Ele não perseguia honras, ao contrário, fugia das honrarias e elogios.

Os Sábios de Israel nos ensinam: "Se uma pessoa foge da honra, a honra irá persegui-la. Porém, se a pessoa persegue a honra, a honra fugirá dela". Em outras palavras, uma pessoa que é modesta e se sente humilde, eventualmente irá receber de Deus a honra que merece; mas aquela que está cheia de orgulho, no final não será honrada. Moisés foi muito honrado por Deus, já que ele nunca se considerou grandioso ou importante.

Será que Moisés não sabia que ele era de fato a pessoa mais importante de todo o povo judeu? Afinal, foi ele quem tirou os filhos de Israel do Egito, cruzou o mar Vermelho e buscou a Torah! Ele não sabia que era uma pessoa especial? Para responder tal questão, eis a seguinte parábola:

O "Rabino" que tinha orgulho de seu conhecimento

Numa cidadezinha viviam alguns judeus. Eles guardavam o Shabat, comiam *casher* (alimentação adequada, própria para os judeus) e rezavam sempre juntos num *minyan* (grupo de no mínimo 10 judeus adultos). Só havia um problema, a cidade não tinha uma *Yeshivá* (Escola de estudo da Torah), então eles mal sabiam ler o hebraico. Apenas um homem entre eles havia aprendido Torah de seu pai. Ele sabia ler e traduzir um resumo das leis judaicas. Já que ele sabia mais do que os outros, ele fazia o papel de Rabino da comunidade. Era muito honrado e respeitado por todos que pensavam que se tratava de um grande sábio.

Com o passar do tempo, ele começou a se considerar um conhecedor de Torah muito especial e importante. Um dia, um judeu de uma comunidade afastada veio visitar esta cidadezinha. Ele sofria de uma doença que tornava a respiração difícil, e seu médico havia recomendado o ar puro daquela cidade. O homem que considerava-se um Rabino convidou-o a ficar em sua casa.

O "Rav" observou como este judeu fazia a ablução das mãos feita antes de fazer uma refeição com pão com todo cuidado, como ele pronunciava a bênção pausadamente e em voz alta, refletindo sobre as palavras antes de pronunciá-las e como depois das refeições rezava com gratidão, palavra por palavra. Observou como este judeu rezava com cuidado e como se concentrava sobre o significado das palavras que estava falando.

De repente, o "*Rav*" (Rabino) se sentiu envergonhado. Percebeu como era "pobre" a sua própria reza e como ele cumpria os preceitos sem cuidado.

Quanto mais ele observava e estudava os modos do visitante, mais humilde se tornava.

O visitante cumpria leis que os judeus daquela cidade não cumpriam corretamente. Ele também motivou os judeus a estudarem Torah diariamente. Quando o "Rav" se conscientizou da sua ignorância, tornou-se cada vez mais humilde.

A chave da parábola

Moisés nunca se orgulhava de si próprio, pois quando subiu ao Monte Sinai viu anjos perfeitos e sagrados que serviam Deus dia e noite. Teve também uma visão da grandeza de Deus. Após Moisés ter visto os anjos, sentiu-se envergonhado. Pensou, "Não sirvo Deus tão bem quanto os anjos, nem mesmo um milésimo do que eles servem. Preciso me aprimorar"!

Portanto, quando Moisés via outros judeus que faziam coisas erradas ou que não faziam o melhor que podiam para servir Deus, ele pensava, "Não são culpados, pois não viram a glória de Deus nos céus. Eu vi a grandeza de Deus, portanto Deus espera de mim mais do que de qualquer um"! E assim Moisés sempre se sentia humilde.

O pequeno alef (letra a) no fim da palavra Vayicrá - ארקיו

Se você procurar na Torah a primeira palavra da parashá, Vayicrá, que quer dizer que Ele (Deus) chamou Moisés, você verá que a letra alef está escrita num tamanho menor do que as outras. Porque será?

Moisés era muito humilde. Quando Deus lhe disse para escrever "Vayicrá", Moisés respondeu: "Eu devo escrever que o Senhor chamou apenas a mim para o Tabernáculo? Me parece muito arrogante. Me permita retirar a letra alef do fim da palavra Vayicrá, assim a palavra seria vayiker, que quer dizer que o Senhor me chamou por acaso".

Deus ordenou a Moisés: "Não, você deve adicionar a letra alef à palavra. No entanto, permitirei que você a escreva menor do que as outras letras".

Desta forma, o alef pequeno nos lembra quão humilde era Moisés.

Quem oferecia sacrifícios antes do Tabernáculo ser construído?

Sete pessoas ofereceram animais como Sacrifícios antes mesmo do Tabernáculo existir:

1. **Adão** - Deus criou Adão no sexto dia da criação. Naquele dia, Adão comeu da fruta proibida da árvore do conhecimento. Mesmo assim, Deus

permitiu que permanecesse no Jardim do Paraíso (Gan Eden) até o final do Shabat. Naquele Shabat, Deus fez com que uma luz brilhasse no Gan Eden até mesmo de noite. Apenas no término do Shabat, quando Adão foi expulso, é que percebeu a escuridão da noite. Adão não sabia o que era a noite. "Talvez Deus trouxe a escuridão porque pequei", pensou aterrorizado. A noite passou e na manhã seguinte o sol nasceu e banhou o mundo com sua luz brilhante. Como Adão ficou feliz: "Após a noite, Deus faz com que o sol venha e traga luz"! - exclamou Adão. Adão ficou aliviado e queria demonstrar o quanto estava arrependido de ter comido do fruto proibido. Então construiu um *Mizbêach* (Altar) e ofereceu um boi sobre ele. Este foi o primeiro Sacrifício oferecido.

2. **Abel** - O filho de Adão, Abel, queria dar um presente para Deus. Ele então ofereceu o mais belo de seus carneiros sobre o Altar que havia sido construído pelo seu pai.
3. **Noé** - Ao sair da arca, Noé ofereceu Sacrifício para agradecer Deus por ter permitido que ele e sua família sobrevivessem ao dilúvio e por ter a chance de construir um novo mundo. Deus apreciou os Sacrifícios de Noé e prometeu: "Nunca trarei outro dilúvio sobre a terra".
4. **Abraão** - A Torah nos conta que Abraão construiu quatro altares e ofereceu Sacrifícios sobre eles.
5. **Isaac** - construiu um altar.
6. **Jacó** construiu dois altares.
7. Sob a liderança de **Moisés**, Sacrifícios eram oferecidos mesmo antes do Tabernáculo ter sido construído. Moisés armou um Altar depois da batalha contra Amalec. Deus também lhe disse para ordenar aos primogênitos dos Filhos de Israel que oferecessem Sacrifícios ao pé do Monte Sinai antes da entrega, da Outorga da Torah.

Os antepassados judeus conheciam as leis da Torah mesmo antes delas terem sido ordenadas. Por isso, ofereciam sobre seus altares somente animais que eram *casher*, permitidos, para Sacrifício.

Os Sacrifícios

Como um Sacrifício ajudava um pecador a ser perdoado por Deus?

Um judeu que comete um pecado contra Deus, o Rei dos reis, merece morrer. O anjo acusador no céu o incrimina perante Deus. Mas Deus, em sua misericórdia, responde ao anjo acusador: "Aceitarei a morte de um animal no lugar do pecador".

Quando a pessoa que pecou põe ambas as mãos sobre a cabeça do animal e diz: "Fiz este e mais este pecado e me arrependo por isso" - pensa - "mereço realmente morrer por ter pecado perante Deus. Porém, Deus misericordiosamente aceita a morte do animal no lugar da minha morte".

Quando o animal é abatido, pensa: "Mereço ser abatido". Quando o animal é queimado, pensa: "Mereço ser queimado". Quando Deus vê como o pecador está realmente arrependido, Deus o perdoa e aceita a morte do animal ao invés da sua.

Quais eram os animais permitidos que eram usados para Sacrifício?

Nenhum animal selvagem, mesmo que seja casher, pode ser sacrificado sobre o Altar. De todos os animais, Deus escolheu apenas três tipos: boi e vaca, ovelha e carneiro, cabra e bode. Apenas dois tipos de pássaros são permitidos: pombos e rolas. Uma das razões pelas quais Deus escolheu apenas os animais e aves domésticos acima citados é que eles são mansos.

Sabemos como um carneiro é pacífico e como um pombo é manso. Embora sejam atacados, nunca revidam.

Os Sábios de Israel ensinam: "É melhor ser insultado que insultar os outros; é melhor ser atacado que atacar os outros". Não faz parte do sistema judaico atacar os outros. Para mostrar que Deus aprecia aqueles que são pacíficos, escolheu animais e pássaros mansos para o Altar.

O que podemos aprender com os animais

Muitos animais foram criados por Deus com bons traços de caráter, por isso devemos aprender a imitar seu comportamento. Por exemplo: gatos são asseados ; formigas são honestas; pombos são leais.

O Midrash nos conta sobre uma colônia de formigas na qual todas as formigas estavam recolhendo sementes de trigo. Uma das formigas acidentalmente deixou cair uma semente e pisou em cima. Cada formiga que passava marchando farejava a semente, e podia sentir pelo cheiro que não era sua.

Centenas de formigas passaram por ali, mas nenhuma delas pegou a semente que não lhe pertencia. Finalmente, a formiga que tinha deixado cair a semente voltou e a recolheu novamente.

Pombos são fiéis. Macho e fêmea nunca se separam para se juntarem com um pássaro estranho. Se pensarmos a respeito, certamente acharemos mais exemplos de animais que nos ensinam "bons traços de caráter" ou hábitos saudáveis.

Como um judeu escolhe um Sacrifício

Quando um judeu decide oferecer uma ovelha como Sacrifício, vai até seu cercado e olha em volta. Existem todos os tipos de ovelhas neste redil - algumas saudáveis e fortes, algumas doentes e fracas, outras grandes e ainda algumas pequenas. Qual deveria ser o critério para a escolha do Sacrifício?

Primeiro a pessoa deveria examinar o animal para assegurar-se de que não possui nenhum defeito físico, pois neste caso não seria aceito para Sacrifício. E depois procurar o animal que lhe parecesse o melhor entre todos. Esta é a forma de servir a Deus. O mesmo raciocínio se aplica ao cumprirmos qualquer preceito da Torah.

Os diferentes tipos de Sacrifícios

Há cinco tipos de Sacrifícios:
- *Olah*: a oferenda que é completamente queimada.
- *Minchá*: oferenda de farinha.
- *Shelamim*: oferenda de paz.
- *Chatat*: oferenda pelo pecado.
- *Asham*: oferenda pela transgressão.

Os primeiros três tipos de Sacrifícios podem ser trazidos por um judeu por sua própria vontade como um presente a Deus. Os dois últimos tipos de Sacrifícios devem ser oferecidos por um judeu após cometer um pecado. Deus fica especialmente satisfeito com os Sacrifícios que são oferecidos livremente, não por causa de um pecado. Eis porque Ele o menciona em primeiro lugar na Torah.

O Sacrifício de Olah

Um sacrifício de animal é, sem dúvida, muito mais dispendioso que o de uma ave. Se um judeu deseja doar um sacrifício de *olah* a Deus mas não pode se dar ao luxo de comprar ou de abrir mão de um animal, pode ao invés disso doar uma das aves permitidas, um pombo ou uma rola. Deus ordenou que as aves deveriam ser queimadas sobre o altar ainda com as penas. Você alguma vez já sentiu o cheiro de penas queimadas? O odor é tão desagradável que a pessoa tem vontade de sair correndo. Então, por que Deus ordena que as aves sejam queimadas sobre o Altar desta forma?

Porque se a ave fosse oferecida sobre o Altar sem as penas, pareceria muito pequena e sem importância. Uma pessoa que traz uma ave para Sacrifício geralmente é pobre. Deus queria que o Sacrifício do homem pobre parecesse tão grande e valioso quanto possível.

Para Deus, o Sacrifício do homem pobre é tão precioso quanto à oferenda dispendiosa do homem de posses.

De fato, a Torah chama o cheiro da oferenda de ave "um odor agradável" (mesmo se for repulsivo), para demonstrar o quão feliz Deus se sente com ela. Os sábios de Israel afirmam: "Não é importante a Deus se uma pessoa é capaz de oferecer um Sacrifício caro ou barato. O que Ele deseja é que a pessoa traga o sacrifício, por amor a Deus".

Minchá: a oferenda de farinha

Deus diz: "Um judeu que é rico deveria oferecer um animal como um sacrifício de *Olah*. Aquele que não possa adquirir um animal, pode oferecer um pássaro. E se alguém é tão pobre que não possa doar um pássaro, pode no lugar deste trazer óleo e farinha ao Templo. Parte da massa feita com esses ingredientes será queimada sobre o Altar".

A oferenda de farinha era chamada *Minchá*, que significa um presente. Embora o presente do homem pobre a Deus custe muito menos que o animal ou a ave ofertados pelo homem mais rico, Deus o preza muito.

Pois Deus sabe que o homem pobre poderia ter usado aquela farinha para assar pão para si mesmo, e mesmo assim ofertou seu alimento como presente para Deus. Ele pode até mesmo passar fome por estar oferecendo sua farinha como *minchá*. Por isso, o Criador diz: "O Sacrifício *minchá* é tão precioso para Mim como se o homem pobre tivesse oferecido sua própria vida sobre o Altar".

Deus deseja que o homem pobre pense: "Embora eu não tenha dinheiro para um Sacrifício animal, mesmo assim posso ofertar um Sacrifício do tipo mais sagrado". Por isso, Deus classifica o *minchá* entre os mais sagrados Sacrifícios. Vejamos agora o quanto Deus valoriza o presente de um homem pobre, mesmo que não tenha grande valor monetário.

Uma História:

Rabi Chanina ben Dosa vivia à época do Segundo Templo. Todos seus vizinhos e amigos doavam sacrifícios freqüentemente ao Templo Sagrado. Um deles prometia: "Trarei um Sacrifício *olah* para Deus"! Outro faria um voto: "Ofertarei um Sacrifício *shelamim* a Deus "!

Rabi Chanina desejava de todo o coração oferecer um Sacrifício a Deus. Mas era totalmente desprovido de posses, pobre demais para adquirir um animal ou mesmo uma ave. E nem sequer tinha dinheiro suficiente para comprar farinha para um Sacrifício *minchá*. A pobreza na casa de Rabi Chanina era muito grande.

Certa vez, quando Rabi Chanina estava caminhando pelos arredores da cidade, percebeu uma enorme pedra. Aqui estava um presente para Deus que não custava nenhum dinheiro! Ao invés disso, ele empregaria tempo e esforço.

Rabi Chanina conseguiu ferramentas emprestadas para polir a pedra e dar-lhe polimento. Depois desenhou e pintou lindos motivos sobre ela, de forma a transformá-la numa obra de arte. A pedra daria um lindo ornamento para o Templo Sagrado.

"Prometo que levarei esta pedra a Jerusalém"!, Rabi Chanina gritou. Mas a pedra era pesada demais para que a levantasse sozinho. Olhou à sua volta procurando pessoas que se prontificassem a carregá-la até Jerusalém. Rabi Chanina encontrou quatro operários.

"Quanto cobrarão para levar esta pedra até Jerusalém"? perguntou-lhes Rabi Chanina, apontando para a pedra. "Cinqüenta shekalim," responderam.

"Cinqüenta shekalim"! Rabi Chanina balançou a cabeça. "Não tenho tanto dinheiro agora comigo".

Deus não queria que Rabi Chanina ficasse aflito por ter prometido levar a pedra a Jerusalém e agora não podia manter sua promessa. Por isso, Deus enviou cinco anjos com a aparência de trabalhadores comuns. Rabi Chanina os avistou caminhando pela estrada e lhes fez a mesma pergunta que havia feito aos primeiros cinco homens. "Carregaremos a pedra até Jerusalém," disseram, "se nos der cinco shekalim. Você também deve nos ajudar a levantá-la".

Rabi Chanina concordou. Levantou a pedra junto com os cinco homens e - milagre dos milagres - um momento depois eles todos estavam na cidade de Jerusalém! Rabi Chanina pegou cinco shekalim para pagar aos cinco homens, mas eles haviam sumido! Perplexo, Rabi Chanina levou esta pedra ornamental como uma oferenda ao Templo sagrado. Também contou aos juízes do Grande Sinédrio sobre os extraordinários fatos.

"Cremos," disseram-lhe os juízes do Sinédrio, "que aqueles não eram homens, mas anjos"! Como Rabi Chanina não desejava guardar os cinco shekalim que havia prometido pagar àqueles homens, deu-os aos sábios para que o distribuíssem para tsedacá (caridade).

Vemos por esta história que Deus valoriza um presente no qual a pessoa coloca intenção e esforço. Já que Deus tomou conhecimento do grande desejo de Rabi Chanina de Lhe dar um presente, Ele realizou milagres para ajudá-lo a levar a pedra até Jerusalém.

Por outro lado, Deus não perdoa um pecador se este limita-se a comprar um Sacrifício caro para o Altar, mas não se arrepende e refina seu comportamento. Quando alguém traz um sacrifício, Deus observa-o para ver suas verdadeiras intenções.

Deve-se colocar sal em cada Sacrifício

Se você salpicar bastante sal sobre a carne ou vegetais, serão preservados por um longo tempo. Sal nunca se estraga. Deus ordenou colocar sal sobre os sacrifícios para mostrar que os sacrifícios são um pacto permanente entre Deus e os Filhos de Israel.

Mesmo agora, quando não existe mais um Templo Sagrado e não se pode oferecer sacrifícios, Deus perdoa os pecados através do estudo sobre as leis dos sacrifícios. E quando o Terceiro Templo Sagrado for construído, novamente serão oferecidos sacrifícios.

O que se faz hoje em dia para nos lembrar do preceito de salgar os sacrifícios? Coloca-se o sal sobre a mesa quando se faz uma refeição, porque nossa mesa é semelhante a um altar.

O Midrash acrescenta outra razão para salgar os Sacrifícios. No segundo dia da criação, Deus dividiu as águas. A uma parte delas, ordenou: "Fiquem no céu"! E à outra parte ordenou: "Fiquem na terra"! As águas na terra reclamaram: "Preferimos ficar no céu, perto de Ti, Deus "!

Então Deus consolou as águas na terra: "Usarei as águas da terra para Meu serviço no Templo Sagrado. Sal retirado do mar deve ser salpicado sobre todos os sacrifícios".

Shelamim: o sacrifício de Paz (Shalom)

Até agora discutimos dois tipos de Sacrifícios: o *Olah* e o *Minchá*. Em seguida a Torah explica as leis do Sacrifício *Shelamim*: o sacrifício de paz.

Quando um judeu oferece um *Shelamim*? Quando está feliz e deseja comer carne com a família e os amigos - mas também quer tornar sua refeição sagrada ao compartilhá-la com Deus e com Seus sacerdotes. Se alguém oferece um *olah* ou um *minchá*, não tem permissão de comer nenhuma parte do Sacrifício. Então pode desejar oferecer um boi ou uma vaca, um carneiro ou uma ovelha, ou ainda uma cabra como um sacrifício - Sacrifício *Shelamim*.

Uma das razões pelas quais este Sacrifício é chamado *Shelamim* é que traz shalom (paz), a todos que estão envolvidos nele. O dono compartilhou sua felicidade com os sacerdotes, e ele e sua família consomem a maior parte.

Como é dividido por todos, faz com que todos eles vivam em paz e amizade entre si. O Midrash nos conta:

Milagres em conexão com os Sacrifícios

Os Sábios de Israel contam que havia dez milagres surpreendentes que costumavam acontecer no Templo Sagrado. Aqui estão dois deles:

A carne dos sacrifícios nem sempre era queimada ou comida prontamente. Às vezes havia tantos sacrifícios *olahs* prontos para serem queimados sobre o altar que partes dos sacrifícios esperavam sua vez sobre o altar até que fossem queimados.

O altar ficava em um pátio aberto sem telhado. Geralmente carne crua que é deixada ao ar livre, especialmente em dias quentes, começa a apodrecer. Mas isto nunca aconteceu com os Sacrifícios. Os pedaços de carne sobre o altar sempre permaneciam frescos.

A mesma coisa acontecia com os sacrifícios de paz, que o dono tinha permissão de comer dois dias após abatê-los. Uma família que pretendesse comer a carne *Shelamim* apenas no segundo dia após abater o Sacrifício não precisava se preocupar que a carne fosse se estragar. Ela sempre ficava fresca até que a comessem.

Outro milagre era a ausência de moscas na parte do pátio onde os Sacrifícios eram enxaguados após o abate. Normalmente, sangue e carne atraem moscas aos milhares. Mas a santidade de um sacrifício era tão especial que nem sequer uma única mosca jamais tocou a carne após o abate.

Uma História:

Rabi Eleazar, juntamente com outros sábios da Torah, estavam viajando para a cidade de Lud. Perceberam um judeu carregando três galhos de murta.

"O que estão fazendo com esses três galhos"? perguntaram-lhe.

"Eu os uso após o fim do Shabat," replicou o judeu. "No Shabat, cada judeu recebe de Deus uma medida extra de santidade, por causa da grandeza do Shabat. Quando o Shabat termina, ele se sente triste".

"Para alegrar meu coração, cheiro essas especiarias após o término do Shabat" (Esta é a razão pela qual se cheiram as especiarias doces, após o Shabat). "Mas por que três ramos"? perguntaram os sábios. "Para lembrar-me de Abraão, de Isaac e de Jacó," respondeu o judeu.

Quando Rabi Eleazar ouviu estas palavras, explicou: "Assim como o odor das especiarias alegram o coração de uma pessoa, assim o cheiro delicioso dos sacrifícios faz Deus feliz, e então Ele abençoa o mundo".

A Torah nos relata que Deus fica satisfeito com o odor agradável dos sacrifícios. Mas obviamente Deus não precisa do prazer de nossos sacrifícios. Então, o que Deus aprecia? O fato de poder nos abençoar quando fazemos a avodá (serviço da liturgia, da oração, do sacrifício). O Midrash nos relata:

Quais as bênçãos que vêm ao mundo por causa dos sacrifícios?

Cada tipo de planta ou animal oferecido sobre o altar traz uma bênção às plantas ou aos animais daquela espécie. Por causa das oferendas de *Minchá* e as outras oferendas de trigo trazidas ao altar, fazendeiros judeus costumavam plantar apenas um pouco de trigo e mesmo assim tinham colheitas abundantes. Porém, após o Templo Sagrado ser destruído e oferendas não mais serem trazidas ao altar, em um ano quando Deus estava desgostoso com o povo, um fazendeiro colheria ainda menos do que havia plantado.

As azeitonas e uvas eram de tamanho gigante, porque azeite e vinho eram usados no Templo. Enquanto o Templo existia, os animais nas fazendas costumavam aumentar por causa dos sacrifícios diários de animais oferecidos no altar. Quando os sacrifícios cessaram, os animais não mais se reproduziram da mesma forma, com a mesma velocidade. Quando o Messias vier e Deus reestabelecer o Templo Sagrado, todas estas bênçãos retornarão ao mundo mais uma vez.

Correspondência bíblica

Sacrifícios:

Gn 22,10: "Depois estendeu a mão e tomou a faca a fim de matar o filho para o sacrifício".

Gn 46,1: "Israel partiu com tudo o que tinha. Ao chegar a Bersabéia, ofereceu sacrifícios ao Deus de seu pai Isaac".

Ex 5,3: "Eles disseram: O Deus dos hebreus veio ao nosso encontro. Deixa-nos ir a três dias de caminho no deserto, para oferecermos sacrifícios ao SENHOR nosso Deus. Do contrário, a peste a espada nos atingirão".

Lv 7,1: "Esta é a lei do sacrifício de reparação. É coisa santíssima".

Nm 6,11: "O sacerdote oferecerá um pombo em sacrifício pelo pecado e outro em holocausto, e fará a expiação do pecado por causa do morto. No mesmo dia o sacerdote lhe consagrará outra vez a cabeça".

Dt 12,6: "Para lá levareis os holocaustos e sacrifícios, vossos dízimos, vossas contribuições pessoais, votos e ofertas espontâneas bem como os primogênitos das vacas e das ovelhas".

Jz 21,4: "No dia seguinte o povo levantou-se bem cedo, construiu ali um altar e ofereceu holocaustos e sacrifícios pacíficos".

1Sm 1,3: "Todos os anos Elcana subia da sua cidade para adorar e oferecer sacrifícios ao SENHOR dos exércitos em Silo. Lá eram sacerdotes do SENHOR os dois filhos de Eli, Hofni e Finéias".

2Sm 6,18: "Assim que terminou de oferecer os holocaustos e sacrifícios de comunhão, Davi abençoou o povo em nome do SENHOR dos exércitos".

1Rs 8,63: "Salomão ofereceu vítimas para o sacrifício de comunhão e as imolou para o SENHOR: vinte e dois mil bois e cento e vinte mil ovelhas. E o rei e todos os israelitas realizaram a dedicação do Templo ao SENHOR".

2Rs 17,35-36: "Contudo, o SENHOR tinha firmado com eles uma Aliança e lhes tinha ordenado: 'Não venerareis deuses estrangeiros e não os adorareis, nem os servireis, nem lhes ofereceis sacrifícios, mas venerai e adorai ao SENHOR, que vos fez sair da terra do Egito com grande poder e com braço estendido; a Ele oferecereis sacrifícios".

1Cr 23,29: "Eles cuidarão dos pães da apresentação, da flor da farinha para o sacrifício, dos pães ázimos, do que é cozido ou frito, bem como das medidas de capacidade e de tamanho".

2Cr 28,23: "Ofereceu sacrifícios aos deuses de Damasco que o tinham vencido, pois assim pensava: "São os deuses dos reis de Aram que os ajudaram. Vou oferecer sacrifícios a eles para que me ajudem", mas eles se tornaram causa de ruína para ele e para todo o Israel".

Esd 6,3: "No seu primeiro ano de reinado, Ciro deu uma ordem a respeito da Casa de Deus em Jerusalém. O Templo seja reconstruído como lugar em que se imolam sacrifícios e se queimam oferendas. Sua altura será de sessenta côvados e a largura igualmente".

Ne 12, 43: "Naquele dia foram oferecidos grandes sacrifícios, no meio de muita alegria, pois Deus mesmo lhes dera motivo para imensa alegria".

1Mc 1,45: "ficavam proibidos os holocaustos e sacrifícios e expiações no Templo de Deus, e deviam profanar os sábados e as festas".

Sl 4,6: "Oferecei sacrifícios legítimos e tende confiança no SENHOR".

Sl 50, 23: "Quem me oferece o sacrifício de louvor, me honra, e a quem caminha retamente farei experimentar a salvação de Deus".

Pr 21,3: "Praticar a misericórdia e o direito é mais agradável ao SENHOR do que os sacrifícios".

Ecl 4,17: "Observa teus passos ao entrares na Casa de Deus, pois é melhor aproximar-te para ouvir, do que estar com os insensatos quando oferecem sacrifícios".

Eclo 34,24: "Quem oferece um sacrifício com os bens dos pobres, é como quem imola um filho na presença do pai".

Eclo 35,2: "Sacrifício salutar é cumprir os preceitos".

Is 43,24: "Tu não me compraste com aromas como se fosse dinheiro, nem me saciaste com as carnes gordas dos sacrifícios. Tu, sim, me afadigaste com teus pecados, e me incomodaste com tuas culpas".

Jr 14,12: "Podem até jejuar, que não hei de atender-lhes o pedido. Mesmo que ofereçam holocaustos e sacrifícios, não me deixarei agradar. É com a espada, com a fome e peste que acabo com eles".

Jr 33,11: "aí novamente se ouvirá o som da música, o rumor da alegria, o sussurro dos namorados, e também a voz dos que levam o sacrifício de louvor ao Templo do SENHOR cantando: 'Louvai o SENHOR dos exércitos, porque o SENHOR é bom, eterno é seu amor'. Sim! Mudarei a sorte deste país, assim como era antes, diz o SENHOR".

Os 6,6: "Eu quero amor e não sacrifícios, conhecimento de Deus e não holocaustos".

Ml 1,12.13: "Trazeis para o sacrifício um animal roubado, estropiado ou doente, e quereis que eu o receba de vossas mãos? – diz o SENHOR dos exércitos. Maldito o trapaceiro que, tendo um touro em seu rebanho, oferece-me em sacrifício um animal defeituoso"!

Mt 9, 3: "Ide, pois, aprender o que significa: 'Misericórdia eu quero, não sacrifícios'. De fato, não é a justos que vim chamar, mas pecadores".

Mc 12,33: "Amar a Deus de todo o coração, com toda a mente e com toda a força, e amar o próximo como a si mesmo, isto supera todos os holocaustos e sacrifícios".

Lc 2,24: "Para tanto, deviam oferecer em sacrifício um par de rolas ou dois pombinhos, como está escrito na Lei do SENHOR".

Rm 12,1: "Eu vos exorto, irmãos, pela misericórdia de Deus, a vos oferecerdes em sacrifício vivo, santo e agradável a Deus: este é o vosso verdadeiro culto".

Ef 5,2: "Vivei no amor, como Cristo também nos amou e se entregou a Deus por nós como oferenda e sacrifício de suave odor".

Fl 2,17: "E mesmo que meu sangue seja derramado sobre o sacrifício que é o serviço da vossa fé, eu me alegro e reparto minha alegria convosco".

Hb 10,12: "Cristo, ao contrário, depois de ter oferecido um sacrifício único pelos pecados, sentou-se para sempre à direita de Deus".

Hb 13,16: "Não vos esqueçais da prática do bem e da partilha, pois estes são os sacrifícios que agradam a Deus".

1Pd 2,5: "Do mesmo modo, também vós, como pedras vivas, formai um edifício espiritual, um sacerdócio santo, a fim de oferecerdes sacrifícios espirituais, agradáveis a Deus, por Jesus Cristo".

28 – Lv 6,1 – 8,36: TSAV - צו
Jr 7,21 – 8,3; 9,22-23

As primeiras porções da Palavra de Deus no Livro do Levítico (*Vayicrá*) falam sobre as oferendas feitas na Tenda do Encontro ou Tabernáculo (*Mishcan*) e depois no Primeiro e no Segundo Templos (*Beit Hamicdash*).

Neste trecho do Livro do Levítico estudaremos sobre a oferta do Sacrifício *Todá* (sacrifício de gratidão), este não era trazido para perdoar alguém ou pedir perdão. E também nos é contado sobre a Luz Permanente (*Ner Tamid*).

- A oferta de gratidão podia ser apresentada diante do Todo-Poderoso em quatro circunstâncias especiais. Segundo os sábios de Israel está escrito no Talmud que quatro são as pessoas que precisam agradecer:
  1) Quem esteve navegando em alto-mar.
  2) Quem esteve no deserto.
  3) Quem esteve doente e encontra-se com saúde novamente.
  4) Quem esteve preso e foi libertado.
- Portanto existem sempre motivos para agradecer ao Eterno Deus pela Sua Bondade e por Suas maravilhas para com todos os seus filhos e filhas.
- Interessante era a orientação que dizia na época que esse sacrifício deveria ser consumido no dia em que foi oferecido até o meio da noite, ou seja, era preciso convidar os parentes e amigos para se alegrarem junto com ele, por causa da bondade que o Senhor Deus lhe concedeu.
- Nessa ocasião ele contava as dificuldades pelas quais passou e convidava também ao mesmo tempo para que os convidados se alegrassem com ele.
- Isso sempre é necessário em nossa vida para não esquecermos com o passar do tempo, os benefícios que Deus nos concedeu e os milagres que Deus realiza em nossas vidas.
- A Torah, a Bíblia, nos ensinam que isso é importante, mais do que buscar os motivos e explicações naturais de como saímos das dificuldades em que estávamos.
- A Bíblia quer nos educar para que a bondade do Criador e a nossa gratidão fiquem sempre firmes em nossas vidas. E para que lembremos o que nos diz o Salmo 100,2: Servi ao SENHOR com alegria!

- Da mesma forma como uma criança sorridente, do mesmo modo como uma criança sabe que deve recorrer aos seus pais para ser prontamente atendida, assim também o povo de Israel e o rebanho do qual Ele, Deus, é o Pastor, sabe que Ele haverá de ajudar em suas necessidades. É sempre uma alegria e júbilo quando os filhos servem a Deus também com satisfação e alegria.
- Quanto ao segundo tema sobre a Luz Permanente (*Ner Tamid*) trata-se de uma lâmpada contínua. Normalmente traduzido como "chama eterna". Um candelabro ou uma lâmpada perto da Arca (onde hoje são guardados os rolos escritos da Torah na sinagoga). Essa luz simboliza a Menorá no Templo.
- Está escrito no Livro dos Provérbios que o espírito do homem é uma luz do SENHOR (Pr 20,27).
- Estas sete lâmpadas da Menorá sempre acesas podem também nos lembrar sete grandes homens da Bíblia, e de como eles serviram ao Eterno Deus. Em outras palavras, cada um dos Pastores abriu um caminho espiritual através do qual podemos conhecer Deus e com Ele nos relacionar.
- Algumas pessoas são como Abraão: amam a Deus e a seus semelhantes de forma praticamente incondicional.
- Outros, como Isaac, levam uma vida de rigor e disciplina e servem a Deus com temor e reverência.
- Alguns, como Jacó, conseguem mesclar essas duas formas de se relacionar com o Criador e com as pessoas.
- Há ainda pessoas, como Moisés, que zelam pela Lei Divina e buscam a vitória e a realização de feitos eternos.
- Outros, como Aarão, são humildes e desprovidos de ego, fomentam a paz entre os homens e se submetem aos desejos do Eterno.
- Outros são como José, costumam ser justos por natureza e trabalham para canalizar e disseminar a riqueza material e espiritual pelo mundo.
- Finalmente, há pessoas que são líderes por natureza. Como o Rei David, personificam a realeza e a liderança; costumam ser comunicadores talentosos, homens e mulheres de grandes feitos, que empregam seus talentos e habilidades para liderar os outros no serviço a Deus.
- **A Torah, a Bíblia como Luz para nossa vida:** a palavra hebraica "ner", traduzida como vela, é de origem bíblica. Denota o tipo de lâmpada usada na antiguidade: um receptáculo contendo azeite e um pavio. Traça-se um paralelo entre a alma humana e a preceito a ser realizado. Ao mesmo

tempo, está escrito que a Torah é luz, o que significa que, apesar de suas semelhanças, há uma distinção entre a Torah e seus mandamentos. Uma das diferenças mais significativas é que a Torah, sendo a luz do mundo, é permanente, enquanto que um preceito é temporário.

- De fato, pode-se apagar uma lâmpada, mas não a própria luz. Um judeu pode "acender" ou não com sua ação um preceito; é dado a ele o livre arbítrio de cumprir ou não os mandamentos Divinos. Mas a existência da Torah não depende de ninguém, a não ser de Deus.
- O homem pode se esconder da Torah, da Bíblia, da mesma forma como pode baixar as persianas para impedir que a luz do sol entre em seu lar. Mas a Palavra de Deus, como o sol, não pára de brilhar.
- O Talmud chama a Torah de *Oraita*, ou Luz, em aramaico. A Torah é a própria Luz. Já o preceito quando realizado oferece essa Luz de forma específica a um indivíduo que a está cumprindo. O cumprimento de um mandamento Divino é, portanto, a forma de refletir a Luz de Deus na realidade física deste mundo.
- Quando um número suficiente de velas de Deus forem acesas e quando estas acenderem outras velas, a escuridão do mundo será banida e isto trará uma nova era, o Mundo Vindouro, que é chamado de "o dia em que tudo será luz" (Midrash, Provérbios, 1).

TSAV – Seleções de Midrash a partir do texto bíblico: Lv 6,1 – 8,36

EXPLICAÇÕES SOBRE OS SACRIFÍCIOS

A Parashá Vayicrá da semana passada nos ensinou sobre os tipos de Sacrifícios. São eles: *oláh, minchá, shelamim, chatat e asham*. A parashá Tsav nos relata mais detalhes sobre estes cinco sacrifícios. Por exemplo, sabemos que os sacrifícios oláh devem ser abatidos apenas durante o dia. Deus ensinou a Moisés:

"Se um sacrifício oláh foi abatido durante o dia, os sacerdotes podem continuar queimando-o durante toda a noite".

Da mesma forma, a gordura de outros Sacrifícios podia ser queimada noite afora. Dessas leis vemos que alguns sacerdotes estavam de plantão no Templo durante toda a noite. E outros sacerdotes teriam que começar a avodá (serviço) ao romper do dia. Apesar das longas horas, os sacerdotes estavam sempre prontos e ansiosos para cumprir o serviço junto ao Templo.

Os sacerdotes recebem o preceito de recolher as cinzas do altar todos os dias

Deus ordenou a Moisés: "É um preceito para o sacerdote ir toda manhã ao altar e retirar as cinzas dos Sacrifícios queimados com uma pá. Deve colocar as cinzas no chão próximo à rampa do altar, sempre no mesmo local".

Os sábios de Israel contam que ocorria um milagre com as cinzas, depois que o sacerdote as colocava no chão. O solo as engolia, e não ficava nenhum traço delas no local. Este milagre era um sinal de Deus que ele estava satisfeito com o serviço realizado e lembraria sempre o mérito dos Sacrifícios queimados.

Por que Deus ordenou que as cinzas fossem retiradas do altar todos os dias? Você poderá pensar que o objetivo deste preceito era o de limpar o altar das cinzas. Talvez fosse esta a razão, mas na verdade retirar uma pá repleta de cinzas não limpava realmente o altar. (Na verdade, o altar era completamente limpo de tempos em tempos. Sempre que a pilha de cinzas ficava muito alta, um sacerdote levava a pilha toda para um lugar especial fora de Jerusalém).

Mas afinal, qual era o propósito do preceito diário de tirar uma pá cheia de cinzas do altar? Não sabemos o que Deus tinha em mente quando deu este preceito. Apesar disso, podemos aprender um conceito importante:

Um sacerdote devia se sentir orgulhoso por ser uma pessoa especial. De todos os judeus, apenas os sacerdotes foram escolhidos por Deus para fazer o serviço. E apenas eles vestiam lindas vestes que eram vedadas ao judeu comum.

Esse preceito ensinava os sacerdotes a serem humildes. A primeira avodá que tinham que fazer pela manhã era retirar cinzas do altar e colocá-las no chão. Um sacerdote poderia ter pensado que este não era um trabalho apropriado e digno para ele. Poderia ter preferido ordenar a um não-sacerdote para fazer este "trabalho insignificante".

Mas Deus ordenou que somente um sacerdote o fizesse e que ao fazê-lo estivesse vestido com suas roupas especiais. O preceito também ensinava ao sacerdote que ele era simplesmente um servo de Deus e que é a Ele que devemos todos servir e honrar.

O preceito de retirar as cinzas pelos sacerdotes

Quem dentre os sacerdotes recebia o preceito de retirar as cinzas do altar? Primeiramente, qualquer sacerdote de plantão no Templo naquela manhã poderia decidir que queria cumprir esse preceito. Quem primeiro começasse, recebia o preceito.

Se vários sacerdotes desejassem cumprir o preceito, correriam pela rampa do Altar. Aquele que atingisse primeiro o topo da rampa, tinha o direito de cumprir o preceito. Certa vez, entretanto, um triste incidente ocorreu. Dois sacerdotes chegaram ao topo ao mesmo tempo.

Um deles estava tão ansioso para conseguir o preceito que empurrou o outro sacerdote para fora da rampa. O homem rolou para baixo e quebrou a perna. Os juízes do Sinédrio perceberam que as regras teriam de ser mudadas. Decidiram: "Como os sacerdotes amam até mesmo esse aparentemente humilde serviço a ponto de competirem por ela, de agora em diante deverá ser compartilhada da mesma maneira que os outros serviços do Templo: por sorteio". O "sorteio" no Templo era feito de maneira especial:

Os sacerdotes formavam um círculo. Cada sacerdote levantava um dedo, e o sacerdote encarregado do sorteio pegava certo número, por exemplo, trinta e sete. Então ele começava a contar os dedos levantados, começando de qualquer ponto do círculo e seguindo em volta. O sacerdote cuja contagem o atingia no número "trinta e sete" era o escolhido para o serviço. O sacerdote escolhido enchia a pá com cinzas e depositava as cinzas no lado da rampa.

Um fogo, uma chama deve sempre arder no altar

Deus ordenou: "O fogo no Altar nunca deve se apagar. Os sacerdotes devem providenciar para que arda dia e noite, mesmo quando não houver sacrifício no altar". O fogo sobre o altar era mantido sempre aceso, mesmo no Shabat e até mesmo enquanto os filhos de Israel estavam viajando pelo deserto.

Mesmo em épocas perigosas os judeus abasteciam o altar

Antes que o Segundo Templo fosse destruído, os romanos governavam na Terra de Israel e emitiram muitos decretos perversos contra os judeus. Um dos decretos era: "Nenhuma madeira poderá ser trazida ao Templo para manter aceso o fogo sobre o altar".

Para ter certeza de que nenhum judeu traria madeira ao Templo, os Romanos montaram guarda em todas as estradas que conduziam à Jerusalém.

Os guardas abriam cada pacote levado pelos viajantes. Parecia impossível contrabandear madeira para o Templo. Mas os judeus não esmoreciam quando se tratava de manter a Torah e os preceitos da Palavra de Deus, mesmo em face do perigo. Eles não permitiriam que os romanos extinguissem o serviço do sacrifício.

Uma família temente a Deus teve uma idéia. Juntaram madeira bonita, livre de insetos e as pregaram formando escadas. Puseram as escadas nos ombros e marcharam rapidamente pela principal estrada até Jerusalém.

"Pare!" - disseram os guardas. "Para que são estas escadas?"

"Estamos a caminho de nossa casa de pássaros que está no alto de uma árvore. Precisamos da escada para subir até nossos pássaros".

Os guardas não suspeitaram de nada, e deixaram o grupo passar. Assim que os judeus chegaram ao Templo, separaram os pedaços das escadas e deram a madeira aos sacerdotes para que a pusessem sobre o altar. Os sábios louvaram esta família corajosa. Ficaram conhecidos como "a família da escada".

Sacrifícios de Chatat

Um judeu que cometia certos pecados era obrigado a trazer um sacrifício chamado *Chatat*. Agora, Deus acrescentou o seguinte: "Um *chatat* é abatido no lado norte do altar, no mesmo lugar do sacrifício *oláh*". Por que no mesmo local do sacrifício *oláh*?

Desta maneira Deus salva um pecador do constrangimento. Se alguém viu seu amigo oferecer um sacrifício, não saberia se o amigo estava oferecendo um *chatat* por um pecado ou um *oláh*, que é um sacrifício voluntário. E assim o pecador não se sentiria constrangido por ter trazido um sacrifício por um pecado, porque aqueles que o viam não saberiam que tipo de sacrifício estava trazendo.

Shelamim – oferecido para agradecer a Deus por um milagre

Na Parashá Vayicrá, a Torah explicou que se um judeu deseja oferecer um sacrifício *Shelamim*, uma oferenda que expressa sua felicidade para Deus, pode fazê-lo. Partes do *Shelamim* são comidas trazidas pelo ofertante e sua família.

Esta Parashá acrescenta que se alguém está numa situação perigosa e Deus milagrosamente o salvou, deve oferecer um sacrifício de *Shelamim* para agradecer a Deus. Como alguém oferece um sacrifício deste tipo?

O judeu oferecendo o sacrifício deve trazer 40 pães ao Templo juntamente com seu animal. O proprietário deve comer a carne e 36 dos pães no dia em que o sacrifício é oferecido, ou durante a noite seguinte. É claro que ele e a família não podem comer 36 pães neste curto espaço de tempo. O que fazer então? Convida os parentes e amigos a uma refeição de agradecimento, para ajudá-lo a comer tudo.

Isto é exatamente o que Deus deseja que ele faça! Eis porque Ele ordenou que o proprietário oferecesse tantos pães! Pois durante a refeição, é claro que perguntarão ao dono: "Por que trouxe este sacrifício ao Templo?"

Ele começará a contar a história, com palavras como estas: "Na semana passada eu atravessei um deserto assustador e solitário. De repente, um lobo começou a uivar perto de mim. Juntaram-se a ele, uma enorme matilha de lobos famintos, e começaram a perseguir-me... não fosse pela grande bondade de Deus, eu não estaria vivo para contar essa história".

Os ouvintes então se conscientizam da grande bondade e misericórdia de Deus. Começariam a louvá-Lo pelos grandiosos milagres que Ele faz por seus filhos. Este é o objetivo de trazer o sacrifício de gratidão; faz com que o dono e todos aqueles que tomam parte na refeição reflitam no quanto Deus cuida de seus filhos e O louvem por isso.

Deus proíbe ingerir sangue e gordura

A porção semanal da Palavra fala sobre as leis que se aplicam não apenas ao tempo do Templo, mas nos dias de hoje também. Deus ordenou a Moisés: "Vocês não devem ingerir sangue"!

Antes do judeu comer um pedaço de carne ou frango, deve assegurar-se que provém de um animal ou ave casher. Mas isto não é o suficiente.

Precisa ser ainda abatido, da maneira que Deus ordenou a Moisés, e posteriormente não pode ser ingerido até que seu sangue seja todo removido. Como o sangue é removido da carne ou da frango?

A carne (ou frango) é mergulhada em água fria por meia-hora. Então é cuidadosamente salgada em todos os lados. O sal suga todo o sangue para fora. A carne é deixada com o sal por aproximadamente uma hora numa posição que permita ao sangue escoar, como numa tábua inclinada. A carne é então enxaguada podendo agora ser preparada para consumo. Todo o sangue que ainda permaneça na carne após ter sido imersa e salgada desta maneira pode ser consumido.

No caso de carne de boi, ovelha ou cabra, a Torah ordena mais uma lei: certas partes gordas devem ser removidas antes que possamos comer a carne. As partes gordas proibidas são chamadas de *chelev*.

O que aconteceu durante os dias de dedicação do Tabernáculo

Deus ordenou: "Antes que o serviço de Deus possa ter início no recém-construído Tabernáculo, ele deve ser dedicado por oito dias". Durante estes oito dias, Moisés ofereceu Sacrifícios especiais para dedicar o Tabernáculo e a cada dia ele preparava os sacerdotes para o serviço.

Deus disse a Moisés: "Reúna todos os homens no pátio do Tabernáculo. Quero que eles vejam como os sacerdotes estão se dedicando ao seu serviço". Havia duas razões pelas quais Deus queria que todos os judeus vissem como Moisés preparava os sacerdotes para suas funções sagradas:
1. Deus queria que todo o povo percebesse que os sacerdotes são especiais. O povo então honraria os sacerdotes.
2. Deus queria que cada judeu soubesse claramente que fora Deus quem escolhera Aarão e seus filhos para servir na Tenda do Encontro. Desta forma, ninguém jamais pensaria que Moisés, tinha com suas próprias mãos, escolhido seu irmão Aarão e seus filhos para esta elevada posição (Assim mesmo, Koré argumentou mais tarde que Aarão não tinha sido escolhido por Deus).

Deus realizou um milagre especial, para que cada judeu pudesse ver com seus próprios olhos o que era feito a Aarão e aos outros sacerdotes.

Deus fez com que o pátio do Tabernáculo acomodasse 600.000 homens. Obviamente o pátio era muito menor para que um número tão grande de pessoas coubessem nele. Entretanto, seu tamanho milagrosamente abrigou a todos eles.

Deus pode acomodar pessoas num espaço pequeno

Deus ordenou a Moisés: "Reúna todos os judeus"! "Onde?" - perguntou Moisés. "No pátio da Tenda do Encontro"! - respondeu Deus.

"Mas há 600.000 homens com mais de vinte anos e outros 600.000 rapazes mais jovens", respondeu Moisés. "Não cabem todos lá". "Não se preocupe com isso," Deus respondeu a Moisés. "Posso acomodar a todos".

Similarmente, quando Deus desceu ao Monte Sinai na Outorga da Torah para falar com o Povo de Israel, tinha com Ele 22.000 carruagens de anjos. Muito embora o Monte Sinai fosse pequeno para acomodar a todos, Deus realizou um milagre e todos couberam na montanha.

Novamente, no futuro, Deus realizará um milagre similar. Ele reviverá todos os justos que viveram desde os tempos de Adão e os trará para a Terra de Israel. Mas, onde ficarão tantas pessoas? Deus expandirá a terra, de forma que todos tenham espaço suficiente!

Todos os judeus assistiram enquanto Moisés preparava Aarão para seu novo trabalho como Sumo Sacerdote da seguinte maneira: Aarão imergiu em um tanque reservado para a purificação (*Micvê*). Então Moisés trouxe Aarão ao lavabo e lavou-lhe as mãos e os pés. O povo viu como Moisés vestiu Aarão em esplêndidas vestimentas: a saia longa, o cinto, o casaco, o avental e seu cinturão. Moisés fechou o peitoral sobre o avental, colocou o turbante de Aarão e fixou-lhe o *tsits*, a faixa sagrada, na sua testa.

Finalmente, Moisés trouxe o óleo para unção. Passou um pouco sobre o Tabernáculo e os utensílios para torná-los sagrados. Também o borrifou sete vezes sobre o grande altar no pátio. Então derramou um pouco do óleo sobre a cabeça de Aarão. Depois disso, Moisés lavou e vestiu os filhos de Aarão perante todo o povo.

Em cada um dos sete primeiros dias de dedicação, Moisés deveria arrumar o Tabernáculo e desmontá-lo novamente. E a cada dia ele oferecia os Sacrifícios especiais que Deus havia ordenado para consagrar a Tenda do Encontro. Todos os judeus esperaram em suspense pelo oitavo dia de dedicação.

Correspondência bíblica

Fogo:

Gn 15,17: "Quando o sol se pôs e a escuridão chegou, apareceu um braseiro fumegante e uma tocha de fogo, que passaram por entre as partes dos animais esquartejados".

Gn 22,6: "Abraão tomou a lenha para o Holocausto e a pôs às costas do seu enquanto ele levava o fogo e a faca. Os dois continuaram caminhando juntos".

Ex 3,2: "Apareceu-lhe o anjo do SENHOR numa chama de fogo, no meio de uma sarça. Moisés notou que a sarça estava em chamas, mas não se consumia".

Nm 9,15: "No dia da inauguração da morada, a nuvem cobriu a morada, isto é, a Tenda da Aliança. Permanecia sobre a morada desde a tarde até a manhã seguinte, sob a aparência de fogo".

Dt 4,24: "Pois o SENHOR vosso Deus é fogo abrasador, é um Deus ciumento".

Jz 6,21: "O anjo do SENHOR estendeu a ponta da vara que tinha na mão e tocou na carne e nos pães ázimos. Então subiu um fogo da pedra e consumiu a carne e os pães. E o anjo do SENHOR desapareceu da sua vista".

2Sm 6,18: "Deus, seu caminho é sem mácula, a Palavra do SENHOR é provada no fogo; ele é o escudo de quem nele confia".

1Cr 21,26: "Davi construiu para o SENHOR um altar, ofereceu holocaustos e sacrifícios de comunhão e invocou o SENHOR. E o SENHOR respondeu, enviando fogo do céu sobre o altar dos holocaustos".

2Cr 7,1: "Quando Salomão terminou a oração, desceu do céu o fogo que devorou o holocausto e os sacrifícios, e a glória do SENHOR encheu o Templo".

2Cr 7,3: "Todos os israelitas, à vista do fogo descendo e da glória do SENHOR sobre o Templo, ajoelharam-se, com o rosto em terra, sobre o pavimento, adorando e louvando o SENHOR: 'Sim, Ele é bom, eterno é seu amor'".

1Mc 4,50: "Acenderam o fogo sobre o altar, bem como as lâmpadas do candelabro, para que iluminassem o Templo".

Sl 29,7: "A voz do SENHOR espalha chamas de fogo".

Sl 78,14: "Guiou-os de dia com a nuvem, e de noite pelo clarão do fogo".

Eclo 48,1: "O Profeta Elias surgiu como o fogo, e sua palavra queimava como a rocha".

Is 66,15: "Eis que o SENHOR vem com o fogo, seus carros parecem tempestade, vem desabafar o calor de seu ódio, e sede de vingança com chama de fogo".

Jr 4,4: "Circuncidai-vos para o SENHOR, retirai o prepúcio do coração, senhores de Judá, cidadãos de Jerusalém, para que, por causa dos vossos crimes, minha ira não venha como fogo, a provocar incêndio que ninguém possa apagar".

Jr 23,29: "Será que minha Palavra não é como fogo – oráculo do SENHOR –, ou marreta de quebrar pedras?"

Dn 7,9: "Eu continuava olhando: tronos foram instalados e um ancião se assentou, vestido de branco igual à neve, cabelos claros como a lã. Seu trono era uma labareda de fogo com rodas de fogo em brasa".

Mt 3,11: "Eu vos batizo com água, para a conversão. Mas aquele que vem depois de mim é mais forte do que eu. Eu não sou digno nem de levar suas sandálias. Ele vos batizará com o Espírito Santo e com fogo".

Lc 12,49: "Fogo eu vim lançar sobre a terra, e como gostaria que já estivesse aceso"!

At 2,3: "Então apareceram línguas como de fogo que se repartiram e pousaram sobre cada um deles".

At 28,3.5: "Paulo entretanto saiu para recolher uma braçada de gravetos a fim de os lançar no fogo. Por causa do calor, saiu uma víbora que se enrolou na sua mão. Paulo, porém, sacudiu a cobra dentro do fogo, sem sofrer nenhum mal".

1Cor 3,13: "a obra de cada um acabará sendo conhecida: o Dia a manifestará, pois ele se revela pelo fogo e o fogo mostrará a qualidade da obra de cada um".

Hb 12,29: "Pois o nosso Deus é um fogo devorador".

Ap 1,14: "Sua cabeça e seus cabelos eram brancos como lã alvejada, igual à neve, e seus olhos eram como chama de fogo".

Ap 4,5: "Do trono saíam relâmpagos, vozes e trovões. Diante do trono estavam acesas sete lâmpadas de fogo, que são os sete espíritos de Deus".

Ap 20,14.15: "A Morte e a morada dos mortos foram então atirados no lago de fogo. Esta é a segunda morte: o lago de fogo. Quem não tinha o seu nome inscrito no livro da vida, foi também atirado no lago de fogo".

29 – Êxodo 12,1-20 e 13,8:
PESSACH – PÁSCOA – פסח
Js 5,2-6,1

PESSACH – A FESTA DA LIBERDADE

Deus ordenou que a Primeira Páscoa fosse comemorada solenemente (cf. Ex 12,1-28): o povo teria que sacrificar um cordeiro e comê-lo com pão ázimo e ervas amargas (uma lembrança da saída precipitada do Egito, em que não houve tempo para fermentar o pão), tudo isso em agradecimento pela Liberdade, que era um dom de Deus.

Aos poucos essa celebração foi se tornando de grande importância e aumentando o significado do acontecimento realizado por Deus ao seu povo: a Páscoa não somente considerada como ação de graças pela bondade de Deus no passado, mas também profecia do futuro.

Assim como Deus tinha livrado o povo do cativeiro, assim também Ele continuará agindo na história da Salvação, preparando o terreno da História para a chegada do Messias.

Os atos de Deus na história são sempre a garantia do cumprimento das promessas messiânicas para o futuro.

Elementos importantes no SEDER Judaico da Páscoa:

Hagadá, relato da Libertação do Egito – narrada triunfantemente no livro do Êxodo. *Hagadá* significa "narrativa". Deus mesmo ordenou que essa história fosse conservada viva entre nós.

Cordeiro, sacrificado no Templo. Todo o seu sangue era derramado, a Torah determinava que nenhum de seus ossos fosse quebrado (Ex 12,46, citado em Jo 19,33-36).

O cordeiro era assado num espeto de romãzeira, em forma de cruz, e relembrava aos judeus o cordeiro cujo sangue salvara seus antepassados no tempo do primeiro Êxodo.

Matzá, no plural *Matzot* – o Pão ázimo, também chamado "pão do tormento", porque feito somente de farinha e água. Representava o pão feito pelos judeus durante sua partida apressada do Egito, quando não houve tempo para esperar levedar a massa. A divisão de uma grande matzá entre todos os que estavam à mesa, por duas vezes na Ceia Pascal, era expressão de união.

Maror - Ervas amargas – embebidas em vinagre e sal faziam memória da amargura da escravidão e o sofrimento do Egito.

Harosset – uma mistura de cor vermelha, de maçãs e nozes picadas, canela e vinho, relembrava a argamassa usada pelos judeus na construção dos palácios e pirâmides no Egito, durante os períodos de trabalhos forçados.

Vinho – assim como o pão ázimo repartido, o vinho, retirado de uma vasilha ou bebido de uma taça comum, expressava a unidade do povo, todos os filhos de Abraão e co-herdeiros da Promessa.

Quatro cálices são bebidos durante a refeição porque o livro do Êxodo (6,6-7) registra quatro verbos diferentes, todos proferidos por Deus quando enviou Moisés para libertar o seu povo, são eles:

Eu vos retirarei (do Egito): é o 1° cálice, "da santificação";

Eu vos libertarei: é o 2° cálice, "da Redenção",

Eu vos resgatarei: é o 3° cálice, "da Bênção";

Eu vos receberei (por meu povo): é o 4° cálice, "da Aceitação".

- **As bênçãos dos alimentos** na verdade são expressões da ação de graças a Deus por seus dons e do reconhecimento de que tudo vem do SENHOR e a Ele deve ser reconduzido.
- **Hallel** - Os Salmos (Sl 113-118, ou pela tradução da Bíblia *"Vulgata"*: 112-117) eram cantados como ação de graças e louvor a Deus, pela libertação conseguida.
- **Atualmente inclui-se no prato do SEDER o OVO cozido**, em memória da destruição do Templo (mas é um elemento posterior à época de Jesus).
- Compreender uma visão profunda das perguntas sobre o porquê dessa noite de páscoa ser diferente das outras noites pode nos ajudar a celebrar melhor a Páscoa hoje.
- Na noite de Seder de *Pêssach*, as crianças recitam um trecho da *Hagadá* conhecido como "As Quatro Perguntas" – *o Má Nishtaná*. Aparentemente o trecho é simples.
- Mas quando nos aprofundamos, vemos que as perguntas contêm os fundamentos por meio dos quais o Povo de Israel adquiriu e continua adquirindo a sua Liberdade.
- Trata-se não só da liberdade física (não somos mais escravos do faraó), mas também da liberdade espiritual – como dizem os sábios de Israel: O verdadeiro homem livre é aquele que se dedica ao estudo da Bíblia.

- O estudo da Torah, das Sagradas Escrituras é o remédio para nos libertar dos maus instintos que nos dominam e nos tornam escravos das coisas materiais, que acabam nos impedindo de uma maior aproximação com o Todo-Poderoso Deus, com sua Torah e seus preceitos.
- Na primeira pergunta: "por que todas as noites não mergulhamos sequer uma vez e nesta noite mergulhamos duas vezes?" (o Karpas na água com sal e o Maror no Charosset) – o termo usado é o mesmo mergulhar na imersão no Micvê – tanque para purificação dos pecados.
- Alguém que estiver em estado de impureza, somente se purifica após fazer esse mergulho no tanque de purificação. Para alcançar a liberdade deve-se fazer duas imersões: a primeira para libertar-se da impureza e a segunda para atingir a pureza.
- Na segunda pergunta menciona-se: "por que todas as noites comemos *chamets ou matsá* e neste noite somente matsá"?
- O *chamets* (fermento) por ser uma comida fermentada e inflada, representa o orgulho e *matsá*, por não ter tido a possibilidade de crescer, simboliza a humildade. Esta é uma das qualidades mais louvadas e enaltecidas na Bíblia e pelos sábios de Israel.
- O grande Moisés foi louvado pelo Todo-Poderoso como o homem mais humilde da face da terra (cf. Nm 12,3).
- A humildade é também uma das condições fundamentais para a liberdade no seu sentido mais amplo, porque na maioria das vezes nosso orgulho impede nossa liberdade. Para nos libertamos do orgulho que escraviza, somente a humildade.
- Na terceira pergunta se fala: "por que todas as noites comemos todos os tipos de verduras e nesta noite somente **maror**"?
- As outras verduras representam outros desejos materiais que podem impedir a prática da Palavra de Deus. As ervas amargas nos lembram de que as aquisições espirituais exigem empenho. A Torah e a Terra de Israel são adquiridas com dificuldades. Trava-se uma árdua batalha com o nosso mau instinto para alcançar êxito nessa conduta espiritual.
- Na quarta pergunta, lembramos que todas as noites comemos sentados ou reclinados e nesta noite somente reclinados – os quatro pedaços de matsá e os quatro copos de vinho devem ser consumidos reclinados para a esquerda.
- Alguém que está sentado reclinado, necessita de um apoio para não cair. Mas quando alguém está sentado normalmente, não necessita de nenhum apoio.

- Durante todo o ano nós nos apoiamos em nós mesmos, em nossa auto-confiança e cremos que todos os bens materiais que adquirimos ocorreu graças ao nosso esforço pessoal: "Talvez venhas a pensar contigo mesmo: Foi minha força e o poder de minha mão que me fizeram prosperar tanto" (Dt 8,17).
- Na noite de Sêder reconhecemos que nosso fundamento e apoio, todo o nosso sustento e tudo o que possuímos vem de Deus. Depositamos nossa confiança e gratidão a Deus.
- Nessa Noite de Páscoa reconhecemos que nosso único apoio é o Eterno Deus.

Hagadá – a festa da liberdade, - o que nos torna e quem nos torna livres realmente?

Hagadá de Pessach

Pessach também conhecida como a "Festa da nossa Liberdade".

– a temporada da liberdade, conta uma das histórias mais populares da Nação Judaica - o Êxodo do Egito. É uma época em que as famílias judias se unem para discutir a noção de liberdade, o que ela envolve e como trazer liberdade para outros que não gozam dela ainda.

Uma forma de desfrutar da liberdade é saber que podemos nos expressar livremente, que não estamos presos à escuridão do equívoco ou à opressão, que podemos abraçar a luz e as oportunidades. Deus disse: "e Eu vos redimirei com braços estendidos" (Ex 6,6).

O Seder

O jantar de Páscoa é chamada de *Seder*, que significa "ordem" em Hebraico, porque passamos por 14 passos específicos para contar a história da libertação dos antepassados dos judeus da escravidão. Algumas pessoas gostam de começar o *Seder* recitando os nomes dos 14 passos – e aproveitar melhor do sentido verdadeiro deste jantar festivo!

1 - *Kidush* (bênção do vinho)
2 - Lavagem ritual das mãos antes do *Seder*
3 - Mergulha-se um dos vegetais em água salgada - *karpas*
4 - A *matsá* (pão ázimo) do meio será quebrada

5 - Contando a história da Páscoa - *magid*
6 - Lavagem ritual das mãos em preparação para a comida
7 - Bênção das matsot (pães sem fermento)
8 - Bênção da raiz forte - *marór*
9 - Come-se um "sanduíche" de *matsá, marór e charosset*
10 - Jantar propriamente dito, na mesa
11 - Busca do *"Afikoman"*
12 - Bênção ao final da janta e convite ao profeta Elyahu (Elias)
13 - Canções de louvor - *Hallel*
14 - Finalização do *Seder* e pensamento no futuro

Acendimento das velas

Começamos esta festa, como quase todas as outras festas judaicas, com o acendimento das velas, com a seguinte bênção rezada:
Bendito sejas Tu, Eterno, nosso Deus, Rei do Universo, que nos santificaste com Teus mandamentos e nos ordenaste acender a vela de Shabat e dos Dias Festivos (Iom Tov).

Bênção de um novo momento

Bendito sejas Tu, Eterno, nosso Deus, Rei do Universo, que nos deu vida, nos manteve e nos fez chegar até este momento.
Kadesh: A bênção do vinho
Haja noite e haja manhã no sexto dia. E foram terminados os céus e a terra e todo seu exército. Deus terminou no sétimo dia a obra que fez, e descansou no sétimo dia de toda obra que fez. Deus abençoou o sétimo dia e o santificou, pois nele descansou de toda sua obra, que Deus criou para o ser humano realizar.
Bendito sejas Tu, Eterno, nosso Deus, Rei do Universo, que criaste o fruto da videira. (Deve-se beber a primeira taça de vinho!)

Lavagem ritual das mãos

A água é refrescante, clara e limpa, então é fácil entender porque tantas culturas e religiões utilizam a água para purificação ritual. Por duas vezes durante o *Seder* lava-se as mãos: agora, sem a bênção, preparando-nos para os rituais a seguir, e novamente mais tarde, lavaremos as mãos com uma bênção, em preparação para a refeição, que é considerada um ritual pelo Judaísmo.

Para lavar suas mãos, você não precisa de sabão, mas precisará de um copo para derramar água sobre as suas mãos. Derrame água três vezes em ambas as mãos, alternando entre elas.

A motivação mais profunda desse gesto é que, por muitas vezes durante a nossa rotina diária, não paramos por um momento e nos preparamos para aquilo que vamos fazer. Esta é mais uma oportunidade.

Karpas: Mergulha-se um dos vegetais em água salgada

Pessach, como muitas das festas judaicas, combina a celebração de um evento da memória Judaica com o reconhecimento dos ciclos da natureza. Enquanto lembramos a liberação dos nossos antepassados judeus, também reconhecemos os inícios da primavera e o renascimento que acontece no mundo ao nosso redor.

Os símbolos na mesa juntam elementos de ambas as comemorações. Agora seguramos um vegetal, representando o nosso contentamento com a vinda da primavera depois de um longo e frio inverno em Israel. A maioria das famílias utilizam vegetais verdes, como salsinha e aipo, mas algumas famílias da Europa Oriental tem a tradição de usar uma batata cozida, já que dificilmente tinham verduras frescas para a época da Páscoa.

Qualquer que seja o símbolo de primavera e sustento que você utilize, ele deve ser mergulhado em água salgada, um símbolo das lágrimas e suor que os antepassados judeus derramaram como escravos. Antes de comer, recitamos a seguinte bênção:

Bendito sejas Tu, Eterno, nosso Deus, Rei do Universo, que criaste o fruto da terra.

Yachatz – A divisão da matzá (pão sem fermento) do meio

Há três matsot empilhadas sobre a mesa. Agora partimos a matsá do meio em dois pedaços. O anfitrião deve embrulhar o pedaço maior, e esconde-lo em algum momento entre agora e o final da janta. Este pedaço é chamado de *Afikoman*, que significa literalmente "sobremesa" em Grego. Após o jantar, os convidados terão que buscar pelo *Afikoman* para poder terminar o jantar... e ganhar um prêmio! (uma boa pedagogia para envolver as crianças também nesta festa)

Nós comemos matsá em memória da fuga rápida dos nossos antepassados judeus do cativeiro. Como escravos, eles enfrentaram muitas dificuldades e falsas promessas até finalmente serem liberados. Então quando receberam a notícia da liberação, agarraram qualquer massa que tinham e fizeram pães rapidamente, sem que a massa descansasse e crescesse, deixando o pão parecido com o que nós conhecemos hoje como *matsá*.

Tirar o véu dos três pedaços de matsá e dizer:

Este é o pão da aflição, que os antepassados comeram no Egito. Permita todo faminto que venha e coma. Permita que todo necessitado, venha e compartilhe do nosso jantar de Pessach. Este ano estamos aqui. Ano que vem, na Terra de Israel. *Este ano escravos. Ano que vem, homens livres.*

Conhecemos a linguagem do pobre, pois fomos pobres no Egito. Sabemos que devemos alimentar os pobres e convidá-los para a nossa celebração da liberdade.

Deve-se encher a taça de vinho novamente, mas não beber ainda.

Magid - Contando a história de Pessach

Sirva a segunda taça de vinho para todos.

A Hagadá não conta a história de Pessach de forma linear. Ela pula entre diversos lugares, incluindo as histórias dos sábios de Israel, canções de louvor, questionamentos, assim como uma recitação resumida da história do próprio Êxodo. O que temos no final é um tipo de coleção impressionista de canções, imagens e histórias tanto do Êxodo, como de celebrações de Pessach durante os séculos.

Alguns acreditam que a minimização do papel de Moisés na Hagadá nos mantém focados nos milagres Divinos. Outros insistem que esta coleção entrelaçada de contos nos faz lembrar que cada membro da comunidade tem o seu papel para produzir mudanças positivas.

As Quatro Perguntas: *Por que ...*

esta noite é diferente de todas as outras noites?

todas as noites comemos chamêts ou matsá, porém nesta noite, somente matsá?

todas as noites comemos diversas verduras, porém nesta noite, raiz forte?

todas as noites não mergulhamos alimentos sequer uma vez; porém nesta noite, duas vezes?

todas as noites comemos sentados ou reclinados, porém nesta noite todos nos reclinamos?

Nós fomos escravos: Agora somos livres!

Os judeus foram escravos do faraó no Egito, e Deus os tirou de lá com mão forte e com braço estendido. É por isso que eles sabem e rezam: "E se o Santo Deus, Bendito seja Ele, não tivesse liberado nossos antepassados do Egito, então nós e nossos filhos e os filhos dos nossos filhos estaríamos ainda subjugados pelo faraó no Egito. E mesmo que fôssemos todos sábios, todos entendidos, todos conhecedores da Torah, (ainda assim) teríamos a obrigação de contar a respeito do Êxodo do Egito".

Os Quatro Filhos

Em quatro passagens diferentes da Bíblia indicam que devemos ensinar aos jovens e às crianças sobre o Êxodo. "Para que essa repetição?" perguntaram os professores da tradição. Porque existem tipos diferentes de crianças – tipos diferentes de pessoas – com atitudes e habilidades diferentes.

A Torah fala a respeito de quatro filhos: um *sábio,* um *perverso,* um *ingênuo* e um *que não sabe perguntar.*

O sábio, o que diz ele? "Quais os testemunhos, estatutos e leis que vos ordenou, Adonai nosso Deus?" E você, então, deve instruí-lo sobre as leis de Pessach até o último detalhe (Cf. Dt 6,20-23).

O perverso, o que diz ele? "O que significa este serviço para vós?" "Para vós", ele diz, mas não para ele! E já que ele se excluiu da comunidade, renegou o principal (fundamento da fé). E consequentemente você "embota seus dentes" e diga a ele: "Por causa disto Deus fez para 'mim' quando saí do Egito"; 'para mim' e não para ele. Caso ele lá estivesse não teria sido redimido (Cf. Ex 12,26-27).

O ingênuo, o que diz ele? "O que é isso?" E lhe dirás: "Com mão forte nos tirou Adonai, nosso Deus, do Egito, da casa de escravos".

E para o que não sabe perguntar, você terá que iniciá-lo, como é mencionado: "E contarás ao teu filho naquele dia dizendo: Por causa disto Adonai fez para mim quando saí do Egito" (Cf. Ex 13, 8).

Você se reflete em alguma destas crianças? Em diferentes situações nos comportamos como cada uma dessas crianças. Como nos relacionamos com cada uma delas?

Nossa história começa nos tempos antigos com Abraão, a primeira pessoa a acreditar em um único Deus. A ideia de um Deus, invisível e todo-poderoso, inspirou que ele abandone a sua família e comece um novo povo na terra de Canaã, a terra que um dia carregaria o nome adotado pelo seu neto Jacó, Israel.

Deus prometeu para Abraão que a sua família se transformaria em uma grande nação, mas junto desta promessa veio uma visão aterrorizante de problemas no meio do caminho: "Os seus descendentes viverão por um tempo em uma terra que não é a deles, e serão escravizados e atormentados por quatrocentos anos, no entanto, eu punirei a nação que os escravizará e eles serão liberados com grande riqueza."

Levante a taça de vinho e diga: **Foi essa promessa que manteve os nossos antepassados e a nós.**

Jacó, filho de Isaac, filho de Abraão, viajou com a sua família para o Egito. Por que Jacó viajou para o Egito? Por que José, seu filho com sua amada Raquel, se transformou em primeiro ministro do faraó, rei do Egito.

Em um período de fome em Canaã, José pediu que sua família se juntasse a ele no Egito. Então José deu terras para seu pai e irmãos, concedidas pelo faraó. E os filhos de Israel habitaram na terra de Gessen, frutificaram e se multiplicaram abundantemente.

Os anos passaram e José morreu, assim como todos seus irmãos e toda aquela geração. Um novo faraó que não sabia nada sobre José foi nomeado.

O faraó e seus conselheiros temiam o crescimento desta grande nação que crescia dentro das suas fronteiras e decidiram escravizar o povo de Israel. Eles foram forçados a fazer trabalhos pesados e atuar como criados. O faraó temia que mesmo como escravos os Israelitas pudessem crescer fortes e se rebelarem.

Por isso ele decretou que todos os meninos Israelitas recém-nascidos fossem afogados, para prevenir que os Israelitas derrotassem aqueles que os escravizaram.

Um casal, Amram e Jocabed, se recusaram a matar seu filho recém nascido. Eles o esconderam na sua casa por três meses. Quando os choros ficaram mais fortes, Jocabed colocou a criança em uma cesta no rio. Sua filha Miriam acompanhou a cesta levada pela corrente para garantir que a criança chegue até algum lugar seguro.

A filha do faraó veio banhar-se no rio e descobriu a cesta. Ela sentiu pena da criança indefesa e decidiu criá-la como se fosse sua. Ela o chamou de Moisés, que significa "retirado da água". Com muita coragem, Miriam ofereceu sua ajuda para cuidar do bebê. A princesa disse sim e permitiu que Jocabed cuidasse do seu próprio filho e lhe ensinasse sobre a tradição do seu povo. Moisés poderia ter vivido toda sua vida no palácio do faraó, mas ele não conseguiu ignorar o sofrimento do seu povo.

Um dia ele testemunhou um soldado egípcio que batia em um escravo Israelita e não conseguindo conter a sua raiva, matou o egípcio. Sabendo que a sua vida corria perigo quando a notícia se espalhasse, Moisés escapou para a terra de Madiã, onde se transformou em pastor.

Certo dia, enquanto passeava com seu rebanho pelo Monte Horeb, Moisés viu um arbusto em chamas que não se consumia. Desde o arbusto, ele escutou a voz de Deus que o chamava. Deus disse: "Eu sou o Deus dos seus antepassados. Eu vi o sofrimento dos Israelitas e escutei seus choros. Estou pronto para guiá-los para fora do Egito e levá-los para uma nova terra, uma terra repleta de leite e mel".

Deus ordenou a Moisés que voltasse para o Egito e levasse a mensagem de liberdade para os Israelitas e avisasse o faraó que Deus traria pragas sobre os egípcios se não libertasse os escravos. Moisés era um homem tão modesto que não imaginava que poderia ser um mensageiro Divino. "Eu estarei contigo", prometeu Deus para Moisés. Com essa segurança e desafio, Moisés foi em direção ao Egito.

Quando Moisés pediu ao faraó que libertasse os Israelitas, ele recusou. Foi então que Deus trouxe as dez pragas sobre os Egípcios. Cada uma delas aterrorizou o faraó, e ele prometeu libertar os escravos. Mas ao final de cada praga, ele não cumpriu com a sua palavra. Foi apenas depois da décima praga, a morte dos primogênitos egípcios, que o faraó concordou finalmente em libertar os Israelitas. E foi assim que Deus nos libertou do Egito, com mãos fortes e braços estendidos.

Bendito sejas Tu, que guardaste tua promessa para o povo de Israel, bendito seja o Eterno. Deus predeterminou o momento da nossa libertação final para cumprir a promessa divina ao nosso pai Abraão.

As Dez Pragas

Quando se comemora a libertação da escravidão, reconhecemos que a liberdade foi ganha de forma árdua. Compreendemos e nos arrependemos que a nossa liberdade tenha custado o sofrimento alheio, pois somos todos feitos à imagem de Deus. E por isso, derramamos uma gota de vinho ao recitar cada uma das pragas (*Mergulhe um dedo ou uma colher na sua taça de vinho e derrame uma gota no prato por cada praga*).

Estas são as dez pragas que Deus trouxe sobre os Egípcios:
Sarna - Granizo - Gafanhotos - Escuridão - Sangue - Rãs - Piolhos - Animais Ferozes - Peste - Morte dos Primogênitos.

As pragas e a nossa libertação são apenas um exemplo do cuidado que Deus nos demonstrou durante toda a nossa história.

- *Se Deus nos houvesse feito apenas uma gentileza, já teria sido o suficiente.*
- *Se Ele nos tivesse libertado do Egito, já teria sido o suficiente.*
- *Se Ele nos tivesse revelado a Torah, já teria sido o suficiente.*
- *Se Ele nos tivesse libertado do Egito, sem porém ter-lhes feito julgamentos, já teria sido o suficiente.*
- *Se Ele tivesse feito sobre eles julgamentos, sem ter justiçado seus deuses, já teria sido o suficiente.*
- *Se Ele tivesse justiçado seus deuses, sem porém ter matado seus primogênitos, já teria sido o suficiente.*
- *Se Ele tivesse matado seus primogênitos, sem porém nos ter dado seus bens, já teria sido o suficiente.*
- *Se Ele nos tivesse dado seus bens, sem porém nos ter aberto o mar, já teria sido o suficiente.*
- *Se Ele tivesse aberto o mar, sem porém nos deixar atravessar em terra seca, já teria sido o suficiente.*
- *Se Ele nos tivesse deixado atravessar em terra seca, sem porém ter afogado nossos opressores, já teria sido o suficiente.*
- *Se Ele tivesse afogado nossos opressores, sem porém nos sustentar quarenta anos no deserto, já teria sido o suficiente.*
- *Se Ele nos tivesse alimentado com o Maná, sem porém dar-nos o Shabat, já teria sido o suficiente.*
- *Se Ele nos tivesse dado o Shabat, sem porém conduzir-nos ao Monte Sinai, já teria sido o suficiente.*
- *Se Ele nos tivesse conduzido ao Monte Sinai, sem porém revelar-nos a Torah, já teria sido o suficiente.*
- *Se Ele nos tivesse revelado a Torah, sem porém conduzir-nos à terra de Israel, já teria sido o suficiente.*

Os símbolos de Pessach

Rabbi Gamaliel, o líder do Sinédrio (o tribunal rabínica) quase ao final do Segundo Templo (século I d.C.), disse que três símbolos de Pessach devem ser lembrados e explicados como parte do *Seder*:

Pessach (Apontar para o osso)

Quando ainda existia o Templo em Jerusalém, nossos ancestrais comiam um sacrifício especial chamado de *Pessach*. A palavra *"Pessach"* significa *"passar sobre"*. A oferenda era comida para lembrar que o Onipresente saltou por cima das casas dos antepassados judeus no Egito, conforme mencionado: "E direis, este é o sacrifício de *Pessach* para Adonai, que saltou por cima das casas dos filhos de Israel no Egito ao golpear o Egito e nossas casas salvou" (Ex 12,27).

Matzah (Aponte para a matsá)

Por que comemos a Matsá? Para lembrar que não houve tempo para que a massa dos nossos antepassados fermentasse, antes do Rei dos reis, o Santo, Bendito seja Ele, ter se revelado a eles e tê-los redimido, conforme mencionado: "E assaram pães ázimos com a massa que trouxeram do Egito, porque não fermentou, pois foram expulsos do Egito e não puderam demorar-se e também não prepararam outras provisões para levarem" (Ex 12,39).

Maror (Aponte para as ervas amargas)

Por que comemos raízes fortes? Para lembrar que os egípcios amarguraram a vida dos nossos antepassados no Egito, conforme mencionado:

"E amarguraram suas vidas com trabalho pesado, com argamassa e com tijolos e através de todo o tipo de trabalho no campo, todos os trabalhos que eles os forçaram a trabalhar com rigor" (Ex 1,14).

Em cada geração

Em cada geração, o homem deve considerar-se a si mesmo como se ele mesmo tivesse saído do Egito. Conforme mencionado: "E contarás ao teu filho naquele dia, dizendo: Por causa disto Adonai fez para mim quando saí do Egito". Não apenas nossos antepassados, o Santo, bendito seja Ele, redimiu do Egito, mas também a nós redimiu com eles, conforme mencionado: "E a nós Ele tirou de lá, para que nos trouxesse e nos desse a terra que prometeu aos nossos antepassados".

Por isso nós devemos agradecer, louvar, elogiar, glorificar, exaltar, honrar, abençoar, elevar e enaltecer, a quem fez todos esses milagres a nossos antepassados e a nós. Retirou-nos da escravidão para a liberdade, do pesar para a alegria, do luto para a festividade, da escuridão para a grande luz e da servidão para a redenção. Portanto, entoemos à Sua frente - Aleluia louvai a Deus!

Cubra a Matsá e erga a taça, que deve ser segurada até o final da oração chamada Magid.

Hallel: Celebração e canção

Aleluia! Louvai, servos de Adonai, louvai o Nome de Adonai. Seja o Nome de Adonai abençoado desde agora e para sempre. Do despontar do sol ao seu ocaso, louvado é o Nome de Adonai. Adonai é sublime acima de todas as nações, acima dos Céus repousa Sua glória. Quem é como Adonai, nosso Deus, que habita nas Alturas. No entanto condescende em olhar pelos Céus e pela Terra! Levanta o mendigo do pó, do monturo ergue o necessitado, para fazê-lo sentar-se com os nobres, com os nobres do Seu povo. Transforma a mulher estéril numa mãe de filhos alegre. Aleluia!

Quando o povo de Israel saiu do Egito, a casa de Jacó de um povo de língua estranha, Judá se tornou Seu santuário, Israel o Seu domínio. O mar viu e fugiu, o Jordão voltou para trás. As montanhas dançaram como carneiros, as colinas como cordeiros. Que há contigo, ó mar, que foges; ó Jordão, que voltas para trás? Ó montanhas, que danças como carneiros; ó colinas, como cordeiros? Nós assim fizemos da presença do Senhor, Criador da terra, da presença do Deus de Jacó, que transforma a rocha em lago de água - pedra em fonte.

A segunda taça de vinho

Bendito és Tu, Adonai, nosso Deus, Rei do Universo, Que nos redimiste e redimiu nossos antepassados do Egito, e nos conduziste a esta noite para nela comermos *Matsá e Maror*. Assim, que Adonai nosso Deus e Deus dos nossos antepassados, nos conduza a outros dias festivos e festas que venham a nós em paz.

Quando estivermos alegres na construção de Tua cidade e nos regozijarmos no Teu serviço; e lá comermos dos sacrifícios e das oferendas de Pessach, cujo sangue atingir as paredes do Teu altar com boa aceitação; então Te agradeceremos com uma nova canção por nossa redenção e pelo resgate das nossas almas. Bendito és Tu, Adonai, que redimiu o povo de Israel.

Bênção da segunda taça de vinho:

Bendito sejas Tu, Eterno, nosso Deus, Rei do Universo, que criaste o fruto da videira. (Beba a segunda taça de vinho!)

Lavagem ritual das mãos em preparação para a refeição

Como fazemos agora a transição da narração da história de Pessach para a refeição festiva, lavamos nossas mãos novamente. Para o Judaísmo, uma boa refeição junto de amigos e família já é um ato sagrado, por isso nos preparamos para a refeição como nos preparamos para os rituais da festa, lembrando a forma que os antigos sacerdotes se preparavam para o serviço no Templo. Após entornar a água sobre as suas mãos, recite a seguinte bênção:

Bendito sejas Tu, Eterno, nosso Deus, Rei do Universo, que nos santificou com Seus mandamentos e nos ordenou lavar as mãos.

Motzi-Matzah : Comendo a Matsá

Pegue as Matsot na ordem em que se encontram sobre a bandeja - o pedaço quebrado entre as duas inteiras; segure-as na mão e recite:

Bendito sejas Tu, Eterno, nosso Deus, Rei do Universo, que fornece pão (alimento) da terra.

Não quebre ainda as matsot. Primeiramente pegue a terceira Matsá (a de baixo), e recite a seguinte bênção sobre a Matsá quebrada e a de cima:

Bendito sejas Tu, Eterno, nosso Deus, Rei do Universo, que nos santificou com Seus mandamentos e nos ordenou sobre o comer da matsá. (Quebre agora cada uma das duas matsot seguradas em pedaços e coma ambas em posição reclinada para a esquerda).

Maror - Comendo a raiz forte

Misture um pouco da raiz forte com o charosset doce, recite a seguinte bênção (sem reclinar-se), e coma. Se você sentir algum incômodo, fez corretamente. Este é o sabor amargo da escravidão!

Bendito sejas Tu, Eterno, nosso Deus, Rei do Universo, que nos santificou com Seus mandamentos e nos ordenou sobre o comer da raiz forte.

Korech - O amargo e o doce

Para o sábio Hillel, comer matsá e maror juntos não é um ato insignificante. De acordo com Hillel, a escravidão e a liberdade foram unidas em um evento histórico. O pão da pobreza se transformou em pão da liberdade, para que possamos provar a amargura da escravidão e a doçura da liberdade. Em tempos de liberdade, não podemos nos esquecer da amargura da escravidão.

O Jantar Festivo está servido para todos (saboreie mais atentamente agora em comunidade, família, sem pressa, o sabor da Liberdade que Deus concedeu aos seus amados filhos e filhas)

A busca pelo *Afikoman* (após o jantar)

Os participantes mais jovens do *Seder* devem buscar agora pelo *Afikoman*, o pedaço da matsá do meio que foi escondido antes.

Quando os jovens e crianças encontrarem o *Afikoman*, deverão receber um pequeno presente de premiação (por exemplo: brinquedos ou doces). A brincadeira de encontrar o *Afikoman* nos lembra do balanço entre a memória solene da escravidão com a jubilosa celebração da liberdade. Ao comer o Afikoman, nosso último pedaço de matsá da noite, agradecemos pelos momentos de simplicidade e felicidade das nossas vidas.

Bareich - Prece após a refeição e convite ao profeta Elias

Quando Deus fizer voltar os exilados de Sião, teremos sido como sonhadores. Então nossa boca estará repleta de riso e nossa língua de cântico e júbilo; então dirão entre as nações: "Adonai fez grandes coisas para eles". Adonai fez grandes coisas por nós; estávamos alegres. Faz voltar, Adonai, nossos exilados como rios ao solo árido do deserto do Negeb. Os que semeiam lágrimas, cânticos de júbilo colherão. Ele caminha e chora, carregando o saco de sementes; certamente retornará com júbilo, carregando suas espigas".

Dirigente: Amigos, recitemos uma prece:

Participantes: **Seja o Nome de Deus abençoado desde agora e para sempre.**

Dirigente: Seja o Nome de Deus abençoado desde agora e para sempre. Agradeçamos agora Aquele por cuja generosidade comemos e por cuja bondade vivemos.

Participantes: **Bendito seja Deus por cuja generosidade comemos e por cuja bondade vivemos.**

Dirigente: Bendito seja o nosso Deus por cuja generosidade comemos e por cuja bondade vivemos.

Todos juntos:

Bendito seja o nosso Deus e abençoado seja Seu Nome.

Bendito és Tu, Adonai nosso Deus, Rei do Universo, que alimenta o mundo inteiro com Tua bondade, com graça, com benevolência e com misericórdia. Pois és Deus que alimenta e sustenta a todos e faz bem a todos e prepara alimento para todas Tuas criaturas as quais criou, conforme mencionado: "Tu abres a Tua mão e satisfazes a vontade de todo o ser vivo". Bendito és Tu, Adonai, que alimenta a todos.

Nós Te agradecemos, Adonai nosso Deus, porque destes como herança aos nossos antepassados uma terra cobiçada, boa e ampla e por nos ter tirado

da terra do Egito e nos resgatastes da casa de escravos; bem como pelo pacto que Tu selaste em nossa carne e pela Tua Torah que nos ensinaste e pelos Teus estatutos que nos fizeste conhecer e pela vida, graça e benevolência que derramaste sobre nós e pelo alimento que comemos com o qual nos alimentas e sustentas constantemente todo o dia e todo o tempo e a toda hora.

E por tudo isso, Adonai nosso Deus, Te agradecemos e Te bendizemos; abençoado seja o Teu Nome pela boca de tudo o que vive, constantemente e para todo o sempre; como está escrito: "E quando Tu comeres e ficares satisfeito, abençoarás Adonai Teu Deus pela boa terra que Ele te deu". Bendito és Tu, Adonai, pela terra e pelo alimento.

Tem piedade, Adonai nosso Deus, de Israel, Teu povo e de Jerusalém, Tua cidade, e de Sião, a morada da Tua glória e do reino da casa de Davi, Teu ungido e da grande e sagrada Casa que é chamada pelo Teu Nome.

Ó nosso Deus, nosso Pai, nosso Pastor, alimenta-nos, sustenta-nos, e abasteça-nos, e dá-nos em abundância; e alivia-nos, Adonai nosso Deus, rapidamente, das nossas desgraças. Nós Te imploramos, não nos deixes necessitar, Adonai nosso Deus, das dádivas dos mortais e dos seus empréstimos, mas só da Tua mão, que é plena, aberta, santa e ampla, para que nós não sejamos envergonhados e nem humilhados, para todo o sempre.

Que o Misericordioso abençoe:

- para nossos pais:

meu pai, meu professor, o chefe desta casa e a minha mãe, minha professora, a dona desta casa, a eles, sua casa, seus filhos e tudo o que é seu;

- para nossa família:

a nós (eu, / minha esposa/ e meus filhos) e a tudo o que é nosso;

- para nossos anfitriões:

nosso anfitrião e anfitriã, eles, e sua casa, e seus filhos e tudo o que é deles;

- para todos os demais:

e todos os que estão sentados aqui; a nós e a tudo o que é nosso, assim como Ele abençoou nossos Patriarcas Abraão, Isaac e Jacó, "tudo", "através de tudo" e "com tudo"; assim possa Ele abençoar a todos nós juntos com uma bênção completa e digamos Amém.

Que do alto possa invocar sobre eles e sobre nós, tal mérito para assegurar a paz duradoura; e possamos receber uma bênção de Adonai e caridade de Deus, nosso Salvador; e possamos encontrar graça e boa compreensão aos olhos de Deus e dos homens.

Bênçãos opcionais:

Que o Misericordioso nos faça herdar o dia que será inteiramente bom.
Que o Misericordioso abençoe o Estado de Israel.
Que o Misericordioso abençoe todos aqueles que lutam por Israel e cuide deles.
Que o Misericordioso abençoe este país, seus soldados e cuide deles.
Que o Misericordioso traga paz entre os filhos de Isaac e os filhos de Ismael.
Que o Misericordioso nos torne merecedores dos dias do Messias e da vida no mundo vindouro.
Deus é uma torre de salvação para o Seu rei e faz benevolência para com Seu ungido, para David e sua descendência para sempre. Aquele que estabelece a paz nas Suas alturas, possa Ele estabelecer a paz para nós e para todo o Israel, e dizei Amém.
Temei a Adonai, Seus santificados; pois nada falta aos que O temem. Leões novos necessitam e têm fome, mas para aqueles que procuram Adonai não lhes faltará tudo de bom. Agradeçam a Adonai, porque Ele é bom, porque Sua benevolência perdura para sempre. Tu abres a Tua mão e satisfazes a vontade de todo o ser vivo. Bendito é o homem que confia em Adonai e será Adonai a sua confiança.
A bênção após a refeição é concluída tomando a terceira taça de vinho, enquanto reclinamos para a esquerda:
Elias o profeta, Elias que volta, Elias, o homem de Gilad: Volte rápido, ainda em nossos tempos, com o Messias, filho de David.

Deus é Grande

Deus é grande, Deus é grande
Refrão: *Que Deus reconstrua o Templo Sagrado logo,*

Rápido e em nosso tempo, logo.
Deus - reconstrua; Deus - reconstrua,
Reconstrua logo a nossa casa!
Deus é Supremo, Deus é Grande, Deus é Extraordinário (refrão)
Deus é Glorioso, Deus é Fiel, Deus é Justo (refrão)
Deus é Benevolente, Deus é Puro, Deus é Único (refrão)
Deus é Imponente, Deus é Sábio, Deus é Majestoso (refrão)
Deus é Sublime, Deus é Forte, Deus é Poderoso (refrão)

Deus é Redentor, Deus é Íntegro, Deus é Santo (refrão)
Deus é Misericordioso, Deus Todo-Poderoso, Deus é Firme (refrão)
Que Deus reconstrua o Templo Sagrado logo,
Rápido e em nosso tempo, logo. Deus - reconstrua; Deus - reconstrua,
Reconstrua logo a nossa casa!

Um, quem sabe?

Um, quem sabe? Um, eu sei! Um Deus que está no céu e na terra.

Dois, quem sabe? Duas, eu sei! Duas tábuas da lei; Um Deus que está no céu e na terra.

Três, quem sabe? Três, eu sei! Três patriarcas, Duas tábuas da lei, Um Deus que está no céu e na terra.

Quatro, quem sabe? Quatro, eu sei! Quatro matriarcas, Três patriarcas, Duas tábuas da lei, Um Deus que está no céu e na terra.

Cinco, quem sabe? Cinco, eu sei! Cinco livros da Torah, Quatro matriarcas, Três patriarcas, Duas tábuas da lei, Um Deus que está no céu e na terra.

Seis, quem sabe? Seis, eu sei! Seis livros da Mishná (Tradição Oral), Cinco livros da Torah, Quatro matriarcas, Três patriarcas, Duas tábuas da lei, Um Deus que está no céu e na terra.

Sete, quem sabe? Sete, eu sei! Sete dias da semana, Seis livros da Mishná, Cinco livros da Torah, Quatro matriarcas, Três patriarcas, Duas tábuas da lei, Um Deus que está no céu e na terra.

Oito, quem sabe? Oito, eu sei! Oito dias para a circuncisão, Sete dias da semana, Seis livros da Mishná, Cinco livros da Torah, Quatro matriarcas, Três patriarcas, Duas tábuas da lei, Um Deus que está no céu e na terra.

Nove, quem sabe? Nove, eu sei! Nove meses para o nascimento, Oito dias para a circuncisão, Sete dias da semana, Seis livros da Mishná, Cinco livros da Torah, Quatro matriarcas, Três patriarcas, Duas tábuas da lei, Um Deus que está no céu e na terra.

Dez, quem sabe? Dez, eu sei! Dez mandamentos, Nove meses para o nascimento, Oito dias para a circuncisão, Sete dias da semana, Seis livros da Mishná, Cinco livros da Torah, Quatro matriarcas, Três patriarcas, Duas tábuas da lei, Um Deus que está no céu e na terra.

Onze, quem sabe? Onze, eu sei! Onze estrelas, Dez mandamentos, Nove meses para o nascimento, Oito dias para a circuncisão, Sete dias da semana, Seis livros da Mishná, Cinco livros da Torah, Quatro matriarcas, Três patriarcas, Duas tábuas da lei, Um Deus que está no céu e na terra.

Doze, quem sabe? Doze, eu sei! Doze tribos, Onze estrelas, Dez mandamentos, Nove meses para o nascimento, Oito dias para a circuncisão, Sete dias da semana, Seis livros da Mishná, Cinco livros da Torah, Quatro matriarcas, Três patriarcas, Duas tábuas da lei, Um Deus que está no céu e na terra.
Treze, quem sabe? Treze, eu sei! Treze atributos de Deus, Doze tribos, Onze estrelas, Dez mandamentos, Nove meses para o nascimento, Oito dias para a circuncisão, Sete dias da semana, Seis livros da Mishná, Cinco livros da Torah, Quatro matriarcas, Três patriarcas, Duas tábuas da lei, Um Deus que está no céu e na terra.

Quarta taça de vinho
Ao aproximar-nos do final do *Seder*, bebemos uma última taça de vinho. Com esta última taça agradecemos pela experiência de celebrar a Páscoa juntos, pelas tradições que ajudam a preencher nossas vidas diárias e guiam nossas ações e aspirações.

Bendito sejas Tu, Eterno, nosso Deus, Rei do Universo, que criaste o fruto da videira. *(*Beba a quarta e última taça de vinho!)
Nirtzah - Finalizando o *Seder* e pensando no futuro
Chegamos ao final do nosso *Seder de Páscoa*, de acordo com a tradição e a lei judaicas. Assim como tivemos o prazer de nos juntar este ano para o *Seder*, esperamos ter outras oportunidades no futuro. Oramos para que Deus traga saúde e conforto para Israel e todas as pessoas pelo mundo, especialmente aqueles que sofrem com desastres naturais e a guerra. Como costumamos dizer: *no ano que vem em Jerusalém!*[33]

---

[33] Para maiores informações consulte os seguintes sites na internet: Bibliografia na internet
- E se Moisés usasse o Google para realizar o Êxodo?
http://www.youtube.com/watch?v=htkrD01eJu0&feature=player_embedded
- Visualizando a Liberdade?
http://www.aishlatino.com/h/pes/m/145470105.html?s=rab
- Vídeos juvenis sobre as Festas Judaicas:
http://www.g-dcast.com/
- Sobre a história da Páscoa e os quatro filhos:
http://www.youtube.com/watch?feature=player_embedded&v=029__uuKYBI
(começando o vídeo – existe a possibilidade de ativar para legendas em espanhol e outras línguas)
Sobre os quatro filhos:
O filho sábio: Dt 6,20-23
O filho rebelde: Ex 12,26-27
O filho ingênuo Ex 13,14
O filho que não sabe fazer perguntas: Ex 13, 8.

30 – Lv 23,15-16: SEFIRAT HAÔMER – העומר
ספירת - Ascensão Espiritual
Ez 37,1-14

As leituras escolhidas para o Shabat de Pessach (Páscoa) são das mais emblemáticas das fontes judaicas. A leitura da Torah começa com um diálogo famoso entre Moisés e Deus no qual Moisés pede para ver a honra de Deus (Ex 33,18ss), o rosto de Deus e os caminhos de Deus. Deus responde que seu rosto não poderá ser visto, pois *"não poderá me ver um ser humano e viver"* e, portanto, propõe que Moisés se firme a uma rocha, e Deus cobrirá seu rosto e passará, e depois o descobrirá de modo que Moisés *"verá Suas costas e Seu rosto não se verá"*. Previamente já tinha dito: *"meu rosto irá e assim te guiarei e derramarei todo meu bem"*.

Maimônides explica que o pedido de Moisés se compõe de duas posturas diferenciadas: uma representada pelo pedido de ver o rosto e a honra essencial de Deus, e a outra pede para ser conduzido pelos caminhos divinos.

A primeira postura é teológica. Busca conhecer Deus e contemplá-lo. A segunda é ética: busca andar, realizar, trilhar caminhos. Segundo Maimônides, a primeira é rejeitada com a negativa de mostrar o rosto.

A segunda é aceita com a idéia de ver as costas (que representam os resultados das ações, ou "o caminho das pedras") e a promessa de ser guiado, bem como pelo derramamento do bem.

O rosto divino, como se fosse um quadro para contemplar, analisar e conhecer em si, não interessa. Nem o próprio Deus apoia essa postura contemplativa a respeito dEle. Já a tentativa de compreender a atitude divina, o caminho, a ação concreta não só é aceita como também promovida e premiada.

Vislumbra-se nessa atitude a intenção de imitar Deus, de tomar nas mãos o destino próprio e intervir nele do melhor modo.

A leitura do trecho dos Profetas é do livro de Ezequiel e fala sobre a famosa profecia dos ossos secos (Cf. Ez 37,1-14), que se levantariam e reconstruiriam vida. O próprio texto é muito claro na sua metáfora: se ossos secos poderiam recuperar vida, toda situação menos acabada teria sempre alguma esperança e um caminho por percorrer, algo para realizar.

Desse modo, ambas as leituras se conectam entre si e com a ideia de Pessach de um modo sofisticado. Não é a alusão direta à festa, ao Seder ou à saída de Egito que faz essa relação. É pregar a determinação a agir em prol de nossas situações de vida. A postura que diz: eu sou um dos principais atores no que acontece na minha vida e à minha volta em todas as situações. Essa é uma postura livre, que para sempre estará saindo de qualquer Egito *(Rabino Ruben Sternschein).*

- Os quarenta e nove dias da contagem de Ômer são dias em preparação para **Shavuot,** que é o dia no qual o povo de Israel recebeu a Torah.
- Lembrando a passagem do Livro do Levítico: 23,15-16: "A partir do dia seguinte ao sábado, desde o dia em que tiverdes trazido o feixe de espigas para ser oferecido como um gesto, contarei sete semanas completas. Contareis assim cinquenta dias até a manhã seguinte ao sábado. Apresentareis ao SENHOR uma nova oferta".
- O motivo deste proceder é que o número sete representa conceitos da natureza, porque o mundo foi criado por Deus em seis dias e no sétimo dia Deus se absteve de criar.
- Quis a Sua Sabedoria e a Sua Vontade que o mundo fosse conduzido dentro das normas da natureza conduzidas por Ele, que renova a Criação todos os dias, continuamente.
- A Bíblia então nos ordena contar cinquenta dias. Essa contagem é feita na ordem ascendente, ou seja, de um a quarenta e nove. Essa contagem simboliza a ansiedade que temos em alcançar o 50° Dia (o recebimento da Torah!).
- Cada um desses dias é único para os preparativos espirituais necessários para receber a Torah. O Livro dos Sábios de Israel chamado Pirkê Avot (cap. VI, Mishná 6) fala a respeito dos quarenta e oito níveis necessários para a integração do homem à Torah, à Santa Palavra de Deus (dentre eles a humildade, alegria e pureza).
- Cada um dos quarenta e oito días, portanto, deve ser dedicado a esse crescimento espiritual e o 49° dia deve ser dedicado à santidade, com os preparativos finais para o recebimento da Torah.
- Outra bonita passagem que explica sobre o que significa Ômer, refere-se ao poder que não está nas mãos dos homens, mas somente de Deus.
- Lembrando a história de Purim, no Livro da Bíblia de Ester, por ordem do Rei Assuero, Amã tinha que buscar Mardoqueu, vesti-lo com roupas reais e conduzí-lo pela cidade num cavalo do rei.

- Segundo o livro Midrash Rabá (Meguilat Ester 10,4), Mardoqueu estaba estudando Bíblia com as crianças, quando Amã chegou. Preocupado com as crianças, Mardoqueu pediu a elas que fugissem para não serem alvos das maldades de Amã. As crianças não quiseram ir e preferiam morrer junto com ele se preciso. Mardoqueu então pediu às crianças que começassem a rezar.
- Quando Amã chegou perguntou a Mardoqueu o que eles estavam estudando. Mardoqueu respondeu que estavam estudando sobre a oferenda do ômer que era trazida no tempo do Templo.
- Amã perguntou então se esta oferenda era de ouro ou prata. Mardoqueu respondeu que não era nem de ouro e nem de prata, nem mesmo de trigo, mas de cevada.
- Amã perguntou então qual era o seu valor e Mardoqueu respondeu que era um décimo de Efá (que equivale a aproximadamente um quilo e setecentas gramas de cevada).
- Amã então respondeu que o décimo de Efá (170 gramas) venceu os 10.000 talentos de prata que Amã havia oferecido aos tesouros do Rei Assuero, quando exterminassem o povo Judeu, como era o malvado plano de Amã.
- E os sábios de Israel então ensinam que não deve parecer esse preceito de Ômer pequeno perante os nossos olhos. Embora a quantidade seja tão pouca, não devemos desprezá-la. O ser humano é pequeno e pequena nossa oferenda. Somente Deus é o verdadeiro Condutor do Universo e o ser humano não tem poder algum para mudar alguma situação.
- Uma primeira história ligada a essa contagem de Ômer é a que relembra que houve uma transformação do povo de Israel que na Páscoa se libertou fisicamente e em Shavuot, se libertou espiritualmente ao receber a Palavra de Deus na Torah, na Bíblia.
- Outra história ligada à contagem dos 50 dias de Ômer fala sobre a cevada e o trigo. Na Páscoa a oferta trazida era de cevada, que era dada como alimento para os animais. Em Shavuot a oferta era de trigo.
- O trigo era freqüentemente usado como uma alegoria da capacidade humana para usar a sua inteligencia.
- Enquanto que um animal pode comer uma fruta ou uma folha, fazer um pão já requer inteligência e criatividade humana.

Sefirat Haomer - Seleções de Midrash a partir de: Lv 23,15-16
A festa dos sábios

Judeus sem a Torah são como peixes fora d'água (Rabi Akiba)

Lag Baómer celebra a vida e os ensinamentos de dois dos maiores sábios da história judaica: Rabi Akiba e Rabi Shimon bar Yochai, que se dedicaram a entender, esclarecer e transmitir os preceitos da Torah. Pelo calendário hebraico, a festa é comemorada em 18 de Iyar, o 33º dia das sete semanas da contagem do Omer, que conecta Pessach a Shavuot.

Na língua hebraica, cada letra tem um valor numérico. Lamed e Guimel, as letras que formam o nome da festa, equivalem a 30 e 3, respectivamente. Omer é uma medida bíblica para a quantidade de cevada oferecida pelos agricultores no Templo Sagrado, em Jerusalém.

A oferenda acontecia no segundo dia de Pessach, marcando o início da colheita. A partir daí se iniciava a contagem de sete semanas preparatórias para Shavuot, a festa da colheita e da entrega da Torah.

Esse período é chamado Sefirát Haômer (Contagem do Ômer).

Por marcar o início da colheita, o período do Ômer deveria ser alegre e festivo, mas uma série de tragédias que provocaram a morte de muitos judeus, em diferentes datas, o transformou em tempo de semi-luto.

Foi durante as semanas de Ômer que 24 mil discípulos de Rabi Akiba, que viveu no século II A.C., morreram devido a uma praga que muitos atribuíram a um castigo de Deus pela falta de respeito dos jovens.

A praga fazia vítimas diariamente, até que no 33º dia da contagem do Omer, as mortes cessaram. O luto foi então interrompido por uma grande festa. Rabi Akiba pôde reconstruir sua escola de estudos da Torah, em Yavne, começando com cinco discípulos. Entre eles estava Rabi Shimon bar Yochai, que, anos mais tarde, se tornaria o autor do Zohar (O Livro do Esplendor), a principal obra do misticismo judaico. Sua morte, ocorrida em Lag Baómer, também é lembrada na data.

O caráter contraditório de Lag Baómer se acentuou mais tarde. Na Idade Média européia, comunidades judaicas inteiras foram exterminadas nas atuais França e Alemanha durante a contagem do Ômer. Entre 1648 e 1649, durante a contagem das sete semanas, mais de 300 mil judeus foram assassinados por cossacos russos liderados por Bogdan Chmielnicki, na Polônia.

A história de Rabi Akiba

Aos 40 anos, Rabi Akiba ainda não tinha estudado a Torah. Trabalhava como pastor do gado de Calba Savua, um dos mais ricos senhores de Jerusalém. Calba Savua tinha uma filha, Raquel. O pai desejava que ela se casasse com um jovem rico, estudioso da Torah, mas Raquel acabou escolhendo o humilde Akiba. Casou-se com o pastor em segredo, porque sabia que o pai seria contra. A condição, porém, era que Akiba se dedicasse ao estudo da Torah. Um dia, Calba Savua descobriu o casamento secreto e, decepcionado com a filha, a expulsou de casa.

Akiba e Raquel foram viver em um estábulo. Mesmo diante da pobreza, Raquel cobrava do marido a promessa de dedicar-se à Torah. Ele então deixou a esposa e estudou com grandes sábios, por 12 anos. Para se sustentar, cortava lenha, que vendia nos mercados. Aos poucos, foi criando uma legião de seguidores.

Akiba, porém, queria saber mais. E decidiu estudar por outros 12 anos. Quando, finalmente, voltou a Jerusalém, 24 anos após a partida, trazia 24 mil alunos. Foi recebido por Raquel, que havia sustentado sua família e cuidado dela com muito zelo.

Revolta contra Roma

As vidas de Rabi Akiba e Rabi Shimon bar Yochai estão entrelaçadas a outro personagem-chave: Shimon Bar Kochba na luta contra a ocupação romana de Israel e pela sobrevivência do judaísmo, no 2º século depois de Cristo.

Pouco depois da destruição do Segundo Templo (70 d.C.) pelos ocupantes romanos, o imperador Adriano proibiu a circuncisão, como parte do processo de latinização da Judéia. Shimon Bar Cosiba (depois conhecido como Bar Kochba, o Filho da Estrela), iniciou então uma revolta com centro na cidadela de Betar.

Rabi Akiba, principal liderança dos hebreus, reconheceu a liderança de Bar Kochba e a revolta se espalhou até que os romanos conseguissem destruir Betar e matar Bar Kochba, provavelmente em 136 d.C.

A partir daí, teve início uma perseguição implacável à prática do judaísmo. Quem fosse apanhado estudando a Torah, corria o risco de ser morto.

Mesmo sob essa ameaça, Rabi Akiba desafiava o decreto romano e seguia ensinando a Torah. E a transmitia oralmente. Isso provocou a ira do imperador, que ordenou a morte do sábio, já em idade avançada, sob tortura.

A execução foi acompanhada de perto por muitos seguidores do rabino, entre eles Shimon bar Yochai, que decidiu seguir as pegadas do mestre, assumindo a tarefa de transmitir às novas gerações a obra mais sagrada do judaísmo.

Misticismo e fé

A vida de Rabi Shimon Bar Yochai foi marcada pelo misticismo. O Talmud narra que, certa vez, ele foi chamado a Roma para exorcizar um demônio que invadira o corpo da filha do próprio imperador. O sucesso teria levado o império a revogar a proibição à prática do judaísmo.

Mesmo assim, segundo a tradição, Shimon Bar Yochai não escondia o ódio aos romanos e, por isso, teve que se esconder com o filho, Rabi Eleazar, em uma caverna nas montanhas da Galiléia. Para se encontrar com o mestre e continuar os estudos religiosos, seus discípulos tinham que sair para o campo carregando arcos e flechas, fingindo ir à caça. Assim, conseguiam enganar os guardas romanos.

Durante os 13 anos de exílio interno, Rabi Shimon e o filho transcreveram o Zohar, obra que fundamenta até hoje a Cabalá. Shimon Bar Yochai faleceu em Lag Baómer. Pouco antes de morrer, instruiu seus discípulos a observarem a data como um dia feliz, com o argumento de que seria o ápice da vida do sábio.

Diz o Zohar que o dia de sua morte foi marcado por intensa luz e que não terminou até que o mestre revelasse toda a sua sabedoria aos discípulos. Só então, o Sol se pôs e a alma de Rabi Shimon partiu.

Por ser considerado um período de semi-luto, durante a contagem de Ômer não se realiza qualquer tipo de festa, como noivados e casamentos. Os mais religiosos também evitam o corte de barba e cabelo. Como aconteceu com a epidemia, a restrição termina no 33º dia, o Lag Baómer, quando as festas voltam a acontecer.

Nesse dia, as escolas judaicas costumam promover concursos de arco e flecha, os maiores símbolos da festa. É costume também acender fogueiras e dançar ao redor.

Oração

Em todos os dias da Sefirát Haómer faz-se uma oração, que deve ser repetida durante as sete semanas, ininterruptamente, mudando-se apenas o número do dia em que se encontra a contagem:

Bendito sejas Tu, Eterno, nosso Deus, Rei do Universo, que nos santificaste com os Teus mandamentos e nos ordenaste quanto à contagem do Ómer.

Após a bênção, proclama-se a contagem respectiva àquela noite, como por exemplo: Hoje é o 1º dia da contagem do Omer.

31 – Lv 9,1 – 11,47: SHEMINI - שמיני
2Sm 6,1 – 7,17

Essa porção semanal da Palavra de Deus nos ensina sobre a importância do silêncio para nos ajudar a alcançar nossos objetivos de um modo mais adequado.

Quase sempre o silêncio não deve ser entendido como falta de capacidade, mas pode expressar bem mais do que palavras.

Uma das mais conhecidas virtudes de Benjamin, filho mais novo de Jacó, era saber ficar em silêncio nos momentos certos.

O próprio rei Saul, primeiro rei do Povo de Israel era descendente de Benjamin. Ele fez bom uso do silêncio. Quando o profeta Samuel lhe comunicou que seria rei, Saul não mudou seu comportamento, continuou humilde. O fato de ser futuro rei não lhe subiu à cabeça, já que nem contou aos seus familiares que estava destinado a ser rei.

Em Purim, o Povo de Israel também foi salvo por conta do silêncio da rainha Ester, que por obediência a Mardoqueu não contou ao rei a sua origem. Tanto Mardoqueu como Ester eram descendentes de Benjamin.

Nesta parasha, após a tragédia que acarretou na morte de dois de seus filhos, Aarão silenciou. "E disse Moisés a Aarão: Isso é o que falou o Eterno dizendo: Por meus escolhidos me santificarei e perante todo o povo Eu serei glorificado. E calou-se Aarão".

Os sábios de Israel ensinam que o difícil silêncio de Aarão, nesse momento de dor, demonstrando conformação e confiança na justiça de Deus, trouxe-lhe mais tarde uma enorme recompensa. O próprio Todo-Poderoso veio falar com Aarão, pessoalmente, sem necessidade da intermediação de seu irmão, Moisés.

O sábio Maharal de Praga (1520 – 1609) em seu livro "O caminho da vida", escreve que o poder da fala é um poder físico, do corpo, mas o raciocínio é um poder espiritual. Os dois poderes contraditórios, não podem trabalhar ao mesmo tempo no indivíduo.

O silêncio será sempre útil para evitar erros, uma vez que usando somente a fala, estamos de certo modo, evitando o raciocínio.

Outro ponto importante dessa porção da Palavra de Deus é a questão do que é impuro e do que é puro para o ser humano comer.

O próprio "Cleachus", um discípulo de Aristóteles, contava como seu mestre, após conversar com um judeu, ficou muito impressionado com duas coisas relativas aos judeus: sua filosofia admirável e sua dieta rigorosa.

Hoje, 2.500 anos depois de Aristóteles, quem não ouvir falar sobre a dieta judaica, conhecida como comida kosher (casher)?

Esse modo de alimentação judaica também é conhecido como "kashrut".

Por que certos alimentos são permitidos e outros não? O que faz com que determinados animais domésticos e aves sejam considerados "puros" ou *kosher*, ou "impuros" ou *traif*?

Provavelmente, nenhum outro tópico da Torah tem dado margem a tantas explicações e justificações teóricas como as restrições dietéticas.

Qual seria o real significado para a longa lista de alimentos permitidos e proibidos, que ocupa tanto espaço na Torah e tem sido de vital importância para a vida judaica no decorrer dos séculos?

Primeiramente, vêm os insetos, peixes, aves e animais que são proibidos. As leis dietéticas determinam, também, a maneira correta de abater o animal e drenar seu sangue. Outra exigência é a de que carne e laticínios não sejam consumidos ou cozidos juntos. A Torah não apresenta razões para as restrições, exceto no que se refere ao sangue: "Porque a vida de um corpo está no sangue" (Lv 17,11-12).

Como ocorre com as demais leis dietéticas, há um propósito global: "... pois Eu sou o Senhor que vos fiz sair da terra do Egito para ser o vosso Deus: sereis santos, porque eu sou santo" (Lev. 11,44-47).

Do acima exposto, como, também, a partir de outros textos em que a Torah nos fala dos vários aspectos da alimentação *kashrut* (Cf. Ex 22,30, Dt 14,21), fica evidente que o propósito deste sistema de leis dietéticas é a santidade. Isto põe por terra o argumento defendido por muitos judeus de hoje de que "o *kashrut* pode ter sido necessário nos tempos antigos, mas com os métodos modernos de abate, a inspeção governamental regular e o preparo higiênico dos alimentos, ele é um anacronismo que deve ser descartado junto com o cavalo e a carruagem".

A idéia de Maimônides de que o motivo básico do *kashrut* é o de preservar a saúde foi rejeitada centenas de anos atrás. Entre outros, o rabino Isaac Arma (1420-94) em seu Akedat Yizhak contrapõe ao ponto de vista de Maimônides, afirmando o seguinte: "As leis dietéticas não são, como muitos querem dar a entender, motivadas por considerações terapêuticas".

Deus nos livre! Se fosse assim, a Torah seria reduzida à condição de um tratamento médico ou menos do que isto.

O conceito de que "a alimentação molda o caráter" ou "o homem é o que come" (o que entra pela boca) remonta a Philo, que escreveu há 2.000 anos que a prescrição de comida *kosher* tem como objetivo plasmar a personalidade.

A intenção das leis dietéticas, explica ele, é a de ensinar a controlar os apetites corporais. Embora Moisés não tenha exigido um espírito de renúncia espartano, ele proibiu o consumo de carne de porco, a mais deliciosa de todas as carnes, a fim de desencorajar a excessiva satisfação de nossos desejos.

Ele proibiu, além disso, o consumo de determinados animais e aves carnívoros a fim de ensinar a delicadeza e bondade. Philo acha um significado simbólico na permissão de comer ruminantes de cascos fendidos: a sabedoria humana cresce apenas se o homem fica ruminando o que estuda e aprende a distinguir os vários conceitos (Philo, The Special Laws IV, 97f).

Uma das explicações pragmáticas para as leis dietéticas é que elas foram ordenadas com o fim de separar os judeus do ambiente gentio. Se foi este o propósito ou não, na prática, as leis da alimentação adequada judaica realmente são um fator social poderoso para a sobrevivência judaica e uma proteção contra a assimilação aos costumes de outros povos.

Até hoje, são leis que fazem os judeus se reunirem, sejam em casa ou quando estão viajando. Restaurantes kosher em toda a parte são um lugar onde judeus procuram conviver e encontrar calor neste mundo.

As proibições dietéticas são uma espécie de linguagem simbólica destinada a transmitir um sentido de realidade, refletindo o conceito de santidade de Deus que Israel é chamado a compartilhar.

A predominante exposição de motivos que emerge dos vários enfoques sobre o significado das leis dietéticas é que a Torah legisla para despertar em nós o respeito pela vida. Para alguns, esta é a lição moral básica do kashrut.

Assim, as leis dietéticas destinam-se a ensinar que um judeu deve, de preferência, ser vegetariano. Se, contudo, não puder controlar seus desejos por carne, que esta seja carne *kosher*, adequada. Isto o lembrará de que o animal que lhe serve de refeição é uma criatura de Deus, que a morte desta criatura não pode ser considerada levianamente, que a caça como esporte é proibida, que não podemos tratar nenhum ser vivo impiedosamente e que somos responsáveis pelo que acontece a outros seres (humanos ou animais) mesmo se pessoalmente não tivemos contato com eles.

Kosher não significa "puro", nem "santo" ou "abençoado" por um rabino; kosher significa "apropriado". O objetivo das leis de kashrut é ajudar a escolher diretrizes que nos indiquem a forma apropriada de proceder na atividade humana básica que é a alimentação e em relação ao tratamento que damos aos serem vivos em geral.

SHEMINI – Seleções de Midrash a partir do texto bíblico: Lv 9,1 – 11,47

O oitavo dia da consagração da Tenda do Encontro, do Tabernáculo

Em cada um dos primeiros sete dias de consagração, Moisés montou o Tenda do Encontro e o desmontou novamente. A cada dia ele também oferecia os sacrifícios ordenados por Deus.

Chegou o oitavo e último dia de dedicação. Era Rosh Chôdesh (o começo do mês) de Nissan (nome do mês do calendário judaico). Deus ordenou a Moisés: "Hoje deves armar o Tenda do Encontro, mas não o desmontes novamente. Também, pela primeira vez, Aarão e seus filhos oferecerão sacrifícios." "Enviarei um fogo do céu para consumir seus sacrifícios".

Tão logo os Filhos de Israel souberam que Aarão e seus filhos fariam a *avodá* (serviço religioso) pela primeira vez e que Deus enviaria um fogo, reuniram-se no pátio da Tenda do Encontro. Não esperaram por uma ordem de Deus, pois todos ansiavam pelo momento quando o fogo de Deus desceria.

Seu fogo demonstraria que tinham sido perdoados pelo pecado do bezerro de ouro e que Sua Shechiná, Presença Divina, repousava no meio deles novamente.

Aarão e os Sacerdotes começam o serviço

Moisés instruiu Aarão: "Hoje você oferecerá sacrifícios especiais".

Aarão e o povo judeu rapidamente prepararam os animais para os sacrifícios e a farinha e azeite para a oferenda de *minchá*. O povo esperou no pátio do Tenda do Encontro para que Aarão começasse a oferecer os sacrifícios sobre o altar. Mas Aarão não se aproximou do grande altar: permaneceu em pé no lugar em que se encontrava.

"Por que você não começa a avodá?" Moisés perguntou.

Aarão, entretanto, não ousava se aproximar mais do altar. Assim que olhou para os cantos quadrados na parte superior do altar, estes pareceram-lhe como os chifres de um boi! Lembraram-lhe do bezerro de ouro que ele tinha feito para os Filhos de Israel.

Embora Aarão permanecesse fazendo intensa teshuvá (arrependimento e conversão) por causa de seu pecado temia que Deus pudesse não aceitar seu serviço. Moisés disse-lhe: "Não tema! Deus o perdoou".

Moisés percebeu que Aarão hesitava e tremia ao se aproximar do grande altar. Disse a Aarão: "Meu irmão Aarão, Deus escolheu você para fazer Seu serviço! Suba ao altar! Ofereça seus sacrifícios em expiação por si mesmo, e os sacrifícios dos Filhos de Israel em reparação por eles"!

Finalmente, Aarão sentiu-se seguro e caminhou para o altar. Trouxe seu bezerro como um sacrifício, enquanto seus filhos ajudavam. Então Aarão ofereceu os outros sacrifícios. Ao terminar, desceu do altar. Então, Aarão elevou as mãos e pela primeira vez abençoou o povo com a bênção especial dos sacerdotes.

O pátio do Tenda do Encontro estava repleto, pois o Povo de Israel permaneceu assistindo ao trabalho de Aarão. Agora que terminara, o povo se perguntou: onde estava o fogo de Deus? O fogo iniciado por Aarão tinha começado a queimar os pedaços de carne, mas nenhum fogo descia do céu.

O fogo de Deus

Aarão também estava preocupado. Ele tinha cumprido o serviço com alegria, mas agora estava temeroso. "Moisés", disse ansiosamente, "será possível que Deus não esteja satisfeito com meu serviço e não o tenha aceitado? Talvez Ele ainda esteja aborrecido comigo devido a meu pecado e por isso não envia o fogo do céu"?

Tanto Moisés como Aarão entraram na Tenda do Encontro, prostraram-se e imploraram a Deus que mandasse o fogo do céu. Quando saíram, abençoaram os filhos de Israel: "Possa Deus aceitar seus sacrifícios e possa Ele perdoar os seus pecados"!

Imediatamente, a Shechiná de Deus apareceu diante de todo o povo. Um fogo desceu do céu e queimou as partes dos sacrifícios que ainda permaneciam no altar. Quando o povo presenciou isto, sentiu-se feliz e gratificado. Era o sinal de que Deus os havia perdoado pelo pecado do bezerro de ouro. Desde a divisão das águas do Mar Vermelho não havia tanta alegria junto ao Povo de Israel. Prostraram-se e agradeceram a Deus pelo grande milagre. O fogo que caiu sobre o altar não desapareceu após queimar os sacrifícios; permaneceu no altar desde aquela época.

Nadab e Abiú são punidos por oferecerem incenso fora do horário

Junto com as demais pessoas, os dois filhos mais velhos de Aarão, Nadab e Abiú, viram como um fogo proveniente do céu desceu sobre o altar no pátio e queimou os sacrifícios. Mas, enquanto todos se alegravam, Nadab e Abiú ficaram desgostosos. Nadab e Abiú eram os homens mais notáveis da nação judaica, depois de Moisés e Aarão; eram ainda mais importantes que os setenta anciãos do Sinédrio.

Sentiam que desejavam se aproximar mais de Deus, do que simplesmente ficarem parados observando o fogo miraculoso que descia do céu. Queriam trazer seu próprio sacrifício para Deus a fim de expressarem seu amor. Também esperavam que ao oferecer um sacrifício adicional, Deus Se revelaria ainda mais a eles.

Sem conversarem entre si, tanto Nadab como Abiú tiveram a mesma idéia. Cada um pensou: "De todas as oferendas, o incenso é o mais sagrado, e das seções da Tenda do Encontro, o Santo dos Santos é o mais santo. Por isso, o maior dos presentes para Deus será oferecer-lhe incenso no Santo dos Santos".

O desejo de Nadab e Abiú era bem-intencionado. Tinham certeza de que Deus ficaria feliz com este "presente especial", neste oitavo dia da consagração do Tenda do Encontro. Como ambos eram grandes sábios do Talmud, acharam muitas boas razões para pensar que seu incenso seria um presente maravilhoso para Deus.

Entretanto, cometeram um erro: tinham tanta certeza de que Deus ficaria satisfeito com o presente que não se incomodaram de perguntar a Deus (através de Moisés) se Ele queria este incenso. Nem ao menos pediram a opinião de seu pai, Aarão, que certamente os teria impedido.

Talvez não tivessem ousado entrar no Santo dos Santos – a parte mais sagrada da Tenda do Encontro, onde até mesmo o Sumo Sacerdote só podia entrar em Yom Kipur (Dia do Perdão) – se não tivessem bebido vinho antes. Porém, após beberem, sentiram-se empolgados e não hesitaram em entrar no Santo dos Santos e em oferecer incenso.

Quando Deus viu que eles faziam a avodá a qual Ele não havia ordenado, disse: "Se os deixar escapar impunes agora, outros judeus pensarão que também podem entrar no Santo dos Santos e oferecer seus próprios sacrifícios. É melhor que Nadab e Abiú morram do que os judeus acreditem que a Tenda do Encontro seja um lugar público, onde podem fazer sua própria avodá na hora que bem entenderem".

Um fogo desceu dos céus e dividiu-se em quatro filetes ardentes. Dois deles entraram pelas narinas de Nadab, e dois nas de Abiú. O fogo queimou-os por dentro, mas os corpos e as vestes não foram queimados.

Deus recompensa Aarão por aceitar o decreto sem se queixar

Aarão compreendeu o ocorrido e não criticou nem sentiu mágoa de Deus em seu coração quando seus filhos morreram, por esta razão foi recompensado. Geralmente Deus falava com Moisés, e Moisés transmitia as palavras de Deus a Aarão. Agora, Deus falou diretamente a Aarão para consolá-lo e honrá-lo. Estas foram as palavras de Deus para Aarão: "Se um sacerdote bebe um copo de vinho, está proibido de fazer a avodá em seguida". (Cf. Lv 10,8-11).

Por que Deus decidiu formular esta advertência justamente naquele dia?

A resposta é que os filhos de Aarão, Nadab e Abiú, haviam morrido porque, entre outras razões, haviam bebido vinho antes de fazer uma avodá. Por isso, Deus advertiu Aarão que ele e os outros sacerdotes jamais deveriam repetir este erro. Por que um sacerdote não pode beber antes de fazer a *avodá*? Após beber vinho, a mente da pessoa não está perfeitamente lúcida. Por isso, um sacerdote não está apto a fazer a *avodá* (serviço religioso).

Por que apenas alimentos casher

Moisés explicou aos judeus: "Deus quer que vocês sejam um povo sagrado. E assim, Ele permite que vocês comam apenas certos animais, aves e peixes. Todos os outros são proibidos para vocês". Um não judeu, porém, pode comer qualquer animal; por quê?

Uma parábola: O caso do paciente desenganado

A enfermaria do hospital estava calma. Todos os pacientes olhavam enquanto o médico encarregado ia de cama em cama, examinando cada paciente. Ele dava instruções à enfermeira que o acompanhava. "Este paciente deve manter uma dieta muito severa," ordenou à enfermeira. "Nenhuma carne, ovos, leite, manteiga – nenhum tipo de gordura".

Andou até a próxima cama e conferiu o paciente e seus registros. "Enfermeira," ordenou ele, "deixe o paciente comer tudo que desejar. Diga-lhe que já recebeu alta do hospital".

"Que bom!" replicou a enfermeira, "estou feliz por saber que ele está melhor; mas não entendo porque o primeiro paciente deva manter dieta tão restrita".

"Você não entendeu a situação, enfermeira," explicou o doutor. "O primeiro paciente tem um probleminha no coração, mas estou confiante que, se ele seguir uma dieta rigorosa se recuperará. Por isso recomendei uma dieta especial. Entretanto, o segundo paciente é um homem tão doente, que nada mais posso fazer por ele. Não o ajudaria em nada recomendar uma dieta".

A Explicação para a Parábola

Deus colocou os Filhos de Israel numa dieta especial. Se seguissem Sua dieta e comessem apenas os animais que a Torah declara casher, suas almas se manteriam sagradas. Se comessem animais não casher, suas almas se tornariam impuras, perdendo sua proximidade com Deus e com Sua Torah.

Isto se aplica somente aos judeus por decreto Divino. Os não-judeus não se beneficiariam com uma alimentação restrita, podendo, portanto, comer o que desejarem.

Quais animais são casher e não-casher

São dois os sinais pelos quais podemos reconhecer um animal casher: Os cascos devem ser completamente fendidos, isto é, visualmente divididos em duas partes. O animal deve ser ruminante, retorna a comida do estômago para a boca e a mastiga uma segunda vez.

Um animal que mastiga a comida uma segunda vez é chamado ruminante. Deus criou-o de uma maneira especial. Não possui os dentes superiores da frente, mas tem quatro estômagos. Não mastiga bem a comida; ao invés disso, corta-a toscamente. A comida desce para o primeiro e o segundo estômagos. Dali, é empurrada de volta para a boca e o animal a mastiga corretamente. Então a comida desce até o terceiro e finalmente ao quarto estômago, onde é digerida.

Um animal é casher apenas se possuir os dois sinais: ter os cascos completamente fendidos e ser ruminante. Os seguintes animais têm apenas um destes sinais:

O camelo é ruminante, mas seus cascos são fendidos apenas parcialmente; os cascos voltam a unir-se na base novamente.

O texugo também é ruminante, mas seus cascos não são fendidos. O coelho é ruminante, mas seus cascos não são fendidos. O porco tem cascos fendidos, mas não é ruminante.

A Torah nos adverte que não devemos ser enganados por um dos sinais casher desses animais. Se os estudarmos atentamente, veremos que carecem do segundo sinal.

Peixe: Dentre os peixes, um judeu pode comer apenas os tipos que têm tanto barbatanas como escamas. Exemplos de peixe casher: atum, salmão, carpa, arenque, pescada e truta. Exemplos de peixes não-casher são: o bagre, enguia e tubarões.

Aves: A Torah nos fornece uma lista de 24 aves proibidas. São aves de rapina que seguram a presa com suas garras. Dentre elas estão a águia, o corvo e a cegonha. A Torah nos permite comer qualquer ave que não seja uma destas 24 proibidas. Hoje em dia, entretanto, pode-se comer apenas aquelas aves que têm uma tradição confiável de serem *casher*.

Gafanhotos, Animais Rastejantes e Insetos: A Torah permite que um judeu coma quatro tipos de gafanhotos. Apesar disso, atualmente isto nos é proibido pois perdemos a tradição que nos possibilitaria saber quais gafanhotos são casher e quais não o são.

Insetos são proibidos, também, assim como animais rastejantes como cobras, escorpiões e vermes. Algumas frutas e vegetais podem ter insetos ou vermes dentro deles. Devemos verificar cada um cuidadosamente, e comê-los apenas depois de ter certeza de que estão livres de vermes e insetos.

Assim como a carne de animais não-casher é proibida, também não podemos beber seu leite. Podemos beber leite apenas se for de animal casher, como vaca ou cabra. O leite casher deve ser observado desde o início da ordenha até seu engarrafamento. Apenas desta maneira podemos ter certeza de que nenhum leite de animal não casher foi misturado a ele.

Mel é feito por abelhas, que não são casher. Porém, a Torah nos permite ingerir seu mel.

Sobre o mandamento de casher

Enquanto Moisés explicou aos Filhos de Israel quais animais são proibidos como alimento e quais são casher, mostrou cada um dos animais ao povo judeu. Moisés até mesmo mostrou uma de cada ave e animal rastejante que havia mencionado.

Um judeu não deve dizer: "Presunto é nojento," ou "Eu jamais comeria pernas de rã". Ao invés disso, deveria dizer: "Eu realmente gostaria de comer todos os tipos de carne, mas não o farei, porque Deus me proíbe de comê-los".

Correspondência bíblica

Silêncio:

Dt 27,9: "Em seguida, Moisés e os sacerdotes levitas falaram a todo o Israel: 'Guarda silêncio, Israel, e escuta: hoje te tornaste o povo do SENHOR teu Deus'".

Sl 4,5: "Tremei e não pequeis, refleti no silêncio do vosso leito".

Sl 101,5: "Quem calunia em segredo seu próximo vou reduzi-lo ao silêncio; quem tem olhar altivo e coração arrogante não suportarei".

Lm 3,26: "Importante é aguardar em silêncio o socorro do SENHOR".

Sf 1,7: "Silêncio diante do SENHOR Deus, pois está próximo o dia do SENHOR! O SENHOR já marcou um sacrifício, já separou seus convidados".

Mc 4,39: "Ele se levantou e repreendeu o vento e o mar: 'Silêncio! Cala-te!' O vento parou, e fez-se uma grande calmaria.

Lc 14,4: "Eles ficaram em silêncio. Então Jesus tomou o homem pela mão, curou-o e o despediu".

At 15,12: "Houve então um grande silêncio em toda a assembleia. Ouviram Barnabé e Paulo contar todos os sinais e prodígios que Deus havia realizado, por meio deles, entre os pagãos".

Ap 8,1: "Quando o Cordeiro abriu o sétimo selo, fez-se no céu um silêncio de meia hora...".

"Por vezes parece que Deus não responde ao mal, que permanece em silêncio. Na realidade Deus falou, respondeu, e a sua resposta é a cruz de Cristo: uma palavra que é amor, misericórdia, perdão. Deus julga amando-nos. Se acolho o seu amor, sou salvo; se o recuso, sou condenado, não por Ele, mas por mim mesmo, porque Deus não condena; Ele só ama e salva".

(Papa Francisco na homilia da Celebração da Paixão – Sexta-feira Santa, 29 de março de 2013).

Puro e o impuro:

Gn 7,2: "De todos os animais puros toma sete casais, o macho com a fêmea, e dos animais impuros, um casal, o macho com a fêmea".

Lv 10,10: "para que possais discernir entre o santo e o profano, entre o puro e o impuro".

Dt 12,22: "No entanto, comerás esta carne como se come a gazela e o veado: o puro e o impuro poderão comê-la juntos".

2Cr 29,5: "Escutai-me, levitas! Agora santificai-vos e purificai a Casa do SENHOR, o Deus de vossos pais. Retirai do Santuário o que é impuro".

Eclo 34,4: "Do impuro, o que de puro pode sair? E pelo mentiroso, o que pode ser dito de verdadeiro?"

Is 6,5: "Exclamei então: 'Ai de mim, estou perdido! Sou um homem de lábios impuros, vivo entre um povo de lábios impuros, e, no entanto, meus olhos viram o rei, o SENHOR dos exércitos'".

Is 35,8: "Acorda! Acorda! Veste tua força, ó Sião! Veste roupa de festa, Jerusalém, cidade santa! Pois nunca mais entrarão aí o gentio ou o impuro!".

Ez 4,13: "E o SENHOR disse: 'Assim comerão os israelitas um pão impuro entre as nações para onde vou dispersá-los'".

Mt 10,1: "Chamando os doze discípulos, Jesus deu-lhes poder para expulsar os espíritos impuros e curar todo tipo de doença e de enfermidade".

Mt 15,11.18: "O que torna alguém impuro não é o que entra pela boca, mas o que sai da boca, isso é que o torna impuro. Mas o que sai da boca vem do coração, e isso é que torna impuro".

Mc 1,27: "Todos ficaram admirados e perguntavam uns aos outros: 'Que é isto? Um ensinamento novo, e com autoridade: ele dá ordens até aos espíritos impuros, e eles lhe obedecem'"!

Mc 3,11: "E os espíritos impuros, ao vê-lo, caíam a seus pés, gritando: 'Tu és o Filho de Deus'".

Lc 6,18: "Vieram para ouvi-lo e serem curados de suas doenças. Também os atormentados por espíritos impuros eram curados".

At 10,15: "A voz lhe falou pela segunda vez: 'Não chames de impuro o que Deus tornou puro'".

Ef 5,5: "Pois ficai bem certos: nenhum libertino ou impuro ou ganancioso – que é um idólatra – tem herança no Reino de Cristo e de Deus".

Tt 1,15: "Para os puros tudo é puro, mas para os impuros e incrédulos nada é puro; até o seu pensamento e sua consciência estão manchados".

Ap 21,27: "Nunca mais entrará nela o que é impuro, nem alguém que pratique a abominação e a mentira. Entrarão nela somente os que estão inscritos no livro da vida do Cordeiro".

32 – Lv 12,1 – 13,59 - TAZRIA - תזריע
2Rs 4,42 – 5,19 e

33 – Lv 14,1 – 15,33: METSORA - מצורע
2Rs 7,3 – 20

TAZRIA - תזריע **- Lv 12,1 – 13,59; 2Rs 4,42 – 5,19**

Grande parte destas porções da Palavra de Deus fala a respeito dos cuidados com relação a uma doença de origem espiritual – a *Tsaráat* - lepra. Não era somente uma doença da pele, mas podia aparecer também nas casas e roupas das pessoas.

Isso ocorria na Terra de Israel e servia para advertir a pessoa que pecou para que se arrependesse dos seus pecados e fizesse Teshuvá (retorno ao Criador com arrependimento).

O que podia afinal causar essa doença espiritual? Sobretudo a maledicência – *Lashon Hará*. Mais para frente ouviremos falar dessa doença espiritual no livro do Números 12,1-2: "E falaram Mirian e Aarão sobre Moisés: Acaso foi somente com Moisés que falou o Eterno Deus? Também conosco Ele falou! E ouviu o Eterno".

Em seguida o texto diz: "... e eis que Mirian estava com *tsaráat*, lepra" (Nm 12,10).

Mirian era a irmã mais velha de Moisés, também profetisa e com o seu irmão Aarão fez um comentário maldoso sobre Moisés. Moisés nem chegou a se ofender, pois em seguida a Torah escreve: "Moisés era humilde, mais do que todos os homens da face da Terra" (Nm 12,3).

Noutro trecho da Bíblia (Dt 24,8-9) diz: "Evita com o maior cuidado a doença da lepra... Lembra-te do que o SENHOR teu Deus fez com Mirian na saída do Egito".

Ou seja é preciso lembrar sempre (o que o SENHOR fez a Mirian). Sempre que estivermos conversando com alguém e tivermos a possibilidade de falar a respeito de outra pessoa, temos que considerar que até mesmo Mirian, profetisa e líder de todas as mulheres da sua época – não foi poupada por ter falado mal sobre Moisés.

Não devemos usar da nossa língua para criticarmos ou fazer comentários sobre as outras pessoas, mesmo que tenham fundamento.

Existe uma bela história no Talmud sobre um escravo chamado Tavi, chamado de homem justo e correto. Um dia Rabi Simeão pediu-lhe que fosse comprar a melhor parte da carne do animal e ele lhe trouxe uma língua. Noutro dia o mesmo Rabi Simeão pediu-lhe que trouxesse a pior carne do animal e Tavi lhe trouxe novamente uma língua. Quando o patrão lhe perguntou sobre essa atitude contraditória, ele disse: "Da língua vem o bem e o mal. Quando ela é positiva, não há nada melhor, porém quando é negativa, não existe nada pior".

Na verdade a maledicência é resultado da falta de autocontrole da pessoa sobre a sua própria língua, esta possui como que uma força física.

É preciso portanto ter cuidado com o falar sem raciocinar. Muitas, muitas vezes é melhor ficar em silêncio para não errar e para que esta força física não anule nosso raciocínio.

Um outro sábio de Israel, também chamado Simeão, filho de Gamaliel diz no final do livro: o Dito dos Pais (Pirkê Avot): "Todos os dias de minha vida fui criado entre os sábios e não encontrei algo melhor ao corpo do que o silêncio".

O Rei Saul (1Sm 10,16), a rainha Ester (Est 2,20) e o mesmo Benjamin, que não tendo participado da venda de José e mesmo sabendo do ocorrido, não contou a Jacó sobre o ocorrido. Nem sempre quem fica em silêncio não tem o que falar. O silêncio é muitas vezes, mais expressivo do que muitas palavras.

TAZRIA – Seleções de Midrash a partir do texto bíblico: Lv 12,1 – 13,59

A concepção de um filho

Esta parashá começa mencionando as leis de uma parturiente com as palavras: "Se uma mulher concebeu uma semente...".

O Midrash descreve o momento da concepção: O anjo encarregado da concepção é chamado *Laila* (noite). Quando o Todo Poderoso deseja que nasça um ser humano, ordena ao Anjo Laila: "Traga-me esta ou aquela *neshamá* (alma) do Gan Eden (Jardim do Paraíso)"! A alma, entretanto, se ressente por ser desenraizada de sua Divina fonte, e reclama ao Todo Poderoso: "Sou pura e sagrada, conectada à Sua Glória. Por que é necessário que eu seja degradada entrando num corpo humano?"

"Não é assim como você diz," Deus a corrige. "O mundo onde você viverá ultrapassa em beleza aquele de onde você emanou. Foi criada com o único propósito de se tornar parte de um ser humano, sendo elevada pelos seus atos".

O Todo Poderoso em seguida ordena a alma fundir-se com a semente à qual estava destinada. Mesmo antes do feto estar formado, o anjo indaga de Deus: "Qual será o destino dela?"

Neste momento, todo o futuro da criança ainda não nascida é pré-destinado. O Todo Poderoso determina se será homem ou mulher, se será saudável ou sofrerá de alguma doença ou defeito, sua aparência, o grau de inteligência, bem como sua capacidade física e mental. Mais ainda, todos os detalhes de suas circunstâncias na vida já estão decididos – será ele rico ou pobre, o que possuirá, e quem será seu futuro cônjuge.

Vemos que todas as minúcias da vida de uma pessoa já estão decididas. Entretanto, há uma única exceção: Deus não decreta se alguém se tornará um *tsadic* (justo) ou um *rashá* (perverso). Cada um decide como moldar a si mesmo por meio de suas faculdades e capacidades que lhe foram pré-ordenadas.

A pessoa não deve se sentir orgulhosa de sua inteligência, força ou dinheiro, pois estas qualidades não são suas próprias conquistas; ao contrário, foram Divinamente designadas a ela antes do nascimento.

Há apenas um campo de empenho no qual a conquista resulta dos esforços individuais – se ele estudará (e quanto) sobre a grandiosidade de Deus, Sua Torah e se (e quanto) seguirá Seus caminhos. O grau de sucesso atingido nesta área, é um fruto de esforço e realização próprios.

A gravidez e o parto

O crescimento do feto no útero da mãe inspira a pessoa a sentir gratidão pelo Criador, que na sua bondade cuida do homem antes mesmo dele nascer.

Ainda no útero da mãe, a criança aprende toda a Torah. Também lhe é mostrada uma visão do Gan Eden (Jardim do Paraíso) e do guehinom (inferno), e o anjo que está encarregado dela lhe suplica: "Seja um tsadic (justo)! Não se torne um rashá (malvado)"!

Quando a criança entra neste mundo, o anjo toca seus lábios, fazendo com que todo o conhecimento da Torah previamente ensinado a ela seja esquecido (Contudo, este conhecimento foi absorvido pela sua mente subconsciente, proporcionando-lhe que capte futuramente os ensinamentos da Torah com mais facilidade).

Embora ao nascer a criança esteja coberta com sangue, assim mesmo é querida por todos. O encanto de bebês e crianças pequenas, explicam os Sábios de Israel, é que a Shechiná (Santidade) repousa sobre eles.

Originalmente, o nascimento de uma criança acontecia imediatamente após a concepção, e era indolor. A situação atual é resultado da maldição pronunciada sobre Eva (esposa de Adão, o primeiro homem) após ter pecado.

O preceito da circuncisão

Deus ordenou: "Um bebê judeu do sexo masculino deve passar por uma circuncisão aos oito dias de nascido. Mesmo se o oitavo dia coincidir com Shabat ou um Dia Festivo, a circuncisão não deve ser adiada". Isto mostra quão importante é a preceito da circuncisão.

Por que Deus ordenou que a circuncisão fosse realizada em meninos que ainda são bebês?

Deus também percebeu que bebês não têm tanto medo de fazer a circuncisão como crianças maiores. Além disso, a pele de um bebê cicatriza mais rapidamente após a circuncisão.

Aqui estão alguns dos procedimentos da circuncisão: Quando o bebê é trazido, todas as pessoas que assistem ficam em pé e proclamam: bem vindo! O bebê é colocado num assento especial chamado o trono de Elias. O profeta Elias é enviado por Deus para estar presente a cada circuncisão. O *mohel* (encarregado de fazer a circuncisão) então coloca o bebê sobre os joelhos do *sandec* (o homem que recebe a honra de segurar o bebê durante a circuncisão), e quando ele está pronto para fazer a circuncisão, o *mohel* recita a berachá (bênção): "Bendito sejas, Deus, nosso Deus, Rei do Universo, que nos santificou com Seus preceitos e nos ordenou fazer a circuncisão".

O pai do bebê, também, diz uma bênção especial enquanto o mohel está fazendo a circuncisão: "Abençoado sejas, Deus, nosso Deus, Rei do Universo, que nos santificou com Seus preceitos e nos ordenou trazer o menino ao pacto de nosso patriarca Abraão". O menino então recebe seu nome neste momento.

Por que uma circuncisão é chamada brit (pacto) de Abraão?

O primeiro preceito que Deus ordenou que Abraão cumprisse foi fazer a circuncisão em si mesmo. Então Deus disse a Abraão que dali em diante, todos os meninos judeus devem fazer a circuncisão aos oito dias de idade. A circuncisão seria um *brit*, um pacto, entre Deus e o povo judeu. Eles acreditariam em Deus, e Ele seria seu Deus.

A cerimônia da circuncisão continua com os participantes desejando que o bebê cresça para se tornar um sábio, que se case e crie sua própria família, e que faça sempre boas ações. Os pais recepcionam aqueles que desejam se juntar a eles numa refeição festiva.

Isto demonstra que os pais estão felizes por cumprir o preceito de Deus. Isto nos recorda também a refeição que Abraão fez no dia em que realizou a circuncisão em seu filho Isaac. O preceito da circuncisão é tão importante, que Deus considera para os pais que fazem a circuncisão no filho como se eles tivessem trazido o bebê como uma oferenda para Ele.

A mãe de um bebê recém-nascido oferecia sacrifícios especiais na época do Templo. Por que deve a mãe oferecer um sacrifício para Deus? Uma das razões é para agradecer Deus por tê-la salvado dos perigos do parto. Todo nascimento de uma criança é um milagre pelo qual a mãe e toda a família devem demonstrar gratidão a Deus.

Por que ocorria a punição de lepra

A Torah continua a nos relatar sobre tipos diferentes de impurezas. Uma delas é a lepra. É um problema de pele que pode ser diagnosticado apenas por um sacerdote. Se um judeu – homem, mulher ou criança – percebeu uma ou mais manchas brancas na pele, deve suspeitar da possibilidade de lepra. Foi-lhe ordenado mostrar o local da mancha a um sacerdote.

Se um judeu tornou sua alma impura por cometer um pecado grave, Deus por Sua vez, torna seu corpo impuro com lepra. Isto ajudaria a pessoa a perceber que pecou e que deveria fazer *teshuvá* (arrependimento e conversão). Deus infligia lepra em um judeu por alguns pecados, mas principalmente pelo pecado de *lashon hará* (maledicência).

Quando Deus quis que Moisés tirasse o povo judeu do Egito, Moisés protestou: "Eles não acreditarão que fui enviado por Deu"! Então, sua mão tornou-se branca com lepra por falar "mal" dos judeus.

Deus também utilizava lepra como castigo por outros pecados graves, que são: *Lashon hará (maledicência), assassinato, adultério, dar falso testemunho, ser orgulhoso, roubar, ser avarento.* Vemos que a maledicência é um pecado grave, pois é punido com lepra, da mesma forma que os terríveis crimes de assassinato e adultério.

A Torah ordena que um Leproso procure um sacerdote, não um médico. O sacerdote instará o Leproso a deixar de pecar, e começar a cumprir preceitos. Se o Leproso faz teshuvá (arrependimento), Deus permitirá que se torne puro novamente.

O que acontecia com um judeu com lepra

Enquanto os Filhos de Israel viviam no deserto, o Leproso devia abandonar o acampamento e permanecer sozinho. Na época do Templo, ele tinha de sair das cidades com muralhas. O Leproso ficava completamente só. Nenhuma pessoa tinha permissão para se sentar perto dele.

O Leproso tinha de cobrir a boca com um lenço. Isto era para lembrar-lhe da maledicência que havia causado sua lepra.

Ao ficar sozinho, sem vizinhos, amigos ou família, o Leproso tinha tempo de sobra para meditar sobre suas ações e porque Deus o havia afligido com lepra.

Tinha uma oportunidade de fazer *teshuvá* (arrependimento e conversão). Se Deus aceitasse seu arrependimento, a lepra desapareceria. O homem podia então convocar um sacerdote para examiná-lo novamente. Se o sacerdote decidisse que os indícios de lepra haviam de fato desaparecidos, o leproso era ordenado a purificar-se. E podia voltar para dentro do acampamento, para junto do convívio novamente com a família e amigos.

A lepra nas roupas

Na época do Templo Sagrado Deus às vezes trazia lepra sobre as roupas da pessoa. Apenas roupa branca poderia tornar-se impura com lepra. Se as vestes brancas de um judeu mostrassem apenas uma manchinha verde ou vermelha, ele devia mostrá-la para um sacerdote.

Por que Deus trazia lepra às roupas de um judeu? As manchas de lepra advertiam-no a fazer *teshuvá* por algum pecado grave que tivesse cometido. Deus poderia ter enviado lepra para o corpo do judeu. Mas antes de puni-lo em seu corpo, Deus primeiro mandava a punição sobre seus pertences como um aviso. Se o judeu se arrependesse e se convertia, Deus não enviaria a lepra para seu corpo.

Encontramos muitas ocasiões nas quais Deus manda primeiro um castigo pequeno como um aviso para fazer teshuvá e evitar uma punição mais severa.

Podemos exemplificar esta atitude Divina no episódio em que após morrerem os filhos de Jacó, os judeus no Egito começaram a misturar-se aos egípcios e agir como eles. Deus não fez o faraó escravizar os judeus imediatamente.

Primeiro, Ele fez os egípcios odiá-los. Isto deveria ter advertido os filhos de Israel a fazer teshuvá. Quando isso não ajudou, os egípcios fizeram os judeus pagar impostos. E somente quando os judeus não levaram esta punição a sério, Deus fez com que os egípcios os escravizassem.

Deus tenta nos avisar com pequenos sinais de alarme. Por isso, se um pequeno contratempo nos acontece - por exemplo, se perdemos dinheiro ou se nos tornamos ligeiramente doente - devemos aproveitar a oportunidade para fazer teshuvá. Isto é o que Deus espera de nós.

Podemos lembrar também que os sábios de Israel com relação a essa porção semanal da Palavra de Deus indicam que a inveja, as ambições, e a perseguição à honra, ao respeito e à admiração, podem afastar a pessoa da realidade da vida.

E lembram para isso do comandante chefe Naamã, muito respeitado e considerado e que ficou leproso e curado por Deus pela palavra do profeta Eliseu (cf. 2Rs 5,1-27). Naamã, com sua vaidade, quase perdeu a chance de se curar... No livro dos Provérbios está escrito: "O tolo sempre se considera com razão, porém aquele que ouve os conselhos é sábio" (Pr 12,15).

METSORA - מצורע - Lv 14,1 – 15,33; 2Rs 7,3 – 20

Na porção semanal da Palavra de Deus chamada *Metsorá* podemos considerar a Pureza do Lar, tema de grande importância no judaísmo, considerada do mesmo modo como jejuar em Yom Kipur (o dia do Perdão) ou não comer coisas com fermento em Páscoa.

Deus sempre irá nos recomendar algo que seja bom e adequado para nós. Quando se fala sobre algo puro ou impuro, é importante entender que impureza não significa algo sujo ou não higiênico. O próprio Sumo Sacerdote para se purificar durante o dia de *Yom Kipur* (Dia do Perdão) deveria fazer cinco imersões no tanque de purificação (*micvê*). Caso fosse somente para se limpar, seria um exagero tomar banho cinco vezes no mesmo dia... Então do que se trata, afinal?

Falar de pureza, trata-se de um conceito totalmente espiritual. E este é um conceito presente na Bíblia.

Estamos bastante acostumados a conceitos concretos, que podemos perceber com nossos sentidos. Já as coisas espirituais ficam praticamente fora do nosso alcance. E por isso precisamos estar atentos quanto às obrigações espirituais.

Fala-se nestas passagens bíblicas de *Metsorá* sobre a integridade física seja da mulher na menstruação, quanto à integridade física do homem e suas relações íntimas. A Torah fala para o casal permanecer separado ao menos durante 12 dias de cada mês. Mas o casal deseja justamente o contrário – uma intimidade sem interrupções.

Durante o ciclo menstrual o corpo da mulher passa por transformações em seus órgãos genitais que a preparam para a função reprodutora (fecundação do óvulo). O endométrio desprende-se em grande parte durante a menstruação, deixando o local ferido entre cinco e sete dias, enquanto nos sete dias seguintes o endométrio se refaz.

Todos esses conhecimentos são recentes na Medicina (+ - 125 anos), mas os antepassados judeus, mesmo desconhecendo isso, praticavam os ensinamentos da Bíblia por confiarem em Deus, e isso há mais de dois mil anos atrás!

Deus foi quem nos criou e conhece as nossas necessidades biológicas. A Bíblia portanto tem sempre um valor atual e Eterno.

METSORA - Seleções de Midrash a partir de: Lv 14,1 – 15,33

O remédio secreto

Um comerciante judeu em Israel caminhava penosamente de uma aldeia a outra, vendendo seus produtos. Ao se aproximar da cidade de Tsipori começou a anunciar: "Quem quer comprar um remédio que prolonga a vida?"

Um dos sábios, Rabi Yanai, estava passando e ouviu as palavras do ambulante. "Venda-me seu remédio!" - pediu ao comerciante.

"Ao senhor e aos outros santos sábios eu não o venderei; não precisam disso," respondeu o homem. "Por favor, venda-o," Rabi Yanai implorou.

Então o vendedor pegou o livro dos Salmos e mostrou um versículo a Rabi Yanai: "Quem é o homem que deseja a vida? Quem quer ter dias longos e bons? Proteja sua língua para não falar o mal e seus lábios de dizer mentiras (Salmo 34,13-14)! Aquele que é cuidadoso para não falar mal dos outros merecerá a vida no Mundo Futuro. Ele terá também dias longos e agradáveis neste mundo".

Rabi Yanai comentou: "Isto é realmente um bom remédio".

O rei Salomão nos advertiu de forma similar em seu livro Provérbios: "Aquele que vigia sua língua e a boca, protege o corpo de problemas". A palavra trará (problema) é quase a mesma que tsaráat (lepra). Aquele que se refreia e não fala mal dos outros, protege-se contra a lepra.

O que é maledicência e porque é tão grave

Lashon hará (Maledicência) é uma observação negativa verdadeira sobre outra pessoa. A Torah nos proíbe de fazer tal declaração ou de dar ouvidos a ela.

Os sábios de Israel ensinam que um judeu que fala mal dos outros peca tão gravemente como um assassino, um adúltero ou um idólatra. Na época do Templo um judeu que falasse mal dos outros era punido com a lepra.

É fácil entendermos porque um judeu que cometeu assassinato ou roubo ficou com lepra. São crimes graves. Mas por que um judeu que profere umas poucas palavras proibidas também recebe a lepra? Eis algumas das razões pelas quais a maledicência é considerada uma falha tão séria.

É muito difícil, e às vezes quase impossível, fazer *teshuvá* (arrependimento e conversão) por haver falado mal dos outros. Para fazer *teshuvá*, a pessoa deve se sentir arrependida por haver falado mal dos outros e decidir nunca mais repetir este falha. Mas não é suficiente. Ela deve também dirigir-se à pessoa sobre a qual falou e se desculpar. É muito difícil procurar um parente ou amigo e dizer: "Falei mal sobre você; por favor, perdoe-me!" Isto é tão constrangedor que a maioria das pessoas não o fará.

Mesmo se uma pessoa deseja pedir o perdão de outra, pode acontecer de ter falado mal de alguém para um grupo de pessoas e não pode desculpar-se com todas elas. Ou pode ter falado mal de alguém que viajou ou faleceu.

O arrependimento completo pela grave falha da maledicência é muito difícil. Por isso, devemos ser cuidadosos para evitar este pecado.

A maledicência frequentemente é cometida mais de uma vez. Quando se trata de roubo ou assassinato, um judeu entende que deve fazer teshuvá e nunca cometer o ato novamente. Mas quando se trata de falar mal de alguém, a pessoa erroneamente pode pensar: "Que diferença faz umas poucas palavras"? Deus quer que todos os judeus vivam em paz uns com os outros.

A maledicência causa ressentimentos e brigas entre o ouvinte e aquele de quem se falou. Frequentemente alguém pode se recusar a ser amigo de outro, apenas porque certa vez escutou algo de negativo sobre ele. O Leproso era obrigado a sair do acampamento e ficar isolado, pois foi ele quem causou rompimento de amizades. Mesmo fora do acampamento ninguém tinha permissão de se aproximar dele. Ficava separado da família, amigos e vizinhos.

Devemos usar a língua para a finalidade correta

De todas as criaturas que Deus criou, apenas seres humanos podem falar (Embora animais possam comunicar-se de algumas formas, não usam as palavras). O dom da palavra é um presente de Deus à humanidade. Por isso, Deus nos ordenou manter nossas línguas puras e usá-las para palavras de Bíblia e de bondade.

Pela maneira que nos expressamos, pode-se perceber que tipo de pessoa somos. A Guemará (comentário sobre o Talmud os ensinamentos da Bíblia) conta a seguinte história:

Dois estudantes estavam sentados em frente ao sábio Hilel e discutiam uma passagem escrita do código legal judaico. Um deles perguntou: "Por que uvas devem ser colhidas em recipientes puros, ao passo que azeitonas podem ser cortadas em recipientes impuros?" Ele então explicou a resposta da *Mishná*.

O outro aluno usou palavras diferentes para fazer a mesma pergunta: "Porque uvas devem ser colhidas em recipientes puros, e azeitonas não necessitam ser colhidas em recipientes puros?" Ele foi cuidadoso em evitar a palavra impuro.

Quando Hilel ouviu as palavras do segundo estudante, disse: "Tenho certeza que este aluno, que foi tão cuidadoso em usar apenas palavras boas, vai se tornar um mestre de Torah para o povo"! E assim aconteceu; ele tornou-se um grande professor de *halachá* (lei judaica).

Há outra história a respeito de três sacerdotes que comentavam entre si o tamanho da porção de pão que haviam recebido. O primeiro disse: "Recebi uma porção pequena como uma ervilha".

O segundo declarou: "Recebi um pedaço do tamanho de uma azeitona".

O terceiro falou: "Recebi um pedaço do tamanho da cauda do lagarto".

Este último exemplo não era uma comparação correta. Não era apropriado comparar uma porção do sagrado pão à cauda de um lagarto, um animal impuro. Quando os sábios ouviram esta declaração, conferiram a árvore genealógica do sacerdote. Descobriram que havia nascido de um casamento proibido para os sacerdotes. Não lhe foi mais permitido servir no Templo. Destes relatos aprendemos quão importante é usar uma linguagem pura, refinada, e não vulgar.

Como um leproso torna-se puro

Como já explicamos, um das razões principais que causavam lepra era a maledicência. A palavra *Metsorá* (aquele que tem tsaraát), é parecida com a palavra *motsirá*, (alguém que fala o mal). Se o leproso fazia arrependimento enquanto estava fora do acampamento, Deus fazia as manchas brancas na pele desaparecerem.

O leproso se sentia aliviado quando percebia que as marcas tinham desaparecido. Ele então chamava um sacerdote. O sacerdote caminhava até fora do acampamento para examiná-lo. O sacerdote dizia: "Começaremos a torná-lo *tahor* (puro). Hoje é o primeiro dia de sua *tahará* (purificação). No oitavo dia você oferecerá sacrifícios, ficará completamente puro e poderá juntar-se à sua família".

Após a oferenda dos sacrifícios o judeu tornava-se puro novamente e podia reunir-se à família. Ele sentia-se quase como alguém que havia morrido e voltara a viver. Este homem jamais falaria mal dos outros novamente! Certamente prestaria mais atenção às suas futuras palavras.

O Midrash explica:

Por que duas aves, um graveto de cedro e grama eram usados para purificar o leproso? Por que a Torah nos ordenou usar aves para purificar o leproso?

Deus, assim, está lhe dizendo: "Você agiu como um pássaro! Um pássaro chilreia constantemente! Você também falou e falou, sem prestar atenção no que dizia". Por que um pássaro é abatido e o outro é libertado?

O pássaro colocado em liberdade significa: Se você usar sua língua com palavras de Torah e bondade, estará usufruindo da vida de modo correto.

A grama e o cedro são totalmente opostos. O cedro é a mais alta das árvores e a grama, o mais baixo dos arbustos. O leproso é lembrado: Por que você falou mal dos outros? Porque pensou que era um cedro – melhor que os outros. Para evitar falar mal dos outros no futuro, deve sentir-se humilde como a grama.

Por que Deus trazia lepra (manchas brancas) às casas? Deus às vezes também enviava manchas de *tsaraát* às paredes das casas. Isto acontecia por uma série de razões:

Uma casa judia é especial. As portas têm *mezuzot*, e a cada sete dias transforma-se em um palácio, recebendo o *Shabat*. O dono de um verdadeiro lar judeu abre suas portas àqueles que necessitam de comida, *tsedacá* (caridade), um empréstimo, ou qualquer outro tipo de ajuda. Entretanto, se um judeu tem uma bela casa, mas se nega a ajudar àqueles que precisam de dinheiro ou objetos, de uma refeição ou um lugar para dormir, Deus o pune.

No tempo do Templo, Deus fazia com que aparecesse tsaraát nas paredes da casa. O sacerdote então tinha que lacrar aquela casa. E o dono nem ao menos podia entrar em sua própria residência, da mesma forma que a havia fechado para outros que pediram ajuda. E se as manchas de tsaraát continuavam voltando, a casa tinha de ser demolida. Desta maneira, ele era punido por não compartilhar sua casa e seus pertences com os outros.

Tsaraát nas paredes era uma recompensa: *Tsaraát* às vezes atingia as paredes de uma casa cujo dono não cometera uma falha. Para esse, a *Tsaraát* era uma recompensa. Descobriam ouro, prata e objetos de valor que haviam sido escondidos nas paredes. Isto jamais teria sido descoberto se não fosse pelas manchas de *tsaraát* aparecendo nas paredes.

O que acontecia se a casa tinha tsaraát (manchas brancas)

Se um judeu que vivesse em qualquer cidade em Israel (exceto Jerusalém) e achasse uma mancha na parede, ele chamava um sacerdote e lhe dizia: "Percebi uma mancha em uma das paredes. Parece *tsaraát* (lepra)". O sacerdote ordenava: "Antes que eu vá, tire todos os pertences de sua casa!" Desta maneira, os objetos não se tornariam impuros, caso o sacerdote decidisse trancar a casa.

Como explicamos, uma das razões pelas quais Deus mandava *tsaraát* a uma casa era por causa da avareza do proprietário.

Ele se recusava a emprestar seus pertences a outrem, pensando que jamais alguém pudesse descobrir quantos objetos tinha escondido em sua casa. Agora ele precisava colocar seus utensílios e pertences à mostra, na rua. Todos os vizinhos viam os objetos que tinha mantido em segredo nos armários. Talvez isto despertasse o arrependimento nele.

Então, quem sabe, Deus deixasse as manchas de *tsaraát* nas paredes da casa desaparecerem ou se tornarem mais fracas. Porém, se não o fizesse, o sacerdote afirmava que a mancha na parede era *tsaraát*. Ordenava, então: "Esta casa deve ser trancada por sete dias!"

Após uma semana, finalmente, a família tinha permissão de retornar para sua casa. Se os membros daquela família tivessem sido mesquinhos ou antipáticos, certamente iriam se tornar generosos e humildes. Primeiro, seus pertences haviam sido colocados na rua. Depois eles foram mantidos fora de casa por uma semana (algumas vezes por três semanas). O tempo todo temeram que as manchas pudessem se espalhar e que a casa tivesse que ser demolida. Agora percebiam que o lar de uma pessoa e todas suas posses na verdade pertencem a Deus. Dinheiro e objetos nos são concedidos para que os usemos com o propósito correto.

Tsaraát (lepra) era um milagre

Quando Moisés ensinou as leis sobre a lepra aos Filhos de Israel, eles tornaram-se temerosos deste terrível problema de pele. Mas Moisés os acalmou: "Vocês não precisam ter medo! *Tsaraát* é um sinal de Deus que vocês são uma nação sagrada. Deus os adverte a fazerem teshuvá (conversão e arrependimento). Isto é um privilégio que Deus não concede a nenhuma outra nação"! A lepra provou aos filhos de Israel o quanto Deus se preocupava com eles.

Os judeus tiveram que guardar as leis sobre a lepra apenas na terra de Israel; não em outros países. Israel é uma Terra Santa, onde a Presença de Deus repousa; por isso, os judeus que lá vivem devem ser mais cuidadosos com os preceitos que outros vivendo fora da Terra Santa.

Correspondência bíblica

Purificação:

Nm 31,23: "tudo o que suporta o fogo, deveis passar pelo fogo, para que seja purificado. Contudo deverá ser purificado também com água de purificação. O que não suportar o fogo, fareis passar pela água".

1Cr 23,28: "Serão assistentes dos filhos de Aarão nos atos de culto na Casa do SENHOR, nos pátios e nas celas, na purificação de tudo o que é sagrado; enfim, estarão a serviço da casa de Deus".

Ne 12,45: "Eles cuidavam do serviço de Deus e dos ritos de purificação, como também os cantores e os porteiros cumpriam as ordens de Davi e de seu filho Salomão".

2Mc 10,5: "Assim, na data em que o Templo tinha sido profanado pelos estrangeiros, nesse mesmo dia aconteceu a sua purificação, a saber, no dia vinte e cinco daquele mês, o mês de Casleu".

Eclo 51,27: "Para ela (a Sabedoria) orientei a minha alma e na purificação a encontrei".

Mc 1,44: "Não contes nada a ninguém! Mas vai mostrar-te ao sacerdote e apresenta, por tua purificação, a oferenda prescrita por Moisés. Isso lhes servirá de testemunho".

Lc 2,22: "E quando se completaram os dias da purificação, segundo a lei de Moisés, levaram o menino a Jerusalém para apresentá-lo ao SENHOR".

At 21,26: "Então Paulo levou os homens consigo. No dia seguinte, purificou-se com eles e entrou no Templo, comunicando o prazo em que devia ser oferecido o sacrifício de cada um deles, logo após os dias da purificação".

Hb 1,3: "Ele é o resplendor da glória do Pai, a expressão do seu ser. Ele sustenta o universo com a sua Palavra poderosa. Tendo feito a purificação dos pecados, sentou-se à direita da majestade divina, nas alturas".

Lepra:

Ex 4,6: "Disse-lhe ainda o SENHOR: Coloca a tua mão no peito. Ele colocou a mão e, quando a tirou, estava coberta de lepra, branca como a neve".

Nm 12,10: "Apenas a nuvem se tinha afastado da Tenda, Mirian ficou leprosa, branca como a neve. Quando Aarão olhou para ela, viu-a toda coberta de lepra".

Nm 12,12: "Que Mírian não fique como morta, como um aborto lançado fora do ventre da mãe, com a metade da carne consumida pela lepra".

Dt 24,8: "Evita com o maior cuidado a doença da lepra, e observa tudo o que te instruíram os sacerdotes levíticos, conforme Eu lhes ordenei. Cumpre tudo à risca".

2Rs 5,3: "Disse ela a sua senhora: 'Ah, se meu amo se apresentasse ao profeta (Eliseu) que reside na Samaria, sem dúvida o livraria de sua lepra".

2Rs 5,27: "A lepra de Naamã se pegará a ti e a tua descendência para sempre". E ele saiu da presença dele branco de lepra como a neve.

2Cr 26,19: "Ozias irritou-se e ficou com o turíbulo na mão para incensar. E enquanto ralhava com os sacerdotes, apareceu a lepra em sua testa, na presença dos sacerdotes, dentro da Casa do SENHOR, ao lado do altar do incenso".

2Cr 26,21: "O Rei Ozias continuou leproso até à morte. Ficou morando em casa separada, tomado pela lepra e, por isso, excluído da Casa do SENHOR. Entrementes o filho João tomou conta do palácio real e governou o povo da terra".

Mt 8,3: "Jesus estendeu a mão, tocou nele e disse: "Eu quero, fica purificado". No mesmo instante, o homem ficou purificado da lepra".

Lc 5,12.13: "Estando Jesus numa das cidades, apareceu um homem coberto de lepra. Ao ver Jesus, ele caiu com o rosto em terra e suplicou-lhe: 'Senhor, se queres, tens o poder de purificar-me'. Estendendo a mão, Jesus tocou nele e disse: 'Quero, fica purificado'. E imediatamente a lepra desapareceu".

34 – Lv 16,1 – 18,30:
ACHARÊ MOT - אחרי מות
Ez 22,1 – 19

Aos poucos na vida podemos nos acostumar com algumas coisas, e desconsiderar tantas outras coisas pela força dos hábitos, pelo que vemos e ouvimos nos jornais, televisões, moda e conversas.

Neste trecho semanal da Palavra de Deus, a Torah nos fala sobre a importância de realmente acreditar naquilo que Deus pede de cada um de nós.

O Todo-Poderoso Deus diz a Moisés para lembrar ao seu irmão Aarão que não se deve entrar no local mais sagrado do Templo (o Santo dos Santos) a hora que achar por bem entrar.

Os textos bíblicos nos lembram que Aarão só entrava lá uma vez por ano e mesmo assim se preparava bem, sete dias antes, para entrar nesse lugar tão sagrado.

Existe uma passagem no livro do profeta Ezequiel: "Quando o povo da terra vier à presença do SENHOR para adorá-lo por ocasião das solenidades, os que entram pela porta Norte sairão pela porta Sul, e os que entram pela porta Sul sairão pela porta Norte. Ninguém sairá pela porta pela qual entrou, mas sairá do lado oposto" (Ez 46,9).

Os sábios de Israel explicam o porquê desse agir, ensinando que o motivo é para que não se confunda as portas e paredes do Templo Santo de Deus com as paredes e portas das casas e apartamentos. Assim valorizamos mais a Casa de Deus, que não é igual à nossa casa.

Tudo isso pode nos ajudar a perceber que a rotina e o cotidiano da vida podem ser grandes inimigos para o nosso progresso na vida espiritual.

Existe um ensinamento em Israel que diz que devemos estar atentos às palavras dos sábios com o mesmo empenho que uma pessoa sedenta bebe água. Quem tem a água sempre ao seu alcance e a bebe sem muita sede, não sabe lhe dar o devido valor. Mas quando alguém está num deserto, sabe valorizar muito bem a presença da água na sua vida.

Assim também acontece na vida espiritual. Devemos aproveitar dos momentos de oração, de encontro com Deus, de leitura da Bíblia com "sede", para que a força da rotina não nos impeça de progredir na fé.

- O estudo da Palavra de Deus deve sempre ser visto como algo novo, procurado com "sede" para que a chama do progresso espiritual continue sempre acesa e viva em nós.

ACHARÊ MOT – Seleções de Midrash a partir de: Lv 16,11 – 18,30
O Santo dos Santos – O lugar mais Sagrado no Templo

No dia em que os filhos de Aarão, Nadab e Abiú faleceram, Deus disse a Moisés: "Veja que seu irmão Aarão não repita o erro de Nadab e Abiú! Porque desejavam tanto se aproximar de Deus, entraram no Santo dos Santos sem permissão. E por causa disso, foram punidos".

Nenhum judeu, exceto o Sumo Sacerdote, deverá jamais entrar no Santo dos Santos. A Presença da Divindade - *Shechiná* ali repousa. Mesmo Aarão, o Sumo Sacerdote, pode entrar ali apenas quatro vezes em *Yom Kipur* (Dia do Perdão) para fazer o serviço litúrgico. Se entrar uma quinta vez, será punido por Deus.

Havia apenas uma pessoa que era diferente: Deus disse a Moisés: "Você, Moisés, é diferente. Pode entrar no local mais sagrado a qualquer hora que desejar, porque você é extremamente santo". Deus ensinou Moisés o serviço especial de *Yom Kipur*. Explicaremos aqui algumas das leis principais:

O próprio Sumo Sacerdote deveria realizar todo o serviço no dia de *Yom Kipur*.

Todos os sacrifícios de *Yom Kipur* eram oferecidos pelo próprio Sumo Sacerdote, não por qualquer outro sacerdote. Por quê? Neste dia Deus perdoa os pecados do povo judeu. Por isso, os corbanot (sacrifícios) eram tão importantes que deveriam ser oferecidos pelo sacerdote mais sagrado de todos, o Sumo Sacerdote.

As roupas do Sumo Sacerdote

Um Sumo Sacerdote usava oito vestes enquanto fazia o serviço. Destas oito, quatro não continham ouro.

Em *Yom Kipur*, antes que o Sumo Sacerdote entrasse no Santo dos Santos, removia suas quatro vestes de ouro para que ficasse apenas com as quatro de linho branco. Por quê?

Como Deus perdoa os pecados do povo judeu em *Yom Kipur*, o Sumo Sacerdote deve ser muito cuidadoso para não permitir que o anjo acusador ache alguma coisa para criticar sobre os Filhos de Israel. Se o Sumo Sacerdote vestisse vestes "de ouro", o anjo acusador apontaria para o ouro e lembraria Deus: "os filhos de Israel fizeram um bezerro de ouro!".

Outra razão pela qual o Sumo Sacerdote vestia apenas túnicas de linho ao entrar no Santo dos Santos era que vestes de linho são brancas. O branco sugere pureza e perdão. Isso demonstra que o Sumo Sacerdote está pedindo a Deus que perdoe os pecados dos filhos de Israel.

O Nome sagrado de Deus

O nome de Deus é tão sagrado que quando lemos a Torah ou quando rezamos, não pronunciamos as letras do nome de Deus como são escritas. Ao invés disso, dizemos Adonai, que significa "Meu Mestre".

Entretanto o Sumo Sacerdote em *Yom Kipur* tinha que pronunciar o nome Divino – *Yud Hey Vav Hei* – por completo. Ele pronunciava este nome dez vezes em *Yom Kipur*.

Quando as pessoas no pátio ouviam o sagrado nome de Deus sair da boca do Sumo Sacerdote, todos se prostravam e respondiam: "*Baruch Shem Kevod Malchutô Leolam Vaed*": "Bendito seja o nome (de Deus) que Seu glorioso reino perdure para toda a eternidade".

Sempre que o nome de Deus era mencionado, este era louvado. Esta era uma regra do Templo: quando o grande nome de Deus era pronunciado, deveria ser louvado.

O Santo dos Santos era a parte mais sagrada do Templo Santo, porque a Presença da Divindade - *Shechiná* repousava entre sobre a arca. A Presença da Divindade é tão sagrada que a pessoa não pode vê-la completamente enquanto vive. O grande justo, Moisés, pôde ver a Presença da Divindade apenas "por de trás". O Sumo Sacerdote em *Yom Kipur* nunca viu a Presença da Divindade - Shechiná claramente, porque quando queimava o incenso no Santo dos Santos, a fumaça enchia o aposento. Mesmo assim, apenas um homem muito santo sobreviveria ao entrar no Santo dos Santos.

Antes que o Sumo Sacerdote entrasse, uma corrente de ouro era presa a seu pé. Ele era puxado para fora caso morresse lá. O Sumo Sacerdote ficava temeroso quando entrava no local mais sagrado.

O que lhe dava coragem era saber que grandes méritos o acompanhavam. Deus o protegeria especialmente por causa destes grandes méritos: a Torah, a circuncisão, o Shabat, a cidade de Jerusalém e as Tribos de Israel.

Leis especiais de Yom Kipur – O Dia do Perdão

Deus disse a Moisés: "Todos os anos, em dez de Tishrê (mês do calendário judeu), o Povo de Israel deve guardar *Yom Kipur*, pois este é o dia no qual Deus diz: Eu perdoo seus pecados". Em *Yom Kipur* todo judeu deve jejuar o dia todo.

Após a destruição do Templo Santo, o povo judeu perguntou a Deus: "Senhor do Universo! Não temos sacrifícios para oferecer em *Yom Kipur*. O que faremos"?

Deus respondeu: "Agora vocês devem fazer o serviço do sacrifício com a oração, com seus lábios. Rezem a Mim ao invés de oferecerem sacrifícios! Suas orações me são tão caras quanto o serviço do Templo Santo.

Eis a razão pela qual passamos todo o *Yom Kipur* rezando e fazendo teshuvá (arrependimento e conversão).

Pronunciamos *Viduy* (confissão de nossos pecados) em todas as orações.[34]

O dia de Yom Kipur tem o poder especial de apagar os pecados, mais do que qualquer outro dia do ano. Rabi Akiba costumava dizer: "Quão afortunados são vocês, Israel! Perante quem se purificam? Diante de seu Pai nos Céus! Deus é chamado de "tanque para purificação". Da mesma forma que um *micvê* purifica a pessoa que é impura, assim Deus purifica vocês de sua impureza".

Em outras palavras, ao fazermos nossa parte para nos purificar – quando confessamos nossos pecados e nos arrependemos em Yom Kipur – então Deus remove de nós a impureza.

Uma história: Não devemos adiar o processo de arrependimento e retorno

Na juventude, um judeu de nome Rêsh Lakish e dois de seus bons amigos eram salteadores de estrada. Costumavam render viajantes e roubá-los de seus bens.

---

[34] Sobre a oração judaica *Viduy* confira parashá de n° 27 Vayicrá (Lv 1,1 – 5,26).

Certa vez Rabi Yochanan encontrou o jovem Rêsh Lakish e ficou impressionado com ele. "Você deveria desistir de sua ocupação pecaminosa e dedicar sua força e sua mente ao estudo de Torah", lhe disse.

Rêsh Lakish ouviu Rabi Yochanan e disse aos amigos: "Começarei a estudar no Templo Santo. Querem me acompanhar"? Mas seus amigos não se interessaram; preferiram permanecer assaltantes.

Quando Rêsh Lakish começou a estudar Torah, tornou-se consciente da gravidade de seus erros. Jejuou, rezou, confessou seus pecados e prometeu a Deus que jamais retornaria a seus antigos dias de perversidade. Deus aceitou seu arrependimento e o perdoou integralmente.

Rêsh Lakish tornou-se tão profundamente interessado no estudo de Torah que permanecia constantemente na Casa de Estudos. Tornou-se um famoso mestre de Torah, conhecido também por sua confiança em Deus. Nunca guardava dinheiro, ao contrário, costumava dividi-lo entre os pobres.

Deus fez com que Rêsh Lavish e seus dois amigos morressem no mesmo dia. Os dois companheiros puderam ver que Rêsh Lakish fora conduzido ao Jardim do Paraíso, enquanto os anjos carregavam suas almas até uma parte do Inferno, onde ladrões e assaltantes eram punidos.

"Senhor do mundo, isso não é justo!" gritaram ambos. "Conhecemos o judeu que foi levado ao Jardim do Paraíso – nós três costumávamos assaltar juntos! Merecemos tratamento igual"!

Deus respondeu-lhes: "Rêsh Lakish se arrependeu e vocês não!"

"Então nos arrependemos agora," responderam os dois.

"Tarde demais," declarou Deus. "A pessoa pode fazer todo um processo de conversão e de arrependimento (*teshuvá*) apenas durante a vida. Depois que morre, é recompensado somente pelo que fez durante sua vida".

O homem é comparado a um viajante que empreende uma jornada pelo oceano. Os víveres que preparou quando estava em terra, terá ao seu dispor no navio. Aquele que nada prepara, morrerá de fome.

Esta história nos ensina que todos nós jamais devemos adiar o nosso arrependimento. Se souber que cometeu uma transgressão, deve tomar a resolução de jamais repeti-la. Entretanto, Deus selecionou um tempo especial para se arrepender: *Yom Kipur*.

Nesta época, Deus aceita nosso arrependimento mais facilmente. Porém há algumas transgressões que não são perdoadas em *Yom Kipur*, mesmo que a pessoa se arrependa:

- Ofensas cometidas com a certeza de que serão perdoadas em Yom Kipur. Se alguém diz: "Cometerei pecados durante todo o ano, porque sei que Deus me perdoará assim que eu me arrepender em Yom Kipur", essas transgressões não serão perdoadas.

- Ofensas feitas ao próximo, a menos que lhe peça perdão – Se um judeu pecou contra Deus, por exemplo, se realizou trabalho proibido no Shabat, Deus o perdoa após fazer teshuvá. Mas se um judeu ofende o próximo judeu – por exemplo, insulta um amigo – seu arrependimento não é suficiente. Deve também procurar o amigo e lhe pedir perdão.

Então, quando fizer teshuvá – a qualquer tempo, e particularmente antes de *Yom Kipur* – assegure-se de pedir perdão a cada pessoa que tenha ofendido.

O Midrash esclarece como os ilustres Sábios de Israel pediam perdão uns aos outros:

Rabi Jeremias teve um desentendimento com Rabi Abba, e decidiu aplacá-lo. Quando chegou à casa de Rabi Abba, sentou-se no degrau da porta de entrada. Neste exato momento a empregada saiu. Estava carregando água suja e derramou um pouco sobre Rabi Jeremias.

"Estou me transformando em lixo aqui," disse ele. "É melhor eu ir embora". Dito isso, começou a caminhar para casa.

Neste ínterim, Rabi Abba ouviu o que a empregada fizera e correu atrás de Rabi Jeremias para se desculpar com ele. Quando Rabi Jeremias o viu, voltou-se para pedir desculpas. Mas Rabi Abba disse: "Nada disso, eu é que devo pedir perdão e não o contrário, porque você foi maltratado em minha casa". Perdoaram-se mutuamente e se tornaram amigos outra vez.

Corbanot - Sacrifícios

Adão e Noé, bem como os patriarcas – Abraão, Isaac e Jacó – construíram altares sobre os quais ofereciam sacrifícios a Deus. Mas, uma vez construído o Templo Santo, Deus ordenou: "Nenhum judeu pode oferecer-Me um sacrifício sobre um altar fora do Mishcan (Tenda do Encontro ou do Templo Santo)".

Caso eles tivessem recebido permissão de construir altares em qualquer lugar, os judeus logo teriam imitado as nações não judias que construíram tais altares para os ídolos. Já que um judeu sempre deveria ir ao Tabernáculo ou ao Templo Santo para fazer sua oferenda, não chegaria a oferecer sacrifícios a ídolos.

A Torah nos faz três advertências sobre a proibição de ingerir sangue ou comer um animal que não seja casher:

Não se pode ingerir sangue de um animal: Como explicamos anteriormente, os Sábios de Israel decretaram que carne e frango devem ser salgados para extrair seu sangue.

Não se pode comer um animal que morreu por si mesmo, ou que não foi abatido exatamente como ordena a lei. Deve-se apenas comer a carne se no animal foi feito o abate de acordo com a *Halachá*, Lei Judaica.

Não se deve comer um animal que foi ferido por outro animal.

O preceito de cobrir o sangue de animais selvagens e pássaros.

Deus ordenou: "Se você abater um cervo ou pássaro deverá cobrir o sangue com terra por cima e por baixo do animal". Entretanto, não é necessário que o sangue de animais domésticos que abatemos seja coberto.

Como a vida de uma pessoa depende do sangue, a Torah ordena que tenhamos respeito por todo tipo de sangue. Assim como devemos enterrar uma pessoa morta porque seria desrespeitoso não cobrir seu corpo com terra, assim devemos respeitar o sangue de animais silvestres e aves casher, cobrindo-o.

O Midrash nos relata por que animais selvagens merecem ter seu sangue coberto. Você certamente se recorda da história de Caim e Abel, filhos de Adão. Caim assassinou o irmão porque estava com inveja dele. Quem enterrou Abel?

O Midrash nos conta que os pássaros e os animais da selva cavaram um buraco e puseram o corpo de Abel dentro. Deus recompensou-os pela boa ação.

Quem for abater um animal casher deve recitar uma bênção especial. Vacas, ovelhas e cabras merecem apenas aquela bênção feita sobre eles. Entretanto, animais selvagens casher (como o cervo) e aves, recebem uma segunda bênção como recompensa por sua boa ação!

Casamentos proibidos

Moisés advertiu o Povo de Israel: "Quando vocês viveram no Egito, viram que os egípcios tiveram relações incestuosas com parentes próximos. Irmão com irmã, a mãe com filho. Quando você chegar à terra de Canaã novamente verão os Canaanitas se relacionarem com parentes próximos. Vocês, como povo sagrado, não podem imitar este comportamento perverso. Mantenham-se distantes de todos os matrimônios que proibi".

Aqui estão alguns dos casamentos proibidos:
Não se pode desposar a mãe, madrasta, irmã, filha, neta, tia, ou nora. Não é permitido se casar com uma mulher e receber sua irmã, filha ou neta como segunda esposa. Entretanto, se sua mulher morre, ele tem permissão de desposar a irmã dela. Um judeu não tem permissão de contrair um matrimônio proibido, mesmo se for ameaçado de morte por não obedecer.

Se ignorar as advertências da Torah e intencionalmente realizar um casamento proibido, Deus diz: "Punirei este judeu com o corte (karêt)". Karêt significa "cortar". Esta é a pior das punições possíveis, pois esta pessoa é cortada de Deus e do resto do povo judeu.

A Torah adverte que, Deus não o permita, se muitos judeus cometerem esta transgressão: "A terra irá cuspi-los fora," o que significa que o povo judeu será expulso da Terra de Israel.

Como um estômago delicado que não tolera comida estragada, a Terra de Israel é tão santa que não pode abrigar judeus que cometem transgressões. Os Cananitas, que habitaram a terra antes de chegarem os judeus, foram expulsos porque cometeram terríveis pecados. Mas a falha de um povo consagrado por Deus é muito mais grave.

Deus prometeu: "Vocês guardarão minhas leis e meus decretos, pois o homem que os cumprir, por meio deles viverá. Eu sou o SENHOR" (Lv 18,5).

Após a morte, Deus leva a alma ao Jardim do Paraíso onde a mantém até à época da Ressurreição dos mortos. Então, reconstituirá o corpo e devolverá a alma para habitar nele. A pessoa, então viverá para sempre, apreciando a glória de Deus o tempo todo. Esta é a mais grandiosa recompensa imaginável.

Correspondência bíblica

Perdão:

Ex 33,20: "Cometestes um grandíssimo pecado. Agora vou subir até o SENHOR, para ver se de algum modo poderei obter o perdão para o vosso delito".

Lv 25,9: "Então farás soar a trombeta no dia dez do sétimo mês. No dia do Grande Perdão fareis soar a trombeta por todo o país".

Sl 130,4: "Mas em Ti se encontra o perdão, para seres venerado com respeito".

Eclo 5,5: "Não percas o temor por causa do perdão acrescentando pecado a pecado".

Eclo 17,28: "Quão grande é a misericórdia do SENHOR e o seu perdão, Mara com todos aqueles que a Ele retornam!".

Eclo 28,4: "Se não tem compaixão do seu semelhante, como poderá pedir perdão dos seus pecados?".

Jr 36,7: "Quem sabe venham a chegar à presença do SENHOR pedidos de perdão da parte deles e cada um volte atrás dos seus maus caminhos, pois grande é a ira, o furor que o SENHOR ameaça contra esse povo".

Dn 9,9: "A Ti, SENHOR nosso Deus, cabem a misericórdia e o perdão, pois pecamos contra Ti".

Zc 12,10: "Derramarei sobre a casa de Davi e os cidadãos de Jerusalém um espírito de perdão e de misericórdia e eles olharão para Mim. E por quem tiverem transpassado, eles hão de chorar como se chora por um filho único, ficarão de luto por causa dele como se fosse o primogênito".

Mc 1,4: "Assim veio João, batizando no deserto e pregando um batismo de conversão, para o perdão dos pecados".

Lc 24,47: "E no seu nome será anunciada a conversão, para o perdão dos pecados, a todas as nações, começando por Jerusalém".

At 2,38: "Pedro respondeu: Convertei-vos, e cada um de vós seja batizado em nome de Jesus Cristo, para o perdão dos vossos pecados. E recebereis o dom do Espírito Santo".

At 5,31: "Deus, porém, por seu poder, o exaltou, tornando-o Líder e Salvador, para propiciar a Israel a conversão e o perdão dos seus pecados".

At 10,43: "A seu respeito, todos os profetas atestam: todo o que crê nele recebe, no seu nome, o perdão dos pecados".

Ef 1,7: "Nele, e por seu Sangue, obtemos a redenção e recebemos o perdão de nossas faltas, segundo a riqueza da Graça".

Hb 9,22: "E assim, segundo a Lei, quase todas as coisas são purificadas com sangue, e sem derramamento de sangue não existe o perdão".

Hb 10,18: "Onde, pois, existe o perdão, já não se faz oferenda pelo pecado".

Tg 5,15: "A oração feita com fé salvará o doente, e o SENHOR o levantará. E se tiver cometido pecados, receberá o perdão".

35 – Lv 19,1 – 20,27: KEDOSHIM - קדושים
Ez 20,2 – 20

Esta parashat, porção semanal da Bíblia, se encontra para ser lida segundo o calendário do ano judaico no período entre os dias de Pêssach (Páscoa) e Shavuot (50 dias após a Páscoa, quando se celebra a entrega da Torah de Deus ao povo de Israel), o intervalo de sete semanas no qual o povo judeu se purgou dos costumes egípcios e se preparou para receber a Torah no Monte Sinai.

Quais são os valores perenes que a Bíblia nos apresenta? Quais são os costumes da sociedade, da cultura em que vivemos que devemos incorporar? Quais são os costumes que não devemos incorporar na nossa vida? Se nos lembrarmos disso, então seremos verdadeiramente também nós uma luz entre as nações.

- Em *Pirkei Avot* (1,7), o sábio Nittai desenvolve: "Distancie-se de um mau vizinho, e não se associe com uma pessoa perversa". Não é preciso ler muitos jornais para estar informado dos sérios problemas de moralidade ameaçando nossa sociedade nos dias de hoje. É próprio da natureza humana ser influenciado pelos traços de caráter e padrões de valores presentes entre nossos vizinhos.
- Deus nos pede na Bíblia para sermos santos, como Ele é Santo. Nas palavras do Midrash: "Esta Parashá foi dirigida a toda a assembléia, pois a maioria dos principais órgãos da lei da Torah dependem dela: "Sede santos - ser puro (Perushim), separado de vaidades do mundo... pois Santo Sou Eu, o Senhor vosso Deus".
- "Este ensinamento diz que se você se santifica é como se tivesse Me santificado! E se você não se santifica, penso que é como se você não Me tivesse santificado... isso significa que, se você Me santificardes então estou santificado, mas se não, então eu não estou santificado, não é? porque Ele diz, 'porque Eu Sou Santo'. Eu estou em minha santidade se eles me santificarem ou não". (Sifra, Kedoshim 1,1).
- Entretanto, é imperativo que nos esforcemos para seguir o código de conduta eterno que Deus prescreve na Bíblia. Imitar a suprema santida-

de do próprio Criador. A Torah prossegue delineando uma infinidade de preceitos através dos quais podemos atingir a santidade, abrangendo uma grande variedade de assuntos, tanto mandamentos positivos como inferências negativas, lidando com nosso relacionamento ímpar com Deus e com nosso próximo.

- Recebemos ordens de respeitar os nossos pais, guardar o Shabat e abstermo-nos da adoração de ídolos. Deus instrui a deixar vários presentes da colheita para os pobres e oprimidos, incluindo o canto dos campos e os feixes que caíram por acaso ao serem juntados. Deve-se manter a justiça, fazer negócios honestos com os vizinhos, não praticar a maledicência, e de forma geral ter pelos outros a mesma consideração que temos por nós mesmos.
- Quer começar a ser santo? Cuide do pobre, preocupe-se com suas necessidades também. Alimente o pobre para que ele tenha forças também para progredir espiritualmente inclusive. Ninguém pode crescer na santidade de Deus se esquecendo dos mais necessitados.
- Segue-se no trecho bíblico estudado nessa semana uma descrição de várias categorias de misturas proibidas, hibridação de animais e plantas, e mistura de lã e linho em uma mesma peça de roupa, a proibição de consumir frutas nos primeiros três anos após o plantio de uma árvore.
- Segue-se depois uma lista das punições a serem impostas às pessoas que transgridem e participam das várias relações proibidas. A Parashá Kedoshim conclui com o mandamento, mais uma vez, para ser um povo santo e distinto dentre as nações do mundo.
- A Palavra de Deus sempre nos convida a estar atentos a tantos preceitos para viver melhor e para ser santos, amar o próximo como a nós mesmos o que inclui todas as formas de bondade - que reúnem grandes tesouros dia a dia, todos armazenados na lembrança de Deus, onde nada é esquecido.
- Mas como é possível ser santo como Deus? Com ações sagradas, boas, como Ele mesmo nos pede.

KEDOSHIM – Seleções de Midrash a partir do texto bíblico: Lv 19,1 – 20,27

Preceitos importantes

A Parashá *Kedoshim* (*Kadosh* – Santo) tem mais preceitos que qualquer outra Parashá até agora. São preceitos importantes para todos nós: "Amar o próximo; não buscar vingança; não roubar", e muitos outros.

Moisés queria ter certeza de que cada pessoa ouviria esta importante Parashá. Por isso, antes de explicá-la, reuniu todo o povo – homens, mulheres e até crianças. Explicaremos agora alguns preceitos desta Parashá.

É um preceito para cada um ser santo:

A Torah nos diz: "Vocês devem ser santos porque Eu, Deus, o Sou". Como podemos cumprir o preceito de "sermos santos"?

1. Procurar tornar-se santo praticando o que a Bílbia nos pede e manter-me afastado de tudo que a Bíblia proíbe.
2. Porém, isso não é o suficiente. A Torah quer "que sejamos santos", mesmo quando não estamos rezando, estudando ou cumprindo um preceito específico. Devemos nos esforçar e tentar ser santo mesmo quando lidamos com os assuntos do cotidiano. "Ser santo" significa usar nossa mente, corpo, e tudo que possuímos rumo ao propósito para o qual Deus deseja que os usemos.
3. O preceito para "ser santo" significa que antes de fazermos qualquer coisa, devemos fazer a nós mesmos a pergunta: "Deus ficará satisfeito com este ato; tem uma boa finalidade?".
4. Esta é uma tarefa muito difícil, por outro lado, nada é impossível; tudo o que Deus nos pede é possível de ser cumprido.

Uma história - A família que comprava vegetais de baixo preço

Certa vez os sábios de Israel precisavam de caridade para seus alunos pobres. Decidiram ir de casa em casa, bater às portas e pedir caridade.

Ao se aproximarem da primeira casa da aldeia, notaram um pai e seu filho parados perto da porta, conversando. Os sábios de Israel podiam ouvir a conversa. O filho perguntou ao pai: "O que teremos para jantar esta noite?"

"Vamos preparar legumes," replicou o pai.

"Eles vendem dois tipos no mercado," disse o filho. "Legumes frescos e de ótima qualidade por um preço alto, e vegetais ressecados pela metade do preço. Qual deles compraremos"? "Vamos adquirir os legumes mais baratos," respondeu o pai.

Os sábios ouviram as instruções do pai e disseram: "Deve ser uma família muito pobre. Nem ao menos podem comprar legumes frescos para o jantar. Vamos deixar esta casa de lado; certamente eles não podem contribuir com caridade (*tsedacá*). Voltaremos aqui por último, na volta para casa".

Os sábios passaram todo o dia muito atarefados, coletando recursos para os alunos. À noite, detiveram-se novamente pela casa onde tinham visto o pai e o filho. Bateram à porta e o pai apareceu.

"Estamos pedindo caridade," anunciaram os sábios. "Por favor, ajude a cumprir este preceito". "Estou ocupado agora," respondeu o dono da casa. "Procure minha mulher e diga-lhe para dar a você uma xícara cheia de moedas de dinar". Naquela época, o dinar era uma moeda valiosa. Uma xícara cheia de dinares era uma fortuna.

Os sábios dirigiram-se à mulher e lhe disseram: "Seu marido quer que nos dê uma xícara cheia de dinares". "Meu marido falou se devo dar a vocês uma xícara até a boca ou se deve estar transbordando?", a esposa perguntou.

"Ele não nos disse," responderam os sábios. "Bem," disse a mulher, "deixe-me dar a vocês uma xícara transbordando. Se meu marido disser que não é isso que ele queria, digo-lhe que estou dando as moedas extra de meu próprio dinheiro".

Os sábios voltaram ao marido para dizer adeus. Ele lhes perguntou: "Minha mulher deu a vocês uma xícara apenas cheia ou transbordante"?

"Uma xícara transbordante," responderam os sábios.

"É isso que eu queria," disse o marido, satisfeito. "Entretanto, algo está me intrigando: Por que vocês não vieram à minha casa quando passaram por aqui esta manhã?"

Os sábios replicaram: "Ouvimos as instruções que fornecia a seu filho para comprar os legumes mais baratos para o jantar. Pensamos que fosse pobre e não nos poderia dar um donativo grande".

O homem explicou: "Para as necessidades da minha família gastamos apenas o mínimo necessário. Entretanto, não podemos ser mesquinhos quando se trata dos preceitos de nosso Criador".

Esta família era portadora de muita grandeza. Muitos de nós não somos tão corretos quanto eles. Deus não ordena que façamos como eles. Entretanto, podemos aprender com esta história a não desperdiçar dinheiro.

O preceito "ser santo" significa que devemos usar tudo que temos, incluindo o dinheiro, para uma boa finalidade.

Respeito aos pais

A Torah ordena: "Cada filho – mesmo adulto – deve respeitar seus pais". Como cumprimos este preceito?

- Não chamamos nossos pais pelo nome próprio; Devemos ouvi-los quando nos falam;
- Não podemos contradizê-los;
- Não devemos falar ao percebermos que o pai ou a mãe estão prestes a falar, e também não interrompê-los quando estão falando;
- Não sentamos na cadeira reservada a nossos pais.
- Há apenas um caso em que o filho está proibido de dar ouvidos ao pai ou à mãe – quando ele ou ela lhe ordena que cometa uma transgressão. Por exemplo, se a mãe no Shabat, diz à filha: "Cozinhe isto agora!" a filha está livre de obedecer. Os preceitos e mandamentos de Deus têm precedência sobre as ordens dos pais.

Não devemos pensar sobre idolatria

A Torah adverte: "Não deves pensar ou ler sobre ídolos". Portanto, estamos proibidos de ler livros ou artigos que falem sobre qualquer tipo de idolatria. É igualmente proibido possuir livros que declaram que o mundo não foi criado por Deus. Deus deseja que pensemos e leiamos sobre assuntos que são verdadeiros e que nos ajudem a cumprir Seus preceitos.

Três mandamentos sobre a colheita

Ser fazendeiro sempre foi um trabalho muito difícil. Na época do Templo Sagrado, todo o trabalho no campo era feito à mão. Quando, finalmente, o fazendeiro acha que pode empilhar as recompensas de seu trabalho e começar a colheita, ele não pode esquecer: Deus ordenou a não colher o canto de cada campo, mas deixar este grão para os necessitados juntarem.

O preceito bíblico de deixar o grão nos cantos do campo é chamada **pea**. Deve-se deixar pea em cada um dos campos que possui: não é permitido deixar duas peot em um campo e nenhuma em outra.

Qual a quantidade da colheita que é deixada? Os sábios de Israel ensinaram que o preceito é cumprido com uma sexagésima parte da colheita. Entretanto, se a pessoa é generosa, pode deixar mais. Não há limite; quanto mais deixar, mais Deus o recompensará. Como a colheita é compartilhada com os pobres, como Deus ordenou, é uma colheita jubilosa, todos estão felizes, até os pobres.

Um judeu não pode dizer: "Permitirei apenas que meus parentes (ou amigos) pobres recolham os cantos do campo; não quero estranhos". Qualquer pobre pode servir-se dos cantos do campo.

Deus deu dois outros preceitos para fazendeiros na Terra de Israel ao colherem grãos:

Leket: Se, durante a colheita, um ou dois ramos caem ao solo, é proibido recolher. Deve-se deixá-los para que os pobres os peguem. Entretanto, se caírem três ramos juntos, pertencem ao fazendeiro e não aos pobres.

Shikcha: Após a colheita, os ramos são amarrados em feixes e levados a um celeiro. Se um feixe foi esquecido no campo, é proibido voltar para apanhá-lo.

Ele pertence aos pobres. Este é o preceito de *shikcha*, esquecer um feixe. A *pea* (os quatro cantos dos campos) também se aplica no caso de uma vinha na Terra de Israel. Uma ou duas uvas que caírem por distração são *leket*, bem como um cacho de uvas que se esqueceu de recolher após cortar é *shikcha*. Além disso, quaisquer cachos de uvas que não estavam maduros ou crescidos à época da colheita devem ser deixados para os pobres.

O pecado de roubar

A Parashá Kedoshim contém muitos preceitos proibindo-nos de furtar dinheiro. Aqui estão alguns deles:

Não Roubar

Por que este preceito segue-se ao preceito de deixar parte da colheita para os pobres? O que possuem em comum?

O proprietário de um campo é advertido: "Se você tem um campo e é muito mesquinho para deixar *pea* (os quatro cantos do campo), está na verdade roubando comida dos pobres. Não roube!".

E os pobres, também, são advertidos: "Quando recolher *leket*, não furte! Se você perceber que o dono deixou cair três feixes juntos, não os recolha! Não lhe pertencem; pertencem ao proprietário. Também, se você não é realmente necessitado, mas recolhe *pea* para ganhar 'comida grátis', está roubando! *Pea* pertence apenas aos pobres".

A Torah ensina a não roubar após os preceitos de *leket, shikcha e pea* para insinuar estas advertências ao proprietário de um campo *e* aos pobres.

Não devemos roubar nem mesmo um centavo. Também não se pode tirar nada de seu amigo como brincadeira, mesmo que tenha a intenção de devolvê-lo mais tarde. E jamais se deve comprar coisa alguma de um ladrão. A seguinte história vai mostrar o porquê.

Por que não devemos fazer negócios com um ladrão?

Havia certa vez um governante não judeu que promulgou esta lei: Se a polícia pegasse um ladrão, deveria libertá-lo. Porém, se pegasse uma pessoa que comprou artigos roubados, deveria condená-la à morte. "Esta lei é ridícula!" comentava o povo. "Não seria melhor se o rei ordenasse que o ladrão fosse morto?"

O rei soube que o povo ria de sua nova lei. Anunciou: "Todos estão convidados para ir ao grande campo atrás do palácio amanhã. Haverá um demonstração muito interessante". Enorme multidão se reuniu no campo no dia seguinte. Naquele local vivia um grande número de doninhas. O rei ordenou aos servos: "Coloquem comida que as doninhas apreciem".

Os servos trouxeram comida e a colocaram no campo. Imediatamente, apareceram doninhas de todos os cantos e pegaram a comida, carregando-a para suas tocas.

"Voltem todos amanhã nesta mesma hora e mesmo lugar!", anunciou o rei. Aquela noite, o rei disse aos servos: "Encham com pedras as tocas das doninhas, onde os animais geralmente colocam sua comida".

No dia seguinte, após o povo estar reunido, o rei disse novamente aos servos: "Tragam comida para as doninhas!" Os servos puseram a comida no chão e os animais foram pegá-la. Carregaram-na para suas tocas, mas não puderam colocar a comida lá dentro; os buracos estavam fechados.

As doninhas trouxeram a comida de volta ao local de onde tinham apanhado. "Vejam," disse o rei. "Ladrões agem exatamente como doninhas. Roubam porque sabem que existem pessoas que negociarão com eles. Mas se souberem que ninguém comprará artigos roubados, deixarão de furtar. Por este motivo estou punindo todos que fazem negócios com ladrões; eles encorajam os gatunos a roubar"!

Não negar e não mentir

A Torah nos avisa: "Se você roubou alguma coisa, não o negue, dizendo: 'Não roubei'. Admita seu roubo e faça teshuvá (arrependimento e conversão de vida)".

A Torah também ordena: "Se alguém lhe der dinheiro para guardar em confiança ou lhe fez um empréstimo, ou se você achar dinheiro e ele lhe pedir para devolver, não minta, dizendo: Nunca recebi este dinheiro".

Não jurar em falso

Se você receber dinheiro de alguém para guardar e negar isto mais tarde, o verdadeiro dono do dinheiro poderá dizer: "Vá ao tribunal e jure que você não tem meu dinheiro". A Torah adverte: "Não jure falsamente que você não tem o dinheiro".

Não reter dinheiro que pertence à outra pessoa

Se um amigo lhe emprestou dinheiro ou lhe deu dinheiro para guardar para ele, não faça brincadeiras ou use de força para ficar com o dinheiro. Não deve dizer: "Não tenho tempo para devolver-lhe o dinheiro hoje, volte amanhã".

Alguém que propositadamente retém dinheiro que pertence a outra pessoa, está cometendo uma transgressão. Você não pode reter dinheiro que é devido a outra pessoa.

Não reter o salário de trabalhadores

Deve-se pagar quem trabalha para ele ao fim de cada dia de trabalho. Entretanto, se há um arranjo com o trabalhador para pagá-lo semanalmente, ou mensalmente, ou quando a tarefa for terminada, não é necessário pagar-lhe a cada dia. Ao invés disso, deve pagar-lhe ao tempo combinado. Se atrasar o pagamento, comete uma transgressão. Os Sábios de Israel explicam:

O pecado de roubar causou o Dilúvio

As pessoas que viveram na geração do dilúvio foram perversos que assassinavam, serviam ídolos, e tinham relações que lhes eram proibidas. Mesmo assim, Deus teve paciência e não ia trazer o dilúvio para destruí-los.

Porém, quando cometeram o pecado do roubo, os anjos disseram a Deus: "Deves punir esta geração agora". Assim, Deus mandou o dilúvio. O Midrash explica:

O truque da geração antes do Dilúvio

O povo perverso que viveu antes do dilúvio agia de maneira insidiosa quando roubava. Pegavam quantidades tão pequenas que os juízes da corte não podiam puni-los. Se um homem pusesse uma cesta de ervilhas sobre o peitoral da janela, alguém se esgueirava e roubava apenas uma ervilha. Outra pessoa viria então e pegaria mais uma ervilha, e uma terceira pessoa mais uma – centenas de pessoas pegariam apenas uma ervilha cada uma. Quando o dono descobria que a cesta estava vazia, iria ao magistrado. "Minhas ervilhas foram roubadas," diria ao juiz.

"Quem as roubou?" perguntaria o juiz. "Bem, vi um vizinho aproximar-se da cesta," diria o homem. Então o juiz chamava o vizinho.

"Você roubou as ervilhas deste homem?" perguntava o juiz.

"Não, senhor," respondia o ladrão. "Peguei apenas uma. Uma não vale nem um centavo; certamente não vai me punir por pegar apenas uma".

Cada ladrão contava ao juiz a mesma história. Desta maneira, as pessoas que viveram antes do dilúvio eram espertas para safar-se do tribunal sem castigo. Entretanto, Deus os puniu todos por sua malandragem. Mandou um dilúvio que os destruiu.

Cuidados com a fala

A Torah ordena: "Você não pode amaldiçoar uma pessoa surda".

Não podemos amaldiçoar uma pessoa surda, embora ela não possa ouvir nossa maldição e não se aborreça com isso. Então certamente não podemos amaldiçoar uma pessoa que pode nos ouvir e que se sentirá mal com nossa praga! Por que a Torah nos proíbe de amaldiçoar?
1. Uma pessoa que souber que foi amaldiçoada certamente ficará muito magoada.
2. Mesmo que a pessoa jamais descubra que foi amaldiçoada, mesmo assim é proibido fazer isso. A Torah deseja que sejamos bons e amigos de todos; não podemos desejar-lhes o mal.
3. Cada palavra dita pela pessoa tem uma força formidável. Deus poderá cumprir a maldição. Então, teremos uma parcela de culpa se o próximo for punido.

Não podemos dar maus conselhos

A Torah nos ordena: "Não faça uma pessoa cega tropeçar, colocando obstáculos em seu caminho". Este preceito também se aplica se alguém vem até você pedindo um conselho. Você não deve aconselhá-la erradamente, de propósito. Quem lhe pede um conselho é como se fosse "uma pessoa cega". Se lhe der a direção errada, estará fazendo-a "tropeçar", cometer um erro.

Quando você aconselha alguém, esta pessoa não sabe se sua intenção é ajudá-la ou lhe causar problemas. Ele não pode ler seus pensamentos. Mas há Alguém que lê sua mente – Deus. Ele adverte: "Aconselhe honestamente".

O preceito de desculpar os outros que não se comportam como deveriam

Não é fácil cumprir este preceito bíblico, mas, sendo difícil, temos um grande mérito ao cumpri-lo. A cada vez que você ver alguém se comportando de maneira imprópria, perdoe-o mentalmente. Este preceito também é mencionado em *Pirkê Avot* (1,6): "Julgue cada pessoa com brandura"!

Uma História - O Maravilhoso Dr. Aba

Abaye era um dos santos sábios. Era tão notável que uma vez por semana tinha o privilégio de ouvir uma voz vinda do céu. Certa vez, Abaye escutou algo surpreendente: "Há certo doutor chamado Aba que escuta uma voz celestial todo santo dia"!

Abaye refletiu: "O que há de tão especial com este doutor Aba que Deus o favorece com uma voz celestial todos os dias? Deixe-me descobrir o que ele faz. Talvez possa imitar suas boas ações e tenha o merecimento de escutar a voz mais freqüentemente, também".

Alguém falou a Abaye: "Você não pode fazer o que este doutor faz".

Doutor Aba era famoso por muitos feitos especiais. Por exemplo, tratava cada pessoa que o procurava, sem se preocupar se podia pagar ou não. Para não constranger quem não lhe pudesse pagar, colocava uma caixa de pagamentos do lado de fora do consultório. Aqueles que podiam pagar colocavam o dinheiro na caixa: aqueles que não podiam, nada colocavam.

Ninguém sabia qual paciente havia feito o pagamento e qual havia sido tratado graciosamente. Se um jovem erudito de Torah entrava e queria pagar, Doutor Aba respondia: "Não aceitarei pagamento de você". Quando terminava de tratar o estudante de Torah, lhe dava ainda uma doação e dizia: "Use-a para comprar comida a fim de ter forças para estudar Torah".

O sábio Abaye soube disto, e muitas outras maravilhas sobre o Doutor Aba. "Ele é realmente um homem grande e justo!" disse Abaye. "Mandarei dois de meus alunos para testá-lo".

Os dois estudantes foram ao Doutor Aba e disseram: "Somos alunos do sábio Abaye". "Por favor, entre", Doutor Aba recebeu-os. "Servirei comida e bebida, e podem passar a noite aqui".

O doutor não sabia por que os estudantes tinham vindo visitá-lo. Não lhes fez perguntas, mas tratou-os gentilmente. Quando eles se aprontavam para dormir, estendeu lindos cobertores de lã, para que ficassem confortáveis.

Na manhã seguinte, depois que os estudantes tinham se levantado, dobraram os cobertores, puseram-nos debaixo do braço e deixaram a casa com eles! Doutor Aba nada disse. Não correu atrás deles gritando: "Ladrões"!

Apenas os deixou partir. Os estudantes foram direto ao mercado. Ficaram num local onde sabiam que Doutor Aba passaria e esperaram por ele. Quando o Doutor se aproximou, eles levantaram os cobertores e disseram: "Estamos vendendo estes cobertores. Quer comprá-los?".

Imagine o que faríamos em tal situação. Provavelmente ficaríamos nervosos, gritando furiosamente com os estudantes. Mas Doutor Aba não ficou nervoso. Apenas olhou os cobertores e disse: "Acho que valem bem umas cem moedas".

"Talvez valham mais," replicaram os estudantes. "Achamos que talvez um bom preço seja cento e cinqüenta moedas".

"Ótimo," disse Doutor Aba. "Compro-os de vocês por cento e cinqüenta moedas". Abriu a carteira para pegar o dinheiro.

Então os estudantes resolveram acabar com a brincadeira. "Certamente sabe que os cobertores são seus", disseram ao médico. "O que pensou a nosso respeito quando os roubamos? E o que achou quando tentamos vender-lhe os cobertores?"

"Não pensei, Deus me livre, nada de mal sobre vocês," disse Doutor Aba. "Julguei-os favoravelmente. Imaginei que talvez tivessem sido enviados pelo seu rebe para libertar alguns prisioneiros judeus. É preciso uma grande soma de dinheiro para pagar aos sequestradores não judeus. Na noite passada vocês não quiseram me pedir uma caridade tão grande, então tiraram os cobertores, imaginando que eu não me incomodaria de dá-los a vocês".

Os estudantes disseram: "Somos gratos por desculpar nosso mau comportamento. Tivemos uma boa razão para pegar os cobertores; demos ouvidos ao nosso rebe que nos disse para testarmos o senhor. Agora queremos devolvê-los".

"Oh, não," disse Doutor Aba. "Não os aceitarei de volta. Já havia decidido comigo mesmo que seriam para caridade. Pretendo doá-los".

Os estudantes voltaram ao rebe, Abaye, e contaram-lhe como o Doutor Aba agira. Agora Abaye podia entender por que o Doutor merecia ouvir uma voz celestial todos os dias; era realmente um justo excepcional!

Não devemos espalhar rumores

Eis aqui outro importante preceito que podemos cumprir com freqüência:

A Torah adverte: Não saia por aí espalhando histórias sobre outras pessoas! Dois preceitos estão incluídas nesta advertência:
1. Não fale maldades sobre os outros! A maledicência é uma observação verdadeira sobre outra pessoa, mas não é positiva.
2. A proibição de caluniar, espalhar boatos. Não conte a uma pessoa o que outra disse a seu respeito.

Amor ao próximo

Sem Ódio e sem Vingança

A Torah diz: "Não odeie seu irmão em seu coração". Todos são chamados "irmãos" e "filhos de Deus". Um irmão deve amar o outro e se preocupar com ele. Por que as pessoas às vezes se odeiam? Talvez não haja uma verdadeira razão. Mesmo se alguém enganar você, não deve odiá-lo. Este é um preceito também: "Não podemos buscar vingança ou lembrar-se do mal que outra pessoa nos causou".

É um preceito bíblico repreender alguém que cometeu uma transgressão

Se você vir seu próximo fazendo algo errado, a Torah ordena que lhe mostre o caminho certo. Todos somos responsáveis uns pelos outros. Se alguém errou, é um preceito ajudá-lo a parar de errar.

O mais importante sobre este preceito é <u>como</u> você faz isso. Ninguém gosta de ser repreendido. Isto é válido especialmente se você o insulta ou constrange pela maneira que lhe fala. Por isso, seja cuidadoso com o modo pelo qual o corrige. Nunca o repreenda em público. E sempre reflita primeiro: "Como eu gostaria que me falassem se estou errado fazendo isso?" Se a outra pessoa perceber que você está tentando ajudá-lo, lhe dará ouvidos.

Não devemos procurar vingança

A Torah nos ordena: "Não se vingue!" O que é vingança? Agir com o próximo da mesma forma que ele agiu conosco. Devolver o mal se nos fez mal.

Exemplo: Quando alguém se recusou a emprestar um objeto pedido por sua vizinha. Quando ela mesma precisou pedir algo para sua vizinha, esta replicou: "Infelizmente não posso te ajudar" (Ela pensou consigo: "Por que haveria eu de fazer por ela aquilo que ela se negou a fazer comigo"?). Isto é proibido pela Bíblia. Alguém que busca vingança age como o açougueiro desta história.

Uma história - o açougueiro que buscou vingança

Era um dia quente de verão. O açougueiro estava em sua loja, cortando grandes pedaços de carne. Pensava na ducha refrescante que tomaria após o trabalho. Mas enquanto sua mente divagava, a faca escorregou. Subitamente o sangue jorrou de sua mão esquerda. Por engano, havia cortado seu dedo médio. Ficou furioso. "Sua mão direita idiota!" vociferou. "Por que me cortou? Vou vingar-me de você!"

Levantou o facão com a mão esquerda e cortou fora o dedo médio da mão direita. O açougueiro agiu de forma ridícula. Cortando uma das mãos por ela ter machucado a outra, feriu ainda mais seu próprio corpo. Quando nos vingamos agimos da mesma forma. Todos somos "um só corpo"; todos dependemos uns dos outros.

Não se lembrar do mal que o próximo lhe fez

A Torah não proíbe apenas a vingança. Também não podemos lembrar o mal que outra pessoa nos causou. Isto significa não lhe expressar verbalmente e o fazer recordar este mal. Exemplo: Alguém se recusou a emprestar um objeto para sua vizinha. Quando ela mesma precisou emprestar um objeto da vizinha, esta lhe disse: "Com certeza lhe emprestarei, apesar de você ter me negado quando lhe pedi".

A Torah nos ordena a não guardar rancor e ressentimento. Há muitos justos famosos que perdoaram aqueles que os insultaram ou lhes causaram mal:

- José: Seus irmãos planejaram matá-lo e o venderam como escravo. José, entretanto, não procurou se vingar deles. Pelo contrário, providenciou comida para eles e suas famílias por toda a vida. Eis o porquê que ele é chamado de "José, o justo".

- Moisés: Os Filhos de Israel no deserto freqüentemente insultavam e enfureciam Moisés. Apesar disso, ele rezava a Deus por eles.

- Rei David: Era tão humilde que quando um homem (chamado Shimi ben Gueira) o amaldiçoou, disse aos servos: "Não quero que seja punido. Deus permitiu que ele me insultasse, portanto, devo merecer!"

- O sábio Hilel era famoso por jamais se aborrecer ou se ofender. Ensinou aos alunos a se portarem da mesma maneira, também. Hilel foi recompensado com vida longa. Viveu até a idade de cento e vinte anos (bem como Moisés e Rabi Akiba).

Ame seu próximo como a si mesmo

Sempre que tratamos o próximo da maneira que gostaríamos de ser tratados, cumprimos o mandamento do "Ame seu próximo" E sempre que cumprimos um dos preceitos de fazer atos bons e gentilezas, como visitar pessoas doentes ou receber hóspedes, também cumprimos o preceito "Ame seu próximo como a si mesmo".

Quando Deus criou o mundo, Ele tinha em mente que as pessoas praticariam a bondade umas para as outras. Assim, sempre que cumprimos o preceito de amar o próximo, Deus fica feliz e diz: "Estou orgulhoso deste meu filho que ama o próximo. Ele age da maneira que Eu queria que todos agissem".

Proibições no campo e na vestimenta

Um fazendeiro deve estar atento a muitos preceitos especiais. Um delas é que deve ser cuidadoso para não semear dois tipos diferentes de grãos, feijões, ou legumes muito próximo um do outro.

Um fazendeiro que deseja semear duas espécies diferentes num mesmo campo deve manter um espaço entre elas. Há leis especiais bem detalhadas que especificam a distância que diferentes tipos de plantas devem ter umas das outras e assim evitar uma mistura proibida.

Árvore Frutífera

Aqui estão alguns preceitos que um fazendeiro deve obedecer mesmo fora da Terra de Israel:

Por exemplo, um fazendeiro judeu planta uma macieira. Um ano depois, já existem pequenas maçãs. Ele não pode comer ou vender estas maçãs. Deve proceder da mesma forma no segundo e terceiro anos.

A Torah ordena: "Se plantar uma árvore frutífera, não pode usar seus frutos (para comer ou vender), pelos primeiros três anos". Estas frutas são chamadas *orla*.

O que faz um fazendeiro judeu com a fruta que cresce no quarto ano após a árvore ser plantada? Na época do Templo Sagrado, ele devia levar a Jerusalém toda a fruta que crescesse no quarto ano. Ele tinha que comer a fruta em Jerusalém. Se tivesse tanta fruta que lhe fosse difícil transportar para Jerusalém, era permitido trocá-la por dinheiro. Devia usar este dinheiro para comprar comida que deveria ser consumida em Jerusalém.

Mais preceitos citados na parashá Kedoshim

Não Podemos ser Supersticiosos

A Torah nos proíbe de acreditar em qualquer tipo de supertições. Nos tempos antigos, as pessoas eram ainda mais supersticiosas que hoje. Muitas nações acreditavam piamente em sinais "da sorte" e "do azar". Se um rei queria decidir se começava ou não uma guerra, atiraria flechas para o alto. Decidiria então que atitude tomar baseado na direção que as flechas apontavam ao cair.

Quando o Povo de Israel vivia no Egito, os egípcios acreditavam em "presságios", sinais para prever o futuro. A Torah adverte os filhos de Israel: "Não se deve acreditar em sinais. Não acredite que se certas coisas acontecem, elas significam boa ou má sorte para você. Não acredite que certos dias ou horas trazem sorte ou azar ao começar uma nova tarefa".

Devemos acreditar na verdade. Apenas Deus decide o que nos acontecerá no futuro. E seja qual for Sua decisão, sabemos que será o melhor para nós.

É proibido realizar a magia

Muitas nações nos tempos antigos ocupavam-se com magia. Havia um tipo de mágico chamado Baal Ov. Ele sabia como fazer sua voz soar como se viesse de muito longe. Com esta mágica, ele dizia que trazia pessoas mortas de volta dos túmulos e as fazia "falar".

Devemos honrar as pessoas idosas

A Torah nos ordena: "Quando você vir alguém de cabelos brancos, deve honrá-lo! Fique de pé e aja respeitosamente em relação a ele"

Merece ser respeitado porque Deus lhe concedeu vida longa. Tem experiência de vida e reconhece os caminhos maravilhosos de Deus neste mundo. Se todos os idosos devem ser honrados, quanto mais nossos próprios avós, se somos afortunados de o termos conosco. O midrash nos conta:

Não devemos trapacear com pesos ou medidas

Se você pesa ou mede um artigo que deseja vender, a Torah adverte: "Tenha balanças e fitas métricas exatas"! Uma balança dos tempos antigos tinha dois pratos. Em um deles, o mercador colocava pedras. Cada pedra tinha um determinado peso. No outro prato ele punha mercadorias do mesmo peso. Se ele marcasse uma pedra com as palavras "1 quilo", mas na verdade a pedra pesasse menos que um quilo, o cliente sempre recebia menos que um quilo de mercadoria.

Hoje em dia, usamos balanças computadorizadas. O vendedor põe os artigos na bandeja da balança e o peso aparece no mostrador. Mesmo assim, se o computador não é exato, o cliente será prejudicado. Por isso, independente do tipo de balança ou medidor que a pessoa use, a Bíblia lhe ordena: "Assegure-se de que está exato. Se trapacear, seu freguês jamais saberá. Mas há Alguém que sempre o sabe".

A santidade da Nação judaica

Nesta Parashá, aprendemos sobre importantes preceitos bíblicos. Podemos cumprir alguns deles todos os dias. Quando Moisés explicou esta Parashá, os filhos de Israel ouviram com atenção. Quando Moisés terminou, disse em nome de Deus: "Eu dei a vocês todos estes preceitos para que possam ser santos, *"kedoshim"*. Se vocês agirem de maneira diferente dos outros povos, então serão Meus verdadeiramente".

Correspondência bíblica

Santidade:

Ex 15,11: "Quem entre os deuses é como Tu, SENHOR? Quem como Tu, magnífico na santidade, terrível nas proezas, autor de prodígios?".

Nm 20,12: "Mas o SENHOR disse a Moisés e Aarão: Visto que não acreditastes em mim para manifestar a minha santidade aos olhos dos israelitas, não introduzireis esta assembleia na terra que lhe vou dar".

2Mc 14,36: "Agora, ó Santo, SENHOR de toda a santidade, conserva para sempre sem mancha esta Casa, que acaba de ser purificada".

Sl 65,5: "Feliz quem escolhes e chamas para perto, para morar nos teus átrios. Queremos saciar-nos com os bens da tua Casa, com a Santidade do Teu Templo".

Sl 89, 36: "Eu jurei uma vez pela minha Santidade; não, não mentirei a Davi".

Sb 9,3: "para governar o mundo com santidade e justiça e exercer o julgamento com retidão de coração!".

Ez 20,41: "Como um suave perfume eu vos acolherei, quando vos retirar do meio dos povos e vos reunir dentre os países para onde fostes dispersados. Assim mostrarei em vós a minha santidade à vista das nações".

Am 4,2: "O SENHOR Deus jurou por sua própria santidade: Um dia há de vir para vós, quando sereis tocadas com ferrões, vossos traseiros com arpões de pescador".

Mq 4,11: "Mas agora contra ti se reúnem numerosas nações, dizendo: Vamos profanar a santidade de Sião, vamos apreciar tudo com nossos olhos!".

Rm 1,4: "segundo o espírito de santidade foi declarado Filho de Deus com poder, desde a ressurreição dos mortos: Jesus Cristo, nosso Senhor".

Ef 4,24: "e vestir-vos do homem novo, criado à imagem de Deus, na verdadeira justiça e santidade".

1Ts 3,13: "Que Ele confirme os vossos corações numa santidade irrepreensível, diante de Deus, nosso Pai, por ocasião da vinda do Nosso Senhor Jesus, com todos os seus santos. Amém".

1Ts 4,4.7: "Saiba cada um de vós viver seu matrimônio com santidade e com honra. Deus não nos chamou para a impureza, mas para a santidade".

Hb 12,10: "Nossos pais humanos nos corrigiam, como melhor lhes parecia, por um tempo passageiro; Deus, porém, nos corrige em vista do nosso bem, a fim de partilharmos a sua própria Santidade".

Hb 12,14: "Procurai a paz com todos e a santidade, sem a qual ninguém verá o SENHOR".

36 – Lv 21,1 – 24,23 : EMOR - אמור
Ez 44,15 – 31

"O Eterno disse a Moisés: Diga *(Emor)* aos Sacerdotes, filhos de Aarão, e lhes dirás". Por que essa dupla repetição? Se já está escrito "Emor"?

O famoso e primeiro comentarista rabínico do Talmud, Torah e Escrituras Sagradas, o francês Rabino Rashi (1040 – 1105), ensina que está escrito assim para nos ensinar a importância e a responsabilidade dos adultos em ensinar o que a Bílbia orienta para as crianças.

Deus disse a Moisés para dizer a Aarão e a seus filhos, herdeiros do sacerdócio levítico as Suas leis para que estes passem para os outros, para os menores, para as crianças.

Também diz o Rei Davi no Salmo 115, 12-13: "Que o SENHOR se lembre de nós e nos abençoe: abençoe a Casa de Israel, abençoe a Casa de Aarão; abençoe os que temem o SENHOR, pequenos e grandes".

Para compreendermos bem o ensinamento deste parashá (porção semanal da Palavra de Deus) vamos recordar outra parashá do livro do Êxodo (Vayerá) na no trecho de Ex 9,21: O Todo-Poderoso advertiu ao faraó para que avisasse a seu povo para recolher todo o gado do seu campo, pois tudo que estivesse no campo seria atingido pela praga do granizo.

A Bíblia nos lembra de que, quem temeu a Palavra do Eterno, dentre os servos do faraó, recolheu as pessoas e os animais, mas "os que não deram importância à Palavra do SENHOR deixaram os escravos e o gado no campo".

Aqueles que temem a Palavra do Eterno são os que a consideram com atenção e boa-vontade, que a colocam em seu coração, que procuram fazer uma aplicação cuidadosa dela em sua vida no que diz o Eterno Deus. Quando nos falta essa "atenção do coração" à Palavra de Deus, homens e mulheres e crianças não podem crescer, progredir na vida de fé, na vida espiritual.

Quando pais, mães trazem seus filhos para escutar a Palavra de Deus, mesmo quando crianças, Deus já os recompensa pelo início de uma boa educação que estão dando, diz o Talmud.

Esta é a "pedra preciosa" segundo alguns sábios de Israel, pois as crianças ao serem trazidas desde pequenas para ouvir a Palavra de Deus, acabam ficando atentas em relação ao comportamento dos adultos, vêem com que seriedade a Palavra de Deus é lida e ouvida, tudo isso acaba influenciando de forma muito positiva nas crianças, valorizando a Bíblia.

Deus certamente abençoa "pequenos e grandes", adultos e crianças que desejam caminhar com Ele em suas vidas. Dentro da Parashot Emor também são citadas as Festas Judaicas a serem observadas, celebradas com Fé:

- Pêssach (Páscoa) A Festa da **Liberdade**, o esplendor das origens!

- Shavuot: que em hebraico quer dizer 7 semanas, 50 dias após a Páscoa: o dom das primícias da terra e o **dom da Torah** de Deus ao seu povo.

- Sucot: A Festa das Tendas, cabanas em hebraico: o **Dom da Alegria** da Torah, sob a proteção sempre providencial de Deus para com o Seu povo.

- Rosh Hashaná : O Ano Novo Judaico.

- Yom Kipur : O Dia do Perdão.

Consideremos dentre elas a Festa de Sucot e a prescrição do Lulav, com uma bela interpretação da literatura rabínica:

O rito do *lulav* está ligado à prescrição do Levítico, que coordena assim o regulamento da festa das Tendas: «No primeiro dia tomareis frutos da cidreira, ramos de palmeira, ramos de mirta e de salgueiro dos riachos, e vos regozijareis durante sete dias na presença do Senhor vosso Deus». Fiéis a esta regra, os peregrinos iam ao Templo de Jerusalém portando na mão esquerda uma cidra (em hebreu *etrog*) e, na mão direita, um ramo de palmeira (em hebreu *lulav*) entrelaçado com mirta e salgueiro; e, sob o canto de louvor do Hallel (Salmos 113 a 118), os agitavam na direção dos quatro pontos cardeais (Cf. Lv 23,40).

Do Templo este rito passou para a Sinagoga, onde ainda é feito: é um dos ritos mais alegres e populares, cheio de ricos simbolismos de sabedoria. Segundo uma destas interpretações, a cidreira, a palmeira, a mirta e o salgueiro representariam quatro tipos de homens.

A cidreira, que possui **sabor e odor**, representa aqueles que possuem inteligência e bondade;

A palmeira, que **tem sabor, mas não odor**, representa aqueles que possuem inteligência sem bondade;

A mirta, **que tem odor, mas não sabor**, aqueles que possuem bondade sem inteligência;

O salgueiro, que **não tem nem odor e nem sabor**, aqueles que não possuem nem inteligência e nem bondade.

EMOR – Seleções de Midrash a partir do texto bíblico: Lv 21,1 – 24,23
Sacerdotes e levitas

Na Parashá anterior, Moisés disse ao Povo de Israel que eles eram a nação santificada para Deus. Por isso, deveriam respeitar muitas leis que os não judeus não precisam cumprir.

Moisés continuou dizendo: "Uma tribo entre vós é mais santa que as outras: a tribo de Levi. E dentro da tribo de Levi, os sacerdotes são ainda mais santos que os demais levitas. Apenas os sacerdotes podem executar o serviço religioso (Avodá) dos corbanot (sacrifícios). Os levitas farão as demais tarefas do Templo Sagrado".

Por que Deus elegeu a tribo de Levi para servi-Lo no Templo Sagrado?

A resposta é que esta tribo foi leal a Deus, mesmo em tempos difíceis e perigosos. Apesar da maioria dos membros do Povo de Israel adorar ídolos no Egito, os levitas nunca o fizeram. A maioria do povo deixou de fazer berit milá (circuncisão) em seus filhos recém-nascidos quando o faraó o proibiu. Em contrapartida, os levitas continuaram a fazê-lo, apesar do perigo que isto representava. Também no deserto os levitas se destacaram como justos.

Quando Aarão perguntou "Quem doará ouro para fazer uma imagem?", a maioria dos homens doou. Porém nenhum homem da tribo de Levi doou, nem se inclinou perante o bezerro. Por isso, Deus disse: "Elegerei esta tribo de justos para realizar o Meu serviço religioso no Tenda do Encontro e no Templo Sagrado".

Um sacerdote não deve tocar num corpo morto

Como os sacerdotes são o grupo mais sagrado da tribo de Levi, devem observar leis especiais. Moisés ordenou aos sacerdotes: "Não podereis tocar nem carregar o corpo de um morto. Não podereis sequer permanecer sob um teto onde haja um corpo morto, e não podereis entrar num cemitério nem assistir ao enterro de outro judeu; não vos será permitido caminhar sobre um túmulo, nem tocá-lo. Porém, é um preceito enterrar vossos sete parentes mais próximos, mesmo que isto os torne impuros".

Os sete parentes mais próximos de um homem são: sua esposa; sua mãe; seu pai; seu filho; sua filha; seu irmão; sua irmã solteira (se a irmã do sacerdote for casada, este não pode enterrá-la).

Um Sumo Sacerdote é ainda mais sagrado que um sacerdote comum. Ele não pode sequer enterrar seus sete parentes mais próximos. Existe uma única pessoa cujo enterro é um preceito para ele: um *met* preceito. No trecho seguinte, mais detalhes sobre isto.

Até um Sumo Sacerdote deve sepultar um met preceito (o corpo de um judeu abandonado)

Se um Sumo Sacerdote ou outro sacerdote estiver andando por um caminho deserto e deparar-se com um judeu morto, deve proclamar: "Encontrei um judeu que necessita de sepultura! Por favor, se há alguém me ouvindo, que venha e o enterre"!

Se alguém escutar seu chamado, o sacerdote não deve sepultar o corpo. Contudo, se ninguém o escuta, o sacerdote deve enterrar este judeu morto. Um sacerdote que sepultar um *met* preceito ou um de seus parentes torna-se impuro.

Matrimônios proibidos a um sacerdote

A Torah proíbe um sacerdote de se casar com uma dessas mulheres (Estas leis também vigoram atualmente):

- **Chalalá:** A filha de um sacerdote ou Sumo Sacerdote nascida de uma união que lhe é proibida; por exemplo, uma moça nascida do casamento entre um sacerdote e uma divorciada.
- **Zoná:** Uma mulher que teve relações proibidas.
- **Guiyoret:** Uma convertida. O sacerdote só pode casar-se com uma moça judia de nascimento.
- **Guerushá:** Uma mulher divorciada.

Devemos honrar um sacerdote

A Torah nos comanda a dar prioridade a um sacerdote em todos os assuntos comunitários. Concedem-lhe a honra de recitar a bênção sobre o pão. Tem o direito de ser o primeiro a ser escolhido para liderar o zimun (a introdução à Bênção após as Refeições, se três ou mais adultos comem uma refeição juntos).

É o primeiro a ser chamado à Torah, seguido de um levi e por último um membro comum do povo de Israel. Ao distinguirmos o sacerdote, devotamos honra ao Todo Poderoso, que o escolheu como Seu servo. O Sumo Sacerdote é "Santo dos Santos". Consagrado pelo Sinédrio (a mais alta corte de justiça) de setenta e um membros, era ungido com o sagrado óleo da unção e consagração utilizado no Primeiro Templo, e portava os oito trajes do Sumo Sacerdote.

São cinco os atributos que um sacerdote deve possuir para ser eleito Sumo Sacerdote:

Sabedoria: Este é um pré-requisito. O Sumo Sacerdote realizava o serviço Divino como representante da nação inteira. A qualidade mais importante de todas era sua grandeza, sabedoria nas palavras da Torah.

Aparência agradável: Apesar da beleza externa não ser uma qualidade intrínseca importante, é apropriado ao Sumo Sacerdote possuir boa aparência, em honra a Deus e ao Templo Sagrado. (Da mesma forma, ao escolhermos um objeto para um preceito, é de bom tom escolhermos o mais bonito).

Força física: É uma vantagem para o serviço do Sumo Sacerdote se ele for forte. Para citar apenas um exemplo, deve realizar o extenuante serviço de Yom Kipur (Dia do Perdão) em jejum.

Riqueza: O Sumo Sacerdote deve ter posição financeira melhor que os outros sacerdotes.

Idade: É preferível que possua a dignidade e experiência que advém com a maturidade.

Na prática, contudo, o tribunal escolhia o Sumo Sacerdote independentemente da idade, contanto que possuísse as outras qualificações.

Se o filho de um Sumo Sacerdote está apto a tomar seu lugar, tem precedência sobre os outros sacerdotes, mesmo se for jovem.

Fatores que impedem o sacerdote de realizar o serviço divino

Um sacerdote com algum defeito físico não pode realizar o serviço religioso do Templo Sagrado. Um defeito físico pode ser de nascimento; por exemplo, cegueira (mesmo de um olho); ou um defeito temporário, como por exemplo um ferimento. O sacerdote retoma seu serviço religioso somente quando curado. Existem cento e quarenta imperfeições que desqualificam o sacerdote de realizar a serviço religioso.

O livro Zôhar ensina que os sacerdotes refletem as Hostes Celestiais, que são perfeitas. Assim sendo, tanto os sacerdotes quanto os sacrifícios precisam estar em estado de perfeição para o serviço Divino.

Um sacerdote que não pode oferecer sacrifícios por causa de uma imperfeição recebe outras tarefas no Templo Sagrado, como examinar a madeira para o Altar, a fim de certificar-se que não tem vermes. Apesar de não realizar o serviço, lhe é permitido comer dos sacrifícios.

Um sacerdote também pode ser desqualificado para o serviço por causa de um defeito em sua linhagem, ou seja, um de seus ancestrais contraiu matrimônio proibido a um sacerdote.

Chilul hashem – Não ir contra a honra de Deus

Se alguém apontar uma arma para você e ameaçar: "Cometa um pecado ou eu atiro", você deve permitir que atire ou cometer o pecado?

A resposta é que se deve cometer o pecado, a menos que seja um destes três casos: Assassinato; Adorar ídolos; Contrair matrimônio ou manter relações com alguém proibido.

O preceito bíblico de preservar a vida está acima de todos os outros preceitos, exceto esses três. Um judeu que se vê obrigado a transgredir uma das proibições acima deve sacrificar sua vida. Se não o fizer e cometer o pecado, causará *chilul Hashem*. Desonrou o nome de Deus, pois concluiu que não valeria a pena sacrificar sua vida por Deus.

Mais duas transgressões incluem-se na categoria de "profanar o Nome Divino": Se um judeu – mesmo em particular – peca, não porque foi vencido pela tentação, nem porque se beneficia pessoalmente, mas apenas pelo simples propósito de provocar o Criador e desafiar Sua Vontade, profana o Nome dos Céus (Ele degrada a honra de Deus a seus próprios olhos).

Cada vez que uma pessoa se comporta de maneira a levar os outros a menosprezar Deus ou a Sua Palavra, está fazendo um *chilul Hashem*.

Quanto mais respeitada e conhecida a pessoa, mais zelosamente deve evitar quaisquer atos ou palavras que possam criar falsa impressão, e profanar o Nome de Deus aos olhos dos outros.

Cada pessoa deve refletir no que pode constituir esse grande pecado contra Deus para ela, de acordo com sua posição na sociedade. Alguém que estuda Torah tem uma obrigação maior a esse respeito. Se demonstra mau caráter ou comportamento não refinado, profana a honra da Torah, e conseqüentemente, a honra de Deus, que deu a Torah para nós.

Se alguém profanar o Nome de Deus e quiser fazer teshuvá (arrependimento e conversão de vida), como deve proceder? Deve santificar o Grande

Nome da mesma maneira que O profanara anteriormente. Por exemplo, se falou maledicências contra Deus, causando profanação com os lábios, deve usar os lábios para falar palavras da Bíblia. Se utilizou erroneamente os pés para ir a um local onde cometeu algum pecado, deve apressar-se em cumprir os preceitos da Bíblia. Se empregou as mãos para o mal, deve praticar a caridade, e assim por diante.

Retificamos uma profanação com um ato de fazer o bem em honra ao Deus Santo que seja correspondente.

Santificar com a vida o Nome santo de Deus

Se ordenarem a um judeu que cometa assassinato, adore ídolos ou mantenha relações com alguém proibido, do contrário será executado, deve deixar que o matem. Sua morte então santificará o nome de Deus. Sua alma será recompensada no Mundo Vindouro.

Cada vez que rezamos o versículo *Shemá Yisrael* (Escuta Israel!), devemos nos lembrar de que estamos dispostos a morrer antes de negar que Deus é o único Deus.

Como se sabe, milhares e milhares de judeus, no transcorrer da história, foram mortos porque santificaram o Nome Santo de Deus.

Destacar determinados mártires para ilustrar este preceito seria injustiça para com inúmeros judeus, também em nossa época, que doaram a vida para santificar Seu Santo Nome. Homens, mulheres e mesmo crianças submeteram-se sem hesitar a horríveis torturas, morte na fogueira, pela espada, e toda sorte de métodos bárbaros e indescritíveis, a negar sua fé em Deus (cf. 2Mc 7, a história da mãe com seus sete filhos que foram mortos para não transgredir as leis de Deus).

Toda pessoa pode santificar o Nome do Todo Poderoso sempre que se defrontar com a escolha de transgredir ou não um mandamento da Torah, ou cumprir ou não um mandamento positivo.

Quando se abstém de cometer um pecado, ou cumprir um preceito positivo, não porque se sente pressionado pelo ambiente ou a fim de receber recompensa; porém apenas por uma razão – pelo amor ao mandamento do Todo Poderoso, sua ação santifica o Nome de Deus.

Outra oportunidade de cumprir esse preceito é comportar-se de tal maneira que os que observam sejam tomados pela grandeza e dignidade de uma pessoa que foi educada nos caminhos de Torah. Nossas atividades diárias sempre se tornam um exemplo para todos que estão à nossa volta.

Dias especiais de Festa e o Shabat

As datas dos Dias de Festa que Deus nos deu também são sagradas. "Cada Festa Judaica é única, portanto devereis trazer sacrifícios especiais ao Templo Sagrado". Moisés instituiu que se deve começar a estudar as leis de cada Festa Judaica trinta dias antes do começo da Festa, e na próprio Festa.

O início de um novo mês judaico era determinado pelo Tribunal, dependendo do relato satisfatório de duas testemunhas idôneas, que observaram a aparência da lua nova.

Seguindo esse raciocínio, o início da Festa depende de quando foi o início da Lua Nova no mês, no vigésimo nono ou trigésimo dia do mês lunar. Não só isso, como depende da decisão do Tribunal se o ano terá ou não um mês extra intercalado nos doze regulamentares. Deus nos garantiu que o dia que for proclamado Dia de Festa pelo Tribunal também será sancionado por Ele no Céu. Quais Festas a Torah ordena que observemos?

- *Pêssach, Shavuot, Sucot, Rosh Hashaná e o Yom Kipur.*

Também celebramos *Chanucá e Purim.* Estas duas Festas não foram ordenadas pela Torah. Foram instituídas mais tarde pelos Sábios, por causa dos acontecimentos que ocorreram posteriormente na História Judaica.

As três primeiras – *Pêssach, Shavuot e Sucot* – recebem o nome de *Shalosh Regalim*, ou seja "As três Festas de peregrinação (a Jerusalém)". Em cada uma destas Festas, os homens devem viajar ao Templo Sagrado e oferecer sacrifícios.

Correspondência bíblica

Festa:

Gn 1,14: "Deus disse: Façam-se luzeiros no firmamento do céu, para separar o dia da noite. Que sirvam de sinais para marcar as festas, os dias e os anos".

Ex 5,1: "Em seguida, Moisés e Aarão apresentaram-se ao faraó e lhe disseram: Assim diz o SENHOR, Deus de Israel: Deixa partir o meu povo, para que me celebre uma festa no deserto".

Ex 12,17: "Assim observareis a festa dos Pães sem fermento, pois foi neste dia que Eu fiz sair os vossos exércitos do Egito. Guardareis este dia, por todas as gerações, como instituição perpétua".

Ex 23,14: "Fareis três festas de peregrinação por ano em minha honra".

Ex 23,16: "Guardareis também a festa da Colheita dos primeiros frutos do teu trabalho, do que tiveres semeado no teu campo; e a festa da Colheita no fim do ano, quando tiveres recolhido do campo os frutos do teu trabalho".

Nm 10,10: "Tocareis as trombetas também nos dias de festa, nas solenidades e no início dos meses, por ocasião dos holocaustos e sacrifícios de comunhão. Servirão para que vosso Deus se lembre de vós – Eu, o SENHOR, vosso Deus".

Dt 16,10: "Celebrarás a festa das Semanas em honra do SENHOR teu Deus, com ofertas espontâneas, que farás na medida em que o SENHOR teu Deus te houver abençoado".

Dt 16,13.14: "Celebrarás a festa das tendas durante sete dias, uma vez recolhido o fruto da colheita de cereais e de uva. E te alegrarás nesta festa com teus filhos e filhas, teus escravos e escravas, com o levita, com o estrangeiro, o órfão e a viúva que habitam em tua cidade".

2Cr 2,3: "agora atende a mim que devo construir uma Casa a ser consagrada em nome do SENHOR, meu Deus. Nela se queimará suave incenso, haverá sempre o pão sagrado da apresentação, holocaustos todas as manhãs e todas as tardes, nos sábados, no princípio de cada mês e nas festas em honra do SENHOR nosso Deus, pois isso é prescrito a Israel para sempre".

2Cr 35,17: "Os israelitas presentes celebraram naquele tempo a Páscoa, como também a festa dos Ázimos, durante sete dias".

Esd 6,22: "Celebraram com alegria, durante sete dias, a festa dos Ázimos, porque o SENHOR lhes tinha causado alegria, inclinando o coração do Rei da Assíria a favor deles, para lhes dar força na reconstrução do Templo do Deus de Israel".

Tb 2,1: "Durante o reinado de Assaradon, voltei para minha casa, e minha mulher Ana e meu filho Tobias me foram restituídos. Em Pentecostes, que é uma festa nossa, a santa festa das Semanas, foi-me preparado um bom almoço. Reclinei-me para comer".

Jt 10,2: "Judite levantou-se, chamou a sua serva e desceu à casa, onde ela passava os dias de sábado e as festas".

1Mc 1,45: "ficavam proibidos os holocaustos e sacrifícios e expiações no templo de Deus, e deviam profanar os sábados e as festas".

2Mc 6,6: "Não se podia celebrar o sábado, nem guardar as festas tradicionais, nem simplesmente se declarar judeu".

Sl 42,5: "Disto me lembro e meu coração se aflige: quando eu passava junto a tenda admirável, rumo à Casa de Deus, entre cantos de alegria e de louvor de uma multidão em festa".

Sl 81,4: "Tocai a trombeta na lua nova, na lua cheia, nosso dia de festa".

Is 1,13: "Parai de trazer oferendas sem sentido! Incenso é coisa aborrecida para mim! Lua nova, sábado, celebração solene..., não suporto maldade com festa religiosa".

Is 29,19: "Os humilhados encontrarão a cada dia mais alegria no SENHOR, e a festa da gente mais pobre será o Santo de Israel".

Is 45,25: "No SENHOR a descendência de Israel encontrará justiça feita e festa".

Am 8,5: "Quando vai passar a festa da lua nova – dizeis -, para negociarmos a mercadoria? Quando vai passar o sábado, para expormos o trigo, diminuir as medidas, aumentar o peso, utilizar balanças mentirosas".

Mt 27,15 "Na festa da Páscoa, o governador costumava soltar um preso que a multidão quisesse".

Mc 14,1: "Faltavam dois dias para a Páscoa, a festa dos Pães sem fermento".

Lc 2,41.42: "Todos os anos, os pais de Jesus iam a Jerusalém para a festa da Páscoa. Quando completou 12 anos, eles foram para a festa, como de costume".

Jo 2,23: "Estando em Jerusalém, na festa da Páscoa, muitos creram no seu nome, vendo os sinais que realizava".

Jo 4,45: "Quando então chegou à Galiléia, os galileus o receberam bem, porque tinham visto tudo o que fizera em Jerusalém, por ocasião da festa. Pois também tinham ido à festa".

Jo 7,2: "Estava próxima a festa dos judeus, chamada das Tendas".

Jo 7,14: "Lá pelo meio da festa, Jesus subiu ao Templo e começou a ensinar".

Jo 7,37: "No último e mais importante dia da festa, Jesus de pé exclamou: Se alguém tem sede, venha a mim, e beba".

Jo 10,22: "Em Jerusalém, celebrava-se a festa da Dedicação. Era inverno".

Jo 13,1: "Antes da festa da Páscoa, sabendo Jesus que tinha chegado a sua hora, hora de passar deste mundo para o Pai, tendo amado os seus que estavam no mundo, amou-os até o fim".

At 12,4: "Depois de prender Pedro, Herodes lançou-o na prisão, guardado por quatro grupos de soldados. Herodes tinha a intenção de apresentá-lo ao povo depois da festa da Páscoa".

1Cor 5,8: "Assim, celebremos a festa, não com o velho fermento nem com o fermento da maldade ou da iniquidade, mas com os pães ázimos da sinceridade e da verdade".

37 – Lv 25,1 – 26,2: BEHAR - בהר
Jr 32,6 – 27 e

38 – Lv 26,3 – 27,34: BECHUCOTAY - בחקותי
Jr 16,19 – 17,14

Moisés e o povo estão no deserto, não tem água ali, e o solo não é rico em sais minerais, nem sementes e coisas boas, nem nada do que necessitam para começar a trabalhar a terra, porém a Bíblia sempre nos fala o que está para acontecer, tem planos grandes e em longo prazo. E quando tiverem a terra Deus então ensina como é que devem tratá-la, quando devem trabalhar nela e quando devem deixá-la descansar.

Assim como o dia do descanso na semana, um ano a cada sete anos e o ano do jubileu a cada sete vezes sete anos, um ano da devolução das terras aos seus donos originais. Deus deu a cada tribo um pedaço de terra, Ele que na verdade é o dono da terra inteira. Ele quer que vivam todos bem, sem que sejam muito pobres e nem muito ricos. Uma vida digna e modesta para todos.

Trabalho e descanso, valores e realidades para vivermos corretamente segundo a vontade do Altíssimo. Dar tempo à terra, às pessoas, aos nossos corpos de tomar um respiro, valorizar o que temos, apreciar o descanso de tudo, o alimento que nos vem do solo da terra, das mãos generosas de Deus.

E analisamos também o que nos acontece e o que não nos acontece quando consideramos, quando guardamos ou não a Palavra de Deus em nossa vida concreta, em nossa vida espiritual.

Mesmo em meio ao exílio e ao sofrimento Deus se lembrará da Aliança feita com Abraão, com Isaac e com Jacó, cujos méritos virão ajudar a proteger os seus filhos.

Deus nesta porção da Palavra de Deus não pune por causa do castigo, Ele quer nos levar para a reflexão, quer nos ajuda a reconhecer nossos erros e corrigir os nossos caminhos. O Todo-Poderoso não quer nos destruir ou cancelar a sua Aliança conosco. Ele quer que saibamos que existem consequências, positivas e negativas, para cada ação nossa.

A fundamentação para a obrigação do cumprimento dos preceitos bíblicos está no modo como essa porção semanal começa: Behar Sinay – no Monte Sinai, no fato de elas terem sido ordenadas pelo Todo-Poderoso, por Deus no Monte Sinai. Procuramos cumprir o que a Bíblia nos diz não por acharmos que elas sejam lógicas ou saudáveis, mas pelo fato de terem sido transmitidas por Deus. E isso nos basta.

Procuramos lembrar e praticar a Palavra de Deus para fazermos a Vontade do Criador, e assim manteremos o Espírito da Bíblia vivo, graças a Fé absoluta no que Deus nos pede.

"Examinei meus caminhos, voltei meus passos para Teus testemunhos" (Sl 119,59), assim meditou o Rei Davi chegando à conclusão de que o caminho correto é o da Palavra de Deus e a prática dos seus preceitos. Ele meditava sobre as consequências e recompensas que a Bíblia nos indica como prejuízo ou como promessa, por negar ou aceitar o que Ele mesmo nos ensina.

BEHAR – Seleções de Midrash a partir do texto bíblico: *Lv 25,1 – 26,2*

Shemitá – O descanso da terra a cada sete anos

Como se sabe, Deus ordenou ao povo judeu: "O sétimo dia da semana é *Shabat*. Neste dia, vocês devem abster-se de fazer quaisquer tarefas cotidianas".

Deus também nos ordenou que guardássemos outro tipo de Shabat: "A cada sete anos, a terra de Israel terá um 'Shabat'. Neste ano de descanso, não podereis trabalhar a terra".

O *Shabat* da terra chama-se *Shemitá*, que significa "deixar livre" ou "retirar-se". Durante o ano de *Shemitá* os agricultores de Israel se abstêm de lavrar a terra. Por que Deus ordenou ao povo judeu o preceito de guardar os anos de *Shemitá*? Façamos uma analogia com o cumprimento do Shabat.

Cumprimos o Shabat para recordar que "Deus criou o mundo em seis dias e no sétimo dia Ele descansou".

Mais que isso, porém: um judeu, quando cumpre Shabat, demonstra que confia em Deus e compreende que Deus cuida dele. Como ele deixa de ganhar seu sustento uma vez por semana? Não teme que sua família não tenha o suficiente para viver? A resposta é que ele confia verdadeiramente em Deus, que ordenou descansar no Shabat, e que proverá tudo de que necessita.

Deus deseja que Seu povo, em qualquer o lugar onde esteja, deposite sua confiança Nele, e somente Nele. Ele temia que os judeus estabelecidos em Israel, que possuíam terras férteis e fecundas, começassem a depositar sua confiança na terra.

Por isso, Deus ordenou ao povo judeu um preceito para guardarem em Israel: o preceito de *Shemitá*. Sempre que um agricultor judeu guarda o preceito de *Shemitá*, ele lembra que "Deus é o Criador do mundo, é Ele quem me alimenta, e à minha família".

As três promessas de Deus ao seu povo

Deus fez três promessas ao povo judeu, se observassem a preceito de *Shemitá*:

1. Deus prometeu que a colheita do ano anterior ao ano de *Shemitá* duraria três anos: "Não se preocupem. Abençoarei a terra, de modo que a colheita do sexto ano seja suficiente para o sexto, sétimo e oitavo anos".
2. Deus prometeu que "Durante o ano de *Shemitá* os que dela se alimentam ficam satisfeitos, apesar de comerem pequenas quantidades de alimento. Assim, sua produção agrícola durará".
3. E a terceira promessa: "Se guardarem tanto os anos de *Shemitá* como os de *Yovel* (Ano Jubilar) (vide explicação mais adiante), estarão seguros em Israel. Porém se não observarem nem *Shemitá*, nem *Yovel* (Ano Jubilar), seus inimigos os forçarão ao exílio".

Existem leis especiais referentes ao ano de *Shemitá*; e estão divididas nas três categorias a seguir:

1. No ano de Shemitá um judeu não pode trabalhar a terra em Israel

O ano de *Shemitá* começa em Rosh Hashaná e termina antes de Rosh Hashaná do ano seguinte.

Neste período, um lavrador judeu, em Israel, não pode semear, arar, plantar ou colher; tampouco pode arar ou realizar qualquer tarefa que trabalhe o solo. É um ano de descanso do trabalho agropecuário.

Apenas os cuidados mínimos necessários especificados pela *halachá* (lei judaica) são permitidos, a fim de evitar que as plantas pereçam.

2. Os frutos do ano de Shemitá são sagrados e não pertencem ao agricultor

Durante o ano de *Shemitá*, um agricultor não pode colher todos os frutos para si, mesmo que veja suas árvores frutíferas florescerem e darem frutos.

Os frutos que crescem durante o ano de *Shemitá* não pertencem ao seu dono. Pertencem a Deus, que ordenou que fossem compartilhados igualmente entre todos. Qualquer judeu que queira pode colher alguns frutos para si.

O proprietário não pode trancar o portão e impedir que outros judeus entrem. Estes podem colher tudo o que necessitam para aquele dia; não podem, todavia, pegar mais que isto. O proprietário pode comer da produção de seus campos como qualquer estranho, e levar para casa o suficiente para as refeições de um dia, porém não pode colher toda a produção, pois isto seria como se estivesse reivindicando sua propriedade.

Se alguém, durante a *Shemitá*, colher produtos do seu campo para comer em casa, não é permitido guardá-los indefinidamente. Deve removê-los de suas posses num determinado prazo, e deixar que outros, ou os pobres, os tenham.

O prazo para remoção é diferente para cada tipo de produto, coincidindo com o momento em que as produções agrícolas particulares não estejam mais à disposição nos campos.

Todos os frutos que crescem no ano de *Shemitá* são santos e devem ser tratados com o devido respeito, de maneira diferente dos outros frutos. As frutas não podem ser vendidas. As cascas e outras partes não comestíveis não podem ser jogadas no lixo, mas deixadas no campo, ou que se estraguem sozinhas.

As verduras têm uma lei diferente: Os Sábios de Israel decretaram que não se pode comer nenhuma verdura que cresce no ano de *Shemitá*. Temiam que se não existisse esta lei, alguém desonesto poderia plantar verduras na *Shemitá* e dizer que cresceram sozinhas.

3. O perdão dos empréstimos no ano de Shemitá.

Um judeu que emprestou dinheiro a outro não pode exigir sua devolução daquele que o tomou emprestado, ao término do ano de *Shemitá*. Este preceito se aplica tanto em Israel como na diáspora.

Já na época do Talmud, devido a esta lei, muitas pessoas deixavam de fazer empréstimos quando a *Shemitá* se aproximava. Para evitar este comportamento, o ilustre erudito e líder, Hilel, instituiu uma fórmula que permite reclamar o pagamento mesmo depois do sétimo ano, denominada *peruzbul*.

Consiste no credor transferir suas dívidas a uma corte rabínica antes do ano sabático, quando então a dívida deixa de ser individual, tornando-se passível de cobrança (conforme a própria lei da Torah estipula) durante ou após a *Shemitá*.

O significado de *Shemitá*

As leis de *Shemitá* expressam conceitos fundamentais da Torah:
1. Observando-as reconhecemos que não possuímos a Terra.

Deus ordenou: "Descanse no sétimo ano para que saiba que Minha é a Terra".

2. Durante a *Shemitá*, o fazendeiro é forçado a voltar-se diretamente ao Todo-Poderoso e implorar-Lhe que provenha seu sustento, pois está proibido de trabalhar para prover a si mesmo de alimentos.

Deste modo, chega a compreender que mesmo nos outros seis anos nos quais é permitido trabalhar, ele ceifa apenas por causa da Providência do Todo-Poderoso, e não como resultado de seu próprio trabalho.

O judeu não deve se tornar auto-confiante e pensar que sua prosperidade é resultado do trabalho de suas próprias mãos. Ele deve estar consciente de dois pontos:

- A fertilidade da terra e prosperidade da colheita são determinadas por fatores além de seu controle como as chuvas, calor ou geada, e assim por diante. Deus pode enviar animais selvagens, insetos, ou outros agentes prejudiciais para destruir a produção inteira, se Ele assim o desejar.

- Não só isso, como o próprio crescimento da planta não é resultado automático de ter sido semeada. Nada consegue crescer, brotar, desenvolver-se, ou sequer existir sem a Vontade do Todo-Poderoso. Se Ele retirar Sua Vontade de conceder Vida de algo no universo, nem que seja por um instante, cessaria de existir.

O tipo de profissão escolhido pela pessoa não lhe garante uma vida de prosperidade ou pobreza. Deus distribui riquezas sobre cada indivíduo conforme Ele julga adequado. Portanto, cada um deve implorar a quem é o Mestre de todas as riquezas, para que Ele lhe conceda o sustento.

A lição de *Shemitá* se aplica não somente ao fazendeiro, mas igualmente ao lojista, industrial, vendedor, profissional liberal e operário.

Em qualquer estágio de sua carreira ele pode sucumbir ao equívoco de que é seu trabalho ou esforço que lhe asseguram o sustento. Assim também não ocorre com o seu negócio, nem sua indústria ou empregador são os seus "fornecedores de sustento". Há apenas Um que é o encarregado, e somente Ele determina se alguém terá sucesso em seus esforços ou não.

Não importa quão desesperadamente um homem luta para ser bem sucedido em seus negócios, seus planos não terão êxito se vier a faltar a bênção e graça do Eterno Deus.

Por outro lado, se o decreto Celestial for que deva prosperar, um esforço mínimo garantirá o mesmo resultado.

3. O Todo-Poderoso pretende que o ano seja de inatividade do trabalho, a fim de que os agricultores possam dedicar-se ao estudo da Torah. Da mesma forma que Ele proibiu o trabalho em Shabat a fim de consagramos este dia, assim Ele destinou cada sétimo ano a ser uma época de incremento nos estudos da Torah.

A Torah nos conta as consequências acarretadas por um judeu que falha em observar *Shemitá*: Deus disse: "Eu te ordeno a trabalhar seis anos e permitir à Terra descansar no sétimo, porém tu a privas de seu devido descanso. Portanto, serás exilado, e ela então será recompensada de todos os anos de descanso dos quais a privaste" (Lv 26,43).

Hoje em dia é possível observar também *Shemitá*?

Apesar da destruição do Templo Sagrado, todas as leis acima mencionadas também vigoram atualmente na Terra de Israel. Os proprietários de terras em Israel devem cumprir o preceito de *Shemitá*. Podem regar as plantas o suficiente apenas para que não ressequem. Os que guardam o ano de *Shemitá* sabem que não terão entradas durante um ano, por não trabalharem em seus campos; porém são heróis que confiam em Deus.

Os produtos de *Shemitá* não podem ser vendidos comercialmente, por causa de sua santidade; nem mesmo após o ano de *Shemitá*, uma vez que são sagrados para sempre. De acordo com muitos rabinos esses não podem sequer ser exportados para países fora de Israel.

Os judeus que vivem na diáspora (em outros países que não o Estado de Israel) também podem participar do preceito de *Shemitá* doando dinheiro a um fundo especial de auxílio aos agricultores que guardam *Shemitá*.

O Midrash compara os judeus que se abstém de trabalhar a terra durante *Shemitá* aos anjos. Sua confiança em Deus os eleva tanto que parecem mais anjos que seres humanos.

Nossos Sábios ensinam: "O Messias virá ao final de um ano de *Shemitá*". Os que observam o ano de *Shemitá* nos ensinam como se deve contribuem para a chegada do Messias.

O preceito de *Yovel* (ano jubilar) após sete *Shemitot* (períodos de sete anos de *Shemitá*)

Para um agricultor é muito difícil não trabalhar os campos e pomares durante um ano inteiro, não podendo dispensar-lhes os cuidados adequados. Que dirá então o quão difícil é para ele não trabalhar a terra por dois anos seguidos! Na época do Templo Sagrado isto era exatamente o que acontecia a cada cinqüenta anos. A Torah nos ordena a guardar um ano de *Yovel* (Ano Jubilar) (Jubileu) a cada 50 anos. Em *Yovel* (Ano Jubilar), tal como em *Shemitá*, é proibido trabalhar a terra. Atualmente, não se guarda o *Yovel* (Ano Jubilar).

O *Yovel* (Ano Jubilar) caracterizava-se por três obrigações, que recaíam sobre a nação inteira:
1. Abstenção de qualquer trabalho agrícola, exatamente como em *Shemitá*.
2. Liberdade incondicional para todo escravo hebreu.
3. A devolução de todos os campos aos seus proprietários originais.

No *Yovel* (ano jubilar), os escravos judeus são libertados

A cada ano de *Yovel* (Ano Jubilar), em Yom Kipur, o Sinédrio (Tribunal Superior) tocava o shofar. A seguir os judeus em Israel, tocavam o shofar. O som podia ser ouvido em Israel inteira, anunciando: "Chegou a hora de libertar todos os escravos judeus. Todos os que possuem escravos judeus devem libertá-los e enviá-los à suas casas".

Não importava se o escravo recém começara a servir seu senhor, ou se já havia trabalhado seis anos, todo escravo judeu tinha de ser enviado de volta ao seu lugar de origem.

O toque do shofar era um lembrete para ouvir e observar este preceito. Depois de possuir um escravo por um longo período, o amo deve achar difícil mandá-lo embora; assim como o escravo pode ficar relutante em deixar seu amo.

De Rosh Hashaná até Yom Kipur do ano de *Yovel* (Ano Jubilar), um escravo não retorna à sua casa; nem seu amo pode empregá-lo. Em vez disso, senta-se à mesa de seu amo, come, bebe, e relaxa. Quando o shofar é tocado em Yom Kipur, ele finalmente parte.

Este período de dez dias de transição o ajuda a readaptar-se à liberdade. Deus disse: "Quando tirei o povo judeu do Egito, tornaram-se Meus escravos. Por isto, nenhum judeu poderá servir a outro por toda a vida, somente Eu posso exigir tal submissão".

O que nos ensina o preceito de tocar o shofar no *yovel* (ano jubilar)?

O toque do shofar no ano de *Yovel* (Ano Jubilar) anuncia a libertação de todos os escravos judeus. Da mesma forma, um dia irá se escutar um magnífico toque do shofar, que anunciará a vinda do Messias. Este som será o início da verdadeira liberdade para o povo judeu. O Messias virá e construirá o Terceiro Templo Sagrado. Deus libertará o mundo da morte e da má inclinação. A ressurreição dos mortos será realidade, e viveremos para sempre.

Rezamos diariamente na oração chamada Amidá para que isto aconteça logo: Soe o grande shofar anunciando a liberdade!

No *Yovel* (ano jubilar), todos os campos retornam aos seus antigos proprietários

No ano de *Yovel* (Ano Jubilar), todos os campos devem ser devolvidos ao dono original (ou seus descendentes) a quem foi dada a terra quando a Terra de Israel foi dividida entre as tribos. Assim, as propriedades em Israel serão mantidas dentro das tribos às quais foram originalmente destinadas, respeitando a divisão Divina das terras.

A Torah proíbe a compra ou venda de propriedades em Israel, com a intenção de troca de mãos para sempre. Mesmo se tal condição ou cláusula tenha sido erroneamente estipulada, não é acatada, e o campo é restituído ao proprietário original no ano de *Yovel* (Ano Jubilar).

Quem compra ou vende terras em Israel sabe, então, que a transação não é permanente, mas sim até o ano de *Yovel* (Ano Jubilar), quando então será devolvida ao seu legítimo dono. Quanto mais perto se estiver do *Yovel* (Ano Jubilar), tanto menos se pagará por um campo.

Deus disse: "A Terra em Israel não pode ser vendida para sempre, pois não pertence a vocês, mas a Mim. Vocês são apenas estrangeiros e colonizadores nela, e não devem se considerar seus proprietários".

Tal como as leis de *Shemitá*, as de *Yovel* (Ano Jubilar) também indicam que Deus é o verdadeiro dono de todos os nossos pertences; não somos proprietários permanentes de nossos campos, nem de nossos escravos.

Leis para se adquirir uma casa em Israel

Se um judeu vivia em uma cidade cercada por muralhas na época de Josué (sucessor de Moisés e conquistador da Terra de Israel) e vendesse sua casa, o novo dono deveria devolvê-la no ano de *Yovel* (Ano Jubilar).

Se um judeu morasse numa cidade que não era cercada por muralhas na época de Josué, não devolveria a casa ao seu proprietário anterior no ano de *Yovel* (Ano Jubilar). O proprietário tinha o direito de recomprar a casa até um ano após a venda. O novo dono deveria devolvê-la neste prazo. Uma vez, porém, que o ano findasse, o novo proprietário poderia ficar com a casa indefinitivamente.

Contudo, se um Levi vendesse sua casa numa das 48 cidades pertencentes aos levitas, esta casa deveria ser devolvida no ano de *Yovel* (Ano Jubilar), independentemente da cidade ser ou não cercada de muralhas.

Proibições comerciais, verbais e leis do campo

Não se deve enganar os outros em transações comerciais

A Torah nos adverte: "Ao comprar ou vender um campo, não abuse da outra parte. Calcule exatamente quantos anos faltam para o *Yovel* (Ano Jubilar) e pague o preço justo"! A Torah nos ordena a tratar os outros honestamente, não só ao vender propriedades, mas sempre que efetuamos qualquer negócio.

Não se deve pedir um alto preço de um comprador que ignora o valor da mercadoria. Se superfaturar enganosamente um cliente, transgride a proibição de *onaá* (prejuízo). O comprador é igualmente advertido a não trapacear o vendedor, e adquirir uma peça valiosa por preço baixo se o vendedor não estiver ciente de seu valor verdadeiro.

Não magoar aos outros verbalmente

Além da proibição de não trapacear alguém em assuntos financeiros, esta parashá também menciona a proibição de ofender alguém verbalmente. A Torah diz: "É proibido magoar alguém com palavras cruéis ou equivocadas" (Lv 25,17)

Alguns exemplos inclusos nesta proibição são:
- Lembrar alguém do seu mau comportamento ou de seus pais, no passado.

Devemos também ter o cuidado de, ao relacionar-se com um convertido ou aquele que retornou às raízes judaicas, não lembrá-lo de seu passado. Ele poderia ficar envergonhado ou pouco à vontade.
- Não se pode chamar alguém por algum apelido insultante.
- Se alguém se comporta tolamente, não podemos envergonhá-lo, nem fazer qualquer comentário que lhe seja doloroso.

- Quando alguém vê outro sofrendo, não deve dizer maliciosamente: "É sua própria culpa, seus pecados lhe causaram isto".
- Se alguém não pretende comprar um artigo, não deve passar ao vendedor a impressão de que o comprará.
- Se alguém nos faz uma pergunta, não devemos responder de maneira rude, responder errado ou fornecer informações incorretas.

Certa vez, o sábio Hilel estava andando no caminho e encontrou um grupo de mercadores que possuíam trigo para vender. "Quanto custa uma seá (medida correspondente a cerca de 8 kg.) de trigo?" - indagou. "Dois dinares," responderam.

Um pouco depois, deparou com outro grupo de mercadores de trigo, e perguntou novamente: "Por quanto vocês vendem uma seá de trigo"? "Três dinares," responderam.

"Por que seu trigo é tão caro?" - perguntou Hilel. "Outros mercadores acabaram de me dizer que o preço é de dois dinares a seá"! "Babilônios estúpidos"! - praguejaram. "Você não sabe que o preço depende da quantidade de trabalho investida na produção do grão?"

"Ouçam-me," censurou-os Hilel. "Formulei uma questão adequada. Por que, então, me insultam (violando, desta forma, a proibição da Torah)"?

A censura de Hilel convenceu os mercadores de que agiram errado, e se arrependeram.

A Torah conclui a proibição de magoar os sentimentos alheios com a frase: "E tu deves temer a teu Deus" (Lv 25,17). Em muitas situações uma observação pode parecer inocente aos observadores, mas apenas quem está ofendendo sabe que a disse com intenções maliciosas. Portanto, é ordenado a corrigir-se por temor ao Todo-Poderoso, Ele que sabe os pensamentos que envolvem seu coração.

Os Sábios de Israel debatem a questão sobre qual dos dois pecados é mais grave: ferir alguém verbalmente ou trapaceá-lo financeiramente. De acordo com o ponto de vista da Torah, ferir os sentimentos de um semelhante é pior. Há três razões para isto:

1) Ao trapacear, causa-se à vítima uma perda de propriedade que, afinal de contas, não é parte intrínseca dela. Magoando seus sentimentos, por outro lado, acerta-a em cheio no coração.

2) Alguém pode retificar-se por ter cobrado a mais ou trapaceado alguém em assuntos financeiros, neste caso, o dinheiro pode ser restituído. O dano causado por um insulto, todavia, pode se tornar irreparável.

3) A Torah conclui a proibição de ofender alguém com as palavras: "E tu deves temer a teu Deus," a fim de indicar a gravidade da proibição.

Como devemos ser cuidadosos para não insultarmos alguém, pois se esta pessoa a quem insultamos clamar por Deus, Ele reage imediatamente.

As leis de redenção das casas e campos em Israel

Quando todas as tribos habitavam em Israel nos territórios que lhes eram destinados, não era apropriado para um judeu vender sua casa ou campo a fim de levantar dinheiro para adquirir algo. A Torah permite que se venda a propriedade apenas se a pessoa sentir-se forçada pela fome ou necessidades terríveis.

Se alguém for forçado a vender sua propriedade, a Torah lhe concede a opção de readquiri-la ou, segundo a terminologia da Torah, "redimi-la". O novo proprietário é obrigado a vendê-la de volta.

Se não tiver meios para readquirir a propriedade, é um preceito que seus parentes a devolvam. Um parente tem os mesmos direitos de comprar novamente a propriedade vendida, como se fosse o próprio dono.

Reerguer os pés de um necessitado

A Torah ordena: "E se teu irmão empobrecer e ficar desprovido de seus recursos, você deve sustentá-lo mesmo se for um convertido, ou estrangeiro, para que possa viver com você" (Lv 25,35).

Este versículo ensina que é uma obrigação estender auxílio financeiro a um semelhante judeu ou até a um estrangeiro que necessite de um empréstimo ou caridade. É um preceito emprestar ou dar-lhe dinheiro para gerir seus negócios, ou o necessário para alguma transação para a qual lhe faltam os meios. A Torah enfatiza que devemos reerguê-lo sobre seus pés antes que seja reduzido à falência e necessite de caridade.

Se um burro começa a sucumbir sob sua carga, um homem possui força suficiente para ajustar a carga em seu lombo, ou retirar um pouco dessa, de modo que consiga prosseguir. Uma vez que o burro tenha sucumbido, contudo, nem mesmo cinco homens fortes conseguem colocá-lo novamente de pé.

Similarmente, devemos ajudar alguém assim que seus meios começarem a escassear, e não adiar até que tenha ido à falência.

"Feliz o homem que cuida do fraco, no dia da desgraça o SENHOR o libertará" (Sl 41,2). Dar caridade sabiamente, sem envergonhar quem a recebe é uma arte.

Sempre que Rabi Yoná escutava que um homem muito rico perdera todo seu dinheiro mas estava envergonhado para pedir caridade, costumava visitá-lo em casa e dizer-lhe: "Tenho ótimas notícias para você! Soube que você é herdeiro de uma fortuna de alguém que mora além-mar. Enquanto isso, por favor, aceite um pequeno empréstimo de minha parte! Você me pagará assim que tomar posse do dinheiro". Ao recuperar-se financeiramente e ir pagar seu débito, Rabi Yoná dizia: "Guarde-o, dei-lhe de presente".

No Templo Sagrado havia uma câmara chamada "Câmara dos Presentes Secretos". Judeus tementes a Deus depositavam dinheiro neste local, e famílias pobres o recebiam anonimamente, conseguindo viver destas doações.

Ao perceber um pobre atrás de si, Rabi Lezer deixava cair propositadamente um dinar, dando a impressão de tê-lo deixado cair acidentalmente. O pobre o levantava e corria para devolvê-lo. "Pode ficar com ele," dizia Rabi Lezer, "Já tinha perdido a esperança de recuperá-lo".

Nossos sábios ensinam: "Se você tiver mérito, satisfará a fome de Jacó (despenderá dinheiro em caridade); se não, a de Esaú (em vez disso, o dinheiro será consumido por "Esaú"). Esta verdade é evidenciada pela seguinte história:

Rabi Yochanan ben Zacai sonhou na noite de Rosh Hashaná (quando os proventos de uma pessoa são determinados para o ano todo) que seus dois sobrinhos perderiam a soma de setecentos dinares no decorrer do ano vindouro. Após Yom Tov, visitou os sobrinhos e ordenou-lhes que se encarregassem de sustentar os pobres.

"De onde conseguiremos os fundos?" - perguntaram.

"Sustentem-nos com seu próprio dinheiro," ordenou Rabi Yochanan.

Anotem as quantias distribuídas. Se perderem com a proposta, eu lhes reembolsarei ao final do ano". Os sobrinhos obedeceram, e distribuíram enormes somas para caridade.

Perto do final do ano, um oficial do governo romano chegou e exigiu que pagassem setecentos dinares de propina. Para que não reagissem, dois soldados os jogaram na prisão. Rabi Yochanan ouviu as notícias e foi ver os sobrinhos na prisão.

"Ao todo, quanto dinheiro vocês distribuíram para tsedacá (caridade)?" - perguntou-lhes. "Anotamos tudo," retrucaram. Consultando seus registros, calcularam que distribuíram um total de 683 dinares.

"Deixem-me dizer-lhes como agir," instruiu-os Rabi Yochanan. "Dêem-me mais dezessete dinares, e eu garanto que sairão da prisão".

"Que idéia mais esquisita," disseram-lhe. "Estamos sendo mantidos cativos por devermos setecentos dinares, e você diz que nos libertará com dezessete"! Retrucou: "Apenas dêem-me os dezessete dinares, e não se preocupem"!

Deram a quantia a Rabi Yochanan, que foi ver o emissário do governo. Passando as moedas de suas mãos ao emissário, Rabi Yochanan pediu-lhe que deixasse seus sobrinhos escaparem. Sob a influência da propina, o homem deu instruções para que fossem soltos secretamente.

Os sobrinhos foram a Rabi Yochanan e perguntaram-lhe como sabia com tanta certeza de que dezessete dinares iriam nos garantir a fuga?

"Tive uma revelação Divina na noite de Rosh Hashaná de que vocês perderiam setecentos dinares este ano," explicou-lhes. "Uma vez que estavam destinados a terem esta despesa, aconselhei-os a sustentarem os pobres - é melhor gastar esta soma em caridade".

"Por que não nos contou sobre seu sonho?" - perguntaram-lhe os sobrinhos. "Teríamos despendido os remanescentes dezessete dinares também em caridade".

"Preferi guardar segredo de vocês," respondeu Rabi Yochanan, "para que dessem em favor do próprio preceito, em vez de pensar que seria em seu próprio benefício". Esta história demonstra que se alguém é avarento em fazer caridade, recairá em despesas imprevistas, que levarão sua renda ao original decretado em Rosh Hashaná passado.

Ao dar esmola, o pobre dá ao seu benfeitor mais que o benfeitor dá ao pobre. Enquanto o doador despende apenas riqueza material, recebe, em troca, uma inestimável riqueza de méritos espirituais que ultrapassam de longe o que deu. Através da caridade, uma pessoa pode ser resgatada da morte neste mundo.

A proibição de emprestar ou tomar emprestado a juros

É proibido emprestar ou tomar emprestado de outra pessoa a juros. A proibição contra os juros inclui dinheiro, artigos, e mesmo palavras. Além disso, qualquer um envolvido na negociação peca, como as testemunhas e fiadores.

A Torah também se refere aos juros com o termo "*neshech*", que significa "mordida". Deus adverte quem empresta: "Não aja da maneira como a cobra, astutamente oferecendo empréstimo a alguém, e depois extorquindo dinheiro dele através de juros, e gradualmente tomando posse de suas casas, campos e vinhedos por não conseguir pagar os juros".

Deve-se tratar bem o servo

No livro do Êxodo (Shemot), a parashá de Mishpatim menciona as leis referentes a um escravo judeu vendido pelo tribunal por roubo. Esta parashá lida com o escravo judeu que se vendeu.

Um judeu não deve se vender como escravo a fim de ganhar dinheiro, adquirir propriedades, animais ou outros bens. A Torah permite isto apenas como último recurso, em caso de extrema penúria.

Um amo judeu é obrigado a sustentar não apenas seu escravo, mas também sua esposa e filhos. Todas as leis de como tratar um escravo como seu irmão também se aplicam ao escravo que se vende. Por exemplo, o mestre deve dar-lhe o mesmo alimento, bebidas, roupas e cama que ele mesmo usa; não pode oferecer-lhe condições de vida inferiores às suas próprias. Se houver apenas um coberto ou travesseiro para o dono e o escravo, a Torah proíbe o dono de utilizá-los; é obrigado a dá-los ao escravo.

O amo não pode empregar o escravo noite e dia; é obrigado a conceder-lhe períodos de descanso apropriados. Deve tratá-lo com a mesma dignidade que faria com um trabalhador contratado que não é seu escravo.

Neste trecho da Torah é acrescentado ainda a proibição de tratar o escravo judeu de maneira ríspida (Lv 25,42). Isto inclui os seguintes pontos:

1) O amo não pode exigir do escravo que realize uma tarefa da qual não necessita realmente. Por exemplo, não pode pedir-lhe: "Esquente água para mim," ou "Esfrie água para mim," quando não há necessidade.

2) O amo não pode confiar ao escravo judeu uma tarefa por período indefinido. Por exemplo, não pode ordenar-lhe: "Cave entre as fileiras deste vinhedo até que eu volte," sem dizer-lhe quando volta.

3) Uma vez que o que é considerado "tratamento ríspido" depende de circunstâncias subjetivas, e deve, portanto, ser deixado ao discernimento do amo, a Torah adverte: "E temerás teu Deus"! Deus sabe se você tem intenção de degradar ou explorar o escravo. Se o fizer, Ele lhe punirá.

Apesar da proibição de tratar um escravo de maneira ríspida, Maimônides legisla que o homem virtuoso não deve impor um pesado jugo sobre qualquer escravo, não oprimi-lo, e sustentá-lo de acordo com suas posses.

Todo escravo judeu é libertado no ano de *Yovel* (Ano Jubilar), porque Deus declarou: "Todo judeu é Meu escravo desde o Êxodo do Egito - Meu contrato com o povo judeu é o mais antigo".

O preceito de redimir um escravo judeu

Na época do Templo Sagrado, infelizmente, alguns judeus estavam tão desesperados por dinheiro que se vendiam a não judeus idólatras.

Mas isto era lamentável. Num local pagão, logo aprenderia a adorar ídolos e começaria a assimilar costumes não judaicos.

A Torah ordena: "É preceito para os parentes de um judeu que se vendeu redimi-lo o quanto antes. E se seus parentes não podem redimi-lo, é preceito que outro judeu o redima".

A Torah também ordena que o governo de Israel obrigue o amo não judeu a libertar o escravo judeu no ano de *Yovel* (Ano Jubilar).

A proibição de se prostrar sobre um chão de pedras

A Torah ordena: "Não te ajoelharás perante Mim sobre um chão de pedra" (Lv 26,1). Os idólatras costumavam prostrar-se para seus ídolos sobre chãos de pedra. Por isto, a Torah proíbe aos judeus ajoelharem-se sobre um chão de pedra, mesmo que estejam rezando para Deus. Este preceito nos afasta da idolatria.

O único lugar onde podemos prostrar-nos sobre tal chão é no Templo Sagrado (onde é evidente que nos prostramos em honra a Deus).

Bechucotay – Seleções de Midrash a partir de: Lv 26,3 – 27,34

Deus deseja que todos estudem a Torah e cumpram os mandamentos

Após Moisés terminar de ensinar as leis das oferendas ao povo judeu, Deus lhe disse: "Eu, Deus, desejo que todo o povo judeu estude Torah e cumpra os preceitos". Deus quer que o coração e a mente estejam voltados por inteiro ao estudo de Torah. Os Sábios tornaram-se notáveis porque levaram o estudo de Torah mais a sério que qualquer outra ocupação neste mundo.

Um exemplo de um erudito de Torah que se tornou notável pela sua determinação e trabalho foi Rabi Akiba.

O que Rabi Akiba aprendeu com uma pedra

Rabi Akiba não aprendeu a Torah em sua juventude. Mesmo quando já contava quarenta anos, quase nada sabia.

Era pastor e trabalhava para um homem rico, Calba Savua. A filha de seu amo, Raquel, disse-lhe: "Akiba, se você tentasse, poderia se tornar um erudito de Torah"! "Como seria possível?" - pensou tristemente Rabi Akiba. "Sei tão pouco - e há tanto o que aprender. Jamais serei um erudito de Torah".

Um belo dia, Akiba passava por uma rocha sobre a qual a água estava pingando; a pedra era maravilhosamente lisa. Aquilo fez Akiba refletir.

"Como pôde esta pedra ficar tão lisa?" - perguntou às pessoas próximas a ele. "É por causa das gotas d'água," disseram-lhe. "A água goteja continuamente sobre a pedra até finalmente deixá-la lisa".

"É isso o que frágeis gotas de água podem fazer a uma dura rocha?" - meditou Akiba. "Podem penetrá-la porque gotejam incessantemente! Então, se eu estudar constantemente as palavras da Torah, elas certamente entrarão em meu coração"!

Akiba começou a estudar com todas as suas forças. Não desistiu. Finalmente, tornou-se um dos maiores líderes de Torah do povo judeu. Podemos aprender sempre com esta atitude de Rabi Akiba. Cada um de nós pode também progredir nos estudos da Bíblia se estivermos determinados em usar criatividade, esforço e trabalhar com empenho.

Deus promete nos abençoar se estudarmos e seguirmos a Bíblia

Deus prometeu: "Se todos estudarem a Bílbia com energia e cumprirem Meus preceitos, mandarei a eles bênçãos maravilhosas". As bênçãos incluem todo tipo de felicidade e êxtase, "de alef a tav" (da letra 'a' à letra 'z').

As gerações observantes da Torah, as de Moisés, Josué, Davi, Salomão e mais tarde o rei Ezequias beneficiaram-se de boa parte das bênçãos prometidas nesta parashá. Eram abençoados com saúde, força e vigor, chuvas na época certa, prosperidade e vitórias sobre os inimigos.

Eram a prova viva do versículo: "Todos os povos da terra verão que sobre Ti é invocado o Nome do SENHOR e terão medo" (Dt 28,10).

O Todo-Poderoso prometeu que todas as bênçãos mencionadas nesta parashá serão realizadas numa era futura, quando todo o povo judeu observar e estudar a Bíblia.

As bênçãos Divinas são introduzidas pelas palavras (Lv 26,3): "Se seguirdes minhas leis e guardardes meus mandamentos e os puserdes em prática...". Isto é um clamor ao povo. O Todo-Poderoso não tem desejo mais querido que inundar-nos de bênçãos. Por isso, implora-nos: "Por favor, estudem

Minha Torah e cumpram os Meus preceitos, permitindo-Me conceder-lhes Minhas bênçãos"!. Mas quais foram as bênçãos prometidas por Deus?

1 - A bênção da chuva

Deus prometeu: "Mandarei chuva a Israel na época apropriada". Isto inclui muitas bênçãos: A chuva faz com que o ar e a água potável sejam puros. Como resultado disso, as pessoas serão saudáveis e viverão até uma idade avançada. Terão filhos saudáveis. Os animais, também, vicejarão.

A quantidade certa de chuva cairá na estação em que é necessária para o grão crescer. Por isto, as colheitas serão fartas. A chuva não cairá em épocas inconvenientes, quando as pessoas estão ao relento e terão problemas. Deus mandará a chuva durante a noite.

2 - A bênção da comida farta

Deus prometeu ainda: "Abençoarei os frutos e grãos de Israel. Até mesmo as árvores que normalmente não dão frutos, começarão a produzi-las. E as frutas amadurecerão no espaço de um dia apenas"!

"Haverá tanto cereal que demorará muitos meses para debulhá-lo. Assim que terminarem de cuidar do grão, as uvas da vinha estarão maduras e terão de ser colhidas. Devido à grande fartura, vocês não terão descanso entre uma colheita e outra".

Deus nos recompensa com a mesma moeda. Por estarmos continuamente atarefados com Torah e preceitos, Ele nos manterá ocupados com uma colheita após a outra, sem parar. Deus prometeu: "Mesmo tendo muita comida, não devem comer demais.

Abençoarei seus alimentos para que vocês fiquem satisfeitos mesmo após comer pouco. (Isto é uma bênção, pois comer demais ou ingerir muitos doces ou comidas gordurosas causam doenças) "Vocês poderão vender a produção excedente".

De todas as bênçãos, a principal é de que a terra será produtiva.

É equivalente a um monarca fabulosamente rico, cujos cofres transbordavam de tesouros.

A despeito de suas riquezas, o poderoso governante era constantemente forçado a perguntar ansiosamente até ao mais baixo de seus súditos: "A terra é produtiva?" Se não há alimentos disponíveis, sua fortuna seria inútil.

Deus assegura ao seu povo que pelo fato de cumprirem a Torah, a terra torna-se fértil. Contudo, a bênção Divina vai muito mais além. Deus prometeu: "Se guardarem a Torah perfeitamente, a terra fará brotar sua produção" (Lv 26,4), sua produção original perfeita - da maneira pretendida pelo Criador antes de Adão pecar. Esta promessa implica:

As plantas amadurecerão no mesmo dia em que suas sementes forem semeadas. Árvores frutíferas darão frutos no período de um dia. Não haverá árvores infrutíferas. Todas as árvores produzirão alguma espécie de fruto comestível. Não apenas os frutos das árvores serão comestíveis, mas também seus córtex e cascas. Originalmente, Deus pretendia que a terra produzisse rápida e plenamente. Em decorrência do pecado, foi amaldiçoada por Deus e se deteriorou.

3 - A bênção da Paz

Apesar da bênção anterior assegurar-nos abundância de alimentos e bebida, essa promessa, em si, equivale a bem pouco, se não for acompanhada de outra: Paz. Não importa o quanto alguém possua, não pode usufruir de sua fortuna se vive em constante temor.

Por isso, o Todo Poderoso garante: "E outorgarei paz sobre a Terra, e deitarás, e ninguém te fará tremer" (Lv 26,6). Esta garantia é essencial para se beneficiar de todas as bênçãos anteriores.

"E se precisarem lutar fora de seu país, causarei confusão entre seus inimigos. Eles se atacarão uns aos outros e cairão perante vocês. Cinco de vocês serão capazes de atacar uma centena de soldados inimigos. E apenas uma centena de vocês poderão combater um exército de dez mil inimigos"!

A paz máxima, porém, ainda não é conhecida atualmente. A paz prometida para o futuro inclui o seguinte: Feras selvagens serão inofensivas em Israel, exatamente como eram antes de Adão. O profeta predisse: "E o leão comerá feno como o touro, e o bebê brincará na toca da serpente" (Isaías 11,7). Não apenas feras, mas todo tipo de forças prejudiciais serão subjugadas. As nações do mundo, não mais afligirão o povo judeu.

4 - A bênção de famílias numerosas

Deus também prometeu: "Se todos cumprirem a Torah, abençoarei as famílias com muitos filhos. Darei às crianças saúde e vida longa". Os pais se preocupam sobre como alimentar suas grandes famílias. Por isso, a Torah repete que Deus dará comida mais que suficiente.

Deus disse: "Me voltarei a você e dedicarei Meu devotado amor ao seu progresso físico e espiritual. Seus filhos crescerão para se parecerem com você moral e espiritualmente. Sua grandeza aumentará com toda criança que nascer, pois cada uma será portadora de Torah e preceitos, reforçando os laços entre Deus e o povo judeu".

5 - A colheita melhorará com a idade

E Deus adicionou novas bênçãos: "A produção estocada em seus silos não se estragará. Pelo contrário, toda a produção se tornará mais deliciosa e saborosa com a passagem do tempo (e não apenas trigo e vinho, que geralmente melhoram com o tempo)".

"Então vocês se encontrarão num estranho dilema. Seus silos e celeiros estarão cheios de alimentos quando a nova colheita neles fluir. Vocês nem saberão o que fazer: devem trazer o cereal novo ao celeiro para secá-lo, mas os celeiros ainda estão repletos de grão velho e delicioso. Terão que tirar este grão e armazená-lo em outro local. Vocês serão abençoados, tendo mais grãos do que poderão comer".

6 - A bênção de que a Shechiná (Presença Divina) venha sobre o povo

Agora vem a derradeira e mais importante bênção. Deus prometeu: "Darei -a vocês um terceiro e permanente Templo Sagrado. Minha Shechiná (Presença Divina) repousará não apenas no Templo Sagrado, mas onde quer que vocês estejam. Sentirão como se Eu estivesse caminhando entre vocês, pois darei a vocês um grande entendimento sobre Mim".

Esta última bênção significa que todos se sentirão próximos a Deus e apreciarão Sua presença. Esta é a maior de todas as alegrias possíveis.

O rei decidiu que um de seus súditos deveria acompanhá-lo em sua caminhada diária através do jardim. Jamais um rei se dirigira àquele aldeão, a quem, nunca em sua vida andara junto com alguém de nível superior.

Ao exigirem que se adiantasse, permaneceu tremendo e imóvel, emocionado demais para tomar seu lugar ao lado do rei. Este, contudo, encorajou-o dizendo: "Não tema. Hoje, somos amigos"!

Similarmente, no futuro, Deus andará junto com os justos e lhes dirá: "Não temam! Somos amigos". (Contudo, apesar de andarem juntos, na companhia de Deus, ainda sentirão o temor de Sua grandeza.)

No mundo presente, a Shechiná (a Presença da Divindade) é percebida apenas por grandes justos. No futuro, contudo: "A glória de Deus vai então aparecer e todos verão" (Is 40,5).

No futuro, os justos formarão um círculo em torno de Deus, e Ele estará em seu meio. Cada um apontará para Ele e dirá: "Veja, este é nosso Deus, esperamos por Ele, e Ele nos salvou" (Is 25,9).

Deus adverte para nunca abandonarem a Bíblia e seus preceitos

Após Deus ter explicado as bênçãos por cumprir a Torah, advertiu: "Nunca abandonem Minha Torah ou parem de cumprir Meus preceitos! Se o fizerem, Eu os punirei". Deus pressagiou seis punições:

- Ele mandará doenças; Haverá escassez e fome em Israel; Animais selvagens destruirão muitas pessoas; Os inimigos matarão a muitos; Deus enviará uma peste; o Templo Sagrado será destruído e o povo judeu exilado.

Enquanto o estudo da Torah e o cumprimento dos preceitos trazem bênção sobre o povo, negligenciá-los não causa somente a ausência de bênçãos Divinas. Esta é uma concepção errônea. A Torah mostra que quando a Torah se afasta, acarreta-nos muito mais do que o oposto de bênção.

Quais são as consequências desse afastamento espiritual:

Doenças

Deus prometeu que se o povo judeu for espiritualmente perfeito, Ele o protegerá de todas as doenças, como está escrito (Ex 23,25): "E Ele abençoará teu pão e tua água, e Eu removerei todas as doenças de teu meio".

Quebrando o orgulho do poder do povo judeu

Esta maldição possui diversas implicações, dentre elas: "Vou destruir o Templo Sagrado, o orgulho de vossa força, o encanto de vossos olhos, o alento de vossas vidas" (Ez 24,21). Apesar da realização desta maldição causar pesar e luto ao povo judeu, ela contém, não obstante uma bondade oculta.

Quando o salmista Assaf compôs o salmo referente à destruição do Templo Sagrado, iniciou com as palavras: "Um cântico para Assaf. Oh! Deus! Os pagãos invadiram tua herança, profanaram o teu Santo Templo, reduziram Jerusalém a um montão de ruínas". (Sl 79,1).

Por que denominou sua composição de "cântico"? Parece que a introdução apropriada a esse salmo deveria ser "uma ode", "um lamento" ou "uma elegia de Assaf". A explicação pode ser compreendida através de uma parábola.

Um rei construiu uma elegante casa de veraneio para seu filho. Empregou equipes de trabalhadores para embelezá-la, pintores para pintar as paredes com padrões ornamentais, e criar belas paisagens e ambientes nos jardins. Pouco tempo depois, o filho do rei começou a circular em má companhia, e sua conduta se deteriorou.

O rei ouviu relatos vergonhosos referentes ao seu filho, despertando sua ira. Viajou até o local, entrou e quebrou todas as suas colunas e esteios. Virando-se aos escravos, ordenou que a moradia inteira fosse destruída.

O tutor do príncipe presenciou a cena de destruição. Curvou-se, apanhou um caniço de bambu do chão, e utilizando-o como uma flauta, começou a tocar uma melodia alegre.

Os presentes ficaram espantados, pois sabiam o quanto o tutor amava o príncipe. "Como pode tocar uma melodia alegre enquanto o rei está destruindo a casa de veraneio de seu filho?" - indagaram-lhe.

"Estou aliviado," esclareceu o tutor, "pois o rei descarregou sua ira sobre as paredes da casa, em vez de sobre o próprio príncipe. Se sua ira tivesse atingido o príncipe, teria decretado-lhe pena capital".

Similarmente, Assaf explicou a seus contemporâneos: "Estou contente, pois Deus extravasou Sua ira sobre madeira e pedras do Templo Sagrado, em vez de destruir o povo judeu".

A maldição da Torah acima mencionada, não obstante sua triste e sinistra mensagem, denota que o povo sobreviverá e poderá, por conseguinte, reconstruir seu santuário destruído.

O cerco inimigo, levando à morte e fome

A maldição da falta de alimentos realizou-se durante a destruição de ambos os Templos. Durante o cerco romano à Jerusalém, antes da destruição do Segundo Templo Sagrado, sucedeu-se o seguinte:

A cidade de Jerusalém orgulhava-se de três homens cuja fortuna era muito conhecida.

O primeiro, Nacdimon ben Gurion, recebeu seu nome porque, certa vez, o Todo Poderoso fez com que o sol reaparecesse após ter se posto, por causa de sua oração (Nacdimon vem do radical nacad - brilho). O segundo, Ben Calba Savua, tem seu nome derivado de sua hospitalidade. Significa que qualquer pobre que entrava em sua casa faminto como um cachorro (Calba = kelev, cachorro) saía de lá satisfeito. O terceiro era Ben Tsitsit Hakesas. "Ben Tsitsit" significa que nunca andava fora de casa sem que um tapete fosse estendido à sua frente, para que os tsitsit (franjas) de sua veste nunca tocassem o chão. "Hakesas" alude ao fato de que sua cadeira (kissê) ficava estacionada junto a dos nobres romanos, sempre que estava no palácio do imperador, em Roma.

Esses três homens prometeram colocar suas fortunas à disposição da cidade sitiada; um suprindo-a com trigo e cevada, outro com líquidos, e o terceiro com lenha e madeira. Suas fortunas eram tão imensas que seus fornecimentos supriram a cidade pelos próximos vinte e um anos.

Entretanto, havia no meio do povo um grupo de militantes judeus que se recusavam a seguir a política dos sábios de se submeterem a Roma. Exigiam guerra, e por este motivo atearam fogo aos armazéns. Fome e escassez cresceram então em Jerusalém. A fome aumentou até que finalmente, até mesmo os mais ricos, não tinham sequer uma migalha de pão.

Ao andar pelas ruas, Rabi Yochanan ben Zacai percebeu pessoas que cozinhavam palha e bebiam esta sopa. Durante a destruição do Primeiro Templo, as classes mais elevadas ainda possuíam algum alimento, apesar da dificuldade geral. Contudo, durante a destruição do Segundo Templo Sagrado, a nobreza judaica também expirava de fome.

No início do cerco de Jerusalém, os judeus ricos encheram cestas com ouro para os romanos que estavam fora das muralhas da cidade, em troca de alimentos. Os romanos trocavam cada cesta carregada de ouro por uma cheia de carne. Mais tarde, pegavam o ouro e devolviam uma cesta cheia de palha. Os judeus, famintos, cozinhavam a palha e bebiam o líquido. Ao final, os romanos pegavam as cestas cheias de ouro e devolviam-nas vazias.

O templo sagrado e a terra ficarão desolados

"E não aceitarei suas oferendas com satisfação". Eventualmente, o Serviço do Templo Sagrado cessará. Antes da destruição do Primeiro Templo Sagrado, o serviço continuou, apesar dos inimigos terem entrado em Jerusalém. Quando já não havia mais cordeiros disponíveis para oferendas, subornavam os inimigos com cestas de ouro para contrabandear os animais necessários por sobre as muralhas. No dia 17 do mês judaico de Tamuz, não receberam mais animais, e o sacrifício diário chegou ao fim. Os outros serviços continuaram até o dia 7 do mês de Av.

Mais além, a Torah adverte que cidades que antes eram bastante povoadas ficarão desoladas de transeuntes, e a Terra desolada de habitantes.

O versículo conclui com uma garantia reconfortante. O Todo-Poderoso não deseja que estranhos se instalem permanentemente em Israel e dela usufruam. Por isso, Ele prometeu: "E ela ficará desolada de seus inimigos que nela vivem". Isto implica que nenhuma outra nação, a não ser o povo judeu, encontrará satisfação em habitar a Terra, e conseqüentemente, nenhuma ocupará a Terra permanentemente.

De fato, apesar de, no decorrer dos séculos, muitas nações terem tentado reconstruir a Terra de Israel, nenhuma obteve sucesso. Desde a destruição do Templo, a terra não recebeu nenhuma nação estrangeira gentilmente; sinal de que aguarda o retorno de seus filhos, nos tempos do Messias.

O Exílio: "E espalharei vocês entre as nações" (Lv 26,33).

Se um povo de certa nacionalidade está exilado em outro país, geralmente se instalam juntos. Contudo, no que tange aos judeus, o Todo-Poderoso proclamou: "Eu vos espalharei de maneira similar a alguém que joeira grãos de cevada. Ele sacode a batéia em todas as direções, para que nem mesmo dois caiam juntos. Do mesmo modo, ficarão separados uns dos outros". Contudo, como em todas as maldições, esta também contém uma bondade oculta.

Se o Todo-Poderoso tivesse exilado nosso povo inteiro num único país, há muito já teria sido eliminado o povo judeu da História. Mas já que estavam dispersos através do mundo, quando judeus num país são perseguidos, os de outras regiões sobrevivem.

Onde está a Shechiná (a Presença da Divindade), desde que o Templo Sagrado foi destruído?

Quando os judeus pecaram a Presença de Deus deixou o Templo Sagrado. Retirou-se para o céu. Porém, uma parte da Shechiná permaneceu na terra para acompanhar alguns judeus que deixaram Israel e foram levados ao exílio da Babilônia. Quem eram os afortunados judeus a quem a Shechiná acompanhou?

Nem os juízes do Sinédrio, nem os sacerdotes do Templo Sagrado, nem os levitas que serviam os sacerdotes foram acompanhados pela Shechiná, pois Deus estava aborrecido com eles por causa das transgressões que cometeram.

Deus mostrou seu amor especial, porém, pelas crianças judias, porque estavam livres do pecado. Somente elas foram acompanhadas pela Shechiná, que as protegia. Parte da Shechiná repousa para sempre no Muro Ocidental em Jerusalém, o Kotel. É um dos muros do Monte do Templo. Deus prometeu que o muro jamais será destruído; Sua Shechiná ali repousa.

Onde estão as dez tribos?

As tribos de Judá e Benjamin foram as últimas duas tribos levadas a Babilônia pelo rei Nabucodonosor, quando da destruição do Primeiro Templo Sagrado. Onde estão as outras dez tribos? Foram levadas para fora do país mais de um século antes da destruição do Primeiro Templo Sagrado pelo Rei da Assíria. Para onde foram?

O Midrash nos conta que Deus escondeu as dez tribos atrás do rio Sambatyon. Este rio é chamado "Sambatyon" ou "Sabatyon", porque age estranhamente em Shabat. Durante toda a semana, flui e joga pedrinhas para cima. Entretanto no Shabat, fica completamente imóvel.

Hoje não sabemos a localização deste rio ou a das tribos perdidas. Quando o Messias chegar, Deus fará com que as tribos perdidas se reúnam novamente ao povo de Israel.

A Torah continua: "Mesmo quando o povo judeu estiver em terras estranhas, não o abandonarei. Enviarei Meus profetas para incentivá-lo a fazer teshuvá (conversão e arrependimento)".

Após a destruição do Primeiro Templo Sagrado, Deus enviou o profeta Ezequiel à Babilônia. Ele liderou o povo judeu e o incentivou a fazer teshuvá. Por terem lhe obedecido e retornado a Deus, setenta anos mais tarde tiveram o mérito de obter permissão para retornar a Israel.

A Shechiná (Presença) de Deus permanecerá com o povo mesmo no Exílio

Esta maravilhosa promessa tornou-se realidade. De todas as nações antigas, apenas o povo judeu sobrevive.

O Imperador Romano disse a Rabi Yehoshua ben Chananyá: "É incrível como uma pequena ovelha consegue viver entre uma matilha de setenta lobos"! Quem é a ovelha a que o imperador se referia? O povo judeu. E a quem ele comparou os setenta lobos? As setenta nações do mundo, que procuram incessantemente destruir o povo judeu.

Entretanto, Rabi Yehoshua respondeu ao imperador: "Não admire a ovelha! Admire o Pastor (O Eterno Deus) que a protege dos dentes de setenta lobos"! O povo judeu teria sido destruído muito tempo atrás, não fosse a especial proteção Divina, prometida na Torah.

"E tropeçarão e falharão, um por causa do outro".

As palavras desse versículo são interpretadas pelos Sábios de Israel como "por causa dos pecados do outro". Ensina o princípio fundamental da Torah da *responsabilidade mútua*. Se um judeu transgride uma lei da Torah, outro judeu, que poderia protestar, mas em vez disso apenas observou a transgressão em silêncio, é cobrado pelo pecado de seu semelhante.

Mais que isso, quando um judeu peca, mesmo secretamente, fere o povo inteiro.

Os passageiros já estavam sentados por horas no avião. Alguns liam, outros conversavam, porém a maioria cochilava, sendo este um vôo sereno. De repente, entretanto, um passageiro arregalou os olhos ante a estranha atividade de seu vizinho. O homem tirara uma caixa de ferramentas de sua bagagem, e começava a furar debaixo de seu assento, com mãos fortes e peritas. "O que está fazendo?" perguntou perplexo. "Nada que lhe interesse," retrucou o outro, enfiando a furadeira cada vez mais fundo. Ele pulou, correndo para a cabina do piloto, trazendo-o consigo.

Após lançar um olhar para a cena, berrou: "Pare imediatamente, e entregue as ferramentas"! O passageiro olhou surpreso para o piloto: "O que quer dizer? Este é meu assento! Paguei por ele"!

A essa altura, todos os passageiros acorreram à cena, gritando: "Doido! Idiota! Aqui dentro do avião não existe algo como 'assento particular'! Não sabe que se fizer um buraco sob seu assento, estará colocando em perigo a vida de todos a bordo"?

Através desta parábola, os sábios explicam a responsabilidade de cada um diante de seu povo. Todos os judeus são um único povo, pois suas almas estão conectadas umas às outras. Por conseguinte, um indivíduo que peca fere não apenas sua própria alma, mas prejudica o povo inteiro.

Consolo e promessa para a nossa época

O Todo Poderoso declara: "No exílio, não permitirei que os judeus se misturem com os outros povos completamente. Se imitarem os hábitos de seus vizinhos não judeus, Eu os forçarei a reconhecer Minha autoridade. Se então confessarem seus erros e se voltarem para Mim, imediatamente Eu terei compaixão e os redimirei, pelos méritos de seus antepassados".

Deus promete: "Se fizerem teshuvá (arrependimento e conversão), terminarei imediatamente com seu exílio. Se não fizerem teshuvá, terminarei seu exílio quando chegar a época apropriada".

"E lembrarei Minha aliança com Jacó, e também Minha aliança com Isaac e também Minha aliança com Abraão lembrarei, e Me lembrarei da terra" (Lv 26,42).

Apesar das matriarcas não serem mencionadas explicitamente, sua memória também está incluída. Seus méritos também são necessários para a redenção. Deus Se lembrará daquelas que acompanharam os patriarcas, nominalmente: as matriarcas.

Finalmente, Deus afirma que Se lembrará da terra. Por que Deus também Se lembrará da Terra? Os patriarcas e a Terra de Israel estão intimamente ligados. Viver lá os ajudou a alcançar a perfeição. A terra, que desempenhou papel tão importante em suas vidas, é, portanto, mencionada onde quer que eles também sejam. "E não anularei Minha aliança com eles".

Quando chegar a redenção final, o Todo-Poderoso dirá: "Meus filhos, parece incrível que pudessem ter esperado por mim durante milhares de anos"!

E então os filhos de Israel responderão: "Se não fosse pela Torah que nos deixaste, há muito tempo teríamos sucumbido às pressões gentias, como declarou Davi no Salmo: 'Se não fosse pela sua Torah que é o meu prazer, teria perecido na minha miséria'" (Sl 119,92).

"Trarei o povo judeu de volta à sua terra. Serei seu Deus, e eles serão Meu povo. Assim como fiz milagres quando vocês se tornaram Meu povo no Êxodo, assim farei também farei milagres novamente no futuro".

Doar dinheiro no valor de uma pessoa ao templo sagrado

A Torah nos conta que uma pessoa pode doar uma soma de dinheiro no valor de si mesmo ou de outra pessoa ao Templo Sagrado.

Como sabemos quanto vale uma pessoa? A Torah relaciona o valor de cada um, homem ou mulher, por cumprir o preceito de valores. Por exemplo, o valor de todos os meninos de cinco a vinte anos de idade é de 20 moedas shekel. O valor de todos os homens entre vinte e sessenta anos é de 50 moedas shekel.

Deus não revelou Suas razões por fixar esta quantia em particular, mencionada na Torah para cada faixa etária. Se um judeu declara: "Quero doar o valor de meu filho ao Templo Sagrado," Deus considera como se ele tivesse trazido esta criança como oferenda.

Os sacerdotes usavam o dinheiro recebido com este preceito para consertar e manter em ordem o Templo Sagrado

Deve-se doar a décima parte de seus animais recém-nascidos a Deus

A Torah ordena: "Um judeu que possua vacas, ovelhas ou cabras deve doar a Deus cada décimo recém-nascido". Este donativo é chamado o dízimo dos animais. Como são separados os animais?

Uma vez ao ano, o fazendeiro reúne todos os animais recém-nascidos num estábulo com uma porta tão pequena que apenas seja possível sair um animal de cada vez. O fazendeiro deixa então que os animais passem pela porta, um a um, contando-os. Quando passa o décimo animal, o fazendeiro o toca com uma varinha que foi mergulhada em tinta vermelha. E anuncia: "Este animal é o dízimo".

O que acontecia com os animais marcados com tinta vermelha?

O dono os levava a Jerusalém. Após terem sido abatidos, o sacerdote queimava as partes internas da oferenda sobre o altar. Então o sacerdote dava a carne ao dono, que tinha permissão de comê-la em Jerusalém. O preceito de doar o dízimo dos animais tem maravilhosos benefícios para o povo judeu.

Deus temia que os lavradores judeus em Israel estivessem tão atarefados com as plantações e criando animais que não encontrariam tempo para o estudo de Torah. Por esse motivo, deu-lhes preceitos que os forçariam a visitar Jerusalém. Um destes preceitos é o dízimo dos animais. Os judeus eram obrigados a ir a Jerusalém e visitar o Templo Sagrado em Pêssach, Shavuot e Sucot.

O que havia de especial na cidade de Jerusalém? Era um centro de aprendizado de Torah. Quando um judeu visitava Jerusalém, encontrava muitos sábios aos quais podia fazer perguntas. Seria então lembrado de como é importante estudar Torah.

Se um judeu tivesse um grande número de animais como dízimo, diria a um de seus filhos: "Viaje a Jerusalém e estude Torah! Temos uma grande quantidade de carne que deve ser comida em Jerusalém".

Desta forma, cada família judia enviava ao menos um membro a Jerusalém para estudar Torah. Aquela pessoa podia então ensinar a Bíblia e os preceitos ao restante da família.

E assim, este preceito ajudava a tornar cada família santificada. Este é o objetivo de todos os mandamentos. Tornar a pessoa santa, então a Shechiná pode repousar não apenas no Templo Sagrado, mas no coração de todo o Povo de Israel.

Correspondência bíblica

Descanso:

Ex 16,30: "Assim no sétimo dia, o povo descansou".

Ex 20,10: "Mas o sétimo dia é sábado, descanso dedicado ao SENHOR teu Deus. Não farás trabalho algum, nem tu, nem teu filho, nem tua filha...".

Ex 33,14: "O SENHOR respondeu-lhe: Eu irei pessoalmente e te darei descanso".

Lv 26,35: "Todo o tempo em que ficar desabitada, a terra descansará pelos sábados que não descansou quando nela habitáveis".

Nm 10,33: "Partindo do monte do SENHOR, fizeram uma viagem de três dias. A arca da Aliança do SENHOR os precedia, procurando-lhes um lugar de descanso".

Sl 66,12: "Fizestes os homens cavalgar nossas cabeças, passamos pelo fogo e pela água, mas enfim nos conduzistes a um lugar de descanso".

Sb 4,7: "O justo, porém, ainda que morra prematuramente, encontrará descanso".

Eclo 6,29: "No fim, encontrarás na sabedoria teu descanso e ela se transformará em teu contentamento".

Jr 17,27: "Se, porém, não me obedecerdes, deixando de santificar o dia de descanso, carregando peso e passando pelas portas de Jerusalém, em dia de sábado, porei fogo nas portas a incendiar os palacetes de Jerusalém, sem que ninguém possa apagar".

Mt 11, 28: "Vinde a mim, todos vós que estais cansados e carregados de fardos, e eu vos darei descanso".

Mt 11,29: "Tomai sobre vós o meu jugo e sede discípulos meus, porque sou manso e humilde de coração, e encontrareis descanso para vós".

2Ts 1,7: "e que vós, os atribulados, recebais como recompensa o descanso conosco. Isto vai acontecer, quando se revelar o Senhor Jesus vindo do céu com os anjos do seu poder".

Ap 14,11: "A fumaça do seu tormento subirá para sempre, e, dia e noite, não terão descanso aqueles que adoram a fera e sua estátua, e quem quer que leve a marca com o seu nome".

O Ciclo de Leituras da Torah na Sinagoga – Uma Herança Comum
"para conhecer melhor as tradições paternas" (Gl 1,14) – Índice

4° LIVRO DA TORAH: NÚMEROS (BAMIDBAR, EM HEBRAICO)

Nome da Parashá (porção semanal da Torah)	Texto Bíblico	Haftará (Leitura dos Profetas)	Harizá (Colar) Tema
39. BAMIDBAR	Nm 1,1 – 4,20	Os 2,1 – 22	As Tribos
40. SHAVUOT	Ex 19,1 – 20,23; Nm 28,26 – 31	Ez 1,1 – 28; 3,12	-//-
41. MEGUILAT RUTE	O Livro de Rute	- // -	- // -
42. NASSÔ	Nm 4,21 – 7,89	Jz 13,2 – 25	Adultério
43. BEHAALOTECHÁ	Nm 8,1 – 12,16	Zc 2,14 – 4,7	Deserto
44. SHELACH LECHÁ	Nm 13,1 – 15,41	Js 2,1 – 24	Franjas
45. CÔRACH	Nm 16,1 – 18,32	1Sm 11,14 –12,22	Sacerdócio
46. CHUCAT	Nm 19,1 – 22,1	Jz 11,1 – 33	Serpente
47. BALAC	Nm 22,2 – 25,9	Mq 5,6 – 6,8	Bênçãos
48. PINECHÁS	Nm 25,10 – 30,1	1Rs 18,46 – 19,21	Zelo
49. MATOT	Nm 30,2 – 32,42	Jr 1,1 – 2,3	Herança
50. MASSEI	Nm 33,1 – 36,13	Jr 2,4 – 28; 3,4	Herança

01. BERESHIT   Gn 1,1 – 6,8
02. NOACH   Gn 6,9 – 11,32
03. LECH LEHA   Gn 12,1 – 17,27
04. VAYERÁ   Gn 18,1 – 22,24
05. CHAYÊ SARÁ   Gn 23,1 – 25,18
06. TOLEDOT   Gn 25,19 – 28,9
07. VAYETSÊ   Gn 28,10 – 32,3
08. VAYISHLACH   Gn 32,4 – 36,43
09. VAYÊSHEV   Gn 37,1 – 40,23
10. MIKETS   Gn 41,1 – 44,17
11. CHANUCA   1Mc 4,36 – 59
12. VAYIGASH   Gn 44,18 – 47,27
13. VAYECHI   Gn 47,28 – 50,26
14. SHEMOT   Ex 1,1-6,1
15. VAERÁ   Ex 6,2-9,35
16. BÔ   Ex 10,1-13,16
17. BESHALACH   Ex 13,17-17,16
18. YITRÔ   Ex 18,1-20,26
19. MISHPATIM   Ex 21,1-24,18

20. TERUMÁ	Ex 25,1-27,19
21. TETSAVÊ	Ex 27,20-30,10
22. ZACHOR	Dt 25, 17-19
23. PURIM	Livro de Ester
24. KI TISSÁ	Ex 30,11-34,35
25. VAYAKHEL	Ex 35,1-38,20
26. PECUDÊ	Ex 38,21-40,38
27. VAYICRÁ	Lv 1,1-5,26
28. TSAV	Lv 6,1-8,36
29. PÊSSACH	Ex 12,1-20; 13,8
30. SEFIRAT HAÔMER	
31. SHEMINI	Lv 9,1-11,47
32. TAZRIA	Lv 12,1-13,59
33. METSORÁ	Lv 14,1-15,33
34. ACHARÊ MOT	Lv 16,1-18,30
35. KEDOSHIM	Lv 19,1-20,27
36. EMOR	Lv 21,1-24,23
37. BEHAR	Lv 25,1-26,2
38. BECHUCOTAY	Lv 26,3-27,34
51. DEVARIM	Dt 1,1-3,22
52. VAETCHANAN	Dt 3,23-7,11
53. ÊKEV	Dt 7,12-11,25
54. REÊ	Dt 11,26-16,17
55. SHOFETIM	Dt 16,18-21,9
56. KI TETSÊ	Dt 21,10-25,19
57. KI TAVÔ	Dt 26,1-29,8
58. NITSAVIM	Dt 29,9-30,20
59. ASSERET YEMÊ TESHUVÁ	
60. VAYÊLECH	Dt 31,1-30
61. HAAZINU	Dt 32,1-52
62. SUCOT	Lv 23, 33-44
63. VEZOT HABERACHÁ	Dt 33,1-34,12

39 – Nm 1,1 – 4,20:
BAMIDBAR (no Deserto) - במדבר
Os 2,21-22

Esta porção semanal da Palavra de Deus inicia o Livro dos Números, no original em hebraico Bamidbar – No deserto, literalmente.

No deserto, durante quarenta anos o povo irá aprender junto com seu Deus a deixar para trás definitivamente a escravidão.

Temos liberdade, mas nem sempre é fácil conquistá-la, muito menos de ser mantida.

Em todo o Livro dos Números, no deserto, o povo ainda não tinha chegado na Terra Prometida. Ao mesmo tempo não eram mais trabalhadores escravos na construção do Egito. Um tempo de aprendizado para ser e escolher, para continuar a ser um povo livre, rumo à realização plena das promessas de Deus que caminha com eles em todas as etapas no deserto.

Outra referência interessante das tribos de Israel é o cuidado que se deve ter de não assimilar os costumes e a idolatria dos povos ao redor. A tribo de Levi segundo a tradição rabínica foi a única que não cometeu o pecado de idolatria no Egito, bem como também foi a única que não cometeu o pecado de adorar o Bezerro de ouro.

Conforme explica o comentador Rashi, a tribo de Levi manteve-se alheia ao pecado, não se contagiando com o pecado da idolatria. Segundo Rashi, Levi, o terceiro filho de Jacó teve a exclusividade de ser chamado assim pelo próprio anjo Gabriel. Levi seria o responsável pela transmissão da Torah e seus preceitos a todos os filhos do Povo de Israel.

- O Eterno Deus é quem encarregou à tribo de Levi o serviço do Sagrado Templo. Uma tribo responsável e que não se deixa envolver.
- Assim também aquele que procurar sempre a fidelidade, o equilíbrio e a retidão de vida, mesmo entre os erros e maldades do meio ambiente em que vive, sempre receberá a recompensa e uma proximidade especial com o próprio Criador.

Bamidbar – Seleções de Midrash a partir do texto bíblico: Nm 1,1 – 4,20

A Torah especifica as datas e locais nos quais Deus falou com Moisés

O livro de Bamidbar inicia com: "E Deus falou com Moisés no deserto do Sinai, no Tabernáculo, no primeiro dia do segundo mês (Iyar), no segundo ano após terem saído da terra do Egito".

Deus falou com Moisés centenas de vezes, e geralmente a Torah não especifica a data. Por que, então, o faz aqui?

Um famoso milionário, conhecido por possuir diversos arranha-céus, grandes parcelas de ações em firmas de grande porte, além de fazendas e ranchos, não conseguia encontrar satisfação em sua vida pessoal. Ele acabara de se divorciar da segunda esposa, filha de um rico magnata do petróleo, que amargurara sua vida com incessantes reclamações. Divorciara-se da primeira esposa anos antes, pois ela lhe fora infiel. Raramente falava destes casamentos, e quando indagado por repórteres curiosos, se recusava a divulgar detalhes. Guardava em segredo as datas de seu casamento e divórcio, e ao lhe pedirem para mostrar os contratos de casamento, negava possuir tais documentos.

Anos depois, os amigos sugeriram-lhe um partido que, apesar de não usual para um homem em sua posição, sem sombra de dúvidas provaria ser bem sucedido. A moça em questão era pobre, mas de nobre estirpe e caráter refinado.

Após investigar e comprovar que tudo o que fora dito a respeito da jovem era verdade, exclamou: "Desta vez encontrei minha verdadeira esposa e alma gêmea! Anunciarei publicamente a data do casamento, e certamente lhe darei um contrato nupcial"!

Depois de criar a humanidade, Deus, por assim dizer, desapontou-Se com uma geração após outra. A geração do Dilúvio rebelou-se contra Ele, assim como a geração da Torre de Babel. Por isso, a Torah atenua a ascensão e queda destas e de outras gerações que lhes sucederam, sem revelar as datas exatas de seu surgimento ou desaparecimento no decurso da história.

Da mesma forma, a Torah não registra quando ocorreram as destruições da geração da Torre de Babel ou de Sodoma, nem mesmo quando foi que ocorreram as Dez Pragas e o afogamento dos egípcios.

Em relação aos judeus, contudo, Deus exclamou: "São diferentes das gerações anteriores; são filhos de Abraão, Isaac e Jacó! Sei que serão fiéis a Mim"! Portanto, disse a Moisés: "Registre na Torah o dia, mês, ano e localidade exatas de quando os elevei à tamanha dignidade".

A Torah (Números 1,1) especifica a data e locais precisos de quando Deus dirigiu-se a Moisés, da mesma forma que esses detalhes estão registrados num contrato matrimonial.

Por que Deus revelou a Torah no deserto

O livro dos Números e por conseguinte esta parashá inicia-se com as palavras: "Bemidbar Sinai - no deserto de Sinai". Isto vem nos indicar que Deus escolheu propositadamente um deserto para entregar ao seu povo a Torah. Há diversas razões pelas quais Deus preferiu o deserto à terra habitada. Dentre essas:

- Se a Torah tivesse sido outorgada na Terra de Israel, seus habitantes teriam reivindicado uma relação especial com a Torah. Deus falou num local onde todos podem ter livre acesso. Isto nos ensina que cada um possui uma porção na Torah igual à de todos os seus semelhantes.

- Revelando a Torah no deserto, Deus nos ensina que a fim de tornar-se grande no estudo da Bíblia, a pessoa deve se fazer semelhante a um deserto - ou seja, sem dono ou proprietário.

Assim como o deserto é de livre acesso e trânsito para todos, da mesma forma assim devemos ser humildes. Humildade é a percepção da pequenez da pessoa. É uma virtude necessária para obter sucesso no estudo da Bíblia, e para uma vida feliz neste mundo.

Vantagens da humildade em relação à Bíblia:

Para progredir nos estudos da Bíblia, deve-se procurar a companhia dos estudiosos, que são mais sábios, e aprender deles. Uma pessoa arrogante não aceita conselho e orientação de outros.

Alguém que está convencido de sua própria superioridade não se empenhará em cumprir os preceitos que não considera importantes, nem investir muitos esforços em preencher os detalhes requeridos por outros.

Deus gosta das pessoas humildes, pois constantemente revisam seus atos, a fim de corrigir seus erros. Uma pessoa arrogante, no entanto, não é aberta à críticas, nem tem senso de autocrítica. Por isso, está longe de fazer teshuvá (arrependimento e conversão).

Benefícios gerais da humildade:

Uma pessoa humilde aproveita a vida, a despeito das circunstâncias materiais; enquanto uma pessoa arrogante não está satisfeita com seu quinhão. O presunçoso está convencido de que Deus e seus semelhantes lhe devem por seus talentos, contribuições ou méritos. Ele não é suficientemente recompensado com reconhecimento ou dinheiro; sofre de descontentamento e frustração. Se o infortúnio atinge uma pessoa arrogante, ela se ressente demais.

Uma pessoa humilde, por outro lado, consegue superar os problemas, inconveniências e situações desagradáveis da vida. Uma pessoa humilde faz amigos; uma pessoa que se sente o centro do universo, não. Ela não pode perdoar aqueles que a insultam, ou não a tratam com deferência e como resultado, dificulta sua aproximação e relacionamento com outras.

"Parecendo-se com o deserto" também implica que a pessoa deve estar pronta a sacrificar conforto material em favor da Palavra de Deus. O conceito de "deserto" sugere o oposto ao exagero, ao supérfluo, à simplicidade de viver dignamente. Somente teremos condições de progredir no estudo da Bíblia e no cumprimento dos seus preceitos se estivermos preparados para fazer algum sacrifício em assuntos materiais.

Outra característica do deserto é sua imensidão vazia. Da mesma forma, o intelecto do homem deve parecer como a vasta e silenciosa imensidão do deserto, livre de elementos estranhos, para que assim os pensamentos da Bíblia possam ali deitar as suas raízes.

Um rei conquistou um novo país e o anexou a seu reino. Desejava que seus habitantes se submetessem a seu código de leis, e por isso anunciou que visitaria uma das cidades, a fim de ser reconhecido como novo regente.

Contudo, quando a carruagem real chegou, não foi recebido pela tão esperada multidão. O rei viajou através de ruas totalmente desertas, onde não se via viva alma.

Esta cidade era habitada por prósperos mercadores. Alguns temiam que o novo legislador aumentasse os impostos, outros estavam envolvidos em negócios escusos e temiam que o rei acabasse com as fraudes, ou, pior, os punisse. O rei percebeu que a população desta cidade não queria reconhecer sua autoridade. Assim sendo, proclamou que visitaria outra cidade no dia seguinte.

O bizarro espetáculo do primeiro dia se repetiu, não havia ninguém à vista para saudá-lo. O rei então notou que os prósperos cidadãos do recém-conquistado território não se submeteriam à sua autoridade de boa vontade. Ele deveria aliciar seguidores entre os menos afortunados.

Percorreu então as cercanias de cidades que haviam sido devastadas, cujos habitantes perderam as posses e fortunas. Quando os destituídos ouviram acerca da iminente chegada do rei, se alegraram. Um regente significava esperança para o futuro. Investiria recursos para reconstruir seus lares e fazendas devastadas; e os empregaria a seus serviços. Não tinham dinheiro que o rei pudesse confiscar, nem negócios que desaprovaria. Assim, no dia seguinte, uma multidão ruidosa saudou o rei.

Deus considerou as montanhas como possível local para dar a Torah, mas estas "saltaram como cordeiros" (Salmo 114,4). Fugiram, pois sabiam que não eram merecedoras de participar de tal Revelação, uma vez que estátuas de ídolos foram colocadas em seu topo.

Finalmente, a presença do Eterno aproximou-se do deserto, e este não se retirou. Poderia receber o Todo-Poderoso sem medo ou vergonha, pois estava totalmente desnudo, imaculado de qualquer mancha de idolatria. Desta forma, Deus escolheu o deserto para a outorga, a entrega especial da Torah.

Assim também, a pessoa pode adquirir a sabedoria da Torah somente se preparar seu intelecto para recebê-la. Deve eliminar qualquer pensamento, idéias ou desejos que são contrários aos da Torah; deve transformar sua mente em deserto. Então a Shechiná (a Presença da Divindade) poderá entrar.

Deus ordena a Moisés que faça a contagem do Povo Judeu

O Tabernáculo foi consagrado por oito dias. O última dia da consagração foi o primeiro dia de Nissan do ano 2449 (por volta do ano 1311 a. C.). Exatamente um mês mais tarde, Deus ordenou a Moisés: "Conte os homens dos filhos de Israel entre vinte e sessenta anos de idade e anote o total de cada tribo".

"Cada judeu que for contado deve provar a qual tribo pertence. Uma vez que a tarefa de registrar centenas de milhares de pessoas é gigantesca, seu irmão Aarão o ajudará". Aarão não havia sido ordenado a participar do último censo, logo após o pecado do bezerro de ouro, para evitar que as pessoas comentassem:

"Primeiro, ele faz um bezerro de ouro, e agora conta quantos sobreviveram à praga que se seguiu". Deus continuou: "Os líderes das tribos também ajudarão na contagem".

Como foi cumprida a ordem de Deus

Moisés reuniu imediatamente os doze líderes das tribos. Disse a eles: "Deus ordenou-lhes que me ajudassem na contagem do povo. Vamos convocar uma assembléia e comunicar a todos a ordem de Deus"!

Todos os judeus se reuniram. Moisés lhes disse: "Todos os homens acima de vinte anos devem se perfilar em frente a mim, Aarão, e os líderes das tribos. Cada homem deverá trazer consigo uma moeda de meio-shekel e os documentos para provar a qual tribo seu pai pertence. A contagem começará com a tribo de Ruben".

Por que Moisés ordenou que cada judeu doasse uma moeda? É proibido contar diretamente pessoas; ao invés disso, contariam moedas, pois a bênção Divina não paira sobre algo que foi contado ou medido. Naquele mesmo dia o censo começou.

Isto demonstra a grande ansiedade e felicidade com as quais os líderes cumprem um preceito. Geralmente, quando um censo está para se realizar, os oficiais envolvidos encontram-se primeiro, para discutir e organizar a empreitada. Certamente seria justificável que levassem um bom tempo para planejar uma tarefa tão elaborada. Moisés, Aarão e os líderes, em seu zelo por obedecer a Deus, dispensaram os preparativos e, com coordenada eficiência, começaram o censo naquele mesmo dia.

O primeiro a ser contado entregou sua moeda e disse, por exemplo: "Meu nome é Shemayá, filho de Yoel". "Prove que seu pai é da tribo Rúben," disseram-lhe. Shemayá mostrou-lhes uma cópia de sua árvore genealógica. Trouxe também duas testemunhas para provar que era filho de Yoel da tribo Rúben. Foram necessários vários dias para completar o censo de uma população tão numerosa.

O nome e ascendência de cada judeu com idade entre vinte e sessenta anos foram registradas. A população de cada Tribo foi computada, e o número total do povo determinado: 603.550 homens com idade entre vinte e sessenta anos.

A Santidade da Nação Judaica

Quando Deus deu a Torah ao povo judeu, as outras nações do mundo ficaram com inveja. "Por que eles merecem receber a Torah mais do que nós"? - reclamaram.

Deus respondeu: "Os judeus têm um grande mérito. Suas mulheres desposam apenas homens judeus, mesmo durante o tempo em que viveram entre os egípcios. Cada marido judeu permanecia fiel à sua mulher, e cada mulher ao seu marido".

Para mostrar a todas as nações a grandeza do povo judeu, Deus, em voz alta e ressonante, ordenou a Moisés: "Conte os judeus e estabeleça a tribo de cada um"! Todas as nações do mundo ouviram a ordem. Entenderam, então, a grandeza do povo judeu

Os israelitas são contados pela quarta vez

Esta era a quarta vez que os judeus eram contados.
1. Inicialmente, a Torah registra que os membros da família de Jacó que desceram ao Egito era de setenta.
2. A Torah declara que seiscentos mil homens deixaram o Egito.

Essas cifras indicam que o povo judeu multiplicou-se de maneira milagrosa no Egito. Devido à Providência Especial de Deus, o pequeno clã de Jacó, a despeito de planos inimigos para exterminá-lo, tornou-se miraculosamente uma nação que compreendia milhões de almas.

3. Após o pecado do bezerro de ouro, a onze de Tishrei de 2448, os israelitas foram contados pela terceira vez. O censo foi tomado como um sinal do amor nutrido por Deus e Sua preocupação com os judeus - mesmo após o pecado.
4. Agora, o primeiro de Iyar de 2449, quase sete meses após o último censo, o povo foi contado novamente. Não houve mudanças desde a última contagem. Por que Deus ordenou o censo?

Os objetivos desta contagem

Deus ordenou este censo por diversas razões. Eis aqui algumas:
1. O objetivo principal desta contagem era apurar os ancestrais de cada indivíduo, determinando assim sua tribo. Mais adiante, nesta parashá, o povo judeu será ordenado a formar grupos (de acordo com suas tribos). Estes grupos acampariam e viajariam numa determinada ordem sob estandartes. Portanto, era necessário determinar a qual tribo cada judeu pertencia.
2. O povo logo adentraria a Terra Santa. Deus ordenou esta contagem para descobrir quantos homens serviriam no exército e poderiam ajudar na conquista do país.

3. Quando o Tabernáculo foi consagrado, a Presença de Deus desceu do céu para repousar na terra. Um rei conta seu exército no dia em que é coroado para saber quantos soldados tem. Da mesma forma, Deus pediu a Moisés para descobrir o número de judeus no qual Sua Shechiná (Presença Divina) poderia repousar.

Deus diz: "Sempre que o total do povo judeu é mencionado, fico contente, pois representa o número de soldados em Meu exército, que cumprem Minha Vontade no mundo".

Uma história:

À noite, o homem de negócios voltou exausto para casa. Havia sido um dia caótico e exaustivo - telefonemas, memorandos, pedidos, enviar mercadorias. Ele queria apenas ter um bom jantar e ir dormir. Não obstante, primeiro dedicou tempo para fazer algo em especial. Apesar de tomar tempo e exigir concentração, proporcionava-lhe muito prazer. Tirou de sua maleta os cheques e boletos bancários que juntou durante o dia, contando-os diversas vezes. Esquecendo-se de seu cansaço, encheu-se de satisfação e prazer.

A pessoa investe tempo e esforço para inspecionar e contar objetos que lhe são preciosos. Quanto mais valioso o item, mais cuidadosamente ele o verificará.

O Todo-Poderoso conta o povo judeu freqüentemente, demonstrando que a Seus próprios olhos cada indivíduo é essencial. Portanto, a Torah detalha extensamente os números do povo judeu. Apenas na parashá de Bamidbar há quatro listagens diferentes do número de judeus.

Outra razão pela qual Deus quis que os judeus fossem contados

Imagine que você está entre as pessoas que são contadas no deserto. Ficaria perante Moisés, Aarão e os líderes das tribos. Qual a sensação? Não é uma experiência emocionante? Você está face a face com os líderes de Torah da nação judaica! À aproximação de cada um, Moisés - o grande profeta de Deus - e Aarão - o sagrado Sumo Sacerdote - escutavam o nome da pessoa, olhavam-na, e silenciosamente a abençoavam.

Desta maneira, cada judeu ganhava o mérito de ser abençoado pelos homens mais notáveis da nação. Cada pessoa sentia quão importante era aos olhos de Deus. Deus deseja que percebamos como cada pessoa merece Sua consideração e apreço.

Bamidbar é denominado o livro de Números

O Livro de Bamidbar também é chamado de "Livro de Números". Contém um censo detalhado nesta parashá, e outro na parashá de Finéias (Pinchas). O título, "Livro de Números", assinala novamente a importância que Deus dá a contagem do povo judeu, pois esse ato é realmente uma expressão de Seu amor por eles.

Qual o resultado da contagem?

Demorou um longo tempo até que Moisés, Aarão e os líderes das tribos recebessem e contassem as moedas. Quando todas foram contadas, Moisés obteve estes resultados:

Tribo	Número de Homens
Rúben	46.500
Simeão	59.300
Gad	45.650
Judá	74.600
Issachar	54.400
Zabulon	57.400
Efraim	40.500
Manassés	32.200
Benjamin	35.400
Dan	62.700
Asher	41.500
Naftali	53.400
Total	603.550

Foram contados 603.550 homens acima de vinte anos no mês de Iyar de 2449. Na relação acima, há uma tribo faltando, a tribo de Levi. Foi contada separadamente, como explicaremos adiante. A Torah prossegue, contando-nos como as tribos acamparam no deserto.

Os três acampamentos no deserto

Havia três campos separados no deserto:

1 - O Campo da Divina Presença (Machanê Shechiná)

Este era o nome dado à área do Tabernáculo. Os outros dois circundavam este acampamento.

2 - O acampamento dos Levitas (Machanê Leviya)

Os levitas acampavam ao redor de todos os lados do Tabernáculo. A cada uma das famílias levitas era designado um local fixo. As famílias de Moisés e Aarão foram honradas e acampavam à entrada do Tabernáculo. Os levitas eram como guardas postados à entrada do palácio do rei. Sendo que Deus havia ordenado: "Vocês devem guardar o Tabernáculo" (Tenda do Encontro). Os sacerdotes e os levitas tinham de montar guarda em alguns locais à volta do Tabernáculo, mesmo durante a noite.

Naturalmente, Deus não precisa de guardas para vigiar Seu local sagrado. Ele sozinho pode protegê-lo melhor que qualquer guarda humano jamais poderia. Mesmo assim, Ele ordenou que os levitas vigiassem o Tabernáculo. Como um rei humano tem seu palácio rodeado de guardas, para prestar-lhe honras, Deus deu aos judeus outra oportunidade de honrá-Lo e a Seu Tabernáculo.

3 - O acampamento dos Israelitas (Machanê Yisrael)

Este acampamento rodeava o acampamento Levita. Como explicaremos na próxima seção, três tribos acampavam em cada um dos quatro lados.

Como foi organizado o acampamento dos israelitas

No mesmo dia em que Deus ordenou a Moisés que contasse o povo judeu, disse-lhe também: "Quero que organize o acampamento exterior. Divida as tribos em quatro grupos conforme minhas instruções. Cada grupo acampará num lado diferente do Tabernáculo, sob sua própria bandeira. Uma tribo de cada grupo será a líder". Eis como Deus disse a Moisés para dividir os quatro grupos:

1 - O primeiro grupo foi denominado "Bandeira do Campo de Judá". Acampou no lado leste. A tribo de Judá seria a tribo líder desta porção. Neste grupo também estariam Isaacar e Zebulon.

2 - O segundo grupo foi denominado "Bandeira do Campo de Rúben". Acampou no lado sul. A tribo de Rúben seria a tribo líder daquele lado. Neste grupo também estariam: Simão e Gad.

3 - O terceiro grupo foi chamado de "Bandeira do Campo de Efraim". Acampou no lado oeste. A tribo de Efraim seria a tribo liderante. Neste grupo também estariam: Manassés e Benjamin.

4 - O quarto grupo foi nomeado "Bandeira do Campo de Dã". Acampou do lado norte. A tribo de Dã seria a tribo a liderar aquele lado. Neste grupo também estariam: Aser e Neftali.

Quem organizou os quatro grupos nesta ordem especial?

Quando Moisés ouviu de Deus que cada tribo tinha um determinado território, dentro de certas fronteiras, pensou: "Agora tenho de discutir com os reclamantes de todas as tribos. Homens da tribo de Rúben me dirão: 'Preferiríamos acampar ao norte do Tabernáculo', e homens da tribo de Dã reivindicarão o sul. Preciso estar preparado para uma série de discussões".

"Seus temores são infundados, Moisés", tranqüilizou-o Deus. Os judeus sabem onde devem acampar. Seus antepassados lhes transmitiram as últimas palavras de Jacó, de que ocupariam as mesmas posições que os filhos de Jacó ocuparam ao carregarem o caixão de seu pai.

Quando nosso Patriarca Jacó estava para morrer, disse aos filhos: "Estas são minhas instruções exatas de como vocês devem carregar meu caixão. Nenhum estranho deve tocá-lo. Judá, Issacar e Zabulon devem carregá-lo do lado leste. Rúben, Simeão e Gad pelo lado sul; Efraim, Manassés e Benjamin pelo oeste; e Dan, Aser e Neftali pelo lado norte. José, entretanto, não deve carregá-lo. Ele é um rei, e não é honroso para um rei carregar um féretro".

"Levi também não deve carregá-lo. Seus descendentes um dia servirão no Tabernáculo e carregarão a arca de Deus. Não seria apropriado para alguém cuja tribo carregará a arca do Deus Vivo, carregar o esquife de um ser humano".

Deus aprovou o arranjo de Jacó. Não o alterou. Mas agora, nenhuma tribo poderia protestar pela posição recebida; todas as tribos sabiam que tinha sido organizada desta maneira por Jacó.

Como cada tribo podia saber os limites de seu acampamento?

Uma maravilhosa rocha que vertia água acompanhou o povo judeu no deserto. Era conhecida como "Poço de Miriam", porque fazia brotar água pelo mérito da justa Miriam, irmã de Moisés.

Sempre que o povo judeu se preparava para acampar, os doze líderes das tribos ficavam de pé e cantavam um louvor a Deus. Isso fazia com que a água da rocha jorrasse, formando regatos. Um riacho cercava o "Acampamento da Shechiná," assim todos poderiam saber os limites do acampamento. Outro regato marcava os limites do "Acampamento dos Levitas", e um terceiro, o "Acampamento dos Israelitas". Riachos menores originavam-se destas correntes principais e assinalavam as fronteiras entre cada tribo e mesmo entre uma família e outra.

A água do Poço de Miriam fazia com que grama e árvores crescessem às margens do rio. As árvores davam frutos deliciosos, que tinham o sabor do Mundo Vindouro.

As bandeiras dos quatro grupos

Deus instruiu Moisés: Cada um dos grupos deve ter sua própria bandeira. O povo deve marchar sob este estandarte. Cada bandeira tinha três cores, representando as três tribos. Cada cor correspondia à cor da pedra preciosa daquela tribo no peitoral do Sumo Sacerdote.

1 - A bandeira do grupo de Judá:

Esta bandeira tinha três listras; uma azul, representando a tribo de Judá; preta, representando a tribo de Issacar, e uma branca, representando a tribo de Zabulon. Na bandeira estavam bordados os nomes Judá, Issacar e Zabulon. Também possuía o seguinte versículo: "Levanta, ó Deus, para que Teus inimigos sejam dispersados e os que Te odeiam fujam de Ti".

A bandeira de Judá era a primeira a marchar; portanto, fazia sentido ter uma oração pedindo a Deus que protegesse o povo judeu de seus inimigos. Esta bandeira tinha a pintura de um leão, porque a tribo líder, Judá, era comparada a este animal.

2 - A bandeira do grupo de Rúben

Essa bandeira era também em três cores: vermelho para Rúben, verde para Simeão e uma mistura de branco e preto para Gad. Trazia os nomes destas três tribos. No centro possuía o seguinte versículo bordado: "Ouve, ó Israel, Deus é nosso Deus, Deus é um". Por que foi escolhido este versículo?

Antes que Jacó morresse, perguntou a todos os filhos se acreditavam em Deus. Eles responderam com este versículo. Rúben era o mais velho dos filhos e certamente o primeiro dentre eles a falar, então era apropriado que estas palavras se tornassem o lema da tribo de Rúben. Na bandeira havia um desenho de flores violetas chamadas dudaim (mandrágoras ou jasmim).

No livro de *Bereshit* (Gênesis), na porção semanal da palavra (parashá) de *Vayetsê*, a Torah nos relata como o pequeno Rúben, trouxe estas flores para sua mãe. Tomou cuidado de colher somente aquilo que não pertencia a ninguém, para não incorrer no pecado de roubo. Assim como Rúben se afastou do furto, sua tribo agia da mesma maneira.

3 - A bandeira do grupo de Efraim

As cores deste estandarte eram: preto, tanto para Efraim como para Manassés; para Benjamin, uma mistura das cores de todas as bandeiras. Os nomes Efraim, Manassés e Benjamin estavam na bandeira. Tinha o seguinte versículo bordado: "A nuvem de Deus pairava sobre os israelitas quando eles viajavam durante o dia".

Como a nuvem da Shechiná (Presença da Divindade) pairava sempre a oeste, o grupo que acampava a oeste recebia um versículo relacionado à nuvem de Deus. Sobre esta bandeira havia uma pintura de um menino, porque Deus chama a tribo de Efraim de "um menino amado por Deus".

4 - A bandeira do grupo de Dã

As três cores desta bandeira eram: roxo para Neftali, a cor da safira para Dã, e pérola para Aser. Os nomes Dã, Neftali e Aser estavam bordados na bandeira. Havia também este versículo bordado: "Quando a arca repousava, Moisés proclamava: 'Volta, Deus, e repousa entre os milhares e milhares de Israel'"! O desenho na bandeira era o de uma serpente, porque nosso Patriarca Jacó comparou Dã a uma cobra.

O significado dos estandartes

Os estandartes que começavam e lideravam os vários acampamentos no deserto, possuíam profundo significado espiritual, e não devem ser confundidos com os atuais brasões familiares, ou estandartes nacionais.

De fato, as nações do mundo copiaram dos judeus a idéia de uma bandeira nacional; contudo, os estandartes foram projetados e expostos inteiramente por orientação Celestial. Os judeus viram profeticamente os estandartes na Outorga da Torah. Perceberam a *Shechiná* (Presença da Divindade) descendo sobre o Monte Sinai acompanhada de 22.000 carruagens de anjos próximos à *Shechiná*, e vasto número de carruagens adicionais que a rodeavam.

Os anjos estavam agrupados ao redor da Shechiná como se fossem quatro divisões portando quatro diferentes estandartes:
1. À direita (sul), estava a divisão do anjo Michael.
2. À esquerda (norte), estava a divisão do anjo Uriel.
3. À frente (leste), estava a divisão do anjo Gabriel.
4. À retaguarda (oeste), estava a divisão do anjo Rafael.

Os estandartes Celestiais de fogo foram percebidos pelos judeus em vários matizes de cores. A inspiradora visão dos exércitos celestiais fizeram os israelitas exclamar: "Se ao menos estivéssemos organizados sob estandartes, com a *Shechiná* em nosso meio, exatamente como os anjos"...

Por que desejaram estandartes? Ansiavam sentir a santidade especial de se posicionarem como o exército Celeste, que se beneficiava de um nível mais elevado de ligação com o Todo-Poderoso.

Deus informou então a Moisés que Ele concederia ao povo judeu seu pedido pelos estandartes.

Porém foi apenas trinta dias depois do Tabernáculo ter sido erguido (e a Shechiná, que havia partido após o pecado do bezerro de ouro) que Deus considerou os judeus merecedores de atingirem esse nível superior de santidade. Deus ordenou a Moisés: "Os judeus devem acampar sob quatro estandartes líderes".

Como as quatro divisões levantavam acampamento e seguiam jornada

Quando as Tribos levantavam acampamento e seguiam jornada, entravam em formação de acordo com as especificações de Deus. O Todo-Poderoso instruiu Moisés: "Ao iniciar cada jornada, a divisão sob o estandarte de Judá deve ir avançando, e viajar à frente. Deve ser seguida pelas famílias levitas de Gerson e Merari. A próxima divisão a marchar é a de Rúben seguida pela família levita de Caat. Então deverá avançar a divisão de Efraim, e finalmente a de Dã".

A ordem em que viajavam foi determinada de acordo com um profundo plano Divino. Judá ia à frente. E o grupo de Dã marchava por último. Por quê?

Quando Jacó, nosso Patriarca, abençoou Judá, comparou-o a um leão. E quando Moisés deu-lhe sua última bênção, também comparou a tribo Dã a um leão. Por causa de sua grande força como "leões", estas duas tribos foram escolhidas para estarem à frente e atrás do povo judeu durante as viagens.

A tribo de Dã, que era uma tribo numerosa, além de rechaçar os inimigos que atacavam pela retaguarda, recuperavam artigos perdidos por outras tribos.

A grandeza dos estandartes

Quando os israelitas tomavam suas respectivas posições sob os estandartes, a Shechiná descia das bandeiras celestiais para pairar sobre os judeus. Eram, desta forma, elevados a novos píncaros de santidade, como o exército de Deus na Terra.

As nações gentias que viam os judeus descansarem sob os estandartes eram tomadas de temor e reverência. Conseguiam reconhecer a santidade de um povo que vivia como uma unidade organizada para servir o Todo-Poderoso.

Sentindo que os judeus na Terra se pareciam com anjos Celestiais, exclamavam admirados: "Que nação é esta que se parece com a aurora, bela como a lua, clara como o sol, e que inspira temor sob seu estandarte"?!

A memória dos estandartes jamais foi esquecida pelo povo de Israel. Por milhares de anos depois de haverem tido os estandartes, sempre que um judeu era perigosamente tentado a comprometer sua fé a fim de granjear fama e fortuna, respondia às persuasões dos gentios: "O que podem oferecer que se possa comparar à grandeza que uma vez experimentamos"?

"No deserto, estávamos sob os estandartes, como o Acampamento de Deus na Terra. Suas promessas são míseras e insignificantes, comparadas às do Todo-Poderoso". Assim, a lembrança da glória dos estandartes auxiliou os judeus no exílio a permanecerem fiéis e leais à Torah.

Deus ordena a Moisés para contar a tribo de Levi

Até agora a tribo de Levi não fora contada com as outras tribos. Então, Deus ordena a Moisés: "Conte a tribo Levi e confira a árvore genealógica de cada família deste grupo". Por que a tribo Levi não foi contada junto aos outros grupos? Esta é uma das razões:

Deus disse a Moisés: "Os levitas, Meus servos no Tabernáculo, são tão sagrados que seus filhos serão contados desde a idade de um mês".

Todas as outras tribos do povo judeu eram contadas a partir da idade de vinte anos. Apenas os levitas eram já contados ainda bebês. Por isso, Deus ordenou que sua contagem fosse feita separadamente.

Deus ajuda Moisés a contar os levitas

Quando Deus disse a Moisés: "Conte os bebês do sexo masculino dos levitas a partir da idade de um mês". Moisés replicou: "Como posso fazer isso? Devo entrar em cada tenda das famílias levitas e contar os bebês? Isso não seria uma coisa muito correta de se fazer".

"Não se preocupe," Deus assegurou a Moisés. "Eu o ajudarei. Faça tua parte no preceito, e Eu farei a Minha. Fique simplesmente parado à soleira da tenda de um levita, e Eu irei revelar-te quantos de seus ocupantes devem ser incluídos no censo".

Moisés começou a contar. Bateu à porta da primeira tenda levita. Porém, antes que pudesse entrar, ouviu uma Voz Celestial que anunciava: "Há cinco meninos nesta tenda"! Moisés anotou e continuou até a próxima tenda. Ao chegar à sua entrada, a Voz dos Céus ajudou Moisés até que terminasse a contagem.

Por que os levitas eram contados a partir de um mês de idade?

Apesar de, em nenhuma das outras tribos nenhum homem com idade inferior a vinte anos ter sido contado no censo, os levitas eram exceção. Deus disse a Moisés que contasse os varões levitas a partir da idade de um mês. (Antes de um mês de idade a vida de um recém-nascido é incerta).

Por que os bebês dos levitas eram contados, apesar de serem jovens demais para realizarem qualquer tipo de serviço? (Um levi só pode servir a partir dos trinta anos.)

Sabendo que até mesmo seus filhos eram contados no censo, os pais tomariam cuidados especiais para educar os filhos em santidade. Tanto pais quanto filhos merecem ser recompensados por todos os anos de preparo para o Serviço de Deus.

O resultado da contagem da tribo de Levi

Quando Moisés totalizou o número de levitas do sexo masculino acima de um mês, viu que havia 22.300 deles.

Como este total pode ser comparado aos totais das outras tribos? Consulte a tabela que mostra os números de cada tribo. Verá que a tribo dos levitas era a menor de todas. Isto mesmo tendo os levitas sido contados a partir da idade de um mês, ao passo que as outras tribos eram contadas a partir dos vinte anos! Por que esta tribo era tão pequena?

As outras tribos foram forçadas a fazer trabalho escravo no Egito. Quando este trabalho começou, Deus prometeu: "Quanto mais duro for o trabalho forçado do povo judeu, mais eu os farei se multiplicar". Por isso as mães das tribos restantes tinham seis filhos de uma só vez. Mas, como os levitas não foram obrigados a trabalhar, suas mulheres tinham apenas um bebê a cada vez. Como resultado desse fato, a tribo dos levitas era menor.

Os levitas são designados carregadores do Tabernáculo

O filho de Jacó, Levi, tinha três filhos: Gerson, Caat e Merari. Eram os chefes das três famílias levitas. Deus disse a Moisés: "Enquanto os filhos de Israel viajam pelo deserto, cada uma das três famílias levitas carregará partes do Tabernáculo".

A lista abaixo mostra quais objetos cada família levita carregava:
Gerson - Carregavam os tecidos do Tabernáculo
- as cortinas que formavam as paredes e o teto
- a cortina rendada que cercava o pátio
- a cortina da entrada
- as cordas com as quais a tenda do Tabernáculo era amarrada

Caat - Carregavam os objetos mais sagrados do Tabernáculo
- a Arca
- a Mesa
- a Menorá
- os dois altares
- todos os instrumentos usados com esses objetos
- a cortina da entrada do santo dos santos

Merari - Carregavam as partes de madeira do Tabernáculo
- as tábuas
- os postes e os pilares
- os soquetes do Tabernáculo e do pátio
- as cordas usadas para atar as cortinas de rede do pátio

Os primogênitos são trocados pelos levitas

Antes do pecado do bezerro de ouro, o primogênito de cada família era encarregado do serviço do Tabernáculo. Ele era o único a oferecer sacrifícios em nome de sua família. Entretanto, quando os primogênitos participaram do pecado do bezerro de ouro, foram punidos. Deus disse: "Eles são impróprios para realizar Meu serviço no Tabernáculo. Ao invés deles, empregarei os levitas; eles não pecaram com o bezerro de ouro".

Deus ordenou a Moisés: "Conte todos os primogênitos dos israelitas a partir de um mês de idade até o mais velho"! Moisés contou-os. Havia 22.273 primogênitos.

Deus ordenou a Moisés: "Troque cada primogênito por um levita. O levita servirá no Tabernáculo ao invés dele". Havia 22.273 primogênitos, mas apenas 22.000 levitas. (Havia mais 300 levitas, mas como eram primogênitos também, não podiam ser usados para a troca).

Portanto havia 273 primogênitos a mais do que levitas. Como seriam liberados esses primogênitos de seu dever de fazer o serviço?

Deus ordenou: "Faça com que cada um dos 273 primogênitos extras paguem cinco moedas de um shekel. Com este pagamento, estarão liberados do serviço no Tabernáculo. O dinheiro coletado deles será dado a Aarão e seus filhos".

O general romano Hugentino desafiou Rabi Yochanan ben Zacai: "Seu mestre Moisés ou era ladrão, ou não sabia aritmética". "Por que diz isso"? - indagou Rabi Yochanan.

O general esclareceu: "Moisés registrou na Torah que havia, ao todo, 22.000 levitas. Contudo, se somar o número de todas as famílias levitas, chega-se a soma total de 22.300 levitas. Uma vez que os primogênitos israelitas totalizavam 22.273 membros, havia, na verdade, um excesso de 273 levitas. "Por que, então, Moisés disse a 273 primogênitos para se redimirem com cinco shekel? Há duas possibilidades: ou Moisés errou nos cálculos, ou adulterou deliberadamente o total de levitas, para que seu irmão Aarão pudesse embolsar 1365 shecalim".

Rabi Yochanan respondeu: "Sua hipótese está errada; vou dar-lhe a verdadeira resposta. Moisés não incluiu os 300 levitas extras no total, porque estes 300 levitas também eram os primogênitos de suas famílias. Um primogênito não tem o poder de redimir outro. Conseqüentemente, realmente havia um excesso de 273 primogênitos israelitas, conforme a Torah os registra". O general aceitou imediatamente a explicação de Rabi Yochanan, e despediu-se dele.

Quais dos primogênitos tinham de pagar?

Moisés tinha um problema. Pensou: "Quando eu falar a um primogênito que é um dos 273 que devem pagar, pode ser que ele recuse: 'Por que deverei pagar? Não sou um dos primogênitos extra - sou um dos 22.000 que são substituídos por um levita'"!

Moisés resolveu este problema com um sorteio. Preparou 22.000 pedaços de pergaminho nos quais escreveu "levitas" e outros 273 pedaços, nos quais escreveu "5 moedas de shekel". Misturou-os. Qualquer primogênito que sorteasse "5 moedas de shekel" era obrigado a pagar esta quantia.

Sem ainda a invenção da imprensa, copiadora ou computador, certamente era um enorme trabalho preparar milhares e milhares de pedaços de pergaminho para o sorteio. Mesmo assim, Moisés decidiu proceder assim a fim de evitar discussões. Agora a Torah nos conta mais a respeito dos vários objetos carregados pelas três famílias levitas, começando pela família de Caat.

Como os recipientes sagrados do Tabernáculo eram transportados

A família de Caat carregava os recipientes sagrados do Tabernáculo

Apenas os levitas entre as idades de trinta e cinqüenta anos tinham permissão de carregar objetos pertencentes ao Tabernáculo (Isso ocorria porque nesta idade um homem tem força total).

Deus ordenou a Moisés: "Você e Aarão devem contar os homens de Caat entre trinta e cinqüenta anos. Eles carregarão os objetos mais sagrados do Tabernáculo (a arca, a mesa, a menorá e os dois altares).

"Estes objetos não devem ser transportados em carroças. Os homens de Caat devem carregá-los sobre os ombros. E não devem olhar ou tocar estes objetos enquanto estão sendo preparados para uma jornada. Antes de cada viagem, os sacerdotes devem envolver estes objetos sagrados em embalagens especiais. Apenas após estarem cobertos a família de Caat será chamada para vir e carregá-los". Cada objeto tinha sua embalagem especial:

A mesa: nunca podia estar vazia, nem mesmo quando o povo estava viajando. Doze pães sempre eram mantidos sobre a mesa e suas prateleiras.

O altar de cobre: o fogo Celestial permanecia sempre sobre o altar, mesmo quando estavam viajando. O fogo tinha o formato de um leão. Antes de cada jornada, os sacerdotes punham uma cobertura de metal sobre o fogo.

A Arca: antes de cada jornada a Arca era coberta com o *parôchet* (cortina divisória na frente do santo dos santos).

Uma vez que os sacerdotes temiam que pudessem ser tentados a olhar para a Arca se subissem em escadas para remover o *parôchet*, inventaram um método original para retirá-la: através de longos bastões removiam o *parôchet* dos ganchos que o atavam às colunas, e então, cuidadosamente o baixavam até que cobrisse completamente a Arca, sem expô-la à visão de ninguém. Então estendiam uma segunda cobertura azul sobre ela.

Nenhum outro utensílio era coberto com um tecido azul por fora, porém isto era feito com a arca a fim de chamar a atenção à sua santidade especial. O mais sagrado dos utensílios corresponde ao Trono Celestial de Glória. O tecido azul lembrava seu significado aos que o viam.

Como a Arca era transportada

A cerimônia do transporte da Arca também era especial:

- Os quatro carregadores da Arca precisavam marchar de frente para esse, nunca ficando de costas para a Arca. Por conseguinte, os dois carregadores da frente andavam para trás.

- Enquanto transportavam a Arca, os sacerdotes cantavam louvores a Deus (similar aos anjos que cantam a Deus porque estão próximos da Shechiná).

- Um milagre maravilhoso ocorria quando os carregadores da Arca pegavam suas barras. Não apenas era aparentemente sem peso, mas seus próprios carregadores eram levantados e carregados junto. Este milagre foi abertamente revelado e demonstrado quando os judeus, sob a liderança de Josué, chegaram ao Jordão a dez de Nissan de 2488 (por volta de 1282 a.C.).

Era época de primavera, e o Jordão transbordava além das margens. Josué disse ao povo: "Deus realizará agora um milagre que demonstrará claramente que Ele está em nosso meio. Ajudará a convencer vocês de que Ele expulsará as nações da Terra de Canaã".

Josué ordenou aos sacerdotes, que nessa ocasião especial carregassem a Arca no lugar dos levitas, e que adentrassem as águas do Jordão.

No momento em que os sacerdotes afundaram os pés no rio, a corrente inferior repentinamente deteve-se, transformando-se em muralhas que se elevaram a alturas gigantescas. Uma vez que as águas abaixo da posição dos sacerdotes continuaram a fluir para baixo, os sacerdotes encontraram-se de pé sobre o leito seco do rio.

Josué ordenou que a população inteira cruzasse o Jordão, enquanto os sacerdotes com a Arca permaneciam em suas posições. Após o povo ter cruzado o rio, Josué disse aos sacerdotes que retrocedessem e pisassem na margem leste. Assim que o fizeram, a muralha rompeu-se e as águas jorraram corrente abaixo.

Os sacerdotes, carregando a Arca, estavam agora separados de seus irmãos, que estavam na margem oeste do rio. A Arca então, miraculosamente, levantou os sacerdotes por cima das águas até onde estava o povo judeu.

Nesta ocasião ficou óbvio a todos que a Arca carregava seus carregadores. E isto ocorria o tempo inteiro. Da mesma forma que como a alma que dá vida sustenta o corpo, assim a Arca, que é a alma e conteúdo espiritual do Tabernáculo, sustentava seus carregadores.

O milagre da "Arca carregar os que a carregam" ensina um conceito básico. Uma pessoa geralmente se dá crédito por "sustentar e cumprir a Torah", esquecendo-se de dar crédito à Torah por "sustentá-lo". O cumpridor da Torah é afortunado em ter sua vida cotidiana regida pela Torah, em ter seus filhos crescendo numa saudável atmosfera de respeito aos mais velhos, e restritos em todas as áreas pela disciplina da Torah. Reconheçamos agradecidos que "a Arca nos sustenta", tanto hoje como sempre.

Eleazar é encarregado da família de Caat

Eleazar, o terceiro filho de Aarão, foi indicado por Deus como supervisor da família de Caat. Distribuía as tarefas e determinava quem carregaria qual utensílio sagrado durante uma viagem.

Eleazar escolheu apenas os justos mais ilustres como carregadores. Também assegurou-se de que quando uma viagem estivesse prestes a começar, a família Caat estivesse pronta. E quando os membros de Caat paravam, ele conferia se os homens punham os objetos nos locais adequados no Tabernáculo.

O próprio Eleazar transportava o seguinte: na mão direita, óleo para o acendimento da menorá; na mão esquerda o incenso; num recipiente suspenso em seus braços a farinha para o sacrifício diário de *Tamid*; e em seu cinto, um pequeno frasco de óleo da unção.

Deus prometeu que cada uma das três famílias Levitas, Gerson, Caat e Merari existirão para sempre. As famílias levitas possuíam a mesma importância que as tribos; assim sendo, sobreviverão até a chegada de Messias, junto com as tribos.

Por enquanto, aprendemos em detalhes o que a família Caat carregava. Na próxima Parashá, Nassô, será descrito quais eram os objetos que as famílias de Gerson e Merari transportavam.

Correspondência bíblica

As Tribos:

Gn 49,28: "São essas as doze tribos de Israel, e isso foi o que lhes falou o pai ao abençoá-los, dando a cada um sua bênção".

Ex 24,4: "Então Moisés escreveu todas as palavras do SENHOR. Levantando-se na manhã seguinte, ergueu ao pé da montanha um altar e doze colunas sagradas, segundo as doze tribos de Israel".

Nm 24,2: "Levantando os olhos, viu Israel acampado por tribos".

Dt 16,18: "Estabelecerás juízes e magistrados nas tribos, em todas as cidades que o SENHOR teu Deus te houver dado, para que julguem o povo com justiça".

Js 24,1: "Josué reuniu em Siquém todas as tribos de Israel e convocou os anciãos, os chefes, os juízes e os magistrados, e eles se apresentaram diante de Deus".

Jz 20,12: "As tribos de Israel enviaram mensageiros por toda a tribo de Benjamin, dizendo: Que crime é esse que se cometeu entre vós"?

1Sm 15,17: "Então Samuel começou: Por menor que sejas aos teus próprios olhos, acaso não és o chefe das tribos de Israel? O SENHOR ungiu-te rei sobre Israel".

2Sm 24,2: "O rei disse a Joab e aos chefes do seu exército que estavam com ele: Percorre todas as tribos de Israel, desde Dã até Bersabeia, e faz o recenseamento do povo, de maneira que eu saiba o seu número".

Esd 6,17: "Ofereceram, para a inauguração desta casa de Deus, cem touros, duzentos carneiros, quatrocentos cordeiros e, como sacrifício pelo pecado de todo Israel, doze bodes, segundo o número das tribos de Israel".

Jt 9,14: "E faze que todo o teu povo e todas as tribos conheçam e reconheçam que tu és o Deus de todo o poder e de toda a força, e que não há outro defensor da raça de Israel senão tu"!.

Sl 78,55: "Expulsou diante dele as nações, repartiu por sorte entre eles a herança e fez morar nas suas tendas as tribos de Israel".

Is 63,17: "Por que nos fazes desviar, SENHOR, do teu caminho? Por que nos endureces o coração para perdermos teu temor? Volta atrás, por amor dos teus servos, por amor das tribos que são tua herança".

Ez 48,31: "Haverá três portas voltadas para o norte, chamadas pelos nomes das tribos de Israel: a porta de Rúben, a porta de Judá e a porta de Levi".

Mt 19,28: "Jesus respondeu: Em verdade vos digo, quando o mundo for renovado e o Filho do Homem se sentar no trono de sua glória, também vós, que me seguistes, havereis de sentar-vos em doze tronos, para julgar as doze tribos de Israel".

Mt 24,30: "Aparecerá, então, no céu, o sinal do Filho do Homem. Então todas as tribos da terra baterão no peito e verão o Filho do Homem, vindo sobre as nuvens do céu, com grande poder e glória".

Lc 22,30: "Havereis de comer e beber à minha mesa no meu Reino, e vos sentareis em tronos para julgar as doze tribos de Israel".

At 26,7: "e que as nossas doze tribos esperam alcançar, servindo a Deus dia e noite, com perseverança".

Tg 1,1: "Tiago, servo de Deus e do Senhor Jesus Cristo, às doze tribos dispersas pelo mundo: saudações".

Ap 7,4: "Ouvi então o número dos que tinham sido marcados: eram cento e quarenta e quatro mil, de todas as tribos dos filhos de Israel".

Ap 21,12: "Estava cercada por uma muralha grande e alta, com doze portas. Sobre as portas estavam doze anjos, e nas portas estavam escritos os nomes das doze tribos de Israel".

40 – A FESTA DE SHAVUOT - שבועות
A FESTA DO DOM DA TORAH –
YOM MATTAN TORAH
Ex 19,1 – 20,23; Nm 28,26 – 31 ; Ez 1,1 – 28; 3,12

41 – MEGUILAT RUTE - רות – O DESEJO QUE MUDOU A HISTÓRIA

SHAVUOT – UM DOS DIAS MAIS SAGRADOS DO ANO JUDAICO E A LEITURA DO ROLO DE RUTE

- A Festa de Shavuot situa-se no Mês de Sivan do calendário judaico e dura apenas dois dias (entre seis e sete de Sivan).
- Shavuot significa, literalmente, as Semanas, comemora o evento mais importante na história judaica – **a Entrega da Torah no Monte Sinai!**
- Após terem deixado o Egito, cerca de 3.300 anos atrás, os judeus caminharam em direção ao Deserto do Sinai. E o Povo inteiro judeu: homens, mulheres e crianças experimentaram diretamente a revelação divina.
- **Shavuot** ocorre na finalização da Contagem de Omer – Cf. ***Sefirat Ha-omer*** das sete semanas que começam logo após a Páscoa. As semanas referem-se justamente a essa expectativa que levou o povo judeu a essa extraordinária e bela experiência no Sinai – Já que Shavuot ocorre 50 dias depois do primeiro dia de Páscoa, também é conhecida essa festa judaica com o nome de **Pentecostes**, uma palavra grega que significa "a festividade dos 50 dias".
- Essa imensa ***Teofania*** (manifestação de Deus) gravou de forma indelével, marcante o caráter, a fé e os destinos do escolhido e abençoado povo de Israel.
- Os ideais apresentados na Torah: ***Monoteísmo, Justiça e Responsabilidade** – converteram e tem mudado a base moral em muitas nações no mundo inteiro ao longo dos séculos.*

- Em Shavuot além da oferenda costumeira de Mussaf, levavam-se ao Templo dois pães fermentados, assados do trigo da nova colheita. Shavuot marca esse momento da colheita do trigo e das frutas quando eram trazidas as primícias (os primeiros frutos da colheita) ao Templo Sagrado como expressão de ação de graças a Deus (Cf. Ex 23,16; 34,22 e Nm 28,26).
- A oferenda adicional de Shavuot consistia de trigo. Por outro lado, a oferenda ômer, oferecido em Pêssach, consistia de cevada. Cevada é comumente utilizada como alimento para animais, enquanto o trigo é o alimento do homem por excelência. Por conseguinte, o trigo, na linguagem de nossos sábios, representa o conhecimento e a sabedoria, pois o trigo ajuda o homem a fazer o pão, com a habilidade própria humana.
- Quando os judeus deixaram o Egito, pareciam-se com os egípcios com os quais viviam, pois haviam adotado seus costumes idólatras. Por isso são comparados a jumentos, aos animais. Nas sete semanas que se seguiram ao Êxodo, os judeus refinaram seus traços de caráter e lutaram para libertarem-se de quaisquer resquícios de idolatria. Ao chegar Shavuot, o povo inteiro alcançara o nível espiritual requerido para receber o conhecimento da Torah. Este processo espiritual é simbolizado pelas oferendas de Shavuot dos Dois Pães de Trigo.
- Procura-se estudar e ler a Torah na véspera da Festividade de Shavuot como um "ato de auto-perfeição na noite de Shavuot".
- Na manhã de Shavuot, costuma-se ler o livro bíblico, o Rolo de Rute (Meguilat) que faz parte da Bíblia e também pode ensinar a cada um de nós, pois ela era uma mulher não judia, cujo amor por Deus e pela Torah a levaram a converter-se ao judaísmo.
- O Rolo (Meguilat) de Rute é o segundo dos Cinco Rolos que são lidos na Sinagoga: O Cântico dos Cânticos, Rute, Lamentações, Eclesiastes e Ester.
- A Torah indica que as almas dos futuros convertidos também estiveram presentes no Sinai, como está escrito: "Mas não faço esta Aliança e este juramento apenas convosco. Faço-os com todos, tanto os que hoje estão conosco na presença do SENHOR nosso Deus, como os que agora não estão aqui conosco" (Dt 29,13-14).
- Rute também tem outra conexão forte com *Shavuot* porque ela se tornou ancestral, bisavó do Rei Davi, que nasceu em *Shavuot* e morreu em *Shavuot*.
- O livre de Rute nos conta sobre uma família judia de Efratim, com muitas posses. Devido à fome ela sai da Terra de Israel, e perde a sua riqueza, vem a pobreza, as doenças e mortes. Morre o chefe da família e seus dois

filhos. Resta somente a matriarca viúva (Noemi - Doçura) sem posses, e suas únicas noras, Rute (Amiga) e Orfa (Costas).
- Noemi pede a suas duas noras que a abandonem e voltem cada qual às suas famílias. Mas Rute se recusou, acompanhando-a de volta à Terra de Israel. Mas Rute acabou encontrando Booz (primo de Noemi) e se casaram, de onde nasceu mais tarde o bisneto deles o grande Rei Davi, e depois Salomão e depois... o Messias, o futuro redentor.
- Com a força de vontade de Rute ela aproximou-se da Torah, aceitou-a: "Não insistas comigo para eu te abandonar e deixar a tua companhia. Para onde fores, eu irei, e onde quer que passes a noite, pernoitarei contigo. O teu povo é o meu povo, o teu Deus é o meu Deus" (Rt 1,16).
- Essa enorme força de vontade é confirmada através de três características: o *sacrifício* que a pessoa está disposta a fazer, a *constância* por meio da qual a força de vontade se firma, se estabelece concretamente e a *pureza de intenção*, sem interesses pessoais.
- Quando Deus viu a força de vontade impetuosa, constante e pura de Rute, isso constituiu para ela (e para cada um daqueles que confiam em Deus) a base natural de resultados muito grandes, enormes na vida. Por seu mérito Rute ajuda a todos a lembrar na Festa de Shavuot que os corações daqueles que tem fé sejam sempre despertados no propósito e na direção da força de vontade autêntica, constante e pura, para serem coroados firmemente através da Palavra bendita de Deus.
- Assim como Rute foi bondosa com Noemi, acabou também recebendo a bondade e o amor de Booz casando-se com ela. E esse atributo é a herança que os filhos de Israel receberam do Patriarca Abraão, que adorou o Único e Eterno Deus com amor e dedicação, deixando-se conduzir bondosamente na vida por Deus.
- Diz o sábio de Israel, o grande Rabino Hachidá (Rabi Chayim Yossef David Azulay) o porquê do livro de Rute ser lido na Festa de Shavuot: a Torah é toda Caridade (Chêssed) e Rute mereceu todo o respeito por ter-se comportado com esta virtude para com a sua sogra Noemi. Portanto, neste dia em que os Filhos de Israel recordam e fazem renascer a Outorga da Torah, é correto que seja lido este Rolo (Meguilá) de Rute, para que despertem os corações das pessoas para o estudo da Bíblia e para que se deixem também conduzir conforme esta virtude da bondade.
- Também neste dia festivo da Shavuot é costume enfeitar as sinagogas neste dia com ramos e flores, porque nesta ocasião o Monte Sinai floresceu no dia em que se entregou a Torah.

- No conflito armado entre árabes e israelitas em 1948, quando se definiram as orientações para o cessar fogo, Jerusalém foi dividida e os judeus foram novamente desterrados do Muro Ocidental, permitindo somente contemplar o Muro das Lamentações através de arames farpados colocados em toda a extensão do Templo.
- Em 1967, terminou a Guerra dos Seis Dias, poucos dias antes de Shavuot. Os paraquedistas israelitas entraram pelo Portão dos Leões, em Jerusalém, entre sons de Shofar, a Torah nas mãos e cantando e dançando: "O Monte do Templo está em nossas mãos – Har Habait beiadeinu"!
- Israel tinha recuperado o Muro Ocidental, e pela primeira vez, em 19 anos, os judeus tiveram acesso novamente à área ao redor do Monte do Templo, o lugar mais sagrado para o judaísmo. Jerusalém estava finalmente unificada sob o controle judaico, com acesso livre para todos.
- Na festa de Shavuot desse mesmo ano, o Muro Ocidental, conhecido também como Kotel – o Muro das Lamentações abriu-se para os visitantes. E nesse grande e memorável dia mais de 200.000 judeus viajaram a pé em direção ao Muro Ocidental.
- E isso se tornou um costume em Jerusalém, quando após uma noite de estudo da Torah, as ruas se enchem com dezenas de milhares de judeus caminhando em direção ao Muro Ocidental – o Kotel. E isso tem fundamentação bíblica pois Shavuot é uma das três festividades de peregrinação do judaísmo (Shalosh Regalim – As peregrinações de Páscoa, Shavuot e Sucot), quando todo povo se reunia em Jerusalém para celebrar e estudar a Palavra de Deus.
- A história da Torah (cuja tradução em português é instrução, caminho de sabedoria, lei) começa em Shavuot, com a revelação divina dos Dez Mandamentos. Mas ela engloba outros 613 preceitos (mitzvot, em hebraico). Os preceitos positivos somam 248, número de órgãos do corpo humano. Os outros 365 preceitos negativos, que não devemos praticar, equivalem ao número de vasos sanguíneos do homem.

A obra central do judaísmo é composta por duas partes: a Lei Escrita e a Lei Oral. A primeira parte contém os cinco livros de Moisés: Bereshit/Gênesis, que narra a criação do mundo; Shemot/Êxodo, que aborda o período de escravidão dos judeus e a fuga do Egito; Vaicrá/Levítico, que apresenta os aspectos básicos sobre regras de cashrut e a sistematização do ministério sacerdotal; Bamidbar/Números, a narrativa da saga dos judeus no deserto, e

Devarim/Deuteronômio, onde estão compilados os últimos discursos de Moisés e a chegada às portas da Terra Prometida por Deus, a Terra de Israel.

A Lei Oral esclarece a Lei Escrita. Antes de ser transcrita, era transmitida boca-a-boca, de geração em geração.

Para melhorar celebrar SHAVUOT:

- A Torah é mais preciosa que o ouro, o SENHOR nos deu para ser estudada, para Ele estar perto de nós e nossas orações serem ouvidas. Nesta festa de Shavuot celebra-se para muitos místicos judeus a Festa de Casamento entre Deus e Israel. Ele como Noivo, vem dos altos dos céus em direção ao Monte Sinai para receber a noiva, a comunidade dos Filhos de Israel, plena de beleza.
- "Pela minha vida eu juro – oráculo do SENHOR – como jóias, eles te virão ornar, serão para ti qual vestido de noiva" (Is 49,18). A Torah apresenta-se neste contexto como a *Ketubah*, o contrato de casamento judaico, entre Deus e a comunidade de Israel.
- "O propósito da Criação é fazer com que Israel aceite e cumpra os preceitos da Torah" (Rashi; comentário sobre Bereshit 1,1).
- O rabino Adin Steinsaltz escreve que a importância dos Dez Mandamentos não é tanto o seu conteúdo, mas a sua Origem. Tanto os Mandamentos quanto todos os preceitos da Torah foram promulgados por Deus e é isto o que lhes confere força e significado. Nesse contrato de Matrimonio (Ketubah) Moisés lê as 10 Palavras:
  1 – EU SOU O TEU DEUS QUE TE TIROU DO EGITO
  2 – NÃO TERÁS OUTROS DEUSES PERANTE MIM
  3 – NÃO PRONUNCIARÁS O NOME DE DEUS EM VÃO,
  4 – RECORDA-TE DO SHABAT PARA SANTIFICÁ-LO.
  5 – HONRARÁS TEU PAI E TUA MÃE.
  6 – NÃO MATARÁS.
  7 – NÃO ADULTERARÁS.
  8 – NÃO SEQUESTRARÁS.
  9 – NÃO PRESTARÁS FALSO TESTEMUNHO.
  10 – NÃO COBIÇARÁS.
- No caso dos 10 Mandamentos como também são conhecidas as 10 Palavras, na primeira tábua há cinco mandamentos entre o indivíduo e seu

Criador e na segunda tábua os mandamentos entre o indivíduo e o seu semelhante.

- Embora o quinto mandamento pareça pertencer ao grupo dos mandamentos entre o indivíduo e o semelhante, o Talmud Kidushin (30b) ensina que quando cada criatura vem ao mundo ela precisa da colaboração de três sócios: seu pai, sua mãe e Deus.
- Para o Criador quando os filhos honram seus pais, é como se estivessem honrando o próprio Deus, como se Ele próprio estivesse morando junto com esta família.
- Ambos os grupos de mandamentos tem o mesmo valor. Não existem para que eu escolha quais deles quero ou não praticar. Todos nos foram dados pelo próprio Deus.

SHAVUOT – Seleções de Midrash a partir de: Ex 19,1 – 20,23; Dt 15,19 – 16,17

O Talmud nos conta (no tratado Shabat 88b-89a) que os próprios Anjos Celestiais contestaram Deus quando convocou Moisés com a intenção manifesta de lhe entregar a Torah para transmiti-la a simples mortais que, segundo os anjos, certamente não a utilizariam de forma adequada.

Deus ordena a Moisés que ele mesmo vá conversar com os anjos e convencê-los a respeito da entrega da Torah aos homens. Moisés se dirige aos anjos e afirma que a Torah se ocupa de assuntos tão mundanos quanto trabalho, comércio, alimento, descanso, roubo, assassinato, cobiça, procriação e coisas do gênero. "Já que vocês anjos, não estão sujeitos a tais necessidades, desejos e cobiças, de que lhes serviria a Torah"?

Os anjos, então, concordaram em que a Torah destinava-se, realmente, apenas aos seres humanos.

A Torah não é "a Lei". A palavra Torah significa muito mais, significa ensinar, instruir, dirigir. Então a Torah é um ensinamento, uma instrução, uma direção, um guia - um guia em direção às atitudes corretas e ao afastamento de atitudes erradas.

O Talmud também nos conta que, quando Deus ofereceu a Torah ao povo judeu, a existência de todo o universo estava em jogo. Não tivessem os Filhos de Israel aceito a Torah, o mundo inteiro teria deixado de existir (Tratado Shabat, 88a).

42 – Nm 4,21 – 7,89: NASSÔ - נשא
Jz 13,2 – 25

O que devemos afinal fazer para não cairmos numa transgressão? A porção semanal da Palavra do livro dos Números fala também do *Nazir*, aquele que voluntariamente procura crescer na vida espiritual. Não deveria ele consumir uvas, nem nada que fosse ligado ao vinho.

Como devemos estar atentos e tomar atitudes que nos protejam contra o perigo de fazermos o mal? O que podemos fazer concretamente para nos aproximar mais do Todo-Poderoso Deus? O *Nazir* é este pecador santo, que quer alcançar maiores níveis de santidade pessoal.

A individualidade dentro da Estrutura, considerar que mesmo numa sociedade temos a capacidade única de tornar a nossa natureza melhor, avançarmos espiritualmente.

Também nesse trecho bíblico comenta-se sobre a suspeita de adultério. O Talmud explicará que foi o uso indevido do vinho que deu a origem ao problema da suspeita do adultério. Por isso para alguém que foi testemunha desse triste espetáculo, a resposta apropriada é que se abstenha de beber vinho.

Tudo sucede por causa de uma razão. Deus sempre nos envia mensagens, mensagens específicas para nossas circunstâncias concretas. Podemos aprender com o *Nazir* a tomar medidas concretas. O *Nazir* viu a suspeita na mulher, e tomou a atitude concreta de fazer um voto.

Quando algo incrível acontece na minha vida, posso me perguntar também, qual a mensagem de Deus para mim nessa situação? Como posso aprender com isso adotando, escolhendo um meio concreto para progredir espiritualmente com essa mensagem.

Nessa porção semanal da Palavra de Deus, também vemos o tema da Divina Providência. Deus se relaciona com cada indivíduo ou grupo de uma maneira específica, própria.

- Havia três acampamentos. O acampamento do centro era o acampamento da Presença Divina – no pátio do Tabernáculo, o que corresponde a todo o complexo do Templo Sagrado em Jerusalém.
- De dentro para fora, o segundo acampamento era o dos levitas (incluindo Moisés). Em Jerusalém correspondia ao Monte do Templo completo.

- O terceiro acampamento, o dos israelitas, do povo inteiro, incluía todo o acampamento, e correspondia a toda a cidade de Jerusalém.
- A Torah no capítulo 7 de Números parece repetir 12 ofertas iguais, porém cada um delas trazidas pelos príncipes de cada tribo tinham uma razão única e específica, um significado e sentido especiais.
- Por isso existe um midrash específico para este porção da palavra de Deus na semana que faz uma comparação entre Ex 15,2 e Nm 7,17: "Deus disse: as oferendas dos príncipes são tão queridas por Mim, como a canção que o povo judeu cantou no mar Vermelho".
- No Mar Vermelho, 3 milhões de homens, mulheres e crianças testemunharam a milagrosa divisão do Mar, como o verso diz: "Ele é meu Deus, eu o glorificarei; o Deus de meu pai, eu o exaltarei". Mas não se devia dizer no versículo: "Este é o nosso Deus?". Não, milhões de pessoas viram a mesma realidade, mas a experimentaram de modo diferente, como meu Deus pessoal.
- Assim o Midrash estabelece a ligação: Assim como o Mar Vermelho foi uma experiência única e pessoal, assim também cada um dos príncipes trouxe uma oferenda única e pessoal.

Nassô – Seleções de Midrash a partir do texto bíblico: Nm 4,21 – 7,89

Mais tarefas são definidas no Tabernáculo

Os filhos de Gerson que servirão no Tabernáculo são contados

Ao final da última porção semanal da Palavra de Deus (Parashá) vimos que a família de Caat recebeu incumbências no Tabernáculo. Aquela família foi contada e recebeu seus trabalhos em primeiro lugar, porque transportava os mais sagrados objetos.

Deus disse a Moisés: "Conte os homens da família de Gerson. Eles transportarão os artigos de tecidos do Tabernáculo".

Moisés pensou: "Deus não me disse para pedir a ajuda de Aarão para esta contagem. Entretanto, é meu irmão mais velho e devo honrá-lo, por isso irei convida-lo a tomar parte na contagem".

Moisés chamou Aarão. Juntos contaram os homens de Gerson entre as idades de trinta e cinqüenta anos. Estes homens eram todos aptos a carregar objetos. Deus ordenou: "Itamar, filho de Aarão, ficará encarregado da família de Gerson".

Os homens da família de Merari são contados

Finalmente, Moisés contou os homens entre trinta e cinqüenta anos da família de Merari. Moisés novamente honrou Aarão, pedindo-lhe para ajudar na contagem. Moisés, Aarão e seus filhos dividiram a família de Merari em grupos. Um grupo foi incumbido de carregar as tábuas; outro grupo os pilares; outro ainda os encaixes de prata (adanim), e assim por diante. O filho de Aarão, Itamar, foi encarregado de designar uma tarefa específica a cada Levi. Ele supervisionou o carregamento.

Outras tarefas para os levitas

Carregar objetos era apenas uma das obrigações dos levitas. Eles também ajudavam os sacerdotes com aquelas partes do serviço Divino que podiam ser realizadas mesmo por alguém que não fosse um sacerdote: abater a oferenda, limpá-la e cortá-la.

Alguns levitas vigiavam o Tabernáculo, e outros foram escolhidos para cantar. No Tabernáculo, bem como no Templo Sagrado, os levitas entoavam canções do Livro de *Tehilim*, os 150 Salmos, e tocavam instrumentos enquanto eram despejados líquidos sobre as oferendas dos sacrifícios diários. O canto ajudava a alcançar o perdão para o povo judeu. Tanto a música como o canto eram veículos de servir Deus com alegria.

O coro de levitas era composto por pelo menos doze cantores, e podia-se acrescentar mais, se assim desejassem. O coro era geralmente acompanhado por instrumentos.

Até mesmo os não levitas podiam ser músicos. Ao entrarem no Pátio do Templo, os judeus podiam ouvir o maravilhoso coro de levitas e sua orquestra.

O cântico diário

Entoava-se um Salmo diferente a cada dia da semana:

No primeiro dia da semana (domingo) - "Do Eterno é a terra e tudo que nela existe, o mundo habitado e todos os que nele moram" (Sl 24,1). Este versículo é apropriado para o primeiro dia, pois nos lembra do primeiro dia da Criação. Deus foi então claramente reconhecido como o único governante, uma vez que nenhum ser, nem mesmo os anjos, haviam sido criados.

No segundo dia (segunda-feira) - "Grande é o Eterno e muito louvado, na cidade de nosso Deus, Monte de Sua Santidade" (Sl 48,2). No segundo dia da Criação, Deus estabeleceu que o firmamento fosse dividido entre águas superiores e inferiores, denominando as esferas superiores, Sua residência. Paralelamente, denominou um local com santidade especial no mundo inferior onde Ele iria residir: "a Cidade de nosso Deus, Monte de Sua santidade".

No terceiro dia (terça-feira) - "Deus encontra-se na assembléia Divina, no meio dos juízes Ele julgará" (Sl 82,1). Neste dia, Deus juntou as águas em oceanos, expondo assim os continentes que seriam habitados. Contudo, só seria permitido à humanidade viver lá se exercessem justiça, um dos pilares da sociedade humana. Se o homem pervertesse a justiça, Deus ordenaria aos oceanos transbordarem e inundarem terra seca, como mais tarde aconteceu na geração de Noé, trazendo o Dilúvio.

No quarto dia (quarta-feira) - "Ó Deus da vingança, Eterno, ó Deus da vingança, aparece" (Sl 94,1). Neste dia foram criados os corpos celestes. No futuro, Deus punirá todos os que praticaram a idolatria.

No quinto dia (quinta-feira) - "Cantem em voz alta para o Deus de nossa força, proclamem com um grito jubiloso o Deus de Jacó" (Sl 81,2). Neste dia o Todo-Poderoso criou milhares de espécies de pássaros e peixes. Quem quer que os veja proclama louvores a Deus em júbilo.

No sexto dia (sexta-feira) - "O SENHOR reina, de esplendor se veste, o SENHOR se reveste e se cinge de poder" (Sl 93,1). Este versículo é apropriado para o sexto dia, no qual a gloriosa Criação inteira foi completada, e a majestade de Deus sobre o universo tornou-se aparente.

Em Shabat - "Um salmo, um cântico para o dia de Shabat" (Sl 92,1). Este versículo não se refere apenas ao Shabat semanal, mas também a era pós-Redenção, o "grande Shabat da história". O Shabat semanal foi criado para servir de modelo para a era futura, a qual será total e eternamente boa. Da mesma forma como se trabalha durante toda a semana a fim de se honrar o Shabat, assim nos preparamos agora para o mundo futuro, onde saborearemos dos frutos do trabalho.

Com a destruição do Templo Sagrado, a beleza da música cessou. As músicas e melodias atuais não captam a santidade ou a harmonia da perfeição espiritual inerente às melodias entoadas no Templo. Após a destruição do Primeiro Templo o imperador Nabucodonosor, levou um grupo de levitas cativos à Babilônia. Observando-os chorarem e lamentarem-se, exclamou: "Por que estão tão tristes? Venham e alegrem-se!

Antes de saborear minha ceia, toquem seus violinos para mim e meus deuses, exatamente como costumavam fazer para seu Deus"! Olhando uns para os outros, os levitas sussurraram: "Nunca!

Nós, que tocávamos no Templo para o Todo-Poderoso devemos agora tocar para este anão (Nabucodonosor era de baixa estatura) e seus ídolos? Em vez disso, se tivéssemos nos empenhado em cantar ante o Todo-Poderoso, nunca teríamos sido exilados"! Todavia, como poderiam desobedecer efetivamente a ordem do sequestrador?

Num instante pensaram num plano. Cada levita, sem hesitar, decepou o próprio polegar da mão direita. Erguendo os tocos dos quais jorrava sangue para que Nabucodonosor visse, lamentaram: "Como podemos cantar a canção de Deus? (Sl 137,4) Não vê que nossas mãos estão mutiladas, e não podemos mais tocar nossos instrumentos?"

Enfurecido, Nabucodonosor massacrou milhares de cativos. Não obstante, os levitas estavam contentes em não terem concordado em tocarem música perante ídolos.

Aquele grupo de levitas eventualmente retornou do exílio babilônio, e testemunhou a reconstrução do Segundo Templo. Deus prometeu ao povo judeu através de juramento: "Os levitas feriram sua mão direita por amor a Mim; portanto, Eu juro por Minha mão direita que finalmente derrotarei seus inimigos e restaurarei Jerusalém".

O mérito das mulheres judias no Egito

Enquanto o povo judeu viveu no Egito, os egípcios eram seus senhores. Davam-lhe ordens. Mas não podiam decretar com quem as moças e mulheres judias iriam se relacionar. Se um egípcio tentava persuadir uma jovem judia a relacionar-se com ele, ela o recusava. E as mulheres judias casadas eram fiéis a seus maridos. Não queriam nada com os homens egípcios.

Quando Deus presenciou isso, disse: "O mérito das mulheres judias é enorme. Por causa delas, realizarei milagres para todo povo. Finalmente, libertarei o povo judeu do Egito pelo mérito dessas mulheres justas".

Deus realizou assombrosos milagres para os judeus durante cada uma das dez pragas. Por exemplo, durante a praga do sangue, quando um judeu baixava seu balde dentro de um poço, tirava água, ao passo que um egípcio tirava sangue do mesmo poço! E durante a praga dos sapos, os sapos fugiam dos judeus, mas saltavam sobre os egípcios. Estes maravilhosos milagres foram realizados pelo mérito das mulheres judias.

Deus fez milagres ainda mais grandiosos para os judeus no Mar Vermelho, quando o Faraó os perseguiu. Mais uma vez, realizou-os em mérito das mulheres judias.

Deus disse a Moisés: "Desejo que todas as esposas judias continuem a ser fiéis a seus maridos, assim como o foram no Egito". A próxima seção comenta a respeito da mulher infiel.

Sotá, a esposa infiel

Esta passagem da parashá trata de uma mulher, que como resultado do seu comportamento, deu margem para seu marido suspeitar que cometera adultério, mas não havia provas sobre sua verdadeira culpa ou inocência. A Torah nos dá um processo milagroso capaz de provar que ela havia pecado e causava sua morte juntamente com a do homem que pecou com ela; ou então, mostrava, sem sombra de dúvida, que ela sempre foi fiel a seu marido, restaurando assim a confiança e amor no casamento.

O judaísmo, assim, enfatiza a definição de um matrimônio: não é um meio conveniente para satisfazer desejos físicos, mas sim um relacionamento santificado que exige fidelidade e pureza.

Este é o único julgamento na Torah que dependia de uma intervenção sobrenatural; era um milagre que ocorria enquanto o povo judeu se manteve num nível espiritual elevado e merecedor. Este processo foi abolido na época do Segundo Templo, quando o povo judeu tinha decaído em seu nível espiritual.

O objetivo deste procedimento era duplo: evitar o adultério e a imoralidade e nutrir a confiança entre marido e esposa. É uma realidade psicológica que, uma vez que um marido suspeita da esposa, não consegue mais confiar nela, mesmo se uma corte de justiça achar que ele se enganou; decisões legais raramente mudam os sentimentos. Somente o testemunho do próprio Deus será suficientemente convincente. Deus ensinou estas leis a Moisés:

Um homem e uma mulher ficaram a sós por um tempo suficiente para cometerem pecado e de maneira tal que isto se tornou possível. Antes deste incidente, o marido - baseado num comportamento impróprio de sua esposa - já suspeitava dela e a advertiu: "Não fique sozinha com aquela pessoal". A esposa, porém, ignorou seu pedido. Duas testemunhas afirmam que ambos estiveram juntos e tiveram a oportunidade de cometer o adultério, mas não viram se de fato isto se consumou.

(Se havia uma testemunha afirmando que ela realmente pecou o teste de *sotá* não era realizado. A mulher também não era testada se foi forçada a esta situação; neste caso era inocente. O teste de *sotá* não produzia efeito, quando o próprio marido era culpado de infidelidade conjugal).

O marido a leva ao Grande Sinédrio, que é a mais alta corte judaica, com setenta juízes. "Você pecou com o estranho com quem esteve?" - perguntavam os juízes à mulher. Se ela responde: "Não", eles diziam: "Você será testada para sabermos se diz a verdade".

A mulher é então trazida perante um sacerdote. A Torah chama uma mulher trazida ao Sinédrio pelo marido de *"sotá"*, que significa: "se desviar", ou seja, a mulher que abandonou o comportamento judaico apropriado.

O sacerdote prepara a mistura de água

O sacerdote então preparava uma água especial que a mulher teria de beber. Isso iria testá-la para ver se dizia ou não a verdade.

O sacerdote pegava a água da bacia no Tabernáculo (kiyor) e a misturava com poeira do chão. Por que Deus ordenou que a água fosse apanhada do *kiyor*? O *kiyor* era feito de espelhos de cobre que as mulheres judias doavam. A água do *kiyor* é dada a uma esposa infiel para lembrá-la que: "Você não agiu como as mulheres judias no Egito, que foram fiéis aos maridos!"

Por que a poeira é misturada à água? A poeira sugere a ela: "Você sabe qual é o fim de todos? Seu corpo retorna ao pó. Por isto, se arrependa, se converta (faça teshuvá) antes que seja tarde"! O sacerdote anuncia: "Escreverei novamente num rolo os versículos descrevendo a *sotá*. Estes versículos contêm o Ilustre Nome de Deus. Apagarei as palavras na água. Você, então, beberá a água".

"Se você é culpada, a água fará seu corpo inchar, e seus membros ficarão fracos. Você morrerá. Por isso, admita agora! Não precisarei então apagar o sagrado nome de Deus na água". (Ambos, marido e mulher devem perceber a grande lição que Deus nos ensinou neste episódio: Ele permitiu que Seu Nome fosse apagado para restaurar a harmonia de um lar. Portanto, quando há uma discussão entre um casal, cada um deve estar pronto para sacrificar sua dignidade e honra pessoal em prol da paz).

O cabelo da *"sota"* é descoberto

Durante este procedimento o sacerdote descobria o cabelo da mulher. Porque o cabelo da *sotá* era revelado? Diziam a ela: "Uma mulher judia casada é proibida de aparecer em público com seu cabelo descoberto (Talmud Ketuvot 72a). Você se desviou dos caminhos das filhas judias. Agora, você parecerá uma gentia".

Qual o significado das palavras, "Sua esposa será como uma vinha frutífera nos aposentos interiores do lar; seus filhos como mudas de oliveiras ao redor de sua mesa" (Sl 128,3)? Este versículo promete fertilidade e filhos à esposa que se conduz com modéstia e recato, reservando sua beleza exclusivamente para o marido. A mulher que tem um cuidado especial, cobrindo seus cabelos completamente, merecerá filhos que brilharão como galhos de oliveiras.

Azeitonas podem ser saboreadas frescas ou secas; são comercializadas como iguarias; e o azeite produzido delas é de cor mais clara que qualquer outro óleo. Assim também, estes filhos se destacarão nos estudos da Torah e ainda outros serão comerciantes honestos, seguindo os ensinamentos Divinos em seus negócios. As folhas da oliveira não caem no verão e nem no inverno, simbolizando que seus descendentes perdurarão para sempre.

Mais ainda, ela faz com que sua família seja abençoada materialmente. Ela e seu marido viverão para ver seus filhos e netos como o versículo continua: "Merecerás ver os filhos de seus filhos" (Sl 128,6).

O destino da mulher infiel

Quando o sacerdote terminava de advertir a mulher sobre sua punição, ele anotava num rolo de pergaminho as palavras da Torah que disse a ela. Apagava a escrita com água. Finalmente, dava-lhe a água para beber. Se ela fosse culpada, seu corpo inchava, a face empalidecia e seus membros se enfraqueciam. Ao mesmo tempo, o homem com quem ela pecou também era punido, mesmo sem ter bebido daquela água. A mulher é tirada para fora do Templo Sagrado para então morrer.

Por outro lado, se ela não cometeu pecado algum, a água não lhe causava mal algum. Deus a recompensava pela humilhação que ela havia passado. Para esta mulher as águas agiam como um reconfortante remédio. Seus órgãos se fortaleciam, seu rosto se tornava radiante; se sofria de algum mal, estava curada. Se era estéril, conceberia um filho. Se tivesse apenas filhas, Deus, agora lhe concederia filhos homens. Se tivesse no passado complicações no parto, agora daria a luz com facilidade. Mais ainda, a Torah lhe prometia um filho especial e tsadic (justo).

A promessa das pessoas que testemunharam a *sota*

Muitos judeus que viram o que aconteceu à sotá prometeram: "Nunca mais tocarei em vinho. Pode ser que eu, também, beba demais, e faça algo errado".

Deus disse: "Se um judeu prometer não beber mais vinho, deixe-o cumprir certas leis. Observando estas leis, ele se tornará um nazir", que significa: aquele que se abstém de beber vinho. E ao cumprir as outras leis de um nazir, torna-se uma pessoa santificada. Quais são essas leis?

As leis de um nazir

Deus ordenou a Moisés: "Um homem judeu pode prometer tornar-se um nazir, ou uma mulher judia uma nezirá. Aquele que deseja tornar-se um nazir deve observar três leis:

1 - Um nazir não pode beber vinho. Também não pode beber vinagre de vinho, suco de uvas, ou comer qualquer parte de uma uva ou subproduto, como passas. Se um nazir for visto perto de um vinhedo, as outras pessoas devem adverti-lo: "Não caminhe pelo vinhedo; caminhe ao redor dele! Isso ajudará a impedir que coma uma uva por engano".

2 - Um nazir não pode ter seus cabelos cortados. Deus disse: "Como o nazir prometeu abster-se de vinho para se afastar do pecado, ele também não deve cortar seus cabelos". Por que um nazir é proibido de cortar o cabelo? Um corte de cabelo faz com que a pessoa tenha boa aparência. O nazir deixa seu cabelo crescer longo e à vontade. Ele não dá importância a sua aparência. Ao invés disso, concentra-se em seu comportamento e pensamentos.

3 - Um nazir não pode tocar o corpo de um morto: Deus disse: "Aquele que cumpre as leis de um nazir a meus olhos é tão grandioso e sagrado como um Sumo Sacerdote. Por isso, assim como o Sumo Sacerdote, ele não pode tornar-se impuro por tocar numa pessoa morta. Não pode nem ao menos enterrar seu pai ou sua mãe".

Por que alguém desejaria se tornar um nazir?

Esta vontade pode resultar de uma ocorrência pessoal causada pela influência prejudicial do vinho; ou devido às suas convicções que lhe seria benéfico se abster dos prazeres mundanos. Ele poderia achar também que está tão envolvido na satisfação de seus desejos físicos que não consegue se concentrar no estudo de Torah e cumprimento dos preceitos. Somente uma decisão drástica de alterar seus hábitos, que o force a se abster de entretenimentos e prazeres usuais, poderá transformá-lo. Ele, então, promete tornar-se um nazir por um determinado período, na esperança que a santidade alcançada através desse processo o elevará espiritualmente, fazendo dele uma pessoa melhor, mesmo após o término do seu nazirato. Um dos famosos nazires da nossa história foi Sansão.

Mais leis do nazir

Quando alguém promete: "Vou me tornar um nazir," sem especificar o tempo, torna-se um nazir por trinta dias. Este é o tempo mínimo para o nazirato. Entretanto, a pessoa pode prometer tornar-se nazir por períodos de tempo mais longos, até mesmo para o resto da vida.

O que acontece a um nazir que acidentalmente torna-se impuro durante seus trinta dias de nazir? Por exemplo, se morre uma pessoa na casa em que ele mora? O nazir deve esperar sete dias para tornar-se puro novamente. No oitavo dia ele oferecia sacrifícios. Começava então o período de trinta dias de nazirato novamente; os dias que tinha mantido até lá não contavam.

Finalmente, quando o nazirato de uma pessoa terminava, ele oferecia sacrifícios especiais. Um deles era uma oferenda pelo pecado (chatat).

O Talmud nos diz que os grandes justos no tempo do Templo Sagrado tornaram-se "nazir" apenas para ter a oportunidade de oferecer uma oferenda pelo pecado! Como jamais pecaram por engano, nunca tiveram a chance de trazer uma oferenda de chatat. Por isso, para dar a Deus este tipo de sacrifício, prometeram tornar-se "nazir". Ao fim do nazirato, o nazir também tinha que raspar todo o cabelo da cabeça e jogá-lo no fogo de um dos sacrifícios.

Havia no Templo Sagrado uma sala especial para os "nazir". Era ali que os "nazir" raspavam seu cabelo. Raspar todo o cabelo de uma pessoa é bem desagradável. O significado deste ato era lembrar ao nazir que não deveria dar ouvidos ao instinto mal, mesmo após o nazirato ter terminado.

A benção dada pelos sacerdotes

Em Israel ou numa sinagoga sefaradita (judeus da Espanha) fora de Israel, podemos ouvir a bênção dos sacerdotes todos os dias. Entretanto, numa sinagoga askenazita (Europa do leste) fora de Israel, a bênção dos sacerdotes é recitada apenas em Pêssach, Shavuot e Sucot, assim como em Rosh Hashaná e Yom Kipur. A bênção sacerdotal está reservada para estes dias de júbilo.

Quando o chazan (cantor litúrgico) termina a bênção de "Modim" na prece mussaf, ele proclama: "Sacerdotes!" Todos os sacerdotes presentes se dirigem à frente da sinagoga. O chazan é o primeiro que pronuncia cada palavra da bênção vagarosamente. Os sacerdotes a repetem.

Há três versículos na bênção sacerdotal:

Que Deus te abençoe e te guarde! Que a face de Deus brilhe sobre ti e que Ele faça que encontre graça (a Seus olhos)! Que Deus erga Sua face para ti e te dê paz!

No Templo Sagrado, os sacerdotes pronunciavam o nome de Deus em cada versículo da bênção das sacerdotes da maneira como é escrito, por extenso: Yud, Hê, Vav, Hê. Isto é proibido fora do Templo Sagrado.

Nesta parashá, Deus disse a Moisés que ordenasse aos sacerdotes: "Assim abençoarão os filhos de Israel." "Assim" significa que os sacerdotes devem conceder a bênção da seguinte maneira:

De pé. De mãos erguidas em direção ao céu. Por que os sacerdotes também estendem os dedos?

Quando os judeus souberam que os sacerdotes os abençoariam, protestaram. "Mestre do Universo," disseram, "por que Tu nos abençoas através de terceiros? Desejamos que Tu nos abençoe diretamente!"

Deus replicou: "Apesar de ter ordenado aos sacerdotes que os abençoe, Eu também estarei presente". Por isso, ao recitar estas bênçãos, os sacerdotes deixam espaços entre os dedos como que para indicar: "O Próprio Todo-Poderoso está presente atrás de nós".

No Templo Sagrado, a Shechiná encontrava-se atrás dos ombros dos sacerdotes, e irradiava através das aberturas entre seus dedos. As pessoas estavam proibidas de olhar para a Shechiná, Presença Divina, durante a recitação da bênção sacerdotal. O costume atual é de não olhar para os sacerdotes durante a bênção dos sacerdotes.

Os sacerdotes também devem: Ficar de frente para a congregação. Pronunciar a bênção em hebraico. No Templo Sagrado, pronunciavam o Nome de Deus, como está escrito.

Antes da bênção dos sacerdotes, os sacerdotes recitam a bênção: "Bendito és Tu, Deus, nosso Deus, Rei do Universo, Que nos santificou com a santidade de Aarão e nos ordenou a abençoar Seu povo de Israel com amor".

Por que Aarão é mencionado nesta bênção? Os sacerdotes, descendentes de Aarão, receberam a honra de conceder a bênção da paz pelo mérito de Aarão, que amava a paz e trazia paz onde quer que percebesse discórdia ou contenda.

Porque a bênção sacerdotal inicia-se com a expressão "assim"

Deus introduziu a bênção dos sacerdotes com a expressão "Assim", aludindo a nosso patriarca Abraão, a quem Ele abençoou: "Assim será tua semente" (Gn 15,5). Que bênçãos estas palavras contêm?

Um viajante perdeu-se de sua rota. Caminhava exausto através do deserto quente e abrasador por dias sem fim. Nenhuma estrada, nenhuma casa, nem sinal de alma viva à vista. Já havia bebido a última gota d'água de seu cantil, sua língua grudara ao céu da boca, de tanta sede.

De repente, percebeu uma árvore à distância. Se uma árvore pode sobreviver no solo, pensou, deve haver uma fonte de água por perto.

Para sua alegria, descobriu uma fonte de água fresca perto da árvore. Os galhos estavam carregados de frutas. O viajante bebeu e bebeu da água cristalina, comeu dos frutos e mergulhou num profundo sono à sombra refrescante. Ao acordar, sentiu-se renovado, pois recuperara as forças.

"Árvore, árvore, como posso lhe agradecer?" exclamou grato. "Gostaria de desejar-lhe que tenha belos galhos, porém já os tem. Poderia abençoá-la com deliciosos frutos? Seus frutos não poderiam ser mais suculentos. Com sombra refrescante? Já a tem. Com uma fonte de água? A nascente perto de você é pura e cristalina. Você é abençoada com todo tipo de perfeição".

"Portanto, posso dar-lhe somente uma bênção: que todas suas sementes nasçam e cresçam exatamente iguais a você".

Similarmente, Deus procurava uma bênção para conceder a Abraão. "Abraão", disse, "que bênção posso te dar? Que você seja um homem justo e perfeito? Você o é. Você foi lançado à fornalha ardente para santificar Meu Nome; abriu uma pousada para acomodar viajantes e trazê-los para sob as asas da Shechiná (Presença da Divindade); e disseminou Meu Nome pelo mundo inteiro. Que sua esposa seja uma mulher justa? Ela já é. Que os membros de sua casa sejam justos? Eles já são. Tenho apenas uma bênção para você: 'Assim será sua semente' - que sua semente seja exatamente como você"!

Deus introduziu a bênção dos sacerdotes com a palavra "Assim", para indicar que a verdadeira bênção ao povo judeu seja que cada um de seus membros cresça para se tornar como seus patriarcas.

Explicação da bênção dos sacerdotes

Eis aqui uma maneira de explicar a bênção:

Que Deus abençoe teus pertences. Quando uma pessoa precisa alimento e outras necessidades indispensáveis, é difícil para ela estudar Torah com tranqüilidade. Por isso, a bênção é para que cada um tenha o suficiente sustento. Este versículo promete riqueza material e sucesso.

Que Deus proteja teus pertences de serem roubados ou danificados. O que acontece com tuas possessões é na verdade determinado por Deus.

Um corajoso soldado prestou inestimáveis serviços a seu país. Foi convocado a receber a condecoração das mãos do imperador. Este presenteou-o com um baú contendo cem moedas de ouro valiosíssimas. Muito contente por já ter feito fortuna, o soldado acomodou o baú sob a sela de seu cavalo e partiu para casa. Enquanto cavalgava por uma trilha deserta na montanha, salteadores de repente o atacaram. Subjugaram-no e tomaram seu baú. Desta maneira, sua fortuna se foi tão rápido quanto viera.

Um rei que dá dinheiro ou posses a alguém nunca pode assegurar-se completamente contra danos, roubo, perda, doenças ou morte, cuja ocorrência impediria o beneficiado de usufruir de seu presente. Somente o Rei dos Reis pode dar tal garantia. Portanto, após prometer bens materiais, Deus garante que Ele nos guardará de qualquer infortúnio que possa impedir nossa capacidade de nos beneficiarmos dela.

Além disso, a expressão "Te guarde", também refere-se à proteção contra a má inclinação.

Riqueza material gera novos tipos de desejos. Dinheiro gasto com luxos torna-se uma maldição ao invés de bênção. As palavras "Que Ele te abençoe com riqueza," são seguidas, portanto, de "e te guarde", do abuso, ao despendê-lo com luxos. Em vez disso, que você utilize sabiamente o dinheiro para estudar a Bíblia e cumprir os seus preceitos.

O primeiro versículo da bênção sacerdotal contém três palavras, correspondendo aos três patriarcas, Abraão, Isaac e Jacó. Suplicamos a Deus que Se lembre de Sua aliança com os patriarcas.

Uma explicação do segundo versículo da bênção dos sacerdotes

"Que a face de Deus brilhe sobre ti" significa: Que Deus ouça tuas preces quando rezares a Ele e te dê entendimento ao estudar Torah.

Que Ele faça isso por ti, mesmo que não o mereças. Qual o significado dessa frase? Ela é esclarecido nas palavras dos sábios de Israel:

"Há três exemplos comuns de apego inexplicável: Um marido acha sua esposa graciosa. Uma pessoa acha sua cidade natal especialmente encantadora (apesar dos outros poderem considerá-la um local desagradável para se viver). Um comprador sente um apego especial ao objeto que adquiriu".

Em todos os três casos, a relação está além da compreensão lógica. Baseia-se tão somente sobre um afeto especial com o qual a pessoa se refere à outra ou a objetos. Similarmente, pedimos a Deus que nos conceda Sua bênção, mesmo se não somos merecedores. Queremos ser abençoados como um presente de graça, por causa do amor de Deus por Israel. Este versículo contém cinco palavras, que correspondem aos cinco Livros da Torah. A Torah foi dada em mérito dos três patriarcas, cuja alusão é feita através das três palavras do primeiro versículo.

Uma explicação sobre o terceiro versículo da bênção dos sacerdotes

Que Deus te dê total atenção, estejas onde estiveres. Ele te guardará de todos os infortúnios. Esta é a bênção de Divina Providência; Deus está atento e observa cada uma de nossas atividades.

Deus te dará Paz. Não serás atacado pelas más inclinações ou prejudicado por outros, de quaisquer outros modos. Este terceiro versículo é o ápice dos dois anteriores. Desejamos as bênçãos materiais e espirituais apenas com o objetivo de adquirir a bênção final de proximidade com Deus; traduzidas em bondade e paz.

"Que Deus erga Seu semblante para ti" denota total interesse pessoal de Deus com cada pessoa, o relacionamento mais próximo possível, o qual foi prometido ao povo judeu e como responsabilidade coletiva deste povo para testemunhar esse relacionamento para todos os outros povos e nações.

Todas as bênçãos são concluídas com "paz", pois não é possível desfrutar de qualquer outra bênção, a não ser que a pessoa esteja em paz.

Este terceiro versículo contém sete palavras, sugerindo os sete céus, em alusão ao que os sacerdotes desejam ao povo judeu: "Que Ele, que reside nos sete céus o abençoe".

Quem recebeu o poder de abençoar os outros?

Deus disse: "No início, apenas Eu podia abençoar as pessoas. Abençoei Adão e Eva: 'Multiplicai sobre a Terra'. Abençoei Noé e seus filhos quando deixaram a arca e começaram a reconstruir o mundo".

"Abençoei Abraão. Disse-lhe: 'Como és um grande justo, transferirei a ti o poder de abençoar os outros. Aquele a quem abençoares, será também abençoado'."

Antes de Abraão morrer, quis abençoar seu filho Isaac. Mas pensou: "Se eu abençoar Isaac, meu outro filho, Ismael, pedirá também uma bênção. Ismael não merece ser abençoado".

Abraão era similar a um jardineiro em cujo jardim cresciam arbustos com deliciosos frutos, mas estavam entremeados com os galhos de plantas venenosas que cresciam perto deles. O jardineiro pensou: "Se eu regar o arbusto frutífero, farei com que a planta venenosa cresça também". Por isso, não molhou o arbusto frutífero.

Da mesma forma, Abraão não ousou abençoar Isaac antes de morrer. Não desejava ter que abençoar Ismael também. Após a morte de Abraão, o próprio Deus abençoou Isaac. O poder de conceder bênçãos foi então transferido para Isaac. Isaac deu a bênção principal a Jacó, e não a Esaú. Jacó recebeu o poder de abençoar as pessoas. Abençoou todos seus doze filhos antes de morrer.

Deus disse a Moisés: "De agora em diante as bênçãos serão concedidas pelos sacerdotes. Quando eles abençoarem o povo judeu com os versículos mencionados, Eu realizarei suas bênçãos".

A doação dos chefes das tribos para o tabernáculo

Os líderes das tribos doam carroças para o tabernáculo

Na Parashá Shemini no Livro do Levítico, aprendemos sobre os eventos ocorridos no oitavo dia da consagração do Tabernáculo. Agora a Torah nos diz mais sobre o que aconteceu: Os líderes das tribos desejavam doar algum objeto para o serviço do Tabernáculo. Por que razão? Quando Moisés anunciou que cada judeu poderia doar materiais para a construção do Tabernáculo, os líderes não reagiram generosamente. "Deixe que cada judeu doe o que quiser, e providenciaremos o que ficar faltando," declararam eles. Entretanto, logo perceberam que tinham cometido um erro. O povo correspondeu com tantos presentes e tal entusiasmo que não havia sobrado nada para que os líderes doassem. Finalmente descobriu-se que as pedras preciosas para o peitoral ainda estavam faltando.

Os líderes então as forneceram. Mas eles ainda estavam tristes. Queriam dar uma compensação para seu erro. O que mais poderiam doar para o Tabernáculo?

Finalmente, tiveram uma idéia: "As tábuas e os materiais do Tabernáculo são pesados demais para que os levitas os carreguem. Vamos dar-lhes carroças nas quais poderão colocar os objetos, e animais para puxá-las".

Os líderes das tribos decidiram doar seis carroças e doze bois para puxá-las. Deus ordenou a Moisés: "Aceite as carroças e os bois dos líderes. Louve-os pelas doações. Diga-lhes: 'Foi uma idéia maravilhosa ajudar no transporte das partes do Tabernáculo. Considero isso tão notável como se vocês tivessem Me ajudado a carregar o mundo todo!'".

Os líderes das tribos doam oferendas para consagrar o altar

Os líderes ainda estavam tristes. O que mais poderiam doar para o Tabernáculo? Um deles, o líder da tribo de Issacar, cujos membros eram particularmente sábios, tinham um plano: "Deixe-nos doar animais para inaugurar o grande altar de cobre com oferendas especiais!"

Os líderes das tribos aprovaram a idéia. Discutiram que tipo de animal doariam e por fim decidiram: "Cada líder doará exatamente as mesmas oferendas. Assim, a contribuição será igual para todos os líderes".

Deus aprovou. Os líderes se preocupavam com os sentimentos uns dos outros e mostravam respeito mútuo. Deus disse a Moisés: "Aceite as oferendas dos líderes para consagrar o altar. Eles oferecerão seus sacrifícios em dias diferentes, começando no oitavo dia dos dias de consagração do Tabernáculo".

Moisés perguntou a Deus: "Quem oferecerá primeiro os sacrifícios? O líder da tribo de Rúben, a mais antiga, ou o líder da tribo de Judá, a tribo que viaja em primeiro lugar"? "O líder de Judá será o primeiro," decidiu Deus.

As oferendas dos líderes para a consagração do altar

Eis aqui a doação de cada um dos doze líderes para a consagração do altar: 1 - Uma bandeja de prata pesando 130 shekel[35]. Estava repleta de farinha com azeite, como uma oferenda de minchá.

2 - Uma fina tigela de prata pesando 70 shekel. Estava também cheia de farinha e azeite para uma minchá.

3 - Uma colher de ouro. Estava cheia de incenso.

---

[35] 1 shekel, siclo, corresponde a 11,4g.

4 - Uma oferenda de olá, consistindo de um touro, um carneiro e um cordeiro.

5 - Uma oferenda de chatat, consistindo de um bode.

6 - Uma oferenda de shelamim, consistindo de dois bois, cinco carneiros, cinco bodes e cinco cordeiros. A Torah repete os presentes dos líderes das tribos por doze vezes. Isso nos mostra que cada oferenda dos líderes era igualmente importante aos olhos de Deus.

Moisés ouve a voz de Deus vinda da Arca

Ao final da Parashá, ouvimos que Moisés entrou no Tabernáculo, e escutou a voz de Deus. Deus enviou um pilar incandescente do céu. Permaneceu entre os dois Querubins (anjos) sobre a Arca.

A voz de Deus vinha deste pilar. Embora a voz fosse alta e poderosa, ninguém exceto Moisés pôde ouvi-la. Por que a Torah menciona este privilégio especial de Moisés aqui? Moisés era a única pessoa que nada doou ao Tabernáculo; Deus não lhe pediu que contribuísse. Mas quando viu os líderes oferecendo suas oferendas, sentiu-se entristecido. Ele também desejava dar um presente para o Tabernáculo. Entretanto, a Torah nos diz que Moisés foi na verdade mais notável que os líderes das tribos. Apenas ele pôde entrar no Tabernáculo e escutar a voz de Deus.

Correspondência bíblica

Adultério:

Ex 20,14: "Não cometerás adultério".

Lv 20,20: "Se um homem cometer adultério com a mulher do próximo, o adúltero e a adúltera serão punidos com a morte".

Sl 51,2: "Quando o profeta Natã veio ao encontro do Rei Davi, depois do adultério com Betsabéia".

Pr 6,32: "Quem, porém, comete adultério, está louco: perde sua vida quem faz tal coisa".

Sb 14,24: "já não conservam puros nem a vida nem o casamento, mas um mata o outro à traição ou o ultraja com o adultério".

Eclo 23,33: "Primeiro, ela foi infiel à lei do Altíssimo; segundo, pecou contra seu marido; terceiro, prostituiu-se no adultério e teve filhos de outro marido".

Jr 3,8: "Sabia que eu tinha despedido a rebelde Israel por causa dos seus adultérios, entregando-lhe o documento de demissão. A infiel Judá, sua irmã, não se amedrontou: entregou-se também ela à prostituição".

Os 4,2: "Juram falso, mentem, matam, roubam, cometem adultério, cometem assassinatos um atrás do outro".

Mt 5,27.28: "Ouvistes que foi dito: Não cometerás adultério. Ora eu vos digo: todo aquele que olhar para uma mulher com o desejo de possuí-la, já cometeu adultério com ela em seu coração".

Mt 15,19: "É do coração que saem as más intenções: homicídios, adultérios, imoralidade sexual, roubos, falsos testemunhos e calúnias".

Mc 10,11.12: "Jesus respondeu: Quem despede sua mulher e se casa com outra, comete adultério contra a primeira. E se uma mulher despede seu marido e se casar com outro, comete adultério também".

Jo 8,4: "Mestre, esta mulher foi flagrada cometendo adultério".

Rm 2,22: "Dizes que não se pode cometer adultério e tu mesmo cometes? Detestas os ídolos e, no entanto, roubas os templo"?

Tg 2,11: "Aquele que disse: Não cometerás adultério, disse também: Não matarás. Portanto, se não cometes adultério, mas sim homicídio, te tornas transgressor da Lei".

2Pd 2,14: "Estão sempre espreitando algum adultério, são insaciáveis no pecar. Seduzem aqueles que são inconstantes e têm o coração exercitado na avareza. São destinados à maldição".

43 – Nm 8,1 – 12,16: BEHAALOTECHÁ - בהעלותך
Zc 2,14 – 4,7

A porção dessa semana nos mostra a liderança de Moisés no deserto, quarenta anos, com uma paciência imensa. Mas uma vez Moisés perdeu a paciência, a ponto de pedir a Deus que lhe tirasse a vida, que estava cansado de estar à frente desse povo. E isso ocorre quando o povo pediu carne para comer.

Mas afinal, o que pode haver de tão errado nesse pedir um pedaço de carne? Os sábios de Israel vão perceber que no original hebraico o texto diz que eles *desejaram desejar* carne. Não precisava dela, escolheram o que não lhes fazia falta. E por isso quase sempre existe uma insatisfação posterior que vem confirmar que no fundo, não precisávamos daquilo mesmo. Tinha sido um capricho...

Esse é o grande pecado que faz a ira de Deus se inflamar, escolher o que não nos faz falta. Aprender a escolher o que realmente importa na vida, o que realmente é capaz de nos trazer a verdade e a alegria de viver, de ser feliz. E não escolher o desprazer de ter conseguido algo que não precisamos na verdade.

Enquanto o povo esteve no deserto, Deus lhe deu de comer o "Maná", o pão descido do céu. Esse alimento não requeria nenhum tipo de esforço. Estava disponível e em grande quantidade, inclusive os sábios de Israel diziam que o maná tinha exatamente o sabor que a pessoa queria que ele tivesse.

Apesar disso tudo, eles se queixaram... Não temos nada além do maná... E a ira de Deus se inflamou em grande medida... (Nm 11,4-10). Após tantos anos de escravidão, agora na liberdade, testemunhando tantos milagres após milagres e ainda a ingratidão aparece...

Como se encontram hoje nossos pensamentos diários? Eles na verdade são como os pais de nossas futuras ações... Nossos pensamentos sempre acabam por vaguear e estar naturalmente naquilo que não temos ainda.

É possível fazer um esforço concreto para pensar no quanto já temos, nas bênçãos que possuímos de Deus, diariamente? Alguns comparam nossa cabeça com um jardim, um terreno que produzirá tudo o que quisermos plantar ali. Se não plantamos nada, nada iremos colher, será um mato selvagem. Sem boas sementes, a terra não ficará estéril, ervas daninhas e entulho se acumularão.

Como o povo no deserto que após receber a liberdade e usufruindo de tanta coisa recebida na vida, costumo queixar-me também facilmente? Sinto alegria pelas coisas que recebo ou a balança realmente pende mais para a insatisfação do que não tenho, do que os outros têm? Do que tinha no passado, mesmo que na escravidão do pecado, de outro "Egito" opressor?

Aprendamos a apreciar as bênçãos de Deus na vida, constantemente enviadas por Ele. Reconhecer a ingratidão e começar a tomar consciência disso são primeiros passos para uma vida cheia de paz e felicidade. Semear estes pensamentos reconhecidos de gratidão Àquele que nos dá sem cessar muitas coisas que realmente precisamos.

Behaalotechá – Seleções de Midrash a partir de: Nm 8,1 – 12,16

O preceito de acender a Menorá

A parashá anterior descreve como os líderes das doze tribos inauguraram o altar do Santuário com seus sacrifícios. Aarão, líder da tribo de Levi, contudo, deixou de se apresentar com um presente similar (de animais e carroças carregadas de oferendas) para o altar.

Aarão estava envergonhado de oferecer presentes sobre o altar por causa de sua participação no pecado do bezerro de ouro. No entanto, aguardava um comando Divino. Quando tal comando não veio, ficou contrito, pois se confirmaram suas suspeitas de que Deus não o perdoara.

Ao ver que Deus aprovou as doações dos outros líderes, Aarão decidiu também participar; porém já era tarde demais. Deus já havia aceitado as doações de Efraim (a tribo de José dividia-se em duas, Efraim e Manassés) contabilizando-as como a décima segunda tribo, desta forma, Aarão não participou ao lado dos outros líderes.

"Ai de mim!", lamentou-se Aarão. "O Todo Poderoso não perdoou o pecado do bezerro de ouro". Não apenas Aarão, mas também toda a Tribo de Levi sofria porque seu representante não oferecera sua porção dos sacrifícios da dedicação no altar.

Todavia, a verdadeira razão pela qual Deus impediu Aarão de participar desses sacrifícios é esclarecida através da seguinte parábola:

O rei proclamou que uma grande festa seria realizada nos jardins de seu palácio. Seus mensageiros percorreram o país inteiro convidando o público a participar. Anunciou-se em todas as associações de trabalhadores que seus membros estavam convidados para a festa do rei.

Apenas o amigo do rei, certo nobre, esperou em vão por um mensageiro para convocá-lo para a celebração. "O rei deve estar chateado comigo!" pensou, "se não, por que me ignora"? Após findarem as festividades, o rei enviou um mensageiro particular à casa de seu amigo.

"A festa para as pessoas comuns terminou," informou ao nobre. "Amanhã o rei dará outro banquete somente para você. Ele deseja distingui-lo pois você é seu amigo íntimo".

Similarmente, Deus não aceitou as doações de Aarão, pois honra maior foi-lhe reservada; receberia o preceito de preparar a Menorá. Sua tribo, Levi, também receberia distinção especial. Seriam santificados como servos de Deus numa cerimônia descrita no próximo capítulo.

Deus consolou Aarão dizendo: "Não se aflija! Reservei para você um preceito que sobrepujará as oferendas dos sacrifícios de dedicação. Você e seus filhos prepararão a Menorá no Tabernáculo e no Templo Sagrado.

O preceito do acendimento da Menorá será eterna. Seus descendentes, os sacerdotes conhecidos como Macabeus, instituirão o preceito permanente de acender as velas de Chanucá.

Assim, seu 'chanucá' (inauguração, em hebraico) continuará para sempre; enquanto que a inauguração dos líderes das tribos é apenas temporária".

Deus usou um termo nada usual para 'acender' a Menorá, dizendo: "Behaalotechá / quando você fizer subir" em vez de "behadliccá / ao acender". Dentre outras implicações, este termo denota: "Você será elevado". Cumprindo o preceito, os judeus tornam-se espiritualmente elevados.

Certa noite, um homem rico disse a seu amigo, um simples trabalhador, que jantaria em sua casa. O trabalhador arrumou a casa deixando-a um brinco, preparou a comida e iluminou a sala de jantar com velas.

Quão embaraçado ficou, contudo, ao ver seu amigo rico chegar. Um séquito de servos, alguns carregando brilhantes candelabros acesos, outros tochas flamejantes, o acompanhavam.

O anfitrião correu à sala de jantar e apagou suas velas, cuja luz parecia realmente pálida e fraca, comparada às luzes que se esparravam para dentro. Rapidamente, escondeu os castiçais numa gaveta. Quando o rico convidado entrou e viu a sala escura, perguntou admirado: "Você não estava me esperando esta noite? Por que não acendeu luz alguma"?

"Eu acendi; porém quando vi as resplandecentes luzes que seus servos carregavam, fiquei muito envergonhado em mostrar minhas simples velas".

O rico dispensou imediatamente os servos. "Jantarei apenas com as luzes de suas velas, para mostrar-lhe o quanto você me é querido".

Similarmente, Moisés não conseguia compreender porque Deus desejava que uma Menorá fosse acesa no Santuário. Sempre que entrava, encontrava o Tabernáculo brilhando com o esplendor da Shechiná (Presença da Divindade). Como poderiam as luzes da pobre Menorá terrestre serem comparadas ao esplendor que a Shechiná irradiava?

Portanto, Deus disse a Moisés: *"Behaalotechá*: Você se tornará espiritualmente elevado acendendo a Menorá. Eis porque Eu lhe dei o preceito". Além disso, esse termo significa também:

A Menorá deve ser colocada sobre uma plataforma com degraus que conduzem até ela. O sacerdote precisa subir a plataforma para o acendimento. "Behaalotechá" significa, assim, "quando você subir".

O preceito é cumprido acendendo-se cada chama até que esta suba por si. Assim, Behaalotechá significa "quando você a fizer subir".

A fim de demonstrar que o Todo Poderoso não necessita de nossa luz, Ele ordenou que os três braços de cada lado do centro da Menorá estejam inclinados em direção ao centro, e não para fora.

Apesar de Aarão poder enviar um de seus filhos para acender a Menorá, cumpriu a pessoalmente o preceito com o maior zelo e exatidão e durante toda sua vida.

Este preceito é tão querido aos olhos de Deus, que é mencionado diversas vezes na Torah. A cada vez novos detalhes são acrescentados. Deus advertiu Aarão a não subestimar a grandeza do preceito de preparar a Menorá. Por causa de sua importância, não era realizada toda de uma vez. Ao limpar a Menorá pela manhã, o sacerdote limpava cinco lâmpadas, partia para outro serviço e só então limpava as duas lâmpadas remanescentes. Desta forma, o ato se estendia, e atraía a atenção das pessoas que visitavam o pátio do Templo.

As leis para a segunda Páscoa

Quando o mês de Nissan chegou pela primeira vez no deserto, Moisés repetiu detalhadamente aos judeus as leis da Páscoa. Dentre outras, mencionou que alguém que estivesse ritualmente impuro não poderia levar a oferenda de Páscoa.

Então um grupo de distintos justos dirigiu-se a Moisés e Aarão para externar sua reclamação. "Estamos impuros, pois como representantes do povo judeu, guardamos o caixão de José. Deveríamos ser privados do preceito do sacrifício de Páscoa porque estamos carregando o esquife de José em nome da comunidade?"

"Não estamos pedindo permissão para comer do cordeiro pascal; apenas desejamos saber se um sacerdote pode levar o sacrifício em nosso lugar, e aspergir o sangue".

Moisés respondeu: "Vocês são grandes pessoas. Portanto, estou certo de que Deus me concederá uma resposta ao seu pedido. Entrarei no Tabernáculo e indagarei a Ele".

Moisés entrou no Tabernáculo para apresentar a questão perante Deus. Foi então instruído nas leis da segunda Páscoa, também chamado de Páscoa Menor. Estas leis não foram reveladas a Moisés anteriormente para que pudessem ser registradas em mérito das pessoas virtuosas que estavam tão ansiosas em realizar este preceito.

Deus ensinou a Moisés: Se um judeu, por qualquer motivo válido, não puder oferecer o sacrifício de Páscoa (por exemplo, se estiver impuro ou longe do Santuário), ele o oferecerá, em vez disso, um mês depois, no dia 14 de Iyar.

"Ele observará todas as leis do sacrifício de Páscoa; realizará o abate na tarde de 14 de Iyar e comerá o sacrifício à noite, junto com matsá e maror. Contudo, na segunda Páscoa ele não precisará remover o fermento de seus domínios como deve fazê-lo no verdadeiro dia da Páscoa, nem precisará deixar de trabalhar".

As leis da segunda Páscoa aplicam-se apenas aos indivíduos impuros. Se a maioria da comunidade estiver impura em 14 de Nissan, a Torah ordena que apesar disso os cordeiros de Páscoa sejam abatidos como de costume na tarde de 14 de Nissan.

A grandeza da geração do deserto

A Torah explica que durante suas andanças no deserto, os filhos de Israel eram dirigidos pelas Nuvens de Glória, e descreve o caminho pelo qual viajaram.

Há diversas razões pelas quais a Torah se estende acerca da maneira como os judeus viajavam, dentre elas:

1. Algumas nações gentias alegavam que o povo judeu andava sem rumo porque Moisés não sabia o caminho. Por isso, a Torah enfatiza que todas as jornadas eram ditadas por Deus.

2. A Torah revela a grandeza da geração do deserto. Seus membros não foram perguntados se queriam ou não viajar, nem se queriam ou não permanecer em alguma parada. Não, eles seguiram obedientemente as Nuvens de Glória. Sempre que essa se instalava sobre o Tabernáculo, acampavam; sempre que partia, eles também partiam.

Às vezes, Deus escolhia um local desagradável para acampar. Por exemplo, em Mará as águas eram amargas e não potáveis. Contudo, a Nuvem permaneceu em tal lugar. Às vezes, chegava num local com boas fontes de água e árvores, como Elam, contudo, as Nuvens de Glória partiam logo após a chegada. Nunca sabiam o quanto demorariam em cada parada ou jornada. Poderiam ter acabado de desempacotar e instalarem-se, quando as Nuvens se levantavam, convocando-os a continuar viagem.

O período de andanças no deserto ensinou o judeu a seguir a liderança de Deus com fé absoluta. Adquire, assim, fé e confiança em Deus para os longos anos de exílio, enquanto perambula através do "deserto das nações," como o exílio foi denominado.

Até hoje, os judeus não perderam sua fé na vinda de Messias, pois foram treinados a ter esperança e aguardá-lo. "Mesmo que (a Redenção Final) demore, espere-a, pois certamente chegará" (Hab 2,3).

Parece quase sobre humano que milhões de pessoas, inclusive crianças pequenas e bebês, viajassem de boa vontade por esse sistema por um período de quarenta anos. Os judeus demonstravam desta maneira sua total prontidão a se submeterem completamente à Vontade Divina.

Contudo, como veremos futuramente (na porção semanal da Palavra - chamada Mass'ê), Deus foi bondoso com os judeus e permitiu-lhes por muitos anos viverem num local permanente no deserto.

Esta maravilhosa geração foi louvada por Deus: "Assim disse Deus, 'Eu Me lembrei da bondade de sua juventude, seu amor como noiva, ter Me seguido no deserto, numa terra não semeada'" (Jr 2,2).

As duas trombetas de prata de Moisés

Aquele que teme Deus é promovido a uma posição de autoridade. Moisés temia Deus, por isso foi transformado num líder cuja autoridade sobre o povo equivalia a de um rei. Deus lhe disse:

"Moisés, és um rei. Por isso, faça trombetas que soem para ti, exatamente como os reis fazem soar trombetas antes de sair em batalha. Tenha duas trombetas confeccionadas para sua posse particular. Não poderão ser tocadas para qualquer outro líder".

A santidade das trombetas de Moisés era tão grande que foram ocultadas antes de seu falecimento, para que nenhum líder ou rei que viesse depois pudesse usá-las. Nem mesmo seu sucessor, Josué, podia possuí-las. Quando Josué conquistou Jericó, sua primeira vitória em Israel, os sacerdotes soaram o shofar, mas não as trombetas de Moisés. Deus ordenou que as duas trombetas de Moisés fossem exatamente idênticas e feitas de prata. Trombetas de ouro lembrariam o pecado do bezerro de ouro.

A cada partida do povo judeu no deserto era anunciada através de três sinais:

1. Primeiro, as Nuvens de Glória, que habitualmente pairavam sobre o Tabernáculo, enrolavam-se e transformavam-se numa coluna ereta, significando que a partida era eminente.

2. Moisés então proclamava: "Levanta-Te!" obrigando a Nuvem a começar a viajar.

3. Os sacerdotes soavam a chamada especial de partida em ambas as trombetas de prata. Ao ouvir isso, o povo iniciava sua jornada.

Além de sinalizar a partida, as trombetas também eram usadas para anunciar assembléias da congregação inteira, assim como assembléias dos líderes das tribos. Sons diferentes anunciavam cada evento.

Deus instituiu, para todas as gerações, o preceito de soar as trombetas nas seguintes ocasiões:

- Em épocas de calamidade, por exemplo: quando um inimigo ataca, em secas, pragas, e assim por diante. Ao ouvir o som da trombeta Deus promete lembrar-Se do povo judeu favoravelmente, e resgatá-los do perigo.

Alarmados pelo soar da trombeta, os judeus seriam despertados de sua letargia mental e fariam teshuvá (conversão, arrependimento). Mereceriam então a assistência Celestial.

- No Templo Sagrado, os sacerdotes soavam as trombetas diariamente, enquanto os sacrifícios comunitários de *tamid* eram oferecidos.
- Havia, ao todo, pelo menos vinte e um sons de trombeta soados no Templo Sagrado todo dia:
  - Três pela manhã, para sinalizar que os portões foram abertos.
  - Nove, durante a oferenda matinal diária de tamid.
  - Nove, durante a oferenda vespertina diária de tamid.
  - Outras nove, se houvesse sacrifício de mussaf (em Shabat, Rosh Chôdesh e festividades).

A cada véspera de Shabat, três sons eram soprados à tarde, para lembrar ao povo que era hora de parar de trabalhar. Quando o Shabat estava prestes a começar, mais três sons eram soprados.

Jetro parte do acampamento no deserto

Dentre o povo de Israel estava o sogro de Moisés, Jetro, que após sua conversão ao judaísmo recebera o novo nome de "Hobab" - Aquele que ama a Torah.

Moisés lhe disse: "Apesar de não podermos lhe dar campo algum em Israel como possessão permanente, podemos lhe conceder outros benefícios. Você e seus filhos viverão na frutífera cidade de Jericó e suas cercanias. Você poderá lavrar as terras até que o Templo Sagrado seja construído".

As vizinhanças de Jericó, onde o solo era fértil e produzia tamareiras, não foram loteadas para nenhuma tribo em especial durante a distribuição da Terra. Por outro lado, eram consideradas propriedades comum ao povo judeu. Uma vez que todas as Tribos estavam ansiosas para doar sua propriedade para o local do Templo Sagrado, decidiu-se que a Tribo em cuja porção o Templo Sagrado fosse eventualmente construído receberia, em troca, o distrito de Jericó como presente de todas as Tribos. Deste modo, todas as tribos sentiriam que haviam contribuído com terras para o Templo Sagrado.

"Considere que necessitam de mim em Madiã, e não aqui. Comparado a você, Moisés, cuja luz é tão brilhante quanto a luz do sol, e a Aarão, cuja luz é tão brilhante quanto a da lua, eu não os ilumino mais que o bruxulear de uma vela. Por isso, deixem-me ir". Moisés continuou a dissuadir Jetro de partir.

Os netos de Jetro entraram em Israel e, conforme Moisés prometera, receberam o solo produtivo de Jericó e suas cercanias. Viveram nessa propriedade e cultivaram-na durante 440 anos, até que o Templo Sagrado fosse construído. Então foi dado à Tribo de Benjamin, em cujo território encontrava-se o monte do Templo.

Alguns dos descendentes de Jetro tornaram-se ilustres dentro do povo judeu. Apesar de viverem numa porção frutífera de Israel, não estavam contentes. Em vez de gastar o tempo no cultivo da terra, desejavam devotar-se totalmente ao estudo da Torah.

Perguntaram: "Onde podemos encontrar um professor de Torah que possa nos ensinar-nos"?

"Há um grande estudioso de Torah de nome Yaavets" (outro nome de Asniel ben Kenaz, o primeiro dos juízes, após o falecimento de Josué), "porém as redondezas onde ensina é terra deserta, onde não crescem grãos e onde viverão em pobreza". Não levando em conta a perda material, esses descendentes de Jetro mudaram-se para o deserto. Encontraram Yaavets ensinando num espaçoso Santuário, com enorme público presente, inclusive sacerdotes, levitas e judeus de ascendência nobre.

Os descendentes de Jetro disseram humildemente: "Somos apenas convertidos, como poderemos nos juntar à essa nobre assembléia"? Por isso, optaram por sentar ao portão de entrada da casa de estudos. Ali, escutavam atentamente às palestras de Yaavets. Eventualmente, tornaram-se destacados estudantes de Torah. Os descendentes de Jetro ficaram famosos ao se tornarem líderes do Sinédrio (a mais alta corte judicial) que ensinava Torah ao povo judeu.

Como o povo se afastou do Monte Sinai

Os israelitas agora deixavam o Monte Sinai a fim de chegar a seu próximo destino: Kivrot Hataavá, localizado a três dias de viagem do Monte Sinai. Deixaram o Monte Sinai com pressa, assim como crianças de escola saem correndo no fim do dia. Aos pés do Monte Sinai recebiam diariamente novos preceitos, e pensavam: "Se demorarmos, Ele nos dará mais preceitos".

Deus considerou esta conduta como pecado. Demonstrava que consideravam Torah e preceitos como uma carga, um ônus, ao invés de um benefício.

Dentro de três dias, os judeus pecaram novamente, ao reclamarem sobre a maná e exigirem carne. Uma vez que esses dois pecados foram seguidos por um terceiro, a Torah escolhe não narrá-los em seqüência próxima, a fim de evitar que os judeus fossem rotulados de "pecadores permanentes" (Um acontecimento triplo confere o status de permanente a um comportamento, o que chamamos em hebraico de "chazacá").

A Torah, por conseguinte, separa os dois episódios um do outro para não condenar os judeus como pecadores permanentes. Ela interpõe entre ambos a passagem de "Oração da Abertura da Arca" (Nm 10,32-36), que traz honra ao povo judeu.

Apesar dos judeus evocarem o desagrado de Deus apressando-se em partir do Monte Sinai, Sua bondade com eles ainda assim permaneceu. Ele instruiu a Arca Sagrada a determinar e conceder-lhes uma jornada agradável.

Viajava à frente dos judeus, a uma distância de três dias de caminhada. Duas faíscas irradiavam da Arca, eliminando todos os perigos, tais como cobras, escorpiões, e inimigos que desejassem emboscar os judeus. Deus designou a Arca da Aliança para que agisse como um capitão que cavalga à frente de seu exército.

A prece de Moisés quando o povo partia ou acampava

A Torah relata as preces que eram pronunciadas por Moisés sempre que o povo partia numa jornada ou estava prestes a acampar.

Quando Deus queria que os judeus deixassem alguma parada, Ele fazia com que a Nuvem que pairava sobre o Tabernáculo se levantasse e se enrolasse numa coluna, como que pronta para partir. Contudo, não começava a viajar até que Moisés assim o ordenasse, proclamando: "Revele-Se, Deus!"

Quando Moisés pronunciava estas palavras, a Arca começava a balançar-se para frente e para trás, como que indicando que estava pronta para viajar. Isto demonstrava aos judeus a presença da Shechiná sobre eles.

Sempre que uma partida era iminente, Moisés erguia as mãos em prece e implorava ao Todo Poderoso: "Revele-Se, Deus para que os inimigos dos filhos de Israel sejam dispersados, e para que aqueles que os odeiam fujam diante deles".

Originalmente, os judeus estavam destinados a viajarem direto a Israel. Se assim fosse, não haveria necessidade de guerra na conquista. Em vez disso, as nações fugiriam assim que os israelitas aparecessem. Moisés orou para que os inimigos fossem dispersados e fugissem ao verem a Shechiná.

Sempre que Deus desejava que os judeus se estabelecessem em algum lugar, as Nuvens de Glória que viajavam à frente deles parava. Contudo, não se desenrolava e estendia-se sobre o Tabernáculo até que Moisés lhe concedesse permissão para fazê-lo, rezando: "Descanse, Deus entre as dezenas de milhares e milhares de Israel".

O versículo significava: "Abençoe o povo judeu de forma que cada centena deles possa multiplicar-se em dezena de milhar".

Uma vez que Moisés possuía, por assim dizer, o poder de comandar a Nuvem para que se instalasse, aproveitou a oportunidade para pedir a bênção acima. Disse: "Não permitirei que a Shechiná descanse até que eu tenha conseguido uma bênção para o povo".

No início e no final da passagem acima, que relata as preces de Moisés (Nm 10,35-36), a Torah coloca parênteses especiais sob a forma de duas letras do alfabeto hebraico "Nun" ([ ]) invertidas. Qual o propósito destes símbolos?

Demonstram que este assunto está deslocado aqui. Uma vez que descreve as orações de Moisés quando os judeus partiam e acampavam, deveriam estar registradas junto com o assunto dos estandartes na parashá de Bamidbar, a parashá que descreve as viagens do povo judeu no deserto.

Contudo, como já foi explicado, Deus inseriu aqui esses versículos a fim de separar os dois pecados.

Os insatisfeitos que desejaram carne

Deus desejava purificar a geração do deserto. Suas realizações morais e espirituais teriam de fazer parte integrante do caráter do povo judeu. Por isso, Ele guiou os membros daquela geração através de várias paradas, cada uma das quais apresentando um teste particular especial.

A estação de Kivrot Hataavá, aonde Deus levou o povo judeu, gerou desejos físicos. Ao chegarem lá, os convertidos egípcios que eram os elementos mais despreparados do povo (erev rav) foram os primeiros a serem subjugados pelos desejos. Começaram a resmungar sobre sua inaptidão em satisfazer suas vontades.

Queixaram-se oficialmente que lhes faltava carne. Contudo, esta exigência era meramente um disfarce para seu desejo de praticarem novamente seus desejos físicos como fizeram no Egito, antes das restrições da Torah terem sido impostas (Pois se seu único desejo fosse apenas obter carne, poderiam ter abatido algumas cabeças do gado que tinham).

Os egípcios convertidos inflamaram a situação, relembrando os judeus de sua irrestrita vida anterior. "Lembramo-nos do peixe que comíamos no Egito," exclamaram. "Lá, não tínhamos o fardo dos preceitos. Nunca recitávamos uma bênção sobre alimentos. Era uma vida fácil, sem cumprir todas esses preceitos".

Alguém concordou: "Desde que deixamos o Egito não experimentamos o gosto de pepinos, melões, alhos-porós, cebolas ou alhos, apenas maná".

Apesar do maná produzir o sabor de qualquer alimento que a pessoa desejasse, não produzia o sabor desses cinco vegetais, porque seu consumo é prejudicial à mulheres lactantes.

Na verdade, o maná também podia assumir o sabor de carne. Portanto, o erev rav deflagrou uma campanha geral de críticas contra o maná, como que para justificar seu pedido por carne.

Alguns se lamentavam: "É verdade que o sabor do maná varia, mas não sua aparência. Não é agradável ver maná ao café da manhã, maná ao almoço e maná ao jantar. Outras queixas foram expressas em voz alta".

Alguns clamavam: "Como se pode permanecer saudável com um alimento que não causa excreções? Eventualmente, nossos estômagos explodirão". Outros reclamavam: "É muito difícil viver já no começo do dia. Estamos constantemente preocupados se descerá ou não algum maná no dia seguinte. Se não, nossas famílias passarão fome. Por que não podemos estocar suprimentos de maná"?

Na verdade, as reclamações eram devidas ao fato de que apenas grandes justos podem viver felizes se alimentando do maná.

Apesar do maná conter todas as vitaminas e ingredientes saudáveis necessários ao corpo, não satisfaz uma pessoa que busque comer até se sentir cheio. Era um alimento delicado e etéreo, que agradava a mente mais que qualquer outro apetite físico. Uma pessoa justa ficava contente e satisfeita pois o maná nutria sua alma; ingerindo-o, ganhava nova percepção da Torah.

Quanto mais elevado o justo, mais intuição e sabedoria ganhava comendo sua porção diária de maná. Os que não estavam em tão elevado nível, contudo, desejavam uma refeição que os satisfizessem fisicamente, e não encontravam "gosto" no maná.

A Torah refuta as críticas do povo judeu ao maná enfatizando novamente suas admiráveis qualidades. "Vejam sobre que alimento maravilhoso reclamam," Deus nos conta na Torah. Ele tinha uma aparência brilhante e atraente, como um cristal. Seu sabor era maravilhosamente doce. E apesar de descer a céu aberto, não era contaminada pela terra ou insetos, pois cada porção individual estava envolta em orvalho, a fim de que os judeus a recebessem perfeitamente puros.

Deus estava muito irado com o fato de os judeus terem sucumbido aos seus desejos. Um fogo desceu do Céu e devorou os instigadores do erev rav. Quando os judeus viram o fogo devorando alguns, foram tomados de temor. Será que a conflagração se espalharia e também os queimaria?

Envergonhados demais para se dirigirem diretamente a Deus após suas reclamações sobre o maná, imploraram a Moisés que orasse por eles.

Deus aceitou a reza de Moisés. O fogo afundou no local onde surgira. Moisés chamou o lugar onde os pecadores morreram de "Taverá - Conflagração".

Novos anciãos são eleitos e imbuídos do dom profético

"Está bem," disse Deus a Moisés. "Seu pedido lhe foi concedido. Terá Anciãos que lhe ajudarão na liderança. Escolha setenta sábios que sejam zelosos em cumprirem todas as leis da Torah, e traga-os ao Tabernáculo".

"Mestre do Universo," replicou Moisés, "como saberei quem é merecedor de ser escolhido"?

"Escolha os homens que foram supervisores no Egito. Preferiram apanhar dos egípcios a obrigar seus já exaustos irmãos a trabalhos ainda mais extenuantes. Demonstraram seu amor por seus semelhantes e, portanto, merecem posições elevadas".

A escolha dos líderes dentre os supervisores judeus, que sofreram em prol da comunidade, nos ensina que alguém que se sacrifica pelo povo eventualmente merece honra, grandeza e o espírito Divino.

"Como é possível ter um número igual de Anciãos de cada Tribo?" refletiu Moisés. "Se escolher cinco homens de cada tribo, haverá sessenta e não setenta no total, como Deus ordenou. Se escolher cinco homens de duas tribos e seis das outras, ofenderei algumas tribos".

Em conseqüência, Moisés resolveu deixar que o assunto fosse decidido por sorteio. Preparou setenta e dois bilhetes. Em setenta escreveu a palavra "Ancião", e deixou dois em branco. Escolheu então seis Ancião de cada Tribo e disse-lhes: "Todos vocês devem sortear, mas saibam que dois bilhetes estão em branco. Se sortearem um em branco, saibam que esta é a vontade de Deus. Ele não o escolheu. Se tirar um bilhete escrito 'Ancião', aceite a posição de líder, pois você foi escolhido pelo Céu".

Similarmente, Deus disse a Moisés: "Somente você estava destinado a liderar Meu povo. Na verdade, imbuí você com a habilidade necessária para supri-los com o que quer que necessitem. Todavia, uma vez que pediu que outros compartilhem de sua grandeza, dê-lhes parte de seu dom profético. Eles não receberão o dom profético diretamente de Mim".

Apesar de Moisés ter cedido parte de seu dom profético aos Anciãos, seu próprio espírito sagrado não diminuiu. Ele se igualava a um candelabro utilizado para acender diversas velas. Quantas luzes quer que acendesse, não perdia nada de seu brilho. Os Anciãos receberam apenas uma pequena fração do espírito Divino que pairava sobre Moisés.

Eldad e Medad receberam a profecia diretamente de Deus

Dentre os setenta e dois homens escolhidos por Moisés para realizarem o sorteio para a posição de Anciãos, dois homens, extraordinariamente justos, não compareceram ao Tabernáculo. Esconderam-se no acampamento, dizendo: "Não merecemos a grande honra de nos tornarmos líderes".

Disse Deus: "Vocês foram humildes; por isso, eu os elevarei sobre os outros Anciãos". Enquanto os Anciãos ainda estavam no Tabernáculo, o espírito de Deus pairou sobre Eldad e Medad, que começaram a profetizar.

Eldad previu: "Moisés deixará este mundo, e Josué será seu sucessor. Josué levará os judeus à Terra Santa, e tomará posse dela".

Medad profetizou: "Breve, aves de nome *slav* (codornizes) serão trazidas do mar, cobrirão o acampamento e se tornarão uma cilada para o povo judeu".

O filho mais velho de Moisés, Gerson, correu ao Santuário para relatar as palavras de Eldad e Medad. Josué, que percebera que estes dois homens receberam suas profecias diretamente de Deus, sem a mediação de Moisés, exclamou: "Meu Mestre, Moisés, rogue a Deus que retire o espírito Divino deles! Merecem a pena de morte por profetizar independentemente na presença de seu mestre"!

Moisés, contudo, não estava preocupado com o fato de que Deus elevara outros profetas além dele, e que esses previram seu falecimento.

"Você não precisa zelar por mim, Josué", e assim Moisés tranqüilizou seu discípulo. "Estou contente que eles foram diretamente inspirados por Deus. Meu sincero desejo é que todos os judeus pudessem se tornar profetas desse nível!". Moisés, o mestre de todos os profetas, alcançou a perfeição de caráter. Era completamente indiferente à sua honra pessoal, e preocupado apenas com o benefício de seus semelhantes.

Quando as aves caíram do céu

No dia seguinte, Deus cumpriu Sua promessa de fornecer carne em abundância. Moisés denominou esta parada de "Kivrot Hata'avá - Túmulos da Concupiscência", pois os que ansiavam por carne lá pereceram.

Literalmente, Kivrot Hata'avá significa: "Túmulos da Luxúria". Não apenas os luxuriosos foram enterrados lá, mas também os desejos das pessoas. Aprenderam que tentando se livrar das restrições da Torah e mergulhar em desejos, uma pessoa não atinge progressos mentais nem físicos. Pelo contrário, leva-os ao túmulo.

Miriam fala a Aarão sobre Moisés

O dia em que os setenta Anciãos foram escolhidos foi um dia de grande felicidade para o povo judeu. Acenderam velas e participaram do júbilo da recém-adquirida grandeza desses homens. "Quão afortunadas são as esposas desses Anciãos, a quem foi concedido o dom profético!" exclamou Miriam, irmã de Moisés.

A esposa de Moisés, Séfora, que estava a seu lado observou: "Muito pelo contrário! Elas ficam, desta maneira, infelizes. Seus maridos agora se separarão delas".

Miriam já havia notado antes que Séfora negligenciara sua aparência. "Por que você não se veste como as outras mulheres, Séfora?" perguntou-lhe.

"Seu irmão não se importa com minha aparência," replicou Séfora. Agora a verdade ficara clara para Miriam. Por que seu irmão não obedecera a ordem Divina de frutificar e multiplicar? Como irmã mais velha, era responsável para tomar o assunto em suas mãos. Iria discuti-lo com Aarão, ele certamente concordaria com seu ponto de vista.

Encontrou Aarão e Moisés à entrada do Tabernáculo, e falou com Aarão na presença de Moisés. Não se importava que Moisés ouvisse a conversa, uma vez que não tinha más intenções, mas queria apresentar o assunto corretamente para o bem de Moisés. Dirigindo-se a Aarão, começou a elogiar a extraordinária beleza de Séfora, bem como sua virtuosidade (Nesta parashá Séfora é chamada de "uma mulher etíope". E ela era uma mulher de maravilhoso recato e modéstia).

Miriam envolveu Aarão na discussão, como segue (Nossos sábios não relatam as palavras exatas de Miriam e Aarão, e o texto, assim, é uma aproximação de sua conversa real): "Ouvi que Moisés não vive com sua esposa," disse-lhe. "Não se justifica agir assim com Séfora".

"Porém, aparentemente, Deus concorda com Moisés," respondeu Aarão, "pois Ele não o censurou". "Não," concluíram ambos, "isto não prova que Moisés agiu corretamente. Deus leva a pessoa no mesmo caminho que ela escolhe trilhar. Uma vez que Moisés separou-se voluntariamente de sua esposa, Deus dessa forma, consentiu".

"Nossos patriarcas também eram profetas, porém não se separaram de suas esposas. Nós também somos profetas, mas o Todo Poderoso não ordenou que nos separemos de nossos cônjuges. Moisés também poderia viver uma vida normal, se assim escolhesse".

Moisés, que ouvira a conversa inteira, poderia facilmente ter se defendido, refutando que fosse um profeta mais elevado que os patriarcas, ou do que Miriam e Aarão. Poderia explicar que ele, que deve estar sempre preparado para receber a profecia, precisava separar-se de sua esposa permanentemente, e que Deus sancionara sua decisão.

Contudo, Moisés não formulou resposta alguma, pois não havia se ofendido ao ouvir uma observação sobre si. Não havia ninguém mais humilde que ele. Por causa de sua modéstia, nunca revelou a Aarão ou Miriam que suas revelações eram infinitamente mais elevadas que as concedidas a outros profetas.

A extrema humildade de Moisés

A Torah testemunha que "O homem Moisés era extremamente humilde, mais que qualquer outra pessoa sobre a terra" (11,3). Era humilde a seus próprios olhos, e era o mais paciente dos homens. Moisés era ainda mais humilde que os patriarcas.

Sua humildade não era devida à alguma fraqueza, defeito ou inferioridade da qual tivesse consciência. Moisés era excelso em todas as áreas, combinando todas as qualidades desejadas pelas pessoas. Como é possível que Moisés fosse o mais humilde dos homens, apesar de seus talentos e realizações excepcionais?

Mais que qualquer um, Moisés compreendeu que "A ti, ó Deus, a grandeza, o poder, o esplendor, o domínio e a majestade. Tudo no céu e na terra te pertence. A realeza pertence a ti, SENHOR, que te elevas como cabeça acima de tudo" (1Cr 29,11).

Quanto mais profunda for a percepção de Deus, mais claramente uma pessoa é capaz de perceber que o quanto realiza é completamente insignificante em comparação a todos os benefícios que recebe Dele. Ele vê seus dons ou talentos não como fonte de orgulho, mas sim, como uma responsabilidade a ser utilizada a Serviço de Deus.

A inigualável humildade de Moisés foi uma das virtudes que fizeram com que merecesse a experiência da Shechiná (Presença da Divindade) mais que qualquer outro homem, e ser escolhido como o transmissor da Torah Divina.

Deus defende Moisés mostrando sua superioridade sobre todos os profetas

Moisés não se defende; em vez disso, Deus o defendeu. De repente, Moisés, Aarão e Miriam ouviram a Voz Divina. A Voz dirigia-se a cada um deles individualmente, no mesmo instante (um milagre que só Deus pode realizar), e ordenou-os a entrarem na parte interna do Tabernáculo.

Aarão e Miriam ficaram atônitos ao som da Voz de Deus, pois estavam impuros. Percebiam agora que Moisés precisava se separar de sua esposa porque nunca sabia quando as palavras de Deus o alcançariam, e portanto, era muito importante que ele estivesse num estado de pureza constante. Eles, por outro lado, geralmente só recebiam comunicação Divina apenas depois de terem se preparado.

Deus explicou a Aarão e Miriam: "Não falo com Moisés como faço com outros profetas. Todos os outros profetas tiveram visões em sonho, ou, se acordados, sob a forma de parábolas e enigmas que requerem interpretação.

As profecias de Moisés são diferentes. Eu falo com ele face a face com perfeita clareza. Ele está à vontade em Meu reino superior, e tem domínio até sobre os anjos. Confio nele plenamente".

Os sábios de Israel ilustram a superioridade de Moisés conforme segue:

Todos os profetas, exceto Moisés, podem ser comparados a alguém que se olha no espelho. Ele pode ver o reflexo dos objetos atrás de si, contudo não sabe o que há do outro lado do espelho, uma vez que não pode enxergar através desse.

Similarmente, os profetas tiveram a visão de Deus como "visão não iluminada", uma visão indistinta. Por causa de suas limitações, não conseguiam perceber a essência de Deus; por conseguinte, suas visões eram meros reflexos. Moisés, por outro lado, era como alguém que olha através de um vidro transparente, e discerne claramente o objeto por trás deste. Portanto, sua visão de Deus é denominada de "visão iluminada", uma visão lúcida e penetrante.

A ira de Deus contra Miriam e Aarão

Deus censurou Aarão e Miriam: "Erraram em comparar Moisés a outros profetas. Era permitido a outros profetas continuarem a manter relações maritais, mas era necessário que Moisés se separasse de sua esposa. Como ousaram falar sobre um homem grande como Moisés, que é Meu servo leal?"

Deus estava irado com Aarão e Miriam, e tratou de puni-los. Antes de fazê-lo, contudo, Ele fez com que a Nuvem da Shechiná se elevasse e partisse de sobre o Tabernáculo. Como para demonstrar que Deus não consegue suportar ver justos sofrendo. Apesar de suas palavras não terem sido proferidas por malícia, mas por preocupação pelo bem-estar de Moisés, e apesar deles não terem falado por trás das costas, mas em sua presença, Deus considerou que Miriam e Aarão eram culpados de lashon hará (maledicência).

Ele imediatamente golpeou-os com tsaraat (lepra), a penalidade para maledicência e difamação. Tanto Aarão quanto Miriam ficaram com tsaraat (a doença espiritual da lepra), mas Aarão apenas por um instante. Logo em seguida, sua lepra desapareceu. A de Miriam permaneceu, pois ela é quem começara a falar sobre Moisés. Todavia, Aarão ficou tão angustiado ao ver a pele de sua irmã de um tom leproso-esbranquiçado, que esta mera visão constituía uma grande punição para ele também.

"Por favor, meu mestre," implorou Aarão a Moisés, "não nos culpe, pois pecamos. Nós três nascemos de uma só mãe. Se Miriam ficar leprosa é um golpe tão duro, como se metade de nossa carne estivesse morta".

"Por favor, ore a Deus para que a cure, ou então ela ficará uma eterna leprosa. Um sacerdote que é parente de um leproso não pode declará-lo puro. Somos filhos dos mesmos pais, portanto, nunca poderei declará-la pura".

Moisés clamou a Deus que curasse Miriam. Desenhou um pequeno círculo ao redor de si, ficou no centro e implorou a Deus: "Deus, (em Cuja Mão está todo o poder de cura), por favor, cure-a agora! Não deixarei este círculo até que minha irmã esteja curada!"

Manteve sua prece curta, para que zombadores não dissessem: "Vejam Moisés! Para sua irmã ele reza extensamente, mas não para nós!"

Deus respondeu ao pedido de Moisés dizendo que Miriam se recuperaria instantaneamente: "Você acha que é certo que ela seja readmitida imediatamente ao acampamento? Suponha que ela tenha ofendido seu pai e que estamos zangados com ela, não mereceria ser banida de sua presença por uma semana? Miriam não ofendeu seu pai humano, ela Me ofendeu! Ela deve, por conseguinte, ser banida como uma leprosa por duas semanas.

Não obstante, ela deve ser isolada apenas por uma semana e então se tornará pura. Mesmo punindo Miriam, Devo conceder-lhe sua honra especial de mulher justa. Uma vez que Aarão, que é seu parente, não pode examiná-la e declará-la pura ou impura, Eu, pessoalmente devo agir como seu sacerdote. Eu a colocarei em reclusão como leprosa, e Eu a declararei pura".

Deste modo, todos perceberam que a longa estadia naquele lugar ocorreu em favor de Miriam. Miriam foi recompensada na mesma moeda. Em menina, esperou por Moisés à beira do Nilo por cerca de um quarto de hora, até que a filha do Faraó o resgatasse das águas. Em troca, Deus fez com que uma população de mais de dois milhões de almas, incluindo Moisés e Aarão, bem como as Nuvens de Glória e a Arca esperassem por ela por sete dias. Isto demonstra que mesmo a menor boa ação que a pessoa realiza é generosamente recompensada.

Após Miriam ter se recuperado da lepra um milagre lhe ocorreu.

Quando Miriam foi acometida de lepra ficou fatalmente doente. Mesmo depois que a lepra desapareceu, ainda estava muito doente.

Seu marido Calev, com grande auto-sacrifício, nutriu-a até que sua saúde se restabelecesse com alimentos e remédios apropriados. Quando se recuperou, a felicidade de Calev era imensa, pois abandonara a esperança de que ela quiçá recuperasse plena saúde. Ele realizou uma segunda cerimônia oficial de casamento, como se estivesse se casando com Miriam pela primeira vez. Um milagre ocorreu: Miriam rejuvenesceu e sua face tornou-se resplandecente. Tanto Miriam quanto sua mãe Jocabed mereceram o milagre do rejuvenescimento como recompensa Celeste por terem arriscado suas próprias vidas quando, como parteiras no Egito, desobedeceram as ordens do Faraó para matar as crianças judias ao nascerem.

Correspondência bíblica

Deserto:

Gn 16,7: "Um anjo do SENHOR encontrou-o junto à fonte do deserto, no caminho de Sur".

Ex 7,16: "Tu lhe dirás: O SENHOR, o Deus dos hebreus, enviou-me a ti com esta ordem: Deixa partir o meu povo para me prestar culto no deserto. Mas até agora não me escutaste".

Lv 7,38: "Foi o que o SENHOR ordenou a Moisés no Monte Sinai, no dia em que mandou os israelitas oferecerem oblações ao SENHOR no deserto do Sinai".

Nm 9,1: "O SENHOR falou a Moisés no deserto do Sinai, no primeiro mês do segundo ano depois da saída do Egito".

Dt 1,31: "E no deserto, onde vós mesmos vistes que o SENHOR vosso Deus vos conduziu, como um homem carrega seu filho, por todo o caminho que percorrestes para chegar até aqui".

Js 5,4.5: "Eis o motivo dessa circuncisão: todo o povo que saíra do Egito, todos os guerreiros, haviam morrido pelo caminho, no deserto. Todos esses que saíram do Egito tinham sido circuncidados, mas o povo que nascera no caminho pelo deserto, depois da saída do Egito, não havia sido circuncidado".

Jz 11,16: "Ao subir do Egito, Israel andou pelo deserto até o Mar Vermelho e chegou a Cades".

1Cr 21,29: "Entretanto a morada do SENHOR que Moisés tinha feito no deserto, bem como o altar dos holocaustos daquele tempo, estavam no lugar alto de Gabaon".

Ne 9,19.21: "Mas na tua imensa misericórdia não os abandonaste no deserto. Não se retirou a coluna de nuvem de dia, guiando-os durante a viagem; nem a coluna de fogo durante a noite, iluminando-lhes o caminho a andar. Por quarenta anos no deserto os sustentaste, sem que nada lhes faltasse. As roupas não se gastaram, nem incharam os seus pés".

Sl 29,8: "A Voz do SENHOR sacode o deserto, o SENHOR sacode o deserto de Cades".

Sl 68,8: "Deus, quando saíste à frente do teu povo, quando atravessaste o deserto".

Sl 78,19: "Falaram contra Deus dizendo: Será que Deus pode preparar uma mesa no deserto?".

Sl 106,14: "Cederam à cobiça no deserto, tentaram a Deus na solidão".

Sl 136,16: "Guiou o seu povo no deserto: pois Eterno é seu Amor".

Is 40,3: "Grita uma voz: No deserto abri caminho para o SENHOR! No ermo rasgai estrada para o nosso Deus!".

Jr 2,6: "Não se perguntaram: Onde está o SENHOR, que nos fez sair da terra do Egito, que nos fez atravessar o deserto, lugar ermo e sem caminhos, terreno estéril e tenebroso, região que ninguém atravessa, onde não mora ninguém?".

Ez 20,10.13: "Tirei-os, pois, do Egito e os conduzi ao deserto. Mas a casa de Israel rebelou-se contra mim no deserto. Não andaram segundo minhas leis, rejeitaram os meus preceitos, graças aos quais vive quem os cumpre, e profanaram gravemente os meus sábados. Pensei então em despejar o meu furor sobre eles no deserto para exterminá-los".

Ez 20,17: "Tive, porém, dó de exterminá-los e não acabei com eles no deserto". **Os 13,5:** "Fui eu quem te alimentou no deserto, naqueles lugares quentes e áridos".

Am 2,10: "Fui eu quem vos fez subir da terra do Egito e, por quarenta anos, através do deserto vos guiou até fazer-vos donos da terra dos amorreus".

Mt 3,1.3: "Naqueles dias, apresentou-se João Batista, no deserto da Judéia, proclamando: (...) É dele que falou o profeta Isaías: Voz de quem clama no deserto: Preparai o caminho do SENHOR, endireitai as veredas para Ele".

Mt 4,1: "Jesus foi conduzido ao deserto pelo Espírito, para ser posto à prova pelo diabo".

Mc 6,31: "Ele disse-lhes: Vinde, a sós, para um lugar deserto, e descansai um pouco!".

Lc 5,16: "Ele, porém, se retirava para lugares desertos, onde se entregava à oração".

Jo 6,49: "Os vossos pais comeram o maná no deserto, e no entanto, morreram".

At 7,36: "Ele os fez sair, realizando prodígios e sinais na terra do Egito, no Mar Vermelho e no deserto, durante quarenta anos".

At 7,44: "Nossos antepassados no deserto tinham a Tenda do Testemunho. Aquele que mandou Moisés construí-la mostrou-lhe o modelo".

At 13,18: "Durante mais ou menos quarenta anos, amparou-os no deserto".

1Cor 10,5: "No entanto, a maior parte desagradou a Deus e, por isso, caíram mortos no deserto".

Hb 3,17: "E quais são aqueles com os quais Deus se irritou durante quarenta anos? Não foram os que cometeram pecado e cujos cadáveres caíram no deserto?".

44 – Nm 13,1 – 15,41: SHELACH LECHÁ - שלח לך
Js 2,1 - 24

Essa porção semanal da Palavra de Deus fala sobre um reconhecimento da Terra Prometida. Estéril ou fértil? Moisés envia 12 espiões para explorar a terra. 10 voltaram com respostas bem diferentes, são contra.

Moisés havia enviado os 12 espiões para ajudá-lo a ver **como** conquistar a terra e não para decidirem se seria possível ou não.

Somente Josué e Caleb são a favor. Isso demonstra que nem sempre a maioria tem razão nos seus pontos de vista. Aquela geração havia sido escravizada, tinha sido por muito tempo governada pelo terror e pelo medo.

Era preciso nascer uma nova geração de pessoas que tivessem confiança em Deus. Talvez os espiões tenham sido enviados por Deus para aprender mais sobre si mesmos.

Uma terra onde corre leite e mel... Será que os rios eram de mel e de leite? Certamente não. Era preciso ver uma terra com potencial para ser tudo isso.

Podemos ver um pedaço de terra vazio e pensar, é só um pedaço de terreno baldio. E podemos ver nesse mesmo pedaço de terra vazio um lugar belo e especial para viver, com um belo jardim e árvores cheias de frutos.

Quando vemos alguém pela primeira vez podemos pensar que pode ser um futuro inimigo, e isso será terrível e podemos pensar que poderá se tornar um futuro amigo, e isso será muito bom.

O nome dessa porção semanal da palavra em hebraico é שלח לך: "Envie você".

40 anos depois Josué envia novamente espiões para reconhecerem a terra e eles voltam contentes e animados, com respostas bem diferentes: "Nós podemos conquistar essa terra! Podemos fazer isso"! A Terra Prometida de Israel havia mudado nesses quarenta anos? Certamente, não mudou! Mas as pessoas com certeza tinham mudado...

Confiemos sempre no caminho de Deus, um caminho de verdade, no caminho indicado pela Palavra de Deus: "Mantém longe de mim o caminho da mentira, dá-me o dom da tua Lei" (Sl 119,29).

O Talmud ensina: "Não se pede que termines o trabalho todo; mas sim que faças o teu melhor esforço". Esse era o real tipo de esforço que Deus esperava dos espiões. Se estivermos conscientes de que Deus estará sempre nos ajudando, nos apoiando constantemente, não existe de fato motivo real para dizer: "não vou conseguir".

É por isso que antes de enviar o grupo dos 12, Moisés acrescentou a letra em hebraico (Yud ') no nome de Oséias, tornando-se Josué. Yud é a primeira letra do nome de Deus. A intenção disto era que o Yud fosse uma recordação para o grupo dos 12 espiões. Cada vez que falassem no nome de Josué, deviam lembrar que Deus estava com eles.

- Os *tzizit* mencionados no final deste trecho do Livro dos Números nos contam sobre o preceito de usar franjas nas quatro pontas da roupa. Na verdade, parecem não ter função alguma já que quando vemos um fio a mais na roupa, procuramos arrancá-lo. Mas a Bíblia nos ensina que quando alguém veste os tzizit na verdade procura recordar os 613 preceitos da Bíblia; para lembrar de Deus e evitar fazer o mal e nos afastar do caminho de tudo o que nos escraviza, para lembrar do Êxodo do Egito!

SHELACH LECHÁ – Seleções de Midrash a partir de: Nm 13,1 – 15,41

Os judeus pedem a Moisés que envie espiões a Israel

O povo judeu estava agora num local a sudoeste de Israel. Sabiam que em breve subiriam a montanha localizada na fronteira de Israel. Acotovelando-se animadamente, aproximaram-se de Moisés com um pedido. A única tribo que não se juntou à multidão foi a de Levi.

"Deixe-nos enviar espiões à nossa frente," pediu o povo a Moisés, "para investigar a Terra. Eles nos ajudarão sobre a rota a ser tomada. Também nos informarão quais cidades podem ser facilmente conquistadas, para que saibamos onde atacar primeiro".

É óbvio que não necessitavam de espiões para reconhecer a Terra. A Nuvem de Glória e a Arca de Deus viajavam na frente do povo. Preparavam o caminho para o povo, e indicavam para onde ir. Os judeus, portanto, citaram vários argumentos a fim de convencer Moisés da necessidade de exploradores.

"Deus prometeu levar-nos à Terra repleta de tudo de bom e bens preciosos," disseram-lhe. "Antes de nossa chegada, os canaanitas com certeza esconderão de nós todos os bens valiosos. Por isso, é uma boa idéia enviar agentes secretos para observar os habitantes e investigar seus esconderijos secretos".

"Mais que isso, Deus prometeu expulsar os habitantes de Canaã aos poucos. Precisamos decidir quais cidades atacar e conquistar primeiro. Os espiões também averiguarão a língua nativa. Se soubermos sua língua, podemos ser treinados para espioná-los durante a guerra, a fim de descobrir suas estratégias".

O povo judeu, na verdade, queria enviar espiões por causa das dúvidas que rondavam sua cabeça:

1. Apesar de Deus ter-lhes assegurado que Israel era uma terra boa, ninguém daquela geração a tinha visto. Não estavam convencidos de que a terra era especial o bastante para garantir uma guerra de grandes proporções (a guerra da época de Josué durou sete anos). Os judeus queriam confirmação através de relatos de testemunhas oculares de que a Terra Prometida era de fato boa.

2. Comparados aos numerosos e bem treinados exércitos das sete nações que habitavam Canaã, o povo judeu tinha apenas um punhado de guerreiros sem preparo algum. Como poderiam ousar enfrentar inimigo tão temido em terreno desconhecido, sem saber exatamente seu número, o poderio de seu exército, e outros detalhes relevantes ao combate?

Deus condenou o povo pela falta de fé em Sua palavra, proclamando, por conseguinte, que aquela geração não entraria em Israel.

A Tribo de Levi, todavia, não requisitara espiões, e nenhum espião desta tribo fora enviado, conseqüentemente, os levitas entraram na Terra Prometida.

Quando Moisés ouviu o pedido do povo, replicou: "Jamais darei um passo antes de consultar Deus. Concordarei apenas se Ele sancionar seu plano". Moisés perguntou ao Todo Poderoso: "Consentes em enviar espiões à Canaã"? "Se você assim o desejar," respondeu Deus, "não o impedirei. Todavia, Moisés, envie espiões por você mesmo, não por Mim".

Quando o dono do vinhedo percebeu que a vindima estava indo muito bem e que as uvas daquela safra resultariam em vinho doce e delicioso, ordenou a seus trabalhadores: "Tragam todas as uvas ao meu celeiro!"

Contudo, de outra vez, quando experimentou uvas de outra estação, percebeu que resultariam em vinho ácido. Portanto, disse aos trabalhadores: "Podem levar todas essas uvas aos seus próprios celeiros!"

Similarmente, Deus previu que os espiões não dariam certo, "azedariam"; por isso, não usou a frase: "Envie espiões para Mim" (como dissera, por exemplo, "Junte para Mim setenta homens; traga a Mim os levitas"). Em vez disso, consentiu com as palavras: "Envie espiões por você mesmo".

Apesar de Deus saber que os espiões falhariam em sua missão e trariam punição à geração inteira, não os proibiu de viajarem a Israel por diversas razões. Dentre elas:

1. Se recusasse o pedido dos israelitas, poderiam supor que a Terra não era verdadeiramente tão boa como Ele prometera. A profanação do Nome de Deus de acreditarem que o Todo Poderoso os havia decepcionado era pior que a eventual punição da geração.

2. Apesar do Todo Poderoso prever todos os eventos futuros, Ele concede livre arbítrio a cada um. Apesar da exigência dos judeus de enviar espiões estar errada, os espiões tinham a opção de trazer um relato positivo e tornar a missão um sucesso.

De fato, Moisés consultou Deus no que concerne a cada espião individualmente, se era ou não uma pessoa justa, e Deus confirmou acerca de cada um: "Ele é um indivíduo de valor".

No princípio desta parashá, os espiões, são descritos como homens distintos, indicando que quando começaram sua missão, ainda eram todos virtuosos. Os doze homens escolhidos eram os doze melhores do povo.

Quando Moisés informou aos judeus que Deus concordara com a empreitada, esperava que o povo respondesse que não necessitavam de espiões. Afinal, o fato de que a permissão fora concedida significava que Israel deve ser uma boa Terra.

Moisés tinha esperança de que seu consentimento dissuadisse o povo de insistir no pedido. Os sábios discorrem uma parábola:

Alguém quer comprar um asno, mas diz que quer primeiro testá-lo. O vendedor, entusiasmado, concorda. "Posso levá-lo tanto para montanhas como para vales?" - pergunta o comprador.

"Claro!" - responde o vendedor.

Vendo que o vendedor estava tão confiante na coragem e astúcia do animal, o comprador decide que não tem nada a temer, e não faz o teste. Compra o asno e fica muito satisfeito.

Da mesma forma, Moisés pensou que sua prontidão em concordar com o pedido do povo o convenceria de que não havia nada a temer.

Ele estava errado; eles queriam ouvir sobre a Terra da boca de seus iguais. Assim, Moisés enviou os espiões.

Moisés chama seu discípulo Oséias pelo nome: "Josué"

Um dos espiões escolhidos por Moisés era o notável aluno Josué. Na verdade, seu nome sempre fora "Oséias". Antes da viagem dos espiões, Moisés mudou seu nome para "Josué". Adicionou a letra extra Yud ao início do nome (Moisés utilizou-se do Yud que Deus havia retirado do nome de Sarai, a primeira matriarca, ao mudar seu nome para Sara.)

A Torah refere-se a ele como "Josué" antes mesmo deste incidente, em honra a Moisés, que lhe deu este nome. Por que Moisés fez isso? Temia que os espiões pudessem não levar a incumbência a cabo de maneira correta. E assim, adicionou a "Oséias" a letra Yud, que vale como nome de Deus, para dizer: "Que Deus o salve dos perversos planos dos espiões"!

Por que Moisés preocupou-se especialmente por Josué? Como lemos na parashá passada, era de conhecimento geral, através da profecia anunciada por Eldad que, após o falecimento de Moisés, Josué o sucederia. Moisés pensou que Josué pudesse juntar-se aos espiões por causa de sua grande modéstia.

Uma vez que fora decretado que Moisés faleceria antes de entrar na Terra, Josué poderia concordar com o plano deles a fim de prolongar a vida de Moisés, adiando, assim, o momento em que ele próprio assumiria o manto da liderança.

A troca do nome de Josué denota que, mesmo antes da missão começar, Moisés suspeitava que isso não terminasse bem. Não obstante, permitiu que os espiões fossem, pois o povo assim queria, e Deus não nega ao povo o direito ao livre-arbítrio.

Moisés instrui os espiões

Moisés jamais vira pessoalmente a Terra Prometida, mas tinha fé explícita na garantia de Deus de que era uma Terra na qual "jorravam o leite e o mel".

Por isso, forneceu instruções detalhadas aos espiões, que os fariam retornar, pensou, com um relato extremamente favorável. O povo então viajaria à terra em júbilo. Esclareceu extensamente os espiões nos seguintes pontos:

1. Deveriam tomar a rota designada a mostrar-lhes a fertilidade da Terra, sua produtividade e clima favorável.

2. O sul de Israel é sua parte menos fértil (Por esta razão as vizinhanças de Hebron foram escolhidas como cemitério). Não obstante, até mesmo esta região era sete vezes mais frutífera que a cidade mais produtiva na fértil terra

do Egito. Moisés instruiu os espiões para que começassem investigando esta região, e então prosseguirem para o norte, em direção a áreas cada vez mais produtivas, a fim de apreciar plenamente a fantástica abundância da Terra.

"Encontrem os louvores de Canaã," disse-lhes. "Vejam se os frutos são grandes e suculentos ou secos e mirrados (e não deixarão de notar quão saborosos são os frutos). Cortem alguns frutos de tamanho médio (para que os judeus vejam com seus próprios olhos que seus louvores e elogios não são exagerados)".

Moisés direcionou os espiões num segundo ponto básico. Sabia que os judeus temeriam a guerra contra os poderosos exércitos de Canaã. Portanto, mostrou que mesmo que os canaanitas eram fisicamente fortes, Deus os subjugaria por causa de sua inferioridade espiritual.

"Descubram," ordenou Moisés aos espiões, "se o justo Jó, que lá reside, ainda está vivo. Se faleceu, os habitantes estão sem méritos espirituais, e certamente os sobrepujaremos. Mesmo que sejamos mais fracos, Deus nos ajudará, pois os canaanitas não têm méritos para protegê-los".

Moisés ensinou o Nome Divino de Doze Letras aos espiões, como proteção contra os perigos (Alguns dizem que lhes deu seu cajado). No dia 29 de Sivan os espiões partiram em direção à Terra Prometida.

Os espiões tornam-se corruptos

Apesar de serem justos no momento de sua indicação, corromperam-se assim que Moisés os enviou. Decidiram imediatamente trazer um relato negativo, como que para deter o povo judeu. O que fez com que os espiões se tornassem corruptos?

Disseram uns aos outros: "Somos líderes do povo sob a liderança de Moisés. Assim que entrarmos em Israel, Josué se tornará o líder. Então ele indicará um gabinete diferente de ministros. Por isso, detenhamos o povo no deserto, para assegurar que não seremos demovidos de nossos altos cargos e posições". Passaram os próximos quarenta dias planejando como argumentar para que a Terra de Israel não fosse conquistada. A narrativa dos espiões serve de exemplo de como o desejo por honra corrompe as pessoas.

Similarmente na próxima porção semanal da Palavra, Coré rebelou-se porque aspirava por honra. O desejo de uma pessoa por respeito e honra, na melhor das hipóteses, impede o serviço a Deus, ou pode corrompê-la totalmente.

Tanto Josué quanto Caleb opunham-se ao esquema dos espiões, porém enquanto Josué expressava suas objeções, Caleb pensou que seria mais sábio ocultar seus pensamentos.

Os espiões entraram em Israel pelo sul, e prosseguiram em direção ao norte. Sua presença certamente teria atraído a atenção dos canaanitas, e teriam sido mortos, se não fosse pela miraculosa proteção do Alto. Deus afligiu os governantes de cada cidade por onde passavam com uma praga. Os canaanitas, assim, ficaram preocupados em lamentar e enterrar seus mortos, e os estrangeiros passaram despercebidos.

Deus fez com que Jó falecesse no mesmo dia em que os espiões entraram na Terra. A perda de Jó causou luto geral, distraindo novamente a atenção da população dos estrangeiros.

Todavia, em vez de reconhecerem a Providência do Todo Poderoso, os espiões aproveitaram-se dos eventos para diminuírem a terra de Israel, contando, mais tarde, ao povo: "É uma terra de epidemias. Onde quer que tenhamos passado, víamos pessoas morrendo aos montes".

Os espiões entraram nas vizinhanças de Hebron, onde fica a Gruta de Machpelá, mas estavam com medo de entrarem lá para rezar. Era de domínio público o fato de gigantes viverem naquela área.

Apenas Caleb ignorou o perigo. Resolveu visitar o local sagrado onde nossos patriarcas estão enterrados, raciocinando: "Como posso evitar me envolver com a conspiração dos espiões? Josué está protegido pela oração de Moisés, eu, porém, devo implorar a Deus que me ajude".

Por conseguinte, entrou na Gruta para rezar. A Shechiná (Presença da Divindade) entrou junto com ele, para informar os patriarcas que chegou a hora de seus descendentes conquistarem a Terra.

Caleb correu sobre os túmulos dos patriarcas e orou: "Pais do mundo! Imploro por misericórdia, que eu seja salvo dos planos dos espiões"!

O fato de que um homem com a força de caráter de Caleb achou necessário rezar na Gruta, prova que a tentação para ver os aspectos negativos da terra era muito forte, mesmo partindo de homens da estatura dos espiões.

Por causa da oração de Moisés, Josué não teve necessidade de unir-se a Caleb em Hebron. Sempre que Josué contemplava o nome que Moisés lhe dera, sua fé se fortalecia. Eles escolheram, contudo, frutas monstruosas, super desenvolvidas, a fim de mais tarde contar ao povo que um país que produz frutas tão estranhas era bizarro, e pessoas comuns não sobreviveriam lá.

Os espiões colheram um galho de videira do qual pendia um cacho de uvas extremamente pesado. Era preciso que oito pessoas viessem para transportá-la. O nono espião carregou figos, e o décimo, uma romã. Todavia, Josué e Caleb, que perceberam que os espiões utilizariam esses frutos para denegrir Israel, não carregaram nada.

(O cacho de uva que eles portaram na volta foi suficiente para fazer vinho para os sacrifícios que seriam ofertados durante os próximos quarenta anos de permanência no deserto.) Durante todos os quarenta dias de viagem, os espiões formaram e ensaiaram um discurso que agitaria a comunidade inteira.

Geralmente, uma excursão através de Israel duraria mais de quarenta dias. Contudo, Deus sabia que os judeus expiariam com um ano de deserto por cada dia que os espiões ficaram na Terra. Por pena dos judeus, Ele condensou a rota dos espiões e, portanto, a subseqüente punição do povo.

A volta dos espiões

Os espiões voltaram no quadragésimo dia, na noite de 9 de Av. Antes de entrarem em suas tendas, aproximaram-se da casa de estudos.

Viram Moisés, Aarão, o Sinédrio (Corte Suprema) e o povo estudando as leis de chalá (separar um pedaço de massa) e orlá (a proibição de ingerir frutos nos primeiros três anos após o plantio de uma árvore).

"Vocês não precisam estudar tais leis, que se aplicam somente em Israel," disseram zombeteiramente ao povo. "Jamais conseguirão pô-las em prática".

Os espiões despejaram seu discurso cuidadosamente preparado. Primeiro, elogiaram e louvaram Israel. Sabiam que suas perversas afirmações só seriam aceitas se primeiro dissessem a verdade.

"Achamos que Israel é uma terra extraordinariamente fértil, realmente. A qualidade de que dela jorram o leite e o mel é literalmente verdade. As árvores estão carregadas de tâmaras doces e suculentas, das quais pinga o mel. As cabras têm tanto leite que o excesso flui ao chão. Assim, vimos verdadeiros riachos de leite e mel. Vejam os suculentos frutos que trouxemos. Agora, examinem os frutos de perto. Já viram uvas tão gigantescas? Não são estranhas? Bem, este país abriga habitantes monstruosos, exatamente como produz frutos monstruosos".

"É impossível conquistá-la, pois seus moradores são fortes, e as cidades fortificadas. Não podemos entrar por lado nenhum sem nos depararmos com temíveis inimigos. No sul vive Amalec". À mera menção do nome "Amalec", o povo tremia. Os espiões mencionaram Amalec primeiro (apesar dos cananitas e emoritas serem mais fortes que Amalec), pois sabiam quanto temor este nome instilava no povo.

Os espiões continuaram: "Os canaanitas residem a leste e a oeste, e os emoritas e seus parentes, também poderosos guerreiros, nas montanhas, ao norte. Assim, todas as fronteiras estão cercadas por poderosas nações". Até aqui, os espiões não contaram nenhuma mentira abertamente. As cidades canaanitas eram, de fato, muito bem fortificadas, e os habitantes verdadeiramente poderosos. Também era verdade que havia gigantes entre eles. Contudo, a sugestão dos espiões, de que a Terra era impossível de ser conquistada não constituía um fato real, porém uma opinião pessoal. (Não lhes foi pedido que opinassem se a terra era ou não conquistável. Se quisessem externar seus pontos de vista, deveriam tê-las mencionado a Moisés em particular).

Os espiões continuaram: "Éramos pequenos como gafanhotos comparados a estes gigantes. Certa vez sentamos todos em uma casca de romã atirada por um deles. Sentimo-nos como gafanhotos". Ao ouvirem a descrição de "exércitos inimigos invencíveis", o povo começou a perder a coragem. Por isso, Josué levantou-se para contradizer as palavras dos espiões. Os espiões, porém, não deixariam que acreditassem na sua opinião.

"Quieto!", gritaram. "Você não tem o direito de falar! Você tem filhas, mas não filhos. Você não teme que seus filhos sejam recrutados para o exército. Não queremos que nossos filhos sejam mortos"!

Caleb percebeu que deveria valer-se de um método diferente. Levantou-se sobre um banco e gritou de maneira provocativa: "Este foi o único ato que o Filho de Amram (Moisés) conseguiu para nós"? Esperando que Caleb os apoiasse, os espiões silenciaram a multidão. As vozes aquietaram-se. Todos esperavam ansiosamente pela próxima sensação.

Obtendo atenção geral, Caleb concluiu: "Moisés fez muito mais! Ele não partiu o Mar Vermelho para nós? Não nos deu o maná? Por que estão com medo de conquistarem Canaã se Moisés assim ordenar? Moisés jamais nos iludiu ou induziu em erro. Se ele assim o diz, podemos vencer sobre os nossos inimigos. Mesmo se a terra estivesse situada nos próprios céus e Moisés nos obrigasse: 'Construam escadas e subam até lá', deveríamos segui-lo. Nosso sucesso baseia-se em obedecê-lo, pois o que quer que Moisés diga é a vontade de Deus".

Ao ouvirem as palavras de Caleb, os espiões apressaram-se em contradizê-lo. "Não é como você está dizendo," proclamaram. "Não podemos vencer aqueles habitantes, pois são mais fortes que nós". A fim de impedir o povo de acreditar em Caleb, os espiões trataram de caluniar a terra: "É uma terra que devora seus habitantes," clamaram falsamente. "É cheia de epidemias. Nós vimos muitas pessoas morrendo. Uma vez que os habitantes são tremendamente fortes, não estavam morrendo de qualquer fraqueza física. Mas na verdade, o clima prejudicial da terra destrói qualquer um que lá habite".

Moisés retrucou: "Ouviram o que Caleb disse: Josué também concorda com ele! Não dêem ouvidos à maledicência dos outros espiões!"

Mas o povo não queria mudar de idéia. "São dez contra dois!" - disseram a Moisés. "Acreditamos nos dez espiões. Além disso, Josué e Caleb não negaram que as cidades são fortificadas e que encontraram gigantes"!

Moisés, então argumentou: "Tudo o que eu já lhes disse não é invenção minha, mas uma ordem direta de Deus. Se estou prometendo que Ele os levará à terra e destruirá todos seus inimigos, a garantia é do próprio Deus. Aquele que realizou todos estes milagres até agora continuará a operar milagres mesmo depois que vocês entrarem em Israel".

Os judeus choram sem motivo

Os dez espiões viram que os judeus tinham se acalmado com as palavras de Caleb e Moisés. Decidiram tentar uma tática diferente para atrair as pessoas a seu modo de pensar. Naquela noite, cada um dos dez homens voltou a sua tenda, fingindo estar doente. Vestiram mortalhas brancas, choraram e se lamentaram.

Suas famílias ficaram alarmadas e lhes perguntaram o que os afligia. "Não podemos esquecer o que vimos na terra de Canaã," disseram eles. "Estamos certos de que vamos morrer, é por isso que choramos e nos lamentamos". As famílias se juntaram a eles e logo foram seguidas por vizinhos e amigos.

Pais diziam pesarosamente a seus filhos: "Ai de vocês! Breve nossos inimigos, os emoritas, serão seus governantes"! Em pouco tempo, todos os homens do povo estavam chorando e soluçando. As mulheres, contudo, não tomaram parte dos lamentos e prantos.

Os líderes do Sinédrio reclamaram a Moisés: "Não questionamos a justiça de Deus: se Ele decretar a morte sobre nós, aceitaremos. Mas por que Ele nos mata através das espadas dos idólatras de Canaã? Preferíamos ter morrido no Egito ou falecermos aqui no deserto". "Será como desejam", respondeu Deus. "Vocês falecerão no deserto".

A noite de lamentação era a noite de 9 de Av. Disse o Todo Poderoso: "Vocês choraram sem motivo; portanto Eu lhes providenciarei uma razão para chorarem neste dia. Nove de Av se tornará uma época de luto nacional. Nesta mesma data, tanto o Primeiro quanto o Segundo Templo Sagrado serão destruídos".

Naquele 9 de Av foi decretado que ambos os Templos seriam deitados por terra e que os judeus seriam exilados, como está escrito (Sl 106,24-27): *"E eles desprezaram a terra desejada; não acreditaram em Sua palavra. Murmuraram em suas tendas, e não escutaram a Voz de Deus. Por isso, Ele jurou fazê-los cair no deserto. E fazer com que seus descendentes caíssem entre as nações, e fossem dispersos entre as terras".*

As reclamações continuaram na manhã seguinte. Sempre que havia reclamações podia ser ouvido um grito vindo de um grupo de dissidentes: "Deixem-nos indicar novos líderes e voltar ao Egito"! A frase: "Voltemos ao Egito" também implicava "ao estilo de vida egípcio," sem Torah e sem preceitos a cumprir. Constituía assim uma rebelião contra o Todo Poderoso.

Quando Moisés, Aarão, Josué e Caleb ouviram essas palavras, temeram a punição imediata de Deus, e imploraram-Lhe misericórdia. Josué e Caleb rasgaram suas vestes em angústia. Moisés e Aarão se prostraram no chão para rezar e expressar seu apelo para que o povo não se rebelasse contra Deus.

Moisés e Aarão estavam perplexos e sem palavras, mas Josué e Caleb contradiziam os espiões veementemente. Proclamavam: *"A terra que investigamos é muito, muito boa"!* Não exageraram ao descreverem Israel como extremamente boa.

Muitos anos depois, o rei assírio Senaquerib incumbiu seu general Rabsaqué a persuadir os judeus a se renderem. Tentou convencê-los de que se beneficiariam instalando-se num país diferente, em vez de viver num estado de constante insegurança e prontidão para o combate em Israel. Prometeu aos judeus: *"Eu os levarei a uma terra como a sua, uma terra de grãos e vinho, uma terra de pão e vinhedos, uma terra de oliveiras e mel, onde viverão e não morrerão"* (2Rs, 18,32). Rabsaqué referia-se a um país extremamente fértil na África. Não foi tolice do general prometer aos judeus "uma terra como sua própria terra"? Se alguém convence uma mulher a se tornar sua esposa, será que diz: "Sou tão rico quanto seu pai; prometo-lhe a mesma carne e vinho a que estava acostumada"? Em vez disso, não deveria oferecer um padrão mais elevado de vida que aquele ao qual estava acostumada? Então por que Rabsaqué não prometeu levar os judeus a uma terra melhor que sua pátria?

Contudo, nem sequer Rabsaqué poderia alegar que qualquer terra fosse superior a Israel. Tal afirmação teria sido ridicularizada como uma mentira óbvia. O fato de Rabsaqué (um inimigo dos judeus que queria desprezar Israel) não ousar diminuir a Terra percebe-se sua superioridade amplamente reconhecida. Todas as nações do mundo desejavam possuir Israel. Nos tempos antigos, um rei que não possuísse um palácio lá não era considerado importante.

Josué e Caleb tranqüilizaram o povo: "Se temerem apenas Deus, Ele os ajudará a conquistar a terra. Realmente emanam dela o leite e o mel, pois seus frutos são gordos como leite, e doces como mel. Seu temor em relação à força dos canaanitas é uma é uma falta de fé no próprio Deus. O Todo Poderoso os expulsará na sua frente, exatamente como os tirou do Egito. Se acreditam Nele, terão êxito".

"Nós também vimos gigantes, mas diferentemente dos outros espiões, não ficamos com medo. Percebemos que a sentença de morte Celestial estava inscrita em suas faces. Não percebem que a força física dos canaanitas é irrelevante? A quota de pecados dos canaanitas já está completa, e não possuem mais méritos para protegê-los. O único grande justo que tinham, Jó, cujo mérito os protegia, faleceu". Contudo, o povo recusava-se a dar ouvidos a Josué e Caleb.

Proclamaram: "Vocês não são dignos de confiança. Você, Josué, deseja entrar em Israel porque se tornará líder; e você, Caleb, apoia-o porque é seu amigo íntimo. Nossos outros irmãos, os espiões, defendem nossos interesses melhor que vocês". Os judeus decidiram ameaçar Josué e Caleb atirando-lhes pedras. Imediatamente a Nuvem de Glória de Deus desceu para protegê-los. Os judeus perceberam que agiram errado e pararam.

Deus falou com Moisés bastante irado: "Por quanto tempo ainda este povo continuará a Me provocar?

O que quer que Eu planeje é para seu benefício, porém constantemente escolhem reclamar: Eu os tirei do Egito, porém reclamaram no Mar Vermelho; dei-lhes a Torah no Monte Sinai, e logo depois fizeram um Bezerro de Ouro; Eu lhes dei o alimento Celestial, o maná, e reclamaram dele.

Fiz com que a nobreza de Canaã perecesse enquanto os espiões passavam através da região, para que não os molestassem. Em troca, caluniaram a terra, dizendo: 'é uma terra que devora seus habitantes.

"Não há mais esperança de imbuir nesta geração a fé e temor por Deus necessários para viver em Israel. Deixe-Me destruí-los através de uma praga. A fim de cumprir Minha promessa aos patriarcas, Eu multiplicarei seus descendentes, Moisés, e farei deles uma grande nação"!

Deus estava prometendo a Moisés que iria formar uma grande nação a partir de sua semente e dar-lhe a Terra Prometida, cumprindo assim a promessa que fizera aos patriarcas, pois, afinal de contas, Moisés era descendente deles. Mas Moisés disse: "Se uma cadeira que só tem três pernas não pode ficar firme, como pode um banco de uma só perna ter alguma esperança de ficar em pé? Se o mérito de três patriarcas não é suficiente para salvar seus filhos, como apenas meu mérito protegerá meus filhos ao pecarem"?

Moisés defende o povo judeu

Moisés, o pastor altruísta, fez seu melhor para defender os judeus. Apesar do povo ter se rebelado até mesmo contra Moisés, dizendo: "Retornemos ao Egito", Moisés como de costume, apressou-se para suplicar por eles: "Se matares o povo em vez de levá-los à terra," argumentou com o Todo Poderoso, "as nações gentias, não sabendo que Tu estás punindo os judeus por seus pecados, proclamarão: 'Por que o Todo Poderoso aniquila um povo que Ele ama e em cujo meio Ele habita? Deve ser porque Ele não tem poder para lhes dar a Terra de Canaã'".

"Filho de Amram," replicou Deus, "Acaso as nações não conhecem Minha força porque ouviram sobre os grandes milagres que Eu realizei no Mar Vermelho"? Moisés respondeu: "Elas dirão: 'Apesar de Ele derrotar um rei, faraó, Ele não é capaz de conquistar os trinta e um reis de Canaã, Por conseguinte, assassinou Seu povo no deserto'".

"E agora, Deus, que Sua Misericórdia prevaleça sobre Sua ira. Cumpra Suas palavras, porque Deus é paciente e tolerante mesmo com iníquos. Não atente para o que eu disse antes".

A que conversa anterior referia-se Moisés? Ao ascender ao Céu para receber as Tábuas da Lei, encontrou Deus escrevendo as palavras: "Deus é paciente e tolerante". Perguntou: "Esta frase quer dizer que o SENHOR Deus é indulgente quando um justo peca?"

"Não apenas com os justos" respondeu Deus. "Refere-se também a perversos". "Por que és paciente com os iníquos?" - questionou Moisés. "Deixe-os perecerem". "Chegará o dia," replicou Deus, "em que tu ficarás feliz com este Atributo da Misericórdia, e recorrerás a ele".

Quando os judeus pecaram no incidente dos espiões foram classificados como "perversos", porque pecaram repetidamente. Por isso Moisés apelou a Deus para ser tolerante com eles.

"Não disseste que devo ser paciente apenas com os justos?" - perguntou Deus a Moisés. "E Tu não me garantiste que És paciente também com os perversos?" - lembrou-Lhe Moisés.

Moisés disse a Deus: "Tua verdadeira força é revelada ao mundo quando exerces a paciência (pois o verdadeiro poderoso é aquele que consegue controlar-se). "Mesmo que os judeus tenham causado Tua ira testando-O agora pela décima vez, lembre-Te de que Abraão, na décima prova com a qual o testaste, conquistou sua compaixão por seu filho Isaac, ele que estava disposto a sacrificá-lo. Em troca, deixe que agora Sua Misericórdia conquiste Tua ira. Então ficará claro que Tu és poderoso".

Moisés apelou ao Atributo divino da Misericórdia. Deus lhe prometera que Ele sempre responderia favoravelmente a esses Atributos. Há Treze Atributos da Misericórdia Divina, mas Moisés apelou apenas a seis, naquele momento. Sentiu que os judeus não fizeram teshuvá por sua rebelião contra Deus. Por isso, não ousou pedir por perdão completo, mas apenas por adiamento da punição, para impedir a destruição completa e imediata.

"Deus," exclamou, "que é tolerante e abundante em Misericórdia; que perdoa iniqüidade e transgressão, que perdoa aqueles que voltam a Ele e pune os que não o fazem, mas, em vez de destruí-los, distribui o pecado dos pais para três ou quatro gerações de seus descendentes - não decrete a morte sobre os Filhos de Israel".

Deus replicou: "Apesar de não perdoar o povo judeu completamente, Eu os perdoarei, conforme suas palavras. Em vez de aniquilá-los imediatamente, Eu punirei esta geração com a eventual morte no deserto, e distribuirei o resto da punição sobre as próximas gerações".

A punição da geração do deserto

"Esta geração," jurou Ele, "que viu Meus milagres no Egito e no deserto, e não obstante me testaram dez vezes, não entrarão na Terra. Diga ao povo que Eu juro que cumprirei seu pedido. Pediram para falecer no deserto, e falecerão. Todos os homens com idade entre vinte e sessenta anos - aqueles que podem ser recrutados para o exército, mas se recusaram a enfrentar os canaanitas em combate - morrerão com a idade de sessenta anos, e cavarão suas próprias sepulturas.

"Seus filhos carregarão o resto da punição vagando pelo deserto por quarenta anos, até que todos os homens da geração que deixou o Egito atinjam a idade de sessenta anos e pereçam". De que maneira as palavras de Deus se realizaram? Todo ano, na noite em que os judeus tinham pecado, 9 de Av, chorando sem um bom motivo, quinze mil judeus morriam.

Assim, ficava perfeitamente claro que todos que morriam em nessa data (9 do mês de Av) - e ninguém morria em qualquer outra data - estavam sendo punidos pelos seus erros. Na véspera de Nove de Av, àqueles que atingiram a idade de sessenta anos, Moisés proclamava: "Vão, cavem suas sepulturas!"

Cada judeu cavava sua própria sepultura, e lá descansava na noite de 09 de Av. Os que sobreviviam não podiam deixar seus túmulos de manhã até que Moisés proclamasse: "Todos os que estão vivos, levantem-se!"

Os membros daquela geração, que ouviram a Voz de Deus no Monte Sinai, pareciam-se com anjos, apesar de seus pecados. Na morte, seus corpos não se decompuseram.

Na véspera de 09 do mês de Av do quadragésimo ano no deserto, ocorreu um acontecimento maravilhoso.

Como de costume, os homens cavaram sua própria sepultura, porém na manhã seguinte descobriram que ninguém falecera.

Não obstante, não ousaram acreditar que a mortandade findara, uma vez que muitos homens que tinham vinte anos à época do decreto de morte ainda estavam vivos. Por isso, pensaram que haviam errado ao calcular o início do mês. Voluntariamente, voltaram a seus túmulos pelas seis noites seguintes.

Ao verem a lua cheia aparecer em 15 de Av, tiveram certeza de que era o meio do mês. Perceberam então que o severo decreto fora abolido.

Celebraram o dia 15 de Av como Yom Tov (Dia Festivo): com grande alegria. Esta é uma das razões pelas quais se celebra anualmente esta data como um dia de júbilo.

Na verdade, os quarenta anos de peregrinação no deserto beneficiaram os que entraram na Terra de Israel. Quando os canaanitas ouviram que os judeus estavam a caminho da terra, derrubaram suas árvores e queimaram as casas, para que os que estavam entrando encontrassem um país devastado e deserto. Deus deteve os judeus no deserto até que os canaanitas tivessem novamente cultivado o solo e reconstruído suas casas.

Mais ainda, Deus disse: "Se Eu trouxer o povo a Israel imediatamente, cada um correria para seu campo e seu vinhedo e devotaria todas as energias para cultivá-los. Segregarei os judeus no deserto por um período de quarenta anos, durante o qual estudarão Torah enquanto comerão o maná. Então, entrarão em Israel purificados".

O decreto de morte não incluía os seguintes grupos:
- Josué e Caleb.

- As mulheres da geração do deserto. Elas não participaram dos pecados do povo, porém foram sempre leais a Deus e a Moisés.
- As crianças com menos de vinte anos.
- Os homens com idade acima de sessenta anos.
- Os membros da Tribo de Levi, uma vez que não participaram no pecado do bezerro de ouro, no dos espiões, e em outras rebeliões. Todos esses grupos entraram em Israel.

A punição dos espiões e a recompensa de Caleb e Josué

Os dez espiões que caluniaram a terra morreram pouco tempo depois. Tiveram uma morte terrível. Por terem pecado com a língua, Deus alongou as línguas deles até chegarem ao ventre. Vermes rastejaram para fora de suas línguas, penetraram nos intestinos, e lhes causaram a morte. Por que os espiões mereceram uma punição tão terrível?

As pessoas deveriam aprender com a própria experiência; mas nem sempre o fazem. Deus disse: "Os espiões não podem usar a desculpa de que não perceberam a seriedade de *lashon hará* (maledicência). Todos sabiam da punição de Miriam por ter falado sobre seu irmão Moisés (conforme se encontra na parashá anterior). Mesmo assim, se recusaram a aprender a lição. Falaram maldosamente sobre Mim e Israel".

Como foram punidos através de suas línguas, os judeus puderam observar seu castigo e aprenderam uma lição importante: se os espiões tiveram uma morte terrível por falar mal de uma terra, quanto mais se deve ter cuidado para não falar mal de uma pessoa viva.

Não foi concedido aos espiões a oportunidade de fazer *teshuvá* (conversão e arrependimento), pois incitaram o povo a pecar.

Alguém que faz com que outros pequem é considerado muito mais culpado que aquele que peca sozinho.

Quando a Tribo de Judá recebeu seu território, sob a liderança de Josué, Caleb recebeu o território nas cercanias de Hebron, por ordem Divina, como recompensa. Josué recebeu as porções do Mundo Vindouro que haviam sido reservadas aos espiões. A letra Yud (cujo valor numérico é dez) foi acrescida a seu nome original, Oséias, indicando que mereceu a recompensa espiritual dos dez espiões. Por que Deus deu a Josué recompensa maior que a Caleb?

A magnitude da recompensa é proporcional à severidade da tentação. Caleb descendia de Judá, que tinha controle sobre sua língua. Era, portanto, naturalmente inclinado a resistir à maledicência, sem ter de esforçar-se muito. (Não obstante, rezou por ajuda dos Céus nos túmulos dos patriarcas, pois estava em má companhia, o que pode ser perigoso, mesmo para um justo).

Josué, por outro lado, era descendente de José, que falou mal de seus irmãos a seu pai. Por isso, herdou uma fraqueza inerente no que tange a este pecado. Uma vez que lutou contra a tentação, sua recompensa foi proporcionalmente maior.

Quando os homens da geração ouviram o juramento do Todo Poderoso de que deveriam falecer no deserto, e ao testemunharem a morte dos espiões, lamentaram-se muito pelo seu pecado.

Um grupo de judeus sai para lutar sem permissão

Finalmente os judeus entenderam que haviam pecado. Deveriam ter discordado dos espiões e continuado a confiar em Deus. Alguns deles disseram: "Pecamos por não ter confiança em Deus. Deixe-nos fazer teshuvá (conversão e arrependimento) agindo de maneira diferente. Subiremos à montanha na fronteira de Israel e atacaremos as nações que lá habitam"!

"Não devem fazer isto!" - protestou Moisés. "Deus já decidiu que os homens desta geração morrerão no deserto e não conquistarão Israel. Por isso, Deus não estará com vocês na batalha. Vocês serão mortos pelos inimigos!" Mas não deram ouvidos a Moisés. "Subiremos à montanha e começaremos a lutar agora!" - insistiram os judeus. "Isto mostrará como estamos arrependidos por termos dito que seria melhor retornar ao Egito". Naturalmente, estavam errados. Poderiam ir à guerra apenas com a permissão de Deus.

Assim que chegaram à montanha, os amalequitas e os canaanitas que lá viviam desceram marchando. Atacaram os judeus e começaram a matá-los.

Mas Deus realizou um milagre: qualquer soldado inimigo que matasse um judeu morria imediatamente, como uma abelha morre após soltar seu ferrão sobre sua vítima.

Um homem que fez um trabalho proibido no Shabat

Moisés ensinou aos judeus os preceitos de guardar o Shabat assim que começaram a travessia do deserto, mesmo antes de receberem a Torah.

Subitamente, um povo inteiro ouviu que durante vinte e quatro horas a cada semana estavam proibidos de cozinhar, assar, escrever, apagar, construir, demolir edifícios, e de todos os outros trabalhos não permitidos no Shabat.

Moisés estava preocupado de que alguns judeus cometeriam erros ou se esqueceriam, fazendo um trabalho proibido. Por isto, antes que chegasse o primeiro Shabat, ele designou indivíduos cuja função era patrulhar o acampamento durante o Shabat, assegurando-se que nenhum judeu realizaria um trabalho proibido.

No primeiro Shabat, os responsáveis ficaram satisfeitos. Todo o povo de Israel cumpriu conscientemente as leis de Shabat. Mas no segundo Shabat, tiveram uma visão chocante: um judeu estava apanhando gravetos de um campo. Durante o Shabat, é proibido juntar plantas (como também cortar madeira e carregar em público).

"Pare!" - gritaram os guardas. "É Shabat! Aquele que profana o Shabat é condenado à morte!" Mas o homem replicou: "Não me importo," e continuou a juntar os gravetos. Quando os guardas viram que o homem estava transgredindo o Shabat de propósito, prenderam-no e o levaram perante Moisés. "Ele profanou propositadamente o Shabat," disseram a Moisés. Moisés disse: "Este judeu deve ser punido com a morte".

Entretanto, não estava seguro sobre qual o tipo de sentença de morte o tribunal deveria pronunciar. "Coloque o homem na prisão até que eu pergunte a Deus," ordenou ele. Moisés perguntou a Deus: "Que tipo de morte merece alguém que intencionalmente profanou o Shabat?"

Deus respondeu: "É punido com o apedrejamento". O homem foi então punido. Esta punição impressionou todos os judeus que a testemunharam. Perceberam como é grande a santidade do Shabat. A partir de então, fariam tudo para cumprir todas suas leis.

Conforme uma opinião de nossos sábios, este homem era um tsadic de nome Salfaad. Ele cometeu o pecado com uma intenção positiva. Pensou: "Os homens desta geração ouviram de Deus que morrerão no deserto. Agora poderiam pensar: "Como os preceitos foram outorgados principalmente para serem cumpridas em Israel, e não chegaremos lá, não precisamos levá-los tão a sério". Por isto, Salfaad decidiu sacrificar sua própria vida a fim de mostrar a todos o castigo de alguém que profana um dos preceitos.

O preceito do tsitsit

A parashá termina com a obrigação de lembrar todos os mandamentos; pois é uma falácia pensar que o judaísmo pode assentar-se apenas sobre a fundação de mandamentos tão primários quanto acreditar em Deus e observar o Shabat, vitais como o são.

O preceito de tsitsit (franjas) é um veículo que possibilita ao judeu lembrar-se de todos os preceitos da Torah.

A passagem abaixo faz parte da leitura do Shemá. A Torah nos ordena a lembrar do Êxodo do Egito todos os dias (Dt 16,3). Os sábios instituíram que este preceito deve ser cumprido durante as preces diárias, através da recitação de versículos da Torah. Escolheram, portanto, esta passagem para ser agregada ao Shemá (Escuta, ó Israel!) pois, além da menção do Êxodo, contém diversos outros conceitos básicos.

Quando um judeu coloca tsitsit, considera-se como se tivesse cumprido todos os preceitos da Torah. Aquele que cumpre o preceito do Shabat, também, é como se tivesse cumprido todos os preceitos da Torah.

Por esta razão, a Torah traz a história do homem que profanou o Shabat e o preceito de tsitsit próximas uma da outra. "E falou Deus a Moisés, dizendo: Fala aos filhos de Israel e dize-lhes que façam para si tsitsit nos cantos de suas vestimentas, por todas as suas gerações". O que significa a palavra tsitsit?

Tsitsit são "franjas". Referem-se aos fios que devem ser feitos com o propósito explícito do preceito. As franjas, tecidas segundo as especificações da lei judaica, devem ser atadas às vestimentas de quatro cantos.

A palavra tsitsit não se refere apenas às franjas em si, mas ao que estas franjas evocam naqueles que as vestem. A palavra "hetsits" (relacionada a 'tsitsit') quer dizer olhar, observar algo intencionalmente. O tsitsit exorta aquele que o usa a olhar atentamente para as franjas a fim de se lembrar de todos os mandamentos. Qual a importância dos cantos?

Os cantos das roupas são acessíveis e visíveis, o que é essencial no contexto deste mandamento, uma vez que as franjas devem ser vistas a fim de servirem como lembretes.

Só é obrigado a atar tsitsit às roupas se a pessoa vestir uma roupa de quatro cantos. Não obstante, o preceito é tão grande que nossos sábios ensinaram que um judeu deve vestir um traje de quatro cantos com tsitsit diariamente, a fim de cumpri-lo. Ele também deve educar seus filhos a cumprirem o preceito de tsitsit.

Vestir tsitsit confere santidade ao judeu. Deus ordenou: "Envolvam-se em vestimentas parecidas com as dos anjos". Os tsitsiyot (plural de tsitsit) são atados às quatro asas dos anjos chamados de Chayot. A palavra canfê e canaf (que significam cantos e também asas) alude às asas dos anjos.

Por que a Torah diz: "por todas as suas gerações"? Quando alguém é sincero acerca de utilizar até mesmo suas vestimentas como meio de conseguir devoção a Deus, pode imbuir seus filhos e as gerações posteriores com a mesma dedicação. As pessoas nunca devem subestimar o efeito que suas ações podem ter sobre outros, especialmente sobre os que lhe são próximos, pois estes conseguem perceber se seus atos são ou não motivados pela dedicação genuína.

"*E nas franjas de cada canto prenderão um cordão azul-celeste*". Um dos oito fios deve ser de lã pura e tingido de azul, com a tinta obtida do sangue da criatura marinha de nome chilazon. Este fio não pode ser tingido com tinta azul obtida de qualquer outra fonte. O fio azul do tsitsit sugere o Trono de Glória Celestial Superior.

Os fios brancos e o azul devem se mesclar de maneira a formarem uma única franja, pois a combinação dos dois elementos constitui um único preceito.

Conforme legisla Maimônides, se o fio azul não é acessível, sua ausência não impede a realização da mitsvá, com todos os fios brancos.

A identidade exata da criatura que é a fonte desta tinta azul não é conhecida hoje, de modo que o fio azul é atualmente impraticável. Os tsitsit hoje, portanto, são compostos apenas de fios brancos. Não obstante, são casher. A cor branca é símbolo de perdão do pecado.

"*E serão para vós por tsitsit, e o olhareis e recordareis de todos os preceitos de Deus, e as cumprireis*". O Todo Poderoso nos presenteou com um preceito que tem o propósito de nos lembrar de todos os Seus outros preceitos: o dos tsitsit. O objetivo das franjas é que o judeu deve olhar para elas, lembrar-se de Deus e desistir de pecar.

Como os tsitsit ajudam o judeu a lembrar-se de suas obrigações com o Todo Poderoso? As franjas são como uma insígnia real, lembrando seus portadores de que estão sempre a serviço do Rei. Quando um judeu caminha usando tsitsit, os anjos proclamam: "Honra seja dada ao filho do Rei!"

Um não judeu perguntou a Rabi Benjamin: "Que costume tolo vocês judeus observam?! Por que penduram fios tecidos com nós nos cantos de suas roupas"?

"Eu explicarei de uma maneira simples," replicou Rabi Benjamin. "Nosso mestre Moisés queixou-se ao Altíssimo que um homem profanou o Shabat porque naquele dia não estava usando o tefilin, que lembra o judeu de seu laço entre Deus e o povo judeu (Naquela época, os judeus usavam os tefilin o dia inteiro, exceto em Shabat, quando não deviam usá-los). Deus disse então a Moisés: "Eu te darei um preceito que se aplica até em Shabat e Yom Tov (dia festivo). Ordene que cada judeu coloque tsitsit, fios tecidos e com nós, a suas roupas, a fim de se lembrarem dos preceitos".

"Pois saiba que estamos agindo como as pessoas que dão nós em seus lenços a fim de lembrá-los de certas coisas". Cada detalhe do preceito foi projetado para lembrar que, como servos do Todo Poderoso, somos obrigados a cumprir Seus mandamentos. Os tsitsit são atados a um canto em cada uma das quatro direções para lembrá-los dessa obrigação, aonde quer que estejam.

O valor numérico da palavra tsitsit é 600. Se acrescentarmos a esse número os 8 fios e 5 nós (em cada canto), teremos o total de 613, um lembrete das 613 mitsvot.

Além disso, cada canto tem cinco nós para lembrar dos Cinco Livros da Torah (o Pentateuco). Os oito fios em cada canto lembram que o judeu deve cuidar dos órgãos que podem levar ao pecado: olhos, ouvidos, narinas, mãos, pés, órgãos reprodutivos e o coração, ou emoções. O versículo acima diz que os tsitsit ficam nas roupas para que se possa vê-los e assim lembrar-se dos mandamentos.

Os sábios interpretam esta frase "para que possas vê-Lo", referindo-se não ao tsitsit, mas a Deus (Talmud, Menachot 43b), pois cumprindo este mandamento com as intenções apropriadas, a pessoa pode aprender a ver e perceber que Deus dirige o mundo. Assim, de fato, a pessoa O vê e se lembra da obrigação de ser leal a Ele.

"*E não seguireis atrás de vossos corações e de vossos olhos, através dos quais vos desviareis*". O coração e os olhos são como espiões do corpo, em busca de pecados ansiados por sua natureza animal. O coração deseja, e os olhos procuram, e o corpo peca. O preceito de não ir atrás de "nossos corações" nos proíbe de ter pensamentos de heresia, e não ir atrás de "nossos olhos", de ter pensamentos de imoralidade.

Este preceito se aplica em todas as épocas, tanto a homens quanto a mulheres. E isso acaba ajudando as mentes a estarem sempre livres de conceitos proibidos.

É preciso portanto evitar qualquer pensamento que possa causar ilusão ou que ajude a desenraizar um fundamento da Torah. A inteligência humana é limitada, e nem todos podem certificar-se da verdade, de modo que alguém pode destruir-se se seguir seus pensamentos aleatórios. Por isso, a Torah ordena que não se pode ir atrás dos corações e olhos, a fim de que não se desvie de acreditar em Deus.

É significativo o fato de que a parashá começa e termina com o conceito de explorar e espionar. Os espiões que foram reconhecer a Terra foram procurar perigos que justificassem suas próprias idéias preconcebidas.

Caleb e Josué viram a terra e nela encontraram justificativa para a garantia de Deus de que a Terra era muito boa, enquanto seus companheiros viram apenas confirmações para seus medos. Desta modo, a Torah nos adverte para não nos deixarmos levar pelos engodos que apelam ao coração e aos olhos. Em vez disso, é um convite para que sejamos governados pela inteligência e fé.

"Para que vós vos lembreis e cumprais todos os Meus Mandamentos, e sejais santos para vosso Deus".

Apenas vestir os tsitsit não protege o judeu do pecado. A não ser que a pessoa use o tsitsit conscientemente para aceitar a autoridade dos preceitos de Deus, ela se parece com uma pessoa que faz um nó em seu lenço para lembrar-se de algo - mas não sabe do que.

Por que a mulher é isenta deste preceito? O preceito de tsitsit vigora apenas durante o dia, pois o versículo diz: "e olhareis"; daqui nossos sábios aprendem que este preceito é cumprida somente quando há possibilidade de enxergar os tsitsit, isto é de dia. Por conseguinte, mulheres são isentas deste preceito, como o são de todas as mitsvot limitadas pelo tempo.

(Na prática, os tsitsit são usados pelos homens continuamente, até ao dormir, para que ao acordar pela manhã, quando o preceito é obrigatório, estes já estejam sobre o corpo).

A Torah conclui que meramente lembrar não é suficiente ("para que vocês lembrem e cumpram"). A pessoa deve cumprir, realizar todos os mandamentos, e não escolher algum entre esses; deve-se lembrar de todos os mandamentos e cumpri-los com o mesmo zelo e dedicação.

Como ensinam os sábios de Israel: "Seja tão escrupulosos ao cumprir um mandamento 'menor' como ao cumprir um 'maior', pois você não sabe a recompensa para os respectivos mandamentos" (Avot 2,1).

Tal percepção torna a pessoa sagrada, e é esta santidade o propósito de Deus ao tirar o povo judeu do Egito.

"Eu Sou o Eterno Deus, vosso Deus, que vos tirei da terra do Egito para ser vosso Deus. Eu Sou o Eterno, vosso Deus". Esta passagem conclui com a afirmação, freqüentemente repetida, de que Ele tirou do Egito o povo de Israel e como conseqüência, eles são obrigados a aceitá-Lo como o seu Deus.

Correspondência bíblica

Franjas:

Nm 15,38: "Fala aos israelitas e dize-lhes que, por todas as gerações, façam franjas nas bordas das vestes, e nas franjas da borda atem um cordão de púrpura violeta".

Dt 22,12: "Farás franjas nas quatro pontas do manto com que te cobrires".

Mt 23,5: "Fazem todas as suas ações só para serem vistos pelos outros, usam faixas bem largas com trechos da Lei e põem no manto franjas bem longas".

Mt 9,20.21: "Nisto, uma mulher que havia doze anos sofria de hemorragia veio por trás de Jesus e tocou na franja de seu manto. Ela pensava consigo: Se eu conseguir ao menos tocar no seu manto, ficarei curada".

Mt 14,36: "Suplicavam que pudessem ao menos tocar a franja de seu manto, E todos os que tocaram ficaram curados".

Mc 6,56: "E, em toda parte onde chegava, povoados, cidades ou sítios do campo, traziam os doentes para as praças e suplicavam-lhe para que pudessem ao menos tocar na franja de seu manto. E todos os que tocavam ficavam curados".

Lc 8,44: "Aproximou-se de Jesus, por detrás, e tocou na franja de seu manto. Instantaneamente, a hemorragia estancou".

45 – Nm 16,1 – 18,32: KÔRACH - קרח
1Sm 11,14 – 12,22

Esta porção semanal da Palavra de Deus fala-nos a respeito da Tribo de Levi, com uma dignidade grande no meio do povo, quase como um status de realeza.

Houve uma revolta no deserto no meio do povo, uma revolta de arrogância, de insolência, de achar-se com mais direitos do que os outros.

Diante dessa revolta, Coré, Datã e Abiram e mais duzentos e cincoenta pessoas. De outro lado Moisés e sua humildade. Prostra-se por terra. Não coloca os revoltosos na prisão, mas vai até Deus para obter as respostas; enquanto Coré e os revoltosos cavam o seu próprio poço.

Coré era um levita respeitado e sábio. Ele não foi escolhido para dirigir o povo, mas sim Moisés. E surgiu a inveja, a insolência e com esses sentimentos em meio à pressão social podemos fazer coisas que podem causar nossa própria ruína.

Muitas vezes igualmente não basta sermos inteligentes, mas será preciso usar bem a nossa inteligência. Podemos fazer grandes maldades e causar muitos prejuízos no nosso cotidiano e no cotidiano da vida dos outros, se nos deixarmos conduzir por esses maus sentimentos e maus instintos, movidos pelo orgulho e pela inveja. Mas por que Coré e tanta gente recebeu um castigo tão horrível? O judaísmo considera a disputa como um dos pecados mais graves, porque contradiz a unidade essencial do próprio Deus.

E como podemos concretamente evitar a disputa? A forma mais segura e imediata de evitar qualquer conflito é recusar a participar dele. Lembrarmos que é preciso duas pessoas para começar uma discussão. A guerra entre si leva à morte.

No próprio Talmud (Ioma 9b) diz que o ódio infundado entre os judeus foi o que provocou a destruição do Templo Sagrado de Jerusalém.

A inveja, portanto também é chamada de uma doença espiritual. Capaz de inverter a verdade: Coré afirma: "Não basta nos terdes tirado de uma terra onde corre leite e mel" (cf. Nm 16,13) – Afirma que o Egito, a terra da escravidão e não Israel era a terra onde corre e leite e mal. Chama de bom àquilo que é mau e de mau aquilo que é bom!

- "São muitos os projetos no coração humano, mas é a vontade do SENHOR que permanece" (Provérbios 19, 21).
- Temos muitos desejos e projetos, mas não esqueçamos que é a vontade de Deus a respeito deles que tornará possível a sua concretização, embora pensamos que os alcançamos através de nossos próprios méritos e esforços.
- A inveja, o desejo material e a ambição pela honra foram os grandes causadores desta tragédia! Muitos vícios podem nos cegar diante de algo que víamos com clareza antes.
- Maimônides afirma que o arrependimento que se deve ter não é tanto sobre os possíveis grandes pecados ativos como o roubo, por exemplo, mas devemos estar atentos às pequenas qualidades más como o nervosismo, o ódio, a inveja, a falta de seriedade, a falta de respeito, a ambição atrás do dinheiro a qualquer custo, a gula etc. Abandonar estes vícios é muito mais difícil. Cuidar dessas outras "doenças espirituais" tão bem quanto cuidamos de doenças físicas.

Coré – Seleções de Midrash a partir do texto bíblico: Nm 16,1 – 18,32

Coré ressente-se por não ter um alto cargo

Coré pensou: "Meu destino indica que nasci para a grandeza. Por que razão meu avô deu o nome de Isaar - óleo - a meu pai? Meu avô deve ter previsto que exatamente como o óleo sempre flutua na superfície, assim meu pai produz filhos superiores, merecedores de serem untados com o sagrado óleo da unção para as posições de Sacerdócio (sacerdócio) ou realeza".

"Agora, quem é mais predestinado que eu, o filho mais velho de Isaar, e o mais qualificado para altos cargos"?

Realmente, Coré combinava qualidades superiores que poucas pessoas possuíam:

- Primeiro, seus ancestrais eram ilustres. Seu antepassado era Caat, e sua família, os filhos de Caat, era a mais importante família dos levitas. Coré era primo em primeiro grau de Moisés e Aarão.

- Coré fora escolhido como um dos carregadores da arca.

- Além disso, Coré era um homem muito inteligente e culto.

- Previra através do espírito de profecia que, entre seus descendentes incluía-se o famoso profeta Samuel, bem como catorze grupos de levitas que possuiriam o espírito de profecia.

Coré disse: "Estou destinado a ser a fonte de todas essas grandezas. Como pode ser que eu mesmo não atinja um posto de destacada importância"?

Saber de antemão acerca da grandeza de sua prole fortaleceu sua crença no sucesso de uma revolta contra Moisés (Não percebia que seria destruído, e que seus filhos sobreviventes gerariam esses grandes descendentes).

Acima de tudo, Coré estava muito seguro de si e presunçoso por causa de sua fabulosa fortuna. Pensava que era favorecido por Deus, e que por isso tinha o direito de travar contenda contra Moisés, mas se esqueceu de que *"Um homem rico fala com imprudência"* (Provérbios 18,23).

Como Coré ficou rico? Os outros membros da tribo de Levi viviam na pobreza. Não levaram ouro nem prata do Egito consigo. Moisés ordenou que todo judeu pegasse dinheiro e objetos preciosos dos egípcios, referindo-se apenas às tribos que executaram trabalho escravo.

Uma vez que os levitas não trabalharam para os egípcios (mas eram livres e estudavam Torah), não receberam dinheiro como recompensa, no Êxodo. No Mar Vermelho, os levitas recusaram-se a pegar o espólio dos egípcios, pois não atribuíam valor algum às posses terrenas. Estavam completamente imersos no estudo da Torah. Através dos anos no deserto, os levitas viviam sem meios de sustento, dedicando-se puramente às preocupações espirituais.

Apenas Coré era ávido por dinheiro. No Egito, fora tesoureiro do faraó. Esperava que os judeus permanecessem no Egito após a Redenção, e ele iria se tornar então, o proprietário do tesouro real. Deus, que dirige a vida da pessoa na senda que essa quer trilhar, satisfez o desejo de Coré por dinheiro, deixando-o descobrir uma parte do tesouro que José ocultara nos cofres reais. Esta descoberta transformou Coré numa das pessoas mais ricas que já viveram.

Quando os judeus saíram do Egito, Coré guardou todo o seu ouro e prata em incontáveis cofres, e trancou-os. Possuía tantas chaves que necessitava de trezentas mulas para carregá-las. Estas chaves eram de couro; se fossem de metal, nem trezentas mulas poderiam carregar tal peso.

Contudo, uma vez que ele mal administrou sua fortuna para rebelar-se contra a Torah, foi punido na mesma moeda. Não restou traço de sua fortuna. Essa desapareceu na terra, juntamente com ele.

Coré escutou a sua esposa

Apesar de suas diversas distinções, Coré não ousaria rebelar-se contra Moisés, se não fosse por sua esposa. A esposa de Coré inflara o ego de seu marido, e garantiu-lhe repetidamente que estava no mesmo nível de Moisés e Aarão. Para seu infortúnio, Coré ouviu sua esposa.

Havia duas pessoas extremamente ricas, uma judia e outra gentia, que deram ouvidos às respectivas esposas, foram destruídas e perderam suas fortunas. O judeu foi Coré, cuja esposa inspirou-o a rebelar-se contra Moisés.

O não judeu foi Amã, que deu ouvidos à sua esposa, erguendo um patíbulo (de cerca de vinte e cinco metros) para Mardoqueu. Não percebeu que preparara o seu próprio cadafalso.

O orgulho de Coré fora profundamente ferido, pois Moisés aparentemente o ignorara ao escolher os vários dignitários; não indicara Coré para nenhuma função de destaque na comunidade.

"É absolutamente injusto," pensou o invejoso Coré, "que Moisés não tenha me escolhido como líder da família de Caat. É claramente meu direito ter sido escolhido. Sou o primogênito do segundo filho de Caat, Isaar. Mas não! Ele incumbiu esta função a meu primo mais novo, Elitsafan filho de Uziel".

"Meu avô Caat tinha quatro filhos, Amram, Isaar, Chevron e Uziel. Os dois filhos de Amram, Moisés e Aarão, tornaram-se, respectivamente, rei e Sumo-sacerdote. O neto de Amram, Eleazar, virou sacerdote, enquanto eu não; apesar de eu ser pelo menos igual a ele".

"Não acredito que Deus ordenou a Moisés que distribua os cargos de maneira tão injusta. Nada disso! Moisés deve ter feito isso por sua própria vontade. Quem disse que cada um de seus atos é ditado por Deus, como ele nos garante"? Coré, um homem sábio, perdeu sua sabedoria e razão porque foi consumido pelo desejo pela glória e pela inveja dos que, a seu ver, eram seus iguais e atingiram posições mais altas que ele.

Sua declaração de que Moisés distribuíra os cargos sem ordem Divina era apostasia. Coré assim fez com que fosse classificado como um dos que "desdenhou a Palavra de Deus". Eventualmente, Coré foi tão longe que asseverou que Moisés inventara todos os preceitos.

A inveja ardera no coração de Coré por longo tempo. A inveja era objeto de muitas conversas entre ele e sua esposa. Uma dessas teve lugar quando retornava da cerimônia de purificação dos levitas (Nm 8,5 -14), tendo os cabelos raspados a ponto de ficar irreconhecível. A esposa de Coré exclamou: "Não te reconheci! Quem te desfigurou assim"?

"Foi obra de Moisés," replicou Coré. "Mais que isso! Primeiro, Moisés e Aarão me levantaram e balançaram-me para cima e para baixo! Que desgraça! A seguir, Moisés me disse que agora estou puro, porque passei pelo processo de purificação dos levitas".

Coré zombou da cerimônia de purificação, uma vez que sabia que não se tornaria "mais puro", porém, pelo contrário, sentiu um desejo não satisfeito de se rebelar e blasfemar contra os preceitos (Na verdade, a Torah e os preceitos são um remédio para os que desejam se purificar, todavia, é veneno para os que procuram rebaixar-se).

A reação da esposa de Coré: "Ridículo! Você está vendo como Moisés te odeia. Ele concebeu a idéia de raspar teus cabelos a fim de te ridicularizar".

E Coré: "Não pode dizer tal coisa; afinal, fez o mesmo com seus próprios filhos". E a esposa: "O que lhe importa, contanto que possa degradá-lo"?

Depois disso, Coré incitou o povo contra Moisés e conseguiu alguns seguidores. Contudo, não ousava desafiar Moisés abertamente. O povo inteiro admirava Moisés e mataria Coré por ter sugerido uma rebelião contra seu amado líder. Agora, no segundo ano no deserto, após o incidente com os espiões, Coré sentia que a hora da rebelião chegara. Aconteceram muitas mortes. Judeus morreram após terem recebido dos céus a carne exigida na forma de aves (*slav*). Sobretudo, as pessoas estavam deprimidas porque todos os homens que saíram do Egito viriam a perecer no deserto.

Moisés não fora capaz de impedir esse decreto através de sua oração, e sua popularidade anterior se esvanecera. Muitos judeus pensaram, em seu íntimo, que sob a liderança de Moisés sofreram muitos infortúnios. Coré acreditava que agora poderia aliciar seguidores. Certo dia, ao voltar da Casa de Estudos, sua esposa inspirou-o com uma idéia para iniciar uma contenda com Moisés.

A esposa de Coré: "Que lei Moisés te ensinou hoje na Casa de Estudos"? Coré: "Ele nos ensinou as leis de tsitsit, franjas, das quais uma tem de ser da cor turquesa". Sua esposa: "O que significa turquesa"?

Coré: "Moisés disse: 'Atem fios às suas roupas de quatro cantos. Um desses deve ser de lã azul, tingido com o sangue de uma criatura chamada chilazon'." A esposa: "Está vendo! Que leis tolas ele ensina! Por que você só pode ter um fio turquesa atado à sua roupa? Posso lhe fazer uma roupa completamente turquesa"! Isto suscitou em Coré uma idéia de como opor-se a Moisés

A campanha de Coré para obter seguidores

Coré sabia que não teria esperança de obter êxito se soubessem que seu objetivo era obter uma posição para si. Assim sendo, decidiu formar um partido contra Moisés, com intenções altruísticas. Proclamou que cada judeu deveria ter igual oportunidade de servir no Santuário.

Coré começou a agitar o povo, chamando sua atenção ao fato de que a maioria dos cargos no Santuário era ocupada pela própria família de Moisés, bem como outras posições na comunidade. Coré disse a seus próprios parentes: "Por que Moisés tornou-os apenas levitas, e não sacerdotes? Ele os indicou meramente como assistentes de seu irmão Aarão e seus filhos"!

Aos primogênitos de cada tribo disse: "Com que direito Moisés declarou-os inaptos para o serviço Divino, e substituiu-os pelos levitas"?

Aos vizinhos, membros da tribo de Ruben, dirigiu-se desta forma: "Ruben é o primogênito dos filhos de Jacó. Vejam como o filho de Amram (Moisés) os menosprezou e desrespeitou quando o altar foi inaugurado.

Não deixou seu líder oferecer seu sacrifício primeiro; no entanto escolheu o líder de Judá Naason para oferecer os sacrifícios no primeiro dia da inauguração. Sabem por quê? Porque seu irmão Aarão casou-se com a irmã de Naason, Elisheva. Por isso, Moisés indicou Naason como o cabeça dos estandartes e convocou-o a oferecer os sacrifícios primeiro". (Coré também invejava a posição de Naason. Na verdade, Naason fora escolhido porque Judá foi escolhido Divinamente como a tribo líder.)

"Os filhos de Ruben, por que toleram que Moisés dê o sacerdócio para Aarão? Até agora, os primogênitos costumavam oferecer os sacrifícios".

"Moisés agiu de acordo com os comandos de Deus," foi a réplica às instigações de Coré.

"Impossível"! - declarou Coré. Moisés decidiu ele mesmo como distribuir as posições de destaque. O que os faz pensar que apenas Aarão merece a posição de Sumo-sacerdote? Todos vocês são grandes o suficiente para serem sacerdotes, pois não nos disse Deus: "E vocês serão para Mim um reino de sacerdotes e um povo santo"? (Ex 19,6).

Agora, se responderem que os primogênitos perderam o privilégio de servir no Santuário depois do pecado do bezerro de ouro, então Aarão também não poderia tornar-se um sacerdote, pois ele também participou do pecado. Deve haver direitos iguais para todos os que são merecedores de altas posições.

Incidentalmente, eu mesmo seria mais bem qualificado para o sacerdócio que Aarão, pois sou primogênito e não pequei no incidente do bezerro de ouro". A fim de aliciar seguidores, Coré convidou o público a um luxuoso banquete, no qual foi servido vinho em abundância.

O que aconteceu no banquete de Coré

Enquanto estavam festejando, Eleazar, o sacerdote, filho de Aarão apareceu para recolher as partes dos animais abatidos devidas aos sacerdotes. Coré aproveitou a oportunidade para expor seu malévolo e brilhante expediente, contando sarcasticamente a seguinte anedota à assembléia:

"Certa vez havia uma pobre viúva que tinha duas filhas, que possuíam um único campo. Quando queria ará-lo, Moisés advertiu-a: 'Não are com um boi e um burro juntos'. Quando ela estava prestes a semear, Moisés disse-lhe: 'Não plante duas espécies em seu campo'! Ao chegar a época da colheita em que ela colheria os grãos, Moisés ordenou: 'Deixe os grãos no campo (os presentes deixados para os pobres, frutos da colheita)'. Depois que ela colheu o trigo, ele avisou-a: 'Separe as porções destinadas aos sacerdotes, levitas'.

"A pobre viúva decidiu que não vale a pena manter seu campo. Vendeu-o e comprou dois carneiros. Planejava utilizar a lã para confeccionar roupas quentes e abater os filhotes para consumo da carne. Quando a ovelha pariu, Aarão apareceu e ordenou-lhe: 'Dê-me o primogênito; Deus disse que me pertence'. Ao tosquiar as reses, Aarão veio novamente, dizendo-lhe: 'A primícia da tosquia me pertence'. "'Quanto mais este homem irá exigir?' - pensou a viúva. 'Deixe-me abater minhas ovelhas e comê-las'.

"Assim que as ovelhas foram abatidas, lá estava Aarão novamente, reivindicando seu direito ao ombro, mandíbulas e estômago.

"'Você é insaciável,' disse a viúva. 'Prefiro doar os carneiros como consagrados a Deus'. "'Perfeito,' gritou Aarão em júbilo, 'agora são todos meus, pois Deus ordenou: 'Todo consagrado pertence aos sacerdotes'.

"Aarão levou tudo, deixando a pobre viúva e suas duas filhas soluçando.

"Vocês vêem", concluiu Coré, "o que quer que Moisés e Aarão preguem é em seu próprio benefício. Eles os roubam, e asseveram que Deus ordenou-os a fazê-lo"!

Com este e outros discursos de oratória, Coré juntou duzentos e cinqüenta seguidores. Entre eles, estavam pessoas influentes e de renome que possuíam cargos elevados e eram convocados para reuniões e consultas. Coré também convenceu On, um importante membro da tribo de Ruben, a tomar seu partido. Engalanou-os com trajes azuis confeccionados por encomenda sua para aparecerem assim vestidos perante Moisés.

Logo que Coré começou a falar contra Moisés, dois agitadores uniram-se a ele. Datã e Abiram esperavam esta oportunidade, pois odiavam Moisés, e discutiam com ele sempre que houvesse uma ocasião.

Coré reúne seus seguidores e discute com Moisés

Coré, com sua língua ferina, persuadiu-os que era injusto que apenas uma tribo realizasse o serviço Divino, enquanto outras eram excluídas deste privilégio. Em comparação a Coré, que procurou a discórdia por motivos puramente egoístas, esses duzentos e cinqüenta homens acreditavam sinceramente que o povo judeu, como um todo, se beneficiaria se todas as tribos pudessem atingir a grandeza derivada da realização do serviço Divino.

Vestidos em trajes azuis, Coré, Datã, Abiram e os duzentos e cinqüenta homens apresentaram-se descaradamente perante Moisés e Aarão.

Coré, o porta-voz, dirigiu-se a Moisés como se segue: "Você nos ordenou a atar um fio da cor turquesa às nossas roupas. Fizemos melhor; confeccionamos uma roupa inteiramente turquesa. Diga-nos, tais trajes ainda requerem um fio da cor turquesa ou não"?

O plano de Coré era o seguinte: Se Moisés respondesse de maneira negativa, rebateria: "Da mesma forma como uma roupa turquesa não requer um fio da cor turquesa, assim os judeus são santos e não necessitam de Aarão e dos sacerdotes para representá-los perante Deus" (Obviamente, essas palavras eram falsas e fruto de mera provocação. Em realidade, Coré acreditava que os judeus precisavam ter um Sumo-sacerdote, ou seja, ele mesmo).

Por outro lado, se Moisés respondesse que um traje turquesa requer um fio da cor turquesa, Coré ridicularizaria este preceito, argumentando que Moisés o inventou. Moisés replicou à questão de Coré: "Ouvi de Deus que mesmo se um traje for feito inteiramente da cor turquesa, não obstante ainda requer um fio da cor turquesa".

Neste ponto, Coré atacou o preceito de tsitsit (franja), "decidindo" que roupas turquesas não necessitam de fios extras da cor turquesa. Então, começou a denegrir todos os preceitos.

"Permita-me formular outra pergunta" - continuou Coré. "Se numa casa há rolos da Torah, é necessário afixar uma mezuzá na porta"? "Sim, é necessário" - respondeu Moisés.

"Mas os Rolos de Torah são melhores que uma mezuzá"! - replicou Coré. "Eles não apenas contêm o Shemá (Ouve, ó Israel), mas também toda a Torah. Então por que é necessário afixar uma mezuzá na porta"?

Por fim, Coré afirmou: "Não creio que Deus tenha te dado todos os preceitos. Você os inventou. Ouvimos apenas os Dez Mandamentos no Monte Sinai. Nunca ouvimos de Deus todas essas leis e preceitos. Você, Moisés, os inventou a fim de nos governar e trazer honra a seu irmão Aarão! O que o povo judeu ganhou sob sua liderança, Moisés e Aarão? Vocês tornaram a vida mais difícil do que era no Egito. Pagamos dízimo aos sacerdotes, dízimo aos levitas, e damos vinte e quatro presentes diferentes aos sacerdotes. Além disso, a cada ano quinze mil de nós perecerão no deserto. Vocês abocanharam altas posições demais. Você, Moisés, usurpou a realeza. Por que também indicou seu irmão como Sumo-sacerdote? Não têm o direito de se proclamarem cabeças de toda esta comunidade, cujos membros são todos santos, e em cujas mentes reside a Shechiná (Presença Divina)".

Coré e seus seguidores estavam prontos a apedrejarem Moisés e Aarão.

Moisés se prostrou no chão. Significava que se rebaixou, sentindo-se mais humilde de todos, e não afirmava autoridade sobre outros, como reivindicava Coré. Respondeu dócil e humildemente a Coré: "Não persigo o poder, tampouco meu irmão Aarão procura ser o Sumo-sacerdote".

Aarão, que estava ao lado, não refutou os vis argumentos de Coré com uma palavra sequer. Permaneceu em silêncio durante a disputa inteira, como se reconhecesse humildemente que Coré era realmente mais merecedor a ser o Sumo-sacerdote que ele próprio (e ele apenas ficava no cargo, pois obedecia a Deus).

Moisés respondeu a Coré e sua assembléia da seguinte maneira: "Vocês reivindicam que eu procuro grandeza, e que indiquei Aarão como o Sumo-sacerdote da nação por ser meu irmão, e que tornei seus filhos sacerdotes por serem meus sobrinhos. Mais que isso, você alega que escolhi os levitas para o Serviço no lugar dos primogênitos por motivos pessoais, sem o comando Divino. Finalmente, você afirma que eu mesmo decidi que os levitas devem ser subservientes a Aarão (em vez de também serem sacerdotes).

"Deixem-me explicar-lhes, primeiro, que estão cometendo um erro básico. Deus não pediu minha opinião sobre quem deve ser escolhido para cada ofício sagrado. Da mesma forma como Ele separou o dia da noite - assim Ele separou certos judeus para serem santos para Ele, e realizar Seu Serviço.

Do mesmo modo como Ele distinguiu o povo judeu das nações, assim Ele distinguiu Aarão entre o povo judeu como 'Santo dos Santos,' e os sacerdotes mais santos que os não sacerdotes. Não podemos mudar Seu sistema como também não podemos mudar o dia em noite, ou transformar a noite em dia.

"Sou solidário ao seu desejo de que muitas pessoas de todas as tribos realizassem o Serviço. As nações do mundo, de fato, têm muitos sacerdotes, pois idolatram muitas divindades, e cada divindade tem seu próprio templo e sacerdote. Nós, judeus, contudo, somos diferentes. Reconhecemos Um Único Deus, e todos acreditamos em Uma só Torah. Deus ordenou que houvesse apenas um único Sumo-sacerdote: aquele que Ele escolheu para realizar o Serviço.

Ele indicou uma única tribo, a tribo de Levi, para o sacerdócio e o serviço dos levitas. Por conseguinte, é impossível para todos vocês, que estão aqui reunidos, tomarem parte no Serviço do Santuário".

Moisés sugere que Coré e seus seguidores ofereçam incenso

Moisés enfrentou a multidão e sugeriu: "Se não acreditam em mim, façamos um teste amanhã. Hoje não tenho permissão de realizar este experimento".

Moisés pensou que se adiasse até a manhã seguinte, o efeito da refeição e do vinho de Coré já teriam se esvanecido, e seus seguidores perceberiam sua tolice, e fariam teshuvá (conversão e arrependimento). O teste, então, seria desnecessário. Moisés, contudo, não revelou a verdadeira razão para adiar o teste, por temer provocar uma contra-rebelião.

"Qualquer um que reivindique ter sido escolhido para o Serviço poderá vir aqui amanhã de manhã, com um recipiente cheio de incenso, e oferecê-lo sobre o altar. Vocês sabem que um não sacerdote que oferece incenso é passível de morte pelo Céu. Assim, se forem poupados da morte, sua reivindicação de que todos vocês são merecedores de ocuparem posições no Santuário provará estar certa.

Contudo, devo adverti-los de que este é um teste suicida. Apenas a pessoa mais santa sobreviverá, e todo o resto perecerá". Ao ouvir estas palavras, Coré presumiu que certamente sobreviveria, uma vez que estava destinado a tornar-se progenitor de grandes descendentes. Os duzentos e cinqüenta homens estavam, a esta altura, tão consumidos pelo desejo de realizar o serviço Divino que estavam dispostos a arriscarem suas vidas por isso.

Datã e Abiram não estavam interessados no discurso de Moisés nem em sua sugestão. Retornaram às suas tendas enquanto esse ainda falava. Não participaram do teste no dia seguinte. Moisés continuou a dirigir-se a Coré com palavras gentis, esperando encerrar a discussão.

Temendo que toda a tribo de Levi fosse levada a seguir Coré, Moisés apelou a seus membros: "Por favor, ouçam-me, filhos de Levi! Satisfaçam-se com a honra de cantar e realizar outras tarefas no Santuário. Por que desejam tornarem-se sacerdotes? Você, Coré, e seus seguidores, não clame contra Aarão, pois o Todo Poderoso concedeu-lhe o sacerdócio. Na realidade, você está se opondo a Deus.

Se Aarão aspirasse ao sacerdócio você teria motivo para reivindicar. Contudo, ele não desejou seu ofício. O que ganhou com isso? Enterrou seus dois filhos, Nadab e Abiú". Coré não elaborou resposta alguma, porém permaneceu em silêncio. Pensou: "Moisés é muito sábio, culto e instruído. Não importa que argumentos eu apresente, refutará com contra argumentos mais fortes. Se continuar o debate, persuadirá meus seguidores a almejarem a paz". Portanto, não continuou a discussão, mas insistiu em sua reivindicação.

Moisés tenta reconciliar-se com Datã e Abiram

Moisés viu que Coré não podia ser controlado. Por isso, tentou reconciliar-se com Datã e Abiram, enviando-lhes mensageiros convocando-os ao Santuário.

Contudo, Datã e Abiram receberam os mensageiros zombando deles livremente. "Não acatamos ordens do filho de Amram," anunciaram. "Não nos apresentaremos!

Já não é suficiente que você tenha nos tirado do Egito, uma terra onde fluía o leite e o mel, verdadeiramente um segundo paraíso, e nos trouxe ao deserto, onde decretou nossa morte?! Será que você e seu irmão também se proclamarão nossos governantes"?

Datã e Abiram descreveram o Egito com termos gloriosos porque prefeririam permanecer lá após a redenção. "Você, Moisés, estabeleceu-se como rei, e seu irmão tornou-se Sumo-sacerdote. Aos levitas, deu trabalho como portadores dos utensílios de seu irmão. Ao iniciá-los no Serviço, estragou-lhes a aparência raspando-lhes o cabelo todo. Prometeu levar-nos a uma terra onde flui o leite e o mel, e dar-nos campos e vinhedos. Jamais o fez.

Em vez disso, ensinou-nos todas as proibições referentes à terra: não semeie duas espécies no campo ou vinhedo, não are o campo com um boi e um burro atrelados ao mesmo jugo, não cultive seu campo durante o ano sabático! Todavia, nenhum de nós jamais recebeu um campo ou vinhedo! Você acha que suas promessas podem obscurecer a verdade"?

Moisés ficou profundamente desgostoso com a reação de Datã e Abiram à sua mensagem.

Voltando-se a Deus, rezou: "Deus, eu Lhe imploro, não lide com eles de acordo com Sua qualidade de Misericórdia, porém com Severidade. (A não ser que os puna imediatamente, sua influência perniciosa é uma ameaça ao povo inteiro). O SENHOR sabe a verdade, Deus, que eu nunca me impus como rei sobre eles, como dizem".

"Um rei cobra impostos de seus súditos, enquanto eu nem aceitei remuneração pelo meu trabalho no Santuário, ou em prol da comunidade. E nem pedi ao povo que reembolsasse qualquer de minhas despesas, nas quais incorri por eles. Quando aluguei um burro para viajar de Madiã para o Egito a fim de redimir o povo, tinha o direito de pedir-lhes reembolso, porém paguei com meu próprio dinheiro. Jamais enganei alguém dando veredicto de julgamento injusto. Não puni Datã e Abiram, apesar de terem delatado ao faraó que matei um egípcio. O Eterno Deus sabe que sempre que lido com a comunidade, ajo apenas em Sua honra".

Moisés terminou repetindo a Coré: "Você e seus duzentos e cinqüenta seguidores poderão vir amanhã à entrada do Santuário, cada um portando um recipiente cheio de incenso. Veremos então o incenso de quem o Todo Poderoso aceitará como sinal de que Ele o escolheu para o Serviço".

A punição de Coré e seus seguidores

Naquela noite, Coré foi de tribo em tribo pregando contra Moisés, a fim de obter mais simpatizantes. Declarou: "Você acha que fundei este partido em meu benefício? Certamente que não! Meu objetivo é restaurar as posições de direito a todos os judeus. Por que ficam em silêncio enquanto Moisés se faz de rei e concede o sacerdócio como uma lei eterna a seu irmão? Cada judeu merece tornar-se um Sumo-sacerdote, pois ouviu no Monte Sinai: 'E serão para Mim um reino de sacerdotes e uma nação santa'".

Coré tinha um argumento apropriado à cada tribo. Por exemplo, agitou a tribo de Judá lembrando a seus membros: "Nosso patriarca Jacó profetizou que sua tribo é a tribo real. Por que permitem que Moisés os governe"?

Os membros da tribo de Ruben foram incitados com a declaração: "Apesar do fundador de sua tribo ter sido o primogênito de Jacó, vocês não têm direitos especiais de primogenitura. Como toleram isso"?

Quão grande é o poder de um único indivíduo para instigar outros a pecar, e quão poderosa é a influência da calúnia! Por causa da incitação de Coré, na manhã seguinte o povo inteiro seguiu-o à entrada do Santuário.

Quando Coré e seus duzentos e cinqüenta seguidores apareceram perante o Santuário de manhã, o povo inteiro estava presente. A alegação de

Coré que sua disputa era para o bem da comunidade foi convincente o suficiente a ponto de ninguém elevar a voz em protesto. Algumas pessoas começaram a acreditar que, afinal, deve haver alguma veracidade nas reivindicações de Coré. Talvez Deus concordasse em restabelecer o sacerdócio aos primogênitos?!

Moisés e Aarão estavam de pé de um lado da entrada do Santuário, e Coré e seus duzentos e cinqüenta seguidores do outro. Seguravam recipientes similares a frigideiras doadas por Coré. Era tão rico que seu aparato doméstico continha 250 frigideiras em perfeito estado, que distribuiu entre os seguidores.

A Shechiná (Presença da Divindade) apareceu na Nuvem da Glória à entrada do Santuário, e o Todo Poderoso ordenou a Moisés e Aarão: "Separem-se do resto do povo, e Eu os consumirei num instante".

O Todo Poderoso se entristeceu com todos os judeus, pois não protestaram contra Coré. Lançando dúvidas acerca da veracidade das palavras de Moisés, Deus considerou os judeus como se tivessem eles mesmos O atacado.

Moisés e Aarão prostraram-se sobre suas faces e imploraram para que Deus poupasse os judeus. Argumentaram: "Deus, você conhece a mente de cada indivíduo. Um rei humano talvez tenha de aniquilar todos os seus súditos, mesmo se apenas alguns se rebelaram contra ele, pois não pode distinguir o culpado do inocente. Você, contudo, sabe que os judeus não se rebelaram contra o seu Deus; eles vieram aqui meramente porque Coré os convenceu. Somente Coré rebelou-se contra o Eterno Deus".

Deus respondeu: "Sua oração foi aceita. Devo agir com Misericórdia com o povo. Apenas Coré, Datã, Abiram e suas famílias serão destruídos. Ordene ao povo que se distanciem das tendas destes homens perversos, e que não toquem em nada que lhes pertence. Ouvindo o decreto de Deus, Moisés tentou falar com Datã e Abiram a fim de poupá-los da destruição.

Seguido pelos Setenta Anciãos, Moisés em pessoa caminhou em direção às tendas de Datã e Abiram. Estava certo de que receberiam o líder do povo respeitosamente. Entretanto, esses perversos recusaram-se a aparecer à entrada de suas tendas para falar com ele.

Por conseguinte, Moisés instruiu os judeus de acordo com as instruções de Deus: "Afastem-se das tendas desses perversos e não toquem em nada que lhes pertença, caso contrário, vocês mesmos serão destruídos por causa de seus pecados". Quando Datã e Abiram viram que os judeus se afastavam de suas tendas, finalmente apareceram à entrada, e junto com as esposas cobriram Moisés com uma enxurrada de maldições e blasfêmias horríveis.

Deus aceita o pedido de Moisés e Coré com seus seguidores são castigados de maneira sobrenatural

Moisés então se dirigiu ao povo judeu: "Agora terão a prova de que agi por comando Divino ao indicar Aarão para Sumo-sacerdote, e Elisafã líder de Caat; e que todas as minhas palavras e ações são ditadas pelo Todo Poderoso.

"Se Datã, Abiram e Coré falecerem como ocorre geralmente com as pessoas, de doença ou idade avançada em suas camas, e seus corpos forem trazidos para serem enterrados, a alegação de Coré seria verdade. Eu estaria admitindo e professando que Deus não me enviara e que preenchi os altos cargos por minha própria escolha".

Moisés voltou-se a Deus e rezou: "Peço ao Eterno Deus, que puna esses perversos com uma morte única na história". "Moisés", disse Deus, "o que quer que Eu faça"? "Mestre do Universo," rezou Moisés, "Peço-Lhe que realize um milagre. Mova a abertura do Inferno para sob seus pés, e que sejam transportados vivos para lá. Então ficará evidente a todos que eles blasfemaram contra Deus".

Por que Moisés rezou para que Coré, Datã e Abiram fossem exterminados por uma morte não natural? Por que Moisés não pediu que Deus salvasse suas vidas, como fazia sempre com os judeus que pecavam? Por que Moisés, que geralmente anseia por misericórdia para os pecadores, neste caso implorou ativamente ao Todo Poderoso que puna Coré e seus seguidores com morte imediata e diferente?

Após examinar o paciente, o médico disse: "A radiografia mostra que o estado de sua perna é muito grave. Se nada for feito, a doença se espalhará por todo o corpo. Por isso, a perna tem de ser amputada. É trágico, mas a operação salvará sua vida".

Coré alegou que algumas das proclamações de Moisés não eram de origem Divina, porém palavras dele própria. Se esses difamadores ficassem impunes mesmo que por pouco tempo, sua apostasia teria se espalhado pelo resto do povo e os judeus seriam influenciados por eles. Assim como o doente da história salvou-se porque teve a perna amputada, os judeus foram salvos da destruição por causa da punição do grupo de Coré.

Nossa crença na Divindade da Torah baseia-se sobre o fato histórico da revelação de Deus no Monte Sinai ante os olhos do povo inteiro, e sobre a indicação de Moisés como Seu agente Divino. Negando algumas declarações de Moisés (enquanto Moisés ainda estava vivo), Coré e seus seguidores colocaram em dúvida a origem Divina da Torah inteira. Outros poderiam seguir seu exemplo desafiando outras partes da Torah, e eventualmente a veracidade da Torah inteira poderia ser questionável.

Gerações seguintes com certeza duvidariam da autenticidade da Torah, argumentando: "Mesmo na geração de Moisés havia os que duvidavam da autenticidade da Torah. Como podemos, hoje, ter certeza de quem tinha razão, Moisés ou Coré"?

Assim, Moisés rezou a Deus: "Mestre do Universo, se esses homens tivessem meramente atacado a mim e meu irmão, permaneceria em silêncio. Contudo, não posso permanecer em silêncio quando a honra da Torah está em perigo". Por isso, pediu ao Todo Poderoso que fizesse uma demonstração única ao punir esses homens.

Enquanto Moisés rezava para Deus, o sol e a lua ameaçaram: "Se Você não responder a prece de Moisés, não iluminaremos mais o mundo. Fomos criados para iluminar, e assim os israelitas poderem cumprir a Torah. Coré e seus seguidores atacaram a Torah, colocando a existência do mundo em perigo".

Deus fez o milagre que Moisés pediu. Na verdade, isto não foi um milagre novo. Durante os seis dias da Criação Deus já havia preparado a abertura da terra, que tragaria Coré e seus seguidores. No mesmo instante em que Moisés terminou a sua oração Deus realizou seu pedido. Realizou um milagre espetacular, que claramente expôs Coré e sua comitiva de revoltosos como mentirosos.

A terra se abriu, alargando-se gradualmente onde as tendas de Coré, Datã e Abiram estavam. Com uma potente sucção, puxou-os e à suas famílias para baixo, junto com as tendas e todos os seus pertences. Não restaram traços desses perversos.

Tudo o que possuíam foi magneticamente tragado pelo abismo; mesmo se as roupas de alguém estivessem sendo lavadas ou tivesse emprestado algum pequeno artigo a outro judeu, como uma agulha, foi sugado pelo abismo e desapareceu. Mesmo se os nomes de Coré, Datã ou Abiram estivessem inscritos em algum documento, a escrita desaparecia milagrosamente.

A fortuna de Coré, que lhe possibilitou criar uma revolta contra Moisés, ficou perdida para sempre (Ele nem ao menos mereceu que outros judeus realizassem boas ações com ela).

Conforme Moisés pedira, o Todo Poderoso abriu o Inferno no fundo do abismo e transportou-os para lá vivos. Enquanto estavam afundando, os judeus ouviram-nos confessar em voz alta: "Deus é virtuoso; Deus é justo, Seu julgamento é verdadeiro; as palavras de Seu servo Moisés são verdade; e somos perversos por termos nos rebelado contra ele".

Rabá bar Ana contou: "Certa vez, enquanto estava viajando, encontrei-me com um árabe (Elias, o profeta, disfarçado de árabe) que me perguntou: 'Devo te mostrar o local onde Coré e seus seguidores foram engolidos pela terra?'

"Levou-me a duas aberturas no solo, de onde vi fumaça erguer-se. Trouxe um pedaço de algodão úmido, atou-o à ponta de uma lança e inseriu-a na terra. Ao tirar a lança, o algodão estava queimado.

"Agora ouça com atenção," disse o árabe. "Das profundezas, discerni as palavras: 'Moisés é verdadeiro e sua Torah é verdade'! Era a confissão dos perversos que, depois da morte, precisaram reconhecer a verdade".

Coré e seus seguidores terão uma porção no mundo futuro?

Originalmente, Deus excluiu-os do Mundo Vindouro, como todos os que negam os princípios fundamentais da Torah. Entretanto, gerações depois, a mãe do profeta Samuel, Ana, suplicou ao Todo Poderoso que revivessem na ressurreição dos mortos. Sabendo que um importante fator que fez com que Coré pecasse era sua previsão de que o profeta Samuel descenderia dele, Ana rezou para que ela e seu filho não fossem responsáveis pela punição eterna de Coré.

O Todo Poderoso aceitou esta oração e concordou em ressuscitar Coré e seus seguidores, e conceder-lhes uma porção no Mundo Vindouro.

O fator decisivo foi que sua punição constituiu uma santificação pública do Nome de Deus. Fortaleceu a fé dos judeus na Torah e na veracidade da missão de Moisés. O que aconteceu aos duzentos e cinqüenta homens que estavam à entrada do Santuário segurando os recipientes? Um fogo desceu do céu e os consumiu.

Contudo Coré, ele mesmo, recebeu castigo em dobro. Primeiro, sua alma foi consumida por um fogo do Céu, então seu corpo rolou em direção ao desfiladeiro na terra sob sua tenda. Os duzentos e cinqüenta homens viram como o corpo de Coré, uma verdadeira bola de fogo, rolou em direção à abertura na terra e lá desapareceu.

Assim que os pecadores e seus pertences foram lançados às profundezas, a terra fechou a fenda. A superfície parecia tão macia e plana como antes; não se via a menor irregularidade. Ninguém poderia ser levado a pensar erroneamente que um terremoto ocorrera, uma vez que após um acontecimento natural detecta-se fendas.

Aqui, a terra miraculosamente agiu como uma criatura viva, abrindo a boca para devorar o que desejava, e então a fechou novamente. Quando a terra se abriu, os judeus foram tomados de pânico, com medo de que também fossem engolidos. Mesmo depois que a rachadura foi selada, as pessoas continuaram apavoradas, fugindo em todas as direções, pois ouviram os pecadores gritarem das profundezas da terra: "Socorro! Moisés nosso mestre, salve-nos"!

O fato de Aarão ter sobrevivido e os duzentos e cinqüenta homens terem sido queimados prova que Aarão fora escolhido para o sacerdócio. O milagre da terra de ter engolido Coré, Datã, Abiram e toda a sua casa e pertences provaram a veracidade das palavras de Moisés

Aqueles que foram salvos da destruição

Os Filhos de Coré

Quando Coré foi tragado pelo abismo, seus três filhos, Asir, Elcana e Abiassaf[36] também rolaram para baixo. Contudo, não foram arrastados às profundezas do Inferno, mas milagrosamente foram descansar sobre elevadas plataformas que o Todo Poderoso ergueu para eles, desta forma, permaneceram vivos. Os filhos de Coré estavam entre os levitas que, mais tarde, cantaram no Templo Sagrado. Por qual mérito sobreviveram?

Em seus corações, os filhos de Coré estavam cientes da verdade. Moisés foi visitar Coré em sua tenda, enquanto a família estava sentada à mesa, pensaram: "Se nos levantarmos para Moisés, ofenderemos nosso pai. Por outro lado, se ficarmos sentados, transgrediremos o preceito de se levantar perante um Sábio. Não devemos violar o mandamento da Torah, mesmo se nosso pai ficar enraivecido". Por isso, levantaram-se em honra a Moisés.

Quando a destruição de Coré e seus seguidores começou, os filhos de Coré fizeram teshuvá (conversão e arrependimento) em seus corações. Ao testemunharem a terra se abrindo e engolindo seu pai e seguidores, ficaram paralisados de medo, e incapazes de confessar seus pecados oralmente.

O Todo Poderoso, contudo, que conhece os pensamentos da pessoa, viu que mudaram de idéia. Por isso, Ele lhes permitiu sobreviver. O versículo diz:

---

[36] Cf. Ex 6,24.

"Para o vencedor, sobre rosas, para os filhos de Coré, um cântico de afeto" (Sl 45,1). Por que denomina os filhos de Coré "rosas"? Pessoas que os viram costumavam dizer: "São 'espinhos', exatamente como seu pai".

Na hora da destruição, todavia, Deus protegeu as rosas de serem queimadas junto com os espinhos. Os filhos de Coré compuseram diversos salmos no Livro dos Salmos, dentre esses um que descreve como foram quase confinados ao Inferno: "Pois estou saturado de desgraças, minha vida está perto do túmulo. Sou contado entre os que descem ao fosso, sou como um homem já sem força" (Sl 88,4-5).

No Salmo 49, eles apelam a toda a humanidade que aprenda a lição moral do destino de seu pai: "Eles confiam na sua força e se orgulham da sua grande riqueza. Ninguém pode resgatar a si mesmo, ou dar a Deus o seu preço (...) Não inveje nem tema ao homem que enriquece e alcança glórias pois, ao morrer, nem sua glória nem nada mais levará consigo. O homem que se engrandece e não tem entendimento para seguir as sendas traçadas por Deus, parecem-se com os animais que perecem e não deixam sequer lembrança".

On

Outro seguidor de Coré, On, também escapou da morte. Era membro da tribo de Ruben, vizinho da família de Coré, e, como tal, participou da rebelião. Ao voltar para casa da primeira reunião, contou à esposa que estava tomando parte numa rebelião. Ela argumentou: "O que você ganha com isso? Sua posição será a mesma, quer Aarão quer Coré seja o Sumo-sacerdote".

Reconheceu a lógica de suas palavras, mas explicou que já não podia mais se desligar do partido de Coré, uma vez que jurara oferecer incenso na manhã seguinte. "Não se preocupe" - disse a esposa - "cuidarei disso". Naquela noite, a esposa de On misturou um vinho muito forte à sua bebida. On caiu imediatamente num sono muito pesado. Enquanto isso, sua esposa sentou-se à entrada da tenda, e fez algo que nenhuma esposa judia faria: descobriu seus cabelos.

Logo chegaram os mensageiros de Coré para chamar On para a reunião. Porém, viram a esposa de On, com os cabelos descobertos! Deram meia-volta e foram embora. Coré enviou outros mensageiros. Eles também não se aproximaram da mulher de On. Os mensageiros iam e voltavam. Assim, On nunca apareceu ante o Santuário.

Coré falou bem ao descrever os judeus como uma "congregação sagrada em meio a qual está a Shechiná (Presença da Divindade)". O nível de recato da Torah era aceito pela geração inteira. Era lógico e natural que nem mesmo os mensageiros de Coré se dirigissem a uma mulher casada cujos cabelos estivessem descobertos. Quando a morte golpeou os perversos, a cama onde On dormia começou a escorregar em direção ao abismo. A esposa de On agarrou a ponta e rezou: "Mestre do Universo, On desligou-se da corja de Coré. Ele jurou em Seu Grande Nome que não é seguidor de Coré. Se alguma vez violar sua palavra, então o SENHOR poderá puni-lo".

On foi poupado, e logo sua esposa censurou-o: "Agora, vá a Moisés e peça desculpas"! "Estou envergonhado demais para encará-lo," replicou On. A esposa de On, então, foi a Moisés, soluçando amargamente e relatando o que acontecera a seu marido.

Ao receber o relato, Moisés caminhou até a tenda de On e falou com ele de maneira encorajadora, dizendo: "Saia! Que o Todo Poderoso o perdoe"! Pelo resto de sua vida, On não parou de se lamentar e fazer teshuvá (conversão e arrependimento) por uma vez ter ficado ao lado de Coré. Seu nome indica isso: On - ele estava em estado de luto (oninut - luto). Filho de Pelet - um filho (homem) que foi resgatado da destruição através de um milagre (Pelet refere-se a Pele - milagre).

"A sábia entre as mulheres constrói sua casa" (Pr 9,1). O versículo refere-se à esposa de On, cuja sabedoria resgatou seu lar da destruição. "Mas a mulher perversa o demole com suas próprias mãos". Refere-se à esposa de Coré, que arruinou seu marido e todo o seu lar.

Os recipientes de Coré e seus seguidores foram transformados em cobertura para o altar

Os recipientes nos quais Coré e seus 250 seguidores ofereceram incenso não podiam mais ser utilizados para propósitos profanos, pois foram consagrados ao serviço Divino. De acordo com o mandamento de Deus, Moisés instruiu Eleazar, filho de Aarão, a recolher todos os recipientes das cinzas, aplainá-los e fazer deles uma cobertura para o Altar Exterior.

Por que Deus incumbiu da tarefa de recolher os recipientes da cena do desastre Eleazar em vez de Aarão? Coré contestou não apenas a posição de Aarão como Sumo-sacerdote, mas também a de Eleazar, filho de Aarão como sacerdote. Eleazar recolheu os recipientes como demonstração de seu chamado Divino como sacerdote e, eventualmente, como sucessor de seu pai como

Sumo-Sacerdote. Qual era o propósito de transformar os recipientes dos rebeldes em cobertura para o altar?

Esta nova cobertura impediria as futuras gerações de contestarem a posição de Sacerdócio. Qualquer um que alegasse que um judeu da família de um não sacerdote deveria ser escolhido como sacerdote seria advertido: "Olhe para a cobertura do Altar de Cobre! É feito dos recipientes dos homens que disputaram a Sacerdócio e por isso, foram queimados".

O milagre da vara que floresceu

Depois que a terra engoliu Coré, Datã e Abiram, ficou claro, sem qualquer sombra de dúvida que Moisés era o líder Divinamente escolhido. O chamado Divino de Aarão como Sumo-sacerdote também se manifestou quando os duzentos e cinqüenta homens que contestaram sua posição pereceram.

Não obstante, algumas pessoas continuaram insistindo que Moisés não deveria ter desqualificado os primogênitos da realização do serviço Divino, designando os levitas em seu lugar. Desejavam que todas as tribos participassem do Serviço através de seus primogênitos. Por isso Deus realizou um milagre que demonstrou claramente Sua escolha da tribo de Levi, colocando, desta forma, um fim a essas reivindicações. O milagre também reafirmou a escolha Divina de Aarão como Sumo-sacerdote. Deus ordenou a Moisés: "Pegue doze varas. Escreva em cada uma o nome do líder de cada tribo. Na vara de Levi escreva o nome de Aarão.

"Coloque as varas para pernoitarem no Santuário. O cajado da tribo escolhida para Meu serviço florescerá milagrosamente". A fim de evitar possíveis alegações de que uma das varas tinha mais umidade que as outras, e por isso florescera, Moisés cortou doze varas idênticas de um grande cepo. Ordenou que cada líder marcasse seu nome em uma vara.

Moisés colocou as varas no Santuário com a de Aarão no centro, para que ninguém afirmasse: "O cajado de Aarão brotou porque ficou do lado que fica mais próximo à Shechiná". Quando Moisés entrou no Tabernáculo no dia seguinte, a vara de Aarão brotara folhas, flores e amêndoas. (Este milagre contém outro, pois as florescências não caíram após o aparecimento dos frutos, como geralmente acontece). Mais que isso, o Nome de Quatro Letras de Deus estava milagrosamente entalhado na vara de Aarão, como se encontrava entalhado sobre o adereço de testa do Sumo-sacerdote. Isto demonstrou que Aarão era o escolhido como Sumo-sacerdote.

Por que a vara de Aarão brotou?

Este milagre indicava a presença da Shechiná (Divindade), que imbui vida até mesmo em objetos inanimados, e faz com que esses brotem.

Amêndoas, no que se refere a profecia ou milagre, simbolizam que o Todo Poderoso concretizará Seu decreto rapidamente. (A palavra "shekedim" - amêndoas - deriva de shaked - pressa. As flores desta árvore surgem antes que outras árvores). Deus sinalizara que qualquer um que usurpe a Sacerdócio será punido instantaneamente.

Finalmente, após a série inteira de sinais e milagres, todos os judeus se convenceram de que a profecia de Moisés era verdadeira em todos os seus detalhes.

O cajado de Aarão jamais feneceu. Sua haste, flores e amêndoas permaneceram eternamente verdes. Deus ordenou a Moisés que o colocasse perto da arca como testemunho para as futuras gerações de que, dentre todas as tribos, a de Levi foi escolhida tanto para a Sacerdócio quanto para o serviço da liturgia (levirato).

Os reis judeus ficaram incumbidos de preservar o cajado de Aarão. Antes da destruição do Primeiro Templo Sagrado, o rei Josias escondeu-o junto com outros objetos que serviram como testemunho e com utensílios sagrados.

Os sacerdotes e a guarda do Templo

Após terem vivenciado as diversas mortes que ocorreram em conexão com o Serviço do Santuário, os judeus estavam muito amedrontados. Exclamaram: "O Santuário é uma fonte de tragédia. A morte se estabeleceu na família de Coré, e eventualmente golpeará todos nós". "É sua tarefa impedir a entrada de qualquer pessoa não autorizada a qualquer área do Santuário que lhe seja proibida". Advertiu Deus tanto aos sacerdotes quanto aos levitas. "Se falharem, serão punidos".

O preceito de guardar o Santuário e o Templo

Deus ordenou aos sacerdotes e levitas que vigiassem o Santuário e o Templo Sagrado todas as noites. Deus, que guarda o mundo, não necessita de guardas humanos para proteger Seu palácio. Ele ordenou que uma guarda de honra fosse colocada à sua volta a fim de incutir sua grandeza nos judeus. Visitantes aproximam-se de um edifício guardado com temor, pois é considerado distinto, como o palácio de um rei.

Vinte e quatro guardas eram postados toda noite em diferentes locais ao redor do Templo Sagrado. Os sacerdotes montavam guarda em três locais no Pátio, e os levitas em vinte e um locais fora deste. Um inspetor fiscalizava a vigilância de todos os guardas.

Os presentes ofertados aos sacerdotes e levitas

Diz o provérbio: "Se minha vaca quebrar a perna, é para meu benefício".

Todo infortúnio tem seu benefício. Aarão se beneficiou da disputa de Coré, pois em seguida o Todo Poderoso selou um pacto com Aarão, confirmando que os sacerdotes receberão para sempre os vinte e quatro presentes de Sacerdócio.

Certa vez, o imperador deu um estado a seu amigo como um presente casual. Não assinou escritura alguma, nem endossou com qualquer outra medida legal que concedera esse estado ao amigo.

Entretanto, logo após, impostores afirmavam que o estado era deles. O imperador informou então seu amigo: "Agora editarei uma ordem para inscrever o presente nos registros oficiais, para que ninguém possa negar que você é o verdadeiro proprietário".

Similarmente, após Coré ter disputado o direito de Aarão à Sacerdócio, Deus lavrou um contrato oficial com os sacerdotes, prometendo-lhes para sempre, e a seus descendentes, os vinte e quatro presentes que os judeus são obrigados a separar para eles.

Deus proclamou: "Concedo-lhes esses presentes feliz e de boa vontade, como alguém que escreve uma escritura de algum presente a um bom amigo". A Torah chama esse pacto de "o Pacto do Sal". Assim como o sal nunca se estraga, este pacto durará para sempre. Alguns dos vinte e quatro presentes para os sacerdotes são:

- Quando um judeu traz um sacrifício, deve dar partes desse para os sacerdotes. Também recebem uma parte dos sacrifícios oferecidos em nome da comunidade.

- Na época do Templo Sagrado, se um judeu abatia um animal doméstico para seu consumo pessoal, era obrigado a dar três partes ao sacerdote: o membro direito, as mandíbulas, e o estômago.

- Se um animal doméstico casher de um judeu tiver um primogênito, este pertencia ao sacerdote. O sacerdote o leva ao Templo Sagrado. Parte do animal era queimada sobre o Altar, e parte ficava para o sacerdote.
- Um judeu que possua campos, vinhedos, olivais ou pomares deve dar uma parte da produção ao sacerdote. Esta parte se chama terumá (dízimo). Os sábios de Israel fixaram a terumá em pelo menos 1/60 da produção, podendo ser também 1/50 ou 1/40.
- Chalá: ao assar uma massa, deve-se dar uma parte ao sacerdote.
- Muitos dos presentes destinados aos sacerdotes são sagrados. Eles não podem comê-los estando impuros. Alguns só podem ser comidos no pátio do Templo Sagrado, outros só na cidade de Jerusalém.

Por que os sacerdotes recebem esses presentes?

Por que Deus ordenou aos judeus que sustentassem os sacerdotes e levitas? Libertando os homens da tribo de Levi da necessidade de ganhar um meio de vida, Deus possibilitou-lhes a devotarem-se totalmente à Torah e ao serviço Divino. A tribo de Levi não recebeu extensas terras agrícolas em Israel como o resto das tribos, nem participavam de guerras ou recebiam espólios. Em vez disso, eram o "exército de Deus", estudantes e professores de Torah, como está escrito (Nm 18,20): "Eu Sou sua porção e sua herança, disse Deus".

Maimônides escreve: "Não apenas um membro da tribo de Levi, porém qualquer indivíduo cujo coração o impele a servir Deus e conhecê-lo, torna-se santo dos santos. Deus será sua porção e herança para sempre. Ele lhe proverá uma quantidade suficiente para seu sustento, assim como Ele fez para os sacerdotes e levitas".

O que é Maasser?

Assim como Deus selou um pacto com os sacerdotes, Ele assim o fez com os levitas, que também receberam um presente dos judeus. Deve-se dar o *maasser* (dízimo) aos levitas. Após dar terumá ao sacerdote, um judeu tem que separar 1/10 de todos os seus grãos, frutos e vegetais e dá-los ao levi. Este dízimo chama-se *maasser*.

O levi também tem que separar 1/10 do que recebeu e dar ao sacerdote. A parte que o levi dá ao sacerdote chama-se terumat maasser ou maasser min hamaasser (dízimo do dízimo).

Ao dar maasser ao sacerdote, o levi reconhece que o sacerdote é mais eminente que ele, e é levado a lembrar-se de que há Um Acima, Que está acima de ambos.

O preceito de redimir o primogênito

Em conexão com os presentes do Sacerdócio, a Torah menciona que todo primogênito é sagrado para Deus. Este preceito é mencionado três vezes na Torah.

Os primogênitos foram inicialmente escolhidos por Deus para exercerem os deveres do sacerdócio em virtude de terem sido poupados quando Ele matou os primogênitos egípcios. Entretanto, quando os primogênitos judeus executaram os rituais sacerdotais diante do bezerro de ouro, esse chamado sagrado foi transferido para os sacerdotes.

A fim de libertá-los legalmente dessa obrigação original, eles devem ser resgatados com cinco moedas (shecalim) de prata, pagos a um sacerdote. O procedimento deste resgate não se aplica a um primogênito cujo pai é um sacerdote ou levi, ou a mãe filha de sacerdote e levi.

O preceito aplica-se assim que o bebê, nascido de parto normal, tiver atingido a idade de trinta dias. Se essa data coincidir com Shabat ou Yom Tov (que proíbe transações comerciais) deve ser adiada para o dia seguinte. É costume cumprir este preceito à luz do dia; entretanto a festa que se segue pode se estender até a noite.

Se, por alguma razão, o primogênito não foi resgatado no tempo prescrito, isto deve ser feito na primeira oportunidade, mesmo sendo o menino já adulto (Neste caso, ele próprio deve resgatar-se perante um sacerdote.)

O pai deve escolher um sacerdote observante e bem versado na Lei judaica para redimir seu primogênito. Uma cerimônia festiva é preparada, e após recitar a bênção sobre o pão, o pai apresenta o filho ao sacerdote com esta declaração: "Minha esposa deu à luz ao meu primogênito". O sacerdote perguntará: "O que tu preferes - teu primogênito ou cinco moedas de prata"? Após confirmar sua intenção de ficar com o filho e transferir cinco moedas de prata ou seu valor equivalente para o sacerdote, o pai recita a bênção de "Al Pidyon Haben" e "Shehecheyánu". A seguir o sacerdote recita a bênção sobre uma taça de vinho. Este é um dos preceitos através dos quais reconhecemos que o que quer que possuímos, na realidade pertence a Deus. A primeira aquisição da pessoa geralmente é a mais preciosa a seus olhos; por isso, damos o

"Primeiro" a Deus, a fim de demonstrar que Ele é o verdadeiro Proprietário de tudo o que temos. Um homem pode facilmente ser levado a pensar que tem direitos acima de qualquer disputa sobre todas suas posses. A Torah declara que o início de qualquer realização, da qual nos orgulhamos em especial, seja para Deus e o seu serviço, e só depois poderemos participar e aproveitar do restante. Isso era mais perceptível na época do Templo, quando as primícias - os primeiros frutos - tinham de ser trazidas ao Santuário e os primogênitos do gado eram ofertados ao sacerdote, o servo de Deus. Entretanto, Deus nos permitiu reivindicar nosso filho primogênito desde que o criemos de acordo.

Isto fica enfatizado pela pergunta retórica que o sacerdote apresenta: "O que preferes - teu filho ou as cinco moedas de prata"? - já que o pai é obrigado a resgatar o filho de qualquer forma. A pergunta implícita é: "Estás consciente da tua obrigação de criar teu filho para ser dedicado a Deus, estudar a Torah e cumprir os preceitos? Compreendes que para educar uma criança apropriadamente deves estar preparado a fazer sacrifícios materiais se necessário"? A resposta do pai - "Eu quero meu filho e aqui estão as cinco moedas de prata" - é o testemunho que ele entendeu plenamente a responsabilidade e o privilégio de criar seu filho corretamente.

Correspondência bíblica

Sacerdócio:

Ex 29,9: "Tu os cingirás com os cintos e lhes porás os turbantes. A eles pertencerá o sacerdócio por lei perpétua. É assim que conferirás a investidura a Aarão e a seus filhos.

Nm 3,4: "(Nadab e Abiú morreram na presença do SENHOR, quando lhe apresentaram um fogo profano, no deserto do Sinai. Como não deixaram filhos, somente Eleazar e Itamar exerceram o sacerdócio sob os auspícios de Aarão, seu pai".

Dt 10,6: "Os israelitas partiram dos poços de Benê-Jacã para Mosera. Ali morreu Aarão e foi enterrado. Eleazar, seu filho, exerceu o sacerdócio no lugar dele".

1Cr 5,36: "Joanã gerou Azarias, o qual exerceu o sacerdócio no templo construído por Salomão em Jerusalém".

Ne 3,1: "O sumo sacerdote Eliasib e seus irmãos no sacerdócio puseram mãos à obra e restauraram a porta das Ovelhas, puseram-lhe as vigas e fixaram-lhe as folhas. Depois continuaram até a torre dos Cem e a torre de Hananeel".

1Mc 2,54: "Finéias, nosso pai, abrasado no zelo de Deus, recebeu o testamento de um sacerdócio eterno".

Eclo 45,19: "Foi-lhe, pois, concedido por aliança eterna, a ele e a sua descendência, enquanto durar o céu: servir ao SENHOR e exercer o sacerdócio, e abençoar o povo em Seu Nome".

Os 4,6: "Meu povo está se acabando por falta de conhecimento. Porque tu te afastaste do conhecimento, eu também te afastarei do meu sacerdócio. Tu te esqueceste da lei do teu Deus, eu também me esquecerei de teus filhos".

Hb 7,24: "Jesus, porém, uma vez que permanece para sempre, possui um sacerdócio que não passa".

1Pd 2,5: "Do mesmo modo, também vós, como pedras vivas, formai um edifício espiritual, um sacerdócio santo, a fim de oferecerdes sacrifícios espirituais, agradáveis a Deus, por Jesus Cristo".

46 – Nm 19,1 – 22,1; CHUKKAT - חקת
Jz 11,1 – 33

Nesta porção da Palavra de Deus são nos apresentadas algumas imagens concretas para o crescimento na confiança em Deus e como avançar espiritualmente.

Os judeus peregrinaram no deserto durante quarenta anos. Durante esse tempo no deserto enfrentaram muitos desafios físicos e também desafios espirituais. Os judeus neste trecho bíblico começam a se lamentar, a murmurar por causa da água, da comida, por toda aquela situação difícil.

Deus envia então serpentes ardentes para morder o povo. E muitos morreram. As pessoas vão até Moisés e lhe pedem para que implore e suplique a Deus para que impeça as serpentes de continuar mordendo e matando o povo. E Deus orienta Moisés a construir uma serpente de bronze.

Que a coloque num poste para que todos os que a virem, fiquem curados. Isto parece de certo ponto de vista uma contradição contra o preceito de construir imagens e não adorar ídolos. Deus orientou Moisés para que construísse uma serpente de bronze não para substituir por outro "deus". A serpente tem um significado grande dentro do judaísmo. Deste os tempos mais antigos, no início, a serpente representa a imaturidade espiritual.

A serpente pode ser interpretada como a pequena voz em nossa cabeça frequentemente chamada "instinto do mal" que coloca dentro de nós pensamentos de temor, de dúvida, de confusão em nossas cabeças.

Podemos até estar no caminho correto e se não vemos resultados imediatos começamos então a duvidar de nós mesmos, nos assustamos e começamos a ouvir essa pequena e amarga voz dizendo que estamos fazendo de forma errada, desista, faça algo mais fácil...

- Desta forma a ordem de Deus para a construção dessa serpente de cobre era para nos ajudar a enfrentar e vencer esse medo concreto que procura enfraquecer nossa força espiritual.
- Ele quer nos ensinar que devemos olhar esse medo e perguntar por que tenho medo sobre esse assunto? Por que temo essa pequena coisa quando com Deus posso enfrentar tudo isso? Olhar com confiança e recusar que

o medo alimente em nós seja o que for, olhar firme para Deus e com a sua Palavra nos curarmos e viver.
- Não é à toa que ainda nos dias de hoje o símbolo da cura médica é uma serpente enrolada numa haste. Esta cobra de cobre, feita por Moisés, foi conservada até à época do Rei Ezequias que a destruiu: "Ele fez o que era reto aos olhos do SENHOR, assim como fizera Davi, seu pai. Destruiu os lugares altos e quebrou as colunas sagradas, derrubou o tronco sagrado e despedaçou, inclusive, a serpente de bronze feita por Moisés, pois os filhos de Israel ainda queimavam-lhe incenso (chamava-se Noestã). Ezequias pôs sua confiança no SENHOR, Deus de Israel" (2Rs 18,3-5).
- Isso pode ter passado despercebido por seus antepassados, mas pode ter sido preservado para que justamente Ezequias tivesse o mérito de tomar esta importante decisão.
- A cada pessoa é dada sempre uma oportunidade de tomar atitudes de fé e de justiça que venha proteger a fé dos seus irmãos também, venha proteger e ajudar todas as pessoas ao seu redor e ao povo de Deus, através do seu testemunho de vida.

CHUKKAT – Seleções de Midrash a partir do texto bíblico: Nm 19,1 – 22,1
As três categorias de preceitos

Os preceitos da Torah, geralmente, pertencem a uma de três categorias:

Mishpatim - Leis Civis: "Mishpatim" são as leis divinas que promulgam a segurança e sobrevivência da sociedade humana. Incluem, por exemplo, a proibição de roubar e matar.

Edut - Testemunhos: Se um preceito testemunha um evento histórico ou algum aspecto da fé judaica, é chamada de "Edut", testemunho. São exemplos o preceito de observar o Shabat, que a crença de que o Todo Poderoso criou o mundo em seis dias; observar as Festas (Yom Tov), pois comemoram o Êxodo do Egito; os preceitos de tsitsit e tefilin que demonstram a fé na soberania de Deus.

Chukim - Decretos Divinos: Na categoria de chok (plural: chukim) classificam-se todos os preceitos cujo propósito ou significado não são compreendidos pela inteligência humana.

Esta categoria de mandamentos é a mais difícil de respeitar. O Talmud nos diz que essas são as leis que "a má inclinação (*yêtser hará*) e as nações do mundo tentam contestar". Se não compreendemos o motivo de alguma coisa é tentador achar pretextos para não realizá-la. Quando tentamos explicar nossa religião aos que não acreditam, as leis que não tem um motivo óbvio são as mais difíceis de compreensão.

O fato de um mandamento não ter um motivo óbvio torna seu cumprimento um ato de fé, muito maior ainda. Ele indica que se está pronto e disposto a obedecer às ordens de Deus, até mesmo quando não for possível justificá-las racionalmente.

Todas as leis de pureza e impureza ritual pertencem a essa categoria de mandamentos conhecidos como chukim, decretos. Portanto, disseram os sábios de Israel: "O corpo morto não torna impuro, e a água não purifica. Mas sim, disse Deus, Eu dei uma ordem, e emiti um decreto - e você não tem permissão para questioná-lo".

Demonstra-se assim, que Deus acima do próprio intelecto. Apesar de talvez não ser capaz de justificar esses mandamentos perante o mundo, se expressa a segurança interior como filhos de Deus ao continuar cumprindo-os.

Há numerosos exemplos de decretos, mas o Midrash enumera quatro sobre os quais a Torah afirma explicitamente: "Este é um decreto". Uma vez que contém elementos aparentemente contraditórios, são passíveis de serem ridicularizados pelos que se pautam pelo pensamento racional.

Por isso, a Torah aconselha ao judeu a dizer a si mesmo: "É um decreto, não tenho direito de questioná-lo".

Os quatro chukim são:

1. Yibum: Um judeu que se casa com a esposa de seu irmão enquanto este ainda está vivo, ou mesmo após sua morte, incorre em pena de caret (morte espiritual), contanto que seu irmão tenha tido filhos. Porém, se a esposa do irmão não tem filhos, é preceito casar-se com ela (levirato, yibum).

Sendo que a lógica acha muito difícil aceitar este paradoxo, o versículo enfatiza: "E vocês guardarão minhas leis e Meus decretos" (Lv 18,26).

2. Shaatnez: A Torah proíbe vestir-se com roupas que contenham mistura de lã com linho. Não obstante, é permitido vestir um traje de linho em cujos cantos haja tsitsit de lã atados. Por mais que questionemos esta exceção, a Torah declara, no que concerne ao preceito de shaatnez: "E vocês guardarão Meus decretos" (Lv 19,19).

3. O bode para Azazel: Um bode era enviado à morte como parte do Serviço de Yom Kipur, purificando o povo judeu de seus pecados. Ao mesmo tempo, tornava impura a pessoa que o enviava. Por conseguinte, esta lei é chamada de "uma lei perpétua" (Levítico 16,29).

4. A vaca vermelha: As cinzas da vaca vermelha purificavam um judeu que se encontra impuro, enquanto tornavam impuro qualquer um que estivesse envolvido em sua preparação. Uma vez que isto também desafia a lógica, a Torah introduz o assunto com as palavras: "Esta é uma disposição da Lei que o SENHOR prescreve" (Nm 19,2); se aceita o preceito como uma ordem Divina.

Os decretos, contudo, não são "leis sem razão"; sua lógica, porém, é Divina. Os maiores dentre o povo de Israel foram capazes de compreender algumas delas. Assim, o fundamento racional por trás das leis da vaca vermelha foi revelado de maneira divina a Moisés.

O rei Salomão, por outro lado, que pesquisava as razões por trás dos preceitos e encontrou explicações para todas as outras, professou que este preceito era incompreensível.

Todavia, confessou: "Pensei que teria sabedoria, porém isto (a compreensão do preceito da vaca vermelha) está muito distante de mim" (Ecl 7,23). A fim de apreciar plenamente suas palavras, exploraremos a profundidade e o alcance da sabedoria de Salomão: "E Deus deu a Salomão bastante sabedoria e compreensão, e extensão de conhecimentos como a areia da beira do mar" (1Rs 5,9).

Esse versículo implica que a sabedoria de Salomão equivalia à sabedoria do povo judeu, que era "tão numeroso quanto a areia da beira do mar". A capacidade de seu intelecto era superior a de qualquer outra pessoa, e por isso conseguia captar o que se passava na mente do outro.

Conseqüentemente, seu julgamento era verdadeiro mesmo em casos nos quais os fatos eram obscuros, como demonstra a seguinte história:

Três mercadores judeus estavam juntos numa jornada quando se aproximava o Shabat. Decidiram enterrar seu dinheiro em determinado local, descansar até depois do Shabat, desenterrá-lo e continuar seu caminho.

Na escuridão da noite, enquanto os companheiros dormiam, um deles aproximou-se sorrateiramente do local secreto, desenterrou o dinheiro e escondeu-o em outro lugar.

Procurando o dinheiro depois do Shabat, os mercadores perceberam que esse desaparecera. Uma vez que ninguém mais sabia do local secreto, concluíram que um deles deveria ter roubado o tesouro. Mas qual? Cada um acusava o outro, dizendo: "Você é o ladrão"! Incapazes de determinar quem era o culpado, decidiram viajar até Jerusalém e submeter o caso ao Rei Salomão.

O Rei Salomão ouviu atentamente o relato e ordenou-os a retornar no dia seguinte. Ao voltarem à corte, o rei declarou: "Sei que todos vocês são mercadores perspicazes. Antes de julgar seu caso, gostaria de ouvir sua opinião acerca de outro caso que me foi apresentado".

Os três ouviram com atenção o Rei Salomão relatar o seguinte incidente: "Um menino e uma menina cresceram no mesmo bairro, e prometeram não se casar sem o consentimento um do outro. Mais tarde, mudaram-se e perderam contato. Quando a menina chegou à idade para casar, ficou noiva de um jovem de sua nova cidade. Mesmo assim, não se esquecera da promessa feita na infância.

Ao se aproximar a época do casamento, vendeu seus pertences pessoais a fim de levantar fundos para empreender uma longa jornada a sua cidade natal, para procurar seu antigo vizinho. Viajou a sua cidade, encontrou-o e explicou-lhe que estava noiva de outra pessoa. Pediu-lhe para libertá-la da promessa feita anos atrás e, em seu lugar, aceitar o dinheiro que conseguira.

O jovem valorizou os sofrimentos pelos quais ela passara para ser fiel a sua promessa. Apesar de lhe ser difícil, disse-lhe que estava livre para casar-se com seu noivo. Recusou o dinheiro que ela oferecera, e ela partiu em paz.

A solitária viagem de volta era tão perigosa para a jovem quanto fora sua jornada para longe do lar. Ao circular por um bairro deserto, um velho surgiu de um arbusto, atirando-se sobre ela, roubando-lhe todo o dinheiro e ameaçando utilizar-se dela para seus próprios propósitos.

"Por favor, ouça-me," suplicou a moça, "você é um homem velho, por que traria esta terrível culpa sobre si pouco antes de ser convocado perante o Juiz Eterno? Pegue meu dinheiro, mas deixe-me retornar ilesa a meu noivo".

Contou-lhe sua história, e encerrou: "Meu amigo de infância certamente teve mais dificuldade em me deixar partir que você; ele é jovem, e reivindicou um direito sobre mim. Você, um homem velho, deve aprender dele a como se controlar". O ladrão ficou tocado pelo relato. Não a molestou, e restituiu-lhe o dinheiro.

"Agora," concluiu o Rei Salomão, "coloco-lhes a seguinte questão: Quem é o verdadeiro herói da história - a moça, o jovem ou o ladrão? Gostaria de ouvir suas opiniões sobre o assunto".

"A moça é extraordinária," replicou o primeiro mercador. "Imagine, empreender uma longa e perigosa jornada apenas para cumprir sua promessa"! "Admiro o jovem," relatou o segundo. "Agiu de maneira nobre e altruísta". "A ação do ladrão é a mais admirável," comentou o terceiro mercador. "Depois de conseguir ter em sua posse tanto a moça quanto o dinheiro, não apenas libertou a moça, como também restituiu o dinheiro!"

"Prendam-no!" gritou o Rei. "Ele só pensa em dinheiro! Mesmo ouvindo esta história, em seu íntimo, desejava o dinheiro da moça. Quando teve oportunidade de pegar o dinheiro para si, com certeza o fez! Prendam-no imediatamente"! O mercador foi preso, e confessou imediatamente sua culpa.

O Rei Salomão era perito em todas as ciências, ultrapassando seus antepassados. Por exemplo, seu conhecimento sobre animais era maior que a de Adão, que deu nome a cada espécie de acordo com suas características essenciais. Sua compreensão sobre astronomia ultrapassava a de Abraão, um mestre dessa ciência.

Sua perícia em negócios de estado excedia a de José, ele próprio um legislador habilidoso. Também era melhor linguista que José, que falava setenta idiomas. Além de falar todas as línguas, comunicava-se com todos os animais.

O Rei Salomão brilhava mais que os reis e nações de sua época em todos os ramos da ciência. Apesar dos reis egípcios orgulharem-se de seu conhecimento em astrologia, a competência de Salomão era superior, como demonstra o seguinte incidente:

Quando o Rei Salomão estava prestes a construir o Templo Sagrado, pediu ao rei egípcio, o faraó Necho, que lhe enviasse artistas e artesãos.

O faraó pediu a seus astrólogos para adivinharem quais de seus súditos estavam destinados a morrer naquele ano. E para isso enviou a Salomão uma equipe de trabalhadores desenganados.

Contudo, assim que os artesãos egípcios chegaram, Salomão percebeu o segredo. Ordenou que vestissem mortalhas brancas e enviou-os de volta à terra natal com uma mensagem ao faraó Necho: "Aparentemente, faltam-lhe mortalhas para enterrar seus mortos. Por isso, estou enviando algumas para seus trabalhadores". A sabedoria de Torah do Rei Salomão era imensa. Ultrapassava a da geração do deserto, conhecida como "a Geração do Conhecimento".

Sua grandeza em Torah torna-se patente através dos três maravilhosos e sagrados Livros que escreveu com espírito de profecia: *Cohêlet* (Eclesiastes), *Mishlê* (Provérbios) e *Shir Hashirim* (Cântico dos Cânticos) - que estão incluídos nos 24 livros do *Tanach* (Bíblia). Também compôs alguns dos salmos.

Fez com que a Torah fosse querida e amada pelo povo, pois podia ilustrar o significado de cada *halachá* (Lei da Torah) com três mil parábolas, e citar mil e cinco diferentes razões para cada ordem rabínica.

Quão profundo é, portanto, o preceito da vaca vermelha, se o Rei Salomão, o mais sábio dos homens, declarou: "Estudei-a e empenhei-me em entendê-la, porém está bem além de minha compreensão".

Na verdade, mesmo os preceitos da Torah que parecem compreensíveis são "decretos". Seu verdadeiro significado está muito além do intelecto humano.

As leis da vaca vermelha

Em primeiro de Nissan de 2449, último dia da Inauguração do Tabernáculo, Deus revelou a Moisés as leis referentes a pessoas impuras que são enviadas para fora do Acampamento, e também as leis de pureza dos sacerdotes.

Deus ensinou-o como atingir a purificação dos diversos tipos de impurezas (quer através de imersão no micvê ou numa fonte de água corrente, e assim por diante), bem como os sacrifícios que finalizam o processo de purificação. Quando Deus ensinou a Moisés que um judeu se torna impuro (*tamê*) se tocar num corpo sem vida, Moisés questionou: "Como se purifica a si mesmo da impureza?"

O Todo Poderoso não respondeu imediatamente. Na verdade, Deus adiou a resposta como um ato de bondade para Aarão. Da primeira vez que Deus se dirigiu a Moisés, Aarão não estava presente. Por isso, Ele esperou até que Aarão também estivesse presente, então proferiu as leis da vaca vermelha a ambos (Nm 19,1). Isto tornava público o fato de que Ele perdoara Aarão por ter participado do pecado do bezerro de ouro.

Deus retomou o assunto mais tarde naquele dia, explicando a Moisés e Aarão: "Se alguém se tornar impuro através do contato com um corpo, deve-se aspergir sobre esse uma mistura especial de água com as cinzas da vaca vermelha".

De acordo com uma visão dos sábios (Guitin 60a), as leis da vaca vermelha foram transmitidas a Moisés no dia primeiro de Nissan. Então porque a Torah coloca este assunto somente aqui?

Uma vez que Coré ridicularizou o processo de purificação dos levitas (ver parashá passada), depois de terminar o relato da rebelião de Coré e suas consequências, a Torah explica o fundamento do preceito, de que a purificação é alcançada através das cinzas da vaca vermelha. O Todo Poderoso instruiu sobre os detalhes da lei da vaca vermelha:

A vaca vermelha é adquirida com recursos do tesouro do Templo Sagrado, de um fundo que contém as doações anuais de meio-shekel dos indivíduos judeus. Para uma vaca vermelha ser qualificada como tal, deve ter pelo menos três anos de idade (idade suficiente para dar cria). Sua cor deve ser completamente vermelha; até mesmo dois pelos de cor diferente desclassificam-na. O animal também é desqualificado se alguma vez foi atado a um jugo, mesmo se não realizou trabalho algum.

Tendo procurado por todos os lugares por uma vaca completamente vermelha, o Sinédrio (Corte Suprema) finalmente foi informado de que um não judeu possuía tal vaca. Emissários foram enviados com o objetivo de adquiri-la.

O proprietário disse: "Estou disposto a vender o animal por um bom preço. Dêem-me quatrocentas peças de ouro". "Você as terá," prometeram-lhe os sábios. "Retornaremos com o dinheiro".

Saíram, a fim de obter os fundos necessários do Sinédrio. Enquanto isso, o não judeu contou a seus amigos sobre a venda em perspectiva, e descobriu quão raro e precioso era esse animal. Quando os delegados voltaram com a soma combinada, o gentio lhes disse: "Mudei de idéia; não venderei minha vaca". "Estamos dispostos a pagar um alto preço," replicaram os sábios. "Quer mais cinco peças de ouro?"

"Não a venderei," insistiu o não judeu. "Pegue mais dez peças de ouro," ofereceram. "Vocês não a terão," repetiu. "Pagaremos vinte peças extras de ouro," disseram. "Fora de questão," replicou.

Os membros do Sinédrio aumentaram a oferta até que o homem finalmente concordou com a venda por uma quantia de cem peças de ouro adicionais (algumas opiniões dos sábios dizem que por mais mil). Os sábios disseram-lhe que voltariam com a quantia total e apanhariam o animal no dia seguinte.

Após partirem, o gentio disse a seu vizinho, rindo: "Sabe por que esses judeus insistiram em adquirir esta vaca em especial? Necessitam dela para seus ritos religiosos, pois jamais foi atrelada a um jugo. Todavia, eu lhes aplicarei um pequeno truque". Naquela noite, o perverso pegou sua vaca vermelha, atrelou-a ao jugo e arou com ela. Os sábios voltaram na manhã seguinte. Antes de pagarem, examinaram o animal. Sabiam que uma vaca que jamais fora atrelada a um jugo pode ser reconhecida através de dois critérios:

1. Dois determinados pelos do pescoço ficam eretos enquanto intocados pelo jugo, porém dobram-se assim que se coloca o jugo sobre o animal.

2. Os olhos de um animal que jamais carregou um jugo são firmes. Depois de subjugada, seus olhos piscam, pois o animal olha de soslaio para ver o jugo.

Perceberam imediatamente que essa vaca apresentava os sinais de uma vaca que já portou o jugo. "Fique com a vaca," disseram ao gentio. "Não precisamos dela". Até a boca deste perverso blasfemo reconheceu: "Abençoado seja Aquele que escolheu esta nação".

O sacerdote abate a vaca "fora do Acampamento". Durante os anos no deserto, era abatida fora dos três Acampamentos; e na época do Templo Sagrado, no Monte das Oliveiras, uma vez que esta montanha era considerada "fora de Jerusalém".

O sacerdote colhe um pouco de sangue da vaca em sua mão esquerda, mergulha nesse seu indicador direito, e asperge o sangue em direção à entrada do interior do Templo, o qual consegue enxergar da montanha. Acende-se um fogo, e o sacerdote supervisa a queima da vaca.

- Quem quer que esteja envolvido na preparação das cinzas - por exemplo, a pessoa que queima a vaca, quem atira o feixe ao fogo, quem recolhe lenha, quem toca ou transporta as cinzas - torna-se impuro.

- As cinzas da vaca são misturadas à água fresca de uma fonte num recipiente.

- As águas com cinzas da vaca vermelha são aspergidas sobre o judeu (que está se purificando) por alguém que está puro de impureza advinda da morte. Ele asperge quem está se purificando no terceiro e sétimo dias da purificação individual. Além disso, durante o sétimo dia, a pessoa que está sendo purificada deve imergir numa micvê, a fim de consumar a purificação. Até hoje nove Vacas Vermelhas foram queimadas.

A primeira foi preparada por Eleazar filho de Aarão sob a supervisão de Moisés, no segundo dia de Nissan, de 2449 (Moisés dirigiu os pensamentos apropriados ao preceito, pois Eleazar não compreendia suas razões).

Uma bênção pairava sobre a porção das cinzas que Moisés separou para purificação: elas duraram até a época de Esdras. Sob a supervisão de Esdras, uma Segunda Vaca Vermelha foi queimada; uma terceira e quarta sob orientação de Simão, o Justo; e mais duas na época de Yochanan, o Sumo-sacerdote. Desde então até a destruição do Segundo Templo Sagrado mais três vacas foram queimadas. A décima será preparada pelo próprio Messias, possa ele vir em breve.

Alusões acerca do preceito da vaca vermelha

Apesar do preceito da vaca vermelha ser inescrutável até a vinda do Messias (quando Deus revelará ao povo judeu as razões de todas os preceitos, inclusive este), a Torah nos fornece algumas indicações:

Certa vez, o pequeno filho da empregada do palácio, brincando, sujou o brilhante chão do palácio. "Onde está a mãe deste traquina?" - gritou o rei. "Que venha e limpe a bagunça de seu filho"! Similarmente, o Todo Poderoso proclamou: "Que a (mãe) vaca expie a impureza criada pelo bezerro (de ouro)". Por isso, apenas uma fêmea é aceitável como vaca vermelha (enquanto que para outros sacrifícios tanto machos quanto fêmeas podem ser escolhidos).

Os seguintes pontos também demonstram a correlação entre a Vaca Vermelha e o pecado do bezerro de ouro:

Uma vez que todos os homens doaram dinheiro para a fabricação do bezerro de ouro, se requer de todos eles que contribuam para a aquisição da Vaca Vermelha. Esse dinheiro provém do tesouro do Templo, constituído da contribuição anual de meio-shekel de cada judeu.

Deus ordenou que a primeira Vaca Vermelha fosse queimada por Eleazar, filho de Aarão, em vez do próprio Aarão, pois Aarão participara do pecado do bezerro de ouro. A vaca deve ser vermelha pois a cor vermelha sempre indica o pecado, e a cor branca sempre simboliza a pureza. Ao olhar a vaca vermelha, os judeus recordam-se de seus pecados. Mais ainda, o ouro tem um reflexo avermelhado. A vaca vermelha expia o ouro que o povo doou para fazer o ídolo em forma de bezerro de ouro.

A vaca precisa ser perfeita, indicando que antes dos judeus cometerem o pecado do bezerro de ouro, eram perfeitos, pois tinham acabado de receber a Torah. Quando pecaram, perderam sua perfeição. A vaca é queimada para recordar o bezerro de ouro, que foi queimado por Moisés. O enigma da Vaca Vermelha - por que purifica e impurifica ao mesmo tempo - contém uma importante lição:

Um dos mistérios filosóficos é a coexistência do Bem e do Mal, felicidade e tragédia neste mundo. Por que homens virtuosos são expostos a sofrimentos enormes frustrou e desconcertou profundamente até o maior dos profetas.

Incapaz de explicar as contradições da vida, as nações idólatras atribuem sua origem em divindades duplas, uma que traz bênção sobre a humanidade e a outra má.

Por essa razão, os modernos reivindicam que o universo não tem poder que o governa. A Torah, contudo, ensina-nos a acreditar em Uma Fonte, da qual todos os eventos - tanto bons quanto maus - emanam. Os elementos aparentemente contraditórios do preceito da Vaca Vermelha ensina-nos a atribuir o mistério da vida às limitações de nosso intelecto.

Num nível que transcende nossa atual compreensão, todas as contradições desaparecem. Sua essência é uma, um plano Divino para nosso benefício definitivo. O preceito ensina que devemos enxergar todos os aspectos da vida com a mesma atitude que adotamos para o próprio preceito da fé.

Os judeus receberam o preceito da vaca vermelha pelo mérito de Abraão

Quando os três anjos visitaram Abraão, ele correu para abater e preparar uma vaca. Como recompensa, seus filhos receberam o preceito de utilizar uma vaca. Enquanto Abraão implorava que Deus não destruísse os perversos habitantes de Sodoma, ele rezou: "Na verdade, não tenho autoridade para discutir com Deus, pois sou apenas pó e cinzas". Abraão era tão humilde que sempre tinha consciência de que o corpo de uma pessoa não passa de mero pó e cinzas.

Deus disse: "Devido à tua grande humildade, Darei a teus filhos uma preceito com cinzas; as cinzas da Vaca Vermelha. Ao cumprirem o preceito, serão perdoados".

Como recompensa por dizer aos seus visitantes celestiais: "Que água seja trazida para lavar vossos pés", Deus deu aos descendentes de Abraão um preceito com água: as cinzas da Vaca Vermelha são misturadas à água.

Três recipientes serão devolvidos

Atualmente, não existem as cinzas da Vaca Vermelha, e não se pode mais purificar da impureza proveniente da proximidade a um morto. No entanto, futuramente, Elias, o Profeta devolverá três recipientes ao Povo de Israel:

O recipiente no qual Moisés colocou o maná, para lembrar os judeus como Deus os alimentou no deserto por quarenta anos.

O recipiente contendo as cinzas da Vaca Vermelha.

O recipiente que contém o azeite com o qual se ungiam os sacerdotes e os reis.

Algumas leis de pureza ritual

Cada um dos seguintes grupos podem se tornar impuros sob determinadas condições através de contato com pessoa ou animal que está impuro: Alimentos; Líquidos; Roupas e utensílios; outra pessoa judia.

Salientaremos as leis básicas de impureza dos grupos acima:

Alimentos

Um alimento pode-se tornar impuro apenas se as duas seguintes condições forem preenchidas: Já não se nutre mais através de seus galhos ou raízes ou se foi anteriormente tocado por um dos seguintes sete líquidos: vinho, mel de abelhas, azeite de oliva, leite, orvalho, sangue ou água.

Preenchidas essas duas condições, e se o alimento, mais tarde, tocar uma pessoa ou animal impuro (como uma carcaça de animal, ou carcaça de certos répteis), esse se torna igualmente impuro.

Na época do Templo Sagrado, se a terumá – dízimo - (presentes de alimentos devidos ao sacerdote) ou chalá (pedaço da massa) ficasse impura, o sacerdote já não poderia comê-la. Havia pessoas que evitavam comer qualquer alimento impuro, quando possível, mesmo se não fosse consagrado, a fim de evitar erros, ou como um ato de santidade especial.

Líquidos

Se um líquido tocar numa pessoa ou carcaça de animal impuros, esse se torna impuro.

Roupas e utensílios

Roupas e utensílios ficam impuros se tocarem numa pessoa ou animal impuro. Utensílios de barro ou cerâmica, se o interior for tocado.

Utensílios de metal ou madeira são purificados através de imersão na micvê. Utensílios de cerâmica não podem ser purificados.

Uma pessoa

Uma pessoa judia torna-se impura através das seguintes condições:

Através de contato; de carregar ou estar sob o mesmo teto que um morto; ou um órgão, membro ou corpo morto; ou em contato com utensílio que tocou um corpo humano morto.

Fica impura por sete dias e, a fim de purificar-se, é aspergida com as águas da Vaca Vermelha no terceiro e sétimo dias; depois, imerge no micvê.

Alguém que tenha tido contato com outra pessoa impura por contato com um morto torna-se impuro, porém sua impureza é menos severa. Perdura até o anoitecer, e a pessoa purifica-se através de imersão no micvê.

A morte de Miriam e o desaparecimento de seu poço

No décimo dia de Nissan do quadragésimo ano no deserto, ocorreu uma tragédia nacional. Quando os judeus chegaram ao deserto de Tsin, Miriam, irmã de Moisés faleceu. Tinha cento e vinte e cinco anos de idade.

Miriam ensinara e orientara as mulheres, assim como Moisés e Aarão o faziam com os homens. Foi uma das sete profetizas conhecidas. Miriam faleceu sem sofrimento, pacificamente e feliz. Já que ela era uma mulher justa, o anjo da morte não podia tocá-la. A Shechiná (Presença Divina) revelou-se a ela, levando assim sua alma de volta a sua fonte. Após sua alma ter deixado o corpo, os anjos a receberam com muita alegria.

Eles exclamaram: "Venha em paz". Essas são as boas-vindas dispensadas a todos os justos após seu falecimento.

A narrativa do falecimento de Miriam segue-se as leis da Vaca Vermelha (apesar de seu passamento ter ocorrido no último ano no deserto, enquanto que a Vaca Vermelha foi queimada no segundo ano).

A Torah justapõe esses dois eventos para ensinar que a morte de um justo traz expiação para o povo judeu, como o fazem as águas da Vaca Vermelha.

Assim que Miriam faleceu, Deus fez com que o Poço de Miriam desaparecesse temporariamente, para que o povo percebesse que seu poço de água fora fornecido pelo mérito de Miriam. Apreciando assim sua grandeza, poderiam enlutar-se por esta mulher justa de maneira apropriada.

A geração do deserto recebeu três presentes pelo mérito de seus três grandes líderes:

O Poço, pelo mérito de Miriam.

As Nuvens de Glória, pelo mérito de Aarão.

O maná, pelo mérito de Moisés.

Por quê os três líderes são associados a esses presentes específicos?

Eles personificavam os três pilares que sustentam o mundo - Torah, serviço Divino e realização de atos de bondade.

Moisés deu a Torah e era o mestre e líder do povo judeu por excelência. Por isso, em seu mérito os judeus recebiam o maná, cujo presente diário aliviava a necessidade de se obter um ganha-pão, e cuja ingestão ajudava-os no entendimento do estudo da Torah.

Aarão personificava o serviço Divino. Sua devoção ao Serviço dos sacrifícios trouxe a Shechiná ao povo judeu. As Nuvens de Glória eram, assim, dadas em seu mérito, pois representavam a Shechiná que residia com o povo judeu.

Miriam era excelsa no terceiro dos três fundamentos: a bondade. Desde sua juventude devotou-se ao bem-estar de seu povo. Mesmo quando criança, ajudava sua mãe como parteira, e levava comida aos pobres.

Mais ainda, foi Miriam que esperou por Moisés às margens do Nilo, e por isso foi recompensada justamente através da água. Por causa de seu atributo de bondade, Deus proveu os judeus com água, uma necessidade vital.

Como os judeus recebiam água do Poço de Miriam?

Esta miraculosa rocha da qual brotava água estava sempre presente no deserto com o povo. Quando o povo acampava, essa ficava num local alto, em frente à entrada do Tabernáculo.

Cada um dos doze líderes aproximaram-se do poço com seus cajados e traçaram uma linha ligando o poço à sua tribo. A água fluía através dessas doze linhas para todas as Tribos, formando rios entre uma tribo e outra. Cada rio era tão largo que uma mulher que desejasse visitar uma amiga de tribo diferente precisaria de um barco, senão desejasse molhar os pés.

A água também rodeava a maior parte do Acampamento. Onde quer que os judeus acampassem, grama, árvores, vinhedos, figos e romãs brotavam à sua volta. Os vinhedos produziam uvas de sete sabores diferentes. O povo judeu experimentava o bem e a excelência do Mundo Vindouro na água e nas plantas produzidas pelo Poço de Miriam. Por isso, mais tarde (nesta parashá), cantaram um cântico louvando esse maravilhoso poço.

Após o falecimento de Miriam, o Poço desapareceu subitamente. Sem água potável para suas esposas e filhos, os judeus encontravam-se em uma situação crítica. Moisés e Aarão, que estavam sentados, enlutados por sua irmã, viram multidões aproximarem-se de sua tenda. "O que é essa assembléia?" - indagou Moisés a Aarão. Replicou Aarão: "Os judeus não são descendentes de Abraão, Isaac e Jacó, que realizam atos de bondade como seus patriarcas? Certamente estão vindo para nos consolar".

"Aarão," censurou-o Moisés, "você não consegue distinguir entre uma multidão com propósitos nobres de uma com propósitos pequenos? Se estivessem se aproximando de maneira ordeira - com os Anciãos à frente, seguidos pelos responsáveis pelos milhares, pelos centuriões, e assim em diante - você teria razão. Porém olhe para esta multidão tumultuada"!

As palavras de Moisés provaram ser verdadeiras imediatamente. A desorganizada e excitada aglomeração que rumava à tenda começou a reclamar amargamente sobre a falta de água.

"Por que precisamos sofrer tanto?" - inquiriram. "Você, Moisés, costumava afirmar que somos punidos porque há pecadores entre nós, que fazem com que a Shechiná parta. Agora, contudo, os homens da geração do deserto já se foram, e os de nós que permanecem vivos merecem entrar em Israel. Por que deveríamos nós, ou nossos filhos, e nosso gado perecer de sede?

"Os infindáveis testes são demais para suportarmos. Por que você não reza para Deus levar-nos diretamente a Israel em vez de guiar-nos pelo deserto por quarenta anos? Preferíamos ter sido consumidos junto com a congregação de Coré ou na praga subseqüente a morrer de sede agora.

"Vocês estão enlutados por uma pessoa. Em vez disso, deveriam enlutar-se por todos nós, pois não temos água".

Apesar dos judeus, em sua agitação, estarem prontos a apedrejarem Moisés e Aarão, Deus não refreou suas reclamações contra eles. Eles expressaram-nas em meio à dor da sede, e Deus não detém alguém de suas afirmações enquanto está em dor.

Moisés e Aarão escaparam da fúria da multidão para a entrada do Tabernáculo e prostraram-se em prece. A Nuvem de Glória apareceu, e Deus censurou Moisés: "Meus filhos estão sofrendo de sede, enquanto você está envolto em luto. Encontre a rocha que era o Poço de Miriam, ordene-lhe que dela emane água, e convide a congregação e os animais a beberem".

Moisés e Aarão pecam em águas de discórdia

Deus disse a Moisés: "O povo testemunhará agora um milagre que santificará Meu Nome. Congregue os justos e pessoas grandes ao lado da rocha da qual jorrava água enquanto Miriam estava viva. Ordene-lhe que forneça novamente água aos judeus.

"Estando de pé com a santa congregação na frente da rocha, ensine-os uma lei ou passagem da Torah. Então ordene à rocha que continue dando água. O mérito do estudo comunitário da Torah fará com que essa produza água, como o fazia em mérito de Miriam. Além disso, todos os que testemunharem o milagre aprenderão a grande lição: Se mesmo uma sólida rocha, ao comando de Deus, obedientemente torna-se um poço, nós, judeus, certamente somos obrigados a obedecer a Deus com alegria e boa vontade (e não porque sentimo-nos obrigados a servi-Lo)"!

Deus advertiu Moisés para que trouxesse somente os justos, mas Moisés (que desejava que todos vissem o milagre) reuniu a congregação inteira, dos pequenos aos grandes, incluindo até mesmo os convertidos egípcios. Um milagre possibilitou ao povo inteiro ficar na frente da rocha, apesar da área ser pequena demais para conter a todos.

Ouviu-se algumas pessoas dos convertidos egípcios zombarem: "Quem disse que o filho de Amram (Moisés) realizará um milagre verdadeiro? Deve haver uma razão para ele estar determinado a dirigir-se a uma rocha em especial. Talvez saiba que a rocha contém umidade e pode, portanto, produzir água. Moisés costumava ser um pastor e conhece bem diferentes tipos de rochas. Vejamos se pode realizar esta proeza com uma rocha de nossa escolha"!

O escárnio dos zombeteiros repercutiu sobre o povo, dispersando-os em todas as direções. O líder de cada Tribo ergueu uma pedra e exigiu: "Moisés, queremos água desta rocha"! O convertido egípcio proclamou: "A não ser que nos dê água da rocha que escolhermos, não queremos nenhuma"!

Moisés ficou extremamente angustiado. Esperava estudar Torah junto com uma solene assembléia de judeus em frente à rocha. Experimentariam então, através do formidável milagre que seu estudo da Torah tinha o poder de mudar as próprias leis da natureza. Em vez disso, enfrentou uma multidão de zombadores que questionavam se um milagre verdadeiro estava para acontecer. Mais que isso, Moisés percebeu que a Shechiná (Presença da Divindade) estava ausente. A atitude do povo causou a partida da Shechiná.

Moisés não tinha certeza de como deveria proceder. A atmosfera não era propícia ao estudo da Torah. Como poderia ensinar a um povo que se rebelava contra seu mestre? E qual rocha deveria escolher? Deveria ignorar a exigência do povo e fazer brotar água do verdadeiro Poço de Miriam? Se sim, o convertido egípcio reivindicaria que ele não realizou um milagre genuíno. Ou deveria aceitar e realizar um milagre através de uma rocha diferente?

Se sim, poderia ser culpado de transgredir o comando de Deus. Além disso, Deus poderia julgar o povo como não merecedor de receber água de uma rocha diferente. Moisés decidiu que precisava censurar severamente o povo, por terem arrogantemente desafiado seu mestre. E a eles se dirigiu de maneira rígida: "Agora ouçam, seus rebeldes e tolos! Por que acham que sua compreensão é maior que a de seu mestre"?

Moisés continuou a repreender o povo: "Devemos fazer brotar água de uma rocha acerca da qual o todo Poderoso não ordenou"? "Juro, ouvirei Deus e trarei água da própria rocha que Ele ordenou". Moisés ordenou à rocha que produza água. Contudo, esta não obedeceu, o milagre não ocorreu. Por conseguinte, Moisés golpeou a rocha. Os zombadores exclamaram: "Filho de Amram, aparentemente você tem água suficiente apenas para nossos bebês". Moisés então golpeou a rocha pela segunda vez. A isso, a água irrompeu e jorrou, formando uma profunda corrente que inundou o povo e afogou os zombadores. O golpe de Moisés fez com que, simultaneamente, cada rocha da região produzisse água.

Deus decreta morte no deserto a Moisés e Aarão

O Todo Poderoso censurou extremamente tanto Moisés e Aarão, proclamando: "Falharam em acreditar em Mim e Me santificar aos olhos do povo judeu, ao golpearem a pedra. Rebelaram-se contra Mim ignorando Meu comando de ensinar Torah aos judeus em frente à rocha. Por isso, não levarão esta geração a Terra de Israel; antes, falecerão no deserto".

Por que o Todo Poderoso puniu Moisés e Aarão de maneira tão severa?

Moisés poderia justificar cada um de seus atos: se recusou a fazer brotar água da rocha que os judeus designaram, a fim de não ser culpado de desobedecer a Palavra de Deus; golpeou a rocha porque suas palavras, oralmente, provaram ineficácia. O seu erro está além de nossa compreensão.

Mais que isso, Aarão, também incluído no veredicto, era aparentemente inocente de qualquer dos pecados enumerados por Deus. Errou somente por ficar lá em silêncio, enquanto Moisés golpeava a rocha. De fato, Moisés argumentou com Deus: "Sou culpado, mas como Aarão poderia sê-lo?"

Aarão, contudo, não se defendeu. Apesar de poder ter questionado o veredicto, permaneceu em silêncio (como quando seus filhos Nadab e Abiú foram punidos com a morte). Na verdade, Deus estava procurando um pretexto, por assim dizer, para fazer com que Moisés e Aarão falecessem e fossem enterrados no deserto.

"Moisés," consolou-o o Todo Poderoso, "como seria se você, o líder da geração do deserto, tivesse enterrado os 600.000 homens que você tirou do Egito, e então levasse outra geração a Israel? Em vez disso, você permanecerá íntegro com a geração que lidera, assegurando-lhes, por conseguinte, uma porção no Mundo Vindouro. Você os liderará para Israel na época do Messias". O líder de cada geração estará à sua frente no Mundo Vindouro.

Isto pode ser comparado ao pastor de um rei cujo rebanho inteiro foi roubado. Quando tenta entrar no palácio, o pastor encontra o caminho bloqueado. O rei explica: "Sei que o que aconteceu não foi por culpa sua, mas meu povo não tem consciência disto. Se eu não mostrar que estou zangado e deixá-lo entrar em meu palácio, eles suspeitarão que você teve participação no roubo". Foi isto que Deus disse a Moisés: "Se você entrar na terra, deixando para trás toda a sua geração para morrer no deserto, as pessoas não acreditarão que você não é culpado pela morte delas. Portanto, tenho de deixá-lo aqui também. Você entrará na terra, juntamente com a sua geração, na época da Ressurreição dos Mortos".

Vendo que estava impotente, Moisés disse: "Se meu irmão e eu tivermos de morrer no deserto junto com o restante de nossa geração, as pessoas pensarão que nós pecamos como elas, com os espiões, e fomos castigados com elas". Deus tranqüilizou-o, dizendo: "Não tenha medo, Moisés. Minha santa Torah relatará claramente como você e seu irmão vieram a merecer este castigo, de modo que toda a humanidade saberá que vocês só tiveram um único pecado em seu histórico, o da Água da Discórdia. Somente por ele vocês foram punidos".

A punição de Moisés e Aarão fornece uma chave para as narrativas da Torah

Se lêssemos apenas as palavras da Torah condenando Moisés e Aarão ("Vocês não acreditam em Mim para Me santificar na presença dos Filhos de Israel," "vocês se rebelaram," e assim por diante) porém não os eventos precedentes, presumiríamos que Deus estava acusando Moisés e Aarão de um crime capital, como idolatria ou ateísmo.

Na verdade, as palavras de Deus eram dirigidas a dois supremos justos, cujo cada ato era devotada ao Serviço de Deus e ao povo judeu. Não se "rebelaram" contra Deus, mas sim cometeram um erro sutil de algum tipo. Deus condenou-os ao extremo, pois quanto maior e mais perto de Deus a pessoa estiver, menos será poupada de culpa.

Se não tivermos esse princípio em mente, julgaremos erroneamente os indivíduos mencionados na Torah, assim como o povo judeu. Se observarem alguém de fora que entra numa sinagoga em Yom Kipur e ouve todos os judeus se acusarem: "Somos culpados, traímos Deus, roubamos, pecamos com comida e bebida," e assim por diante, teria a impressão de que acabara de se deparar com uma congregação de ladrões, traidores, glutões, bêbados e outras pessoas semelhantes.

Contudo, alguém que conhece este povo e sua Torah está ciente de que um judeu confessa sinceramente, "Roubamos", mesmo se jamais tocou em algo que não lhe pertença, pois ele confessa os pecados do povo judeu coletivamente porque se culpa de ter feito alguém perder seu tempo, ou perturbado seu sono.

A dura crítica expressa contra Moisés e Aarão é um típico exemplo do severo julgamento de Deus com as pessoas grandes e elevadas. A Torah conclui o assunto do pecado de Moisés e Aarão com as palavras: "Estas são as Águas de Discórdia, (assim chamadas) porque os Filhos de Israel revoltaram-se contra Deus, e Ele foi santificado por elas" (Nm 20,13). Como Deus foi santificado através das Águas de Discórdia?

A pena de morte para Moisés e Aarão demonstra que Deus é correto até mesmo os maiores justos. Esta conscientização reforçaria o temor de cada um ao Todo Poderoso.

Moisés envia mensageiros ao rei de Edom

Os judeus estavam agora em Cades, perto de Edom. Após cruzar Edom chegariam em Israel. Apesar de Moisés saber que morreria assim que chegasse em Israel, não tentou fazer com que os judeus demorassem o máximo possível. Era um líder fiel, levando em conta o melhor para o povo. Por isso, tentou convencer Edom a permitir a passagem dos judeus.

À medida que se aproximavam, Moisés pensou: "Quando Jacó quis retornar à casa de seu pai, ele mandou mensageiros especiais com presentes para seu irmão, embora não tivesse nenhuma intenção de atravessar sua terra. Certamente nós, uma nação numerosa que deseja passar por Edom, devemos enviar emissários para apaziguar o rei e pedir sua permissão".

Moisés selecionou pessoas especiais e enviou-as ao Rei de Edom com a seguinte mensagem: "Seu antepassado Esaú estava plenamente ciente do decreto que estabeleceu que os descendentes do avô dele, Abraão, seriam estrangeiros numa terra estranha, onde trabalhariam como escravos. Vocês não escolheram trabalhar arduamente e sofrer e se separaram de Jacó.

Nós, os filhos de Jacó, sofremos por muitos anos no Egito, até que Deus ouviu nossas súplicas, teve piedade de nós e nos libertou da servidão. Estamos agora a caminho de nossa terra. Sabemos que vocês estão bem armados, mas não tememos, porque nosso Deus é Todo-Poderoso e temível.

Se nós rogarmos a Ele e pedirmos Sua ajuda, Ele destruirá a você e a todo seu exército, porque nós temos Sua garantia de que nossas orações nunca são totalmente rejeitadas, elas jamais são recusadas.

Pedimos, rei de Edom, que nos conceda permissão para passar por sua terra. Nós o faremos com a máxima rapidez possível, com nossos animais amordaçados, para que eles não pastem nela. Compraremos toda a nossa comida e água com dinheiro".

Por ter medo dos judeus, o rei não queria que esta nação atravessasse Edom. Ele pensou: "O Deus dos judeus destruiu os egípcios que os escravizaram e os torturaram, castigando-os com pragas terríveis. Ele certamente se lembra do ódio que nosso pai Esaú tinha do antepassado deles, Jacó. Se eu permitir que atravessem a minha terra, com certeza Ele também nos liquidará".

Portanto, o rei de Edom disse aos mensageiros que proibia o povo de entrar na terra dele, observando que não tinha medo de orações, porque também possuía uma garantia divina de que "viveria pela sua espada". Ele os receberia com suas forças armadas e os destruiria totalmente.

Quando recebeu esta mensagem dos homens que haviam retornado, Moisés teve vontade de atacar os edomitas e de entrar em sua terra à força, mas Deus o impediu. "Não lutem contra Edom. Não devem conquistá-los, ainda não é o momento oportuno".

Moisés perguntou que mérito especial possuía Edom para merecer esta proteção. Deus respondeu: "Esaú honrou seu pai Isaac. O mérito deste grande preceito é suficiente para proteger seus descendentes para sempre".

Os judeus saíram de Edom, deram a volta e fizeram um caminho mais longo para Israel. Depois, enviaram mensageiros ao rei de Moab, pedindo permissão para passar pelas Terras. O rei de Moab, porém, negou-lhes passagem. Deus também não deixou que fizessem a guerra contra Moab.

Aarão falece no monte Hor

A Nuvem de Glória permaneceu durante diversos meses em Cades, na fronteira da terra de Edom. Então, essa levantou-se e dirigiu os judeus por um desvio contornando a terra de Edom. Ela descansou na frente do Monte Hor.

O nome Monte Hor significa "montanha da montanha". Era na verdade um monte sobre o topo de outro, parecendo uma pequena maçã no topo de uma grande maçã.

Geralmente, a Nuvem de Glória aplainava todas as colinas e montanhas no deserto, de modo que o povo judeu pudesse viajar num caminho suave e sem obstáculos. No entanto, Deus deixou três montanhas de pé:

- O Monte Sinai, para a outorga da Torah.

- O monte Nebo, para ser o local do túmulo de Moisés.
- O Monte Hor, para se tornar o local do enterro de Aarão.

Deus preservou essas montanhas também como um lembrete de que haviam muitas montanhas parecidas no deserto. Os judeus então apreciariam a bondade que o Todo Poderoso fez em favor deles ao nivelar as montanhas.

Ao chegarem ao Monte Hor, Deus anunciou a Moisés: "Aarão se unirá a seu povo. Sua alma se juntará a de outros justos no Mundo Vindouro.

"Informe gentilmente a Aarão que está prestes a partir deste mundo, pois pecou nas Águas de Discórdia. Seu filho Eleazar o sucederá como Sumo-sacerdote. Alguém que deixa um filho que toma seu lugar é considerado como se não tivesse falecido".

Ao receber as ordens de Deus, Moisés suplicou: "Mestre do Universo! Aarão não pode ficar vivo no lado leste do Jordão"? "Impossível," replicou o Todo Poderoso. "O fato dele ficar vivo impede os judeus de entrarem na Terra. Você deseja que ele viva a este custo"?

Moisés ainda continuou a rezar: "Mestre do Universo," implorou ao Todo Poderoso, "Como posso dizer a meu irmão: Sua hora chegou"? Deus replicou: "É uma honra para ele ser informado por ninguém mais a não ser você. Diga-lhe: Como você é afortunado, pois eu e seus filhos lhe ajudaremos em seus últimos momentos'". "Quem cuidará de mim, disse Moisés, quando estiver prestes a morrer? Além disso, seu filho tomará seu lugar e o meu não".

"Mais que isso, Aarão não morrerá através do Anjo da morte. Quando Aarão arriscou sua vida queimando incenso no meio do povo a fim de deter a praga, Eu decretei que o Anjo da Morte não terá poder sobre ele. Eu Mesmo recolherei sua alma". Ao perceber que o decreto de Deus era irrevogável, Moisés obedeceu sem demora.

Na manhã seguinte, ele rendeu honras públicas a Aarão. Em vez de andar até o Tabernáculo na formação usual - Aarão à direita, Eleazar à esquerda, os líderes flanqueando-os pelos dois lados, e o povo entre eles - Moisés disse a Aarão que andasse no centro, onde em geral Moisés anda.

O povo estranhou o porquê de Aarão receber honra especial. Pensaram que Aarão recebera a profecia em vez de Moisés. Quando o cortejo chegou ao Tabernáculo. Aarão quis entrar para realizar o Serviço matinal diário. "Espere," disse Moisés. "Deus ordenou que você não realize o Serviço hoje". "O que Ele ordenou?" - perguntou Aarão. "Subamos ao Monte Hor, e eu lhe direi," retrucou Moisés. Ao sopé da montanha, Moisés ordenou aos líderes das tribos que esperassem. Apenas ele, Aarão e Eleazar subiram.

Aarão indagou novamente: "O que Deus ordenou"? "Meu irmão," introduziu Moisés o assunto cuidadosamente, "você está consciente de guardar um depósito que o Todo Poderoso pode querer de volta"? "Meu irmão Moisés," replicou Aarão, "O Tabernáculo inteiro e seus utensílios sagrados estão sob minha responsabilidade. Será que falhei no Serviço"?

Moisés tentou uma aproximação mais direta: "O Todo Poderoso confiou-lhe uma luz?" - perguntou a Aarão. "Não apenas uma," replicou Aarão, "Todas as sete luzes da Menorá são de minha responsabilidade".

"Isto não é o que quero dizer," disse Moisés. "Talvez Ele confiou-lhe algo que se parece com luz?" "A alma do homem é a vela de Deus" (Pr 20,7), replicou Aarão. "Você está insinuando que a hora de meu passamento chegou?" "Sim," disse Moisés, colocando a mão no coração e gritando: "Meu coração dói e sofre dentro de mim, e o temor da morte caiu sobre mim" (Sl 55,5).

No topo da montanha uma caverna estava preparada, e nela uma cama e uma vela acesa. Deus instruiu Moisés: "Transfira os trajes sacerdotais de Aarão a seu filho Eleazar, que o sucederá como Sumo-sacerdote". Quando Moisés ouviu a ordem, não sabia como agir. É proibido vestir o Sumo-sacerdote em qualquer outra seqüência a não ser a prescrita: primeiro, as roupas de baixo; e depois as outras. A fim de vestir Eleazar na ordem correta, deveria despir Aarão de todas as suas roupas, inclusive as de baixo. "Não tema," disse Deus a Moisés, "Faça, e Eu farei minha parte".

Os milagres que Deus realizou para Aarão quando este estava prestes a falecer foram maiores que os da vida inteira de Aarão. Toda vez que Moisés removia uma das túnicas sacerdotais de Aarão, encontrava-o vestido por baixo com um traje Celestial correspondente, de maneira que o corpo de Aarão nunca ficou nu. Depois que Moisés despiu todos os oito trajes sacerdotais, Aarão vestia oito trajes Celestiais correspondentes.

Então Moisés disse a Aarão: "Deite-se no divã!" Aarão assim o fez. "Feche os olhos," ordenou Moisés. Aarão fechou-os. "Estique as pernas!" - mandou Moisés. Aarão obedeceu.

A Shechiná (Presença da Divindade) desceu, e a alma de Aarão foi atraída em sua direção com alegria e júbilo, retornando lentamente a sua origem. Sendo que a partida da alma através de "um beijo Divino" é um espetáculo sagrado e solene, a alma de Aarão partiu isolada numa caverna. Ninguém, exceto Moisés e Eleazar podiam observar a grande cena.

Moisés exclamou: "Quão afortunada é a pessoa que falece desta maneira"! Mais tarde, Deus concedeu o desejo de Moisés, de experimentar esta morte. O Anjo da Morte não teve poder sobre seis justos, cujo passamento deu-se através de "um beijo Divino":

Abraão, Isaac, Jacó, Moisés, Aarão e Miriam.

O Todo Poderoso ordenou então a Moisés e Eleazar: "Agora deixem a caverna". Assim que saíram, a entrada se fechou. Quando Moisés e Eleazar retornaram, o povo não conseguia compreender o que acontecera. Viram três pessoas ascenderem à montanha, e agora só duas estão descendo. Todos os tipos de rumores e desconfianças acerca do destino de Aarão foram levantadas. "Onde está Aarão"? "Ele faleceu," respondeu Moisés.

Esta afirmação encontrou descrença total. O povo disse ameaçadoramente a Moisés:

"Não nos diga que o Anjo da morte tinha poder sobre Aarão, que o controlou e impediu-o de matar os judeus! Traga Aarão de volta imediatamente, ou o apedrejaremos"! "Conhecemos seu caráter irascível. Aarão deve ter dito ou feito algo que você considera pecaminoso, e você decretou-lhe pena de morte!" A falsa suspeita lançada sobre Moisés invocou o castigo do Céu. Imediatamente depois, os judeus foram atacados por Amalec. Moisés orou a Deus para ficar livre de suspeitas.

O Todo Poderoso ordenou aos anjos que trouxessem o caixão de Aarão e mostrassem-no ao povo. Tiveram uma visão do caixão de Aarão flutuando no ar. Por conseguinte, aceitaram sua morte. O luto por Aarão foi pesado. Durou trinta dias e incluiu todos os membros da nação; homens, mulheres e crianças.

Os céus também se enlutaram. Deus e Suas Hostes Celestiais fizeram sua elegia, proclamando: "A Torah da Verdade estava em sua boca, e a iniqüidade não se encontrava em seus lábios; ele andou Comigo em paz e retidão. Pois os lábios do sacerdote [Aarão] guardavam conhecimento e eles buscavam a Torah de sua boca, pois era como um anjo do Eterno das Hostes" (Ml 2,6-7). Por que Aarão foi tão vastamente pranteado?

Aarão gozava de enorme popularidade, pois amava a paz e perseguia a paz. Enquanto andava através do Acampamento, cumprimentava qualquer judeu que via com um amplo sorriso e palavras calorosas, mesmo se a pessoa fosse um perverso. Imediatamente, qualquer pessoa que cometera, ou estava prestes a cometer um pecado, pensava: "Por que Aarão (o Sumo-sacerdote, o maior dignitário dos judeus) cumprimentou-me? Obviamente, pensa que sou um justo". Envergonhado por seu verdadeiro caráter não se encaixar na imagem percebida por Aarão, a pessoa resolvia melhorar seus caminhos.

Sempre que Aarão ouvia que dois judeus discutiram, visitava um deles e dizia: "Sabe o quanto seu antigo amigo está arrependido de não se dar mais bem com você? Está sentado em casa, batendo no peito com o punho e rasgando as roupas de arrependimento, por causa da discórdia entre vocês dois, mas está envergonhado demais para lhe dizer!"

Aarão então visitava o outro amigo, dizendo-lhe as mesma coisas. Da próxima vez que se encontravam, abraçavam-se, beijavam-se e uniam-se novamente, reatando a amizade. Se Aarão ouvisse acerca de uma rixa entre marido e mulher, não descansava enquanto não os tivesse reconciliado. Como Aarão resolvia desavenças entre marido e mulher? Caso ficasse sabendo que alguém brigara com a esposa e a expulsava de sua tenda, ia até ele e dizia: "Soube que você quer divorciar-se. Pense bem, talvez você não encontre uma melhor! Talvez sua futura esposa o fará lembrar constantemente que você foi o culpado, que você está sempre provocando brigas, como fazia com a primeira esposa. É melhor fazer as pazes e contentar-se com a situação". As palavras sinceras de Aarão tocavam profundamente o homem zangado e acalmavam seus sentimentos de irritação.

Cada vez que Aarão fazia as pazes entre marido e mulher, o casal dava o nome de Aarão ao filho nascido após sua reconciliação. Foram esses meninos que renderam as maiores honras ao irmão de Moisés, que só nasceram porque Aarão conseguiu reunir seus pais. Oitenta mil crianças chamadas Aarão acompanharam o esquife de Aarão, que eles viram se movendo no céu.

Aarão faleceu com a idade de 123 anos, a primeiro de Av de 2488 (1312 a.C.). Até o dia de hoje, ninguém conhece o local exato dos túmulos de Moisés e Aarão. O Próprio Deus juntou-os a Si.

Amalec ataca o povo judeu e é derrotado

Durante a vida de Aarão, as Nuvens de Glória protegiam o povo judeu, pelo seu mérito. Quando ele faleceu, as Nuvens desapareceram. Por não terem mais a proteção das Nuvens, a arca preenchia a função das Nuvens, matando as cobras e escorpiões por onde os judeus passavam.

Enquanto as Nuvens cercavam o Acampamento de Israel, as outras nações temiam atacá-los. Os amalequitas eram antigos inimigos de Israel, que esperavam uma oportunidade para atacar. Diziam: "Ataquemos os judeus. Moisés e Eleazar estão de luto, os judeus choram, e já não há Nuvens de Glória para protegê-los". Os amalequitas mobilizaram seu exército e atacaram o povo judeu.

Amalec é derrotado

Amalec temia que os judeus rezassem a Deus para que o derrotasse; por isso, resolveram enganar os judeus. Eles falaram entre si no idioma cananeu, esperando que o povo judeu pensasse que eram canaanitas. Assim, rezariam para que Deus os salvasse dos canaanitas, enquanto que eles, os amalequitas, é que atacariam.

Mas o estratagema não funcionou. Apesar de falarem o idioma cananeu, os judeus reconheceram sua indumentária amalequita. Os amalequitas tiveram êxito em seu ataque, e capturaram uma escrava. Os judeus se assustaram e recuaram oito posições. Eles rezaram: "Por favor, Deus, entregue esta nação em nossas mãos". Não citaram o nome da nação, pois não estavam certos de contra quem lutavam. Também prometeram: "Se vencermos esta guerra, não usufruiremos dos despojos, doaremos tudo a Deus".

Deus aceitou a oração do povo judeu. Eles venceram os amalequitas, e santificaram a Deus com todos os pertences de Amalec.

Os judeus discutem sobre o Maná

Quando os judeus chegaram às terras de Edom, encontravam-se tão perto de Israel que bastaria atravessá-las que chegariam a Israel imediatamente. Mas o rei de Edom não permitiu que os judeus atravessassem o país. Por isso, Moisés e o povo judeu ainda andariam muito para chegar até lá. O convertido egípcio e os que não eram justos reclamaram: "Quando terminará esta peregrinação pelo deserto? Já dura quase trinta e oito anos Moisés, por que você nos tirou do Egito para morrer no deserto? Aqui só tem maná! Está certo que o sabor é ótimo, mas a aparência é sempre a mesma. Que monotonia! O maná é muito leve, não fica em nossos estômagos, e não há desperdício. Como isto pode ser saudável"?

Deus disse: "Tudo o que faço por este povo é o melhor para eles, mas são mal-agradecidos. Falaram mal até do maná". Ouviu-se uma voz do céu: "Escutem! Tirei o povo judeu do Egito e dei-lhes o maná. Podem ter no maná o sabor que quiserem.

Vejam o exemplo da serpente! Tudo o que ela come tem sabor de pó, mas ela nunca protesta. Que a serpente puna os que reclamam da maná, que possui tantos sabores diferentes".

O deserto estava repleto de serpentes venenosas. Até agora, as Nuvens e a arca haviam protegido o povo das serpentes milagrosamente, ninguém havia sido picado por elas. A partir desse momento, Deus permitiu que as serpentes os picassem. Elas mordiam os pecadores. Alguns ficaram doentes por causa do veneno, outros morreram.

O povo judeu percebeu seu erro, e dirigiu-se a Moisés: "Erramos ao falar contra você e contra Deus. Por favor, peça a Deus que elimine as serpentes".

Moisés orou pelo povo e perdoou-o imediatamente por tê-lo criticado.

A cobra de cobre

Deus disse a Moisés: "Faça uma serpente de cobre e coloque-a no alto de um mastro. Quem for mordido por uma cobra olhará para a cobra de cobre e será curado". Moisés assim fez. Todo judeu que olhava para a cobra de cobre fazia teshuvá (conversão e arrependimento) e se curava das picadas venenosas. Olhar para a cobra lembra ao povo: "Façam teshuvá pela sua maledicência. Não façam como a serpente do Paraíso, que falou contra Deus!".

Correspondência bíblica

Serpente:

Gn 3,1.2.4: "A serpente era o mais astuto de todos os animais que o SENHOR Deus tinha feito. Ela disse à mulher: É verdade que Deus vos disse: Não comais de nenhuma das árvores do jardim? A mulher respondeu à serpente: Nós podemos comer do fruto das árvores do jardim. Mas a serpente respondeu à mulher: De modo algum morrereis".

Gn 3,13.14: "Então o SENHOR Deus perguntou à mulher: Por que fizeste isso? E a mulher respondeu: A serpente enganou-me, e eu comi. E o Senhor Deus disse à serpente: porque fizeste isso, serás maldita entre todos os animais domésticos e entre todos os animais selvagens. Rastejarás sobre teu ventre e comerás pó todos os dias de tua vida".

Ex 4,4: "O SENHOR disse a Moisés: Estende a mão e pega-a pela cauda. Moisés estendeu a mão, segurou-a, e a serpente voltou a ser uma vara em sua mão".

Nm 21,9: "Moisés fez pois uma serpente de bronze e colocou-a sobre um poste. Quando alguém era mordido por uma serpente e olhava para a serpente de bronze, ficava curado".

Dt 8,15: "que te conduziu através do deserto grande e terrível, cheio de serpentes venenosas e escorpiões, uma terra árida e sem água. Foi ele que fez brotar água da pedra duríssima".

Jó 26,13: "Seu Espírito serenou os céus e sua mão transpassou a serpente fugidia".

Sl 140,4: "Afiam sua língua como serpentes; têm veneno de víbora nos lábios".

Sb 11,15: "Os pensamentos insensatos da sua iniquidade os haviam transviado, a ponto de prestarem culto a mudas serpentes e bichos inúteis; por isso, como castigo lhes enviaste uma multidão de mudos animais".

Eclo 12,13: "Quem se compadecerá do encantador ferido pela serpente e de todos os que se aproximam das feras? Assim é aquele que se deixa acompanhar por um iníquo e se enreda nos seus pecados; não escapará, até que o fogo o queime".

Is 65,25: "Lobo e cordeiro pastarão juntos, o leão comerá capim junto com o boi, quanto à serpente, a terra será seu alimento. Ninguém fará o mal, ninguém pensará em prejudicar na minha santa montanha, diz o SENHOR".

Jr 46,22: "Escuta! Ele vem como serpente! Avançam em bloco. Vão entrando de machado em punho, como se fossem lenhadores".

Mt 23,33: "Serpentes! Víboras que sois! Como escapareis da condenação ao inferno"?

Mc 16,18: "se pegarem em serpentes e beberem veneno mortal, não lhes fará mal algum; e quando impuserem as mãos sobre os doentes, estes ficarão curados".

Jo 3,14: "Como Moisés levantou a serpente no deserto, assim também será levantado o Filho do Homem".

1Cor 10,9: "nem ponhamos à prova o SENHOR, como fizeram alguns deles, os quais morreram, picados pelas serpentes".

2Cor 11,3: "Receio, porém, que como Eva foi enganada pela esperteza da Serpente, assim também vossos pensamentos sejam desviados da simplicidade e da pureza exigidas para o seguimento de Cristo".

Ap 12,9: "Assim foi expulso o Grande Dragão, a antiga Serpente, que é chamado diabo e satanás, o sedutor do mundo inteiro. Ele foi expulso para a terra, e os seus anjos foram expulsos com ele".

47 – Nm 22,2 – 25,9: BALAC – בלק
Mq 5,6 -6,8

A porção semanal da Palavra de Deus (parashá Balac) narra sobre o encontro do povo judeu com os moabitas. O rei de Moab, Balac vai procurar Balaão para que ele amaldiçoe o povo judeu...

Por que ele não pediu ao contrário para que abençoasse os moabitas ao invés de amaldiçoar os outros?

E isso talvez nos ajude a perceber a relação com o nosso cotidiano. Podem existir duas formas de melhorarmos a nossa vida. Podemos melhorar a nossa vida espiritual, o que vai exigir empenho e constância, ou podemos rebaixar os outros...

Talvez já tenhamos presenciado isso na vida, quando alguém se sente não reconhecido procura desprezar os outros para se sentir mais "valorizado".

O mundo não está dividido entre forças iguais de Bem e de Mal, mas sim com a Presença de Deus que virá com a entrega da sua Lei, da Sua Palavra, da Sua Torah determinar as normais morais da humanidade.

E assim de certa forma o povo de Deus vai sempre receber as críticas dos que se opõem a essas Palavras de Vida contidas na Bíblia e contra aqueles que procuram ler, meditar, e viver essa Palavra.

- O Talmud irá lembrar que a palavra Sinai está relacionada com o termo sina, que em hebraico significa ódio. Em outras palavras, a mesma fonte de vida e moralidade apresentadas por Deus com a entrega da sua Torah irá provocar um grande ódio naqueles que são contra aos conteúdos da mensagem nela contidos.

Balaão era alguém muito inteligente, mas lhe faltava a paz interna, estava à procura da valorização dos outros, e tinha muita inveja, não era firme nas suas decisões. Quando isso ocorre na vida, rouba-nos a paz interior.

Balaão era um profeta não judeu. E obedece a Deus, faz uma bela oração chamada *"Ma Tôvu"*, sobre as tendas de Jacó no acampamento que até hoje é rezada quando alguém entra numa sinagoga, na casa de estudo da Palavra de Deus, antes de começar as suas orações:

– "Quão belas são as tuas tendas, ó Jacó, as tuas moradas, ó Israel. E eu, confiado na multidão da Tua misericórdia, entrarei à tua Casa, prostrar-me-ei ante o Teu sagrado santuário, estando cheio do Teu temor. Eterno, eu amei a morada da Tua Casa e o lugar onde habita a Tua Glória. E abençoarei diante de Ti, ó Eterno! Seja, ó Eterno, esta hora de minha prece, hora favorável diante de Ti; ó Deus, ouve-me com a multidão da Tua misericórdia, responde-me, segundo a verdade da tua salvação".

No final deste trecho da Torah os moabitas irão influenciar negativamente os judeus conduzindo a atos de idolatria e promiscuidade. Os moabitas acabaram enfraquecendo o nível de fortaleza e de espiritualidade do povo, igualando os judeus a eles próprios... Se não progredirmos na vida espiritual, não estacionamos onde estamos, acabamos por retroceder...

- Por fim o próprio Talmud ensina: "Seja quem for que possua as três características seguintes faz parte dos discípulos do nosso Patriarca Abraão, e quem quer que seja que possua três características diferentes, faz parte dos discípulos do malvado Balaão.
- *Aqueles que possuem um bom olho, um espírito humilde e uma alma dócil fazem parte dos discípulos do nosso Patriarca Abraão. Aqueles que possuem um olho malvado, um espírito arrogante e uma alma gananciosa fazem parte dos discípulos do malvado Balaão" (Pirkei Avot 5,22).*
- Olho bom significa aquele que se alegra sinceramente pelo sucesso dos outros, enquanto olho malvado significa quando invejo o sucesso dos outros.
- Um espírito humilde ocorre quando conhecemos nosso lugar em relação aos outros, e particularmente em relação a Deus. Balaão apesar de Deus se opor claramente (Nm 22,12) acreditava que Deus poderia mudar de opinião e ser evitado por completo.
- A alma dócil de Abraão estava disposta a desprezar os luxos da vida em troca de uma vida de princípios e de valores. Nada poderia colocar em risco sua integridade moral, sua confiança em Deus. Ao contrário o espírito ganancioso de Balaão era motivado unicamente pela busca de riquezas.
- Os discípulos e estudantes de Abraão e os discípulos e estudantes de Balaão, por que falar nesse sentido e não somente em Abraão e Balaão?
- Porque uma das expressões mais claras a respeito de alguém se dá através dos estudantes que ajuda a formar.
- Enquanto Abraão foi receber a profecia no Monte Moriá deixou para trás seu burro (Cf. Gn 22,5), estava livre das garras do desejo. Já Balaão (cf. Nm 22,25) acabou demonstrando que o burro estava num nível mais alto

que ele próprio. O próprio burro foi quem entendeu a profecia diante do Anjo de Deus!

BALAC - Seleções de Midrash a partir do texto bíblico: Nm 22,2 - 25,9

Os moabitas escolhem Balac como líder

Quando os judeus chegaram às imediações de Moab, os residentes locais tremeram. O rei de Moab ouvira a notícia de que os judeus derrotaram as nações que não lhes deram passagem, vencendo os poderosos gigantes Seon e Og. Moab também negara permissão para os judeus passarem por suas terras, e era uma nação ainda menor que aquelas já conquistadas pelos judeus.

Apesar deles saberem que a chegada do povo judeu não representava perigo a suas vidas (pois ouviram que Deus proibira Moisés de travar guerra contra Moab), ainda assim, os moabitas apavoravam-se que sua terra fosse saqueada. Também temiam que o povo judeu exterminasse todos os vizinhos a sua volta. Sobretudo, os moabitas portavam o antigo ódio contra o povo judeu.

O que podiam fazer frente a esse "perigo"? Primeiro, fizeram as pazes com seus vizinhos madianitas, fazendo uma coalizão para lutar contra os judeus. Depois, elegeram um novo rei, Tsur, que era uma pessoa sábia e forte. Uma vez que Tsur não era de estirpe real, porém um mero nobre, tampouco um moabita nativo, mas um madianita, não seria elegível para o cargo em tempos normais.

Agora, no entanto, sua reputação como poderoso herói de guerra e um mágico superior compeliram sua escolha. Eleito, seu nome passou a ser Balac, e sua tarefa, encontrar uma maneira de vencer os judeus. Apesar dos moabitas esperarem que organizasse um exército para guerrear, Balac anunciou: "Não faz sentido lutar contra os judeus, porque perderemos.

Suas vitórias são extraordinárias! Enquanto lutavam contra Seon, seu líder conseguiu deter o sol em sua trajetória. Descubramos onde reside seu poder secreto"!

Os moabitas sabiam que Moisés passara anos em Madiã, na casa de Jetro. Enviaram mensageiros aos sábios de Madiã, indagando: "Revelem-nos como os inimigos podem vencer os judeus. Moisés viveu muitos anos aqui, talvez vocês conheçam o segredo de seu sucesso".

Os sábios responderam: "De fato, Moisés foi nutrido em nosso seio. Um madianita convidou-o a sua casa, concedeu-lhe a filha em casamento e proveu-

-lhe dinheiro. Depois de deixar a casa de seu sogro, Moisés destruiu a nação do Egito inteira! Os judeus não precisam de armas ou de um grande exército. Seu poder está em sua palavra. Simplesmente, Moisés pronuncia o Nome de Deus, e seus inimigos morrem. Os judeus vencem as guerras porque oram pela vitória". "Combata os judeus exatamente com o mesmo método. Nosso conselho é que convoque Balaão, cujo poder da fala iguala-se ao de Moisés".

Os poderes mágicos de Balaão

A fama de Balaão como profundo filósofo e intérprete profissional de sonhos era internacional. Mais tarde, também se tornaria conhecido como mágico de poderosos efeitos. Reis de perto e de longe pagavam-lhe somas fabulosas para pronunciar maldições sobre seus adversários, ou outorgar-lhes bênçãos de sucesso.

Balac estava pessoalmente convencido do poder de Balaão, por que há anos Balaão profetizara que Balac seria rei, e agora, as palavras de Balaão tornaram-se realidade. Além disso, desde que o rei Balac era melhor mágico que todos os habitantes de Moab (que eram todos proficientes nesta arte), ele, mais que qualquer outro, apreciava o domínio de Balaão sobre as forças da impureza.

Balac escolhera convidar Balaão para amaldiçoar os judeus, pois acreditava que estes estavam sujeitos às forças naturais, como todas as outras nações (Não se dava conta de que os judeus estão sob a Providência direta de Deus). Se o próprio Balac era feiticeiro, por que precisava de Balaão?

De fato, a "perícia" de um completava a do outro. Balac era instruído em assuntos práticos; por exemplo, podia determinar exatamente onde alguém deveria postar-se para amaldiçoar efetivamente. Balaão possuía as chaves interiores, as palavras apropriadas com as quais amaldiçoar. A quem os dois podem ser relacionados?

Um (Balaão) era como um cirurgião que podia manejar o bisturi, mas não estava familiarizado com as partes do corpo. O outro (Balac) era como um anatomista que consegue identificar o órgão doente, porém não pode realizar a cirurgia. Juntos, poderiam empreender uma operação. Similarmente, Balaão sabia a hora exata em que uma maldição pode ser efetiva, e Balac sabia o local de onde deveria ser pronunciada.

O Talmud relata que, todos os dias, há um momento em que Deus fica irado. Isto significa que é justamente nesta hora que Ele julga os pecadores.

Evidentemente, aquele que é culpado de transgressão, fica mais vulnerável nesta hora.

Balaão tinha o dom de saber exatamente quando ocorriam estes momentos. Uma maldição proferida nestes instantes poderia expor sua vítima ao julgamento Divino. Balac concluiu: "Que eu convoque Balaão! Juntos, venceremos o povo judeu". A magia pode prejudicar um judeu? O Talmud nos conta a seguinte história:

Certa vez, uma bruxa queria matar Rabi Chaniná com magia. Para que a magia surtisse efeito, ela precisava pegar o pó de sob os pés de Rabi Chaniná.

Sem medo algum, Rabi Chaniná disse: "Pegue o pó e comprove! A magia não fará efeito. Sei que 'Não há outro, só Deus!'" Uma vez que Rabi Chaniná tinha plena certeza de que a magia não podia mudar o que Deus ordena, a feiticeira foi incapaz de prejudicá-lo.

Balac envia mensageiros a Balaão

Balac requisitou que os homens sábios de Madiã se unissem à delegação que estava enviando a Balaão. Os madianitas consentiram, e apesar de estarem em guerra com Moab, os dois antigos inimigos aliaram-se por causa de seu ódio comum aos judeus. Temendo que Balaão se esquivasse por não ter seus instrumentos de magia à mão, os delegados levaram consigo um jogo, para esse caso.

Chegaram na cidade natal de Balaão, a cidade de Petor em Aram Naharayim, e disseram a Balaão em nome de Balac: "Uma nação de 600.000 homens escapou do Egito. Você, Balaão, não nos garantiu que enfeitiçou todas as fronteiras do Egito, para que os judeus jamais pudessem sair? Bem, eles o fizeram, apesar de jamais haverem tido seu próprio rei ou terra, mataram os poderosos gigantes Seon e Og. "Não responda que nada disso é de nossa conta, pois os judeus estão agora às nossas fronteiras"!

"Nunca vi um povo mais estranho! Não podemos vê-los, pois estão ocultos pelas Nuvens de Glória, enquanto nos observam. Eu, Balac, requisito que venha ao meu auxílio. Esta nação batalha com palavras. Você também possui o poder das palavras. Se vier e amaldiçoar esse povo, nós os demoliremos". "Recompensar-lhe-ei generosamente por seus serviços. Se vier conosco, será um convidado de honra numa grande festa em sua homenagem".

Geralmente, Balaão demonstrava pouco interesse nos destinatários de suas bênçãos e maldições. Era um profissional que trabalhava pelo dinheiro.

De fato, contanto que o trabalho fosse lucrativo, amaldiçoaria alguém que abençoara anteriormente, e vice-versa. Não obstante, a oferta de Balac despertou forte interesse pessoal por parte de Balaão. Não desejava nada mais do que poder prejudicar os judeus.

Balaão era neto de Labão, sogro do patriarca Jacó. Acreditava na calúnia dos filhos de Labão: "Jacó roubou e despojou nosso pai de todas as suas posses". Balaão, portanto, odiava os descendentes de Jacó com todo seu coração. Enquanto servia como conselheiro do faraó no Egito, Balaão aconselhou o rei egípcio a banhar-se no sangue das crianças judias. Também instigou o faraó a lançar os meninos judeus recém-nascidos ao Nilo. Balaão era especialmente hostil a Moisés, uma vez que sentia que sua própria sabedoria igualava-se a de Moisés.

Balaão respondeu: "Fiquem aqui esta noite. Vou preparar-me para receber uma profecia de Deus, que me dirá o que fazer". Os mensageiros surpreenderam-se, porque Balaão não concordou imediatamente. Os representantes de Madiã, ao contrário dos moabitas, não queriam esperar. Por quê? Os madianitas eram sábios, e ao ouvir que Balaão precisava da autorização de Deus pensaram: "Nossa causa já está perdida. Se Balaão precisa da permissão de Deus para maldizer os judeus, devemos ir embora, pois os judeus são como os filhos de Deus; e que pai permite que alguém amaldiçoe seus filhos?".

Deus fala com Balaão

À noite, Deus apareceu a Balaão e falou com ele. Em honra aos judeus, Balaão recebeu uma profecia, mesmo sendo um perverso. Geralmente, Balaão percebia Deus através de seus poderes de feitiçaria. Agora, pela primeira vez, Deus concedeu-lhe uma visão profética através do espírito sagrado de profecia. Apesar do impuro Balac não ser merecedor de elevação, Deus concedeu-lhe uma visão profética em honra aos judeus.

Às vezes, Deus Se revela aos perversos por causa dos justos. Assim, Ele falou a Labão num sonho profético em prol de Jacó; e ao rei filisteu Abimelec pelo mérito de Abraão. Mesmo assim, Deus não falou com Balaão da mesma forma como falava com os profetas judeus. Mandou uma nuvem que O separava de Balaão, que não podia ver o esplendor da Shechiná (Presença Divina).

Deus perguntou a Balaão: "Quem são esses (perversos) homens que estão com você?" Esta pergunta era um teste para Balaão, que deveria ter respondido: "Mestre do Universo, Você é Onisciente; Você não precisa me perguntar quem são". Porém, fervendo de desejo de amaldiçoar os judeus, Balaão interpretou mal a pergunta de Deus, como uma indicação de que Ele não está sempre consciente do que acontece nesta terra. "Nesses momentos," pensou, "minhas maldições podem se realizar".

Respondeu arrogantemente: "Balac filho de Sefor, rei de Moab, enviou--os a mim para pedir-me que amaldiçoe os judeus (Veja como até mesmo os reis procuram minha ajuda)"! Deus desorientou Balaão propositadamente, colocando-lhe uma pergunta ambígua como punição, por Balaão ter desviado sua geração. Balaão, entre outros males, inovou antros de apostas e casas de prostituição.

Antes da época de Balaão, as nações gentias mantinham oficialmente certo padrão de decência, reconhecendo que a imoralidade fora uma das razões para que o Dilúvio destruísse o mundo. Balaão, ele próprio se entregando às mais baixas formas do seu desejo, ensinou à humanidade como progredir na imoralidade. Na noite em que os sábios de Moab hospedaram-se em sua casa, apresentou-os à suas práticas imorais. Assim sendo, Deus retribuiu a Balaão desencaminhando-o. Deus replicou a indagação de Balaão: "Você não deve ir com esses homens!"

O ardiloso Balaão pensou: "Talvez Ele não queira me perturbar, um justo, a viajar para um país distante". Indagou, esperançoso: "Devo então amaldiçoar os judeus estando aqui?"

"Não," replicou Deus, "você não deve amaldiçoá-los de lugar algum".

Balaão indagou: "Se assim é, deixe-me, em vez disso, abençoar os judeus" (e uma bênção em momento não oportuno equivale a uma maldição).

"Eles não necessitam de sua bênção," respondeu Deus. "São abençoados através de seus patriarcas, e Eu os abençoo diariamente, sancionando a bênção sacerdotal".

Na manhã seguinte, Balaão anunciou: "Deus não me permite ir com vocês". Balaão queria dar a impressão de que Deus havia lhe proibido ir porque era abaixo de sua dignidade acompanhar pessoas de tão pouca importância; ele só podia viajar com ministros ou reis. Ele não admitiu que Deus houvesse lhe proibido de amaldiçoar os judeus.

Quando Balac ficou sabendo da resposta de Balaão, disse: "Balaão não está satisfeito com minha oferta. Devemos oferecer-lhe mais riquezas e honras"! O rei Balac escolheu uma nova delegação. Estes eram príncipes de alta estirpe real. Instruiu-os a dizer a Balaão: "Por favor, não se recuse a vir! Balac lhe pagará quantias mais altas pelos seus serviços".

Desta vez, Balaão confessou aos mensageiros: "Não posso transgredir os comandos de Deus, mesmo se Balac me oferecesse todo o ouro e prata de seus tesouros". De fato, o mercenário Balaão estava indicando a exorbitante taxa que exigiria - toda a fortuna de Balac. "Esta soma não é exagerada," refletiu o ganancioso Balaão. "Muito pelo contrário, sou uma mão de obra barata. Balac contratou-me para aniquilar uma nação inteira. Se não fosse por mim, teria mobilizado e financiado um exército inteiro, o que lhe custaria muito mais que seu tesouro inteiro. Além disso, seu exército poderia não vencer a guerra, enquanto que o êxito de minhas maldições é garantido".

"Pernoitem aqui hoje," disse Balaão aos príncipes moabitas. "Deixem-me ver o que mais Deus me dirá". Apesar de ter ouvido claramente Deus proibi-lo de amaldiçoar os judeus seu desejo de unir-se a Balac era tão ardente por causa da sua avidez por dinheiro e honra, que fez outra tentativa de obter permissão. Ao ver a insistência de Balaão, Deus consentiu, uma vez que "todo homem é levado pela senda que deseja trilhar".

Uma pessoa deve implorar constantemente a Deus para mostrar-lhe o caminho apropriado a seguir. Não deve presumir que seu caminho atual é necessariamente correto, pois pode jamais descobrir a verdade. Em vez disso, uma pessoa deve buscar esclarecimentos consistentes em todos os assuntos. Se for sincero em seu desejo, receberá ajuda do Alto.

Deus disse: "Perverso, sabe por que Eu quis impedi-lo de unir-se a Balac? Desejei impedir sua morte. Não desejo a morte nem mesmo de um perverso. Se insistir em seguir a trilha da destruição, então vá". Deus também permitiu a Balaão que vá para que depois não dissesse: "Deus está com medo de minhas maldições. Portanto, Ele não me deixa amaldiçoar Seu povo".

Balaão ficou satisfeito com a resposta de Deus: "Assim como Ele mudou de idéia deixando-me ir," pensou, "Ele ainda mudará de idéia sobre eu amaldiçoar os judeus".

Os estranhos acontecimentos durante a viagem de Balaão

Levado por um fanático ódio aos judeus, naquela manhã Balaão levantou-se mais cedo que de costume. Ele mesmo selou sua mula, apesar deste serviço subserviente ser, em geral, designado a seus servos.

Deus disse: "Perverso, você pensa que sua devoção a sua missão ganhará superioridade para as forças da impureza? Há outro antes de você, o patriarca dos judeus, Abraão, que agiu com avidez similar e devoção a um propósito sagrado. Ao ser ordenado a sacrificar seu filho Isaac, também ele levantou-se cedo e selou, ele próprio, seu burro; implantando, desta forma, uma dedicação que é mais forte que a sua".

Balaão partiu, acompanhado por dois servos e seguido pelos príncipes de Moab. Deus preencheu a rota de Balaão com obstáculos, a fim de adverti-lo de que estava prosseguindo em direção a sua própria destruição. Ele enviou o Anjo da Misericórdia para obstruir seu caminho, porém Balaão escolheu ignorar um sinal após o outro. Deus fez com que a mula de Balaão sentisse a presença do anjo, de modo que Balaão pudesse se sentir humilde ao perceber que seu animal sabia mais que ele.

Quando a mula sentiu que tinha um anjo diante de si, ameaçando-a com uma espada, não se atreveu a continuar. O caminho era ladeado de campos abertos, e a mula correu para as planícies. Balaão não sabia explicar o estranho comportamento do animal. Contudo, recusava-se a refletir sobre o significado dos extraordinários eventos, apenas ficou cada vez mais irado e golpeou sua besta. O animal, voltou então para o caminho, de onde o anjo já havia desaparecido. Imediatamente, o anjo reapareceu, e a mula o viu de novo. Com receio de continuar, a mula foi para a beira do caminho, onde havia um montículo de pedras. A mula pressionou o pé de Balaão contra as pedras, machucando-o. Desde então, Balaão passou a mancar. Por que Balaão foi ferido?

Nosso patriarca Jacó chegou a um acordo com Labão: "Nem nós nem nossos descendentes atravessarão este lugar para prejudicar uns aos outros". Selando o acordo, erigiram um monte de pedras (Gn 32,44-54).

Este era o mesmo monte de pedras no qual Balaão, descendente de Labão, esbarrou, passando por ali com o objetivo de prejudicar os descendentes de Jacó. Ele estava violando o acordo. Como castigo, o monte de pedras feriu seu pé. Porém isto não o dissuadiu de continuar a viagem. Quando a mula quis dar a volta, evitando o anjo, Balaão chicoteou-a novamente.

Pela terceira vez, a mula ficou parada no meio do caminho. Só que agora, o caminho estava cercado dos dois lados, e a mula não podia se desviar. Encolheu-se sob Balaão, negando-se a se mover. Balaão deveria ter refletido. Já possuía a mula por muitos anos, e ela nunca havia se comportado daquele jeito. Deveria ter percebido que Deus o impedia de prosseguir. Ao invés disso, Balaão enfureceu-se, dando uma terrível surra na mula.

Por que o anjo apareceu três vezes?

Da primeira vez que o anjo apareceu, havia campo aberto dos dois lados do caminho. Deus mostrava: "Se você pretende maldizer os filhos de Abraão,

só pode maldizer os descendentes de Ismael, que são perversos e merecem uma maldição. Mas não se atreva a amaldiçoar os filhos de Isaac, pois são justos". Na segunda aparição, só podia escapar por um lado, simbolizando: "Se você quer maldizer os descendentes de Isaac, só pode maldizer os filhos de Esaú o perverso, mas jamais os filhos de Jacó". Da terceira vez, o asno não podia se mexer nem para a direita, nem para a esquerda, mostrando a Balaão:
"Se você quer maldizer os descendentes de Jacó, o caminho está bloqueado de ambos os lados. É impossível. Os doze filhos de Jacó são justos, e seus descendentes são santos".

Deus realizaria agora um milagre cujo potencial Ele estabelecera durante os seis dias da criação - fazer a mula conversar com Balaão em linguagem humana. Este milagre tinha como objetivo incutir em Balaão a impressão de que a fala é um dom de Deus. Exatamente como Ele pode investir uma besta muda com o poder da fala, assim Ele impediria Balaão de fazer quaisquer declarações não favoráveis contra os judeus.

A mula reclamou a Balaão: "O que fiz a você para merecer apanhar três vezes"? Balaão deve ter ficado assombrado e aterrorizado ao ouvir a mula falar. Todavia, estava tão obcecado em atingir seu perverso objetivo que estava insensível sequer às mais bizarras ocorrências.

Replicou a sangue frio: "Você me fez de bobo! Se apenas tivesse uma espada em minhas mãos, te mataria agora!" Começou a procurar uma arma para matá-la. A mula comentou: "Aparentemente, você não pode destruir-me sem uma espada, e ainda acha que pode arruinar uma nação inteira só com palavras"?

Os príncipes de Moab, cavalgando com Balaão, ficaram sem palavras. Jamais testemunharam algo tão extraordinário quanto uma conversa entre um ser humano e um animal. Além disso, as palavras da mula faziam sentido. "É verdade," os príncipes começaram a rir. "Vejam, este homem proclama que pode destruir um povo inteiro apenas com palavras, e agora está procurando freneticamente uma espada para matar sua mula"! Essa ridicularizarão foi um golpe devastador para o orgulho de Balaão. "Por que você está montando uma mula que não lhe obedece?" - perguntaram os príncipes.

"Ela não me pertence, tomei-a emprestado," explicou Balaão. "Não é verdade," desmentiu-o a mula, "Sou sua mula". "Contudo," continuou Balaão, "ela não está acostumada a transportar pessoas, apenas cargas". "Não," objetou a mula. "Estou acostumada a que me monte". "Talvez eu a usei uma vez," desconversou Balaão.

A mula corrigiu-o: "Você sempre montava em mim durante o dia, e à noite usava-me para seus baixos propósitos! Alguma vez já agi de maneira similar desde que me conhece"? "Não, não agiu," confessou o envergonhado Balaão. Somente depois é que Deus abriu os olhos de Balaão, que de repente notou o anjo a sua frente, brandindo a espada.

Balaão compreendeu que fora ameaçado de morte. Ajoelhou-se e prostrou-se ao solo, em sinal de reverência. O anjo censurou-o: "Por que bateu na mula três vezes? Se ela não tivesse se desviado de mim cada vez, eu teria te matado. No entanto, não fui enviado para cá para defender sua mula. Vim para avisar você a não prosseguir com seus planos perversos. A nação que você procura exterminar é tão amada pelo Todo Poderoso, que Ele ordenou a todos os seus filhos homens que viessem visitá-Lo três vezes por ano no Templo Sagrado (para as Festas)".

Temendo por sua vida, Balaão tornou-se submisso e fingiu remorso. "Pequei," confessou impetuosamente, esperando que o anjo poupasse sua vida. "Deveria ter percebido, pelos acontecimentos extraordinários, que Deus estava tentando impedir-me de seguir meu curso. Agora, se você desaprova que eu continue viajando, voltarei".

As palavras: "Se você desaprovar," que Balaão dirigiu ao anjo, eram insolentes. Implicavam: "Deus permitiu-me partir, e agora Ele envia um anjo para relembrar Suas palavras. Se Ele quer que eu volte, Ele Mesmo deveria ter me dito. Também no passado Deus foi inconsistente. Primeiro, Ele ordenou a Abraão que oferecesse seu filho em sacrifício, e depois Ele ordenou que um anjo contradissesse Sua Palavra".

Balaão era astuto. Intencionalmente, disse: "Pequei". Sabia que se alguém confessa seu pecado, o anjo não tem poder de tocá-lo. Em seu coração, porém, continuava o mesmo perverso de antes sequioso por maldizer os judeus. Por isso, Deus permitiu que ele continuasse na vereda do mal que ele próprio escolhera.

O anjo respondeu: "Você pode prosseguir viagem. Mas saiba que será capaz de dizer apenas o que colocarei em sua boca". Balaão montou alegremente, esperando "persuadir" o Todo Poderoso a deixá-lo amaldiçoar os judeus.

Balaão é recebido por Balac, e ambos preparam-se para maldizer o povo judeu

De acordo com instruções anteriores de Balac, ao chegarem às proximidades de Moab, os delegados notificaram o rei, que saiu para prestar a Balaão a honra de uma recepção real. "Por que não aceitou minha oferta imediatamente?" Balac reprovou Balaão. "Você acha que sou incapaz de honrá-lo?" (Involuntariamente, uma faísca de profecia escapou de seus lábios. Na verdade, não seria capaz de honrar Balaão.)

Balaão explicou a Balac que ele não concordara imediatamente porque Deus proibiu-o de partir. "Agora também tenho poder para falar apenas as palavras que Deus colocar em minha boca".

Não obstante, ambos confiavam em que Balaão seria capaz de enfraquecer os judeus com seus poderes e prejudicá-los através de seu mau olhado.

Conforme Balac e Balaão cavalgavam ao longo do rio Arnon em direção aos subúrbios da capital, o rei mostrou a Balaão, à distância, faixas de terra que os judeus conquistaram de Seon e Og, terras que originalmente pertenceram a seu próprio país.

Ao chegarem à capital, Balaão percebeu que era densamente populosa, e fervilhava de atividade. Antes da chegada de Balaão, Balac ordenara a todas as grandes lojas e mercados dos subúrbios de Moab que se transferissem para o centro da capital. Esperava que a visão da cidade agitada com vida e atividade despertasse a simpatia de Balaão. Desta maneira, cheio de compaixão por uma população inocente de homens, mulheres e crianças ameaçadas por uma invasão, Balaão iria se esforçar ao máximo para incapacitar os judeus.

Balaão e os príncipes de Moab instalaram-se em alojamentos pré-determinados. O rei Balac enviou-lhes uma refeição de sua cozinha, porém a despeito de suas grandes promessas, era realmente escassa. Naquele dia, Balac abateu muito gado para seu próprio banquete suntuoso; para Balaão, contudo, enviou de má vontade não mais que um bezerro e um carneiro, ambos pequenos e defeituosos.

Balaão ficou ultrajado, e jurou furiosamente: "Eu o ensinarei a não ser tão avarento. Amanhã, mandarei erigir sete altares em sete lugares diferentes, e oferecer um touro e um carneiro em cada um. E deverá repetir as oferendas cada vez que eu estiver pronto para maldizer os judeus. Que isto lhe sirva de lição".

Na manhã seguinte, Balac e Balaão encontraram-se a fim de começarem os preparativos necessários para amaldiçoarem os judeus. Balaão esperava reconhecer o minuto exato de ira de Deus, para aproveitar a oportunidade e pronunciar a maldição. Balac, que era superior a Balaão no conhecimento de onde uma maldição deve ser pronunciada, levou Balaão a uma colina de onde podiam observar a Tribo de Dan.

Balac sabia que os judeus eram uma nação bendita por Deus. Não obstante, propunha-se a aniquilar os judeus que cometiam pecados. Se os encontrasse, Deus teria que cumprir a maldição, pois esses judeus mereciam uma punição.

No futuro, alguns homens da tribo de Dan erigiriam um ídolo; Balaão exultou quando viu a tribo que pecaria, pois acreditava que sua maldição faria efeito sobre esta tribo. Balaão instruiu Balac: "Construa sete altares neste local, e ofereça um novilho e um carneiro a Deus".

Balaão esperava encontrar graça aos olhos de Deus com esses sacrifícios. Proclamou: "Construí sete altares, correspondendo aos sete altares erigidos pelos sete justos: Adão seu filho Abel, Noé, Abraão, Isaac, Jacó e Moisés".

Apesar de Balaão e Balac não oferecerem sacrifícios por motivos puros, mas com perversos propósitos posteriores, não obstante Deus recompensou-os. Balac, como resultado, tornou-se o ancestral de Rute, a moabita, convertida e matriarca da real dinastia de Davi.

Aprendemos disso que devemos sempre realizar atos externos de retidão e virtude, estudar Torah e cumprir os mandamentos, mesmo se seus motivos não forem totalmente puros. Subsequentemente, realizará esses atos com sinceridade. É certo e apropriado que um judeu estude Torah e cumpra os preceitos, mesmo que, naquele momento, falte-lhe a requerida dedicação mental a Deus. O cumprimento de Torah e preceitos na prática exercem, por si sós, uma influência benéfica sobre ele.

Balaão ordenou a Balac: "Permaneça ao lado dos sacrifícios, enquanto eu subo ao topo da colina. Tenho de meditar sozinho para que Deus possa falar comigo. No passado, Ele nunca Se dirigiu a mim durante o dia, e não tenho certeza de que Ele virá ao meu encontro agora".

Balaão andou sozinho até o topo da colina, arrastando com dificuldade sua perna defeituosa. Apesar de seu ferimento ainda doer, recusava-se a atrasar a missão e dar-se o tempo para recuperar-se; pois estava ansioso demais para amaldiçoar os judeus.

Balaão pensou: "Logo chegará um momento no qual Deus fica desgostoso com o mundo". Todavia, ele esperou, esperou, mas esse momento jamais chegou. Na verdade, Deus agiu com muita bondade com o povo judeu. Durante todos aqueles dias em que Balaão tentou maldizer os judeus, Deus conteve sua ira.

Depois que Balaão meditou um pouco, Deus apareceu para ele, em honra ao povo judeu (contudo, a revelação de Balaão foi inferior à experimentada pelos profetas judeus. Deus dirigiu-se a ele de maneira casual e desdenhosa, e não com amor).

A Torah não diz "vayicrá" - Deus chamou Balaão. A Torah emprega a palavra "vayicar", significa que Deus "encontrou por casualidade" com Balaão. Também significa que Deus ficou aborrecido por ter de falar com alguém tão impuro como Balaão. Deus perguntou a Balaão: "Perverso, o que você está fazendo aqui"? "Preparei sete altares com sacrifícios," replicou Balaão, "como presentes a Ti".

Um vendedor sempre trapaceava seus clientes, usando falsos pesos. Certo dia, um inspetor entrou na loja e disse-lhe: "Você está sendo acusado de fraude". "Eu sei," replicou o vendedor, "já enviei um presente a sua casa".

Similarmente, Balaão esperava o favorecimento de Deus subornando-O com sacrifícios. Deus respondeu: "Prefiro uma colher cheia de farinha oferecida pelos judeus, descendentes de Meu amado Abraão, aos suntuosos sacrifícios daqueles que Eu odeio. Não quero as oferendas de um perverso. Volte para o rei Balac e fale com ele".

Balaão implorou a Deus para que o deixasse amaldiçoar o povo judeu; mas enquanto no seu íntimo formulara uma maldição, Deus enrolou sua língua, forçando-o a pronunciar o oposto do que pensava. (De cada bênção pode-se adivinhar a maldição que Balaão pretendia proferir.)

Foi como se Deus tivesse posto um freio em sua boca, obrigando-o a dizer apenas o que Deus queria que ele dissesse. Balaão já não podia escolher suas próprias palavras. Balaão retornou a Balac e aos príncipes de Moab. Encontrou-os ainda concentrados sobre as oferendas dos sacrifícios.

Balaão estava pronto para lançar sua primeira maldição. Mas o "freio" que tinha em sua boca alterava tudo o que ele pensava dizer. Qual não foi a surpresa de Balac e dos príncipes de Moab ao ouvir Balaão pronunciar as bênçãos mais portentosas.

As quatro bênçãos proféticas de Balaão

1) A Primeira Bênção de Balaão: A Origem e Destino do Povo Judeu são Únicos

Quando as bênçãos começaram a sair de sua boca, Balaão elevou sua voz o mais alto que pôde. Esperava evocar a inveja e hostilidade das nações gentias ao escutarem louvores ao povo judeu. As bênçãos de Balaão estavam encobertas como parábolas poéticas. Proclamou:

"Balac, o rei de Moab trouxe-me de Aram, das antigas montanhas, dizendo, 'Venhamos, e amaldiçoe (para) mim Jacó e venha, desperte a ira [de Deus] contra Israel'".

O profundo significado das palavras de Balaão era: Você, Balac, e eu, somos os mais ingratos dos homens. Ambos devemos nossas vidas aos judeus. Como, então, você pôde trazer-me de Aram para amaldiçoá-los? Foi neste exato local que seu patriarca, Jacó, ficou com meu patriarca, Labão. Antes da chegada de Jacó, Labão não tinha filhos. Nasci apenas por causa dos méritos de Jacó.

Você, Balac, sobreviveu por causa das "antigas montanhas," os patriarcas desta nação (chamados de "montanhas"). Você é um moabita, um descendente de Lot. Se não fosse por seu patriarca Abraão, Lot não teria sido resgatado da destruição de Sodoma, e você não estaria vivo hoje.

Mais que isso, não percebe que Deus protege esse povo? Ele prometeu a seu patriarca Abraão: "Os que te amaldiçoarem, Eu os amaldiçoarei". Portanto, alguém que os amaldiçoa está se amaldiçoando. Quando enviou-me a mensagem: "Venha, amaldiçoe (para mim) Jacó", você na verdade indicava: "Venha, amaldiçoe-me (amaldiçoando Jacó)".

"Como posso amaldiçoar, enquanto Deus não amaldiçoa (mas ao contrário, Ele os abençoa)? E como posso despertar a ira divina contra eles, se Deus não está irado"?! **Parece que Deus abençoa os judeus mesmo quando merecem uma maldição. Assim, de que vale minha tentativa de amaldiçoar os judeus, se Deus não deseja que eles sejam amaldiçoados?**

Das afirmações acima, de Balaão, podemos discernir seus pensamentos. Em seu coração, implorava a Deus que o deixasse pronunciar uma maldição. Deus, no entanto, frustrou suas intenções, e assim ele proclamou que ninguém poderia amaldiçoar esta nação. Balaão decidiu então encontrar culpa e defeito nos patriarcas, para que o mal recaia sobre os judeus por causa deles. Por que foi esta sua primeira maldição?

Duas pessoas entraram na floresta para derrubarem uma árvore. O mais tolo começou a podar um galho após o outro, um trabalho bastante tedioso. O mais esperto raciocinou: "Se pudermos encontrar as raízes desta árvore e fizermos um esforço supremo para cortá-la, conseguiremos também podar todos os seus galhos".

Assim, Balaão, o perverso, pensou: "Em vez de amaldiçoar cada tribo separadamente, erradicarei as raízes. Se encontrar alguma impureza na origem deste povo, eu a amaldiçoarei, e desta forma, prejudicarei o povo inteiro".

Em seguida Balaão concentrou seus pensamentos em nossos patriarcas, com o a intenção de encontrar neles alguma falha. Mas ao contrário, uma bênção brotou de seus lábios, pois a origem dos judeus era pura:

"Do topo das rochas eu o vejo e das colinas eu o contemplo". Vejo os judeus descenderem de patriarcas sagrados, chamados de "rochas", e das sagradas matriarcas, chamadas de "colinas" (como as rochas no mundo físico, os patriarcas são a fundação espiritual do mundo). Desde a origem este povo é santo, suas almas anseiam por santidade. Por isso, nunca se assimilarão totalmente como os não judeus (mesmo se ficarem associados temporariamente).

Eles guardam e cuidam cuidadosamente de sua origem: *"Eis que o povo viverá na solidão e não será contado entre as nações".* O povo judeu não se casará com não judeus, tampouco adotarão as crenças e culturas dos não judeus à sua volta. Recusam-se a profanar o Shabat, a abolir o berit milá (circuncisão), ou a adorar as divindades dos não judeus.

"Quem pode contar o pó de Jacó"? Quem pode contar o número de preceitos que um judeu realiza desde a hora em que nasce até a hora em que retorna ao pó?! Já está circunciso na tenra idade de oito dias. Se for um primogênito, é redimido por um sacerdote quando atinge a idade de trinta dias. Aos três anos, seus pais começam a educá-lo na Torah e nos preceitos; aos treze, toma sobre si a responsabilidade de todas os preceitos.

Um judeu nunca se senta para uma refeição sem a bênção dos alimentos; e após a refeição, novamente recita bênços. Quem pode amaldiçoar uma nação cujos membros dedicam suas vidas a cumprir os mandamentos de Deus?

Quem pode contar o número de preceitos que um judeu realiza, mesmo com materiais inferiores, como terra e pó? Quando o judeu ara, observa a proibição de "Não ararás com um boi e um burro juntos," e quando semeia, "Não semearás teu campo com duas espécies de sementes". Ele utiliza cinzas para o preceito da vaca vermelha, e pó para as águas de Sotá.

Quem pode amaldiçoar uma nação que cumpre até mesmo o menor dos preceitos de Deus? Quem pode contar as pequenas crianças judias que, como Deus predisse, "vão se multiplicar como o pó da terra"? (todas as contagens no deserto excluíam os varões com menos de vinte anos de idade.)

Através da bênção de Balaão podemos discernir a maldição que elaborara em seu coração; ele desejava diminuir o número de judeus. *"E o número da quarta parte de Israel".* Quem pode contar a população de mesmo uma das quatro divisões de estandartes dos judeus? De acordo com outra interpretação, Balaão disse: "Deus conta a semente dos judeus, esperando que nasça um justo".

Quando Balaão pronunciou estas palavras proféticas, comentou intempestivamente: "Como pode Deus, Que é santo, e seus anjos, que são santos, mesmo olhar para tais assuntos?"

Como punição, Balaão ficou cego de um olho.

"Que eu morra a morte dos justos e que meu fim seja como o deles!"

Ao perceber que em vez de amaldiçoar os judeus estava involuntariamente abençoando-os repetidamente, Balaão decidiu que seria melhor morrer a continuar sofrendo tal agonia! Entretanto, o espírito de profecia que falava através de seus lábios também elevou esses pensamentos, e ele encontrou-se pedindo a morte dos judeus justos e virtuosos, que entrassem no Paraíso depois de partir deste mundo.

Este é um dos versículos nos quais a Torah Escrita expressa a crença fundamental de que a alma continua a existir depois da morte física, e que os justos experimentam a plenitude e felicidade eternas do Paraíso. Por isso, Balaão teria desejado a morte dos judeus justos. Balac ficou escutando as palavras de Balaão com cada vez mais assombro e consternação.

"O que você fez comigo?" - censurou-o. "Eu lhe convoquei para amaldiçoar meus inimigos, e você os abençoa"! "Não posso fazer nada a esse respeito," replicou Balaão, "pois sou forçado a falar o que Deus coloca em minha boca". Quando os príncipes de Moab ouviram essas palavras, perceberam que Balaão não conseguiria amaldiçoar os judeus. A maioria partiu, apenas alguns permaneceram com Balac, na vã esperança de que Balaão ainda obtivesse êxito.

Balac disse então a Balaão: "Deixe-me levá-lo a outra colina, onde estou tendo a visão, através de meus poderes mágicos, que os judeus, um dia, sofrerão uma trágica perda. Talvez essa calamidade seja resultado de minha maldição"! Balac levou Balaão à montanha sobre a qual Moisés estava destinado a falecer.

"Medite sobre os perversos do povo," aconselhou Balac a Balaão, "e não sobre os justos. Talvez você consiga prejudicá-los".

Balaão instruiu Balac a erguer novamente sete altares, e a sacrificar um touro e um carneiro sobre cada um. "Permaneça aqui para oferecer os sacrifícios," disse Balaão a Balac. "Eu ficarei mais adiante, para que Deus se dirija a mim". Ao ser instruído por Deus para conceder mais bênçãos sobre os judeus, não quis voltar a Balac. "Por que devo voltar e deixá-lo irado?" - disse.

Contudo, Deus forçou Balaão a voltar e pronunciar a próxima bênção. Ao ver Balaão se aproximando, Balac perguntou-lhe cinicamente: "O que Deus, a quem você é obviamente subserviente, lhe disse para profetizar"?

Por conseguinte, Balaão começou seu discurso censurando Balac por essas palavras desrespeitosas.

2) A Segunda Bênção de Balaão: A Grandeza do Povo Judeu os protege contra maldições: *"Levante-se, Balac, e ouça, escute-me, Oh filho de Sefor"*. Não trate levianamente minha profecia, Balac. Você não deve permanecer sentado enquanto ouve as palavras de Deus. Levante-se e fique de pé!

"Deus não é um homem, para que Ele seja falso, nem um ser humano que Se arrependa". Um homem às vezes faz uma promessa, e mais tarde recusa-se a cumpri-la, ou arrepende-se de tê-la feito. Deus, contudo, mantém Sua palavra. Ele prometeu aos patriarcas que Ele levaria os judeus a Terra de Israel e lhes daria sua posse. Você acha que Ele quebraria Sua promessa e deixaria você destruí-los no deserto?

Da bênção de Balaão podemos apreender a maldição que desejava pronunciar: que Deus deveria quebrar a aliança que selou com os patriarcas, e não levar o povo para a Terra Santa. *"Acaso Ele falou e não o fará, ou Ele disse e Ele não o cumprirá?"*

Essas ideias são formuladas como questões retóricas (em vez de afirmações, "Se Ele disse, Ele certamente o fará...". para sugerir que, de fato, há épocas em que Deus não cumpre Sua palavra: Se Ele decreta algo de mal sobre o povo, e este se arrepende depois, Ele anula Seu decreto. Porém, quando se trata de uma bênção do Todo Poderoso, esta é irrevogável.

"Vejam, eu recebi as bênçãos, Ele abençoou, e eu não posso retirar". Em seu íntimo, Balaão implorava a Deus para não compeli-lo a pronunciar mais bênçãos, porém sua verdadeira fala admitia que estava em poder de Deus.

"Ele não viu iniqüidade em Jacó, e nem viu Ele algo errado em Israel". Balaão tentava desesperadamente encontrar defeitos nos judeus. Todavia, a geração que chegou a Israel era uma geração de justos, e desta forma foi forçado a admitir que não conseguiria encontrar pecadores entre eles. *"Deus, seu Deus, está com eles, e a Shechiná do Rei está com eles".*

Você, Balac, disse-me para amaldiçoar os judeus com meus poderes de impureza. Como posso amaldiçoar um povo cujo Deus está constantemente em seu meio, e os guarda e protege? Um ladrão pode conseguir entrar num vinhedo e arrancá-lo enquanto o proprietário está dormindo; mas "O Guardião de Israel não dorme nem cochila" (Sl 121,4). Como, então, posso prejudicar os judeus?

Ao ouvir as palavras de Balaão, Balac perguntou: "Será possível que suas maldições são ineficazes por causa do poder de seu atual líder, Moisés? Talvez você deva atrasar os efeitos da maldição para a época depois da morte de Moisés, quando os judeus serão guiados por outro líder"?.

"Impossível," replicou Balaão. "O sucessor de Moisés, Josué, batalhará contra os inimigos tão vigorosamente quanto Moisés. Quando tocar trombetas perante Deus, os muros de Jericó irão se esfacelar e desmoronar-se"

"Deus tirou-os do Egito com o poder da Sua elevação". Você, Balac, disse-me: 'Veja, um povo saiu do Egito". Estas palavras não eram apropriadas. O povo não poderia ter deixado o Egito sozinho, mas deve ter sido tirado de lá por Deus de maneira sobrenatural. Eu, Balaão, enfeiticei todas as fronteiras do Egito com meus poderes mágicos, a fim de impedir a fuga dos escravos hebreus. Não obstante, minha feitiçaria foi ineficaz, pois Deus, Ele próprio tirou-os de lá.

"Pois não há adivinhações em Jacó, tampouco há qualquer feitiçaria em Israel". Este versículo pode ser compreendido de duas maneiras: Nenhuma adivinhação é efetiva contra Israel (uma vez que Deus está em seu meio); portanto, as ferramentas de magia que os sábios de Madiã trouxeram a mim são completamente inúteis. Pois, diferente das nações, este povo não é regido por anjos encarregados, mas estão sob Supervisão direta de Deus.

Quando meu avô Labão estava sequioso por destruir seu patriarca Jacó com sua artes mágicas, Deus não deixou que tivesse êxito. Similarmente, não posso derrotar os descendentes de Jacó. Não poderão ser encontrados adivinhos e feiticeiros entre os judeus. Não praticam magia como as outras nações, porém consultam Deus diretamente, através de seus profetas, e através da placa peitoral do Sumo-sacerdote. Portanto, este grande povo certamente merece ser abençoado.

"Chegará uma época na qual dirão a Jacó e a Israel: 'O que Deus operou?'" Na época do Messias, Deus realizará milagres para os judeus, que ultrapassarão todos os que foram feitos no passado. As nações gentias então virão e indagarão aos judeus sobre os grandes feitos de Deus.

Na era que se seguirá à ressurreição dos mortos, o amor de Deus pelo povo judeu se tornará evidente a todos. Deus, pessoalmente, será seu professor de Torah. Os justos vão se sentar na frente de Deus como estudantes ante seu mestre, e Ele lhes revelará os profundos significados da Torah.

Não será permitido aos anjos entrarem, porém precisarão perguntar aos judeus: "O que Deus te ensinou?" *"Vejam, o povo levantar-se-á como um filhote de leão, e se levantará como um leão".*

Este povo ergue-se tão forte quanto um leão, e não descansará até ter destruído seus inimigos e tomado os despojos de Canaã. Não há nação na terra que serve o Criador com tanta energia quanto o povo judeu. Quando um judeu se levanta de manhã, ele se fortalece como um leão para agarrar os preceitos, para vestir tsitsit e tefilin, e para recitar o Shemá na hora certa.

"Não se deitará até que tenha comido de sua presa, e beba o sangue da caça". Balaão predisse que Moisés não faleceria antes de vingar-se dele e dos cinco reis madianitas.

Um judeu não se deita à noite até ter recitado o Shemá. Ao pronunciar as palavras: "Deus é Um," reconhecendo assim que não há outro poder que o Todo Poderoso. Deus destrói seus inimigos. Depois de aprender da segunda profecia de Balaão que os judeus conquistariam Canaã e matariam os reis das nações, Balac aconselhou Balaão: "Melhor ir para casa em silêncio! Não preciso nem de suas maldições, nem de suas bênçãos!"

Balaão replicou: "Já não lhe disse que preciso seguir as instruções de Deus"? Balac decidiu fazer mais uma tentativa. "Afinal de contas," pensou, "Sei que esta nação não é invencível. Foram atacados, no passado, pelos amalequitas e canaanitas. Mesmo que eu não consiga destruí-los totalmente, ou impedi-los de entrar em Canaã, deve haver algum modo de prejudicá-los".

Balac levou Balaão a um local diferente, onde, no futuro, os judeus adorariam o ídolo Báal Peor. Balac previu que os judeus seriam punidos lá, mas era incapaz de adivinhar detalhes. Pensou: "Talvez sua punição será o resultado da maldição de Balaão".

Balac e Balaão ergueram novamente sete altares e ofereceram um touro e um carneiro sobre cada um. Desta vez, Balaão não tentou utilizar seus poderes de impureza, uma vez que admitira em sua última profecia que os judeus eram imunes à mágica. Em vez disso, concentrou seus poderes em seus pecados. Virou sua face em direção ao deserto, para lembrar Deus do pecado do bezerro de ouro. Não obstante, ao erguer os olhos, percebeu que a Shechiná pairava sobre as tendas dos israelitas. Soube então que Deus perdoara seu pecado. Em honra ao povo judeu, o espírito de profecia penetrou Balaão. Deus forçou-o a pronunciar novas bênçãos.

3) A Terceira Bênção de Balaão: Os judeus habitarão em segurança em Israel: *"A irrevogável proclamação de Balaão, filho de Beor, e a irrevogável proclamação do homem com boa visão".*

Balaão estava, profeticamente, louvando a si mesmo, dizendo que era maior profeta que seu pai Beor, e que sabia segredos ocultos a todos os outros profetas. De acordo com esta explicação, olhos bons significa que Balaão tinha uma visão profética superior. Contudo, as palavras olhos bons comportam ainda outras interpretações:

- "Aquele cujo um olho foi tirado". Deus puniu Balaão cegando-o de um olho, pois a sarcástica observação que fez ao pronunciar a profecia: "Ele conta a semente de Israel".

- Além disso, Balaão chamou a si mesmo "o homem com mau olho". Balaão podia lançar as forças do mal sobre uma pessoa concentrando seu olhar sobre essa. Ergueu os olhos com o intuito de prejudicar os judeus, mas ficou impotente para prejudicá-los.

Balaão descreveu a si mesmo como "um homem forte" (guever, derivado do radical guevurá - força). *"Irrevogável declaração daquele que ouve os ditos de Deus, que vê as visões do Todo Poderoso, caindo enquanto lhe está sendo revelado".*

Balaão continuava a descrever suas habilidades proféticas, declarando que eram comparáveis às de Moisés. O perverso Balaão, que cometera toda espécie de pecado, tentava impressionar o mundo descrevendo sua superioridade sobre todos os outros profetas. Com sua auto-glorificação, tentava enganar as pessoas a respeito de seu verdadeiro caráter.

De que maneira a profecia de Balaão se compara a de Moisés?

"Não houve ninguém como Moisés no povo judeu" (Dt 24,10). Este versículo implica que entre os gentios houve um profeta do calibre de Moisés, a saber, Balaão. Deus concedeu às nações do mundo uma profecia superior, para que não reivindicassem: "Se apenas tivéssemos um profeta tão grande quanto Moisés, nós também teríamos servido o Todo Poderoso, como o povo judeu". Apesar disso, Balaão era inferior a Moisés.

Moisés ouvia as mensagens de Deus de pé. Balaão não conseguia suportá-las de pé, por isso prostrava-se. Todos os profetas idólatras prostravam-se durante suas profecias, pois não eram circuncidados.

A rainha de Sabá ouvira a respeito da rara sabedoria do rei Salomão, e quis testá-lo. Viajou à corte de Salomão em Jerusalém, onde lhe propôs diversas charadas e questões engenhosas. Dentre outras coisas, trouxe um grupo de meninos perante Salomão e disse: "Alguns desses jovens são circuncidados, outros não. Você pode dizer quais são os meninos circuncidados"?

Salomão pediu ao Sumo-sacerdote que abrisse a Arca e mostrasse-a às crianças. Os circuncidados curvaram a cabeça, e suas faces iluminaram-se com o esplendor da Shechiná. Todos os não circuncidados não puderam suportar a santidade da Arca e caíram sobre suas faces.

Quando Salomão forneceu a resposta correta, a rainha indagou: "Como você pensou neste método para distinguir entre eles"? "Aprendi da Torah," retrucou Salomão. "Está escrito que Balaão não conseguiu suportar a glória de Deus, porque não era circuncidado, e portanto sempre se prostrava quando a Shechiná revelava-Se a ele".

Balaão continuou falando: *"Quão boas são tuas tendas, Jacó, tuas habitações, Israel".* Balaão desejava lançar um mau olhado sobre os judeus, porém foi forçado a afirmar que esta nação era tão sagrada que seu mau olhado não tinha poder contra eles.

Os judeus arrumaram suas tendas de forma que nenhuma entrada ou janela ficasse de frente uma para a outra. Isto possibilitava que cada família conduzisse todos os seus assuntos em particular. Mais que isso, ninguém ficaria tentado a olhar ou cobiçar a mulher ou os pertences do vizinho. Percebendo isso, Balaão exclamou: "Quão boas são tuas tendas, Oh, Jacó!"

Este versículo implica: "Quão boas são as tendas da Shechiná, os Santuários e os dois Templos" todos vistos profeticamente por Balaão. Quão boas são as Casas de Orações e Estudos de Torah, as miniaturas do Templo no exílio!

Da bênção de Balaão fica evidente que maldição queria falar; que os judeus no exílio não terão mais Casas de Orações e Estudos, intensificando sua conexão com o Todo Poderoso. Contudo, Deus fez com que Balaão concedesse uma bênção de que as Sinagogas e Casa de Estudos permaneceriam no povo judeu para sempre.

Essas bênçãos são tão significativas que os sábios incorporaram-nas às orações diárias. Deus queria que estas bênçãos sublimes viessem ao povo judeu através do perverso e imoral Balaão. Assim, o mundo saberia que ninguém tem poder de prejudicar os judeus contra a vontade de Deus.

"Os judeus são como os riachos que fluem, como jardins às margens do rio, tão fragrantes quanto os aloés que Deus plantou, como as árvores de cedro à beira da água". Balaão descreveu poeticamente a grandeza dos judeus, um povo que estuda Torah e cumpre os preceitos. Os judeus que entram nas Casas de Estudos são comparados aos riachos dos quais a água (Torah) flui, e às plantas nas margens do rio, uma vez que o estudo da Torah purifica

como a água. São comparados às belas e fragrantes plantas que produzem frutos, como as que Deus plantou originalmente no Paraíso.

Seu estudo eleva-os, do mesmo modo que as árvores de cedro são muito mais altas que outras árvores.

"A água fluirá de suas nascentes, e sua semente estará em muitas águas". Este versículo inclui grande número de significados, dentre eles:

Balaão exclamou: "A Torah fluirá dos pobres".

Nossos sábios declararam: "Ensine Torah aos filhos dos pobres, pois o versículo afirma que serão estudantes de Torah". Por que o estudo da Torah é mais comumente disseminado entre os judeus pobres que entre os ricos?

Os ricos estão preocupados com seus negócios, e por isso perdem tempo do estudo da Torah. Os pobres são mais humildes que os abastados, por isso sentem necessidade de estudar. Pessoas pobres não possuem os meios de passar seu tempo de lazer da maneira que os ricos (viajando nas férias, fazendo compras, dando festas, e assim por diante). Em vez disso, preenchem seu tempo livre com o estudo da Torah.

Balaão profetizou que o povo judeu terá seus próprios reis poderosos, dizendo: "Um grande rei, Saul, surgirá dos judeus; mais tarde, Davi e Salomão governarão muitas nações". Por que a realeza é descrita como "água que flui de uma nascente"? Os reis judeus eram ungidos com água da nascente, como símbolo de que sua monarquia perdurará, assim como a nascente emana continuamente.

"E seu rei será mais forte que Agag, e seu reinado será elevado". Balaão profetizou que o primeiro rei judeu, Saul, batalhará contra Amalec e derrotará seu rei, Agag. Mais tarde, Davi e Salomão derrotarão poderosos monarcas, e seu reinado, assim, se elevará.

As palavras de Balaão indicam claramente as maldições que queria pronunciar - que sua monarquia não será forte, e que não perdurará.

"Deus, que tirou-os do Egito, protege-os com Sua força e elevação".

Quem conquista todas essas vitórias para o povo judeu? Certamente é Deus, Que com Sua força e grandeza luta em seu lugar.

"Ele (Deus) consumirá as nações, suas adversárias, e quebrarão seus ossos e Ele dividirá sua terra entre os judeus". Não pense que pode impedir os judeus de conquistar Canaã. O mesmo Deus que tem a força para redimi--los do Egito também matará os reis canaanitas e dará suas posses aos judeus.

"Ele este povo se agachará e descansará como o leão e um filhote de leão: quem ousa levantá-lo quando está descansando?"

Os judeus se instalarão firme e seguramente na terra, nenhuma nação conseguirá expulsá-los. *"Os que te abençoam são abençoados, e os que te amaldiçoam são amaldiçoados".*

Contra si mesmo, Balaão foi forçado a repetir a antiga promessa de Deus a Abraão, que continha a ameaça de que se Balaão amaldiçoar os judeus, ele trará maldição apenas sobre si mesmo. Agora, a ira de Balac contra Balaão fora acesa. Rangia os dentes e esfregava as mãos em desespero e lamento pelo desencadear dos eventos.

"Você já abençoou meus inimigos três vezes," vituperou. "Eu lhe avisei para correr para casa antes de mandar meus servos lhe executarem. Vejo que Deus não quer que você seja honrado". Balaão respondeu: "Mesmo se me der todo seu dinheiro, devo abençoar os judeus, pois Deus colocou essas bênçãos na minha boca".

"Contudo, arquitetei outro plano para destruir os judeus. Deixe-me lhe dar um bom conselho. O Deus dos judeus odeia imoralidade. Se você conseguir seduzi-los a pecar, Ele Mesmo os dizimará. Deixe-me descrever como enganar os homens judeus"!

O perverso Balaão arquitetou um plano para capturar os judeus na armadilha da imoralidade (como será descrito no final desta parashá).

"Antes de eu partir," anunciou Balaão, "Sou compelido a lhe desvelar ainda outra profecia. Esta revelará o que os judeus farão na época de Messias.

Contudo, no presente você não tem motivos para temê-los, pois Deus proibiu-os de atacarem Moab".

4) A Quarta Bênção de Balaão: Eventos que acontecerão na época de Davi e do Messias: "A irrevogável declaração de Balaão, filho de Beor, e a irrevogável declaração do homem com boa visão. Irrevogável declaração daquele que ouve as falas de Deus, e conhece a mente do mais Elevado. O que vê a visão do Todo Poderoso, prostrando-se enquanto lhe está sendo revelada".

Balaão revela aqui um novo aspecto de sua grandeza profética, de que sua habilidade de amaldiçoar deriva de seu "conhecimento da mente do mais Elevado" - ou seja, ele podia discernir o momento exato da ira Divina.

Além disso, Balaão louvava a si mesmo de que conhecia a "mente do mais Elevado", pois estava prestes a fazer revelações referentes a assuntos ocultos que transpirariam desde a época do Rei Davi até o fim dos dias.

"Eu o vejo, porém não agora; percebo-o, mas não perto". Vejo o Rei Davi erguendo-se, mas não agora (pois ainda se passarão mais quatrocentos

anos até o nascimento de Davi), e eu percebo o Rei Messias nesse futuro longínquo.

"Uma estrela partiu de Jacó, e um cetro (governante) ergueu-se de Israel". Balaão descreveu Messias como uma estrela que traça sua órbita de um extremo do universo a outro, para simbolizar que Messias reunirá os exilados de todos os cantos da terra. As palavras "e um governante ergueu-se de Israel" podem referir-se ao Rei Davi ou a Messias.

"E perfurará os cantos de Moab, e solapa todas as nações, descendentes de Set". Davi perfurará todos os cantos de Moab, ele subjugará a terra de Moab. Messias solapará as nações, inclusive Moab, e essas serão subservientes ao povo judeu.

"E Edom será uma posse e Seir também se tornará propriedade do seu inimigo, e Israel a herdará". Balaão profetizou que o exílio edomita (o exílio atual) será finalmente terminado por Messias.

"Outro governará de Jacó e ele destruirá quaisquer vestígios da cidade".

"E ele previu [a punição] de Amalec, e ele declamou sua parábola e disse: O primeiro a lutar contra os judeus [após o Êxodo] foi Amalec, e seu fim será a destruição eterna".

Balaão descreveu profeticamente o destino de duas nações - uma, Amalec, que escolheu ser inimiga do Todo Poderoso e do povo judeu; e a outra, a família de Jetro, sogro de Moisés, (descrita no próximo versículo), que escolheu unir-se a Deus. Amalec recusou-se a se arrepender, mesmo depois de ter perdido a guerra contra os judeus, e foi condenado à destruição eterna. A família de Jetro, os Kenim, mereceram bênçãos eternas.

"E ele previu [o destino] dos Kenim, e declamou sua parábola e disse: Quão firme é seu local de habitação desde que você colocou seu ninho sobre a rocha".

Balaão exclamou: Vejo que você escapou das artimanhas da sua má inclinação tal como um pássaro escapa de uma armadilha. Você fez teshuvá (conversão e arrependimento), converteu-se e se uniu firmemente à Rocha, o Deus do povo judeu. Prevejo que colherá bênçãos por isso, pois seus descendentes sentarão no Sinédrio (Corte Suprema) junto com a elite dos judeus.

"Mesmo se os Kenim se desencaminharem, quão longe a Assíria te carregará cativo?"

Balaão continuou a dirigir-se aos Kenim, afirmando: Vocês fizeram bem em unirem-se firmemente ao povo judeu. Mesmo se forem exilados por Senaqueribe, rei de Assíria, junto com as Dez Tribos, não ficarão perdidos eternamente. Voltarão do Exílio, para Israel junto com os judeus.

"E declamou sua parábola e disse: Oh!, quem viverá quando Deus concederá redenção a Seu povo, recompensando os justos e punindo os perversos"? A profecia de Balaão refere-se ao grande e temível Dia do Julgamento na época de Messias, quando Deus imporá justiça à humanidade.

"E uma flecha das mãos dos Kitim afligirá Assíria e afligirá os judeus, porém eles também serão destruídos para sempre".

Balaão profetizou que os assírios seriam atacados pelos romanos, que os afligirão, e a seus judeus cativos. Finalmente, no fim dos dias, Roma cairá nas mãos de Messias, e nosso exílio chegará a um fim.

Quando Balaão terminou essas profundas declarações proféticas, levantou-se, pois estava deitado, prostrado, enquanto Deus comunicava-se com ele. O espírito de Deus que se imbuiu nele em honra aos judeus partia dele para sempre. Passou o resto de sua vida como um mágico comum. Balaão partiu para retornar a sua terra, Aram Naharayim. Antes de partir, supervisionou a construção de grande número de tendas e barracas, nas quais colocou as filhas de Madiã, com o propósito de seduzir os homens judeus".

O perverso e imoral conselho de Balaão

Balaão disse a Balac: "Existe um meio seguro de destruir os judeus: se pecarem Deus os castigará. Deus proibiu-os de se relacionarem com mulheres não judias, pois não quer que se misturem à outras nações. Envie mulheres aos judeus, e diga-lhes para persuadir os homens judeus a pecar. Se conseguirem Deus fará com que os judeus desapareçam".

Balac e os nobres de Madiã decidiram levar a cabo o plano de Balaão para fazer os homens judeus pecarem. Ordenaram que suas filhas se adornassem para atraírem e seduzirem os judeus. Balac ordenou a sua própria filha que atraísse ninguém menos que Moisés. Os moabitas encorajaram o plano vil de Madiã permitindo-lhes utilizar seu território para esse propósito.

Balaão sugerira que um enorme bazar fosse erguido nas vizinhanças do Acampamento judeu. "Venda artigos de vestuário para atrair os judeus," aconselhou. "Coloque mulheres velhas fora das bancas, mas coloque as jovens dentro das barracas". Naquele momento os judeus estavam acampados em Setim, uma estação na margem leste do Jordão, nas planícies de Moab.

Acampados em Setim, os judeus sentiram-se seguros e autoconfiantes. Deus rechaçara todos os seus inimigos, incluindo o famoso feiticeiro Balaão, que foi forçado a louvá-los e abençoá-los. Certa despreocupação e leviandade permeava o Acampamento.

Mais que isso, a própria parada de Setim conduzia à cilada. A cada parada no deserto Deus confrontava os judeus com um teste especial. Ele imbuiu Setim com o forte apelo da imoralidade.

Porém, Deus preparara muito antes do pecado outro agente para salvar Seu povo da destruição. Ordenou que a Arca Sagrada do Santuário fosse feita de madeira conhecida como Setim, acácia, para expiar pelo pecado que os judeus mais tarde cometeriam em Setim.

Os judeus, famosos por sua moralidade superior até mesmo na decadente sociedade do Egito, foram agora apanhados num teste difícil. O pecado começou com os menos importantes do povo. Após terminarem a refeição, decidiram relaxar um pouco visitando o bazar fora do Acampamento.

As mulheres velhas paradas fora das barracas mostravam as mercadorias e cotavam o preço, comentando: "Sei que esses artigos são caros, mas temos uma variedade de artigos baratos lá dentro". O judeu entraria na barraca e encontraria uma jovem e atraente madianita, que pedia um preço bem baixo pelas mesmas mercadorias que vira do lado de fora. Conversando de maneira convidativa, dizia ao judeu: "Só não conseguimos entender como vocês, judeus, odeiam-nos e recusam-se a se casarem conosco. Gostamos de seu povo. Acaso não somos todos descendentes de Têrach, pai de Abraão?"

"Veja, eu te dou este artigo de presente porque somos parentes. Você se parece com um velho conhecido. Por que não se senta e come algo?" Se o judeu recusasse, ela diria: "Não precisa objetar motivos religiosos. Sei que você segue leis dietéticas estritas. Veja, aqui há bezerros e galinhas gordas! Mande que sejam abatidos de acordo com suas exigências, então poderá comê-los. Enquanto isso, beba algo".

Cada moça tinha um frasco de vinho vermelho de forte buquê, que oferecia ao judeu. Quando o judeu ficava embriagado, era convidado a maiores intimidades, mas apenas sob a condição de que primeiro adorasse seu ídolo, o Báal Peor. O judeu replicaria: "Não me curvarei a este ídolo". A moça então explicaria: "Você não precisa curvar-se a ele. Simplesmente realize suas funções corporais normais perante ele".

O abominável serviço desse deus requeria de seus adoradores que se alimentassem e então se despissem e se aliviassem na frente do ídolo. Este culto simbolizava a inteira filosofia das nações gentias: "Viver a fim de satisfazer seus desejos animais. Não há motivos para sentir-se inibido, nem mesmo na frente de deuses!" Sua doutrina de absoluta falta de vergonha é diametralmente oposta ao conceito de recato e decoro da Torah, que deriva da consciência constante da presença de Deus, que criou o homem para servi-Lo em todos os tempos.

Certa vez, uma mulher gentia sentiu-se gravemente doente e prometeu: "Se me recuperar dessa doença, adorarei todas as divindades do mundo". Ela se recuperou e perambulou de sacerdote em sacerdote para aprender sobre todos os deuses e a maneira como eram adorados. Ao ouvir sobre a divindade Báal Peor, perguntou a seu sacerdote: "Qual o serviço deste deus?" O sacerdote instruiu-a: "Coma alguns vegetais, beba vinho, dispa-se e realize suas funções corporais na frente dele". A mulher, incrédula, comentou: "Prefiro contrair minha doença novamente a realizar este serviço repulsivo".

E contudo, como resultado do hediondo plano de Balaão, havia judeus que concordaram em adorar esse ídolo. Por isso, a ira do Todo Poderoso acendeu-se.

A maioria dos que pecaram com as moças madianitas e adoraram o Báal Peor pertenciam ao grupo dos convertidos egípcios. As sementes do desejo impuro nunca foram totalmente erradicadas de seus corações. Este indivíduos foram agora eliminados da pura estirpe dos judeus através do teste de Peor e da subseqüente punição.

Contudo, mesmo judeus melhores, da Tribo de Simeão, tropeçaram ao adorarem Peor. Apesar de sua intenção ser de zombar de "deus", emulando sua desgraçada maneira de adoração, foram, não obstante, considerados culpados. Deus ordenou a Moisés que indicasse os líderes do povo como juízes para punir os que adoraram Báal Peor.

"Como posso determinar quem estava entre os idólatras?" - perguntou Moisés. "Os que adoraram Peor fizeram-no em privacidade, não na presença de testemunhas válidas que possam testemunhar contra eles". "Eu revelarei os pecadores," respondeu Deus.

As Nuvens de Glória retiraram-se de sobre os que eram culpados, de maneira que o sol brilhou sobre eles, e ficaram expostos. Deus também ordenou a Moisés: "Aqueles que adoraram Báal Peor serão condenados à morte". Os juízes se reuniram, examinaram o caso e concluíram que muitos homens da tribo de Simeão adoraram Báal Peor. Foram condenados. Os demais membros da tribo de Simeão estavam revoltados. Apresentaram-se perante seu líder,

Zimri, e disseram: "Como você permite que Moisés mate tantos dos nossos? Faça algo"!

Zimri traz uma mulher não judia ao Acampamento

Zimri reagiu arrogantemente, desafiando Moisés em público. Ele fez uma proposta indecorosa à filha do rei Balac, Cozbi, que replicou: "Meu pai mandou que me oferecesse apenas a seu líder, Moisés". Balac esperava que se sua bela filha pudesse seduzir Moisés, por conseguinte, o povo judeu inteiro cairia em suas mãos.

"Sou maior que Moisés," disse-lhe Zimri, "Ele é descendente da terceira Tribo, Levi, e eu sou da segunda, Simeão. Para provar que estou em pé de igualdade com Moisés, te levarei livremente ao Acampamento".

Descaradamente, Zimri levou a gentia perante Moisés e indagou: "Filho de Amram (Moisés), esta mulher me é permitida ou proibida?" "Ela é proibida," replicou Moisés. Zimri observou: "Deus disse que você é confiável. Desde que declarou que não posso viver com esta mulher, deve admitir que, da mesma forma, sua mulher é proibida, pois é filha de um sacerdote madianita".

Moisés ficou em silêncio (na verdade, seu caso era diferente. Casara-se com Séfora antes da Outorga da Torah, e além disso, sua esposa converteu-se ao judaísmo). Quando os judeus viram que Moisés falhara em responder, os grandes dentre eles irromperam em choro.

Os juízes estavam discutindo se Zimri merecia ser executado por um tribunal humano, ou se estava sujeito a pena de morte decretada pelo Céu. Por que Moisés não sabia como lidar com Zimri? Deus ocultou a lei dele. Moisés aprendeu no Monte Sinai que alguém que coabita com uma mulher gentia deve ser executado por homens devotos. Contudo, ele não conseguia lembrar-se da lei, pois Deus desejava que Finéias punisse Zimri em seu lugar.

Por que Moisés não implorou ajuda a Deus?

Vestida em seu traje nupcial, uma princesa estava pronta para entrar no pálio nupcial. Naquele momento, descobriu-se que ela já houvera se associado a outro homem anteriormente. As notícias desgostaram tanto seu pai e a família que ficaram impossibilitados de reagir. O choque e desespero não conheciam fronteiras.

Similarmente, quando, depois de quarenta anos de andanças pelo deserto, os judeus finalmente chegaram às margens do Jordão, e estavam prestes a entrarem na Terra Prometida, foram apanhados na armadilha de pecarem com as filhas de Moab. Zimri teve a audácia de trazer uma mulher madianita ao Acampamento em público. Moisés ficou atordoado demais para reagir.

Durante toda sua carreira, Moisés foi um corajoso homem de ação. Depois do pecado do bezerro de ouro, confrontou, sem hesitação, seiscentas mil pessoas, esmagando o bezerro ante seus olhos, e ordenando que os idólatras fossem executados. Agora, no entanto, estava tão dominado pelo desapontamento que não rezou nem organizou um tribunal para julgar Zimri.

Moisés temia que desta vez Deus não perdoasse o povo. Não eram mais o povo jovem e imaturo que fizera o bezerro de ouro, durante o segundo ano no deserto. Agora, ao findarem quarenta anos, a nação atingira excelência em Torah e nos seus preceitos. A regressão foi, por conseguinte, tão imensa que Moisés ficou incapacitado, por causa do desespero.

Entretanto, Zimri levou a mulher madianita à sua tenda e aos olhos de todos.

O ato corajoso de Finéias

O neto de Aarão, Finéias, observava a cena, fervendo de indignação. Dirigindo-se a Moisés, inquiriu: "Meu tio-avô, você não nos ensinou, ao descer do Monte Sinai, que aquele que coabita com uma mulher gentia pode ser atacado por um devoto"?! Moisés respondeu: "Aquele que se lembra da lei que seja nosso agente e execute-a!"

"Se eu matar Zimri, na certa os membros de sua tribo me matarão, como vingança. Contudo, Deus espera que eu dê minha vida por Ele".

Finéias, que trabalhava no Tabernáculo como levi, não estava acostumado ao manejo de armas. Não obstante, pegou uma lança para matar Zimri. Finéias sabia que estava arriscando sua vida. Zimri era uma pessoa importante, um líder. E a família de Cozbi também vingaria sua morte.

Finéias ainda hesitava, pois sabia que os membros de Simeão não permitiriam que entrasse na tenda de Zimri, ao redor da qual postaram guardas. A fim de obter entrada, teria de fingir que queria ser admitido porque também tinha propósitos pecaminosos. Então, se matasse Zimri, ou se Zimri o matasse, o povo pensaria que os dois lutaram pela posse de Cozbi. Desta maneira, isto resultaria numa profanação do Nome de Deus ainda maior.

Todavia, suas deliberações chegaram a um repentino fim, pois uma praga começara a afligir o povo. A ira de Deus acendera-se contra os judeus por causa do pecado público de Zimri. Agora Finéias sabia que precisava agir, a fim de salvar o povo da punição Celestial.

Tomou a lança de Moisés, escondeu a ponta de metal em suas roupas e usou o cabo de madeira como uma bengala. Ao se aproximar da tenda, os guardas lhe perguntaram: "O que você quer aqui?"

Finéias replicou: "Não sou pior que seu líder. Meu pai, assim como Moisés, casou-se com uma mulher madianita. Gosto das madianitas".

Permitiram-lhe que entrasse. Uma vez lá dentro, Finéias arremeteu a lança contra ambos, Zimri e Cozbi. Deus realizou doze milagres para proteger Finéias e demonstrar que este agira corretamente. Por exemplo, a ponta de ferro da lança alongou-se de forma que os dois pecadores foram trespassados juntos. Deus fechou as bocas de Zimri e Cozbi, de forma que não podiam gritar. Se tivessem gritado, membros da tribo de Simeão correriam imediatamente, para matar Finéias. Eles não expiraram imediatamente, se não Finéias ficaria impuro. Tampouco sangraram, nem o impurificaram como conseqüência disso. Foi-lhe concedida força extra para erguê-los e mostrá-los ao povo. Assim que Finéias matou Zimri a praga cessou.

Quando Finéias expôs o casal assassinado ao povo, os membros da tribo de Simeão quiseram matá-lo. Deus renovou a praga, e quem quer que atacasse Finéias, perecia. Consciente disso, Finéias atirou ao chão o casal morto e começou a rezar em favor da tribo de Simeão, como está escrito (Sl 106,30): "E levantou-se Finéias e suplicou". Deus ouviu sua oração, e a praga chegou ao fim.

Similarmente, o ato zeloso de Finéias impediu a destruição do povo judeu. Vinte e quatro mil judeus morreram na praga (todos da Tribo de Simeão), comparados aos três mil que foram executados depois do pecado do bezerro de ouro. O pecado em Setim foi mais grave; uma vez que envolvia imoralidade, além de idolatria, mais que isso, degradou a honra dos judeus, pois cometeram devassidão com mulheres gentias.

Através da história subseqüente de nosso povo, todas as tribos produziram grandes líderes, com a exceção de Simeão. As conseqüências do crime de Zimri em Setim demonstram o quão seriamente Deus considera o pecado da imoralidade.

Através de seu ato corajoso, Finéias restaurou a honra de Deus. Ignorou a importância de Zimri, que era um líder, e a de Cozbi, uma princesa madianita, demonstrando, desta feita, que a honra de Deus está acima de tudo. Sua façanha exemplifica os poderosos resultados que podem ser obtidos até mesmo por um único indivíduo que age em Nome dos Céus.

Finéias também ensinou aos judeus que para defender a honra de Deus um judeu deve ser corajoso, mesmo que isso lhe seja desagradável ou signifique arriscar sua própria vida.

Correspondência bíblica

Bênçãos:

Gn 48,20: "Abençoou-os naquele dia, dizendo: Por vós o povo de Israel pronunciará bênçãos e dirá: Deus te faça semelhante a Efraim e Manassés. Assim Jacó pôs Efraim à frente de Manassés".

Dt 28,2: "Se obedecerdes à voz do SENHOR, teu Deus, virão sobre ti e te seguirão todas estas bênçãos".

Js 24,10: "Eu, porém, não quis ouvi-lo; ele teve de pronunciar bênçãos, e eu vos livrei das mãos do inimigo".

Sl 84,7: "Passando pelo vale do pranto, transforma-o numa fonte e a primeira chuva o cobre de bênçãos".

Pr 10,6: "As bênçãos do SENHOR estão sobre a cabeça do justo, mas a boca dos ímpios disfarça a violência".

Eclo 37,27: "O sábio será cumulado de bênçãos, e todos os que o virem o declararão feliz".

Eclo 40,17: "A bondade é como um jardim de bênçãos, e a esmola permanece para sempre".

Is 44,3: "Derramarei água na terra seca, ribeirões no terreno ressecado, derramarei meu espírito nos teus descendentes, minha bênção em teus rebentos"

Ml 2,2: "Se não derdes atenção nem tiveres em mente o desejo sincero de glorificar o meu Nome – diz o SENHOR dos exércitos -, eu vos mando as maldições, mudo em maldição o que eram bênçãos. Amaldiçoo mesmo, porque nunca pusestes o meu Nome no coração".

Mt 14,19: "E mandou que as multidões se sentassem na relva. Então, tomou os cinco pães e os dois peixes, ergueu os olhos para o céu e pronunciou a bênção, partiu os pães e os deu aos discípulos; e os discípulos os distribuíram às multidões".

Lc 24,30: "Depois que se sentou à mesa com eles, tomou o pão, pronunciou a bênção, partiu-o e deu a eles".

Rm 15,29: "e sei que irei ter convosco com a plenitude da bênção de Cristo"

Hb 6,14: "Eu te cumularei de bênçãos e te multiplicarei em grande número".

1Pd 3,9: "Não pagueis o mal com o mal, nem ofensa com ofensa. Ao contrário, abençoai, porque para isto fostes chamados: para serdes herdeiros da bênção".

48 – Nm 25,10 – 30,1:
PINECHÁS – Finéias - פנחס
1Rs 18,46 - 19,21

Finéias havia matado dois amantes, um israelita que trouxe uma estrangeira para dentro da sua tenda no acampamento das tribos de Jacó. E cheio de zelo santo nos diz o texto bíblico, atravessou com a lança os dois, para salvar o povo da praga da imoralidade, pois ao se relacionarem os filhos de Israel com as moças de Moab e de Madiã acabavam se envolvendo na idolatria destes povos. Finéias acabou aplacando a mortandade dos filhos de Israel (24.000 pessoas).

Também lemos neste trecho bíblico sobre Salfaad e suas cinco filhas que não se haviam casado. Naquela época as mulheres não podiam ter propriedade.

Quando um homem morria, automaticamente suas propriedades passavam para um dos seus filhos homens, ou para outros parentes homens.

Após a morte do pai as cinco filhas vão diretamente conversar com Moisés e Aarão para que eles dessem a elas a sua porção. Seu pai havia morrido como um homem bom, não como os revoltosos de Koré.

E Moisés foi conversar diretamente com Deus, que afirmou a Moisés que a súplica das filhas era justa. E mais do que isso Deus corrigiu então as leis de herança das propriedades da Torah em relação às mulheres.

E por fim, é apresentado nesta porção semanal da Palavra a liderança de Moisés diante do povo que passa para Josué. Mas por que Josué e não o herói Finéias, ou então o grande Kaleb que valentemente enfrentou a opinião dos outros 10 espiões de não entrar na terra de Israel?

O Talmud explica que a grandeza de Josué estava no fato de ele permanecer ao lado de Moisés dia e noite. Josué não tinha feito ato algum extraordinário, mas encontrava-se no seu próprio lugar, discreto e constante.

Ele procurava sempre absorver a sabedoria do judaísmo e a fazer o que fosse necessário para ajudar os outros a fazer o mesmo. Diz-se na tradição judaica que ele mesmo chegava bem cedo na sinagoga diariamente para ajeitar as cadeiras...

Pequenos atos de dedicação são os que Deus mais aprecia, mais ainda que as demonstrações heróicas e valentes. Quantas pessoas hoje assim também existem, professores, trabalhadores, pais dedicados como bons exemplos dos heróis atuais e silenciosos.

PINECHÁS - Seleções de Midrash a partir do texto bíblico: Nm 25,10 - 30,1
Deus recompensa Finéias

Será que os judeus apreciaram a coragem de Finéias quando matou Zambri, por este haver trazido uma mulher madianita ao acampamento? Será que ficaram admirados com seu heroísmo?

Ao contrário, maldosos rumores sobre Finéias começaram a se espalhar por todo o acampamento. Os mais contrariados eram os membros da tribo de Zambri, a tribo de Simeão. Afinal, Finéias havia assassinado seu líder!

"Quem deu a Finéias o direito de matar um líder do povo judeu? Quem ele pensa que é para cometer tal ato"? Os companheiros da tribo de Zambri reclamaram ao restante dos judeus.

"A mãe de Finéias descende de Jetro. Jetro costumava ser um sacerdote de ídolos antes de tornar-se judeu! Onde Finéias arrumou a coragem para matar um chefe de uma tribo"? Finéias foi desprezado por causa de sua origem humilde, e Deus defendeu sua honra: Deus ordenou a Moisés que anunciasse em Seu nome: "Se Finéias não tivesse matado Zambri, Eu teria destruído todos judeus! Foi Finéias que salvou o povo da destruição".

"É verdade que ele é descendente de Jetro pelo lado materno. Porém, ao mesmo tempo, seu pai é Eleazar filho de Aarão. Finéias é um neto digno de Aarão! Assim como certa vez Aarão impediu a peste de se espalhar quando ofereceu incenso, assim Finéias impediu a peste de aniquilar os judeus".

"Finéias é um homem justo, filho de outro homem justo. Ele é um valoroso descendente de seu avô Aarão, e do fundador de sua tribo, Levi. Seu antepassado Levi arrasou a cidade de Siquém porque era zeloso da moralidade. Finéias agiu da mesma maneira. Seu ato inspirou-se pelos mesmos motivos nobres que inspiraram as ações de seu pai Eleazar, e as de seu avô Aarão".

Aarão destacou-se na realização de atos de bondade e em estabelecer a paz. Aarão jamais proferiu uma palavra áspera. Mesmo sua censura era gentil. Superficialmente, pareceria que Finéias agira de maneira diametralmente oposta à filosofia de seu avô, pois certamente assassinato é algo indiscutivelmente cruel de se fazer. Portanto, Deus explicou que Finéias na verdade realizou um ato de bondade, parecido com os atos misericordiosos de seu avô Aarão. Ao matar Zambri, resgatou o povo inteiro da morte através das mãos celestiais, pois eram todos culpados por tolerarem o mal em seu meio. Daqui, que o ato de Finéias beneficiou o povo inteiro.

Deus continuou: "Finéias merece uma grande recompensa. Não pensou em sua própria segurança ao matar Zambri, o líder, e Cozbi, a princesa madianita, porque seu único objetivo era em pôr um fim à profanação do nome de Deus.

"Vou recompensá-lo neste mundo e no Mundo Vindouro. Até agora, Finéias foi apenas um levi. Tornar-se-á um sacerdote a partir de hoje".

Antes de matar Zambri, Finéias não era sacerdote, apesar de ser neto de Aarão. Deus nomeou como sacerdote apenas Aarão, seus filhos e futuros descendentes. Os netos de Aarão nascidos antes da unção dos sacerdotes não estavam incluídos. Agora, Finéias tornava-se sacerdote por seu próprio mérito. Deus completou: "Muitos Sumo-sacerdotes vão se originar de Finéias".

A promessa de Deus tornou-se realidade. Na época do Primeiro Templo, dezoito Sumo-Sacerdotes descendiam de Finéias, e na época do Segundo, oitenta. Deus também prometeu: "Finéias terá uma vida muito longa". De fato, sabemos que Finéias ainda vivia na época dos Juízes, quase quatrocentos anos após os judeus entrarem em Israel!

Nossos sábios explicam que a promessa de Deus significava: "Finéias jamais morrerá". Finéias transformou-se num anjo e viveu para sempre. Conforme os ensinamentos da Cabalá, Finéias e Elias o Profeta são a mesma pessoa. Elias não morreu. Foi levado vivo para os céus.

Segundo o pensamento judaico, em sua morte, Elias não se despiu completamente de seu corpo físico, todavia reteve alguns atributos físicos de forma sublimada, a fim de poder visitar esta terra de tempos em tempos.

Deus proclamou: "Mais que isso, porque Finéias trouxe paz entre os judeus e seu Pai no Céu, ele estabelecerá a paz no futuro.

Aparecerá como o profeta Elias, de quem está escrito (Ml 3,23): "E ele transformará os corações dos pais através dos filhos, e os dos filhos através dos pais". Sua recompensa foi moeda por moeda. A ira Celestial acendeu-se contra os judeus ao ponto de aniquilá-los. Ao atenuar a ira do Todo Poderoso, Finéias assegurou a sobrevivência do povo judeu. Por conseguinte, ele mesmo sobreviveu para sempre.

A Torah especifica a ascendência de Finéias, para enfatizar que este seguiu seus passos. Também menciona a ancestralidade de Zambri e Cozbi. Por quê? O elevado status de líder de Zambri é citado para tornar público que ele trouxe vergonha eterna sobre si e sua tribo. Apesar do fundador de sua tribo, Simeão, destruir zelosamente a cidade de Siquém pelo crime de imoralidade, Zambri afastou-se das nobres sendas de Simeão, agindo, em realidade, de maneira oposta.

O grau de princesa de Cozbi é motivo para vergonha e desgraça eternas. Seu pai, o maior dos reis madianitas, ofereceu sua filha à prostituição.

Diz-se em louvor a Finéias que ele não se deteve de matar Zambri e Cozbi por causa de seus status elevados.

Deus instruiu Moisés a atacar Madiã

Imediatamente depois da praga que abateu os judeus que pecaram com as filhas de Madiã, Deus deu a Moisés instruções concernentes à guerra contra Madiã, dizendo: "Os madianitas estão furiosos porque a princesa Cozbi foi morta. Estão tramando perversas vinganças. Uma vez que planejam trazer mais destruição sobre você, levante-se e ataque-os, a fim de se protegerem".

Esta guerra será regida por leis extraordinárias:

1. Não lhes dê opção de fazerem paz. Apesar de outras nações não poderem ser atacadas sem aviso prévio, ataque os madianitas imediatamente.

2. Ao sitiar suas cidades, destrua as árvores frutíferas.

A Torah proíbe os judeus de cortarem as árvores frutíferas dos inimigos, ao sitiarem uma cidade (Dt 20,19). Os territórios pertencentes à Madiã são exceções.

3. No tocante a Madiã, Deus fez outra exceção às regras de combate, dizendo: "Na Torah, Eu ordenei que vocês sitiassem uma cidade apenas de três lados, deixando o quarto para escapar. Na guerra contra Madiã, contudo, seus exércitos devem sitiar as cidades completamente". Por que a Torah ordenou leis excepcionais para Madiã?

Enquanto outras nações aspiravam exterminar os judeus fisicamente, essa nação tentou destruir a alma judaica seduzindo o povo a pecar. Induzir outros a pecar é um crime pior que assassinato. Um assassino priva a outros da vida física. Aquele que leva outros a pecar, contudo, priva-os da vida no Mundo Vindouro.

A Torah proíbe o casamento com homens descendentes de convertidos de Amon e Moab, enquanto permite o casamento com descendentes de egípcios e edomitas convertidos. Os últimos ameaçaram os judeus apenas com a espada, enquanto os anteriores colocaram em perigo a existência espiritual do povo de Israel, um crime muito mais sério.

Apesar de Deus ter declarado estado de guerra contra Madiã imediatamente depois da morte de Zambri, Ele não ordenou a mobilização do exército judeu até que os judeus tivessem sido contados.

Deus advertiu Moisés para que não participasse da batalha contra Madiã. "Este país outrora já te acolheu," disse-lhe, "Não atire pedras num poço do qual bebeu". Deus não declarou guerra contra Moab, apesar de também serem culpados (por terem contratado Balaão e incitado os judeus a pecarem).

Deus poupou-os agora porque:

1. Os moabitas tentaram exterminar os judeus, pois temiam que os judeus os roubassem, enquanto que os madianitas não tinham razões para prejudicarem os judeus.

2. Deus poupou-os em favor de uma preciosa alma, Rute, que viria a descender dos moabitas.

A última contagem dos judeus no deserto

Conforme explicamos na Parashá Bamidbar, o povo judeu foi contado um mês após a consagração do Santuário. Agora, quase quarenta anos depois, Deus novamente ordenou a Moisés: "Conte o povo de Israel"! Quais eram Suas razões para este censo?

1. Este censo aconteceu pouco antes do falecimento de Moisés.

Um fazendeiro contratou um pastor para cuidar de seu rebanho. Contou suas reses ao confiá-las ao pastor, e contou-as novamente antes de serem devolvidas. Similarmente, Moisés foi encarregado de cuidar dos judeus no deserto, espiritual e fisicamente, exatamente como um pastor guarda os rebanhos. Ao contar os judeus antes de seu falecimento, Moisés demonstrou a todas as futuras gerações que ele não falhou em sua tarefa. Deixou seiscentos mil homens, todos fiéis a Deus e Sua Torah.

2. Deus conta os judeus depois de cada praga. Um rebanho de ovelhas foi certa vez atacado por um lobo. A fera conseguiu matar inúmeras ovelhas. Após livrar-se do lobo, o pastor queria saber quantas ovelhas haviam restado, porque lhe eram tão caras. Assim, contou-as. Da mesma forma, "lobos" como os perversos Balaão e Balac fizeram o povo judeu pecar. Por causa disso, muitos judeus acabaram morrendo. Agora Deus desejava estabelecer quantos judeus sobreviveram à peste. Estes judeus estavam livres do pecado, por isso eram preciosos para Deus. Foram, então, contados.

3. Os judeus estavam quase na fronteira de Israel. Logo a terra seria dividida entre eles. A contagem era necessária para saber quantas pessoas receberiam um pedaço de terra. As porções foram distribuídas apenas aos que atingiram a idade de vinte anos na época deste censo.

Deus ordenou a Moisés e Eleazar, o filho de Aarão, para efetuarem a contagem. Todos os homens entre as idades de vinte e sessenta anos foram contados, cada um entregando uma moeda de meio-shekel. Os levitas foram contados separadamente; a partir de um mês de idade.

O que ficou demonstrado pela contagem

Eleazar somou os números de cada tribo. O total foi de 601.730 homens. Este número foi um pouco mais baixo que o da Parashá Bamidbar. A tribo de Simeão totalizou 59.300 homens na contagem de Bamidbar. Agora restavam apenas 22.000. Muitos membros de Simeão morreram na peste após o pecado de Zambri. Deus os punira por terem servido ao ídolo Báal Peor.

A tribo que mais crescera era Manassés, e os levitas ainda eram poucos. Apenas mil homens a mais que na primeira contagem.

Apesar de serem contados apenas os homens, uma mulher é mencionada pelo nome na lista da família da tribo de Asher: "O nome da filha de Aser era Sara". Esta mulher é citada por causa de sua integridade e bons atos. Sara mereceu entrar em Israel e lá viveu por muitos anos.

Como a terra foi distribuída

Deus ordenou a Moisés: "A Terra de Israel deverá ser dividida em doze porções, cujo tamanho é determinado de acordo com seu valor". Uma porção pequena e fértil equivale a uma porção maior, porém menos produtiva.

"As tribos de Manassés e Efraim receberão duas porções (a tribo de Levi, contudo, não receberá nenhuma). Dê mais terra às tribos que são mais populosas, e menos às que são em número menor. Não obstante, acrescentou Deus, o sorteio também funcionará para a indicação dos lotes".

O sorteio decidia que região cabia a qual tribo, e a locação exata de cada família numa determinada tribo. O líder de cada tribo era responsável pela distribuição de terras de sua tribo. Na época de Josué, quando a Terra foi realmente dividida, o procedimento deu-se como se segue: Josué e o Sumo-sacerdote, Eleazar, reuniam o povo. O espírito de profecia pairava sobre Eleazar, e este declarava profeticamente que território caberia a qual tribo. Ele proclamava, por exemplo: "A tribo de Zabulon receberá a área de Aco".

Em seguida, Josué realizava um sorteio. À sua frente havia duas urnas, uma contendo inscrições dos nomes de cada uma das doze tribos; e a outra, com inscrições das doze porções. Com uma mão, Josué puxava uma cédula da primeira urna, e com a outra, uma cédula da segunda urna. Miraculosamente, a tribo e sua devida porção sempre correspondiam ao que Eleazar predissera.

Além disso, Deus investiu a própria porção com o poder da fala. Essa gritava: "Estou destinada a ser a porção de tal tribo". Ao testemunharem esses milagres, as tribos percebiam e se conscientizavam de que as porções eram determinadas por Vontade Divina, e aceitavam seus territórios sem reclamações.

As filhas de Salfaad

Um homem chamado Salfaad faleceu no deserto, deixando cinco filhas: Maala, Hegla, Noa, Melca e Tersa. Todas as cinco eram virtuosas, inteligentes e estudadas. À época do falecimento de Aarão, depois do qual ocorreram os acontecimentos relatados, tinham quase quarenta anos e eram solteiras, uma vez que não conseguiram encontrar maridos valorosos. Ao ouvirem Moisés explicar que a Terra de Israel seria distribuída de acordo com o número de varões, discutiram o assunto entre si.

"O nome de nosso pai será esquecido," disseram umas às outras, "porque nenhum herdeiro homem receberá uma porção em Israel que esteja associado a seu nome. Uma vez que não temos irmãos, reivindiquemos a porção da Terra de nosso pai, de maneira que seu nome seja perpetuado".

Aproximaram-se dos juízes responsáveis pelas dezenas e apresentaram a reivindicação. Sendo esta uma questão legal sem precedentes, os juízes não puderam decidir. Levaram a questão das filhas de Salfaad aos juízes responsáveis por cinqüenta pessoas.

"Deixaremos a decisão aos maiores que nós," disseram também estas autoridades mais elevadas. As filhas de Salfaad, então, aproximaram-se dos juízes centuriões; porém, de lá, foram enviadas aos juízes responsáveis sobre os milhares. Nenhum juiz sentia-se competente para decidir o assunto.

Uma das irmãs visitava a Casa de Estudos todos os dias para ouvir os ensinamentos de Moisés. Certo dia, disse às irmãs: "Hoje Moisés ensinou as leis de yibum (levirato). Se um homem morre sem deixar filhos, sua mulher casa-se com o irmão do marido. O filho que nascer deste casal é uma lembrança para perpetuar o nome do primeiro marido".

As outras irmãs sugeriram: "Nosso pai morreu sem deixar um filho. Deixe que nossa mãe se case com nosso tio! Se nascer um filho homem, este herdará a propriedade de nosso pai, e o nome dele não será esquecido". "Nossa mãe não poderá fazer isto," explicou a irmã instruída, que havia ouvido a palestra de Moisés. "Apenas uma mulher que não tem filho algum pode casar-se com o irmão do marido. Como nossa mãe teve filhas, não poderá casar-se com nosso tio"!

As outras irmãs retrucaram: "Se somos consideradas descendentes de nosso pai, assim como filhos varões, então devemos receber nosso quinhão da terra, também"! Decidiram todas: "Vamos falar com Moisés".

As filhas de Salfaad foram à Casa de Estudos. Os líderes da nação - Moisés, Eleazar, o Sumo-sacerdote (que ocupou o lugar de Aarão após a morte do pai), e os juízes do Sinédrio estavam todos lá. As moças estavam constrangidas por falar diante dos ilustres líderes. Mas isso não as refreou. Superaram seu recato natural, pois a questão era fundamental. Apresentaram-na de maneira estudada e acadêmica.

A filha mais velha principiou: "Nosso pai faleceu no deserto (e não no Egito. Já que faz parte da geração que deixou o Egito, tem direito a uma porção em Israel)". A segunda filha continuou: "Não fez parte da perversa congregação de seguidores de Coré (todos eles perderam suas porções de terra)".

A terceira tomou a palavra: "Não induziu outros a pecar, o que o faria perder sua porção, porém morreu por causa de seu próprio pecado". Salfaad era o homem que profanou o Shabat recolhendo gravetos, na parashá Shelach.

A quarta filha concluiu: "Por que o nome de nosso pai deveria se esquecido por não ter deixado filhos? Que nós, suas filhas, herdemos as porções que lhe são devidas"! Moisés replicou: "A terra será dividida apenas entre homens".

As filhas de Salfaad então argumentaram: "Permita então que nossa mãe faça um casamento levirato com nosso tio. Se tiverem um filho, ele herdará a terra de nosso pai". "Isto não pode acontecer," respondeu Moisés. "Sua mãe não pode se casar com seu tio. Ela tem filhas".

As moças replicaram: "Se as filhas carregam o nome do pai, não deveriam também receber sua herança"? "Espere até que eu pergunte a Deus," respondeu Moisés. Imediatamente, Moisés voltou-se para consultar Deus que confirmasse a reivindicação das filhas de Salfaad.

Por que Moisés não reconheceu, ele mesmo, a veracidade dos argumentos, preferindo esperar pela decisão de Deus? Moisés sabia a decisão correta da lei. Contudo, quando ouviu que os juízes sobre as dezenas deferiram a causa a uma autoridade superior, e que cada tribunal, sucessivamente, evitou expedir uma decisão, Moisés pensou: "Que eu aja da mesma forma. Há Um maior que eu. Que eu Lhe pergunte".

Assim, Moisés ensinou a todos os juízes de todas as futuras gerações a não hesitarem em consultar uma autoridade maior, quando necessário. Deus então respondeu a Moisés: "As filhas de Salfaad estão certas! Esta lei está escrita na Minha Torah no céu, exatamente como elas disseram. Dê-lhes a porção do pai em Israel - a porção dupla que ele merecia como primogênito".

"Esta é a lei para todas as gerações: se um homem não tem filhos, suas filhas herdarão a propriedade". Deus também disse a Moisés que aconselhasse as filhas de Salfaad a casarem-se com membros da sua própria tribo, a tribo de Manassés. Assim as terras herdadas permaneceriam propriedade desta tribo.

Com o passar do tempo, todas encontraram maridos dignos, se casaram e tiveram filhos. Geralmente, uma mulher que não teve filhos antes dos quarenta anos tem mais dificuldades em tê-los depois. Deus realizou um milagre com essas mulheres justas, e todas foram abençoadas com filhos.

A história das filhas de Salfaad nos mostra o quanto todas as mulheres da geração de Moisés amavam a Terra de Israel. Por isso, Deus recompensou não apenas estas moças, mas todas as mulheres, concedendo-lhes o mérito de entrarem na Terra Santa. Ao contrário dos homens, as mulheres da geração de Moisés não morreram no deserto.

Deus ordenou a Moisés que ensinasse aos judeus as leis de herança que ouvira de Deus no Monte Sinai. As leis básicas da Torah sobre heranças são:

- Os filhos do falecido dividem suas posses igualmente; o primogênito, todavia, recebe uma porção dupla.

- Se há herdeiros, as filhas não têm direito a um quinhão. Todavia, se não houver filhos, as filhas herdam as posses do pai.

- Se não há filhos vivos, porém estes deixaram descendentes, os descendentes herdam da mesma maneira que a descrita acima. Por exemplo, se há descendentes homens e mulheres, os homens herdam as posses do ancestral.

- Em seguida, o parente mais próximo, primeiro o ancestral paterno; depois os irmãos paternos, então os tios paternos, e assim por diante, são os próximos a terem direito à herança.

Moisés sobe ao Monte Nebo para contemplar a Terra de Israel

Após Moisés bater na rocha em "Águas de Discórdia", Deus disse-lhe que ele deveria morrer no deserto; não entraria em Israel. Mesmo assim, quando Deus falou a Moisés sobre as filhas de Salfaad, instruiu-o: "Dê a elas a parte que lhes cabe na terra".

Moisés refletiu: "Será que Deus quis dizer que eu darei literalmente a elas sua porção? Ele me permitirá entrar na terra"? "Não, Moisés", falou Deus. "Meu decreto não mudou. O que eu quis dizer é que você ajudará os judeus a conquistar Israel fitando-a e abençoando-a".

"Suba ao monte Nebo, e veja a terra. Depois, você se juntará aos seus antepassados através de um beijo Divino, da mesma forma que faleceu seu irmão, Aarão". Moisés obedeceu a ordem de Deus. Ele subiu ao topo do monte e observou as fronteiras das doze tribos, irradiando bênçãos sobre a Terra de Israel.

Deus nomeia Josué sucessor de Moisés

Ao tomar conhecimento de que as filhas de Salfaad herdariam a propriedade de seu pai, refletiu: "Chegou a hora de fazer meu pedido a Deus: que meus filhos herdem minha posição". Moisés rezou: "Mestre do Universo, nomeie meu sucessor antes que eu morra. Não deixe que a comunidade fique como um rebanho sem pastor. Gostaria que um de meus filhos tomasse meu lugar".

"Deus, sabes que o temperamento das pessoas varia imensamente - alguns ficam irados facilmente, enquanto outros são calmos ou reservados. Dá-lhes um líder que possa dirigir cada um desses tipos com sabedoria, sem perder a paciência com os que o provocam. "Não apenas isso, mas ele precisa também liderar pessoalmente o exército para as batalhas; diferentemente dos reis não judeus, que ficam sentados em casa e enviam seus generais à luta".

O próprio Moisés liderou as guerras contra Seon e Og; e similarmente, seu sucessor Josué, cavalgou à testa do exército na conquista de Israel. O Rei Davi também encabeçou cada uma de suas campanhas militares.

Moisés continuou: "Deus, escolha um líder que se devotará a satisfazer as necessidades comunitárias com precisão e zelo, um líder que tenha grandes méritos próprios, e que rezará pelo bem do povo". Deus replicou: "Já escolhi o futuro líder: 'Aquele que guarda a figueira comerá seus frutos, e o que serve seu mestre será honrado' (Pr 27,18). Apesar de seus filhos serem tão sábios quanto Josué, e apesar de tampouco poderem te substituir (e já que ninguém atingiu seu nível de sabedoria, você crê que seus filhos podem preencher sua posição tão bem quanto qualquer um); não obstante, seus filhos não são iguais a Josué em seu amor pela Torah.

Josué investiu cada suspiro de suas forças para adquirir sabedoria, pois ama tanto a Torah. Sua devoção à Torah é insuperável. Agora, colherá os frutos de seu amor à Torah. Liderará o povo judeu". A nomeação de Josué demonstra que uma pessoa não pode receber recompensa completa se meramente acumula sabedoria em Torah. Apenas aquele que se une à Torah com grande devoção colherá os frutos.

Josué era conhecido como "Josué bin Nun," que significa Josué, o filho de Nun. Há uma explicação mais profunda para este nome: a palavra "Nun" em aramaico significa "peixe". Assim como o peixe nunca abandona a água, assim Josué nunca deixou a Casa de Estudos, mantendo-se imerso nas águas da Torah.

O grande Patriarca Jacó já sabia com espírito de profecia que Josué, "o peixe," descendente de Efraim, lideraria os judeus à Terra Santa. Deu a seus netos Manassés e Efraim a seguinte bênção: "Que se multipliquem na Terra como os peixes na água". As palavras também podem significar: Aquele cujo nome é "peixe" - Josué da tribo Efraim - liderará os judeus até a Terra Prometida.

Deus tinha ainda outra razão para escolher Josué como líder: ele era o mais humilde dos alunos de Moisés. Deus disse a Moisés: "Josué entra na casa de estudos cedinho pela manhã e sai tarde da noite. Ele arruma os bancos para os professores e as cadeiras para os alunos. Como ele serviu a você com todas suas forças, tornou-se maior que todos os outros eruditos de Torah. E será recompensado com a liderança".

Deus consolou Moisés: "Muito embora seus filhos não se tornarão líderes, Josué honrará à sua família. Ele virá até seu sobrinho Eleazar, para consultar os urim vetumim". O urim vetumim continha o sagrado nome de Deus dentro do peitoral portado pelo Sumo-sacerdote. Isso fazia com que as letras da placa acendessem em resposta às perguntas feitas.

"Josué possui todas as qualidades para tornar-se um líder. Está imbuído de espírito de profecia, sabedoria, compreensão e temor a Deus. Não perderá a paciência se as pessoas discutirem com ele, mas sim as guiará gentilmente com sabedoria para que enxerguem a verdade. Uma vez que Josué ainda não atingiu seu nível de sabedoria, transfira-lhe algo de sua sabedoria. Desta maneira, você o imbuirá da sabedoria de que necessita como líder".

Deus ordenou que Moisés invista Josué com sabedoria adicional em vez de dá-la, Ele Próprio, como uma demonstração pública de que Josué era o escolhido sucessor de Moisés. Na frente de Eleazar e do Sinédrio (Tribunal Superior), Moisés pousou ambas as mãos sobre Josué, e através disso a glória de Moisés foi transferida duplamente a Josué:

1. Externamente - Da mesma forma que a face de Moisés era iluminada pelos Raios da Glória da Shechiná (Divindade), a face de Josué começou a brilhar com os raios da Shechiná. O brilho de Josué, contudo, não podia ser comparado ao de Moisés; era apenas um reflexo, assim como o luar é meramente o reflexo dos raios brilhantes do sol.

2. O ato de Moisés fez com que alguma de sua sabedoria e espírito de profecia passasse a Josué. Também nesse aspecto, Josué pôde receber apenas uma diminuta fração da grandeza de Moisés.

Apesar de Deus ter dito a Moisés que colocasse a mão direita sobre Josué, ele generosamente pousou ambas as mãos sobre o aluno. Nomeou Josué de boa vontade, com espírito alegre e elevado, não tendo rancor algum pelo fato de que nenhum de seus filhos ou sobrinhos fosse seus sucessores.

Deus ordenou a Moisés que Josué ensinasse o povo público enquanto Moisés ainda estava vivo, para que depois ninguém pudesse reivindicar: "Josué não ousaria ensinar enquanto Moisés estava vivo".

O propósito das Oferendas

Ao final desta parashá, são explicadas as leis dos sacrifícios diários e as oferendas adicionais (Mussaf). Por que este assunto foi inserido aqui? Uma esposa incomodava o marido freqüentemente. Sempre que percebia que seu marido ficava aborrecido, chamava o casamenteiro, que era um cavalheiro idoso. Este costumava ir àquela casa e sempre conseguia restaurar a paz.

Quando o casamenteiro ficou mais velho e sentiu que seu fim estava próximo, convocou o marido e implorou-lhe: "Seja complacente com sua esposa! Breve não estarei mais aqui para estabelecer a paz entre vocês. Por isso, imploro que releve os defeitos de sua esposa".

O marido replicou: "Em vez de convocar-me, você deveria ter chamado minha esposa. Se você puder ensiná-la a comportar-se de maneira respeitosa comigo, não haverá necessidade de futuras reconciliações".

Similarmente, Moisés implorou ao Todo Poderoso que nomeasse um novo líder antes de seu falecimento, alguém que rezasse em prol do povo e defendesse-os se pecassem. Disse-lhe o Todo Poderoso: "Em vez de preocupar-se com a falta de um líder aos judeus após sua morte, assegure-se de que eles Me sirvam bem. Ensine-lhes as leis dos sacrifícios perpétuos. Estes sacrifícios os unirão, pois cada judeu doará uma moeda de meio-shekel para adquiri-los, e trará uma radiação e esplendor de bênção sobre eles".

Deus disse a Moisés: "Enfatize ao povo que Eu não necessito de sacrifícios. O mundo todo é Meu. Eu criei todos os animais que oferecem para Mim. Além disso, tampouco necessito de comida e bebida. Sou totalmente afastado do mundo físico e não necessito de oferendas terrenas como nutrição".

"Mesmo se Eu necessitasse de alimentos, não confiaria Meu sustento a seres cruéis (todos os seres humanos são considerados cruéis, comparados a Deus, a Fonte de Misericórdia). Por que, então, Eu ordenei que vocês oferecessem sacrifícios? Desejo seu doce aroma, a satisfação de que vocês cumprem Meu preceito. Ao cumprirem as leis de sacrifício, vocês se unem a Mim".

Deus ordenou as oferendas diárias como Seu "pão". Isto significa que em mérito de nossos sacrifícios a Ele, Ele nutre o mundo. Nossos presentes de alimentos abrem as fontes Celestiais de nutrição e trazem um superávit ao mundo. Alguém que dá caridade para sustentar uma alma, ao mesmo tempo, abre as fontes Celestiais de abundância.

Os sacrifícios diários dos sacrifícios perpétuos

Deus ordenou: "A cada manhã, os sacerdotes devem oferecer um cordeiro sobre o altar. Após ser abatido, o cordeiro é completamente queimado. Deve ser acompanhado de uma oferenda de farinha e oferenda de vinho. Esta é a oferenda perpétua da manhã. Os sacerdotes oferecem outro cordeiro à tarde. Esta é a oferenda perpétua da tarde".

Estas duas oferendas eram oferecidas sobre o altar todos os dias, incluindo Shabat. A comunidade pagava pelo sacrifício perpétuo com moedas de meio-shekel, que eram coletadas uma vez ao ano.

O que as oferendas perpétuas nos lembram

O grande patriarca Abraão quis sacrificar seu filho Isaac no monte Moriá, como Deus lhe havia ordenado. Mas ao final ele não teve de abater seu filho como uma oferenda. Procurou por um animal para tomar o lugar de Isaac. Deus tinha preparado um cordeiro numa moita próxima. Abraão o encontrou e ofereceu-o sobre o altar. Enquanto o abatia, rezava: "Por favor, Deus, considere-o como se eu tivesse abatido meu filho". Ao queimar o cordeiro, rezava: "Por favor, Deus, considere como se eu tivesse queimado meu filho".

Naquela época, Deus disse: "Ordenarei ao povo judeu que ofereça dois cordeiros diariamente como sacrifícios. Assim, lembrarei o mérito do sacrifício de Isaac e perdoarei o povo judeu por seus pecados".

O Sacrifício perpétuo matinal reparava os pecados que os judeus tinham cometido na noite anterior. O Sacrifício perpétuo vespertino expiava os pecados cometidos durante o dia.

Maamadot - os enviados que permaneciam ao lado quando os sacrifícios eram oferecidos

Deus ordenou que alguém que ofereça um sacrifício esteja presente enquanto este é elevado ao altar. Uma vez que era impossível que a nação inteira estivesse presente às ofrendas dos sacrifícios comunitários, em vez disso nomeavam-se representantes da comunidade.

Os primeiros profetas, Samuel e David, dividiram os sacerdotes e levitas em vinte e quatro grupos, bem como escolheram vinte e quatro grupos de israelitas que representavam a nação inteira. A cada semana um grupo diferente de sacerdotes e levitas viajava a Jerusalém para oferecer os sacrifícios diários, e para cantar durante as ofrendas, respectivamente.

Representantes dos israelitas, que moravam em Jerusalém, faziam turnos ficando de pé ao lado das ofrendas diárias observando-as. Ao mesmo tempo, grupos adicionais de representantes de cidades de todo Israel participavam dos sacrifícios diários, reunindo-se para ler a Torah e rezar para que Deus aceitasse as ofrendas.

Os sacrifícios de Mussaf

O que são os sacrifícios de Mussaf? O termo "Mussaf" significa "adicional". Além dos sacrifícios diários perpétuos, a Torah ordena que sacrifícios adicionais sejam oferecidos em Shabat e Yom Tov (Festividade).

Esses sacrifícios especiais ajudam a lembrar e apreciar melhor a santidade do Shabat, Yom Tov e Rosh Chôdesh (início de cada mês judaico).

Moisés disse aos judeus: "Antes de cada Yom Tov vocês devem estudar as leis daquele Dia Festivo. Devem ter o cuidado de oferecer os sacrifícios apropriados. Através destas ofrendas, Deus lembra-Se de seus méritos".

O Mussaf de Shabat

Além dos sacrifícios perpétuos (Tamid - sempre), mais dois carneiros eram oferecidos como sacrifício de Mussaf de Shabat. O Shabat reclamou a Deus: "Por que minhas oferendas de Mussaf consistem de apenas dois carneiros, um número menor de animais que os que são oferecidos em todas as outras Festas"? Deus respondeu: "O número dois lhe é apropriado, pois todos os assuntos relacionados a você têm duplo significado:

- Seu cântico tem nome duplo, pois é denominado louvor e canto. (Sl 92,1).

- Seu prazer é dobrado, como está escrito: "E você chamará o Shabat um deleite, um dia sagrado" (Isaías 58,13).

- Em Shabat recita-se uma bênção sobre dois pães inteiros. "Por isso, o sacrifício de mussaf mais apropriado a você consiste de dois carneiros". Todos os assuntos concernentes ao Shabat são duplos, como indicação de seu duplo caráter. Apesar do Shabat ser um dia de descanso físico e deleites culinários, este aspecto representa apenas metade de seu significado.

O feriado físico deve ser conjugado e conectado à outra metade, seus conteúdos espirituais - descansar e deleitar-se em honra a Deus, e estudar Torah. Mencionamos o caráter duplo do Shabat quando rezamos na Amidá (oração): "Um dia de descanso e santidade deste a Teu povo".

O Mussaf de Rosh Chôdesh, início do Novo Mês

Rosh Chôdesh, o começo do mês judaico, é considerado um feriado menor. Apesar de não possuir a mesma santidade que Shabat e Yom Tov, os judeus costumavam tratar este como um dia especial, no qual se reuniam para estudar Torah. Deus disse: "Originalmente, Eu fiz o sol e a lua de tamanhos iguais. A lua reclamou: 'É impossível a dois reis reinarem simultaneamente'. Ordenei então à lua: 'Se é assim, diminua sua luz. Mais ainda, todo mês você diminuirá e depois se renovará'".

Ao ouvir a censura de Deus, a lua compreendeu seu erro e ficou envergonhada. A fim de enaltecê-la, Deus decretou: "Sua luz será vista tanto de dia quanto à noite. Não apenas isso, como também os judeus fixarão o calendário baseados em você".

A lua ainda se sentia inferiorizada. Deus acrescentou: "Ordenarei aos judeus a oferecerem um sacrifício todo mês, quando você estiver renovando-se". Ao ouvir que seria tão honrada, a lua ficou radiante. A fim de não confusão pensando que esses sacrifícios são oferecidos à lua, a Torah declara explicitamente que o cabrito é oferecido a Deus (Nm 28,15).

O Sacrifício adicional (Mussaf) de Pêssach (Páscoa) e Shavuot (entrega da Torah)

Deus ordenou que os sacrifícios de Mussaf fossem oferecidos durante todos os sete dias de Pêssach. Em Shavuot também se oferecem sacrifícios de mussaf. Uma oferenda especial de Shavuot de dois pães de trigo. Em Shavuot além da oferenda costumeira de Mussaf, levavam-se ao Templo dois pães fermentados, assados do trigo da nova colheita.

A oferenda adicional de Shavuot consistia de trigo. Por outro lado, a oferenda ômer, oferecido em Pêssach, consistia de cevada. Cevada é comumente utilizada como alimento para animais, enquanto o trigo é o alimento do homem por excelência. Por conseguinte, o trigo, na linguagem de nossos sábios, representa o conhecimento e a sabedoria.

Quando os judeus deixaram o Egito, pareciam-se com os egípcios com os quais viviam, pois haviam adotado seus costumes idólatras. Por isso são comparados a jumentos. Nas sete semanas que se seguiram ao Êxodo, os judeus refinaram seus traços de caráter e lutaram para libertarem-se de quaisquer resquícios de idolatria. Ao chegar Shavuot, o povo inteiro alcançara o nível espiritual requerido para receber o conhecimento da Torah.

Este processo espiritual é simbolizado pelas oferendas de Shavuot dos Dois Pães de Trigo.

O Sacrifício adicional (Mussaf) de Rosh Hashaná

Em contraste com o sacrifício de Mussaf de todas as outras Festas, a Torah não diz sobre o Mussaf de Rosh Hashaná: "e vocês o oferecerão," mas sim "e vocês o farão".

Deus declara aos judeus: "Se através de arrependimento vocês alcançarem perdão para os pecados em Rosh Hashaná, Eu considerarei como se vocês tivessem se refeito. Vocês então se parecerão com criaturas puras, recém-nascidas".

Uma vez que Rosh Hashaná ocorre no primeiro dia de Tishrei (mês do calendário judaico), além do sacrifício de Mussaf referente à festa, oferecia-se também um Mussaf relativo à Rosh Chôdesh (início do mês lunar).

Rosh Hashaná, Yom Kipur e o preceito de tocar o Shofar

A Torah ordena com relação a Rosh Hashaná: "E será para vocês um dia do toque da Trombeta" (Nm 29,1). A tradição judaica ensina que em Rosh Hashaná Deus passa o mundo inteiro à Sua frente em julgamento. Decide então que países estão destinados a terem um ano de paz, de guerra, de fome, e que países terão abundância. Cada indivíduo é escrutinado pelo Tribunal Celeste, e tem sua sentença de vida ou morte pronunciada.

Adão, o primeiro homem, foi julgado por seu pecado no primeiro dia de Tishrei, e Deus tratou-o de maneira benevolente. Por isso, Deus ordenou que, anualmente, nesta data, os descendentes de Adão fossem julgados, e Ele adoçaria Seu julgamento com Misericórdia. E por isso são todos convidados a ouvir o som do Shofar (chifre de carneiro) em Rosh Hashaná.

Quando Deus ouve o soar do Shofar, levanta-Se de Seu Trono do Julgamento e senta-Se em Seu Trono de Misericórdia. Deus disse: "Toquem um chifre de carneiro em Rosh Hashaná para que Eu possa, assim, recordar o sacrifício de Isaac (que estava pronto a sacrificar-se e foi substituído por um carneiro), e Eu considerarei como se vocês tivessem se sacrificado".

"Seus toques repetidos também confundem o anjo acusador. No Dia do Julgamento o promotor celestial tem permissão de percorrer o mundo, apontar os pecados das pessoas e apresentar acusações perante o tribunal Divino. Contudo, ao ouvir os diversos toques do Shofar soarem durante as várias preces, ele é silenciado. É obrigado a concordar que os judeus cumprem os mandamentos de Deus com grande devoção e cuidado".

Apesar de ser um Dia de Julgamento, Rosh Hashaná também é celebrado como Yom Tov, completado com refeições festivas e roupas finas. Que motivo há para júbilo neste dia tão solene?

Duas pessoas pediram um empréstimo a um homem milionário. A cada um concedeu um empréstimo substancial em longo prazo.

Passou-se um ano, e nenhum dos comodatários pagou um centavo sequer. Sendo que um dos comodatários era um velho conhecido, o emprestador decidiu telefonar-lhe lembrando-o de seu débito: "Sabe que você me deve uma soma enorme?" - perguntou. "Aconselho-o a pagar ao menos uma parte. Assim não ficará sobrecarregado ao expirar o prazo".

Grato pelo lembrete, o amigo prometeu remeter-lhe parte de seu débito. Com grande dificuldade conseguiu juntar algum dinheiro e pagou seu credor parcialmente.

Um ano depois o credor percebeu que não recebera mais nenhum pagamento. Ligou ao amigo novamente. O comodatário apertou-se e devolveu mais uma parte do débito. À sua maneira, no decorrer de vários anos, conseguiu pagar o débito inteiro.

O que aconteceu ao outro comodatário? Não ensaiou tentativa alguma de reembolsar o empréstimo. Finalmente, o prazo expirou e o credor exigiu o pagamento. O comodatário precisou declarar falência e, segundo as leis do país, foi preso.

Agradecemos e nos alegramos com a misericórdia do Todo Poderoso em conceder-nos Rosh Hashaná como uma oportunidade de quitar nossos débitos para com Ele. No decorrer do ano, uma pessoa acumula diversos maus hábitos e pecados.

Se essa jamais tentar purificar-se deles, pode ser merecedor de alguma punição severa. Rosh Hashaná é a Festa na qual os judeus revalidam a autoridade de Deus sobre si e retornam a Ele. Ficam felizes com o lembrete anual e com a oportunidade de aceitarem novamente o Reinado de Deus.

Além disso, essa felicidade origina-se da convicção de que Deus, após testemunhar o arrependimento e conversão (teshuvá), anulará os maus decretos e inscreverá os que merecerem para um ano bom.

Yom Kipur

Fazem-se sacrifícios de mussaf em Yom Kipur. Yom Kipur é o Dia da Expiação, o dia mais sagrado do ano. Qualquer trabalho proibido em Shabat também é proibido neste dia. Além disso, jejua-se de comida e bebida, de se lavar e refrescar, usar cosméticos, calçar calçados de couro e manter relações conjugais. É um preceito receber Yom Kipur cedo e terminá-lo tarde.

Desde a Criação, este dia era destinado a ser um dia de teshuvá e súplica a Deus por perdão. Foi nesta data, dez de Tishrei, que Moisés desceu do Monte Sinai com as Segundas Tábuas, dadas por Deus aos judeus como sinal de perdão pelo pecado do bezerro de ouro.

As preces de Yom Kipur incluem o *Vidui*[37] (confissão oral dos pecados), um dos principais elementos do preceito de *teshuvá*. Neste dia o Todo Poderoso diz aos anjos: "Vejam meus virtuosos filhos!"

"Apesar de Eu expô-los a todos os tipos de sofrimentos e perseguições, culpam apenas a si mesmos. Oram: 'Pecamos e agimos errado; Você é Fiel,

---

[37] Cf. Parasha do Livro do Levítico "Vayicrá".

e somos perversos; Você é justo, e somos perversos'. Onde posso encontrar outra nação como eles"?

Exatamente como é um preceito jejuar em Yom Kipur, assim deve-se banquetear-se na véspera de Yom Kipur, e a Torah considera quem o faz como tendo observado um jejum de dois dias.

Um pobre alfaiate judeu de Roma foi ao mercado comprar um peixe para a refeição festiva da véspera de Yom Kipur. Chegando à barraca de peixes, viu que sobrara apenas um peixe. Exatamente naquele momento o servo de um nobre chegou para comprar peixe para o almoço de seu amo. Ambos começaram a fazer ofertas, até que finalmente o alfaiate gritou: "Vinte dinares!" Este era um preço inaudito para um peixe, e o servo do nobre reconheceu a derrota. Quando não serviram ao nobre o prato de peixe esperado para o almoço, convocou o servo.

"Por que não comprou um peixe, como lhe mandaram?" - repreendeu-o.

"Fui comprar," replicou o servo, "porém havia apenas um peixe. Algum alfaiate judeu comprou-o por vinte dinares. O senhor gostaria que eu tivesse pagado preço tão exorbitante"? "Esta é uma história estranha", comentou o nobre.

Desde quando um simples alfaiate pode despender tal quantia com comida? Encontrem esse homem e digam-lhe para vir aqui imediatamente. Quero investigar o assunto. O servo perguntou para às pessoas sobre o pobre alfaiate e logo descobriu seu endereço. Apressou-se à casa dele e ordenou-lhe que se apresentasse perante o nobre. O alfaiate foi recebido asperamente: "Por que você cobriu a oferta de meu servo?" - berrou o nobre.

"Asseguro-lhe, meu senhor", desculpou-se humildemente o alfaiate, "que não agi por desdém. Deixe-me explicar porque precisava deste peixe. Nós, judeus, temos um dia por ano no qual o Todo Poderoso perdoa os pecados que cometemos durante o ano inteiro. Você não acha que devemos honrar a chegada deste Grande Dia com as melhores comidas"? O nobre ficou satisfeito com a explicação e dispensou-o.

A história não acaba aqui. Deus recompensou o alfaiate por ter honrado Yom Kipur. Ao abrir o peixe, descobriu dentro deste uma pérola valiosa, cuja venda permitiu-lhe viver confortavelmente pelo resto da vida.

O mussaf de Sucot (A Festa das Tendas)

Em cada um dos sete dias de Sucot é oferecido um número de sacrifícios de Mussaf diferente. A soma das oferendas de Mussaf durante Sucot dá um total de 70 touros, e 98 cordeiros. Os setenta touros representam as setenta nações do mundo, uma vez que touros são notórios por sua força física. Similarmente, as nações gentias são caracterizadas por seu poderio físico. Os cordeiros fracos e indefesos simbolizam o povo judeu entre os outros povos.

O número de touros diminui a cada dia, simbolizando que as nações que não servem Deus diminuirão. O número de cordeiros, contudo, permanece imutável, indicando que o povo judeu sobreviverá firmemente a todas as épocas da história. Por que Deus ordenou que os judeus oferecessem setenta touros? Os sacrifícios expiam pelas setenta nações. Como os judeus oferecem sacrifícios pelos outros povos, estes são protegidos de infortúnios.

Quando o Templo Sagrado foi destruído, as nações do mundo também sofreram grandes perdas, uma vez que os judeus costumavam oferecer sacrifícios para promover o bem estar do mundo inteiro.

Shemini Atsêret – O oitavo dia de Succot

Durante os sete dias de Sucot os judeus ofereciam sacrifícios para que as setenta nações do mundo fossem abençoadas. Disse Deus aos judeus: "Eu lhes darei um *Yom Tov* (Dia Festivo) adicional, *Shemini Atsêret*, no oitavo dia de Sucot, no qual ofertarão apenas seus próprios sacrifícios". Os sacrifícios adicionais de Mussaf de Shemini Atsêret consiste meramente de um touro.

Durante sete dias o rei deu um banquete público, apreciado por todos os súditos. Ao terminar, o regente chamou seus melhores amigos e pediu-lhes: "Por favor, não partam! Cumpri meu dever para o público, porém peço-lhes que fiquem comigo mais um dia. Jantaremos juntos amanhã. Mandarei que sirvam um prato simples, alguma carne, peixe ou vegetais. Não me importa o que comamos, contanto que fiquemos juntos".

Similarmente, as oferendas de Shemini Atsêret são levadas apenas pelo povo de Israel, e não pelas setenta nações, como era o caso em Sucot.

Shemini Atsêret era o dia em que Deus, por assim dizer, encontra-se com os judeus em particular. Por conseguinte, seus sacrifícios são menores que os de Sucot. Ele também não quer que o povo judeu pense: "Deus nos manteve no Templo Sagrado por mais um dia porque Ele quer mais oferendas!" Por isso, o Mussaf Shemini Atserêt é pequeno.

Qual o significado da palavra Shemini Atsêret - A parada do oitavo dia?

1. Como explicado, o Todo Poderoso impede os judeus de deixarem o Templo Sagrado.

2. Deus impede de realizar qualquer trabalho. O trabalho é proibido em Shemini Atsêret como o é nos outros dias de Yom Tov. Na realidade, Deus pretendia que Shemini Atsêret começasse cinqüenta dias depois de Sucot, assim como Shavuot acontece cinqüenta dias depois de Pêssach. Contudo, desistiu de fazer assim para que não sobrecarregar o povo. Isto é esclarecido pela seguinte história:

Um imperador oriental escolheu duas esposas para si, uma da capital onde residia, e outra de um país distante. Anunciou à noiva local: "Celebraremos nossa festa de noivado agora, e nosso casamento em três meses". Informou à noiva do país distante: "É muito difícil para eu viajar duas vezes a seu país natal. Celebraremos nosso noivado e casamento numa única festa".

Desta maneira, na primavera, quando o clima está ameno e agradável, e as pessoas não se importam de viajar, Deus deu ao povo judeu duas Festividades - Pêssach e Shavuot - quando são obrigados a comparecerem ao Templo. Todavia, não deseja incomodar o seu povo e por isso ordenou que a Festa de Shemini Atsêret seguisse imediatamente a de Sucot, poupando-o assim de uma viagem extra a Jerusalém durante a estação fria e chuvosa.

Deus proclama: "Quando as nações não judias tem feriados, elas cometem abusos. Comem demais, bebem até embriagarem-se, tornam-se frívolas e beligerantes, e em geral, agem de maneira que Me são odiosas".

"Para o povo judeu, contudo, posso dar um Yom Tov adicional sem receios. Comem e bebem refeições festivas de Yom Tov em espírito elevado, a fim de cumprirem o preceito. Então vão para as casas de estudos e orações, recitam preces, e (na época do Templo) oferecem sacrifícios adicionais para Mim".

Correspondência bíblica

Zelo:

Nm 25,11: "Finéias, filho de Eleazar, filho do sacerdote Aarão, afastou dos israelitas o meu furor, tomado de zelo por Mim no meio deles. Eis porque não consumi os Israelitas com o ardor do Meu zelo".

Dt 4,9: "Mas toma cuidado! Procura com grande zelo nunca de te esqueceres de tudo o que os teus olhos viram. Nada disso se afaste do teu coração, por todos os dias da tua vida, mas ensina-o a teus filhos e netos".

1Rs 19,10: "Estou ardendo de zelo pelo SENHOR, Deus dos exércitos".

2Rs 19,31: "Pois um resto sairá de Jerusalém, e sobreviventes do Monte Sião. Eis o que fará o zelo do SENHOR dos exércitos".

1Mc 2,50: "Portanto, meus filhos, sede zelosos em cumprir a Lei e empenhai vossas vidas pela Aliança dos vossos pais".

1Mc 2,54: "Finéias, nosso pai, abrasado no zelo de Deus, recebeu o testamento de um sacerdócio eterno".

1Mc 2,58: "Elias, cheio de zelo pela Lei, foi arrebatado para o céu".

Sl 69,10: "Pois o zelo por tua Casa me devorou, os insultos dos que te insultam caíram sobre mim".

Sl 119,139: "O meu zelo me devora, porque meus inimigos esquecem tuas palavras".

Sb 5,17: "Ele tomará como armadura o seu santo zelo e armará a criação para a vingança contra os inimigos".

Eclo 45,28: "Finéias, filho de Eleazar, é o terceiro em glória, zeloso no temor do Senhor".

Ez 5,13: "Assim esgotarei a minha ira, saciarei contra eles o meu furor e me vingarei. Eles saberão que eu, o SENHOR, falei no meu zelo, quando eu esgotar contra eles o meu furor".

Jo 2,17: "Os discípulos se recordaram do que está na Escritura: O zelo por tua Casa me há de devorar".

At 22,3: "Eu sou judeu, nascido em Tarso da Cilícia, mas criado aqui nesta cidade. Como discípulo de Gamaliel, fui instruído em todo o rigor da Lei de nossos antepassados e tornei-me zeloso da causa de Deus, como vós sois hoje".

Rm 12,11: "Sede zelosos e diligentes, fervorosos de espírito, servindo sempre ao SENHOR".

2Cor 9,2: "Pois conheço as vossas generosas disposições, e é por causa delas que me glorio de vós junto aos macedônios, dizendo-lhes: A Acaia está preparada desde o ano passado. Aliás, o vosso zelo estimulou grande número de Igrejas".

Gl 1,14: "e como progredia no judaísmo mais do que muitos judeus da minha idade, mostrando-me extremamente zeloso das tradições paternas".

Ef 6,15: "e os pés calçados com o zelo em anunciar a Boa-Nova da Paz".

Tt 2,14: "Ele se entregou por nós, para nos resgatar de toda iniquidade e purificar para si um povo que lhe pertença e que seja zeloso em praticar o bem".

49 – Nm 30,2 – 32,42: MATOT - מטות - e
50 – Nm 33,1 – 36,13: MASSEI - מסעי

MATOT - מטות - Nm 30,2 – 32,42; Jr 1,1 – 2,3

Moisés nesta porção semanal da Palavra de Deus recebe do Eterno a ordem para que o povo judeu lute contra o povo de Madiã. Quando voltam da batalha, Moisés percebe que eles não seguiram ao pé da letra suas instruções.

O que ele faz? Saiu ao encontro dos comandantes do exército fora do acampamento. Foi repreendê-los em particular. Deus havia confiado a ele a responsabilidade de criar Seus filhos.

A seguir enquanto o povo se encontra nos últimos momentos antes de entrar na Terra de Israel, duas das Tribos, as de Rúben e Gad, beneficiadas com muitos bois e ovelhas supõem que não terão espaço suficiente para pastorear em Israel.

Moisés reage dizendo: "Seus irmãos irão à guerra e vocês ficarão aqui"? Os filhos de Gad e de Rúben se comprometeram a acompanhar o povo durante 14 anos, sete anos de conquista e sete anos de estabelecimento na terra.

Mas um dos pontos mais discutidos entre Moisés e os líderes das tribos de Gad e de Rúben foi quando eles disseram: "Nós construiremos aqui currais para nossos rebanhos e cidades para os nossos filhos" (Nm 32,16). Mas Moisés retrucou dizendo: "Construí, pois, cidades para os vossos filhos e currais para as ovelhas, e cumpri o que prometestes" (Nm 32,24).

- O comentarista bíblico Rashi afirmou: "Eles estavam mais preocupados com os seus bens materiais do que por seus filhos e filhas, porque colocaram o gado na frente dos filhos. E por isso Moisés lhes disse: Não invertam os valores; façam do principal, o principal e do secundário, o secundário; é preciso saber identificar o que é prioritário. Primeiro construam cidades para seus filhos e depois se preocupem então com o gado".
- Em seguida eles concordam com Moisés: "Teus servos farão tudo o que mandares. Nossos filhos e nossas mulheres, os rebanhos e todo o nosso gado ficarão aqui nas cidades de Galaad" (Nm 32,25-26).

- E isso pode nos ajudar a ponderar bem os "excessos de trabalho" quando muitos pais procuram trabalhar muito mais para "dar aos seus filhos algo a mais" e podem ao mesmo tempo arruinar a relação familiar por não passar tempo suficiente com eles.
- Concretamente existem mesmo pessoas que consideram o dinheiro mais importante que a própria vida? O Talmud diz que sim e conta a história de alguém que caminha num campo cheio de espinhos e então levanta a barra das suas calças para evitar que se rasguem. As pernas dessa pessoa receberam todos os cortes e feridas, mas pelo menos ele salvou as suas calças! Quais são as nossas reais prioridades?

MATOT – Seleções de Midrash a partir do texto bíblico: Nm 30,2 – 32,42

A anulação de promessas

A última parashá terminou com as leis dos sacrifícios de *Yom Tov* (Dias Festivos), e esta começa com as leis sobre promessas. A justaposição ensina que quem promete oferecer um sacrifício está obrigado a cumprir sua promessa no próximo Dia Festivo (*Yom Tov*), quando visitar o Templo Sagrado.

Às vezes achamos que as palavras que dizemos não são importantes. Afinal, não podemos vê-las ou tocá-las, por isso parece que não deixam marcas.

A Torah nos ensina o contrário. Palavras são importantes, e devemos sempre ser cuidadosos com as palavras que usamos. É preciso ser especialmente cauteloso sobre fazer promessas, porque será responsável por cumpri-la. A pessoa jamais deve fazer um juramento descuidadamente. Aquele que os faz sem a devida atenção e mais tarde falha em cumpri-los, é comparado ao indivíduo que pega uma espada para golpear a si mesmo; está propenso a ferir-se.

É uma boa idéia, quando dizemos que cumpriremos um preceito, adicionar as palavras: "não é uma promessa". Se alguém declara: "Amanhã pretendo visitar meu amigo doente," ou, "darei R$ 100,00 para caridade," deveria completar: "mas isso não é uma promessa".

Se alguém faz um juramento ou promessa e então percebe que será muito difícil cumpri-los, pode dirigir-se a um perito em halachá (Lei Judaica), ou a três leigos. Eles poderão absolvê-lo, com base em sua declaração que quando fez a promessa, não estava plenamente consciente de todas suas implicações.

Se tivesse percebido todas as dificuldades de mantê-la, não teria agido desta forma. Por isso, a promessa foi um erro de sua parte. Explica os detalhes de sua promessa ao juiz (ou juízes) que então determina se as circunstâncias permitem que seja absolvido. Se o juiz encontra um pormenor que o incomode do qual a pessoa não tenha considerado quando fez a promessa, pode absolvê-la. "Teria feito esta promessa se soubesse que mais tarde se arrependeria"? pergunta-lhe o juiz. "Não," responde a pessoa que fez a promessa. "Então você está livre dela", declara o juiz. Isto se chama em hebraico anulação das promessas.

A Guemará (comentário sobre o Talmud) nos dá o seguinte exemplo sobre como anular uma promessa:

Rav Manna certa vez fez uma promessa: "Nunca beberei o vinho de meu pai". Quando o pai soube da promessa do filho, ficou aborrecido. Por sua vez, Rav Manna sentiu-se mal por entristecer o pai e arrependeu-se da promessa. O pai perguntou-lhe: "Se você tivesse pensado que eu ficaria aborrecido por causa de sua promessa, ainda assim a faria"? "Não",replicou Rav Manna.

"Neste caso, está livre dela," declarou o pai. Este era um perito na lei judaica. Por isso, podia liberar o filho da obrigação de cumprir a promessa, porque achou uma boa razão para cancelá-la.

Validade

Antes da idade de bar ou bat-mitsvá (13 anos), não é preciso ir ao Bet Din (Tribunal) se alguém fez uma promessa descuidada da qual se arrepende. Estas promessas não têm validade. Mesmo assim, é uma boa idéia treinar a criança a não fazer promessas impensadas.

Quando podem ser feitas

Há algumas situações em que os sábios de Israel recomendam que se façam promessas.

Por exemplo, se uma pessoa encontra-se em extremo perigo ou desgosto, Deus não o permita, pode prometer dar caridade ou cumprir algum preceito na esperança de que Deus a salve. Alguns exemplos de pessoas renomadas que fizeram promessas e seus motivos:

Ana – Na época posterior aos juízes, havia uma mulher justa chamada Ana. Não tinha filhos. Sempre que seu marido viajava à Tenda do Encontro em Jerusalém, ela o acompanhava. Lá, rezava a Deus, implorando-Lhe que lhe desse filhos. Quando Ana completou dez anos que estava casada, fez uma promessa a Deus: "Se Tu me deres um filho, não o guardarei para mim mesma, mas ele Te servirá por toda a vida".

Ana teve um menino, a quem chamou de Samuel. Ela manteve a promessa. Levou Samuel ao Sumo Sacerdote na Tenda do Encontro, quando ele estava com dois anos de idade e havia acabado de amamentá-lo. "Eis aqui o filho pelo qual rezei a Deus," disse. "Deixe-o ficar aqui e servi-lo". Desde então, Ana via seu filho apenas uma vez ao ano quando ia ao Tenda do Encontro em Jerusalém. O menino cresceu e tornou-se o famoso profeta Samuel, líder de Filhos de Israel.

O Rei Davi – Davi não tinha desejo maior que o de construir o Templo Sagrado para Deus. Fez uma promessa: "Não dormirei mais que o absolutamente necessário até que encontre o lugar apropriado para construir a Casa de Deus".

Davi cumpriu sua promessa. Quando visitou o profeta Samuel, estudou com ele os versículos que falam da localização do Templo Sagrado. Após passar muito tempo estudando, o Rei Davi concluiu que Deus queria que o Templo Sagrado fosse construído numa colina na cidade de Jerusalém.

O Rei Davi manteve sua promessa. Tinha esperança de que lhe seria permitido construir o Templo Sagrado. Mas primeiro tinha que livrar a nação judaica dos inimigos ao seu redor. Passou muitos anos envolvido nestas guerras, até que finalmente a paz chegou para os judeus. "Agora," pensou Davi, "está na hora de construir o Templo Sagrado! Como posso viver em um lindo palácio, enquanto a Shechiná (Presença) de Deus mora numa tenda"?

A arca de Deus ainda estava na Tenda do Encontro, uma tenda, assim como havia estado quando os Filhos de Israel caminhavam pelo deserto.

Naquela noite, Deus enviou um profeta para contar ao Rei Davi: "Deus não quer que você construa o Templo Sagrado. Seu filho Salomão o construirá. Você não é a pessoa certa para construir o Templo Sagrado, porque derramou muito sangue durante as guerras que travou com seus inimigos".

Isto deixou Davi preocupado.

"Deus", pediu ele, "sou culpado por ter lutado em tantas guerras"?

"Não tema, Davi", Deus lhe assegurou. "Você derramou sangue apenas em nome dos céus. A Meus olhos, suas batalhas valem tanto como se você tivesse feito oferendas no altar". "Então, por que não tenho permissão para construir o Templo Sagrado"?, perguntou Davi.

Deus replicou: "Um Templo Sagrado construído por você seria tão sagrado que Eu jamais poderia destruí-lo". "Ótimo," disse Davi. "Deixe que permaneça para sempre". Deus explicou: "Sei que no futuro os judeus cometerão pecados. Ou Eu os destruirei, ou destruirei o Templo Sagrado, deixando-os sobreviver. Se você construir o Templo Sagrado, jamais poderei destruí-lo. Terei que aniquilar os judeus em vez disso".

O Rei Davi então entendeu que não poderia realizar seu sonho de construir uma Morada para Deus. Assim mesmo, devotou o resto da vida a conseguir ouro, prata e os outros materiais necessários para a construção do Templo Sagrado. Seus esforços foram tão grandes que Deus considerou como se ele tivesse de fato o construído!

Outra maneira de cancelar uma promessa

Aprendemos há pouco que somente um grupo de pessoas conhecedoras das leis judaicas ou num Tribunal judaico (*Bet Din*) pode cancelar a promessa de alguém se encontrar para isso uma razão válida.

A Torah nos ensina outra maneira de cancelar uma promessa: Se um pai escutar a filha de doze anos, ou doze anos e meio, fazer uma promessa que ele não aprove, pode dizer: "Sua promessa é inválida". Isto cancela a promessa. Um pai pode anular a promessa da filha apenas até o pôr do sol do dia em que ele a ouve. Se esperar além disso, será tarde demais.

Um marido também pode cancelar algumas das promessas de sua esposa. Ele deve também fazê-lo no mesmo dia em que a escutou. Se esperar até depois do pôr do sol, ela é obrigada cumprir a promessa.

Os filhos de Israel e a guerra contra Madiã

Deus ordenou a Moisés: "Chegou a hora de punir os madianitas que maldosamente enviaram suas filhas para que os Filhos de Israel pecassem. Vá guerrear contra eles. Após está batalha chegará o dia de sua morte".

Por que Deus não ordenou uma guerra contra Moab, também? Não foram os moabitas que contrataram Balaão para amaldiçoar os judeus, e suas filhas também não persuadiram os judeus a pecar?

Há duas razões pelas quais Deus não ordenou uma guerra contra Moab:
1. Os moabitas tinham um motivo para tentarem prejudicar os judeus. Tinham medo que os Filhos de Israel roubassem suas riquezas e os expulsassem de seu país. Os madianitas, entretanto, sabiam que os Filhos de Israel não viajariam através do país deles. Não estavam em perigo. Fizeram o mal aos Filhos de Israel apenas porque os odiavam, sem motivo.

2. Deus previu que certo dia uma mulher justa, mulher sábia, chamada Rute nasceria em Moab. Ela se tornaria judia e seria a ancestral do Rei Davi. Por causa dela, Deus ordenou a Moisés que não prejudicasse os moabitas.

Moisés tinha ouvido claramente de Deus que morreria tão logo a batalha terminasse. Mesmo assim, começou imediatamente a preparar-se para a guerra. Deus ordenou: "Não envie o exército inteiro! Apenas 12.000 soldados, mil de cada tribo, deverão atacar Madiã".

Os madianitas eram muito fortes. Por que Deus queria apenas um pequeno exército? Não teria sido melhor enviar centenas de milhares de soldados judeus para combatê-los?

Deus não permitiu que um judeu previamente associado às filhas de Madiã fosse para a guerra. Apenas aqueles que fossem perfeitos justos estavam aptos a lutarem contra os madianitas. Quando Moisés tentou convocar os soldados ao dever, eles se recusaram a cooperar. Todos os soldados protestaram: "Não quero tomar parte nesta guerra! Deus disse que você morrerá logo depois. Por que deveria ajudar a apressar sua morte"?!

Todo o Povo de Israel amava Moisés (mesmo aqueles que freqüentemente discutiam com ele). Moisés não sabia o que fazer. Deus ordenou: "Faça um sorteio. Qualquer soldado cujo nome seja sorteado, deve ir para a guerra".

Contra a vontade, os soldados se alinharam para a guerra. Geralmente, os líderes das tribos marchavam à frente de sua própria tribo. Nesta guerra, entretanto, Moisés não chamou os homens da tribo de Simeão para tomar parte. Não queria constranger a tribo de Simeão. Pois seu líder, Zimri, estava morto. Moisés chamou Finéias, o filho de Eleazar, e disse-lhe: "Você será o sacerdote ungido para a guerra quando lutarmos contra Madiã. Você deu início ao preceito de santificação do Nome de Deus por matar Zimri. Agora, complete o preceito vingando-se dos madianitas". Como sempre, antes da batalha começar, os sacerdotes tocaram as duas trombetas de prata para Moisés.

A guerra

Moisés ordenou a Finéias: "Quando for para a guerra, leve a arca onde estão colocados as tábuas da lei quebradas. Os Filhos de Israel possuíam duas arcas: uma continha as tábuas e permanecia no Tenda do Encontro. A segunda guardava as tábuas quebradas e era levada para as guerras. Pegue também o tsitsit, a faixa sagrada do Sumo Sacerdote".

Quando o exército dos judeus aproximou-se de Madiã, os soldados viram um mensageiro se aproximando deles. Era ninguém menos que Balaão, o mágico. O malvado soubera que seu conselho perverso tinha causado uma peste entre o povo de Israel. Estava indo a Madiã para exigir de Balac que o pagasse, por ter ocasionado a morte de 24.000 judeus. Quando Balaão ouviu que os Filhos de Israel estavam avançando para Madiã, correu em sua direção para desencorajá-los de atacar.

"Acreditam realmente que seu pequeno exército de 12.000 soldados tem alguma chance de derrotar o forte exército madianita"?, zombou ele. "Nem tentem, pois serão todos mortos"!

Os soldados judeus continuaram marchando, indiferentes à zombaria de Balaão. Finéias e os generais deram o sinal de atacar. Balaão percebeu que estava em perigo.

O fim de Balaão

Antes que qualquer soldado judeu pudesse pegá-lo, Balaão ergueu os braços. Com seus poderes de mágica, transportou-se pelo ar, alto demais para que uma flecha pudesse atingi-lo. Quando percebeu que os cinco príncipes madianitas também estavam em perigo, rapidamente ensinou-os a voar através de magia. Todos levantaram vôo.

Finéias viu como Balaão voava mais e mais alto. Gritou para os soldados: "Algum de vocês pode voar atrás dele e apanhá-lo"? Um homem da tribo de Dã, Tzelaya, elevou-se voando, e apanhou Balaão. Tão logo Balaão percebeu que estava sendo perseguido, mudou de direção. Acelerou para cima como uma flecha, desaparecendo da vista. Tzelaya ficou desapontado, pois era incapaz de segui-lo.

Agora o próprio Finéias resolveu agir. Localizou Balaão e seguiu-o. Finéias virou o tsitsit na direção de Balaão. Isto fez com que Balaão caísse; a santidade do tsitsit era maior que os poderes mágicos de Balaão. Finéias prendeu Balaão e levou-o a Moisés no Tribunal. Foi condenado à morte. O corpo de Balaão não foi enterrado. Apodreceu e transformou-se em serpentes venenosas. Deus o puniu mesmo após a morte, por suas más ações.

Finéias também trouxe para baixo os cinco príncipes de Madiã, levantando o tsitsit em sua direção. Foram mortos por soldados judeus. Os judeus mataram os homens madianitas e fizeram prisioneiras as mulheres e crianças.

Nem um único judeu pereceu na guerra. Era verdadeiramente um milagre, pois o inimigo era mais numeroso e muito mais forte. Deus tinha protegido cada soldado judeu, porque cada um deles era um homem justo.

O retorno do exército e as leis dos despojos

Os soldados judeus voltaram com uma grande quantidade de despojos – ouro, prata, recipientes, roupas e animais. Levaram as mulheres e crianças madianitas ao acampamento judaico, como prisioneiros.

Moisés, que se aproximara com Eleazar para encontrar o exército, viu os prisioneiros e ficou irado. Repreendeu os generais: "Como puderam deixar estas mulheres vivas? Elas incitaram os judeus a pecar e provocaram uma peste que matou 24.000 judeus"! Moisés ordenou que as mulheres madianitas fossem assassinadas.

Os soldados que voltavam da batalha haviam tocado nos corpos dos mortos. Por isso, estavam impuros. Receberam a ordem: "Não entrem no pátio do Tenda do Encontro por sete dias. Nesse período, purifiquem-se com água misturada às cinzas de uma vaca vermelha".

A purificação das vasilhas

Entre os despojos dos madianitas havia panelas, potes e outros tipos de vasilhas. Haviam sido usados pelos madianitas para comida não-casher. Como os judeus poderiam usá-los? O filho de Aarão, Eleazar, ensinou o povo as leis aplicadas à estas vasilhas. Eleazar ensinou: "Se um judeu quiser usar uma vasilha que foi utilizada previamente para comida quente e não-casher, deve primeiro casherizá-la". É possível casherizar vasilhas feitas de todos os tipos de metal (prata, ouro, cobre e assim por diante), mas não louça. Se vasilhas de louça foram usadas para comida quente e não-casher, um judeu jamais poderá usá-la.

Como se "casheriza" um utensílio?

Primeiro, deve ser completamente lavada, até que esteja livre de toda sujeira. É colocada então num caldeirão com água fervente.

Imergir a vasilha em água fervente a casheriza. Entretanto, se for um objeto usado diretamente sobre o fogo, como uma grelha ou espeto para assar carne, deve ser colocada no fogo para tornar-se casher.

Tevilá

Eleazar ensinou também: "Todas as panelas de metal, travessas, xícaras, copos ou talheres que foram fabricados por um não judeu ou comprados dele, devem ser mergulhados num micvê (tanque para purificação). Isto faz com que o utensílio mude de um estado original para um de kedushá (santidade)". Os sábios de Israel decretam que vasilhas de vidro também necessitam imersão num micvê. Por isso, sempre que se compram novos utensílios, deve-se mergulhá-los num micvê antes de usá-los.

Os despojos de guerra são divididos

Os soldados, após a guerra, deram uma porção aos sacerdotes, e Filhos de Israel aos levitas. Por isso, Deus ordenou a Moisés: "Divida os despojos entre os soldados e o restante de Filhos de Israel". Tanto os soldados como Filhos de Israel mais tarde deram uma parte de sua cota aos sacerdotes e aos levitas.

Os campos e as tribos de Gad e Rúben

Os Filhos de Israel possuíam terra a leste do Rio Jordão, após conquistar os poderosos reinos de Seon e Og. As tribos de Gad e Rúben possuíam grandes rebanhos de ovelhas. Estas tribos enviaram mensagens a Moisés, solicitando: "Por favor, deixe-nos assentar aqui, à margem leste do Rio Jordão, em vez de cruzá-lo até a Terra de Israel. Os campos aqui são largos e abertos. Serão excelentes para pastagens de ovelhas.

"Moisés, sabemos que não nos levará até a Terra de Israel. Você morrerá do lado leste do Rio Jordão. Deixe-nos ficar aqui, também". Ouvindo este pedido, Moisés sentiu-se infeliz. Respondeu: "Vocês são duas tribos fortes. Se ficarem a leste do Rio Jordão, os Filhos de Israel pensarão que vocês estão temerosos de lutar com os canaanitas.

Isto os desencorajará de conquistar o país. Podem também pensar que a Terra de Israel não é especial se vocês não desejam um pedaço da terra. Estão repetindo o pecado dos espiões! Como eles, estão desencorajando os Filhos de Israel de conquistar a Terra de Israel"!

Os emissários de Gad e Rúben responderam: "Não permaneceremos aqui enquanto os Filhos de Israel lutam com os canaanitas. Deixe-nos construir abrigos para nossos rebanhos e cidades para nossas famílias. Deixaremos nossas mulheres e crianças neste lado do Jordão enquanto nós – os homens – marcharemos com vocês até à Terra de Israel para lutar. Estamos preparados para marchar à frente do exército. Permaneceremos não apenas até que a guerra tenha fim, mas até que a terra seja dividida entre os Filhos de Israel".

Quando Moisés ouviu estas palavras, concordou. Disse-lhes: "Construa cidades para suas famílias e abrigos para os rebanhos a leste do Rio Jordão".

Moisés primeiro mencionou as cidades para o povo e somente então, os animais. Os homens das Tribos de Gad e de Rúben tinham posto o gado em primeiro lugar. Moisés insinuou a eles que estavam pensando mais sobre o rebanho que sobre os seres humanos.

Moisés continuou: "Se vocês mantiverem sua palavra e ajudar os Filhos de Israel a lutar até que a conquista seja efetuada, receberão suas porções a leste do Rio Jordão. Mas se quebrarem sua promessa, não receberão nenhuma terra a leste do Jordão. Não temam perder, ao ajudar os Filhos de Israel. Serão mais ricos do que se tivessem permanecido a leste do Jordão durante a conquista da Terra de Canaã".

Quando Moisés concedeu o território a Gad e Rúben, percebeu que era grande demais apenas para as duas tribos. Por isso procurou outra tribo para morar com eles. Escolheu metade da tribo de Manassés.

Por quê? Dessa maneira, Deus acertou com Manassés um antigo débito. Manassés, filho de José, (e fundador da tribo que leva seu nome) fez com que os seus tios (e fundadores das demais tribos) rasgassem suas vestes.

No livro de Gênesis, na parashá de Mikets, a Torah nos relata como Manassés, incógnito, e a mando de seu pai, perseguiu as tribos para exigir de volta a taça de José, então o vice-rei do Egito, supostamente "roubada" por eles. Desesperados por serem acusados falsamente pelo roubo, rasgaram suas vestes. Portanto, a porção da tribo de Manassés na Terra Santa foi dividida. Metade de sua herança estava na Terra de Israel e a outra metade na margem leste do Jordão.

As tribos de Gad e Rúben estavam certas ao requisitar terra ao leste do Rio Jordão? Quando as duas tribos requisitaram terra a leste do Jordão, cometeram um erro. Pensaram que não haveria pasto suficiente para seu rebanho na Terra de Israel. Isso não era verdade. Deus criou a Terra de Israel de forma tal que fosse grande o suficiente para o povo judeu e seus pertences.

Poderia ter "esticado" a Terra de Israel para incluir estas duas tribos e seus rebanhos. Gad e Rúben abriram mão de viver em um país de kedushá

(Santidade). O lado leste do Jordão não possui o mesmo nível de santidade que a Terra de Israel. A Shechiná (Presença da Divindade) não repousa lá, e o Templo Sagrado não pode ser construído naquele local.

Estas tribos se separaram do restante de Filhos de Israel. No outro lado do Jordão, havia o perigo de que abandonassem a Torah e imitassem as nações que os rodeavam. De fato, a tribo de Manassés percebeu isso.

As duas tribos e meia mantiveram sua palavra. Eles e seus descendentes seguiram a Torah. Para os dias santificados, viajavam ao Templo Sagrado em Jerusalém. Entretanto, como viviam tão afastados do restante de Filhos de Israel, seu cumprimento da Torah tornou-se mais fraco que o da maioria dos judeus vivendo na Terra de Israel. Quando mais tarde a nação judaica pecou e foi levada ao exílio, estas tribos foram exiladas em primeiro lugar.

Dos fatos sucedidos às duas tribos e meia, aprendemos como é importante associar-se com judeus verdadeiramente cumpridores de Torah.

Todos nós somos influenciados pelos que nos cercam. Se estivermos próximos às pessoas que são fiéis à Palavra de Deus, nos fortalecemos e crescemos em nossa observância da Bíblia.

MASSEI – מסעי - Nm 33,1 – 36,13; Jr 2,4 – 28; 3,4

O tempo da peregrinação avança e o povo de Deus vai caminhando no deserto, para a Terra Prometida por Deus. E ao ler o texto bíblico podemos ter a sensação de que estavam dando voltas ao redor dos mesmos lugares.

Alguns problemas nessa travessia voltavam sempre a acontecer. Na nossa vida também alguns problemas parecem que podem se repetir. Alguns problemas sérios na vida se apresentam novamente.

Essa é a última porção da semana da Palavra de Deus no Livro dos Números. E nela nos é apresentado como num resumo todas as etapas percorridas no deserto por Moisés e o povo. Em algumas etapas o povo judeu foi avançando na caminhada para a chegada, mas em outros momentos, diz a Bíblia, eles caminhavam para a saída, de onde vieram, ou seja retrocedendo no itinerário.

É preciso, portanto além das situações que vivemos, ou através delas, fazer também um caminho interno, uma mudança em nossa conduta, para que na missão que tenho para realizar na vida, dada por Deus, eu possa avançar no percurso da vida de fé.

A grande parte dos problemas têm soluções e se encontram ao nosso alcance. Deus vai nos ajudar ensinando-nos como podemos nos conhecer e como melhorar a nossa vida e a primeira regra é: estar disposto a mudar, e caminhar para frente, para a chegada.

Foram quarenta e dois lugares nos quais o povo acampou no deserto durante 40 anos. A nuvem de Glória orientava as paradas e a permanência. Em alguns lugares ficaram por vários anos, em outros metade um dia somente. Confiemos nos caminhos que Deus vai nos conduzindo durante a nossa vida. Para onde Deus nos leva através da sua Palavra e das situações da vida é sempre o lugar ideal para viver.

Como me encontro hoje no itinerário da caminhada de fé com Deus? Avanço? Retrocedo? Encontro-me parado à espera de um milagre? Caminho na confiança em Deus?

MASEI – Seleções de Midrash a partir do texto bíblico: Nm 33,1 – 36,13
Moisés e os locais do acampamento

Deus ordenou a Moisés: "Anote o nome de cada lugar onde os Filhos de Israel acamparam durante os 40 anos em que caminhou pelo deserto". O primeiro nome que Moisés escreveu foi "Ramsés". Nesta cidade egípcia, os Filhos de Israel haviam se reunido para começar a jornada pelo deserto. De Ramsés, tinham seguido a um local no deserto chamado Sucot. Por que era chamado de Sucot? Está relacionado à palavra Lechassot, cobrir, porque em Sucot, Deus cobriu os Filhos de Israel com as nuvens da Sua Glória.

Moisés continuou a anotar o nome de cada lugar onde os Filhos de Israel tinha acampado. A lista completa abrangia 42 locais, terminando com "as planícies de Moab".

Por que Deus desejava estes nomes registrados na Torah?

Por que Deus pediu a Moisés que listasse todas as paradas feitas por Filhos de Israel? Que interesse poderiam ter para as futuras gerações? Eis aqui algumas respostas:

1. Após o pecado dos espiões, Deus puniu a geração de Moisés com quarenta anos vagando pelo deserto. Poderíamos pensar que Deus forçou os judeus a vagar constantemente. Por isso Deus disse a Moisés que registrasse todos os locais em que acamparam, para nos mostrar que os Filhos de Israel freqüentemente acampavam e descansavam. Repousaram em 14 locais antes

que pecassem com os espiões. Desconte estes da lista total de 42 locais. Teremos então que, após o decreto de Deus e permanecer no deserto por 40 anos, eles passaram por apenas 28 lugares.

Destes 28, subtraímos outros 8 lugares pelos quais Filhos de Israel viajaram no quadragésimo ano, após a morte de Aarão (estes oito lugares não faziam parte de suas caminhadas; pelo contrário, foram erros dos Filhos de Israel). Após a morte de Aarão, estavam tão temerosos dos ataques inimigos que retrocederam oito paradas.

Assim, restam 20 lugares, nos quais acamparam durante um período de 38 anos (o pecado dos espiões ocorreu no segundo ano). Em outras palavras, os judeus puderam parar e descansar, em média, dois anos em cada local.

Desta forma percebemos que quando Deus decreta uma punição, Ele o faz com misericórdia. Ao lermos na Torah esta lista de locais entendemos melhor isso. Sabemos também que os judeus de nada sentiam falta, enquanto viajavam pelo deserto. Deus lhes fornecia o maná, água do Poço de Miriam, além de rodeá-los com nuvens de Glória. Os homens justos entre Filhos de Israel nunca tiveram que "vagar". Como viajavam?

As nuvens de Glória que se espalhavam sob os Filhos de Israel os carregavam. Eram transportados por estas nuvens, sem nenhum esforço de sua parte.

2. Quando gerações posteriores dos Filhos de Israel estivessem morando na Terra de Israel, leriam a lista de locais de acampamento na Torah. Cada local foi assim denominado devido a algum evento que lá acontecera. Por exemplo, um pai leria o nome do local: Dafca. Diria então aos filhos:

"Ouçam, crianças! Em Dafca, Deus fez cair o maná do céu para nossos antepassados! Eles estavam num deserto árido onde nada crescia, e ficaram preocupados. Onde conseguiriam alimento? Mas Deus lhes forneceu. Este local foi chamado Dafca porque os corações do Povo de Israel bateram ansiosamente devido à falta de alimento" (a tradução da palavra *dofec* é bater).

E quando o pai pronunciasse o nome Ritma, diria aos filhos: "Este local foi chamado Ritma porque foi lá que os espiões falaram mal sobre a Terra de Israel". A maledicência é comparada à madeira da piaçava (*ritma*). Por quê? O Midrash explica:

A assombrosa qualidade da madeira da piaçava

Dois viajantes no deserto descansavam sob uma moita de piaçavas. Cortaram alguns dos galhos, e prepararam um fogo para cozinhar sua comida.

Um ano depois, passaram pelo mesmo local novamente. "Olhe, este é o local onde paramos no ano passado"! um mostrou ao outro.

"Vamos descansar aqui outra vez"! Pisaram sobre as cinzas de sua antiga fogueira com os pés descalços, pois não tinham sapatos. De repente, sentiram os pés chamuscados! Os carvões da piaçava ainda estavam quentes por dentro, embora não se pudesse imaginar isso apenas os olhando. "Como é fantástica esta madeira de piaçava! Ainda está incandescente após um ano inteiro"! observou um deles.

Agora podemos entender por que os sábios de Israel comparavam a maledicência à madeira da piaçava. Se alguém dá ouvidos à maledicência sobre outra pessoa, pode aparentemente esquecer. Mas enraizado em sua mente, a maledicência ainda "continua incandescente"; seu efeito perverso perdura por muito tempo. Como os espiões haviam falado a maledicência, e os Filhos de Israel o tinham aceitado, este local foi chamado "Ritma", lembrando-nos da madeira da piaçava.

Destes exemplos, vemos que o nome de cada local de acampamento é importante. Toda vez que uma pessoa o ler, lembrará das maravilhas que Deus ali realizou, ou algum incidente ocorrido com os Filhos de Israel.

3. O Midrash oferece uma outra razão:

Estes locais merecem uma menção honrosa porque acomodaram os judeus durante suas caminhadas. Foram honrados, embora lugares não tenham vontade própria. Isto nos ensina a grande recompensa da hospitalidade. Se um judeu, por livre escolha, abre sua casa a alguém que precisa de alimento e um local para dormir, muito mais Deus o honrará!

A conquista e a definição das fronteiras de Israel

Deus ordenou a Moisés que explicasse ao povo judeu os preceitos que teriam que cumprir na Terra de Israel. Um deles era: "Vocês não podem se estabelecer entre as sete nações que lá vivem. Depois que conquistarem a terra, devem expulsá-las! Estas nações são idólatras e praticam atos ilícitos. Se viverem junto a eles, imitarão seus erros e pecados.

Se obedecerem, permanecerão no país. Do contrário, as nações que lá deixarem causarão infortúnios ao Povo de Israel. Destruam todos os ídolos que encontrarem no país". Moisés descreveu aos judeus as fronteiras exatas da Terra de Israel a leste, norte e sul do país. A fronteira a oeste é o Mar Mediterrâneo. Por que devemos conhecer as fronteiras?

Porque muitos preceitos aplicam-se apenas à Terra de Israel. Por exemplo, doações aos sacerdotes e dízimos são separados do grão, vinho e azeite de oliva que venham apenas da produção da Terra de Israel. Os sábios instituíram que as doações aos sacerdotes e os dízimos sejam separados também de frutas e vegetais. Por isso saber as fronteiras exatas do país, ajudará a saber se a produção crescia ou não na Terra de Israel.

Cidades-refúgio

Deus ordenou a Moisés: "Separe três Cidades de refúgio a leste do Rio Jordão. Depois que os Filhos de Israel cruzarem o Jordão, Josué deverá separar outras três na Terra de Israel". "Se um judeu matar outro sem intenção, acidentalmente, deverá correr em direção de uma *ir miclat*, cidade de refúgio.

Em seguida, os juízes do Sinédrio o levam a julgamento e determinam se ele matou intencionalmente ou por engano. Se decidirem que o assassinato foi cometido deliberadamente, o assassino não pode retornar a cidade-refúgio. É condenado à morte pelo Bet Din (desde que tenha sido advertido e duas pessoas tenham testemunhado o assassinato)".

"Entretanto, se os juízes decidirem que o assassinato ocorreu por acidente – por exemplo, a pessoa estava cortando madeira e o ferro do machado voou e matou alguém ao seu redor – eles o mandam de volta à cidade de refúgio. Apenas lá ele estará a salvo do *goel hadam*. O *goel hadam* (o redentor do sangue) é o parente mais próximo da vítima. Ele tem o direito de matar o assassino em qualquer local, fora de uma Cidade de Refúgio, mas jamais dentro da Cidade de Refúgio". Por que a Torah permite que o *goel hadam* mate um assassino? Para entender esta parte, vejamos o que a Torah nos diz sobre o pecado do assassinato.

A seriedade de destruir uma vida

De todos os pecados que um ser humano pode cometer contra o próximo, a Torah considera o assassinato o pior de todos. Muitas falhas cometidas contra o próximo podem ser corrigidas. Se uma pessoa insulta outra, pode se desculpar; se roubou alguma coisa, pode devolvê-la ou pagar por ela. Mas tirou a vida de alguém, jamais poderá restituí-la. Além disso, muito provavelmente a vítima teria tido filhos. Agora todas estas gerações não poderão nascer. Assim, é como se o assassino tivesse matado todas estas pessoas porque as impediu de vir a este mundo.

Quando Caim assassinou seu irmão Abel, Deus o repreendeu, dizendo: "O sangue de seu irmão e o sangue de todos os filhos que ele poderia ter clamam por Mim da terra"! "O sangue da vítima" clama" por Deus e lhe pede: "Castigue o assassino"!

Mesmo se alguém foi morto por engano, seu sangue clama a Deus e exige punição. Se o assassino tivesse sido uma pessoa justa, Deus não permitiria que este ato acontecesse através dele. Por isso, o goel hadam tem o direito de puni-lo.

Entretanto, como matou sem intenção, o assassino pode escapar a uma cidade-refúgio e lá ficar a salvo do goel hadam. Seu castigo é que deve deixar seu lar e ficar em local novo e estranho. Esta punição expia o seu pecado.

Por quanto tempo alguém que matou por acidente deveria permanecer na cidade-refúgio? O assassino deveria permanecer até a morte do Sumo Sacerdote vigente. Então poderia retornar para casa.

O que tem o Sacerdote Sumo a ver com isso? É dever do Sumo Sacerdote rezar regularmente para que nenhuma tragédia se abata sobre os Filhos de Israel. Se suas orações tivessem sido perfeitas, um assassinato não deveria ter ocorrido. O fato de que um assassinato ocorreu durante seu tempo, mostra que o Sumo Sacerdote é de certa forma responsável. A morte do Sumo Sacerdote expiava o assassinato cometido.

Os sábios de Israel nos dizem que os assassinos em uma cidade-refúgio dificilmente poderiam esperar que o Sumo Sacerdote morresse para que pudessem voltar para casa.

Preocupados de que os assassinos poderiam rezar pedindo a morte de seus filhos, as mães de todos os sumos sacerdotes faziam a ronda nas cidades-refúgio. Serviam-lhes alimentos e bebidas, esperando que os refugiados se sentissem confortáveis. Queriam que eles apreciassem a estadia no *ir miclat*, e não que rezassem pedindo a morte do Sumo Sacerdote!

A Torah adverte o Bet Din (Tribunal judaico): "Não aceitem dinheiro de um assassino não intencional para deixá-lo voltar para casa! Ele deve permanecer na Cidade de Refúgio até que o Sumo Sacerdote em vigor morra".

O Bet Din também é advertido: "Nunca aceite dinheiro de alguém que assassinou intencionalmente para poupá-lo da pena de morte"! Assim que Moisés ouviu a ordem de Deus, separou três cidades-refúgio a leste do Jordão.

Os levitas recebem 48 cidades na Terra de Israel

Os levitas serviam no Templo Sagrado e eram os que ensinavam Torah para todo o povo. Não tinham tempo para cultivar fazendas. Por isso, não receberam uma parte da Terra de Israel. Em vez disso, Deus ordenou a Moisés: "Dê aos levitas 48 cidades, espalhadas por toda a Terra de Israel". Destas 48, seis eram Cidades de Refúgio designadas por Moisés e Josué.

Os Sábios de Israel explicam que não apenas estas seis, como também as outras 42 cidades protegiam os assassinos que não tiveram intenção de matar. Em outras palavras, todas as 48 cidades levitas serviram como Cidades de Refúgio ou asilo. Como havia cidades de levitas por toda a Terra de Israel, cada distrito tinha mestres de Torah.

Deus ordenou: "Cada cidade dos levitas deverá ter uma área aberta com aproximadamente 500 m² em volta". Este espaço permanecia aberto para embelezar a cidade. Era proibido plantar ali. Quando os Filhos de Israel vinham para aprender Torah com os levitas, ficavam impressionados pela bela paisagem. Isto os ajudava a honrar os mestres de Torah.

A área aberta ao redor de cada cidade era circundada por uma segunda área em volta de maior dimensão, onde os levitas tinham permissão de cultivar plantas e apascentar seus rebanhos.

É interessante notar que no futuro, quando o Messias chegar, a tribo dos levitas também receberá sua porção da Terra de Israel. A terra então, será dividida em treze tribos.

A diferença entre as 6 cidades-refúgio e as 42 cidades

A Torah chama as seis cidades separadas por Moisés e Josué de "Cidades de Refúgio". Por que a Torah designa apenas seis cidades em particular de "Cidades-Refúgio" A resposta é que estas seis têm duas vantagens sobre as outras quarenta e duas:

1. Um assassino podia viver sem arcar com nenhuma despesa por sua permanência enquanto nas outras cidades, pagava aluguel aos levitas.

2. Estas seis protegeriam um assassino mesmo se ele não percebesse que a cidade à qual chegara era um refúgio. Entretanto, nas outras quarenta e duas, um assassino era protegido do *goel hadam* apenas se soubesse que estava em uma cidade levita. Por que Deus designou as cidades levitas como local de refúgio?

Uma oportunidade de reabilitação

Deus não encarcerou o assassino dentro de uma prisão sozinho ou em companhia de outros delinquentes. Muito pelo contrário, o estabeleceu em um ambiente de santidade máxima entre os levitas, servos dedicados a Deus e mestres de Torah. Esta atmosfera era espiritualmente benéfica ao assassino e a melhor oportunidade de reabilitação.

As filhas de Salfaad encontram maridos

A parashá de *Pinechás* (Finéias) nos conta a história das filhas de Salfaad: haviam pedido a Moisés que as deixasse herdar o quinhão da terra que pertencia ao seu pai, já que ele não tivera filhos homens. As filhas de Salfaad eram da tribo Manassés. Os chefes desta tribo foram a Moisés e reclamaram: "As filhas de Salfaad poderiam se casar com homens de uma tribo diferente. Mais tarde, seus filhos herdarão sua terra. Em resultado disso, nossa tribo perderá propriedades".

Moisés respondeu em nome de Deus: "Sua reclamação é justa. As filhas de Salfaad devem escolher maridos de sua própria tribo, Manassés, para que esta tribo não perca propriedades. Esta lei era eficaz apenas durante a geração de Moisés, para estabelecer os limites de cada tribo.

Maala, Tersa, Hegla, Melca e Noa seguiram o conselho de Moisés. Todas encontraram ótimos maridos em sua própria tribo. Nenhuma delas tinha menos que quarenta anos quando se casou. Como eram grandes mulheres íntegras, Deus realizou um milagre para elas. Todas tiveram filhos, mesmo tendo se casado em idade avançada.

A lista de locais no deserto suscita coragem para todos

Neste trecho estudado da Torah, Deus listou todos os lugares no deserto pelos quais os Filhos de Israel viajaram. Após a destruição do Templo Sagrado, o povo judeu tornou-se andarilho novamente. Foram exilados de seu país. Após a Primeira Destruição, foram levados à Babilônia, e após a Segunda Destruição, para Roma e outros países.

Há milhares de lugares pelos quais a nação judaica viajou pelo exílio. E em muitos deles os judeus foram oprimidos, maltratados e mortos. Podemos pensar que Deus esqueceu o quanto os Filhos de Israel sofreram todos esses anos. Mas não é assim. Como Deus disse a Moisés para escrever a lista de locais no deserto, da mesma forma cada parada deste exílio é anotada perante Ele no céu. Ele se lembra de todo o sangue que foi vertido e de todas as lágrimas que foram derramadas.

O Midrash nos relata que a nação judaica reclama a Deus: "No Egito, Tu nos mandaste Moisés para nos libertar do exílio, e mais tarde mandaste outros líderes para nos ajudar: Josué, os Juízes, e os Reis . Porém, após isto, fomos enviados novamente ao exílio"!

Deus responde: "Isto aconteceu porque vocês foram libertados por seres humanos. No futuro Eu mesmo os redimirei. Então sua liberdade será eterna, assim como Eu. Vocês jamais terão que suportar a vergonha do exílio".

Correspondência bíblica

Herança:

Gn 31,14: "Raquel e Lia responderam: Não temos direito a um dote ou herança na casa de nosso pai"?.

Ex 15,17: "Tu os introduzirás e os plantarás no monte da tua herança, no lugar que preparaste para tua morada, SENHOR, no santuário, ó SENHOR, que tuas mãos fundaram".

Lv 20,24: "Então eu vos disse: Sois vós que possuireis a terra deles, Eu vou dá-la a vocês como herança. É uma terra onde corre leite e mel. Eu sou o SENHOR, vosso Deus, que vos separou dentre os povos".

Nm 18,20: "O SENHOR disse a Aarão: Tu não terás herança na terra dos israelitas, nem haverá parte para ti em seu meio. Eu sou tua parte e tua herança no meio deles".

Dt 4,20: "A vós, porém, o SENHOR vos tirou da fornalha de ferro do Egito, para que fôsseis o povo de sua herança, como o sois hoje".

Js 11,23: "Josué tomou toda essa terra, em total acordo com que o SENHOR falara a Moisés, e deu-a em herança aos israelitas, repartindo-a em lotes segundo as tribos. E a terra repousou livre das guerras".

2Sm 20,19: "Eu sou pacífica e estou entre os fiéis de Israel. E tu queres destruir uma cidade, uma mãe em Israel. Por que queres destruir a herança do SENHOR"?

1Rs 8,51: "Pois eles são teu povo e tua herança dentre todos os povos da terra, como falaste por meio do teu servo Moisés, quando fizeste sair nossos pais do Egito, SENHOR Deus".

Jt 9,12: "Sim, sim, ó Deus de meu pai e Deus da herança de Israel, dominador dos céus e da terra, criador das águas, rei de toda a criação, ouve a minha súplica"!.

Sl 16,5: "O SENHOR é a minha parte da herança e meu cálice. Nas tuas mãos, a minha porção".

Sl 33,12: "Feliz a nação cujo Deus é o SENHOR, o povo que escolheu para si como herança".

Eclo 17,15: "mas Israel foi constituído a herança de Deus".

Is 60,21: "Teu povo será todo ele gente justa e em herança possuirá a terra para sempre. Eles são a muda que eu plantei, o trabalho de minhas mãos, a glória que eu queria".

Mq 7,18: "Haverá algum deus igual a Ti, Deus que tira o pecado, que passa por cima da culpa do resto de sua herança, não guarda sua ira para sempre e prefere a misericórdia"?

Mt 5,5: "Felizes os mansos, porque receberão a terra em herança".

Mt 19,29: "E todo aquele que tiver deixado casas, irmãos, irmãs, pai, mãe, filhos ou campos, por causa do meu nome, receberá cem vezes mais e terá como herança a vida eterna".

Mt 25,34: "Então o Rei dirá aos que estiverem à sua direita: Vinde, benditos de meu Pai! Recebei em herança o Reino que meu Pai vos preparou desde a criação do mundo"!.

At 20,32: "Agora vos entrego a Deus e à Sua Palavra misericordiosa, que tem poder para edificar e dar a herança a todos os que foram santificados".

Rm 4,16: "Por conseguinte, é em virtude da fé que se dá a herança como dom gratuito; assim, a promessa continua firme para toda a descendência: não só para os que se firmam na Lei, mas para todos os que, acima de tudo, se firmam na fé, como Abraão, que é o pai de todos nós"!

1Cor 15,50: "Irmãos, eis o que eu quero dizer: a carne e o sangue não podem receber de herança o reino de Deus, nem a corrupção receber de herança a incorruptibilidade".

Ef 3,16: "Eis o mistério: os pagãos são admitidos à mesma herança, são membros do mesmo corpo e beneficiários da mesma promessa, no Cristo Jesus, por meio do Evangelho".

Cl 1,12: "dai graças ao Pai que vos tornou dignos de participar da herança dos santos, na luz".

Hb 9,15: "Por isso, ele é mediador de uma nova aliança. Pela sua morte, ele redimiu as transgressões cometidas no decorrer da primeira aliança. Assim, aqueles que são chamados recebem a herança eterna prometida".

1Pd 1,4: "para uma herança que não se desfaz, não se estraga nem murcha, e que é reservada para vós nos céus".

Ap 21,7: "Estas coisas serão a herança do vencedor, e eu serei seu Deus, e ele será meu filho".

O Ciclo de Leituras da Torah na Sinagoga – Uma Herança Comum "para conhecer melhor as tradições paternas" (Gl 1,14) – Índice

5° LIVRO DA TORAH: DEUTERONÔMIO (DEVARIM, EM HEBRAICO)

Nome da Parashá (porção semanal da Torah)	Texto Bíblico	Haftará (Leitura dos Profetas)	Harizá (Colar) Tema
51. DEVARIM	Dt 1,1 – 3,22	Is 1,1 – 27	Gerações
52. VAETCHANAN	Dt 3,23 – 7,11	Is 40,1 – 26	Ouvir
53. ÊKEV	Dt 7,12 – 11,25	Is 49,14 – 51,3	Coração
54. REÊ	Dt 11,26 – 16,17	Is 54,11 – 55,5	Esmolas
55. SHOFETIM	Dt 16,18 – 21,9	Is 51,12 – 52,12	Não tenhas medo
56. KI TETSÊ	Dt 21,10 – 25,19	Is 54,1 – 10	Os animais
57. KI TAVÔ	Dt 26,1 – 29,8	Is 60,1 – 22	Primícias
58. NITSAVIM	Dt 29,9 – 30,20	Is 61,10 – 63,9	Palavra de Deus
59. ASSERET YEMÊ TESHUVÁ			Converter
60. VAYÊLECH	Dt 31,1 – 30	Is 55,6 – 56,8	Palavra de Deus
61. HAAZINU	Dt 32,1 – 52	2Sm 22,1 – 51	Rocha
62. SUCOT	Lv 22,26 – 23,44 Festa das Tendas	Zc 14,1-21	
63. VEZOT HABERACHÁ	Dt 33,1 – 34,12	Js 1,1 – 18	Moisés

01. BERESHIT   Gn 1,1 – 6,8
02. NOACH   Gn 6,9 – 11,32
03. LECH LEHA   Gn 12,1 – 17,27
04. VAYERÁ   Gn 18,1 – 22,24
05. CHAYÊ SARÁ   Gn 23,1 – 25,18
06. TOLEDOT   Gn 25,19 – 28,9
07. VAYETSÊ   Gn 28,10 – 32,3
08. VAYISHLACH   Gn 32,4 – 36,43
09. VAYÊSHEV   Gn 37,1 – 40,23
10. MIKETS   Gn 41,1 – 44,17
11. CHANUCA   1Mc 4,36 – 59
12. VAYIGASH   Gn 44,18 – 47,27
13. VAYECHI   Gn 47,28 – 50,26
14. SHEMOT   Ex 1,1-6,1
15. VAERÁ   Ex 6,2-9,35

16. BÔ	Ex 10,1-13,16
17. BESHALACH	Ex 13,17-17,16
18. YITRÔ	Ex 18,1-20,26
19. MISHPATIM	Ex 21,1-24,18
20. TERUMÁ	Ex 25,1-27,19
21. TETSAVÊ	Ex 27,20-30,10
22. ZACHOR	Dt 25, 17-19
23. PURIM	Livro de Ester
24. KI TISSÁ	Ex 30,11-34,35
25. VAYAKHEL	Ex 35,1-38,20
26. PECUDÊ	Ex 38,21-40,38
27. VAYICRÁ	Lv 1,1-5,26
28. TSAV	Lv 6,1-8,36
29. PÊSSACH	Ex 12,1-20; 13,8
30. SEFIRAT HAÔMER	
31. SHEMINI	Lv 9,1-11,47
32. TAZRIA	Lv 12,1-13,59
33. METSORÁ	Lv 14,1-15,33
34. ACHARÊ MOT	Lv 16,1-18,30
35. KEDOSHIM	Lv 19,1-20,27
36. EMOR	Lv 21,1-24,23
37. BEHAR	Lv 25,1-26,2
38. BECHUCOTAY	Lv 26,3-27,34
39. BAMIDBAR	Nm 1,1-4,20
40. SHAVUOT	Ex 19,1 – 20,23
41. MEGUILAT RUT	Livro de Rute
42. NASSÔ	Nm 4,21-7,89
43. BEHAALOTECHÁ	Nm 8,1-12,16
44. SHELACH LECHÁ	Nm 13,1-15,41
45. CÔRACH	Nm 16,1-18,32
46. CHUCAT	Nm 19,1-22,1
47. BALAC	Nm 22,2-25,9
48. PINECHÁS	Nm 25,10-30,1
49. MATOT	Nm 30,2-32,42
50. MASSEI	Nm 33,1-36,13

51 – Dt 1,1 – 3,22: DEVARIM - דברים
Is 1,1-27

As paradas do Povo de Israel no deserto até a Terra Prometida

1 – Ramsés – Êxodo de Israel Ex 12, Nm 33
2 – Sucot – Etam Ex 13,20-22; Nm 33,5
3 – Piairot Ex 14; Nm 33,8
4 – Mara – Ex 15,23-26
5 – Elim - Ex 15,27
6 – Deserto de Sin – Dafca - Alus – Ex 16; Nm 33, 9-14
7 – Refidim – Ex 17,8-16
8 – Monte Sinai (Horeb) Ex 19-20
9 – Deserto do Sinai – Tabernáculo (Ex 25-30)
10 – Acampamento - 70 anciãos ajudam Moisés Nm 11, 16s
11 – Eziom – Geber – Dt 2
12 – Cades Moisés envia espiões para a Terra de Israel - Nm 13-14
13 – Deserto oriental – Nm 20; 22 a 24
14 – Ribeiro de Arnon – Dt 2,24-37
15 – Monte Nebo – Dt 34,1-4
16 – Campinas de Moab – Nm 33,50-56
17 – Rio Jordão, atravessado a pé enxuto – Js 3,1 – 5,1
18 – Jericó - Js 6

Essa porção semanal da Palavra de Deus é chamada Devarim – Palavras. Ela introduz o último dos cinco livros da Torah – o Pentateuco.

Esse livro do Deuteronômio é também chamado de Mishne Torah, ou seja, "Revisão da Torah".

- Por que o povo de Deus demorou 40 longos anos para chegar num itinerário que somente leva 11 dias? Moisés nesse último livro da Torah vai dar algumas explicações.

- Quem eram as pessoas que estavam ali às margens de entrar finalmente na terra de Israel? O povo que ali estava não havia passado por tudo nestes quarenta anos. Além de Moisés, Josué e Caleb, ninguém dos israelitas que havia saído do Egito estava ainda vivo. É toda uma nova geração, uma geração sem a memória de ter subido ao Egito, sem memória da escravidão sofrida lá, sem a memória de ter recebido a Torah no Sinai; essa geração somente se lembra de ter vagado pelo deserto por anos e sobre isso o povo tinha certamente suas questões também.

- O livro do Deuteronômio, na maioria dos seus capítulos, irá procurar responder a todas as questões. Aprender com as lições da História de um povo que começou a caminhar com uma Torah à sua frente, guiando seus passos.
- Na primeira vez que eles chegaram às margens da Terra Prometida não se saíram tão bem, por causa das palavras desanimadoras de 10 dos 12 espiões mandados por Moisés para fazerem o reconhecimento da Terra de Israel e quando o povo se recusou a dar o primeiro passo, Deus ficou descontente com essa falta de confiança e os puniu.
- O povo precisou caminhar mais tempo para compreender a ação de Deus junto com a abertura da fé do mesmo povo ao Deus Todo-Poderoso.
- Moisés vai ajudar a essa geração a receber a propriedade da História passada no deserto, a perceber que é a Torah no meio deles que os torna especiais e confiantes em Deus e nos seus Planos para avançar no caminho da liberdade.
- Todos fomos chamados pela fé a caminhar nessa viagem, como e quando chegaremos lá depende de nossa resposta de fé também.

Nesse Livro do Deuteronômio nos é mostrado o que Moisés falou aos filhos de Israel nas suas últimas semanas de vida, quando os filhos de Israel já se preparavam para entrar na Terra de Israel atravessando antes o Rio Jordão.

Ele revisa todos os preceitos da Torah chamando a atenção para a grande transformação que eles enfrentariam quando chegassem na Terra de Israel.

Passariam de uma existência até então "sobrenatural" no deserto sob o comando de Moisés que cumpria as ordens dados pelo Eterno Deus, para uma existência mais "aparentemente" normal onde eles iriam perceber a ação de Deus no cotidiano da vida, agora sob a liderança de seu sucessor, Josué.

Moisés de certa forma irá fazer três grandes discursos nesse livro do Deuteronômio:

Discurso com uma atenção especial para o Passado (capítulos 1 a 4)

1) Discurso com uma atenção especial para o **Alto** (capítulos 5 a 26)
2) Discurso com uma atenção especial para o **Futuro** (capítulos 27 a 33)

Como confiar em Deus? O povo tinha medo de entrar no futuro que Deus lhe havia preparado. E Moisés enche de confiança o povo, para que confiem no mesmo Deus que fez seus antepassados saírem do Egito, que os sustentou e protegeu. Como não confiar em Deus depois de tantos sinais e provas de seu amor?

Confio ou não em Deus, e até que ponto?

Esta porção da semana da Palavra de Deus vai nos relembrar Moisés apontando os grandes erros do povo, o pecado do Bezerro de Ouro, a rebelião de Coré, a exigência de carne, a murmuração das águas etc.

Por que Moisés faz isso nos últimos dias antes da sua morte? Talvez para que o povo não caísse nos mesmos pecados no futuro; porque sabia que suas palavras finais seriam escutadas com mais carinho, e o povo saberia que ele não estava falando nisso em benefício próprio mas em benefício do povo amado por Deus e porque ele sabia que suas críticas seriam construtivas.

Moisés com todo o carinho de quarenta anos liderando o povo de Israel quis nesse momento tão forte e esperado da entrada na Terra Prometida por Deus ajudar o povo a enfrentar a realidade do seu itinerário de fé nesses anos todos e projetar para o futuro um povo bem disposto e forte, confiante em Deus.

Posso enumerar os meus principais defeitos também ao longo do meu itinerário pessoal de fé e aprender com eles, e com coragem e amor caminhar melhor na vida de fé, em comunidade como membro do Povo de Deus?

DEVARIM – Seleções de Midrash a partir do texto bíblico: Dt 1,1 – 3,22

Moisés reúne a Nação

Os filhos de Israel atingiram o final de seus quarenta anos no deserto. Todos os homens da geração de Moisés haviam morrido, e seus filhos agora eram adultos. Acamparam nas planícies de Moab. Esta era a última parada antes da Terra de Israel.

Aarão e Miriam faleceram. Apenas Moisés sobrevivera: tinha 120 anos de idade. Mas parecia um homem jovem! Suas faces não eram encovadas, e não era enrugado. Seu rosto brilhava com os raios da Shechiná (Presença da Divindade). Era forte e caminhava com os passos largos de um homem jovem.

Porém, Moisés estava ciente de que não cruzaria o Rio Jordão e não entraria na Terra de Israel. "Preciso falar com os filhos de Israel pela última vez", pensou ele. "Repetirei a eles a Torah e os preceitos, para me certificar de que aprenderam bem. Também os ensinarei novos preceitos que ainda não aprenderam".

"Primeiro discutirei os pecados que seus pais cometeram no deserto. Isto os ajudará a fazer teshuvá (conversão e arrependimento) e evitar transgressões similares. Sabendo que logo morrerei, certamente eles me darão ouvidos".

No primeiro dia de Shevat (mês do calendário judaico), em 2.488 (trinta e seis dias antes de sua morte), Moisés anunciou: "Todo o Povo de Israel deve se reunir e escutar minhas palavras!" Por que Moisés desejava que cada judeu ouvisse seu discurso?

Ele pensou: "Se alguém estiver ausente agora e mais tarde ouvir minhas palavras repetidas através de outros, poderá discordar de algumas partes. Isso de forma alguma deve acontecer! É preciso que todos estejam presentes agora e ouçam o que tenho a dizer. Se alguém achar que estou errado, poderá falar agora e esclarecerei minhas palavras"!

É difícil imaginar isto, mas o último discurso de Moisés durou trinta e seis dias! A cada dia, os filhos de Israel se reuniam e escutavam as palavras de Moisés e seus ensinamentos. Todo o Livro de Devarim (Deuteronômio) é este último discurso de Moisés!

Moisés começa a falar

A voz de Moisés não era alta o suficiente para atingir 600.000 pessoas, mas ocorreu um milagre, e ele pôde ser ouvido por todos os judeus presentes.

O Mestre Moisés começou: "Falarei a vocês sobre seus pecados no deserto. Devem entender que a única razão pela qual lembro estes episódios é porque eu os amo. Quero ajudá-los a refinar-se e a fazer teshuvá (conversão e arrependimento)".

"Um mês depois de começarmos a viajar no deserto, a massa que trouxemos do Egito acabou". Vocês se queixaram: 'No Egito sempre tínhamos bastante para comer. Morreremos todos de fome! Queremos pão e carne'!

"Embora reclamassem ao invés de confiar em Deus, Ele foi misericordioso. Fez cair o maná do céu e também forneceu carne fazendo cair pássaros. Deus fez o maná cair diariamente por quarenta anos".

O povo ouviu estas palavras. Pensaram: "Como Moisés tem razão! Não confiamos em Deus. Em vez de reclamar, deveríamos ter tido fé. No futuro não mais reclamaremos, mesmo se as coisas ficarem difíceis". Moisés esperou. Alguém iria discutir? Alguém o contradiria? Mas todo o Povo de Israel permaneceu em silêncio. Concordaram com Moisés e fizeram teshuvá.

Isto é verdadeiramente espantoso. Se nós tivéssemos estado lá, certamente teríamos feito uma objeção: "Moisés, não reclamamos pela falta de comida. Nossos pais o fizeram"!

O pecado mencionado por Moisés havia acontecido quarenta anos antes, no início da caminhada pelo deserto. Naquela época, a geração que agora escutava Moisés ainda não havia nascido ou então eram criancinhas.

Mesmo assim, ninguém falou: "Não somos culpados!" Isto demonstra que a nova geração era de verdadeiros justos. Grandes justos aceitam a responsabilidade até pelos erros de seus pais, como se fossem os seus próprios. O povo estava envergonhado e fez teshuvá pelas falhas dos pais.

Moisés continuou: "Lembram-se do que aconteceu nas planícies de Moab?" Os filhos de Israel curvaram a cabeça, sentindo vergonha. Lembraram-se do pecado em Setim, nas planícies de Moab, apenas uns poucos meses antes. Na maioria, apenas os membros da tribo de Simeão havia pecado com as filhas de Moab. Haviam também servido ao ídolo Baal Peor. Os pecadores foram condenados por Moisés, e uma praga havia irrompido. Esta cessou apenas após Finéias matar Zimri e rezar a Deus.Os ouvintes fizeram teshuvá por isto, também, embora não tivessem participado, e os verdadeiros culpados já tivessem morrido.

Novamente, foi ouvida a voz de Moisés:

"Como vocês se comportaram nas praias do Mar Vermelho, quando viram o exército do Faraó se aproximando de nós? Entraram em pânico! Alguns de vocês gritaram de medo: 'Se ao menos tivéssemos morrido no Egito, ao invés de sermos mortos aqui pelo exército do faraó'!

"Mesmo depois que Deus afogou o exército do Faraó, vocês não confiaram n'Ele. Pensaram que os egípcios tinham escapado do Mar Vermelho assim como vocês! Para provar que estavam errados, Deus ordenou que o mar jogasse os corpos dos egípcios nas praias. Apenas então acreditaram no milagre". Novamente, os filhos de Israel concordaram com Moisés e aceitaram os erros dos pais como se fossem seus.

Moisés continuou. "E recentemente – após a morte de Aarão – vocês reclamaram sobre o maná! Deus lhes disse-lhes que deveriam avançar para o deserto, na terra de Edom. Vocês reclamaram: 'De volta ao deserto outra vez? Estamos fartos de sempre comer maná'". Uma vez mais, os ouvintes aceitaram as duras palavras de Moisés. Esta era de fato uma geração notável! Ninguém gritou: "Pessoalmente, não tenho culpa"!

Moisés ainda não terminara com a lista dos erros: "Todos se lembram do que aconteceu no deserto de Paran! Vocês enviaram espiões! Mais tarde, quando se aproximaram de Chatserot, Coré se rebelou"!

Finalmente, Moisés falou sobre o pecado mais grave de todos: o bezerro de ouro. "Vocês estavam ricos com ouro quando saíram do Egito"! Moisés disse: "Porém, usaram-no para fazer um bezerro de ouro. Ao invés de terem sido destruídos, Deus ordenou que construíssem um Tabernáculo e perdoou-os pelo mérito do Tabernáculo". Novamente, os filhos de Israel aceitam a admoestação de Moisés. Fizeram teshuvá pelo pecado do bezerro de ouro.

O quê a Torah nos diz sobre estas falhas? Se você abrir o Livro da Torah nesta parashá e tentar encontrar o discurso de Moisés, ficará surpreso. Não está lá! Tudo que se pode encontrar na Torah são estas poucas palavras: "Moisés falou aos filhos de Israel sobre o que aconteceu nas planícies de Moab, no Mar Vermelho, no deserto"... E assim por diante. A Torah apenas menciona o nome de cada local onde um pecado aconteceu. Por que não há mais detalhes?

Deus queria poupar o povo judeu da vergonha de ter um grande número de falhas enumeradas no início de um novo Livro da Torah. Por consideração para com os judeus, a Torah Escrita apenas dá indícios do discurso de Moisés.

Moisés abençoa os filhos de Israel

Moisés descreve o que acontecera no início da jornada pelo deserto: "Fui designado não apenas como seu professor de Torah, como também para ser seu juiz. Como eu estava ocupado! Havia tantas discussões e disputas entre vocês. Eu me sentava e julgava por boa parte do dia, enquanto vocês freqüentemente esperavam por horas para me ver. Vocês cresceram até tornarem-se uma imensa nação, e hoje são tantos como as estrelas do céu. Que Deus os multiplique mil vezes mais, dando-lhes filhos que sejam justos como vocês. Que Ele os abençoe como prometeu a seus antepassados"!

Por que Moisés subitamente abençoou os filhos de Israel no meio de seu discurso? Uma explicação seria: Moisés havia reclamado sobre como era difícil lidar com um povo tão numeroso.

Mas não queria que o povo pensasse que estava infeliz por eles serem tantos. Por isso, rapidamente acrescentou uma bênção para que se tornassem ainda mais numerosos! O Midrash fornece outra explicação:

Deus disse a Moisés: "Veja como os filhos de Israel são justos! Poderiam ter reclamado quando você lembrou os seus erros. Porém, aceitaram suas palavras e fizeram teshuvá. Por isto, mereciam ser abençoados". E assim, Moisés deu-lhes a bênção. O Midrash nos diz:

Os Filhos de Israel são comparados às Estrelas, Areia e Pó da Terra

Moisés comparou os filhos de Israel às estrelas, mas na verdade Deus fizera uma promessa diferente a cada um dos antepassados:

- **A Abraão**: "Olhe para o céu. Tente contar as estrelas! Assim como esta tarefa é impossível, da mesma forma será impossível contar seus filhos!"
- **A Isaac**: "Seus filhos serão tão numerosos como os grãos de areia na praia"!
- **A Jacó**: "Seus filhos serão como o pó da terra".

Tentemos entender como os judeus são comparados - as estrelas, areia e pó:
- **Estrelas** – Cada estrela é importante para o universo. Se apenas uma estiver faltando, a criação de Deus é imperfeita. Da mesma forma, cada pessoa também é de suma importância.
- **Areia** – Embora ondas poderosas quebrem contra a praia arenosa, a delicada areia é uma forte barreira. A água não pode passar por ela e carregá-la para longe. Similarmente, o povo judeu repetidamente sobrevive aos ataques das nações do mundo.
- **Pó da terra** – Plantas e árvores não cresceriam sem o solo. Os filhos de Israel podem ser comparados à terra porque, pelo seu mérito, todas as nações são abençoadas. Na época de Moisés, Deus já tinha completado Sua promessa de que os filhos de Israel seriam como as estrelas. Apenas na época do Messias todas as promessas que Deus fez aos patriarcas serão totalmente cumpridas.

Como Moisés escolhia os Juízes

Moisés continuou seu discurso: "Disse-lhes que trouxessem a mim os homens justos que sejam sábios e compreensivos. Eu os escolheria como juízes. Ao ouvir este pedido, vocês deveriam ter respondido: 'Moisés, preferimos que sejas nosso único juiz! Tu és quem recebeste os mandamentos diretamente de Deus. Os outros juízes são apenas teus alunos; não possuem todo o teu conhecimento. Mas vocês concordaram imediatamente. Pensaram: 'Entre tantos juízes, alguns aceitarão suborno e nos favorecerão'"!

"Eu disse aos novos juízes: 'Julguem todos os casos que puderem. Se um caso for muito difícil, tragam-no a mim'".

Embora Moisés assim falasse, Deus mostrou-lhe que mesmo ele não conseguiria cuidar sozinho de todos os casos difíceis. Quando as filhas de Salfaad (na parashá de Pinchás) vieram perguntar a Moisés se a herança paterna deveria ser-lhes concedida, Moisés não respondeu de imediato, consultando primeiro Deus. Moisés então repetiu ao povo as regras que havia ensinado aos juízes.

As Regras para os Juízes Judeus

O mesmo tipo de problema pode ser trazido a vocês mais de uma vez. Da primeira, será novo para vocês, assim estudarão cuidadosamente a solução. Da segunda vez, vocês não estudarão tão detalhadamente. Quando ouvirem o problema pela terceira vez pensarão: "Por que deveria eu escutar estas leis novamente? Já conheço este caso". Mas estão errados! Devem revisar cuidadosamente cada caso antes de tomar uma decisão, mesmo se acharem que lhes é familiar.

Pode acontecer de lhe perguntarem sobre um caso a respeito de alguns centavos. Mais tarde, um caso envolvendo uma fortuna pode lhes ser apresentado. Não adiem a questão a respeito da pequena quantia, julgando o segundo em primeiro lugar. Devem ambos ter a mesma importância para você.

Quando duas pessoas entrarem para julgamento, não pensem: "Esta pessoa parece ser um vigarista. O outro aparenta ser uma pessoa decente"!

Ao contrário, ambas as partes devem parecer igualmente culpadas para vocês. Após aceitarem a decisão da justiça e saírem, ambos devem ser como pessoas justas aos seus olhos.

Um pobre e um rico têm uma disputa. Não pensem: "Esta é uma boa oportunidade de ajudar o homem pobre! Farei com que o rico perca o caso, para que pague dinheiro ao outro. Desta maneira, ajudarei o homem pobre!" Isto não é permitido! Não podem também favorecer o homem rico. Ambos devem ser iguais para vocês.

Nunca temam pessoa alguma. Se um homem briguento ameaçar: "Não ouse fazer-me perder, ou porei fogo em sua casa"! - não se deixem intimidar.

Vocês devem ouvir cada caso diretamente das pessoas envolvidas e não através de um tradutor. Por esta razão, para ser um membro do Sinédrio (Suprema Corte) era preciso saber muitos idiomas.

Assuntos financeiros devem ser decididos por três juízes. Uma sentença de vida ou morte, porém, deve ser decidida por pelo menos vinte e três juízes. Uma sentença de morte jamais pode ser pronunciada em um único dia. A decisão final deve ser tomada no dia seguinte.

Moisés fala sobre os espiões

Moisés continuou suas palavras de admoestação aos Filhos de Israel: "Dois anos após deixarmos o Egito, poderíamos ter entrado na Terra de Israel. Mas devido ao espiões, Deus nos manteve no deserto por mais 38 anos. Na Outorga da Torah, vocês se comportaram respeitosamente. Mas quando vieram me falar sobre o envio de espiões à Terra de Israel, empurraram uns aos outros. As crianças abriam caminho empurrando os adultos, e os adultos eram desrespeitosos com os líderes, empurrando-os para o lado".

"Em seguida agiram enganadoramente. Pediram que 'mandássemos espiões para preparar o caminho para nossa conquista do país'. Mas esta não era a sua verdadeira intenção. Queriam evitar a luta com as nações que lá estavam. Não confiaram na promessa de Deus de ajudá-los a conquistar as sete nações. Embora eu acreditasse em vocês, Deus entendeu suas verdadeiras intenções".

Escolhi doze dos melhores homens entre vocês. Eram homens justos. Mas ao começarem a viagem, maus pensamentos perturbaram suas mentes.

Começaram a planejar um relatório falso. Temiam lutar contra os canaanitas. Por isto, tentaram impedir que os filhos de Israel se envolvessem numa guerra. Quando retornaram, apenas Josué e Caleb louvaram a Terra de Israel. Os outros falaram maledicência sobre essa terra.

"Novamente agiram de forma imprópria. Em vez de acreditarem em Josué e Caleb, acreditaram nos dez espiões. Deus havia nos falado sobre como a terra era boa. Por que não acreditaram n'Ele?

Vocês tinham medo de lutar contra as nações da Terra de Israel, pois escutaram: "Eles são realmente guerreiros poderosos, vivendo em cidades fortificadas até o céu. Há inclusive gigantes entre eles".

'Mas eu disse a vocês para não sentirem medo - Deus lutaria por vocês! Viram como Ele cuidou de vocês amorosamente no deserto? Por que, então, não crêem que Ele lhes concederia mais bondade?

"Após todo este comportamento impróprio, Deus ficou aborrecido: 'Os homens desta geração não verão a boa terra que prometi aos seus antepassados', prometeu Ele. 'Apenas Josué e Caleb terão este privilégio'"

Moisés continuou: "Após o pecado dos espiões, Deus ficou descontente comigo também. Pelos próximos 38 anos, a profecia de Deus não foi transmitida com o mesmo amor, como antes do incidente dos espiões. Este acontecimento também causou minha morte no deserto. Porque golpeei a rocha em Meriba, Deus disse-me que Josué lideraria os filhos de Israel à Terra Prometida".

Os judeus e a conquista da Terra de Israel

"Embora Deus tivesse falado que traria apenas a próxima geração a Terra Prometida, alguns entre vocês disseram: 'Não queremos esperar. Queremos entrar na Terra de Israel agora! Pecamos quando nos recusamos a lutar contra os canaanitas. Agora compensaremos por isto'".

"Vocês prepararam suas espadas, e estavam prontos a escalar a montanha na fronteira da Terra de Israel. Mas Deus advertiu: 'Diga-lhes para não escalar! Não estou com eles! Serão derrotados'! Mas vocês não deram ouvidos e mesmo assim foram para a batalha. Os emoritas que viviam na montanha, perseguiram e feriram vocês. Então aconteceu um milagre: qualquer emorita que tocasse em vocês morria instantaneamente. Isto demonstrou como Deus controlava a situação".

Os Filhos de Israel não conquistaram três Nações

Os filhos de Israel estavam proibidos de conquistar três nações que faziam fronteira com a Terra de Israel. As três nações eram:

Seir, onde os descendentes de Esaú viviam. Outro nome para este país é "Edom"; **Moab; Amon**. Por que os filhos de Israel foram proibidos de conquistá-los?

Os filhos de Israel e Seir (Edom)

Moisés disse: "Ao final de nossa caminhada, Deus nos ordenou rumar para o norte, em direção à Terra de Israel, e passar pela terra de Seir. Deus advertiu: 'Os descendentes de Esaú são seus irmãos! Não os ataquem.

Nem ao menos passem pela terra deles sem permissão. Se quiserem alimentos ou água, paguem por eles. Dei a terra de Seir a Esaú até à época do Messias'". Deus não permitiu que os judeus conquistassem Seir porque este país era a recompensa de Esaú por honrar seu pai, Isaac.

De que modo Esaú se destacou por honrar seu pai?

Rabi Shimon ben Gamaliel explicou: "Quando servi meu pai, vestia roupas comuns. Quando estava pronto para sair, me trocava e vestia roupas melhores. Quando Esaú servia seu pai, usava as melhores roupas. Considerava seu pai um rei. Aprendi com Esaú o quanto se deve honrar os pais". Para não dar a Esaú um espaço no Mundo Vindouro, Deus propositadamente concedeu a Esaú a recompensa total por seu preceito cumprido neste mundo.

Moisés continuou: "Enviamos mensageiros ao rei de Seir, pedindo-lhe que nos deixasse passar através de seu país. Ele recusou. Então, passamos ao redor do país de Seir".

Os Filhos de Israel e Moab

"Então nos aproximamos de Moab. Novamente, Deus advertiu: 'Não podem conquistar Moab. Eu o dei aos descendentes de Lot até à época do Messias". Mesmo assim, Deus nos permitiu recolher os despojos deles. Foram eles que haviam contratado o mágico Balaão para nos amaldiçoar e enviaram as suas filhas para nos fazer pecar (Cf. Parashat Balac).

Por que Deus ordenou aos judeus que não atacassem Moab? Deus previu que uma mulher notável nasceria em Moab. Ela se tornou judia, desposou Booz e foi tarde a bisavó do Rei David.[38] Por causa dela, o povo de Moab não foi destruído. "Enviamos mensageiros ao rei de Moab, pedindo permissão para passar pelas suas terras. Mas ele também recusou, e então viajamos ao redor de Moab".

Os filhos de Israel e Amon

"Quando nos aproximamos de Amon, Deus ordenou: 'Os filhos de Israel não podem lutar com os amonitas. Nem ao menos lhes será permitido recolher os despojos deles. São descendentes de Ló, e receberam o país até que chegue a época do Messias'". Por que Amon foi poupado?

Deus previu que do povo de Amon nasceria uma mulher importante: Naama (cf. 1Rs 14,21). Ela se tornaria judia e seria a mulher do Rei Salomão. Seu filho, Roboão, seria coroado rei após a morte de Salomão.

---

[38] Cf. Rt 4,17.

Há outra razão pela qual Deus proibiu a conquista de Moab e Amon: Deus poupou-os como recompensa pelo silêncio de Ló. Qual foi o mérito de Ló?

No livro de Gênesis (Bereshit), na parashá de Lech Lechá (cf. Gn 12,1-17,27) a Torah nos relata o seguinte: Quando Abraão viajou ao Egito, fingiu que Sara era sua irmã. Ló, o sobrinho de Abraão, os acompanhou nesta viagem e sabia a verdade: Sara era a esposa de Abraão!

Ele podia ter contado ao faraó que Sara era a mulher de Abraão. O que poderia acontecer a Abraão? O faraó o teria matado para ficar com Sara. Quando Ló ficou em silêncio, salvou a vida de Abraão. Como recompensa, Deus poupou as vidas de seus descendentes, os moabitas e amonitas.

Por que Moisés lembrou aos judeus que Deus havia proibido a conquista de Seir, Amon e Moab? Os filhos de Israel poderiam perguntar um dia: "Será que o exército de Moisés era muito fraco para derrotar aquelas nações?" Moisés deixou claro: "Embora Deus tivesse prometido a Abraão que vocês conquistariam dez nações, Ele está dando a vocês agora apenas sete nações. As outras três – Seir, Amon e Moab – serão dadas a vocês apenas na época do Messias.

Não porque sejam muito fracos para sobrepujá-los, mas porque Deus assim o ordenou. Ele está esperando o momento certo para entregar estas três nações em suas mãos".

Os Filhos de Israel vencem Seon e seu exército

Moisés continuou: "Deus não nos permitiu conquistar Edom, Amon e Moab. Mas Ele nos deixou conquistar a terra de Seon, rei dos emoritas". Os emoritas tinham tentado impiedosamente aniquilar os judeus. Ordenaram a seus soldados que se escondessem em cavernas na montanha, e atirassem suas flechas nos filhos de Israel enquanto estes estivessem passando por um estreito vale dos emoritas. Os judeus teriam sido destruídos se não fosse pela ajuda de Deus (veja Parashat Chucat – Nm 19,1 – 22,1).

Moisés disse: "Enviei mensageiros a Seon, pedindo: 'Por favor, deixe-nos passar por seu país! Se precisarmos de comida, a compraremos de vocês'. "Seon recusou-se a nos deixar passar. Mesmo assim, senti que havia agido corretamente em enviar-lhe mensageiros. Aprendi de Deus que mesmo aos perversos deve-se dar uma chance".

"Seon mobilizou seu exército. Deixou a capital e marchou para atacar. Esta foi uma bondade especial de Deus. A capital de Seon estava tão bem guarnecida que teríamos tido problemas em conquistá-la. Não tivemos que enfrentar diversos grupos de soldados espalhados em locais diferentes. O exército estava todo agrupado. Por isso, o capturamos rapidamente. Matamos Seon, o poderoso gigante e seu filho. Desta maneira, conquistamos a terra dos emoritas".

A derrota de Og

O gigante Og era meio-irmão de Seon. Governava o reino Emorita de Basã. Quem era Og? O Midrash nos relata:

Como Og sobreviveu até à época de Moisés

Todos os gigantes poderosos que viviam no tempo de Noé se afogaram no dilúvio. Apenas Og sobreviveu. Subiu por uma escada até a arca e implorou a Noé: "Por favor, salve-me! Serei seu escravo para sempre,"

Noé refletiu: "Tantas pessoas tentaram salvar-se subindo na arca, mas nenhuma delas conseguiu. Como Og teve sucesso em chegar aqui, Deus provavelmente deseja que ele sobreviva!"

Assim Noé fez um pequeno furo na arca e passava comida a Og todos os dias. Só esta tarefa já mantinha Noé e seus filhos muito ocupados! Nossos sábios dizem que Og devorava incríveis quantidades de comida, e que bebia galões de água. Mesmo assim, Noé o alimentou, e Og sobreviveu.

Por que Deus permitiu que vivesse? Deus desejava que o mundo visse um gigante da época anterior ao dilúvio. O mundo aprenderia então que Deus destruiu até mesmo esta raça de gigantes, porque se rebelaram contra Ele.

Og ainda estava vivo no tempo de Abraão. Quando Ló, sobrinho de Abraão, foi capturado numa guerra, (Parashat Lech Lechá) Og pensou: "Vou correr e dizer a Abraão que seu sobrinho foi preso.

Quando Abraão for resgatá-lo, será morto pelos captores de Ló. Poderei então casar-me com a linda Sara"! Deus imediatamente prometeu: "Pelos esforços que fizeste para trazer a Abraão a mensagem, terás vida longa. Mas como desejaste que Abraão fosse morto, serás destruído pelos seus descendentes"! Og era uma das pessoas convidadas para a circuncisão de Isaac. Os reis de Canaã haviam sido convidados também. Os reis disseram a Og, "Você sempre chamou Abraão de 'mula,' dizendo que ele é como uma mula que não pode dar cria. Porém, veja, ele tem um filho, Isaac!"

Og olhou para o bebê de Abraão, um menino. Naquela época, os bebês nasciam tão grandes que mesmo os recém-nascidos precisavam de uma cama de adulto. Isaac foi o primeiro bebê a nascer pequeno e fraco, como os bebês atuais.

"Este bebê é tão pequeno que precisa de um berço!" - zombou Og. "Eu poderia matá-lo com um dedo"! "É assim que você fala do filho que dei a Abraão?" Deus disse. "Você viverá para ver dezenas de milhares de descendentes deste bebezinho! E você cairá em suas mãos".

Quando Jacó chegou ao Egito, Og estava visitando o faraó. O faraó disse a Og: "Você sempre afirmou que Abraão nunca teria filhos! Mas aqui está o neto de Abraão, Jacó, e ele trouxe setenta dos descendentes de Abraão com ele"! Og ficou furioso. Desejou que todos os descendentes perecessem! "Seu malvado!" - disse Deus. "Por que lhe deseja mal? No fim, você será destruído!"

Moisés contou a história: "Og tornou-se o governante de Basã. Quando ouviu que havíamos conquistado Seon, preparou seu exército para a guerra. "Chegamos perto de Edrê, a cidade fortificada de Og. Lá acampamos para passar a noite e preparamo-nos para invadir a cidade pela manhã".

"Deus disse-me: 'Veja Og sentado sobre a muralha'! Ele era tão imenso que quando sentava-se sobre a muralha, seus pés tocavam o solo.

"Eu estava com medo. Pensei: 'Este é o malvado que zombou de Abraão e Sara. Disse que eles eram como árvores próximas da água, mas que não dão frutos'. 'Não o tema', disse-me Deus.

"Og apanhou uma enorme pedra para jogar em cima de nós. Mas Deus transformou-a em pedaços. Enquanto isso, apanhei um machado e atingi Og no calcanhar. Caiu para trás e morreu".

"Enfrentamos o exército de Og. Deus fez o sol ficar imóvel até que a batalha terminasse. Assim, o mundo inteiro soube desta guerra e de nossa vitória". Derrotamos o exército emorita. Agora possuímos enormes lotes de terra a leste do Rio Jordão. Dividi a terra entre Rúben, Gad, e metade de Manassés.

Ordenei então: 'Embora já tenham recebido seu quinhão, devem acompanhar os filhos de Israel até à Terra de Israel e ajudá-los a lutar. Depois, podem retornar à sua terra'.

"A Josué, eu disse: 'Você viu como Deus destruiu os poderosos gigantes Seon e Og. Assim Ele destruirá todos os reis que vivem na terra de Canaã. Não tenha medo, pois Deus está lutando por você'!".

Um conceito importante a aprender

Sabemos que todo o livro do Deuteronômio é um longo discurso. Os filhos de Israel não contradisseram Moisés. Aceitaram cada palavra e fizeram teshuvá. Tomemos nós mesmos como exemplo. Como reagimos quando um amigo nos repreende? É desagradável. Às vezes, podemos negar que agimos errado. Outras vezes tentamos justificar nossas ações com desculpas. É normal esquecer e não nos preocuparmos após ouvirmos admoestação.

Nesta porção semanal da Palavra de Deus, aprendemos que há um modo melhor. Há um versículo em Provérbios (9,8) que diz: "Não repreendas o zombador, para que não te odeie; mas repreende o sábio, e ele te amará".

Qual o significado disto? Um tolo não suporta aquele que lhe diz que está errado. Não está interessado em se aperfeiçoar. Quer ser da maneira que deseja e que lhe convém. O sábio pensa: "Deus trouxe-me a este mundo com um objetivo em mente: Devo me esforçar para me tornar uma pessoa melhor. Deixe-me aceitar a ajuda dos outros para alcançar isto"!

A pessoa que possui sabedoria ouve suas falhas com gratidão. Tenta aprimorar a si mesmo se seus atos não foram muito sérios ou se não foi tão culpado.

Os Sábios de Israel chamam a geração de Moisés de uma geração sábia. Ficaram envergonhados por suas falhas, quando foram enumerados em voz alta. Perceberam que Moisés apontava seus erros e pecados somente porque os amava profundamente e se preocupava com eles.

Deus proclamou: "A repreensão de Moisés Me é tão cara como todos os preceitos que dei aos filhos de Israel"!

Correspondência bíblica

Gerações:

Gn 9,12: "E Deus disse: Eis o sinal da Aliança que estabeleço entre mim e vós e todos os seres vivos que estão convosco, por todas as gerações futuras".

Ex 12,14: "Este dia será para vós uma festa memorável em honra do SENHOR, que haveis de celebrar por todas as gerações, como instituição perpétua".

Lv 7,36: "Foi o que o SENHOR lhes mandou dar da parte dos israelitas, desde o dia da unção, como lei perpétua para todas as gerações".

Nm 35,29: "Essas disposições serão para vós normas de direito por todas as gerações, onde quer que estiverdes morando".

Dt 5,10: "Mas uso de misericórdia por mil gerações para com os que amam e guardam os meus mandamentos".

Jz 3,2: "só para ensinar o conhecimento da guerra para as gerações de israelitas que não a experimentaram no passado".

1Cr 16,15: "Ele se lembra para sempre da Aliança, da Palavra dada para mil gerações".

Tb 1,4: "Nela foi santificado o Templo como Casa de Deus, construído para que aí oferecessem sacrifícios todas as tribos de Israel, por todas as gerações".

Jt 8,32: "Respondeu-lhes Judite: Ouvi-me, e eu farei uma proeza que chegará aos filhos do nosso povo através das gerações".

1Mc 2,51: "Lembrai-vos dos feitos dos nossos antepassados, do que eles fizeram em suas gerações, e ganhareis glória imensa e renome eterno".

Sl 33,11: "Mas o plano do SENHOR é estável para sempre, os pensamentos do seu coração por todas as gerações".

Sl 100,5: "Pois o SENHOR é bom, eterno é seu amor e sua fidelidade se estende por todas as gerações".

Eclo 2,11: "Considerai, filhos, as gerações passadas e vede: quem confiou no SENHOR e ficou desiludido"?

Is 41,4: "Quem faz e realiza tudo isso, chamando à vida gerações desde o começo? Eu, o SENHOR, sou o primeiro e estou também com os últimos".

Jl 1,3: "Contai tudo a vossos filhos, para que eles contem a seus filhos e estes, às gerações futuras".

Mt 1,17: "No total, pois, as gerações desde Abraão até Davi são quatorze; de Davi até o exílio na Babilônia, quatorze; e do exílio na Babilônia até o Cristo, quatorze".

At 14,16: "Nas gerações passadas, Deus permitiu que todas as nações seguissem seu próprio caminho".

Ef 3,21: "a Ele a glória na Igreja e no Cristo Jesus, por todas as gerações, na duração dos séculos. Amém".

Cl 1,26: "mistério que Ele manteve escondido desde os séculos e por inúmeras gerações e que, agora, acaba de manifestar aos seus santos".

52 - Dt 3,23 - 7,11 - OUVE, ISRAEL! - VAETCHANAN - ואתחנן
Is 40, 1 - 26

O nome desta porção semanal da Palavra de Deus chama-se Vaetchanan – Rogar. Moisés continua a falar com os filhos de Israel às margens do Rio Jordão, antes de entrar na Terra Prometida. Ensina Moisés a crença central do judaísmo que existe somente um Deus. As três orações diárias rezadas pelos judeus também são apresentadas nesta parashá (porção semanal da Palavra de Deus).

Conta-se na tradição da literatura rabínica que o próprio Moisés quando esteve nos céus ouviu os anjos, que louvavam o Eterno Deus – pronunciar este versículo – *"Bendito seja o Nome daquele cujo Glorioso Reino é eterno"*, que é recitado após o primeiro trecho do Shemá Israel, (Ouve, Israel) apresentado neste trecho do livro do Deuteronômio (*Midrash Raba*).

Nestes versículos, segundo o sábio de Israel chamado Maharal de Praga (1520 – 1609), existe uma relação direta com as três orações diárias (*Shachrit, Minchá e Arvit),* pois os horários destas três orações foram instituídos pelos três grandes Patriarcas:

Abraão instituiu a oração da Manhã (*Shachrit*) – Gn 22,3;
Isaac instituiu a oração da Tarde (*Minchá*) – Gn 24,63;
Jacó instituiu a oração da Noite (*Arvit*) – Gn 28,11.

Moisés nesta porção semanal da Palavra ainda tenta mais uma vez convencer Deus a lhe deixar entrar na Terra Prometida. Ele tenta adiar a realidade da morte, negociá-la com Deus. Ele não é como qualquer pessoa enfrentando com fé seus últimos dias.

O grande profeta Moisés, com quem Deus falou Face a face, que guiou os Filhos de Israel para a liberdade, que recebeu os 10 Mandamentos no Sinai... No livro dos Números o erro fatal de Moisés foi tirar água da rocha batendo nela com a vara em vez de falar com a rocha. Talvez Moisés tenha que morrer porque pertença à geração destinada a morrer no deserto. Será outro sucessor com outras habilidades que levará a missão para frente. Deus assegura a Moisés que Josué guiará o povo através do Rio Jordão e que estabelecerá o povo na Terra de Israel.

Moisés escala o monte ante o Rio Jordão e vê as montanhas ao Norte, os desertos ao Sul e até o mar. Mas vê também mais do que a geografia do país, vê também a história do povo judeu, vê as futuras gerações interpretando os cinco livros da Torah e se dá conta que é através dessas gerações que ele mesmo alcançará a imortalidade.

Deus e os Filhos de Israel estão ligados por laços de esquecimento e de memória, laços de amor também, de um Deus que os salvou da escravidão, o alimentou no deserto e que muito em breve o levará até à terra onde corre leite e mel e em troca disso pede ao povo que Lhe ame com todo o seu coração, com toda a sua alma e com todas as suas forças.

Deus sempre estará com eles através da sua Palavra, estará com eles no caminho da vida, quando de pé ou quando deitados, nos seus braços e nas suas cabeças (tefilin), nas portas de suas casas (mezuzá), para sempre!

VAETCHANAN – Seleções de Midrash a partir de: Dt 3,23 – 7,11
Moisés implora para entrar na terra de Israel

Moisés continuou seu discurso: "Quando golpeei a pedra em Meriba, Deus prometeu que eu não entraria na Terra Santa. Mais tarde, comecei a conquista da Terra de Israel ao derrotar os gigantes Seon e Og, que governavam os emoritas a leste do Jordão. Pensei: 'Se eu rezar a Deus agora, Ele talvez me permita conquistar o restante da terra de Canaã'".

"'Grande e poderoso Deus', orei. 'Nunca fizeste tantos milagres através de ninguém como fizeste através de mim. Permitiste-me trazer as pragas ao Egito e a dividir o Mar Vermelho. Alimentaste-nos com maná e os pássaros no deserto. A razão de todos estes milagres foi trazer o povo judeu à Terra de Israel! Deveria eu iniciar uma obra sem concluí-la'"?

Moisés continuou: "Insisti: 'Por favor, Deus, podes anular Teu decreto. Quando um rei muda de idéia, deve pedir aos ministros que concordem. Mas Tu não precisas da permissão de ninguém para mudar de idéia. Por Tua grande misericórdia, perdoa-me, por favor'! "Deus respondeu: 'Meu decreto não pode ser anulado porque Eu jurei'"!

"Rezei: Deus, podes cancelar um juramento! Não prometeste destruir os Filhos de Israel após o pecado do bezerro de ouro? Anulaste tua promessa então! Por que deveria eu sofrer o mesmo destino dos espiões que falaram mal da Terra de Israel? Tenho louvado a Terra Santa por toda minha vida'!

"'Moisés', respondeu Deus – todos os homens de sua geração morreram no deserto. Você será enterrado com eles; seu mérito os protegerá. Eles precisam de você! Após a vinda do Messias, eles serão revividos, e você os levará à Terra de Israel'! (Deus também fez com que outros grandes justos fossem sepultados fora da Terra de Israel para que seus méritos protegessem os judeus enterrados na Diáspora. Como por exemplo, o túmulo de Mardoqueu encontra-se na Pérsia)".

Moisés disse aos Filhos de Israel: "Mesmo assim, não desisti. Implorei a Deus de 515 maneiras diferentes para que me deixasse entrar na Terra de Israel". (Isto está aludido na palavra Vaetchanan, o nome desta Parashá, cujo valor numérico equivale a 515 e significa Rogar).

"Rezei: 'Por favor, Deus, deixe-me então ver a cidade de Jerusalém e o Templo Sagrado'"! "Moisés, basta!, exclamou Deus: Não reze mais! As pessoas dirão que sou inflexível por recusar suas orações e que você é obstinado por continuar a argumentar. Muito, muito mais do que isto está reservado para você. A recompensa que preparei para você no Mundo Vindouro é bem maior que entrar na Terra de Israel. Diga a Josué que ele marchará à frente dos Filhos de Israel e os liderará durante a guerra".

"Mesmo assim, minhas orações conseguiram algo. Deus me disse: 'Acederei ao seu desejo de ver a Terra Santa. Deixarei escalar a colina, e mostrarei a você toda Terra de Israel, até os locais mais distantes'"!

Por que Moisés desejava entrar na Terra de Israel?

Se perguntarem a um judeu: "Gostaria de viajar para Israel"? ele provavelmente responderá: Seria maravilhoso! Sempre sonhei em conhecer os locais sagrados! Moisés queria ir à Terra de Israel por estar curioso para ver como era? Queria provar as famosas frutas? Moisés, sagrado servo de Deus, tinha razões completamente diferentes para querer entrar na Terra de Israel. Pensou: "Viver na Terra Santa me ajudará a ser mais sábio e a me aproximar de Deus. Além disso, há muitos preceitos que jamais consegui cumprir, como guardar o sétimo ano (shemitá) ou separar terumot (doações para os sacerdotes) e maasrot (dízimo) dos alimentos da Terra de Israel. Se apenas eu pudesse cumprir estes preceitos…".

Moisés não tinha qualquer prazer terreno em mente quando orava a Deus. Desejava entrar na Terra de Israel apenas com o objetivo de melhor servir a Deus. Por que as orações de Moisés foram registradas na Torah para as gerações futuras?

Quando os judeus viram como Moisés amava ternamente a Terra de Israel, o país tornou-se muito precioso para eles. Cumpririam os preceitos mais cuidadosamente para merecerem permanecer na Terra de Israel. Sabiam que se negligenciassem a Torah, seriam expulsos.

A proibição de aumentar ou diminuir os preceitos

Moisés começou ensinando os preceitos aos Filhos de Israel. Primeiro explicou uma regra básica: "Quando cumprirem um preceito, talvez queiram torná-lo ainda mais belo adicionando algo. Poderão pensar: 'Neste Sucot pegarei não apenas um lulav e etrog, como a Torah ordena, mas dois de cada! Isso tornará o preceito ainda melhor'. Ou então um sacerdote pode decidir: 'Deus deu-nos três versículos com os quais abençoar os Filhos de Israel. Quero ir além disso, então os abençoarei com um quarto e maravilhoso versículo'! Isto é proibido. Cada preceito deve ser cumprido exatamente como Deus a deu. É proibido adicionar ou tirar algo da Torah"!

Você poderia perguntar: Mas os sábios de Israel não adicionaram leis àquelas ordenadas pela Torah? Isto é verdade. Mas a Torah permite que aquelas leis sejam adicionadas porque são como "cercas". Elas protegem as leis da Torah de serem transgredidas.

Moisés também encoraja os judeus a "conectarem-se com Deus". Moisés continuou seu discurso:

"Lembrem-se", disse ele, "aqueles que serviam o ídolo Báal Peor foram destruídos. Alguns foram executados pelo Tribunal e outros morreram numa praga. Vocês todos, que estão vivos até hoje, seguiram Deus. Aquele que permanece próximo a Deus vive neste mundo e viverá para sempre no Mundo Vindouro". Você se "conecta a Deus" pensando sempre n'Ele, e cumprindo Seus preceitos. Outra maneira de se ligar a Deus é aproximar-se dos sábios.

Permanecer próximo de um Sábio

Quando Abraão viajou em direção a terra de Canaã, Ló o acompanhou. Como Ló foi com Abraão, também se tornou rico. Mais tarde, quando se afastou de Abraão, perdeu todos seus bens na destruição de Sodoma.

Como recompensa por estar constantemente na tenda de Moisés, Deus prometeu a Josué: "Estarei com você assim como estive com Moisés". Deus realizou milagres para Josué, similares àqueles que realizou para Moisés.

Por exemplo, Josué partiu as águas do Rio Jordão. Isto foi como a abertura do Mar Vermelho. Quando os justos Ananias, Mizael e Azarias foram jogados numa fogueira por recusarem-se a se curvar perante a imagem de Nabucodonosor, Deus salvou-os do fogo. Até suas roupas ficaram intocadas pelo fogo! Por quê? Porque as roupas estavam conectadas a Ananias, Mizael e Azarias, que eram justos. Estes exemplos nos ensinam o benefício de permanecer perto de um homem sábio.

Moisés continuou: "Devemos sempre cumprir as leis de Deus. Mesmo as nações que não seguem a Torah consideram-nos sábios por cumprirmos os preceitos. Vocês poderiam pensar: Posso encontrar leis melhores que a Torah. Lembrem-se, tal coisa não existe. As leis da Torah não foram feitas pelo homem, mas por Deus. Sabem que é assim porque vocês mesmos estiveram presentes e testemunharam a entrega da Torah".

Devemos lembrar sempre da entrega da Torah

"Nunca se esqueçam do dia em que ficaram em pé ao redor Monte Sinai e ouviram a voz de Deus"!

Como explicamos na Parashá Devarim, Moisés falava a uma nova geração. Não estava se dirigindo aos homens que haviam ouvido os Dez Mandamentos de Deus, mas aos filhos deles. Mesmo assim, disse: "Vocês estiveram no Monte Sinai," e "Vocês ouviram a voz de Deus". Uma razão para isso foi porque alguns deles haviam vivenciado a Outorga da Torah quando crianças. E aqueles que ainda não eram nascidos na época da Outorga da Torah sentiram-se como se estivessem estado lá pessoalmente, pois tinham escutado este relato de seus pais.

Moisés advertiu: "Devem contar a seus filhos tudo sobre a Outorga da Torah, e estes devem repeti-lo a seus filhos. Desta maneira, todas as gerações acreditarão para sempre que Deus nos deu a Torah, como se estivessem estado pessoalmente no Monte Sinai".

O Midrash nos conta:

O preceito de ensinar a Torah aos filhos

Rabi Chiyá bar Aba encontrou Rabi Josué ben Levi na rua. Ficou chocado ao ver que, ao invés de vestir seu belo turbante de costume, Rabi Josué havia jogado um pedaço de tecido sobre a cabeça de maneira desarranjada. Corria rua abaixo, carregando uma criança pequena em direção à escola. "Por que está com tanta pressa"? perguntou Rabi Chiyá.

Rabi Josué respondeu: "A Torah nos diz: 'Ensine estas leis a seus filhos', e logo em seguida, 'o dia em que ficaram perante Deus no Monte Sinai'. O versículo ensina que aquele que ensina Torah aos filhos é tão grande como se tivesse no Monte Sinai pronto para receber a Torah. Por isto estou correndo para levar meu filho à escola".

Quando Rabi bar Huna, um dos eruditos, ouviu estas palavras, nunca mais fez seu desjejum antes de levar seu filhinho à Casa de estudos. E Rabi Chiyá (aquele que havia encontrado Rabi Josué na rua) decidiu que a primeira coisa que faria pela manhã seria ensinar seus filhos e revisar com eles o que haviam aprendido no dia anterior. Apenas então faria sua refeição matinal.

Os Sábios de Israel ensinam que este é também um mérito especial para um avô ensinar a Bíblia a seus netos. Diz-se de um avô que assim faz, que é considerado como se ele próprio estivesse fisicamente no Monte Sinai para receber a Torah.

A proibição da idolatria

Moisés advertiu: "Na Outorga da Torah, vocês ouviram uma voz vinda do fogo. Não cometam o engano de pensar que viram uma imagem de Deus. Certamente não viram! É proibido fazer qualquer pintura ou imagem para representá-lo. Estão proibidos também de fazer imagens de pessoas, animais, do sol ou da lua. Isto os ajudará a se manter afastados de idolatria, uma transgressão que contraria toda a Torah". O que acontecerá se os Filhos de Israel servirem a ídolos?

Moisés advertiu: "Após viverem na Terra de Israel por longo tempo, vocês poderão pensar: Estamos a salvo aqui! Deus jamais nos expulsará. Permaneceremos aqui para sempre! Lembrem-se de que se vocês servirem ídolos ou fizerem o mal, serão rapidamente exilados do país. Deus os expulsará e os dispersará entre as nações. Irão se tornar servos de adoradores de ídolos. Mas mesmo após isto acontecer e vocês estiverem no exílio, em terras estranhas, poderão encontrar Deus. Procurem por ele com todo seu coração e sua alma. Quando tudo que lhes digo se tornar realidade, façam teshuvá (conversão e arrependimento) e ouçam Deus! Ele é misericordioso e não os abandonará. Ele se lembrará da Aliança que fez com seus pais".

"Se alguma vez suspeitarem que Deus esqueceu a promessa que fez a seus antepassados para redimir vocês, perguntem-se: Aconteceu mesmo de todo um povo ter escutado Deus falar diretamente a eles? Deus tem falado com pessoas, mas nunca antes, ou depois, a uma nação inteira. Alguma vez aconteceu que toda uma nação foi salva por meio de milagres como o das Dez Pragas? Deus realizou estes milagres para vocês porque Ele amou seus antepassados e vocês, filhos deles. Qual foi o propósito de todos estes milagres? Mostrar que Ele é o único Deus, que não há outro poder além d'Ele. Assim como Deus os tirou do Egito, ele os resgatará de todas as outras nações".

Os versículos anteriores (Dt 4,25-40) são lidos da Torah na sinagoga, na manhã do jejum de 09 de Av (mês do calendário judaico). Esta Parashá é apropriada para 09 de Av, porque fala sobre a punição dos Filhos de Israel, e promete que Deus aceitará sua teshuvá (conversão e arrependimento) mesmo quando o povo estiver no exílio. O Midrash nos diz:

As palavras de Moisés eram uma profecia

Quando Moisés advertiu os Filhos de Israel a guardarem a Torah mesmo após viverem na Terra de Israel por um longo tempo, ele usava a palavra *venoshantem*. Isto significa "após você ter-se tornado velho e instalado no país" (da raiz *yashan*, velho). A Torah usa esta palavra porque faz uma insinuação ao futuro. O seu valor numérico (guematriyá) é 852. Moisés profetizou: "Se servirem ídolos, Deus os expulsará da Terra de Israel após 852 anos". A profecia de Moisés tornou-se realidade?

Na verdade, os Filhos de Israel permaneceu no país apenas 850 anos antes que o Primeiro Templo Sagrado fosse destruído, não 852. Em Sua misericórdia, Deus enviou a punição dois anos antes da data que Moisés previu. Se Deus tivesse esperado mais dois anos, os Filhos de Israel teriam decaído tanto que Deus teria que destruí-los. Deus não o permitiu.

Moisés ameaçou que, se os Filhos de Israel pecassem, seria rapidamente exilados do país. Mesmo assim Deus esperou pacientemente por 850 anos, sempre esperando que os Filhos de Israel fizessem a conversão e o arrependimento (teshuvá).

Moisés separa as cidades-refúgio

Agora Moisés interrompeu seu discurso. "Até este momento, tenho falado sobre guardar as leis de Deus . Agora quero realmente cumprir uma delas"! Sobre qual preceito Moisés estava falando?

Deus disse a Moisés que seis cidades de refúgio deveriam ser estabelecidas: três a leste do Jordão e três na terra de Canaã. Mas as três primeiras não poderiam proteger assassinos antes que as três na Terra de Israel fossem estabelecidas. Moisés poderia ter falado: "como não chegarei a Terra de Canaã, eu não posso assentar as três cidades-refúgio lá. Por isso, não faz sentido estabelecer as mesmas cidades-refúgio aqui, a leste do Rio Jordão. Não podem servir de abrigo para um assassino".

Moisés não disse isso. Pelo contrário, pensou: "devo cumprir todo e qualquer preceito que estiver ao meu alcance"! Moisés selecionou três cidades. Para servir de cidade de refúgio, uma cidade deve ser de tamanho médio, cercada por muralhas, e ter recursos hídricos. Moisés assegurou-se que as três cidades que escolhera fossem apropriadas para isso. Sua ânsia em cumprir os preceitos nos ensina: Não perca a chance de cumprir um preceito! Não pense: "Há muito tempo. Por que ter pressa"? Deve-se sempre cumprir todos os preceitos que puder na primeira oportunidade.

O estudo da Bíblia traz proteção

Após falar sobre as cidades-refúgio, o versículo continua: "Esta é a Torah que Moisés colocou diante dos Filhos de Israel" (Dt 4,44). Qual a relação entre este versículo e o assunto das cidades-refúgio?

O Midrash explica: Assim como as cidades-refúgio salvam a pessoa da morte, assim o faz o estudo da Torah. O mérito do estudo da Torah prolonga a vida da pessoa. Moisés reuniu Os Filhos de Israel novamente e disse: "Deus os incluiu no acordo que fez com seus antepassados no Sinai. Mesmo aqueles de vocês que ainda não haviam nascido foram incluídos. Todas as almas dos judeus até o fim dos tempos estiveram no Monte Sinai. Vocês ouviram Deus lhes falar do meio do fogo. Escutaram o próprio Deus nos dar os Dez Mandamentos. Eu os repetirei a vocês".

Alguns homens desta geração não eram nascidos na época da Outorga da Torah; outros eram crianças pequenas. Moisés queria ter certeza de que antes que morresse, eles escutariam os Dez Mandamentos enumerados por ele, fiel mensageiro de Deus.

Os dez mandamentos

Os Dez Mandamentos já foram explicados na Parashá Jetro (cf. Ex 18,1 – 20,26). Entretanto, como a Torah os repete nesta Parashá (porção semanal da Palavra), explicaremos novamente.

O Primeiro Mandamento: Anochi - Crê em Deus!

"Eu sou Deus, teu Deus! Sou tanto um Deus de misericórdia, chamado Deus, como um Deus severo, chamado Elohim. Não sou dois deuses distintos! Sou Aquele que faz tudo acontecer. Vocês viram como afoguei os egípcios no Mar Vermelho, e ao mesmo tempo salvei vocês dividindo as águas".

O Segundo Mandamento: Ló Yihyê Lecha - Não tenhas outros deuses!

"Não digas: 'Servirei a Deus e servirei outros deuses, também. Eles serão Seus ajudantes'! Deves servir apenas a Mim. Não podes fazer uma imagem Minha, mesmo que penses que isto te ajudará a servir-Me melhor".

O Terceiro Mandamento: Ló Tissa - Não pronuncie o Nome de Deus em vão!

Este mandamento proíbe jurar falsamente ou sem necessidade em nome de Deus. Deus punirá todo aquele que disser Seu nome em vão. Por causa deste mandamento, quando se lê a Torah ou nas orações, é que os judeus costumam chamar Deus de "*Hashem*" que significa "O Nome". Chamando-O de Deus (inclusive graficamente por *D'us*), e não por Adonai mostram que não usam o Santo Nome de Deus desnecessariamente.

O Quarto Mandamento: Shamor et Yom HaShabat - Santificar o Shabat!

Deve-se abster de trabalho proibido no Shabat, e também santificá-lo fazendo ou ouvindo a Prece da Santificação sobre o Vinho e sobre o Pão (kidush e havdalá). É um bom hábito que cada membro da família ajude a preparar o Shabat, e não deixar todas as tarefas somente para as mulheres.

Os grandes sábios de Israel tinham muitos servos a quem podiam dar ordens de deixar tudo pronto para o Shabat. Mesmo assim, costumavam eles mesmos fazer os preparativos para o dia sagrado. O Midrash nos conta:

Os Sábios ajudavam na preparação para o Shabat

Rav Chisda cortava os vegetais para a refeição do Shabat. Rabá e Rav cortavam madeira. Rav Zêra acendia o fogo. Rav Nachman arrumava a casa e providenciava a louça de Shabat.

O Quinto Mandamento: Cabed (Cavod) - Honrar Pai e Mãe!

Se um filho honra seu pai e sua mãe, Deus diz: "É como se Eu vivesse entre eles e o filho tivesse honrado a Mim"! Uma das melhores maneiras de o filho honrar os pais é guardar a Torah. Se o filho é um justo, isso é um mérito para os pais.

O Sexto Mandamento: Ló Tirtsach - Não assassinar!

Se o povo judeu não tiver assassinos dentre eles, a sua recompensa será que exércitos inimigos não passarão pela Terra de Israel. Haverá paz absoluta.

O Sétimo Mandamento: Ló tin'af - Não cometas adultério!
Deus deseja que o marido e a esposa sejam fiéis um ao outro. Como recompensa por guardar este mandamento, Deus dará felicidade e alegria ao povo judeu.

O Oitavo Mandamento: Ló Tignov - Não furtar!
Este mandamento proíbe essencialmente o "roubo" de um ser humano, ou seja, o sequestro. Porém, incluí também todo tipo de roubo e desonestidade. Um judeu deve ser honesto em todos seus negócios. Se o povo judeu não roubar, Deus os recompensará com a vitória sobre seus inimigos. Uma história:

Mais Esperto que o Ladrão

Um comerciante tinha viajado a outra cidade para adquirir mercadorias. Levou com ele uma bolsa contendo 500 moedas de ouro. Ao chegar a seu destino, encontrou uma estalagem na qual passaria a noite. Mas estava preocupado com o dinheiro, pois poderia ser roubado. Deveria deixá-lo no quarto, ou carregá-lo consigo todo o tempo?

Não conhecia pessoa alguma na cidade, por isso decidiu que o melhor seria esconder as moedas. Cavou um buraco no solo, num um canto do quarto, e lá escondeu a bolsa. Cobriu tudo com terra.

O infeliz viajante não podia imaginar que estava sendo observado. O dono do lugar, um homem desonesto, assistia suas ações através de um furo na parede, esfregando as mãos satisfeito com a descoberta. Assim que o comerciante saiu, ele cavou e roubou a bolsa.

Pelos dias que se seguiram, o homem de negócios nem ao menos pensou sobre o dinheiro, pois o considerava a salvo. Quando chegou o dia em que precisou do dinheiro, foi direto ao canto do quarto. Em choque, ficou olhando para o buraco vazio; a bolsa se fora! Pensou e repensou para tentar lembrar onde poderia estar. Não falara a ninguém sobre o esconderijo; alguém deveria tê-lo vigiado. Após fazer uma completa busca pelo aposento, o mercador descobriu o buraquinho. Percebeu que o hospedeiro deveria tê-lo observado através dele. Agora era necessário um truque bem esperto para conseguir o dinheiro de volta. O que faria?

O comerciante teve uma idéia. Após acalmar-se um pouco, foi em busca do dono da pensão. "Ouvi dizer que é um homem sábio!", disse ele. "Poderia por favor aconselhar-me, pois tenho um problema"? "Certamente," respondeu o homem, lisonjeado. O mercador prosseguiu: "Veja só, eu trouxe comigo duas bolsas. Uma contém 500 moedas de ouro, e a outra, 800. Decidi esconder a primeira, mas estou na dúvida sobre o quê fazer com a segunda. Acha que é seguro escondê-la no mesmo local? Ou ao contrário, deveria eu dá-la para alguém na cidade guardá-la"?

"Não a dê a ninguém"!, respondeu o homem ganancioso. "A pessoa pode ser desonesta. É muito arriscado. Sugiro que você o esconda". Secretamente, o dono da pensão pensou: "Agora conseguirei a segunda bolsa, também"! "Obrigado pelo bondoso conselho", disse o comerciante.

"Preciso sair agora para uma reunião com alguns outros mercadores. Quando voltar, farei da maneira que sugeriu".

Assim que saiu, o hospedeiro pôs a bolsa roubada no esconderijo. "O mercador colocará a segunda bolsa lá também," pensou alegremente. "Logo terei ambas em meu poder". Mais tarde, o mercador voltou ao seu quarto. O plano teria dado certo? Acharia sua bolsa?

Foi ao esconderijo e, graças a Deus, lá estava o dinheiro! "Bendito seja Deus, que devolveu a propriedade perdida ao seu devido dono"! bradou ele. Rapidamente deixou a estalagem, para nunca mais voltar.

O Nono Mandamento: Ló Taané - Não dar falso testemunho!

É proibido testemunhar perante um Tribunal sobre um acontecimento que não foi observado pessoalmente pela testemunha. Se alguém testemunhar baseado em relatos de terceiros, mesmo se estiver convencido da integridade do acusado, estará transgredindo este mandamento.

O Décimo Mandamento: Ló Tachmod - Não desejes aquilo que não te pertence!

Há vários tipos de inveja: você pode estar com inveja porque seu amigo é uma pessoa mais justa que você e aprende mais a Bíblia. "Olhe quantas horas ele estuda. Invejo-o, realmente", talvez diga. Ou pode invejar suas posses materiais: "Seu carro é melhor que o meu! Ele tem dinheiro que jamais terei"! Algum destes tipos de inveja é permitido? Sim, o primeiro é. Você pode invejar as conquistas espirituais de outra pessoa, mas não suas posses materiais. Por que somos geralmente invejosos das coisas que os outros possuem?

Nossa má inclinação é esperta e deseja que pensemos que os objetos dos outros são melhores que os nossos. Para que possamos cumprir esse mandamento de "Não cobiçar"! devemos crer que Deus dá a cada pessoa o que é melhor para ela. Se tivermos que ser invejosos, que o sejamos das maiores conquistas a respeito da Bíblia. Isto nos fará tentar aprender com mais empenho e a cumprir mais preceitos nos refinando, aperfeiçoando.

Moisés ensina o primeiro versículo do "Shemá" – ouve, Israel!

A leitura do Shemá é um mandamento positivo da Torah que deve ser cumprido duas vezes ao dia: pela manhã na prece de *Shacharit* e após o anoitecer na prece de *Arvit*. Uma vez que o Shemá da manhã deve ser lido no primeiro quarto do dia, é aconselhável lê-lo logo após as Bênçãos Matinais. O Shemá é composto de três trechos da Bíblia (Dt 6,4-9; 11,13-21; e Nm 15,37-41) que devem ser lidos cuidadosamente e sem interrupção, seja por palavras, seja por gestos.

Os homens costumam beijar os tsitsit (na leitura do Shemá de dia) cada vez que mencionam esta palavra no meio do terceiro parágrafo do Shemá e também na última palavra ("emet").

Cobrem-se os olhos com a mão direita ao recitar o primeiro versículo do Shemá para maior concentração. Ao pronunciar o nome de Deus ("Adonai"), deve-se ter em mente que Ele é Eterno, que Ele existe, existiu e existirá.

A última palavra do primeiro versículo ("Echad") – דחא -, composta de três letras hebraicas, deve ser pronunciada com ênfase especial, enquanto se reflete sobre seu significado:

A primeira letra, *alef (א)*, com valor numérico 1, diz respeito ao Deus Único; a segunda, *chet (ח)*, com valor numérico 8, significa que Ele tem soberania absoluta sobre os Sete Céus e a Terra; a terceira, *dalet (ד)*, com valor numérico 4, lembra que Ele também domina os quatro pontos cardeais.

No final do terceiro trecho, as três últimas palavras antes de *"emet"* (verdade) são repetidas somente quando a pessoa reza sem *minyan* (grupo de 10 homens judeus para constituir um número mínimo de comunidade que reza).

Moisés explicou em detalhes o primeiro mandamento: "Crê em Deus". Disse ele: **Shemá Yisrael, Adonai Elohênu, Adonai Echad**: "Ouve, Israel, Adonai é nosso Deus, Adonai é Um".

Quando se pronuncia este versículo, aceita-se o domínio de Deus. No passado, as nações não conseguiam acreditar que havia um só Deus. Alguns pensavam que havia duas (ou mais) divindades: uma boa e outra má. Mesmo hoje, muitas nações não acreditam num único Deus. Atualmente no Oriente há ainda povos que adoram muitos ídolos. No mundo ocidental muitas pessoas também acreditam em Deus.

E algumas pessoas "esclarecidas" não acreditam de todo na existência de Deus. Moisés ensinou a verdade aos Filhos de Israel. O mundo é governado por um único Deus. Nossos sábios ordenaram que cada judeu proclamasse sua crença, recitando o versículo "Shemá Yisrael" duas vezes ao dia, pela manhã e à noite.

Se você olhar o versículo de Shemá num Livro da Torah ou num *Chumash* (coleção dos cinco livros da Bíblia), verá que duas letras desta frase têm o tamanho maior. São elas: áyin (ע) e dalet (ד). (O áyin, a letra final da palavra *Shemá* e o dalet, no final da palavra *echad*). Estas duas letras formam a palavra "testemunha". Deus disse: "Vocês, o povo judeu, são testemunhas de que sou um. Na Outorga da Torah, vocês viram claramente que sou o único Deus".

O versículo "Baruch Shem Kevod Malchutô Leolam Vaed"

Após recitar o primeiro versículo do Shemá, adiciona-se em silêncio as palavras: "Bendito seja o Nome de Seu glorioso Reino para todo o sempre"! Este versículo não é encontrado na Torah. Por que razão o foi acrescentado?

Quando Moisés foi para o céu, ouviu os anjos louvarem Deus com estas palavras. Ele decidiu ensiná-las aos Filhos de Israel. É recitado o versículo em silêncio porque Deus não o deu diretamente na Torah escrita.

As Três Partes de Shemá têm 248 Palavras

Quando um judeu reza sozinho, repete as palavras: "Eu sou o Eterno Vosso Deus" no final da leitura do Shemá. Por quê? Os três parágrafos do Shemá, mais aquelas três palavras, perfazem 248 palavras. O corpo de uma pessoa tem 248 partes. Os sábios de Israel ensinam que ao pronunciar com cuidado cada uma das 248 palavras do Shemá, Deus protege cada uma das 248 partes do corpo. Em toda oração é importante pronunciar cada palavra claramente, mesmo que isso leve mais tempo.

Veahavtá - O Segundo Versículo do Primeiro Parágrafo do Shemá

Moisés continuou: "Ame a Deus, teu Deus, com todo o teu coração, com toda a tua alma, e com todas tuas posses".

Por que Deus deseja que O amemos? Se O amamos, cumpriremos Seus preceitos muito mais cuidadosamente. Se você ama Deus, pensará antes de cada preceito: "De que maneira posso cumprir melhor este preceito"?

Abraão, Isaac e Jacó cumpriram o preceito de "amar Deus" da forma em que está ordenada no Shemá:

- Abraão amou Deus com todo seu coração. Quando Abraão já era um homem velho, Deus disse-lhe para oferecer seu único filho Isaac em sacrifício. Abraão amava Isaac. Mesmo assim, cumpriu a vontade de Deus mostrando a força de seu amor por Ele. Da mesma forma, somos ordenados a resistir à nossos impulsos e amar Deus de todo o coração.

- Isaac é um exemplo de alguém que estava pronto a oferecer sua vida a Deus. Concordou em ser sacrificado por Abraão no monte de Moriá. Nós, também, devemos amar tanto a Deus que estejamos prontos a renunciar a nossa vida por Ele.

- Jacó estava pronto a doar toda sua fortuna para Deus. Na casa de seu pai, Jacó aprendeu a Torah, antes de preocupar-se em enriquecer. A caminho da casa de Labão, prometeu dar a Deus um décimo de todas suas posses. Após tornar-se rico na casa de Labão, Jacó deu tudo que havia ganhado ao seu irmão Esaú, para comprar sua sepultura na gruta de Machpelá.

Quando Moisés ordenou aos judeus: "Ame Deus com todo seu coração, com toda sua alma e com todas suas posses," pôde usar os patriarcas como exemplos perfeitos. Moisés continuou: "Estas palavras que Eu te ordeno hoje ficarão sobre teu coração". Não devem sentir que estas palavras são velhas; devem se sentir como se as tivessem recebido ainda hoje no Monte Sinai.

"Tu as repetirás com insistência aos teus filhos e falarás a respeito delas, estando em tua casa andando por teu caminho, e ao te deitares e ao te levantares". Fale sobre a Torah mais que sobre qualquer outro assunto".

Um pai judeu deve começar a ensinar Torah aos filhos antes mesmo de começarem a pronunciar suas primeiras palavras. Ensina primeiro este versículo aos filhos: "Moisés deu-nos uma Lei, uma herança à Assembléia de Jacó" (Dt 33,4). Ensina então o versículo "Shemá Yisrael" e outros versículos.

"Tu as prenderás como sinal à tua mão e as colocarás como faixas entre os olhos". Quando um menino judeu atinge a idade de maturidade religiosa (bar-mitsvá – 13 anos), coloca tefilin no braço e sobre a cabeça. Os tefilin na cabeça são como uma coroa (o local onde os tefilin assentam sobre a cabeça é onde os reis judeus eram ungidos com óleo). Os tefilin são atados à cabeça e braço com correias de couro. As tiras mostram que estão intimamente "atados" a Deus. Os tefilin, na verdade, deveriam ser usados durante todo o dia. No passado, os judeus usavam tefilin o tempo todo, em casa e no Templo Sagrado. Dizia-se que Rabi Yochanan e Rabi Josué ben Levi nunca andavam mais que uma curta distância sem usar seus tefilin. Gerações posteriores não eram suficientemente santas para colocar tefilin durante o dia todo. Começaram a usá-los apenas para as preces matinais.

"Tu as escreverás nas entradas da tua casa e nos portões da tua cidade". A cada vez que entram e saem da sua casa, os judeus devem olhar para a mezuzá e se lembrar de cumprir os preceitos.

Veja como é importante o primeiro parágrafo do Shemá! Contém preceitos muito importantes: amar a Deus, aprender e ensinar Torah, colocar tefilin, e colocar mezuzot, a bendita Palavra de Deus já na entrada da sua casa.

O povo judeu nunca deve se esquecer de Deus

Moisés advertiu os Filhos de Israel: "Logo chegarão à terra de Canaã, e lá encontrarão grandes cidades. Deus os manteve no deserto enquanto os canaanitas construíam estas cidades. As casas serão bem prepararadas. Haverá poços para água, vinhas e oliveiras que vocês não precisaram plantar. Terão comida mais que suficiente".

"Mas prestem atenção! Quando uma pessoa recebe tanta riqueza sem ter trabalhado para isso, torna-se fácil esquecer Deus. Lembrem-se sempre de que foram escravos no Egito. Devem continuar a temer Deus e a servi-Lo. Jamais imitem as nações que servem ídolos"!

Apesar da advertência de Moisés, os Filhos de Israel esqueceram Deus assim que estiveram acomodados na Terra de Israel. As palavras de Moisés aplicam-se a todas as gerações. Se as pessoas têm o bastante para comer e dinheiro suficiente, muito freqüentemente se esquecem de Deus. Pensam que não precisam mais d'Ele, e ficam muito ocupadas com os seus bens.

Na verdade, a riqueza é também um teste para o povo judeu. Deus deseja saber se o uso do dinheiro favorece a prática dos preceitos e a distribuição da caridade – justiça aos necessitados.

Os filhos de Israel não podem "testar" a Deus ou um navi (Profeta)

Moisés disse: "Não se pode testar a Deus". Não devemos dizer: "Se Deus me der um milhão de dólares, rezarei cada palavra," ou "se Deus fizer meu time ganhar, jamais falarei mal dos outros novamente". Moisés continuou: "Devemos cumprir os preceitos sem perguntar o que Deus fará por nós. Não podemos entender seus caminhos, e somos obrigados a obedecê-lo". "Porém, podem estar certos de que, se cumprirem os preceitos, o resultado será bom para vocês".

"Não podem testar um profeta de Deus, uma vez que seja provado que é verdadeiramente um profeta. Não lhe perguntem se algo acontecerá para testá--lo. Acreditem nele e sigam o que ele disser"!

Como tratar as sete nações na terra de Israel e a proibição de casamentos mistos

Moisés advertiu os Filhos de Israel: "Na Terra de Israel há sete nações: os cananeus, heteus, amorreus, ferezeus, heveus, jebuseus e gergeseus. Estas nações são adoradoras de ídolos, cujos hábitos são cruéis e perversos. Se vocês os deixarem viver no país, vocês se tornarão tão maus como eles".

"Eles poderão ter permissão de ficar na Terra de Israel apenas se concordarem em servir a vocês e a cumprir os sete preceitos que todos os povos não judeus devem cumprir (sete leis dos filhos de Noé). Se eles recusarem, vocês devem destruí-los. Devem destruir também seus altares e seus ídolos. Não sintam pena deles! Vocês não podem fazer um acordo com eles, ou permitir que vivam com vocês como amigos".

Aqui a Torah traz a proibição de casar tanto com membros destes povos, como com qualquer não judeu. A palavra "casamento" não deve ser entendida literalmente pois um matrimônio contraído entre um judeu e um não judeu não tem validade pela lei judaica.

Mesmo quando a mulher é judia, o filho desta união, (apesar de ser considerado um judeu), diz a Torah, será educado pelo seu pai como um gentio, e o pai o afastará da sua verdadeira fé.

Moisés explica a razão por trás das proibições

Moisés explicou: "Vocês são um povo santo. Deus os escolheu como Sua nação especial e preciosa. Não por serem mais numerosos que os outros povos na face da terra, pois vocês são os menores de todas as nações. Deus os escolheu por causa de Seu grande amor por vocês e por causa do juramento feito a seus antepassados".

Os comentários da Torah afirmam que este grande amor que Deus tem pelos judeus existe em virtude da fidelidade e lealdade dos Filhos de Israel. É natural alguém escolher como amigo um indivíduo que lhe é fiel nos momentos mais difíceis. "Aquele que por sua vez, serve Deus também com amor, Deus estende Sua recompensa até duas mil gerações".

Correspondência bíblica

Ouvir:

Gn 3,10: "Ouvi teu ruído no jardim. Fiquei com medo, porque estava nu, e escondi-me".

Ex 3,7: "O SENHOR lhe disse: Eu vi a opressão de meu povo no Egito, ouvi o grito de aflição diante dos opressores e tomei conhecimento de seus sofrimentos".

Nm 12,2: "Diziam: Acaso o SENHOR falou só por Moisés? Não falou também por meio de nós? E o SENHOR ouviu isso".

Dt 5,26: "Qual o mortal como nós, que ouviu a voz do Deus vivo falando do meio do fogo e continuou vivo"?.

1Sm 15,1: "Samuel disse a Saul: Foi a mim que o SENHOR enviou para ungir-te rei sobre seu povo Israel. Ouve, agora, a voz do SENHOR".

1Rs 8,30: "Ouve as súplicas de teu servo e de teu povo Israel, quando aqui orarem (Templo Sagrado). Escuta-os desde tua morada no céu, escuta-os e perdoa"!

Sl 34,18: "Os justos clamam e o SENHOR os ouve, os salva de todos os perigos".

Sl 81,9: "Ouve, meu povo, quero te avisar; Israel, quem dera que me ouvisses"!

Pr 4,10: "Meu filho, ouve e acolhe as minhas palavras, e os anos de tua vida se multiplicarão".

Eclo 24,30: "Quem me ouve não será confundido; os que agem unidos a mim, não pecarão".

Is 51,7: "Ouvi-me, vós que conheceis a justiça, povo que no coração tem a minha lei: Não tenhais medo dos insultos dos homens, nem vos deixeis abater por suas gozações"!

Ez 18,25: "Vós direis: A conduta do SENHOR não é correta! Ouvi, casa de Israel: É a minha conduta que não é correta, ou é a vossa que não é correta"?

Mt 7,24: "Portanto, quem ouve estas minhas palavras e as põe em prática é como um homem sensato, que construiu sua casa sobre a rocha".

Mc 12,29: "Jesus respondeu: o primeiro mandamento é este: Ouve, Israel! O SENHOR nosso Deus é um só".

Lc 5,15: "Cada vez mais sua fama se espalhava, e as multidões acorriam para ouvi-lo e para serem curadas de suas doenças".

Jo 8,26: "Tenho muitas coisas a dizer a vosso respeito, e a julgar também. Mas, Aquele que me enviou é verdadeiro, e o que ouvi dele é o que eu falo ao mundo".

At 9,4: "Caindo por terra, ouviu uma voz que lhe dizia: Saulo, Saulo, por que me persegues"?

2Cor 6,2: "pois ele diz: No momento favorável, eu te ouvi, no dia da salvação, eu te socorri". É agora o momento favorável, é agora o dia da salvação".

1Jo 5,14: "E esta é a confiança que temos em Deus: se lhe pedimos alguma coisa de acordo com a sua vontade, Ele nos ouve".

Ap 22,17: "O Espírito e a Esposa dizem: Vem! Aquele que ouve também diga: Vem! Quem tem sede, venha, e quem quiser, receba de graça a água vivificante".

53 – Dt 7,12 – 11,25: ÊKEV - עקב
Is 49,14 – 51,3

Nesta porção semanal da Palavra de Deus, nos é lembrado que quando um membro novo da comunidade nasce, no oitavo dia, os judeus circuncidam o menino.

Neste trecho da Torah Moisés diz aos israelitas, às vésperas de cruzarem finalmente o Rio Jordão para circuncidarem os seus corações. O que quer dizer isso?

Em nossas vidas podemos acumular muita "poluição, lixo mesmo" mental ou emocional, e precisamos limpar bem isso da vida. E ao fazer isso percebemos melhor o que é importante realmente na vida. Uma faxina espiritual que nos ajude a limpar bem as teias de aranha que se acumulam durante os dias, durante os anos.

E Moisés pede ao povo para fazer isso antes de entrarem na Terra Prometida. Moisés faz um discurso como num dia de formatura, quando todos estão ansiosos para atravessarem o rio Jordão e viver a realidade que Deus lhes prometeu, a eles e a seus pais, a todos os povos. De caminharem com Deus e Deus caminhando na vida com eles, todos os dias.

Esse discurso é longo, relembra-lhes os mandamentos recebidos de Deus, que se os guardarem estarão protegidos e abençoados, com filhos, saúde e terra fértil que produz todas as espécies que necessitam para viverem bem e felizes.

Moisés continua relembrando o que acontece quando eles esquecem o que Deus diz para nós, o pecado do bezerro de ouro, a murmuração contra o maná, a calúnia contra a terra que não era boa, assustando a todos, feita pelos 10 espiões, relembra-lhes as queixas e mais queixas.

Moisés pede que lembrem toda a ação maravilhosa de Deus para salvá--los, libertando-os da escravidão e, sobretudo lhes fala sobre a realidade de terem chegado até ali, não porque fossem justos, mas porque Deus os poupou de exterminá-los, porque Ele os ama.

A terra que receberão é uma terra que produz Trigo e Cevada, Uvas e Figos, Romãs, Azeite e Mel. São as chamadas 7 espécies que tornarão famosa a terra que habitarão. E por isso esse trecho da Torah fala também sobre a bênção (Berachá) que se deve pronunciar sobre os alimentos.

O Talmud comenta sobre isso quando indica uma aparente contradição entre dois versículos dos Salmos: um dos salmos diz: Ao Todo-Poderoso pertencem a terra e tudo o que ela contém; mas outro salmo diz: e a terra foi dada pelo Todo-Poderoso aos homens. Afinal: a terra pertence ao Todo-Poderoso ou foi dada aos seres humanos?

E a resposta dos sábios de Israel é: o primeiro salmo se refere aos momentos em que a Bênção sobre os alimentos ainda não foi rezada. O segundo versículo diz respeito após a bênção ter sido pronunciada. Assim, antes da berachá, tudo pertence ao Todo-Poderoso, mas depois de rezar a bênção sobre os alimentos, tudo passa a pertencer ao ser humano, para que dele desfrute.

A Bênção sobre os alimentos apresenta-se então como uma licença que é pedida ao Deus Criador para usufruir da sua criação. Quando o ser humano é agradecido a Deus e reza as bênçãos, então a fartura é ainda maior ainda para o mundo inteiro.

Moisés continua afirmando que nessa nova Terra Prometida o povo de Israel construirá casas, famílias e bem-estar. Uma situação bem diferente do deserto, onde não podiam permanecer muito tempo nem cultivar nada.

Não se deve ser arrogante na terra, no lugar que de Deus se recebe para viver, mas ser agradecido a Deus e Amar e servir a Deus com todo o coração e toda a alma.

Mas o que significa isso, com todo o nosso coração e também circuncidar o prepúcio dos nossos corações? Podemos cultivar no terreno do nosso coração outras inclinações de individualismo, nos fechando em nós mesmos, em nossos lares, e não querermos nos expor aos outros e não avançarmos nos relacionamentos de amizade e afeto para com os outros, ou quando brigamos e somos duros justamente com as pessoas que mais amamos.

Boas e profundas relações acontecem quando realmente nos tornamos vulneráveis, capazes de sentir compaixão e amor, atenção e respeito, abrindo-nos para o crescimento espiritual, de fé dentro de nós. Com esse Amor de Deus devemos ir tirando as dúvidas reais e concretas do nosso coração colocando nele novas formas de atenção e de amor concreto para com Deus e para com as pessoas ao nosso redor.

ÊKEV – Seleções de Midrash a partir do texto bíblico: Dt 7,12 – 11,25

O cumprimento dos preceitos e a conquista da terra

Será para seu próprio bem. Deus abençoará seus filhos, animais, azeite, vinho e cereal. Dentre os preceitos, não há maneira de dizer qual deles é o mais importante. Por isso, deve-se tentar cumprir todos dando a mesma importância e tomando os mesmos cuidados.

Há alguns preceitos sobre os quais devemos ter maior atenção. Não os levamos a sério. Uma indireta sobre algo ou alguém é um exemplo de tal pecado. Digamos, você elogia alguém perante pessoas que não gostam desta pessoa. Isto é proibido, mas freqüentemente negligenciado. Aprendemos desta parashá (porção semanal da Palavra) que devemos corrigir tal falha e sermos cuidadosos.

Moisés continua falando ao povo até o final da Parashá, e a encorajá-los a obedecer a Deus. Moisés disse: "Cumpra todos os preceitos de Deus, mesmo se não parecem importantes a você. Até mesmo o menor dos preceitos deve ser observado cuidadosamente. Como recompensa, Deus lhe concederá o Mundo Vindouro, e Ele o abençoará também neste mundo".

"Lembram quando foram contabilizadas apenas setenta pessoas quando Jacó desceu ao Egito? Vejam como hoje vocês são tão numerosos como as estrelas no céu! Desta maneira, continuarão a se multiplicar se cumprirem os preceitos de Deus. Seus filhos terão vida longa. Serão sábios e livres do pecado. As pessoas exclamarão: Olhem para estas maravilhosas crianças! Abençoadas sejam suas mães"!

"Deus também lhes dará fartas colheitas de cereal, vinho e azeite. Seus animais também se multiplicarão, para que se tornem ricos. Deus manterá todas as doenças distantes de vocês: tanto as doenças comuns como as raras que Ele enviou aos egípcios. Pelo contrário, aquelas doenças cairão sobre seus inimigos. Vocês serão vitoriosos sobre as sete nações da terra de Canaã, e vocês as destruirão".

A Conquista das Nações

"Vocês poderiam pensar: As nações na terra de Canaã são mais poderosas e numerosas que nós. Como poderemos expulsá-las? Mas não tenham medo! Lembrem-se do que Deus fez ao faraó e aos egípcios? Deus realizará milagres semelhantes para vocês, quando conquistarem a terra de Canaã. Enviará insetos tzir'a (vespas) à frente de vocês. Quando seus inimigos se esconderem, estes insetos voarão até seus esconderijos e os envenenarão. Isto fará com que os soldados inimigos tornem-se cegos, e vocês poderão derrotá-los facilmente".

"Deus também confundirá as nações de Canaã, para que vocês possam derrotá-los. Mas fiquem atentos! Lembrem-se de queimar os ídolos: não sejam atraídos pela adoração de ídolos nem tirem qualquer proveito do ouro ou prata com que são feitos. Deus odeia qualquer coisa relacionada à adoração de ídolos".

"Eu os lembrarei de como Deus nos cuidou no deserto. E vocês estão no deserto por quase quarenta anos agora, e jamais sentiram fome. A cada manhã, Deus lhes dá um alimento maravilhoso: o maná do céu.

Deus poderia tê-los levado por países habitados por pessoas, onde fosse possível comprar alimentos. Ou Ele poderia ter dado a vocês um enorme suprimento de maná para poupá-los todos os dias da preocupação de questionar de onde viria a refeição do dia seguinte. Mas a razão pela qual não agiu desta forma é porque desejava que confiassem nEle completamente para todas suas necessidades".

"Deus também os vestiu por quarenta anos. As nuvens de glória mantiveram suas roupas limpas e novas. Seus filhos nunca perderam as roupas devido ao crescimento. Miraculosamente, suas vestes cresciam com eles, assim como a concha de um caracol cresce com ele. Embora achassem difícil a vida no deserto, Deus queria isso para seu próprio bem, Ele os treinou a cumprirem Seus preceitos e a confiar n'Ele, e Ele os preparou para receber a Terra de Israel. Enquanto cumprirem os preceitos de Deus, Ele continuará a cuidar de vocês como fez no deserto. Confiem n'Ele plenamente".

Ser humilde e agradecer

"Deus está levando vocês a uma terra muito especial. Tem água abundante, e é famosa por sete produtos: trigo e cevada – dos quais se pode fazer pão – bem como deliciosas frutas: uvas, figos, romãs, azeitonas e tâmaras (mel). O sabor das   frutas irá variar de uma tribo para outra. Por exemplo, as uvas na terra de Efraim terão sabor diferente das uvas de Neftali. Se você experimentar as mesmas frutas de todas as tribos de Terra de Israel, será como experimentar iguarias de doze países diferentes! E não é só isso! A terra é rica em ferro e cobre. Vocês terão os minerais necessários para edificar prédios e confeccionar ferramentas. Vão se tornar ricos".

"Mas enquanto se distraem com todas estas descobertas e maravilhas, poderão esquecer Deus. Para impedir que isso aconteça, devem bendizê-lo toda vez que forem comer ou beber. Não fiquem orgulhosos, pensando: Minha força e meu talento me fizeram ter sucesso. Lembrem-se que tudo vem de Deus".

"Vocês poderão pensar: A razão pela qual Deus nos concedeu todas estas maravilhas é porque somos justos. Não é por isso que Deus lhes deu a Terra de Israel. Lembrem-se de que pecaram muitas vezes e O deixaram aborrecido. Estão sendo trazidos a esta terra porque Deus assim prometeu aos descendentes de Abraão, e chegou a hora das nações que vivem no país serem expulsas por causa de sua perversidade. Moisés ensinou aos judeus que o sucesso não deveria torná-los orgulhosos".

O Bircat Hamazon (A Ação de graças após a refeição)

A Torah ordena: "Bendiga Deus após ter comido e se sentir satisfeito".

A Torah obriga um judeu a recitar uma bênção se ele comeu pão até ficar saciado. Os Sábios de Israel instituíram que se deve recitar bircat hamazon (ação de graças após a refeição) mesmo se comeu apenas um *kezayit* (pedaço do tamanho de uma azeitona) de pão. Bircat hamazon consiste de quatro partes:

1. **Bircat Hazan** – a bênção Àquele que alimenta todas as criaturas: Moisés instituiu esta bênção quando os judeus receberam o maná. O milagre do maná caindo do céu enquanto os judeus estavam no deserto demonstrou abertamente a eles que Deus, em Sua bondade, cuida de todas as criaturas. Mais tarde, quando eles comeram os frutos de seu próprio trabalho na terra, entenderam que o pão deste mundo era concedido pelo mesmo atributo Divino de bondade. Por isso, nesta primeira bênção, se reconhece que, embora os seres humanos trabalhem para assegurar seu sustento, ainda assim é Deus quem provê o alimento a todas as criaturas.
2. **Bircat Ha'arets** – a bênção sobre a Terra: Josué introduziu esta segunda bênção quando ele e o povo mereceram entrar na terra, pelo desejo ardente de Moisés e sua geração (o texto original de Josué era: "Tu nos deste um legado, um bem desejável, e um grande País". Completa-se isso desta forma: "Tu deste aos nossos pais…").

Nesta bênção é mencionado o preceito do berit milá (circuncisão), pois pelo seu mérito Deus concedeu a Terra de Israel ao povo judeu. Também se agradece a Deus por Sua Torah, dessa maneira expressando o propósito definitivo da posse da Terra de Israel: estudar e cumprir os mandamentos de Deus.

1. **Bircat Yerushalayim** – a bênção da paz para Jerusalém e o Templo Sagrado: O Rei David e Salomão estabeleceram a terceira bênção, que pede pela continuação da liderança da Casa de David e pela paz em Jerusalém e o Templo Sagrado (seguindo-se à destruição, completa-se o texto pedindo a Deus para reconstruir Jerusalém).
2. **Hatov Vehamaitiv** – a bênção Àquele que é bom e faz o bem: esta bênção foi adicionada pelos sábios de Israel para celebrar o milagre que aconteceu na cidade de Bethar após a destruição do Templo Sagrado. Que pecados precipitaram a destruição de Bethar? Conforme as opiniões na Guemara (Yerushalmi Ta'anis 4:5), a prostituição era muito difundida lá: conforme outros, o povo jogava bola. A segunda opinião insinua que os habitantes jogavam bola no Shabat, desse modo profanando a honra do Shabat; ou que desperdiçavam o tempo em divertimentos fúteis, em vez de se ocuparem com o estudo de Torah.
3. Meshech Chochma explica que o Bircat hamazon foi estruturado para expressar os agradecimentos a Deus, por distinguir a nação judaica com Sua Providência individual. Deus assegurou a sobrevivência do povo judeu com o milagre declarado do maná no deserto, e demonstrou novamente Sua Providência na forma de milagres realizados no Templo Sagrado. A destruição do Templo Sagrado, e posteriormente de Bethar, pode ter provocado a suspeita de que Deus não estava mais com Seu povo.

Por esta razão, o milagre que ocorreu em Bethar, (cidade onde ocorreu a resistência aos romanos pelo líder judeu Bar Kobba 132-135) foi uma bondade recebida como sinal da presença de Deus entre os judeus (seus corpos mortos não haviam se decomposto mesmo após muito tempo), mesmo estando no exílio, e por isso foi incorporada na Ação de Graças pelos alimentos recebidos.

Moisés disse: "Após comerem o bastante para ficarem satisfeitos, bendigam Deus pela boa terra que Ele lhes deu". Esta é o preceito, após uma refeição com pão. Para cumprir o preceito corretamente, deve-se pronunciar cada palavra, claramente. (É uma boa idéia usar sempre um Sidur, o livro de orações, mesmo quando se sabe a oração de cor). Crianças muito pequenas podem pronunciar uma bênção mais curta: "Bendito seja o Misericordioso, nosso Deus, Rei do Universo, o dono do pão".

É muito importante agradecer, mesmo após ter passado algum tempo desde que comeu seu pão. Deve-se rezar a berachá (bênção) apropriada antes e depois de ingerir qualquer alimento. Se um judeu come sem uma berachá, é como se tivesse roubado o alimento de Seu Dono: Deus. Enquanto recita-se a berachá, é importante refletir na infinita bondade do Eterno que nos fornece vida a cada instante.

Boas maneiras ao se alimentar

Algumas destas regras encontram-se na Guemara (comentário sobre o Talmud e sobre outros comentários referentes ao judaísmo); outras, em Sefer HaRokeach (Sefer HaRokeach sobre as leis. Foi escrito pelo Rokeach, Rabi Elazar de Worms, Alemanha, na Idade Média).

Não é correto alimentar-se em pé. A pessoa deve sempre sentar-se para comer. Mesmo se você comer em pé, deve sentar-se para rezar. Não converse enquanto estiver mastigando. Nunca reponha a comida na travessa sobre a mesa, se já mordeu um pedaço. Nem deveria oferecer a outra pessoa. Não ofereça um copo a outra pessoa se já bebeu nele. Não lamba os dedos! Não é educado morder uma fruta ou qualquer outro alimento maior que um o tamanho de um ovo. Aquele que o faz parecerá uma pessoa gulosa que está devorando a comida. A maneira refinada de comer é cortar pedaços não maiores que um ovo. Da mesma forma, não é educado jogar comida de qualquer jeito, a fim de não desprezá-la e para que não se estrague. Apanhe qualquer alimento que observar estar jogado no chão. Não é correto alimentar-se na rua.

No passado, o Tribunal judaico costumava julgar pelas declarações de testemunhas. Se os juízes soubessem que uma testemunha fora vista comendo na rua, declaravam: "Ele não serve para ser nossa testemunha," pois agiu de maneira imprópria.

O Zohar diz que antes de uma bênção, a pessoa deve remover (ou cobrir) quaisquer facas que estejam sobre a mesa. Uma mesa é como o misbeach (altar) onde se realizavam os sacrifícios a Deus, trazendo paz ao mundo. Nenhum utensílio de ferro podia tocar o misbeach. Por isso, uma faca, instrumento usado para matar, não deveria estar sobre a mesa durante a bênção (esta regra aplica-se apenas aos dias de semana). No Shabat, Rosh Chôdesh (começo do mês no calendário judaico) ou yom tov -dia festivo-, pode-se deixar facas sobre a mesa.

O pão deve ser deixado sobre a mesa no momento em que se recitará o Bircat Hamazon. Por que devemos nos preocupar com tantas regras quando comemos?

Sempre que nos alimentamos, seja o que for que façamos, estamos na presença de um Rei muito mais poderoso que qualquer outro rei ou governante neste mundo: o Rei dos reis. Não deveríamos nos comportar de forma correta em todas as ocasiões, sabendo que estamos diante de Sua presença?

Nesta Parashá fala-se sobre o preceito de temer a Deus. Se nos comportamos corretamente à mesa, demonstramos que tememos a Deus. Não se deve esquecer de Deus quando se come ou bebe. Os judeus lembram-se dele e agem com derech erets (boas maneiras) antes, durante e após a refeição.

O pecado do bezerro e as Segundas Tábuas

Moisés continuou a enumerar os pecados dos Filhos de Israel. Estas transgressões foram cometidas após a Outorga (entrega) da Torah, e por isso, tiveram um enorme peso. Os Filhos de Israel deveriam saber disso.

Foi este o discurso de Moisés: "Após a Outorga da Torah, permaneci no Monte Sinai por quarenta dias e noites, sem comida ou bebida. Finalmente, Deus deu-me duas maravilhosas luchot (Tábuas) feitas de safira. Elas continham os Dez Mandamentos.

Mas Deus deu-me também notícias chocantes. 'Desça rapidamente'! ordenou Ele. 'O povo que você trouxe do Egito cometeu um pecado terrível. Enquanto esteve fora, fizeram uma imagem de um bezerro de ouro. Devo destruí-los. Farei de você então, Moisés, uma grande nação'!

Quando ouvi estas palavras, disse: 'Sei que Tu amas teus filhos. Na verdade, não deseja destruí-los". Na segunda vez em que estive no céu, Deus disse: 'Você, Moisés, quebrou as luchot. Não desejo que as futuras gerações o culpem por não as terem recebido. Por isso, as escreverei novamente. Porém, devido ao pecado que cometeram, os Filhos de Israel não merecem mais as Tábuas feitas por Mim. Moisés, você deve entalhá-las. Gravarei então as palavras nas Tábuas'. Perguntei: Onde conseguirei a pedra para as Tábuas?"

Deus mostrou-me uma mina repleta de safira sob Seu Trono Celestial de Glória. Disse-me: 'Pegue a pedra de safira e corte as Tábuas exatamente do mesmo tamanho que as primeiras. Pode ficar com os pedaços que sobrarem do bloco de safira. Você merece ser rico! Quando o povo estava atarefado reunindo ouro e prata na terra do Egito, você se preocupou apenas em encontrar o caixão de José e em levá-lo consigo'".

Deus queria que Moisés fosse rico para que as pessoas lhe respeitassem e escutassem, honrando-o.

Deus prometeu: 'Escreverei os Dez Mandamentos sobre as Tábuas que você entalhou. Coloque as Tábuas depois na Arca da Aliança'. Construí uma Arca (Isto foi antes de ser construído o Tabernáculo - Mishcan. Betzalel mais tarde fez outra Arca). Eu trouxe as Segundas Tábuas em Yom Kipur (o Dia do Perdão). Disse que Deus os havia perdoado pelo pecado do Bezerro de Ouro, e coloquei as Tábuas na Arca. Embora tenham pecado, Deus ainda os ama. Sua única exigência é: temei a Deus". O que isto significa: sempre temer a Deus?

Compare seu comportamento quando você está sozinho e quando está com outras pessoas. Você age da mesma forma? Você reza da mesma maneira quando está sozinho e quando está com outros? Recita uma oração ou uma bênção da mesma maneira quando ninguém está ouvindo e quando há alguém por perto?

É difícil estar sempre consciente da presença de Deus. Por quê? Porque não O vemos, então fica fácil esquecê-lo ou fingir que Ele não está presente. As pessoas nos parecem mais reais que Deus porque as vemos com nossos próprios olhos.

Como cumprimos o preceito de "temer Deus?" Os livros da Bíblia nos mostram como estamos sempre nas mãos de Deus. Se não fosse por Ele, não estaríamos vivendo, respirando, falando, ou nos movendo. Devemos também entender que Deus sabe de todas nossas ações, e conhece até nossos pensamentos. Os sábios ensinam: "Há um olho que vê e um ouvido que escuta, e todos seus atos são anotados em um livro (Pirkê Avot 2,1)".

Devemos aprender a fazer as coisas por respeito a um Deus que nos ama tanto, procurar não ofendê-Lo. Moisés nos ensinou que este é um dos preceitos mais importantes da Torah. Deus não nos criou com um medo instintivo d'Ele. Ele deseja que nos esforcemos para cumprir este preceito fundamental, e desta forma seremos merecedores de Suas bênçãos.

Deve-se amar um convertido

Se um não judeu decide guardar a Torah e os preceitos, pode se converter. Assim que se tornar um guer (convertido) é considerado igual a qualquer outro judeu. Além disso, a Torah ensina que amá-lo é um preceito especial. Se você conhece alguém que se converteu, faça um esforço para ser especialmente simpático com ele. Seja muito cuidadoso para não ofender-lhe os sentimentos.

Deus disse: "Um convertido merece amor especial! Juntou-se ao povo judeu voluntariamente, porque estava procurando a verdade". A Torah menciona o preceito de sermos bons com os irmãos convertidos nada menos que 36 vezes!

Muitas pessoas destacadas na Torah foram pessoas que se converteram à fé do povo de Israel. O sogro de Moisés, Jetro, foi um deles. A princípio, Jetro foi um sacerdote que adorava ídolos em Madiã. Após ouvir sobre os grandes milagres da Abertura do Mar Vermelho e sobre a guerra contra Amaleque, juntou-se aos Filhos de Israel no deserto e tornou-se judeu.

Outra mulher convertida foi Rute. Ela era uma princesa de Moab, que desposou um judeu. Após a morte do marido, sua sogra, Noemi, queria deixar Moab e voltar para Terra de Israel.

Noemi implorou à nora que permanecesse em Moab. Mas Rute respondeu: "Onde tu fores, eu irei; teu Deus é meu Deus! Desejo tornar-me judia e cumprir os preceitos". Rute foi para Terra de Israel e casou-se. Seu bisneto foi o Rei David e os Messias virá de sua descendência.

Na verdade, famosos líderes de Torah descendiam dos convertidos ou eram, eles mesmos, convertidos:

- Onkelos, o sobrinho do Imperador Romano Adriano, tornou-se um excelente erudito de Torah, cujas explicações em aramaico da Torah são aceitas e aprovadas (de tal forma que os Sábios requerem que sejam lidas semanalmente).

- Shemaya e Avtalyon (professores de Torah de Hilel e Shamai) eram convertidos, descendentes do rei assírio Senaquerib.

- Rabi Meir, R. Akiva, R. Yosse e R. Shmuel bar Shilos descenderam, alguns do perverso Amã, e alguns do general cananeu Sísara.

- Os profetas Jeremias e Ezequiel descenderam de Raab.

A tefilá – a oração

Moisés ensinou: "Sirva a Deus, rezando a Ele todos os dias"!

Deve-se começar a ensinar uma criança a rezar antes mesmo de saber ler. Assim, tão logo seja capaz, deve-se ensiná-la a responder: "Amém" sempre que ouvir uma bênção (berachá). Rabi Yossi contou esta história:

Certa vez, eu estava caminhando em Jerusalém quando percebi que estava na hora de rezar a oração da tarde. Sabia que precisava rezar logo, ou então ficaria muito tarde. Mas onde poderia achar um cantinho sossegado? Não queria permanecer na rua, pois poderia ser incomodado em minha oração. De repente, percebi um edifício em ruínas. Entrei ali e rezei. Ao terminar, percebi o profeta Elias de pé, à entrada das ruínas! Não entrou, mas aguardou até que eu terminasse minha oração. Então, falou comigo. "Você jamais deveria entrar numa ruína!" advertiu-me. "É perigoso! Não percebe que pode cair a qualquer momento? Você deveria ter rezado rapidamente a oração do lado de fora!" Só então entendi porque o profeta Elias não entrara na ruína. Saí rapidamente. Já lá fora, ele me perguntou: "Meu filho, o que escutou na ruína?"

Respondi: "Ouvi uma voz que parecia o arrulhar de uma pomba dizendo: 'Por causa de seus pecados, destruí Minha casa e os exilei entre os adoradores de ídolos'". Elias explicou: "Era Deus pranteando a destruição do Templo Sagrado. Deus faz isso três vezes ao dia. Quando os judeus rezam nas sinagogas e casas de estudo, Deus balança tristemente a cabeça e exclama: 'Como Eu era feliz quando os Filhos de Israel Me louvavam assim no Templo Sagrado! Como é triste para o Pai que precisou exilar Seus filhos entre os adoradores de ídolos. E deploro os filhos que foram expulsos da mesa de seu Pai'"! Desta história, deduzimos como é importante louvar a Deus.

Quando uma criança já consegue ler em um livro de orações (Sidur), começa-se a ensiná-la a rezar em conjunto. Isto é um mérito especial. E ensiná-la a pronunciar cada palavra (se não tem muito tempo, é melhor rezar menos, mas pronunciando as palavras cuidadosamente).

A oração sempre nos conecta com Deus que "está no outro lado da linha". Ele escuta tudo aquilo se diz na oração, embora possa parecer não responder imediatamente.

As orações sempre são benéficas a nós e ajudam a muitos outros por toda parte. Como diz o versículo: 'Deus está próximo de todos que O chamam – daqueles que O invocam sinceramente" (Sl 145,18).

Moisés continua seu discurso

"Vocês assistiram aos milagres que Deus realizou no deserto: como afogou o faraó e seu exército no Mar Vermelho, e enviou maná do céu. Lembrem-se que Ele fez a terra engolir Datã, Abiram e suas famílias, quando não deram ouvidos a Ele (Revolta de Coré). Certifiquem-se de cumprir todos os preceitos cuidadosamente! Vocês conquistarão a Terra de Israel e permanecerão no país".

"A Terra de Israel não é como o Egito, que é plano com o Rio Nilo para supri-lo de água. A Terra de Israel está repleta de colinas e precisa de chuva para que as plantas cresçam. Deus lhes fornecerá chuva se cumprirem Seus preceitos!"

Moisés continua a falar: "Estudem e pratiquem os preceitos! Repassem seus estudos de Torah muitas e muitas vezes, para que se lembrem. A Torah deve ser para vocês tão nova e interessante como se a escutassem pessoalmente no Monte Sinai. Estudem apenas por amor a Deus, servindo a Deus com todo o coração".

"Deus declarou: 'Se Me servirem desta maneira, Eu tornarei a vida uma bênção para vocês/ Terão mais tempo para Me servir. Concederei chuva quando a terra precisar dela. A primeira chuva virá no outono, após a semeadura, para encharcar a terra e fazer as plantas crescerem. Darei chuva tardia na primavera, próximo da época da colheita. Isso fará seus cereais brotarem'.

"Vocês juntarão seu cereal, vinho e azeite. Terão farta produção, mas os países à sua volta não. Eles virão com ouro e prata para comprarem comida de vocês. Vocês terão pasto suficiente para os animais, e não terão de procurar grama distante para alimentá-los. Abençoarei também seus alimentos. Vocês ficarão satisfeitos mesmo após comerem apenas uma quantidade pequena. Fiquem alertas! Por terem uma vida fácil e mais do que o suficiente para comer; seu instinto mau tentará persuadi-los a abandonar Deus. A riqueza e facilidades podem facilmente levar a pessoa a esquecer-se da Divindade".

Por isso Moisés advertiu: "Não dêem ouvidos ao instinto mau quando tentar fazer com que vocês abandonem Deus! Se servirem ídolos, a fúria de Deus se voltará contra vocês. Ele fechará os céus para que não haja chuva. O céu talvez fique repleto de nuvens, mas não cairá uma gota de chuva! As plantações não crescerão. Em seguida, vocês serão expulsos da boa terra que Deus lhes concedeu. Vocês viverão fora de Terra de Israel. Continuem a cumprir a Torah e aqueles preceitos que podem ser cumpridos fora do país, como colocar tefilin sobre a cabeça e o braço. Continuem a ensinar Torah a seus filhos, mesmo no Exílio. Comecem desde o momento que aprendam a falar. O estudo de Torah deve ser feito sempre: em casa, viajando, quando se levantam e ao irem dormir".

"Continuem a escrever as palavras do Shemá nas mezuzot, que devem ser afixadas nos portões de suas casas. Cumpram todos os preceitos, exceto aqueles que se aplicam apenas à Terra de Israel".

Se agirem desta forma, merecerão retornar à terra que Deus prometeu aos seus antepassados. Viverão lá por muito tempo e a terra lhes pertencerá para sempre".

Os Filhos de Israel não precisam temer outras nações

Moisés terminou fazendo uma promessa: "Estudem a Torah repetidamente. Copiem os estatutos de Deus: sejam bons e misericordiosos como Ele. Deus expulsará as nações inimigas. Mesmo se parecerem maiores e mais poderosas, não temam, nem mesmo ao gigante Og".

Moisés esperava que estas palavras de encorajamento ajudassem os Filhos de Israel quando ele não estivesse mais vivo para liderá-los. Rezou para que os Filhos de Israel ouvissem suas palavras. Quais são a concretização das seguintes bênçãos?

- Deus os amará – Esta é a suprema bênção. Se a pessoa é amada por Deus, recebe os maiores benefícios.

- Ele o abençoará – com bens materiais.

- Ele o multiplicará – de maneira extraordinária, como no Egito, onde o povo se multiplicou de uma família com 70 pessoas até uma nação de 600.000 homens.

- Posteriormente, a Torah enfatiza: "Não haverá homem ou mulher estéril entre vocês. A Torah considera cada alma humana tão preciosa como o universo inteiro, e considera um aumento na nação da Torah como uma das maiores bênçãos.

- Ele abençoará o fruto de seu útero. Você não perderá bebês, nem seus filhos morrerão enquanto você for vivo.

- Seus descendentes serão abençoados de maneira tão óbvia que aqueles que virem crianças judias exclamarão: "Tão inteligentes! Tão puros! "A sua descendência será conhecida das nações, a sua descendência, no meio dos povos. Quem puder ver, há de reconhecer que esta é uma gente bendita do SENHOR (Is 61,9)".

- Ele abençoará os produtos de seu solo: seu cereal, vinho e azeite – Deus abençoará todos os seus produtos, mas estes três são mencionados especificamente porque são as principais fontes de renda de um fazendeiro.

- Os filhotes de seus animais: Deus protegerá seus rebanhos de sofrerem abortos.

- As bênçãos acima serão concedidas na Terra de Israel, a terra que Deus prometeu a seus pais.

- Vocês serão abençoados por todas as nações: as nações reconhecerão: "Esta é uma nação maravilhosa, Divinamente abençoada!"

Não haverá homem ou mulher estéril entre vocês – Além do sentido literal, este versículo sugere: Suas preces não permanecerão estéreis, ou sem frutos, perante o Todo Poderoso; Ele as aceitará e as concederá. Nenhum judeu será estéril, ou ignorante de Torah. Todas as pessoas de todas as posições sociais serão instruídas.

Deus os livrará de todas as doenças corriqueiras, e não colocará nenhuma das doenças malignas do Egito sobre vocês. Vocês derrotarão todas as nações que Deus fizer passar por suas mãos – Moisés prometeu que se os Filhos de Israel se excederem no estudo de Torah e cumprimento dos preceitos, Deus milagrosamente entregará os inimigos em suas mãos.

Nenhuma guerra será necessária para conquistar a Terra de Israel. Ao contrário, Os Filhos de Israel derrotarão as nações sem esforço, pois seus inimigos fugirão ou se renderão. Entretanto, Deus não destruirá miraculosamente os ídolos da terra de Canaã, como destruiu todas as imagens egípcias durante a Praga da Morte dos Primogênitos (Ele fez com que as imagens de ferro derretessem, e as de madeira apodrecessem).

"É vosso trabalho," Moisés disse aos Filhos de Israel, "destruírem os ídolos das sete nações. Não tomem para uso próprio o material anteriormente associado a adoração de ídolos. Não usem nem seu ouro ou seus ornamentos de prata. Devem ser totalmente destruídos".

Moisés descreveu como Deus levou os judeus milagrosamente através da jornada no deserto a fim de prepará-los para a vida futura na terra de Canaã, onde deveriam confiar n'Ele, assim como haviam feito no deserto.

"Lembrem-se dos pães que trouxeram do Egito e duraram apenas um mês. Mais tarde, vocês choraram para Deus e Ele lhes forneceu o maná".

As repetidas advertências de Moisés no Livro do Deuteronômio ocorreram para que o povo judeu não sentisse medo de lutar contra as nações da terra de Canaã, destruísse seus ídolos, e não permitisse que idólatras permanecessem no meio deles, literalmente.

Vamos imaginar a situação daquela geração que iria entrar na Terra Prometida: pessoas inexperientes nos exercícios da guerra que receberam ordens de invadir um país estrangeiro habitado por guerreiros poderosos com exércitos bem treinados, muito maiores que os seus. Os judeus poderiam preparar-se para este feito aparentemente irracional apenas fortificando-se com total confiança em Deus.

As exortações de Moisés eram ainda mais necessárias porque a nação sabia que ele morreria no deserto, e por isso não poderia ele mesmo liderar a conquista. "Acima de tudo, vocês viveram alimentados pelo maná para aprender uma lição eterna, 'Nem só de pão vive o homem, mas de cada palavra que sai da boca de Deus'".

O pão alimenta o corpo do ser humano, mas não sua alma. Para sustentar a alma, necessitamos das palavras de Deus, a Torah. Ao estudar e cumprir os mandamentos de Deus, a alma adquire vida neste mundo e no próximo.

É natural atribuir o sucesso pessoal às suas próprias capacidades, relegando o Todo Poderoso ao segundo plano. A Torah ensina uma ótica diferente: tudo aquilo que adquirimos ou produzimos no mundo material deve-se a Deus, que concede todos os atributos físicos e mentais necessários para o sucesso. E mesmo após recebermos de Deus todas as habilidades requeridas, não teremos sucesso se essa não for Sua vontade.

Temor a Deus

Moisés continuou seu discurso de reprovação: "Embora vocês tenham enfurecido Deus repetidamente, Ele os perdoará – se ao menos retornarem a Ele e cumprirem Seus preceitos. O que Deus pede de vocês? Apenas que O temam. Se O temerem, conseqüentemente procurarão seguir Seus caminhos bons e misericordiosos; vocês O amarão; O servirão de todo coração; e cumprirão Seus mandamentos".

Por que Moisés descreveu o temor a Deus como algo fácil de adquirir: "O que Deus pede de vocês é apenas que O temam!" O temor a Deus não requer um esforço mental considerável? O episódio que se segue ilustra que, na verdade, temer a Deus não é fácil.

Quando R. Yochanan ben Zakai jazia em seu leito de morte, seus alunos entraram e lhe pediram: "Mestre, abençoe-nos!" Ele os abençoou: "Que seu temor a Deus seja sempre tão grande como seu temor ao próximo!"

"Mas professor," protestaram eles, "não deveria nosso temor a Deus ser superior ao temor ao próximo?" Replicou ele: "Quisera que temessem a Ele tanto quanto temem os seres humanos! Quando alguém comete um pecado, preocupa-se que alguém possa estar observando seu ato, mas não teme que Deus testemunhe sua transgressão".

Qual o significado de "Temor a Deus"?

De acordo com *Chinuch* (130), somos ordenados a estar conscientes de que Deus pune o ser humano por todos e cada um de seus pecados. Quando uma pessoa está prestes a pecar, inicia-se uma batalha contra a tentação, visualizando os castigos de Deus.

Um nível mais elevado de "temor a Deus," a que a pessoa deveria aspirar, é sentir reverência na presença de Deus, evocada ao se contemplar a grandeza de Deus e a própria insignificância. O respeito à vontade de Deus faz com que a pessoa tenha medo de pecar.

Entretanto, mesmo a pessoa que conseguiu o mais elevado grau de respeito pode às vezes ser forçada a utilizar este "medo da punição" – em situações em que suas más inclinações o atacam fortemente. Moisés atingiu o nível de poder dizer: "Sempre tenho o Eterno Deus perante mim". Esta é uma conquista superior, pois enquanto o medo do perigo é um instinto natural de sobrevivência, o temor a Deus – que não é tangível nem visível – é essencialmente estranho à psicologia humana.

Os preceitos da Torah auxiliam a cada um usar seu intelecto e a se impregnar de temor a Deus. Se o conseguir, atingiu o verdadeiro objetivo da vida. Apesar disso, Moisés mostrou temor de Deus como algo fácil porque ele próprio atingira tamanho grau de autocontrole que o temor a Deus lhe era natural e não requeria esforço. Na verdade, Deus sabe quanta força de vontade e esforço são necessários para que se atinja o temor a Deus. Não há nada que Ele considere mais que um ser humano temente a Ele.

Um embaixador estrangeiro viajou ao oriente, para transmitir a um ministro as saudações amigáveis de seu governo. Em sua valise, levava valiosos presentes – enormes pedras consideradas preciosas em seu país. Ficou espantado quando o ministro, ao receber as jóias, nem sequer lhes dirigiu um olhar! Passado algum tempo, o embaixador percebeu seu engano: o país era repleto com as tais pedras a ponto de poderem ser compradas em cada esquina a preço de banana!

Refletindo seriamente sobre qual presente o ministro apreciaria, o embaixador decidiu enviar-lhe uma echarpe bordada à mão, cujos pontos finos e precisos, além do desenho intricado, requeriam um grau de habilidade dominada apenas por um seleto grupo de artesãos em seu país. Quando ofereceu este presente, o ministro ficou encantado, e agradeceu profusamente ao visitante. Assegurou ao embaixador o quanto valorizava aquele veste sem par, que pretendia usar apenas em ocasiões especiais.

Da mesma forma, de todas as coisas que a pessoa adquire ao longo da vida, Deus aprecia muito a quem o teme. Por que Deus não se impressiona com as conquistas materiais da pessoa – como sua fortuna ou sucesso na carreira? A resposta é que aquelas "conquistas" não são na verdade frutos do homem, mas frutos de Deus. Apenas Deus pode conceder ao homem a capacidade para ser bem-sucedido, e decreta se a pessoa irá ou não ter realmente sucesso.

Há apenas uma área na qual o homem ao utilizar seu livre arbítrio, seu esforço é reconhecido por Deus: se vai ou não temê-Lo. Por isso, Deus armazena todas as decisões corretas que a pessoa toma sobre si.

Tefilá – o preceito da prece

A Torah ordena que rezemos a Deus ao exortar-nos "a Ele servirás" (Dt 10,20), e novamente, "e servindo o Senhor de todo o coração" (Dt 11,13).

A obrigação mínima diária é formular com suas próprias palavras um pedido e endereçá-lo a Deus. Existem no judaísmo três preces diárias – *Shachrit* (manhã), *minchá* (tarde) e *ma'ariv* (noite – *Arvit*). Entretanto, se involuntariamente a pessoa é impedida de cumprir sua obrigação, deve pelo menos cumprir a obrigação mínima diária de suplicar a Deus.

O preceito de rezar nos beneficia de duas maneiras:

- Faz com que o Todo Poderoso escute e, se Ele a considera justa, concede seu pedido.

- Além disso, força-nos diariamente a reafirmar em nossa mente que Deus é Todo Poderoso e por isso capaz de conceder todos nossos pedidos. Por isso as orações sempre elevam espiritualmente.

Da mesma forma, uma mulher incapaz de rezar formalmente por estar atarefada cuidando das necessidades da família, deve pelo menos cumprir os requisitos básicos: uma vez ao dia fazer um pedido a Deus em qualquer idioma, reconhecendo assim que Ele é o onipotente Criador do Universo. É correto que uma pessoa entenda o significado das palavras que está rezando. Entretanto, as preces de um judeu que nunca aprendeu o significado de suas preces, ou alguém que não aprendeu a ler corretamente em hebraico são aceitas, desde que sejam ditas com temor aos céus (a Deus). O seguinte Midrash confirma esse ponto:

Deus disse: "Se um judeu não recebeu uma boa educação judaica e por isso lê errado: Amarás ao Senhor teu Deus como Serás hostil a Ele, eu aceitarei suas palavras, desde que venham do coração. Se crianças em idade escolar, que ainda não dominam a Torah, pronunciarem 'Moisés' como 'Mashê' – 'Aharon' como 'Aharan,' ou 'Efron' como 'Efran,' [antigamente escolares aprendiam sem os pingos que servem como vogais], mesmo assim Eu aceitarei as palavras com amor". Deus julga cada pessoa de acordo com sua capacidade e as oportunidades que teve na vida.

Qual o significado do versículo: "Tu, que escuta as preces, perante Quem vem toda carne?" Isto nos ensina que após todas as congregações de judeus terem terminado de rezar, o anjo encarregado das preces reúne todas suas orações, tece-as em forma de coroa, e a coloca sobre a cabeça de Deus.

O versículo citado anteriormente ensina ainda que Deus escuta simultaneamente as preces de todos os seres humanos. Um ser humano pode concentrar-se apenas em uma conversa por vez, mas Deus escuta todas as preces juntas. Além disso, o versículo sugere que Deus aceita as preces de toda a carne igualmente, não importa sua posição ou situação material – sejam eles homens ou mulheres, homens livres ou escravos, milionários ou mendigos.

O infortúnio não deve ser o único estímulo para a prece. A pessoa deve rezar quando as coisas vão bem, para prevenir que as más aconteçam. Uma vez que a pessoa está doente, necessita de grandes méritos para ficar bom novamente. As orações tornam-se uma "coroa" porque as pessoas, em suas preces, proclamam que Deus é o Rei do Universo.

Moisés reitera que os judeus conquistarão Terra de Israel e terão prosperidade somente se guardarem a Torah. Moisés continua a enfatizar que os judeus conquistarão Terra de Israel apenas se estudarem e cumprirem a Torah.

Ele conclamou o povo: "Considerem minhas palavras! Terão sucesso na conquista apenas se cumprirem a Torah. Escutem-me! Muitos de vocês testemunharam pessoalmente como Deus puniu em público aqueles que transgrediram Sua vontade: realizando maravilhas no Egito, destruiu o exército do faraó que os perseguia, e fez com que a terra engolisse Datã, Abiram, suas famílias e propriedades. Após chegar na Terra de Israel, terão que ser especialmente cuidadosos no cumprimento dos preceitos. Caso contrário, Deus não lhes enviará chuva (como será explicado no próximo trecho bíblico).

O cumprimento dos preceitos na Terra de Israel requer meticulosidade, pois os olhos de Deus estão constantemente voltados para a terra; Ele a supervisiona com cuidado especial.

Por isso na Terra de Israel, o Palácio de Deus, seja muito cuidadoso no cumprimento dos preceitos, para que Sua ira não seja despertada.

Moisés concluiu: "Deus os privilegiou, Sua nação amada, a entrar na querida Terra para lá cumprirem Seus mandamentos, como disse (Sl 105,44-45): 'E Ele lhes deu as terras das nações e deixou-os herdar o trabalho do povo (as casas construídas pelos Cananitas, as vinhas e os pomares de oliveiras que plantaram) para que pudessem estudar Suas leis e cumprir Seus preceitos.

Por que há tantas advertências a respeito deste detalhe?

É lógico assumir que o estudo de Torah atrasaria os preparativos para uma conquista militar. Moisés, por esta razão, enfatizou novamente que para o povo judeu o oposto é verdadeiro: apenas estudando Torah e cumprindo os preceitos, Deus lhes dará a força necessária para saírem vitoriosos.

A aceitação plena dos preceitos

A Torah exortou cada indivíduo a aceitar Deus como o Único Mestre, a amá-Lo, estudar Sua Torah e cumprir os preceitos.

Dessa vez,(Dt 11,13-21) Moisés insiste com toda a comunidade a aceitar todos os preceitos de Deus. Ele prometeu recompensa pela fiel observância dos preceitos e ameaçou com castigos, em caso de transgressão.

A Torah exorta cada indivíduo a aceitar Deus da melhor maneira que sua capacidade o permitir.

Entretanto, a seção onde Deus promete recompensa sobrenatural (chuva e prosperidade) pelo cumprimento dos preceitos, e punição (seca e exílio) por seu abandono, está escrito no plural, implicando que estas sanções universais e benefícios são conferidos somente em resposta às ações da maioria (Ramban).

Comentaristas explicam que realmente ocorrem algumas formas no singular no Shemá para indicar que, mesmo dentro da comunidade em geral, Deus confere justiça individual. "Se servirem a Deus com toda sua alma e coração, Eu farei minha parte," diz Deus. "Dar-lhes-ei a chuva em sua Terra nas estações apropriadas, a chuva de outono e a chuva da primavera, para que sua produção cresça e vocês colham cereal, vinho e azeite".

Por isso, o versículo declara: "Eu mesmo dar-lhes-ei chuva, se cumprirem Meus preceitos". Deus não confia permanentemente as chaves aos três assuntos vitais aos anjos, mas as mantém com Ele mesmo: a chave da chuva (Subsistência); a Procriação e a Ressurreição dos mortos.

Chôfets Chaim explica: Se um anjo fosse escolhido para designar aos seres humanos seu meio de subsistência, e percebesse aqueles que não servem a Deus apropriadamente, poderia subseqüentemente tirar-lhes o sustento, ou pelo menos boa parte dele. Como resultado, centenas de milhares de pessoas morreriam todos os dias. O próprio Deus, portanto, é a fonte de toda misericórdia e sustenta todas as criaturas, mesmo as que não são merecedoras.

Similarmente, um anjo condenaria à morte grande número de mulheres dando à luz, porém Deus é paciente e concede perdão. Deus Ele próprio trás cada criança, cada alma, trazendo mais luz e felicidade ao mundo.

Finalmente, se um anjo tivesse que determinar quem deveria erguer-se na ressurreição dos mortos, ele excluiria grande parte dos judeus que não estudaram Torah. Deus, entretanto, decidirá por Si mesmo, e em Sua misericórdia achará mérito para eles.

Ele poderá considerá-los dignos da ressurreição porque sustentaram eruditos a fim de que não interrompessem seu estudo de Torah. A Torah é tão difícil de ser adquirida quanto o ouro, e tão fácil de perder quanto o vidro, que se quebra caso não seja tratado cuidadosamente.

Assim como a pessoa é cuidadosa para não perder seu dinheiro, da mesma forma deve tomar cuidado para não perder a Torah que estudou. Com que freqüência a pessoa deve revisar aquilo que aprendeu?

Os sábios ensinaram que: "Aquele que revisou seu aprendizado 101 vezes vale incomparavelmente mais que aquele que o fez apenas 100".

101 vezes não é, porém, o número máximo: não há limite para a revisão.

Certa vez o Sha'agas Aryeh (contemporâneo do Vilna Gaon) pediu que lhe fosse preparada um refeição festiva. "Qual é a ocasião?" perguntaram-lhe. E ele respondeu: "Acabei de completar o estudo do Talmud pela milésima vez".

Correspondência bíblica

Coração:

Gn 6,6: "Então o SENHOR arrependeu-se de ter feito o ser humano na terra e ficou com o coração magoado".

Ex 28,29: "No peitoral do julgamento porás os Urim e Tumim. Estarão sobre o coração de Aarão quando se apresentar ao SENHOR, e assim levará constantemente sobre o coração, na presença do SENHOR, o julgamento dos israelitas".

Lv 19,17: "Não guardes no coração ódio contra o teu irmão. Repreende teu próximo para não te tornares culpado de pecado por causa dele".

Dt 4,9: "Mas toma cuidado! Procura com grande zelo nunca te esqueceres de tudo o que teus olhos viram. Nada disso se afaste do teu coração, por todos os dias da tua vida, mas ensina-o a teus filhos e netos".

Js 24,14: "Agora, pois, temei ao SENHOR e servi-O de coração íntegro e sincero. Lançai fora os deuses a quem vossos pais serviram do outro lado do rio Eufrates e servi ao SENHOR".

1Sm 2,1: "Ana orou e disse: Meu coração exulta no SENHOR, graças ao SENHOR se levanta minha força. Minha boca desafia meus adversários, porque me alegro em tua salvação".

1Rs 10,24: "Todo mundo desejava chegar à presença de Salomão e ouvir a sabedoria que Deus lhe pusera no coração".

Tb 13,6: "Quando tiverdes voltado para Ele de todo o vosso coração e com toda a vossa alma, para praticardes a verdade diante dEle, então voltará para vós e não mais esconderá de vós a Sua Face".

Sl 7,11: "A minha defesa está em Deus, Ele salva os que têm o coração reto".

Sl 19,9: "As ordens do SENHOR são justas, alegram o coração".

Pr 14,30: "Coração bondoso é vida para o corpo, enquanto a inveja é cárie nos ossos".

Eclo 40,26: "Riquezas e forças exaltam o coração, mas, acima delas, o temor do SENHOR".

Is 38,16: "SENHOR, em ti espera meu coração, por ti viverá meu espírito, cura-me, faze-me sobreviver".

Jr 17,5: "Assim diz o SENHOR: Maldito o homem que confia no ser humano, que na carne busca a sua força e afasta do SENHOR seu coração"!

Ez 18,31: "Libertai-vos de todos os crimes cometidos contra Mim. Formai-vos um coração novo e um espírito novo. Por que deverias morrer, Casa de Israel"?

Mt 5,8: "Felizes os puros de coração, porque verão a Deus".

Mc 12,30: "Amarás o SENHOR, teu Deus, de todo o teu coração, com toda a tua alma, com todo o teu entendimento e com toda a tua força"!

Lc 2,19: "Maria, porém, guardava todas estas coisas, meditando-as no seu coração".

Jo 14,1: "Não se perturbe o vosso coração! Credes em Deus, crede também em mim".

At 2,46: "Perseverantes e bem unidos, frequentavam diariamente o Templo, partiam o pão pelas casas e tomavam a refeição com alegria e simplicidade de coração".

Rm 2,29: "Verdadeiro judeu é o que se distingue como judeu por seu interior, e verdadeira circuncisão é a do coração, segundo o espírito e não segundo a letra. Esta é a que recebe o louvor, não dos homens, mas de Deus".

1Jo 3,20: "Se o nosso coração nos acusa, Deus é maior que o nosso coração e conhece todas as coisas".

54 – Dt 11,26 – 16,17: REÊH - ראה
Is 54,11 – 55,5

Esta porção semanal da Palavra de Deus nos mostra Moisés como um líder cheio de amor pelos filhos de Deus, o povo que Deus libertou, conduziu e alimentou no deserto e que agora está prestes a caminhar por seus próprios pés na Terra Prometida.

Mas Moisés sabe que sem Deus o povo novamente se perderá e se escravizará por tantos ídolos e falsos deuses, e continua a dar suas palavras finais para manter essa terra e as bênçãos de Deus para sempre.

Manter-se firme no caminho da fé vai requerer outro tipo de inteligência. Existe uma inteligência própria dos que estudam, dos que dentro da cultura se sobressaem, sendo um grande cientista, um intelectual ou famoso em algum ramo do conhecimento moderno.

Mas Moisés vai falar de outro tipo de inteligência, mais espiritual, um discernimento, uma sensibilidade própria para as realidades que Deus nos convida a viver na fé.

Para isso é preciso remover tudo aquilo que prejudica essa relação com Deus como Seu povo.

Um coração e mente saudáveis estão mais dispostos a aprender o bem. Os sábios de Israel vão sempre indicar que alguns alimentos acabam por embotar o coração humano. O que comemos de certa forma acaba fazendo parte de nós mesmos.

Uma sensibilidade às Palavras de Deus vai nos ajudar sem dúvida a escolher o caminho de uma vida abençoada com Deus e a rejeitar com a inteligência da fé tudo aquilo que nos separa dEle.

Buscar sermos fortes em Deus, sermos abençoados, não descuidar desse caminho por nada nesta vida, não usar nossos corpos para fazer o mal, mas perseverar sempre na amizade com Deus para permanecer nessa terra de bênçãos que o Senhor Deus quer nos dar nesta vida e na eternidade.

As festas de peregrinação serão sempre um tempo de alegria, de liberdade e de celebração, momentos de viver a liturgia que estimula o povo de Israel a perseverar na fé.

Deus escolheu um local para que O celebremos (cf. Dt 12,5). O texto bíblico fala sobre o Monte Moriá, em Jerusalém, onde se encontrava o Templo Sagrado. Foi ali que ocorreram os maiores acontecimentos espirituais da história. Noé ofereceu sacrifícios ao sair da Arca, Abraão conduziu ao altar o seu filho Isaac e Jacó sonhou ali com a escada pela qual os Anjos do Altíssimo subiam e desciam. Tudo isso ocorreu no local que Deus escolheu para abençoar o seu povo.

O contrário disso tudo é a maldição, uma vida autodestrutiva para nós e para os outros. Como podemos vencer todo esse instinto violento e mau que existe em nós, na sociedade e no mundo? Podemos vencê-los através da prática dos mandamentos, dos preceitos de Deus que Moisés relembra presentes nas Sagradas Escrituras.

Cada preceito que é realizado, ensina o sábio Maimônides, é um exercício para o bom desenvolvimento espiritual e emocional e para obter as habilidades que ajudarão a vencer esse instinto destrutivo; como por exemplo, o autocontrole na comida, a caridade para ajudar os pobres que ajuda a vencer o egoísmo.

Também o respeito pelo descanso no dia consagrado a Deus ajuda a não se tornar escravo do trabalho e a crescer nas relações humanas com os outros.

Os preceitos da Bíblia são na verdade a Bênção de Deus para nós, aproveitemos deles em nossa vida no cotidiano, eles nos ajudarão a superar muitos dos nossos problemas.

Os preceitos da Bíblia não existem para nos atrapalhar no caminho, mas para que melhoremos como pessoas e melhoremos a nossa própria vida.

- Confie mais no que a Bíblia nos pede para viver, um pequeno mandamento bíblico que cumprimos já é um grande passo para a felicidade!
- O contrário seria buscar em outra coisa que não em Deus a fonte dessa felicidade. Isso sim seria a idolatria, a busca do dinheiro, o encanto do poder, o amor a todo custo que torna falso e relativo o que deveria ser o Absoluto da minha vida...
- Contra a proibição da idolatria a Torah menciona 44 vezes, mais que qualquer outro preceito, talvez porque seja o mais prejudicial de todos os perigos e pecados: o de esquecer a Única Fonte de Bênçãos, que é Deus.
- Essa Parashá nos fala da Cidade Rebelde que deveria ser destruída. O Talmud, no tratado de Sanedrin 71 afirma que nunca houve uma Cidade rebelde. Era uma teoria! Então por que a Bíblia comenta a respeito?

- Sabendo de como deveria ser tratado uma situação assim, poderiam melhor compreender a gravidade dessa falta contra o Amor sempre presente e constante do Eterno Deus.

REÊH – Seleções de Midrash a partir do texto bíblico: Dt 11,26 – 16,17
A santidade da terra de Israel e a remoção da idolatria

Esta parashá e as próximas duas concentram a maioria dos preceitos encontrados no livro do Deuteronômio. Até agora, Moisés transmitiu os preceitos fundamentais como amor e temor a Deus, diretrizes contra a idolatria, sermões inspiradores enfatizando o compromisso do povo em relação a Deus, e a obrigação dos judeus de se conduzir à altura da santidade de Terra de Israel.

Moisés inicia sua recitação colocando os preceitos em sua devida perspectiva, dizendo que, a escolha entre aceitar a Torah em sua totalidade ou não, nada mais é que escolher entre bênção e maldição. Aqueles que guardassem os preceitos seriam abençoados por Deus.

Há mais de 50 preceitos neste trecho da Torah. Para conhecer a todos, é preciso estudá-lo na própria Bíblia. Moisés disse: "A Terra de Israel está repleta de imagens e outros objetos de adoração de ídolos. As nações da terra colocaram imagens em cada montanha ou colina. Há ídolos sob cada árvore. Construíram templos, altares e pedras para adoração de ídolos. Plantaram também árvores que consideram sagradas".

"Seu primeiro preceito ao entrar na terra será destruir cada ídolo e cada objeto de adoração! Livrem-se deles! Destruam os ídolos imediatamente! Não deverá permanecer nem mesmo um traço! Se uma cidade recebeu o nome de um ídolo, troquem seu nome".

O preceito de destruir ídolos aplica-se a todas as gerações. Os reis judeus que foram justos limparam o país das imagens que reis perversos lá haviam colocado anteriormente. Na Terra de Israel, todo rei judeu é obrigado a procurar os ídolos e assegurar-se que a terra está completamente livre de todos os traços de idolatria estrangeira. Assim como antes da Páscoa procura-se eliminar e destruímos todo tipo de fermento (chamêts), da mesma forma deve-se procurar e destruir todos os ídolos na Terra de Israel.

A Terra de Israel está onde repousa a Shechiná (a Presença da Divindade). É como o palácio do rei. Um servo ousaria erguer uma estátua do inimigo do rei no palácio? Colocar um ídolo na Terra de Israel é exatamente a mesma coisa. Não poderia haver crime mais grave.

Local dos sacrifícios e os milagres no Templo Sagrado

Local dos Sacrifícios

Moisés continuou: "Vocês não poderão construir altares e oferecer sacrifícios a Deus em qualquer lugar na Terra de Israel, embora não adorem ídolos. Assim que se estabelecerem no país, Deus escolherá um local fixo para Si. Este será o Templo Sagrado, onde serão trazidas suas oferendas".

Quando todas as oferendas eram trazidas a um só local, isso ajudava a crer no único Deus. Também forçou os judeus a visitarem a Tenda do Encontro ou o Templo Sagrado, o que ajudou a aumentar seu temor a Deus. Os visitantes presenciavam lá milagres que reforçaram sua emuná (fé). Os sábios nos relatam:

Milagres no Templo Sagrado

Eis aqui alguns dos milagres que ocorriam no Templo Sagrado:

Todas as noites, os sacerdotes queimavam todas as sobras de carne e gordura das oferendas no altar. Às vezes, havia muito para queimar. As sobras de carne ficavam sobre o altar por dois ou três dias sem refrigeração. Em geral, se uma carne for mantida à temperatura ambiente mesmo por um só dia, já começa a se estragar. A carne no altar permanecia miraculosamente fresca.

Todos os sacrifícios eram abatidos no pátio do Templo Sagrado, do lado de fora. Normalmente carne, ossos e sangue atrairiam enxames de moscas zumbindo em volta das mesas. Mas o pátio era tão sagrado que nem mesmo uma única mosca jamais chegava perto.

A chuva nunca apagava o fogo sobre o altar de cobre no pátio. O vento também não desarranjava o pilar de fumaça que subia do fogo sobre o altar. Em vez disso, a fumaça subia direto para o céu.

O pátio ficava sempre completamente cheio, quando os judeus se reuniam para rezar. Não havia um centímetro de espaço livre. Ao invés de curvar-se, como fazemos atualmente para rezar, os judeus na época do Templo Sagrado caíam ao solo, esticando os braços e pernas. Como poderia a pessoa ter espaço suficiente? Um milagre acontecia: o pátio se expandia. Todos tinham espaço suficiente para permanecer no solo!

Havia também o milagre que acontecia com os pães do sacrifício. Estes pães eram colocados sobre a mesa em cada Shabat. Estavam sempre frescos e quentinhos até o próximo Shabat, quando eram substituídos!

Os sacerdotes costumavam elevá-los e mostrá-los aos judeus que iam ao Templo Sagrado. "Veja o quanto Deus ama vocês," diziam eles. "Ele realiza milagres"!

A proibição de ingerir sangue e o abate de animais

A proibição de ingerir sangue

Os judeus já tinham ouvido de Moisés a proibição de ingerir sangue. Naquela época o consumo de sangue era muito comum e difundido entre os povos. Portanto Moisés precisava advertir: "Sejam muito atentos com este preceito! Evitem ingerir sangue, não porque possam achar isso repugnante, mas porque vocês desejam agir conforme 'o que é certo aos olhos de Deus'".

Este princípio se aplica a todos os preceitos: É importante procurar conhecer o porquê dos preceitos, mas é preciso lembrar que o significado é apenas um acessório, e nunca pode se tornar o motivo principal para seguir a Torah. A intenção essencial é obedecer a Deus.

Abater animais e aves conforme as leis da Torah

Deus ordenou: "Existe apenas uma maneira própria (casher) de abater um animal para alimento: cortando a faringe e o esôfago". Deus ensinou a Moisés o ponto exato onde deveria ser cortado. Deus acrescentou também outras leis.

Um *shochet* é um judeu que abate animais de acordo com a lei da Torah. Ele precisa conhecer bem as leis. Deve conferir sua faca antes de fazer o trabalho, para que o corte seja suave. Um animal morto que não foi abatido de acordo com a Halachá (Lei Judaica) é chamado de nevelá. Não pode ser consumido. Por que os animais devem ser abatidos desta maneira especial?

Deus não nos revelou a razão. Esta lei é conhecida como um *choc* (preceito cujo significado não nos foi revelado). Apesar disso, temos algumas explicações: O modo correto para abater um animal faz com que uma grande quantidade de sangue saia do animal. Este preceito ajuda a evitar a ingestão de sangue.

O método indicado pela Torah para abater o animal é misericordioso, rápido e indolor. Deus não quer que o animal sinta dor e sofra.

O cumprimento deste preceito é benéfico; elevando-nos espiritualmente e nos aproximando de Deus.

Falsos profetas e missionários

Falsos profetas

Devemos obedecer somente a um profeta de Deus. Moisés nos advertiu: "Não dêem ouvidos ao falso profeta"! Como podemos saber quem é um falso profeta?

1 – Aquele que alega que um ídolo fala com ele é um falso profeta. Devemos cortar toda relação com alguém assim. Um Bet Din (Tribunal Rabínico) devia sentenciá-lo à morte.

2 – Um profeta que proclama que Deus nos ordenou deixar de cumprir qualquer preceito para sempre, é falso. Ele poderia nos dizer: "Farei um milagre para provar que Deus realmente falou comigo". Moisés alertou os judeus: "Não acreditem nele, mesmo se prever acontecimentos futuros! Não confiem nele mesmo se realizar maravilhas nos céus ou na terra. Não se impressionem mesmo se ele parar o sol! Não se influenciem por milagres de um falso profeta! Ele é um impostor"!

Como Maimônides codificou, um dos treze princípios da fé judaica, é o conceito que a Torah nunca poderá ser mudada, não importa quantos milagres sejam realizados por um profeta. A nossa fé não é baseada em milagres.

"Se vocês se perguntarem: "Por que Deus o permite realizar milagres? Esse na verdade é um teste ao qual Deus nos submete. Deus está pondo à prova nossa lealdade a Ele. Se não seguimos um profeta falso, estaremos demonstrando um verdadeiro amor por Deus".

Instigador

O *messit*, o instigador, é aquele que influencia outros a servir ídolos. É pior influenciar outros a adorar ídolos que servi-los por conta própria.

Moisés alertou: "Se qualquer judeu - até mesmo um parente seu muito próximo como um pai ou uma esposa - lhe propuser: 'Vamos deixar de lado a tradição dos nossos antepassados e servir um dos deuses dos outros povos'. Rejeite imediatamente sua proposta".

"Você poderá pensar: ''Não vou ouvi-lo e certamente não servirei ídolos. Porém ficarei quieto, não direi a ninguém que ele tentou me influenciar a adorar ídolos'. Esta atitude é um erro. Não deves protegê-lo de nenhuma maneira".

A Torah decreta leis muito severas a respeito de um "instigador" que tenta convencer o povo a aceitar deuses estranhos. Levar outros à idolatria é tão grave, que a Torah não tolera este indivíduo.

Um instigador é pior que um assassino. Um assassino tira a vida de uma pessoa apenas neste mundo, mas o instigador prejudica a pessoa também no mundo vindouro. Ele pode ocultar parcialmente suas verdadeiras intenções e tentar persuadir outros com palavras gentis e amorosas.

Cidade rebelde

Moisés continuou com o assunto de adoração de ídolos:

"Pode acontecer que a maioria dos judeus de uma cidade seja persuadida a adorar ídolos". Se os juízes do Sinédrio ouvirem tal coisa, devem verificar a veracidade desta notícia. Se as testemunhas declararem que a maioria dos habitantes serviram ídolos, a cidade e tudo que ela conter deve ser destruído. Isso é chamado Cidade Rebelde – uma cidade que foi convencida a adorar ídolos.

"Todos aqueles que servem ídolos devem ser condenados à morte pelo Bet Din. Aquele que não o fez pode deixar a cidade. Entretanto, quando a cidade for destruída, seus pertences devem ser destruídos também. Ninguém tem permissão de usar coisa alguma da cidade. A cidade é queimada e jamais poderá ser reconstruída". De acordo com alguns de nossos sábios, jamais existiu uma Cidade Rebelde e jamais haverá uma. Seria impossível preencher todas as condições. Mesmo assim, a Torah ordenou este preceito para nos ensinar a gravidade da adoração de ídolos.

Leis de cachrut

Animais Casher e Não-Casher

Na Parashá Shemini no livro do Levítico (Vayicrá), aprendemos que os judeus podem ingerir animais e peixes apenas se estes tiverem dois sinais indicando que são casher. Moisés agora repete estas leis. Acrescentou também novas leis, e advertiu os judeus novamente a não misturarem leite e carne.

A Torah enumera apenas dez espécies de animais terrestres casher que possuem patas fendidas e ruminam; e quatro animais que não são casher por terem apenas um desses sinais. Vale salientar que não existem outras espécies que tenham só uma dessas características.

Os comentaristas observam que isto demonstra a origem Divina da Torah, pois um legislador humano jamais arriscaria ser refutado por descobertas de outros animais para ele desconhecidos, àquela época.

Rashi explica porque vários animais são proibidos aos judeus. A missão espiritual do povo judeu é unir-se à Fonte Primordial de vida espiritual. Conseqüentemente, os judeus devem abster-se de consumir quaisquer alimentos que o Intelecto Divino sabia ser um obstáculo para atingir seu sublime objetivo.

Numa parábola encontrada no Midrash, um médico veio visitar dois pacientes. Para o primeiro ele disse: "Você pode comer tudo o que quiser". Para o outro ele prescreveu uma dieta detalhada e rigorosa. Logo, o primeiro paciente morreu, e o segundo recuperou-se. O médico explicou que não havia esperança para o primeiro, não havendo, portanto, razão para negar-lhe alimentos dos quais gostava. Porém o segundo paciente estava basicamente saudável, por isso era importante ministrar-lhe uma dieta que recuperasse suas forças e plena saúde.

É assim com o povo de Israel. Sendo que o povo judeu possui o potencial para a vida espiritual, Deus "prescreveu" alimentos que incrementam seu crescimento espiritual.

A importância da cashrut

A Torah enfatiza a razão da cashrut com termos bastante claros: ao observar as leis de cashrut, o judeu consegue elevar-se na escada da santidade. Apesar de que o dano que os alimentos proibidos causam não é físico, todavia, impedem que o coração capte e atinja os elevados valores da alma através do estudo da Torah.

O alimento não-casher contamina a alma de forma que exame físico algum consegue detectar, e cria um impedimento entre o judeu e sua percepção de Deus. Gradualmente, este consumo constrói uma barreira que bloqueia e impede sua compreensão da santidade.

Assim como alguém que está constantemente exposto à música alta e forte barulho, lenta e imperceptivelmente, porém com certeza, sofre perda de sua capacidade de ouvir sons delicados e de detectar modulações sutis; a Torah nos diz que da mesma forma, se um judeu ingere alimentos não casher, ele mina e entorpece suas capacidades espirituais, e nega a si mesmo plena oportunidade de santificar-se.

Quem consome alimentos proibidos torna-se incapaz de perceber suas perdas e não entende a lógica destas proibições.

Assim como quem vive tomando analgésicos, acha estranho que outros chorem de dor e sensações que ele não sente. Analgésicos entorpecem os nervos assim como alimentos proibidos entorpecem o progresso espiritual.

Por esse motivo, mesmo uma criança pequena deve evitar comer alimentos proibidos, para que seu potencial espiritual não seja prejudicado.

Maasser (dízimo) e o ano de shemitá (sábatico)

Maasser Rishon - O Primeiro Dízimo

Moisés também ordenou os Filhos de Israel a separarem maasser (um décimo) dos produtos que crescem na Terra de Israel. O Midrash nos ensina que um judeu que ingere alimentos dos quais não foi separado o maasser, é como se tivesse comido carne não casher!

"Se vocês produzirem vinho, cereais, ou azeite, devem sempre separar o dízimo antes de comê-lo", lembrou Moisés. "Se vocês derem o maasser aos levitas, Deus os abençoará com riquezas".

Maasser Sheni / O Segundo Dízimo

Como aprendemos, um judeu tinha que separar um décimo de sua colheita. Dava-o a um levita. Após o primeiro maasser, cada fazendeiro tinha que separar outro décimo de sua produção. Era chamado maasser sheni, o segundo maasser. O que ele fazia com o maasser sheni?

O agricultor e sua família viajavam a Jerusalém com sua produção de maasser sheni e a comiam lá. Se fosse muito oneroso transportar a produção para Jerusalém, o proprietário podia trocá-la por dinheiro. Levava o dinheiro então para Jerusalém e com ele, comprava alimentos para si e para sua família. Por que Deus desejava que os judeus comessem maasser sheni em Jerusalém?

A Torah explica: "Isso os ensinará a temer Deus". Na época do Templo Sagrado, uma visita a Jerusalém era uma experiência maravilhosa. No Templo Sagrado, um judeu podia sentir a presença Divina e até mesmo presenciar milagres.

Podia visitar os juízes no Grande Sinédrio, os grandes sábios da nação. E podiam admirar os justos que lá viviam. Quando um judeu retornava de sua viagem de "maasser sheni" em Jerusalém, sentia-se tão entusiasmado que isso o ajudava a cumprir melhor os preceitos.

Maasser Ani - o dízimo para os pobres

No primeiro, segundo, quarto e quinto anos de cada ciclo de sete, o fazendeiro tinha que separar o maasser sheni e comê-lo em Jerusalém. No terceiro e sexto anos, o agricultor tirava maasser ani (dízimo para os pobres) ao invés do maasser sheni. Esta décima parte era para as pessoas necessitadas, que vinham ao seu campo buscá-lo.

Shemitat Kessafim - o cancelamento de dívidas

Moisés ensinou aos Filhos de Israel sobre outro preceito que está relacionada com chêssed (bondade).

Aprendemos que cada sétimo ano é um ano shemitá (sabático) em Terra de Israel, quando o solo repousa. Entretanto, há uma lei de shemitá que deve ser mantida mesmo fora de Terra de Israel.

Nesta parashá, a Torah (Dt 15,2) diz: "Ao fim de cada sete anos farás o ano sabático. E este é o procedimento da shemitá: cada credor perdoará tudo o que emprestou a seu semelhante; nada exigirá dele".

Esta passagem significa que é proibido cobrar dívidas particulares durante o ano sabático. Isto se aplica tanto na Terra de Israel quanto fora dela (enquanto que as leis agrícolas de shemitá aplicam-se somente à Terra Santa).

Portanto, depois que passou o ano shemitá, um judeu que emprestou dinheiro a outro não pode mais pedir que lhe devolva o empréstimo. Pode exigir o pagamento apenas até o último dia do ano anterior, véspera de Rosh Hashaná. Se Rosh Hashaná passar e o empréstimo não foi quitado, o pagamento não pode ser exigido. (Porém, se o devedor, espontaneamente, oferecer este valor como um presente, o credor pode aceitá-lo. Esta seria a conduta correta).

Deus nos deu esta lei para nos ensinar uma lição. Ele deseja que percebamos que é Ele o dono de tudo que possuímos, bem como nosso dinheiro. O que acontece se um judeu precisa pedir dinheiro emprestado ao final de um ano anterior a shemitá? Aquele que empresta pode pensar: "Estou certo de que ele não poderá me pagar antes do início do ano de shemitá. Poderei perder meu dinheiro". Se a pessoa que precisa de um empréstimo é pobre, terá dificuldade em achar alguém que deseje emprestar-lhe dinheiro.

Já na época do Talmud, muitas pessoas deixavam de emprestar dinheiro quando o ano de shemitá se aproximava. Para resolver este problema, o ilustre erudito e líder Hilel instituiu uma fórmula que permite reclamar o pagamento mesmo depois do sétimo ano, denominada Peruzbul. Consiste no credor transferir suas dívidas a uma corte rabínica antes do ano sabático.

A dívida, então, deixa de ser individual, tornando-se passível de cobrança (conforme a própria lei da Torah estipula) durante ou após o ano de shemitá. Embora pessoas em particular não possam pedir o pagamento após shemitá, o Beit Din sempre tem permissão de reclamar este pagamento. Assim, os necessitados conseguirão empréstimos sempre, inclusive antes de um ano de shemitá.

O preceito da caridade e suas leis

Moisés explicou: "Se todo o povo judeu guardar os preceitos, não haverá pessoas pobres entre vocês. Jamais precisarão emprestar dinheiro a outro judeu, nem precisarão dar tsedacá. Porém sei que as futuras gerações não serão tão justas. Por isso, haverá pessoas pobres, e vocês precisam conhecer as leis de tsedacá".

Moisés explicou este preceito aos judeus que entrariam na Terra de Israel. No deserto, não houve necessidade de fazer a caridade porque cada judeu recebia maná para as refeições e porque todos tinham roupas para usar.

Sobre o preceito da caridade, a Torah diz nesta parashá: "Abra a sua mão. Seja caloroso e generoso com seus irmãos". A Torah adverte em relação ao medo natural humano de não poder gastar com caridade ou empréstimos.

Nunca se deve perguntar se deve ajudar ou não, somente para quem e como oferecer ajuda, porque o ajudante definitivo dos pobres e ricos é o próprio Deus.

A Torah dirige-se a dois tipos de pessoas. Àquele que não consegue decidir se vai ou não doar, Deus diz: "Não endurecerás o seu coração". E, para alguém que deseja dar, mas no último instante volta atrás, Deus diz: "Não fecharás sua mão".

O versículo conclui com um aviso implícito para aquele que se mantém insensível: "O indivíduo diante de você é 'seu irmão necessitado'. Se você rejeitar sua solicitação, você é aquele que poderá acabar se tornando o 'irmão' dele na pobreza". O homem pobre clama a Deus quando suas súplicas por caridade permanecem sem resposta. Deus escuta seus gritos sentidos e pune o avarento que não lhe forneceu a caridade.

Uma Parábola

O ditado popular diz: "A carga que um camelo suporta depende de sua força". Deus espera que a pessoa pratique a caridade proporcionalmente à abundância com que foi abençoada. De fato, uma pessoa é afortunada se pratica a caridade com generosidade. A seguinte parábola ilustra esse ponto:

Dois carneiros estavam às margens de um rio, olhando desconfiados para as ondas espumantes. Será que conseguiriam atravessá-lo a nado, alcançando a verdejante campina que lhes acenava do outro lado?

Ambos mergulharam e começaram a nadar vigorosamente. Contudo, enquanto um carneirinho mantinha o ritmo, o outro logo se cansou, conseguindo manter sua cabeça fora da água com muita dificuldade. Não demorou muito e foi tragado pela forte correnteza.

Para azar desse carneiro, sua longa pelagem acabou sendo um empecilho, tornando-se uma pesada carga ao molhar-se. O outro carneiro, no entanto, estava tosquiado. Era leve, locomovia-se com facilidade, conseguindo, assim, sobreviver. Os sábios aconselham a pessoa atravessar ao "outro lado" com pesos leves; ou seja, a livrar-se do dinheiro extra, distribuindo-o para a caridade. Se a pessoa, em vez disso, guardar e acumular dinheiro, por fim este o arrastará para baixo. Pois ela não utilizou sua fortuna conforme os ensinamentos da Bíblia.

O fiador do empréstimo

Um filósofo perguntou a Rabi Gamaliel: "Sua Torah lhes ordena a dar caridade freqüentemente, e não ter receio de comprometer sua situação financeira. Mas esse receio não é algo natural? Como alguém pode dar seu dinheiro sem se preocupar se deveria ou não poupá-lo para uma hora de necessidade"?

Rabi Gamaliel, então, indagou: "Se lhe pedissem um empréstimo, você concederia"? "Depende de quem está pedindo," respondeu o filósofo. "Se o requerente for um estranho, eu teria medo de perder meu dinheiro". "E se o requerente apresentasse fiadores"?, perguntou Rabi Gamaliel.

"Bem, se eu soubesse que são confiáveis, concordaria," replicou o filósofo. "Deixe-me perguntar-lhe", continuou Rabi Gamaliel, "como você se sentiria se o requerente apresentasse o chefe do governo como fiador"?

"Certamente eu lhe emprestaria o dinheiro, sob estas circunstâncias, pois estaria completamente seguro de que meu empréstimo está garantido," declarou o filósofo.

Rabi Gamaliel explicou: "Quando alguém dá caridade (tsedacá), ele na verdade concede um empréstimo garantido pelo Criador do Universo. As escrituras dizem: "Aquele que dá ao pobre com benevolência empresta a Deus, Que lhe retribuirá tudo o que lhe é devido" (Deus pagará ao benfeitor neste mundo, restituindo-lhe o 'empréstimo', e guarda a recompensa completa para o mundo vindouro). Ninguém é tão honrado e digno de confiança como o Criador; se Ele garante que restitui o dinheiro ao doador: por que alguém deveria hesitar em praticar a caridade? Ninguém nunca ficou pobre por praticar a caridade.

De fato, a verdade é o oposto, de acordo com o versículo: "Aquele que dá caridade ao pobre, nada lhe faltará". Deus restitui o dinheiro gasto em caridade, ao passo que o dinheiro sonegado ao pobre, no fim, será perdido.

Como Deus recompensa quem doa grandes quantias para a caridade

Rabi Eleazar, Rabi Josué e Rabi Akiba percorriam o país a fim de coletar uma vasta soma para sustentar os estudiosos carentes da Torah. Eles chegaram aos arredores de Antioquia, lar de Aba Yudan, o famoso magnata e filantropo. Quando Aba Yudan viu os sábios se aproximando, empalideceu de vergonha e pesar, pois havia perdido todo o seu dinheiro, e não poderia ajudá-los. Sua esposa ficou chocada ao ver que sua aparência mudara tão drasticamente, e indagou-lhe a razão.

"Os sábios estão visitando nossa vizinhança", ele respondeu, "e não tenho posses para fazer-lhes um donativo". Sua esposa, que era ainda mais generosa que ele, aconselhou-o: "Venda metade do campo que nos restou, e dê o dinheiro aos sábios" (este era um ato de bondade não requerido pela lei).

Ao receberem seu presente, os sábios o abençoaram: "Que o Todo-Poderoso reponha sua perda"! Mais tarde, enquanto Aba Yudan estava arando a parte que lhe restou do campo, sua vaca caiu num buraco e quebrou a perna.

Ao entrar no buraco para socorrê-la, Deus iluminou os olhos de Aba Yudan, e de repente ele avistou um tesouro enterrado naquele buraco. Cheio de júbilo, exclamou: "Minha vaca machucou-se para meu benefício"!

Da próxima vez que os sábios visitaram aquela vizinhança, indagaram: "Como está Aba Yudan"?

Responderam-lhes: "Aba Yudan possui escravos, rebanhos de carneiros e cáfilas de camelos. Não temos palavras para descrever sua fantástica fortuna"! Aba Yudan soube da chegada dos sábios e foi dar-lhes as boas-vindas. "Suas preces em prol de meu sucesso foram muito benéficas," disse-lhes. "Deus não apenas repôs o dinheiro que dei a vocês, como me abençoou com muito mais do que jamais tive"!

Eles retrucaram: "Seu sucesso se deve aos seus próprios atos de caridade. Já que você deu tsedacá (caridade) com tanta generosidade, Deus considerou-o merecedor de Suas bênçãos". Sobre ele os sábios citam o versículo: "Um presente generoso (para caridade) acarreta que seu sustento seja ampliado".

O poder da tsedacá (caridade)

Tsedacá pode prolongar a vida de uma pessoa. Três atos têm o poder de abolir os decretos dos céus: Arrependimento (teshuvá); Praticar a caridade(tsedacá); Orações (tefilá).

Leis referentes à caridade

Se alguém tem parentes pobres, a prioridade é ajudá-los. A seguir, ele deve praticar a caridade para com os seus vizinhos pobres; e então aos pobres de sua cidade. Se for preciso escolher entre dar tsedacá para pobres de outra cidade, e a pobres de Terra de Israel, os pobres de Terra de Israel têm prioridade.

O preceito de tsedacá abrange dinheiro ou alimentos. O valor mínimo a ser doado para caridade é um décimo dos rendimentos. Quando não tiver dinheiro consigo para contribuir, ao menos seja amável com o pobre. As bênçãos que uma pessoa recebe por confortar uma pessoa necessitada são ainda maiores que aquelas recebidas por dar tsedacá.

A tsedacá deve ser dada de maneira amigável, acompanhada de palavras encorajadoras. Aquele que doa irritado ou com raiva, mesmo que sejam altas somas, perde o mérito do preceito.

Uma pessoa não deveria jamais sentir-se mal por praticar a caridade. O preceito deve ser cumprido com alegria. Aquele que dá tsedacá ganha mais que a pessoa que a recebe.

Se o pobre está constrangido por receber a caridade, é preciso encontrar uma maneira de poupar-lhe embaraços. Por exemplo, pode-se dizer que o dinheiro é um empréstimo. Mais tarde, podemos informá-lo que, na realidade, não é necessário que devolva esta soma.

A maneira mais sublime de cumprir o preceito tem lugar quando o doador não conhece quem recebe a caridade, tampouco quem recebe conhece o doador (evitando, assim, que quem recebe fique envergonhado).

A maior caridade é evitar que outra pessoa tenha de aceitar a caridade. Se alguém puder encontrar-lhe um emprego adequado, juntar-se a ele como sócio, ou emprestar-lhe dinheiro a fim de torná-lo autossuficiente, este doador realizou a melhor e mais elevada forma de caridade.

Ao pensar em como distribuir dinheiro particular para caridade, deve-se dar prioridade aos pobres que se esforçam no estudo da Torah. Assim como os maasrot (dízimos) sustentavam os sacerdotes e levitas que faziam o serviço no Templo Sagrado, também devemos separar um décimo de nossa renda para os estudantes da Torah em necessidades financeiras.

Um bom investimento

Rabi Tarfon, que era um homem muito rico, não dava caridade proporcionalmente à sua fortuna. Rabi Akiva propôs-lhe a seguinte questão: "Você quer que eu invista uma parte de seu dinheiro em imóveis"? Rabi Tarfon concordou, e deu-lhe quatrocentos dinares de ouro. Rabi Akiva pegou o dinheiro e distribui-o entre os pobres.

Depois de algum tempo, quando Rabi Tarfon pediu-lhe para ver seus imóveis, Rabi Akiva conduziu-o à Casa de estudos da Torah, abriu o livro dos Salmos e leu:

"Aquele que distribuiu amigavelmente e deu aos pobres, sua virtude e retidão perdurarão para sempre" (Sl 112,9). "Foi assim que investi seu dinheiro". Rabi Tarfon beijou-o e exclamou: "Você é meu mestre e professor. É mais sábio que eu, e ensinou-me a lição da maneira correta".

A fim de realmente demonstrar sua aprovação, Rabi Tarfon deu mais dinheiro a Rabi Akiba, para doar aos pobres. De fato, Rabi Akiba não enganou Rabi Tarfon quando descreveu o ato de dar caridade como "investimento em imóveis". Quando alguém dá tsedacá neste mundo, está investindo numa casa para sua alma no mundo vindouro.

Mais idéias sobre *Tsedacá*

Maimônides, o Rambam, escreve: "Nunca houve dez judeus que morassem no mesmo local e não estabelecessem um fundo de tsedacá. Nós, o povo judeu, precisamos garantir o cumprimento do preceito da caridade de maneira elevada, pois ela nos caracteriza como a virtuosa e bondosa semente de Abraão, sobre quem Deus declarou: 'Pois Sei que ele ordenará seus filhos e descendentes depois dele a fazer caridade'."

Quanto agradecimento e louvor uma pessoa deve ao Criador, por possibilitar-lhe estar entre os que podem praticar a caridade para os outros! A pessoa deve perceber, contudo, que todo o dinheiro que controla, em realidade, não é "seu", mas do Criador. Se Deus confiou-lhe riqueza, é para testar se praticará a caridade com generosidade, e com as intenções apropriadas.

O servo judeu e as três festas de peregrinações a Jerusalém

Moisés continuou com outro preceito da bondade. Aprendemos que se um judeu furta dinheiro e não pode pagá-lo, o Beit Din vende o ladrão como servo. O dinheiro da venda cobre o furto. O servo judeu deve servir ao amo por seis anos. Então ganha sua liberdade, no ano Sabático, o ano de Shemitá. Moisés ensinou: "Quando seu servo judeu vai embora, você deve provê-lo com carne, pão e vinho".

Os sábios de Israel estabeleceram a quantidade exata que cada um deve dar ao escravo judeu. Deus ordenou este preceito como um ato de bondade ao servo judeu. Quando se torna livre, não possui dinheiro. Com estes presentes, tem suprimentos para iniciar uma nova vida.

As três festas de peregrinação "shalosh regalim"

Depois de ter exortado os judeu a trazerem seu dízimo a Jerusalém, a Torah agora menciona as três festas quando os judeus faziam peregrinações à Jerusalém. A Torah repete aqui a obrigação de cada homem viajar ao Templo Sagrado em Páscoa, Shavuot e Sucot.

"Durante estas épocas tão essenciais, compareça ao Templo Sagrado, para que você saiba que Deus é o Mestre que controla as leis da natureza e sustenta o mundo. Agradeça a Ele, e obedeça aos Seus mandamentos".

A Torah promete que Deus protege as posses dos que deixam seus lares para cumprir este preceito. Deus declara: "Os judeus que abandonam seu ouro, prata e outros bens a fim de saudar a Shechiná (Presença da Divindade) estão sob Minha proteção".

Dois ricos irmãos de Ashkelon tinham invejosos vizinhos não judeus, que planejavam roubar suas casas quando ocorre a próxima visita a Jerusalém. Aparentemente, os irmãos descobriram o plano perverso, pois os vizinhos notaram que, naquele ano, os irmãos não viajaram para Jerusalém. E quão surpresos os vizinhos não ficaram então, quando os irmãos vieram e lhes entregaram presentes. "O que estão comemorando"? - indagaram.

"Voltamos de Jerusalém e trouxemos para vocês estas lembranças," responderam os irmãos. Os vizinhos ficaram boquiabertos de espanto. "De Jerusalém?"! - exclamaram. "Mas vimos vocês entrando e saindo de casa todos os dias! Quando vocês partiram"? "Em tal data...", retrucaram os irmãos.

"Abençoado seja o Deus dos judeus, que não os abandona", exclamaram os vizinhos. "Pretendíamos arrombar suas casas quando vocês se ausentassem, mas o Deus em Quem vocês crêem e confiam enviou anjos para protegê-los".

Alegria em Yom Tov (dias festivos)

Infelizmente, hoje não existe mais o Templo Sagrado, por isso não se podemos cumprir este preceito. Mas há outro preceito que pode ser cumprido nos dias festivos: o preceito de se alegrar nessas datas especiais (Yom Tov). Como se pode cumprir este preceito?

Oferecendo a cada membro da família algo que anime seu espírito. No entusiasmo e movimentação para os preparativos que precedem cada dia festivo, é muito fácil se esquecer das pessoas mais necessitadas.

Moisés disse aos Filhos de Israel: "Compartilhem sua felicidade com aqueles que têm menos. Convide-os à sua casa ou ofereça-lhes donativos de acordo com suas posses para que tenham o bastante para o Dia Festivo".

A Torah ordena que os menos afortunados sejam incluídos na alegria de Yom Tov: os levitas (hoje em dia, os pobres), convertidos, órfãos e viúvas.

Deus diz: "Seu lar abrange quatro tipos de membros: seus filhos, filhas, servos e servas; e Meu lar abrange quatro: os levitas, os convertidos, os órfãos e as viúvas. Se você encorajar o espírito dos membros do Meu lar, então Eu alegrarei os teus e os Meus".

Como se deve comemorar um Dia Festivo (Yom Tov)? Comendo, bebendo e descansando, ou estudando Torah?

Rabi Yehoshua ensina: "Divida seu Yom Tov. Despenda uma parte dele em deleite físicos, e uma parte na Casa de estudos da Bíblia".

Correspondência bíblica

Esmolas:

Tb 4,7.10: "Dos teus bens, filho, dá esmola, e não desvies o rosto de nenhum pobre, para que de ti não se desvie a Face de Deus. Pois a esmola livra da morte e não deixa ir para as trevas".

Eclo 3,33: "A água apaga o fogo crepitante: assim a esmola expia os pecados".

Eclo 40,17.24: "Mas a bondade é como um jardim de bênçãos, e a esmola permanece para sempre. Irmãos e ajuda são úteis no tempo da tribulação, mas, acima de ambos, a esmola é que liberta".

Mt 6,3: "Tu, porém, quando deres esmola, não saiba tua mão esquerda o que faz a direita".

Lc 11,41: "Antes, dai em esmola o que está dentro, e tudo ficará puro para vós".

Lc 12,33: "Vendei vossos bens e dai esmola. Fazei para vós bolsas que não se estraguem, um tesouro no céu que não acabe: ali o ladrão não chega nem a traça corrói".

At 3,3.10: "Quando viu Pedro e João entrarem no Templo, o homem pediu uma esmola. Reconheceram que era ele que pedia esmolas na Porta Formosa do Templo. E ficaram cheios de assombro e de admiração pelo que lhe acontecera".

At 10,4: "Cornélio olhou atentamente para ele e, cheio de temor, disse: Que há, Senhor? O anjo respondeu: Tuas preces e tuas esmolas subiram para serem lembradas diante de Deus".

55 – Dt 16,18 – 21,9: SHOFETIM - שופטים
Is 51,12 – 52,12

- Nesta porção semanal da Palavra de Deus está escrito sobre a ordem para criar Shofetim, literalmente juízes para ajudar e coordenar a vida do povo.
- Nas palavras do Talmud: "Não julgue teu companheiro até estar em seu lugar", ou seja, "não julgue nunca teu companheiro, pois seu lugar é um lugar onde você nunca estará verdadeiramente".
- Mesmo assim a Torah ensina: "Juízes e oficiais você apontará em todas as tuas portas". Contudo, os juízes devem estar sempre atentos a não se deixar influenciar por subornos de nenhuma espécie, pois o "suborno cega os olhos dos sábios" (Dt 16,19).
- "E deverás estabelecer juízes e guardas em todas as tuas portas" (Dt 16,18). Os comentaristas da literatura rabínica apontam aqui uma bonita alegoria: devemos estabelecer guardas nas portas de nosso corpo. Guardar os ouvidos das fofocas, guardar a boca do perigo da falsidade e da calúnia e guardar nossos olhos das coisas inúteis e vazias de sentido e bondade.
- Mas um dos mais bonitos aspectos nas Sagradas Escrituras é o convite, apelo do próprio Deus para não nos deixarmos vencer pelo medo. E isso nos é mostrado neste trecho da Torah.
- Um sacerdote antes da guerra deveria alertar para os que se encontrassem nas quatro seguintes condições poder voltar para casa sem ter de ir para a guerra:
  1) Os que construíram casas, mas nelas ainda não tenham morado (Dt 20,5).
  2) Os que tinham plantado uma vinha, mas dela ainda não provaram seus frutos (Dt 20,6).
  3) Quem tenha uma noiva e não tenha se casado ainda (Dt 20,7).
  4) Aqueles que estivessem com medo (Dt 20,8), para que estes não derretam com o medo o coração de seus irmãos.
- Alguns sábios de Israel ensinam que as três condições primeiras foram colocadas aqui justamente por conta da quarta condição (os que estavam com medo). Como seria vergonhoso ter de sair somente os medrosos...

- Era importante demais que o medo não se espalhasse no meio dos que iam lutar. O medo se apresenta sempre por falta de confiança real, concreta, em Deus. Quem tem medo põe em perigo o ambiente em que se encontra.
- O medo impede de ver bem a realidade, como no caso do discípulo do grande profeta Eliseu que tinha medo (Cf. 2rs 6,15-23) que só se acalmou quando Eliseu rezou pedindo que Deus lhe abrisse os olhos e visse que o exército inimigo era bem menor do que a imensa quantidade de cavalos, carros e fogo ao redor deles. O perigo maior era o do medo enfraquecer o coração do jovem que acompanhava o profeta.
- Medo que tem sua origem na falta de fé e na confiança no Todo-Poderoso. Remédio para isso é o que nos diz o versículo do Salmo 112,7: "Uma má notícia não temerá, pois seu coração deposita confiança em Deus".

SHOFETIM – Seleções de Midrash a partir do texto bíblico: Dt 16,18 – 21,9

Nomear juízes

Esta Parashá trata dos fundamentos da liderança judaica: o estabelecimento de cortes legislativas judaicas e, mais adiante, algumas leis relacionadas aos juízes; à nomeação de um rei judeu e várias leis relacionadas às guerras, às quais o rei deve conduzir e conclui com o preceito de *eglá arufá* (a bezerra cuja nuca é quebrada), que envolve tanto juízes como sacerdotes.

Há preceitos especiais para os líderes da nação. Os líderes devem lembrar a toda hora que eles são um exemplo para toda a nação.

Os líderes da nação judaica são: Juízes; Sacerdotes; Profetas e o Rei.

Todos acima descritos carregam uma enorme responsabilidade, pois sua conduta e comportamento exercem forte influência sobre o resto do povo, positiva ou negativa. Moisés descreveu aos Filhos de Israel todas as leis que os líderes devem saber.

Moisés explicou: "Em Jerusalém vocês terão o Grande Sinédrio". Esta é a mais alta corte legislativa do país. Quando vocês viajarem para Jerusalém para um Dia Festivo, vocês poderão ir para o Sinédrio com os seus casos de justiça.

"Além do tribunal, Deus quer que cada cidade na Terra de Israel tenha o seu próprio Tribunal. Em uma cidade pequena, um tribunal de três juízes já é o bastante. Apesar de que três juízes não podem julgar casos de vida e morte, eles podem solucionar problemas ligados a dinheiro e propriedade. Uma cidade maior (onde moram pelo menos 120 judeus) deve ter um Tribunal de 23 membros. Este Tribunal tem o poder de decretar uma sentença de morte. Se os juízes de um Tribunal estão indecisos a respeito de um caso, devem viajar até o Grande Tribunal".

O Grande Tribunal tem setenta juízes e um nassi (presidente) sobre eles. O Sinédrio se reúne diariamente em uma das salas do Templo Sagrado. Os juízes sentam em um semicírculo. Deste modo, eles poderiam ver uns aos outros e o presidente poderia vê-los todos. Quanto maior fosse o juiz, mais próximo do presidente ele se sentava. Hoje em dia, já que a corrente da *semichá* está rompida, nós não temos mais o preceito de nomear um Sinédrio.

O que é *semichá*? *Semichá* quer dizer "ordenação". Quando Moisés nomeou Josué e os setenta sábios experientes do Sinédrio, colocou suas mãos sobre a cabeça deles. Mais tarde, aqueles sábios nomearam os líderes da próxima geração. Mesmo não tendo colocado suas mãos sobre as cabeças dos seus sucessores, o ato de ordená-los ainda era chamado de "dar a *semichá*". A corrente de *semichá* continuou a passar dos líderes de uma geração para a próxima.

Quando os romanos destruíram o segundo Templo Sagrado, queriam abalar a coragem dos judeus. Porém sabiam que enquanto o Sinédrio estivesse de pé, o povo continuaria espiritualmente forte. Por isso eles tentaram destruir o Sinédrio que continuou exercendo sua função em segredo. Dar ou receber semichá era punido com morte. Apesar do decreto romano, a semichá continuou por mais 150 anos depois da destruição do Templo Sagrado. No final ela foi rompida.

Em toda Amidá (oração) diária os judeus rezam: "Por favor, traga de volta nossos juízes assim como era antes"!

Pedem para Deus trazer o Messias e restabelecer o Sinédrio que novamente concederá a semichá. Adicionalmente aos juízes, a Torah manda ter também os shoterim, policiais. Os shoterim executam os decretos dos juízes. Moisés avisou: "Nomeiem somente juízes capazes e honestos. Lembrem-se de que para ser um verdadeiro juiz de acordo com a Torah, o indivíduo deve antes de tudo cumprir ele mesmo os preceitos".

Uma história: Faça o que você diz!

Rabi Yonatan tinha uma árvore cujos galhos alcançavam o quintal do seu vizinho não judeu. Certo dia, dois judeus vieram falar com o Rabi Yonatan.

Um deles reclamou que a árvore do seu amigo se estendia até sua propriedade. Eles pediram para o Rabi Yonatan resolver sua discussão. Quando Rabi Yonatan ouviu o caso, percebeu que ele mesmo estava cometendo o mesmo erro. "Por favor, voltem amanhã!" disse a eles.

O vizinho não judeu de Rabi Yonatan ouviu falar sobre o caso jurídico. Ele disse: "Como Rabi Yonatan pode dizer para mais alguém o que fazer, quando ele mesmo não está fazendo a coisa certa?" Naquela mesma noite, Rabi Yonatan chamou um trabalhador. "Corte os galhos que estão se estendendo além da minha casa", ele instruiu.

Cedo na manhã seguinte, os dois homens retornaram para ouvir a decisão de Rabi Yonatan. "Você deve cortar os galhos que estão avançando", disse ele para o dono da árvore. O vizinho não judeu de Rabi Yonatan tinha vindo para ouvir como Rabi Yonatan decidiria o caso. Ao ouvir o veredicto, ele não pôde se controlar e explodiu com raiva: "E o que me diz de si próprio?" balbuciou. "Por que você não faz o que diz? Como pode ordenar alguém para cortar os galhos, quando os seus galhos também estão avançando para o meu pátio"?!

"Eles não estão!" respondeu o rabino. "Vá verificar isto você mesmo". Indo até lá, o não judeu constatou que Rabi Yonatan tinha realmente cortado os galhos. "Abençoado seja o Deus dos filhos de Israel!" ele exclamou. "Seus juízes fazem o mesmo que dizem para os outros fazerem"!

Moisés adiciona leis relacionadas à idolatria

Moisés descreveu preceitos adicionais a respeito de idolatria. O dever mais importante de um juiz era o de punir idólatras. "Vocês não podem plantar uma árvore no Templo Sagrado ou em seu pátio. Árvores na área do Templo Sagrado deveriam ser algo maravilhoso. No entanto, o plantio delas é proibido. Os cananitas plantavam árvores 'sagradas', perto dos seus templos. Por isso, Deus proíbe o plantio de árvores, mesmo se você tiver boas intenções. Isto poderá ser o primeiro passo em direção à idolatria".

"Vocês também não devem erguer uma *matsevá* para Deus". A *matsevá* é uma grande pedra geralmente erguida para comemorar algum evento, sobre a qual eram despejados vinho ou óleo. Os cananitas usavam as matsevot para honrar seus ídolos.

A Torah nos conta que o patriarca Jacó ergueu uma *matsevá* em honra de Deus. No seu caminho até Labão, Jacó pretendia passar a noite no monte de Moriá, onde Deus o recebeu com um sonho profético.

Ao acordar, ele percebeu que as doze pedras originalmente postas em volta de sua cabeça transformaram-se milagrosamente em uma só. Jacó decidiu consagrar aquela pedra como uma *matsevá* (monumento) para Deus. Ungiu-a com óleo, que foi provido a ele pelos Céus. Ajoelhou-se, rezou em frente à *matsevá*, e disse: "Se você, Deus, permitir que eu volte para casa em paz, eu oferecerei sacrifícios neste local" (mais tarde, sobre esta pedra, foi colocado a Arca, no Templo Sagrado).

Apesar de Deus ter ficado satisfeito com os monumentos dos patriarcas, na outorga da Torah Deus proibiu esta prática, pois o erguimento de monumentos havia se transformado em um rito dos cananeus.

Obediência ao Grande Sinédrio

Moisés explicou: "O Grande Sinédrio em Jerusalém tem a palavra final em todas as questões. O que a maioria dos juízes decide, vira lei. Mesmo se você achar que estão errados na sua decisão, você deve aceitar isto".

"Por exemplo, você leva perante os juízes um pedaço de carne que acha que não é casher. Mas eles decidem: 'A carne é casher'! Não diga: 'Como poderei comer esta carne? Estou convencido de que ela não é casher'!"

A Torah adverte veementemente que as decisões do Sinédrio devem ser obedecidas; pois Deus concedeu aos sábios o poder de interpretar as leis da Torah na vida cotidiana. Se houvesse um colapso no respeito à interpretação dos sábios, a derrocada da nação não tardaria. Tal colapso levaria à anarquia, e a Torah se fragmentaria em diversas outras interpretações da Lei divina.

Você pode perguntar: "Será que é impossível os juízes terem cometido um engano?! Afinal, eles só são seres humanos". Mesmo que você possa estar certo, a Torah ordena que obedeçamos sempre o Sinédrio. Mesmo que pareça que lhe dizem que a direita é esquerda e a esquerda é direita. E certamente você deve obedecê-los quando é evidente que sua decisão está correta.

Até Deus concorda em aceitar suas decisões haláchicas (referentes às leis). Leia mais sobre isto na próxima história.

Rabi Eliezer discute com o Sinédrio

Rabi Eliezer ben Horkenos era um sábio excepcional. Seus professores o chamavam de "uma cisterna que não perde nem uma gota". Recordava tudo o que aprendia. Certa vez, uma discussão irrompeu entre os sábios sobre um forno. "Este forno é impuro", os sábios decidiram.

"Não, é puro" - argumentou Rabi Eliezer. Ele trouxe provas para sua opinião, porém os outros ainda discordavam. "Deixem-me mostrar para vocês que até o próprio Deus concorda comigo!", disse Rabi Eliezer. "Estão vendo esta árvore no pátio? Se estou com a razão, que Deus faça esta árvore mover-se 100 amot (48 metros) adiante!"

Rabi Eliezer escolheu propositadamente a alfarrobeira, para dar um indício aos sábios. Assim como a alfarrobeira produz frutos somente uma vez a cada setenta anos, assim as palavras de Torah dos sábios - seus frutos - não eram nem produtivos nem verdadeiros. Assim que Rabi Eliezer ordenou, a árvore moveu-se por 100 amot. "Agora vêem como estou certo?" Perguntou. "Isto não prova que você está certo!" Responderam os sábios. "Já que você é um grande justo, Deus está fazendo milagres para você!"

"Não é verdade," insistiu Rabi Eliezer. "Deus fez isso para provar que estou certo. Repito: o forno está puro! Se não acreditam em mim, que o riacho do outro lado corra para trás"! Rabi Eliezer indicou aos outros que a Torah deles (que é comparada à água) estava indo para a direção errada. O riacho realmente retrocedeu no seu curso. Isto era um verdadeiro milagre. Porém, os sábios recusaram-se a ceder ao Rabi Eliezer.

"Que as paredes da Casa de Estudos da Torah caiam!" gritou Rabi Eliezer. Ele estava indicando a eles que a Casa de Estudos da Torah não merecia continuar de pé por causa da sua decisão errada. Quando as paredes começaram a desabar para dentro, Rabi Josué disse a elas: "Como vocês, paredes, ousam se intrometer em uma discussão entre os sábios? Reendireitem-se imediatamente!".

As paredes tinham um problema. Não podiam cair em respeito a Rabi Josué; e não podiam endireitar-se em respeito a Rabi Eliezer. Por isso mantiveram-se inclinadas. Quando Rabi Eliezer viu que os milagres não convenceram os sábios, ele clamou: "Que o próprio Deus prove que estou certo"! Imediatamente, uma voz celestial ressoou na Casa de Estudos da Torah: "Rabi Eliezer está certo"!

Rabi Josué veio e retrucou: "Deus! Não foi você quem ordenou na sua Torah que nós sempre temos que seguir a opinião da maioria do Sinédrio? Não vamos ouvir a voz Celestial. Você com certeza só fez isso para nos testar".

A halachá (lei) permaneceu de acordo com a maioria do Sinédrio. Toda a comida assada nos fornos que Rabi Eliezer declarou serem "puros" foram queimadas para se ter certeza de que ninguém seguisse a sua opinião. Hoje em dia não existe mais o Sinédrio. Como o preceito de obedecer ao Sinédrio pode ser aplicada a nós?

Deve-se ouvir os conselhos dos grandes líderes espirituais de cada geração. Mesmo se eles não se equiparam em sabedoria aos juízes de antigamente, deve-se obedecê-los, pois tudo o que temos é "o juiz de nossa própria época". Deus não deixa seu povo sujeito à anarquia; Ele providencia-lhe líderes compatíveis com as necessidades de sua época e local.

Zaken Mamrê - o sábio que desobedece ao Sinédrio

Se um judeu desobedece a uma regra do Grande Sinédrio ou dos líderes espirituais de sua geração, está transgredindo um mandamento da Torah. Caso um sábio competente, na época do Templo Sagrado, tenha instruído outras pessoas a agir contrariamente às regras do Grande Sinédrio, ou ele mesmo agiu desta maneira, poderia até ser condenado à morte.

Por que ele era punido tão rigorosamente? Com isso, a Torah quer nos demonstrar a importância fundamental de obedecer a Palavra de Deus formulada pelo Sinédrio.

Inevitavelmente, haverá diferenças de opinião sobre como interpretar a Lei Escrita, e aplicá-la às novas situações. Todavia, se todos os pontos de vista tivessem o mesmo status de idêntica legitimidade, as disputas iriam se multiplicar, resultando em diversas versões da Torah, cada qual competindo com as outras. Por este motivo, a Torah investiu o Sinédrio de plena autoridade para resolver todas as disputas e cujas decisões seriam acatadas até mesmo por eminentes estudiosos. Porquanto um judeu deve acreditar que Deus guia e orienta as decisões de Seus servos devotos.

Instituir e promulgar a autoridade dos sábios é tão importante que a Torah impôs a pena capital para qualquer juiz – mesmo para um juiz notável – que legisle contra as decisões majoritárias do Grande Sinédrio.

Reis de Israel e os sacerdotes

Podemos pensar que basta ter um Sinédrio que cuida da nação judia. Mas Moisés explicou que: "Além do Sinédrio, Deus quer que vocês tenham um rei. O rei se preocupará que o país esteja funcionando de acordo com a lei da Torah. Ele também os liderará em caso de guerra". Os Filhos de Israel deveriam cumprir três preceitos ao se estabelecer na Terra de Yisrael:

1. Escolher e coroar um rei;
2. Exterminar os descendentes de Amaleque;
3. Construir o Templo Sagrado.

Assim, não é apenas permitido, mas numa determinada época do futuro, é **ordenado** que a nação escolha um rei. Até mesmo as profecias sobre a era Messiânica, que descrevem Israel em seu mais elevado nível espiritual, versam sobre um rei da dinastia de Davi. Portanto, a monarquia é uma situação desejável. Não obstante, quando o povo pediu que o profeta Samuel lhe desse um rei, "para que possamos ser como os povos à nossa volta," ele reagiu com desapontamento e ira.

Os Filhos de Israel deveriam ter pedido um rei que os liderasse, inspirasse e fosse exemplo de alguém que serve a Deus altruística e sinceramente. Em vez disto, disseram que queriam um rei meramente para imitar seus vizinhos. Será que o objetivo que Deus estabeleceu para os judeus é ser igual a qualquer outro povo, cujas aspirações são apenas glória, riqueza e conquistas? Por causa do desejo equivocado da nação, seu primeiro rei, Saul, não pôde manter seu trono permanentemente.

Respeito e temor ao Rei

Há várias leis referentes ao comportamento que o povo judeu deveria ter diante de seu rei:

- Um rei recém-escolhido é levado para uma fonte de água. Lá, ele é ungido com óleo.
- Quando as pessoas vêem o rei judeu, elas devem mencionar uma bênção: "Abençoado és tu, Deus, que compartilha Sua honra com aqueles que o temem".
- É proibido sentar no trono real, cavalgar em seu cavalo, usar o seu cetro ou qualquer um de seus objetos pessoais.
- Os reis descendentes de Davi são as únicas pessoas que têm a permissão de sentar-se no pátio do Templo Sagrado. Todos os outros devem ficar de pé.
- Todos, mesmo um navi (profeta), devem se curvar perante ele, exceto o sumo-sacerdote. Porém, é um preceito que o rei honre os sábios da Torah.
- Um judeu que desobedece a ordem real merece pena capital.

Foi dito sobre o rei Josafá que quando um sábio entrava, ele se levantava e clamava: "Meu mestre e rabino!".

Os preceitos especiais do rei

1. Ele não deve manter cavalos demais: na época dos reis judeus, o Egito era famoso pela sua criação de cavalos. Se um rei queria muitos cavalos, poderia fazer com que alguns judeus se estabelecessem no Egito para que lhe mandassem cavalos de lá. Deus disse "Não quero que os judeus viajem para o Egito e permaneçam lá. O Egito é um país perverso, que influenciará negativamente ao povo judeu".

Outra razão por que o rei judeu não pode ter um grande número de cavalos: o cavalo era muito importante em tempo de guerra. Quanto mais cavalos tivesse um rei, mais assegurado estaria quanto as suas vitórias. Um rei judeu deve saber que é Deus quem lhe fornece a vitória, independente se tem cavalos, ou não. Portanto, o rei tem a ordem de não manter cavalos demais em seus estábulos.

2. Ele não deve exagerar no ouro e na prata: reis não judeus enchiam seus tesouros com ouro e prata. Um rei judeu pode armazenar dinheiro o bastante para as suas necessidades, mas ele não deve perder seu tempo acumulando fortuna. Aparentemente, não haveria necessidade da Torah dizer o porquê adverte sobre a posse de muito dinheiro, pois as tentações do excesso de riqueza são muito bem conhecidas. Riqueza demais leva ao orgulho e ao esquecimento do real Soberano: Deus. Porém, era um preceito para o rei coletar ouro e prata para o Templo Sagrado.

3. Ele não pode ter muitas esposas: todos os reis antigos casavam-se com muitas mulheres. Um rei judeu era proibido de fazer o mesmo. Muitas mulheres iriam desviar seu coração de Deus. Aos reis também foi dito que deveriam casar-se somente com mulheres tementes a Deus. O Midrash nos conta:

O erro do Rei Salomão

O rei Salomão foi o ser humano mais sábio da Terra. Ele disse: "É verdade que a Torah proíbe o rei de ter muitas esposas. Isso poderá desviar seu coração de Deus. Porém este preceito não se aplica a mim. Sou tão sábio e temo tanto a Deus que, mesmo se me casar com muitas mulheres, elas nunca me influenciarão para o mau caminho. Se eu tiver muitas esposas, elas me darão muitos filhos guerreiros".

A Torah também proíbe um rei de ter muitos cavalos, para que ele não faça com que judeus assentem-se no Egito. "Este preceito, também, não serve para mim. Nunca deixarei judeus morarem no Egito. Sou inteligente o suficiente para comprar cavalos de diferentes países".

Salomão também pensou que coletar muito ouro e prata não iria prejudicá-lo. A letra *yud* voou para o trono de Deus e reclamou: "Mestre do Universo! Você prometeu que nenhuma letra da Torah seria mudada. Porém Salomão me trocou! Eu apareço nas palavras da Torah *'lo yarbe'*, 'o rei não deve ter a mais'! O rei Salomão desobedeceu a este preceito"!

Deus confortou o *yud*: "Não se preocupe! Mesmo uma pequena letra como você é muito importante! Você verá que Salomão errou. Aí ficará claro que as leis da Torah se aplicam a todos, sem exceções".

E assim aconteceu. Quando o rei Salomão já era avançado em idade, suas esposas (que se converteram ao judaísmo antes de se casarem com ele) serviram ídolos. Salomão não protestou o suficiente. Deus ficou tão aborrecido com o rei Salomão que Ele escreveu na Bíblia: "Salomão serviu a ídolos". Para um grande justo como o rei Salomão foi considerado como se ele mesmo tivesse praticado idolatria. O rei Salomão também adquiriu cavalos demais. Como conseqüência, alguns judeus acabaram morando no Egito. Mais ainda, os pesados impostos que seu vasto tesouro exigia fizeram com que a nação se dividisse após sua morte.

Salomão compôs um livro cheio de sábios conselhos, chamado Eclesiastes (*Cohêlet*). Nele, ele escreve: "Eu me apoiei na minha grande sabedoria e ignorei as palavras da Torah, enraivecendo a Deus. Os preceitos de Deus são mais sábios do que tudo o que um ser humano poderia sequer imaginar".

A Torah, geralmente, não nos dá a razão dos preceitos. Salomão falhou, pois a Torah deu a razão dos preceitos dos reis. Ele racionalizou que elas não se aplicavam a ele. Se a Torah tivesse nos ensinado o significado de outros preceitos, poderíamos transgredi-los também, achando que estas não se aplicam a nós.

O rei deve cumprir outro preceito:

4. O sefer (livro) da Torah do rei: Hoje se caminha com notebooks, lap-tops, computadores e celulares para não perdermos nenhuma notícia ou conexão de telefone, onde quer que estejamos. Nos tempos dos reis judeus, eles levavam consigo mais uma coisa: um mini *sêfer-Torah*. O carregavam a toda hora: no seu palácio, em viagem, e mesmo nas batalhas.

O rei sempre estava extremamente atarefado. Poderíamos pensar, portanto que ele era isento do estudo diário da Torah. Mas não, a Torah ordena: "O rei deve ter dois livros da Torah".

Um é guardado em seu tesouro. E o outro é carregado por ele aonde quer que vá, a cada dia de sua vida. Ela vai ensiná-lo a temer a Deus e guardar Seus preceitos. Também o impedirá de tornar-se orgulhoso, ou arrogante demais em relação aos seus irmãos.

Em proporção à imensa honra que ele recebe, o rei deve se destacar na virtude da humildade (sentindo-se especialmente subjugado e grato a Deus, Que tanto o distinguiu). Para reduzir o grande perigo da arrogância, a Torah ordena ao rei carregar consigo um livro da Torah para estudo freqüente e para recordar a toda hora sua posição como o servo de Deus. Em seu coração ele nunca deve esquecer que afinal, ele é somente um ser humano e Deus é o verdadeiro Rei.

Para demonstrar sua grande humildade, o rei tinha que se curvar na oração da Amidá até mais do que pessoas comuns. Nós nos inclinamos quatro vezes, porém o rei tinha que manter-se curvado ao longo de toda a Amidá.

Maimônides escreve: a Torah aqui proíbe a presunção e a vaidade. Até mesmo o rei, apesar da sua posição especial, é proibido de ser arrogante; quanto mais para com as mais simples e comuns pessoas. Deus não tolera soberba alguma. Somente a Deus pertence toda a grandeza, a força e a glória.

Os Sábios de Israel contam:

O Rei Davi e o Rei Messias

Assim como grandes sábios, o rei Davi nunca tinha tempo para dormir adequadamente. Estudava Torah até o meio da noite, cochilando somente quando estava exausto. À meia noite, o vento norte tocava as cordas de sua harpa que ficava sobre o seu leito. Este era um sinal para Davi acordar. Então, cantava músicas de louvor para Deus até o amanhecer.

Durante o dia, ele se encontrava com reis estrangeiros. Não discutia política com eles. Em vez disso ele falava sobre Torah, seu assunto favorito. Os judeus seguiam o exemplo de seus reis. O rei era a inspiração para o espírito nacional. Por isso, na época de Davi, todos estudavam Torah. Além disto, o rei Davi era muito humilde. Nunca levantava a cabeça ao andar entre seus súditos. Dizia a Deus: "Posso ser o rei, porém você é o Rei dos reis".

Maimônides traz a seguinte *halachá* (lei) que descreve Messias: "Se surgir um rei da casa de Davi que se ocupar com a Torah e os preceitos – tanto a Torah Oral como a Torah Escrita – assim como seu antecedente Davi, e que fará todos os judeus retornarem para a observância, podemos presumir que ele é o Messias.

Se tiver sucesso reconstruindo o Templo Sagrado e reunindo os exilados, certamente é o Messias. O Messias fará com que o mundo todo retorne ao caminho da verdade, e com que todas as nações sirvam a Deus com harmonia".

Os Sacerdotes e seus turnos

Moisés ordenou que os sacerdotes fossem divididos em oito vigílias, ou "grupos", que trabalhariam em turnos para realizar o serviço no Tabernáculo. Mais tarde, o rei Davi e o profeta Samuel aumentaram o número de turnos para vinte e quatro. Desta forma, cada sacerdote ficaria "de plantão" por um pouco mais que duas semanas ao ano. Apesar do serviço regular ser uma prerrogativa do turno designado, qualquer sacerdote podia realizar o serviço de suas oferendas pessoais a qualquer época do ano; e de ir ao Templo durante Pêssach (Páscoa), Shavuot (7 Semanas) e Sucot (Cabanas) tomar parte no serviço e receber em troca parte das oferendas da comunidade.

Na Terra de Israel os sacerdotes viverão espalhados por todo o país, e virão a Jerusalém apenas quando for seu respectivo turno de realizar os serviços. Durante o resto do ano, os sacerdotes cumprirão suas obrigações guiando o povo no caminho da Torah, ensinando-os e sendo um exemplo pessoal.

A proibição de consultar magos e videntes

A Torah já falou sobre os líderes da nação: os juízes, o rei e os sacerdotes. Agora, a Torah versa sobre a maneira pela qual Deus comunica Sua vontade e o que o povo deve saber sobre o futuro a fim de cumprir suas obrigações para Deus.

Mas antes, por ser da natureza humana querer saber o futuro e utilizar-se de quaisquer meios para obter os fins com êxito, a Torah proíbe os judeus de copiarem as práticas utilizadas por outras nações para prever acontecimentos futuros. Essas práticas são abomináveis aos olhos Divinos.

Os Filhos de Israel depositam sua fé em Deus que lhe dá toda a sabedoria de que precisam, e agem de acordo com ela, com confiança e lealdade. Apesar dos métodos à disposição dos idólatras para investigar o futuro, devemos seguir Deus com fé completa e perfeita, sem sentir necessidade de saber o que irá acontecer: "Sejas íntegro com Deus, teu Deus". Se tivermos confiança plena e total em Deus, todas as previsões dos magos e videntes não terão significado algum, pois Deus reverterá qualquer mal contra Israel.

A prova disso vem dos nossos antepassados, Abraão e Sara, que pelas leis da natureza estavam fadados a não terem filhos, mas Deus inverteu o destino mostrado pelas estrelas. Assim sendo, o judeu não precisa de feitiçaria, apenas de sincera obediência ao Todo Poderoso.

Quando um rei não judeu queria empreender uma guerra, ele antes perguntava ao seu adivinho se ele seria ou não vitorioso. Um rei judeu é proibido de fazer isso. Era seu dever e do Sinédrio assegurar que não existissem bruxos na Terra de Israel.

Todas as antigas nações tinham mágicos, incluindo a terra de Canaã. Alguns eram mágicos de ossos: convocavam os espíritos de pessoas mortas e formulavam perguntas sobre o futuro. Havia outro tipo de mago que colocava o osso de um animal na boca, e o osso começava a falar.

Os não judeus também tinham alguns sinais de "sorte" e de "azar". Por exemplo, se alguém comesse pão e um pedaço caísse de sua boca, era considerado um azarado.

Moisés avisou: "Vocês não podem acreditar em todas estas superstições, assim como consultar mágicos e astrólogos é proibido".

Conhecendo o Futuro

Só lhes é permitido conhecer o futuro de duas formas:
1. Podem consultar um profeta de Deus.
2. O rei ou o presidente do Sinédrio podem perguntar aos urim vetumim (placa peitoral dos Sumos Sacerdotes).

Como os urim vetumim respondiam? Como sabemos o sumo sacerdote usava o Chôshen (peitoral). Sobre ele havia doze pedras preciosas com os nomes das doze tribos gravados nelas. Os urim vetumim, o nome sagrado de Deus, ficava oculto dentro da placa peitoral. Isso fazia com que as letras se iluminassem fornecendo e formando as respostas.

A placa peitoral e as profecias dos sábios

Cada pedra preciosa do peitoral continha seis letras: o nome da tribo e letras adicionais. As letras extras formavam as palavras "Abraão, Isaac e Jacó, As Tribos de Israel". Deste modo, todas as letras do alfabeto hebraico se encontravam no peitoral.

Se o rei, por exemplo, queria saber se deveria ir para a guerra ou não, procurava o Sumo Sacerdote. Dizia a ele: "Por favor, consulte os *urim ve-*

tumim se devo ir à guerra". O Sumo Sacerdote olhava para o peitoral e via algumas letras brilhando. Quando ele juntava estas letras, tinha a resposta. As predições do urim vetumim sempre se realizavam; não havia exceções.

No segundo Templo Sagrado, o Sumo Sacerdote ainda usava o peitoral, porém este não mais possuía os urim vetumim dentro dele. Sem o nome sagrado de Deus, o peitoral não podia ser consultado.

Como reconhecer um verdadeiro profeta

Deus garantiu aos judeus que eles não precisam temer os esforços dos feiticeiros, pois o destino dos Filhos de Israel está muito acima da capacidade de qualquer um de prejudicá-los. E mais ainda: a fim de que os judeus não temam que as proibições anteriores de estudar o futuro os torne inferior aos seus vizinhos, Deus lhes garantiu que Ele lhes enviará profetas.

Moisés explicou como reconhecer um profeta de Deus. Primeiramente, o profeta deve ser um sábio e um homem justo. Ele deve guardar todos os preceitos de Deus. Se ele não o faz, ele não é um verdadeiro profeta, apesar dos sinais que ele dá. Não devemos ter nada com ele.

Moisés disse: "O profeta que declarar que Deus tenha falado com ele, deve ser testado. Perguntem a ele algo sobre o futuro. Se a predição realizar-se, a Torah ordena que vocês acreditem nele dali em diante. Se o seu sinal não se confirmar, ele é um falso profeta. Vocês devem condená-lo à morte".

Testemunhos e o tribunal

A Torah ordena: "O Tribunal pode punir uma pessoa somente mediante duas testemunhas oculares que o viram cometendo o pecado". O que acontece se ele só for visto por uma testemunha? Deus é quem punirá o pecador; o Tribunal não tem poder neste caso. Na verdade, se uma só pessoa vir alguém cometendo um pecado, é errado ir reportar o caso ao Tribunal.

Porém, se duas testemunhas viram um pecado sendo cometido, é um preceito ir reportar ao Tribunal. Elas não podem ignorar isto.

Testemunhas falsas

Um tribunal judaico não pode basear seu veredicto em evidências circunstanciais, boatos, testemunho escrito, ou o testemunho de uma só pessoa.

Só é aceito o testemunho oral de duas testemunhas oculares e válidas que aparecem na corte. Elas são submetidas a um minucioso interrogatório feito pelos juízes.

No caso das testemunhas terem apresentado um falso testemunho tão convincente que até o interrogatório dos juízes não pôde provar nada contra, a Torah não responsabilizará os juízes por fatores ocultos que eles possivelmente não tenham trazido à luz. Se alguém fosse executado como resultado disso, Deus teria causado sua morte desta maneira, porque ele provavelmente já era culpado por outro pecado.

Se dois pares de testemunhas se autocontradizem em relação a determinado assunto, o testemunho de ambos é anulado. Porém, se o segundo par de testemunhas prova que o primeiro par de testemunhas não estava presente na hora que eles afirmam ser a hora do crime, o testemunho deste último par é que é aceito. Por exemplo:

Testemunhas A e B: "Nós observamos tal pessoa assassinar seu vizinho no nosso pátio de trás (especificando a localização) em tal lugar, no Shabat à noite, às onze horas". Testemunhas C e D contradizem: "Era impossível vocês terem visto isso em tal lugar às 11 horas da noite, pois nós dois vimos vocês deixarem a casa de outra pessoa no outro lado da cidade exatamente a esta hora"!

A Torah decretou que o último par de testemunhas - contanto que eles tenham passado o exame dos juízes satisfatoriamente - devem ser acreditados. O primeiro par é declarado como "edim zomemim - testemunhas conspiradoras". Qual é a punição dos conspiradores? Eles recebiam aquilo que planejaram para a sua vítima. Se a acusaram de assassinato e ela receberia a pena de morte, eles são condenados à morte em seu lugar.

A Torah determina, porém, que se a fraude é descoberta somente após a execução da vítima, a falsa testemunha não é punida. Presumimos que se Deus deixou isto acontecer, havia uma razão; a vítima possivelmente era culpada de alguma crime ou pecado anterior.

Como o exército se prepara para a guerra

Numa guerra ordenada por Deus, há um preceito que se aplica a cada soldado individualmente: Não temer a força do inimigo ou sua superioridade numérica. "Vocês são superiores aos inimigos em boas ações e também são descendentes dos patriarcas, aos quais prometi a multiplicar sua semente", diz Deus.

"Assim como os tirei do Egito com milagres, posso realizar milagres sempre que necessário". Após a travessia do Mar Vermelho, os Filhos de Israel cantaram: "O cavalo e cavaleiro, Ele lançou no mar". O faraó perseguiu os judeus com um grande exército, mas aos olhos de Deus eles eram somente como um cavalo. Mesmo se o inimigo é maior e mais forte, deve-se confiar em Deus que declara: "Diante de mim, o mais poderoso inimigo não é nada".

Deus não quer que contemos apenas com milagres, daí a necessidade de organizar um exército. Porém, o soldado judeu não deve tampouco confiar no poderio bélico. Rezam diariamente nas orações matutinas: "Deus não quer aquele que confia na força do cavalo, nem na velocidade das pernas humanas". Deus deseja aquele que O teme, que anseia pela Sua bondade" (Sl 147,10).

Quem é desqualificado para lutar nas guerras

Antes de cada batalha, um sacerdote especial era nomeado. Em sua fronte era despejado o óleo especial usado para os sumos sacerdotes e reis, e ele era denominado o sacerdote nomeado para a guerra. Seu trabalho era o de encorajar os soldados judeus e lembrá-los de que Deus estava com eles e lhes ensinar os preceitos referentes às guerras.

Ele começava seu discurso com as palavras "Shemá Yisrael" (Ouve, ó Israel), como um sinal de que: "Vocês merecem a ajuda Divina mesmo se o seu único mérito é o de falar 'Shemá Yisrael' toda manhã e noite!" Ele continuava: "Não temam. Deus está com vocês". Depois de encorajar os soldados, o sacerdote anunciava que determinados grupos de pessoas eram proibidas de lutar.

Estas eram as palavras do sacerdote:

1. Há alguém entre vocês que tenha construído uma nova casa e ainda não se mudou para lá? Neste caso, não deve ir à batalha. Deixem o exército e inaugurem a nova casa!

2. Há alguém aqui que tenha plantado um vinhedo e ainda não comeu dos seus frutos? Retorne para casa.

3. Alguém está comprometido com uma mulher e ainda não a desposou? Vá para casa e case-se! Além do sacerdote havia também os oficiais em cargo. Os oficiais repetiam as palavras do sacerdote e acrescentavam:

4. Se alguém de vocês fica aterrorizado ao ver lanças serem jogadas, deve voltar para casa! Os sábios explicam que isso também significa: Se alguém está com medo dos pecados por ele cometidos, que vá para casa!

Se alguém pecou, Deus não o ajudaria na guerra. Seria melhor ele não lutar. Qual era a razão de mandar para casa todo aquele que pertencia aos primeiros três grupos citados acima?

Imagine um soldado que é chamado para a guerra exatamente antes do seu casamento. Seu coração está repleto de preocupação. Ele pode nunca voltar. Outra pessoa pode desposar sua noiva! Ele provavelmente não conseguirá se concentrar em lutar bravamente. Não só não terá coragem, mas também servirá de mau exemplo para outros soldados. Por isso, o exército estará melhor sem ele.

O mesmo se dá com alguém que não teve chance de morar em sua nova casa ou usufruir das frutas do seu vinhedo. Há também outra explicação: a Torah somente pretendia mandar para casa aquele que tivesse medo de batalha ou aquele que tivesse pecado.

Porém seria muito embaraçoso para esta pessoa ir embora! Todos saberiam que ele era ou um covarde ou um pecador! Por isso, para protegê-los da vergonha, a Torah ordena também os outros três grupos de pessoas que deveriam retornar. Desta forma, quando todos estes grupos deixavam o exército para ir para casa, os outros não saberiam exatamente quem era desprovido de coragem ou pecador. Estas leis nos mostram o quão cuidadosos devemos ser para não embaraçar ninguém, principalmente em público.

Preservar as árvores frutíferas

Quando os exércitos iam para a guerra, os conquistadores costumavam derrubar todas as árvores da área. Eles destruíam tudo e devastavam a terra.

A Torah ordena: "Se o seu exército estiver cercando uma cidade inimiga em tempo de guerra, vocês não podem derrubar nenhuma árvore frutífera antes ou depois de conquistar a cidade. Vocês não têm o direito de destruir árvores frutíferas desnecessariamente".

Numa guerra, é permitido atacar os soldados do inimigo, porém uma árvore não é um soldado! Por que deveriam sentir a necessidade de destruir qualquer árvore frutífera? "Será que a árvore do campo é como o homem?".

Em meio ao capítulo que versa campanhas de guerra, que por definição é destrutiva, a Torah exige que os judeus tenham consciência da necessidade de manter o respeito pelo bem-estar geral. Se as pessoas tentarem permanecer boas mesmo em épocas que despertam seus mais básicos instintos, serão capazes de aperfeiçoar seu caráter firme e constantemente.

A analogia entre o homem e as árvores possui um significado muito mais amplo. Como as árvores precisam do crescimento de galhos, ramos, flores e frutos para que cumpram seu propósito; assim também o homem foi colocado aqui na terra para se desenvolver, e produzir verdade moral, intelectual e espiritual.

Desperdício

Os sábios de Israel também proibiram de destruir ou desperdiçar qualquer coisa útil. No passado, as pessoas eram muito mais cuidadosas no que se refere a desperdício. Não tinham tanta comida, dinheiro ou roupas. Por isso, eles se esforçavam para fazer bom uso de tudo.

Em comparação com as gerações anteriores, hoje, todos nós somos ricos. Deus nos abençoou com abundância. Muitos de nós temos dinheiro suficiente para comprar todo alimento e vestimenta que precisamos. Porém isso não quer dizer que podemos desperdiçar qualquer dessas coisas.

Todo alimento deve ser tratado com respeito. O Talmud nos conta: "Um alimento que serve para seres humanos, não deve ser dado para um animal". Por quê? Isto é desrespeitoso para com o alimento e demonstra uma falta de gratidão para com a bênção de Deus. É certamente errado, portanto, jogar comida fora. Em vez disso, devemos planejar nossas refeições para que o alimento não seja mal aproveitado.

Fora o respeito por comida em geral, é proibido atirar pão, mesmo se este não for danificado. Alguém que vê comida no chão deve levantá-la. Uma pessoa nunca deve andar sobre migalhas de pão, já que isto pode levar à pobreza. As migalhas devem ser varridas.

O cuidado com as roupas também é parte do preceito contra o desperdício. Dinheiro também não deve ser desperdiçado. Um judeu não deve gastar seu dinheiro sem propósito, mas sempre na intenção de cumprir um preceito.

A Bezerra com a nuca quebrada

Quando um judeu era assassinado, seu sangue clamava a Deus pedindo vingança. Somente quando o assassino é punido, o sangue da vítima é apaziguado. Às vezes não se sabia quem era o assassino. Como era vingado o sangue do morto neste caso?

Era feito através da *eglá arufá*. O grande Sinédrio em Jerusalém fica sabendo do assassinato. Cinco dos seus juízes são mandados ao lugar da ocorrência. Eles medem em todas as direções a partir do cadáver e decidem qual é a cidade mais próxima. Eles se preocupem para que a vítima seja enterrada e vão embora. Agora, o Tribunal da cidade mais próxima assume este caso. Seus juízes compram uma bezerra que nunca foi usada para arar a terra, e em cujo lombo nunca foi colocado um peso. Eles a levam para um vale de terra dura que nunca foi arado. Eles quebram a nuca da bezerra com um machado. Todos os líderes de Torah que vivem na cidade mais próxima devem lavar suas mãos no vale e declarar: "Nossas mãos não derramaram esse sangue.

"Não é culpa nossa que o assassinato tenha ocorrido! Sempre que um estranho visita nossa cidade, lhe oferecemos comida e bebida e o acompanhamos quando ele se vai. Não o deixamos sair com fome".

Um grupo de sacerdotes também deve vir ao vale. Os sacerdotes rezam: "Por favor, Deus, perdoe a todo o povo de Israel pelo assassinato!"

Mesmo se os Filhos de Israel não são diretamente responsáveis, a culpa é atribuída a todos. A Torah não nos explica o porquê da bezerra com a nuca quebrada. Esta lei é um *choc* (preceito cuja razão não foi revelada). Porém há algumas explicações que nos ajudam a entender melhor este assunto;

Uma bezerra que nunca tenha trabalhado ou parido é utilizada. O vale onde a bezerra é morta é um local ermo e estéril onde nada cresce. Tudo isso mostra quão terrível é um assassinato: o assassino tirou a vida da vítima – e com isso, impediu que esta se perpetuasse e continuasse a cumprir os preceitos.

O povo, juízes e líderes espirituais imploravam a Deus para que os perdoasse pelo assassinato. Suas orações e o ato de cumprir o preceito de bezerra com a nuca quebrada expiavam o pecado. O vale deveria permanecer deserto para sempre; ele nunca poderia ser arado. Sempre que os judeus passassem por ele, se lembrariam de quão grave é o pecado do assassinato.

O preceito da bezerra com a nuca quebrada também era uma forma de encontrar o assassino. Muitas pessoas costumavam se aglomerar para assistir a esta cerimônia. Eles comentariam sobre o assassinato. Quem conhecia a vítima? Será que ela tinha algum inimigo? Às vezes, algum dos presentes poderia saber de algo que levava ao descobrimento do assassino. Se o assassino era encontrado e havia testemunhas que o viram cometer o crime, era condenado à morte.

É interessante notar que este preceito vem logo a seguir ao trecho que contém as leis pertinentes à guerra. Infelizmente, a realidade utiliza de conflitos armados contra inimigos, e seus inevitáveis resultados em termos de perdas de vidas. Contudo, o fato de existirem guerras não pode nos deixar insensíveis à perda de vidas. Todos são responsáveis pela destruição de uma única vida humana.

Deus prometeu: "Se vocês se preocuparem com o sangue inocente derramado, Eu me preocuparei para que chegue o tempo quando todas as morte cessarão. Na época de Messias, instrumentos de matança serão usados somente para fins pacíficos".

Correspondência bíblica

Não tenha medo:

Gn 46,3: "Eu sou Deus, o Deus de teu pai. Não tenhas medo de descer ao Egito, pois lá farei de ti uma grande Nação".

Dt 31,6: "Sede fortes e corajosos! Não vos intimideis nem tenhais medo deles! Pois o SENHOR teu Deus é Ele mesmo o teu guia, e não te deixará nem te abandonará".

Js 10,8: "O SENHOR disse a Josué: Não tenhas medo dele, pois Eu os entregarei às tuas mãos, nenhum deles te poderá resistir".

Jz 6,23: "Mas o SENHOR lhe disse: A Paz esteja contigo, não tenhas medo: não morrerás".

Is 41,10: "Não tenhas medo, que Eu estou contigo. Não te assustes, que sou o teu Deus. Eu te dou coragem, sim, eu te ajudo. Sim, eu te seguro com minha mão vitoriosa".

Jr 1,8: "Não tenhas medo deles, pois estou contigo para defender-te – oráculo do SENHOR".

Sf 3,16: "Naquele dia, Deus dirá a Jerusalém: Não tenhas medo, Sião! Não te acovardes!".

Mt 10,31: "Não tenhais medo! Vós valeis mais do que muitos pardais".

Mc 5,36: "Jesus ouviu a notícia e disse ao chefe da Sinagoga: Não tenhas medo, crê somente".

Mc 6, 50: "Todos o tinham visto e ficaram apavorados. Mas Ele logo falou: Coragem! Sou Eu. Não tenhais medo".

Lc 2,10: "O Anjo então lhes disse: Não tenhais medo! Eu vos anuncio uma grande alegria, que será também a de todo o povo".

Jo 6,20: "Jesus, porém lhes disse: Sou Eu. Não tenhais medo".

At 18,9: "Certa noite, numa visão, o Senhor disse a Paulo: Não tenhas medo; continua a falar e não te cales".

1Pd 3,14: "Mais que isso, se tiverdes que sofrer por causa da justiça, felizes de vós! Não tenhais medo de suas intimidações, nem vos deixeis perturbar".

Ap 1,17: "Ao vê-lo caí como morto a seus pés, mas Ele pôs sobre mim sua mão direita e disse: Não tenhas medo. Eu Sou o Primeiro e o Último".

56 – Dt 21,10 – 25,19: KI TETSÊ - כי תצא
Is 54,1-10

- Esta porção semanal da Palavra de Deus nos apresenta o maior número de preceitos a cumprir de todos os outros trechos estudados: são mais de 70 preceitos ou mandamentos a cumprir!
- Preceitos a cumprir debaixo do sol, preceitos a cumprir sobre os valores na família, sobre tempos de guerra, como colher, quais roupas se devem usar. Outros preceitos são relacionados com o comportamento para com os outros, preceitos éticos e outros preceitos litúrgicos de como servir a Deus.
- Mas outros são relacionados ao trabalho que os animais faziam no campo. As leis de descanso no Shabat eram válidas para os homens e para os animais. Todos deviam descansar. E não sobrecarregar o trabalho do mais fraco animal trabalhando junto com um animal mais forte. Não se deve amordaçar a boca do animal que trabalha no campo. Ter enfim, cuidado com preceitos que aparentemente não tem tanta importância no mundo de hoje. Será mesmo?
- Como tratamos os animais hoje em dia? A Bíblia permite usar os animais em nosso benefício, mas ela também indica o limite do que é benéfico ao ser humano sem ser um abuso para o animal. E isso pode ser bem estendido às outras dimensões da nossa vida, os limites nos trabalhos, nos campos e na ciência...
- E isso é importante quando o último preceito apresentado fala sobre o dever de enxotar primeiro a mãe de um ninho cheio de ovos e depois somente pegar os ovos para a comida. A Bíblia ensina que se fizermos isso teremos vida longa. Por quê? Talvez isso seja mais um exemplo contra o abuso de tratar mal os animais. Mas se isso fosse verdade, por que então a Bíblia não proíbe pegar também os ovos do ninho? Talvez se refira a nós também, para sermos mais compreensivos?
- Ou ainda podemos entender que o pássaro fêmea que voou pode produzir mais ovos com a ajuda do pássaro macho. Talvez este seja um dos preceitos mais ecologicamente corretos na Bílbia. Se não fizermos isso,

e pegarmos o pássaro e os filhotes seria como logo após pegarmos uma fruta madura da árvore para comermos, em seguida cortarmos com um machado a árvore inteira!
- O mesmo raciocínio pode ser estendido aos oceanos, às matas, à natureza inteira, e o perigo de consumir muitíssimo mais do que a Natureza consegue produzir novamente. Os preceitos da Bíblia nos ajudam concretamente a viver bem num local bom para as pessoas, mas que seja bom também para toda a Criação!
- Fala-nos por fim nesse trecho do Deuteronômio sobre o Matrimonio, como um tempo abençoado por Deus para procurar fazer o outro feliz. Uma Aliança, um contrato (*Ketubá*), um empenho em ser feliz fazendo o outro feliz assinado pelos esposos no seu amor humano e confirmado na Aliança do Amor de Deus.

KI TETSÊ – Seleções de Midrash a partir do texto bíblico: Dt 21,10 – 25,19

Desposar uma mulher cativa

Moisés continuou a ensinar os preceitos que se aplicam à época em que o povo judeu vive na Terra de Israel. Nestas, incluem-se mandamentos a respeito da agropecuária e cuidado com animais; sobre vestuário, vida familiar e comportamento comunitário.

Moisés também repetiu alguns preceitos que não eram novos, a fim de explicá-los mais ampla e profundamente. Por exemplo: um judeu não pode vestir *shaatnez* (uma mistura de lã e linho); deve atar *tsitsit* (franjas) a uma vestimenta de quatro cantos; e não se pode utilizar pesos e medidas adulterados. Explicaremos agora alguns dos novos preceitos.

Durante uma guerra, o exército judaico às vezes captura inimigos e os mantém como reféns. O que acontece se um soldado judeu vê uma mulher cativa e deseja casar-se com ela?

Deus disse: "Se Eu proibir os judeus de se casarem com não judias cativas, alguns soldados podem não conseguir derrotar seu mau instinto. Eles pecarão, de qualquer maneira. Portanto, permitirei isto; contudo, eles devem observar leis especiais, bastante difíceis. Assim, talvez o soldado mude de idéia". Que leis são estas? As leis sobre a cativa de guerra aplicavam-se apenas sob a liderança de um rei judeu; atualmente, elas não se aplicam:

1. Quando o soldado judeu levasse a cativa de guerra, à sua casa, ela deveria raspar todo o seu cabelo. Por que Deus ordenou isto? Talvez o soldado

tenha se sentido atraído pela sua beleza. Ao raspar seu lindo cabelo, ele poderia não desejá-la mais. Ela deveria deixar suas unhas crescerem, para que tenham uma aparência horrível. Ela deveria despir-se de suas belas vestimentas. O soldado agora olharia para ela e se perguntaria: "Como pude sequer pensar em casar-me com ela, em vez de com uma mulher judia? Ela não é tão bela quanto pensei. Estava errado em querê-la"! Ele talvez a deixe ir, agora.

Contudo, se ainda a quiser como esposa, ela permanece em sua casa por um mês. Ela deve se preparar para ser uma convertida. Somente após a conversão um judeu poderia casar-se com ela. Durante esse mês, ela deveria prantear seus pais, os quais estava deixando. O soldado a veria chorando e infeliz. Isto poderia fazê-lo pensar: "Será que eu realmente preciso de uma mulher assim? Afinal de contas, talvez seja melhor não me casar com ela!".

Se ele ainda a quisesse, e ela concordasse em tornar-se judia, o Bêt Din (tribunal) a tornaria uma convertida após um mês. Ela deveria observar todos os preceitos, e ser tratada como qualquer mulher judia. No passado, era permitido a um homem ter mais de uma esposa. Se esse soldado já tivesse uma esposa judia, a cativa tornava-se sua segunda esposa. A Torah, através de uma alusão, adverte que ele provavelmente odiará a cativa de guerra. Como sabemos disto?

Porque o próximo assunto do qual a Torah fala é sobre um marido que tem duas esposas e odeia uma delas. Quando o soldado viu a cativa de guerra pela primeira vez, ficou cego por sua beleza. Não levou em conta se ela seria ou não uma esposa adequada para si. Uma vez casado, começou a pensar:

"Como pude querer essa moça? Ela não é tão fina, delicada e educada como uma esposa judia deve ser" Ele se lamentaria e se arrependeria de ter se casado com ela, até que, finalmente, começaria a odiá-la.

Se isso acontecesse, ele poderia pensar: "Farei dela uma escrava! Ou talvez a venda como escrava!" Mas a Torah o proíbe de agir assim: "Você a tomou por esposa, agora, deve tratá-la bem"!

A herança do primogênito e o filho rebelde

O Primogênito

Um homem pode ter duas esposas e não gostar de uma delas. O que acontece se seu filho primogênito é da esposa da qual ele não gosta? O pai pode não querer lhe dar seu duplo quinhão de primogênito. Em vez disso, pode querer dar a porção dupla ao filho de sua esposa favorita. A Torah o proíbe de agir desta forma. Um pai não pode negar ao primogênito a parte da herança que lhe cabe. Porque esta lei aparece na Torah após o tema da cativa de guerra?

A Torah indica que mesmo que um judeu pudesse eventualmente odiar a convertida de guerra, ele deveria tratar o primogênito que ela porventura lhe desse de maneira justa e equânime. A seguir, a Torah explica as leis do filho rebelde. Isto é uma indicação de que a convertida de guerra poderia dar à luz um filho assim.

O Filho Rebelde

Um exemplo: Um rapaz se torna um filho do preceito (Bar Mitsvá), e nos três meses seguintes, rouba dinheiro de seu pai. Com esse dinheiro, compra carne e vinho. Ele passa o tempo com pessoas de má índole, e na presença delas, devora carne semicrua, enfiando-a goela abaixo, e bebe vinho exageradamente.

Duas pessoas testemunharam seus atos. Elas tentaram dissuadi-lo para não se comportar de forma tão rude e grosseira. Se o rapaz não se corrigir, os pais podem levá-lo a um Tribunal de três juízes, a fim de lhes contar o que aconteceu. Os juízes ordenam que o jovem seja açoitado com o propósito de melhorar seu comportamento. Todavia, o jovem reincide em seus erros. Rouba novamente, empanturra-se de carne e embriaga-se de vinho, de maneira indecente, na frente de seus amigos.

Seus pais agora o levam à presença de um Tribunal de vinte e três juízes. Se determinadas condições forem preenchidas, o rapaz é condenado à morte. Ele é chamado de "o filho rebelde". Será que esse jovem merece morrer, só porque roubou dinheiro e empanturrou-se de carne? Deus disse: "É verdade, até agora ele é culpado apenas de pequenos delitos. Porém se ele continuar a viver, vai se tornar um ladrão e assassino! É melhor que morra jovem, do que cometa pecados mais graves". Alguma vez um jovem judeu foi condenado à morte por ser um filho rebelde?

A resposta é: Não! Jamais foram preenchidas todas as condições necessárias. Por exemplo: o rapaz não pode ser condenado à morte se roubou dinheiro de outra pessoa, que não seu pai.

Nem mesmo pode ser sentenciado à morte se não ingerir a comida da maneira como os sábios chamam de "repugnante". Além disso, se o rapaz ainda não tem idade de treze anos, ou se já decorreram três ou mais meses desde seu Bar mitsvá, as leis sobre o filho rebelde não são aplicáveis.

Se esse caso realmente nunca aconteceu, por que Deus pôs esse assunto na Torah? Deus queria que se estudasse sobre as leis por dois motivos.

O primeiro é para sermos recompensados por as termos estudado. E o segundo é para que aprendamos uma lição. Por exemplo: Os pais podem preferir ser flexíveis com a desobediência e gula de uma criança. Podem considerar sua má conduta como relativamente inofensiva. A Torah, contudo, proclama: "Não tolere seu comportamento! Não o declare inocente! É necessário intervir"!

Essa questão desta forma ensina aos pais a obrigação de educar seus filhos no caminho da Torah e os preceitos, e a repreendê-los; e também inculcar neles os elevados e virtuosos valores do povo de Israel. Quando jovens, crianças não gostam dessas restrições; mas, um dia, serão gratas a seus pais. Por isso, foram ensinadas a seguir o caminho correto, tornarem-se pessoas cujas vidas são pautadas pela Bíblia; disciplinadas, atenciosas e prestativas. Foram educadas para verdadeiramente aproveitar a vida. Uma criança mimada e egoísta transformar-se num adulto infeliz. Todavia, uma criança que se transforma num adulto realizado, decidirá: "Educarei meus filhos da mesma maneira".

O rei Salomão admoesta (Pr 1,8): "Ouça, meu filho, os conselhos de teu pai, e não te afastes dos ensinamentos de tua mãe".

Devolução de objetos perdidos

Se alguém encontrar um objeto perdido, é um preceito devolvê-lo ao proprietário. Contudo, se o objeto vale menos que dez centavos de real, não é necessário devolvê-lo. Também não é preciso devolver algo que o dono não possa identificar.

Um exemplo: você encontra uma nota de R$100,00 no chão. Todas as notas de R$100,00 se parecem, e o dono, provavelmente, não a reconheceria. Portanto, o dinheiro é seu. Se o dinheiro, porém, estiver dentro de uma carteira, deve-se guardar a carteira com o dinheiro, até que o dono a reclame. Antes de devolvê-la, pede-se que o dono descreva a carteira. Se a descrição for correta, esta precisa ser devolvida. Colocam-se avisos pela vizinhança, notificando o fato de ter encontrado uma carteira. Não se pode usar a carteira, mesmo se o dono nunca a reclamar. O preceito de devolver os objetos perdidos "aparece" em nossa vida com freqüência. É uma oportunidade de cumprir mais um preceito!

Na época do Templo Sagrado havia um local fora de Jerusalém, para guardar objetos perdidos. Quem achasse um objeto, poderia ir até lá e anunciar seus achados; e os que perdessem algo, poderiam lá reclamar suas perdas. Após a destruição do Templo, proclamas de achados e perdidos eram realizados nas Sinagogas e nas Casas de estudos.

Como os Sábios de Israel cumpriam este preceito

Certa vez, Rabi Samuel bar Susretei viajou a Roma. Lá, ouviu um servo real proclamar: "A rainha perdeu um bracelete precioso! Quem quer que o encontre dentro de trinta dias receberá uma recompensa de 1000 peças de ouro. Se o bracelete for encontrado em posse de alguém após os trinta dias, ele será morto!". A rainha tinha certeza de que a recompensa em moedas de ouro seria um incentivo para que procurassem o bracelete. Esperava que em breve alguém o encontrasse e devolvesse.

Um belo dia, Rabi Samuel estava andando na praia, quando avistou algo brilhando na areia. O bracelete perdido! Rabi Samuel guardou o bracelete até que os trinta dias findassem. Só então ele o devolveu à rainha. "Você sabe que há uma punição por devolver o bracelete após trinta dias"? "Sim," respondeu Rabi Samuel. "Por que, então, você esperou tanto antes de devolver o bracelete"? perguntou ela.

"Queria mostrar a você," explicou Rabi Samuel, "que a razão de eu ter devolvido o bracelete não é porque a temo, mas porque temo a Deus"! "Louvado seja o Deus dos judeus!" exclamou a rainha.

Este preceito aplica-se quando se trata de um proprietário judeu. Contudo, é uma obrigação judaica devolver um objeto perdido a qualquer pessoa, pois se deve sempre fazer do próprio comportamento, em todas as esferas da vida, um modo de santificar o Nome de Deus.

Os Sábios de Israel nos contam também acerca da extraordinária maneira como Rabi Pinchas ben Yair cumpria esse preceito. Certa vez, dois judeus deixaram com ele duas medidas de grãos de trigo. Rabi Pinchas semeou-os, e depois armazenou a colheita em seus silos. Sete anos depois, os dois judeus retornaram.

Rabi Pinchas mostrou-lhes um armazém repleto de grãos e disse-lhes: "Tudo isto é de vocês!". Rabi Pinchas ben Yair era um grande homem justo.

Ele fez mais do que o preceito indicava. Teria sido suficiente se ele simplesmente guardasse o trigo. Ou, se o trigo estivesse começando a se estragar, ele poderia ter vendido o trigo e entregue o dinheiro aos proprietários.

O preceito de ajudar alguém a carregar seu animal

Se uma pessoa está viajando por uma estrada, e percebe um companheiro cujo animal arriou, devido à pesada carga em suas costas; ela não deve continuar a viagem, mas sim, parar e ajudar o proprietário a descarregar o fardo que está sobre o animal. Também é um preceito ajudar outra pessoa a carregar seu animal.

O que acontece se o dono do animal disser: "Por favor, coloque a carga sobre o animal para mim," mas não quiser ajudar? Não somos obrigados a fazer o todo o trabalho sozinho. Porém, se ele se recusar a ajudar a descarregar, precisamos fazer esta tarefa sozinhos. Já que o animal está sentindo desconforto e sofrendo, devemos fazer de tudo para evitar causar sofrimento a um ser vivo. Neste caso, contudo, pode-se exigir pagamento por este trabalho. A Torah quer que colaboremos quando outra pessoa necessita de auxílio.

Vestes apropriadas

Um homem judeu não pode vestir trajes ou jóias normalmente utilizados por mulheres, e uma mulher não pode usar roupas masculinas. "Não haverá traje de homem na mulher, e não usará o homem vestimenta de mulher" (Dt 22,5). A Torah quer que respeitemos e preservemos a distinção que Deus criou entre os sexos. A proibição impede um homem de vestir-se como mulher a fim de misturar-se com mulheres, e vice-versa, evitando, assim, imoralidade e promiscuidade, abominadas por Deus.

Afastar o pássaro mãe de seu ninho

Se um judeu quiser pegar os ovos ou os filhotes de um ninho, ele deve, antes, afugentar o pássaro-mãe. Se a ave retornar, ele precisa afugentá-la novamente. Não é permitido pegar os ovos ou os filhotes do ninho enquanto a mãe ainda estiver perto. Este preceito se aplica apenas às aves selvagens apropriadas, permitidas (*casher*). Se alguém cria patos ou galinhas em seu quintal, pode pegar os ovos.

A Torah não nos diz o porquê temos de afugentar a mãe do ninho. Uma explicação é que Deus não quer que destruamos uma família inteira de pássaros de uma vez. Do mesmo modo, Ele nos proibiu de abater a mãe de um animal e suas crias no mesmo dia. Estes preceitos nos ensinam a sermos misericordiosos.

Outra explicação é que a mãe-pássaro fica muito triste ao ser separada de seu ninho. Ela chora de sofrimento, despertando, assim, a misericórdia de Deus. Por conseguinte, Deus é misericordioso com todos os que por Ele clamam. Contudo, não se deve buscar explicação para se cumprir um preceito. Ao realizar um preceito, deve-se pensar: "Faço o preceito porque Deus ordena"!

Qual a recompensa do preceito de afugentar a mãe do ninho? A Torah promete: "Será bom para ti. Terás uma vida longa". Que outro preceito da Torah promete vida longa? O preceito de honrar os pais. É muito mais difícil cumprir o preceito de honrar os pais que a de afugentar a mãe do ninho. O preceito de honrar pai e mãe demanda muito mais tempo e dedicação!

Afugentar a mãe do ninho, em comparação, é bem mais simples. Não constitui grande esforço, e leva só alguns instantes. Como a Torah pode prometer a mesma recompensa tanto para um preceito difícil como para um fácil? A seguinte parábola, nos ajudará a compreender.

O jardim do Rei

Um rei possuía um lindo jardim, com diversas espécies de árvores, como laranjeiras, macieiras e pereiras. No jardim também cresciam plantas raras, e verduras frescas. O rei contratou jardineiros para cuidarem do jardim. Cada jardineiro era responsável por uma planta.

Ao término de um mês, o rei mandou que todos os jardineiros se apresentassem, pois ele iria lhes pagar. O rei perguntou ao primeiro jardineiro: "De que planta você cuidou"? "Da pimenteira," respondeu o operário.

"Por isso, você receberá uma moeda de ouro," disse-lhe o rei. Satisfeito, o trabalhador recebeu seu salário e saiu.

"Você cuidou de que planta"? perguntou o rei ao próximo trabalhador.

"Cuidei das esplêndidas flores brancas," replicou o jardineiro. "Por isso, você receberá meia moeda de ouro," disse o rei.

Ao questionar o terceiro jardineiro, este respondeu que cultivara a oliveira. "A oliveira me é muito cara," disse o rei. "Você receberá duzentas moedas". E desse modo, o rei pagou todos os jardineiros. Alguns receberam altos salários, outros bem menos. Não demorou muito para que os jardineiros começassem a discutir e brigar entre si.

"Sua Majestade," reclamaram, "porque não nos disse o salário para cada planta antes que começássemos a trabalhar? Assim, poderíamos ter escolhido com quais plantas trabalharíamos"! "É exatamente por isso que não lhes revelei seu salário de antemão," sorriu o rei. "Preciso de todas as plantas deste jardim. Se eu tivesse lhes dito que o pagamento para determinadas plantas é menor, ninguém se daria ao trabalho de cultivá-las".

A lição da parábola

Deus quer que cumpramos tantos preceitos quantos forem possíveis. Se Ele nos tivesse dito de antemão a recompensa para cada preceito, as pessoas se dedicariam mais para cumprir os preceitos de maior relevância, e negligenciariam os de menor recompensa.

Para nos mostrar que não devemos tentar calcular qual preceito é mais "valioso", Deus nos dá a conhecer que ambos os preceitos, honrar os pais e afugentar a mãe do ninho têm a mesma relevância. Disto aprendemos que não podemos saber a recompensa de cada preceito . Isto nos ajuda de duas maneiras: a cumprir igualmente todos os preceitos e a cumprir os preceitos para cumprir a vontade de Deus, e não por termos alguma recompensa em mente.

Fazer cercas em áreas perigosas

Moisés ordenou: "Se você se mudar para uma casa com laje ou varanda que utilizará, deve imediatamente construir uma forte cerca protetora que a circunde". A cerca deve ter no mínimo 80 cm de altura. Deus protege as pessoas justas de qualquer infortúnio. Não obstante, temos de tomar precauções contra acidentes, pois Deus quer que ajamos de acordo com as leis da natureza, que Ele criou.

Também é proibido que alguém deixe largados em sua propriedade objetos perigosos ou que ofereçam riscos, tais como uma escada quebrada. Este preceito também se refere a qualquer situação perigosa, como piscinas ou escadas altas. Se alguém ferir-se ou morrer porque um proprietário não tomou as devidas precauções, este é culpado pelo acidente; apesar de que nenhum acidente ocorre "acidentalmente", ou seja, sem o consentimento Divino. Não obstante, somos advertidos para não sermos os agentes culpados de algum infortúnio.

Os Sábios de Israel se preocupavam com a segurança

Certa vez, na cidade de Nahardaia, na Babilônia, havia um muro instável. Contudo, as pessoas passavam perto dele.

Elas garantiam umas às outras, dizendo: "Este muro está assim há treze anos, e nunca ocorreu nenhum acidente. Provavelmente, é seguro!". Todavia, dois sábios, Rav e Samuel se recusavam a andar rente ao muro. "É perigoso," diziam. Eles sempre se desviavam de seu caminho, para não passar perto do muro.

Um dia, Rav Ahada bar Ahava, que era um grande justo, visitou os sábios. Os três saíram juntos, e chegaram perto do muro. Samuel disse a Rav: "Vamos circundá-lo, como sempre fazemos". Rav replicou: "Desta vez não será necessário, pois Rav Ahada está conosco. Seu mérito é tão grande que tenho certeza de que nenhum mal nos sucederá".

Outro sábio, Rav Huna, estava preocupado com sua adega. As paredes estavam tão vacilantes que ele temia entrar na adega. Mas era uma pena desperdiçar tantos barris de vinho. Se as paredes ruíssem, esmagariam os barris, e o vinho se perderia. "Como posso retirar o vinho em segurança"? perguntou-se Rav Huna. Então, teve uma idéia: "Sei que as paredes não tombarão enquanto o justo Rav Ahada lá permanecer. Vou chamá-lo".

Rav Huna convidou Rav Ahada à sua casa. Eles discorreram sobre assuntos da Torah. Rav Huna e seu convidado adentraram a adega, enquanto continuavam a falar de temas da Torah. Rav Huna fez sinal para que seus criados removessem os barris para fora. Assim que a adega foi evacuada, Rav Huna conduziu seu inocente amigo para fora. Neste instante, as paredes ruíram! Quando Rav Ahada percebeu que foi usado para salvar o vinho de seu anfitrião, ficou aborrecido:

"Você correu um grande risco," reclamou para Rav Huna. "Não sou um justo perfeito. Poderíamos ambos termos sido soterrados sob os escombros! Ninguém pode colocar-se numa situação de perigo e então confiar num milagre que o salvará!"

Vemos dessa história que Rav Ahada não se considerava um justo fora do comum. Era um homem muito humilde, a despeito de sua grandeza. O

Talmud conta muitas coisas maravilhosas sobre Rav Ahada. Em seus últimos anos, sempre que havia uma forte tempestade, costumava percorrer a cidade numa carruagem. Ele inspecionava todas as casas, para verificar quais delas eram seguras. Quando avistava uma parede cujas estruturas estavam abaladas, aconselhava o proprietário a reconstruí-la.

Com freqüência, Rav Ahada encontrava um pobre cuja choupana era frágil. Caso o pobre lhe dissesse: "Não posso arcar com as despesas de uma reforma". Rav Ahada contribuía com seu próprio dinheiro para reconstruir a casa.

O preceito

Dizem os sábios: Um pecado leva a outro, um preceito atrai outro. Como os preceitos estão relacionados uns aos outros? A parashá começa com o tema da cativa de guerra. Se um judeu se casar com uma cativa de guerra, ele terá duas esposas. Elas discutirão, e o marido logo odiará uma delas. A convertida de guerra provavelmente dará à luz um filho rebelde. O início da parashá nos mostra como uma falta leva à outra.

Analogamente, os preceitos conduzem a mais preceitos. Se alguém cumpre o preceito de afugentar o pássaro-mãe de seu ninho, Deus o recompensará com uma casa.

Então, ele terá a chance de cumprir o preceito de construir uma cerca de proteção. Em decorrência disto, Deus lhe dará campos, onde cumprirá o preceito de não semear duas espécies diferentes juntas. Deus, então, lhe concederá animais, com os quais cumprirá o preceito de não arar sua plantação usando dois animais diferentes, atrelados juntos. Como recompensa, Deus lhe dará roupas com as quais poderá agora cumprir o preceito de tsitsit. E assim a lista continua.

Casamentos proibidos

Moisés continuou a explicar as leis sobre a vida familiar judaica. Geralmente, é permitido casar-se com alguém não judeu, homem ou mulher, desde que ele (ela) tenha se convertido ao judaísmo conforme a *Halachá*, Lei Judaica e passa a cumprir todos os preceitos. Contudo, há exceções, como veremos na tabela abaixo.

Casamentos Entre Judeus e Não Judeus:

Nação	Convertido	Convertida
Amon	Proibido	Permitido
Moab	Proibido	Permitido
Edom	Permitido na 3ª geração	Permitido na 3ª geração
Egito	Permitido na 3ª geração	Permitido na 3ª geração

Explicando a tabela: **Convertidos de Amon e Moab**

Moisés explicou: "Os amonitas e moabitas são descendentes de Ló, sobrinho de Abraão. Ló devia sua vida a Abraão. Abraão resgatou-o quando foi capturado pelos quatro reis que conquistaram Sodoma. O mérito de Abraão também salvou Ló quando os perversos de Sodoma foram destruídos".

"Amon e Moab deveriam ter sido bondosos e solícitos com os Filhos de Israel, pois devem sua própria existência a Abraão. Ao invés disso, foram cruéis. Quando os Filhos de Israel aproximaram-se das terras de Amon e Moab, o povo não ofereceu pão e água aos Filhos de Israel. Eles não sabiam que os judeus tinham o maná e o poço de água de Miriam. Sabiam que os Filhos Israel estavam cansados e famintos, porém se recusaram a oferecer-lhes hospitalidade. Moab chegou até a contratar o feiticeiro Balaão para maldizer aos Filhos de Israel. Como tinham mau caráter Deus não queria que o povo judeu se casasse com eles".

Mas porque é permitido que suas mulheres convertidas casem-se com judeus? As mulheres moabitas e amonitas não têm culpa de terem negado hospitalidade. Não seria um ato de recato as mulheres terem saído para saudar estrangeiros com alimentos. Isto era uma obrigação exclusiva dos homens, não das mulheres.

Outro motivo pelo qual Deus proíbe o casamento com amonitas e moabitas é porque, em Setim, eles enviaram suas filhas para que os Filhos de Israel caíssem em tentação e pecassem. Tentar destruir o povo judeu espiritualmente é muito mais grave que a sua destruição física.

Convertidos de Edom

Convertidos de Edom, homens ou mulheres, podem se casar com outros convertidos (de sua nação ou de outra diferente), mas não com um judeu de nascimento. Seus filhos também só poderão casar-se com convertidos. Mas seus netos, homens e mulheres, podem casar-se com judeus. Por quê?

Os edomitas são descendentes de Esaú. São parentes próximos dos Filhos de Israel, e têm o mérito de descender dos santos filhos de Abraão. Por este motivo, Deus releva o mal que fizeram aos Filhos de Israel. Quando os Filhos de Israel se aproximaram do país de Edom, os edomitas mobilizaram seus exércitos. Agiram belicosamente, pois foram ensinados por seus antepassados que Jacó tomou a primogenitura de Esaú.

A terceira geração de convertidos egípcios

Assim como os edomitas, os convertidos egípcios precisam aguardar até a terceira geração para casar-se com judeus natos. Transcorridas essas gerações, eles poderiam casar-se com os Filhos de Israel. Isto é surpreendente. Acaso os egípcios não escravizaram o povo de Israel? Acaso não causaram enorme sofrimento ao Povo de Israel? Como lhes é dada esta permissão?

Quando Jacó e sua família desceram ao Egito, durante a fome, os egípcios os convidaram a ficar. No princípio, trataram bem os judeus.

Divórcios e leis sobre garantia de empréstimos

O Documento de Divórcio

A Torah não exige que um casal que não se entenda permaneça atado um ao outro até o fim de suas vidas. Mesmo assim, os sábios, os mais humildes e pacientes dos homens, toleravam esposas geniosas e irritantes, como nos ilustram os casos a seguir:

A esposa de Rav causava-lhe constantes aborrecimentos. Quando ele lhe pedia que cozinhasse lentilhas, ela cozinhava ervilhas, e vice-versa.

Quando seu filho, Chiya, cresceu e começou a levar mensagens de seu pai para sua mãe, compreendeu que deveria invertê-las, para que seu pai recebesse o prato que realmente queria. Rav comentou com seu filho: "Sua mãe melhorou". "Ela melhorou porque sempre lhe digo o contrário do que você pede," elucidou o garoto.

Apesar de admitir que fosse uma ótima idéia, Rav proibiu seu filho de continuar a trocar as instruções. "Ninguém deve acostumar-se a mentir," explicou. Não obstante a esposa de Rabi Chiya causar-lhe muitos aborrecimentos, ele mesmo assim levava-lhe presentes. Quando Rav indagou a seu filho, Rabi Chiya, o porquê, ele retrucou:

"Ficamos satisfeitos por nossas esposas educarem nossos filhos, e nos salvarem de pensamentos pecaminosos". Podemos perceber o quão importantes e vitais são a paciência e autocontrole para manter a harmonia no lar.

Contudo, se um divórcio é inevitável, a Torah ordena um judeu a dar o *guet*, um documento de divórcio, à sua esposa. Assim como um casamento judaico tem status legal somente se forem realizadas as cerimônias de:

- Sob uma **chupá** (toldo), como o símbolo da casa que será construída e dividida pelo casal. Esse toldo é aberto de todos os lados, assim como era a tenda de Abraão e Sara a fim de receber todos os amigos e parentes com incondicional hospitalidade.

- Com as **kidushin** (Bênçãos), assim também um divórcio requer um *guet*, um documento cujo texto exato envolve muitos detalhes. Qualquer discrepância nas exigências haláchicas (relativas às leis judaicas) no tocante às palavras ou ao estilo invalida o *guet*.

Se um guet está legalmente inválido, a esposa "divorciada" continua a manter seu status de mulher casada. Casar-se com outro marido constitui adultério, e uma criança que nasça deste matrimônio é um *mamzer* (proibido de se casar com um judeu nato). A fim de evitar danos irreparáveis para as futuras gerações, é de vital importância entrar em contato com um rabino ortodoxo perito em administrar um guet de acordo com a halachá, para que o guet seja válido.

Se o rabino não souber todo o procedimento do divórcio, ele deve indicar ao casal uma autoridade jurídica competente, caso contrário, são inválidos, de acordo com a lei da Torah, e causam tragédias irreparáveis.

O guet protege a santidade do casamento (similarmente ao kidushin, a cerimônia de casamento realizada em público e perante testemunhas). Os diversos detalhes jurídicos de como escrever um guet também impedem que o marido queira, num ímpeto, "divorciar-se" de sua esposa quando, digamos, ele estiver de mau humor.

Se um judeu divorcia-se de sua esposa e esta se casa novamente, a Torah proíbe que seu primeiro marido case-se de novo com ela, mesmo após a morte do segundo marido, ou se ela divorciou-se dele. Esta proibição impede a possibilidade de trocas previamente combinadas de esposas, sob o manto protetor da legalidade.

Leis sobre garantia de empréstimos

Enumeramos algumas leis da Torah sobre garantias de empréstimos:

- Não se pode aceitar como garantia algo que o comodatário necessite para preparar seus alimentos; por exemplo: a mó que ele utiliza para moer a farinha.

- Também não se pode confiscar do comodatário uma faca para *shechitá*, o abate ritual judaico, seu forno, ou qualquer outro objeto necessário para o preparo de suas refeições.

Se você emprestar dinheiro a alguém e esquecer-se ou não se der ao trabalho de pedir uma garantia, você não poderá exigi-la depois. Em vez disso, você dirá ao Bet Din (tribunal) que emprestou dinheiro a alguém e quer uma garantia. O Bet Din enviará mensageiros que exigirão uma garantia.

É proibido ao mensageiro do Bet Din até mesmo entrar na casa do comodatário. Ele deve esperar do lado de fora até que o comodatário lhe traga a garantia.

- O que acontece se o comodatário for tão pobre que não possua nada valioso para usar como garantia? Ele pode dizer ao cedente: "Você pode reter minhas roupas como garantia". Se ele der seus pijamas, e não tiver outros, a Torah ordena que o cedente devolva os pijamas toda noite. Em seu lugar, o cedente pode reter as roupas diurnas do comodatário durante a noite. De manhã, o cedente pode pegar os pijamas novamente. Se o comodatário der as roupas que veste de dia ao cedente, este poderá retê-las apenas durante a noite, e é obrigado a devolvê-las todas as manhãs.

- Ninguém pode aproveitar-se de um judeu, e fazê-lo sofrer porque deve dinheiro. A Torah nos inculca traços de caráter positivos.

Se uma viúva pedir um empréstimo, não se pode pedir-lhe garantia. A Torah compreende que a vida de uma viúva é difícil. Não devemos dificultar-lhe ainda mais, pedindo-lhe garantias.

Os preceitos de *yibum* – casamento levirato

Quando um homem morre sem ter deixado filhos, a Torah ordena que seu irmão case-se com a viúva. Isto se chama um casamento *yibum*. Se deste matrimônio nascer um filho, ele é considerado filho do falecido irmão. Sua alma encontra descanso e consolo no Jardim do Paraíso (Gan Eden) por causa do nascimento desta criança.

Este filho herda as propriedades do falecido. Porém, se o irmão do falecido recusa-se a se casar com a viúva, eles devem se dirigir ao Tribunal da cidade. A viúva deve descalçar os sapatos de seu cunhado perante os juízes. Ela cospe no chão, na frente do cunhado, e diz: "Isto é o que acontece com aquele que se nega a construir a família de seu irmão"!

Esta cerimônia se chama *chalitsá*. Após a *chalitsá*, a viúva está livre para casar-se com quem desejar. Nos casos em que o cunhado e a viúva são realmente incompatíveis, o próprio Tribunal os dissuade de se casarem.

Atualmente, não se realizam mais casamentos através de *yibum*. O costume é fazer somente a *chalitsá*.

A proibição de possuir falsos pesos e medidas

A Torah exige que um judeu utilize pesos e medidas perfeitamente exatos e precisos. Não somente é proibido gerir os negócios com pesos incorretos, mas também é proibido tê-los em casa. Aquele que frauda e trapaceia com pesos ou medidas adulterados é odioso e abominável aos olhos de Deus.

"Você pode enganar seu próximo, mas não pode enganar a Mim. Assim como Eu sabia quem eram, na verdade, os primogênitos no Egito (inclusive os nascidos fora dos laços matrimoniais), também sei quem é desonesto com os pesos e medidas, e os punirei".

Deus promete que recompensará com abundância material aquele que é meticulosa e cuidadosamente honesto com os pesos e medidas de suas mercadorias.

Relembrando Amalec

A Torah ordena: "Lembre-se do que Amalec fez a você logo após a saída do Egito!". Deus dividiu o Mar Vermelho e afogou os egípcios. Todas as nações tremiam, apavoradas. Apenas Amalec ousou atacar. Eles queriam mostrar que Deus é fraco, e destruir Seu povo.

"E naqueles dias você estavam cansados de viajar". Os amalequitas atacaram secretamente, de surpresa, pela retaguarda, os judeus que andavam do lado de fora das Nuvens de Glória.

"Após estabelecer-se na Terra de Israel, o rei judeu deve destruir totalmente a nação de Amalec. Não deve poupar uma alma sequer".

Saul, o primeiro rei de Israel, foi ordenado a guerrear e destruir todos os amalecitas. Ele venceu a guerra e matou todos os soldados. Tomou Agag, o rei amalecita como prisioneiro. Agag implorou a Saul que este poupasse sua vida. "Tenha misericórdia! Porque devo ser destruído"? suplicou Agag a Saul.

Saul sentiu pena de Agag, e deixou-o viver. Saul também não matou todos os animais dos amalecitas, como a Torah exigia. O erro de Saul causou trágicos resultados. Para entender melhor, leia a história a seguir.

A erva vivificante

Um homem que viajava para a Terra de Israel viu dois pássaros brigando. Ao final, um matou o outro. Apareceu um terceiro pássaro, com uma erva em seu bico. Este colocou a erva sobre o corpo do pássaro morto e algo espantoso aconteceu: o pássaro morto voltou à vida.

"Isto é incrível!" exclamou o homem. Ele correu, para conseguir a erva.

"Agora poderei ressuscitar os judeus mortos na Terra de Israel!", declarou alegremente. O homem colocou a preciosa erva na sua mochila e continuou seu caminho. Pouco depois, avistou uma raposa morta num campo. "Vejamos se isto funciona mesmo," pensou, e colocou a erva sobre a raposa. Esta abriu os olhos e saiu andando!

O homem ficou maravilhado. Logo passou por um leão morto à beira da floresta. "Se a erva puder trazer um leão de volta à vida," pensou, "saberei que é realmente poderosa". Colocou a erva sobre o leão. Este se levantou com um estrondoso rugido. Quando o leão avistou o homem, abriu a boca imediatamente e devorou-o.

O rei Saul pensou que estava sendo bondoso poupando a vida de Agag. Qual foi o resultado? Agag teve um descendente, Amã, que tentou aniquilar todo o povo judeu de uma só vez!

É um preceito ler os versículos do final desta parashá uma vez por ano. Eles são lidos no Shabat que antecede a Festa de Purim. Desta maneira, cumprimos o mandamento da Torah de lembrar o que Amalec fez ao povo judeu. A história de Purim nos conta como Amã, o iníquo e perverso descendente de Amalec quis destruir o povo judeu; mas Deus os salvou. Na época do Messias, Amalec será completamente destruído.

Correspondência Bíblica

Animais:

Gn 1,25: "Deus fez os animais selvagens segundo as suas espécies, os animais domésticos segundo as suas espécies e todos os animais pequenos do chão segundo suas espécies. E Deus viu que era bom".

Ex 11,7: "Mas contra os israelitas nem mesmo um cão latirá, nem contra as pessoas, nem contra os animais, para que saibais que o SENHOR faz distinção entre egípcios e israelitas".

Lv 19,19: "Guardai as minhas leis. Não acasalarás animais de espécie diferente. Não semearás em teu campo duas espécies de semente, nem usarás roupa tecida com duas espécies de fio".

Nm 8,17: "Pois é a Mim que pertencem todos os primogênitos israelitas, tanto de homens como de animais. Eu os consagrei a Mim quando feri de morte os primogênitos na terra do Egito".

Dt 7,14: "Serás mais abençoado do que todos os povos. Não haverá estéril de nenhum sexo, nem no meio de ti, nem entre os animais".

Sl 36,7: "Tua justiça é como os montes mais altos, teus juízos como o grande abismo: tu salvas homens e animais, SENHOR".

Pr 12,10: "O justo cuida da vida até de seus animais, enquanto as entranhas dos ímpios são cruéis".

Sb 12,24: "Eles se desviaram tão longe, nos caminhos do erro, que consideravam deuses os mais vis dentre os repugnantes animais, deixando-se enganar como crianças sem juízo".

Is 56,9: "Vinde buscar comida, animais silvestres, animais todos da floresta".

Jr 27,5: "Fui Eu que fiz, com grande poder e braço firme, a terra, o ser humano e os animais que vivem na terra, e Eu a entrego a quem me parece melhor".

Ez 47,9: "Aonde quer que o rio chegue, todos os animais que se movem poderão viver e haverá peixe em quantidade, pois ali desembocam as águas saneadoras. Haverá vida aonde quer que o rio chegue".

Mt 22,4: "Mandou então outros servos, com esta ordem: Dizei aos convidados: já preparei o banquete, os bois e os animais cevados já foram abatidos e tudo está pronto. Vinde para a festa!".

Jo 4,12: "Serás maior que nosso pai Jacó, que nos deu este poço, do qual bebeu ele mesmo, como também seus filhos e seus animais"?.

At 11,6: "Olhei atentamente e vi dentro do pano os quadrúpedes da terra, os animais selvagens, os répteis e as aves do céu".

Jd 1,10: "Esses tais, porém, injuriam o que desconhecem e, por outro lado, corrompem-se naquilo que conhecem pela natureza, como o conhecem até os animais sem razão".

57 – Dt 26,1 – 29,8: KI TAVÔ – כי תבוא
Is 60,1 – 22

Neste trecho da Palavra de Deus nos é contado sobre como a relação com Deus acontece na nossa vida de fé. Moisés inicia dizendo para que sejam doados os frutos primeiros das árvores, já que em breve estarão sobre a Terra que Deus lhes dá, lembrando que antes eram escravos, mas agora não mais. O dízimo fala sobre o ser recíproco.

Ter sempre diante de si as Palavras de Deus e lembrar-se das bênçãos divinas recebidas, pois praticamos a Palavra da Bíblia em nossa vida ou da maldição porque dela nos afastamos. Depois de tudo o que Deus havia feito, conduzido e doado a Terra de Israel é preciso agora fazer a parte que cabe ao povo nessa Aliança. Ser fiéis a Deus e às Sua Palavra.

Se não se ouve a Palavra de Deus haverá maldições na cidade, no campo, nas colheitas, nos trabalhos, na saúde e na família. Pode parecer um pouco estranho e termos a impressão de que existe algo ameaçador ou punitivo no não cumprimento da Aliança.

Mas também podemos ver de outra forma. Deus está estabelecendo entre Ele e o Povo como um Matrimônio, onde ambas as partes tem sonhos e expectativas, de alegria e de amor, confiando e esperando que cada um faça a sua parte e empenho em ser fiéis nessa Aliança de Vida, entre Deus e o Seu Povo amado.

Muitos comentários da literatura rabínica indicam que na vivência dessa Aliança de amor, condição importante é viver a Alegria, e a alegria que vem a partir do cumprimento dos preceitos e palavras que Deus diz nas Sagradas Escrituras, para que ao praticá-las e vivê-las no dia-a-dia essa relação de Amor entre Deus e o Seu Povo seja feliz e eterna.

Essa parashá quer nos ensinar a aprender a valorizar aquilo que temos, que construímos, que recebemos das mãos de Deus. Por vezes só o fato de conhecermos e sabermos disso não é suficiente. Quando dou o dízimo a Deus estou reconhecendo que recebi muito e tantas coisas e quero agradecer a Deus, quero que esta alegria alcance também os que precisam. Aprendo a ser rico no sentido de valorizar aquilo que tenho e agradecer á fonte que é Deus de toda a verdadeira riqueza e alegria na minha vida. Saber ser agradecido a Deus e demonstrá-lo efetivamente oferecendo a Deus um pouquinho do muito recebido de Suas divinas mãos.

Moisés no seu discurso afirma: "Até hoje, porém, o SENHOR ainda não vos deu um coração que entenda, olhos que vejam e ouvidos que escutem" (Dt 29,3).

Nossas decisões ao longo dos anos têm se fundamentado mais na experiência da fé em Deus, que sempre vem demonstrando Sua Presença durante tanto tempo, ou também eu ainda não vejo, entendo e escuto Sua Palavra? Entendo sempre como Deus me guia por um caminho correto de felicidade, ou ainda estou nos atalhos da vida, surdo, cego diante da Sua abençoada Palavra?

- Peça o dom da Alegria na sua vida de fé, realidade concreta de quem segue a Deus e vive a Palavra da Bíblia, e de ser sempre agradecido a Ele, doando parte do muito que recebo e não esquecendo os Seus mandamentos e preceitos.

KI TAVÔ – Seleções de Midrash a partir do texto bíblico: Dt 26,1 – 29,8

O preceito de bicurim – as primícias, os primeiros frutos

Os primeiros frutos são trazidos das sete espécies pelas quais a Terra de Israel é abençoada: trigo, cevada, uva, figo, romã, azeitona e tâmara.

Quando o proprietário de um campo nota que o primeiro fruto (de qualquer um dos tipos acima mencionados) começou a amadurecer em seu campo ou pomar, deve amarrar uma fita em volta dele para marcá-lo como *bicurim*.

Um dos benefícios do preceito é a de fortalecer o autocontrole da pessoa. É tentador degustar o primeiro fruto maduro de uma espécie que não estava disponível já há algum tempo. Em vez disso, o preceito convida a refrear-se e reservá-lo para Deus.

O dono do campo espera até que as várias espécies de frutos tenham amadurecido para levá-los ao Templo Sagrado. Se ele calcula que as primeiras frutas irão apodrecer antes de começar sua jornada, ele deve preservá-las. Por exemplo, transformando os figos em figos secos e as uvas em passas. Apesar de que ele só precisa dar uma fruta como *bicurim*, quanto mais ele acrescentar, maior será seu preceito. *Bicurim* são recebidos anualmente pelos sacerdotes entre *Shavuot e Chanucá*.

As frutas devem ser trazidas ao Templo Sagrado em algum recipiente, como uma cesta, e preferivelmente, uma espécie em cada recipiente. Se todas elas precisam ser colocadas no mesmo recipiente, deve-se proceder da seguinte forma: a cevada por baixo, por cima dela o trigo, acima dele as azeitonas, as tâmaras, as romãs, e finalmente os figos por cima de tudo. Entre cada camada de fruta deve haver uma divisória, como folhas, e a camada de cima é circundada por cachos de uvas.

Como os bicurim eram levados para Jerusalém

As cidades da Terra de Israel eram agrupadas em distritos. Os habitantes de cada cidade de um mesmo distrito se reuniam em um lugar e viajavam juntos para Jerusalém para trazer os seus *bicurim*.

O preceito era engrandecido quando realizado por toda a congregação. Os viajantes descansavam à noite em céu aberto (evitando assim a possibilidade de ficarem impuros, pois alguém que estivesse numa casa que contivesse um cadáver, suas primícias se tornariam impuras e, portanto inaptas para serem trazidas ao Templo Sagrado). De manhã, o líder anunciava: "Levantem-se, e vamos a Sião, à Casa do nosso Deus"!.

Um boi, que mais tarde seria oferecido como oferenda, ia à frente da procissão; seus chifres cobertos com ouro e uma grinalda de folhas de oliva enfeitava sua cabeça. Os viajantes recitavam (Sl 122,1) "Fiquei alegre quando me disseram: 'Vamos à Casa do SENHOR". Flautistas tocavam até que a procissão alcançasse Jerusalém.

Os viajantes paravam nos portões para arranjar e decorar seus *bicurim*, enquanto avisavam que eles haviam chegado à cidade. Eles eram recebidos por vários sacerdotes, levitas e tesoureiros do Templo Sagrado, que saíam para cumprimentá-los. Ao entrar na cidade os viajantes proclamavam (Sl 122,2) "Nossos pés estavam em seus portões, Jerusalém".

Os trabalhadores de Jerusalém paravam seu trabalho, levantavam-se e cumprimentavam os recém-chegados: "Nossos irmãos de tal cidade, sejam bem vindos"! (Eles assim honravam os cumpridores do preceito. Para demonstrar o respeito àqueles que estão cumprindo um preceito, costuma-se levantar, como por exemplo, quando um bebê é trazido para o Berit Milá - circuncisão).

Os flautistas continuavam a tocar e os viajantes continuavam a recitar os versos dos Salmos até chegarem ao Monte do Templo. Aí todos, inclusive o próprio rei, colocavam suas cestas sobre os ombros e pessoalmente apresentavam-nas ao sacerdote. Quando a procissão entrava na Azará (o pátio do

Templo Sagrado) os levitas cantavam: "Te louvarei, Deus, por ter me erguido e não ter deixado meus inimigos se regozijarem contra mim" (Sl 30,2).

Os viajantes tinham anexado pombas aos lados de suas cestas e davam-nas para os sacerdotes, como oferenda. Com as cestas ainda em seus ombros, cada judeu recitava o verso (Dt 26,3): "Reconheço hoje diante do SENHOR meu Deus que entrei na terra que o SENHOR jurou a nossos pais que nos daria".

Ele assim reconhecia que Deus manteve a Sua promessa para com os antepassados, e que ele trouxe para o Templo Sagrado um presente de dízimo da sua porção de terra. Enquanto o proprietário segurava a alça da cesta, o sacerdote colocava suas mãos sob esta, e juntos, eles erguiam a oferenda.

Lendo a declaração de *bicurim*

A fruta era colocada em frente ao altar (os *bicurim* eram colocados próximos do altar para simbolizar que eles não eram trazidos para o sacerdote, mas sim para Deus, que os dava de presente aos sacerdotes). E o proprietário recitava em hebraico o capítulo referente aos *bicurim* (Dt 26, 5 -10).

Originalmente, aqueles que sabiam ler hebraico recitavam o texto sozinhos, e aqueles que não sabiam, um leitor realizava o preceito. Quando os sábios perceberam que os judeus não letrados abstinham-se de trazer *bicurim* ao Templo Sagrado, pois tinham vergonha, eles instituíram que o texto fosse lido por um terceiro em qualquer caso (similarmente, em tempos passados a Torah era lida na sinagoga por aqueles que eram chamados para recitar a bênção. Já que algumas congregações não sabiam ler, foi instituído que a Torah deve ser lida por um perito, comum a todos).

A Torah ordena ao proprietário dos *bicurim* para ler justamente esta porção da Torah porque ela descreve a bondade de Deus para com o seu povo. O proprietário reconhece sua gratidão por tudo que Deus fez por ele. O texto relata os sofrimentos e as aflições do Povo de Israel, pois para apreciar as bênçãos deve-se ter em mente os infortúnios do passado. Isso é o que se lê, enquanto se segura os *bicurim* (Dt 26,5-10):

"*E ele (Jacó) desceu ao Egito com pouca gente e lá se tornou um povo poderoso e numeroso. E os egípcios nos maltrataram e nos afligiram e colocaram sobre nós trabalho duro. Nós gritamos para Deus, Deus dos nossos pais, e Deus ouviu nossa voz, e viu nossa miséria, nossa labuta e nossa aflição. E Deus nos tirou do Egito com mão forte e braço estendido e com grande temor, com sinais e maravilhas. E Ele nos trouxe para este lugar, e nos deu esta terra, a terra onde jorram o leite e o mel*".

Já que eu reconheço que tudo o que possuo é graças à bondade de Deus: "E agora, portanto, eu trouxe as primícias da terra que Tu, Deus, me deste".

Completada a leitura, os *bicurim* são erguidos uma segunda vez, o proprietário coloca-os ao lado do altar, prostra-se e deixa o Templo Sagrado. Os *bicurim* eram distribuídos entre os sacerdotes que estavam em serviço no Templo Sagrado.

Aquele que oferecia os *bicurim* deveria trazer oferendas e passar a noite em Jerusalém antes de retornar a sua casa. Este preceito era chamado de *liná*, ou seja, pernoitar em Jerusalém. Uma das razões para pernoitar lá é que Deus queria que aquele que oferecia os *bicurim*, depois de ter comparecido ao Templo Sagrado, absorvesse plenamente a santidade de Jerusalém antes de retornar a seu lar, para que o preceito tivesse um efeito duradouro sobre ele.

O preceito de *bicurim*, as primícias, é um exemplo impressionante dos esforços que os judeus fazem para embelezar os preceitos. Somente um profundo amor para o preceito poderia converter o mandamento de "trazer os primeiros frutos ao Templo Sagrado" em um glorioso procedimento – uma festiva procissão até Jerusalém, o recital das escrituras acompanhado de música, e a apresentação de cestas de frutos cuidadosamente arranjadas e decoradas para os sacerdotes. O midrash nos conta:

A Voz celestial

Depois de alguém ter cumprido o preceito de *bicurim*, uma voz celestial podia ser ouvida no Templo Sagrado: "Que você tenha o mérito de trazer seus *bicurim* no próximo ano mais uma vez"!

Similarmente, os sábios de Israel ensinam que dois anjos acompanham o judeu da sinagoga para casa na noite de Shabat – um anjo misericordioso e um anjo negativo. Se as velas de Shabat estão acesas, a mesa posta, e a casa preparada para honrar o Shabat, o anjo bom clama: "Que seja a vontade de Deus que no próximo shabat seja a mesma coisa"! O anjo negativo vê-se obrigado a responder "Amém".

Se, Deus nos livre, a casa não está preparada para o Shabat, o anjo negativo clama: "Espero que no Shabat que vem seja a mesma coisa"! E o anjo bom vê-se obrigado e responder "Amém". Sempre que um indivíduo cumpre um preceito, ele é favorecido por um anjo que o ajuda a cumprir mais os preceitos.

Separação do *maasser*

Os membros da tribo de Levi recebem alguns presentes dos Filhos de Israel. Isso inclui *terumá* (doação) para o sacerdote e *maasser* (dízimo) para o levita. Todo judeu também deve separar o *maasser sheni* (o segundo dízimo), e comê-lo em Jerusalém (Parashat Reê). Em alguns anos, deve-se dar também o dízimo para os pobres, no lugar do segundo dízimo.

Deve-se seguir algumas leis para cumprir o preceito adequadamente. Não se deve separar menos do que um décimo da colheita da primavera, achando que poderá separar uma parte extra da colheita do outono. Não se pode também comer o segundo dízimo quando se está enlutado por um parente morto que ainda não tenha sido enterrado.

Quem é que verifica se o indivíduo separou a quantidade adequada de cada tipo de maasser? Ninguém. A Torah ordena que a cada três anos, todo indivíduo deve verificar a si próprio, se ele separou as quantidades certas do dízimo do seu produto. Se perceber que não, ele deve separar o dízimo naquela hora e dá-lo para um levita.

Deve-se também separar a doação e *chalá* (uma parte da massa) para o sacerdote. Se não separou o segundo dízimo, ele deve fazê-lo naquele momento e trazê-lo para Jerusalém. Assim também, se não tirou o dízimo dos pobres quando tinha de fazê-lo, deve dá-lo agora para os necessitados.

No último dia de Pêssach do quarto e do sétimo ano de cada ciclo de *shemitá* (ano sabático), o judeu deve proferir o *vidui maasser* (a confissão do dízimo), que atesta que ele cumpriu todas as leis do dízimo. Isto o ajuda a ser cuidadoso ao separar os dízimos corretamente. Depois da confissão, pede-se a Deus que abençoe os Filhos de Israel com chuva e produtos deliciosos:

"Eu cumpri meus deveres; agora Tu, Deus, cumpre a Tua parte: observe da residência da Tua santidade, dos Céus, e abençoe o Teu povo, Israel, e a terra que Tu nos deste assim como prometeste para os nossos pais, uma terra onde as frutas são boas como o leite e doces como o mel".

Enquanto os judeus separassem os dízimos, as frutas teriam sabor e aroma deliciosos e seriam suculentas; quando eles parassem, estas bênçãos cessariam. Por que esta declaração é chamada de "confissão", apesar de não mencionar nenhum pecado?

Se os Filhos de Israel não tivessem idolatrado o bezerro de ouro, o serviço Divino permaneceria como privilégio dos primogênitos, e todas as casas judias poderiam ser um templo sagrado. Somente por causa da recaída espiritual do povo tornou-se necessário retirar dízimos de casa para dá-los aos sacerdotes e levitas. Por isso, existe a confissão.

Revisão da Torah

Moisés- completou a revisão da Torah e o ensinamento dos preceitos. O restante das outras porções semanais da Palavra de Deus do livro do Deuteronômio refere-se a fortificar a observância da Torah: escrever a Torah em pedras ao atravessar o rio Jordão; um novo pacto com os Filhos de Israel; predições sobre o futuro; e admoestação para retornar a Deus em tempos de angústia.

Agora Moisés exortou Filhos de Israel: "Vocês receberam a Torah há quarenta anos no Monte Sinai, porém seus ensinamentos devem ser todo dia novos e frescos para vocês como se fosse o primeiro dia que vocês os ouviram. O objetivo do estudo da Torah é para conhecer a vontade de Deus e para cumpri-la de todo o coração (e não mecanicamente)".

"Vocês proclamam diariamente a unicidade de Deus através do versículo 'Shemá Yisrael – Escuta, Israel'. Em retorno, Deus declara que vocês também são únicos: E que Nação existe na terra semelhante ao teu povo, Israel, a quem seu Deus veio resgatar, para torná-lo seu povo"! (2Sm 7,23).

"Ele lhes prometeu na outorga da Torah que vocês são Sua preciosa Nação. Já que vocês estudam Sua Torah e são uma nação sagrada, vocês serão reconhecidos como supremos por todas as nações e elas os louvarão". Deus e o povo de Israel são inseparáveis.

O memorial de pedras

Deus ordenou a Moisés: "Erga doze pedras enormes nas planícies de Moab. Escreva a Torah sobre elas". Moisés fez como Deus ordenou. As pedras serviam para lembrar a geração que entrou na Terra de Israel do cumprimento da Torah. Somente ao preservar a Torah eles preservariam a terra. Deus ordenou que mais dois grupos de pedras fossem erguidos pelo próximo líder, Josué.

Josué e os Filhos de Israel atravessariam o rio Jordão para entrar na Terra de Israel. Josué deveria colocar doze pedras no local onde os Filhos de Israel atravessariam o rio.

Outras doze pedras deveriam ser removidas do rio Jordão e ser carregadas até o monte Ebal. Esta é uma montanha no centro da Terra de Israel. Josué e os Filhos de Israel deveriam construir um altar com as pedras tiradas do rio Jordão para fazer oferendas para Deus. Depois de escrever a Torah nas pedras do altar, os Filhos de Israel deveriam pegá-las e levá-las novamente até a fronteira da terra de Canaã. Elas eram deixadas lá como um memorial. Como as instruções de Moisés foram executadas na época de Josué?

Uma história do livro de Josué:

A entrada milagrosa dos Filhos de Israel para a Terra de Israel.

Moisés faleceu no deserto. Seu discípulo Josué levou os Filhos de Israel até o rio Jordão, na fronteira da Terra de Israel.

No dia 9 de Nissan, 2488, Josué anunciou: "Preparem-se! Amanhã vocês atravessarão o Jordão de forma milagrosa"!

Era época da primavera. Após a estação chuvosa, o rio Jordão estava transbordante. No dia seguinte, Josué comandou os oficiais: "Percorram o acampamento e clamem: 'O *Aron* (Arca sagrada que continha as tábuas da lei) irá na frente. Todos devem segui-lo, porém mantenham distância dele, em sinal de respeito'".

Josué escolheu quatro sacerdotes. "Em vez dos levitas, vocês carregarão a Arca hoje" – ele instruiu. "Vocês são mais santos que os levitas. Hoje um milagre se realizará por intermédio da Arca".

Deus orientou Josué: "Diga aos sacerdotes que carregam a Arca para entrarem no Jordão e ficarem parados dentro da água, às margens do rio".

Josué reuniu Filhos de Israel e anunciou: "Um milagre acontecerá agora. Este irá confirmar que o Deus Vivo está entre vocês. Ele expulsará os cananeus, os heteus, os heveus, os ferezeus, os gergeseus, os amorreus e os jebuseus (cf. Js 3,7-17). "Deus secará o Jordão para vocês".

Os sacerdotes marcharam com a Arca à frente do povo. Eles entraram no rio Jordão e ficaram parados nas suas margens. Imediatamente, o rio parou de correr. Ele amontoou-se em uma alta muralha de água. Agora havia uma região seca para os Filhos de Israel atravessarem. Os sacerdotes permaneceram de lado, parados dentro da água, próximos à margem leste do rio, até que todo o povo tivesse atravessado para a margem oeste do rio com segurança.

Aí eles voltaram para a margem leste. A muralha de água começou a jorrar novamente para dentro do rio, que logo ficou cheio como antes do milagre.

Os sacerdotes ficaram parados na margem leste do rio, enquanto todo o povo estava na margem oeste, dentro da terra de Canaã.

Como os sacerdotes poderiam atravessar? Outro milagre ocorreu: a Arca elevou-se para o ar e carregou a si mesmo e aos sacerdotes em direção do povo! Os milagres encheram os Filhos de Israel de um temor respeitoso. Eles exclamaram: "Vejam quão grande é Josué! Ele merecia ser o líder depois de Moisés! Vamos obedecê-lo assim como obedecemos ao seu mestre"!

Josué fez como Moisés ordenou na Torah, colocando doze pedras no rio Jordão, no local onde o povo judeu atravessou. Estas pedras lembrariam às futuras gerações do milagre lá ocorrido. Josué continuou a cumprir os mandamentos de Moisés, dizendo para um homem de cada tribo pegar uma pedra do Jordão. Eles carregaram estas pedras enormes até o monte Ebal. Usando essas pedras, construíram lá um altar, fizeram oferendas e depois escreveram sobre aquelas pedras a Torah. No monte Ebal e na montanha próxima dele, leram as bênçãos e as maldições.

Então desmontaram o altar e carregaram as pedras de volta para a fronteira da Terra de Israel, onde as colocaram como um memorial para as gerações futuras. Todo judeu que entrasse na Terra de Israel veria estas doze pedras nas quais foi escrita a Torah. Se perguntasse: "Para que servem estas pedras?" Então lhe seria dito: "Elas mostram que Deus dá a terra aos judeus sob a condição de preservarem a Torah e os preceitos".

Bênçãos e maldições

Há duas montanhas na Terra de Israel na vizinhança de Siquém – monte Garizim e monte Ebal.

Moisés ordenou que no dia que os judeus entrassem na Terra de Israel, sob a liderança do seu sucessor, eles deveriam viajar diretamente àquele lugar, para pronunciar as bênçãos e as maldições de Deus da seguinte maneira:

Seis tribos deveriam subir o monte Garizim: Simeão, Levi, Judá, Issacar, José e Benjamim. Mais seis no monte Ebal: Rúben, Gad, Aser, Zabulon, Dã e Neftali.

A Arca Sagrada, os sacerdotes e os mais velhos dentre os levitas deveriam ficar no vale entre as duas montanhas, os sacerdotes formando um círculo interno em volta da Arca e os levitas formando um círculo externo em volta dos sacerdotes. Virando seus rostos em direção ao monte Garizim, os mais velhos entre os levitas proclamavam a primeira bênção para que as tribos das duas montanhas pudessem ouvir: "Abençoado é o homem que não faz uma imagem esculpida ou fundida". As tribos das duas montanhas deveriam responder: "Amém – que assim seja". Então os mais velhos dentre os levitas viravam-se para o monte Ebal e pronunciavam a primeira maldição: "Amaldiçoado é o homem que faz uma imagem esculpida ou fundida". As tribos das duas montanhas deveriam responder: "Amém – que assim seja".

Os levitas deveriam continuar a pronunciar alternadamente uma bênção e uma maldição (apesar de que a Torah escrita somente declara as maldições, cada maldição era antes formulada positivamente, como uma bênção). Por que Deus ordenou que os judeus escutassem as bênçãos e maldições no dia que entrassem na Terra Santa?

Este seria um novo pacto, uma nova aceitação da Torah na própria Terra Santa. As duas montanhas serviriam como testemunhas eternas que lembrariam os judeus de sua promessa de cuidar da Torah na Terra de Israel.

Os levitas deveriam amaldiçoar aquele que cometesse um dos onze pecados apontados (e abençoar aqueles que se abstivessem deles). Estes pecados são geralmente cometidos em segredo, portanto não podem ser punidos por uma corte de justiça. Eles são:

- Abençoado seja o homem que não molda secretamente uma imagem de idolatria! Amaldiçoado seja aquele que o faz!

- Abençoado seja o homem que não despreza seu pai e sua mãe! Amaldiçoado seja aquele que despreza seu pai e sua mãe [um pecado cometido freqüentemente em segredo]!

- Abençoado seja o homem que não move a demarcação de fronteira do seu vizinho (secretamente, para roubar sua terra)! Amaldiçoado seja aquele que o faz!

- Abençoado seja o homem que não induz o cego a errar no seu caminho (que não dá conselhos errôneos para um indivíduo ignorante)! Amaldiçoado seja aquele que o faz!

- Abençoado seja o homem que não perverte o julgamento de um convertido, de um órfão e de uma viúva! Amaldiçoado seja aquele que o faz!

- Abençoado seja o homem que não se deita secretamente com a mulher do seu pai! Amaldiçoado seja aquele que o faz!

- Abençoado seja o homem que não deita secretamente com um animal! Amaldiçoado seja aquele que o faz!

- Abençoado seja o homem que não se deita secretamente com a sua irmã! Amaldiçoado seja aquele que o faz!

- Abençoado seja o homem que não se deita secretamente com a sogra! Amaldiçoado seja aquele que o faz!
- Abençoado seja o homem que não atinge seu próximo secretamente (falando mal dele)! Amaldiçoado seja aquele que o faz!
- Abençoado seja o homem que não pega suborno [ou qualquer outro ganho financeiro] para matar um inocente! Amaldiçoado seja aquele que o faz!
- Abençoado seja o homem que cumpre todas as palavras da Torah! Amaldiçoado seja aquele que não o faz!

A última bênção e maldição são abrangentes. Moisés abençoou todo aquele que aceita a Torah sobre si e amaldiçoou aquele que não o faz. O povo deveria responder "Amém" depois de cada bênção ou maldição.

O livro de Josué relata que no dia em que entraram na Terra de Israel, os judeus viajaram até os montes Garizim e Ebal e pronunciaram as bênçãos e as maldições assim como a Torah ordenou.

Depois disso, Moisés continuou a pronunciar bênçãos pelo cumprimento da Torah e reprovações pela sua transgressão.

Bênçãos e Advertências

Na Parashá de Bechucotai (Cf. Lv 26,3 – 27,34), no livro do Levítico, Deus prometeu bênçãos para os Filhos de Israel por cumprirem a Torah e punições – Deus nos livre – por deixá-la.

Moisés estava muito preocupado. Ele temia que depois de sua morte o povo judeu transgredisse a Torah! Por isso, pediu a Deus: "Posso dar aos judeus mais bênçãos e advertências?" Deus concordou com o pedido de Moisés. Quando Moisés expressou estas bênçãos e advertências adicionais, o Ruach Hakodesh (Espírito de Profecia) pairou sobre ele. A maioria das punições que ele predisse ocorreram na época da destruição do segundo Templo Sagrado.

Assim como explicado anteriormente, as bênçãos não são a recompensa final pelo cumprimento da Torah, assim como as maldições não são a punição final pela violação desta. Uma recompensa completa pelos preceitos será dado somente no Mundo Vindouro.

Até certo ponto, se o povo judeu cumpre a Torah plenamente, Deus o livra de preocupações materiais e o abençoa com abundância para lhes dar a oportunidade de cumprir mais os preceitos. Por outro lado, se negligenciam a Torah e os preceitos, Deus os pune com sofrimentos, que limitam suas oportunidades de cumprir os preceitos.

As bênçãos e as maldições, então, indicam para o povo judeu se eles estão ou não seguindo o caminho correto. Se forem afligidos por uma ou mais maldições, eles devem reconhecer que o seu comportamento possui falhas e devem reparar seus caminhos.

Sucesso

Deus promete sucesso nos negócios na cidade (pelo mérito dos preceitos que são cumpridos pelos moradores nas cidades – os preceitos como viver em uma Cabana na Festa de Sucot, afixar *mezuzot* nas portas, e cercar os terraços e tetos). Igualmente, os campos serão abençoados (pelo mérito do cumprimento dos preceitos associadas à agricultura – dando parte da colheita para os levitas e necessitados). Ele abençoará nossas crianças, nossa produção e nossos animais.

"Abençoado serás em sua chegada, abençoado serás em sua saída"! Serás abençoado ao entrar na casa de estudos e ao sair para os teus negócios. Deus promete abençoar o judeu que faz da sua "chegada à casa de estudos" isto é, no estudo da Torah, como o principal objetivo de sua vida.

Fuga dos inimigos, safras abundantes e respeito das nações

A Torah promete que os inimigos que vêm com a intenção de atacar o Povo de Israel, fugirão em diferentes direções. Os armazéns estarão repletos com uma abundância de grãos, vinho e óleo, como diz o versículo: "Deus ordenará a bênção *para você* (*itchá*) em seus armazéns e em todos os seus empreendimentos".

Certa vez um indivíduo pediu uma bênção a um mestre judeu. Alguns anos depois, o indivíduo lhe expressou seu desapontamento pela não realização da bênção dada pelo seu sogro. O Rebe lhe respondeu que a bênção é como a chuva. A chuva só tem valor quando o fazendeiro ara o campo, cultiva o solo e o semeia.

Então, se Deus rega o solo com chuva, ele pode antecipar uma boa colheita. Porém, o fazendeiro que negligencia sua terra e somente reza pela chuva é ridículo, pois nada crescerá lá sem o esforço requisitado e merecido.

A palavra "itchá"– "para você", no versículo acima, pode ser traduzida como "junto com você". A Torah está nos ensinando que Deus ordenará Sua bênção "em seus armazéns e em todos os seus empreendimentos" sabendo que tem o "itchá"– a sua participação e esforço sincero.

O povo de Israel é um povo sagrado para Deus, respeitado por todas as nações

"Deus os estabelecerá como Seu povo santo, e vocês deverão seguir os caminhos que são corretos perante Ele. Todas as nações deverão perceber que vocês são chamados pelo nome de Deus quando eles vêem vocês usando seus tefilin, e elas os temerão". Os Sábios de Israel explicam:

Os Tefilin são como uma Coroa

Os tefilin na cabeça são uma coroa especial de Deus. Quando um homem justo coloca os tefilin, os não judeus o temem pois ele está carregando o nome de Deus.

Lemos na história de Purim que Mardoqueu (Livro de Ester) tornou-se um ministro do rei. Deram-lhe cinco peças de roupa reais para vestir, e uma coroa para colocar em sua cabeça. Sobre a coroa, Mardoqueu colocou os tefilin.

Quando os gentios viram os tefilin, sentiram um temor e respeito intensos por Mardoqueu, dizendo um para o outro: "Ele está usando o símbolo de Deus"!

Os sábios de Israel ensinam sobre Rav Abin, que certa vez foi convocado para comparecer perante o imperador. Ao final da audiência, Rav Abin deveria ter andado para trás, para não dar as suas costas para o imperador, como era o costume naquele país. Em vez disso, Rav Abin virou-se e simplesmente foi andando. Ele não percebeu ter cometido um crime imperdoável.

O imperador estava para ordenar a execução do Rav Abin, quando de repente, viu duas faixas de fogo saindo dos tefilin dele. "Deus está com este homem"! – pensou o imperador, com um tremor. Ele nem pensou em prendê-lo.

O seguinte versículo havia se realizado com o Rav Abin: "As nações perceberão que vocês carregam o nome de Deus (nos tefilin), e elas os temerão".

Deus outorgará bênçãos extraordinárias sobre as suas crianças, animais e produção. Ele abrirá os Portões Celestiais de abundância e os regará com extraordinária bondade. Vocês serão capazes de emprestar dinheiro para os gentios, e não precisarão tomar nada emprestado. Vocês serão altamente estimados pelas nações e não desprezados. As bênçãos acima citadas são dadas sob condição de estrita aderência aos preceitos de Deus, para que as estude e as cumpra.

A repreensão divina

Quando Moisés começou a citar as palavras de repreensão, a Terra foi sacudida, os Céus tremeram, o Sol e a Lua escureceram, as estrelas perderam o seu brilho, os patriarcas choraram em seus túmulos, as criaturas silenciaram, e os galhos das árvores não mais oscilavam.

Os patriarcas protestaram: "Como nossos filhos serão capazes de agüentar estas punições? Talvez eles vão perecer, pois não terão méritos suficientes para protegê-los e ninguém rezará por eles"!

Uma voz Celestial soou das Alturas: "Não temam, patriarcas dos judeus. O juramento que Eu fiz para vocês não será violado, e Eu os protegerei".

Moisés explicou: "As maldições de Deus só terão efeito se vocês não cumprirem Seus preceitos (é sua escolha evitar que elas se tornem realidade)".

A maldição pairará sobre os negócios, sobre a produção, sobre os filhos e os animais; haverá confusão e doença; seca e derrota; pavor de doenças de pele e confusão mental, falta de conselhos.

A Torah prediz que se os judeus deixarem a Torah, eles serão como "cegos no escuro". Além de se sentirem (espiritualmente) perdidos e confusos, eles sentirão falta de alguém que poderia ajudá-los e guiá-los.

Haverá também fracasso e frustração; Exílio: se as desgraças que ocorrerem na sua própria terra não os direcionarem de volta para Deus, vocês serão por fim exilados. Ainda ocorrerá a desolação da terra e degradação daqueles que continuam na Terra de Israel. Moisés então explicou que Deus pune medida por medida:

"Já que vocês não serviram Deus, seu Deus, com alegria e com júbilo do coração ao aproveitar o grande número das Suas bênçãos, vocês devem, portanto, servir seus inimigos, os quais Deus mandará contra vocês, com fome, sede, nus e com incontáveis necessidades".

Se vocês não quiserem servir a Deus, vocês terão que servir aos não judeus. Se vocês não quiserem contribuir para o Templo Sagrado, terão que pagar tributos para o governo dos inimigos. Se vocês não repararem as estradas para aqueles que viajam para o Templo Sagrado, vocês terão que reparar as estradas para os reis. Se vocês não servirem a Deus com alegria em tempos de prosperidade, vocês terão que servi-Lo com fome e necessidades.

Um povo de um país distante sitiará Jerusalém, e virão a fome e o sofrimento como resultado. O destino dos exilados se eles não cumprirem a Torah: que aqueles que estiverem exilados não acreditem que com a expulsão da terra, Deus os livrou da obrigação de cumprir a Torah!

Também haverá a dispersão global, medo do futuro e o retorno ao Egito.

O Messias e o entendimento da Torah

Quando os judeus ouviram a repreensão, eles ficaram apavorados. Moisés então os reuniu todos – homens, mulheres e crianças – e explicou-lhes que Deus destinou aquelas advertências para o seu benefício. Seu sofrimento preveniria sua assimilação entre os povos e lhes garantiria uma porção no Mundo Vindouro com a vinda de Messias.

Será sempre um desafio à fé judaica na Providência quando se vê o sofrimento no mundo, que nos faz questionar a justiça de Deus. Em parte, isso ocorre também a uma sociedade egoísta que proclama a boa vida neste mundo como único objetivo final.

Os ancestrais do povo de Israel viveram, sofreram e morreram com o ensinamento da fé judaica enraizado profundamente de que a vida neste mundo é passageira, somente um preparativo para a vida futura e eterna. O que pode ser considerado um "infortúnio" no mundo presente pode provar ser uma fonte de felicidade no que mundo que está por vir.

O Midrash nos conta

Quando Rabi Simão Bar Yochai e seu filho Eleazar estavam escondidos em uma caverna por medo do governo Romano, os sábios na Terra de Israel estavam estudando esta parashá.

Certa vez Rab Yosse avistou um grupo de pombas. Uma pomba solitária estava perambulando entre elas. "Pomba, pomba", ele suplicou, "você é um mensageiro fiel desde os tempos de Noé e você simboliza o povo judeu. Voe para Rabi Simão Bar Yochai".

R. José queria saber a explicação dessas admoestações. Ele colocou a pergunta escrita no bico da pomba e ela a levou para Rabi Simão. Ao ler a mensagem, este começou a chorar e comentou: "Quão baixo nossa geração afundou, que nós não sabemos nem explicar ou entender corretamente a mensagem da Torah". O profeta Elias revelou-se para acalmar Rabi Simão e dar-lhe uma resposta.

"Esta parashá foi estudada na Casa de Estudos Celestial", Elias revelou. "Neste caso, Deus é mais como um pai que, preocupado com a má conduta do seu filho, repreende-o insistentemente por compaixão e piedade. Na verdade, cada faceta da repreensão vem do amor de Deus para com o povo judeu; todas têm o intento de ajudar a guiá-los em direção ao caminho apropriado".

Muitas das admoestações são repetitivas porque Deus previu a longa duração do presente exílio e queria urgentemente advertir os judeus para fazerem teshuvá (conversão e arrependimento). Mesmo a mais severa das maldições: 'Toda doença e praga que não estão escritas neste livro da Torah Deus trará sobre vocês', é expressa ambiguamente. 'Ele trará sobre você' (ya'lem alecha) pode significar também 'Ele omitirá de você' (do radical leha'alim – omitir) – em outras palavras, Ele não as trará sobre vocês. A repreensão deve ser lida com uma apreciação do profundo desejo Divino de que os judeus não abandonem a Torah, e que aqueles que o fizeram, retornem à Torah.

Elias revelou mais um segredo para o Rabi Simão Bar Yochai: "O versículo 'E Deus os retornará para o Egito em navios' é uma bênção disfarçada. Isso é uma dica que no futuro Deus realizará milagres similares àqueles ocorridos após o Êxodo. As nações virão em navios e tentarão destruir os judeus, porém em vez disso estes navios serão afundados.

Quando a pomba retornou à noite com a mensagem do Rabi Simão Bar Yochai para o Rabi José, este último exclamou maravilhado: "Pomba, pomba, você é a mais fiel das criaturas"!

Ele mostrou a mensagem do Rabi Simão para os sábios e declarou: "Mesmo que nós não saibamos o paradeiro de Rabi Simão, onde quer que ele esteja, a Torah com certeza lá está. Afortunada é a sua porção"!

As maldições apresentadas nessa porção semanal da Palavra não eram o desejo final de Deus. Ao contrário, Deus ama seu povo e quer regá-los com bênçãos. Estas maldições são somente superficiais e ocultas, dentro delas há bênçãos que o povo judeu eventualmente merecerá, se for fiel em cumprir sua parte na Aliança com Deus.

Correspondência bíblica

Primícias:

Dt 18,4: "A Ele darás também as primícias do trigo, do vinho e do azeite, bem como a primeira lã da tosquia das ovelhas".

2Sm 1,21: "Ó montes de Gelboé, não caia sobre vós orvalho nem chuva, não haja campo de onde tirar as primícias"!

2Cr 31,5: "Quando esta ordem se espalhou, os israelitas ofereceram em abundância as primícias do trigo, do vinho, do azeite, do mel e de todos os produtos do campo. Pagaram também o dízimo de tudo, em abundância".

Ne 10,36: "Comprometemo-nos também a levar cada ano à Casa do SENHOR as primícias de nossa terra e os primeiros frutos de qualquer árvore".

Tb 1,6: "Eu, porém, ia algumas vezes sozinho a Jerusalém nos dias festivos, conforme está prescrito para todo o Israel por um decreto perene. Eu levava comigo a Jerusalém as primícias, os primogênitos, os dízimos dos rebanhos e do gado e a primeira tosquia das ovelhas".

Sl 78,51: "Matou todos os primogênitos do Egito, as primícias do seu vigor no país de Cam".

Pr 3,9: "Honra ao SENHOR com a tua riqueza e com as primícias de todos os teus frutos".

Eclo 35,10: "Glorifica o SENHOR com generosidade e não regateies as primícias de tuas mãos".

Jr 2,3: "Israel, consagrado ao SENHOR, era as primícias de sua colheita; quem o devorava, tornava-se culpado, castigos vinham sobre ele – oráculo do SENHOR".

Dn 3,38: "Não há, neste tempo, chefe, profeta ou liderança, não há holocausto, nem sacrifício, oferenda ou incenso, não há local para te entregar as primícias a fim de podermos encontrar misericórdia".

Ml 3,8: "Pode um ser humano enganar Deus? Pois vós me enganastes! E perguntais: Como foi que te enganamos? No dízimo e nas primícias".

Rm 11,16: "Aliás, se as primícias são santas, a massa toda é santa; e se a raiz é santa, os ramos também são santos".

1Cor 15,20: "Mas, na realidade, Cristo Ressuscitou dos mortos, como primícias dos que morreram".

1Cor 15,23: "Cada qual, porém, na sua própria categoria: como primícias, Cristo, depois, os que pertencem a Cristo, por ocasião da sua vinda".

58 – Dt 29,9 – 30,20: NITSAVIM - נצבים
Is 61,10 – 63,9 e

60 – Dt 31,1-30: VAYÊLECH - וילך
Is 55,6 – 56,8

NITSAVIM - נצבים – Dt 29,9 – 30,20; Is 61,10 – 63,9

Moisés se reúne no seu último dia de vida junto com o povo de Deus e lhes apresenta uma nova Aliança com Deus. Cada um de agora em diante será responsável por si próprio e pelos outros como nação. Uma nação com uma responsabilidade mútua.

• Deus igualmente nesta porção semanal da Palavra nos coloca diante de uma escolha: a vida ou a morte. E nos dá a liberdade de escolher... Se escolhemos a vida e nos convertermos a Deus..., Ele mesmo circuncidará o nosso coração para amarmos a Deus de todo o coração e de toda a alma, Ele usará de misericórdia conosco (Cf. Dt 30,2-6) e assim possamos viver...

Para isso Deus chama como testemunhas para selar essa Aliança, os céus, a terra, o passado e o presente, as bênçãos e as maldições. A Palavra de Deus não está num local inacessível, não está nos céus, não está longe, no outro lado do oceano.

Mas a Palavra de Deus na verdade está perto, muito perto de você, em seus lábios e em seu coração. Procuramos com a ajuda da Palavra de Deus sermos melhores, pais, filhos, esposos e esposas, melhores amigos.

Por vezes acreditamos que o caminho está oculto, está muito distante, perdemos a esperança, já que parece que estamos muito distantes. Mas a Bíblia nos afirma que isso não é verdade. Devemos estar atento ao momento presente e a coragem do primeiro passo, depois o segundo passo, sempre a cada dia manter o passo firme na confiança em Deus e na Sua Palavra.

Estarmos atentos ao passo que podemos fazer hoje em direção à meta, à finalidade de nossa vida. E isso é de grande consolo e ajuda. Se muitas vezes estamos perdidos no que fazer para alcançar a grande meta da nossa vida de fé com Deus, sei, contudo naquilo que posso fazer e realizar hoje.

Imaginemos numa criança que entra na escola, ela não sabe o que irá acontecer durante todo o tempo de escola, quantas horas, meses, anos de estudo, de dificuldades. Se soubesse não teria forças ou desistiria no primeiro dia de escola. Mas a criança não pensa nisso tudo, mas naquilo que deve fazer hoje.

O que posso melhorar hoje na minha vida, qual o detalhe, a pequena ação que posso fazer para crescer como pessoa, para melhorar a vida ao redor da minha vida? Esse passo que nos aproxima um pouco mais do meu verdadeiro caminho de filho ou filha de Deus. Esse passo não está escondido, ou longe. Não está distante ou no céu ou no outro lado do oceano. Está próximo de você, de sua boca e de seu coração para ser realizado com fé, porque justamente esse caminho o levará mais perto de Deus.

Este trecho da Palavra de Deus nos mostra Moisés como um líder cheio de amor pelos filhos de Deus, o povo que Deus libertou, conduziu e alimentou no deserto e que agora está prestes a caminhar por seus próprios pés na Terra Prometida.

NITSAVIM – Seleções de Midrash a partir do texto bíblico: Dt 29,9 – 30,20

Moisés consola o povo de Israel

Na parashá anterior, Moisés advertiu os judeus sobre os diferentes castigos que receberiam se pecassem. A nação tremeu de medo. "Como sobreviveremos a tais sofrimentos"? Os Filhos de Israel pensaram. "É tão difícil evitar pecar; temos medo de que todos nós pereçamos".

Moisés viu seus semblantes transtornados pelo pânico. Por isso, tão logo terminou de falar sobre os castigos, começou a consolar os judeus: "Não temam! A nação judaica sobreviverá neste mundo e no mundo vindouro. As demais nações sofrerão menos neste mundo, mas serão destruídas por causa de sua perversidade".

"Às vezes, o dia começa escuro e nublado. Então, o sol surge dentre as nuvens, aquecendo e iluminando. Da mesma forma, por vezes, sua vida pode parecer difícil. Porém, sempre pode almejar à duradoura felicidade do Mundo futuro".

O novo pacto dos filhos de Israel

Era o dia sete de Adar (Mês do calendário judaico) de 2488, dia do falecimento de Moisés. Moisés anunciou ao Povo de Israel: "Hoje, selarei um pacto entre vocês e Deus. Vocês devem jurar que serão Seu povo para sempre. Ao jurarem, isto incluirá todas as futuras gerações. Todos vocês estão ingressando nesta aliança – seus líderes: Josué, Eleazar, os líderes das tribos, e os anciãos do Sinédrio; os juízes; todos os homens e suas esposas, que talvez não compreendam completamente minhas palavras, mas serão recompensados por ouvi-las e aceitá-las; e as crianças, que serão educadas na Torah e os preceitos".

A aliança inclui os convertidos dentre vocês, que são lenhadores e carregadores de água" (Moisés referia-se a um grupo de cananeus que pediram para serem aceitos como convertidos). Moisés designou-os lenhadores e carregadores de água para a comunidade.

"A aliança abrange até mesmo judeus que nascerão no futuro. Apesar de não estarem aqui fisicamente, suas almas estão presentes nesta assembléia" (também no dia da Entrega da Torah - Outorga da Torah - confira Chavuot, todas as almas judias estavam presentes).

"Deus quer que vocês aceitem a Torah através de um juramento, antes que eu encerre minha liderança. Ele próprio jurou aos nossos patriarcas que jamais trocaria o povo judeu por outra nação. Se só Ele estivesse atado ao juramento (e vocês não), o pacto seria unilateral". Porque Moisés queria fazer um novo pacto com os Filhos de Israel, sendo que eles já aceitaram a Torah no Monte Sinai? Há diversas respostas:

1. A maioria dos judeus que entrariam na Terra Israel não estava presente no Monte Sinai. Eles eram os filhos dos que receberam a Torah no Monte Sinai. Moisés queria que esta nova geração também prometesse que cumpriria a Torah.

2. Os Filhos de Israel quebraram a promessa que fizeram no Monte Sinai ao fazerem o bezerro de ouro. Por isso, Moisés pediu uma nova promessa.

3. Moisés acrescentou uma nova cláusula a este pacto. Disse aos Filhos de Israel: "Até agora, Deus considerou cada indivíduo responsável apenas por seus próprios atos. De agora em diante, cada um também será responsável pelos atos de todos os outros judeus".

Os judeus concordaram imediatamente em aceitar a responsabilidade uns pelos outros. Aprendemos com isto que não se deve sentir satisfeito consigo mesmo por ser um homem justo e cumprir a Torah. Isto não é suficiente. Ele também tem de prestar contas pelos atos de seus companheiros.

Não se pode acreditar em ídolos

Todo os Filhos de Israel concordaram com o novo pacto. Moisés advertiu o povo: "Muitos de vocês, que viveram no Egito, ainda se lembram de seus ídolos de madeira e pedra (que deixavam à vista), e os de ouro e prata (que deixavam trancados em suas casas, por temer ladrões). Vocês viram sua idolatria, e podem ter ficado impressionados com sua riqueza, sucesso e prestígio. Há outros dentre vocês que viram a idolatria de Edom, Amon, Moab e Madiã".

"Talvez haja alguém entre vocês que tenha aceitado a Torah somente superficialmente, e no seu íntimo, pensa: 'Na verdade, acredito em outros deuses. Porém, não fiz nada de errado. Pensamentos não contam'".

"Saiba que esta atitude igualmente desperta a ira de Deus, pois pensamentos de idolatria por si só já são transgressões. E daqui a muitas gerações, estes pensamentos se transformarão em atos. Então, quando os Filhos de Israel servirem ídolos, Deus fará com que a terra de Terra Israel seja queimada, e nada crescerá nela".

"Vocês serão exilados e dispersados entre nações estrangeiras. Estas perguntarão: Por que Deus lida de maneira tão rigorosa com a nação judaica? Nós também somos idólatras, e nossa terra é fértil. E vocês terão de responder: Porque os judeus quebraram o pacto que Deus fez com eles, e serviram outros deuses". Após ouvirem esta introdução, os Filhos de Israel ficaram com medo.

"Moisés", protestaram, "talvez haja alguém entre nós que esteja pensando em servir ídolos. Como podemos saber? Seremos todos castigados se um entre nós, em seu íntimo, acreditar em idolatria"? "Não", garantiu-lhes Moisés. "Vocês não são responsáveis pelos pensamentos do outro. Deus se encarregará desta pessoa. Vocês só serão culpados se virem alguém pecando e puderem impedir, mas nada fizerem". Ensinaram os sábios de Israel: "O mundo inteiro é mantido através dos méritos de um justo, como está escrito (Pr 10,25) 'O justo é um fundamento seguro'". A assembléia que estava prestes a entrar na Terra de Israel aceitou este novo pacto, além do pacto selado no Sinai.

Deus reunirá os Filhos de Israel

Moisés prometeu: "Se vocês pecarem, a maldição do exílio se realizará. Não obstante, Deus não guardará Sua ira para sempre. Quando vocês estiverem entre nações estrangeiras, farão teshuvá (conversão e arrependimento), e ouvirão a voz de Deus".

A Torah prevê que os Filhos de Israel farão teshuvá definitivamente. Talvez retornem a Deus por sua própria vontade.

"Quando vocês fizerem teshuvá com toda sinceridade, Deus extinguirá seu cativeiro. Terá misericórdia de vocês, e os congregará dentre as nações que Ele os dispersou. Se seu exílio for nos confins dos céus, de lá Deus, teu Deus, reunirá vocês, e de lá os tirará. Ele os reconduzirá à Terra Israel, a terra de seus antepassados, e vocês a herdarão.

De acordo com o grande pensador e filósofo Rambam (Maimônides), no futuro, o Rei Messias reinstaurará a dinastia de Davi, reconstruirá o Templo Sagrado e reunirá os dispersos de todo o povo de Israel. Aquele que não acredita em sua vinda, ou não anseia por ela, não nega apenas as últimas profecias, mas a própria Torah. Pois os versículos iniciais da Torah concernentes a este assunto são: "E Deus, teu Deus, te redimirá de teu cativeiro e terá misericórdia de ti... Se teus exilados estiverem nos confins dos céus... Deus, teu Deus, te levará para a Terra que teus antepassados possuíam, e tu a possuirás". (Dt 30,3-5). Os sábios de Israel nos contam:

Deus retornará do Exílio

Maimônides menciona este versículo em seu livro de Leis. A Torah não diz: "Deus retornará seus cativos do Exílio". As palavras empregadas no versículo são: "Deus também retornará com seus cativos. Daqui aprendemos que a Shechiná, por assim dizer, também será redimida. Após a destruição do primeiro Templo Sagrado, o general babilônio Nebuzardã (cf. Jr 43,6) conduziu os Filhos de Israel acorrentados para a Babilônia. O profeta Jeremias acompanhou os cativos em sua jornada.

Com tristeza Jeremias perambulava ao lado de seus irmãos. Deus, porém, tinha planos diferentes para ele. Deus disse a Jeremias: "Se você for com os judeus para Babilônia, Eu ficarei com os poucos que ficaram na Terra Israel. Se você ficar em Terra Israel, eu irei com os cativos"!

Jeremias respondeu: "Que benefício traria minha presença a esses pobres prisioneiros? Que o Criador os acompanhe; certamente Ele poderá auxiliá-los".

Jeremias voltou e juntou-se ao pequeno grupo que ficara na Terra de Israel. A Shechiná (Presença da Divindade), por assim dizer, foi para o exílio com os Filhos de Israel. A Shechiná esteve e está com os judeus em cada *galut* (exílio). Quando eles estão sofrendo, Deus, por assim dizer, também está. E quando a Redenção chega, da mesma forma Deus está novamente redimido com eles.

"Quando você retornar a Deus com todo seu coração e toda a sua alma, você e todos os Filhos de Israel serão abençoados com sucesso em tudo o que fizerem. Deus se alegrará com vocês da mesma forma que Se alegrou com seus antepassados".

Ansiando pela redenção

A Torah promete claramente que Deus os redimirá dentre as nações. Podem os judeus se perguntar: "Como podemos ainda esperar pelo Messias quando nos damos conta ao longo tempo por tudo o que nosso povo já passou, no exílio"?

Ainda assim, não devemos nos desesperar. A Torah está repleta de exemplos mostrando como Deus conduz o mundo de acordo com Sua vontade. Freqüentemente, Ele eleva alguém à grandeza no momento em que todas as esperanças pareciam perdidas.

Quando Abraão teve Isaac? Na idade de cem anos, quando, de acordo com as leis da natureza, ele já era velho demais para ter um filho.

Quando José se tornou legislador? Após ter sido prisioneiro durante vinte anos.

Quando Jacó se tornou pai de doze filhos e ficou rico, mesmo tendo vencido a luta com o anjo? Apenas depois de ter fugido da casa de seu pai, sem um centavo (pois o filho de Esaú o roubou), e ter servido a Labão dia e noite, sem descanso, durante vinte anos.

Quem pensaria que aquele bebezinho, flutuando numa cesta no Rio Nilo, chorando de fome, um dia cresceria para tornar-se líder e tirar os Filhos de Israel do Egito e dar-lhes a Torah?! E tudo isto depois de ter crescido no cruel palácio do faraó!

E você teria sonhado que o faraó, que escravizou os Filhos de Israel de maneira tão atroz e que se considerava um deus, se curvaria um dia perante Moisés e Aarão implorando-lhes que deixem sua terra?!

A Torah nos mostra repetidamente que Deus é quem comanda. Ao final, Ele enviará o Messias e reunirá os judeus, conforme a Torah promete, não importa por quanto tempo eles esperaram.

A Torah está perto de cada judeu, de cada pessoa que crê

Como alguém faz teshuvá (conversão e arrependimento)? Através do estudo e prática da Torah! Moisés explicou: "Você pode argumentar: A Torah é complexa para que possamos entendê-la. Não conseguimos cumprir tantos preceitos; não somos anjos".

"Esta Torah que eu te ordeno não é algo oculto", exortou-os Moisés. "Não alegue que não pode compreendê-la, pois lhe forneci a Torah Oral com todas as explicações possíveis da Torah Escrita".

Uma analogia:

Certa vez um tolo entrou na Casa de Estudos da Torah. Observando os outros judeus que estudavam com fervor, indagou: "Como alguém se torna um perito na Torah"? Explicaram-lhe: "Após estudar o alfabeto a pessoa progride para o *Chumash* (os cinco livros da Torah), deles para os Profetas, e finalmente para a *Mishná e Guemará (Talmud)*". O tolo raciocinou: "Como poderia dominar tudo isto"? Ele desistiu antes de tentar.

A pessoa sábia, contudo, age como o mais arguto dos dois homens que perceberam um pão numa corda suspensa presa ao teto. Um deles comentou: "Veja, está tão alto que jamais conseguiremos abaixá-lo". O outro pensou: "Obviamente, alguém o pendurou lá! Deve haver um meio de trazê-lo para baixo"! Trouxe escadas e varas; "pescou" até que conseguiu puxá-lo para baixo.

Analogamente, a pessoa sábia diz: "Deixe-me estudar um pouco de Torah hoje, um pouco amanhã, e uma nova porção a cada dia, até que, ao final, eu a dominarei".

Moisés ainda disse mais aos judeus: "A Torah não está mais no Céu – eu a trouxe para baixo, para a terra, e a revelei a todos vocês. Portanto, não digam: Se nós tivéssemos outro Moisés que nos trouxesse a Torah do Céu e a explicasse para nós, estudaríamos" (mas mesmo se a Torah ainda estivesse no Céu, por assim dizer, e vocês tivessem de se esforçar ao máximo para trazê-la para baixo, vocês seriam obrigados a fazê-lo).

"A Torah também não está além-mar, para usarem como desculpa: Se apenas tivéssemos alguém que viajasse e nos devolvesse a explicação da Torah, a estudaríamos (contudo, se a Torah estivesse do outro lado do oceano, você teria de viajar para lá a fim de estudá-la)".

"Se você disser tudo isso, está equivocado. A Torah está perto de cada pessoa. Tudo o que poderão alegar sobre o empenho no estudo e na sua prática são falsas desculpas. Vocês todos podem estudar e guardar a Torah, se quiserem. Porém, deverão fazê-lo de todo coração".

Os judeus perguntaram a Moisés: "Nosso mestre Moisés, você afirmou: 'A Torah não está no Céu ou além-mar'. Então, onde ela está"? Moisés replicou: "Está muito perto de vocês, quando vocês a estudam; contanto que, enquanto vocês a estudam com a boca, preparem seus corações para cumpri-la".

Um dos sábios relata: "Certa vez, ao perambular de lugar em lugar, encontrei um judeu que era iletrado em Torah e os preceitos, e desdenhava o estudo da Torah. Meu filho, perguntei-lhe, o que você responderá ao seu Pai Celestial no dia do julgamento? Tenho uma desculpa válida, disse-me. Direi que o Céu não me supriu com inteligência suficiente para estudar Torah. Qual a sua profissão? perguntei-lhe. Sou pescador, esclareceu".

"Que tipo de trabalhos você realiza"?, indaguei. "Dão-me linho, do qual teço redes. Lanço minhas redes ao mar, e apanho os peixes". "Disse ao pescador: Se você é esperto o suficiente para tecer redes e pescar peixes, como você pode dizer que não compreende a Torah, onde está escrito: Pois que ela está muito perto de ti, em tua boca e em teu coração, para que a cumpras? (Dt 30,14)".

Ele explodiu num choro de sincero arrependimento, e consolei-o: "Meu filho, há muitos como você que darão desculpas no dia do julgamento. Contudo, Deus refutará todas elas". Os sábios de Israel fizeram incontáveis sacrifícios a fim de manterem e prosseguirem em seu estudo de Torah.

Uma história: O amor de Rabi Yochanan pela Torah:

Certa vez, Rabi Yochanan estava andando com seu discípulo, Rabi Chiya, em cujo braço estava se apoiando. "Você está vendo esta casa de fazenda"? perguntou Rabi Yochanan, apontando com o dedo. "Ela me pertencia, mas eu a vendi, a fim de ter dinheiro suficiente para meus estudos da Torah". Um pouco depois, passaram por uma casa num vinhedo. "Esta casa também era minha", comentou Rabi Yochanan, "mas tive de vendê-la para conseguir continuar a estudar".

Ao passarem por uma construção num olival, Rabi Yochanan disse: "Esta propriedade também era minha". Rabi Chiya começou a chorar. "Porque você está chorando"? perguntou Rabi Yochanan. "Sinto pesar pelo senhor ter vendido todos os seus bens," respondeu Rabi Chiya. "De que o senhor vai viver em sua velhice"?

"Não se sinta assim," consolou-o Rabi Yochanan. "Valeu mais que a pena. Vendi coisas que foram criadas por Deus em seis dias, mas adquiri a Torah, que foi dada a Moisés no Monte Sinai após quarenta dias. Ganhei bem mais do que perdi"!

Na verdade, a Torah está perto de cada pessoa. Porém, a fim de estudar e cumpri-la adequadamente, deve-se estar disposto a fazer um esforço para isto, e muitas vezes sacrifícios para atingir sua meta.

Moisés implora que os Filhos de Israel escolham a vida

Moisés terminou seu discurso enfatizando: "Depende de cada um de vocês se irão ou não cumprir a Torah. Ninguém os força a fazê-lo ou não. Vocês têm liberdade de escolha. Porém, como expliquei anteriormente, se escolherem a Torah, estarão escolhendo a vida (neste mundo e no Mundo futuro). Por favor, escutem meu conselho: escolham a vida! O caminho para a vida é amar Deus e escutar Sua voz".

VAYÊLECH - וילך – Dt 31,1-30

Em continuidade com a Parashá anterior, ouvimos neste trecho as palavras do último dia de vida de Moisés, que faz a sua despedida cheia de carinho e encorajando a todos para permanecer firmes na fé em Deus. Mesmo que Moisés não esteja mais presente, Deus continuará junto com eles.

Moisés também apresenta Josué como o novo líder do povo dali pra frente, incentivando a todos para serem fortes e corajosos.

Moisés convida a todos a progredirem o máximo que puderem na espiritualidade, a não relaxarem nas suas motivações de Amor ao Eterno Deus e na prática dos preceitos da Bíblia.

Para Moisés viver significa progredir. Progredir mais ele poderia fazer na Terra Santa, mas como o próprio Deus decidiu que ele não entraria nela, então aceitou de boa vontade a morte.

Viver significa para Moisés crescer. Talvez seja por isso que no Talmud esteja presente o ensinamento: "Os perversos são considerados mortos mesmo quando estão vivos" (Tratado de Brachot, 18b).

Nesta porção da Palavra de Deus encontramos portanto o último dos 613 preceitos registrado na Torah: cada judeu deve escrever seu próprio Sefer Torah (Dt 31,19). Num sentido simbólico, isto significa que devemos construir a nossa própria relação pessoal com a Torah. O Rashba, Rabbi Shlomo ben Aderet (Espanha, século 13), explica que cada judeu tem um canal espiritual particular.

Através deste canal privado ele canaliza o entendimento da Torah, de forma que se relaciona com a sua alma única. Como as estações de rádio: os homens e mulheres de fé compartilham o mesmo circuito, mas a melodia é diferente! E isso é o que produz uma bela harmonia. Através do quadro da "Lei de Moisés", o povo judeu constrói o "mosaico da diversidade".

Naturalmente, isso deve ocorrer dentro da tradição e dos costumes do seu povo e do seu tempo. A Torah nos diz: "Somente no lugar onde Deus escolheu para estabelecer seu Nome é que você deve buscar a Sua presença" (Dt 12,05).

O serviço a Deus não é arbitrário e não pode ser baseado em nossos próprios termos. A Torah é eterna e imutável estabelece diretrizes para a expressão e observância judaica.

No entanto, ao mesmo tempo, cada um de nós deve "buscar a Sua presença" individualmente. Quando Abraão e Isac partiram para a Alqueda (o sacrifício de Isaac), eles foram para o lugar que Deus tinha escolhido (Monte Moriá), no entanto, eles tiveram que encontrar esse lugar por si mesmos (Cf. Gn 22).

Essa herança oferecida nessa Aliança deve ser confirmada, escolhida sempre. A herança desse abençoado povo judeu se dá, segundo sua fé, quando conservam os preceitos contidos na Torah, através das tradições que seus antepassados lhes transmitiram e que, juntamente com seus esforços para uma conduta justa, lhe garantirão a continuidade nas próximas gerações para a eternidade.

VAYÊLECH – Seleções de Midrash a partir do texto bíblico: Dt 31,1-30

Moisés e Josué

No dia do falecimento de Moisés, uma Voz Celestial revelou-se: "Moisés, você só tem mais um dia de vida". Em seguida, Moisés saiu do acampamento dos levitas (onde ficava sua tenda) e dirigiu-se ao acampamento onde ficavam outras tribos a fim de despedir-se dos judeus, e consolá-los, por causa de seu falecimento próximo. A humildade de Moisés era tão grande que ele considerava seu dever pessoal despedir-se do povo naquele momento. Suas palavras de conforto e solidariedade foram:

"Sou um ancião, com exatamente cento e vinte anos de idade. Hoje é meu aniversário. Não tenho mais permissão de lhes ensinar Torah, pois Deus me ordenou que eu não mais continue a liderá-los. Deus não me permite cruzar o Rio Jordão, mas não se desesperem! Sua Shechiná (Presença da Divindade) passará à sua frente, e Josué será seu líder. Deus destruirá as nações de terra de Canaã, assim com destruiu os reinos de Seon e Og. Eu os deixo, porquanto sou humano, e meus dias, finitos. Porém, Deus não os abandonará enquanto vocês O servirem e permanecerem fiéis a Ele".

Moisés honra Josué

Moisés então chamou Josué, e disse-lhe palavras de encorajamento: "Seja um baluarte da Torah e dos seus preceitos. Você sobreviverá até que a Terra seja conquistada e dividida entre as tribos. Deus estará com você, não tema nem fraqueje".

Moisés queria que Josué começasse a ensinar o povo enquanto ainda vivia. Desta forma toda a nação o aceitaria. Ouviu-se uma proclamação pelo acampamento: "O novo líder falará hoje"! Os Filhos de Israel inteiro reuniram-se em honra a Josué.

Moisés providenciou um trono de ouro para seu sucessor, bem como uma coroa incrustada com pérolas, um turbante real, e um manto púrpura. Ao redor do trono, Moisés arrumou assentos para o Sinédrio e para os sacerdotes. Ele vestiu Josué com essas vestimentas reais, e entronou-o. Josué chorava de constrangimento, porém Moisés forçou-o a permanecer sentado.

Moisés instruiu Josué: "Seja forte na Torah, e valoroso ao lidar com o povo. Trate-os gentilmente. Se cometerem erros, não sinta ira contra eles". Ambos, Moisés e Josué, ensinaram Torah naquele dia. Caleb foi designado para explicar as palavras de Josué ao povo. Josué abriu com as seguintes palavras: "Bendito é Deus, que nos deu a Torah através de Moisés".

O rei e a leitura da Torah

Moisés explicou aos judeus o preceito que deve ser cumprido pelo rei e pela nação inteira a cada sete anos:

Quando os judeus se congregarem em Jerusalém para a festa de Sucot, no ano posterior ao ano de Shemitá, devem se reunir-se no início de *Chol Hamoed* (os dias intermediários da Festa) a fim de escutar o rei ler e explicar a Torah. Todos devem comparecer – homens, mulheres e crianças.

A assembléia é anunciada com o soar de trombetas. Uma alta plataforma de madeira é erigida no átrio feminino do Templo Sagrado, onde o rei se senta.

Ainda de pé, o rei recebe um Sêfer (Livro) da Torah e recita as bênçãos apropriadas. Ele pode então sentar-se para lê-la. Ele precisa ler determinadas passagens do livro do Deuteronômio, inclusive o Shemá – Escuta, Israel - (5, 4-8), e as bênçãos e maldições da parashá Ki Tavô. Após proferir as bênçãos finais da leitura da Torah, ele recita sete bênçãos especiais, que são:

1. Aceita favoravelmente...

2. Curvamo-nos...
3. Tu nos escolheste dentre os povos...
4. Uma bênção pela continuidade do Templo Sagrado, que termina em: Aquele que habita em Sião
5. Uma bênção pela continuidade do reinado
6. Uma bênção para que Deus aceite o serviço dos sacerdotes favoravelmente
7. A oração do próprio rei, terminada em "Bendito o que ouve as orações". Mesmo o maior dos sábios é obrigado a ouvir a leitura da Torah com atenção e reverência. O rei age como um representante de Deus, portanto, cada judeu deve aspirar vivenciar a leitura como se ela emanasse do Monte Sinai.

O objetivo do preceito é fortalecer o povo judeu na observância da Torah e temor a Deus. Este preceito foi cumprido por todos os reis justos e íntegros. Conta-se que o justo rei Agripa permanecia de pé durante a leitura da Torah. Os sábios valorizavam-no muito por isso. Quem é obrigado a comparecer a assembléia para este preceito?

Cada homem, mulher e criança. Mesmo quem já conhece o livro do Deuteronômio deve comparecer e ouvir a leitura do rei de maneira respeitosa. O rei é o mensageiro de Deus. Ao ler para os Filhos de Israel, é como se a Torah estivesse sendo dada novamente ao povo judeu.

Por que as crianças pequenas devem comparecer? Algumas delas nem mesmo compreendem uma palavra da leitura da Torah! A Torah ordena que as crianças sejam trazidas para que Deus recompense os que as trouxeram. Mais ainda, a assembléia as impressionará. Anos depois, se lembrarão. Esta lembrança as ajudará a crescer como pessoas tementes a Deus. As influências ambientais afetam o futuro desenvolvimento da criança, bem antes que sua educação formal tenha se iniciado. A assembléia nacional certamente causará uma profunda e positiva impressão sobre uma criança.

Os comentaristas explicam: "Qual a recompensa dos pais por trazerem as crianças"? As crianças serão educadas a temer a Deus e cumprir os preceitos. Por conseguinte, elas trilharão os caminhos da Torah, e esta é a maior recompensa para os pais. Esse preceito é a origem bíblica do porque levar as crianças à sinagoga (somente sob a condição de que não atrapalhem o serviço religioso).

Lembrar-se que isso as ajudará a crescerem como pessoas tementes a Deus. Todos nos lembramos de cenas de nossa infância que nos marcaram profundamente. Mesmo não conseguindo captar os fatos, a memória permanece.

O Som da Torah

O famoso Rabi Yochanan ben Zacai tinha cinco alunos eminentes. Ele tinha diferentes palavras de louvor para cada um deles. Ele cumprimentava um pela sua fantástica memória, e elogiava outro por pensar constantemente em novas idéias no estudo da Torah, como uma nascente da qual sempre brota água fresca.

Um de seus pupilos era Rabi Josué ben Chananya, sobre o qual Rabi Yochanan costumava dizer: "Bem-aventurada é a mãe que lhe deu à luz"!

Graças a ela Rabi Josué tornou-se tão grande. Mesmo antes do bebê nascer, a mãe de Rabi Josué comparecia diante de todos os sábios da cidade, pedindo-lhes: "Por favor, rezem para que a criança cresça para ser um discípulo sábio"!

E quando a criança nasceu, ela levava seu berço à Casa de Estudos. Ela queria que ele ouvisse os sons e a melodia do estudo da Torah mesmo sendo um bebê. Quando Rabi Josué cresceu, era querido por todos. Não era apenas grande em sabedoria da Torah, mas possuía os mais tocantes traços de caráter.

Moisés pede a Deus a anulação do decreto de morte

Desde o primeiro dia de Adar, quando soube que seu falecimento era iminente, até sete de Adar, Moisés implorou a Deus que prolongasse sua vida. (Pois uma pessoa nunca deve perder a esperança na misericórdia de Deus, mesmo depois que seu decreto já estiver selado).

Por que Moisés implorou por mais anos de vida? A resposta é que "vida", para ele, significava a aquisição de mais Torah e os preceitos, e esta oportunidade se encerra com a morte. Ninguém poderia apreciar o valor da "vida" melhor que Moisés, que utilizou cada minuto para aperfeiçoar-se espiritualmente.

Assim Deus anunciou o falecimento de Moisés: "Eis que se aproximam os teus dias em que você deve expirar". Deus gostaria de prolongar a vida de Moisés além dos cento e vinte anos que lhe foram estipulados. Ele só toma a vida de um justo com relutância, como está escrito: "A morte de Seus justos é preciosa aos olhos de Deus" (Sl 116,15).

A fim de demonstrar sua relutância, Deus não disse diretamente a Moisés: "Você deve morrer," mas falou a respeito dos "dias do falecimento que se aproximam". Mais que isso, Deus aludiu: "Teus dias de expirar, e não você", pois um homem justo é considerado "vivo", mesmo após sua morte.

Seu fim é diferente do de qualquer outro homem. Você é tão vigoroso hoje quanto era em sua juventude. Você não precisa preparar mortalha ou caixão, pois o Céu lhe providenciará. Tampouco será enterrado por sua família e amigos, mas por Mim e minhas Hostes Celestiais".

"Assim foi decretado. Até agora, você serviu como líder. Agora, seu termo findou e chegou a vez de Josué. Juro! Como você liderou meus filhos neste mundo, assim os liderará novamente na era futura".

A canção de Haazinu (próxima parashá)

Deus disse a Moisés: "Sei que após sua morte os judeus quebrarão o pacto que selaram Comigo, e adorarão outros deuses. Então, ocultarei deles minha face. Serão atormentados por muitos problemas. Esperarei que se voltem a Mim em teshuvá.

"Escreva isto na canção de *Ha'azinu*. Isto lembrará Os Filhos de Israel de que suas dificuldades não aconteceram por acaso. Não deixe que atribuam sua fé à coincidência".

Moisés escreveu a canção que Deus lhe ditou. Ele e Josué ensinaram-na ao povo. O que Deus predisse tornou-se realidade. No Exílio, o povo de Israel não sentiu a presença de Deus como sentia na época do Templo Sagrado; Ele, por assim dizer, ocultou Sua face. "Se eles voltarem para Mim e orarem, lhes responderei. Perceberão então que Eu sempre estive com eles em seu sofrimento".

Uma analogia:

Uma mulher estava prestes a dar à luz, e começou a gritar de dor. Sua mãe, que morava no andar de cima, ouviu os sons desesperados, e também começou a gritar. "O que está acontecendo"? perguntou um vizinho. "Ambas estão dando à luz"? Informaram-lhe a resposta da "mãe: "Acaso a dor de minha filha não é minha dor também"? Da mesma forma, quando o Templo Sagrado foi destruído, Deus, no Céu, também se afligiu. Ele sofre conosco no exílio, como está escrito: "Estou com ele na aflição" (Sl 91,15).

O preceito de escrever um Sêfer (livro) da Torah

Moisés agora ensina o último preceito da Torah: "E agora, escrevam esta canção para si, e ensine aos filhos de Israel" (Dt 31,19). O preceito de escrever um Sêfer Torah.

Cada judeu recebeu o preceito de escrever um Sêfer Torah. Se ele não puder fazê-lo sozinho, pode contratar um sofêr (escriba) para fazê-lo para ele. Se um judeu ajudar a escrever um Sêfer Torah, ou encomendar um é como se ele próprio tivesse cumprido a preceito. Às vezes, uma sinagoga ou yeshivá (Casa de Estudo da Bíblia) escreve um Sêfer Torah novo. As pessoas, então, tentam adquirir uma parte. É possível obter uma ou mais letras, que o sofêr escreve para elas.

Escrever um Sêfer Torah é uma enorme empreitada. O sofêr o escreve inteiramente à mão. Ele utiliza uma pena, cujo bico mergulha em tinta, e escreve sobre pergaminho. Cada letra precisa ser corretamente desenhada. Se estiver faltando ou sobrando uma única letra na Torah, todo o sêfer não é casher (adequado).

Da mesma forma, se duas letras se tocam, o Sefer Torah inteiro já não é mais casher. Atualmente, há programas de computadores capazes de verificar com perfeição se um Sêfer Torah possui letras faltando, após o próprio sofêr ter verificado se elas estão casher. Este é um exemplo de como a moderna tecnologia pode ajudar a cumprir a Torah.

O preceito também abrange a compra de sefarim (livros) utilizados para os estudos. Deus deseja que cada judeu possua textos claros e novos da Torah, a fim de poderem estudá-los. Maimônides escreve: "É uma preceito para cada judeu escrever para si um Sêfer Torah, como o versículo diz: 'Então agora escreva esta canção (Ha'azinu) para si,' que significa: 'Então escreva um Sêfer Torah, que contém esta canção, para si'. Mesmo quem herda um Sêfer Torah é obrigado a escrever o seu próprio rolo.

Que lições podemos aprender do preceito de escrever o Sêfer Torah? A halachá (lei judaica) exige que cada letra da Torah seja "mukafot guevil" – "rodeada pelo pergaminho". Conseqüentemente, o escriba deve observar que nenhuma letra toque na outra. Por outro lado, a halachá também exige que as letras que compõem uma palavra devem posicionar-se perto o suficiente umas das outras, de maneira que não aparentem ser letras individuais, tampouco parte de uma palavra. Dessas duas leis, depreendemos uma lição de suma importância no que se refere à coletividade e individualidade do povo judeu.

Primeiramente, é imperativo que cada judeu seja independente e cumpra a Torah e seus preceitos. Nenhum judeu pode "encostar-se", fiar-se no outro e apoiar-se sobre ele. A Torah é a herança de cada judeu e todos são obrigados a observá-la e mantê-la. Apesar de cada judeu ser independente no cumprimento da Torah, deve sempre ter em mente o princípio de responsabilidade pelo próximo. Um judeu deve estar imediatamente ao lado do outro, e ficar bem perto, na medida em que parecem um só corpo coletivo, e não indivíduos egoístas.

Um Sêfer Torah é escrito com tinta, porém a única cor permitida é a preta. Enquanto as demais cores podem facilmente serem mescladas umas às outras, formando uma nova cor, é extremamente difícil modificar o preto.

Analogamente, um judeu não deve permitir que as influências da sociedade ou as dificuldades da vida prejudiquem ou desbotem sua verdadeira "cor" e expressa devoção à Torah.

A tinta deve aderir firmemente ao pergaminho, e se "ficar saltada", ou seja, descascar, o Sêfer Torah é *passul – não casher*. A lição implícita é que o judeu deve aderir tenazmente à Torah, e nunca separar-se dela.

Outra lição a ser aprendida do Sêfer Torah é que a Torah é composta de muitas letras. Apesar de cada uma ser independente, sua "validade" depende do conjunto de todas elas. A falta ou não integridade de uma única letra afeta a validade do rolo inteiro. Do mesmo modo, cada pessoa é um componente essencial do Povo de Israel, de quem depende a integridade do povo inteiro.

Moisés escreve trinta rolos da Torah

Naquele sete de Adar, 2488, dia de seu falecimento, Moisés realizou um vasto número de tarefas. Selou um novo pacto entre Deus e Os Filhos de Israel (conforme explicado na parasha anterior Nitsavim); ensinou-lhes a canção de Ha'azinu; abençoou todas as tribos, e transcreveu a Torah inteira trinta vezes, desde Bereshit até as últimas palavras. Em seu último dia de vida, Moisés escreveu toda a Torah, do começo ao fim. Cada palavra que escreveu foi ditada por Deus.

Um escritor pode levar um ano para completar o Sêfer Torah. Mas quando Moisés escreveu, as palavras e cada letra parecia fluir milagrosamente de sua mão. Quando terminou, Moisés entregou o Sêfer Torah à tribo de Levi, e disse: "Guardem-no com cuidado, pois todos os outros Sifrei Torah serão copiados deste"!.

Os Filhos de Israel ficaram agitados: "Moisés," protestaram, "porque apenas uma tribo deveria ser encarregada deste preceito? Todos os judeus receberam a Torah de maneira igual no Monte Sinai. Não queremos que os membros da tribo de Levi reivindiquem que a Torah foi dada apenas para eles".

Ao escutar esses argumentos, Moisés ficou muito feliz, "Agora vejo o quanto todos vocês amam a Torah," disse. "Escreverei mais doze, e os darei a cada tribo".

Moisés sentou-se, de pena em punho, para começar sua formidável empreitada. De novo Deus realizou milagres, e as palavras pareciam serem escritas por si mesmas. Cada tribo recebeu um Sêfer Torah de Moisés, que disse à tribo de Levi: "Coloquem seu Sêfer Torah na Arca, junto às luchot (Tábuas da Lei). Ele somente será usado se houver dúvidas sobre alguma letra ou a ortografia de alguma palavra. Então vocês poderão verificar neste Sêfer Torah e saber como escrevê-la corretamente".

Até hoje, o texto dos rolos da Torah são idênticos ao do que foi escrito por Moisés. Agora Moisés e Josué ensinarão a canção de Ha'azinu, que figura na próxima parashá.

Correspondência bíblica

A Palavra de Deus:

Ex 20,1: "Deus pronunciou todas estas Palavras:"

Nm 24,16: "Oráculo daquele que ouve as Palavras de Deus, que vê o que o Poderoso lhe faz ver, que cai em êxtase e tem os olhos abertos".

Dt 4,10: "Convoca-me o povo para que Eu os faça ouvir Minhas Palavras e eles aprendam a temer-me todos os dias que viverem sobre a terra, e assim ensinem aos seus filhos".

2Sm 22,31: "Deus, seu caminho é sem mácula, a Palavra do SENHOR é provada no fogo; Ele é o escudo de quem nEle confia".

1Rs 17,23: "A mulher exclamou: Agora vejo que és um homem de Deus e que a Palavra do SENHOR em tua boca é verdade".

1Cr 17,3: "Mas naquela noite veio a Natã a Palavra de Deus".

Sl 18,31: "O caminho de Deus é perfeito, a Palavra do SENHOR é comprovada, ela é um escudo para todos que nEle buscam refúgio".

Pr 30,5: "Toda Palavra de Deus é comprovada: Ele é um escudo para os que nEle se abrigam".

Eclo 1,5: "Fonte de Sabedoria é a Palavra de Deus nas alturas e o acesso a ela são os mandamentos eternos".

Is 40,8: "A erva seca, murcha a flor, mas a Palavra do nosso Deus fica de pé para sempre".

Jr 26,13: "Endireitai, então, vossos caminhos e vosso agir, obedecei à Palavra do SENHOR vosso Deus, e o SENHOR, então, vai desistir do castigo com que vos ameaçou".

Br 1,21: "Nós, porém, nunca demos atenção à voz do SENHOR, nosso Deus, que nos falava em cada Palavra dos profetas que enviava".

Dn 9,10: "Nós não escutamos a Palavra do SENHOR nosso Deus, de modo a caminhar de acordo com as leis que Ele nos deu por meio dos seus servos, os profetas".

Ag 1,1: "No dia primeiro do sexto mês do segundo ano do rei Dario, a Palavra de Deus veio, por meio do profeta Ageu, ao governador da Judéia Zorobabel filho de Salatiel e ao sumo sacerdote Josué filho de Josedec".

Mt 4,4: "Ele respondeu: Está escrito: Não se vive somente de pão, mas de toda a Palavra que sai da boca de Deus".

Lc 3,2: "Enquanto Anás e Caifás eram sumos sacerdotes, a Palavra de Deus foi dirigida a João, o filho de Zacarias, no deserto".

Lc 5,1: "Certo dia, Jesus estava à beira do Lago de Genesaré, e a multidão se comprimia a seu redor para ouvir a Palavra de Deus".

Lc 8,11: "A parábola quer dizer o seguinte: a semente é a Palavra de Deus".

Lc 8,21: "Ele respondeu: Minha mãe e meus irmãos são estes aqui, que ouvem a Palavra de Deus e a põem em prática".

Jo 1,1: "No princípio era a Palavra, e a Palavra estava junto de Deus, e a Palavra era Deus".

At 4,31: "Quando terminaram a oração, tremeu o lugar onde estavam reunidos. Todos ficaram cheios do Espírito Santo e anunciavam corajosamente a Palavra de Deus".

At 19,10: "Isso durou dois anos, de modo que todos os habitantes da Ásia, judeus e gregos, puderam ouvir a Palavra do SENHOR".

Ef 6,7: "Enfim, ponde o capacete da salvação e empunhai a espada do Espírito, que é a Palavra de Deus".

Cl 1,25: "Dela eu me fiz ministro, exercendo a função que Deus me confiou a vosso respeito: a de fazer chegar até vós a Palavra de Deus".

2Tm 2,9: "Por ele eu tenho sofrido até ser acorrentado como um malfeitor. Mas a Palavra de Deus não está acorrentada".

Hb 6,5: "que experimentaram o sabor da Palavra de Deus e os milagres do mundo vindouro".

1Pd 1,23: "Nascestes de novo, não de uma semente corruptível, mas incorruptível, mediante a Palavra de Deus, viva e permanente".

Ap 19,9: "E o anjo me disse: Escreve: Felizes os convidados para o banquete das núpcias do Cordeiro. Disse ainda: Estas são as verdadeiras Palavras de Deus".

59 – 10 DIAS DE ARREPENDIMENTO ANTES DO YOM KIPPOUR – O DIA DO PERDÃO - ASSERET YEMÊ TESHUVA – עשרת ימי תשובה

ASSERET YEMÊ TESHUVA – 10 DIAS DE ARREPENDIMENTO

Maimônides, o grande pensador judeu nascido entre 1135-1204, também conhecido como Rambam, afirma que mesmo sabendo que em todos os dias devemos procurar a *Teshuvá* (entendida como retorno, conversão e arrependimento) e igualmente praticar a caridade nesses especiais dias de Penitência entre o Ano Novo judaico (*Rosh Hashaná até Yom Kippour*), nossos esforços de arrependimento nesses dias são melhores aceitos pelo Criador, lembrando o Profeta Isaías: "Procurai o SENHOR enquanto é possível encontrá-lo, chamai por Ele, agora que está perto" (Is 55,6)[39].

Alguns sábios de Israel afirmam que esses dias estão relacionados com a própria Criação do Universo: o ser humano foi criado justamente no dia de Rosh Hashaná (o ano novo judaico).

O próprio Criador consciente de que o ser humano é livre também para pecar e cometer erros, criou também a possibilidade do arrependimento. No próprio Talmud está escrito (Talmud Pessachim 54) que a *teshuvá é um dos sete elementos que foram criados antes da Criação do Mundo*.

Se não houvesse a possibilidade do arrependimento toda a Criação estaria irremediavelmente comprometida.

Teshuvá é esta realidade abençoada e criada pelo Eterno que oferece ao ser humano a possibilidade que o ser humano tem de se recuperar e abrir em cada momento do ano que começa uma nova página no livro da sua vida, procurando e praticando o bem.

Portanto, o tema principal expresso e presente nesse intervalo de 10 dias entre *Rosh ha-shanah e Yom Kippour* é o da *Teshuvá*.

---

[39] Hilchot Teshuvá (Cap. 2, § 6).

Este termo significa literalmente «retorno», com a dupla significação: conhecimento da ruptura com a Aliança, de onde surge a vontade de voltar para ela; e consciência da traição para com a Torah, daí a submissão renovada à sua autoridade.

Acredita-se que no dia do Ano Novo judaico, em *Rosh ha-shanah* todos os habitantes do mundo passam diante de seu Criador como as ovelhas diante de seu pastor. Três livros são abertos onde se lê o destino do Bom, do Mau, e daquele que não é nem bom e nem mau. O nome do Justo está escrito no livro da Vida; o nome do Mau é dele apagado. Àquele que não é nem bom e nem mau é concedido uma prorrogação de dez dias até *Yom Kippour*. Estes dez dias nos quais se decide o destino da maioria dos homens são denominados os 10 Dias para o Arrependimento, Dias Temíveis.

O Ano Novo Judaico, Rosh ha-shanah, também é um momento favorável de conscientizar-se do encontro amoroso entre Deus com a humanidade.

A cada ano novo, como na primeira manhã da criação, Deus refaz o mundo e o confia ao homem a fim de que, por sua colaboração, possa dele usufruir e se regozijar.

Neste dia celebra-se a realidade de que segundo a tradição judaica, Deus se lembrou de Sara, quando Isaac foi gerado e também foi o dia em que Ana deu à luz a Samuel. É a certeza de que a origem da salvação se encontra no amor de Deus que cria o tempo para nós. Cria o tempo para preencher no lugar do vazio e da perdição o lugar do sentido e da Sua salvação.

Asseret Yemê – Seleções de histórias a partir do tema

Nabucodonosor, rei da Babilônia, conseguira seu intento. Havia subjugado completamente o Reino de Judá, destruído a capital, Jerusalém, e seu mais elevado santuário, o Templo Sagrado. Tinha assassinado ou prendido a maior parte da família real e a nobreza do país. As classes superiores do povo judeu, incluindo os líderes do sacerdócio e os oficiais-chefes civis e militares, foram levados cativos, em massa, para a Babilônia. Muitos deles foram impiedosamente condenados à morte em Riblá.

O Reino de Judá fora esmagado e despojado de seus melhores filhos. Entretanto, Nabucodonosor não desejava transformar a terra de Judá em um completo deserto. Permitiu que as classes mais pobres permanecessem para cultivar a terra e cuidar dos vinhedos. Como governador, Nabucodonosor havia designado Guedalia, filho de Achicam.

O profeta Jeremias teve a permissão de escolher entre permanecer em Judá e seguir para a Babilônia como hóspede de honra da casa real da Babilônia. Preferiu permanecer com seus irmãos em solo sagrado. O profeta foi para Mitspá, a pouca distância ao norte de Jerusalém, onde Guedalia havia estabelecido a sede de seu governo, e ofereceu-lhe completo apoio. Guedalia aceitou com gratidão, e Mitspá tornou-se então o centro espiritual do povo.

Guedalia era um homem sábio, gentil e modesto. Começou zelosamente a encorajar o povo a cultivar os campos e vinhas, e dessa maneira lançar os alicerces da segurança. Sob a competente administração de Guedalia, a comunidade judaica começou a prosperar. Sua fama ultrapassou as fronteiras. Muitos judeus que haviam escapado para locais seguros durante a guerra de destruição, foram atraídos pelas boas novas do renascimento da comunidade judaica em Judá. Procuraram Guedalia em Mitspá e foram recebidos calorosamente por ele.

O governador judeu exortou seus irmãos a permanecerem leais ao rei da Babilônia e prometeu-lhes paz e segurança. Seu conselho foi bem recebido. A guarnição Babilônica estacionada no país não os molestava; pelo contrário, oferecia-lhes proteção contra vizinhos hostis. A jovem comunidade estava bem encaminhada e se recuperando, quando foi subitamente atingida por um covarde ato de traição e derramamento de sangue.

Entre os refugiados que se juntaram a Guedalia em Mitspá estava Ismael, filho de Natalina, um descendente da casa real de Sedecias, o último rei de Judá. Ismael era um homem ambicioso que não seria detido por nada para conseguir seu objetivo. A honra e sucesso que Guedalia tinha conquistado encheram-no de cruel inveja. Ismael começou a tramar contra Guedalia. Encontrou um aliado no rei de Amon, que acompanhara com apreensão o crescimento da nova colônia judaica.

A conspiração tornou-se conhecida de Yochanan, um devotado oficial de Guedalia. Yochanan advertiu o governador sobre o perigo que o rondava. Guedalia, entretanto, possuindo uma natureza franca e generosa, não acreditou em tal traição. Quando Yochanan se ofereceu para secretamente assassinar Ismael antes que este pudesse levar adiante seu plano, Guedalia indignado rejeitou a proposta.

Enquanto isso, Ismael aguardava o momento propício. Em pouco tempo apareceu a oportunidade que estava esperando. Foi convidado pelo governador para uma festa de Rosh Hashaná em Mitspá. Ismael chegou ao banquete na companhia de dez amigos. Durante o festim, o impiedoso bando atacou e matou o governador. Tendo assassinado seu anfitrião, começou um terrível massacre. Ismael matou muitos seguidores proeminentes de Guedalia, ameaçou com a espada a pequena guarnição Caldeana estacionada em Mitspá. Tendo conseguido realizar seus atos perversos, Ismael deixou Mitspá com muitos prisioneiros, a caminho de Amon.

Yochanan e alguns poucos homens haviam escapado do massacre, pois não estavam em Mitspá naquela hora. Quando Yochanan soube da terrível tragédia, conseguiu ajuda adicional e perseguiu o assassino.

Alcançando Ismael perto de Gibeão, em Benjamin, Yochanan conseguiu libertar os prisioneiros, mas Ismael e uns poucos seguidores conseguiram escapar para a terra de Amon.

A situação dos judeus era agora bem triste. O assassinato de Guedalia e da guarnição babilônica dirigiu a fúria de Nabucodonosor sobre os remanescentes do povo em Judá. Eles estavam extremamente temerosos da punição. Porém, para quem se voltariam? O único refúgio possível parecia ser o Egito, onde a mão de Nabucodonosor ainda não alcançara. Mas aquele país lhes era odioso. Embora tivessem decorrido 900 anos desde a libertação de seus ancestrais do Egito após séculos de escravidão, o país ainda era olhado com aversão. Seu desespero e medo era tão forte, que o infeliz povo decidiu procurar refugiar-se no Egito, e empreenderam a viagem rumo ao sul.

Sob pressão, os judeus fizeram uma parada em Belém e procuraram o conselho de Jeremias. O fiel profeta que havia compartilhado todos seus problemas e infortúnios e se apegara a eles com afeição duradoura, estava ainda entre eles. E era a ele que voltavam seus olhos ansiosos, prometendo aceitar seu conselho, qualquer que fosse.

Por dez dias Jeremias rezou a Deus, e finalmente recebeu uma mensagem Divina, a qual passou imediatamente ao povo reunido:

"Assim diz o Deus de Israel... se ficarem ainda morando nesta terra, Eu os construirei, e não os destruirei, e os plantarei, e não os arrancarei... Não temam o rei da Babilônia, de quem estão temerosos... pois Eu estou com vocês para salvá-los... Mas se disserem: 'Não moraremos nesta terra,' desobedecendo a voz de seu Deus, dizendo: 'Não! Iremos para a terra do Egito'... então acontecerá que a espada que temeram os dominará lá na terra do Egito, e a fome da qual têm medo os seguirá de perto no Egito; e lá morrerão... Assim Deus falou com vocês, ó remanescentes de Judá, para não irem ao Egito; saibam com certeza, pois Eu os avisei neste dia!'"

Mas as palavras de Jeremias caíram no vazio. O povo já havia tomado uma decisão, e apenas aguardavam que o profeta a confirmasse. Apesar de seu voto solene a Jeremias de que seguiriam seu conselho, acusaram o profeta de tramar com o discípulo Baruc, filho de Neriá, para entregá-los nas mãos dos Caldeus. Todos eles então empreenderam viagem para o Egito, forçando Jeremias e Baruc a acompanhá-los.

Quando os refugiados atingiram a fronteira do Egito, fizeram uma parada. Aqui Jeremias novamente advertiu seus irmãos de que a segurança que procuravam no Egito teria curta duração. Ele predisse que logo o Egito seria conquistado por Nabucodonosor, e destruído. O profeta os advertiu ainda dos perigos que os assediavam ao mesclar-se com os egípcios idólatras. Se tivessem que voltar à idolatria, que tinha sido a causa de todos seus infortúnios no passado, estariam selando seu destino sem mais esperança.

Infelizmente, os avisos e rogos do profeta foram em vão. Os refugiados judeus se assentaram no Egito, e não muito depois, abandonaram sua fé em Deus. Caíram ao nível das práticas pagãs dos egípcios.

Alguns anos mais tarde houve um levante político no Egito, quando o faraó Hofra foi assassinado. Nabucodonosor aproveitou-se da situação. Invadiu e destruiu o país, e a maioria dos refugiados judeus pereceu nesta invasão e na guerra que se seguiu. Desta maneira, a terrível profecia de Jeremias mais uma vez tornou-se realidade.

Onde e quando o idoso profeta faleceu não é conhecido com certeza. Acredita-se que ele e seu fiel discípulo Baruc passaram seus últimos anos com seus irmãos exilados na Babilônia. Em memória do assassinato de Guedalia e da tragédia que se abateu sobre os judeus naqueles dias, logo após a Destruição do Templo Sagrado, os judeus jejuam no terceiro dia de Tishrei, o Jejum de Guedalia.

Leituras da Torah no Jejum de Guedalia

O Jejum de Guedalia é um dos quatro Dias de Jejum conectados à destruição do Templo Sagrado. Como em outros jejuns, a porção lida durante a reza da manhã e da tarde é Vayelech – Cf. Dt 31, 1-30.

Essa porção da Palavra de Deus contém a prece de Moisés depois que os Filhos de Israel tinham feito o Bezerro de Ouro. Contém os Treze Atributos Divinos de misericórdia e perdão, que Deus proclamou naquele tempo, e que são invocados em preces de perdão.

A mensagem desta porção é que, não importa quão grande a transgressão - e poderia haver alguma maior que aquela do Bezerro de Ouro logo após a Revelação no Sinai? - Deus está sempre pronto a perdoar o pecador sinceramente arrependido. A lição de que "errar é humano e perdoar é Divino" é encontrada com freqüência na Torah e nos Livros dos Profetas. O pecado pode ser desculpado e perdoado, mas a persistência no pecado é imperdoável. Mesmo assim, o arrependimento sincero nunca permanece sem resposta.

Correspondência bíblica

Converter:

Dt 30,2: "Se então te converteres com teus filhos para o SENHOR teu Deus e obedeceres à sua voz, conforme tudo o que te ordeno hoje, com todo o coração e de toda a alma...".

2Cr 6,24: "Quando o céu ficar fechado e a chuva faltar, por terem pecado contra Ti, se então orarem voltados para este lugar, invocarem teu Nome e, depois de humilhados por Ti, se converterem do pecado...".

2Cr 24,19: "O SENHOR lhes enviou profetas para os converter a si, mas apesar de todas as admoestações não deram ouvido".

Ne 9,26: "Mas depois se obstinaram e se revoltaram contra Ti. Jogaram para trás a Lei, mataram os profetas, que os aconselharam a se converterem para Ti. Ofenderam-te gravemente".

Tb 14,6: "E todas as Nações e, toda a terra se converterão e temerão a Deus em verdade, todos abandonando seus ídolos, que os seduzem falsamente com a sua mentira".

Jó 22,23: "Se te converteres ao Poderoso, progredirás, se removeres a iniquidade para longe de tua tenda".

Is 6,10: "Torna pesado o coração desse povo, ensurdece-lhe os ouvidos, cega-lhes os olhos, que não tenha olhos para ver, ouvidos para ouvir, coração para entender, converter-se e ser curado".

Jr 15,19: "Por isso, assim disse o SENHOR: Se tu te converteres, eu te converterei, e na Minha presença ficarás".

Os 11,5: "Voltarão para o Egito, a Assíria será o seu rei, porque não quiseram se converter".

Mt 11,20: "Então Jesus começou a censurar as cidades nas quais tinha sido realizada a maior parte de seus milagres, porque não se converteram".

Mt 13,15: "Pois o coração deste povo se endureceu, e eles ouviram com o ouvido indisposto. Fecharam os olhos, para não verem com os olhos, para não ouvirem com os ouvidos, nem entenderem com o coração, nem se converterem para que eu os pudesse curar".

Mt 18,3: "e disse: Em verdade vos digo, se não vos converterdes e não vos tornardes como crianças, não entrareis no Reino dos Céus".

Lc 13,3: "Digo-vos que não. Mas se vós não vos converterdes, perecereis todos do mesmo modo".

Lc 16,30: "O rico insistiu: Nãom Pai Abraão. Mas se alguém dentre os mortos for até eles, certamente vão se converter".

At 9,35: "Todos os habitantes de Lida e da região de Saron viram isso e se converteram ao SENHOR".

At 17,30: "Mas Deus, sem levar em conta os tempos da ignorância, agora faz saber à humanidade que todos, em todo lugar, devem converter-se".

2Cor 12,21: "Receio ainda que, na minha próxima visita, o meu Deus me humilhe a vosso respeito e que eu tenha de chorar por causa de muitos que pecaram e ainda não se converteram da imundície, da libertinagem e da devassidão".

2Pd 3,9: "O SENHOR não tarda a cumprir sua promessa, como alguns interpretam a demora. É que Ele está usando de paciência para convosco, pois que não deseja que ninguém se perca. Ao contrário, quer que todos venham a converter-se".

61 – Dt 32,1 – 52: HAAZINU – האזינו
2Sm 22,1 – 51

- Com as palavras desta porção semanal da Palavra de Deus, Moisés deixa claro que toda a existência do povo de Israel depende do cumprimento dos preceitos e da transmissão dos mesmos às gerações seguintes.
- Existe uma grave consequência para todo o povo se transgredir os preceitos contidos na Torah, na Bíblia. E Moisés vai explicar tudo isso para o povo através de um poema que leva o nome dessa parashá: Haazinu, que contém uma visão do passado, um resumo do presente e uma antecipação breve do futuro do Povo de Israel.
- Mas este poema também oferece esperança ao Povo se ele souber ser fiel a Deus e a sua Palavra, se não esquecer o Rochedo que lhe criou, lhe sustentou e lhe conduz com amor, que não se esqueça nunca de ser agradecido ao único Deus. Se fizer sempre isso, o próprio Deus será como um escudo frente aos seus inimigos.
- O que Deus nos pede sempre: guardar o caminho do Eterno, praticar a justiça e a caridade. A existência toda do Povo de Israel ao longo dos séculos é uma prova que a promessa do Todo-Poderoso se cumpre realmente.
- Sempre ocorrerá o perigo da assimilação do povo junto aos outros povos, onde não existe nenhuma ameaça física concreta, mas isso não deixa de ser menos perigoso. O povo judeu sempre será considerado como uma Nação sob a condução da Torah (Escrita e Oral). Se permanecer unido ao Eterno Deus, permanecerá vivo.
- Por mais que tenha sido difícil cumprir os preceitos da Bíblia ao longo dos séculos com sacrifícios e perseguições, justamente por causa disso se tornaram como fatores de união concreta entre os judeus. Eles comprovam ter o mesmo sistema de vida baseado no cumprimento dos 613 preceitos da Bíblia com todos os seus detalhes.
- Se perderem essa conexão com a Fonte da Vida, se enfraquecerão e serão como os outros povos, o que se torna um processo de assimilação, um perigo para a sobrevivência do Povo de Israel. Se mantiverem a conexão com a Torah então para sempre o Povo de Israel permanecerá vivo!

- O comentarista Rashi ensina que por três vezes nas Sagradas Escrituras aparece a frase: **Nesse mesmo dia...**
- 1) Noé passou 120 anos construindo a Arca. O midrash explica que nesse tempo todo Noé procurava envolver as pessoas em debates sobre como elas poderiam mudar seu estilo de vida e evitar por fim que a catástrofe viesse. Mas infelizmente nada mudou após esse tempo, ninguém lhe escutou... até que a chuva começou a cair. Todos eles negaram, adiaram a mudança de vida, recusaram os sinais de advertência. Quando se deram conta quiseram destruir a Arca de Noé, quando Deus mesmo aparece em cena e diz: Vou colocar Noé na Arca, não na escuridão da noite, mas em plena luz do dia: "**Nesse mesmo dia**, entraram na Arca Noé e os filhos de Sem, Cam e Jafé, a mulher dele e as três mulheres dos filhos" (Gn 7,13).
- 2) Cena semelhante ocorreu no Egito, na época do Êxodo. Após um ano de terríveis pragas e intermináveis súplicas de Moisés, o Faraó recusa a permitir que os judeus saiam em liberdade... até a última praga, quando um angustiado e abatido faraó corre pelas ruas no meio da noite suplicando aos judeus que se retirem imediatamente (Ex 12,31).
- Mas Deus diz: O faraó já teve sua oportunidade. Os judeus receberam instruções de permanecer dentro de suas casas durante toda a noite. Eles não iriam sair como ladrões. Pelo contrário, eles sairão em plena luz do dia - "**Foi nesse mesmo dia** em que se completaram quatrocentos e trinta anos que todos os exércitos do SENHOR saíram da terra do Egito" (Ex 12,41).
- 3) E a terceira vez, explica Rashi, é sobre esta porção semanal da Palavra (parashá) chamada Haazinu: o povo não queria deixar Moisés subir na montanha para não vê-lo morrer e separarem-se do seu amado líder que os tinha tirado do Egito, dividiu o mar, tirou água da rocha e mais do que tudo, lhes tinha ensinado a Torah. Mas diante de um povo que se tinha queixado nada menos que 40 anos diante de Moisés, Deus já havia dado a sua ordem: Moisés subirá a montanha: "**Naquele mesmo dia** o SENHOR falou a Moisés: Sobe a este monte Abarim – o monte Nebo que está na terra de Moab, em frente de Jericó – e contempla a terra de Canaã, que vou dar em posse aos israelitas" (Dt 32, 48).
- Não deixemos as decisões importantes da vida passarem em vão, nem achar tão pouco que já se tornou tarde demais... Unamos sempre mais a nossa vida à bendita Palavra de Deus, não amanhã, ou mais tarde, hoje! Este é o convite de Deus, no tempo de nossa vida chamado hoje. Depois, poderá ser tarde demais novamente...

HAAZINU – Seleções de Midrash a partir do texto bíblico: Dt 32,1-52

O cântico de Haazinu

A canção de Haazinu descreve poeticamente o que acontecerá ao povo judeu até o fim dos dias. Prevê seu castigo por transgredir o pacto com Deus, e descreve como, por fim, Deus punirá aqueles que erraram contra eles no exílio.

Há dez canções proféticas na Bíblia, das quais Haazinu é a quarta:

1. Adão recitou a primeira canção no Gan Eden (Jardim do Paraíso). Ele compôs "Uma canção, um poema para o Shabat", no qual louvou a grandeza do Shabat.
2. Nas praias do Mar Vermelho Moisés e os Filhos de Israel entoaram uma canção pela sua miraculosa libertação do exército do faraó.
3. Os Filhos de Israel entoaram uma canção em louvor ao Poço de Miriam (parashá Chucat).
4. Moisés ensinou ao povo a canção de Haazinu no dia de seu falecimento.
5. Quando Josué lutou com os Emoritas em Gabaon e o sol milagrosamente deteve seu curso em benefício do exército judaico conquistador, Josué cantou um canção (Js 10,13-15).
6. Débora e Barac compuseram uma canção quando Deus entregou os inimigos em suas mãos, incluindo o general cananeu Sísara (Jz 5).
7. Quando Ana deu à luz Samuel, após ter sido estéril durante muitos anos, ela louvou Deus com uma canção profética (1Sm 2).
8. O Rei Davi, no final da vida, compôs uma canção de agradecimento a Deus por tê-lo salvado de todos os seus inimigos (2Samuel 22).
9. O Rei Salomão escreveu a bela canção chamada: o Cântico dos Cânticos.
10. A décima e mais bela canção será entoada pelo povo judeu quando Deus o redimir do atual exílio.

Embora as primeiras nove canções sejam chamadas canções no gênero feminino, a décima é denominada canto (masculino), pois está escrito: "Naquele dia este canto será cantado na terra de Judá" (Is 26,1). A décima canção, porém, marcará o fim de todos os exílios; não será seguida por qualquer sofrimento ou provação.

Torah: chuva e orvalho

Moisés declara que a Torah, como a chuva, traz a vida. Moisés continuou: "Céu e terra serão testemunhas de que eu agora estou proclamando que

a Torah é como a chuva". Por que Moisés comparou a Torah com a chuva? Dentre os vários motivos, estão:
- Assim como a água é vital para a sobrevivência do universo, assim é a Torah.
- Assim como a chuva vem do alto, também recebemos a Torah do Céu.
- A água é um purificador muito importante. Da mesma forma, a Torah purifica e eleva aqueles que a estudam e cumprem pelo mérito do Céu.
- Assim como a chuva não cria uma nova planta, mas apenas desenvolve e amadurece uma semente ou planta já existente, também a Torah desenvolve as sementes no coração da pessoa (uma pessoa deve primeiro dedicar seu coração e mente ao estudo de Torah, e então seus estudos serão frutíferos).
- Um judeu jamais se cansa de estudar Torah. Assim como os peixes vivem num ambiente aquático, porém continuam sedentos e procuram cada gota de chuva, assim a pessoa mergulhada em Torah deseja ouvir ainda outra explicação de Torah.

Moisés também disse: "Minhas palavras gotejarão como orvalho". Após comparar a Torah com a chuva, por que ele também a comparou ao orvalho?

A chuva às vezes aborrece as pessoas. Incomoda viajantes nas estradas e as pessoas com barris de vinho abertos, cujo vinho poderia se estragar. Para não pensarmos que a Torah, também, às vezes torna as pessoas infelizes, Moisés explicou que não é este o caso. A Torah, a esse respeito, é como orvalho. Todos, sem exceção, se alegram ao ver o orvalho cair. Portanto, a Torah provoca apenas felicidade.

Moisés disse aos judeus: "Assim como arrisquei minha vida quando permaneci quarenta dias no Monte Sinai entre os anjos, vocês também devem estar preparados para se sacrificarem pela Torah"! A declaração de Moisés também continha uma prece, que esta mensagem não deveria ser ignorada, mas entrar nos corações dos Filhos de Israel: "Que meus ensinamentos sejam agradáveis aos Filhos de Israel, como a chuva; que minhas palavras sejam bem aceitas por eles como o orvalho; como os ventos soprando nas campinas no outono; e como a chuva de primavera que irriga os campos no mês de Adar". "Meus ensinamentos" referem-se à Torah Escrita; "minhas palavras" à Torah Oral.

Louvar o nome de Deus

Moisés convoca o Povo a responder com Glória a Deus toda vez que ele menciona o nome de Deus. Moisés prefaciou a canção de Haazinu com o ensinamento: "Sempre que eu mencionar o nome de Deus, louvem-No respondendo 'Amém'". Os Sábios aprenderam com este versículo que após cada bênção recitada no Templo Sagrado, o povo deveria responder: "Bendito seja o Nome de Seu glorioso Reino para todo o sempre".

Nós também observamos a regra de "responder com uma bênção" – sempre que o *chazan* (cantor) na Sinagoga menciona o Nome de Deus numa bênção, e quando escutamos um indivíduo recitar uma bênção. Aquele que responde Amém a uma bênção é ainda mais notável que aquele que recitou a bênção. A obra de Deus é perfeita: todos Seus caminhos são absolutamente justos.

No desenrolar da canção Moisés prenunciaria duros castigos se os judeus abandonassem a Torah. A pessoa pode aceitar a punição de boa vontade se estiver convencido de que a merece. Moisés, portanto, começou declarando a absoluta justiça dos caminhos de Deus.

Por que existe o sofrimento?

Se um ser humano estivesse para morrer sem sofrimento, o Atributo da Justiça teria a mão superior contra ele no dia do julgamento. Seus sofrimentos no mundo atual expiariam seus pecados. A maior de todas as expiações é a morte. Portanto, no versículo "E Deus viu tudo que tinha feito, e viu que era muito bom" (Gn 1,31), nossos Sábios comentaram: Mesmo a morte é muito boa (ou seja, até os maiores justos cometem algum pecado, e a morte os expia).

E. Abba perguntou a R. Shimon: "Por que sempre que o Atributo da Justiça tem a mão superior levantada somente os justos são punidos, embora haja pessoas perversas no mundo? É por que os justos falharam em advertir sua geração? Ou por que seus méritos não protegeram a geração?"

R. Shimon respondeu: "O sofrimento dos justos causam a expiação para o mundo, pois expia os pecados da geração. Embora as provações do justo sejam uma expiação para a geração, elas elevam o próprio justo neste mundo e no mundo vindouro". R. Abba prosseguiu: "Mas por que alguns justos sofrem, ao passo que outros vivem pacificamente"?

"Às vezes o corpo está apenas levemente enfermo, portanto a maior parte dos membros pode ser poupada. Da mesma forma, se há relativamente poucos pecados no mundo, Deus poupa do sofrimento a maioria dos justos, mas se a geração é imensamente perversa, Deus aflige todos os justos para curar a doença largamente difundida".

Para aceitar o sofrimento, devemos entender que segundo a Torah, até o maior deleite deste mundo nada é quando comparado às bênçãos do Mundo

Vindouro. Além disso, aquilo que é considerado infortúnio aqui pode na verdade não o ser, quando visto sob a absoluta perspectiva do Mundo Vindouro. E ao contrário, aquilo que parece afortunado neste mundo pode na verdade ser um impedimento ao crescimento espiritual da pessoa.

Portanto, não se deve considerar seu bem-estar físico como um benefício absoluto. Se for golpeado pelo infortúnio, ele deve aceitá-lo com a fé que "tudo aquilo que Deus faz, é para o melhor".

Assim como o bem-estar físico não é absoluto, o infortúnio também é relativo. Deus com certeza planejou-o para terminar sendo um benefício, "pois todos os Seus caminhos são justos".

Justiça

No versículo "Ele é o Rochedo! Perfeita é sua obra, e justos todos os seus caminhos" (Dt 32,4), Moisés também aludiu aos eventos que diziam respeito à sua pessoa. No dia de seu falecimento, Moisés reconheceu publicamente a justiça do veredicto de Deus.

Ele não queria que os judeus pensassem que Deus agia injustamente com ele ao não permitir que entrasse na Terra de Israel. Portanto, ele explicou que Deus é leal ao recompensar os justos no Mundo Vindouro.

Moisés, portanto descreveu Deus como "a Rocha", numa alusão ao seu pecado de golpear a pedra nas Águas de Meriba, pelo qual ele estava então sendo punido. Assim como o maior dos profetas (Moisés) reconheceu a justiça de Deus no dia de sua morte, fazemos da mesma forma quando sabemos da morte de alguém. Pronuncia-se a bênção: "Bendito sejas Tu, Deus, nosso Deus, Rei do mundo, o verdadeiro Juiz".

Moisés explica aos judeus que todo pecado é auto-infligido; Deus não deve ser culpado por isso:

"Se vocês se atolarem no pecado, é por sua própria culpa. Vocês, os amados filhos de Deus, desse modo se tornam uma geração corrupta e perversa. Além disso, quando vocês pecam, estão se corrompendo. Prejudicam a si mesmos, não a Deus".

O pecado do bezerro de ouro

Moisés pretendia advertir todas as futuras gerações em geral, e reprovar especificamente sua própria geração pelo pecado do bezerro de ouro. Moisés os repreendeu: "Quando vocês construíram o bezerro de ouro, corromperam a si mesmos; não prejudicaram a Deus. Anteriormente, Ele os chamara de "Seus filhos", mas depois do pecado Ele me disse: 'Teu povo se tornou corrupto'. Vocês não agiram como filhos com um pai quando proclamaram: 'estes são teus deuses, Israel'".

Do início da canção até o quinto verso, quando Moisés os repreendeu pelo pecado do bezerro de ouro, há quarenta palavras. Isso sugere que quarenta dias após a Outorga da Torah os judeus construíram o bezerro, e Deus então disse a Moisés: 'Teu povo se tornou corrupto'. Moisés continuou a admoestar o povo:

"Vocês acham que fazem mal a Deus quando pecam? Prejudicam a si mesmos, pois se afastam do seu Pai Celestial. Vocês são um povo rebelde! Quando cruzaram o mar Vermelho, Deus o dividiu em doze partes para todas as tribos atravessarem. Depois Ele lhes deu o ouro e a prata dos egípcios afogados. Ele protegeu vocês dos seus inimigos, e das cobras e escorpiões durante quarenta anos no deserto. Porém, ao cruzar o Mar Vermelho vocês abrigaram um ídolo entre vocês: um de vocês, Micha, fez uma imagem que carregou consigo. Esta imagem os acompanhou também através do deserto.

"Até os melhores de vocês pecaram após cruzar o Mar Vermelho; deixaram de se ocupar com a Torah em Rafidim. Portanto, vocês não são um povo sábio! Deus não age como um Pai quando vocês O obedecem? E mesmo quando são desobedientes, Ele ainda é seu SENHOR, que os adquiriu como servos (ao redimi-los do Egito). Portanto, vocês estão comprometidos ao Seu serviço".

"Deus os escolheu entre todas as nações do mundo e os estabeleceu firmemente. Ele os tornou uma nação com seus próprios sacerdotes, profetas e reis".

Uma enumeração dos benefícios de Deus ao povo judeu:

"Lembrem-se dos dias de outrora, considerem os anos de muitas gerações passadas, e verão como Deus mesmo preparou o futuro papel do povo judeu. Se não podem entender isso, peçam aos eruditos de Torah e aos anciãos do Sinédrio, e eles lhes dirão".

"Depois do Dilúvio, quando a humanidade se rebelou contra Deus, Ele poderia ter aniquilado a todos, como fez com a geração do Dilúvio. Em vez disso, Ele os dispersou, poupando-os da destruição pelo mérito do povo judeu, que descenderia de Sem".

"Ele dividiu aquela geração em setenta nações, que são iguais em número aos membros da família de Jacó, que desceria ao Egito (isso simboliza o amor de Deus pelo povo judeu). Ele os tem como queridos, assim como todas as setenta nações".

Muito antes do surgimento do povo judeu, Deus designou a Terra de Canaã como sua futura herança. Nesse ínterim, Ele deu a Terra de Canaã a seus onze filhos, que mais tarde a entregariam aos descendentes das doze tribos. Deus então reorganizou a história pelo mérito de Jacó, o escolhido dos antepassados.

"'Jacó era como o terceiro fio de uma corda. Quando entremeado com os outros dois, assegurava que a corda jamais romperia. Assim, quando os méritos de Jacó foram acrescentados àqueles dos antepassados, Abraão e Isaac, assim estava criado o alicerce inquebrantável do povo judeu. Deus escolheu o povo judeu como Seu quinhão, Sua propriedade".

Moisés continuou a relatar os atos de bondade de Deus para com o povo judeu:

"Ele proveu suas necessidades no deserto; Ele lhes deu água do Poço de Miriam, fez o maná descer do Céu, e providenciou para que suas roupas não se gastassem".

"Num local desolado, esquecido – onde perambulam criaturas destrutivas – Ele protegeu os judeus com sete Nuvens de Glória, ensinou-lhes Torah, e considerou-os como a menina de Seus olhos. Ele cuidou deles como a águia, rei das aves, cuida de seus filhotes".

Todos estes versículos relatando a bondade de Deus para com o povo judeu estão escritos no singular: "Deus proveu por ele na terra do deserto; Ele o guardou; Ele abre Suas asas sobre ele". Isso implica que Deus tratava cada pessoa dessa maneira.

Além disso, a Torah emprega o tempo futuro ("Ele proverá por ele; Ele o guardará") para indicar que no futuro Deus fará milagres semelhantes àqueles ocorridos após o Êxodo. Moisés profetizou os atos de bondade de Deus para com a Terra de Israel:

"Ele os deixará repousar nas cidades da Terra de Israel. Ele os alimentará com os deliciosos produtos da terra (que têm sabor mais delicioso que os frutos de qualquer outro país) e Ele lhes dará mel para sugar das frutas crescendo sobre as rochas, e azeite de suas azeitonas e plantas que crescem na rocha nua (os frutos que amadurecem nas encostas rochosas das montanhas são mais doces que as frutas do vale, porque estão expostos ao sol abundante)".

"Manteiga do rebanho e leite das ovelhas, com gordura dos cordeiros cevados, e carneiros da raça de Basã (que são muito gordos) e com cabras Deus os alimentará". Estas previsões se concretizaram durante o reinado de Salomão e reis posteriores. Moisés continuou: "Prevejo profeticamente que se os judeus guardarem fielmente os preceitos da Torah, suas espigas de trigo crescerão até o tamanho do rim de um boi, e o vinho tinto a fluir de uma única uva encherá um copo inteiro".

De fato, quando Salomé foi rainha (76-67 a.C.) e seu irmão Shimon ben Shetach era o líder espiritual do povo de Israel, as espigas do trigo cresceram até o tamanho de rins. Os Sábios as preservaram para mostrar às futuras gerações como Deus abençoa a nação por guardar a Torah.

O Castigo

"Suas más ações foram reveladas perante Ele, e grande foi a ira com a qual Seus filhos e filhas O enfureceram". Filhas são mencionadas especificamente aqui, pois antes da destruição do Primeiro Templo Sagrado, muitas mulheres incitavam os maridos à idolatria.

"E Ele disse: 'Removerei deles Minha Presença e mostrarei a eles o seu fim; quão inúteis os seus ídolos provarão ser! Pois eles são uma geração perversa; eles mudaram as palavras do Deus vivo, e, portanto eles converteram Minha boa vontade em ira".

"Eles são filhos nos quais não há fé. Eles estiveram no Monte Sinai e proclamaram: 'Faremos e ouviremos', e quarenta dias depois fizeram um bezerro de ouro. Construíram um Templo Sagrado, e Eu não pretendia exilá-los de sua Terra. Mas eles foram desleais; portanto, Eu também mudei Meus planos e os exilei. Eles acenderam minha fúria com ídolos que não são deuses; eles Me provocaram com suas vaidades. Eu os enfurecerei, colocando contra eles nações que não são como gente, mas são inferiores e desprezíveis como animais".

A destruição que Deus pensou em trazer sobre o povo judeu e por que Ele desistiu

Deus proclamou: "Segundo o Atributo da Justiça, Eu deveria ter abandonado o povo judeu a um eterno exílio, para desaparecer completamente entre as nações gentias. Desisti de fazê-lo, para que o inimigo não se orgulhasse:

'Nossa força castigou nossos adversários – não foi um decreto de Deus'". Os gentios atribuiriam a morte do povo judeu ao poder de seus deuses e assim o Grande Nome de Deus seria profanado.

Moisés previu que depois que o exílio expiasse os pecados do povo judeu, o exílio terminaria e Deus punirá as nações por perseguirem os judeus. "Depois que Deus sujeitar os judeus a todos estes sofrimentos, a ponto de os justos dentre eles ficarem oprimidos e abandonados, Ele terá pena deles".

"Ele reprovará Seu povo: 'Onde estão os deuses que vocês serviram, a 'rocha' na qual vocês colocaram sua confiança? Deixem que os ídolos a quem vocês ofereceram sacrifícios e oferendas de bebidas se ergam para ajudar e proteger vocês"!

"Vocês verão agora pela redenção que Eu estou trazendo que Eu era, Eu sou e Eu serei, e não há deuses além de Mim. Com Minha palavra eu mato neste mundo, e reviverei os mortos no futuro. Eu puni o povo judeu, e Eu os curarei ao final dos dias".

O verso "Sou Eu que firo e sou Eu que curo" (Dt 32,39), é uma promessa explícita na Torah Escrita de que Deus ressuscitará os mortos.

Moisés continuou a profetizar em nome de Deus: "Pois Eu levanto Minha mão ao céu e juro, tão certo quanto Eu vivo para sempre, que afiarei a lâmina de Minha espada, julgarei com rigor e punirei Meus adversários que afligirem os judeus, e retribuirei àqueles que Me odeiam por terem oprimido o povo judeu".

"Quando Deus finalmente vingar o sangue de seus servos, o povo judeu, as nações gentias começarão a entoar louvores aos Filhos de Israel".

'Veja esta nação que se apegou a Deus durante todas as provações do exílio, e não O abandonou! Eles sempre cofiaram em Sua bondade e grandeza! Por fim, Ele vingou o mal cometido contra eles'.

Deus fará vingança não apenas por assassinato, mas também por atos de roubo e violência cometidos contra Seu povo. Ele os aplacará e consolará por todo o seu sofrimento, e a partir daí a Terra será também aplacada.

O trecho acima constitui uma promessa inequívoca de futura Redenção, pois na época da reconstrução do Segundo Templo Sagrado as nações gentias não louvaram os judeus, mas ao contrário, zombaram deles. Deus também não vingou o sangue derramado dos judeus ou aplacou Seu povo.

A primeira parte do cântico – a respeito do pecado, dispersão e castigo dos Filhos de Israel – foi cumprida exatamente como a Torah previu. Agora esperamos a futura Redenção, quando Deus cumprirá as últimas promessas.

Moisés e Josué ensinam a canção de *Haazinu* aos Filhos de Israel. Moisés explica aos Filhos de Israel que tudo na Torah é significativo.

Tanto Moisés quanto Josué ensinaram a canção *Haazinu* ao povo. Josué o fez no Shabat, o último dia de vida de Moisés, na presença de seu mestre, para que mais tarde o povo não pudesse alegar: "Enquanto seu professor estava vivo, você não ousava falar"!

Embora Josué agora tivesse sido oficialmente designado como sucessor de Moisés, ele não ficou arrogante. Permaneceu humilde e justo como quando ascendeu àquela honra. Para indicar isso, a Torah o chama pelo seu nome original, "Oséias" (Dt 32,44).

Moisés explicou aos judeus: "Para entender a Torah, vocês devem aplicar a mente, olhos e ouvidos. Nada na Torah é vazio ou insignificante. Se vocês deixarem de entender o significado, é porque não se esforçaram o suficiente. Além disso, o estudo de Torah jamais deixa de produzir recompensa, pois garante a vocês vida longa na Terra para onde Deus os está levando (e vocês não serão exilados).

O Monte Nebo

No dia da morte de Moisés, Deus lhe ordenou: "Suba ao Monte Nebo e dali verá a Terra de Israel. Pois você morrerá naquela montanha e sua alma será reunida ao seu povo. Sua morte será causada por um "beijo Divino", assim como seu irmão Aarão, como você desejou".

Moisés implorou mais uma vez: "Mestre do universo, não me deixe ser como o homem que preparou a celebração de casamento do seu único filho, apenas para ser convocado à corte do rei para ser informado de sua execução imediata. Eu criei este povo; eu os tirei do Egito; eu ensinei a eles a Sua Torah; construí para eles um Tabernáculo em Seu mérito; e agora, quando estamos a ponto de cruzar o Jordão e tomar posse da Terra, fico sabendo que vou morrer! Por favor, deixe-me pelo menos cruzar o Jordão, e então morrerei de boa vontade".

O Todo Poderoso respondeu: "Você fez com que os judeus se rebelassem contra Mim, e Meu Nome foi profanado, quando você golpeou a pedra nas Águas de Meriba" (o pecado da profanação do Nome de Deus é um dos mais difíceis de expiar).

"Do Monte Nebo você verá a terra física abaixo, e verá a Terra Celestial acima. Mas você não deve entrar. Nem mesmo os seus ossos serão levados para lá, pois na Era do Messias você se erguerá para levar a geração do deserto até à Terra de Israel". Embora Moisés tivesse acabado de ouvir de Deus que fora barrado de entrar na Terra de Israel por causa de seu erro nas Águas de Meriba, um erro provocado pela insistência dos Filhos de Israel para que ele tirasse água de uma rocha diferente daquela indicada por Deus, ele não ficou irado com eles, pois era um homem de Deus, não propenso ao ressentimento. Em vez disso, ele decidiu conceder às tribos sua bênção de despedida, pois sabia que sua morte era iminente.

Correspondência bíblica

Rocha:

Gn 49,24: "Mas permanece retesado seu arco, é ágeis se mostram as mãos. Foi pelas mãos do Soberano de Jacó, pelo Nome do Pastor, a Rocha de Israel".

Ex 33,21: "O SENHOR disse: Aí está o lugar perto de Mim! Tu ficarás sobre a rocha".

Nm 24,21: "Depois, olhando os quenitas, proferiu seu poema: Estável é tua morada, assentado nas rochas o teu ninho".

1Sm 2,2: "Ninguém é santo como o SENHOR, outro além de Ti não há, não há rocha firme como nosso Deus".

2Sm 22,2: "O SENHOR é minha rocha, minha fortaleza e meu Salvador".

Sl 18,3: "SENHOR, meu Rochedo, minha fortaleza, meu libertador; meu Deus, minha Rocha, na qual me refugio; meu escudo e baluarte, minha poderosa salvação".

Sl 62,3: "Só Ele é meu Rochedo e Salvação, minha Rocha de defesa: jamais vou vacilar".

Eclo 26,24: "Fundamentos eternos sobre Rocha sólida, tais são os mandamentos de Deus no coração da mulher santa".

Is 17,10: "Pois esquecestes o Deus que te salva e não te lembraste da Rocha que é tua fortaleza, plantas com capricho um jardim para o culto e formas um canteiro de mudas extravagantes".

Is 26,4: "Confiai sempre no SENHOR: Ele é uma Rocha eterna".

Hab 1,12: "Acaso não és o SENHOR desde o princípio, o meu Deus, o meu Santo, que não morre? Tu os mandaste, SENHOR, para fazer justiça. Minha Rocha, Tu lhes deste firmeza para que nos pudessem castigar".

Mt 7,24: "Portanto, quem ouve estas minhas palavras e as põe em prática, é como um homem sensato, que construiu sua casa sobre a Rocha".

L 6,48: "É semelhante a alguém que, para construir uma casa, cavou fundo e firmou o alicerce sobre a Rocha. Veio a enchente, a correnteza atingiu a casa, mas não conseguiu derrubá-la, porque estava bem construída".

1Cor 10,4: "e todos beberam da mesma bebida espiritual; de fato, bebiam de uma rocha espiritual que os acompanhava. Essa Rocha era o Cristo".

62 – A Festa dos Tabernáculos ou das Tendas: SUCOT – סכות
Lv 22,26 – 23,44; Zc 14,1-21 – Rolo do Eclesiastes

SUCOT – UMA FESTA PARA TODAS AS NAÇÕES E PELA ALEGRIA DA TORAH, PELA ALEGRIA DA COLHEITA.

- *Sucot* — que se traduz correntemente por cabanas ou tendas — é a festa por excelência das festas de peregrinação e da colheita do ano (cf. Lv 23,29; Nm 29,12; Ez 45,25; 1Rs 8,2.65)[40]. Em cada ano Deus ordenou uma celebração de uma semana inteira chamada *"Sucot"*. Em Jerusalém, na época do Templo Sagrado, o serviço desta grande festa era o de oferecer a Deus o sacrifício de 70 touros.
- O Talmud explica que esse número corresponde a cada uma das 70 nações do mundo até então conhecidas. O Templo Sagrado não existia somente para os judeus. Após ter construído o Templo, o Rei Salomão pede a Deus para que neste local sagrado também sejam escutadas as preces de todos os não judeus que forem ao Templo:
  "Mesmo se um estrangeiro, alguém que não pertence a teu povo Israel, vier de longe por causa do teu Nome – pois ouvirão falar de teu grande Nome, de tua mão poderosa e do poder de teu braço -, se, portanto, ele vier para orar neste Templo, escuta desde o céu onde moras e atende a todos os pedidos deste estrangeiro, para que todos os povos da terra conheçam o teu Nome e te temam, como faz o teu povo Israel, e para que saibam que o teu Nome é invocado sobre este Templo que eu construí" (1Rs 8,41-43).
- O próprio profeta Isaías se refere ao Templo Sagrado como uma "Casa de oração para todos os povos" (Is 56,7).
- No final desses sete dias de Festa, Deus acrescentou um oitavo dia chamado "Shminí Atzeret", literalmente o "Oitavo Dia de Reunião". Nesse dia então era oferecido somente um único touro – representando todo

---

[40] Extraido de *La prière d'Israel*, Carmine Di Sante, p. 193 – 226. Tradução: Ben Tikva. Noviciado de Sion – 2009. Castro - PR.

o Povo Judeu. Um tempo extra, mais íntimo do povo judeu com o seu Deus.[41]
- Grande alegria popular caracteriza a Festa de Sucot: ela ocorre durante sete dias e termina no oitavo dia — com o nome significativo de **Simhat Torah**: «Alegria *de* e *pela* Torah». Se a palavra chave de **Pêssah** é Êxodo/Liberdade e aquela de **Shavuot** é dom da Torah, a de **Sucot** *é a alegria da Torah*.
- Festa da última colheita do ano, notadamente do vinho e do óleo, *Sucot* era celebrada com um ritual muito rico em originalidade. Os dois ritos, denominados de ***Lulav* e de *Libação d'água*,** revestiam-se de uma importância especial.
- O rito do **Lulav** está ligado à prescrição do Levítico, que coordena assim o regulamento da festa das Tendas: "No primeiro dia tomareis frutos de **Etrog**, ramos de **Palmeira**, ramos de **Mirta** e de **Salgueiro** dos riachos, e vos regozijareis durante sete dias na presença do Senhor vosso Deus"[42].
- Fieis a esta regra, os peregrinos iam ao Templo de Jerusalém portando na mão esquerda um Etrog (uma fruta cítrica) e, na mão direita, um ramo de palmeira (em hebreu *lulav*) entrelaçado com mirta e salgueiro; e, sob o canto do Hallel (Sl 113-118), os agitavam na direção dos quatro pontos cardeais.
- Do Templo este rito passou para a sinagoga, onde ainda é feito: é um dos ritos mais alegres e populares, cheio de ricos simbolismos de sabedoria. Segundo uma destas interpretações, a cidreira, a palmeira, a mirta e o salgueiro representariam quatro tipos de homens:

- O **Etrog** (fruta cítrica), que possui sabor e odor, representa aqueles que possuem inteligência e bondade. O etrog representa o judeu completo, que conhece a Torah e cumpre os preceitos.

- A **Palmeira**, que tem sabor, mas não odor, aqueles que possuem inteligência sem bondade;

- A **Mirta**, que tem odor, mas não sabor, aqueles que possuem bondade sem inteligência;

- O **Salgueiro**, que não tem nem odor e nem sabor, aqueles que não possuem nem inteligência e nem bondade.
- Conforme outra interpretação, *lulav* e *etrog* representariam as diversas categorias de Israel e do gênero humano que, por diferentes que sejam uns dos outros, constituem uma única e mesma realidade.

---

[41] Cf. *Talmud – Sucot 55b*.
[42] Cf. Lv 23,40.

- ***O rito da Libação de água*** nós é confirmado pelo evangelho de João (7,37-39). A animação era tal que, no dizer da Mishna, «quem não havia visto a alegria no tirar da água (*simhat bet ha shoevah*), jamais conheceu a alegria em sua vida» (*sukah* 5,1). Eis o desenrolar do rito: no decorrer de toda a noite, os sacerdotes transportavam a água, em frascos dourados, da fonte de Siloé até o pátio do Templo.
- A população em festa os acompanhava com tochas e luminárias, danças e cantos, a recitação de salmos de peregrinação (Sl 120-134) ao som de instrumentos musicais. Depois, pela manhã, empregava-se a água para a libação no decorrer do culto matinal.
- Sucot é a última festa da colheita, que logo seria procedida pelo inverno. Para Israel, marcado pela experiência histórica da revelação divina, a colheita não era o resultado das forças intrépidas da natureza. Ela era sim o dom de Deus e o fruto da Aliança, lógica da submissão e do serviço à Sua vontade.
- Esta lógica da festa de *Sucot* é celebrada melhor através de um conjunto de sinais simbólicos e rituais:
- O primeiro sinal é a construção de pequenas Cabanas — feitas em casa, sobre os terraços ou ao redor das sinagogas — para evocar a caminhada de Israel através do deserto. *"Todos os cidadãos de Israel habitarão em cabanas a fim de que vossos descendentes saibam que Eu fiz os filhos de Israel habitar em cabanas, quando eu os fiz sair da terra do Egito. Eu sou o Senhor vosso Deus"* (Lv 23,42-43).
- Israel vê esta colheita com esta consciência amadurecida outrora no deserto: a consciência de ter vencido «a sede e a fome» graças à Shekina (Presença da Divindade) e de ter entrado numa "terra boa e vasta" (Ex 3,8), graças ao dom de Deus e não em virtude de sua própria inteligência.
- Esta experiência de gratuidade e de radical dependência marcou de tal modo o povo da Bíblia que fez do deserto uma imagem com valor de arquétipo: o símbolo por excelência do encontro com Deus (cf. Profeta Oséias).
- Não é somente no deserto que Israel é chamado a viver da gratuidade divina, mas também na abundância de suas colheitas e de seus celeiros cheios. Pensar estas colheitas como o fruto de suas mãos seria uma idolatria, como se pensasse simplesmente em ter sobrevivido no deserto graças ao seu talento.
- O segundo sinal é tirado da leitura de Eclesiastes (Coélet): "Vaidade das vaidades, tudo é vaidade" (1,2). À primeira vista pode parecer estranho

ler esta *meguila (Rolo)* no tempo de Sucot, festa animada e popular. Contudo, contrariando as aparências, este livro não é cheio de pessimismo, mas de sabedoria humana e espiritual.

- Seu ensinamento, é verdade, é que "tudo é vaidade", mas desde que este "tudo" esteja separado de Deus.
- Na verdade no Eclesiastes se lê: *"Mas eu sei também que acontece o bem aos que temem a Deus, porque eles o temem; mas que não acontece o bem ao ímpio e que, como a sombra, não irá prolongar seus dias, porque não teme diante da face de Deus"* (8,12-13).
- Israel está sob a proteção da Shekina (Presença da Divindade), como os filhotes no ninho sob as asas de sua mãe. As cearas colhidas, antes de ser o fruto do trabalho, são o sinal da benevolência desta Shekina.
- A reinterpretarão de *Sucot* através do tema do deserto e do livro do Eclesiastes não constitui, por conseqüência, uma recriminação de seu caráter festivo e popular, mas o reconhecimento que além da alegria do povo pela abundância da colheita, maior ainda é a alegria que vem da Fonte, do Amor Divino do qual a Torah é a proclamação e o testemunho.
- É por esta razão que os sete dias da festa de *Sucot* terminam num oitavo dia, denominado **Simhat Torah***:* «a alegria pela Torah», isto é a alegria cujo fundamento é a Torah.
- A **Simhat Torah**, o dia mais festivo de todo o ano, compreende dois tempos de ritual importantes. O primeiro ocorre no fim e no começo da proclamação do *sefer Torah* (livro da Torah): nele se lê a última seção do Deuteronômio e, logo após, as primeiras páginas do Gênesis.
- Deseja-se com isso não interromper o ciclo da Torah e afirmar que ela não é um "fardo", mas uma "coroa" que se carrega alegremente por toda a vida. Ao leitor, que proclama a seção conclusiva do Deuteronômio, se dá o nome de *hatan Torah,* "o noivo da Torah"; àquele que, por outro lado, tem o privilégio de ler a seção inicial do Gênesis, se o denomina *hatan berishit,* «noivo do Gênesis».
- O simbolismo é claro. A Torah assemelha-se a uma "noiva": Israel vem a ser o «noivo» de pleno direito assim que a assimilou do início ao fim.
- O momento culminante da festa ocorre quando se faz, em procissão, sete voltas na sinagoga. Retira-se — para levá-los nas mãos — todos os rolos conservados na Arca (*Aron hakodesh*), enquanto que a multidão — e, sobretudo, as crianças — dançam e agitam pequenas bandeiras com inscrições deste gênero: «Vibrai de alegria por causa da Torah». O Estado

de Israel decidiu que os rolos fossem levados também a lugares públicos, com cantos e danças ao ar livre.
- A procissão dos rolos da Torah ao redor da sinagoga se desenvolve com um acompanhamento de ladainhas compostas de frases bíblicas. Assim, em meio ao canto, à oração e à dança, o povo expressa a sua familiaridade com Deus, cuja vontade de amor mantém todos os frutos da terra; e do qual a Palavra de salvação, que se revela na Torah, é a fonte de alegria e de vida.

Para melhorar celebrar SUCOT:

Eis a seguir alguns trechos das belas orações quando, após retirados todos os Rolos da Torah da Arca Sagrada, rodeia-se Sete vezes a mesa central na Sinagoga:

1ª Volta: *Rogo, ó Eterno, salva-nos! Rogo, ó Eterno, prospera-nos! Rogo, ó Eterno, atenda-nos no dia que Te invocarmos! Deus dos ventos! Salva-nos! Tu que examinas os corações, prospera-nos! Redentor Forte, atenda-nos no dia que Te invocarmos! (...)*

2ª Volta: *Tu que expressas Caridade, salva-nos! Tu que és Magnificente, prospera-nos! Tu que és Perpétuo e Justo, atenda-nos no dia que Te invocarmos! (...)*

3ª Volta: *Tu que és Puro e Correto, salva-nos! Tu que poupas os pobres, prospera-nos! Tu que és Bom e Benéfico, atenda-nos no dia que Te invocarmos! (...)*

4ª Volta: *Tu que conheces os pensamentos, salva-nos! Poderoso e Iluminado, prospera-nos! Tu que cinges com indulgência, atenda-nos no dia que Te invocarmos! (...)*

5ª Volta: Rei Eterno, *salva-nos! Iluminado e Majestoso, prospera-nos! Tu que sustentas os fracos, atenda-nos no dia que Te invocarmos! (...)*

6ª Volta: *Tu que ajudas os pobres, salva-nos! Tu que redimes e salvas, prospera-nos! Rocha Eterna, atenda-nos no dia que Te invocarmos! (...)*

7ª Volta: Santo e Temido, *salva-nos! Misericordioso e Piedoso, prospera-nos! Guardião do Pacto, atenda-nos no dia que Te invocarmos! Tu que apóias Seus devotos, salva-nos! Tu que és Eterno, prospera-nos! Tu que és Perfeito em Seus atos, atenda-nos no dia que Te invocarmos! (...)*

Após as danças com os rolos da Torah, recita-se a oração Shemá Israel – OUVE, ISRAEL! O ETERNO É NOSSO DEUS! O ETERNO É UM! E todos os livros são guardados, exceto um, para a leitura da Torah e iniciar novamente o ciclo das Leituras da Torah na Sinagoga.

SUCOT – Seleções de Midrash para a Festa de Sucot

Qual o significado da palavra *Shemini Atsêret* – oitavo dia?

Na verdade, Deus pretendia que Shemini Atsêret começasse cinqüenta dias depois de Sucot, assim como Shavuot acontece cinqüenta dias depois de Pêssach. Contudo, desistiu de fazer assim para que incomodar o povo de Israel. Isto é esclarecido pela seguinte história:

Um imperador oriental escolheu duas esposas para si, uma da capital onde residia, e outra de um país distante. Anunciou à noiva local: "Celebraremos nossa festa de noivado agora, e nosso casamento em três meses".

Informou à noiva do país distante: "É muito difícil para mim viajar duas vezes a seu país natal. Celebraremos nosso noivado e casamento numa única festa".

Desta maneira, na primavera, quando o clima está ameno e agradável, e as pessoas não se importam de viajar, Deus deu ao povo judeu duas Festividades - Pêssach e Shavuot - quando são obrigados a comparecerem ao Templo.

Todavia, não desejando incomodar o seu Povo ordenou que a Festa de Shemini Atsêret siga imediatamente a de Sucot, poupando-o assim uma viagem extra a Jerusalém durante a estação fria e chuvosa.

Deus proclama: "Quando as nações não judias têm feriados, elas cometem abusos. Comem demais, bebem até embriagarem-se, tornam-se frívolas e briguentas, e em geral, agem de maneira que Me são odiosas".

"Para o povo judeu, contudo, posso dar um Yom Tov (Dia Festivo) adicional sem receios. Comem e bebem refeições festivas de Yom Tov em espírito elevado, a fim de cumprirem o preceito. Então vão para as casas de estudos e orações, recitam preces, e (na época do Templo) oferecem sacrifícios adicionais para Mim".

A raposa e a vinha

O Rei Salomão, o mais sábio de todos os homens, lembra-nos de ser muito humildes, pois um homem vem a este mundo sem nada, e assim o deixará, sem riquezas.

Os Sábios de Israel contam a seguinte parábola, para que estas sábias palavras de Salomão permaneçam frescas em nossa memória: Uma astuta raposa passava por um lindo vinhedo. Uma cerca alta e espessa cercava a vinha por todos os lados. Ao circular ao redor da cerca, a raposa encontrou um buraquinho, suficiente apenas para que ela passasse a cabeça por ele. A raposa podia ver as uvas suculentas que cresciam na vinha, e sua boca começou a salivar.

Mas o buraco era muito pequeno para ela. O que fez então a esperta raposa? Jejuou por três dias, até tornar-se tão magra que conseguiu passar pelo vão. No vinhedo, a raposa começou a comer à vontade. Ficou maior e mais gorda que antes. Até que quis sair da plantação. Ai dela! O buraco estava pequeno demais novamente.

O que poderia fazer? Jejuou então por três dias, até que conseguiu espremer-se pelo buraco e passar para fora outra vez. Voltando-se para olhar a vinha, a pobre raposa disse: "Vinha, ó vinha! Como pareces adorável, e como são deliciosas tuas frutas. Mas que bem me fizeste? Assim como a ti cheguei, assim da mesma forma eu te deixo...".

E assim, dizem os sábios, também acontece com este mundo. É maravilhoso, mas da mesma forma que um homem chega neste mundo com as mãos vazias, assim o deixa. Apenas a Torah que estudou, os preceitos que cumpriu, e as boas ações que praticou são os verdadeiros frutos que poderá levar com ele.

Um etrog (fruta cítrica) do Jardim do Paraíso para Sucot

Era o primeiro dia de Sucot, e todos os membros da congregação na sinagoga de estavam num humor festivo. Podia sentir-se o espírito do Dia Festivo (Yom Tov) na atmosfera.

Quando Rabi Eli levantou-se e começou a recitar Halel (Cântico de Louvor), todos os olhos se voltaram para ele. Havia algo estranho em seus modos neste Sucot. Por que parara tão subitamente no meio de seu balançar enquanto segurava o etrog e o lulav nas mãos para aspirar o ar? E por que não fazia o serviço em seu modo habitualmente prazeroso? Era óbvio que tinha algo em mente, algo que o estava entusiasmando, pelo seu modo radiante!

Assim que a prece terminou, Rabi Eli correu para onde estava seu irmão Rabi Zusha (que havia vindo para passar Yom Tov com ele) e disse-lhe enfaticamente: "Venha e ajude-me a encontrar o etrog que está permeando toda a sinagoga com a fragrância do Jardim do Éden (Paraíso)". E assim, juntos, foram de uma pessoa a outra, até que chegaram a um canto afastado da sinagoga, onde um indivíduo de aspecto calmo estava de pé, aparentemente imerso em pensamentos.

"É este," proclamou Rabi Eli deliciado. "Por favor, caro amigo, diga-me quem é, e onde conseguiu este etrog maravilhoso"? O homem, parecendo

de certa forma espantado e confuso pela pergunta inesperada, replicou um tanto lentamente, escolhendo com cuidado as palavras: "Com todo respeito ao senhor, é uma história e tanto. Gostaria de sentar-se e ouvi-la por inteiro"?
"Certamente," respondeu Rabi Eli. "Tenho certeza que vale a pena ouvi-la".

"Meu nome é Uri, e venho da cidade de Strelisk. Sempre considerei a escolha do etrog para Sucot como um dos meus preceitos favoritos, e por isso, embora seja pobre e normalmente não pudesse comprar um etrog como desejava, minha jovem esposa, que concorda comigo quanto à sua importância, ajuda-me trabalhando como cozinheira. Dessa modo ela fica financeiramente independente, e posso usar meus ganhos para assuntos espirituais. "Trabalho como professor na aldeia de Yanev, não muito distante de minha cidade de origem. Uso metade de meu salário para nossas necessidades e com a outra parte compro um etrog em Lemberg. Porém, para não gastar dinheiro na viagem, geralmente vou à pé".

"Este ano, durante os 'Dez Dias de Arrependimento' (Cf. *Asseret Yemê Teshuva*), estava caminhando como de costume, com cinqüenta florins na carteira para comprar um etrog. Na estrada para Lemberg, passei por uma floresta e parei em uma estalagem à beira do caminho para descansar. Era a hora de *Minchá*, da Prece da Tarde, por isso fiquei em um canto e recitei a oração. Estava em meio a prece quando ouvi um terrível som de gemidos, como se alguém estivesse profundamente angustiado. Terminei apressadamente minhas preces, para que pudesse verificar qual era o problema, e se podia ajudar de alguma forma".

"Ao voltar-me na direção do homem obviamente desgostoso, contemplei uma pessoa fora do comum, de aparência rude, vestido com roupas de camponês com um chicote nas mãos, despejando seus problemas em cima de outra pessoa no bar".

"Consegui extrair desta confusa história, contada entre soluços, que o homem com o chicote era um judeu pobre que ganhava a vida como proprietário de um cavalo e uma carroça para transporte. Tinha uma esposa e vários filhos, e mal conseguia ganhar o suficiente para sobreviver. E agora, uma terrível calamidade se abatera sobre ele. Seu cavalo, sem o qual nada poderia fazer, simplesmente caíra na floresta, não muito longe da estalagem, e lá jazia, incapaz de se levantar".

"Não pude suportar assistir ao desespero do homem e tentei encorajá-lo, dizendo-lhe que não se esquecesse que há um Deus acima de nós que poderia ajudá-lo com seu problema, não importa quão sério lhe parecesse".

'Venderei ao senhor um outro cavalo por cinqüenta florins, embora possa lhe afirmar que vale pelo menos oitenta, apenas para ajudá-lo em sua dificuldade', disse o homem ao cocheiro. 'Não tenho nem cinqüenta centavos, e ele me diz que posso comprar um cavalo por cinqüenta florins'!, disse amargamente o homem. "Senti que não podia mais conservar o dinheiro que tinha comigo para comprar o etrog, quando havia um homem numa situação tão desesperadora que sua própria vida e a de sua família dependiam de um cavalo".

Disse então ao estalajadeiro: "Diga-me, qual é o menor preço que aceita pelo cavalo"? O dono da estalagem voltou-se para mim, surpreso. 'Se pagar-me agora e em dinheiro, aceitarei quarenta e cinco florins, mas nem um centavos a menos. Estou praticamente dando meu cavalo'!

"Tirei imediatamente minha carteira e entreguei-lhe quarenta e cinco florins, o cocheiro observando tudo, os olhos esbugalhados de espanto. Ficou mudo de alívio, e sua alegria era indescritível! Agora você vê que Deus pode ajudá-lo, mesmo quando a situação parece desesperadora"! eu lhe disse, enquanto ele saía apressado com o estalajadeiro para arreiar o cavalo recém-comprado à sua carroça abandonada, presa ao cavalo doente na floresta.

"Assim que saíram, às pressas reuni meus poucos pertences e desapareci, pois não queria me constranger com os agradecimentos. Finalmente cheguei a Lemberg, com os restantes cinco florins no bolso, e tive de me contentar com um etrog de aparência muito ordinária, porém casher. Minha intenção original tinha sido gastar cinqüenta florins como fazia todos os anos, mas como sabe, decidi que a necessidade daquele homem, de ter um cavalo, era maior que a minha, de comprar um etrog excepcional.

"Geralmente meu etrog é o melhor em Yanev, e todos costumavam fazer a bênção com ele, mas este ano fiquei envergonhado de voltar para casa com um exemplar de aparência tão pobre, e minha mulher concordou que eu poderia vir aqui para Lisensk, onde ninguém me conhece".

"Meu caro Rabi Uri" falou Rabi Eli, agora que o homem terminara sua história, "o seu é na verdade um etrog excepcional! Entendo agora por que seu etrog tem a fragrância do Jardim do Éden em seu perfume! Deixe-me contar-lhe a seqüência de sua história"! "Quando o cocheiro, a quem você salvou, pensou sobre sua inesperada boa sorte, decidiu que você era ninguém menos que o profeta Elias, que Deus mandara à terra em forma de homem, para ajudá-lo em seu infortúnio. Tendo chegado a esta conclusão, ele procurou uma maneira de expressar sua gratidão a Deus, mas não conhecia palavra alguma em hebraico, nem podia recitar nenhuma prece. Pensou bastante no seu modo simples de ser procurando a melhor maneira de agradecer.

"De repente, sua face iluminou-se. Tomou do chicote e estalou-o no ar com toda sua força, gritando de todo coração: 'Oh, nosso Pai, eu O amo tanto! O que posso fazer para convencê-lo de meu amor? Deixe-me estalar meu chicote em sinal de meu amor'! E assim dizendo, o cocheiro estalou o chicote no ar por três vezes.

Na véspera de Yom Kipur (o Dia do Perdão) o Todo Poderoso nos céus estava sentado em Seu Trono de Julgamento, ouvindo as primeiras preces do Dia da Expiação.

Rabi Levi, que estava atuando no Conselho de Defesa para seus irmãos judeus, empurrava uma carroça cheia de preceitos cumpridos até os Portais dos Céus, quando Satã, o acusador, apareceu e obstruiu sua passagem com pilhas de pecados dos judeus, para que Rabi Levi ficasse preso ali. Meu irmão Rabi Zusha e eu juntamos nossas forças para ajudá-lo a mover a carroça para a frente, mas foi em vão; mesmo nossos esforços juntos mostraram-se em vão.

"De repente, chegou o som do estalar de um chicote que fendeu o ar, fazendo aparecer um raio de luz impressionante, iluminando todo o universo, até chegar aos próprios céus! Pudemos ver os anjos e todos os Justos sentados em círculo, cantando louvores a Deus. Ao ouvirem as palavras do cocheiro, enquanto estalava o chicote em êxtase, eles responderam: 'Feliz é o Rei louvado desta forma'"!

Súbito, apareceu o Anjo Miguel, levando um cavalo, seguido pelo cocheiro com o chicote na mão. "O Anjo Miguel atrelou este cavalo à carroça dos preceitos cumpridos e o homem estalou o chicote. O vagão deu uma guinada para a frente, e achatou os pecados dos judeus que estavam obstruindo o caminho, dirigindo-se suave e facilmente direto ao Trono de Honra. Lá, o Rei dos Reis recebeu-o carinhosamente, e, levantando-se do Trono do Julgamento, aproximou-se e sentou no Trono da Misericórdia. Estava assegurado um novo ano feliz.

"E agora, caro Rabi Uri," concluiu Rabi Eli, "pode ver que isso tudo foi provocado pela sua ação nobre! Vá para casa, e seja um líder em Israel, pois provou seu valor! E carregará consigo a aprovação da Corte Celestial! Por fim, antes que vá, permita-me segurar este seu maravilhoso etrog, e louvar a Deus com ele"!

A recompensa

Viveu certa vez um homem muito caridoso. Era Hoshaná Rabá (o 7° Dia de Sucot) e sua mulher deu-lhe dez moedas e pediu-lhe para que comprasse algo para os filhos. Naquela ocasião, fazia-se uma coleta na praça do mercado, para uma pobre órfã que estava para se casar. Quando aqueles que coletavam o dinheiro avistaram o homem, disseram: "Aí vem uma pessoa muito caridosa". Dirigiram-se a ele, dizendo: "Gostaria de contribuir com esta causa nobre, pois queremos comprar um presente para uma noiva sem recursos"? O bom homem doou todos as dez moedas que possuía. Ficou envergonhado de voltar para casa com as mãos vazias, e dirigiu-se então à sinagoga. Lá encontrou crianças brincando com etrog (uma das quatro espécies usadas em Sucot) pois era Hoshaná Rabá (o sétimo dia de Sucot) e não havia mais necessidade do etrog. O homem juntou uma sacola repleta de etrog e saiu em busca da sorte. Chegando a um local desconhecido, sentou-se sobre sua sacola, refletindo sobre o que fazer em seguida.

De repente, foi abordado pelos oficiais do rei, que lhe perguntaram o que tinha naquela sacola. "Sou um pobre homem e nada tenho para vender", respondeu ele. Eles abriram a sacola e constataram que estava cheia de etrog. "Que tipo de fruta é essa"? perguntaram os oficiais. "São etrog, uma fruta especial usada pelos judeus durante a Festa de Sucot".

Ouvindo isso, os oficiais agarraram-no juntamente com a bolsa e carregaram-no por todo o caminho até o palácio. Foi então que o homem entendeu o porquê de todo aquele entusiasmo: o rei estava muito doente e haviam-lhe dito que somente a fruta usada pelos judeus durante o festival de Sucot poderia curá-lo.

Uma busca intensiva não tivera sucesso, e justamente quando toda a esperança parecia ter-se acabado, o bom homem chegara com uma sacola cheia de etrog, desta maneira salvando a vida do soberano. O rei recobrou a saúde e ordenou que a sacola esvaziada dos etrog fosse preenchida com moedas de ouro. Nosso bom herói retornou para casa ricamente recompensado durante toda sua vida pela caridade que fizera.

63 – Dt 33,1 – 34,12:
VEZOT HABERACHÁ – וזאת הברכה
Js 1, 1 – 18

Os preceitos, as leis presentes na Torah ajudaram e ajudam ainda o Povo de Israel a encontrar o sentido de suas vidas. Deus lhes deu a Torah, Escrita e Oral, e com ela este povo atravessa com fé a História.

Esta é a última porção da Palavra de Deus, da Torah. Celebrada com muita solenidade e alegria. Uma alegria entendida com o emocional e com o racional também, pois sabem de onde vem a Torah, do próprio Eterno Deus que lhe doou como um caminho seguro para viver neste mundo e caminhar com Deus na sua existência.

O Talmud ensina que o Povo Judeu está para além da natureza. Sobreviveram a todas as perseguições, exílios, sofrimentos e expulsões inimagináveis. E mesmo assim, conseguiu prosperar e sobreviver muito mais além do que as previsões indicavam. Mark Twain escreveu: "Todas as coisas são mortais, menos o judeu; todas as outras forças se vão embora, porém ele permanece. Qual é afinal o segredo da sua imortalidade"? O segredo é o próprio presente que Deus deu ao Povo Judeu: a Torah.

O Povo de Israel recebeu com a Torah do seu Deus o jugo do Reino do Todo-Poderoso. Recebeu o jugo da Torah. O povo de Israel aceitou cumprir os decretos determinados pelo seu Criador, decretos que a mente humana não consegue compreender e recebeu também preceitos cujos motivos lhes foram revelados e por fim receberam também a Torah oral – Mishná, Talmud etc.

Sobre a transmissão da Torah Oral, o Talmud ensina (*Eruvin 54*): Como estudou o Povo de Israel a Torah Oral? Moisés estudava diretamente com o Todo-Poderoso. Depois, seu irmão Aarão sentava-se diante de Moisés e este lhe transmitia a Torah Oral. Depois disso Aarão sentava-se ao lado de Moisés e entravam os filhos de Aarão e Moisés lhes transmitia esses ensinamentos. Em seguida, os filhos de Aarão, Eleazar e Itamar, sentavam-se ao lado de Moisés e Aarão e entravam os 70 sábios do Povo e Moisés lhes transmitia a Torah Oral. Finalmente o povo se aproximava e Moisés lhes transmitia todos os ensinamentos.

Assim sendo Aarão escutou quatro vezes os ensinamentos de Moisés, os filhos de Aarão escutavam três vezes, os anciãos do Povo escutavam duas vezes e o povo escutava uma vez. Depois disso, Moisés se retirava e Aarão transmitia os ensinamentos aos filhos, aos anciãos e ao povo. Aarão se retirava e seus filhos transmitiam os ensinamentos aos sábios e ao povo. Então os filhos de Aarão se retiravam e os sábios transmitiam ao povo. Assim cada pessoa ouvia quatro vezes cada ensinamento.

Esses ensinamentos aprendidos na Torah devem despertar sempre em cada um a alegria no cumprimento da caridade e das boas ações. Também ensina o Talmud a respeito disso quando conta que o próprio Deus se ocupou dessas ações de caridade concretas: "Deus fez vestes para Adão e Eva se cobrirem" (Talmud – Sotá 14 sobre Gn 3,21) e "Deus se ocupou pessoalmente do sepultamento de Moisés" (cf. Dt 34,6).

No cumprimento dos preceitos da Torah os sábios de Israel concluem: "Bem-aventurado é o Povo de Israel que quando estuda a Torah e pratica a justiça e as boas ações, acaba por dominar seu instinto e não é dominado por ele" (Talmud – *Avodá Zará 5*).

VEZOT HABERACHÁ – Seleções de Midrash a partir de: Dt 33,1 – 34,12
Moisés abençoa as tribos antes de sua morte

Quando Deus ordenou a Moisés: "Suba ao Monte Nebo e ali morrerá" – o Anjo da Morte pensou que tivesse permissão de levar a alma de Moisés.

Ele voou para baixo e pairou sobre Moisés, mas quando Moisés o avistou, agarrou-o e atirou no chão. "Deus garantiu-me que você não tem poder sobre mim" – Moisés disse a ele. "Fique aí e escute enquanto eu abençoo as tribos". Moisés obrigou o Anjo de Morte a escutar suas bênçãos. Moisés desejava, como seu ato final, abençoar os judeus. Ele tinha começado o Livro de Devarim com reprovação, e também os tinha repreendido na canção de *Haazinu*.

Agora desejava concluir com uma bênção sobre eles. Com Moisés, os mestres posteriores aprenderam a concluir seus sermões de admoestação com palavras de consolo e bênção para o povo. A Torah aqui chama Moisés "um homem de Deus" (Dt 33,1). Este título foi concedido a ele somente depois que abençoou os judeus, pois alguém que defende e louva o povo judeu é elevado por Deus. A bênção de Moisés foi superior à de todos os justos antes dele, e até às bênçãos dos antepassados, porque ele era superior a eles.

"Muitas filhas se saíram brilhantemente, mas você as superou todas" (Pr 31,29). A Escritura refere-se a Moisés, que foi superior até aos Patriarcas. O Midrash ilustra a superioridade de Moisés por meio de uma conversa fictícia entre ele e os grandes justos anteriores.

Antes de começar as bênçãos, Moisés recitou o salmo (Salmo 90). "Uma prece para Moisés, o homem de Deus". Nele, ele menciona o breve tempo de vida de um ser humano: "Os dias de nossos anos são setenta e, se houver força especial, oitenta anos". Porém, a alma do homem continua a viver, finalmente retornando à sua fonte: "Deus, Tu tens sido uma morada para nós (nossas almas) em todas as gerações" (Sl 90,1).

Moisés descreve a grandeza do povo judeu

Moisés começou com louvores a Deus, descrevendo como Ele Se revelou no Monte Sinai para entregar, outorgar a Torah. Moisés proclamou: "Deus foi ao povo judeu no Monte Sinai como um noivo que vai encontrar sua noiva. Deus ofereceu previamente a Torah a todas as nações gentias, mas elas se recusaram a aceitar".

Moisés proclamou: "A grandeza de Deus desafia a descrição. No Sinai, Ele levou consigo apenas uma fração das hostes celestiais sob Seu comando, ao contrário de um ser humano que exibe toda sua riqueza no dia das bodas".

"Ele deu aos judeus Sua lei de fogo, a Torah, que Ele tinha gravado sobre as Tábuas com Sua mão direita". Por que a Torah é chamada de 'uma lei de fogo'?

1 – A Torah existiu antes da criação do universo. Antes de ser entregue à humanidade, foi escrita perante Deus em fogo negro sobre fogo branco. Moisés então a escreveu com tinta sobre pergaminho.

2 – A Torah foi entregue em meio ao fogo: os anjos descendo com Deus ao Monte Sinai estavam em chamas: a montanha estava em chamas; foi dado por Deus, que é chamado "um Fogo devorador"; e a face do agente de Deus (Moisés) reluziu por entre o fogo.

Moisés agora abençoou os judeus para que merecessem a vida eterna no Mundo Vindouro por terem aceitado a Torah. "Deus amava muito as tribos. Ele atou as almas dos justos com Ele para a vida eterna. Eles a merecem, pois se colocaram ao pé do Monte Sinai e aceitaram o jugo da Torah".

Moisés abençoa as tribos

A Bênção de Rúben

Moisés começou abençoando os descendentes do primogênito de Jacó: "Que Rúben viva e não morra, e que seus homens sejam contados entre as tribos". No sentido literal, Moisés estava se referindo aos soldados da tribo de Rúben, que marcharam na frente do exército judeu durante a conquista da terra. Ele os abençoou para que nenhum caísse em batalha, e que todos retornassem para casa.

Em outro nível, a bênção de Moisés se referiu ao fundador da tribo: "Que Rúben viva nos dias do Messias e que não morra no Mundo Vindouro, que sua tribo seja contada entre os Filhos de Israel". Moisés abençoou Rúben para que seu pecado no incidente envolvendo Bilá não fosse usado contra ele no futuro, pois Rúben tinha se arrependido de seu erro (Cf. Gn 35,21 e Gn 49,1-4). Na verdade, a bênção de Moisés ajudou Rúben a conquistar um quinhão no Mundo Vindouro.

A Tribo de Simeão

Moisés não concedeu sua própria bênção a Simeão. Ele estava irado com esta tribo porque seu líder, Zambri, tinha pecado em Setim com uma princesa moabita, dessa forma inspirando muitos de seus amigos na tribo a erros similares. Nosso patriarca Jacó, em suas bênçãos aos seus filhos, tinha reprovado Simeão e Levi. Levi mais tarde melhorou, ao passo que Simeão se deteriorou ainda mais, como é ilustrado na seguinte parábola:

Dois homens pediram um empréstimo ao rei. Um pagou, e depois chegou a emprestar ao rei uma quantia de seu próprio dinheiro em retorno. O outro, no entanto, não somente deixou de pagar o empréstimo original, como teve a audácia de pedir outro empréstimo ao rei.

Da mesma forma, Jacó inicialmente censurou tanto Simeão quanto Levi pelo ódio que levou a ambos exterminarem a cidade de Sicar, e pelo episódio em que ambos tentaram tirar a vida de José. Em seguida, a tribo de Levi utilizou seu atributo do zelo e ira para o propósito de vingar a honra do Todo Poderoso ao punirem os adoradores do bezerro de ouro e quando Finéias, da tribo de Levi, matou o líder pecador de Simeão, Zambri.

Os membros de Simeão, porém, continuaram a usar sua tendência para a violência e agitação: seu líder Zambri rebelou-se contra Moisés em Setim.

Portanto, esta tribo perdeu o privilégio de receber sua própria bênção. Apesar disso, Moisés aludiu a Simeão na bênção de Judá, quando disse: "Escuta, Deus, a voz de Judá".

A palavra "Shemá" contém as letras do nome Simeão. Além disso, o quinhão de Simeão em Terra de Israel consistia de várias faixas de terra na porção de Judá. Simeão foi abençoado junto com Judá, o "leão", e foi feito seu vizinho, na esperança de que a presença de Judá refreasse Simeão de mais atos de violência injustificada.

A Bênção de Judá

Moisés profeticamente abençoou Judá depois de Rúben, porque Judá era a tribo liderante. Além disso, a tribo merecia ser abençoada depois de Rúben, porque o fundador da tribo fez seu irmão Rúben confessar abertamente seu pecado. Depois da corajosa admissão de culpa no incidente envolvendo Tamar. Rúben também tomou coragem e admitiu em frente de seu pai Jacó: "Eu desarrumei a cama de meu pai". Nossos Sábios mencionam ainda outro motivo para Moisés colocar a bênção de Judá em seguida à de Rúben, e por que ele introduziu a bênção de Judá com as palavras: "E esta é para Judá".

Durante sua jornada de quarenta anos pelo deserto, os Filhos de Israel carregaram o caixão de todos os filhos de Jacó, até finalmente enterrar seus corpos na Terra de Israel. Mas enquanto os outros corpos permaneceram intactos, os ossos de Judá se desconectaram e rolaram dentro do caixão.

Judá atraiu este castigo sobre si quando implorou ao seu pai Jacó: "Deixa-me levar Benjamin ao Egito. Se eu não devolvê-lo a ti, que eu seja banido por todos os meus dias, mesmo depois da morte". Embora Judá tenha devolvido Benjamin a Jacó, seu banimento – em referência às palavras de um homem justo – por força teve efeito.

Portanto, a alma de Judá não pôde entrar no Gan Eden (Jardim do Paraíso), e ao mesmo tempo seus ossos não encontraram repouso. Moisés suplicou a Deus: "O corpo de Rúben deve permanecer intacto, enquanto o de Judá está desmembrado? Não foi Judá que fez Rúben confessar abertamente seu erro? Portanto, ouve Deus a voz de Judá"!

Assim que Moisés falou as palavras: "Ouve, Deus a voz de Judá", os ossos de Judá se juntaram novamente. Quando Moisés falou: "e leva-o ao seu povo", a alma de Judá foi admitida à Morada Celestial, onde se reuniu às almas dos judeus justos. As palavras finais de Moisés "e seja uma ajuda para ele de seus adversários", fez com que a alma de Judá atingisse o nível mais elevado de apego a Deus no Mundo Futuro.

As palavras de Moisés "E esta bênção para Judá também alude à Torah". Moisés indicou: "Os reis, que descenderão de Judá, devem estudar Torah a vida toda". Moisés rezou: "Mestre do Universo, aceita as preces dos reis da casa de Davi, sempre que forem ameaçados pelo inimigo! Retorna seus soldados em segurança! Que tenham sucesso na batalha, e sejas uma ajuda para eles contra seus adversários"!

Moisés anteviu profeticamente que Davi algumas vezes se encontraria em grande perigo, e, portanto convenceu Deus a resgatar o futuro monarca. Ele também rezou pelo Rei Josias, vislumbrando que Josias retornaria a Deus e destruiria os ídolos na Terra de Israel. Devido às preces de Moisés, Deus aceitou a teshuvá (conversão e arrependimento) de Josias e prometeu não destruir o Templo Sagrado em seu tempo. Moisés, além disso, rezou pelo Rei Manassés, para que Deus aceitasse sua prece, pronunciada no cativeiro da Babilônia, e o libertasse.

A Bênção de Levi

Moisés abençoou a Tribo de Levi: "Tu (Deus) vestiste Aarão, que consideraste justo, com Teu Urim e Vetumim (o peitoral do Sumo Sacerdote)".

"Tu testaste Aarão nas águas de Meriba, onde decretaste que ele morreria no deserto por apoiar quando Moisés golpeou a pedra. Aarão poderia ter protestado: 'Não cometi qualquer pecado; por que tenho de morrer'? Mas seu coração era perfeito Contigo; ele não teve queixas. Portanto, conquistou o direito de usar o Urim e Vetumim sobre o coração".

Em outro nível, Moisés estava louvando toda a tribo de Levi, que fora escolhida para desempenhar o Serviço de Deus no Tabernáculo e no Templo Sagrado: "Toda vez que testaste os homens da tribo de Levi, eles foram perfeitos; quando Tu fizeste um teste com eles nas Águas de Meriba, eles foram leais".

Os membros de Levi não tiveram (falsa) pena dos adoradores do bezerro de ouro, mas executaram a todos – até seus próprios parentes. "Eles cumpriram Teu mandamento: 'Não terás outros deuses'. Eles não contribuíram com ouro para o bezerro, nem o serviram. Eles guardaram corajosamente o Teu pacto da circuncisão (brit milá), circuncidando seus filhos até no deserto (enquanto o restante das tribos desistiu, por causa dos perigos que se apresentavam)".

"Eles são merecedores de ensinar tais leis a Jacó e Tua Torah para Israel. Os sacerdotes da sua tribo Te oferecerão incenso diariamente, e sacrifícios sobre Teu altar. Abençoa, Deus, as propriedades dos levitas, e aceita a obra de suas mãos (o serviço dos sacrifícios) favoravelmente".

De fato, a oração de Moisés fez os membros da tribo de Levi serem tão abençoados materialmente que se diz: "A maioria dos sacerdotes é rica". Além disso, o versículo "Eu fui jovem, e agora sou velho; mas não vi um homem justo abandonado, nem o vi esmolando pão" (Sl 37,25) era entendido como se referindo aos sacerdotes.

Moisés concluiu sua bênção:

"Golpeia as ancas daqueles que se levantam contra ele e os seus inimigos, para que não se levantem outra vez". A quais inimigos dos levitas ele se referia?

1 – Moisés rezou para que aqueles que usurpassem o ofício do sacerdócio fossem castigados.

2 – Moisés anteviu profeticamente que na era do Segundo Templo os Macabeus (hasmoneus) descendentes de Levi, lutariam contra um exército grego que era numericamente muito superior. Então, ele rezou a Deus: "Golpeia as ancas dos que se erguerem contra eles".

Por que os Macabeus eram tão bem-sucedidos, para que Deus entregasse 'muitos nas mãos de poucos'? Tal milagre ocorreu pelo mérito da bênção de Moisés à tribo de Levi. O milagre de Chanucá ocorreu através dos descendentes de Levi, cuja santidade podia superar as forças da impureza.

A Bênção de Benjamin

Após abençoar Levi, cujos membros desempenhavam o Serviço no Templo Sagrado, Moisés então se dirigiu a Benjamin, pois o altar e o Santo dos Santos do Templo Sagrado estavam para ser construídos em seu território.

Moisés abençoou Benjamin antes de José, porque o Templo Sagrado que estava para ser construído na porção de Benjamin seria mais caro a Deus que o Tabernáculo de Silo, localizado na porção de José.

Moisés abençoou Benjamin: "Benjamin habitará em segurança por causa do amor de Deus por ele". Ele sugeriu: "Os descendentes desta tribo habitarão em segurança, sem temor do inimigo".

A tribo de Benjamin permaneceu em parte do reino de Judá, após a separação do reino. Seus membros lutaram pelos reis de Judá, participando nas vitórias dos reis justos Asa, Josafá e Josias. A bênção de Moisés foi para que Benjamin destruísse os inimigos e morasse em segurança. Moisés também estava se referindo ao fundador da tribo, Benjamin, que "habitaria em segurança" até na sepultura, pois os vermes não teriam permissão de tocar seu corpo.

Deus irá sempre pairar sobre a porção de Benjamin, para que Sua Presença Divina (Shechiná) ali resida. "A Shechiná 'habita entre os ombros de Benjamin" (o Templo Sagrado será construído numa colina alta em seu território).

O Rei Davi desejava ardentemente construir o Templo Sagrado. Ele fez todos os preparativos que pôde. Quando Davi visitou o Profeta Samuel, eles estudaram as leis pertinentes ao futuro Templo Sagrado. Davi sugeriu que fosse construído sobre a montanha mais alta de Terra de Israel. No entanto, eles consideraram o versículo 'E Ele habita entre seus ombros' (Dt 33,12).

Como o versículo não declara 'Ele habita sobre sua cabeça', a parte mais alta do corpo humano, eles decidiram que deveria ser construído numa colina no território de Benjamin, mas não na parte mais alta.

A Bênção de José

Moisés proclamou: "Abençoada por Deus seja sua terra, com doces iguarias produzidas pelo orvalho e pela chuva do Céu, e pela água da profundeza da terra; com doces iguarias que crescem com o brilho abundante do sol e da lua (determinadas plantas, como o pepino e melões, amadurecem à luz da lua). Que estas montanhas sejam abençoadas com a maturação adiantada da produção e sua terra com colinas que produzam constantemente. Que esta terra seja abençoada com as iguarias da terra e sua plenitude, e com a boa vontade Daquele que Se revelou a mim originalmente na sarça".

"Que esta bênção seja uma coroa na cabeça de José; sobre ele que foi separado de seus irmãos, quando eles o venderam. Apesar disso, ele os perdoou e os sustentou nos anos de escassez".

Moisés concluiu sua bênção profetizando sobre dois dos famosos descendentes de José, Josué e Gedeão: "Sobre o líder Josué, que descenderá dele, será concedida a força de um boi e os chifres de um búfalo. Com eles rasgará os trinta e um reis da terra de Canaã".

"Dezenas de milhares (de cananeus) serão assassinados por Josué, um descendente de Efraim, e milhares (de Madiã) pelo juiz Gedeão, um descendente de Manassés".

Segundo a bênção de Moisés a José, o estandarte de Efraim estampa a pintura de um boi, e de Manassés um búfalo (ou um unicórnio).

Moisés Abençoa as Tribos de Zabulon e Issacar

Moisés abençoou Issacar e Zabulon em conjunto, porque as duas tribos eram parceiras. Zabulon engajou-se no comércio e dividiu seus lucros com Issacar, cujos membros devotavam-se ao estudo de Torah. Embora Issacar fosse mais velho, Moisés abençoou Zabulon primeiro, porque se não fosse pelo apoio de Zabulon, Issacar não teria conseguido prosseguir seus estudos.

Moisés os abençoou: "Zabulon, que tenhas sucesso nos negócios, e Issacar em suas tendas de estudo de Torah".

Moisés assegurou a Zabulon que suas jornadas não teriam perigo ou possibilidade de fracasso. Como ele pretendia sustentar Issacar com seus ganhos, seu sucesso e segurança foram assegurados. Além disso, Zabulon deveria regozijar-se porque sua sociedade com Issacar lhe conquistaria recompensa no Mundo Vindouro.

A bênção de Issacar é formulada de maneira mais concisa que a de qualquer outra tribo. Moisés a expressou em apenas duas palavras: "Issacar (se rejubile) em suas tendas". Na verdade, estas palavras abrangem todas as bênçãos possíveis. Moisés estava dizendo a esta tribo: "Rejubilem-se quando estudarem Torah, pois não há felicidade maior neste mundo que o estudo de Torah, como está escrito: 'Os estatutos de Deus são corretos, fazem o coração se alegrar'" (Sl 19,9). "Além disso, vocês se alegrarão na Tenda Celestial no Alto, onde sua felicidade será completa".

Moisés continuou: "Os eruditos de Torah de Issacar irão estabelecer sabiamente o início dos novos meses, assim fazendo com que as tribos sejam chamadas ao Monte do Templo para as festas, quando irão sacrificar as oferendas dos Dias Festivos (*Yom Tov*)".

"Issacar e Zabulon ganharão com as riquezas do mar (em cuja costa estão localizadas suas porções). Eles apanharão e venderão um caro atum, e também a criatura Chilazon (com cujo sangue um dos tsitsit é tingido de azul); com a areia branca da sua praia um valioso vidro claro será feito; além disso, eles descobrirão na areia tesouros levados à costa provenientes de navios naufragados. Por causa de suas riquezas, Issacar e Zabulon terão tempo livre para estudar Torah". Moisés também previu:

"Os negócios de Zabulon atrairão mercadores gentios à costa do Mediterrâneo. Eles dirão: Como viajamos tão longe, vamos visitar a capital do país judaico, visitar seu templo, e ver quais são suas divindades e seus costumes".

Quando eles chegarem a Jerusalém e virem como todos os judeus se unem para adorar um único Deus, e como comem apenas determinados alimentos (ou seja, comida casher), eles ficarão impressionados e declararão: 'Jamais vimos um país como este'!

"Eles reconhecerão a futilidade de seus cultos idólatras, e muitos se converterão ao Judaísmo, e oferecerão sacrifícios de justiça sobre o Monte Moriá".

A Bênção de Gad

Moisés disse sobre Gad: "Bendito seja Ele que aumenta o território de Gad". Gad recebeu como porção as terras de Seon e Og a leste do Jordão. Embora menos produtivo que Terra de Israel, este território era maior, estendendo-se bastante a leste. "Gad mora como uma leoa, e quando vai para a guerra sua vítimas são reconhecíveis, pois ele tira o braço e a cabeça com um só golpe".

Gad precisava de uma bênção para ter força em batalha, pois no lado leste do Jordão estava em constante perigo de ataque por parte de seus inimigos. "Os membros de Gad escolheram como sua porção as terras de Seon e Og, a primeira parte da terra ainda a ser conquistada, porque eles sabiam que Moisés seria enterrado ali".

"Seus homens marcharam à frente dos Filhos de Israel na conquista de Terra de Israel. Eram justos e cumpriram a palavra dada a Moisés – de não voltar para casa, no lado leste do Jordão, senão depois da divisão da Terra".

Em sua bênção, Moisés na essência desculpou Gad por escolher uma porção fora de Terra de Israel. Os membros de Gad estavam parcialmente motivados pelo desejo de ter o túmulo de Moisés em sua porção; além disso, eles cumpriram seu dever para com as outras tribos sobre a conquista da Terra de Israel.

A Bênção de Dã

Moisés abençoou Dã: "Dã é forte como um leão jovem".

Moisés referia-se ao fato de que Dã, cujo território formava a fronteira norte de Terra de Israel, ter protegido a terra de seus inimigos.

"Sua porção da terra bebe do Rio Jordão, que desce da gruta de Pamais na porção de Dã. O rio forma a fronteira entre Terra de Israel e Basã, que é território de Og. A terra ao longo do Jordão é bem irrigada e fértil".

A bênção de Moisés também sugere que a porção de Dã na terra consistiria de duas partes. Inicialmente eles receberiam território no centro de Terra de Israel, mas considerariam aquilo insuficiente. Portanto, para ter mais espaço, seus guerreiros conquistaram o território de Lésem (cf. Js 19,47), que faz fronteira com Basã na extremidade norte de Terra de Israel.

A Bênção de Neftali

Moisés abençoou Neftali: A porção de Neftali na terra satisfaz quem vive ali. Inclui o vale de Genesaré, onde os frutos amadurecem primeiro. Quem avista os frutos suculentos e belos em seu território dá graças e louva a Deus.

"Ele herdará o Mar da Galiléia e uma faixa de terra ao sul, onde poderá espalhar suas redes de pesca". As primeiras três letras da bênção de Neftali aludem à famosa ligeireza de Neftali: era "veloz como uma águia em cumprir as ordens de Deus".

A Bênção de Aser

Moisés abençoou Aser: "Que Aser seja abençoado com filhos". Com a palavra "filhos" Moisés referiu-se aos descendentes de Aser, que eram nobres e sacerdotes, pois muitas das belas filhas de Aser se casaram com judeus em altas posições. "Que ele seja bem aceito por seus irmãos".

Como Aser tinha belas filhas para oferecer em casamento, era bastante querido. Além disso, as palavras de Moisés se referiam ao fundador da tribo, Aser, que era olhado com desprezo pelas outras tribos por informá-las: "Rúben desarranjou a cama de Jacó"!

"Como você pode dizer coisas tão feias sobre seu irmão mais velho"! eles o repreenderam. Somente depois que Rúben confessou seu pecado, Aser foi novamente aceito por seus irmãos. "E que ele mergulhe seu pé em azeite". A terra de Aser era tão abençoada por oliveiras que o azeite fluía delas como um poço, e os membros da tribo podiam se dar ao luxo de se banharem em azeite.

Moisés concluiu: "Sua terra é rodeada por montanhas, onde o ferro e o cobre são escavados; e como vocês são fortes em sua juventude, assim serão na sua velhice". Como o trabalho de escavar o ferro e o cobre enfraquece as pessoas prematuramente, Moisés abençoou os membros dessa tribo para que conservassem a força na velhice. A bênção de Moisés foi cumprida. Dizia-se sobre as mulheres de Aser que uma mulher idosa da tribo era tão forte e bela como uma jovem das outras tribos.

Moisés termina com os louvores a Deus e ao Povo Judeu

Moisés concluiu suas bênçãos com louvores a Deus e ao Povo de Israel.

Os louvores a Deus também serviram para encorajar os judeus que Deus os ajudaria mesmo depois da morte de Moisés, que estava iminente.

"Saiba, que não há ninguém como o Todo Poderoso entre as divindades das nações. Ele é o mais poderoso acima e abaixo. Ele controla as esferas superiores e os ajuda. Sua majestade está no Céu".

"Apesar disso, Ele supervisiona todos os assuntos na terra. Vocês, o povo judeu, são a morada de Deus desde os tempos antigos: o mundo foi criado pelo seu mérito. Vocês são o esteio do mundo; ele existe por causa de vocês".

"Ele afastou o inimigo da sua frente – Ele destruiu os egípcios, Seon, e Og – e Ele disse: 'Exterminem-nos'! (Deus ordenou destruir Amaleque e as sete nações da terra de Canaã)". Moisés proclamou que os judeus viveriam pacificamente e com segurança na Terra de Israel: "Cada indivíduo judeu habitará com segurança numa terra de cereais e vinho, segundo as bênçãos de Jacó: 'E Deus estará com vocês e os restaurará à terra de seus antepassados'. Os céus também farão cair o orvalho da bênção, segundo a bênção de Isaac: 'Que Deus lhes dê o orvalho dos Céus'".

Moisés concluiu: "Felizes são vocês, Israel! Quem é como vocês, um povo salvo por Deus? Quão grande é a recompensa que Ele guardou para vocês no Mundo Vindouro"!

Ele devolverá a vocês a espada de sua majestade, as coroas (espirituais) que Ele removeu de vocês depois que pecaram no incidente do bezerro de ouro. "Seus inimigos ficarão com tanto medo de vocês que negarão qualquer identidade, e vocês andarão em seus locais elevados".

A última bênção de Moisés aludia à suprema recompensa do Povo de Israel: o Mundo Vindouro. Como prova de que sua profecia sobre a futura recompensa espiritual seria cumprida, Moisés deu sinais de que isso ocorreria no mundo atual; que os inimigos dos Filhos de Israel negariam sua identidade, e que os judeus pisariam nos pescoço de seus inimigos.

As palavras de Moisés foram cumpridas, por exemplo, na época de Josué: os Gabaonitas disfarçaram sua identidade como uma das sete nações (cf. Js 9,3-6); e Josué ordenou que seus generais pisassem no pescoço de cinco reis inimigos (Js 19,24).

Moisés morre no Monte Nebo

Após Moisés concluir suas bênçãos, ele disse ao povo: "Estou para morrer. Causei muitos sofrimentos a vocês ao admoestá-los pelo mérito da Torah e preceitos. Perdoem-me agora"!

Eles responderam: "Nosso Mestre, eles estão perdoados. Agora nos perdoe; muitas vezes o enfurecemos e lhe causamos problemas". "Eu os perdôo" – respondeu Moisés.

Deus disse a Moisés: "Não espere mais. Suba ao Monte Nebo"! Moisés obedeceu imediatamente. Havia doze passos levando ao topo do monte, mas Moisés galgou-os todos de um só salto (tão ansioso estava ele para cumprir a vontade de Deus). Sua força à idade de cento e vinte anos ainda era a mesma da juventude.

De pé no topo da montanha, Moisés contemplou a Terra de Israel. Deus, assim, concedeu seu desejo de ver a Terra. Ali Moisés daria suas bênçãos sobre ela, tornando a conquista mais fácil para os Filhos de Israel. O Todo Poderoso deixou Moisés ver os lugares onde seu sucessor, Josué, jamais pisaria. Em especial, Deus mostrou-lhe os pontos de futuro perigo ou infelicidade, fazendo Moisés chorar pela segurança e bem-estar de seu povo.

Moisés, além disso, viu a futura história dos Filhos de Israel até à era de Messias: viu Josué lutando contra os trinta e um reis da terra de Canaã; a era dos juízes; o reinado da Casa de Davi; e o Rei Salomão preparando os vasos para o Templo Sagrado. Ele anteviu até a guerra pré-messiânica de Gog e Magogue, e a queda de Gog (Cf. Ez 38-39).

Na hora de sua morte Moisés recebeu também um pedido que antes lhe fora negado: Quando Moisés pediu a Deus: "Por favor, revela-me Tuas maneiras de manipular os assuntos do mundo", o Todo Poderoso respondeu: "Nenhum homem pode Me ver e viver"!

Antes de sua morte, porém, foi concedido aquele entendimento a Moisés. Assim, ele finalmente atingiu o quinto e último 'estágio de sabedoria'. Por ocasião da morte de Moisés, Deus queria demonstrar a grandeza de Moisés às hostes Celestiais. Portanto, Ele chamou o anjo Gabriel e lhe ordenou: "Vai e traz para Mim a alma de Moisés"!

"Mestre do universo, como posso causar a morte de um ser humano que é igual a 600.000 judeus"? "Então vai você" – ordenou Deus a Miguel.

"Não suporto vê-lo morrer" – respondeu Miguel. "Eu costumava ser seu mestre" (Miguel é o Anjo da Misericórdia, que ensinou Moisés a defender os judeus).

O Todo Poderoso então se voltou a Satã: "Vai e traga para Mim a alma de Moisés"! Satã pegou sua espada (o espírito de impureza com o qual ele esperava derrotar a santidade de Moisés) e voou até Moisés.

Encontrou Moisés escrevendo o Nome de Quatro Letras de Deus num Sefer Torah ainda incompleto. O rosto de Moisés irradiava como o sol, e ele se assemelhava a um dos anjos. Satã ficou com medo de Moisés. "Nenhum anjo pode tirar a alma de Moisés" – pensou ele. Começou a tremer e foi incapaz de pronunciar uma só palavra a Moisés. Moisés, porém, percebera a presença de Satã antes mesmo que o anjo se revelasse.

"Seu perverso, o que está fazendo aqui"? Moisés perguntou severamente. Satã então reuniu coragem e respondeu: "Vim para levar sua alma"! "Quem o enviou"? "Aquele que criou tudo" – respondeu Satã.

"Ele certamente não queria que você levasse minha alma (mas ao contrário, Ele deseja que eu o derrote)" disse Moisés. "Eu levo as almas de todos os seres humanos" – insistiu Satã. "Esta é a lei natural do universo".

"Porém não estou sujeito às leis da natureza" – insistiu Moisés. "Sou filho de Amram. Sou sagrado desde o nascimento, pois nasci circuncidado e portanto não precisei de circuncisão. Pude andar e falar desde o dia do meu nascimento (como Adão antes de pecar).

Quando eu tinha três meses de idade, profetizei que eu receberia a Torah (por este motivo Moisés recusou-se a beber o leite de uma mulher egípcia quando a filha do faraó o encontrou). Quando criança, no palácio do faraó, eu tirei a coroa de sua cabeça (um prenúncio da futura queda do faraó).

Aos oito anos de idade, Deus usou-me para fazer muitos milagres no Egito, e tirei 600.000 judeus em plena luz do dia sob os olhos dos egípcios. Abri o Mar em doze partes. Transformei água amarga em água doce (no local Mara no deserto).

Estive no céu, discuti com anjos que não queriam que a Torah fosse entregue, recebi a Torah de fogo, e fiquei perto do Trono Celestial para conversar com o Todo Poderoso face a face. Trouxe a Torah e os segredos dos anjos para a humanidade. Lutei contra os poderosos gigantes Seon e Og, que tinham sobrevivido ao Dilúvio. Fiz o sol e a lua ficarem imóveis durante a batalha, e eu mesmo matei Seon e Og. Quem mais, na humanidade, pode fazer tudo isso? Portanto, a lei natural que permite a você tirar a alma de um homem não se aplica a mim.

Satã voou de volta a Deus, reconhecendo a derrota. Deus então o investiu de maior força, e ordenou que voltasse a Moisés. (Deus desejava que Moisés atingisse uma vitória ainda maior sobre o Satã). Satã pairou sobre a cabeça de Moisés e tirou a espada da bainha.

Moisés golpeou o anjo com toda sua força, com o bastão onde estava gravado o nome de Deus. Satã fugiu. Moisés dominou-o e cegou-o com os Raios da Glória que brotavam de sua face. Uma Voz Celestial proclamou: "A hora de sua morte chegou"!

"Por favor, não me entregue ao Anjo da Morte" – Moisés suplicou a Deus. Lembre-Se de como eu O servi na minha juventude, quando Você Se revelou para mim na sarça, e quando fiquei no Monte Sinai durante quarenta dias e noites e me esforcei para aprender a Torah!

"Não tenha medo" – declarou a Voz Celestial. "Eu mesmo cuidarei de você". Moisés levantou-se e preparou-se para morrer, santificando-se como um dos anjos. Deus desceu com os anjos Miguel, Gabriel e Zagzagel (anjo da Sabedoria e da Sarça Ardente). Miguel preparou o leito para Moisés; Gabriel estendeu uma coberta de linho para sua cabeça; e Zagzagel outro pano para seus pés.

O Todo Poderoso falou: "Moisés, feche os olhos". Moisés assim o fez. "Coloque as mãos sobre o peito" – ordenou o Todo Poderoso. Moisés obedeceu. "Junte seus pés" – ordenou Ele. Moisés obedeceu. Deus chamou a alma de Moisés. "Minha filha" – dirigiu-se Ele à alma – "planejei que você permanecesse no corpo de Moisés por 120 anos. Agora deve sair; não demore".

A alma respondeu: "Mestre do Universo, existe um corpo mais puro que o de Moisés? Portanto, eu o amo e não quero deixá-lo". "Eu a guardarei sob Meu Trono Celestial de Glória com os anjos" – prometeu Deus. "É melhor que eu permaneça no corpo de Moisés que misturar-me com os anjos" – protestou a alma. "Ele é tão puro quanto um anjo, embora viva na terra; por outro lado, Você certa vez permitiu que dois anjos, Uza e Azael, morassem entre os homens, e eles se corromperam. Moisés não vive com a mulher desde o dia em que Você falou com ele da sarça ardente (segundo uma opinião; segundo outras, desde a entrega da Torah). Por favor, deixe-me no corpo de Moisés"!

Após ouvir a alma atestar sobre a pureza do corpo de Moisés, Deus – por assim dizer – beijou Moisés. A alma sentiu o inigualável prazer da Presença da Divindade (que era maior que o prazer que derivava do corpo de Moisés) e retornou para Deus.

Moisés é pranteado no Céu e na terra, e é sepultado pelo Próprio Todo Poderoso. Os céus choraram, dizendo: "O homem piedoso pereceu na terra" (Mq 7,2). A terra chorou, pranteando "... e o justo entre os homens não existe mais". Os anjos o elogiaram: "Ele executou a justiça de Deus e Suas leis em Israel" (Dt 33,21).

Uma Voz Celestial proclamou: "Moisés, o grande escriba de Israel (que escreveu a Torah para eles) morreu". A Voz ainda o elogiou: Moisés trabalhou e adquiriu quatro coroas:

- A coroa da Torah, que ele trouxe a terra;
- A coroa da kehuna – vestes sacerdotais (quando ele oficiou como Sumo Sacerdote durante a inauguração do Tabernáculo);
- A coroa da realeza;
- A coroa de um bom nome, que ele conquistou com suas boas ações.
- Moisés morreu sobre o Monte Nebo, na porção de Rúben, mas os anjos o carregaram até a porção de Gad, onde ele estava destinado a ser sepultado.
- Quando o discípulo de Moisés, Josué, soube da morte de Moisés, pranteou: "Meu pai, meu pai, meu mestre, meu mestre! Meu pai, porque você me criou; e meu mestre, que me ensinou Torah desde minha juventude".
- Ele continuou a chorar até que Deus finalmente o reprovou: "Você é o único que perdeu Moisés? Eu, por assim dizer, também o perdi. Quem mais se erguerá para repreender os judeus por Mim, e para defendê-los como ele sempre fez? (Não é adequado exprimir sua dor privada; ao contrário, pranteie pela perda do grande líder do povo judeu.)
- Um rei era provocado diariamente pela má conduta do filho. Estava sempre prestes a executar o rapaz pela sua falta de respeito, mas a mãe do príncipe sempre intervinha e aplacava o marido.
- Quando a rainha morreu, o rei ficou excessivamente choroso. Ele explicou aos nobres: "Choro não somente por ela, mas pelo futuro do príncipe".
- Assim Deus explicou aos anjos: "A perda de Moisés poderia ter conseqüências trágicas para o Povo inteiro de Israel. Muitas vezes Eu fiquei irado com o povo judeu, mas Moisés sempre implorava por eles e assim acalmava Minha ira".

- O Próprio Deus enterrou Moisés nas planícies de Moab, perto de Bait Peor. Por que Moisés mereceu a grande honra de ser enterrado pelo Próprio Todo Poderoso? Antes dos Filhos de Israel deixarem o Egito, Moisés procurou o caixão de José durante três dias e três noites, para cumprir a antiga promessa feita a José, de enterrar seus ossos na Terra de Israel.
- Quando todos os judeus se reuniram para o Êxodo, cada qual carregado com o ouro e prata egípcio, Moisés foi visto carregando apenas o caixão sobre os ombros. Ele foi o homem sábio que aproveitou a oportunidade para cumprir um preceito da Bíblia.
- Deus disse: "O que você fez pode parecer insignificante para você, mas aos Meus olhos foi uma grande bondade. José foi obrigado a enterrar seu pai na Terra de Israel porque ele era um filho. Mas você não é filho nem neto de José, e não estava obrigado a cuidar de seu corpo. Mesmo assim, você o fez. Eu, que não tenho qualquer obrigação com um ser humano, o enterrarei".

Moisés faleceu em 7 de Adar, a data de seu nascimento, com cento e vinte anos. Mesmo depois de seu falecimento, seu corpo não se decompôs (devido à sua grande santidade).

A Nuvem de Glória não se afastou de cima do Tabernáculo durante trinta dias depois da morte de Moisés. Assim, os Filhos de Israel permaneceram nas planícies de Moab para pranteá-lo.

Com a morte de Moisés, o povo perdeu 3 grandes presentes

O Maná – O pão Celestial que tinha sido fornecido pelo mérito de Moisés. Embora ele parasse de cair no dia da morte de Moisés, o restante durou milagrosamente por mais um mês, até 16 de Nissan. No entanto, embora o maná durante a vida de Moisés assumisse qualquer sabor que os Filhos de Israel desejassem, depois de sua morte tinha apenas um sabor.

Os judeus tinham merecido encontrar muitos sabores no maná, pois o fenômeno refletia sua descoberta espiritual de "muitos sabores" no seu estudo de Torah. Como o nível de estudo de Torah declinou após a morte de Moisés, o sabor do maná não variava mais.

A 16 de Nissan os judeus cruzaram o Jordão para Terra de Israel e levaram a oferenda do ômer, que lhes permitia comer o novo cereal colhido na terra de Canaã.

O Poço de Miriam – O Poço tinha deixado de fluir com o falecimento de Miriam, mas voltou pelo mérito de Moisés até que ele morreu.

As Sete Nuvens da Glória que rodeavam os Filhos de Israel como muros protetores no deserto, e o pilar de fogo que iluminava o caminho à noite. As Nuvens tinham desaparecido com a morte de Aarão, mas voltaram pelo mérito de Moisés e acompanharam os Filhos de Israel até que ele faleceu.

Cada um dos três presentes serão devolvidos por Deus no mundo futuro. Deus não permitiu que Moisés fosse enterrado na Terra de Israel. Ele foi sepultado no deserto, num local chamado pela Torah de "Bait Peor".

O Todo Poderoso já tinha preparado o local de sepultamento de Moisés, o qual expiaria o pecado com Peor, durante os Seis Dias da Criação.

Embora a Torah descreva a localização do túmulo de Moisés – na terra de Moab, em frente a Bait Peor – ninguém conseguiu encontrá-lo.

Por que Deus ocultou o túmulo de Moisés da humanidade?

1 – Deus temia que antes da destruição do Templo Sagrado e do subseqüente exílio, os judeus fossem ao túmulo de Moisés para chorar e gritar: "Moisés, suplica a Deus para reverter a tragédia"! O enorme poder das preces de Moisés após a morte teria cancelado a destruição. (Deus não poderia permitir isso, pois então em vez disso Ele teria de destruir o povo judeu).

2 – A localização do túmulo de Moisés é desconhecida para impedir os judeus de oferecerem sacrifícios e incenso ali, em vez de no Templo Sagrado; além disso, para que os gentios não o profanassem com estátuas idólatras.

3 – A ocultação de seu túmulo é também um castigo para a falha de Moisés em agir em Setim (cf. Nm 25), onde Zambri levou a princesa madianita Cozbi para sua tenda. Moisés deveria ter feito um supremo esforço para lembrar-se da lei adequada, mas em vez disso ficou em desespero, deixando a aplicação da lei para Finéias, que assassinou Zambri.

Uma passagem subterrânea vai do túmulo de Moisés até a Gruta de Macpelá (Cf. Gn 49,29), onde estão sepultados os Patriarcas.

Os últimos 8 versículos da Torah

Os últimos oito versículos da Torah relatam a morte de Moisés e seu enterro: "E Moisés, o servo de Deus, morreu ali na terra de Moab..."

Quem escreveu estes versículos? R. Meir ensinou: "Moisés escreveu toda a Torah, do primeiro ao último versículo. À medida que Deus ditava um versículo, Moisés o repetia, e depois o anotava".

Porém os últimos oito versículos ele não repetiu, porque estava sofrendo tanto. Ele os escreveu com lágrimas em vez de tinta, e Josué mais tarde os preencheu com tinta.

A profecia de Moisés e seus milagres superaram os de qualquer outro Profeta. Moisés atingiu mais que qualquer outro homem na Torah em sabedoria e profecia. Nenhum outro profeta pôde conversar com Deus o tempo todo, sem preparação, e vê-Lo com absoluta clareza.

Como a profecia de Moisés foi superior a todas as outras profecias, nenhum profeta ou tribunal judaico pôde mudar ou apagar qualquer palavra da Torah. Nenhum profeta posterior realizou maravilhas tão abertamente quanto Moisés. Seus milagres foram testemunhados por toda a nossa nação (mais de um milhão de almas).

Todo Israel viu como os primogênitos foram assassinados no Egito, uma demonstração da força da mão de Deus, e como Moisés abriu o Mar Vermelho. Eles vivenciaram a outorga da Torah e testemunharam os milagres no deserto, aprendendo assim a temer a Deus.

Deus deixou Moisés fazer milagres em meio a grande publicidade, para que a Torah fosse adotada por todas as futuras gerações.

No futuro, o Próprio Deus realizará milagres semelhantes, e ainda maiores. A Torah termina com a palavra "ISRAEL" e começa com "NO PRINCÍPIO". Isso insinua que o mundo foi criado para o Povo de Israel, como está escrito: "Israel, consagrado ao SENHOR, o primeiro de Sua criação" (Jr 2,3). Deus concebeu a criação do universo pelo bem dos Filhos de Israel, um povo que estudaria e cumpriria Suas leis.

Correspondência bíblica

Moisés:

Ex 2,10: "Quando o menino estava crescido, levou-o à filha do faraó, que o adotou como filho. Ela deu-lhe o nome de Moisés, porque, disse ela, 'eu o tirei das águas'".

Ex 33,11: "O SENHOR falava com Moisés face a face, como alguém que fala com seu amigo. Depois, Moisés voltava para o acampamento. Mas seu ajudante, o jovem Josué filho de Nun, não se afastava do interior da Tenda".

Lv 10,12: "Moisés disse a Aarão e aos filhos que lhe restavam, Eleazar e Itamar: Tomai o que sobrou das ofertas queimadas para o SENHOR, e comei-o sem fermento, perto do altar, pois é coisa santíssima".

Nm 11,2: "O povo pediu socorro a Moisés, que intercedeu junto do SENHOR, e o fogo se apagou".

Dt 34,7: "Ao morrer, Moisés tinha cento e vinte anos. Sua vista não tinha enfraquecido, nem seu vigor se tinha esmorecido".

Js 1,5: "Ninguém te poderá resistir enquanto viveres. Assim como estive com Moisés, estarei contigo. Não te deixarei nem te abandonarei".

1Sm 12,8: "Quando Jacó foi para o Egito, os egípcios o oprimiram. Vossos pais clamaram ao SENHOR, e ele enviou Moisés e Aarão, fez sair vossos pais do Egito e os instalou neste lugar".

1rs 2,3: "Observa os preceitos do SENHOR, teu Deus, anda em seus caminhos, guarda seus estatutos e mandamentos, normas e decretos, como estão escritos na lei de Moisés. Assim serás bem sucedido em tudo que fizeres e em todos os teus projetos".

2cr 5,10: "Dentro da Arca nada havia senão as duas Tábuas que Moisés, no Horeb, nela depositara, quando o SENHOR concluíra Aliança com os israelitas, no êxodo do Egito".

NE 1,7: "Agimos mal contra Ti, não observando os mandamentos, as leis e as normas que transmitiste a teu servo Moisés".

2mc 1,29: "Estabelece o teu povo no teu lugar santo, como o disse Moisés".

Sl 99,6: "Moisés e Aarão estavam entre seus sacerdotes, Samuel entre os que invocavam seu Nome; invocavam o SENHOR e Ele respondia".

Sl 106,23: "Então pensou em exterminá-los, se não fosse Moisés, seu eleito, que se manteve na brecha diante dele para desviar sua ira da idéia de destruí-los".

Is 63,11: "Depois, porém, lembrou-se dos tempos antigos, do seu servo Moisés. Onde está Aquele que os fez sair do mar sob a guia do pastor do seu rebanho? Onde está Aquele que dentro dele colocou seu santo espírito;".

Jr 15,1: "Disse-me o SENHOR: Mesmo que Moisés e Samuel estivessem diante de Mim para interceder, nem assim eu aceitaria esse povo. Manda-os sair da minha presença e que saiam mesmo"!

Dn 9,11: "Israel inteiro desrespeitou as tuas leis e deixou de obedecer à tua Palavra; por isso, caíram sobre nós as maldições e ameaças que estão escritas na Lei de Moisés, servo de Deus, pois pecamos contra ele".

Mt 8,4: "Então Jesus lhe disse: Olha, não contes nada a ninguém! Mas vai mostrar-te ao sacerdote e apresenta a oferenda prescrita por Moisés; isso lhes servirá de testemunho".

Mt 17,3.4: "Nisto apareceram-lhe Moisés e Elias, conversando com Jesus. Pedro, então, tomou a palavra e lhe disse: Senhor, é bom ficarmos aqui. Se queres, vou fazer aqui três tendas: uma para ti, uma para Moisés e outra para Elias".

Mc 10,3: "Jesus perguntou: Qual é o preceito de Moisés a respeito"?

Mc 12,26: "Quanto à ressurreição dos mortos, não lestes, no livro de Moisés, na passagem da sarça ardente, como Deus lhe falou: Eu Sou o Deus de Abraão, o Deus de Isaac e o Deus de Jacó"!.

Lc 2,22: "E quando se completaram os dias da purificação, segundo a lei de Moisés, levaram o menino a Jerusalém para apresentá-lo ao SENHOR".

Lc 24,27: "E começando por Moisés e passando por todos os Profetas, explicou-lhes, em todas as Escrituras, as passagens que se referiam a ele".

Jo 1,17: "Pois a Lei foi dada por meio de Moisés, a graça e a verdade vieram por meio de Jesus Cristo".

Jo 6,32: "Jesus respondeu: Em verdade, em verdade vos digo: não foi Moisés quem vos deu o pão do céu. É meu Pai quem vos dá o verdadeiro pão do céu".

At 13,38: "Pois bem, irmãos, ficai sabendo: por meio dele vos é anunciado o perdão dos pecados. De tudo em que vós não pudestes ser justificados pela lei de Moisés".

Rm 10,9: "Pergunto ainda: Porventura Israel não compreendeu? Moisés é o primeiro a dizer: Eu vos levarei a ter ciúme de gente que não é nação, excitarei vossa ira contra uma nação que nada entende".

Jd 1,9: "No entanto, o arcanjo Miguel, quando estava disputando com o diabo o corpo de Moisés, não se atreveu a lançar-lhe em rosto uma invectiva injuriosa; mas apenas lhe disse: O SENHOR te repreenda"!

Ap 15,3: "Entoavam o cântico de Moisés, o servo de Deus, e o cântico do Cordeiro, e cantavam: Grandes e admiráveis são as tuas obras, SENHOR Deus, Todo-Poderoso! Justos e verdadeiros são os teus caminhos, ó Rei das Nações"!

CONCLUSÃO
Perspectivas de diálogo e crescimento

Terminando por outro Papa...

Iniciamos este trabalho de memória e de interpretação das Sagradas Escrituras na luz da riquíssima tradição judaica com as palavras de um Papa (Leão Magno) e desejamos concluir este instrumento de leitura da Bílbia com as palavras de outro Papa, o mais atual, o Papa Francisco:

"Na primeira leitura da liturgia de hoje São Paulo se surpreendeu ao encontrar alguns discípulos que lhe disseram 'Nem sequer ouvimos dizer que existe o Espírito Santo!'.

Hoje, muitos cristãos não sabem quem seja o Espírito Santo, como seja o Espírito Santo. E algumas vezes se escuta: 'Mas, eu me viro bem com o Pai e com o Filho, porque rezo o Pai Nosso ao Pai, comungo com o Filho, mas com o Espírito Santo não sei o que fazer...' Ou te dizem: 'O Espírito Santo é a pomba, que nos dá sete presentes'. Mas assim o Espírito Santo está sempre no final e não encontra um bom lugar na nossa vida".

Porém, o Espírito Santo é um "Deus ativo em nós" que "acorda a nossa memória". O mesmo Jesus nos disse que o Espírito que o Pai enviará em seu nome "vos lembrará tudo o que vos disse".[43] Para um cristão, ficar sem memória é algo perigoso.

Um cristão sem memória não é um verdadeiro cristão: é um homem ou uma mulher que, prisioneiros da conjuntura, do momento; não tem história. Tem, mas não sabe como interpretar a história. E é justo o Espírito que lhe ensina como ter a história. A memória da história ... quando na Carta aos Hebreus o autor diz: 'Lembrai-vos dos vossos Pais na Fé' – memória; 'lembrai-vos dos primeiros dias da vossa fé, como fostes corajosos' – memória. Memória da nossa vida, da nossa história, memória do momento que tivemos a graça de encontrar-nos com Jesus; memória de tudo o que Jesus nos disse.

---

[43] Cf. Jo 14,26.

Aquela memória que vem do coração, aquela é uma graça do Espírito", também a memória das misérias da própria vida.

E quando vem um pouco a vaidade e a Pessoa se acha o prêmio Nobel da Santidade, também a memória nos faz bem: 'Mas... lembre-se de onde te tirei: do final do rebanho. Estavas detrás, no rebanho'.[44] A memória é uma graça grande, e quando um cristão não tem memória – é duro isso, mas é a verdade – não é cristão: é idólatra. Porque está na frente de um Deus que não tem caminho, não sabe fazer caminhos, e o nosso Deus nos acompanha, se mistura conosco, caminha conosco, nos salva, faz história conosco. Memória de tudo isso, e a vida se torna mais frutuosa, com esta graça da memória".[45]

O Papa Francisco conhece as Escrituras e parte muito bem delas para comentá-las e nos convida a pedir a graça da memória para não nos esquecermos do caminho já percorrido, para sermos cristãos que "não esquecem as graças da sua vida, não esquecem o perdão dos pecados, não esquecem que foram escravos e que o Senhor lhes salvou".

A amnésia bíblica e o anti-semitismo

Infelizmente quando não conhecemos e estudamos a Bíblia nos damos conta também do flagelo do anti-semitismo que parece ser indestrutível no mundo de hoje e até mesmo na teologia cristã e secular voltam a heresia do Marcionismo, que já no século II afirmava a existência de dois deuses, um do Antigo Testamento (o deus da Lei) e outro Deus do Novo Testamento (o Deus do Amor) e que era preciso esquecer e anular o Antigo Testamento! Essa heresia foi condenada na Igreja no ano 144.

Mas quantas vezes ainda ouvimos ecos dessa heresia em pensamentos e afirmações que continuam voltando com força, e não apenas no lado dos tradicionalistas, mas também entre algumas teologias atuais.[46] Tendo em conta estes desenvolvimentos, a Igreja Católica foi forçada a denunciar o Marcionismo como uma traição de sua própria fé cristã e do judaísmo, e lembrar a fraternidade espiritual que existe entre judeus e cristãos e que ambos têm na Sagrada Escritura o seu fundamento forte e eterno.

---

[44] Cf .2Sm 7, 8; 1Cr 17,7.
[45] Cf. Homilia do Papa Francisco. www. zenit.org. 13 de Maio de 2013
[46] Confira Discurso do Cardeal Koch Kurt em 16 de maio de 2012 na Universidade Santo Tomás de Aquino em Roma sobre a evolução histórica do Diálogo Judaico-Cristão.

Todos os esforços para aumentar o diálogo entre judeus e cristãos podem nos ajudar a viver como um povo de Deus, capazes de testemunhar a paz e a reconciliação no mundo tão dividido de hoje. E isso pode ser bênção não só para si, mas também para toda a humanidade. Podemos crescer no diálogo entre judeus e cristãos não no âmbito da diplomacia, mas no âmbito espiritual que deve ser sempre mais consolidado, mais uma vez lembrando o convite do Papa Bento XVI em prestar maior atenção à interpretação judaica das Escrituras.[47]

Isso promoverá um renovado respeito à interpretação judaica do Antigo Testamento e contra todo tipo de anti-semitismo. Esses espaços percorridos juntos irão consolidando sempre mais pontes entre judeus e cristãos. Existe sem dúvida uma vontade de superar as dificuldades. Afinal a fé no Deus dos nossos pais nos une a todos.

"Cristãos e judeus possuem uma grande parte comum de patrimônio espiritual, rezam ao mesmo Senhor, possuem as mesmas raízes, mas continuam reciprocamente desconhecidos um ao outro. Cabe a nós, como resposta ao chamado de Deus, trabalhar para que permaneça sempre aberto o espaço para o diálogo, o respeito recíproco, o crescimento na amizade, o testemunho comum diante dos desafios de nosso tempo, que nos convidam a colaborar para o bem da humanidade neste mundo criado por Deus, o Onipotente e Misericordioso".[48]

Por uma Teologia da Continuidade, dinâmica, renovada

A origem da transmissão judaica das Escrituras é bem motivada por um dos Tratados da Mishná que nos diz: *"Moisés recebeu a Torah no Sinai e a transmitiu a Josué. Josué a transmitiu aos Anciãos e os Anciãos a transmitiram aos Profetas. Os Profetas a transmitiram aos homens da Grande Assembléia. Eles nos disseram três coisas: Sejam prudentes no exercício da justiça; fazei muitos discípulos; construí uma cerca viva em torno da Torah"*.[49]

Por vezes também ao falarmos sobre uma teologia da continuidade de todas as Escrituras o Padre Pierre Lenhardt fala sobre essa transmissão da Palavra e renovação fiel e dinâmica: "É também necessário que a Torah seja

---

[47] Cf. Discurso do Papa Bento XVI à Sinagoga de Roma em 17 de janeiro de 2010.
[48] Ibid.
[49] Cf. Tratado Abot 1,1.

viva, atualizada, renovada para cada um e para todos. A fidelidade não se cumpre por um caminho de pura conservação e de conformismo. Existe uma dimensão dinâmica da fidelidade. A fidelidade ao antigo não se satisfaz com a transmissão puramente material de um texto escrito, nem da repetição mecânica de um texto oral. A Torah viva, Escritura e Tradição, deve ser assumida e modelada por cada um e por todos, no estudo e na ação realizadas mediante o convite ou mediante a premência das circunstâncias sempre novas".[50]

Sobre essa necessidade de uma continuidade entre a tradição judaica e a tradição cristã na interpretação das Escrituras também Pierre Lenhardt afirma em outro livro: "O salto da fé cristã, sobre o fundo da continuidade, consiste em ver Jesus Cristo, Ele mesmo, na Sua Pessoa, a *Shekinah (Presença da Divindade) e a Torah. Por sua Encarnação o Filho de Deus dá a cada um, pela fé, o meio de se unir a Ele, a possibilidade de tornar-se nEle, filhos no Filho (...) Existe no judaísmo uma valorização muito forte da comunidade, da solidariedade, entre as pessoas e as gerações. Se a fé cristã é o dom de Deus que faz dos cristãos filhos no Filho, ela é brilhante o suficiente para perceber o que os judeus experimentam quando estudam a Bíblia, a Torah. Ela recebe dos judeus o testemunho da alegria da Torah. Ela se regozija de viver em ressonância com a alegria da Torah dos judeus, a alegria do Espírito Santo que faz conhecer em Jesus Cristo como o Senhor e Filho do Pai que o enviou" (Cf. 1Cor 12,3; Jo 17,3).*[51]

D. Maurice Gardes, Arcebispo de Auch, França, que é Presidente do Conselho Nacional pela Unidade dos Cristãos e das relações com o Judaísmo, bem considera a importância de conhecermos como acontece a interpretação judaica das Escrituras Sagradas quando afirma: "Não se trata de um curto-circuito místico ou de uma junção infeliz, Cada identidade é respeitada perfeitamente. Mas trata-se de descobrir o quanto somos herdeiros desta bela tradição judaica, está em jogo a nossa própria identidade."[52]

O judeu Jesus de Nazaré, será sempre um sinal de contradição entre judeus e cristãos e também ponte entre a Eterna Aliança, de Deus, irrevogável em escolher o Povo de Israel para ser Luz para todas as nações. Se houver

---

[50] Cf. Pierre Lenhardt. Aperçus sur le fait juif – Recherches de Science Religieuse – Octobre – Décembre 1978 – Tome Numéro 4 - Paris. P:505.
[51] Cf. Pierre Lenhardt. À l'écoute d'Israel, en Église (tomo II). Parole et Silence. Collège des Bernardins. Paris, 2009. P:214.
[52] Preface de D. Maurice Gardes, in Pierre Lenhardt. *L'Unité de la Trinité. À l'écoute de la tradition d'Israël. Parole et Silence.* Collège des Bernardins. Paris. 2011. P: 8.

presupostos corretos será sempre possível avançar no diálogo, considerando que entre representantes do judaismo e do cristianismo o diálogo nunca será semelhante ao diálogo que acontece no interior das religiões mundiais não cristãs, pois existe muitíssimas realidades em comum entre o Judaísmo e o Cristianismo.

Ao estudar a interpretação judaica das Escrituras Sagradas, estejamos abertos às novidades do Espírito. Ele nos traz a novidade de Deus; vem a nós e faz novas todas as coisas. O mesmo Espírito que pairava sobre as águas (Cf. Gn 1,2) transforma-nos! Deixar que o estudo da Bíblia nos transforme! Abramos a porta ao Espírito, façamo-nos guiar por Ele, deixemos que a ação contínua de Deus nos torne homens e mulheres novos, animados pelo amor de Deus, que o Espírito Santo nos dá.

Estude por si este livro ou estude com a sua comunidade, estude com os seus amigos. Convide outras pessoas a começar um estudo mais aprofundado desse grande desconhecido Antigo Testamento! Quanta riqueza percebemos para nossas vidas o estudo das Escrituras Santas, da Torah, da Bíblia. Deus irá nos recompensar com esse estudo da Sua Palavra: "... e o vosso coração se alegrará, e ninguém poderá tirar a vossa alegria".[53]

A Torah nos leva por Deus até o outro, num movimento contra o egoísmo. "A Torah exige do ser humano uma vocação ética. Imperativo da escuta do Outro. Imperativo constante, fielmente repetido de gerações por gerações. A Torah tem o objetivo de estabelecer uma relação entre o homem e a santidade de um Deus que é transcendente realmente.[54]

E isso nos trará boas consequências para a nossa Fé: "a Bíblia abre a cada um a exterioridade radical; na tradição judaica é impossível para um judeu o esquecimento do próximo; a Palavra vinda do Outro Absoluto para um outro é essencialmente diálogo; evitando as atitudes violentas, de consequências fanáticas e uma espiritualidade distraída diante da iniquidade, da injustiça.[55]

Os Sábios de Israel nos ensinam ainda mais uma vez num dos seus tratados: *"Simeão o Justo foi um dos últimos membros da Grande Assembléia, e ele dizia: O mundo repousa sobre três coisas: A Torah, o culto e os atos inspirados por amor"*. [56]

---

[53] Cf. Jo 16,22b.
[54] Cf. Catherine Chalier. *Judaísme et alterité* - Collection "Les Dix Paroles". Essais – Verdier – 1982. P: 36.
[55] Cf. Catherine Chalier. Ibidem. P: 59-61.
[56] Cf. Tratado Abot 1,2.

O estudo da Palavra de Deus na Bíblia ajudará a praticarmos todo esse ensinamento na nossa vida litúrgica, em comunidade de fé, e na vida social. Boa leitura da Torah, o Pentateuco, boa celebração e um mundo mais amoroso inspirado e concretizado por nossos atos!

O Grande Patriarca Abraão, e toda uma imensa nuvem de testemunhas nas Sagradas Escrituras nos precederam nessa fé em Deus, nessa fé na Sua Palavra, numa "uma Única História de Salvação", revelada em dois volumes!" como costuma dizer o P. Michel Remaud.[57]

Perseveremos no estudo da Bíblia sempre tendo em vista também o comprometimento ético no mundo, com pessoas concretas no dia a dia, e a alegria que nos espera, a alegria que vem da Torah![58]

Se este estudo conseguiu incentivar a um estudo mais aprofundado da Torah, Bendito seja Deus! Os desafios são grandes, o diálogo só está começando... Os frutos serão imensos, em benefício de todo o Povo de Israel, em benefício da Igreja e de tantas pessoas que não conhecem as Sagradas Escrituras ainda...

---

[57] Cf. Michel Remaud. Evangelho e Tradição rabínica. Edições Loyola. São Paulo. 2008. P: 256
[58] Cf. Hb 12,1-3.

Dicionário de termos e correspondência de nomes em Hebraico para o Português

- Aviram – Abiram
- Achashverosh – Assuero – Artaxerxes
- Adam - Adão
- Aharon - Aarão
- Alef-bet – alfabeto
- Aholiav – Ooliab – (Ex 38,23)
- Amot – Côvado – medida de 45 cm
- Aron – Arca
- Ashur – Assíria
- Avihu – Abiú – filho de Aarão
- Avot Melachot – Trinta e nove tipos de trabalhos para a construção do Tabernáculo, que não devem ser feitos no dia de Shabat.
- Avraham – Abraão
- Azará - Pátio
- Azaryá - Azarias
- Bavel – Babel
- Benê Yisrael – Filhos de Israel
- Berachá – Bênção
- Bet Din - Tribunal
- Bet Hamicdash – Templo Sagrado
- Betsal'el – Beseleel (Ex 37,1) nome do artesão
- Bicurim – Oferta dos primeiros frutos da Terra a Deus - Primícias
- Bigdei kehuná - vestes dos sacerdotes
- Bilam - Balaão
- Brit Milá – Circuncisão
- Bitya – Batia
- Cadesh – Cades
- Calêv – Caleb
- Chananya - Ananias

- Chavacuc – Habacuc
- Chovev – Hobab (sogro de Moisés, Jetro)
- Côdesh hacodashim – Santo dos Santos
- Cohen, cohanim – sacerdote, sacerdotes
- Cohen gadol – Sumo sacerdote
- Côrach - Coré
- Corban - Sacrifício
- Chagla - Hegla
- Chamêts - fermento
- Chava – Eva
- Chana – Ana
- Chazan - Cantor
- Chêssed - Bondade
- Chizkiyáhu - Ezequias
- Chashmonaim – Macabeus
- Chorev - Horeb
- Datan – Datã
- Devora - Débora
- Divrê Hayamim - Crônicas
- D'us – Deus
- Elazar - Eleazar
- Eliyáhu – Elias
- Elisha – Eliseu
- Êrets Yisrael – Terra de Israel
- Eval – Ebal
- Ezra - Esdras
- Galut - Exílio
- Gan Eden – Jardim do Paraíso, do Eden
- Giv'on – Gibeão
- Guehinom – inferno
- Guer – Convertido ao judaísmo
- Goel hadam – Redentor de sangue
- Goshen - Gessen
- Halachá – Lei judaica
- Hêvel - Abel
- Hoshea - Oséias
- Ir miclat - Cidade de refúgio

- Kehat – Caat
- Kehuná - Sacerdócio
- Lashon Hará – Maledicência
- Leviyim – Levitas
- Luchot – Tábuas da Lei
- Lug – medida (aproximadamente 250 ml)
- Maaser - Dízimo
- Machla - Maala
- Malachi - Malaquiasuias
- Mashiach – Messias
- Menorá – Candelabro
- Metsorá – Leproso
- Menachê - Manassés
- Micvê - tanque reservado para purificação
- Midyan – Madiã
- Milca – Melca
- Mischan - Tabernáculo
- Mishlê – Provérbios
- Mishael – Mizael
- Mitsvá – preceito, mandamento
- Mizbêach - Altar
- Moav – Moab
- Mordechay - Mardoqueu
- Moshê – Moisés
- Nachshon - Naason
- Nadav – Nadab (filho de Aarão)
- Naomi – Nomei
- Nevuzaradan - Nebuzardã
- Neshamá – Alma
- Nevuchadnêtsar – Nabucodonosor
- Nôach – Noé
- Oholiav – Ooaliab, o ajudante de Beseleel
- Olam habá – Mundo vindouro, futuro
- Ovadiá – Abdias
- Passuk - versículo
- Pêssach – Páscoa
- Pinechas - Finéias

- Rashá – perverso
- Rechavam - Roboão
- Reuven – Ruben
- San'hedrin – Sinédrio
- Sancheriv - Senaqueribe
- Serach – Sara (da tribo de Aser)
- Shaul – Saul
- Shechem - Siquém
- Shechiná – Presença da Divindade
- Shelomô - Salomão
- Shemuel – Samuel
- Shimshon – Sansão
- Shitim - Setim
- Shivtê Yeshurun – Tribos de Israel
- Shomron - Samaria
- Sichon – Seon
- Sisra – Sísara
- Techias hamaisim – Ressurreição dos mortos
- Tehilim - Salmos
- Teshuvá – conversão
- Trumot – doações aos sacerdotes
- Tirtsa - Tersa
- Tsaráat – Doença de origem espiritual – lepra.
- Tsadic – justo
- Tsedacá – caridade
- Tselofchad – Salfaad
- Tsidkiyáhu – Sedecias, último rei de Judá
- Tsipora – Séfora
- Tsofnat Paneach – Safenat Fanec (nome dado a José pelo faraó)
- Urim vetumim – Placa peitoral do Sumo Sacerdote
- Yaacov – Jacó
- Yam Suf – Mar Vermelho
- Yehoshua - Josué
- Yehudá - Judá
- Yerusháyim – Jerusalém
- Yechezkel – Ezequiel
- Yesháyahu – Isaías

- Yehoshafat - Josafá
- Yirmeyáhu - Jeremias
- Yisrael - Israel
- Yishtabach – Louvor
- Yissachar – Issacar
- Yitschac – Isaac
- Yitshar – Isaar (pai de Coré)
- Yocheved – Jocabed (a mãe de Moisés)
- Yom Tov – Dia Festivo
- Yoshiyáhu - Josias
- Yossef – José
- Yovel – Ano Jubilar (a cada 50 anos)
- Zevulun – Zabulon
- Zechut – mérito
- Zimri - Zambri